Konrad Fuchs
Heribert Raab:

dtv-Wörterbuch zur Geschichte

Band 1
A–K

Deutscher
Taschenbuch
Verlag

dtv

Originalausgabe
1. Auflage Oktober 1972
6., bearbeitete und erweiterte Auflage April 1987
9. Auflage September 1993: 104. bis 109. Tausend

Umschlaggestaltung: Celestino Piatti
Gesamtherstellung: C. H. Beck'sche Buchdruckerei, Nördlingen
Printed in Germany · ISBN-3-423-03283-9

Das Buch

Die Geschichte beantwortet Fragen, die von der Gegenwart an die Vergangenheit gestellt werden. Wie jede Wissenschaft hat auch die Geschichtswissenschaft eine eigene Fachsprache entwickelt, um diese Antwort unmißverständlich geben zu können.
Das ›dtv-Wörterbuch zur Geschichte‹ erklärt in über 5200 Stichwörtern Begriffe und Fachausdrücke aus der Geschichtswissenschaft und ihren Nachbargebieten; auch exemplarische Ereignisse und Daten von besonderer geschichtlicher Bedeutung wurden aufgenommen. Berücksichtigt wurde vorzugsweise der mitteleuropäische Raum mit seinen Auswirkungen auf andere Geschichtsräume und -zeiten. Die Literaturangaben zu den Stichwörtern enthalten auch wesentliche fremdsprachige Werke. Die ausführliche Bibliographie der wichtigsten Einführungen, Wörterbücher, Fachlexika, Biographien, Handbücher, Bibliographien und Zeitschriften ist gerade für Schüler und Studierende unentbehrlich.
Für die 6. Auflage wurde das Wörterbuch völlig überarbeitet; neue Artikel und neueste Literaturangaben wurden hinzugefügt. Auch für die 8. Auflage wurden wichtige Werke ergänzt.

Die Autoren

Prof. Dr. Konrad Fuchs, geb. 1928, studierte Geschichte, Anglistik und Vor- und Frühgeschichte in Mainz und Leeds/England; 1968 Habilitation. Seit 1971 Prof. für neuere Geschichte, geschichtliche Landeskunde und Sozial- und Wirtschaftsgeschichte an der Universität Mainz. Zahlreiche Fachveröffentlichungen.

Prof. Dr. Heribert Raab, geb. 1923, gest. 1990, studierte in Marburg und Mainz Geschichte, Germanistik, Anglistik, Philosophie; 1960 Habilitation; Lehrtätigkeit an der Universität Mainz 1960–63 und 1965–67; 1963–65 Vertretung eines Lehrstuhls für Neuere Geschichte an der Universität München; war seit 1967 Ordinarius für Neuere Geschichte-Histoire moderne an der Universität von Fribourg/Schweiz. Zahlreiche Fachveröffentlichungen.

Inhalt

Vorbemerkung

Das vorliegende ›dtv-Wörterbuch zur Geschichte‹ will in die Fachsprache des Historikers einführen. Es werden die historischen Begriffe und Fachausdrücke aus der Geschichtswissenschaft und verwandten Wissenschaftsgebieten erläutert, die ständig begegnen und ohne deren Kenntnis geschichtliches Geschehen nicht verstanden werden kann.
Ziel des Wörterbuches ist es, eine möglichst schnelle und gründliche Information zu liefern.
Jeder Artikel wird unter dem gebräuchlichen allgemeinen, fachlichen oder wissenschaftlichen Stichwort gebracht. Wo verschiedene Stichwortformulierungen üblich sind, wird von den weniger gebräuchlichen oder weniger richtigen Formulierungen auf das Artikel-Stichwort verwiesen (Beispiel: Jesuitenfabeln →Monita secreta [privata] Societatis Jesu). Soweit wie möglich bzw. nötig erfolgt die Erklärung der Herkunft der Wörter in runder Klammer hinter dem Stichwort.
Am Ende der meisten Artikel findet der Leser Literaturangaben, die es ihm ermöglichen sollen, sich weiter in das Thema einzuarbeiten. Anspruch auf Vollständigkeit erheben die Literaturangaben nicht, sie versuchen jedoch das Wichtigste und nach Möglichkeit zugleich das Neueste aus den einschlägigen Veröffentlichungen zu bringen; für Anregungen, Wünsche und fördernde Kritik im Interesse der Benutzer bleibt sicher ein dankbares Feld.
Der Umfang der einzelnen Artikel kann nicht immer erschöpfend sein, vor allem dann, wenn es sich um so problemreiche wie z. B. »Abendland« oder »Aufklärung« handelt. Auch aus Gründen des verfügbaren Raumes war es nicht immer möglich, die vielleicht wünschenswerte Anzahl und Ausführlichkeit zu bieten. Erwähnt sei an dieser Stelle auch, daß bei der Abfassung eines Artikels neben der sachlichen Erläuterung die persönliche Auffassung nicht ganz ausgeschlossen werden kann.
Für wertvolle Hilfen bei der Abfassung der einzelnen Artikel sei den Autoren und Editoren der jeweils einschlägigen Literatur und Lexika gedankt. Hierauf an dieser Stelle im einzelnen hinzuweisen, erscheint nicht notwendig, da im Zusammenhang mit den Literaturangaben die entsprechenden Verweisungen gegeben werden.
Die 6. überarbeitete, erweiterte und ergänzte Auflage wurde um mehr als 150 neue Artikel sowie um mehrere hundert Literaturhinweise vermehrt.
Auch für die 9. Auflage wurden die Artikel durchgesehen und Literaturangaben ergänzt.

Allgemeine Abkürzungen

Außer den hier angegebenen Abkürzungen wurden Stichwörter im laufenden Text mit ihren Anfangsbuchstaben sowie Adjektive, die auf ich oder isch enden (z.B. engl., wörtl.), abgekürzt wiedergegeben.

abgek.	abgekürzt
ahd.	althochdeutsch
aram.	aramäisch
AT	Altes Testament
At.	Altertum
a.u.c.	ab urbe condita, seit Gründung der Stadt (Rom)
Ausg.	Ausgabe
außerh.	außerhalb
bayr.	bay(e)risch
Bd., Bde.	Band,Bände
bearb.	bearbeitet
Beih.	Beiheft
bes.	besonders
betr.	betreffend
Bez.	Bezeichnung
bez.	bezeichnet
Bf.	Bischof
Bibl.	Bibliothek
Bibliogr.	Bibliographie
Bl.	Blatt
BRD	Bundesrepublik Deutschland
bzw.	beziehungsweise
ca.	circa
can.	canonisch
chin.	chinesisch
Corp.	Corpus
DDR	Deutsche Demokratische Republik
ders.	derselbe
dgl.	dergleichen
d.Gr.	der Große
d.h.	das heißt
d.i.	das ist
dies.	dieselbe
Diss.	Dissertation
dt.	deutsch
Dtl.	Deutschland
EB	Erzbischof
ebd.	ebenda
ed.	editio, edidit, ediert von
ehem.	ehemaliger, ehemals
Einf.	Einführung
Einl.	Einleitung
Erg.-Bd.	Ergänzungsband
europ.	europäisch
ev.	evangelisch
evtl.	eventuell
Ew.	Einwohner
f., ff.	folgende
Faks.	Faksimile
Festschr.	Festschrift
Forts.	Fortsetzung
franz.	französisch
g	Gramm
geb.	geboren
gegr.	gegründet
gest.	gestorben
GG	Grundgesetz der BRD
Gf.	Graf
Gft.	Grafschaft
H.	Heft
hd.	hochdeutsch
Hdb.	Handbuch
hebr.	hebräisch
Hrsg.	Herausgeber
hrsg.	herausgegeben
Hs., Hss.	Handschrift, Handschriften
Hwb.	Handwörterbuch
idg.	indogermanisch
ital.	italienisch
i.J.	im Jahre
innerh.	innerhalb
Jb.	Jahrbuch
Jh.	Jahrhundert
Jahrtsd.	Jahrtausend
Kal.	Kalender
Kard.	Kardinal
kath.	katholisch
Kg.	König
Kgr.	Königreich
Kunstw.	Kunstwort
Kurf.	Kurfürst
lat.	lateinisch
Lit.	Literatur
LG	Landesgeschichte
Lfg.	Lieferung
ll.	libri
lt.	laut
luth.	lutherisch
MA	Mittelalter
ma.	mittelalterlich
mhd.	mittelhochdeutsch
mlat.	mittellateinisch
mndt.	mittelniederdeutsch
Ms., Mss.	Manuskript, Manuskripte

N	Norden
nddt.	niederdeutsch
Neudr.	Neudruck
nlat.	neulateinisch
NRW	Nordrhein-Westfalen
NS	nationalsozialistisch Nationalsozialismus
nt.	neutestamentlich
NT	Neues Testament
NZ	Neuzeit
O	Osten
o. J.	ohne Jahr
orth.	orthodox
Pl.	Plural
Pseud.	Pseudonym
prot.	protestantisch
ref.	reformiert
reg.	regiert, regierte
Reg.	Register
Rep.	Republik
repr.	reprint
S	Süden
S.	Seite
s.	siehe
sc.	scilicet, nämlich, freilich
sog.	sogenannt
SpätMA	Spätmittelalter
spätma.	spätmittelalterlich
St.	Sankt, Saint
syn.	synonym
t.	tomus, tome, Band
Tb.	Taschenbuchausgabe
u. a.	unter anderem, und andere
u. a. m.	und anderes mehr
übers.	übersetzt
Univ.	Universität
Urk.	Urkunde
urspr.	ursprünglich
usw.	und so weiter
u. U.	unter Umständen
venez.	venezianisch
Verf.	Verfasser
versch.	verschiedene
Verz.	Verzeichnis
vgl.	vergleiche
W	Westen
Wb.	Wörterbuch
z. B.	zum Beispiel
Zs.	Zeitschrift
Ztg.	Zeitung
z. T.	zum Teil
z. Z.	zur Zeit
zw.	zwischen

Abkürzungen häufig zitierter Werke

AAB	Abhandlungen der Deutschen (bis 1944: Preußischen) Akademie der Wissenschaften zu Berlin, Phil.-hist. Klasse (Berlin 1815ff.).
ADipl	Archiv für Diplomatik, Schriftgeschichte, Siegel- und Wappenkunde. Begr. durch E. E. Stengel, hrsg. von H. Büttner, W. Heinemeyer und K. Jordan (1955ff.).
AKG	Archiv für Kulturgeschichte (1903ff.).
AmrhKG	Archiv für mittelrhein. Kirchengeschichte (1949ff.).
AHVNrh	Annalen des Historischen Vereins für den Niederrhein (1855ff.).
AÖG	Archiv für österreichische Geschichte, 127 Bde. (1848 bis 1968).
AÖR	Archiv des öffentlichen Rechts (1886ff.).
Aubin-Zorn	H. Aubin, W. Zorn (Hrsg.), Handbuch der dt. Wirtschafts- und Sozialgeschichte (Bd. 1: 1971, Nachdr. 1978; Bd. 2: 1976).
Bächtold-Stäubli	H. Bächtold-Stäubli (Hrsg.), Handwörterbuch des deutschen Aberglaubens, 10 Bde. (1927–42).
BHTh	Beiträge zur historischen Theologie (1929ff.).
Bihlmeyer-Tüchle	K. Bihlmeyer und H. Tüchle, Kirchengeschichte. 3 Bde. (^{18}1966–69).
Bresslau	H. Bresslau, Handbuch der Urkundenlehre für Deutschland und Italien, 2 Bde. und Reg.Bd. (^{2}1958–60).
Clavis mediaevalis	O. Meyer und R. Klauser, Clavis mediaevalis. Kleines Wörterbuch der Mittelalterforschung (1962; Nachdr. 1966).
H. Conrad, DRG	H. Conrad, Deutsche Rechtsgeschichte, 2 Bde., Bd. 1 (1954, ^{2}1962), Bd. 2 (1962).
DA	Deutsches Archiv für Erforschung (1937–43: für Geschichte) des Mittelalters (Köln 1950ff.).
DACL	F. Cabrol, H. Leclercq (Hrsg.), Dictionnaire d'archéologie chrétienne et de liturgie (Paris 1907ff.).
DDC	R. Naz (Hrsg.), Dictionnaire de droit canonique (Paris 1935ff.).
DHGE	A. Baudrillart u.a. (Hrsg.), Dictionnaire d'histoire et de géographie ecclésiastique (Paris 1912ff.).
DRG	→H. Conrad: DRG; →H. Mitteis: DRG.
DThC	Dictionnaire de théologie catholique (Paris 1903–50).
DW	Dahlmann-Waitz, Quellenkunde der deutschen Geschichte (^{9}1931; ^{10}1965ff.).
DWB	Deutsches Wörterbuch von Jakob und Wilhelm Grimm (1864–1960).
EKL	H. Brunotte und O. Weber (Hrsg.), Evangelisches Kirchenlexikon. Kirchlich-theologisches Handwörterbuch, 3 Bde. und Reg.-Bd. (1955ff., ^{2}1961–62).
Erdmannsdörffer	B. Erdmannsdörffer, Deutsche Geschichte vom Westfälischen Frieden bis zum Regierungsantritt Friedrichs des Großen, 1648–1740, 2 Bde. (^{2}1962).
Feine, KRG	H. E. Feine, Kirchliche Rechtsgeschichte (^{5}1972).
FRA	Fontes rerum Austriacarum (Wien 1849ff.).
Gebhardt-Grundmann	B. Gebhardt, Handbuch der deutschen Geschichte, hrsg. von H. Grundmann, 4 Bde. (9., neubearb. Aufl. 1970/71 mit mehreren Nachdrucken; auch als Taschenbuch: dtv Nr. 4201-22, 22 Bde., 1973ff.).
Grotefend	H. Grotefend, Taschenbuch der Zeitrechnung des dt. MA und der NZ, hrsg. von Th. Ulrich (^{11}1971).
GWU	Geschichte in Wissenschaft und Unterricht. Zs. des

	Verbandes der Geschichtslehrer Deutschlands (Stuttgart 1950ff.).
Haberkern-Wallach	E. Haberkern und J. F. Wallach, Hilfswörterbuch für Historiker ([7]1987).
HAW	Handbuch der Altertumswissenschaft, begr. von J. von Müller, neuhrsg. von W. Otto (1929ff.; Neuaufl. 1955ff.).
Hdb. d. Arch.	Handbuch der Archäologie im Rahmen des Handbuchs der Altertumswissenschaft, begr. von W. Otto, fortgeführt von R. Herbig (1939ff.).
Heimbucher	M. Heimbucher, Die Orden und Kongregationen der katholischen Kirche, 2 Bde. ([3]1932–1934).
HJB	Historisches Jahrbuch der Görresgesellschaft (1880ff.).
HKG	H. Jedin (Hrsg.), Handbuch der Kirchengeschichte, 7 Bde. (1962–79; als Taschenbuch 1985).
HWDRG	A. Erler und E. Kaufmann (Hrsg.), Handwörterbuch zur deutschen Rechtsgeschichte (1964ff.).
HWIslam	A. J. Wesinck und J. H. Kramers (Hrsg.), Handwörterbuch des Islam (Leiden 1941).
HWSt	L. Elster u. a. (Hrsg.), Handwörterbuch der Staatswissenschaften (Jena [4]1923–29); 5. Aufl.: Hwb. der Sozialwissenschaften (1953ff.).
HZ	Historische Zeitschrift (München 1859ff.).
Jedin	→HKG.
Kluge	Friedrich Kluge, Etymologisches Wörterbuch der deutschen Sprache ([21]1975).
LMA	Lexikon des Mittelalters (1980ff.).
LThK	Lexikon für Theologie und Kirche, begr. von M. Buchberger, hrsg. von J. Höfer und K. Rahner, 10 Bde. und Reg-Bd. ([2]1957–67; als Taschenbuch 1986).
Littré	M. P. E. Littré, Dictionnaire de la langue française.
MGH	Monumenta Germaniae Historica, seit 1826 hrsg. von der Gesellschaft für ältere Geschichtskunde (1819 gegr. von Frhr. vom Stein); seit 1946 hrsg. vom Dt. Institut zur Erforschung des MA.
MIÖG	Mitteilungen des Instituts für Österreichische Geschichtsforschung (1880ff.).
H. Mitteis, DRG	H. Mitteis, Deutsche Rechtsgeschichte ([17]1985).
Mlat. WB	Mittellatein. Wörterbuch bis zum ausgehenden 13. Jh. I (1967).
MÖSTA; MOSA	Mitteilungen des Österreichischen Staatsarchivs (1948ff.).
NDB	Neue Deutsche Biographie (1953ff.).
Pauly-Wissowa	Paulys Realencyclopädie der classischen Altertumswissenschaft. Neue Bearbeitung, begonnen von G. Wissowa, fortgeführt von W. Kroll und K. Mittelhaus, hrsg. von K. Ziegler und W. John. 1. Reihe (A–Q), 1,1 (1893) – 24,1 (1963); 2. Reihe (P–Z), 1 A 1ff. (1914)ff.; bisher: 10 Supplbde. (1903 bis 1965).
QFIAB	Quellen und Forschungen aus italienischen Archiven und Bibliotheken (Rom 1897ff.).
RAC	Reallexikon für Antike und Christentum (1941, 1950ff.).
RDK	Reallexikon zur deutschen Kunstgeschichte, begonnen von O. Schmitt (1937ff.).
RDL	Reallexikon der deutschen Literaturgeschichte, begr. von P. Merker und W. Stammler, 2. Aufl. neu bearbeitet und hrsg. von W. Kohlschmidt und W. Mohr, 3 Bde. (1955ff.).

Abkürzungen häufig zitierter Werke

RE	Realencyklopädie für protestantische Theologie und Kirche, begr. von J. J. Herzog, hrsg. von A. Hauck, 24 Bde. (^{3}1896–1913).
Redlich	W. Erben, L. Schmitz-Kallenberg, O. Redlich, Urkundenlehre. 2 Bde., I, III (1907–11).
RGG	Die Religion in Geschichte und Gegenwart, hrsg. von K. Galling in Gemeinschaft mit H. Frhr. von Campenhausen, E. Dinkler u. a., 6 Bde. und 1 Reg.Bd. (^{3}1957–65).
RH	Revue historique (1876ff.)
RHE	Revue d'histoire ecclésiastique (Löwen 1900ff.).
Rössler-Franz, SWDG	Sachwörterbuch zur deutschen Geschichte, hrsg. von H. Rössler, G. Franz unter Mitarb. von W. Hoppe u. a. (1956–58; Nachdr. in 2 Bänden 1970).
RQS	Römische Quartalschrift für christliche Altertumskunde und für Kirchengeschichte (1887ff.).
RSCI	Rivista di storia della Chiesa in Italia (Rom 1947ff.).
Sacramentum mundi	Sacramentum mundi. Theolog. Lexikon für die Praxis, hrsg. von K. Rahner, Ad. Darlap u. a., 4 Bde. (1967–69).
Schmoller's Jb.	Jahrbuch für Gesetzgebung, Verwaltung und Volkswirtschaft (1877ff.).
Spindler	M. Spindler (Hrsg.), Handbuch der bayer. Geschichte II (1966; 1969), III (1971).
Stengel-Fleischmann	K. von Stengel, Wörterbuch des dt. Staats- und Verwaltungsrechts, 2. Aufl. hrsg. von M. Fleischmann, 3 Bde. (1911–14).
StL	Staatslexikon, hrsg. von der Görresgesellschaft, 11 Bde. (^{6}1957–70); 5 Bde. (^{7}1985ff.).
SWDG	→Rössler-Franz: SWDG.
TRE	Theologische Realenzyklopädie, 25 Bde. (1977ff.).
VSWG	Vierteljahrsschrift für Sozial- und Wirtschaftsgeschichte (1903ff.).
WB des Völkerrechts	H. Hatschek-K. Strupp, Wörterbuch des Völkerrechts und der Diplomatie, 3 Bde. (1922–26; 1960–62).
ZAGV	Zeitschrift des Aachener Geschichtsvereins (Aachen 1879ff.).
ZbKg	Zeitschrift für bayerische Kirchengeschichte (1967).
ZbLG	Zeitschrift für bayerische Landesgeschichte (1928ff.).
ZfO	Zeitschrift für Ostforschung (1952ff.).
ZgesStW	Zeitschrift für die gesamte Staatswissenschaft (1844ff.).
ZKiG	Zeitschrift für Kirchengeschichte (1876ff.).
ZRG GA	Zeitschrift der Savigny-Stiftung für Rechtsgeschichte, Germanistische Abteilung (1880ff.).
ZRG KA	Zeitschrift der Savigny-Stiftung für Rechtsgeschichte, Kanonistische Abteilung (1911ff.).
ZRG RA	Zeitschrift der Savigny-Stiftung für Rechtsgeschichte, Romanistische Abteilung (1880ff.).
ZSKg	Zeitschrift für Schweizer Kirchengeschichte (Fribourg 1907ff.).

Aachen, Friede von (2. 5. 1668). Dieser erste Friede von A. beendete den Devolutionskrieg Ludwigs XIV. gegen Spanien (1667–68). Im April 1668 schlossen England und die Generalstaaten mit Frankreich den Frieden von St. Germain. Notgedrungen trat Spanien diesem Frieden am 2. Mai zu Aachen bei. Spanien ließ alle Ansprüche auf die engl. Besitzungen in Westindien und in Nordamerika fallen. Frankreich gab die Franche-Comté (Freigrafschaft Burgund) nach Schleifung aller befestigten Plätze an Spanien zurück, behielt aber die in den span. Niederlanden eroberten 12 Festungen Charleroi, Oudenaarde, Lille, Douai, Bergues, Ypern, Courtrai, Ath, Armentières, Tournai, Binche, Veurne. Frankreich erreichte damit eine für Angriff und Verteidigung gleich wertvolle Verstärkung seiner nördl. Grenzgebiete. Im Krieg zwischen Frankreich und Spanien war der Friede von A. nur ein Waffenstillstand.
LIT. Erdmannsdörffer I; Gebhardt-Grundmann II; A. V. Reumont, Mons. Agostino Franciotti und der Aachener Friede von 1668. In: ZAGV 5 (1883) 53–74; Ch. Terlinden, La diplomatie pontificale et la paix d'Aix-la-Chapelle de 1668. In: Bulletin de l'Institut Historique Belge de Rome 27 (1952) 249–68.

Aachen, Friede von (18. 10. 1748). Dieser zweite Friede von A. beendete den Österreichischen Erbfolgekrieg nach den Friedenspräliminarien zwischen den Seemächten (England, Holland) und Frankreich vom 30. 4. 1748. Der Friede von Aachen wurde abgeschlossen zwischen Österreich, Großbritannien, den Niederlanden und Sardinien einerseits und Frankreich, Spanien, Modena und Genua andererseits. Er stellte das Gleichgewicht in Europa wieder her, garantierte die Pragmatische Sanktion Kaiser Karls VI., anerkannte Maria Theresia als Erbin der habsburg. Länder und ihren Gemahl Franz Stephan von Lothringen als Kaiser und restituierte Maria Theresia in den südl. Niederlanden. Die Holländer blieben im Besitz der Barriereplätze (→Barrièretraktat). Schlesien und die Herrschaft Glatz, auf die Maria Theresia im Dresdener Frieden (1745) verzichtet hatte, wurden dem König von Preußen garantiert. Maria Theresia und König Karl Emanuel III. von Sardinien traten ihre Ansprüche auf Parma, Piacenza und Guastalla an den span. Infanten Don Philipp ab. Der König von Sardinien blieb im Besitz seines alten und neuen Gebietes, der Herzog von Modena wurde restituiert, die Republik Genua wiederhergestellt. Ferner bestätigte der Aachener Friede den Assientovertrag bezüglich des Sklavenhandels (vom 26. 3. 1713) und garantierte die Erbfolge des Hauses Hannover auf dem engl. Königsthron. In den überseeischen kolonialen Fragen wurde zwischen England und Frankreich-Spanien ein gewisser status quo ante wiederhergestellt. Der engl.-französ. Gegensatz blieb ungeklärt. Der zweite Aachener Friede entsprach in erster Linie den politischen Interessen Englands und wurde auf Kosten des verbündeten Österreich ausgehandelt. Die Brüchigkeit der traditionellen Allianz zwischen Österreich und den Seemächten (England-Hannover, Holland) zeigte sich drastisch, und der Gedanke einer Allianz mit Frankreich, einer Trennung Frankreichs von dem Bündnis mit Preußen erhielt in dem österreich. Staatsmann Graf Wenzel Kaunitz starken Auftrieb. Frankreich, über den Aachener Frieden fast noch mehr verärgert als Österreich, zeigte sich seit Aachen den neuen polit. und diplomat. Möglichkeiten, die sich angesichts des unausweichbaren Konfliktes mit England anboten, nicht verschlossen. Der zweite Friede von A. ist nur eine Etappe in dem großen Ringen der europäischen Mächte zwischen 1740–1762/63 und eine wichtige Vorstufe zum renversement des alliances (Umkehrung der Bündnisse) von 1756 (Vertrag von Versailles).
LIT. F. A. Wenck, Codex juris gentium (1735–1772) II, 337ff.; A. Beer, Zur Geschichte des Friedens von Aachen. In: AÖG 47 (1871); A. v. Arneth, Geschichte Maria Theresias, III (1863–79); A. Duc de Broglie, La Paix d'Aix-la-Chapelle (1895); M. Braubach, Versailles und Wien. Von Ludwig XIV. bis Kaunitz (1952).

Aachen, Kongreß von (30. 9.–21. 11. 1818). Einberufen auf Vorschlag Metternichs zwecks Besprechung der gemeinsamen Interessen des Viererbundes. Frankreich wurde aufgefordert, dem Viererbund beizutreten (Pentarchie der Großmächte). Abschluß eines Geheimabkommens unter den Vier, das sich auf die allenfalls zu ergreifenden militär. Maßnahmen bei von Frankreich

ausgehenden revolutionären Unruhen bezog. Die Kongreßmächte erklärten, den Frieden in Europa sichern zu wollen. Völkerrechtl. Beschlüsse über die Titeländerung von Souveränen (gegen den Versuch des Kurfürsten von Hessen-Kassel, sich den Königstitel beizulegen) und über die Rangordnung der diplomat. Vertreter (Ergänzung zu dem Règlement sur le rang entre les agents diplomatiques vom 19. 3. 1815, Wiener Kongreß) wurden gefaßt. Die innerdeutschen Streitigkeiten wurden an den Bundestag verwiesen. Offen blieben der Konflikt zwischen Spanien und Portugal, der Krieg zwischen Spanien und seinen amerikan. Kolonien und die Verhandlungen über die Bekämpfung des Negerhandels.
LIT. WB des Völkerrechts I, 1 (1924); H. W. Schmalz, Versuche einer gesamteurop. Organisation 1815–1820 (1940).

Abbate (Abate, ital.). Abt, Kleriker, nach Empfang der Tonsur und der niederen Weihen; Titel für einfache Priester, früher auch für Weltleute, z.B. für Advokaten und Ärzte.

Abbatia nullius. Eine zu keiner Diözese gehörende, papstunmittelbare Abtei mit quasiepiskopaler Jurisdiktion.
LIT. →Abtei.

Abbé (franz.; Abt). Ursprünglich hatte der A. in Frankreich die Funktion eines Abts. Mit dem Konkordat von Bologna zwischen Papst Leo X. und Franz I. (1516) erhielt der König ein weitgehendes Ernennungsrecht auf fast alle Abteien (Abbé commendataire). Dadurch entstand ein Mißverhältnis zwischen freien Stellen und Anwärtern, so daß bald jeder junge Geistliche, ob geweiht oder ungeweiht, A. genannt wurde. Der Leiter eines einem Abbé commendataire unterstellten Klosters hieß Prieur claustral.

Abbreviator (auch breviator, von lat. brevis: kurz). Päpstlicher Kanzleibeamter (seit dem 13. Jh.), dem die Herstellung von Konzepten für Bullen, Briefe usw. anvertraut war und von dem eine besondere Kenntnis der Abbreviaturen (Abkürzungen) verlangt wurde. Die Zahl der Abbreviatoren der Apostolischen Kanzlei wurde von Sixtus IV. auf 72 festgesetzt. Das Amt war käuflich. Es ist zu unterscheiden zwischen dem Notarabbreviator (von einem päpstl. Notar ernannt und an seine Weisungen gebunden) und dem Kanzleiabbreviator (vom Papst oder dem Vicecancellarius S. Ecclesiae Romanae ernannt).
LIT. Clavis mediaevalis 11; LThK I, 9f.; DDC I, 96–106; B. Schwarz, Die Organisation kurialer Schreiberkollegien (1972).

Abbreviaturen. Abkürzungen, seit alters her auf Münzen, Siegeln, vor allem aber in Handschriften, auch in frühen Drucken üblich, zur Einsparung von Raum, Zeit, Material, gelegentlich auch zwecks Geheimhaltung. Zwei Systeme werden verwendet: a) die Suspension, d.h. die Unterdrückung aller oder mehrerer auf den ersten folgenden Buchstaben, übernommen aus der röm. epigraphisch-juristischen Praxis, die Flexionsendung muß aus dem Zusammenhang erschlossen werden; z.B.: S. I. R. (= Sacrum Imperium Romanum), SPQR (=Senatus Populusque Romanus), fl (= filius), EKM (= Eure Kaiserliche Majestät). b) die Kontraktion, d.h. die ursprünglich nur für nomina sacra angewandte, dann immer gebräuchlicher werdende Zusammenziehung des ersten und letzten Buchstabens bzw. der Hauptkonsonanten, z.B. JHS (=Jesus Christus); pbr (= presbyter); SS (= Scriptores) usw. Angewendet wurden auch individuelle A. und Siglen. Zur Auflösung der A. kannte bereits das SpätMA Lexika. Die Kenntnis der A. bildet seit jeher ein wichtiges Anliegen der Paläographie.
LIT. Clavis mediaevalis 11f.; A. Capelli, Dizionario delle abbreviature latine ed italiane (1954); ders., Lexicon abbreviaturarum ([9]1961); A. Pelzer, Abréviations latines médiévales (1964).

Abdankung.
[1] Förmlicher Verzicht des Staatsoberhauptes bes. des Monarchen auf seine staatliche Stellung (Thronverzicht, Thronentsagung; Abdikation, Renunziation).
[2] In Verfassung und Recht des Hl. Römischen Reiches nicht vorgesehen. Als außerordentliche Vakanz des Reiches setzte sie die Einwilligung der Kurfürsten als Wähler des Kaisers voraus (→ Kurfürstenkolleg). Eine Absetzung des Kaisers wurde aus dem Widerstandsrecht hergeleitet, aber nicht allgemein anerkannt. Kaiser Karl V. sprach 1555 seinem Bruder Ferdinand I., seit 1531 Römischer König, gegenüber den Verzicht auf das Reich aus. Ferdinand gab diese Abdankung gegenüber dem Reichstag nicht bekannt, da sie, ebenso

wie die Wahl, eine Angelegenheit der Kurfürsten sei. Die Abdankungserklärung Karls V. wurde mit deren Annahme von seiten der Kurfürsten am 14. 3. 1558 wirksam.
[3] Die Abdankung Kaiser Franz' II. (6. 8. 1806) unter dem Druck eines Ultimatums Napoleons führte die Auflösung des Reiches herbei. Franz II. erklärte Amt und Würde des Reichsoberhaupts »durch die Vereinigung der konföderierten rheinischen Stände als erloschen« (→ Rheinbund), sich selbst aller Pflichten gegen das Reich ledig, die Reichsstände von ihren Verpflichtungen gegen den Kaiser entbunden, die zum Reich gehörigen österreichischen Erblande als von diesem getrennt.
[4] Kaiser Wilhelm II. entschloß sich am 9. 11. 1918 zur Abdankung – am gleichen Tage wurde die Republik ausgerufen –, um durch Thronverzicht und Einsetzung einer Regentschaft die Monarchie zu erhalten. Auch die übrigen deutschen Fürsten, mit Ausnahme des Königs von Bayern, erklärten 1918 ihre Abdankung.
LIT. Zu [2] E. Reimann, Der Streit zwischen Papsttum und Kaisertum im Jahr 1558. In: Forschungen zur dt. Geschichte V (1865), 291ff.; ders., Papst Paul IV. und das Kaisertum. In: Abhandlungen der Schles. Gesellschaft für vaterländ. Cultur, phil. hist. Abt. 1871; J. Schmid, Die dt. Kaiser- und Königswahlen und die röm. Kurie in den Jahren 1558–1620. In: HJb 5 (1885) 3ff.; P. Rassow, Die Reichstage zu Augsburg in der Reformationszeit, Augusta 955–1955 (1955); ders. Karl V., der letzte Kaiser des Mittelalters (1957); K. Brandi, Kaiser Karl V. (^{7}1964).
Zu [3] H. Ritter v. Srbik, Die Schicksalsstunde des alten Reiches (1937); E. R. Huber, Dt. Verfassungsgeschichte I, 68f.; ders., Dokumente I, 35f.; K. von Raumer, Hügels Gutachten z. Frage der Niederlegung der dt. Kaiserkrone. In: Zeitschr. für bayr. Landesgeschichte 27 (1964) 390f.
Zu [4] A. Stutzenberger, Die A. Kaiser Wilhelms II. (1937); K. Graf Westarp, Das Ende der Monarchie am 9. 11. 1918, hrsg. von W. Conze (1952).

Abdikation (lat. abdicare, sich lossagen). Freiwilliger Verzicht auf ein öffentl. Amt, Thronverzicht. Umstritten war früher die Zulässigkeit, z.B. (1294) bei Coelestin V. (Papa angelicus) trotz eingeholtem Gutachten über die Möglichkeit der A., und (1936) bei Edward VIII. von England; heute wird die Zulässigkeit allgemein eingeräumt.

Abedarium, Abecedarium (auch Abecedurium, Abeceturium; abgetorium, abigtorium, abgatorium).
[1] Psalmen und Dichtungen, deren Strophen oder Verse mit je einem Buchstaben des Alphabets in der Reihenfolge A–Z anfangen (→ Akrostichon).
[2] Alphabet. geordnete Inhaltsübersichten aus dem 14. und 15. Jh., z.B. von dt. Rechtsbüchern, wie Sachsenspiegel, Schwabenspiegel und deren Glossen, zum römischen und kanonischen Recht.
[3] Abecedarium Normannicum. Bez. für eine nordische Runenreihe in der Handschrift St. Gallen 878.

Abendland (lat. occidens, Länder im Westen, Europa; im Gegensatz zum Orient, Morgenland). Seit dem 16. Jh. zuerst räumlich, dann seit der Romantik kulturell und religiös die im Mittelalter entstandene Kulturgemeinschaft der westeurop. Völker, die die roman.–german. Völkergemeinschaft von Byzanz und dessen kulturellem und religiösem Einflußgebiet abgrenzt. Das A. bildet eine Synthese aus Antike, Christentum und Germanentum. Die wandlungsreiche Geschichte des Begriffes von der zunächst rein geograph. Bezeichnung zu F. Schlegels »europäischem Abendland« (ma.–christl. Staatenwelt) und L. von Rankes Einheit des Abendlandes (roman.–german. Völkergemeinschaft) und A. Webers »Welt-Abendland« zeigt, daß er mehr für eine empfundene als nachweisbare geistig-religiöse Einheit gebraucht wird. Die Teilung des röm. Reiches in eine oström. und eine weström. Hälfte ist ein erster Schritt zur Ausbildung eines abendländ. Sonderbewußtseins, das durch die Spaltung in eine abendländ.-lat. und eine morgenländ.-griech. Kirche vertieft wird. Im abendländ. Kaisertum lebt der Anspruch, das röm. Weltreich weiterzuführen. Kreuzzüge und Mongolenstürme, z. T. auch noch die Türkennot, festigten das abendländ. Zusammengehörigkeitsgefühl.
Die seit der Aufklärung erwachende Geschichtsphilosophie sah im abendländ. Humanitätsideal die höchste Stufe der Menschheitsentwicklung, während die neuere Kulturmorphologie die Deutung als europazentrisch und die abend-

länd. Kultur nur als eine unter den weltgeschichtl. Hochkulturen gelten lassen will. Als Kennzeichen der abendländ. Entwicklung und Geisteshaltung gelten: Freiheit, Humanität, rationalistisches Denken, Naturwissenschaften, Technik, Industrie, Zivilisation. Auch die antieurop. Einstellung ehem. Kolonialvölker hält das Vordringen der abendländ. Zivilisation nicht auf. Die Idee des »christlichen Abendlandes« erfuhr im Abwehrkampf gegen Nationalsozialismus und Bolschewismus eine Erneuerung, die aber offensichtlich vorübergehend war.

LIT. H. Freyer, Weltgeschichte Europas (1948); G. Krüger, Abendländ. Humanität (1953); A. Mercier (Hrsg.), Islam und A. Geschichte und Gegenwart (1976); F. Borkenau, Ende und Anfang. Von den Generationen der Hochkulturen und von der Entstehung des Abendlandes (1984).

abendländisches Schisma. In der Kirchengeschichte die Zeit von 1378 (Tod Gregors XI.) bis 1417 bzw. 1449, da gleichzeitig zwei bzw. drei Päpste die oberste Gewalt in der Kirche beanspruchten. Das a.S., eine der größten Krisen der Kirche seit ihrem Bestehen, wurde ausgelöst durch die tumultuarische, unter starkem äußerem Zwang und den Nachwirkungen des Avignoneser Exils vollzogene Doppelwahl von 1378, aus welcher der Halbfranzose Bartholomäus Prignano als Urban VI. und der Römer Tebaldeschi hervorgingen. Die herrische Art des pathologischen Urban VI. führte nach seiner Erhebung zum Papst dazu, daß die nichtitalien. (ultramontanen) Kardinäle unter stillschweigender Billigung der drei italien. Kardinäle zu Fondi Karl Robert von Genf, einen Vetter des französ. Königs, als Clemens VII. zum Papst wählten (20. 9. 1378), der sich 1379 in Avignon niederließ. Von der Kurie und ihrem Personal wurde mehrheitlich die Wahl Clemens' VII. begrüßt, die Spitzen der kurialen Verwaltung gingen zu ihm über und verließen Rom.

Die Doppelwahl spaltete die Christenheit in zwei Obedienzen, in Urbanisten und Clementisten, wobei zunächst bis zur Schlacht bei Marino (29. 4. 1379) die Lage für Clemens VII. günstiger schien. Im allgemeinen hielten die westlichen Länder (Frankreich, Kastilien, Aragón, Navarra, Schottland) zu dem Avignoneser Papst, das Reich und die meisten deutschen Territorien sowie England, Ungarn, Nord- und Mittelitalien zu Urban VI. Die Spaltung der Kirche, der Bistümer und Orden in Obedienzen stürzte die Christenheit in tiefste Unsicherheit, stärkte das Staatskirchentum der Laienfürsten und den Konziliarismus. Nach dem Tod der beiden ersten Gegenpäpste wurde durch Neuwahlen das Papstschisma fortgesetzt.

Da weder durch freiwillige Abdankung (via cessionis) noch durch Gewalt (via facti) die Spaltung beseitigt werden konnte, versuchte man die Lösung über ein Konzil (via concilii). Das Konzil von Pisa (März bis Juni 1409) setzte die rivalisierenden Päpste Gregor XII. und Benedikt XIII. ab und wählte zum neuen Papst den Kardinal-Erzbischof von Mailand Peter Philargi als Alexander V. (1409/1410). Zwar hielt der größere Teil der Christenheit zu Papst Alexander V. und seinem Nachfolger Johannes XXIII. (1410–15), aber auch die beiden anderen Päpste behielten einen Teil ihrer Obedienzen, so daß es nach dem Pisanum drei Päpste gab und die Unsicherheit nur noch größer war.

Beseitigt wurde schließlich das Papstschisma mit dem Konstanzer Konzil, vor allem dank des energischen Eingreifens von König Sigismund, mit der Erklärung der Konzilssuperiorität über den Papst, der Absetzung Johannes' XXIII., der Resignation Gregors XII. und der Absetzung Benedikts XIII. (1417). Martin V. wurde am 11. 11. 1417 zum Papst gewählt. In ihm erhielt die Kirche wieder ein allgemein anerkanntes Oberhaupt.

Eine Fortsetzung des a.S. bildete das Papstschisma des Baseler Konzils mit der Absetzung Eugens IV. und der Wahl Felix' V. (1439). Dieses Papstschisma endete nach zehnjähriger Dauer mit der Unterwerfung Felix' V.

LIT. HKG III, 2, 490ff. (1968); M. Seidlmayer, Die Anfänge des großen a.S. (1940); J. H. Smith, Great schism (1970).

Abendmahl. Von Jesus vor seinem Leiden in Form eines jüdischen Festmahls oder des Passahmahls mit den Jüngern gefeiertes Abschiedsmahl (»Letztes Abendmahl«). Die nach Jesu Auftrag begangene Feier im evangel. Sprachgebrauch meist Abendmahl (Nachtmahl), im katholischen Messe, Eucharistie genannt.

Abendmahlsbulle (Bulla in Coena Domini). So genannt, weil sie (endgültige Fassung 1627) bis 1770 jährlich beim Gründonnerstagsgottesdienst feierlich verkündet wurde. Enthält zahlreiche, dem Papst reservierte Exkommunikationssentenzen, z.B. für Angriffe auf den Papst, das päpstliche Gebiet, für Verletzung von Privilegien des Klerus, für Lieferung von Waffen und Munition an die Ungläubigen usw. Die Verkündung der A., bereits im 16. Jh. von kath. Herrschern (Philipp II., Rudolf II.) untersagt, wird unter der Wirkung von Aufklärung und Absolutismus im 18. Jh. heftig bekämpft.
LIT. Le Bret, Pragmatische Geschichte der so verrufenen Bulle in Coena Domini (1769); K. Pfaff, Beitr. zur Geschichte der A. vom 16.–18. Jh. In: RQS 38 (1930), 23–76.

Abendmahlsprobe (Examen per eucharistiam; purgatio per corpus et sanguinem Domini nostri Jesu Christi). Die A. besteht darin, die Eucharistie als Beschwörungsmittel zu verwenden, oder aber die Darreichung der Kommunion als Beschwörungsmittel zu gebrauchen. Anwendung bei den Gottesurteilen, die aus der german. Vorstellungswelt seit dem 8. Jh. in das weltl. und geistl. Strafprozeßverfahren übernommen werden. Aus der Ordalkommunion entwickelt sich eine Art Gottesurteil. Stärkere Verbreitung der A. bei Angelsachsen und Deutschen. Nahezu in ganz Europa ließ die Übung der A. Mitte oder Ende des 13. Jh. nach; nur in Spanien hielt sie sich länger. Beispiele für A.: bei Gregor von Tours; die Kommunion König Lothars II. 869 in Monte Cassino.

Abgabe. Sammelbezeichnung für jede zur Bestreitung des Bedarfs der höhergeordneten Gewalt (Lehnsherr, Grundherr, Stadt, Staat) zu erbringende Geld- oder Sachleistung, z.B. Steuern, Zehnten, Zoll, Gebühren, Fronden, Oblationen. Das Recht, Abgaben zu erheben, ist ein Hoheitszeichen.

Abgeordneter. Gewähltes Mitglied einer gesetzgebenden Körperschaft (Parlament), hervorgegangen aus den ständ. Vertretungen. Die rechtl. Stellung des Abgeordneten als Volksvertreter ist durch die Verfassung und die Geschäftsordnung festgelegt. Der Abgeordnete repräsentiert das ganze Volk als Einheit (→Repräsentation, →Demokratie); er genießt Immunität und Indemnität, erhält eine Aufwandsentschädigung (Diäten), Tagegeld, Auslagenersatz, kostenfreie Benutzung der staatl. Verkehrsmittel. Der Grundsatz des freien Mandats des Abgeordneten, erstmals proklamiert in der franz. Verfassung (vom 3. 9. 1791) und logische Folge der Volkssouveränität, ist vielfach durch Beschlüsse der Parteien und durch den Fraktionszwang aufgehoben.
LIT. Staatslexikon I ([6]1957) 8–13; K. Kremer, Der Abgeordnete (1953); F. A. v. d. Heydte–K. Sacherl, Soziologie der deutschen Parteien (1955).

Abjuratio (lat., Abschwörung). Abschwörung (a) der Häresien bei der Wiederaufnahme in die kirchl. Gemeinschaft und (b) der Irrlehren bei Konversionen. Die Absage an die Werke des Teufels bei der Taufe wird, obschon sachlich entsprechend, als abrenuntiatio diaboli bezeichnet.

Abjurationseid. In England seit der Glorious Revolution (Wilhelm III.) Eid der Beamten und der Geistlichkeit, womit sie dem Hause Stuart abschwuren und dem Hause Hannover Treue gelobten. Seit 1867/68 durch einen allgemeinen Treueid ersetzt.

Ablaß (ahd. ablaz; lat. indulgentia). Nachlaß einer zeitlichen Strafe für Sünden, die hinsichtlich der Schuld schon im Bußsakrament getilgt sind. Dieser Nachlaß wird von der kirchlichen Autorität aus dem Gnadenschatz der Kirche (= Verdienste Christi und der Heiligen) gewährt, für die Lebenden in der Weise der Lossprechung, für die Verstorbenen in der Weise der Fürbitte (per modum suffragii). Die eigentlichen Ablässe sind geschichtlich aus verschiedenen Momenten entstanden, im 11. Jh. zunächst in Frankreich, verbunden mit einem guten Werk. Mit der Entwicklung der Lehre vom Gnadenschatz der Kirche entsteht eine neue Phase in der Ablaßlehre. Häufung der Ablässe bei ständig kleiner werdenden Ablaßwerken, fiskalische Verwendung des Ablasses und Übertreibung bei Ablaßpredigten sind für die Entwicklung des A. im SpätMA charakteristisch. Gegen Wyclif und Hus wurde die Vollmacht der Kirche, A. zu gewähren, herausgestellt. Ablaßmißbrauch spielte in der Entstehungsgeschichte der Reformation eine nicht unwesentliche, jedoch manchmal überbewertete Rolle. Das Konzil von Trient (→Tridentinum) verwarf Luthers Lehre vom A., verurteilte aber gleichzeitig sei-

ne fiskalische Ausnutzung, empfahl Abstellung der Mißbräuche durch die Bischöfe auf künftigen Provinzialsynoden und Maßhalten beim Gewähren von A. Als katholische Lehre in der A.-Frage erklärte das Konzil nur, daß die Kirche die Gewalt habe, A. zu erteilen und daß er den Gläubigen nützlich sei. Im Zusammenhang mit dem 2. Vatikanischen Konzil wurde die A.-Praxis neu geregelt.
LIT. LThK I, 46–54; Sacramentum mundi I (1967) 20–31; N. Paulus, Geschichte des A. im MA I–III (1922f.); K. Honselmann, Urfassung und Drucke der Ablaßthesen Luthers und ihre Veröffentlichungen (1966).

Ablegatus. Bis ins 17. Jh. Gesandter im allgemeinen, dann der Gesandte zweiten Ranges; wenig gebraucht. Vertreter des Papstes zu besonderen Ereignissen entsandt, ohne Jurisdiktion.

Ablösung. Abgeltung, Aufhebung rechtl. Lasten, lehens- bzw. hofrechtl. Verhältnisse wie z. B. Fronden, Zehnten und gewerbl. Berechtigungen durch eine Entschädigung, meist in Geld. Besondere Bedeutung hatte die Ablösung bei der Bauernbefreiung, bei der sie sich sehr zugunsten des Großgrundbesitzes und zu Lasten der beabsichtigten Reform auswirkte.

Ablösungsgelder. Gelder, die für den Freikauf vom Gesindezwang, von Fronden usw. aufgebracht werden mußten.
LIT. E. R. Huber, Deutsche Verfassungsgeschichte I (1957) 194f.; F. Lütge, Deutsche Sozial- und Wirtschaftsgeschichte (^{2}1960); HWDRG I, 10ff.

Ablution. Abwaschen der Finger und Geräte, die bei der Feier der Eucharistie mit dieser in Berührung kamen. Seit alters üblich, mit Wein und Wasser vollzogen (Ablutions-Wein; Ablutions-Wasser), wurde die A. im Missale Pius' V. geregelt; sie fehlt in der mozarab. Liturgie. Seit dem 12. Jh. wurde der Ablutions-Wein vielfach als Ersatz für die Kelchkommunion gereicht.
LIT. LThK I, 55; Liturg. Handlexikon 1922, 1.

Abolition (lat. abolitio). Aufhebung, Abschaffung, Vernichtung, Verbot; Niederschlagung eines schwebenden Strafverfahrens.

Abolitionismus. Bewegung zur Abschaffung von bestimmten Einrichtungen, z. B. der Prostitution in England im 19. Jh.; im engeren Sinn versteht man unter Abolitionismus die Bewegung zur Abschaffung der Sklaverei; seit 1833 war sie in den USA in der National Anti-Slavery Society organisiert.

Abrahamiten.
[1] Sekte des 9. Jh. n. Chr., nach ihrem Stifter Abraham von Antiocheia benannt, sie leugnet die Gottheit Christi.
[2] Böhmische Sekte des 18. Jh., die im Zusammenhang mit den ostböhm. Bauernaufständen (1775) und dem Toleranzpatent Kaiser Josephs II. (1782) eine Rolle spielte, am strikten Monotheismus (»reiner Gottesglaube Abrahams«) festhielt, die Zugehörigkeit zu einer der im Toleranzpatent anerkannten Kirchen ablehnte. Joseph II. siedelte einen Teil der A. zwangsweise nach Siebenbürgen und an die serb. Militärgrenze aus.
LIT. E. Winter, Der Josephinismus und seine Geschichte (^{2}1962).

abrenuntiatio diaboli →Abjuratio.

Abrogans (der, lat.). Glossae ex novo et vetere testamento, alphabetisch geordnete lat. Synonymensammlung, genannt nach dem ersten Stichwort, wahrscheinlich in Bobbio um 700 zusammengestellt, unter Bischof Arbeo von Freising an der Domschule ins Althochdeutsche übersetzt. Die bayr. Urfassung ist verloren, erhalten sind 3 alemann. Um- und Abschriften, 1 bayr. Umarbeitung.
LIT. →Abrogans, deutscher.

Abrogans, deutscher. Das sogen. Keronische Glossar, St. Gallen (aus Murbach?) ca. 800, ist eine alemann. Umarbeitung des Abrogans.
LIT. W. Baesecke, Der dt. A. (Nachdruck 1970); B. Bischoff, J. Duft, St. Sonderegger, Das älteste deutsche Buch (1977); J. Splett, A.-Studien (1976).

Abrogation. Gänzliche und direkte Aufhebung eines Gesetzes durch den Gesetzgeber bzw. ein neues Gesetz.

Abrüstung. Die aus humanitären Wurzeln, wirtschaftl. und militär. Erwägungen (Erhaltung des Gleichgewichts, →Balance of Power) erwachsene Abrüstungs-Idee ist alt. Seit J. Bodin (1530–1596) ist sie in den meisten Friedensrufen der folgenden Jahrhunderte vertreten, z. B. bei I. Kant, Zum ewigen Frieden (1795), durch Zar Alexander I. auf dem Wiener Kongreß, durch Napoleon III. 1870 und Zar Nikolaus I. 1898. Auf den Haager Konferenzen (1899; Landkriegskonvention, von 24 Staaten

unterzeichnet, 2. Konferenz: 1907) mißlingt die eigentl. Abrüstung. Erfolglos bleiben auch die Mahnungen Papst Leos XIII. 1889 zur Rüstungsbeschränkung. Nach dem Ersten Weltkrieg bekommt die Diskussion um die Abrüstung durch die den Besiegten einseitig auferlegte Abrüstung des Versailler Friedens und des Art. 8 der Völkerbundssatzung neuen Auftrieb. Art. 9 der Völkerbundssatzung sieht einen Rüstungsausschuß vor. Das Genfer Protokoll vom 2. 10. 1924 (Regelung internationaler Streitfälle) tritt nicht in Kraft. Schleppend verläuft die Abrüstungskonferenz im Dez. 1925; 1929: Anerkennung des Rüstungsstandes der Siegermächte, Deutschland distanziert sich. 9. 12. 1930: Konventionsentwurf (Frankreich–England) stellt die Abrüstung der Siegermächte in deren Ermessen. Die Abrüstungskonferenz 1932 läßt den Gegensatz Frankreich (Sicherheitsdenken) – Deutschland (Gleichberechtigung) deutlich werden. McDonalds Plan (1933) einer stufenweisen, kontrollierten Abrüstung scheitert. Deutschlands Austritt aus dem Völkerbund (14. 10. 1933) und die Kündigung der Militärklausel des Versailler Vertrags (1935) sind wichtige Marksteine für die beginnende Aufrüstung der abgerüsteten Nationen.
Nach dem Zweiten Weltkrieg (seit der Vollversammlung von 1946) beschäftigt sich die UNO (Abrüstungskommission) mit der A. Zweiseitige Abrüstungsgespräche werden geführt. Besondere Schwierigkeiten bieten die atomaren Waffen, das Verhältnis der konventionellen Waffen, die Kontrolle der A., der Begriff der Rüstung überhaupt oder der Angriffswaffen. Einzelerfolge sind bisher nur gegenüber den Verlierermächten des Zweiten Weltkriegs erzielt worden. Zwischen dem Sicherheitsbedürfnis der einzelnen Mächte, der Angst vor den atomaren und bakteriologischen Vernichtungsmitteln, wirtschaftl. Erwägungen und machtpolitischem Denken verharrte die A. in juristischen Distinktionen und Kontrollfragen, in Mißtrauen und Verdächtigungen bis zur Auflösung der UdSSR und des Ostblocks seit 1989.
LIT. H. J. Schlochauer, Die Idee des ewigen Friedens (1953); H. Volle, Probleme der internat. Abrüstung (1956); STL I, 13–18; K. von Raumer, Ewiger Friede (1953); J. Janning, H.-J. Legrand, H. Zander, Friedensbewegungen in der BRD und in Westeuropa (1986); H. Scheer, Die Befreiung von der Bombe (1986).

Abschied. Memorial, Rezeß, Schied. Zusammenfassung der Beschlüsse eines Kollegiums, einer Versammlung, insbesondere eines Landtags (Landtagsabschied), eines Reichstags (Reichsrezeß, recessus imperii). Der Reichsabschied von 1654 wird »jüngster Reichsabschied« genannt, da fortan der Reichstag zu Regensburg in Permanenz tagte (Immerwährender Reichstag bis 1806) und aus diesem Grunde kein Abschied mehr erfolgte. Seit 1663 (Immerwährender Reichstag) tritt an die Stelle des Reichsabschieds der Reichsschluß als die Form, in der die Beschlüsse des Reichstags durch kaiserl. Dekret verkündet werden.
LIT. Haberkern-Wallach 20, 527; H. Conrad, Dt. Rechtsgeschichte I und II.

Absolutismus. Regierungsform der Monarchie, die davon ausgeht, daß der Monarch die unbeschränkte Herrschaftsgewalt verkörpert. »Maiestas est summa in cives ac subditos legibusque soluta potestas« (Bodin). Doch steht auch der absolutist. Fürst unter dem Gesetz (keine Willkürherrschaft). Göttliches und menschliches Gesetz, das persönliche Gewissen, das gute alte Recht, Herkommen, Parlamente bzw. Stände, gesellschaftliche Struktur (besonders der Adel) ziehen dem Absolutismus Grenzen. Die staatsfreie Sphäre der Zeit des Absolutismus war vielfach größer als in modernen Staatswesen. Der monarchische Absolutismus, der im 17. und 18. Jh. seinen Höhepunkt erreichte (Höfischer oder Hochabsolutismus), ist aus dem Königtum des SpätMA im Bund mit dem Bürgertum gegen das Feudalsystem und den Adel entstanden (Frühabsolutist. Formen: Friedrich II. in Sizilien, Philipp IV. in Frankreich, England unter den Tudors). Er hat sich in langen Kämpfen gegen den Ständestaat und die partikularen Gewalten durchgesetzt. Entscheidend für seine Ausbildung war, daß das Steuerbewilligungsrecht der Stände (Aerarium) gebrochen und stehende Heere (miles perpetuus) eingeführt wurden. Man unterscheidet:
(a) Früh-Absolutismus (Friedrich II.; Philipp IV.)
(b) Konfessioneller A. des 16. Jh. (Phil-

ipp II. von Spanien; Elisabeth I. von England), der vom Endzweck der Glaubenseinheit bzw. der Glaubensreinheit die höchste Gewalt des Fürsten anerkennt und verstärkt, durch solche Privilegierungen seitens des Papsttums unterstützt, aber auch in den nichtkatholischen Staaten durch die engste Verbindung von Thron und Altar gefördert wird. Der Fürst, weitgehend konfessionell abhängig, beansprucht, auch im Staatsinteresse (non debet esse status in statu) ein religiös-kirchliches Aufsichts- und Sorgerecht, Herrschaft auch über die Seelen, aus religiösen und machtpolitischen Motiven. Vergleiche dazu das Jus reformandi, dessen Grundsatz cuius regio, eius religio lautete (wem das Land, dem der Glaube).

(c) Höfischer oder Hoch-Absolutismus, wie er in Frankreich aus den Hugenottenkriegen und den Frondekämpfen erwachsen ist (höchste Ausbildung unter Ludwig XIV.). Das französische Vorbild (»L'état c'est moi«; »Si veut le roi, veut la loi«) mit der höfischen Zentralisation in Versailles, der weitgehenden Ausschaltung des Adels und der Stände, der Begründung des Absolutismus durch Bibel und Theologie (J. B. Bossuet, 1627–1704) wirkte sich fast in ganz Europa aus (Friedrich Wilhelm I. in Preußen; Zar Peter d. Gr.).

(d) Aufgeklärter A., eine durch die Aufklärung modifizierte Form des monarchischen Absolutismus, die sich vor allem darin niederschlägt, daß der Fürst, unter Beibehaltung der alten »Losgelöstheit« vom Volk und der starren ständischen Gliederung, sich dem gemeinen Besten (salus publica), der öffentlichen Meinung, der Kritik der »Aufgeklärten« verantwortlich weiß und somit der alles beherrschenden Vernunft (Roi-philosophe). Er fühlt sich als erster Diener seines Staates.

(e) Spät-Absolutismus, erfährt nach der Französischen Revolution (bereits beginnend mit Napoleon und seinem Staatensystem) unter Metternich, Montgelas u. a. seine Ausbildung und wird erst durch die 48er Revolution überwunden.

Die Leistung des A. ist u. a. in der Schaffung einer modernen Verwaltung, der Herstellung der Rechtseinheit innerhalb der Staaten, Aufstellung stehender Heere unter dem Oberbefehl des Herrschers, Zurückdrängung des alten Adels durch einen neuen Amtsadel, Ausbildung des Staatskirchentums (→Josephinismus) mit nationalkirchlicher Tendenz sowie im Vordringen des von der Krone geförderten Bürgertums zu sehen.

Die Theorie des A. entwickelte sich in engstem Zusammenhang mit der Auseinandersetzung um das Verhältnis von Kirche und Staat seit dem 14. Jh. (Philipp IV. und seine Legisten, Kämpfe Ludwigs IV. mit dem Papsttum: Marsilius von Padua, Pierre d'Ailly u. a.) und wurde gegen Ende des 16. Jh. von Jean Bodin, namentlich in den sechs Büchern über den Staat (1576) und Thomas Hobbes (1588–1679) formuliert. Neben der Lehre von der Souveränität (entwickelt in Abwehr des Königtums gegen die Stände, Papst und Kaiser) läuft die Idee der Staatsräson (N. Machiavelli) als wichtige Wurzel des Absolutismus. Mit der Überspitzung des A. setzt bereits im 17. Jh., zunächst in England (Buchanan, Barclay) die Gegenbewegung ein, die um so mehr an Boden gewinnt, je stärker sich die überspannte Außenpolitik absolutistischer Herrscher, die Kosten der stehenden Heere, Flotten, Hofhaltung, Kriege, Festungsbauten usw. auf Finanzen und Wirtschaft auswirken. Seit der zweiten Hälfte des 17. Jh. wird nach Beschränkungen der fürstlichen Macht aus dem Naturrecht und der Idee der Gewaltenteilung gesucht (Locke, Montesquieu). Die Kritik der Aufklärung, das Aufkommen einer öffentlichen Meinung leiten die Modifikation zum aufgeklärten A. ein. Bis zu dem durch die Aufklärung und die Französische Revolution eingeleiteten Säkularisierungsprozeß blieb der A. stark konfessionell, kirchenpolit. gebunden, das Streben nach Bindung zwischen Thron und Altar ist selbst für den Neo- oder Spätabsolutismus des 19. Jh. charakteristisch (→Gottesgnadentum). Toleranz und Parität wurden in den absolutistischen Staaten sehr unterschiedlich, oft erst nach harten Kämpfen und je nach der konfessionellen Situation verwirklicht. Die Repräsentationsfreude der absolutistischen Fürsten (so z. B. Ludwigs XIV., Augusts des Starken von Sachsen-Polen, Friedrichs I. von Preußen, Max Emanuels von Bayern, auch der geistlichen Fürsten aus dem Hause Schönborn) hat sich in zahllosen künstlerischen Leistungen des Barock und Rokoko (Architektur, Malerei, Plastik, Musik, Theater) niedergeschlagen.

LIT. StL I, 31–35; Gebhardt-Grundmann II; LThK I, 75–81; W. Hubatsch, Das Zeitalter des A., 1600 bis 1789 (1962); A. D. Lublinskaya, French absolutism: the crucial phase 1600–1629 (Cambridge 1968); W. Hubatsch, A. (1973); K. O. v. Aretin, Der aufgeklärte A. (1974); K. Neumaier, Ius publicum. Studien zur barocken Rechtsgelehrsamkeit an der Universität Ingolstadt (1974); G. Barudio, Absolutismus–Zerstörung »libertärer Verfassung«. Studien zur »Karolinischen Eingewalt« in Schweden zwischen 1680 und 1693 (1976); H. H. Brandt, Der österreich. Neoabsolutismus (1978); H. Ch. Ehalt, Ausdrucksformen absolutist. Herrschaft. Der Wiener Hof im 17. und 18. Jh. (1980); H. Lehmann, Das Zeitalter des A. Gottesgnadentum und Kriegsnot (1980); E. W. Zeeden, Europa im Zeitalter des A. und der Aufklärung (1981); H. Reinalter, Aufgeklärter Absolutismus und Revolution (1980); J. Kunisch, Absolutismus (1986).

Abt (von bibl.-aram. aba, ab, gräzisiert ἀββᾶς, geistl. Vater seiner Mönche). Vorsteher einer Mönchsgemeinde, nach der Benediktinerregel der Vater des Konvents, der Stellvertreter Christi im Kloster. »Die Geschichte des Benediktinertums ist die Geschichte seiner Äbte« (I. Herwegen).

(a) Der Abbas regularis de regimine steht rechtlich und faktisch einer Abtei vor, ist exemt und besitzt die Jurisdiktion über alle zur Abtei gehörenden Personen.

(b) Der Abbas vel praelatus nullius ist ein gefreiter Abt oder Prälat, seit dem 12. Jh. zuständig für den mit der Abtei verbundenen Sprengel, der nicht einem Bischof untersteht, hat dort quasi-episkopale Jurisdiktion und besondere Privilegien.

(c) Der Titularabt ist im Besitz von Weihe, Insignien und Privilegien eines Abts, aber ohne Amtspflicht.

(d) Die Kommendatar- und Laienäbte, eine Einrichtung des MA, denen die Einkünfte einer Abtei übertragen wurden, waren ohne kirchl. Amtspflicht und die Ursache vieler Mißstände.

(e) Archiabbas (Erzabt), Abbas praeses (Abtpraeses), Abbas generalis (Generalabt) sind Bezeichnungen für Vorsteher einer monast. Kongregation.

(f) Der Abbas Primas (Abtprimas) ist das gewählte Haupt der benediktin. Konföderation und amtiert 12 Jahre.

LIT.: H. S. Mayer, Benediktin. Ordensrecht. 4 Bde. (1929–36).

Abtei (lat. abbatia). Zunächst Bez. für das Amt eines Abtes, dann für das Abtsgut, seit dem 11. Jh. für ein Kloster, das unter einem Abt steht, im Gegensatz zu den Propsteien und Prioraten, auch für Nonnenklöster unter einer Äbtissin. Unter den Abteien nahmen die auf königl. Grund errichteten Reichsabteien (→Reichsklöster) eine bes. Stellung dank ihrer Immunität und der ihnen später verliehenen Regalien ein, wie z. B. Zoll-, Markt-, Münzrecht. Zu den bedeutendsten Reichsabteien, die sich im 13. Jh. zu Territorien und fürstl. Rang zu entwickeln begannen und einen quasiepiskopalen Jurisdiktionsbereich umfaßten, z. T. auch im 18. Jh. zu Fürstbistümern umgewandelt wurden, zählten: St. Gallen, Kempten, Ottobeuren, Ellwangen, Fulda, Stablo-Malmedy, Corvey. Neben den Reichsabteien gab es immediate, nicht gefürstete Abteien (z. B. Weingarten, St. Blasien) und die große Zahl der mediaten, landsässigen Abteien, vor allem im Süden und Südosten des Reiches.

LIT. J. Zeller, Die Umwandlung des Benediktinerklosters Ellwangen in ein weltl. Chorherrenstift (1460) und die kirchl. Verfassung des Stifts. In: Württemberg. Geschichtsquellen 10 (1910); A. Werminghoff, Verfassungsgeschichte der dt. Kirche im MA ([2]1913); O. Hutter, Das Gebiet der Reichsabtei Ellwangen (1914); Ph. Hofmeister, Mitra und Stab der wirklichen Prälaten ohne bischöfl. Charakter (1928); LThK I, 90–95; HWDRG I, 19f.; DDC I, 29–62; J. Rottenkolber, Geschichte des hochfürstl. Stiftes Kempten (1933); E. Poumon, Abbayes de Belgique (1954); W. Rave, Korvey (1958); H. Pfeiffer, Verfassungs- und Verwaltungsgeschichte der Fürstpropstei Ellwangen (1959); P. Salmon, L'abbé dans la tradition monastique (1963); V. Burr (Hrsg.), Ellwangen 764–1964. Beiträge und Untersuchungen zur 1200-Jahrfeier. 2 Bde. (1964); H. Tüchle, Abtei und hochfürstliches Stift Kempten. In: Studien und Mitteilungen zur Geschichte des Benediktiner-Ordens 81 (1970) 390–406; H. P. Wehlt, Reichsabtei und König (1970); W. Braunfels, Abendländische Klosterbaukunst ([2]1976); F. J. Felten, Äbte und Laienäbte im Frankenreich (1980).

Äbtissin. Vorsteherin einer weiblichen Klosterfamilie, Abtei oder eines Damenstiftes. Kirchenlat.: abbatissa, zuerst im 6. Jh. auf romanischem Sprachboden, abgeleitet von Abt. Auch praeposita oder mater (bei Augustinus), mater monasterii genannt. In der Reichskirche gab es eine Reihe von Fürstäbtissinnen, z. B. von Essen, Elten, Werden, Thorn, Remiremont, Münsterbilsen, Buchau, Ober- und Niedermünster zu Regensburg usw. Sie verfügten über einen eigenen Territorialbesitz, beträchtliche Selbständigkeit auch gegenüber dem zuständigen Diözesanbischof, waren im Reichstag vertreten und durch kanonische Wahl bestellt.
LIT. M. Ascherfeld, Maria Kunigunde von Sachsen, die letzte Fürstäbtissin des Stiftes Essen 1776–1802. In: Beiträge zur Geschichte von Stadt und Stift Essen 47 (1930), 1–119; M. Domarus, Äbtissin Eva Theresia von Schönborn und das adelige Damenstift zur Heiligen Anna in Würzburg (1964).

Abukir (östlich von Alexandria).
[1] Seeschlacht von A. Am 1. 8. 1798 vernichtete Admiral Nelson die franz. Flotte, die die Expedition Napoleons in Ägypten decken sollte, er begründete damit die engl. Seeherrschaft über das östl. Mittelmeer und leitete, trotz der Erfolge Napoleons in Syrien und Ägypten und des hartnäckigen Widerstands der Franzosen unter General J. Kléber (nach Napoleons Rückkehr nach Frankreich), den endgültigen Sieg Englands auf dem ägyptischen Kriegsschauplatz ein.
[2] Landschlacht bei A. (25. 7.–2. 8. 1799). Sieg Napoleons auf der Halbinsel von A. über das zahlenmäßig weit überlegene Heer von Mustafa IV.

ab urbe condita (von der Gründung der Stadt Rom). Begriff der Chronologie. Neben der Varronischen Zeitrechnung (Gründung Roms mit 753 v. Chr. angesetzt) steht bisweilen auch die Catonische (752 als Jahr der Gründung Roms). Die Datierung a. u. c. findet auch bei frühmittelalterlichen Chronisten Verwendung; im SpätMA soll sie die klassische Bildung unterstreichen. Die Umrechung in christliche Zeitrechnung für die Zeit nach Chr. erfolgt, indem von der Jahreszahl 753 (bzw. 752) abgezogen wird, für die Zeit vor Chr. wird die Jahreszahl von 754 (bzw. 753) abgezogen.

a cappella (ital., nach Art einer Sängerkapelle). Ursprünglich Bezeichnung für Satz und Ausführungsart der ital. Vokalpolyphonie im 16. Jh., vorab der Werke Palestrinas, Lassos und der römischen Schule (A-cappella-Stil; A-cappella-Polyphonie), im Gegensatz zur Musik der Generalbaßzeit, die ein Mitwirken der Instrumente voraussetzt.

Acht (ahd. ahta, Verfolgung). Zustand der Rechtlosigkeit, der Friedlosigkeit. Die Verfolgung des Friedlosen (ahd. ahta, mhd. ahte, ehte) ist rechtmäßig. Von der Friedloserklärung wird die A. auch als Bann bezeichnet. Doppelformel: A. und Bann. Fehderechtlich wird der Friedlose ein Feind des Volkes und des Königs genannt, verliert die Huld des Königs. Im SpätMA für den Geächteten auch die Bezeichnung: vogelfrei. Nicht jede Missetat zieht die A. nach sich. Die volle Friedlosigkeit ist im MA die Ausnahme, in der Regel ist die A. örtlich und sachlich begrenzt, zunächst auf den Gerichtsbezirk, später auf das Territorium. Das Reichshofgericht konnte die Reichsacht aussprechen und damit die Friedlosigkeit auf das Reich ausdehnen. Die königl. Landgerichte und die westfälischen Femgerichte beanspruchten für ihre A. Geltung im ganzen Reich. Die Reichsacht betreffende Vorschriften finden sich in den Reichsabschieden, in den Kaiserlichen Wahlkapitulationen und in den Kammergerichtsordnungen. Die Nichtzahlung der bewilligten Reichssteuern war seit dem Reichsabschied von Speyer 1542 mit der Reichsacht bedroht. Der Kaiser konnte die Reichsacht nur noch nach vorausgehendem Prozeß verhängen, den er am Reichshofrat durchführen lassen konnte. Seit 1711 (Wahlkapitulation Kaiser Karls VI.) war der Ausspruch der Reichsacht an die Zustimmung des Reichstages gebunden.
Damit war der Reichsacht faktisch der Todesstoß versetzt. Das von Maria Theresia 1756 angestrengte Achtverfahren gegen Friedrich II. drang nicht durch.
Häufig hat das Reichskammergericht bis zum 16. Jh. die Reichsacht verhängt, im 17. Jh. sie aber immer seltener ausgesprochen. Karl V. ächtete ohne Prozeß 1546 die Führer des Schmalkaldischen Bundes. Kurfürst Friedrich V. von der Pfalz wurde wegen seiner Einmischung in die böhmischen Unruhen 1621 von Kaiser Ferdinand II. in die Reichsacht erklärt. Kaiser Joseph I. sprach 1706 mit Zustimmung des Kur-

kollegs, aber ohne vorausgehenden Prozeß und ohne Befragung der übrigen Reichsstände die Reichsacht über die Kurfürsten Maximilian Emanuel von Bayern und Joseph Clemens von Köln aus.
Die Lösung des Geächteten war möglich durch die Absolution. Sie erfolgte durch eine feierliche Absolutionserklärung. Zuständig für die Absolution war der Kaiser, allein oder mit Hilfe eines Gerichts, des Reichshofrats, das Reichskammergericht und der Reichshofrat selbst, wenn sie ohne Mitwirkung des Kaisers selbständig die Reichsacht ausgesprochen hatten. Wichtigste Bedingung der Absolution war die Bereitschaft des Geächteten zum Gehorsam gegen Kaiser und Reich. Durch die Absolution wurde der Geächtete gänzlich von den Rechtsfolgen der A. befreit.
LIT. HWDRG I, 25–36; F. von Thudichum, Der Achtprozeß gegen Friedrich d. Gr. und seine Verbündeten 1757 und 1758. In: Festgabe für R. von Ihering (1892); E. Feldmeier, Die Ächtung des Kurfürsten Max Emanuel von Bayern und die Übertragung der Oberpfalz mit der fünften Kur an Kurpfalz 1702–08. In: Oberbayerisches Archiv 58 (1914) 145–269; A. Brabant, Das Heilige Römische Reich teutscher Nation im Kampf mit Friedrich d. Gr. (1904); Eberhard Schmidt, Geschichte der dt. Strafrechtspflege (1951).

Achtundvierziger. Die Vertreter der liberalen und demokrat. Strömungen in der Revolution von 1848 (innerhalb und außerhalb der Paulskirche). Zum Teil wanderten sie später aus (in die Schweiz: G. Herwegh, J. Scherr; nach England: F. Freiligrath, L. Bucher; in die USA: Th. Hecker, K. Schurz, Th. Sigel), zum Teil wurden sie gemaßregelt.
LIT. E. Meier, Die außenpolit. Ideen der A. (1938); A. E. Zucker, Forty-Eighters (1950); D. Cunz, Die A. in Amerika (1950); E. W. Dobert, Dt. Demokraten in Amerika (1958).

Acta (lat. das Geschehene, Verhandelte; Akten). Verfügungen und Protokolle von Behörden.
(a) **Acta senatus.** Protokolle der Senatsverhandlungen, seit 59 v. Chr. auf Anordnung Caesars ständig aufgenommen.
(b) **Acta principis.** Aufgezeichnete Äußerungen des Kaisers in Briefen, Reden, Edikten usw.
(c) **Acta diurna** oder **Acta urbis.** Eine Art Staatsanzeigen im alten Rom, von Caesar begründet, eine Vorform der Zeitung.
(d) **Acta Apostolorum** (d. h. Apostelgeschichte). Weniger eine Geschichte der Apostel, als eine Darstellung der Entstehung und Ausbreitung der urchristlichen Kirche, insbes. der Mission unter den Heiden.
(e) **Acta martyrum** (Martyrerakten). Berichte über das Martyrium von Christen, die altertümlichsten in Form eines Gerichtsprotokolls.
(f) **Acta eruditorum.** Die erste gelehrte Zeitschrift Deutschlands, 1682 in Leipzig von O. Mencke gegründet, 1782 eingegangen (117 Bände).
(g) **Acta RR. Pontificum.** Entscheidungen der röm. Päpste für die Gesamtkirche, nach Inhalt und Form verschieden (Briefe, Bullen, Dekrete, Enzykliken usw.), vom 16. Jh. an in sog. Bullarien gesammelt.
(h) **Acta Apostolicae Sedis** (AAS, seit 1909 an Stelle der **Acta Sanctae Sedis,** seit 1865). Gesetzblatt und amtliches Publikationsorgan der röm. Kurie, ›Commentarium Officiale‹ (Untertitel) des Papstes, der Kardinalskongregationen, der Gerichte und Ämter.
(i) **Acta Sanctorum.** Von dem Jesuiten Jean Bolland (1596–1665) begonnene Sammlung von Heiligenleben, oft recht legendarisch, die nach den Gedenktagen des Kalenders angelegt waren. Der erste Band der Acta Sanctorum erschien 1643; die Sammlung ist heute noch nicht abgeschlossen. Nach der Aufhebung der Gesellschaft Jesu (1773) kauften die Prämonstratenser der Abtei Tongerloo die historischen Schätze der Bollandisten auf, führten die Acta Sanctorum weiter. Tongerloo wurde nach Einverleibung der südl. Niederlande in die franz. Republik 1796 säkularisiert und verkauft, die Sammlung der Bollandisten in alle Richtungen zerstreut. 1837 wurde das Unternehmen in Brüssel wiederbegründet. Veröffentlichungen: Acta Sanctorum, Analecta bollandiana, Subsidia hagiographica.

Action Française. Französ. politische Gruppe, entstanden 1898 im Zusammenhang mit der Dreyfusaffäre unter Führung des Schriftstellers Charles Maurras; sie war nationalistisch, antisemitisch, royalistisch. Zu ihr gehörte der 1907 gegründete Wehrverband der Ca-

melots du roi. 1936 wurde die Organisation aufgelöst. 1914 wurden vom Hl. Offizium einige von Maurras' Werken verurteilt; diese Verurteilung wurde aber erst 1926 mit der Verkündigung rechtswirksam und von Pius XII. 1939 aufgehoben. Die seit 1908 erscheinende Tageszeitung der A. F., mit Léon Daudet als Chefredakteur, vereinigte hohes literar. Niveau mit großer Schärfe. Nach dem Zweiten Weltkrieg wurde die A. F., die für die Regierung Pétain eingetreten war, aufgelöst.
LIT. R. Havard de la Montagne, Histoire de l'»Action Française« (Paris 1950); L. Thomas, L'action Française devant l'Eglise (1965).

Actium, Seeschlacht bei (2. 9. 31 v. Chr.). Am Vorgebirge von A., auf der Südseite des Golfs von Ambrakia, errang Octavian, der spätere Kaiser Augustus, den welthistor. Sieg über die zahlenmäßig überlegenen Flotten des Antonius und der Kleopatra. Die Niederlage des Antonius zur See zog die Auflösung seines Landheeres nach sich. Der Sieg von A. ermöglichte Octavian im folgenden Jahr die Landung in Ägypten. A. sicherte Rom für Jahrhunderte die Vorherrschaft im Mittelmeer gegenüber Alexandria.
LIT. J.M. Carter, Die Schlacht bei Aktium (1972).

Ada-Handschrift. Karoling. Evangelienhandschrift, um 800, angeblich für die Äbtissin Ada verfertigt, die eine Schwester Karls d. Gr. gewesen sein soll. Die A.-H. aus der Abtei St. Maximin ist heute in der Stadtbibliothek Trier zu sehen.

Adamiten, Adamianer. Bezeichnung für verschiedene Sekten, gnostische und wiedertäuferische Gruppen. Die A. huldigten dem Nudismus zum Zeichen paradiesischer Unschuld und lehnten die Ehe ab. Die Promiskuität war sehr verbreitet. A. werden erwähnt bei Augustinus und Johannes von Damaskus. Den Katharern, gewissen Gruppen der Waldenser, den Wiedertäufern u.a. wurde rituelle Unzucht vorgeworfen. A. waren angeblich auch unter den Hussiten, außer in Böhmen auch in Flandern und der Picardie verbreitet.
LIT. Th. Büttner–E. Werner, Circumcellionen und Adamiten (1959).

Addextrator. Ma. Bezeichnung für den Begleiter einer höheren Persönlichkeit (der zur Rechten ging oder saß) oder die zwei Kardinäle, die den Papst zum Altar geleiteten, bzw. für denjenigen, der den Steigbügel hielt und das Pferd des Papstes führte.

Ad dominici gregis custodiam. Bulle zur Ergänzung der Zirkumskriptionsbulle für die oberrheinische Kirchenprovinz ›Provida sollersque‹; 16. 8. 1821).

Adel (von ahd. adal, edeli). Edles Geschlecht, durch Abstammung bevorrechtigter Stand, der sich ursprüngl. auf kriegerische Tüchtigkeit und die Vorstellung von göttl. Herkunft, Geblütsheiligkeit (Geblütsadel), dann auch auf Grundbesitz stützte.
In der fränk. Zeit entstand aus dem Königsdienst, der Königsgefolgschaft (trustis dominica, →Antrustionen) ein Dienstadel, zu dem auch Unfreie emporstiegen. Dieser Dienstadel war neben der galloröm. Senatorenaristokratie der Träger der Verwaltung von Staat und Kirche. Er überlagerte den Ur-Adel der german. Stämme, sog ihn zum Teil auf, doch trat dieser Ur-Adel am Ende des 9. Jh. wieder regeneriert hervor. Den Aufstieg des Dienstadels in fränk. Zeit zeigt am deutlichsten der Aufstieg der Hausmeier zum Königtum. Der Adel war das »genossenschaftl. Element in der Struktur des ma. ›Staates‹ bis zu seinem Zerbrechen im SpätMA«.
Die Reichskirche des MA und der frühen NZ war zu einem guten Teil Adelskirche. Adelige besetzten, von wenigen Ausnahmen abgesehen, die Bischofsstühle bis zum Untergang der Reichskirche, einen guten Teil der Abtssitze und dominierten in den Domkapiteln. Um die Wende vom 9. zum 10. Jh. übernahm der Adel die Vogtei über die königl. Bischofs- und Klosterkirchen. Die Vogtei ist seit dem 10. Jh. die eigentl. Form der polit. Herrschaft des Adels über die Kirche. Maßgebl. Anteil hatte der Adel am Investiturstreit. Die Überführung der Reichskirche in den Reichslehensverband gereichte in erster Linie dem Adel zum Vorteil. Das Lehenswesen führte zum inneren Ausbau und zur Festigung der Adelsherrschaft.
Der Hochadel baute seine Territorien zu Landesherrschaften aus und trat 1180 beim Prozeß Heinrichs des Löwen als Reichsfürstenstand auf. Dessen Spitze bilden seit dem 13. Jh. die Königswähler, die sich schließlich im Kurfürstenkolleg abschlossen.

Die Abstufung innerhalb des Adels und in der Lehensfähigkeit spiegelt die Heerschildordnung. Der ma. Kultur- und Gesellschaftskreis des Rittertums vereinigte im gemeinsamen Streben nach Verwirklichung ritterlicher Ideale Fürsten, Hochadel, einfache Ritter, auch die ursprüngl. unfreien Ministerialen. Mit dem Ende der Naturalwirtschaft, der Erschütterung des Feudalsystems, dem Aufkommen der Geldwirtschaft und dem Aufstieg des Bürgertums beginnt eine Krise und Umschichtung des Adels. Im SpätMA zerfallen Ritterstand und ritterl. Ideale.
Die Mystik trägt einen neuen Adelsbegriff in weite Kreise: den Adel des Leidens und Mitleidens. Hoch-Adel und Nieder-Adel differenzierten sich ständerechtlich; der Nieder-Adel schloß sich im 14./15. Jh ab. Söldnerheere, Städtekultur, Humanismus, spätburgundische Kultur umschreiben eine Zeit, die insgesamt dem Adel wenig günstig ist; die Schicksale eines Franz von Sickingen und Ulrich von Hutten stehen für viele andere. Der Gang der Reformation und der Gegenreformation wurde jedoch noch entscheidend von dem nicht selten gegen den Landesherrn frondierenden Adel bestimmt.
Das absolutist. Fürstentum setzte sich jedoch gegen den Adel durch, brach seine Macht, förderte das Bürgertum. Die Aufklärung, von der Aristokratie in ihren Anfängen gefördert, erwies sich als eine Bewegung des 3. Standes, der aufgeklärte Absolutismus war keineswegs adelsfreundlich.
Mit der Französischen Revolution und ihren Folgen (Säkularisation, Mediatisierung) wurde der Adel in ganz Europa weiter zurückgedrängt. In Frankreich verlor der Adel 1789 seine Vorrechte, Steuerfreiheit, gutsherrl. Gerichtsbarkeit, Recht auf bäuerl. Frondienste. Im Reich wurden 1803 und 1806 die meisten kleineren Geschlechter des hohen Adels, die Reichsritterschaft, mediatisiert (Mediatisierte, →Standesherrn). Der im 18. Jh. noch weitgehend adelige Charakter der Reichskirche wurde mit der Säkularisation beseitigt, Versorgungsmöglichkeiten für den Adel in Stifts- und Domkapiteln sehr stark beschränkt. Der Spätabsolutismus und der Konstitutionalismus in den dt. Staaten drängte den Adel weiter zurück. Im 19. Jh. war sein Schicksal mit dem des monarch. Prinzips verbunden.
Die polit. und gesellschaftl. Bedeutung des Adels ist heute so gut wie ganz beseitigt. Die Funktion der Elite, die früher vom Adel wahrgenommen wurde, haben andere übernommen. Die vom Adel geprägten Leitbilder (Heros, Ritter, Gentleman) sind verblaßt.

LIT. H. von Bülow, Geschichte des Adels (1903); A. Schulte, Der Adel und die dt. Kirche im MA (^{2}1922); O. von Dungern, Adelsherrschaft im MA (1927); Th. Mayer (Hrsg.), Adel und Bauern (1943); H. Mitteis, Der Staat des hohen MA (^{2}1944), O. Brunner, Adeliges Landleben und europ. Geist (1949); Th. Mayer, Fürsten und Staat (1950); G. Tellenbach, Studien und Vorarbeiten zur Geschichte des großfränk. und frühdt. Adels (1957); H. Gollwitzer, Die Standesherren (^{2}1964); M. D. Sagebiel, Die Problematik der Qualifikation bei den Baierischen Standeserhebungen zwischen 1651 und 1799 (1964); H. Rössler, Der deutsche Hochadel und der Wiederaufbau nach dem Westf. Frieden. In: Blätter f. deutsche Landesgesch. 101 (1965) 129–146; H. Schneider, Adel, Burgen, Waffen (1968); W. Blanning, The nobility and revolution in Mainz, 1792–1793. In: Gedenkschrift für Martin Göhring (1968); H. Jacobs, Der Adel in der Klosterreform von St. Blasien (1968); Rössler-Franz, Sachwörterbuch zur dt. Geschichte I (1970) 10–18; Staatslexikon I, 43–49; HWDRG I, 42–51; R. Vierhaus (Hrsg.), Der Adel vor der Französischen Revolution (1971); P. Feldbauer, Herren und Ritter (1973); W. Störmer, Früher Adel. Studien zur polit. Führungsschicht im fränkisch-deutschen Reich vom 8.–11. Jh., 2 Bde. (1973); R. A. Müller, Universität und Adel. Eine soziostrukturelle Studie zur Geschichte der bayer. Landesuniversität Ingolstadt (1472–1648) (1974); R. Wenskus, Sächs. Stammesadel und fränk. Reichsadel (1976); P. M. Halm: Struktur und Funktion des brandenburg. Adels im 16. Jh. (1979); W. J. Mommsen (Hrsg.), Stadtbürgertum und Adel in der Reformation (1979); A. Friese, Studien zur Herrschaftsgeschichte des fränk. Adels (1979); M. Werner, Adelsfamilien im Umkreis der frühen Karolinger (1982); J. Powis, Der Adel (1986); A. Graf v. Arnim, Märk. Adel (^{2}1989).

Adelslexika. Kurze Beschreibung der Geschichte, Namen, Wappen und Güter der Adelsgeschlechter in alphabetischer Ordnung. Die Angaben sind nicht immer zuverlässig. Die wichtigsten Adelslexika für das Gebiet des Reiches: J. F. Glaube, Adelslexikon (Leipzig 1740–1747); J. C. von Hellbach, Adelslexikon (1825–26); L. von Zedlitz-Neukirch, Neues Preußisches Adelslexikon (1836); L. von Ledebur, Adelslexicon der Preußischen Monarchie (1855); O. T. von Hefner, Stammbuch des blühenden und abgestorbenen Adels in Deutschland (1860); E. H. Kneschke, Neues allgemeines deutsches Adelslexicon (1860); Adelslexikon (1972).

Adiaphora (lat. media, indifferentia, neutra). Dinge und Handlungen, die einem Zwischenbereich zwischen Gut und Böse angehören, indifferente Dinge, Handlungen, die weder geboten noch verboten sind. A. spielen in der stoischen und christlichen Sittenlehre eine wichtige Rolle.

Adiaphoristenstreit. Innerhalb des Protestantismus wurde durch das Leipziger Interim der 1. A. ausgelöst. Auf Anregung des Kurfürsten von Sachsen erklärten Melanchthon u.a., gewisse gottesdienstliche Formen und Gebräuche, auch Sakramente (Firmung, Letzte Ölung) seien Adiaphora, in denen man den Gegnern nachgeben könne. Anderer Ansicht waren die strengen Lutheraner unter Führung von Flacius Illyricus. Der Streit um die Adiaphora ging über den Augsburger Religionsfrieden weiter und wurde einigermaßen in der Konkordienformel (Art. X) beigelegt. Ein 2. A. entstand gegen Ende des 17. Jh. zw. Pietisten und orthodoxen Lutheranern um die Beurteilung der weltl. Vergnügen.

Aedil (Tempelhüter; röm. Beamter). Seit 494 v. Chr. gab es zwei plebeische Aedilen, und seit dem Zutritt der Plebejer zum Konsulat wurden zum Ausgleich dafür zwei curulische Aedilen geschaffen (367). Die beiden Aedilenpaare unterscheiden sich in Wahlqualifikation, Wahlform, Amtstracht, Hilfspersonal, Kasse; das Amt ist einjährig, auf Rom beschränkt, ohne imperium, das plebeische Aedilenamt jährlich wechselnd zwischen Plebejern und Patriziern. Seit 367 werden aus den Aedilen (bis dahin Sonderbeamte der plebs) Beamte der gesamten Gemeinde. Aufgabenbereiche: Stadtpolizei, Straßen, öffentliche Gebäude, privates Bauwesen, Verkehr, Feuerwehr, Lebensmittelversorgung der Stadt und Marktaufsicht. Caesar erhöhte 46 v. Chr. ihre Zahl um 2 Aediles plebis Cereales. Zu den Aufgaben des Aedils gehörte vor allem auch die Ausrichtung der Spiele (cura ludorum); damit war die Möglichkeit gegeben, über die Gunst des Volkes in der Ämterlaufbahn aufzusteigen. Der Aedil stand dem Rang nach über dem Quaestor, unter dem Prätor.

Adler.
[1] Zeichen röm. Weltherrschaft als Attribut des Jupiter Capitolinus, vor allem durch seine Verwendung als Legionsadler.
[2] Unter Otto III. wurde der A. als Bekrönung des Szepters übernommen, von Friedrich Barbarossa zum Reichswappen gemacht, ab 1200 Schwarz auf Gold, bis auf König Sigmund einköpfig, dann als Doppeladler kaiserliches und Reichswappen; 1804 übernahm das Kaiserreich Österreich den Doppeladler. 1701 wurde der gekrönte schwarze A. in Silber Wappen des Königreichs Preußen. In der Mitte des 18. Jh. kam der freischwebende, sog. friderizianische A. auf; er wurde zum Vorbild für das Hoheitszeichen des Freistaats Preußen; 1933 mit Blitzen und Schwert in den Fängen und dem Hakenkreuz auf der Brust. 1848 erklärte die Bundesversammlung in Frankfurt den Doppeladler ohne alle Attribute zum Wappen des Dt. Bundes. 1871 erhielt das Dt. Reich als Wappen den einköpfigen schwarzen A. in Gold, dem der preuß. Adlerschild aufgelegt wurde. 1919 wurde der einköpfige schwarze A. ohne Attribute zum Reichswappen. 1935/36 trat an seine Stelle das Hakenkreuz, jedoch darüber ein rechtsblickender Adler. 1950 übernahm die Bundesrepublik Dtl. das Reichswappen von 1919.

Adlerorden. Als Wappentier des Landeswappens führt Albrecht I., nachdem Preußen weltliches Herzogtum geworden war (1525), den schwarzen Adler in silbernem Feld ein. Die goldene Initiale des regierenden poln. Königs auf der Brust des Adlers ist das Zeichen der polnischen Lehensherrschaft. 1619, als Preußen an die Kurlinie Brandenburg-Hohenzollern kommt, tritt neben die Initiale des poln. Königs die des Kurfürsten, 1660 (Frieden von Oliva) verschwindet die Initiale des poln. Königs, die des regierenden Markgrafen von Brandenburg und Herzogs von Preußen bleibt erhalten. Der schwarze

A. wird am Vorabend der Königskrönung des Kurfürsten Friedrich III. (18. 1. 1701) zur Erhöhung des neuen Königtums von diesem gestiftet, mit der Devise Suum cuique. Der Schwarze A., der höchste preuß. Orden, wurde verliehen an adlige Zivil- und Militärpersonen (acht adlige Ahnen Voraussetzung; Nichtadlige wurden in den erblichen Adelsstand erhoben), ferner an preuß. Prinzen kraft Geburt, an ausländ. Fürsten und deren erste Würdenträger. Seit 1919 keine Verleihung mehr.

Der Rote A. wurde 1705 von dem Erbprinzen Georg Wilh. von Brandenburg-Bayreuth in Anlehnung an das askan. Wappen (1180, Roter Adler auf weißem Feld) gestiftet. Das askan. Wappen wurde 1417 von den Hohenzollern übernommen. 1792 übernimmt Friedrich Wilhelm II. den Roten A. als zweithöchsten preuß. Orden, seit 1864 in 4 Klassen unterteilt. Er galt von 1815–1919 als Symbol besonderer Treue zum preuß. Staate und war der klass. Orden für Beamtenverdienste.

LIT. HWDRG 1964, 54–56.

Adlerpult. Lesepult auf der Brüstung eines Ambo oder Lettners, so gestaltet, daß ein Adler mit ausgebreiteten Flügeln die Pultfläche bildet oder trägt. Eine Beziehung zum Adlersymbol des Evangelisten Johannes liegt nahe.

Ad majorem Dei gloriam (abgek.: AMDG; alles zur größeren Ehre Gottes). Lat. Spruch der Gegenreformationszeit; seit ihrer Gründung Wahlspruch der Gesellschaft Jesu.

Administrator. Verwalter in hoheitlicher Stellung. Bistumsverweser, ohne höhere Weihen, vor allem aus fürstlichen Häusern (z. B. Ernst von Bayern, 1516 Administrator von Passau, 1540 von Salzburg, resigniert 1554, da ihm weitere Dispens von der Priesterweihe verweigert wurde; Johann von Hoya, Administrator von Münster und Paderborn). Evangel. Administratoren haben in den zur neuen Lehre übergetretenen geistl. Staaten Norddeutschlands z. T. eine wichtige Rolle gespielt, z. B. in Magdeburg, bis zu dessen endgültigem Anfall an Preußen. Ein Apostolischer Administrator steht einer Apostolischen Administratur, einem bistumsähnlichen Gebilde, vor. Die Organisationsform einer Apostol. Administratur wird gewählt, wenn kirchenpolitische Schwierigkeiten es nahelegen, Teilgebiete eines oder mehrerer Bistümer einer eigenen Führung zu unterstellen, oder die Verhältnisse zur Errichtung eines eigenen Bistums noch nicht reif sind.

LIT. LThK I, 149f.; H. E. Feine, Die Besetzung der Reichsbistümer vom Westfäl. Frieden bis zur Säkularisation 1648–1803 (1921, unveränderter Nachdruck 1964) s. Reg.; G. Lorenz, Das Erzstift Bremen und der Administrator Friedrich während des Westfäl. Friedenskongresses (1969).

Admiral (admiragius, admiraldus, admiratus, im MA meist mit dem Zusatz maris, von arab. al-amir). Im 12. Jh. war der A. erster Minister im Königreich Sizilien, seit dem 13. Jh. zuerst in den Mittelmeerländern Oberbefehlshaber einer Flotte, anfänglich nur von Fall zu Fall ernannt. Bis ins 17. Jh. waren die A. selten Seeleute, meist Offiziere des Landheeres. Seit dem 17. Jh. Stufung der Admiralität ähnlich der Generalität: Konter-A., Vize-A., General-A., Groß-A.; in den Niederlanden auch A.-General, der Generalstatthalter als Oberbefehlshaber der Flotte. A. of the Fleet: in England, seit 1696 dauernd, der tatsächl. militär. Oberbefehlshaber der Flotte; A. of the Navy: Großadmiral in den USA.

Admiralität: Kollegium, das die Seemacht eines Landes leitet, besonders in den nördl. Niederlanden nach der Trennung von Spanien, in jeder Küstenprovinz eine, insgesamt fünf; jede Admiralität unterhielt ihre eigene Flotte, doch unterstanden sie seit 1597 dem A.-General. Nach niederländ. Muster wurde 1681 in Pillau eine Admiralität eingerichtet, bald durch eine Admiralität in Emden ersetzt, über der seit 1688 eine Oberadmiralität in Berlin stand. 1853–56 und seit 1872 war die Admiralität oberste Behörde der preuß. bzw. der deutschen Kriegsmarine, 1889 wurde sie in das Marineoberkommando (1899 durch Admiralsstab ersetzt) und das Reichsmarineamt geteilt.

Adoptianismus. Lehre, die in Jesus von Nazareth einen seit seiner Taufe in außerordentl. Weise von Gottes Geist erfüllten Menschen sieht, der auf Grund seiner sittlichen Bewährung nach Art der griech. Apotheose zu göttlicher Würde erhoben worden sei. Vertreter des A.: Theodotos von Byzanz, Paulus von Samosata (seine Anhänger: »Paulianisten«); der A. wurde in der span. Kirche im 8. Jh. anläßlich der Auseinan-

dersetzung mit dem Islam durch EB Elipandus von Toledo und Bf. Felix von Urgel vertreten. Die fränkische Kirche (Alkuin, Benedikt von Aniane u. a.) verdammte den A. auf den Synoden zu Regensburg (792), Frankfurt (794), Aachen (799) und Friaul (796). Der A. verlor seitdem rasch an Bedeutung, trat aber in der Christologie des 18. und 19. Jh. wieder hervor. Verschiedene Theologen des 12. Jh. vertreten den A.; verstärkt durch die Assumptus-Homo-Theologie im 12./13. Jh. Auch im 14. Jh. wirken Gedanken des A. nach.
LIT. LThK I, 153–55.

Adoption (lat. adoptare, erwählen). Rechtliche Annahme an Kindes Statt, vor allem im röm. Recht der spätrepublikan. Zeit ausgebildet. Dient der Weiterführung eines erlöschenden Geschlechts, in der Kaiserzeit der Bestellung eines Nachfolgers, bei Lebzeiten oder ex testamento. Adoptivkaiser als Epochenbezeichnung für die Zeit von 96–192 n. Chr., in der als ideale Lösung der Nachfolgefrage die A. als Auswahl des Besten propagiert wurde. A. im eigentl. Sinne war in den german. Rechten nicht bekannt, doch schon früh zeigten sich Elemente römisch-rechtl. Adoptionsterminologie in einzelnen german. Volksrechten. Erst im Rahmen der Übernahme röm. Rechts zu Beginn der NZ wird auch die A. übernommen. Die moderne Kodifikation (Allgemeines Landrecht für die preuß. Staaten, Code civil Napoleons usw.) hilft ihr zum Durchbruch. Während früher die künstl. Schaffung eines Eltern-Kinder-Verhältnisses im Vordergrund stand, treten dann fürsorgerische Ziele stärker hervor. In den german. Rechten gab es mannigfache Institute von adoptionsähnl. Charakter, z. B. die Pflegkindschaft, die sogen. Ehrenadoption durch Waffengabe usw. sowie manche Formen brauchtümlich-bündischer Adoption.
LIT. HWDRG I (1964) 56–58.

Adorant. Anbetend kniende Gestalt zu Füßen Christi oder der Madonna auf Gemälden oder Epitaphien.

Adoration. Anbetung, Huldigung, Proskynese, z. B. der Kardinäle vor dem neugewählten Papst.

Adscriptio glebae. Bindung an die Scholle. Der Bauer ist an das Land unter Gutsherrschaft gebunden, nicht freizügig.
→Bauernbefreiung, →Grundherrschaft.

ad usum Delphini (lat. zum Gebrauch des Dauphin, des franz. Thronerben). Teils verstümmelte, in anstößigen Stellen bereinigte Ausgabe antiker Klassiker mit Kommentar; in weiterem Sinne: zurechtgemacht.

Advent. Vorbereitungszeit im Weihnachtsfestkreis. Aus einer zunächst 3wöchigen Vorbereitungszeit in Gallien und Spanien entwickelt sich eine 6wöchige Quadragese, die am 11. 11. (Martinstag, heute noch deswegen Karnevalsveranstaltungen) beginnt und am 5. 1., vor Epiphanie, endet. Mit der Verdrängung von Epiphanie durch Weihnachten wurde die Vorbereitungszeit (wohl für die Taufe) mit Weihnachten abgebrochen. Gregor der Große schuf eine feste liturgische Ordnung des Advents, die volle drei Wochen mit den notwendigen Ausgleichstagen umfaßte. Der Charakter des heutigen Advents entstand in der Karolingerzeit nördlich der Alpen: vier Sonntage, gallisch-adventliche Bußbräuche. Das reiche Volksbrauchtum des A. ist z. T. verchristlichtes älteres Brauchtum zur Wintersonnenwende.

Adventisten. Eschatolog. Sektierer, die die baldige Ankunft Christi erwarten, 1831 von William Miller († 1849) in Nordamerika gegründete Religionsgemeinschaft, die sich bald in verschiedene Richtungen spaltete. Hauptgruppe: Seventh-Day Adventists (1860 gegr. von E. White, 1956 insgesamt 43 adventistische Zweigsekten). Die A. vertreten die Erwachsenentaufe, feiern den Sabbat, betonen die protestant. Rechtfertigungslehre, Gesamtzahl ca. 4 Mill. (1984), in Deutschland ca. 25 000 (1984).
LIT. Adventism. In: Collier's Encyclopedia, Bd. 1 (1971), 134–35; R. Graham, Ellen G. White. Co-Founder of the Seventh-Day Adventist Church (1985).

advocatia ecclesiae (advocatiae jus). Der Schutz der Kirche, von den christl. Kaisern als eine ihrer wichtigsten Aufgaben betrachtet, wuchs sich später zu weitgehender Schutzherrschaft, zur Bevormundung der Kirche (jus advocatiae, jus circa sacra, jus in sacra) aus; die a. e. bildete z. Z. des Absolutismus und der Aufklärung, des Gallikanismus in Frankreich, des Josephinismus in den österreich. Territorien und in den Territorien des Reiches einen wesentl. Bestandteil der staatl. Hoheitsrechte und eröffnete, ständig weiter ausgebaut,

zahlreiche Möglichkeiten, in absolutistisch-territorialist. Sinn in die Kirche, nicht nur in das forum mixtum, hineinzuregieren.
LIT. L. Glier, Die Advokatia ecclesiae Romanae imperatori in der Zeit von 1519 bis 1648 (1897); R. Müller, Die rechtl. Wandlungen der Advocatia Ecclesiae des röm. Kaisers dt. Nation (1895).

Advocatus (lat., der Herbeigerufene).
[1] Rechtsbeistand im Bereich des röm. Rechts; in Deutschland bis 1879, in Österreich bis 1919 der Rechtsanwalt.
[2] Vogt. A.burgi, A.major: Domvogt. A.hereditarius: Erbvogt. A. Dei, A. Diaboli: volkstüml. Bezeichnung für den Fürsprecher bzw. den Vertreter der Gegengründe bei Heilig- oder Seligsprechungsprozessen.

AEIOU. Vokalsymbol. Schon auf dem Leichengewand der 1332 verstorbenen Gemahlin Ludwigs von Bayern. Bekannt geworden vor allem durch Kaiser Friedrich III., der es unmittelbar nach seiner im Jahre 1436 unternommenen Reise nach Jerusalem auf der ersten Seite seines Memorandenbuches mit der Jahreszahl 1437 eintrug. Petrus Lambeck (1628–1680) setzt sich später ein für die Deutung; Austriae est imperare orbi universo, »alles erdreich ist Österreich undertan«. Diese unterlegte Bedeutung kann kaum die ursprüngliche Sinngebung der Buchstaben sein.

Affectio papalis. Im MA und in der NZ übliche, neben dem Jurisdiktionsprimat stehende Reservation des Papstes für Rechts- und Kulthandlungen, die er selbst begonnen hat oder beenden will.

Affiliation. Angliederung einzelner Personen, kleinerer Körperschaften und Vereine an eine größere Einheit.
[1] Im MA die Angliederung einzelner Frommer an einen Orden bei nur teilweiser Unterwerfung unter die Ordensregel.
[2] Übergang eines Religiosen von einem Kloster oder einer Ordensprovinz in eine andere.
[3] Die durch Verleihung erworbene Teilhabe an den guten Werken religiöser Korporationen. Eine besondere Rolle spielte der im ganzen sehr unbestimmte Begriff der A. bei dem Kampf gegen die Gesellschaft Jesu (SJ). Aus Jesuitenfurcht wurde vermutet, es gebe außer den eigentlichen Angehörigen der Gesellschaft Jesu noch Personen und Gesellschaften, die in deren Sinn und als deren Mitarbeiter in einem mehr oder weniger lockeren Abhängigkeitsverhältnis tätig seien. Das Jesuitenverbot (z. B. in der Schweiz) erstreckte sich vielfach auch auf »affiliierte Gesellschaften«. Geheime Nebenorganisationen oder Zweiggesellschaften der SJ gibt es nicht.

Agende. Ursprünglich jede liturgische Funktion, im MA vielfach gebraucht für das Rituale. A., im Protestantismus das Buch, das den gesamten Gottesdienst regelt und nach den einzelnen Landeskirchen verschieden ist. Die Einführung einer neuen A. in Preußen (1822) führte zum Agendenstreit, weil die Agende den Lutheranern als zu stark reformiert oder katholisierend erschien. Seit dem Kirchenkampf hat das Bemühen um eine Neuordnung der A. eingesetzt.

Agent. Seit dem 16. Jh. ein diplomatischer Vertreter niederen Ranges, gleichbedeutend mit Resident, dann von diesem verdrängt, seit Ende des 17. Jh. ohne offiziellen Rang und völkerrechtlichen Schutz, in erster Linie mit der Aufgabe der Nachrichtenübermittlung beauftragt (z. B. im Auftrag von großen Handelshäusern an wichtigen Plätzen oder von deutschen Fürsten bei der Römischen Kurie). Später Spion. Seit 1833 in Österreich Rechtskundiger, der unter bestimmten Bedingungen ein Auskunftsbüro, eine Geschäftskanzlei (Agenzie) für Notariatsgeschäfte o. ä. betreiben darf.

Agenzie (Agentie). Offizielle Vertretung einer Diözese bei den päpstlichen Kongregationen und kurialen Ämtern in Rom für das forum externum. Wahrgenommen für die deutschen Diözesen außer Köln und Freiburg vom Priesterkolleg S. Maria dell' Anima, für jene vom Priesterkolleg S. Maria in Camposanto Teutonico.
LIT. Haberkern-Wallach 29; LThK I, 188; H. Herrmann, Die röm. Agenzie für kirchl. Angelegenheiten Deutschlands und Österreichs. In: Röm. Histor. Mitteilungen 11 (1969), 182–205; J. Lenzenweger, Sancta Maria dell'Anima (1959).

Ager publicus. Öffentl. Gemeindeland im alten Rom. Zunächst nur zur Nutzung zugeteilt, war der a. p. ständig umstritten, wurde aus Eroberungen vergrößert. Teile wurden später verkauft (agri quaestorii), andere Tempeln zur Nutzung zugewiesen (agri consecrati), wieder andere Teile an Gemeinden gegeben oder als Weide benutzt.

Ägidianische Konstitutionen. Die von Kardinal Aegidius Albornoz (1357) für die Mark Ancona promulgierte Verfassung (Constitutiones Marchiae Anconitanae); unter Sixtus IV., Leo X., Paul III. wurde diese Verfassung auf den ganzen Kirchenstaat ausgedehnt und blieb bis 1816 in Geltung.

Agnaten. Verwandte, die sich in rein männlicher Linie auf einen gemeinsamen Stammvater zurückführen, Verwandte der Schwertseite: Schwertmagen, Speermagen, Germagen, agnati masculi, lancea. Ob der agnatisch aufgebaute Geschlechtsverband die ursprüngl. Form der german. Sippe gewesen sei, läßt sich nicht sicher entscheiden. Zu voller Entfaltung gelangte das agnatische Prinzip im deutschen Adel, dann auch, begrenzt, im städtischen Patriziat (Gegenteiliger Aufbau: Cognaten).
LIT. H. Conrad, DRG I, 31ff., 42ff.; HWDRG I, 61–63.

Agnus Dei (lat., Lamm Gottes). (a) Bezeichnung für Jesus durch Johannes den Täufer. (b) die seit altchristl. Zeit übliche symbolische Darstellung Christi als Lamm mit Kreuznimbus, Kreuz oder Kreuzesfahne. (c) Sakramentale. Eine im MA runde, später ovale, der Andacht dienende Wachsmedaille mit dem A. D. im Relief, ursprünglich als Ersatz der zerstückelten Osterkerze an die Gläubigen ausgeteilt. (d) Behälter dieser Wachsmedaille, entweder in Form einer Kapsel oder Monstranz. (e) A. D.-Ruf, Bittruf in der röm. Meßliturgie. (f) A. D., in der Volkskunde als Schutz und Schmuckstück in mannigfacher Weise verwendet.

Agon (griech. Wettstreit). Das »Agonale« wurde von J. Burckhardt (1818–97) als wesentl. Aspekt des griechischen Lebens erkannt. Der A. umfaßt die verschiedensten Gebiete, nicht nur athletische, sondern auch Wort- und Gedankenkämpfe, Prozeßstreitigkeiten, musische Agone; in erster Linie ist der A. der friedliche Wettstreit um einen für die beste Leistung ausgesetzten Preis. In den gymnischen A. werden Lauf, Weitsprung, Speerwurf, Diskus, Ringen, körperliche Gewandtheit und Mut ausgezeichnet, in den hippischen Reiten und Wagenrennen.

Agora (gr.). Ursprünglich Volksversammlung z. Z. des heroischen Königtums bei den Griechen; umstritten waren dabei die Rechte des Königs und des gemeinen Mannes. In erster Linie diente die A. der Information. Später wurde der Begriff auf den Versammlungsort übertragen: Marktplatz der griech. Städte; am bekanntesten ist die A. von Athen. Jüngere Anlagen finden in den röm. Kaiserforen ihre Fortsetzung, nach außen abgeschlossen und überbaut. Größte Frequenz war tägl. zwischen 9 und 12 Uhr.

Agrapha (griech., Singular: Agraphon; ein Wort, das nicht geschrieben steht). Worte Jesu, die nur außerhalb der 4 kanon. Evangelien überliefert sind. Durch Papyrusfunde ist ihre Zahl stark angewachsen. Die Wertung der A. schwankt; der größere Teil der A. ist als historisch wertlos zu betrachten.
LIT. RGG I, 177f.; A. Reich, Agrapha, Außerkanonische Evangelienfragmente (1889).

Agrarier (lat. ager, Acker, Feld). Name für die Vertreter landwirtschaftlicher Interessen im politischen Leben. Sie sammelten sich zuerst auf dem Kongreß deutscher Land-und Forstwirte in Breslau 1869 und konstituierten sich 1876 in Berlin unter Vorsitz von Graf Stolberg-Wernigerode; sie forderten steuerliche Entlastung des Grundbesitzes.

Agrarii milites. Mit Landbesitz angesiedelte Kriegsleute der sächs. Grundherrn, auch Bezeichnung der engl. Knights.

Agreement of the People. Neben der Petition of Rights (1628), der Habeas Corpus Akte (1679) und der Bill of Rights (1689) ist das Agreement of the People (1647–49) eine der wichtigsten Vorstufen für die Erklärung der Menschen- und Bürgerrechte.

Agrément (franz.). Begriff der Diplomatiegeschichte und der diplomatischen Praxis. Das A. geht der Akkreditierung eines Gesandten voraus, kann einem Gesandten verweigert werden, wenn dessen Person in seiner Eigenschaft als Vertreter einer anderen Regierung dem Gastland nicht angenehm ist (persona non grata, persona ingrata, persona minus grata). Daher entstand die Gepflogenheit, vor der Ernennung eines Gesandten Konsultationen durchzuführen und erst nach gegenseitiger Übereinkunft die Gesandten mit ihrem Amt zu betrauen. Die Agréments-Erteilung wird in Krisenzeiten schwierig. Der Apostolische Stuhl hat sich lange aus grundsätzlichen Erwägungen der Agréments-Regelung nicht gebeugt, da er die Ansicht vertrat, weltliche Regierungen könnten über die Eignung eines päpstl. Gesandten nicht urteilen.

Ägyptologie. Die Wissenschaft vom ägyptischen Altertum, seiner Sprache, Geschichte, Kunst und Kultur. Seit der Entzifferung der Hieroglyphen (1822) durch J. F. Champollion wurde die Ä. von diesem und R. Lepsius als Sonderdisziplin begründet. Archäologie und Philologie bilden trotz Spezialisierung noch eine Einheit. Die Quellen sind größten Teils religiöser Natur (Totenlit., Ritualtexte, Mythenfragmente), stammen aber auch aus nicht-religiösen Bereichen (Märchen, Briefe, medizin. und mathemat. Papyri, Rechtsdokumente). Die Forschung wurde besonders gefördert durch A. Erman (1854–1935).
LIT. K. O. Müller, Handbuch der Archäologie der Kunst (1830); W. Wolf, Wesen und Wert der Ä. (1937); E. Otto, Ägypten (1955).

Ahnen. Personen, von denen man in unmittelbarer Stammfolge väter- und mütterlicherseits abstammt. Jeder Mensch hat zwei Eltern, vier Großeltern, acht Urgroßeltern, sechzehn Ururgroßeltern, falls kein Ahnenverlust infolge von Verwandtenheiraten eintritt. Die Kinder aus einer Ehe zwischen Vetter und Base z. B. haben nur sechs Urgroßeltern.

Ahnenprobe. Nachweis adeliger Abstammung; in verschiedenen Formen möglich, z. B. durch beglaubigte Ahnentafel oder eidliche Aussage von Standesgenossen, daher auch »Aufschwörung« genannt. Ahnenproben begegnen zunächst bei dem auf Abschließung bedachten niederen Adel, dann auch beim Dynastenadel zwecks Wahrung der Exklusivität. Die A. war Voraussetzung bei der Aufnahme in geistliche Ritterorden (die Johanniter verlangten z. B. den Nachweis von 8 Ahnen, weniger streng waren der Templerorden und der Deutsche Orden), in Rittervereinigungen bei Fideikommissen, bei Ganerbschaften, bei der Aufnahme in Dom- und Stiftskapitel der Reichskirche. Die Erfordernisse an die Ahnenprobe waren nach Institution und Landschaft unterschiedlich, im Westen des Reiches, in den Domkapiteln an Rhein und Main (z. B. Mainz, Würzburg) höher als im Südosten und Süden (z. B. Domkapitel von Freising, Augsburg). Die stufenweise Einführung der Ahnenprobe, ihre ständige Erschwerung wie auch die Abgrenzung auf bestimmte Reichskreise oder Kantone der Reichsritterschaft führten zu einer ständig schärfer werdenden Abschließung des Adels auch untereinander. In der Frage der Stiftsfähigkeit und Stiftsmäßigkeit spielte die Ahnenprobe eine wichtige Rolle.
LIT. HWDRG I, 82–84; K. Rauch, Stiftsmäßigkeit und Stiftsfähigkeit in ihrer begrifflichen Abgrenzung. In: Festschrift Brunner (1910), 737f.; A. L. Veit, Der stiftsmäßige dt. Adel im Bilde seiner Ahnenproben (1935); H. Rössler (Hrsg.), Dt. Adel 1555–1740 (1965), darin bes. die Beiträge von E. Riedenauer u. M. Domarus; F. Keinemann, Das Domkapitel zu Münster im 18. Jh. (1967); HKG V (1970), 152ff. mit weiterer Literatur.

Ahnentafel. Aufzeichnung aller nachweisbaren Ahnen männl. und weibl. Geschlechts eines Individuums in aufsteigender Linie. Gegensatz: Stammtafel. Die Ahnenreihen verdoppeln sich in arithmetischer Progression; die Ahnentafel hat ihre Grenze nur in der Unmöglichkeit eines individualisierten Nachweises, d. h. im Ende der historischen Überlieferung. Rechtliche und gesellschaftliche Gründe führten seit dem hohen MA zum Nachweis von 8, 16, 32 Ahnen. Die aufsteigenden Generationsreihen können nur bis zu einer gewissen Grenze mit allgemein verständlichen Namen bezeichnet oder auf einer Tafel übersichtlich dargestellt werden. Der Nachweis von 32 Ahnen ist bereits schwierig. Zur Terminologie der Ahnentafel: 1: Proband; derjenige, der seine Herkunft beweist; 2, 3: Eltern (2); 4–7: Großeltern (4); 8–15: Urgroßeltern (16); 16–31: Ururgroßeltern (Altväter, Altmütter) (32) usw.

Ahnenverlust, Ahnenschwund. Genealogische Bezeichnung für das wiederholte Vorkommen ein und derselben Person in einer Ahnentafel. Ahnenverlust ist die Folge von Heiraten zwischen Blutsverwandten (z. B. bei den Habsburgern), besonders bei begrenzten Heiratsmöglichkeiten infolge von Standes- oder Konfessionsgrenzen oder ungünstiger Lage (Gebirge o. ä.). Ein »natürlicher« Ahnenschwund ist, je weiter man Ahnentafeln zurückverfolgt, wegen des gemeinsamen Ursprungs weiter Bevölkerungsschichten, Stämme und Völker überall festzustellen. »Unnatürlich« hoch ist der Ahnenverlust in manchen Fürsten- und Adelsfamilien.

Aide-mémoire (franz.; wörtlich: Gedächtnisstütze). Im diplomat. Verkehr wird damit die Niederschrift mündl. Erklärungen bezeichnet, die dem Partner übergeben wird.

Akademie. Kunstschule, Gelehrtengesellschaft. Ursprüngl. der heilige Bezirk des Heros Akademos nahe bei Athen, wo Platon (427–347 v. Chr.) seine Schule einrichtete. Die geistesgeschichtl. Entwicklung der A., die seit Platons Tod jeweils unter einem von den Akademikern auf Lebenszeit gewählten Schulhaupt stand, wird in drei Epochen eingeteilt: a) die alte A. von Speusippos bis Krates; b) die mittlere A. von Krates bis Hegesinos; c) die neue A. seit Karneades (2. Jh. v. Chr.). Nach der Schließung der A. durch Kaiser Justinian 529 n. Chr. wanderten die letzten Akademiker in das Neupersische Reich ab.

Nach dem Versuch Alkuins zur Errichtung einer A. am Hof Karls d. Gr. wurde in der Renaissance der Gedanke der A. im Geiste Platons in Italien (Florenz, Rom) neu belebt: Accademia secretorum naturae in Neapel 1560; Accademia di San Luca 1577/1599 (nur für Maler); Accademia dei Lincei (Rom 1603), die erste wissenschaftl. A., der auch Galilei (1564–1642) angehörte. Für das geistige Leben des 17. Jh. waren die A. von großer Bedeutung. Die wichtigsten Gründungen dieser Zeit: Académie Française (Paris 1635); Adacémie royale de Peinture et de Sculpture (1648); Académie des Sciences (1666); Académie d'Architecture (Paris 1671); die beiden letzten wurden 1795 zur Académie des Beaux Arts vereinigt; Royal Society (London 1663), Accademia del Cimento, gegr. unter Großherzog Ferdinand II. in Florenz, deren Vorsitz u.a. von Viviani, Borelli und dem dän. Wissenschaftler Niels Stensen (latinisiert: Nicolaus Steno, 1638–1687) geführt wurde, der als Weihbischof von Münster starb.

Fürstl. A. wurden in Dtl. von Kaiser Leopold I. in Wien (1692), von Friedrich III. in Berlin mit der Stiftung der Brandenburgischen Sozietät der Wissenschaften (1700) gegr. Vor allem das 18. Jh. war reich an Akademiegründungen: Göttingen (1751), München (1759), jüngere Gründungen in Leipzig (1846), Wien (1847), Heidelberg (1909), Mainz (1949).

Die A. fördern in ihren philosophisch-histor. Klassen auch die Geschichtsforschung, vor allem durch die großen Publikationen der MGH und der Papsturkunden sowie durch die Veröffentlichung ihrer Sitzungsberichte (SB) und Abhandlungen (Abh.). Neben den rein wissenschaftl. Einrichtungen nehmen Forschungsstätten, Fachhochschulen (Pädogog. A.), Ausbildungsstätten (Kriegs-, Militär-, Musik-A.) die Bez. A. in Anspruch.

Nach 1945 entstanden als erfolgreicher Ausdruck einer ev. Laienbewegung 18 ev. A., u.a. Herrenalb, Loccum, Tutzing. Seit 1950 gibt es eine Reihe kath. A. in Dtl.: Stuttgart-Hohenheim, Bad Honnef, Würzburg, Aachen, München-Freising, Frankfurt/M. Sie erstreben eine Klärung von Zeitproblemen.

Päpstl. A.: Pontificia Accademia Romana di Archeologia, errichtet 1740; Pontificia Accademia Ecclesiastica (1701) zur Ausbildung des diplomat. Nachwuchses des Päpstl. Stuhles; Pontificia Accademia delle Scienze (gegr. 1603, erneuert 1847) zur Pflege der Naturwissenschaften, mit interkonfessionellem Charakter.

LIT. *Nachschlagewerke:* G. Schneider, Handbuch der Bibliographie (^{4}1939) 408–411; W. Oberhummer, Die Akademien der Wissenschaften. In: Universitas Litterarum (1953 ff.) 700–708; Minerva, Jahrbuch der gelehrten Welt (seit 1891 ff.).

Zur Geschichte: A. Harnack, Geschichte der Königl. Preuß. A. der Wissenschaften zu Berlin. 3 Bde. (1900); P. L. Landsberg, Wesen und Bedeutung der Platon. A. (1923); M. Maylender, Storia delle Accademie d'Italia. 5 Bde. (1926–30); O. Seel, Die Platon. A. (1953); E. W. Cochrane, Tradition and Enlightenment in the Tuscan Academies (1961); M. Spindler (Hrsg.), Primordia Electoralis Academiae Boicae (1962); A. Kraus, Vernunft und Geschichte. Die Bedeutung der Akademien für die Entwicklung der Geschichtswissenschaft im späten 18. Jh. (1962); L. Hammermayer, Europ. Akademiebewegung und ital. Aufklärung. In: HJb 81 (1962), 247–263; P. Fuchs, Palatinatus Illustratus. Die histor. Forschung an der kurpfälz. A. der Wissenschaften (1963); H. Bolewski, Planung in der Akademiearbeit (1966); P. Erkelenz, Der Akademiegedanke im Wandel der Zeiten (1968); F. Henrich, Kath. A. in Bayern (1970/71); L. Hammermayer, Geschichte der Bayer. A. der Wissenschaften. Bd. 1 (1759–1769), Bd. 2 (1769–1786). (1983).

Akklamation (lat., Zuruf). Zurufe des Beifalls, Lobes und des Glückwunsches, zuerst in Persien, Israel, Syrien, Ägypten nachweisbar, in Byzanz nach genau geregeltem Hofzeremoniell vorgetragen. Zuerkennung des Ehrentitels Imperator durch das siegreiche röm. Heer. A. ist kirchenrechtl. eine Form der kanon. Wahl (bei Bischofs- und Papstwahlen), wobei alle Wahlberechtigten auf Vorschlag eines Mitglieds des Wahlkörpers spontan, einstimmig, möglichst durch Zuruf denselben Kandidaten wählen (Inspirationswahl). A. ist reichsrechtlich ein Teil der Kur, d. h. des Wahlverfahrens im weiteren Sinne.
LIT. RAC I, 216–233; LThK I^2, 238.

Akkolade (lat. accolare, umhalsen, umarmen, franz. accoler). Umarmung, Bruderkuß. Die Umarmung beim Ritterschlag; donner l'accolade: den Ritterschlag geben. Bei der Aufnahme in einen Ritterorden die feierl. Umarmung durch den Großmeister.

Akkommodationsstreit. Im 17. und 18. Jh. besonders heftige Auseinandersetzung um die Erlaubtheit chinesischer oder indischer Zeremonien oder Handlungen (Ritenstreit) in der kath. Liturgie und den damit verbundenen Fragen der Terminologie und der Moral. Als ordensinterne Differenzen den A. verschärfen (Gegensätze zwischen Jesuiten und Bettelorden), wird die Entscheidung Roms angerufen, die je nach den vorgelegten Fällen im 17. Jh. verschieden ausfällt. 1704 entscheidet Rom gegen die Riten; das Eingreifen des Kaisers von China und Rekurse der Missionare nach Rom verschlimmern die Lage. 1742 fällt erneut eine Entscheidung Roms gegen die Riten, die 1939 jedoch mit Vorbehalten gestattet werden. Ähnlich verläuft die Entwicklung in Indien. Nationale, kulturelle Gegensätze zwischen Missionaren und Missionierten andererseits, Ordensrivalitäten, Mißverständnisse und das Streben der Missionare nach Anpassung an chinesische Verhältnisse sind die Ursachen des A.
LIT. LThK VIII, 1322–24.

Akkord (aus lat. ad, zu und cor, Herz entsteht mlat. accordium, franz. accord, Übereinkunft). Erscheint 1614 im dt. Staats-, 1617 im Kriegswesen; erhält im 18. Jh. die allg. Bedeutung Vertrag; später im Sinne von Stücklohnvertrag im Gegensatz zu Tage-, Stunden-, Zeitlohn.

Akolyth. Inhaber der obersten Stufe der latein. Niederen Weihen; in der Ostkirche unbekannt. Seine Aufgaben bestanden in der Unterstützung des Diakons und Subdiakons. Heute erfüllt seine Aufgabe in der kathol. Kirche der Ministrant.

Akrostichon (auch Akrostichis; griech., Versspitze, Anfangsbuchstabe). Das A. stellt die Buchstaben eines Wortes, Namens, Denkspruchs an den Anfang von Verszeilen, Strophen oder größeren Abschnitten. Entsprechend Mesostichon und Telestichon bei Buchstabenreihen in der Mitte oder am Ende der Verse. Bei Griechen und Römern bekannt, im MA und in der Renaissance beliebt, häufig auch in der Wortkunst des Barock verwendet.

Akten (lat., Geschehenes). Bez. für Schriftstücke, die sich in der Regel zeitlich und nach ihrem Inhalt geordnet vor allem bei Behörden und Gerichten zu Sammlungen verbunden finden. Im früheren gemeinrechtlichen Prozeß war allein der Akteninhalt maßgebend, weshalb der Grundsatz galt »Quod non in actis non est in mundo« (Was nicht in den Akten verzeichnet ist, existiert nicht auf der Welt). Aktenversendung an einen Schöffenstuhl oder eine Juristenfakultät zum Zweck der Urteilsfindung war nur dem gemeinen Prozeßrecht bekannt.
A., die nicht mehr benötigt werden, bewahren die Archive auf.
LIT. E. G. Franz, Einführung in die Archivkunde (1974); J. Pappritz, Archivwissenschaft. 4 Bde. (1976).

Aktie (von lat. actio, Tätigkeit, Handlung, Anteilrecht). Wertpapier, das von Aktiengesellschaften ausgegeben wird, wodurch der Inhaber einen bestimmten Anteil am Gesamtvermögen der Aktiengesellschaft besitzt, Stimmrecht in der Hauptversammlung und Anspruch auf eine Dividende hat. Die erste Gründung einer Aktiengesellschaft erfolgte durch niederländ. Kaufleute 1595: die Allgemeine Vereinigte Ostindische Compagnie mit 6,5 Millionen Gulden. Älteste Wertpapierbörse der Welt ist Amsterdam. Aktien schu-

fen wichtige Voraussetzungen für die Gründung der großen Handelsgesellschaften im 17. Jh., für den Beginn der industriellen Revolution im 19. Jh., für die Nutzung der Erfindungen. Nach marxist. Auffassung wird die Aktie die sozialist. Expropriation erleichtern.
LIT. K. Bösselmann, Die Entwicklung des dt. Aktienwesens im 19. Jh. (1939).

Akzise (mlat. accisia, franz. accise, seit dem 15. Jh. dt. Kurzform: zise). Verbrauchssteuer, auch Ungeld, Impost, Lizent genannt. Im MA zuerst in Spanien und Venedig, seit dem 13. Jh. am Niederrhein nachweisbar. Die als Verbrauchssteuer preissteigernd wirkende A. wurde vor allem auf Güter des täglichen Verbrauchs gelegt (Salz, Fleisch, Getreide), in Brandenburg von Friedrich Wilhelm I. nach holländ. Vorbild zur Steuerquelle ersten Ranges erhoben. Vorteil der Akzise: sie dringt dem Steuerzahler (Verbraucher) wenig ins Bewußtsein. Erhoben wurde die A. bei der Produktion oder am Stadttor (Torakzise); sie stellt praktisch eine Art Binnenzoll dar, markiert den Unterschied zwischen Stadt (Akzise) und Land (Hufenschoß, →Hufe) in der Besteuerung. Im 19. Jh. verschwindet die A., doch belebt sie sich in der Form der Umsatzsteuer wieder im 20. Jh.
LIT. HWDRG I 87–88; A. Dopsch, Die älteste Akzise in Österreich. In: Verfassungs- und Wirtschaftsgeschichte des Mittelalters. Ges. Aufsätze (1928) 506–15; H. Bechtel, Wirtschaftsgeschichte Deutschlands II (1952); H. Lütge, Deutsche Sozial- und Wirtschaftsgeschichte (^{2}1960).

Alabamafall. So genannt nach dem von den blockierten Südstaaten während des Sezessionskriegs 1862 im neutralen England in Auftrag gegebenen Bau der ›Alabama‹ und ihrer Ausrüstung für den Kaperkrieg gegen die Nordstaaten. Auf amerikan. Beschwerde wird in England ein jurist. Gutachten zu der Frage angefordert. Währenddessen läuft die ›Alabama‹ aus, wird unterwegs bewaffnet und führt gegen die Nordstaaten Kaperkrieg bis zur Versenkung 1864. Ähnlich waren auch die Kreuzer ›Florida‹, ›Georgia‹, ›Shenandoah‹ von England für die Südstaaten ausgerüstet worden. Amerika erhebt Anspruch auf Schadenersatz durch England, da es in dieser Unterstützung der Südstaaten eine Neutralitätsverletzung von seiten Englands sieht. Der Genfer Schiedsspruch vom 14. 9. 1872 entschied die Streitfrage gegen England und verpflichtete es zum Schadenersatz in Höhe von 15,5 Mill. Dollar. Obwohl er nicht die Billigung Englands findet, wird der Schiedsspruch ausgeführt, die drei in Genf aufgestellten Regeln über das Verhalten einer neutralen Regierung gegenüber zwei kriegführenden Parteien werden aber erst durch das 13. Haager Abkommen (1907) allgemein anerkanntes Völkerrecht.
LIT. WB des Völkerrechts I, 16–19.

Alais, Gnadenfriede von (27. 6. 1629). Abgeschlossen zwischen Ludwig XIII. und den Hugenotten; der Gnadenfriede von Alais krönt nach der Einnahme von La Rochelle (1628) und der Eroberung von Montauban Richelieus Kampf um die politische Einheit Frankreichs und die Macht der Krone. Die Hugenotten verloren ihre politische Sonderstellung, doch wird ihnen ihr religionspolitisches Sonderrecht gemäß dem Edikt von Nantes bestätigt.

Alamode (Alamode-Benehmen, Alamode-Literatur). An ausländischen Vorbildern (Spanien, Italien, Frankreich) ausgerichtetes Benehmen bzw. Literatur des 17. Jh. sowie die satirischen Gegenschriften. Z. B. läßt J. G. Schottel (1612–76) in seinem Friedensstück einen Bauern sprechen: »Wie heffet einen Sülveguarden, dat wil ein praf Cavaler sin, dem moete wie siene Gasi und Servis geben.«
Lit. W. Flemming, Deutsche Kultur im Zeitalter des Barock (^{2}1965), 83, 87–93; J. Wachtel, A la mode (1964).

Albe (lat.: albus, weiß). Weißes, langes, liturgisches Untergewand, in oriental. Riten auch farbig, aus dem antiken Untergewand der Tunika entwickelt, wird vom kathol. und anglikan. Priester während der Messe getragen. Außerhalb der Messe wurde die A. durch den kürzeren Chorrock ersetzt.

Albertina (Constitutio Albertina). Verordnung des Herzogs Albrecht II. von Österreich vom Jahre 1340 (23. 7.), auf deren Bestimmungen, die staatskirchenrechtliche Probleme berührten, bis zur Zeit des Josephinismus zurückgegriffen wurde.

Albertismus, Albertinismus. Theologisch-philosoph. Schulrichtung des 15. Jh., begründet von Joh. de Nova Domo, dessen Schüler Heymericus de Campo ein wichtiger Vertreter des A. war. Der stark neuplatonisch-dynami-

sche A. war bes. in Paris und in Köln vertreten.
LIT. G. Meersseman, Geschichte des A., 2 Bde. (1933–35); LThK I, 284.

Albigenser. Seit dem 12. Jh. übliche, ungenaue Bezeichnung für die um Albi und in dem westlichen Languedoc konzentrierten Ketzergruppen, die aus Katharern und Waldensern bestanden. Sie gründeten 1145/55 ein Bistum Albi. Zunächst gemäßigte Dualisten, dann unter dem Einfluß des Bogomilen Niketas Radikaldualisten. Ein 1. A.-Kreuzzug (1181) hatte ebensowenig Erfolg wie die Bekehrungsversuche der Zisterzienser und Dominikaner. Nach der Ermordung des päpstlichen Legaten Peter von Castelnau (1208) rief Papst Innozenz III. 1209 zum A.-Krieg auf, der sich, in engster Verquickung von religiösen und politischen Zielen, zu einem Machtkampf zwischen Simon von Montfort einerseits, Graf Raimund VI. von Toulouse und Peter II. von Aragón andererseits auswuchs. Das Eingreifen Kg. Ludwigs VIII. brachte mit dem Frieden von Meaux (1229) die Unterwerfung des Languedoc unter Frankreich, nicht aber das Ende der A. Der Bund zwischen A. und provenzal. Adel wurde 1244 mit der Einnahme von Montségur durch franz. Heere zerschlagen. Erst um 1330 war die Inquisition der A. Herr geworden. Die A. waren im Bund mit dem franz. Adel die gefährlichste Bedrohung der kath. Kirche im hohen MA.
LIT. LThK I, 288f.; O. Mont-Egut, Le drame albigeois (1962); W. L. Wakefield, Heresy, Crusade, and Inquisition in Southern France (1974).

Albion. Ein älterer, vielleicht vorkeltischer Name für England. Perfides A.: Schlagwort der Französischen Revolution, das in der Enttäuschung der Franzosen über den Anschluß Englands an das Bündnis der europ. Großmächte nach der Hinrichtung Ludwigs XVI. seinen Ursprung hat.

Albus (denarius albus, Weißpfennig). Eine Groschenart seit der Mitte des 14. Jh. am Rhein (EB Kuno von Trier 1362), dann allgemein in Westdeutschland und Westfalen geprägt. 1372 urkundl. der Name Weißpfennig gebraucht. Wegen ihres hohen Silbergehalts ist die Münze weiß. Gegen Ende des 15. Jh. taucht für den Weißpfennig die Bezeichnung Albus auf. Raderalbus in Mainz. In Hessen sind Hessenalbus und Doppelalbus bis 1842 in Umlauf (32 Hessenalbusse = 1 Konventionstaler).

Alchemie (mittellat. alchemia, alchamia, alchimia). Um Naturerkenntnis (philosophia) bemühte und zugleich praxisbezogene Lehre, vor allem im medizinisch-pharmazeutischen Bereich wirkend. Die A. geht von der Vorstellung der Verwandelbarkeit von Metallen (Goldmacherkunst) aus. Alchemist. Lit. gibt es vor allem aus dem Spätmittelalter (16. Jh.). Seit dem 16. Jh. geht auch ein stark religiös-spiritualist. Zug durch die A.; Höhepunkte ereignen sich in der Barockzeit, eine erneute Blüte mit anderen Geheimlehren im 18. Jh. Das experimentelle Erbe der A. trat die Chemie an. Sie begann seit dem späten 18. Jh. der A. den Boden zu entziehen.

Aldinen. Bücher aus der Druckerei des Aldus Manutius in Venedig, seit ca. 1490, in Druck und Ausstattung hervorragend.
LIT.: H. Kopp, Die A. in älterer und neuerer Zeit. 2 Bde. (1886); H. E. Fierz-David, Die Entwicklungsgeschichte der Chemie (1945).

Alessandria, Waffenstillstand von (15. 6. 1800). Nach dem Sieg Napoleons bei Marengo, abgeschlossen zwischen Napoleon und dem österreichischen Unterhändler Neipperg; Österreich liefert den größten Teil Oberitaliens mit wichtigen Festungen (Alessandria, Mailand, Turin, Genua) an Napoleon aus; die österreichische Armee geht hinter Po und Mincio zurück. Der W. v. A. leitet die politische Möglichkeit ein, Österreich und England zu trennen und somit die antifranzösische Koalition zu sprengen.

Alexianer. Brüdergenossenschaft, nach ihrem Patron, dem hl. Alexius, benannt, im 14. Jh. entstanden zur Pflege von Geisteskranken und Totenbestattung, lebt seit dem 15. Jh. nach der Augustinusregel.

Allah. Arab. Bezeichnung für das höchste Wesen, im Islam der einzige Gott.

Alldeutscher Verband. Der 1891 gegr. überparteil. A. V. enstand aus Protest gegen den Erwerb Helgolands durch das Dt. Reich im Austausch gegen die ostafrikan. Insel Sansibar. Die Gründer des A. V. glaubten, daß das Dt. Reich bei diesem Tausch übervorteilt worden sei. Alles, was inskünftig im Deutschland des 19. und 20. Jh. an unglückseligem und abstrusem Gedanken-

gut »ausgebrütet« wurde, war vom A. V. vorausgedacht worden: die Eroberung des Ostens, die Begründung eines Riesenlandes durch Aufteilung und Zerschlagung des russ. Reiches, die Umsiedlung, die Germanisierung und »Eindeutschung«, die Umzüchtung der Ostvölker, der Beutezug nach dem ukrain. Getreide mit dem Öl des Kaukasus, die Wiedereinführung der Sklavenarbeit, daneben uferlose koloniale Erwerbungen, die Verherrlichung der Gewalt und des Krieges, all das steht in den Flugschriften, Broschüren und Büchern des A. V.
Der A. V. bzw. die durch ihn repräsentierte Alldeutsche Bewegung entsprang und entsprach einer Grundstimmung, die im Dt. Kaiserreich obwaltete, dem Gefühl einer grenzenlosen Bedrohung von außen, dem Bewußtsein, die ganze Welt zum Feind zu haben, der Unfähigkeit, sich mit den übrigen Menschen in Einklang zu fühlen, und der Neigung, immer mit dem Äußersten zu rechnen. Unter der Führung von H. Claß (1868–1953) seit 1908 (bis 1939) wurde der A. V. vor allem im Ersten Weltkrieg zum Verfechter annexionist. Forderungen. Zwar verlor er nach 1918 rasch an Bedeutung (Mitgliederzahl 1914 etwa 18000, 1922 etwa 40000 und 1939 etwa 8000), dennoch erwuchsen aus ihm »die großen Narrheiten des Deutschen Reiches im 20. Jahrhundert« (M. Freund). 1939 löste sich der A. V. auf (→Weltpolitik).
LIT. L. Werner, Der A. V. 1890–1918 (1935); A. Kruck, Geschichte des A. V. 1890–1939 (1954); E. Hartwig, A. V. In: Die bürgerl. Parteien 1830–1954, hrsg. von D. Fricke (1968).

Alleinherrscher. Lehnübersetzung für Monarch nicht vor 1792; im 16./17. Jh. begegnet nur Alleinherr; Alleinherrschung für monarchia dagegen schon am Ende des 16. Jh., Alleinherrschaft in der Zeit der dt. Klassik (→Autokrator, →Monarchie).

Alleinseligmachend. Anspruch der kath. Kirche, die alleinige Vermittlerin des übernatürl. Heils zu sein, formuliert in dem Axiom: »Extra ecclesiam nulla salus« (»außerhalb der Kirche ist kein Heil«). Dieser Spruch wurde in verschiedenen Dokumenten formuliert, u. a. in der Bulle ›Unam Sanctam‹ durch Papst Bonifaz VIII. und auf dem Konzil von Florenz.
LIT. LThK I, 343 ff.

Allerchristlichster König (Roi très chrétien; Sa Majesté très-chrétienne; lat.: rex christianissimus). Anrede des franz. Königs, zuerst von Papst Paul III. anerkannt, seit Ende des 15. Jh. auch von anderen Mächten gebraucht.
LIT. P. E. Schramm, Der König von Frankreich ([2]1960).

Allgemeines Landrecht (abgek. ALR; genauer Titel ›Allgemeines Landrecht für die Preußischen Staaten). In Preußen setzt das Bestreben, in einer Kodifikation das gesamte geltende Recht aufzuzeichnen, bereits zu Beginn des 18. Jh. ein. Ein erster Versuch unter Friedrich Wilhelm I. führt zu keinem Erfolg. Der von J. H. Carmer (1721–1801), C. G. Svarez (1746–98) und E. F. Klein 1743–1810) erarbeitete Entwurf wurde in 6 Bänden 1783–88 veröffentlicht. Aus der Überarbeitung und der Berücksichtigung der Monita ging das ›Allgemeine Gesetzbuch für die Preußischen Staaten (AGB)‹ hervor, das 1791 erschien und am 1. 6. 1792 in Kraft treten sollte. Friedrich Wilhelm II. verfügte am 18. 4. 1792 die Suspension. Svarez' Kronprinzenvorträge (1791/92) und die Notwendigkeit, den mit der 2. Polnischen Teilung neu erworbenen, stark vernachlässigten Gebieten ein Gesetzbuch zu geben, haben das bereits »halb begrabene« AGB gerettet. Mit einigen, nicht allzu großen Änderungen und unter dem Titel: ›Allgemeines Landrecht für die Preußischen Staaten (ALR)‹ trat es am 1. 6. 1794 in Kraft.
Obwohl das ALR nur subsidiäre Geltung haben sollte, d. h., daß die bisherigen Provinzial- und Statuarrechte weiterhin erhalten blieben, wurde es doch in sämtlichen preußischen Provinzen angewandt, ausgenommen das Rheinland, wo nach 1815 das französische Recht in Geltung blieb, Neuvorpommern, Rügen, Hohenzollern und (seit 1866) Hannover, wo es beim Gemeinen Recht blieb.
Mit dem Inkrafttreten des BGB (1. 1. 1900) erlosch das ALR, das unter dem Einfluß der Naturrechtslehre und der Aufklärung stand, bis auf geringe Ausnahmen.
LIT. HWDRG I, 99–108; F. Wiecker, Privatrechtsgeschichte der Neuzeit (1952); H. Conrad, Die geistigen Grundlagen des ALR für die preuß. Staaten von 1794 (1958); C. G. Svarez, Vorträge über Recht und Staat (1746

bis 1796), hrsg. von H. Conrad und G. Kleinheyer (1960); K. Fuchs, Johann Heinrich Casimir von Carmer, in: Landeskundliche Vierteljahresblätter, 10 (1964); Allgemeines Landrecht für die Preußischen Staaten von 1794, Textausgabe mit einer Einführung von Hans Huttenhauer und einer Bibliographie von G. Bernert (1971).

Allianz (franz. alliance). Bündnis, Vertragsgemeinschaft. Nach ihrer Zielsetzung werden unterschieden a) Defensivallianz, die nur dem Schutz der Verbündeten (Alliierten) dient; b) die Offensiv-(Defensiv-)Allianz, die auch einen gemeinsamen Angriff einschließt. Systeme und Wechsel der Allianzen machen ein hervorragendes Kapitel europ. Geschichte seit dem SpätMA aus, bes. zur Zeit hegemonialer Bestrebungen einer Großmacht (z. B. Spaniens im 16., Frankreichs im 17. Jh.) oder der Auseinandersetzung zwischen zwei Großmächten (z. B. Frankreich – England im 18. und frühen 19. Jh.). Eine A. zwischen drei Staaten heißt Tripelallianz, eine zwischen vier Staaten Quadrupelallianz.

Allianz, Heilige →Heilige Allianz.

Allmende (Agrargemeinschaft, Allgemeinde, Allmein, Ganerbe u. ä.). Akkerland und Wiesen in german. Zeit waren zunächst allen Siedlern gemeinsam. Erst allmählich gehen bestimmte Grundstücke, Hofstätten mit Ackerland und Wiesen in Eigentum über. Die A. im Besitz von Gemeinden und gemeindeähnlichen Korporationen wird gemeinsam von den Gemeindemitgliedern genutzt und verwaltet. Sie besteht aus Wäldern, Weiden, Ödland und tritt vornehmlich in Süd- und Südwestdeutschland, in der Schweiz und in Österreich auf. Für den König und die Landesfürsten war das Verfügungsrecht über die Substanz der A. und besonders über ihre Nutzungen von Bedeutung. Zum landesfürstl. Allmende-Regal gehörte Holzbezug, Jagdrecht, Wassernutzung, Rodung.
Im späteren MA wurde die A. in immer größerem Umfang zum Eigentum der Dorfgemeinde gemacht, durch die Agrargesetzgebung des 17. und 18. Jh. endgültig festgelegt. Die Allmende-Nutzung wurde aus einem persönlichen Recht zu einem dinglichen Recht, an den Besitz eines Hauses, einer Hufe oder größeren Grundeigentums in der Mark gebunden. Neuzugezogene waren von der Allmende-Nutzung meist ausgeschlossen. Seit dem 18. Jh. wird die A. weitgehend aufgeteilt oder verpachtet. Reste der A. haben sich nach der Allmende-Auflösung noch in Südwestdeutschland und in der Schweiz erhalten.
LIT. HWDRG I, 107–120; H. Röhm, Das Allmendeproblem in Baden-Württemberg (1955); H. Conrad, DRG I.

Allod (aus fränk. al, ganz und ôd, Gut, Vermögen). Ein in vollem Eigentum stehendes Gut, speziell Familienerbe (Gegensatz zum Gemeingut, zum Lehngut, feodum). Das Wort kommt nur im fränk. Raum und den rechtlich von hier aus beeinflußten Gebieten vor. In England gibt es seit 1066 keine A. mehr, in Frankreich, abgesehen vom Süden, nur noch wenige. A.-Besitz ist besonders zu beweisen: Nulle terre sans seigneur. In Deutschland findet sich reicher A.-Besitz, vor allem des Adels. Rodungsland wird von den Fürsten als A. behandelt. Der Kg. ist niemals als oberster Lehnsherr Herr des gesamten Reichsareals. Im ausgedehnten A.-Besitz des hohen Adels und in seinem landesherrschaftl. Ausbau wurzelt wesentlich der Dualismus der dt. Verfassungsentwicklung. Größere A. entstanden u. a. durch Lehensverschweigung. Die Umwandlung von A. in Lehen geschieht durch Lehensauftragung oder durch Verlehnung; Umwandlung von Lehensbesitz in Eigentum durch Allodifikation. In Mittel- und Ostdeutschland wird A. zu einem wirtschaftlichen Begriff und bezeichnet seit dem 11./12. Jh. den ritterlichen Wirtschaftshof.
LIT. HWDRG I, 120f.; H. Ebner, Das freie Eigen (1969).

Allodifikation. Umwandlung von Lehen in Allod; 1244 allodiare, zu eigen machen; in der frühen NZ »allodial machen«, 17. Jh. allodifizieren. Im MA A. meist durch Schenkung von Lehen zu vollem Eigen, aber auch »per nefas«, durch Verschweigen der Lehensqualität, durch Kauf und Tauschmanipulationen. In der frühen Neuzeit vollzieht sich langsam die faktische – nicht die rechtliche – A. der alten Landesfürstentümer, die reichsrechtlich noch immer Lehen sind.
LIT. HWDRG I, 122f.

Almanach (mlat. almanachus, das Wort wahrscheinl. koptischen Ursprungs). Ursprüngl. kalenderähnliche astrologische Tafeln im Orient; von dort

im 15. Jh. nach Europa; erster gedruckter lat. A. von Regiomontanus, Nürnberg 1475–1551. Neben die Kalenderberichte traten kulturelle, polit. und genealogische Tafeln; daraus entwickelte sich dann das Jahrbuch für verschiedene Fachgebiete und Stände mit Erzählungen und Gedichten. Im 18. Jh. gab es vorwiegend belletristische A.: Musenalmanache, z. B. Göttinger Musenalmanach, 1769–1805, Organ des Göttinger Hains; Wiener Musenalmanach 1776–96; Schillers Musenalmanach 1796–1800; ferner zahlreiche Musenalmanache des ausgehenden 18. und 19. Jh.; Spezialisierung des A. auf Theater, Mode, Reisen im 19. Jh.; als Werbemittel gibt es seit dem 20. Jh. Verlags-A. mit Leseproben von Neuerscheinungen und Mitarbeiteraufsätzen.
LIT. H. Köhring, Bibliographie der Almanache, Kalender und Taschenbücher 1750–1860 (1929); M. Gfn. Lanckoronska und A. Rümann, Geschichte der dt. Taschenbücher und Almanache aus der klass.-romantischen Zeit (1954).

Almosenier (lat. eleemosynarius). Almosen- und Armenpfleger. Hofamt im päpstl., bischöfl. oder königl. Dienst. Die päpstl. Armenpflege war seit dem MA dem A. (Elemosiniere Segreto) anvertraut, dieser ist heute Titular-EB; am franz. Hof seit dem 13. Jh. ein Grand-Aumônier, Bischof oder Kardinal, der die Hofkapelle leitete und für Wohltätigkeitswesen und Militärseelsorge zuständig war. Der Titel Aumônier wird in Frankreich den Militärseelsorgern, Kirchenrektoren, Religionslehrern an höheren Schulen, Anstaltsgeistlichen gegeben.
LIT. LThK I, 362f.

Alphabet. Von den beiden ersten Zeichen der (semitischen) griech. Buchstabenreihe, Alpha und Beta, abgeleitete Bez. für die in einer bestimmten Schrift und Sprache angewendeten Buchstaben. Grundlegend für die europäischen Alphabete war das griechische, das wiederum auf der nordsemitischen (phönizischen) Konsonantenschrift aufbaut. Umstritten ist die Zeit der Übernahme (12. Jh. – 720 v. Chr.). Für den Ursprung des phönizischen A. gibt es verschiedene Theorien. Die Idee einer Buchstabenschrift beruht auf der Unterscheidung von Silben und Lauten und der Rückführung der Lautwerte auf eine bestimmte Zahl.
LIT. H. Jensen, Die Schrift in Vergangenheit und Gegenwart (1936); W. Frh. von Bissing, Die Entwicklung der Schrift. In: Hdb. der Archäologie I, 147–166; V. Goldschmidt, Unser Alphabet (1932); D. Diringer, The Alphabet ([2]1949).

Altarsetzung. Teil der feierlichen Wahl eines röm. Königs und Kaisers; fand nach der ersten Proklamation des Neugewählten in der Wahlkirche (St. Bartholomäus zu Frankfurt a. M.) vor den versammelten Würdenträgern und dem Volk statt. In ihrer Bedeutung ist die Altarsetzung noch nicht ganz geklärt; sie blieb bis zum Ende des Reiches Bestandteil der Wahl, erfolgte letztmalig bei der Wahl Josephs I. (1690), da bei späteren Wahlen der Kandidat selbst nicht mehr anwesend war.
LIT. F. Rieger, Die Altarsetzung der deutschen Könige nach der Wahl (Phil. Diss. Berlin 1885).

Altdeutsch. Seit der Romantik übliche, heute nicht mehr sehr gebräuchliche Bezeichnung für die deutsche Malerei des 15. und 16. Jh. bis auf Holbein d. J., auch auf Lebensformen, Wohnungsausstattung (Altdeutsche Stube), Möbel usw. angewandt.

Altenburger Religionsgespräch. Auf Veranlassung des Kurf. August und des Herzogs Johann Wilhelm von Sachsen vom 21. 10. 1568 bis März 1569, abgehalten zur Herstellung der religiösen Einheit in den sächs. Ländern unter Beilegung theolog. Differenzen zwischen Vertretern des reinen Luthertums und des Synergismus. Das A. R. verlief ergebnislos.
LIT. HKG IV.

Althochdeutsch (abgek.: ahd.). Bezeichnung für die älteste schriftlich fixierte hochdeutsche Sprachperiode, annähernd durch die Jahre 750–1050 n. Chr. begrenzt.
LIT. G. Baesecke, Kleinere Schriften zur althochdeutschen Sprache und Literatur, hrsg. von W. Schröder (1966); S. Sonderegger, Ahd. Sprache und Lit. (1974).

Altkatholizismus. Romfreie, autokephale Bischofskirchen, die seit dem 18. Jh. aus dogmat. oder disziplinären Motiven aus der lat. Kirche des Westens hervorgegangen sind, seit 1889 in der ›Utrechter Union‹ zusammengeschlossen. Die Utrechter Kirche bestand seit 1723 und war stark vom niederländ. Jansensismus geformt. Eine Reunion

mit Rom kam, trotz verschiedener Versuche im 18. Jh. – vor allem sind hier die Bemühungen von Dupac de Bellegarde zu nennen – nicht zustande.
Aus Anlaß der Unfehlbarkeitserklärung (→Infallibilität) des Papstes durch das I. Vatikan. Konzil (1879) kam es zu einer von den Theologen Döllinger, Knoodt, Reinkens ausgehenden antivatikanischen Bewegung, die nach dem altkath. Kongreß in München (1871) seit 1873 mit dem Kölner Zusammenschluß zur Gründung altkath. Gemeinden führte. Erster Bischof in Dtl. war J. H. Reinkens (1873), in der Schweiz E. Herzog (1876). 1874 gab sich die neue Kirche eine episkopale Verfassung; die Bischofswahl erfolgte durch die aus Geistlichen und Laien bestehende Synode, das Recht der Pfarrerwahl blieb der Gemeinde vorbehalten. Die recht heterogenen altkath. Kirchen bezeichnen sich als festhaltend am Glauben der alten Kirche vor der Kirchenspaltung des 16. Jh., lehnen die päpstl. Infallibilität, die neueren Mariendogmen, Ohrenbeichte, Ehelosigkeit der Priester u. a. ab.
Die Altkatholiken haben selbständige Kirchen in Dtl. (Bistum Bonn mit altkath. Seminar), in der Schweiz (Christkath. Kirche, Bistum Bern mit altkath. Fakultät), in Österreich (Bistum Wien), auch in Nordamerika, Frankreich, den Niederlanden und Jugoslawien.
Der A. spielte während des Kulturkampfes eine kirchenpolit. Rolle. Die Altkatholiken Joh. Friedr. von Schulte (1827–1914), Joh. Friedrich (1836–1917), ausgezeichnet durch seine Romanophobie, Jos. Hubert Reinkens (1821–96), schließlich I. von Döllinger (1799–1890) haben für die Kirchengeschichte Bedeutendes geleistet.
Die in England übliche Bezeichnung A. hat mit der in Dtl. gebrauchten nichts gemein; man versteht darunter die Familien, die in der Zeit der Verfolgung der röm. kath. Kirche die Treue gehalten hatten.
LIT. LThK I, 398; Sacramentum mundi I (1967) 109–111; U. Küry, Die altkathol. Kirche (1966); W. Krahl, Ökumen. Katholizismus (1970); V. Conzemius, Der A. (1971); A. Franzen, Die Kathol. Theolog. Fakultät im Streit um das Erste Vatikan. Konzil (1974); K. Stalder (Hrsg.), Hundert Jahre Christkathol. Fakultät der Universität Bern (1974).

Altranstädt, Friede von (24. 9. 1706). Abgeschlossen zwischen Kg. Karl XII. von Schweden und Kg. August I. von Sachsen-Polen. August I. verzichtet auf Polen zugunsten von Stanislaus Leszczynski, des schwedischen Kandidaten für die polnische Königskrone. Er löst das Bündnis mit Rußland, schließt ein Bündnis mit Schweden und Polen, liefert Patkul an Karl XII. aus und gewährt dem schwedischen Heer Winterquartier in Sachsen. →Nordische Kriege.

Altranstädt, Konvention von (22. 8.–1. 9. 1707). Abgeschlossen zwischen Kaiser Joseph I. und Kg. Karl XII. von Schweden, unter holländ. und engl. Vermittlung. Die Spannungen zwischen dem Kaiser und dem Kg. von Schweden waren wegen des Durchmarschs des schwed. Heeres durch Schlesien, der Flucht russ. Truppen auf österreich. Gebiet und ihrer Zuteilung an die Reichsarmee, schließlich wegen konfessionspolit. Streitigkeiten in Schlesien entstanden. In der K. v. A. wird den Evangelischen Augsburger Konfession in Schlesien freie Religionsausübung gemäß den Bestimmungen des Westfälischen Friedens zugesichert; die in den Fürstentümern Liegnitz, Brieg, Münsterberg und Oels, in Breslau und anderen Städten weggenommenen Kirchen und Schulen werden restituiert, in den übrigen Teilen Schlesiens wird den Evangelischen größere Religionsfreiheit gesichert (Errichtung ev. »Gnadenkirchen«). Karl XII. wird seitdem als Retter des Protestantismus in Schlesien gefeiert. Ferner erhält Karl XII. vom Kaiser eine günstige Entscheidung bezgl. der verschwägerten Holstein-Gottorper, das Bistum Lübeck-Eutin betreffend. Kaiser Joseph I. verzichtet auf die von Schweden für seine Gebiete zu stellenden Reichskontingente im Spanischen Erbfolgekrieg. Karl XII. verpflichtet sich, nach der Ratifikation der Konvention aus Schlesien abzuziehen.
LIT. E. Carlson, Der Vertrag zwischen Karl XII. von Schweden und Kaiser Joseph I. zu Altranstädt (1907); D. von Velsen, Die Gegenreformation in den Fürstentümern Liegnitz-Brieg-Wohlau (1931); Rössler-Franz, SWDG 24f.; Erdmannsdörffer II, 241f.; O. Redlich, Das Werden einer Großmacht. Österreich von 1700–1740 (1942); R. M. Hatton, Charles XII of Sweden (1968); N. Conrads, Die Durchführung der Alt-

ranstädter Konvention in Schlesien 1707–1709 (1971).

Amalrikaner. Anhänger des Amalrich von Bena, die sich in der Lehre mit den Katharern und den Anhängern des Joachim von Fiore berührten. Auf dem 4. Laterankonzil wurden die Amalrikaner wegen ihres Pantheismus verurteilt.

Ambo(n) (lectrinum, tribunal, pulpitum). Eine liturgischen Zwecken der Predigt, dem Absingen des Graduale dienende, gewöhnlich aus Stein erbaute Bühne mit Brüstung und Aufgängen in altchristl. und ma. Kirchen; im späten MA dem Lettner eingebaut; in größeren Kirchen gab es in nachkaroling. Zeit verschiedentlich zwei Amben, einen für Evangelium und Predigt, einen für die Epistel. Der A. ist der Vorläufer der späteren Kanzel.

Ambraser Sammlung. Von Ferdinand I. nach 1561 angelegte Sammlung auf Schloß Ambras vor Innsbruck, enthält u. a. das Ambraser Heldenbuch (›Nibelungen‹, ›Kudrun‹, Hartmanns ›Erec‹ und ›Iwein‹), Kunst- und Rüstkammer.

Ambrosiana (Biblioteca Ambrosiana). Berühmte Bibliothek in Mailand, 1602 von EB Kard. Federico Borromeo gegründet, 1609 als eine der ersten öffentl. Bibliotheken eröffnet, besitzt wertvolle Handschriften und Inkunabeln (Ilias-Codex 4.–5. Jh., eine Vergil-Hs. usw.). Mehrere Präfekten der Ambrosiana haben wissenschaftsgeschichtlich hervorragende Bedeutung wie z. B. L. A. Muratori, A. Mai, A. Ratti (Papst Pius XI.).

Ambrosiaster (Pseudoambrosius). Der älteste lat. Kommentar zu 13 Paulusbriefen, z. Zt. des Papstes Damasus (366–84) in Rom entstanden, früher dem Bischof Ambrosius von Mailand zugeschrieben: Seit Erasmus von Rotterdam seine Unechtheit nachgewiesen hat, wird dieser Kommentar als A. bezeichnet. Verf. unbekannt.

LIT. LThK I, 425.

Amiens, Friede von (27. 3. 1802). Unterzeichnet von Joseph Bonaparte und Lord Cornwallis war der Friede von A. nach dem Urteil König Georgs III. von England ein »Friede auf Probe«, nach dem franz. Historiker A. Sorel die »offizielle Maske für einen sehr kurzen Waffenstillstand«. Der Definitivfriede von Amiens regelt nach den Präliminarien von London (17. 9. 1801) zwischen Frankreich und England a) die Mittelmeerfragen, b) die überseeischen kolonialen Fragen und greift c) in die Regelung der deutschen Verhältnisse nach dem Frieden von Lunéville ein.

a) Mittelmeerfragen: das von den Engländern eroberte Ägypten soll an das Osmanische Reich zurückfallen, die Ionischen Inseln sollen von Frankreich aufgegeben werden und eine selbständige Republik bilden; Malta soll von England dem Johanniterorden zurückgegeben werden. Außerdem wird Frankreich die Räumung des Königreichs Neapel und des Kirchenstaates innerhalb von 2 Monaten nach der Ratifikation des Friedens zur Auflage gemacht; Menorca kommt an Spanien zurück; die Selbständigkeit Portugals wird garantiert.

b) Überseeische koloniale Fragen: die französische Republik und ihre Verbündeten Holland und Spanien erhalten alle von England besetzten oder eroberten Kolonien zurück mit Ausnahme von Ceylon und Trinidad, d. h., Frankreich erhält die Möglichkeit zum Aufbau eines neuen Kolonialreiches in Westindien und Nordamerika (Tobago, St. Lucia, Martinique, Französisch-Guayana, Louisiana). Die Rückgabe der französischen Besitzungen in Indien verweigert der Gouverneur Wellesley.

c) Einwirkung auf die deutschen Verhältnisse: Napoleon verpflichtet sich, dem Hause Nassau-Oranien für die mit der Verfassungsänderung in Holland und an Familienbesitz erlittenen Verluste eine Entschädigung im Reich zu verschaffen. Das Haus Nassau-Oranien erhält daraufhin und auf Grund eines Abkommens zwischen Frankreich und Preußen das säkularisierte Fürstbistum Fulda sowie die säkularisierten Fürstabteien Corvey und Weingarten. Zum Bruch des für Frankreich sehr vorteilhaften Friedens kam es wegen der Rückgabe von Malta. →Koalitionskriege.

LIT. O. Brandt, England und die Napoleonische Weltpolitik 1800–03 (^{2}1916); W. Andreas, Das Zeitalter Napoleons und die Erhebung der Völker (1955).

Amortisationsgesetze. Mit der Häufung der Güter in der sog. Toten Hand (manus mortua) der Kirche (das der Kirche zugewendete Vermögen ist für den rechtsgeschäftl. Verkehr, was die Übertragung von Eigentum angeht, tot) stellten sich allenthalben Mißstände ein, die bei einer Erschlaffung des religiösen Geistes und dem Fortschreiten wirtschaftl. Denkens wuchsen. Erwerbsbeschränkungen der Toten Hand, d.h. Amortisationsgesetze, sind, in ersten Spuren schon im 9. Jh., seit dem 13. Jh. festzustellen (Ludwig IX., 1250), sie werden mit dem Erstarken der Landeshoheit häufiger, unterschiedslos von kath. und protest. Fürsten, selbst geistl. Fürsten (Kurmainz usw.) erlassen, um eine klerikale Aufsaugung von Gütern und Ländereien und damit eine Schwächung der Wirtschaftskraft zu verhindern (Beispiele für die Amortisationsgesetzgebung in Kurmainz: Verordnungen Johann Philipps 1651, 1652, 1668; Lothar Friedrichs 1674; Lothar Franz' 1704, 1705, 1712; Johann Friedrich Karls 1746, 1753, 1755). Unter dem Einfluß der Aufklärung erreichen sie in Frankreich (Anregung von Montesquieu), in Spanien (R. P. Campones), in Österreich unter Maria Theresia und Joseph II., in Kurbayern unter Max III. Joseph und Karl Theodor einen Höhepunkt. Motiviert wurden die A. durch wirtschaftl., staatskirchenrechtl. und religiöse Gründe. In der BRD gibt es (seit 1953) keine A. mehr.

LIT. Feine, KRG; HWST I^2 431 ff.; LThK I^2 447; HWDRG I, 147–150.

Amphiktyonie. Schon im Altertum nicht eindeutig definiert. Die Amphiktyonen waren Umwohner eines Heiligtums, zu dessen Pflege und Schutz, zu Festversammlungen und zugleich zu regelmäßigen Beratungen und Beschlußfassungen über gemeinsame Angelegenheiten sie zusammentraten. Oft entsandten umliegende Stämme oder Städte ihre Vertreter. Der Ursprung der A. liegt wahrscheinlich vor der Polisbildung. Am bedeutendsten war die delphische A.; zum Schutz des Heiligtums und Kultzentrums des Apollon führten die Amphiktyonen drei heilige Kriege, beschlossen 355 v. Chr. den heiligen Krieg gegen die Phoker und nahmen an deren Stelle Philipp von Makedonien als Mitglied auf. 346 Neuordnung der A. durch Philipp, 338 rief ihn die A. zum Krieg gegen Amphissa auf und gab ihm damit Gelegenheit, die Herrschaft über Griechenland zu erringen. Daneben gab es u.a. die A. von Argos, von Anchetos, von Kalauria, von Korinth.

LIT. RE I, 1904–1935; Lex. der Alten Welt 141 f.

Amt.

[1] Von kelt.-lat. ambactus, womit die Gefolgschaft gallischer Adeliger bezeichnet wurde, wurden Bezeichnung und Brauch, daß sich ein Fürst mit Gefolgsleuten umgab, vor der german. Lautverschiebung entlehnt. Notker verwendet das Wort im Sinn von anerkannter Stellung. Amt wurde in unterschiedlicher Bedeutung gebraucht und sehr weit gefaßt, z.B. als Verwaltungsbezirk, Gerichtsbezirk, Gemeinde. Unter Amt versteht man einen dauernden, fest umschriebenen Kreis von Aufgaben mit bes. Befugnissen im Dienst anderer, einen umgrenzten Bereich der Staatsfunktion. Man unterscheidet öffentl. und private Ämter; Ehrenämter und Laienämter werden unentgeltl. und nebenberufl. verwaltet.

In karoling. Zeit wurden Ämter (honores, dignitates) als Benefizien übertragen. Im MA scheint das Amt selbst Lehen gewesen zu sein. Amtsträger war zunächst der Adel, dann auch die Ministerialen, ursprüngl. unfreie Dienstleute. Bes. Ausgestaltung erfuhr das Amt und der Amtsgedanke in den Städten, z.B. mit den Ämtern der Geschworenen und der Ratsherrn. Grundlegend wurde jedoch die Entwicklung in den Territorien seit dem 13. Jh. Aus dieser Wurzel bildete sich das neuzeitl. Ämterwesen, die neue Organisation der Lokalverwaltung, die vielfach bis in das 19. Jh. bestand. Der Begriff des Beamten als eines bes. öffentl., festbesoldeten Bediensteten, begann sich zu entfalten. Absolutismus, Reformen der Aufklärung und des 19. Jh. gaben dem Ämterwesen weitere Inhalte. Fürstl. Herrschaft wurde seit der Reformation, bes. im Absolutismus als Amt aufgefaßt (Friedrich Wilhelm I. von Preußen: »Gottes Amtmann am Fürstentum«; im aufgeklärten Absolutismus verstand sich der Fürst vielfach als »erster Diener des Staates«). Amtseid, Amtstracht und Amtssymbole zeichnen ein Amt aus.

LIT. Staatslexikon I, 305–308; HWDRG I, 150–154; R. Scheyhing, Eide, Amtsgewalt und Bannleihe (1960).

[2] In der röm. Liturgie Bez. für Feierlichkeitsgrade der Messe. a) das einfache Amt (missa cantata): Messe mit Gesang des Priesters und der Gemeinde; b) Hochamt (missa solemnis), bei dem Diakon und Subdiakon dem Priester assistieren; c) Pontifikalamt (missa pontificalis), das feierl. Hochamt eines Prälaten, dem Pontifikalien zustehen, insbes. des Papstes, der Bischöfe und Äbte.

Das Pontifikalamt ist die älteste und feierlichste Form der Messe.

Anachoret. In strenger Buße, Enthaltsamkeit und völliger Trennung von der menschl. Gemeinschaft lebender Christ; für das 3. Jh. nachweisbar, zuerst wohl in der ägypt. Wüste; im Osten als bes. Form mönchischer Existenz hoch angesehen. Die bekanntesten Anachoreten: der hl. Paulus († 341) und der hl. Antonius († 356), der einen Verein von Anachoreten um sich sammelte (seit 290), die in einem Zellendorf zusammenwohnten.

Anagramm (griech.). Umstellung von Buchstaben in einem Wort zur Bildung eines neuen Wortes, z.B. Leben – Nebel, angeblich von Lykophron von Chalkis (3. Jh. v. Chr.) erfunden, vielfach verwendet für Wortspiele und Pseudonyme, z.B. bei Fischart, Rabelais u.a. Anagramme waren im 16. und 17. Jh. besonders beliebt.

Anachronismus. Unfreiwillige oder aber auch beabsichtigte Einordnung von Ereignissen, Personen und Gegenständen in eine zeitl. Geschehnisabfolge, zu der sie nicht gehören. Die häufigste Form des Anachronismus ist der sog. vorgreifende A.; verlegt Personen, Ereignisse und Gegenstände in Zeiten, da sie nicht lebten, bzw. nicht stattfinden konnten oder noch nicht erfunden waren.

Anagni, Attentat von (7. 9. 1303). Gefangennahme Papst Bonifaz' VIII. in der Sommerresidenz Anagni durch den franz. Kanzler Wilhelm Nogaret und Sciarra (Jakob) Colonna. Mit dieser Gefangennahme kam man der vom Papst für den 8. September vorgesehenen Verkündigung des Banns über König Philipp den Schönen von Frankreich zuvor. Papst Bonifaz VIII. sollte zur Abdankung gezwungen werden, konnte aber am dritten Tag von den Bürgern Anagnis befreit werden und nach Rom zurückkehren. Das Attentat von Anagni, eine schwere Niederlage des Papsttums, brachte dem leidenden Bonifaz VIII. den Tod (11. 10. 1303).

LIT. R. Holtzmann, Wilhelm von Nogaret (1898); Bilmeyer-Tüchle, Kirchengeschichte II; HKG III, 2.

Anakreontik. Nach dem griech. Dichter Anakreon († 495 v. Chr., lebte am Hof des Polykrates auf Samos) benannte, in Anlehnung an die pseudoanakreontische Sammlung sich ausbildende lyrische Richtung seit der Mitte des 16. Jh., deren Höhepunkte zwischen 1740–60 lagen. Ihre Motivkreise sind Wein und Liebe. Anakreont. Dichtung ist Ausdruck der aufstrebenden Bürgerkultur, tändelnd-konventionelles Spiel, Lust an Formen und freundschaftl.-geselligem Zusammensein, im Grunde aber Fluchtreaktion.

Vertreter der Anakreontik in Dtl.: J. W. L. Gleim, Versuch in scherzhaften Liedern (1744/45); J. N. Götz, Versuch eines Wormsers in Gedichten (1745); I. J. Pyra und Samuel Gotthold Lange, Thyrsis und Damons freundschaftliche Lieder (1745); J. P. Uz – J. N. Götz, Übersetzung des Anakreon.

LIT. H. Joswig, Leidenschaft und Gelassenheit in der dt. Lyrik des 18. Jh. (1938); Reallexikon der dt. Literaturgeschichte I^2 (1958) 61–63.

Analekten (griech., auflesen, sammeln). Aufgelesenes, Ausgelesenes; Sammlung von Zitaten von Dichtern usw., von wissenschaftl. Material, Auszüge, Lesefrüchte; Sammlung von Abhandlungen.

Anarchismus. Eine politische Ideologie und Bewegung, die auf Beseitigung jeder Autoriät und jeden Rechtszwangs, insbes. des Staates, abzielt und größte Ausdehnung der persönlichen Freiheit im freien, jederzeit lösbaren Zusammenschluß der Individuen erreichen will.

[1] *Der individualistische Anarchismus* wurzelt im extremen Individualismus, nicht im Sozialismus oder Kommunismus, fordert schrankenlose Freiheit für den Einzelnen, völlig freies Sondereigentum, die Beseitigung von Geld und Zinsen, der kapitalistischen Wirtschaftsordnung. Hauptvertreter des individualistischen A. sind: der englische Dissidentenprediger W. Godwin (1756–1836), ›Enquiry concerning political justice and its influence on morals and happiness‹ (1793); P. J. Proudhon (1809–65), ›Qu'est-ce que la propriété‹ (1840), trotz seiner bekannten Forderung »Eigentum ist Diebstahl« ein Gegner sozialistisch-kommunistischer Theorien; Max Stirner (1805–56), ›Der Einzige und sein Eigentum‹ (1845).

[2] *Der kollektivistisch-kommunistische oder föderalistische Anarchismus* erstrebt eine staaten- und klassenlose Kollektivordnung; die Grenzen zum Sozialismus und Kommunismus können fließend sein. Wichtigste Vertreter:

M. Bakunin (1814–76), ›Dieu et l'Etat‹ (1871), der als eigentlicher Begründer der politischen Organisation des A. gelten kann; S. Netschajew (1842–82) trat für die Pandestruktion (Allzerstörung) ein und die »Propaganda der Tat«; er war ein Zyniker und Nihilist. Fürst Peter Kro(a)potkin (1842–1921), der bes. die Theorie des kommunist. Anarchismus ausbildete. In Rußland trug die anarchistische Bewegung entscheidend zum Erfolg der bolschewist. Revolution bei, wurde dann aber vom Bolschewismus vernichtet.

Unter den Theoretikern des A. in Deutschland ist zu nennen Johann Most (1846–1906), der in den USA die anarchistische Zeitschrift ›Die Freiheit‹ herausgab. Theoretiker des A. in Frankreich: Elisée Reclus, ›L'Evolution, la révolution et l'idéal anarchique‹ (1898), Jean Grave, ›La société future‹ (1895).

Auf anarchistische Gruppen geht eine Reihe von Terrorakten und Attentaten zurück, z.B. auf den Präsidenten der USA William McKinley, auf König Alfons XII. von Spanien und die Kaiserin Elisabeth von Österreich (1896), in Deutschland das Attentat auf Kaiser Wilhelm I. von Hödel und Nobiling (1878), in Frankreich die Ermordung des Präsidenten Carnot (1894), in Italien die Ermordung von König Humbert I. (1900).

Stark verbreitet waren anarchistische Organisationen in Frankreich, Italien, Spanien, wo sie durch die Confédéracion Nacional del Trabajo (gegründet 1911) einen starken Einfluß auf die Arbeiterschaft vor allem in Katalonien – Barcelona ein Zentrum des Terrors – ausübten und in Francisco Ferrer nach der »semana tragica« einen politischen Märtyrer fanden. Im Mai 1937 wurden in Barcelona die Anarchisten durch die Kommunisten ausgerottet.

Gering war der Anhang anarchistischer Organisationen in England, den USA, der Schweiz und in Deutschland, wo die Sozialdemokratie Anarchisten schon 1880 ausschloß.

Nach dem Ersten und Zweiten Weltkrieg schienen anarchistische Bestrebungen fast vernichtet, doch finden sie verschiedentlich wieder Anklang.

Quellen: Ein Verzeichnis anarchistischer Schriften bei M. Nettlau, Bibliographie de l'anarchisme (1927).

LIT. K. Diehl, Über Sozialismus, Kommunismus und A. ([3]1920); M. Nettlau, Der A. von Proudhon zu Kropotkin (1927); P. Heintz, Anarchismus und Gegenwart (1951); G. D. H. Cole, A history of socialist thought (1954); E. Comin-Colomer, Historia del anarquismo espagñol (1956); P. Schreibert, Von Bakunin zu Lenin. Geschichte der russisch-revolutionären Ideologien I (1956); R. Cannac, Netchaev. Du nihilisme au terrorisme (1961); H. P. Schwarz, Der konservative Anarchist. Politik und Zeitkritik Ernst Jüngers (1962); J. Joll, Die Anarchisten (1966); O. Rammstedt, A. Grundtexte zur Theorie und Praxis der Gewalt (1969); U. Linse, Organischer A. im Dt. Kaiserreich von 1871 (1970); J. Cattepoel, Der A. (1979).

Anathema (Bann). Erstmals in can. 52 der Synode von Elvira (ca. 300), zunächst von der Exkommunikation nur durch eine erschwerende, feierl. Verwünschung verschieden, bez. A. den Kirchenbann, bes. wenn er nach dem im Pontificale Romanum enthaltenen Ritus verhängt wurde; seit der Abschaffung der excommunicatio minor (1869) ist das A. von der Exkommunikation nicht mehr verschieden.

Ancien Régime (franz., alte Regierungsform). Bez. für das alte, vorrevolutionäre Frankreich; von dort auf andere europ. Staaten übertragen zur Bez. der polit. und gesellschaftl. Situation vor der Revolution von 1789; oft in abschätzigem Sinne gebraucht; synonym mit Alteuropa.

LIT. A. de Tocqueville, L'ancien régime et la révolution (1856), E. Soreau. La chute de l'ancien régime (1938); D. Mornet, Les origines intellectuelles de la Révolution française, 1715–1787 (1954); B. Fay, Ludwig XVI. oder das Ende einer Welt (dt. 1956); Handbuch der europ. Geschichte Bd. IV, hrsg. von Th. Schieder (1969); E. Fehrenbach, Vom Ancien Régime zum Wiener Kongreß (1981); R. Braun, Das ausgehende Ancien Régime in der Schweiz. Aufriß einer Sozial- und Wirtschaftsgesch. des 18. Jh. (1984).

Anciennität. Reihen- oder Rangfolge, meist nach dem Dienst- oder Lebensalter; von Bedeutung bei Beförderungen und Abstimmungen. Als lokale A. gilt der Zeitpunkt der Anmeldung beim Gaststaat. Dadurch wird die Rangordnung diplomatischer Vertreter derselben Rangklasse geregelt.

Andachtsbild. Darstellung eines Heiligen, bes. Christi, die der außerliturgischen, privaten Andacht dient und die Möglichkeit zu einer kontemplativen Versenkung in den betrachteten Inhalt bietet. Bevorzugte Themen: Leiden Christi (Schmerzensmann), Freuden und Leiden Mariens (Marienklage).
LIT. RDK I, 681–687; III, 658–669; V, 601–621.

Andreaskreuz. Diagonalkreuz, in frühchristl. Zeit mit anderen Kreuzformen unterschiedslos gebraucht, in der ottonischen Kunst in christl.-kosmologischer Bedeutung, dann seit 1169 (erstmals) bei der Darstellung der Kreuzigung des hl. Andreas verwendet, in der dt. und niederländischen Kunst des späten MA recht häufig, auch in der Heraldik gebräuchlich. Im Volksaberglauben spielt das A. eine Rolle.

Anekdote. Sie kennzeichnet als Kurzgeschichte pointiert historische Persönlichkeiten und schildert konkrete historische bzw. zeitgeschichtliche Situationen. Die A. hat, ähnlich wie Sage und Legende, als historische Quelle einen Wert.

Angariae. Zwang, Gewalt, Mühsal, Belastung (mlat.), Dienstleistung, Frondienst, wie sie ein abhängiger oder unfreier Bauer dem Grundherrn schuldet (angarialis homo); ähnlich wie: exactio, vectigal = Abgaben, Steuerzins; Last, Fracht (angaria = langsamer und schwerer Wagen des öffentl. Fuhrwesens in der Antike, zuerst 320 v. Chr. erwähnt); Spann- und Fuhrdienst.
LIT. RE I, 2184f.; Mlat. WB I (1967), 634–636; Haberkern-Wallach 40.

Angeliken (Englische Schwestern vom hl. Paulus) und **Guastallinen,** Mitglieder einer 1530 von Luise Torelli, Gräfin von Guastalla (bei Parma), begründeten Genossenschaft, die die Augustinusregel annahm, 1535 päpstlich bestätigt wurde und sich gefährdeter und verwaister Mädchen annahm. Anfang des 19. Jh. ging der Orden unter.

Anglikanische Artikel. 39 Artikel, die 1571 in England Gesetzeskraft erhielten und die Grundlage der englischen Staatskirche bilden. Art. 37 übertrug dem König die Jurisdiktion über die Kirche in England unter ausdrücklicher Zurückweisung der päpstlichen Jurisdiktion.

Anglikanische Kirche. Englische Staatskirche, auch Bischöfliche (Episkopal-)Kirche genannt, folgt im Bekenntnis der reformierten Kirche, steht jedoch dem Gottesdienst und der Verfassung nach zwischen Protestantismus und Katholizismus. Diese eigentüml. Stellung erklärt sich aus der engl. Reformationsgeschichte. Die A.K. entstand, als sich Heinrich VIII. wegen der geplanten Ehescheidung 1534 von Rom lossagte und sich zum Oberherrn der englischen Kirche erklärte. Mit Hilfe des EB Cranmer von Canterbury gab er dieser Kirche eine neue Verfassung. Nach den erfolglosen Rekatholisierungsversuchen der Königin Maria (1553–58) wurde unter Elisabeth I. das Staatskirchentum durch Neuordnung des Gottesdienstes (Common Prayer Book) und des Glaubensbekenntnisses (39 Artikel) gefestigt. Oberster Kirchenherr in der A. K. ist der König; unter ihm stehen die EB von Canterbury und York und 41 Bischöfe.
Drei verschiedene Richtungen bildeten sich nach und nach in der A. K. heraus:
(a) die Hochkirche (High Church), die an der katholischen Ausgestaltung des Gottesdienstes festhielt;
(b) die Niederkirche (Low Church), die den Hauptakzent auf ein werktätiges Christentum legte, Bibelverbreitung und innere Mission;
(c) die Breitkirche (Broad Church), deren Glaubenslehre auf Grund kritischer Bibelforschung freier war.
Die A.K. ist im Unterschied zu der schottischen Presbyterian. Kirche auch außerhalb Englands verbreitet. Den Anspruch auf Katholizität vertrat die A.K. mit Entschiedenheit. Außerhalb der A.K., aber auch außerhalb der schottischen Presbyterianer gewannen die ekklesiologisch radikalen Kongregationalisten und die Independenten im 17. Jh. an Bedeutung. Nach der Krise zwischen 1640 und 1660 wurde die A.K. erneut als Staatskirche etabliert.
LIT. TRE II, 713–723; D. H. Pill, The English Reformation 1525–58 (London 1973); A. G. Dickens, The English Reformation (^{3}1969); S. Neill, Anglicanism (^{4}1977); J. J. Scarisbrick, The Reformation and the English People (London 1984).

Annalen (von lat. annus, Jahr). Jahrzeitbücher. In der Geschichtsschreibung des MA versteht man unter Annalen urspr. die kurzen Aufzeichnungen wichtiger Ereignisse (z. B. Tod von Päpsten,

Herrschern, Bischöfen; krieger. Ereignisse) in den Ostertafeln. Später erfolgte die Aufzeichnung unabhängig von den Ostertafeln; die Annalen wurden zu einer selbständigen Gattung histor. Überlieferung, in der Darstellung knapp, trocken und streng chronolog. geordnet mit einfacher Aneinanderreihung der Fakten. Die Annalen stammen meistens von anonymen Verfassern und wurden vielfach durch Generationen von wechselnden Händen fortgeführt, häufig abgeschrieben und dabei in Inhalt und Chronologie nicht selten durcheinandergebracht. Höhepunkte der Annalistik sind a) die Karolingerzeit mit dem umfassenden Werk der sogenannten Fränkischen Reichsannalen (Annales regni Francorum) und b) das 11. und beginnende 12. Jh. (Quedlinburger und Hildesheimer Annalen, Lampert von Hersfeld).

Wichtige Annalen.

Annales Altahenses, geschrieben im Kloster Niederaltaich aus reichstreuer Sicht; wichtige Quelle für die Zeit Heinrichs III. und Heinrichs IV., lange verschollen, 1867 in der Abschrift Aventins entdeckt; ed. von W. Giesebrecht–E. Oefele (MG SS 20), bearbeitet von Oefele in MG SS rer. Germ.;

Annales Bertiniani. So genannt nach dem Fundort, der Abtei St. Bertin (Flandern); sie sind eine Fortsetzung der fränk. Reichsannalen für die Zeit 830–882, z. T. von Hinkmar von Reims verfaßt;

Annales Fuldenses. Sie führen die fränk. Reichsannalistik weiter bis 901;

Annales Marbacenses. Nach dem Kloster Marbach bei Kolmar benannt, staufisch gesinnte Darstellung, reichen bis 1238;

Annales Patherbrunnenses. Im Kloster Abdinghof in Paderborn entstanden, verloren, doch durch Scheffer-Boichorst rekonstruiert, wichtig für die ausgehende Zeit der Salier und die Staufer;

Annales Quedlinburgenses. Sie reichen bis 1025, wichtig für die Zeit Ottos III. und Heinrichs II.

Seit dem 14. Jh. nahmen die Annalen einen anderen Charakter an, wurden sehr viel ausführlicher und behielten im Grunde nur das annalist. Gerüst der Jahreseintragungen bei. Die Grenze zwischen Annalen und Chroniken wurde in dieser Zeit, vor allem im 15. Jh., fließend. Die Aufzeichnung und Überlieferung histor. Ereignisse begnügte sich nicht mehr mit der annalist. Form, sondern suchte den Übergang zur referierenden Darstellung. Die Annalistik genügte den höheren literar. und histor. Ansprüchen von Renaissance und Humanismus nicht mehr. Die Sprache der Annalen ist fast ausnahmslos lateinisch. In der kirchl. Restauration des 16. Jh. ist eine gewisse Wiederbelebung der Annalistik festzustellen. Von Caesar Baronius stammen die Annales ecclesiastici a Christo nato ad Annum 1198, 12 voll. Romae 1518–1607, fortgesetzt durch O. Raynald, († 1671) von 1198–1566 und A. Bzovius († 1637), der in 9 Bden die Zeit von 1198–1572 behandelt hat (1616–72). H. Spondanus († 1643) verfertigte aus den 12 Bden des Baronius einen Auszug und schrieb dazu eine Fortsetzung (sie erschienen in 2 Bden, Paris 1640).

LIT. W. Wattenbach – W. Levison – H. Löwe, Deutschlands Geschichtsquellen im MA II (1952) 180–192, Neuaufl. von F. Schmale (1967); A. Potthast, Wegweiser durch die Geschichtswerke des europ. MA (^{3}1954); H. Hoffmann, Untersuchungen zur karoling. Annalistik (1958).

Annaten (von lat. annus, Jahr). Im eigentl. Sinn Abgaben, die bei der Verleihung nichtkonsistorialer Benefizien in Höhe der Einkünfte des ersten Jahres oder der Hälfte der Pfründenerträgnisse des ersten Jahres an die röm. Kurie entrichtet werden (fructus primi anni; fructus medii temporis). Seit dem 15. Jh. verstand man unter A. alle Abgaben an die röm. Kurie bei der Verleihung eines Benefiziums, einschließlich der Servitien (Taxen). Die röm. Kurie erschloß sich diese Einnahmequelle unter Clemens V. (1306) und Johannes XXII. (1318). Seit 1326 wurden die Annaten in Verbindung mit den Reservationen gebracht. Ihre Einziehung gab Anlaß zu ständigen Klagen, vor allem auf den Reformkonzilien. Im Wiener Konkordat von 1448 wurde die Weiterzahlung der A. für das Reich vereinbart. Das Konzil von Trient verbot die A. für kleinere Benefizien, Joseph II. schaffte sie für Österreich ab. Sie sind heute nur noch in Italien üblich.

LIT. Feine KRG; DHGE III, 307 bis 315; LThK I^2, 575.

Annexionen (von lat. annectere, anbinden, hinzufügen, franz. annexer, annexion). Als polit. Schlagwort erst seit 1845 in Gebrauch, als die USA dem benachbarten Mexiko Texas abnahmen, verstärkt angewendet zur Zeit Napoleons III. von Frankreich und Viktor Emanuels von Savoyen, deren Politik auf Annexionen gerichtet war.

Anniversarium (lat., Jahresgedächtnis). Im heute üblichen Sinne anniversarium defunctorum, Jahrestag des Todes oder des Begräbnisses, schon in frühchristl. Zeit liturgisch gefeiert. Es ist heute nicht mehr üblich, den Todestag eines Heiligen, bzw. seinen Festtag (beide sehr oft identisch) als A. zu bezeichnen. A. der Kirchenweihe, der Bischofsweihe (natalis templi, natalis basilicae; a. electionis et consecrationis episcopi) im christl. Altertum belegt.

Annona (von lat. annus). Jährl. Ertrag, dann Vorrat an Lebensmitteln (bes. Kornfrüchte), ferner Getreidebedarf und Zufuhr von Getreide nach Rom und den Municipien; Marktpreis, v.a. der im antiken Rom staatl. überwachte Getreidepreis; Naturallieferungen der Provinzen für die Beamten und Soldaten der Provinz.
Cura annonae: staatl. Fürsorge für Getreide zu erschwingl. Preisen (Aufgabe der Aedilen, durch Augustus vom Kaiser übernommen, der sie durch einen eigenen Präfekten, praefectus annonae, wahrnehmen läßt). Die Kornversorgung Roms nahm unter Caesar schon die Form der Unterstützung Minderbemittelter an und stellte vielfach ein polit. Kampfmittel dar (→panem et circenses).
In der Spätantike mit der Rückkehr zur Naturalwirtschaft ist A. eine Einheit der staatl. Naturalgehälter, in Form einer Anweisung auf Naturalien.
Im MA *Annona ducalis:* Herzogskorn; *Annona missalis:* Meßkorn.

Annuntiationsstil. Rechnungsart, die den Jahresanfang auf das Fest Mariä Verkündigung (incarnatio Domini, 25. 3.) festsetzt. Der A. war im MA im Erzbistum Trier und dessen Suffraganbistümern Metz, Toul, Verdun, ferner seit der Mitte des 11. Jh. unter normannischem Einfluß in England (mos Anglicanus, computatio Anglicana, cursus ecclesiae Anglicanae) üblich und blieb der offizielle Jahresanfang Englands bis zum 1. 1. 1752. Auch in Norditalien (calculus Florentinus: Florenz und Siena am 25. 3. nach unserem Jahresanfang, calculus Pisanus: Pisa und Lodi am 25. 3. vor unserem Jahresanfang) sowie vorübergehend und sporadisch in den päpstl. und kaiserl. Kanzleien wurde der A. angewendet.
LIT. H. Grotefend.

Annus normalis (auch: annus regulativus, a. decisivus, a. decretorius). Normaljahr. Nach langen Verhandlungen und als Kompromiß zwischen kath. (1629) und ev. Forderungen (1618) im Westfälischen Frieden ausgesprochene Norm (1624) für die Konfessionsausübung und den Besitzstand an geistl. Gütern (Normaltag 1. 1. 1624). Beschränkt das jus reformandi, keine Geltung in den österreich. Erblanden und einigen anderen Gebieten, praktisch in Osnabrück modifiziert durch die Capitulatio perpetua Osnabrugensis, bestimmt die Konfessionsgrenzen und bleibt bis ins 19. Jh. in Geltung.
LIT. F. Dickmann, Der Westfälische Friede ([4]1978).

Anonym. Anonymität (griech., namenlos, ungenannt). Anonymität = Unpersönlichkeit menschl. Wirkens; anonym werden Schriftstücke ohne Unterschrift genannt, mit dem Ziel, den Urheber unbekannt bleiben zu lassen. Anonym sind Schriftwerke ohne Namensnennung des Verfassers (anonymus), sei er verschwiegen, unbekannt oder sei das Werk fälschlich unter einem anderen Namen überliefert. Anonym sind insbes. zahlreiche Werke des MA und der Reformationszeit, aber auch viele Frühwerke späterhin berühmter Dichter (z.B. Goethes Werther, Schillers Räuber). Gründe für die Anonymität können ungenügende Ausbildung des Persönlichkeitsbewußtseins (so im MA) und des geistigen Eigentums, persönliche Scheu, Furcht vor etwaigen Folgen (insbes. bei polit. gefährl. Inhalt einer Schrift) u.a.m. sein. Zur Feststellung anonymer Verfasser bieten die Anonymenlexika gute Dienste.

Anonymenlexika. In ihrer Anlage meist mehr für den Literarhistoriker als für die Bedürfnisse der eigentl. Geschichte berechnet, sind die A. für den Historiker, vor allem für die Ideen- und Geistesgeschichte, für histor. Grenzgebiete, für die Benutzung der Publizistik anonymer Streit- und Flugschriften bes. in der frühen NZ wichtig. Für die Benutzung von anonymen, pseudonymen, pseudoepigraphen und kryptonymen Schriften bieten gute Hilfe folgende Lexika: Mich. Holzmann-H. Bohatta,

Deutsches Anonymen-Lexikon. 7 Bde. (1902 bis 1928); diess. Deutsches Pseudonymen-Lexikon (1906); S. Halkett-H. Laing, Dictionary of Anonyms and Pseudonyms, hrsg. von H. Kennedy, W. A. S. Smith, A. F. Johnson. 8 Bde. (^{2}1926–56); Stonehill-Black, Anonyma and Pseudonyma, 4 Bde. (1927); Ant. Alex. Barbier, Dictionnaire des ouvrages anonymes et pseudonymes. 4 Bde. (^{3}1872–79; ergänzt durch G. Brunet 1889 und H. Celani 1902); G. Melzi, Dizionario di opere anonime e pseudonime. 3 Bde. (1848–59; ergänzt durch G. B. Passano 1887 und E. Rocco 1888); R. Frattavolo, Anonimi e Pseudonimi (1955); C. Sommervogel, Dictionnaire des ouvrages anonymes et pseudonymes, publiés de la Compagnie de Jesus. 2 Bde. (1884); A. Taylor-F. J. Mosher, The bibliographical history of Anonyma and Pseudonyma (1951).

Anthologie (griech. Blumenlese). Sammlung unter bestimmten Gesichtspunkten ausgewählter literar. Stücke verschiedener Verfasser, auch wissenschaftl. Prosa zwecks Charakterisierung einer bestimmten literar. Gattung, einer Entwicklung, einer Epoche; älteste europäische A. ist die sog. griechische A. (»Kranz« des Meleagros von Gadara, ca. 60 v. Chr.), fortgeführt von Philippos aus Thessalonike (40 n. Chr.). Weitere große A. von Konstantinos Kephalas (ca. 925 n. Chr.) und M. Planides (14. Jh.). Seitdem schnelle Verbreitung des Begriffs und unzählige Anthologien.

Antichrist. Ausdruck und Begriff im NT vorhanden, im Frühchristentum weiter ausgebildet, bes. nach der Offenbarung Johannes', ebenso wie die Antichristerwartung. Der A. ist der vor Christi Wiederkunft auftretende Gegenchristus, der Gegenspieler Gottes, unter dem Eindruck der Verfolgungen mit antijüd. oder antiröm. Vorstellungen verbunden.
Für die alte Kirche ist der A. bald der jüdische Pseudomessias, bald der geschichtl. oder wiederkehrende Nero. Im MA wird die A.-idee mit dem Motiv vom Endkaiser angereichert; die Gehilfen des A. treten stärker hervor; als ein Vorläufer des A. wird Kaiser Friedrich II. von der Kurie bezeichnet. Das Tegernseer Spiel vom A. sieht in der Armutsforderung eine Versuchung des A. Nicht mehr in der Zukunft erwartet, da schon gegenwärtig, wird der A. bei Bernhard von Clairvaux. Gerhoh von Reichersberg (1162–63: ›De investigatione Antichristi‹) sieht im mißglückten Kreuzzug, im Schisma und in Abaelard Vorzeichen des A. Die Gleichsetzung von A. und Papsttum vollziehen um 1200 die Amalrikaner. Unter dem Einfluß der Geschichtsphilosophie Joachims von Fiore setzen die Fratizellen das Papsttum, die röm. Kirche wegen der Verfolgung der Spiritualen mit dem A. gleich (bes. häufig im Kampf Ludwigs des Bayern mit der Kurie, Johannes XXII.).
Als »rechten Antichrist oder Widerchrist« (Schmalkald. Art. IV) wird das Papsttum in der Reformation von Luther, Melanchthon, den Magdeburger Centuriatoren angegriffen, während die kath. Kontroverstheologie, mit ähnl. Münze zurückzahlend, Luther »nur« als Vorläufer des A. charakterisiert.
Abgesehen von einigen Sekten hat die A.vorstellung in der NZ kaum noch geschichtsbildende Kraft, wenn es auch nicht an verschiedenen literarischen und geschichtstheolog. Versuchen gefehlt hat, best. Personen, Systeme, Ideen mit dem A. zu identifizieren.
LIT. RGG I, 432; LThK I, 634–638; H. D. Rauh, Das Bild des A. im MA (^{2}1978); H. J. Schönstädt, A., Weltheilsgeschehen und Gottes Werkzeug (1978); TRE 3, 20–50.

Antijesuitismus. Eine im wesentlichen auf den Jansenismus zurückgehende, von der Aufklärung des 18. Jh. stark unterstützte (Voltaire, Enzyklopädisten, Nicolai u. a.) Strömung, die sich gegen den als allzu stark empfundenen Einfluß der Gesellschaft Jesu auf Kirche, Geistesleben, Politik richtet. Enge Verbindung von Staatskirchentum und Antijesuitismus (Frankreich, Spanien, Österreich); steigert sich gegen Ende des 18. Jh. zum ausgeprägten Jesuitenhaß; Adam Weishaupt gründet einen Antijesuitenbund. A. lebt mit der Wiederherstellung der SJ im 19. Jh erneut auf.
LIT. S. Merkle, Die kath. Beurteilung des Aufklärungszeitalters (1909); R. van Dülmen, Antijesuitismus und kath. Aufklärung. In: HJb 89 (1969) 52–80.

Antike (von lat. antiquus alt, aus franz. antique alt, altertümlich). Zunächst ohne Beziehung auf das klass. Altertum entlehnt, dann mit dem Aufblühen der kunstgeschichtl., literaturgeschichtl. und archäolog. Forschung

(Graf Caylus, Johann Joachim Winckelmann, Friedrich Schlegel) als kunstgeschichtl. und histor. Epochenbezeichnung verwendet (»altgriechisch«; »altrömisch«, »klassische Literatur«), mit Sinngehalt erfüllt und gegen das von Christentum, Germanentum und Antike bestimmte Mittelalter abgehoben.

A., in sich räumlich und zeitlich sehr verschieden, ist die wertbetonte Sammelbezeichnung für das griechisch-römische Altertum, deckt sich jedoch nicht mit der Alten Geschichte. Die historische Einheit der A., trotz aller Unterschiede, beruht auf einem durchgehenden Kultur- und Traditionsbewußtsein.

Als literar. Beginn der Antike gilt das Epos Homers. Der Sieg des Christentums über das griechisch-römische Heidentum, die Absetzung des weström. Kaisers Romulus Augustulus durch Odoaker (476) und die Schließung der Platonischen Akademie in Athen durch Kaiser Justinian (529) bezeichnen das Ende der Antike.

Die A. kann gegliedert werden:

a) die griechische A.; demokratische Kleinstaaten bzw. Stadtstaaten (Athen, Korinth usw.); kulturelle Höhepunkte: Homer, Aischylos, Sophokles, Euripides, Herodot, Thukydides, Sokrates, Plato und Aristoteles. Politische Leistung: Abwehr der Perser, Ausbildung freiheitlich-demokratischer Staatsformen. Politische Höhepunkte unter Kimon und Perikles.

b) die hellenistische A., geprägt durch das Reich Alexanders des Großen und die Diadochenreiche, absolutistische Großreiche, und die Verschmelzung des Griechentums mit unterworfenen heterogenen Völkerschaften Kleinasiens und Ägyptens. Mittelpunkte der hellenistischen Kultur: Alexandria und die syrisch-kleinasiatischen Städte (insbes. Antiochia). Die besondere Leistung dieser Zeit ist auf wissenschaftlich-technischem Gebiet zu sehen.

c) die römische A., geprägt durch die Geschichte zunächst der Republik, dann des römischen Imperiums, das als zentralistisches Großreich den ganzen Mittelmeerraum umfaßt. Leistungen auf militärischem, kolonisatorischem Gebiet (Gallien, Spanien, Germania superior, -inferior usw.), Straßenbau, Rechtswissenschaft und Rechtspflege; in der Literatur: Vergil, Ovid, Terenz, Plautus und Tacitus.

Von der röm. A. wird (vor allem seit E. Kornemann) abgehoben die Spätantike, d.h. die Zeit zwischen Diokletian und Konstantin 284 oder 305 bis zu Kaiser Herakleios und dem Beginn der islamischen Eroberungen im Mittelmeerraum.

Die Nachwirkungen der Antike im frühen Christentum, insbes. auf dem Gebiet der Philosophie, der Literatur und der bildenden Kunst sind sehr stark (Augustinus, Ambrosius, überhaupt alle Kirchenväter); in Ostrom und Byzanz verschmilzt die A. mit dem Christentum zu einer neuen Kultur; im Abendland werden ihre Nachwirkungen durch die germanischen Wanderungen und die Entstehung neuer Reiche stärker gebrochen, in Vorderasien, Nordafrika und Spanien sind sie noch in den islamischen Reichen erkennbar.

Das Mittelalter ist eine Synthese von Germanentum, Christentum und Antike, die in der karolingischen Renaissance, in der Renaissance des 14.–16. Jh. und im Humanismus bewußt wieder aufgegriffen wird und mit ihrer Wiederbelebung zu neuen Formen in bildender Kunst und Literatur führt, auch den Wissenschaften starke Impulse gibt. Das römische Recht, die antike Medizin (Galen), Teile der antiken Literatur (Vergil, Tacitus), die antike Philosophie (Aristoteles, Plato, die Stoa) haben befruchtend auf das Mittelalter und die Neuzeit gewirkt.

Mit dem 18. Jh. (J. J. Winckelmann) beginnt die breitere Wirkung der antiken Kunst und Literatur in der deutschen Klassik (Lessing, Schiller, Goethe, Hölderlin, Fr. Schlegel) und in der Kunst des Neoklassizismus (G. R. Donner, F. K. Leo von Klenze, K. F. Schinkel).

LIT. Lexikon der Alten Welt (1965; dtv-Lexikon der Alten Welt 1969–71); RAC; L. Zanta, La renaissance du stoïcisme au XVIIe siècle (1914); H. Vogel, Dt. Baukunst des Klassizismus (1937); H. T. Parker, The Cult of Antiquity and the French Revolutionaries. A Study in the Development of the Revolutionary Spirit (1937); W. Rehm, Griechentum und Goethezeit ([3]1952); W. Rehm, Götterstille und Göttertrauer. Aufsätze zur deutsch-antiken Begegnung (1952); E. R. Curtius, Europ. Literatur und lat. MA ([2]1954); G. Oestreich, Antiker Geist und moderner Staat bei Justus Lipsius (1547–1606).

Der Neustoizismus als polit. Bewegung (1954); W. Müri, Die A., Untersuchung über den Ursprung und die Entwicklung der Bezeichnung einer geschichtl. Epoche. Beilage zum Jahresbericht über das Stadtgymnasium in Bern (1957); R. Newald, Nachleben des antiken Geistes (1960); A. Buck, Das heroische und das sentimentale Antike-Bild in der französ. Literatur des 18. Jh. In: German.-Roman. Monatsschrift N.F. 13 (1963) 164–179; C. Andresen, Antike und Christentum (1978); E. Meyer, Geschichte des Altertums ([9]1984); M. Svilar, St. Kunze (Hrsg.), Antike und europ. Welt. Aspekte der Auseinandersetzung mit der A. (1984); Oswyn Murray (Hrsg.), dtv-Geschichte der Antike (1985); J. Irmscher (Hrsg.), Lexikon der Antike ([6]1985); E. Meyer, Geschichte des Altertums ([9]1984).

Antiphon (griech., entgegenströmend, antwortend). Bezeichnet seit dem 4. Jh. nichtbiblische Kehrverse, mit denen das Volk in den Psalmen- oder Hymnengesang eines Vorsängerchors einfiel. Im röm.-benediktin. Bereich herrschen Psalmentexte vor. Das HochMA brachte eine Blüte frei geschaffener Antiphontexte. Im Gregorian. Gesang reiche Entfaltung des A.
LIT. LThK I, 657.

Antiphonarium (Antiphonale: liber antiphonarius). Im MA Bezeichnung der Gesangbücher des lat. Ritus, die Antiphone enthalten. Später vorwiegend auf das Tagzeitoffizium beschränkt, nimmt das A. Psalmen, Hymnen, Gebete auf.

Antiqua (lat., alt). Geradestehende, ungebrochene latein. Druckschrift, die seit der Wende des 14. Jh. auftaucht, überwiegend im lat.-ital., roman. Kulturbereich. Die A. (lat. Schrift) ist das Ergebnis eines gelehrten literarischen Irrtums. Die Humanisten hielten die Schrift, in der ihnen die meisten antiken Schriftsteller überliefert waren, für eine antike Schrift; es war jedoch die Schrift der karolingischen Renaissance, eine nur fünf Jahrhunderte ältere Entwicklungsstufe der eigenen Schrift, auf die man im 15. Jh. zunächst lediglich zur Verschönerung der gotischen Schrift (Goticoantiqua) zurückgriff. Für den Druck antiker Autoren wurde die A. als Buchschrift, dann auch als Kursive verwendet und vor allem von Aldus Manutius (→Aldinen) verbessert. Die A. setzte sich allmählich auch in den nichtroman. europ. Ländern zunächst für antike Autoren, dann auch für Texte in den Nationalsprachen durch: in England und Holland bis rd. 1600, in Deutschland bis rd. 1800 noch meist nur für lat. Werke gebraucht, seit dieser Zeit, zunächst in der wissenschaftl. Literatur, stärker vertreten. Die A. hat sich, dank der Tätigkeit bedeutender Drukker und Formschneider, insbes. in Italien, dann auch in Frankreich, Holland und England, den »gotischen« Buchschriften (Fraktur, Schwabacher) überlegen gezeigt, dem Stilwandel in der Neuzeit besser angepaßt; heute herrscht die A. wegen ihres klaren und übersichtlichen Druckbildes fast allgemein.
LIT. A. von Brandt, Werkzeug des Historikers 91f. ([10]1983); F. Funke, Buchkunde. Ein Überblick über die Geschichte des Buch- und Schriftwesens ([2]1963).

Antiquar (lat. antiquarius). Zunächst Anhänger, Kenner oder Nachahmer altröm. Sprache und Literatur; dann Händler mit Altertümern und alten Büchern.

Antiquariat. Dient dem An- und Verkauf von alten Büchern, Bildern, Kunstgegenständen bzw. Auflagenresten des Buchhandels (modernes Antiquariat), Handschriften usw. Angebote erfolgen durch Antiquariatskataloge, der Vertrieb auch durch Auktionen. Die Kataloge bedeutender Antiquariate sind oft gute bibliograph. Hilfsmittel.

Antisemitismus. Ungenaue, seit 1879 durch Wilhelm Marr geprägte, in Deutschland propagierte und von hier aus in andere Sprachen eingedrungene Sammelbezeichnung für die mit religiösen, völkischen oder rassischen Motiven begründete Ablehnung und Bekämpfung der Juden. A. im weiteren Sinne besteht seit den Anfängen des jüdischen Volkes, im engeren Sinne seit der Zerstreuung der Juden. Er erklärt sich z. T. aus dem »Fremdkörpermotiv«, dem »Zersetzungsmotiv«, begegnet in der Antike als »jüdischer Selbsthaß«. Seit den Kreuzzügen, vor allem aber im SpätMA verschlechterte sich die Stellung der Juden (rechtl. und wirtschaftl. Minderstellung) nicht zuletzt unter dem Einfluß antijüdischer Legenden (Hostienschändung, Brunnenvergiftung), trotz Einspruchs mancher Theologen und vieler Päpste, während die weltl. Obrigkeit den Judenhaß zur Erreichung wirtschaftl. und polit. Ziele oft mißbrauchte. Unter dem Einfluß der Aufklärung, schließlich der Französischen Revolution wird die rechtl. Stellung der Juden verbessert, damit aber auch eine Krise innerhalb des bisher geschlossenen Judentums herbeigeführt. ›Die Ansprüche der Juden auf das deutsche Bürgerrecht‹ (1815) lehnt F. Ruh ab. Wohlstand und Charakter des deutschen Volkes sehen J. F. Fries, die deutschen Burschenschaften u. a. durch die Juden gefährdet. Im 19. Jh. gewinnt der Judenhaß aus nationalist. (Osteuropa), aus polit., wirtschaftl., schließlich aus rassischen Motiven (unter Berufung auf Gobineau) neuen Auftrieb (Wagner, Lagarde, Treitschke, Chamberlain). Absichtlich gefördert wurden Pogrome durch die Zarenpolizei. Im Bismarckreich forderten verschiedene Parteien (antisemitische Volkspartei) die Zurückdrängung der Juden aus wirtschaftl., polit. und rass. Gründen. Antisemit. Bewegungen gab es gleichzeitig in fast ganz Europa: Österreich, Schönerers deutsch-nationale Bewegung, Lueger; Frankreich, Dreyfusaffäre, Drumont: La France juive (1886).

Der Rassen-A. und die systemat. Vernichtung des europ. Judentums erreichten in der Zeit der NS-Gewaltherrschaft einen Höhepunkt. Hitler, der unter dem Eindruck des österreich. A. zum fanatischen Antisemiten geworden war, hat die Theorie des A. konsequent systematisiert und ihn in eine radikale Rassentheorie (→Rassengesetze) mit universalem Anspruch eingebaut. Er rückte die Judenfrage ins Zentrum seines Kampfes gegen das »internationale Judentum«, gegen »Alljuda«. »Der Begriff A. sollte nach dem Willen führender Nationalsozialisten durch den Begriff Antijudaismus ersetzt werden. Im Zusammenhang mit der Vernichtung des deutschen und europ. Judentums, der furchtbaren ›Realisierung des radikalen rassischen Antisemitismus‹, spielte deshalb die Vokabel ›Antisemitismus‹ keine oder nur eine nebensächl. Rolle. Man sprach von ›Kampf‹ oder von ›Aktionen gegen die Juden‹, von einer Endlösung der Judenfrage, von ›Sonderbehandlung‹ usw.« (O. Brunner, Geschichtl. Grundbegriffe I, 1972, 152). Ausgeprägt ist der A. in den ehem. kommunistisch beherrschten Staaten Osteuropas.

Von der röm. kathol. Kirche wurde der A. 1928 und auf dem II. Vatikan. Konzil, vom Weltkirchenrat in Neu-Delhi 1961 als mit der christlichen Lehre unvereinbar abgelehnt.

LIT. Rössler-Franz, SWDG; LThK I, 658; RGG I, 456–459; StL I, 381 f.; Kirche und Synagoge. Handb. zur Geschichte von Christen und Juden, hrsg. von K. H. Rengstorf und S. von Kortzfleisch, 2 Bde. (1968–70); F. Fejtö, Les juifs et l'antisémitisme dans les pays communistes (1960); K. Meier, Kirche und Judentum. Die Haltung der ev. Kirche zur Judenpolitik des Dritten Reiches (1968); E. Sterling, Judenhaß. Die Anfänge des polit. A. in Dtl. (1815–50) (1969); Schalom Ben-Chorin, Die Überwindung des christl. A. (1969); S. Friedländer, L'antisémitisme nazi. Histoire d'une psychose collective (1971); J. A. Hellwing, Der konfessionelle A. im 19. Jh. in Österreich (1972); G. Fellner, Antisemitismus in Salzburg (1979); G. Michalski, Der A. im dt. akadem. Leben in der Zeit nach dem I. Weltkrieg (1980); H. A. Obermann, Wurzeln des A. Christenangst und Judenplage im Zeitalter vor Humanismus und Reformation (1981); L. Poliakov, Geschichte des A. 5 Bde. (1977–83); J. Bunzel und B. Martin, A. in Österreich (1983); E. Jäckel, J. Rohwer (Hrsg.), Der Mord an den Juden im Zweiten Weltkrieg (1985); H. A. Strauss, N. Kampe (Hrsg.), A. Von der Judenfeindlichkeit zum Holocaust (1985); G. Brakelmann, A. (1989); H. A. Strauss u. a. (Hrsg.), Der A. der Gegenwart (1990).

Antistes (Vorsteher). Vorchristlich. Meist der Vorsitzende der Kulthandlung, Tempelpriester. Vom Christentum übernommener Ehrentitel kirchl. Würdenträger (→Bischof, →Abt, →Prälat); seit der Reformation in einigen Schweizer Kantonen Titel des obersten Stadtgeistlichen.

Antitrinitarier. Innerhalb des Christentums die Leugner der Dreifaltigkeit (Monarchismus, Sabellianismus). Seit dem 4. Jh. n. Chr. ging der Antitrinitarismus zurück. In Italien war die antitrinitarische Bewegung im 16. Jh. verbreitet (Unitarismus; Bernardino Ochino, 1487–1565). Michael Servetus (Servet) wurde als Antitrinitarier in Genf von Anhängern Calvins hingerichtet. (Servet: ›De Trinitatis erroribus‹, 1531). Eifrigster Vertreter des Antitrinitarismus war der jüngere Sozzini (→Sozinianismus). In Polen konzentrierten sich

im 17. Jh. die antitrinitar. Bewegungen.
LIT. LThK I, 660f.; TRE 3, 168–174.

Antlaß. Ablaß, Entlassung.
Antlaßtag: Gründonnerstag, weil an diesem Tag die öffentl. Büßer »entlassen« wurden, auch der Fronleichnamstag.
Antlaßei: ein am Gründonnerstag gelegtes Ei, das als frucht- und segenbringend galt.
Antlaßwoche: Fronleichnamswoche, seltener Karwoche, die Fronleichsnamswoche hieß auch langer Antlaß.

Antoniterorden (Antoniusbrüder; Hospitaliter). Von den verschiedenen, hauptsächl. im Orient vertretenen Antoniusorden ist die im 11. Jh. in Frankreich gegründete Vereinigung die historisch interessanteste. Päpstl. Bestätigung 1095, 1298 Umwandlung in einen Chorherrenorden unter Beibehaltung des Hauptzwecks: der Pflege der vom »Antoniusfeuer« Befallenen, einer rotlaufartigen, durch Verbacken von Mutterkorn entstandenen Krankheit. Der Orden stellte ein Mittelding zwischen den krankenpflegenden Ritterorden und den Chorherrenorden nach der Regel des hl. Augustinus dar.
Die über ganz Europa zerstreuten Ordenshäuser (Höchstzahl 389 Hospitäler) waren zentralistisch dem in St. Antoine en Dauphiné residierenden Ordensgroßmeister untergeordnet und nach den 1477 reformierten Statuten in 42 Generalpräzeptorien, davon 6 deutsche, eingeteilt. Der vom franz. Adel beherrschte, recht reiche, auf eine Aufgabe beschränkte Orden begann bereits im 17. Jh. zu zerfallen. 1777 mit den Maltesern (→Johanniter) vereinigt, ging er mit diesen in der großen Säkularisation nach 1803 unter. Die bedeutendste Generalpräzeptorie in Dtl. war Grünberg in Oberhessen.
LIT. Heimbucher II, 38f.; LThK I, 677; A. Mischlewski, Der A. in Deutschland. In: AMrhKG 10 (1958), 39–66; ders., Grundzüge der Geschichte des Antoniterordens bis zum Ausgang des 15. Jh. (1976).

Antrustionen. Sie bilden die trustis regia oder dominica (mlat. trustis von ahd. truht Gefolgschaft). Die A. sind durch die fränk. Volksrechte mit dreifachem Wergeld ausgezeichnet; ihr Eid ist Waffeneid, geht inhaltlich auf trustem et fidelitatem zurück. Die A. stehen in einem bes. Schutzverhältnis zum Kg., sind freie Leute, zum Kreis des Gefolgschaftsrechts gehörend und in diesem Sinne als eine Vorform der Vasallität anzusehen. Die Adelsqualität der A. beruht nicht allein auf dem Dienst und Vertrauen des Königs, sondern auch auf den miteingebrachten Tugenden; Fortsetzung des sog. german. Uradels wahrscheinlich.
LIT. HWDRG I, 179f.

Äon (griech., ewig, unendlich, lange Zeit, Weltalter, Welt). Im Spätjudentum eine Zweiäonenlehre: a) Auf diesen Ä. der »Ungerechtigkeit«, »Verderbnis« folgt b) der zukünftige endlose Ä. der »Gerechtigkeit und Wahrheit«. Die Zeit des Messias ist nur eine Zwischenzeit zwischen diesen zwei Ä. In den synopt. Evangelien findet sich die Terminologie der Zweiäonenlehre nur selten. In den kosmogon. Systemen der Gnosis spielen personenhaft vorgestellte Ä., zwischen Gott und der Materie stehende Verbindungen von Person, Raum und Zeit, eine große Rolle.

Apanage (franz. apaner ernähren von lat. panis Brot). Jahresgehalt, Ausstattung zum standesgemäßen Unterhalt für nichtregierende Mitglieder fürstl. Häuser durch Renten oder Grundbesitz entweder auf Lebenszeit (Heimfallsystem) oder bis zum Aussterben der apanagierten Linie (Vererbungssystem). A. gibt es bereits bei den ersten Capetingern, um eine Zerstükkelung der Krondomäne durch Teilung zu vermeiden. A. hemmen die Entwicklung der Kronmacht, bringen ihr aber andererseits auch Zuwachs (z.B. Annexion der Provence). Die Entwicklung in der frühen NZ geht dahin, keine A. mehr mit Hoheitsrechten auszustatten. A. werden abgeschafft mit der Französ. Revolution, von Napoleon I. zugunsten seiner Brüder durch Senatsbeschluß (30. 1. 1810) wieder eingeführt, in der Restauration an den Herzog von Orléans gegeben; Louis Napoléon annulliert die A., die Louis Philippe aus seinen persönl. Gütern seinen Kindern gemacht hatte, bevor er 1830 die Krone erlangte.

Apokalyptiker. Vertreter eschatolog. und chiliast. Ideen, die die angeblich nahe bevorstehende Wiederkunft Christi, den Anbruch des Millenniums bzw. das Weltende verkünden. Höhepunkt der ma. A. im 12. und 13. Jh., als, auf Joachim von Fiore († 1202 in Kalabrien) zurückgreifend, das Zeitalter des

Hl. Geistes, die Epoche einer armen, reformierten, schließlich einer unsichtbaren Kirche verkündet wurde. Die Schriften des Joachim von Fiore, trotz mannigfacher Angriffe von der Kirche nicht verurteilt, übten stärkste Wirkung aus (Joachimiten), wurden von Gerhard Segarelli häretisch überspannt, waren bei den Spiritualen stark verbreitet und fanden in der Wahl des Einsiedlers Peter Murrone zum Papst (Coelestin V., Papa angelicus) einen gewissen Niederschlag. A. waren im SpätMA die hussitischen Taboriten und Böhmischen Brüder, in der Reformationszeit die Wiedertäufer, Mennoniten, im 17. Jh. die Labadisten, im 18. Jh. die Gruppe um den Pietisten J. A. Bengel, in der jüngsten Zeit Adventisten, Zeugen Jehovas, Mormonen u. a.
LIT. K. R. Firth, The apocalyptical tradition in Reformation Britain 1530–1645 (1979).

Apokrisiar, Apocrisiarius. Ständiger Vertreter des Papstes in Byzanz vom Jahre 453 (Entsendung des Julianus von Kos) bis zum Beginn des Bilderstreits, auch Bezeichnung für einen bischöfl. Gesandten an der Kurie, am Kaiserhof oder beim →Patriarchen, oder Bezeichnung für einen päpstl. Gesandten im MA überhaupt. In cluniazensischen Klöstern war der A. eine Art Schatzmeister.

Apokryphen (griech.). Die geheimen, »verborgenen«, nicht beim Gottesdienst und im theolog. Gespräch verwendeten Schriften der altchristl. Kirche. Die A. galten als verdächtig, weil man ihre Herkunft nicht kannte, weil sie Fabeleien enthielten und z. T. von Häretikern stammten. Man unterscheidet alttestamentl. A. (z. B. das Buch der Jubiläen, das 3. Esdrasbuch, das 3. und 4. Makkabäerbuch), Apokalypsen (die Henochbücher) und neutestamentl. A. (z. B. das Nazaräerevangelium, die Pilatusakten, das Nikodemusevangelium, das Petrusevangelium usw.). Nicht wenige nt. A. stammen aus gnostischen oder anderen von der kath. Glaubensform abweichenden Kreisen.
LIT. RGG I; LThK I, 712f.

Apologetik (von griech., sich rechtfertigen). Geschichtl. aus der Apologie hervorgegangen, seit dem 2. Jh. gegen Juden und Heiden wissenschaftl. ausgebaut, dann gegen die verschiedenen Häresien. Ansätze zu apologet. Lehrsystemen bei Lactanz, Eusebios, Athanasios, Theodoret und Augustinus. Im MA gegen Judentum und Islam; Höhepunkt die ›Summa contra Gentiles‹ des Thomas von Aquin. In der frühen NZ gegen Deismus, Rationalismus, dann gegen Kantianismus, dt. Idealismus, gegen Materialismus mit seinen verschiedenen Abarten. Ausbau der A. zu einer selbständigen, von der allgemeinen Dogmatik losgelösten theolog. Disziplin durch S. Drey in Tübingen und H. Sack in Bonn (1819). Neuestens von der Fundamentaltheologie abgehoben.
LIT. LThK I, 723ff.; RGG I, 477f.; EKL I, 174f.; DThC I, 1511–80; TRE 3, 371–411.

Apologia ecclesiae Anglicanae. Verfaßt von dem Bf. von Salisbury, John Jewel, 1562 lat., 1564 engl., rechtfertigt den neuen Glauben und die neue Ordnung der Anglikan. Kirche unter Elisabeth I. (1558–1603).

Apologie (griech., Rechtfertigung).
[1] Rede oder Schrift zur Verteidigung einer Person (z. B. Platons A. des Sokrates), einer Institution, Religion, Weltanschauung; insbesondere Verteidigung des frühen Christentums gegen Judentum und Heidentum (Apologeten: u. a. Aristides, Tatian, Miltiades, Athenagoras, Theophilos, Meliton von Sardes, Hermias).
[2] *Liturgie:* Schuld- und Unwürdigkeitsbekenntnis, verbunden mit Verzeihungsbitten, seit ca. 7. Jh. in oriental. und gall. Texten, besonders stark in der röm.-fränk. Liturgie des 9.–11. Jh., heute nur noch in spärlichen Resten (Confiteor) vorhanden.

Apostasie (griech.). Abfall eines Getauften vom Glauben durch gänzl. Preisgabe des Glaubens oder Leugnung einer fundamentalen Glaubenswahrheit; bewirkt den Kirchenbann (Apostat). A. vom geistl. Stand: Bezeichnung für das eigenmächtige Ausscheiden aus dem geistl. Stand oder die Führung einer offenkundig standeswidrigen Lebensweise. A. vom Ordensstand: widerrechtl. Verlassen des Klosters oder der Ordensgemeinschaft nach Ablegung der lebenslängl. Gelübde.

Apostata. Beiname des Kaisers Julian (361–63 n. Chr.).

Apostolische Majestät. Titel der Könige von Ungarn; von Papst Klemens XIII. an Maria Theresia als Trägerin der Stephanskrone und ihre kath. Nachfolger verliehen. Zu dem Titel gehörten besondere kirchl. Prärogativen.

Apostolische Sukzession, Apostolische Nachfolge. Die ununterbrochene, auf die Apostel zurückgeführte Weitergabe der bischöfl. Gewalt (→Bischof). Die A. S. gilt seit Tertullian († 220; ›De praescriptione haereticorum‹) als Prüfstein der Rechtgläubigkeit. In diesem Sinne werden bereits im 2. Jh. Traditionsreihen, die später in Bischofslisten umgedeutet wurden, für die Hauptkirchen (Rom, Antiochia, Ephesus, Smyrna usw.) aufgestellt. Der Episkopat wird zum Nachfolger der Apostel, zur autoritativen Lehrinstanz im Sinne der späteren potestas magisterii.
Die Frage der A. S. spielt in der NZ im Verhältnis der Utrechter Kirche zu Rom sowie in der Anglikanischen Kirche eine wichtige Rolle.
LIT. Th. Klauser, Die Anfänge der römischen Bischofsliste. In: Bonner Zs. für Theologie und Seelsorge 8 (1931); Artikel Bischof und Bischofsliste im RAC II (1952); A. Ehrhardt, The Apostolic Succession in the First Two Centuries of the Church (1953).

Apotheose (griech., theos, Gott). Vergottung. Bezeichnet heute vorzugsweise die Erhebung röm. Imperatoren od. ihrer Angehörigen zu göttl. Würde (divi; consecratio). Die Anknüpfung an den hellenist. Königskult, an oriental. und griech. Vorstellungen ist offenbar. Die A. des Claudius forderte den Spott Senecas heraus: er schrieb seine parodistische ›Apocolocyntosis‹ (Verkürbissung) des Claudius.
LIT. G. Dobesch, Caesars Apotheose zu Lebzeiten und sein Ringen um den Königstitel (1966); RAC III, 284–294; RDK I, 842–852.

Apparat (lat., Zurüstung, Ausrüstung). Bezeichnet bei wissenschaftl. Werken die erläuternden Beigaben in Fußnoten (jeweils auf der betreffenden Seite), im Anhang (Appendix) oder auch in einem Sonderband.
Der kritische A. enthält
a) Angaben aller erhaltenen Handschriften und wichtigen Drucke oder Fassungen;
b) alle vom Lemma abweichenden Lesarten des Manuskripts (wenn vorhanden) und der zu Lebzeiten des Autors erschienenen Ausgaben, bei älteren Autoren die aller wichtigen Codices und Zitatstellen;
c) Kenntlichmachung und Begründung aller vom Herausgeber selbst vorgenommenen Eingriffe in den überlieferten Text (Konjekturen, Athetesen, Korrekturen von Druck- bzw. Schreibfehlern;
d) meist in einer Einleitung die Grundsätze für die Edition, eine Textgeschichte, eine Übersicht der Abkürzungen (Siglen; Conspectus siglorum). (→Editionstechnik).
LIT. RDL I, 313ff.; E. Grumach, Prolegomena zu einer Goethe-Ausgabe. In: Jb. der Goethe-Gesellschaft N.F. 12 (1950) 60–88; P. Maas, Textkritik (^{3}1957); J. Hansel, Bücherkunde für Germanisten (1959).

Appellatio ab abusu (auch: Recursus ab abusu, Recursus ad principem, in Frankreich Appel comme d'abus, im span. Herrschaftsbereich Recurso de fuerza). Die formal verschiedene, auch unterschiedl. begründete Anrufung der Staatsgewalt gegen Übergriffe oder Mißbräuche der Kirchengewalt, insbes. der kirchl. Gerichtsbarkeit.
Die A. a. a. ist eine Einrichtung des Staatskirchentums. In kommunalen und landesfürstl. Verfügungen des 12. u. 13. Jh. in Italien ist sie vorgebildet, später in der Monarchia Sicula und dem sardin. Tribunale di appellazioni e gravami schärfer ausgebildet.
In der Pragmatischen Sanktion von Bourges (1438) wird der Appel comme d'abus, Ausdruck eines absolutistischen Herrschaftsanspruchs, die Grenzen zwischen staatl. und kirchl. Jurisdiktion zu bestimmen und jede mit der staatl. Jurisdiktion konkurrierende Gerichtsbarkeit auszuschalten, zum Staatsgesetz erhoben. Vorübergehend aufgehoben, wurde der Appel comme d'abus im Konkordat von 1516 bestätigt und 1539 in der Ordonnanz von Villers Cotterets gesetzl. geregelt. Er blieb bis ins 19. Jh. ein wesentliches Element gallikan. Staatskirchentums.
Im Reich wurde die A. a. a. von Febronianern und Josephinern verteidigt, wenn auch die Meinungen über ihre Ausdehnung und Gestaltung auseinandergingen und ihr, vor allem in den staatskirchl. Perioden, im System der Jura majestatica circa sacra ein hervorragender Platz eingeräumt wurde (Advocatie des Kaisers; der Fürst ist vindex et custos canonum; →Advocatia ecclesiae).
Abgeschafft wurde die A. a. a. für manche dt. Staaten (in Bayern im Religionsedikt von 1818 verankert) erst mit der Weimarer Reichsverfassung, für Italien

durch Art. 14 des Garantiegesetzes und Art. 23 der Lateranverträge.
Die kath. Kirche hat die A.a.a. stets verurteilt, so durch das Konzil von Trient, durch die Bulle ›In Coena Domini‹ (→Abendmahlsbulle), durch die Bulle ›Romanus Pontifex‹ (20. 2. 1714), schließlich im CIC, der den Appellanten mit dem Kirchenbann droht.
LIT. R. Génestal, Les origines de l'appel comme d'abus (1951); P. G. Caron, L'appello per abuso (1954); F. M. Broglio, Il conflitto della »Regalia« e l'appello per abuso del 22. 1. 1688. In: Atti della Accademia Nazionale dei Lincei, Memorie, Classe Scienze morale s. VIII. t. XI, fasc. 4 (1963); E. Eichmann, Der recursus ab abusu nach deutschem Recht (1903; Neudr. 1971).

Apprecatio. Kurzes Schlußgebet, formelhafter Wunsch am Ende des Schlußprotokolls um Verwirklichung der im Urkundentext ausgesprochenen Willenserklärung, am Ende eines Briefes, in Königsurkunden meist in der Form feliciter amen, in Briefen vale, valete, bene valete, manchmal auch in Tiron. Noten, z.Z., da deren Gebrauch schon längst rückläufig ist.
LIT. Bresslau 48, II, 540, 544; Clavis mediaevalis 17.

Approbation. Anerkennung eines Rechtsgeschäfts oder einer Handlung. Der päpstl Approbationsanspruch für die dt. Königswahlen, seit der Gregorian. Reform und dem Investiturstreit immer stärker angemeldet (Innozenz III., Innozenz IV., Bonifaz VIII.), bewegte sich zwischen approbatio im Sinne von confirmatio (Bestätigung der Wahl und des Gewählten) und approbatio im Sinne von examinatio bzw. approbatio im Sinne der Verkündigung des Prüfungsergebnisses für die Weihe. Die Konfirmationstheorie wurde von Innozenz IV. und Bonifaz VIII. vertreten, das kurfürstl. Wahlrecht als päpstl. Privileg betrachtet. Seit der Goldenen Bulle hatte die A. nur noch formale Bedeutung, doch hielt die Kurie bis zum Ende des Reiches an dem Approbationsanspruch fest. Seit dem Ende des 18. Jh. wird dem Kaiser aufgrund des Wormser Konkordats ein förml. A.-Recht gegenüber einem gewählten Bf. verschiedentlich in der Literatur zugesprochen. Der Approbations-Anspruch vor der Belehnung konnte jedoch nicht durchgesetzt werden.

Aquae Sextiae. Sieg der Römer unter Gaius Marius über die Teutonen (102 v.Chr.), gefolgt von dem Sieg über die Kimbern bei Vercellae, die von einem 2. röm. Heer unter Lutatius Catulus bis zum Herannahen des Marius gefesselt worden waren.

Aequitas. Eine dem positiven Recht vorgegebene Größe, diesem übergeordnet. Billigkeit; eine Art der Rechtsfindung, in die iustitia (höhere Gerechtigkeit) und misericordia (Barmherzigkeit) einfließen.
LIT. HWDRG I, 58f.

Aequitas canonica. Kanonische Billigkeit. Seit Gratian als terminus technicus gebraucht, begrifflich mit dem Naturrecht verbunden, im Gewissen und im Gerechtigkeitssinn wurzelnd, eine Art der Rechtsfindung, die das positive Recht in bestimmten konkreten Fällen modifiziert.

Ära. Begriff der Zeitrechnung, seit Beginn der röm. Kaiserzeit in Gebrauch.
[1] Ein durch eine geschichtl. Zeitrechnung fest umrissener Zeitraum.
[2] Die fortlaufende Zählung der Jahre von einem bestimmten geschichtl. Ereignis an. Das Aufkommen eigentlicher Ären ist Ausdruck eines gestaltenden polit. Willens. Von den zahllosen Ä. des At. und des MA sind einige der bekanntesten Herrschaftsären:
a) Die Seleukiden-Ära (1. 10. 312 v.Chr./1. 4. 311), bis ins 11. Jh. bei Arabern und Juden in Gebrauch.
b) die Diokletianische Ära (29. 8. 284 n.Chr. mit dem Regierungsantritt Kaiser Diokletians, später auch aera martyrum zur Erinnerung an die unter Diokletian getöteten Christen).
c) Die jüdische Welt-Ära (7. 10. 3761 v.Chr.), die seit dem 4. Jh. die Seleukiden-Ära verdrängt.
d) Die span. Welt-Ära (aera Hispanica, oder einfach aera), entstanden als römische Provinz-Ära (1. 1. 38 v.Chr., da Spanien durch Augustus röm. Provinz wurde), war bis Ende des 14. Jh. in Spanien und Südfrankreich gebräuchlich.
Die Herrschaftsären haben ihren späten Nachhall in der Ä. der Franz. Revolution (22. 9. 1792) und des faschist. Italien (28. 10. 1922). Die heute gebräuchlichen Ären haben ihr Vorbild in antiken Zeitrechnungen, die ihren Ausgangspunkt im Andenken an ein bestimmtes Ereignis nehmen: so die jüdische Welt-Ära mit der Erschaffung der Welt, die mohammedanische Ära

(Hedschra) nach der Flucht Mohammeds von Mekka nach Medina (622 n.Chr.). In der byzantin. Welt gebräuchlich war seit dem 7. Jh. die Byzantin. Weltära (1. 9. 5508 v. Chr.). Sie galt während des ganzen MA auch im byzantin. Süditalien und in Rußland bis auf Peter d. Gr. (1700). Die sog. Ära des Hieronymus setzt die Geburt Christi in das Jahr 5199 der Welt; sie begegnet bes. in Weltchroniken des MA.
Nach der Geburt Christi rechnet die christliche Ä. Von Dionysius Exiguus wurde die Geburt Christi auf das Jahr 754 a.u.c. berechnet und in seiner Ostertafel (532) zuerst angewandt. Diese christl. Ä. hat sich vornehmlich durch die Rechnung nach Jahren vor und nach Christi Geburt, die seit Ende des 18. Jh. immer mehr in Gebrauch kam, gegenüber anderen Ä. durchgesetzt.
LIT. F. Rühl, Chronologie des MA und der NZ (1897); H. Grotefend, Zeitrechnung des dt. MA und der NZ (1891–98); Grotefend; H. Lietzmann, Zeitrechnung der röm. Kaiserzeit, des MA und der NZ, hrsg. von K. Aland (^{3}1957); A. von Brandt, Werkzeug des Historikers (^{10}1983).

Arabeske (ital. arabesco, rabesco). Ornament aus stilisiertem Blatt- oder Rankenwerk. Die A. hat ihren Ursprung in der hellenist. Kunst (Fries, Pilaster, Sockel), sie wurde in der Renaissance wieder aufgenommen und fand Eingang in alle an der Renaissance beteiligten Länder. Die A. ist am phantasievollsten im Ornamentstich entwikkelt, im Rokoko und Klassizismus häufig verwendet.
LIT. E. Kühnel, Die A. (1949); K. K. Polheim, Die A. (1966).

Arbeit. Ursprüngl. im Sinne von arm, verwaist, Mühe und Not gebraucht, bedeutet Arbeit im Althochdt. »Dienstbarmachung der Natur, Ackerbau«, behält aber noch im Mittelhochdt. und bei Luther die Bedeutung von Mühsal bei. Arbeit ist die bewußt gewollte Anstrengung des Körpers und des Geistes, ist persönl. Leistungseinsatz des Menschen bei der Produktion von Gütern, ist zielbewußte Tätigkeit, um die Bedürfnisse des Einzelnen wie der Gesamtheit zu befriedigen. Erst Arbeit ermöglicht die Existenz der Erdbevölkerung; sie ist aber auch Lebensäußerung an sich.
Während die Antike die Arbeit verachtete, sie den Sklaven überließ, hat das Christentum, gestützt auf ausdrückl. Weisungen Gottes in der Hl. Schrift, die Arbeit als Dienst vor Gott und Hilfe für den Nächsten gewertet. (→ora et labora). Eine intensivere gedankl. Beschäftigung mit dem Problem der Arbeit setzte im 12. und 13. Jh. mit dem techn. und wirtschaftl. Aufschwung, der wachsenden Bevölkerung, der Verstädterung, den philosophisch-theolog. Schulen des MA ein. Die Mystik wertete die weltl. Arbeit als Beruf im christl. Sinn. Luther unterstrich bei der Arbeit das Dienstmotiv, das treue Ausharren im Glauben an die Gnade Christi. Von Calvins Prädestinationslehre und den nach und nach säkularisierten Ideen einer »innerweltlichen Askese« kamen neue starke Impulse. Arbeitspflicht und Besitzlosigkeit wurden bereits in den frühneuzeitl. Utopien (z.B. Th. Morus, Th. Campanella, Morelly, F. Babeuf u.a.) gefordert. Die Industrialisierung des 19. Jh. förderte eine neue, intensive Beschäftigung mit dem Problem der Arbeit und der Stellung des Arbeiters. Nach der marxist. Theorie der Arbeit tritt die Arbeit an die Stelle der göttl. Schöpfung, wird Hauptziel »sittlicher Erziehung« und führt den Menschen zur letzten Vollendung. Staatliche Kontrollen, Orden, Medaillen, Titel wie »Held der sozialistischen Arbeit«, Prämien sollen die Arbeitsleistung steigern und die Entwicklung vorantreiben.
LIT. Staatslexikon I, 396–429; A. Weber, Der Kampf zwischen Kapital und Arbeit (1930); A. Kokallis, Die Theorie der Arbeit (1942); J. H. Oldham, Die Arbeit in der modernen Welt (1950); H. Klages, Technischer Humanismus. Philosophie und Soziologie der Arbeit bei Karl Marx (1964); F. van der Ven, Sozialgeschichte der Arbeit (1972); H.R. Wiedmer, Arbeit im Industrialisierungsprozess (1990).

Arbeiter. Die Industrialisierung und das Bauernlegen zu Beginn des 19. Jh., die Krise im Handwerk, die seit dem SpätMA chronische Armut breitester Massen und die wachsende Bevölkerung seit dem 18. Jh. brachten die neue Gesellschaftsgruppe der A. im eigentl. Sinne hervor. A. gab es bereits in der Antike; in Rom bildeten sie das Proletariat; im MA war die Lohnarbeit stets mit Armut verbunden.
Die Unterscheidung des A. vom Armen wird in der dt. sozialen Literatur erst seit Ketteler (1864) vollzogen. Charakterisiert war die Sozialgruppe der A.

durch erbliche Besitzlosigkeit, Daseinsunsicherheit, polit. Rechtlosigkeit, Lohneinkommen und Verdingung der Arbeitskraft an Besitzer von Produktionsmitteln. In der Phase der Verproletarisierung, da das Überangebot an Arbeitnehmern die Löhne auf ein Existenzminimum drückte und der Liberalismus die Verantwortung von Staat und Kirche für das Gemeinwohl ablehnte, Armenpflege und Caritas jedoch nicht ausreichten, begannen die A. eine Klasse gegenüber der bestehenden Gesellschaft zu bilden. Maschinenstürmerei, Revolten, wilde Streiks und drakonische Gegenmaßnahmen des liberalen Staates sind charakterist. für die erste Phase der Arbeiterbewegung.
Die polit. und wirtschaftl. Arbeiterbewegung (seit 1848), Arbeitskampf und Gewerkschaften, dann die soziale Besinnung des Staates und der staatstragenden Schichten (z. B. Bismarcks Sozialreform) und der wirtschaftl. Aufschwung in der zweiten Hälfte des 19. Jh. führten zu einer Besserstellung der A., deren Selbstbewußtsein und Solidarität seit Marx und Engels mit dem sogen. wissenschaftl. Sozialismus stärker geworden waren. Der gewerkschaftl. Reformismus machte den Weg frei zur Entproletarisierung. Der A. wurde zum Mitarbeiter im Industriebetrieb und ein Stand der Industriegesellschaft, erlangte politisch größten, oft entscheidenden Einfluß und erhielt eine eigene Bürokratie, die oft konkurrierend neben der des Staates steht.

LIT. Staatslexikon I, 429–438; H. Herkner, Die Arbeiterfrage. 2 Bde. ([8]1922); W. Sombart, Der moderne Kapitalismus. 3 Bde. (1928); E. Jünger, Der A., Herrschaft und Gestalt (1932); L. Reichhold, Europ. Arbeiterbewegung (1953); K. Bednarik, Der junge A. von heute – ein neuer Typ (1953); J. Kuczynski, Die Geschichte der Lage der A. unter dem Kapitalismus. 13 Bde. (1953/55); A. Tautscher, Vom A. zum Mitarbeiter. Quantitative und qualitative Sozialpolitik (1961); W. Hoffmann, Ideengeschichte der sozialen Bewegung des 19. und 20. Jh. (1962); D. Langewiesche, K. Schönhoven, A. in Dtl. Studien zur Lebensweise der Arbeiterschaft im Zeitalter der Industrialisierung (1981); G. Mai (Hrsg.), Arbeiterschaft in Dtl. 1914–1918. Studien zu Arbeitskampf und Arbeitsmarkt im Ersten Weltkrieg (1985).

Arbeiterbewegung. Hervorgerufen durch die mit der industriellen Revolution auftauchenden Probleme zeigt die A. einen nach Ländern, Volkscharakter und ökonomischen Verhältnissen sehr differenzierten Verlauf. Es können unterschieden werden:
a) die Phase der Abwehrreaktion des freien Proletariers gegen Industrialisierung, Kapitalismus und Liberalismus (ca. 1780–1850), gekennzeichnet durch Hungermärsche, Maschinenstürmerei, Ludditen-Aufstand in England (1811–16), Chartismus mit dem Höhepunkt um 1839, schlesische Weberunruhen um 1848.
b) die Phase des erwachenden Klassenbewußtseins der proletar. Solidarität, der Emanzipation und des Selbstbehauptungswillens der Industriearbeiterschaft, der organisatorischen Zusammenschlüsse (1863: Gründung des Allgemeinen Deutschen Arbeitervereins). Die gemeinsamen sozialökonomischen Interessen führten zur Gründung der Gewerkschaften und Genossenschaften, das Streben nach polit. Rechten führte zur Gründung sozialist. Arbeiterparteien, in denen die Arbeiter zunehmend ihre polit. Vertretung sahen.
Eine Sonderstellung nahm die christlich-soziale Bewegung (Ketteler, Kolping) mit ihrer Verwurzelung im berufsgenossenschaftl. und Vereinsdenken sowie in der kirchl. Gesellschaftslehre ein.
Der aufkommende Revisionismus und die Absage an utopisch-marxistische Zukunftserwartungen der klassenlosen Gesellschaft leitete, zumal in Deutschland, eine Periode praktisch-reformerischer Arbeiterpolitik zu Beginn des 20. Jh. ein (Legien, Hue, Ebert u. a.). 1916 wurden die Angestellten- und Arbeiterausschüsse eingeführt; 1920: Betriebsrätegesetz. Die Novemberrevolution 1918 zeigte, daß die Mehrheit der Arbeiter den Kommunismus und die Diktatur des Proletariats ablehnte. Die Masse der Arbeiter stand hinter der Sozialdemokratie und der Weimarer Republik. Mit der ausdrückl. Anerkennung des Koalitionsrechts der Arbeiter in der Weimarer Verfassung, der Einführung der Arbeitslosenversicherung wurde die Stellung der Arbeiter verbessert. Mitverantwortung und Mitbestimmung im Betrieb, in Wirtschaft und Staat kennzeichnen die letzte Phase der A., die von der Negation zu staatstra-

gender polit. Tätigkeit führt. Die Entwicklung nach dem Zweiten Weltkrieg (1945: Entstehung der Einheitsgewerkschaft), die wirtschaftl. und soziale Stellung der Arbeiter, die oft besser ist als die des sog. Mittelstandes, die polit. Tätigkeit führen zu einer Neugliederung der Gesellschaft mit Hilfe einer ausgedehnten Sozialpolitik.

LIT. Staatslexikon I, 438–445; Rössler-Franz, Sachwörterbuch 34–36; W. Sombart, Der proletarische Sozialismus. 2 Bde ([10]1924); T. Cassau, Die Gewerkschaftsbewegung ([21]1953); L. Reichhold, Europ. A., 2 Bde. (1953); E. Ritter, Die katholisch-soziale Bewegung Deutschlands im 19. Jh. und der Volksverein (1954); C. Jantke, Der vierte Stand. Die gestaltenden Kräfte der deutschen Arbeiterbewegung im 19. Jh. (1955); H. Gruner, Der Arbeiter in der Schweiz im 19. Jh. Soziale Lage, Organisation, Verhältnis zu Arbeitgeber und Staat (1968); H. Volkmann, Die Arbeiterfrage im preuß. Abgeordnetenhaus 1848–1869 (1968); G. H. Hardrach, Der soziale Status des Arbeiters in der Frühindustrialisierung. Eine Untersuchung über die Arbeitnehmer in der franz. eisenschaffenden Industrie zw. 1800 und 1870 (1969); C. Jantke-D. Hilger, Die Eigentumslosen (1970); E. Schraepler, Handwerkerbünde und Arbeitervereine 1830–1853 (1971); M. Berger, A. und Demokratisierung (1971); I. Costas, Studien zu den Auswirkungen der Konzentration und Zentralisation des Kapitals auf die Arbeiterklasse in Deutschland 1880–1914. (Diss.; Berlin 1978); H. Mommsen, A. und Nationale Frage (1979); G. A. Ritter (Hrsg.), Geschichte der Arbeiter und der A. in Dtl. seit dem Ende des 18. Jh. (Dietz Verlag Berlin o. J.); J. Kocka (Hrsg.), Europ. A. im 19. Jh. (1983); M. Scharrer (Hrsg.), Kampflose Kapitulation. A. 1933 (1984); G. Botz, J. Weidenholzer (Hrsg.), Mündl. Geschichte und A. Eine Einführung in Arbeitsweisen und Themenbereiche der Geschichte »geschichtsloser« Sozialgruppen (1984); C. Poore, Die Anfänge der d. A. in Amerika (1984); W. Marquardt, A. und ev. Kirchengemeinde im Wilhelmin. Dtl. (1985); Wolfgang Abendroth: Einführung in die Geschichte der A. 2 Bde. (1985); D. Jessen, Bibliographie zur Geschichte der Arbeiterbewegung des Ruhrgebiets (1985); E. Breit (Hrsg.), Aufstieg des Nationalsozialismus, Untergang der Republik, Zerschlagung der Gewerkschaften. Beiträge zur Geschichte der A. zwischen Demokratie und Diktatur (1985); H. A. Winkler, Der Schein der Normalität. Arbeiter und A. in der Weimarer Republik 1924–1930 (1985); K. Tenfelde (Hrsg.), Arbeiter und A. im Vergleich (1986).

Arbeiterklasse →Arbeiter, →Arbeiterbewegung, →Klasse.

Arcandisziplin →Arkandisziplin.

Arcanum →Arkanum.

Archaismus (griech. Altertümlichkeit). Wiedererweckung untergegangener oder ungebräuchlich gewordener Worte, Wort- und Stileigentümlichkeiten der eigenen Sprache, Kunst usw.

Archäologie (griech., Lehre vom Ursprung, von der alten Zeit; Altertumskunde). Obwohl eine selbständige Wissenschaft mit spezifischen Quellen und eigener Methode, ist die A. inhärenter Teil der Geschichtswissenschaft. Bahnbrechend Johann Joachim Winckelmann (1717–68). Die A. richtet zunächst ihr Augenmerk auf die klass. Altertümer Roms und Italiens, später Griechenlands (klass. Archäologie). Epochemachend war K. O. Müllers (1797–1840) ›Handbuch der A. der Kunst‹ (1830). In der zweiten Hälfte des 19. und zu Beginn des 20. Jh. setzten die großen archäolog. Untersuchungen ein (Pergamon-Altar; Prozessionsstraße von Babylon usw.).

Die Ausweitung der archäolog. Forschungsvorhaben auf die verschiedenen histor. Perioden und geograph. Räume ließ eine Reihe von speziellen Archäologien entstehen: babylon. A., assyrische A., ägypt. A., mittelamerik. A.; stärker religionsgeschichtlich orientiert sind die christl. A. und die jüd. (hebräische) A. Von der Mediävistik her entwickelt sich aus der Erkenntnis, daß das, vor allem im Früh-MA recht spärliche, schriftl. Quellenmaterial durch Anwendung archäolog. Forschungsmethoden ergänzt werden sollte, die mittelalterliche A.

Die bes. Arbeitsweise der A. resultiert aus ihrem spezif. Quellenmaterial (Denkmäler, Bodenfunde); die A. folgt bei der Auswertung dieser Quellen zunächst den allgemeinen Grundsätzen der Quellenkritik: Frage nach der Echtheit, den genauen Fundumständen usw.; sie arbeitet mit anderen Wissen-

schaften (Klass. Philologie, Kunstgeschichte, Kirchengeschichte usw.) eng zusammen und ist vielfach ganz entscheidend auf deren Hilfe angewiesen.
Beispiele für ma. A. sind: Haithabu; Pfalzen Hagenau, Werla, Wimpfen; Dome: Köln, Speyer, Trier, Xanten.
LIT.: Hdb. d. Arch.; K. O. Müller, Hdb. der A. der Kunst (1830); S. de Laet, L'archéologie et ses problèmes (Bruxelles 1954); C. W. Ceram, Götter, Gräber und Gelehrte (1967); G. Daniel, Geschichte der A. (1982).

Archidiakon. Im 4. Jh. Haupt des Diakonenkollegs an der Bischofskirche; vom 4.–7. Jh. Bevollmächtigter des Bf. für Armenfürsorge, Haus- und Hofverwaltung, Beaufsichtigung des niederen Klerus, Vertreter auf Konzilien, in der kirchl. Gerichtsbarkeit und in der Diözesanverwaltung. 8.–9. Jh.: von Amts wegen Vicarius (episcopi) in omnibus. Später trat der A., zuerst in Westfranken, dann auch im Osten, als offener Rivale des Bf. auf. Der Höhepunkt in der Stellung des A. wird im 13. Jh. erreicht mit der Gefahr der Aufsplitterung der Diözese in Jurisdiktionsbereiche des A. Mit der Schaffung der neuen Ämter des Offizials, Weihbischofs und Generalvikars wird der Einfluß des A. im 14. und 15. Jh. langsam zurückgedrängt, seit dem Tridentinum weitgehend gebrochen, vor allem in Süddtl., während sich in Norddtl. der A. bis zur Säkularisation (1803f.) halten kann; in Belgien und Frankreich war der A. schon früher untergegangen. Heute nur noch Ehrentitel.
LIT. LThK I, 824f.; B. Panzram, Die schles. Archidiakonate und Archipresbyterate bis zur Mitte des 14. Jh. (1937); A. Franzen, Die Kölner Archidiakonate in vor- und nachtrident. Zeit (1953).

Archipresbyter. Erzpriester; ursprüngl. der erste Priester an einer Taufkirche, später der erste Priester beim Domkapitel (A. cathedralis) mit Aufsichtsrechten über den Presbyter, Vertreter des Bf. in spiritualibus. Aus diesem A. älterer Ordnung ging im Westen der Domdekan hervor. A. auf dem Lande (A. ruralis) hieß Landarchipresbyter oder Ruralarchipresbyter, hatte einen eigenen Sprengel (Archipresbyteriat), dessen Mittelpunkt die Archipresbyteriatskirche war und aus dem die Dekane hervorgingen.
LIT. Haberkern-Wallach 45; DDC I, 1004–1026.

Archiv (griech. ἀρχεῖον, χαρτοφυλάκιον, γραμματοφυλάκιον; lat. archivum, tablinum [Privatarchiv]; tabularium [öffentl. Archiv], scrinium, sanctuarium [für Urkundenarchiv des Mittelalters], archivum, armarium, chartarium, chartophylacium, gazophylacium, chartaceum, sacrarium, sanctuarium, sacrista, tabularium [für Aktenarchiv der Neuzeit]).
A. bez. die Aufbewahrungsstätte bzw. Behörde, die zuständig ist für die Aufbewahrung, Sammlung und Erschließung von Urkunden, Akten und Schriftgut, das aus dem Geschäftsgang von Behörden, Wirtschaftsunternehmen, Vereinen, Familien, Privatpersonen anfällt und das für den laufenden Geschäftsverkehr nicht mehr benötigt, aber doch aus polit., administrativen, jurist., historischen Gründen der Aufbewahrung für würdig gehalten wird (Archivwürdigkeit) und zur Bildung des Geschichtsbewußtseins beitragen kann, bzw. diese Sammlung selbst (Archivalien).
Zwischen Archiv und Bibliothek besteht manche Ähnlichkeit (in der Vergangenheit oft miteinander verbunden), aber auch der Unterschied, daß Bibliotheken künstl., zu bestimmten Zwecken und Zielen eingerichtete Sammlungen sind, Archive dagegen zwangsläufig (Ablieferungszwang) und organisch entstehen. Nach den Trägern ihrer Verwaltung unterscheidet man Staats-, Stadt-, Kirchen-, Wirtschafts-, Werks-, Adels- und Familienarchive. »Archivwürdiges« Material gelangt von der Kanzlei oder Registratur in das Archiv. Nach Möglichkeit wird dabei die Ordnung, die das Schriftgut bei der Behörde oder in der Registratur gefunden hat, beibehalten oder wiederhergestellt (Provenienzprinzip) und somit geschichtliche Vorgänge und Zusammenhänge bewahrt.
Zwischen den Archiven und der Geschichtsforschung besteht eine enge Verbindung; die Archive sind vielfach auch zu histor. Instituten geworden; die beiden Berufe – Archivar und Historiker – eng miteinander verbunden.
Die Archivgeschichte spiegelt die allg. und bes. die Verwaltungsgeschichte wider. Schon die Antike kannte Archive. Das Mittelalter übernahm das Archivwesen durch die Vermittlung der Kirche; das päpstl. Archiv reicht bis ins

3. Jh. zurück. Registerwesen und Anlage von Kopialbüchern bestimmen die weitere Entwicklung. Seit dem 16. Jh. entstehen in den Behörden Kanzleiarchive. Das Geheime Staats-Archiv in Preußen reicht bis 1604 zurück; 1749 wird im Zug der theresianischen Verwaltungsreform das Haus-, Hof- und Staatsarchiv in Wien gegründet. Die Französische Revolution wirkt als Zerstörerin und Schöpferin auf das mitteleurop. Archivwesen: 1794 wird das National-Archiv in Paris geschaffen, 1796 werden die Departemental-Archive eingerichtet. Säkularisation (1803) und Mediatisierung lassen in Dtl. viele Archive verschwinden bzw. in denen der Nachfolgestaaten aufgehen. In den dt. Staaten des frühen 19. Jh. entsteht eine neue Archivorganisation. Die Archivkunde oder Archivwissenschaft umfaßt Archivtheorie, Archivgeschichte, Archivverwaltung und Archivrecht. Die Archive dienen der wissenschaftl. Forschung. In der BRD ist das Archivwesen Angelegenheit des Bundes und der Länder (Bundesarchiv in Koblenz, 10 Länderarchivverwaltungen). In der ehem. DDR gab es ein deutsches Zentralarchiv in Potsdam und Merseburg und fünf Landeshauptarchive. Seit der Wiedervereinigung Deutschlands 1990 sind sie dem Bundesarchiv in Koblenz unterstellt.

Die für die dt. Geschichte wichtigsten Archive sind:

a) für die Geschichte des Reiches bis 1806: das Haus- Hof- und Staatsarchiv in Wien;

b) für die Geschichte des Reiches nach 1871: die Zentral-Archive von Potsdam und Merseburg;

c) für die Geschichte der BRD: das Bundesarchiv in Koblenz, sowie die zentralen Länder-Archive (Hauptstaatsarchive; z. B. München, Stuttgart, Karlsruhe, Hannover usw.);

d) schließlich die großen europ. Archive (Paris, Simancas, Public Record Office London, 'sGravenhage) und das Vatikanische Archiv. Für die literar.-histor. Forschung von Wichtigkeit sind die Dichter-Archive, z. B. Goethe Archiv, Schiller Archiv, Rilke Archiv usw.

Archiv wird auch als Titel für wissenschaftl. Zeitschriften gebraucht z. B. Deutsches Archiv, Archiv für Urkundenforschung usw.

LIT. StL I (^{6}1957) 549–554; HWDRG I, 211–217; H. Nabholz-P. Kläui, Internationaler Archivführer (Zürich 1936); K. A. Fink, Das Vatikanische Archiv (Rom ^{2}1951); Adolf Brenneke und Wolfgang Leesch, Archivkunde (1953; Neudr. 1970); P. Hamer (Hrsg.), A Guide to Archives and Manuscripts in the USA (1961); Archivalische Zeitschrift 1876ff.; E. Franz, Einführung in die Archivkunde (1974); J. Pappritz, Archivwissenschaft. 4 Bde. (1976); A. Tausendpfund, Die Archivorganisation in den Ländern der Bundesrep. Dtl. (Beitrr. f. Raumforschung und Landesplanung, Bd. 18; 1977).

Archon (Pl. Archonten, griech., Gebieter).

[1] Bez. für den Beamten allgemein.

[2] In Athen nach Abschaffung des Königtums erst lebenslänglich, dann auf 10 Jahre gewählter Oberbeamter. Beginn der Archontenliste 683/2. Neun Archonten teilen sich in Zivil-, Militär-, Kult- und Rechtsverwaltung. Nach Ablauf der Amtszeit wurden die A. Mitglieder des Areopags. Mit der Bestellung durch das Los wurde das Amt bedeutungslos.

LIT. V. Ehrenberg, Der Staat der Griechen (^{2}1965).

Arenga (harenga, exordium, prooemium, praefatio, prologus). Eine den Kontext einer Urkunde einleitende literar. Formel, nicht rechtserheblich, bis zur Mitte des 10. Jh. recht kurz gehalten, später ausführlicher, unter Heinrich II. gelegentlich in Reimprosa. Die A. drückt eine allg. Motivierung für die Ausstellung einer Urkunde aus, handelt, oft pathetisch, über Herrschertugenden, Amt, Recht, Friede. Die A. bietet Quellenstoff zur ma. Ideengeschichte. Päpstliche Bullen werden nach der A. zitiert (z. B. ›Unam sanctam‹, 1302, ›In Coena Domini‹, 1627, usw.).

LIT. H. Fichtenau, Arenga. Spätantike und MA im Spiegel von Urkundenformeln (1957); Clavis mediaevalis, 21f.; HWDRG I, 217f.

Areopag (Areshügel). Hügel im westl. Stadtgebiet von Athen, seit alters hl. Stätte (Blutgerichtsstätte), wo der älteste, ehrwürdigste Rat (König und gewesene Archonten) tagte. Der A. sollte die Sippenblutrache ablösen (E. Wolf), ist Herr über die Gesetze und übt die oberste Kontrollfunktion über die Beamten aus. Seit Solon und Kleisthenes werden die Funktionen des A. beschnitten. In den Perserkriegen (Salamis) spielt der A. noch einmal eine Rolle, wird dann aber durch die Verfassung des Ephialtes (462/61) entmachtet, die Blutgerichtsbarkeit bleibt ihm. In der röm. Zeit ist der A. wieder Stadtrat, in der NZ der oberste Gerichtshof Athens.

Argument(um). In lat. Evangelien-Hss. und Bibeln des frühen und hohen MA häufige Bezeichnung des Vorworts zu einer bibl. Schrift, das über Verfasser, Eigenart und Bedeutung, z. T. auch über Ursprung und Geschichte kurz berichtet. Seltener die Bezeichnung Prolog oder Praefatio.

Arianismus. Lehre des alexandrinischen Priesters Areios († 336), welche die Wesensgleichheit Christi, des Sohnes, mit Gott, dem Vater, leugnet. Der A. wurde von Athanasios, dem Bischof von Alexandria, bekämpft und auf dem Konzil von Nicäa (325) verurteilt. Mit polit. Problemen eng verknüpft und durch innere Gegensätze geschwächt, zerfiel der A. nach dem Tode des Kaisers Valens (378), erlebte jedoch bei den Ost- und Westgoten, Vandalen, Langobarden und Burgundern eine Nachblüte, zumal die Anpassung an german. Vorstellungen und Lebensformen ihm leichtfiel. Spannungen zu der unterworfenen kath. Bevölkerung in den Germanenreichen blieben nicht aus, wenn auch die german.-arianische Oberschicht mit Ausnahme der Vandalen im allg. religiös tolerant war. Der Übertritt des Frankenkönigs Chlodwig zur kath. Kirche brachte eine Wende zuungunsten des Arianismus und besiegelte seinen Untergang. Ende des 6. Jh. ging die arianische Kirche der Westgoten in Spanien unter, noch später erlosch der Arianismus bei den Langobarden.

LIT. H. Rückert, Die Christianisierung der Germanen (²1934); K. D. Schmidt, Die Bekehrung der Germanen zum Christentum (1939); Reallexikon für Antike und Christentum I, 647–52; HKG I und II; M. Simonetti, La crisi ariana nel IV secolo (1975); E. Boularand, L'hérésie d'Arius et la foi de Nicée. 2 Bde. (1972–73).

Arimannia (arimannus, latinisierte Form des langobard. Wortes zur Bezeichnung des vollfreien Kriegers, exercitalis). Nach den Forschungen von F. Schneider ist die A. eine Institution des langobard. Königreiches, die erst in nachlangobard. Zeit diese Bez. erworben hat. Man versteht unter arimanni die bei der Eroberung Italiens auf Königsland geschlossen angesiedelten freien Langobarden, häufig am Ort eines byzantin. Kastells mit der Verpflichtung zu unbegrenztem Kriegsdienst. Die A., unter fränk. Herrschaft erhalten, wird allgemein dem Grafen unterstellt. Die Verpflichtung zum Kriegsdienst tritt zurück, die wirtschaftl. Leistungen treten hervor. A. heißt nun (zum ersten Male unter Otto II.) übertragenes Land und die auf ihm ruhenden Lasten. Mit dem Niedergang der ital. Karolinger beginnt der Verfall der A. Versuche zur Stärkung der königl. Gewalt in Italien knüpfen an die A. an; in der Rekuperationspolitik Friedrichs I. (Roncalia 1158) nimmt die A. eine wichtige Position ein. Bis zu den letzten Staufern spielen Arimannenorte an strategisch bedeutsamen Stellen eine Rolle in der Reichspolitik. Ungelöst ist die Frage nach der Bedeutung der A. für die Stadtverfassung.

LIT. HWDRG I, 220–23; J. Jarnut, Prosopograph. und sozialgeschichtl. Studien zum Langobardenreich in Italien (1972).

arisch. Im wissenschaftl. Sprachgebrauch bezeichnet a. weder eine Rasse, noch die Gesamtheit der Indogermanen, sondern nur die indogerman. Stämme, die im 2. Jahrtsd. v. Chr. in den Iran und Nordindien einwanderten und sich selbst arya nannten.

Aristokratie (griech., Herrschaft der Besten). Staatsform (Staat), in welcher ein bevorzugter Teil des Volkes (Adel) die Staatsgewalt innehat. In der griech. Staatstheorie (Herodot, Platon, Aristoteles) wird die A. zu den idealen Staatsformen gerechnet (maßvolle, traditionsbewußte Herrschaft, geringere Neigung zur Anarchie, Gefahr des Übergangs zur Oligarchie und Plutokratie). In Rom verkörpert der Senat das aristokrat. Moment; die A. ist in Altertum, MA und NZ vor allem eine Herrschaftsform der Stadtrepublik (Nobiles, Patriziat; vgl. z. B. die ital. Stadtrepubliken Venedig, Genua). In der NZ wird unter A. der Adel verstanden, im weiteren Sinne besagt A. die führende Schicht der Gesellschaft: Beamten-, Geld-, Partei-Aristokratie, eine Elite. Zur inneren Rechtfertigung der A. muß zur vornehmen Geburt auch noch die geistige und moralische Qualität hinzutreten.

LIT. O. Ammon, Die natürl. Auslese beim Menschen (1893).

Arkadien. Landschaft des Peloponnes. Die bukolische Dichtung verlegte in dieses rauhe und einfache, von Berghirten bewohnte Land ihr Schäferparadies. A. galt der hellenist. und röm. Schäferdichtung als Land guter, reiner Sitten, stillen Friedens. In der bukolischen Dichtung des 17. und 18. Jh. wird die Vorstellung erneut aufgegriffen. »Et in Arcadia ego« (»Auch ich war in Arkadien«) setzte der Maler Bartolomeo Schidone (1559–1615) auf sein im Palast Sciarra Colonna in Rom befindl. Gemälde unter einen am Boden liegenden Totenkopf, den zwei junge Hirten ergriffen betrachten. Nicolas Poussin († 1665) brachte es auf dem Grabhügel eines Landschaftsgemäldes an. – Auch ich war in Arkadien geboren: Anfangszeile von Schillers Gedicht ›Resignation‹.
LIT. B. Zeller (Hrsg.), Auch in A. Kunstreisen nach Italien 1600–1900. Sonderausstellung des Schiller-Nationalmuseums, Katalog Nr. 16 (1966); R. Faber, Polit. Idyllik. Zur sozialen Mythologie A.s (1977).

Arkandisziplin (lat. arcani disciplina, Geheimhaltung). Brauch der alten Kirche vom 3. bis 5. Jh., Riten und Zeichen (Eucharistie, Taufe) sowie die heiligen Worte (Glaubensbekenntnis, Vaterunser, Hl. Schrift) vor den Ungetauften geheimzuhalten. Mit der Verchristlichung der ma. Welt verlor die A. viel von ihrem Sinn.

Arkanum (lat. arcanum). Geheimnis, religiöse Geheimlehre, Geheimmittel.
LIT. H. Biedermann, Handlexikon der magischen Künste (1968).

Arkebuse. Hakenbüchse, niederländ. haakbus; ursprünglich eine Armbrust, seit dem 15. Jh. Feuerwaffe, die beim Schießen auf ein Gestell aufgelegt wurde.
LIT. A. Demmin, Die Kriegswaffen in ihren geschichtl. Entwicklungen (^{4}1893).

Arkebusier. Mit der Arkebuse bewaffneter Soldat: Scharfschütze, zunächst als Infanterist, dann auch beritten eingesetzt.

Arma Christi. Gegenstände, die mit dem Leiden Christi zusammenhängen (Kreuz, Lanze, Geißel, Nägel); früheste künstler. Darstellung im 9. Jh.; häufiger in Andachtsbildern seit dem 14. Jh.

Armada (span. Armee). Ursprüngl. jede Streitmacht zu Lande oder zu Wasser, dann Eigenname für die span. Flotte, die 1588 gegen England ausgeschickt wurde. Die Legende von der Niederlage der span. Armada hatte größere Bedeutung als das Ereignis selbst. Das Auslaufen einer zweiten A. wurde durch englische Angriffe auf Cadiz und die Azoren verhindert. Mit dem Untergang der A. hat die span. Seemacht ihren Glanz eingebüßt.
LIT. G. Mattingly, The Defeat of the Spanish Armada (London 1961, 1986; dt. 1960).

Armagnac. Franz. Grafschaft in der Gascogne, fiel nach dem Aussterben des Grafengeschlechts (1497) an die franz Krone.

Armagnacs (Armagnaken, in Deutschland auch Armegecken genannt) ist der Parteiname (abgeleitet von ihrem Anführer) jener Gruppe, die unter Bernard VII. von Armagnac die Burgunder aus Paris (1413) vertrieb, dann aber zu den Engländern überging und von der Pariser Bevölkerung eine schwere Niederlage hinnehmen mußte (1418). Nach dem burgund.-engl. Bündnis war die Sache der Armagnacs (seit 1419) die Frankreichs. Der Gegensatz zu Burgund nahm nach dem Frieden von Arras (1435) ab. König Karl VII. von Frankreich lenkte die Söldnerhaufen der A., die sein Land verwüsteten, gegen Lothringen und das Elsaß und im Verein mit Kaiser Friedrich III. gegen die Eidgenossen. Diese befreiten sich von ihnen durch die Schlacht bei St. Jakob an der Birs (26. 8. 1444). Darauf fluteten die A. nach Schwaben und ins Elsaß zurück, wo sie noch bis 1445 fürchterlich hausten und erst durch Pfalzgraf Ludwig, Feldhauptmann Friedrichs III., mit Hilfe der Städte und der Bauern vertrieben werden konnten.
LIT. A. Leguai, La guerre de cent ans (1974).

Armarium.
[1] Allgemein: fester Raum oder bewegl. Behältnis für Geräte, Kleider, Schmucksachen, Speisen, Bücher.
[2] Christliche Grabstelle.
[3] Aufbewahrungsort für Hl. Öle, Reliquien, Hostien.
[4] Im MA vielfach für Bibliothek oder Archiv gebraucht.
[5] Im übertragenen Sinn als Waffenarsenal alles geistl. und weltl. Wissens.
LIT. LThK I, 867.

Armenbibel (Biblia pauperum, Biblia picta). Spätma. Belehrungs- und Erbauungsbuch, das in Bildern die wichtigeren Heilstatsachen des NT vorführt, zusammen mit Vorbildern aus dem AT und verschiedenen, teils lat., teils dt. Texten. Hervorgegangen ist die A. aus den typolog. Bilderreihen, die seit altchristl. Zeit beliebt waren; ihre erste Fassung dürfte in das 13. Jh. fallen. Überliefert ist die A. in Hss., Blockbüchern, Wiegendrucken; Ursprungsgebiet vielleicht Bayern. Nachhaltigen Einfluß hatte die A. auf die spätma. Kunst.

LIT. RGG I, 609f.; LThK I, 868f.; G. Schmidt, Die Armenbibeln des 14. Jh. (1959).

Armer Konrad. Bauernaufstand; ergreift 1514, ausgehend von dem stark bevölkerten Remstal und infolge der Mißwirtschaft der württemberg. Herzöge, insbes. des Herzogs Ulrich, ganz Württemberg. Die Führung des Aufstandes lag in der Hand der wohlhabenden Bauern. Der Aufstand wurde schnell vom Herzog zerstreut (1514).

LIT. H. Oehler, Der Aufstand d. A. K. In: Württemberg, Vierteljahreshefte 38 (1932).

Arminianismus (Arminianer, Remonstranten). Von dem reform. Prediger Jakob Arminius (1560–1609) gegr. Richtung in der niederländ.-reform. Kirche des 17. Jh. Führte zur Abtrennung und selbständ. Kirchengemeinschaft: Brüderschaft der Remonstranten (1634) unter Führung des Simon Episcopius, der 1629 seine ›Apologia pro confessione Remonstrantium‹ veröffentlichte. Anhänger des A. waren Hugo Grotius, Oldenbarneveldt u.a. Der A. richtet sich gegen die unbedingte Prädestinationslehre Calvins, ist irenisch eingestellt, vom erasmian. Humanismus beeinflußt. Betonung der Willensfreiheit, Duldsamkeit, Vorrang der Bibel vor den kirchl. Bekenntnissen. Als die Anhänger des Arminianismus 1610 für ein staatl. Einschreiten gegen die Intoleranz der Mehrheitspartei remonstrierten, erhielten sie den Namen Remonstranten; ihre Gegner: Gegenremonstranten. Der A. wurde zur Heimat eines freisinnigen Christentums, auch in England und Nordamerika verbreitet.

LIT. RGG I, 620f.; RE II, 103f.; EKL I, 216f.; LThK I, 877f.

Armut.

[1] Ursprüngl. Bedeutung von »arm« ist vereinsamt, verlassen. In westgerman. Zeit tritt »arm« in Gegensatz zu »reich«.

[2] Unter A. versteht man in wirtschaftlicher Hinsicht den dauernden Mangel an den Mitteln, die zur Sicherung des Lebensbedarfes auf dem jeweils üblichen sozialen Standort notwendig sind. A. ist relativ; das Gefühl der A. erwächst aus der Wertung und dem Vergleich von »Lebenslagen«. A. liegt vor, wenn nur ein sehr kärgliches Leben, gemessen an dem sozialen, kulturellen und typischen Standard, geführt werden kann, oder es sich der Grenze des Existenzminimums nähert, bzw. nur mit unentgeltl. Hilfe anderer längere Zeit möglich ist (Hilfsbedürftige). Charakteristisch für den recht dehnbaren Begriff A. ist in nichtindustriellen Gesellschaften die Besitzlosigkeit an Produktionsmitteln, im Industrialismus das völlige oder teilweise Fehlen von Einkommen.

[3] Freiwillige Armut erscheint bereits im frühesten Christentum als ein Weg zur Vollkommenheit, nicht aber als Selbstzweck oder absoluter Wert. So muß die Seligpreisung der Armut nicht als religiös motivierte Verklärung des Elends, sondern als Mittel der Askese im frühen Christentum, bei Einsiedlern und Zönobiten, die in freiwilliger A. lebten, verstanden werden. Eine Pflicht der Gemeinden zur Unterstützung der Armen anerkannten das Konzil von Tours (532) und ein Kapitulare Karls d. Gr. (806).

Als Reaktion auf den wachsenden Reichtum der Kirchen setzte im 11. Jh. eine **Armutsbewegung** ein. Arnold von Brescia, 1155 als Ketzer hingerichtet, predigte die Apostolische A. des Klerus und den Verzicht auf weltliche Macht (→Regalien) der Bischöfe. Seine Anhänger, die Arnoldisten, wurden noch 1220 von Kaiser Friedrich II. zu den Ketzern gezählt, seine Ideen von den von Gerhard Segarelli gestifteten Apostelbrüdern (seit 1260) mit apokalyptischen Schwärmereien verbunden. Das Ideal der A. lebte aber auch in den Ordensgründungen des 12. Jh., bei Cluniazensern und Prämonstratensern (Armutspredigt des hl. Norbert von Xanten, † 1134) auf. Der Kaufmann Peter Waldes (→Waldenser) sammelte, nachdem er auf seinen Reichtum verzichtet hatte, die »Armen von Lyon« um sich, wurde aber von Papst Lucius III. (1183) zum Ketzer erklärt. Innerhalb der Kirche fand das Ideal der freiwilligen A., d.h. die religiös-asketisch motivierte Freiheit von Besitz, nicht jedoch die Verklärung des Elends, ihren Höhepunkt in Franziskus von Assisi, im Dominikanerorden und den diesem angeschlossenen zweiten und dritten Orden. Als Pflegerin der Armen wurde Elisabeth von Thüringen verherrlicht.

Der **Armutsstreit** im Franziskanerorden führte zu einer gefährlichen Spaltung des Ordens und spielte in den Kämpfen Ludwigs des Bayern mit dem Avignonesischen Papsttum eine wichtige Rolle. Papst Johannes XXII. in Avignon verurteilte die Lehre, Christus und die Apostel hätten kein Gebrauchsrecht an den Dingen gehabt, deren sie sich bedienten.

Am Ausgang des Mittelalters ist die **Armenfürsorge** hauptsächlich auf die Klöster, Stifte, Bruderschaften, Innungen übergegangen, die Armenpflege der Pfarreien durchbrochen, der z.T. berufsmäßige Bettel stark gestiegen. Die Kirchen der Reformation bemühen sich in ähnlicher Weise wie die alte Kirche um die Armen, doch erhält z.B. im Calvinismus A. immer stärker negative Züge. Die Reichspolizeiordnung von 1530 bestimmte, daß jede Stadt und Gemeinde ihre Armen selbst ernähren und erhalten müsse. Die Armenpflege geht in der frühen NZ immer mehr von der Kirche an den Staat über, wenn sie auch noch im 16./17. Jh. in der Tätigkeit des hl. Vinzenz von Paul eine Nachblüte erlebt. Die insgesamt sehr harte polizeiliche Behandlung, die vor der Hinrichtung »ausländischer« Armen nicht zurückschreckte, weicht erst im aufgeklärten Absolutismus einer freieren und menschlicheren Auffassung. Die Welle des Pauperismus im ausgehenden 18. und im frühen 19. Jh. demonstriert die Unzulänglichkeit der bisherigen Armenpflege. Die Herstellung besonderer armenrechtl. Beziehungen zu den Gemeinden, in Preußen 1842 nach franz. Vorbild eingeführt, von anderen deutschen Staaten zögernd nachgeahmt, dann die Sozialgesetzgebung des Bismarckreiches, vor allem aber die Gesetze nach dem Ersten und Zweiten Weltkrieg stellen entscheidende Schritte zur Überwindung der A. dar, wenn auch A. mit allen Reformen nie aus der Welt zu schaffen sein wird.

LIT. RGG I, 622–28; StL I, 581–591, LThK I, 878–883; G. Ratzinger, Geschichte der kirchl. Armenpflege ([2]1884); W. Roscher, System der Armenpflege und Armenpolitik ([3]1906); W. Liese, Geschichte der Caritas, 2 Bde. (1922); H. Kindermann, Die Reform des deutschen Armenwesens z.Z. der Reformation (1923); F. Allweyer, Der Einfluß der Reformation auf das württembergische Armenwesen (1930); H. Bechtel, Wirtschaftsgeschichte Dtls. II (1952); E. Roche, La pauvreté dans l'abondance (1963); W. Abel, Massenarmut u. Hungerkrisen im vorindustriellen Dtl. ([2]1977); D. von Brentano, Zur Problematik der Armutsforschung (1978); W. Fischer, Armut in der Geschichte (1982); Chr. Sachße, F. Tennstedt, Bettler, Gauner und Proleten. Armut und Armenfürsorge in der dt. Geschichte (1983); E. Schubert, Arme Leute, Bettler und Gauner im Franken des 18. Jh. (1983); P. Blum, Staatl. Armenfürsorge im Herzogtum Nassau 1806–1866 (Diss. Mainz 1986; zahlr. Lit.); M. Mollat, Die Armen im MA ([2]1987); A. L. Head, B. Schnegg (Hrsg.), Armut in der Schweiz (17.–20. Jh.) (1989); J. Schulz, Armut und Sozialhilfe (1989).

Ars dictandi, ars dictaminis.
a) Kunst des Briefstils bzw. allgemein des Prosastils, bes. im HochMA;
b) alle Schriften, die sich mit dieser Kunst befassen.

Ars magna (Ars combinatoria). Ein von Raimundus Lullus (1235–1315) erfundenes System, mit dessen Hilfe nach bestimmten Regeln logische Schlüsse gezogen werden können. Die A. m. stellt als das erste praktisch verwirklichte Programm einer Mechanisierung kombinator. Denkprozesse einen Vorläufer des modernen Logikkalküls und logist. Rechenautomaten dar. Die Ideen des R. Lullus wirkten weiter auf die Renaissance und G. W. Leibniz (1646–1716), der eine Ars combinatoria entwarf.

Ars moriendi. Bez. für die Literaturgattung der Sterbebüchlein, die seit dem Ende des 14. Jh. im Gefolge der großen Seuchen und in der Todesstimmung des SpätMA zur Vorbereitung auf eine gute Sterbestunde weite Verbreitung fanden. Vorläufer dieser Gattung: eine A. m. des Anselm von Canterbury (11. Jh.). Verf. u.a.: Johannes Gerson (1408), Nikolaus von Dinkelsbühl (Anfang des 15. Jh.), Geiler von Kaisersberg. Als Hss., Blockbücher und Frühdrucke (Inkunabeln) weitverbreitet, oft eindring-

lich illustriert, bildet die A. m.-Literatur eine wichtige Quelle für die Kenntnis der spätma. Seelsorge, Glaubenswelt und Volksfrömmigkeit.
LIT. RDK I (1937), 1121ff.; W. Stammler, in: Deutsche Philologie im Aufriß II ([2]1960), 1017ff., 1100; R. Rudolf, Ars moriendi (1957); LThK I, 907f.

Artes liberales →Freie Künste.

Artikelbrief(e) (Artikulsbrief, Knechtsartikel). Seit der frühen NZ Patent des Kriegsherrn, kraft dessen die Feldobristen ermächtigt waren, Söldner anzuwerben; Dienstordnung, die von den Landsknechten bei Musterung beschworen wurde und außer eigentl. Kriegsartikeln noch Bestimmungen über Organisation, Kriegführung usw. enthielt. Reichsdefensionalordnung 1681: A. für die Reichsarmee mit den entspr. Pflichten (Waffen- und Kleiderpflege, Kameradschaft, Beistand im Kampf) und Rechten (Sold, Proviant, Bekleidung) galt formell bis 1806. Auch Religionsfreiheit wurde den Soldaten zugesichert, das Asylrecht respektiert, Duell bei Todesstrafe verboten.
Kaiserlicher Artikelbrief: Synonym für Kaiserliche Wahlkapitulation.
LIT. Haberkern-Wallach 48; HWDRG I, 232f.; G. Kleinheyer, Die kaiserl. Wahlkapitulationen. Geschichte, Wesen und Funktion (1968), 105.

As (lat.). Das Ganze, die Einheit. Gewicht und Münze im alten Rom. Der einpfündige Kupferas (as librarius) zerfällt in 12 Unzen (uncia). 260 v. Chr. wurde der As im Wert auf den 6. Teil reduziert, 217 auf den 12. Teil (asses unciales), 191 Reduktion auf den 24. Teil (asses semiunciales). Später sank der Wert noch tiefer.

Askese. Übung, Zügelung und, bereits in der griech. Philosophie, Verzicht. In antiken Mysterienreligionen und in der Orphik wird A. gefordert als Weg zur Reinheit und Entsinnlichung. Im Christentum ist A. ein wesentl. Mittel zur Vollkommenheit und wird nicht aus Weltfeindlichkeit, sondern aus Liebe zu Gott und um der Nachfolge Christi willen geübt.
LIT. M. Viller-K. Rahner, A. und Mystik in der Väterzeit (1939); H. E. Hengstenberg, Christl. A. ([3]1948); R. Egenter, Die A. des Christen in der Welt (1956); K. S. Frank, Askese und Mönchtum in der alten Kirche (1975); F. Prinz, A. und Kultur (1980).

Asper (von neugriech. aspros, weiß). Name für verschiedene Münzen, die in Ostrom und auf dem Balkan seit dem 12. Jh. im Verkehr waren (so auch die Nachprägungen venezian. Matapane). A. ist heute die kleinste ägypt. und türk. Rechnungsmünze.

Aspern, Schlacht von A. und Essling (21./22. 5. 1809). Sieg der Österreicher unter Erzherzog Karl über Napoeleon. Erste wirkliche Niederlage Napoleons. Der Sieg wurde von den Österreichern militär. nicht genützt und hatte polit. keine Folgen. Bei A. fiel der franz Marschall J. Lannes. Masséna wurde für seine Verdienste in der Schlacht zum Prince d'Essling ernannt.
LIT. M. Rauchensteiner, Die Schlacht von A. (1969).

Assassinen. Islamische Sekte des 11. Jh. in Persien und Syrien; die A. setzten den organisierten Mord an polit. und religiösen Gegnern als Instrument ein (vgl. franz. assassin = Mörder). Ihre Macht in Persien wurde durch die Mongolen gebrochen.

Assekurationsakte. Aufgestellt beim Konfessionswechsel von Fürsten im 17. und 18. Jh., dient die A. der Sicherung des Bekenntnisses der Untertanen. Am bekanntesten die A. für Hessen-Kassel nach dem Bekanntwerden des Übertritts des Erbprinzen Friedrich zur kath. Kirche (1754; die Konversion bereits 1749). Sie wurde durch die Garantie Englands, Dänemarks, der Generalstaaten und des Corpus Evangelicorum zu einer polit. Angelegenheit des europ. Protestantismus und spielte in der diplomat. Vorgeschichte des Siebenjährigen Krieges eine wichtige Rolle. Die traditionell guten Beziehungen zwischen Hessen-Kassel und England wurden durch die Garantie der A. noch enger und im Vertrag von Herrenhausen (18. 6. 1755) über engl. Subsidien und hess. Truppengestellung für England gefestigt.
LIT. Th. Hartwig, Der Übertritt des Erbprinzen Friedrich von Hessen-Kassel zum Katholizismus (1870); ders., Der Anschluß Hessen-Kassels an Preußen im Siebenjährigen Krieg (1868); Ph. Losch, Soldatenhandel (1933); W. von Both-H. Vogel, Landgraf Wilhelm VIII. von Hessen-Kassel (1964) 101–104, 107f.

Assemblées du clergé (franz.). Tagungen der Klerusvertreter der 1561 zu Frankreich gehörenden Diözesen, seit

1586 eine regelrechte Einrichtung. Die finanziellen Leistungen des franz. Klerus hingen im Prinzip von der Bewilligung der A. ab. Im 16. Jh. haben die A. entscheidend zur Stärkung des Katholizismus gegen den Calvinismus beigetragen. Im Regalienstreit (Ludwig XIV.) fügte sich die A. 1682 dem Einfluß des Königs und verhalf mit der Annahme der 4 Artikel dem Gallikanismus zum Sieg.
LIT. LThK I, 943f.

Assientovertrag. England erhält in dem am 26. 3. 1713 mit Spanien abgeschlossenen A. auf 30 Jahre das Monopol zur Einfuhr von 4800 Negersklaven jährl. in die span. Kolonien (ein Viertel des Reingewinns geht an den Kg. von Spanien) und außerdem die wirtschaftsgeschichtl. bedeutsame Konzession, jährl. ein Schiff mit 500 t engl. Waren in die spanischen Kolonien zu bringen. Der Utrechter Friede (11. 4. 1713) bestätigt (Art. 12) den A. (→Utrecht, Friede von; →Utrecht, Kongreß von). England erhielt damit eine riesige Einnahmequelle, so daß ein engl. Historiker (Lecky) den Sklavenhandel geradezu als »the central object of British policy« während des 18. Jh. bezeichnen konnte. 1748 wird der A. um 4 Jahre verlängert (Friede zu Aachen), 1750 im Vertrag zu Madrid gegen Entschädigung von 100000 Pfund Sterl. aufgehoben. Spanier gründen nach 1750 eine eigene Assientogesellschaft, die, durch engl. Sklavenschmuggel (Jamaica) lahmgelegt, 1780 ihr Ende findet. Einzelne Einfuhrbewilligungen hören erst mit dem Verbot des Sklavenhandels 1820 auf.
LIT. WB des Völkerrechts I, 68.

Assisen (mlat. assisa, franz. assise, engl. assize). Vieldeutiger Begriff.
a) ma. Gerichtsversammlung bzw. allg. Versammlung, auf der Justiz- und Verwaltungsangelegenheiten beraten werden.
b) Lehensgericht vor allem in England. Wichtige A. unter königl. Vorsitz: z.B. Assize of Clarendon 1166.
c) Der Beschluß des Gremiums (Richter und Zeugen), Urteilsspruch oder Gesetz. Die A. sind eine Vorform der cours d'assises.
d) A. von Jerusalem: Rechtsbuch, 1099 unter Gottfried von Bouillon entstanden, mit Übernahme der usages féodaux der flandrisch-franz. Heimat. A. von Antiochien fast gleichzeitig. A. de la Roumanie für die lat. Staaten in Griechenland im 13. Jh.
e) A. in England (seit der Franz. Revolution auch in Frankreich und der Schweiz): Geschworenengericht.
LIT. H. Mitteis. Der Staat des Hohen MA (^{7}1962); HWDRG I, 242f.

Assistenzartikel. Aufgenommen in die Wahlkapitulation Kaiser Leopolds I. (1658) auf Drängen Frankreichs, Brandenburgs; der A. untersagt dem Kaiser sowohl für sich, wie für sein Haus jegliche Unterstützung Spaniens in dem noch anhaltenden Krieg gegen Frankreich und dessen Verbündete. Um Leopold I. die Zustimmung, die einer Preisgabe der spanischen Habsburger gleichkam, zu erleichtern, wurde auf brandenburg. Anregung die Reziprozitätsklausel hinzugefügt. Sie besagt, daß Frankreich auf jede Unterstützung der Feinde des Kaisers und der dt. Habsburger verzichten solle. Während aber die Reziprozitätsklausel eine leere Formel blieb, trennte der Assistenzartikel die österr. und die span. Linie des Hauses Habsburg im Kampf gegen Frankreich, nahm das Reich aus dem span.-franz. Konflikt heraus und bereitete den Pyrenäenfrieden von 1659 vor. Die auswärtige Politik Kaiser Leopolds I. wurde durch den A. erheblich eingeschränkt.
LIT. S. F. N. Gie, Die Kandidatur Ludwigs XIV. bei der Kaiserwahl 1658 (1916); W. Platzhoff, Ludwig XIV., das Kaisertum und die europ. Krisis von 1683. HZ 121.

Assyriologie. Die Wissenschaft von der Schrift und der Sprache, dann auch von der Geschichte, Kultur und den Altertümern Assyriens und Babyloniens, d.h. der Völker, die sich der Keilschrift bedienten; als Disziplin der Altertumswissenschaften seit dem Ende des 19. Jh. verselbständigt.
LIT. H. Schmökel, Ur, Assur, Babylon (1954); ders., Kulturgeschichte des Alten Orients (1961).

Asyl (griech. ásylon, lat. asylum, d.h. unberaubt, sicher: heiliger, unter göttl. Schutz stehender Ort). Zufluchtsort, aus dem ein Verfolgter ohne Verletzung religiöser Vorschriften nicht entfernt werden durfte. In der Antike waren Tempel, Altäre, Kaiserstatuen mit dem Asylrecht ausgestattet. Asylverträge waren ein Mittel der Politik in hellenist. Zeit. Kirchen, Klöstern usw. wurde im christl. Abendland das Asylrecht zuerkannt und bis gegen Ende des MA ge-

achtet, dann aber nach dem Aufkommen einer geordneten Rechtspflege eingeschränkt, seit dem 16. Jh. auch von den Päpsten.
Das moderne Asylrecht ist als Konsequenz der Souveränität des Staates das Recht dieses Staates (nicht des Verfolgten), dem von einem anderen oder dem eigenen Staat Verfolgten Zuflucht und Befreiung vor dem Zugriff der Staatsgewalt zu gewähren. Das diplomatische A. wurde aus dem religiösen A. mit dem Ständigwerden der Gesandteninstitute entwickelt. Konsular. A. war in Europa unbekannt; A. an Bord von Kriegsschiffen (territoire flottant) war in Mittel- und Südamerika üblich, A. an Bord von Handelsschiffen unzulässig. Seit dem 19. Jh. bildete sich das polit. A. als völkerrechtl. Brauch aus, wonach polit. oder religiös Verfolgten Schutz (vor Auslieferung) gewährt werden kann, soweit sie keine Gewaltverbrechen begangen haben und sich organisierter Feindseligkeit gegen ihr Heimatland enthalten.
LIT. WB des Völkerrechts I (1924) 69–70; LThK I, 967f.; HWDRG I, 243–246; O. Kimminich, Asylrecht (1978); H. I. von Pollern, Das moderne Asylrecht (1980).

Aszendenz (lat. aufsteigend).
[1] Verwandtschaft in aufsteigender Linie. Aszendenten: zusammenfassende Bez. für Eltern, Großeltern usw. (Gegensatz: Deszendenten, Verwandtschaft absteigender Linie, Nachkommenschaft).
[2] Aufgangspunkt eines Gestirns.

Aszendenztafel. Darstellung der gesamten Aszendenz einer Person. Letztere nennt man den Probanden. Die Stellen, an denen sich in der Ahnentafel die einzelnen Vorfahren befinden, heißen Quartiere.

Atheismus (griech.). Leugnung der Existenz oder der Erkennbarkeit Gottes oder einer göttl. Weltordnung. Religiöser A. begegnet in einigen primitiven Religionen. Atheistisch sind alle Systeme des Materialismus und materialist. Monismus, der Gottlosenbewegung in den kommunistischen Staaten. Geistesgeschichtl. ist der A. immer an kritischen Übergangspunkten zwischen geistigen, kulturellen und sozialen Epochen aufgetreten. Er verrät sich als Krisenerscheinung (antike Atomisten, nachsokratische Kyniker, französ. Aufklärer wie Holbach, Lamettrie, deutsche Positivisten und Monisten des 19. Jh. wie Vogt, Büchner, Moleschott, Haeckel, Linkshegelianer, Feuerbach, Marx) oder postulatorischer A. (Camus, J. P. Sartre). Wesentlich lebt der A. von dem Mißverständnis Gottes, an dem der Theismus in seinen tatsächl. histor. Gestalten unvermeidlich leidet. Der theoret. A. kann sich militant und tolerant äußern. Von der frühneuzeitlichen Toleranz bzw. Toleranzgesetzgebung blieb der A. bis tief in das 19. Jh. ausgeschlossen.
LIT. M. Reding, Der polit. A. (Graz 1957); C. H. Ratschow, A. im Christentum? Eine Auseinandersetzung mit Ernst Bloch (1970); Der moderne A. – Anstoß zum Christsein, hrsg. von L. Klein (1970); A. Esser (Hrsg.), A., Profile und Positionen der Neuzeit (1971); J. Blank, W. Kasper u. a., Gottfrage und moderner A. (1972).

Atlanten, Historische.
[1] Seit Mercator (1595) nennt man A. eine Sammlung von Land- und Himmelskarten, früher mit der mytholog. Figur des Atlas (nach der griech. Sage Träger des Himmels) im Titel.
[2] Aus der ursprüngl. sehr engen Verbindung von Geschichte und Geographie und der Notwendigkeit wechselseitiger Forschungshilfe ist die histor. Geographie entstanden, zu der a) die sog. geschichtl. Landschaftskunde, b) die geschichtl. Siedlungskunde, c) die histor.-polit. Geographie, d) die histor. Kulturgeographie zählen.
Die histor.-geograph. Kartographie entwickelte sich, nachdem die Alte Geschichte mit H. Kiepert (›Karte von Kleinasien‹, 1841ff.) vorangegangen war, erst im letzten Viertel des 19. Jh. Als Frucht der Grundkartenbewegung (F. von Thudichum) darf der seit 1895 erscheinende ›Geschichtliche Atlas der Rheinprovinz‹ und der durch E. Richter–O. Redlich begründete ›Atlas der österreichischen Alpenländer‹ angesehen werden. Für zahlreiche dt. Territorien liegen histor. Atlanten vor bzw. sind in Vorbereitung (Bayern, Hessen, Westfalen, ebenso für die kirchl. Topographie).
An allgem. histor. Atlanten sind zu verwenden: Karl von Spruner, ›Historisch-geograph. Handatlas‹; Spruner-Th. Menke, ›Handatlas für die Geschichte des Mittelalters und der Neuzeit‹; G. von Droysen, ›Allgemeiner histor. Handatlas‹ sowie der A. von F. W.

Putzger, ›Westermanns Atlas zur Weltgeschichte‹, ›Harms Geschichts- und Kulturatlas‹, J. Niessen, ›Geschichtl. Handatlas der deutschen Länder am Rhein, Mittel- und Niederrhein‹, ›Historischer Atlas von Bayern‹, ›Pfälzischer Geschichtsatlas‹, ›Historischer Atlas von Brandenburg‹, ›Historischer Atlas von Baden-Württemberg‹.
LIT. H. Quirin, Einführung in das Studium der ma. Geschichte ([3]1964), 307ff.; W. Bauer, Einführung in das Studium der Geschichte ([3]1961), 164f.; H. Jedin – K. S. Latourette – J. Martin, Atlas zur Kirchengeschichte. Die christlichen Kirchen in Geschichte und Gegenwart (1970); A. von Brandt, Werkzeug des Historikers ([10]1983), 33f.; Historischer Atlas von Pommern; Historischer Atlas von Mecklenburg; Historisch-Geograph. Atlas des Preußenlandes.

Atrium.
[1] Rechteckiger Hof vor der Eingangsseite der Basilika, oft von Säulen umgeben, mit Reinigungsbrunnen in der Mitte.
[2] Hauptraum des röm. Hauses; an den Wänden die Schreine mit den Ahnenbildern, das Licht kam durch eine Öffnung des Daches in der Mitte des A.

Auctoritas (lat., von augere, vermehren, bereichern). Zunächst: Geltung, Schätzung, Bürgschaft für ein Geschäft, dann auch: Ermächtigung, Vollmacht, schließlich: eine einflußreiche Person, »Autorität«, und im Senat eine Institution. Es war Pflicht, die A. zu hören.
LIT. R. Heinze, Auctoritas. In: Hermes 60 (1925) 349–366; K. H. Lütcke, »Auctoritas« bei Augustin. Mit einer Einleitung zur röm. Vorgeschichte des Begriffs (1968).

audiatur et altera pars (lat., auch die andere Seite soll gehört werden). Geflügeltes Wort nach verschiedenen antiken Dichterworten und Rechtssätzen. Prozeßgrundsatz, wonach ein Urteil erst gefällt werden soll, wenn beide Seiten gehört worden sind. Entspricht dem dt. Sprichwort: Eines Mannes Rede ist keines Mannes Rede, man muß die Part verhören beede.

Audientia.
[1] Richterl. Untersuchung, Verhandlung, Verfahren, Vernehmung.
[2] Richterl. Entscheidung, Gerichtsbarkeit, Instanz.
[3] Versammlung, Gerichts-Ding.
[4] Möglichkeit zur Erörterung, Verteidigung.
[5] Zutritt, Audienz.
[6] Gehorsam.

Audientia litterarum contradictarum. Abteilung der Camera Apostolica, zur Bearbeitung der in Justizsachen erlassenen Urkunden, bei der die Interessenten gegen die Aushändigung Einspruch erheben.
LIT. P. Herde, Audientia litterarum contradictarum. 2 Bde. (1970).

Audientia pacis. Gericht, das den Gottesfrieden verhängt.
LIT. Mlat. WB I (1967) 1190–92; Haberkern-Wallach 51.

Audientia sacri palatii. Urspr. Name des päpstl. Gerichtshofes in Avignon, später auch →Rota genannt.

Audienz (lat., Gehör).
[1] Verhör, Verhandlung vor Gericht (**Audience:** 1369 errichteter oberster Gerichtshof für Flandern, nur kurze Zeit in Tätigkeit).
[2] Empfang bei Papst, Fürsten, hohen Staatsbeamten.
[3] Öffentliche A.: in absolutist. Staaten (z. B. Joseph II. 1765–90) üblich. Jedermann hatte zu dem Herrscher Zutritt, um sein Anliegen vorzubringen.

Auditor (lat., von audire hören; franz. auditeur; ital. uditore). Im spätröm. Recht Verhörrichter, im MA und teilweise bis in die NZ allgemeine Bezeichnung für Mitglieder eines Gerichts, Richter oder Schöffe. Im kirchl. Prozeßrecht a) der Vernehmungsrichter, b) der erkennende Richter. Die Ernennung der Auditoren der römischen Rota ist dem Papst vorbehalten; sie besitzen besondere Privilegien. Außerhalb des Gerichtswesens gibt es A. als Berater des Papstes in Rechtssachen, z. B. den A. generalis der Apostolischen Kammer.
Die A. der Nuntiaturen, die früher auch in der Nuntiaturgerichtsbarkeit tätig waren, repräsentieren heute lediglich eine Rangstufe des höheren diplomat. Dienstes. A. begegnen auch in der Militärgerichtsbarkeit. In England und den USA bezeichnet A. einen Beamten der Finanzkontrolle.
LIT. LThK I, 1026; DDC I, 1399–1411; Haberkern-Wallach 51; R. Blaas, Das kaiserl. Auditorat bei der Sacra Rota Romana. In: MÖSTA II (1950) 37–152.

Aufklärung. Die das ausgehende 17. und das 18. Jh. beherrschende Geistesbewegung. A. wird als »Beginn und Grundlage der eigentlich modernen Periode der europ. Kultur und Geschichte im Gegensatz zu der bis dahin herrschenden kirchl. und theolog. bestimmten Kultur« (E. Troeltsch) charakterisiert. Die A. ist nach Ländern und Konfessionen verschieden, bei ihrer Ausbreitung durch Europa nach Phasen, Tendenzen, Intensität und Wirkung beträchtl. verschoben. In der zweiten Hälfte des 17. Jh. setzte sich die A. in den Generalstaaten (Grotius, Spinoza) und in England durch (Locke, Hume, Newton). Von dort griff sie nach Frankreich über, wo sie ihren rationalist.-materialist. Höhepunkt (Voltaire, Diderot, Helvetius, Holbach) erreichte und polit. in der Französischen Revolution ausmündete. Die zeitl. und inhaltl. stark abgestufte dt. A. wird etwa repräsentiert durch Leibniz, Wolff, Thomasius, Reimarus, Lessing, Moses Mendelssohn, Nicolai, Pestalozzi, Campe, Kant; die polit. Auswirkungen im aufgeklärten Absolutismus durch Friedrich II., Joseph II., Leopold II., Kurfürst-EB Max Franz von Köln. Gering war die Wirkung der Aufklärung in Südost- und Osteuropa, stärker in den angelsächs. und iberoamerikan. Teilen Amerikas. Das Erbe der Aufklärung ist in der Gegenwart auf allen Lebensgebieten präsent. Nicht überwunden wurde sie durch den dt. Idealismus und die Romantik; eine teilweise Wiedergeburt der A. erfolgte im 19. Jh.

Die A. hat keine geschlossenen Systeme, sie ist voller Widersprüche, einig allein im Streben nach Überwindung der »selbstverschuldeten Unmündigkeit« (Kant), nach mathemat. Begrifflichkeit, Vernünftigkeit, Ordnung, Fortschritt. Vernunftoptimismus, Szientizismus, Toleranzstreben, Rationalisierung der Religion, Nivellierung der Bekenntnisunterschiede, Verpflichtung zur »Tugend« sind weitere Kennzeichen. Die A. ist eine spezif. Form des neuzeitl. Subjektivismus und Individualismus. In ihren Anfängen vom Adel getragen, vom Aufschwung der Naturwissenschaften entscheidend gefördert, ist die A. insgesamt eine bürgerl. Bewegung mit den gesellschaftl.-polit. Zielen des Dritten Standes, wirkt aber über die Grenzen des Bürgertums hinaus und trägt zur Heraufkunft des Vierten Standes bei. Am wenigsten berührt von der A. bleibt das Bauerntum. Freimaurerei und Geheimbünde (z. B. Illuminaten) haben bei ihrer Verbreitung mitgewirkt; unhaltbar jedoch ist die Komplott-Theorie (Aufklärung als Verschwörungsergebnis geheimer Gesellschaften; z. Z. der Franz. Revolution wurde diese Theorie u. a. von Barruel vertreten).

Die A. ist nicht identisch mit Rationalismus. Sensualismus (Condillac) und Empirismus (Locke) haben in dieser Bewegung ihren festen Platz, herrschen sogar manchmal vor. Geschichtsfeindl. kann die vorzügl. auf Gegenwart und Zukunft gerichtete A. nicht genannt werden. Sie sah in der Geschichte eine magistra vitae, betrieb sie vielfach nach Analogie der Naturwissenschaften und mit der Tendenz, bestimmte Gesetze des histor. Ablaufs zu finden, förderte die Quellenkritik (Pierre Bayle), große Editionen (vor allem in den Akademien, z. B. in der Bayerischen Akademie) und brachte bedeutende Werke der Geschichtsschreibung (Hume, Gibbon, Voltaire) und der Geschichtsphilosophie (Montesquieu, Condorcet) hervor. Die anthropozentrische Aufklärung ist durch pädagog. Enthusiasmus ausgezeichnet. Durch Erziehung zu naturgemäßer vernünftiger Lebensweise, durch gesteigerte Geistesbildung soll das sittl. und soziale Wohl sowohl des Einzelnen wie der Gesamtheit gefördert, die Glückseligkeit der Menschheit erreicht werden (Wohlfahrtsstaat des aufgeklärten Absolutismus). In den pädagog. Bemühungen der Aufklärung (Basedow, Campe, Rousseau, Pestalozzi) verbinden sich Fortschrittsglaube, Vernunftoptimismus, Glaube an die Organisier- und Planbarkeit gesellschaftl. Lebens. Daraus folgen die Bemühungen um die Volks- und Realschulen, Industrieschulen, Bildung der Erwachsenen, auch der Frauen. Egalitarismus und elitäres Bewußtsein, Bevormundung des »gemeinen Haufens« und die Idee von der »Gleichheit und Erziehbarkeit aller« korrespondieren dabei.

Beachtlich war auch der Einfluß der Aufklärung auf das Rechts- und Staatsleben. Das aufklärerische Naturrecht, die jura connata (die angeborenen Rechte des Menschen; Christian Wolff), die Übertragung der Vertragslehre (Herrschafts- und Unterwerfungsvertrag) auf den Staat, schließlich der Einfluß der Aufklärung auf Herrscher, Höfe, Verwaltung, Justiz (Abschaffung der Folter; Milderung des Strafvollzugs;

Beccaria) führen zu einer Modifizierung des monarchischen Absolutismus, die sich unter Beibehaltung der alten »Losgelöstheit« vom Volk und der starren ständischen Gliederung vor allem darin niederschlägt, daß sich der Herrscher nicht mehr Gott und dem persönl. Gewissen allein, sondern auch der alles beherrschenden Vernunft und der »Öffentlichkeit« (öffentl. Meinung: A. L. Schlözer) verantwortlich weiß und als erster Diener seines Staates fühlt (Friedrich II.; Joseph II.; Katharina II.; »Vater Franz«). Verwaltungs- und Justizreformen (z. B. Allgemeines Landrecht für die preußischen Staaten, Justizreform in den habsburg. Ländern, in Bayern usw.), sparsame Finanzwirtschaft, Förderung des Handels, der Industrie und der Landwirtschaft (Einfluß der Physiokratie; Turgot; Mirabeau; Dupont de Nemours; Quesnay; Schlettwein), Lehre von der Gewaltenteilung (Locke, Montesquieu) und erste zaghafte Schritte auf eine konstitutionelle Monarchie zu (Leopold II. als Großherzog der Toskana) kennzeichnen den aufgeklärten Absolutismus. Die A. leistet damit einen bedeutsamen Beitrag zum modernen Rechts- und Wohlfahrtsstaat, zur Entstehung der konstitutionellen Monarchie, aber auch zur Entstehung des Liberalismus und Republikanismus.

Nachhaltig bestimmte die Aufklärung das Staatskirchentum des späten Absolutismus, indem sie alle Lebensäußerungen der Kirche als einer dem Staat unterstehenden Religionsgemeinschaft dessen Kontrolle unterwarf. Die z. T. notwendigen Reformeingriffe des Josephinismus im kirchl. Bereich (Klosteraufhebung, Pfarrorganisation, Diözesanregulierung, Einrichtung von Generalseminarien zur Klerusausbildung, Amortisationsgesetzgebung) zeigen hinreichend die sich aus der Wechselwirkung und Spannung zwischen Aufklärung, Reformstreben, kirchl. Beharrungstendenz und religiösem Substanzverlust ergebende besondere Problematik von Staat und kath. Kirche in der NZ (z. B. in Österreich unter Joseph II., in Bayern unter Max III. Joseph, Karl Theodor).

In Dichtung (moral. Wochenschriften, bürgerl. Trauerspiel, Idylle, bürgerl. Roman) und bildender Kunst (Ende des Reichsbarocks, des Rokoko, Beginn des Klassizismus) hat die Aufklärung, verglichen mit anderen Epochen, keine überragenden Schöpfungen hervorgebracht. Sturm und Drang, Frühromantik, Neuhumanismus sind Gegenbewegungen gegen die Aufklärung, die sie zwar überlagern, aber nicht überwinden konnten.

LIT. StL I, 673–79; RGG I, 703–30; LThK I, 1056–66; Sacramentum mundi I (1967) 425–430; TRE IV, 594–608; L. Just, Der aufgeklärte Absolutismus. In: Hdb. der dt. Geschichte von O. Brandt, A. O. Meyer, L. Just, II, 4; Gebhardt-Grundmann II; HKG V; Hdb. der europ. Geschichte, hrsg. von Th. Schieder, IV; P. Hazard, Die Herrschaft der Vernunft (dt. 1948); F. Valjavec, Geschichte der europ. Aufklärung (1961); M. Wundt, Die dt. Schulphilosophie der A. (1961); G. Funke, Die A. in ausgewählten Texten dargestellt (1963); W. Philipp, Das Zeitalter der A. (1963); A. Baruzzi (Hrsg.), A. und Materialismus im Frankreich des 18. Jh. – La Mettrie–Helvetius–Diderot–Sade (1968); B. Plongeron, Recherches sur l'»Aufklärung« catholique en Europe occidentale (1770–1830). In: Revue d'historie moderne et contemporaine 16 (1969) 555–605; L. G. Crocker, The Age of Enlightment (1970); J. Mittelstrass, Neuzeit und A. Studien zur Entstehung der neuzeitl. Wissenschaft und Philosophie (1971); H. J. Schoeps, Zeitgeist der A. (1972); Y. Schober, Die dt. Spätaufklärung (1975); F. Engel-Janosi u. a. (Hrsg.), Formen der europ. A. Unters. zur Situation im 18. Jh. (1976); D. Roche, Le siècle des lumières, 2 Bde. (1978); E. Balasz, L. Hammermayer u. a. (Hrsg.), Beförderer der A. in Mittel- und Osteuropa (1979); E. W. Zeeden, Europa im Zeitalter des Absolutismus und der A. (1981); N. Merker, Die A. in Dtl. (1982); U. Im Hof, Das gesellige Jahrhundert. Gesellschaft und Gesellschaften im Zeitalter der A. (1982); M. Buhr, W. Förster (Hrsg.), A. – Gesellschaft – Kritik. Studien zur Philosophie der A. (1985); R. Vierhaus, Wissenschaft im Zeitalter der A. (1985); G. Selzer, Der Wandel des aufklärer. Selbstverständnisses gegen Ende des 18. Jh. (1985); Österreich im Europa der A. Internat. Symposion in Wien 20.–23. Okt. 1980. 2 Bde. (1985); P. Kondylis, Die A. im Rahmen des neuzeitl. Rationalismus (1981, Tb. 1986); G. Gawlick, L. Kreimendahl, Hume in der dt. A. (1987).

Augsburger Allianz. Zusammenschluß des Kaisers Leopold I. mit Bayern und verschiedenen süddt. Reichsständen gegen Frankreich (9. 7. 1686) zur Abwehr der französischen Reunionspolitik. Maßgebl. beteiligt am Zustandekommen der A. A. waren Georg Friedrich Fürst von Waldeck und der kaiserl. Diplomat Georg Friedrich Graf von Hohenlohe. Der A. A. schlossen sich Spanien und Schweden an; Angriffsabsichten auf Frankreich bestanden nicht. Die Bedeutung der A. A. ist von franz. Historikern überschätzt worden. Seit der Bildung der A. A. festigte sich in Frankreich der Eindruck, daß eine antifranz. Koalition im Entstehen begriffen sei, wodurch Ludwig XIV. zu neuen Gebietsforderungen bewogen wurde, die wiederum in Europa die Furcht vor neuen franz. Überfall- und Eroberungsabsichten weckten. In der Vorgeschichte des sog. Pfälzischen oder Orléansschen Krieges (1688–97) kommt der A. A. eine gewisse Bedeutung zu.

LIT. R. Fester, Die Augsburger Allianz von 1686 (1893); D. Ogg, England in the reigns of James II. and William III. (1955); Gebhardt-Grundmann, Handbuch der Dt. Gesch. II.

Ausburger Interim →Interim.

Ausburger Konfession, Augsburger Bekenntnis →Confessio Augustana.

Augsburger Reichstage.

[1] 1518: Kaiser Maximilian I. (reg. 1493–1519) versuchte vergeblich, die Wahl seines Enkels Karl zum dt. König und damit zu seinem Nachfolger durchzusetzen. Kurfürst Friedrich der Weise von Sachsen (1486–1525) widersetzte sich jeder Einschränkung des kurfürstl. Wahlrechts; er berief sich darauf, daß Maximilian selbst noch nicht zum Kaiser gekrönt sei, die bisherige Voraussetzung einer Königswahl. Bei dieser Argumentation unterstützten ihn der Papst und der Kurfürst von Trier (ein Parteigänger Frankreichs); beide – Papst und Kurfürst – widersetzten sich aus polit. Gründen der Wahl des Habsburgers. Die von Maximilian, gemeinsam mit dem Papst, geforderte umfassende Reichssteuer (ihre Bewilligung hätte zu einer neuen Reichskriegsverfassung geführt) wurde jedoch nur in abgeschwächter Form zugestanden, darüber hinaus erstmals an die Bewilligung der Landstände gebunden. Hingegen machten die Stände (unter Berufung auf die Volksstimmung) die Gravamina der dt. Nation gegen Rom geltend. Papst Leo X. (reg. 1513–21) erlaubte (um Friedrich dem Weisen entgegenzukommen), daß Luther (1483–1546), der nach Rom geladen worden war, sich jedoch unter den Schutz seines Landesfürsten gestellt hatte, durch den päpstl. Legaten Kardinal Cajetanus (1469–1534) in Augsburg verhört wurde. Nach drei Unterredungen verlangte Luther, da er den Eindruck der Bevormundung gewonnen hatte, andere Richter; gleichzeitig bat er um ein rechtschaffenes Gericht und appellierte an Papst und Konzil.

[2] 20. 6. bis 19. 11. 1530: Dieser A. R. wurde von Karl V. persönlich geleitet, um die Glaubensfrage und die Türkenhilfe zu regeln (sie wurde auf 6 Monate bewilligt: 40000 Fuß- und 8000 berittene Truppen). Zu der angestrebten Einigung in der Glaubensfrage kam es nicht. Die protestant. Reichsstände übergaben die ›Confessio Augustana‹, die oberdt. Städte die ›Confessio Tetrapolitana‹, Zwingli (1484–1531) die ›ratio fidei‹. Die ›Confutatio‹, von den Katholiken verfaßt, anerkannte der Kaiser als eigenes Urteil. Da jeder Ausgleichsversuch scheiterte, verließen die protestant. Reichsstände den A. R. vorzeitig. Der Reichsabschied erneuerte das Wormser Edikt und verlangte die Wiederherstellung des Kirchenguts. Der Kaiser gab das Versprechen, innerhalb von 6 Monaten die Einberufung eines Konzils zu erreichen; auf ihm sollte eine Abstellung der Mißstände sowie eine Beseitigung der Irrtümer in der Lehre erreicht werden. Neu konstituiert wurde das Reichskammergericht.

[3] 1548: Einberufen zum Zwecke der Annahme des Interims. Karl V. erließ die Augsburger Konföderation über die Stellung des Burgundischen Kreises zum Reich.

[4] 5. 2. bis 25. 9. 1555: Der von König Ferdinand I. (1531 zum röm. König gewählt) geleitete Reichstag war der letzte große des Reformationszeitalters. Nach Vereinbarung des Augsburger Religionsfriedens wurde die grundlegende Reichskammergerichtsordnung angenommen; sie räumte den Protestanten parität. Zugang zu den Richterstellen ein und schuf eine Reichsexekutionsordnung zum Landfrieden; die hierdurch eingerichtete Stelle eines Kreisobersten in den Reichskreisen sollte ein rasches militär. Einschreiten sowohl ge-

gen innere als auch gegen äußere Feinde ermöglichen.

LIT. Zu [2] C. E. Förstemann, Urkundenbuch zur Geschichte des Reichstages zu Augsburg i.J. 1530, 2 Bde. (1833–35); Valentin von Tetleben, Protokoll des A. R. 1530, hrsg. von H. Grundmann, veröffentl. in: Schriften des Vereins für Reformationsgeschichte Nr. 177, Jg. 64 und 65 (1958), S. 52–54(Zusammenstellung wichtiger Quellen und Lit.).

LIT. Zu [3] H. Rabe, Reichsbund und Interim (1971).

LIT. Zu [4] H. von Schubert, Der Reichstag von Augsburg (1930).

Augsburger Religionsfriede. Reichsfriede (29. 9. 1555). Polit. vorbereitet durch den Fürstenaufstand (Moritz von Sachsen), den Passauer Vertrag (1552) und das Vordringen der friedenswilligen Kräfte im Reich. Die Religionseinheit für das Reich wird aufgegeben, die Augsburgische Konfession (Confessio Augustana) reichsrechtl. anerkannt. Was Kaiser und Reich in Augsburg verlorengeht, gewinnen die Landesfürsten: das Konfessionsbestimmungsrecht und die Einheit des Glaubens.

Der A. R. garantierte den Reichsständen und den Reichsrittern das Recht, sich einer der beiden Konfessionen anzuschließen und ihren Untertanen, die dem Religionsbann unterstanden, die Annahme des gleichen Bekenntnisses vorzuschreiben. Das Jus reformandi blieb allerdings eingeschränkt. Geistl. Fürsten verloren nach den Bestimmungen des A. R. beim Übertritt zum neuen Glauben Amt, Land und Herrschaft (→Reservatum ecclesiasticum, Geistlicher Vorbehalt). Zweck des Geistlichen Vorbehalts war, die Säkularisation der unmittelbaren geistl. Territorien zu verhindern, was in Norddtl., in Westmitteldtl. und in Württemberg nur selten gelang. Den neugläubigen Landständen geistl. Fürsten garantierte die sog. Declaratio Ferdinandea (24. 9. 1555) ihren bisherigen Bekenntnisstand. Den nicht leibeigenen Untertanen eines weltlichen Fürsten, die ihm nicht in dem gebotenen Bekenntnis folgen wollten, gewährleistete der A. R. das Recht des freien Abzugs in konfessionsverwandte Territorien (Auswanderungsfreiheit, Jus emigrationis), das jedoch in der Praxis einer obrigkeitl. Ausweisungsbefugnis näher kam.

Der A. R. galt nur für die Reichsstände, nicht jedoch für mittelbare Stände. Nicht eingeschlossen in den A. R. waren die Anhänger Zwinglis, Calvins (→Confessio Helvetica), die Täufer und andere. Neben der alten Kirche wurde das Luthertum (CA, Confessio Augustana) reichsrechtl. anerkannte Konfession. Den Freien- und den Reichsstädten wurde eine Sonderstellung eingeräumt, indem beiden Konfessionen der Bekenntnisstand des Jahres 1555 gesichert wurde. Die Pflicht zur konfessionellen Wiedervereinigung wurde unterstrichen.

Der A. R. war, trotz mancher Mängel, tragendes Reichsgrundgesetz; er besiegelte, indem er das Bekenntnis an das Territorium band, die konfessionelle Spaltung, stärkte die partikularen Tendenzen, sicherte aber dem Reich als lockerem Oberbau Einheit und Frieden.

LIT. Gebhardt-Grundmann II, 103f.; HKG IV; M. Simon, Der A. R. (1955); TRE IV, 639–645.

Augures. Deuter göttl. Zeichen (die A. tätigten keine Voraussage des Zukünftigen). Das Priesteramt der A. war sehr angesehen, mit hohen Ehren versehen und lebenslänglich. Bei ungünstigen Auspizien war kein gültiger Volksbeschluß möglich. Der in den Krieg ziehende Feldherr mußte vorher günstige Vorzeichen einholen. Deutung und Entscheidung sich widersprechender Vorzeichen beruhten auf einer komplizierten Lehre, deren Träger die A. waren.

Augustalis, Augustanus. Von Kaiser Friedrich II. seit 1231 in Messina und Brindisi für Sizilien geprägte Goldmünze. In Anlehnung an die Goldmünzen der röm. Imperatoren (Augusti) haben sie den Namen A. Sie zeigen das antikisierende lorbeergeschmückte Brustbild des Kaisers, rückseitig den sitzenden Reichsadler, auch als ½ A. geprägt; Vorläufer des florent. Gulden. Gewicht 5,24 g; Umschrift: FRIDERICUS IMP(erator) ROM(anorum) CESAR AUG(ustus).

LIT. Corpus Nummorum Italicorum 18 (1939), 196f.

Augustinereremiten (Ordo Eremitarum S. Augustini). Durch die von Papst Alexander IV. am 4. 5. 1256 vollzogene Vereinigung mehrerer Eremitenverbrüderungen entstandener Orden. Der Orden lebte nach der Augustinusregel, vollzog mit der Bulle ›Licet Ecclesiae catholicae‹ (4. 5. 1256) den entscheidenden Schritt vom Einsiedlertum zum Bettelorden, 1567 von Pius IV. den Bettelorden beigezählt. Der Orden umschließt Priester und Laienbrüder; Ordenstracht: schwarzer Habit (wo keine Dominikaner: auch weißer Habit), spitz zulaufende Kapuze, lederner Gürtel. Wirkungskreis ähnlich wie bei den Franziskanern und Dominikanern; Pfarrseelsorge, außerordentl. Seelsorge, Missionen. Die A. hatten zahlreiche Niederlassungen, besonders im Ordensland Preußen (Patollen, Konitz, Heiligenbeil), Polen, später in den span. und portugies. Kolonien, Philippinen, wo sie überall missionierten. Die Klöster der bedeutenden sächsischen Provinz gingen in der Reformation unter (Joh. von Staupitz). Durch die Klosteraufhebungen des Josephinismus, der Franz. Revolution und der Säkularisation erlitten die A. schwere Verluste. Neugründungen im 19. Jh. und Aufblühen der dt. Provinz. In geistesgeschichtl. Hinsicht kommt den A. für die Anfänge des ital. Humanismus Bedeutung zu, war der Orden doch um die Verbindung von antikem und christl. Erbe bemüht und erkannte den Wert der frühchristl. Literatur.

LIT. DHGE V, 505–45; LThK I, 1084–88; J. Hemmerle, Die Klöster der Augustinereremiten in Bayern (1958); ders., Zur geschichtlichen Bedeutung der Regensburger Augustiner. In: Verhandlungen des Histor. Vereins von Oberpfalz und Regensburg 101 (1961); R. Abesmann, Der Augustinereremitenorden und der Beginn der humanist. Bewegung (1965); A. Kunzelmann, Geschichte der deutschen Augustiner-Eremiten. 7. Bde. (1969–75).

Augustinusregel. In den Werken des hl. Augustinus 3 Texte, die seit der zweiten Hälfte des 11. Jh. als die Regel des hl. Augustinus figurierten und durch diesen Namen als solche großes Gewicht erhielten. Die A. ist in Anwendung bei den Augustinerchorherren und -Stiften, bei Augustinereremiten, Prämonstratensern und Dominikanern. Die A. ist beschränkt auf allg. grundlegende Normen für das klösterl. Leben. Im Reich zuerst von Herzog Welf von Bayern im Stift Rottenbuch eingeführt, im frühen 12. Jh. auch am Rhein bekannt.

Ausbürger. Ein nicht in der Stadt, wo er sich dauernd oder vorübergehend aufhielt, eingebürgerter Fremder, meist ein Kaufmann (Gastbürger), dann ein Bürger, der außerhalb der Stadtmauern wohnt und alle stadtbürgerl. Rechte genießt, der Stadt, in der er eingebürgert, meist bes. Kriegsdienste leisten mußte (→Pfahlbürger).

LIT. H. J. Domsta, Die Kölner Ausbürger (1973).

Ausgabe (lat. editio). Im Buchhandel kein festumgrenzter Begriff, oft Auflage, meist jedoch die in äußerer Ausstattung, Format, Güte abweichenden Bände derselben Auflage, z. B. Prachtausgabe, Liebhaberausgabe, Volksausgabe, Taschenausgabe, Kritische A. usw.

Ausgabe letzter Hand. Bez. für die letzte zu Lebzeiten eines Dichters erschienene, von ihm besorgte, daher authentische A. seiner Werke. Da sie den endgültigen Willen des Autors darstellt, bildet sie meist die Grundlage einer kritischen Ausgabe.

Ausschließungsrecht →Exklusive.

Austerlitz, Dreikaiserschlacht von (2. 12. 1805). A. ist die Entscheidungsschlacht des dritten Koalitionskrieges. Der Sieg Napoleons über die vereinigten russisch-österreich. Armeen bedeutet das Ende der 3. Koalition und verhindert eine preuß. Intervention. Das geschlagene Österreich ist zum Waffenstillstand zu Znaim (6. 12. 1805) und zum Frieden von Preßburg (26. 12. 1805) gezwungen. Der russ. Zar zieht sich zurück. Der preuß. Unterhändler Graf Haugwitz läßt sich, anstatt nach dem Potsdamer Vertrag (3. 11. 1805) zu handeln, durch die Nachricht von Napoleons Sieg bei A. zum Abschluß des Vertrags von Schönbrunn bestimmen.

LIT. E. Mayerhoffer, Die Schlacht bei A. (1912).

Austrag, Austrägalinstanz. Austrag: ursprüngl. seit dem 13. Jh. Beendigung von Streitfällen durch ein bestimmtes Schiedsgericht (Austräger, Austragsrichter), dann dieses Gericht selbst. Gewinnt als Möglichkeit zur Umgehung der Reichsgerichte immer breiteren Raum, vor allem für Streitsachen zwischen Reichsfürsten und den reichsunmittelbaren Ständen bis Reichsritter einschließlich. In den Reichskammergerichtsordnungen von 1495 und 1555 wird über den A. bestimmt. Auch im Deutschen Bund spielte der A. als Entscheidung zwischen Mitgliedstaaten eine Rolle (Art. 11 der Bundesakte vom 8. 6. 1815). Schlußakte vom 15. 5. 1820: A. als Oberster Gerichtshof in Bundes-

sachen, Vollstreckung durch die Bundesversammlung in Frankfurt a. M. 1871 geht die Funktion der Austrägalinstanz an die Verfassungsgerichtsbarkeit. Die Austrägalinstanz der Standesherrn blieb für Strafsachen in beschränktem Umfang bis 1919 bestehen.
LIT. HWDRG I, 273f.; Haberkern-Wallach 54.

Austria. »Bella gerant alii! tu, felix Austria, nube!« (Laß andere Kriege führen; du, glückliches Österreich, heirate!). Geflügeltes Wort.
LIT. G. Büchmann, Geflügelte Worte (1958) 367.

Austria sacra. Ein der Germania sacra ähnliches Unternehmen der histor.-statist. Bestandsaufnahme der Kirche Österreichs; von L. Santifaller in Angriff genommen.
Ähnlich der älteren St. Blasianischen Germania sacra gab P. Marianus (Andreas) Fidler (1736–1813) eine Austria sacra in 9 Bänden (1780–88) heraus.

Austromarxismus. Österreichische Schule des Marxismus. Hauptvertreter: M. Adler, 1873–1937 (M. Adler und R. Hilferding, Marxstudie, Bll. zur Theorie und Politik des wissenschaftl. Sozialismus, seit 1904); R. Hilferding (Das Finanzkapital, 1917, ^{2}1920, 1947); O. Bauer, 1882–1938, (Nationalitätenfrage und Sozialdemokratie, 1908); K. Renner, 1870–1950, (Marxismus, Krieg und Internationale, 1917). Der A. sucht den Ausgleich zwischen der idealist. Philosophie und dem Marxismus, stark an I. Kant orientiert, bemüht um eine Neuinterpretation der marxist. Lehre, betont stärker die Reformen als die unabänderliche Entwicklung, will Reformen auf der Grundlage des bestehenden Staates und seiner Nationalitäten, begnügt sich mit der Sozialisierung der Schlüsselindustrien.
LIT. N. Leser, Zwischen Reformismus und Bolschewismus. Der A. als Theorie und Praxis (Wien 1968).

Austroslawismus. In der ersten Hälfte des 19. Jh. eine polit. Richtung unter den Slawen des Habsburger Reiches mit den Zentren in Prag, Wien, Budapest, Agram, Laibach und Lemberg, hauptsächl. repräsentiert durch Dobrovský, Kopitar, Palacký, Graf Thun u. a. Aufgesplittert in verschiedene Richtungen, erstrebte der Austroslawismus ein von den Slawen beherrschtes Habsburger Reich als die beste polit. Form für die eigenen Nationen.

Auswanderung. Beginn einer deutschen A. gegen Ende des 17. Jh.; 1680 lud William Penn deutsche Mennoniten zur A. nach Pennsylvanien ein; 1683 Gründung von Germantown. Franz. Verwüstungen im Ober- und Mittelrheingebiet vor allem während des Pfälzischen und des Spanischen Erbfolgekrieges begünstigen die A. nach Nordamerika. Am Unabhängigkeitskrieg der USA hatten die Deutschen beachtl. Anteil. Verboten wurde die A., bes. die Werbung unter Friedrich Wilhelm I. in Preußen, unter Maria Theresia und Joseph II. für die österr. Erblande. Im 18. Jh. gab es auch viele Auswanderer nach Rußland, vor allem aus dem Westen und Südwesten des Reiches, auch nach Ungarn, u. a. in Teile der Habsburgermonarchie. Gründe der A.: Überbevölkerung, Verelendung infolge der Kriege.
Im 19. Jh. geht der dt. Auswanderungsstrom hauptsächl. nach Übersee: Nordamerika, Brasilien (1818–1928 ca. 200000 A.), Argentinien (ca. 100000), Kanada (1871–1928 ca. 40000). Die A. nach den USA zwischen 1820–1928 wird auf 5,3 Mio. geschätzt. Eine Ausnahme bildet die im 19. Jh. aus religiösen Gründen erfolgte A. nach Südrußland (hauptsächl. aus Württemberg). Während anfangs die A. aus West- und Südwestdtl. am stärksten war, verlagerte sich der Schwerpunkt um 1900 nach Ostdeutschland, am geringsten ist die A. aus Mitteldtl. Auswanderungswellen und Auswanderungsgründe 1816/17: Agrarkrise, 1830: Wirtschaftskrise, 1846–54: Wirtschaftskrise, polit. Gründe, 48er Revolution. Ein Höhepunkt der A. ist zwischen 1864–70, erneutes Ansteigen mit der Wirtschaftskrise 1880–81; Tiefstand 1912. Nach dem Ende des Zweiten Weltkrieges gibt es erneut, vor allem aus Westdtl., verstärkte A. (Vertriebene, Displaced persons, Qualitätsauswanderung). Politische A. nennt man →Emigration.
LIT. K. Fuchs, Zur Auswanderungsproblematik in Dtl. im 19. Jh. in: H. Duchhardt, M. Schlenke (Hrsg.), Festschrift für E. Kessel (1982), 166–81; K. J. Bade (Hrsg.), Auswanderer, Wanderarbeiter, Gastarbeiter. Bevölkerung, Arbeitsmarkt und Wanderung in Dtl. seit der Mitte des 19. Jh. 2 Bde. (1984).

Autarkie (griech., Selbstgenügsamkeit, Unabhängigkeit). Meist beschränkt auf kulturelle, wirtschaftl., polit. A. Wirtschaftl. A. meint die Selbstversorgung mit Nahrungsmitteln und Rohstoffen, insofern a) ein Staat, Land, Volk diese, soweit sie benötigt werden, selbst besitzt (natürliche A.) oder b) den Bedarf auf das einschränkt, was es besitzt oder erzeugt. Der Autarkiegedanke ist ursprüngl. eng mit imperialist. Vorstellungen gekoppelt (Kolonialbesitz, Zollpolitik; moderne A. stark von wehrpolit. Überlegungen bestimmt: Zusammenhang zwischen Wirtschaftspotential und Wehrpotential. Seit der Weltwirtschaftskrise erscheint die eigene Volkswirtschaft um so gesicherter, je geschlossener und unabhängiger der Wirtschaftsraum ist. Die A. war seit 1933 Teil des nationalsozialist. Regierungsprogramms, wurde aber trotz Propaganda, einschneidender Sparmaßnahmen, Verwendung von »synthetischen« Produkten (Ersatzstoffen), Neulandgewinnung nur teilweise erreicht. Weitere Mittel der A. sind: Leistungsprämien, Steuervergünstigungen, Außenhandelspolitik (Zölle), Devisenbewirtschaftung, Ausfuhr bzw. Ausfuhrverbote und großräumige, gegenseitige Wirtschaftshilfe (z. B. im Ostblock). A. ist abhängig von der Größe des Wirtschaftsraumes, führt zu einer Senkung des Lebensstandards, ist kein Wert in sich.

LIT. StL I, 792–94; F. Fried, A. (1932); E. Teichert, A. und Großraumwirtschaft in Dtl. 1930–1939 (Studien zur modernen Geschichte 30, 1984).

Autobiographie. Selbstbiographie. Darstellung des eigenen Lebens, oft in Tagebuchform. Der Terminus A. bzw. Selbstbiographie taucht erst im 18. Jh. auf. Die literar. Form der A. reicht von der primitiven Aneinanderreihung äußerer Ereignisse bis zum überpersönl. histor. Dokument. Der histor. Quellenwert der A. ist je nach Zeit, Verfasser, Tendenz sehr unterschiedl. Kritische Vorsicht ist stets geboten, die Verbindung und Ergänzung durch andere primäre Quellen stets anzustreben.

Bekanntere A: Augustinus, ›Confessiones‹, (nicht im eigentl. Sinn autobiographisch); Abaelard, ›Historia calamitatum mearum‹, 1133–36; Dante, ›La vita nuova‹, 1292; Götz von Berlichingen; Petrarca; Hutten; Jung-Stilling; Goethe; Alfieri, U. Bräker; Pellico; Grillparzer; Newman.

LIT. G. Misch, Geschichte der A. 4 Bde. (1949–69); R. Pascal, Design and truth in autobiography (1960); R. Pascal, Die A. Gehalt und Gestalt (1965).

Auto-da-fé (portug.). Auto (público) de fé (span.): actus fidei, ursprüngl. das öffentl. Glaubensbekenntnis am Schluß eines Inquisitionsprozesses, dann die feierl. Verkündigung der von einem Inquisitionstribunal gefällten Urteile in Gegenwart geistl. und weltl. Behörden nach einer Predigt und einem Hochamt auf öffentl. Plätzen. Die Verurteilten wurden in geschlossenem Zug zum Richtplatz geführt. Das erste A. soll 1481 in Sevilla, das letzte 1815 in Mexiko abgehalten worden sein. Über die Zahl der Hinrichtungen herrschen oft falsche Meinungen, so wurde am 12. 2. 1486 bei einem A. in Toledo von 750 Angeschuldigten niemand hingerichtet, 1486 (auch in Toledo) von 900 Angeschuldigten gleichfalls niemand.

LIT. LThK I, 1128.

Autograph (griech., Selbstschrift). Im weiteren Sinn jede Original-Handschrift, auch älterer Erstdruck, im engeren Sinne Handschrift oder wenigstens Unterschrift berühmter Personen. Die Autographensammlung durch Bibliotheken und Liebhaber konzentriert sich zunehmend auf Handschriften großer Persönlichkeiten der Literatur- und Geistesgeschichte. Bis ins 18. Jh. war das histor. Interesse vorherrschend. Der Autographenhandel hat sich als bes. Form im Kunst- und Antiquitätengeschäft herausgebildet. An Fälschungen fehlt es auch auf diesem Gebiet nicht.

Autokrator (griech.). Äquivalent des lat. Imperator. Titel der byzantin. Kaiser des 7.–13. Jh. (Palaiologenzeit), zunächst appellativ, dann Bez. des Hauptkaisers im Gegensatz zum Mitkaiser. Seit Ende des 13. Jh. trägt auch der präsumtive Thronfolger den Titel. Bei serbischen bzw. bulgarischen Herrschern (in der slaw. Variante samordzac) unter Stephan dem Erstgekrönten (1196–1228) und Ivan Asen II. (1218–41) erstmals nachweisbar. Die Einführung in den russ. Zarentitel (Samoderzec) erfolgte erst gegen Ende des 16. Jh., nach neueren Forschungen 1589 (Samoderzec = Selbstherrscher; S. aller Reußen).

LIT. R. Binner, Zur Datierung des »Samoderzec« in der russ. Herrschertitulatur. In: Saeculum 20 (1969), 57–68; H. Hunger, Das byzantinische Herrscherbild (1975).

Autonomen, die rheinischen. Eine rhein. Adelsgruppe um 1840 mit M. von Loë als Wortführer und dem Organ der ›Luxemburger Zeitung‹; geleitet von feudalen Interessen und ständisch-reaktionären Anschauungen K. L. von Hallers (»Restauration der Staatswissenschaft«) und Karl-Ernst Jarckes. Die A. waren Gegner einer preußischen Gesamtstaatsverfassung und der konstitutionellen Repräsentativverfassung überhaupt.

Autonomie. Ursprüngl. im Sinne des heutigen Wortes Souveränität gebraucht, wird unter A. im weitesten Sinn die, unter Umständen graduell abgestufte, Selbstbestimmung im Bereich des Rechts verstanden, bei relativer Unabhängigkeit von übergeordneten staatl. Instanzen. Gegensatz zur Heteronomie, d.h. Unterordnung unter fremde Rechtsetzungsgewalt. A. äußert sich in der Souveränität des Staates ebenso wie in der Selbstverwaltung von Gemeinden, Körperschaften, Verbänden. Stark ausgeprägt war die A. vor allem im Reich bis 1806 sowie in den österreichischen Kronländern. Die Französische Revolution mit ihren Auswirkungen auch auf die dt. Staaten, der Umsturz von 1918 und die moderne Gesetzgebung begannen der Länderautonomie engere Grenzen zu ziehen, doch zeichneten sich gleichzeitig gegenläufige Tendenzen ab (Föderalismus).
Das Rechtsinstitut der »Kulturautonomie«, aus naturrechtl. Erwägungen entwickelt, dient dem Schutz nationaler Minderheiten, z.B. des Memelgebietes im Rahmen Litauens (1923–33), in Italien (Aostatal, Sizilien) usw. Ähnl. war die Regelung in den Autonomen Republiken und Autonomen Gebieten der UdSSR, in Jugoslawien und Rumänien.
Autonomist: Anhänger einer landschaftlichen Selbstverwaltung.
Privat-Autonomie: Sicherung der freien Entfaltung der Persönlichkeit, die aber um der Freiheit willen rechtlich begrenzt sein muß.
LIT. H. Dörge, Der autonome Verband im geltenden Staats- und Völkerrecht (1931); M. Imboden, Die polit. Systeme (1962); F. Ermacora, Handbuch der Grundfreiheiten und Menschenrechte (1963).

Autorität (von →auctoritas [lat.]). Recht und Fähigkeit zunächst von Personen, dann auch von Institutionen, Gehorsam und Anerkennung zu verlangen oder als richtungweisend, normativ anerkannt zu werden. Man unterscheidet subjektive, persönliche A. und objektive Amtsautorität. A. ist von Macht im Sinne von Zwang (→Zwangs- und Bannrechte) verschieden, oft aber mit Rechten, Privilegien und Macht verbunden. A. ist durch die Funktionen, denen sie dient, gerechtfertigt. Sie muß sowohl das Eigenwohl wie das Gemeinwohl zum Ziel haben. Keine Gemeinschaftsform kann auf A. verzichten. Widerstand gegen A. ist nur dann erlaubt, wenn diese ihre Grenzen überschreitet. Von der A. des Staates hängt die Erhaltung der Gesellschaft ab. Nur im Anarchismus wird A. grundsätzlich geleugnet.
LIT. StL I, 808–826; W. Burckhardt, Staatl. A. und geistige Freiheit (1936); R. Hauser, A. und Macht. Die staatl. A. in der neuen prot. Ethik und in der kath. Gesellschaftslehre (1949); R. M. MacIver, Macht und A. (dt. 1953); R. Strohal, A., ihr Wesen und ihre Funktion im Leben der Gemeinschaft (1955); A. Müller, Das Problem von Befehl und Gehorsam im Leben der Kirche (1964); B. Knor, A. und Freiheit (1979).

Aventiure, Aventure. Bezeichnet allg. eine Heldentat. Abschnitt einer Dichtung, in der ein Abenteuererlebnis für sich oder im Zusammenhang mit anderen erzählt wird, schließlich auch eine Abenteuererzählung, ein Roman; z.B. Chretiens ›Erec‹, Wolframs ›Parzival‹, Hartmann von Aues ›Erec‹ usw.

Aventurefahrt. Im 17. und 18. Jh. Fahrt eines Frachtschiffes aus eigener Initiative des Schiffseigentümers; die Rückfracht wurde durch Fahrt von Hafen zu Hafen gesucht.

Avers. Die Vorderseite einer Münze (Gegensatz: Revers, Rückseite).

Avignoneser Exil. In der Kirchengeschichte die Zeit von 1305 bzw. 1309–76, da das Papsttum seinen Sitz in Avignon (auf dem linken Rhôneufer, ehemals Hauptstadt der Gft. Venaissin, heute des Departement Vaucluse) hatte; mit dem Babylon. Exil (= Gefangenschaft) des Volkes Israel verglichen. Ursachen des A. E.: Wegen der unsicheren ital. Verhältnisse blieb Bertrand de Got, als Clemens V. zum Papst gewählt, zunächst in der Gascogne, dann in Avignon (seit 1309), in nächster Nähe der der päpstl. Herrschaft unterstehenden

Gft. Venaissin. Mitgewirkt haben bei dieser Entscheidung die Hoffnung auf eine Friedensvermittlung zwischen Frankreich und England, der Plan eines Kreuzzugs, die Hoffnung, auf diese Weise den drohenden Prozeß Philipps des Schönen gegen das Andenken Papst Bonifaz' VIII. niederschlagen zu können. Nach Clemens V. blieben noch 6 Päpste in Avignon. Johannes' XXII. Versuch, die Kurie nach Bologna zu verlegen, scheiterte an den Wirren in Italien. Die unter seinen Nachfolgern erstellte Papstresidenz bot den Päpsten größere Sicherheit.

Im Kampf gegen Ludwig den Bayern nahm das Papsttum auf das verbündete Frankreich Rücksicht, das seinerseits alles aufbot, den päpstl. Hof in Avignon zu halten.

Die Ursachen für die Rückkehr des Papsttums von Avignon nach Rom sind a) in den Auswirkungen des Hundertjährigen Krieges zwischen England und Frankreich, in der Niederlage Frankreichs, der Bedrohung Avignons durch Söldnerhaufen zu sehen, b) in der Notwendigkeit den Kirchenstaat zu ordnen. Vom 16. 10. 1367–Sept. 1370 hielt sich Papst Urban V. in Rom auf, kehrte dann aber wieder nach Avignon zurück, wo er am 13. 12. 1370 starb. In Italien wurde die Opposition gegen ein franz. Papsttum stärker, die Vernichtung des Kirchenstaates drohte, die Gefahr eines Papstschismas tauchte auf. Hauptsächlich den Bemühungen der hl. Katharina von Siena gelang es, Gregor XI. zur Rückkehr nach Rom zu bewegen. Im Herbst 1376 begann die Rückverlegung der Kurie nach Rom, am 17. 1. 1377 kehrte Gregor XI. selbst in die Ewige Stadt zurück.

Das einseitig ungünstige, hauptsächl. unter dem Einfluß Petrarcas, der hl. Katharina von Siena und der hl. Brigitte von Schweden zustande gekommene Urteil über die Avignon-Päpste hält kritischer Überprüfung nicht stand. Der Vorwurf der servilen Abhängigkeit von Frankreich kann nicht aufrechterhalten werden, trifft nur teilweise auf Clemens V. zu. Die Tätigkeit der Avignon-Päpste ist gekennzeichnet durch die Bemühungen um eine Befriedung Europas, die Eroberung des Hl. Landes, die Wiedergewinnung des Kirchenstaates, die Reform der Orden, die Abwehr der Häresie, den Kampf mit dem Kaiser. Insgesamt war das A. E. für die Kirche verhängnisvoll; die übernationale Stellung des Papsttums wurde erschüttert, die Opposition gegen ein von Frankreich abhängiges Papsttum wuchs. Das Stellenbesetzungswesen und der Fiskalismus der Kurie von A. brachten das Papsttum in Mißkredit und stärkten in der Folgezeit antikuriale, antiröm. Strömungen.

LIT. HKG III, Tl. 2; Bihlmeyer-Tüchle II.

Avulsa Imperii. Bez. für die vom Reich getrennten Gebiete, z. B. die drei Fürstbistümer Metz, Toul, Verdun, die Reichsstadt Straßburg, Gebiete im Elsaß usw., deren Revindikation im 17. und 18. Jh., vor allem in der Reichspublizistik, verlangt wurde.

Avulsion. Im Reich (bis 1806) Losreißung von Reichsgebiet durch fremde Mächte.

Avvisi. Quellengattung, vorzügl. des 16. und 17. Jh.

a) »Zeitung« im weitesten Sinn, d. h. gedruckte oder geschriebene Nachrichtensammlung;

b) im Sinne von foglietti di nuove, d. h. Zusammenstellung von Nachrichten oder Neuigkeiten, vor allem im 18. Jh.

LIT. R. Ancel, Etude critique sur quelques recueils d'A., contribution à l'histoire du journalisme en Italie. In: Ecole Française de Rome, Mélanges d'archéologie et d'histoire 28 (1908) 115–139; K. Repgen, Zur Diplomatik der Nuntiaturberichte: Dienstvorschrift für das Abfassen von A. aus den Jahren 1639. In: RQS 49 (1954) 123ff.; F. Dörrer, Der Schriftverkehr zwischen dem päpstl. Staatssekretariat und der Apostol. Nuntiatur Wien in der zweiten Hälfte des 18. Jh. In: Röm. Histor. Mitteilungen 4 (1960/61) 191ff.

Bacchanten (griech.-lat.), auch **Bachanten.**
[1] Die Teilnehmer und bes. die Teilnehmerinnen (Mänaden) an dem orgiast. Kult des griech. Gottes Dionysos oder Bakchos. Im Jahre 186 v. Chr. versuchte der röm. Senat, die orgiastischen Kultfeiern der Ausschweifungen wegen zu unterbinden.
[2] Bachanten, Bakchanten. Während des späteren MA die weltlichen fahrenden Schüler (im Gegensatz zu den →Vaganten und →Goliarden). Die Selbstbiographie des Humanisten Thomas Platter (1499–1582), der als wandernder Schüler Deutschland durchzog, liefert ein anschauliches Bild der B.
LIT. F. Cumont, Religiones Orientales (^{4}1929), 195ff. u. 303ff.; M. Gelzer, Die Unterdrückung der B. bei Livius. In: Hermes 71 (1936); K. Latte, Römische Religionsgeschichte (1960); zu Platter bzw. den ma. B. vgl. Th. Platter, Briefe an seinen Sohn Felix, hrsg. von A. Burckhardt (1890); ›Große Schweizer‹, hrsg. von M. Hürlimann (Zürich 1942); F. Ernst, Die beiden Platter. In: F. Ernst, Essais, 3 Bde. (Zürich 1946) I; H. Strehler, in: Geographische Mitteilungen (1949).

Bachelerie (franz.; mlat. baccalaria). Im späten MA ein kleines Lebens- oder Pachtgrundstück.

Bagauden (kelt., Kämpfer). Im römischen Gallien des 3. und 4. Jh. aufständische Bauern. Ihre Erhebung war gegen den Großgrundbesitz und gegen die Mißstände in der Verwaltung gerichtet.

Bagler (zu lat. baculus, Hirtenstab, Bischofsstab). Name für eine 1196 gebildete klerikale Partei in Norwegen. →Birkebeiner.

Bagno (ital., Bad, franz. bagne). Ursprünglich die Palastbäder des Sultans in Konstantinopel, bei denen ein Sklavengefängnis lag. Seit 1749 waren die B. Gefängnisse für Schwerverbrecher in den franz. Seestädten, z.B. in Toulon, Brest. Die Haft in diesen Gefängnissen war mit Zwangsarbeit im Hafen verbunden. Die B.-Strafe, die an die Stelle der Galeerenstrafe trat, wurde 1852 unter Napoleon III. (reg. 1852–70) durch die Strafverbüßung in den sog. Strafkolonien abgelöst.

Bahrgericht, Bahrprobe. Die seit dem MA geübte Sitte, einem Totschläger den Prozeß an der Bahre des Getöteten zu machen. Als Schuldbeweis wurde das Bluten der Wunden des Getöteten betrachtet (→Gottesurteil).
LIT. Cl. von Schwerin, Rituale für Gottesurteile (1933); Ch. Leitmaier, Die Kirche und die Gottesurteile (1953).

Bailli (mlat. ballivus, engl. baillif, von lat. baiulare, tragen). Ein ma. Beamtentitel. In England war der B. im 12. Jh. Beamter der englischen Krone in der Normandie; er besaß gerichtliche, administrative und militärische Befugnisse innerhalb eines abgegrenzten Bezirks, der Bailliage (dt. Ballei). In England selbst war der B. allgemein der Beamte, vor allem der Vollstreckungsbeamte des Sheriffs. – In Frankreich hatte der B., von Philipp II. Augustus (1180–1223) seit etwa 1190 übernommen, zunächst die Funktion eines Reiserichters mit der Verpflichtung, einmal pro Jahr am Hof des Königs Bericht zu erstatten. Im Verlauf des 13. Jh. nahm er seinen Sitz in der Provinz, d.h. in seiner Bailliage. Mit ähnlich umfassenden Rechten wie der normannische B. ausgestattet, stellte er als Vorgesetzter des Prévôt (Praepositus) die eigentliche Mittelinstanz der Verwaltung dar. Die Rechte des B. wurden seit dem 14. Jh. nach und nach eingeschränkt; bis ins 16. Jh. verlor er seine Aufgaben vollends. Im Süden entsprach der B. dem Sénéchaussée und Sénéchal.
LIT. Tixier, Essai sur les baillis et sénéchaux royaux (1898); G. Dupont-Ferrier, Les officiers royaux (1902); Petit-Dutaillis, La monarchie féodale (1933); F. Lot, R. Fawtier, Histoire des institutions franç. au moyen-âge. B. 2: Instit. royales (Paris 1958).

Bajoire (franz., zu baiser, daher auch »Kußmünze«). Münze oder Medaille in der älteren Zeit des Münzwesens. Die B. war mit einem Doppelporträt, insbesondere von Herrscherpaaren, versehen. Schon seit dem 3. Jh. v. Chr. sind derartige Prägungen der Ptolemäer aus Ägypten bekannt.

Bajonett (franz., nach der Stadt Bayonne). Auf das Gewehr zu befestigende Stichwaffe von messerförmigem oder mehrkantigem Querschnitt. Seit der Einführung des B. um etwa 1750 konnte das Gewehr nicht nur als Schuß-, sondern ebenfalls als Stoß- bzw. Stichwaffe verwendet werden; die Pike wurde dadurch überflüssig. Nach 1850 wurde das B. durch das Seitengewehr ersetzt.

Bakkalaureus (mlat., Hintersasse),

baccalarius, franz. bachelier (entspr. engl. bachelor, italien. bacceliere). Ein den Ritterschlag erstrebender Knappe; auch ein jüngerer und niederer Geistlicher oder Zunftgenosse. Seit dem 13. Jh. der niedrigste akademische Grad; er wurde zuerst an der Sorbonne verliehen. In Frankreich, England und Nordamerika stellt er noch heute den niedrigsten akademischen Grad dar.

rBalance of Power (engl., Gleichgewicht der Kräfte). Bez. für ein politisches Prinzip, wonach die Staaten durch Garantieverträge, militärische Bündnisse und internationale Konferenzen die Vormachtstellung einer Macht auf dem europäischen Kontinent zu verhindern suchten. Die B. o. P. bildete vom 17.–19. Jh. die Grundhaltung der britischen Außenpolitik; sie wurde ermöglicht durch die geographische Lage sowie die Rückendeckung Großbritanniens von Übersee her. Die Sicherung der B. o. P. gehörte zu den ausgesprochenen Zielsetzungen der Friedensverträge von Utrecht (1713) und Paris (1814).
Der Zweite Weltkrieg schuf den Begriff des interkontinentalen Gleichgewichts, gegründet auf eine Gemeinschaft von Staaten mit übereinstimmenden politischen und sozialen Idealen und Regierungsformen, teils verwirklicht, teils erst postuliert in Gebilden wie dem British Commonwealth of Nations, den Völkern der ehem. UdSSR, der Panamerikanischen Union, der Atlantischen Gemeinschaft. Sie dürfen als Vorstufen einer umfassenden Weltorganisation bezeichnet werden (→Gleichgewicht).
LIT. L. Dehio, Gleichgewicht oder Hegemonie (1948).

Balduineum. Wappenbuch, entstanden zwischen 1340–50. Enthält Wappen der Teilnehmer am Romzug Kaiser Heinrichs VII. sowie der Lehnsleute des Kaisers und seines Bruders, des Erzbischofs Balduin von Trier (1307–54).

Balkanisierung. Ein polit. Schlagwort, das im Ersten Weltkrieg aufkam und die bevorstehende Zerreißung der Donaumonarchie, darüber hinaus Mittel- und Osteuropas, nach 1918 in polit. nicht gefestigte Staaten, wie von der Situation auf dem Balkan her bekannt, bezeichnete. Im übertragenen Sinne wird die Bez. auch für die im Zuge der Entkolonisierung geschaffenen, teilweise kaum existenzfähigen Staaten des afrikan. Kontinents gebraucht.

Ballei (mlat. ballia oder balliva; franz. bailliage, Verwaltungsbezirk). Beim Deutschen Ritterorden, seit 1226 zunächst im Culmerland ansässig, eine Verwaltungsprovinz unter einem Ballivus (→Bailli). Bei den Johannitern ein mehrere Kommenden umfassender Bezirk.
LIT. R. ten Haaf, Deutschordensstaat und Deutsch-Ordens Balleien (^{2}1954); HWDRG I, 286–287.

Ballhaus. Seit etwa 1450 in Frankreich ein Großraum für Ballspiel und Tanz bzw. Festlichkeiten (ballo, Tanz). Die Beliebtheit der B. in Frankreich während des 16. und 17. Jh. läßt sich daran ablesen, daß es 1596 in Paris 250 B. mit 7000 Angestellten gab. Berühmtheit erlangte das B. von Versailles durch den sog. Schwur des Dritten Standes im B. (Séance du jeu de paume) am 20. 6. 1789, vor Ausarbeitung einer konstitutionellen Verfassung für Frankreich nicht auseinanderzugehen. In Dtl. entstand das erste B. 1624 zu Leipzig als »kurfürstlich privilegiertes B.«
LIT. A. A. J. Jusserand, Les sports et jeux d'exercice dans l'ancienne France (1901); W. Streib, in: Leibesübungen und körperl. Erziehung (1935); E. Mehl u. A. Herrmann, in: Olymp. Rundschau, 15 (1941).

Ballhausplatz. In Wien im I. Bezirk gelegen. Hier befindet sich seit 1848 das Ministerium für Auswärtige Angelegenheiten; seit 1918 auch das Bundeskanzleramt der Republik Österreich. Daher wird mit der Bez. B. allgemein die Außenpolitik Österreichs umschrieben.
LIT. F. Engel-Jánosi, Geschichte auf dem B. (1963); Der B. 1848–1918, in: Österr. Osthefte 23 (1981).

Balliste (griech.-lat. ballista zu griech. ballein, werfen). Im Altertum seit dem 4. Jh. das Torsions(Drillungs-)geschütz. Seit dem MA wird das Bogengeschütz als B. bezeichnet.

Ballot (engl. von ital. ballotta). Bez. für einen geheimen Wahlvorgang im Gegensatz zum öffentlichen. Er erfolgt durch die Abgabe von Stimmzetteln (ballots), die in den USA 400 Namen enthalten können, da hier mit dem B. die Besetzung vieler Verwaltungsämter verbunden sein kann. Das B. wurde in der NZ 1776 zum erstenmal in die Verfassungen der nordamerikanischen Einzelstaaten aufgenommen; in Großbritannien durch den Ballot Act von 1872 eingeführt.

Ballotage (franz.). Ursprünglich die verdeckte Abgabe von schwarzen oder weißen Kugeln. In Frankreich die Bez. für eine Stichwahl zwischen den beiden Kandidaten mit den meisten Stimmen, wenn niemand die absolute Mehrheit erringen konnte.

Bambergische Halsgerichtsordnung (Constitutio Criminalis Bambergensis). Bez. für ein vom Geist des Humanismus und der Reformation getragenes, prägnantes Rechtsbuch für das Bistum Bamberg. Es wurde 1507 von dem bischöfl. bamberg. Hofmeister Johann von Schwarzenberg verfaßt. 1516 wurde die B. H. durch die Markgrafen von Brandenburg in ihren fränk. Besitzungen als Strafgerichtsordnung eingeführt. Die B. H. diente als Grundlage für die Carolina.
LIT. E. Schmidt, Einführung in die Geschichte der dt. Strafrechtspflege ([3]1965); E. Wolf, Große Rechtsdenker ([4]1963).

Ban (mlat. banus). Ursprünglich Bez. für das Oberhaupt eines Stammes, dann einer Provinz bei den Kroaten. Die B. der einzelnen Stämme unterstanden wiederum denen des ersten Stammes, der im Jahre 925 den Königstitel annahm. Seit dem 12. Jh. war B. der Titel des Befehlshabers verschiedener Grenzmarken in Südungarn; er entsprach somit dem dt. Markgrafen. Nach dem Vordringen der Türken galt der Titel nur noch für Kroatien-Slavonien, d. h. seit dem 16. Jh. Es entstand die Kroatisch-Slavonische Militärgrenze (bis 1881). Kroatien kam 1699 an das von den Habsburgern beherrschte Ungarn zurück, kurze Zeit später auch das Gebiet zwischen Drau und Save als Kgr. Slavonien. Von 1809–14 gehörte Kroatien südl. der Save zu den Illyrischen Provinzen Napoleons. Die beiden Kgr. wurden seit 1814 als Nebenländer der Krone Ungarns behandelt, doch behielten sie ihren B. und ihren Landtag. Während der Revolutionsjahre 1848/49 kämpften die Kroaten unter dem B. Jelačić auf kaiserl. Seite gegen Ungarn. Kroatien und Slavonien wurden daraufhin ein eigenes österreich. Kronland, jedoch 1867 wieder mit Ungarn vereinigt. Der letzte B. war von 1868–1918 Haupt der kroatisch-slavonischen Landesregierung. Vom König ernannt, war er der ungar. Regierung und dem Landtag in Agram verantwortlich.

Banalgrenze. Der dem Ban unterstehende Abschnitt der österreichischen Militärgrenze zwischen Una und Save. Der Ban befehligte in diesem Abschnitt zwei Banalgrenzregimenter.

Banat. Der Verwaltungsbereich eines Ban. Nach der Türkenherrschaft, d. h. nach dem Frieden von Passarowitz (1718) wurde der Name auf die Landschaft zwischen Theiß, Maros und den Südkarpaten, d. h. auf das Temescher B. mit der Hauptstadt Temeschburg übertragen und nun großenteils mit Deutschen (Banater Schwaben) besiedelt. Dieses Gebiet unterstand jedoch nie einem Ban.
LIT. J. Szentkláray, Hundert Jahre aus der Geschichte Südungarns (ungar., Temesvár 1879); T. Gentrup, Das Deutschtum an der mittleren Donau, in Rumänien und Jugoslawien (1930); H. Herrschaft, Das B., ein dt. Siedlungsgebiet in Südosteuropa (1942); N. Engelmann, B. (1959).

Bandelierreiter. Während der 1. Hälfte des 17. Jh. Bez. für Dragoner. Sie waren mit einer kurzläufigen Muskete, der Arkebuse, bewaffnet (daher auch als Arkebusiere bez.) und trugen das Bandelier (einen breiten, diagonal von der linken zur rechten Hüfte reichenden Lederriemen).

Banden.
[1] Während des MA Söldnerhaufen, die bereit waren, für jede Sache zu kämpfen. Erhielten sie keinen Sold, so meuterten sie, marodierten, sofern sie nicht die Partei wechselten. Die B., die seit dem 12. Jh. auftraten, wurden im 14. und 15. Jh. vor allem in Deutschland und Frankreich, außerdem in Italien, zur Plage.
[2] In der NZ werden (im Unterschied zu den Freischaren) irreguläre bewaffente Verbände, die nicht in das Heer eingegliedert sind (Zivilisten und versprengte Soldaten) als B. bez. Im 19. Jh. gab es sie in Spanien (1808), in Frankreich (1870/71), im 20. Jh. während des Ersten Weltkriegs. Im Verlauf des Zweiten Weltkriegs wurden die Aktivitäten von Partisanen häufig als B.-Krieg bezeichnet.

Banderien (mlat. banderium, Heerbann). Seit dem SpätMA in Ungarn berittene Abteilungen der adeligen Großgrundbesitzer und Prälaten. Die B. kämpften zwar unter der Fahne des Grundherrn, jedoch auf königl. Befehl. Sie waren Unterabteilungen der Insurrektion. Seit dem 18. Jh. waren die B. bedeutungslos.

Bandes françaises. Französische Fußtruppen; seit Ludwig XI. (reg. 1461 bis 1483) waren sie nach schweizer. Vorbild organisiert. Die B. f. stellen das Ergebnis der Bemühungen der Könige Frankreichs während des 15. und 16. Jh. dar, stehende militär. Verbände aufzustellen. Im Verlauf der Regierungszeit Franz' I. (reg. 1515–47) und Heinrichs II. (reg. 1547–59) spielten die B. f. in den Kriegen gegen Kaiser Karl V. (reg. 1519–56) eine Rolle. Als Kommandeur hatten sie zunächst einen, später zwei Colonels généraux. Der Feldherr François von Guise (1519–63) erweiterte die B. f. zu Regimentern; sie bestanden bis 1789.

Banlandtag. Landtag des Banats in Agram.

Bann. Ursprüngl. das gegen Personen, Orte oder Gegenstände gerichtete Gebot der Meidung; bei Personen fällt der B. häufig mit der →Acht zusammen.
Im MA (a) die Befugnis, vor allem des Königs und seiner Beamten, zum Erlaß administrativer Anordnungen unter der Androhung von Buße; (b) die für die Verletzung solcher Gebote (Bannbruch) angedrohte Strafe; (c) das Gebiet (Dorf-Bann, Bannwald, Markt-Bann, Bannmeile u. a.) sowie die Gegenstände, welche der Banngewalt unterliegen. Der Blut-Bann schloß das Recht über Leben und Tod ein. Der Kirchen-Bann wurde durch die päpstl. Bulle verhängt; man unterscheidet hierbei zwischen dem kleinen B. (excommunicatio minor) und dem großen B. (excommunicatio maior oder Anathema) als einer Strafe für ernste kirchl. Vergehen.
LIT. W. Sickel, Zur Geschichte des B. (1886); C. von Schwerin, Grundzüge der deutschen Rechtsgeschichte, hrsg. von H. Thieme (^{4}1950); H. Hirsch, Die hohe Gerichtsbarkeit im dt. MA (^{2}1958); R. Scheyhring, Eide, Amtsgewalt und Bannleihe (1960); H. Conrad, Dt. Rechtsgeschichte, 1 (^{2}1962); W. Küchler, Das Bannrecht (1964).

Banner (got. bandva, Zeichen, mlat. baneria, franz. bannière). Bez. vor allem der ritterlichen Fahne des MA, so des Reichsbanners, seit Friedrich I. (1152–90) mit schwarzem Adler auf goldenem Feld. Während des MA war das B. ebenfalls das Zeichen der Heerfahrt. Das Reichsheer zu führen und das damit verbundene Recht, die Reichssturmfahne (→Reichssymbole) zu tragen, oblag den Grafen von Württemberg (erste bekannte Belehnung 1336). Friedrich von Württemberg (reg. 1797–1816) nannte sich 1803 als Kurfürst ›Des Hl. Römischen Reiches Erz-Panner‹; 1809 schuf er als König für sein Königreich das Reichserbbanneramt.
B. dient ebenfalls zur Bez. für einen Truppenteil unter einem B., eine Verwaltungseinheit und einen friesischen Unterbeamten für den Vollstreckungs- und Botendient im MA. Aus dem B. entwickelten sich die heutigen Standarten zahlreicher Staatsoberhäupter.
LIT. O. Neubecker, Fahnen und Flaggen (1939); R. Schröder - E. Frh. von Künßberg, Lehrbuch der dt. Rechtsgeschichte (^{7}1932).

Bannerherr (Bannermeister). Ursprünglich der zum Führen des Banners berechtigte Lehens- oder Territorialherr (→Territorium), der einem eigenen Aufgebot unter eigenem Banner vorsteht.

Bannerträger. Der eigentliche Träger eines Banners.

Bannmeile. Ein Umkreis, innerhalb dessen die unter Bann erlassenen Verordnungen gelten.

Bannrechte (Banngerechtigkeiten). Sie können sich auf bestimmte Gewerberechte beziehen, insbes. eines Grund- und Gerichtsherrn als dessen Monopol, z. B. in Form des Mühlenbanns bis herab zum Backofenbann. Auf dem Wege der Bannleihe vergab der König den Bann an Grafen oder →Vögte. Im ma. Staat kannte man neben den königl. Bannbezirken (→Immunität) auch Adelsbannbezirke, deren Banngewalt autogen, d. h. aus sich selbst heraus entstanden war.

Bantafel. Das unter dem Vorsitz des Ban tagende Obergericht in Kroatien-Slavonien.

Barbar (griech. rauh, unverständl., nicht griech. redend). Bei den Griechen Bez. für einen Nichtgriechen, seit den Perserkriegen (500–479 v. Chr.) mit dem Nebensinn des Ungebildeten, Grausamen und Rohen. Später, seit Isokrates (436–338 v. Chr.), insbesondere aber während des Zeitabschnitts von Alexander d. Gr. (336–323 v. Chr.) bis auf Kaiser Augustus (31 v. Chr. bis 14 n. Chr.), d. h. des als Hellenismus bezeichneten Abschnitts der griech. Kul-

tur, die nicht griechisch Gebildeten, mithin die Ungebildeten. Im Römischen Reich wurden die jenseits der Grenze, d. h. die außerhalb der Ökumene lebenden Völker als B. bezeichnet. Nicht selten verherrlichte man diese als noch nicht demoralisierte Naturvölker, so Tacitus (55–116 n. Chr.) in seiner Ethnographie Germaniens ›De origine et situ Germanorum‹. In der spätrömischen Zeit wurden die nicht-römischen Soldaten als B. bezeichnet. Als Barbarismus galt bei den Griechen jeder Fehler, den sie als typisch fremd erkannten.
LIT. J. Jüthner, Hellenen und Barbaren (1923); H. Bengtson, in: Unser Geschichtsbild (1954).

Barbaresken. Die Herkunft dieses Namens ist unsicher; wahrscheinlich ist B. auf lat. barbari oder auf arab. berber »schreien« zurückzuführen. Seit dem 16. Jh. ein häufig gebrauchter Name für die türkischen Seeräuberstaaten der Berberei, d. h. des von Berbern bewohnten Nordwestafrika, vor allem Marokko, Algerien und Tunesien.
LIT. Brémond, Berbères et Arabes (Paris 1942).

Barbaten (lat. fratres barbati, Bärtige) Laienbrüder.

Barbatus (lat. von barba, Bart; bärtig). Von den Römern zu der Zeit gebraucht, als die Barttracht in Mode war; dadurch sollte das Mannesalter bezeichnet werden.

Bargilden (von frühmhd. bargildi, Abgaben Leistende). Wahrscheinlich Bez. für freie Bauern, die auf fränkische Königszinser zurückgehen; ebenfalls →Pfleghafte, Biergelden. Nach dem Sachsenspiegel →Freibauern, die der »Pflege«, d. h. des Schutzes eines Grafen teilhaft waren, wofür sie Abgaben zu leisten hatten, den sog. »Grafenschatz« (Bez. für die Befreiung von Heer- und Dingpflicht). Pfleghafte besaßen wenigstens eine halbe Hufe freies Land. Nach dem Landrecht waren die B. der aus freien Bauern bestehende vierte Stand.
LIT. E. Molitor, in: ZRGGA 32 (1911); ders., Der Pfleghafte des Sachsenspiegels (1941); H. Dannenbauer, Die Entstehung Europas. Von der Spätantike zum MA, s. Abt. II, 3, a. Grundlagen der ma. Welt. Skizzen und Studien (1958).

Bark. Segelschiff mit drei Masten.

Barkasse (span. von lat. barca). Bez. für das größte von einem Kriegsschiff mitgeführte Beiboot; es bietet etwa 120 Mann Platz.

Barke. Bez. für ein kleines Boot ohne Mast (gewöhnl. im Mittelmeer gebräuchlich).

Barock (von portug. barocco, unregelmäßige Perle). Der Entwicklungsabschnitt der europ. Geschichte von etwa 1560–1730, d. h. der Zeit der Gegenreformation und des Absolutismus bis in das Zeitalter der Aufklärung hinein. Die Bez. B., zunächst ein Stilbegriff der bildenden Kunst, wurde ebenfalls auf Dichtung und Musik, schließl. auf das Zeitalter übertragen. Im Gegensatz zum 16. Jh. strebte das 17. Jh. nach einer Stärkung der Zentralgewalt. Die Bewunderung für das At. nahm ab. Mathematik und Physik begründeten die neue Philosophie (Spinoza, 1632–77; Descartes, 1596–1650; Leibniz, 1646–1716). In den protestant. Ländern verfiel das religiöse Leben in Erstarrung; in der kath. Kirche herrschte die Gegenreformation unter der Führung des Jesuitenordens. Während des 18. Jh. übernahm die aufklärerische Philosophie die Führung. In Spanien bildete sich unter Philipp II. (1556–98) die absolute Monarchie, ebenfalls das Hofzeremoniell aus. Die Tracht des Barock-Zeitalters stand zunächst unter spanischem, seit Ludwig XIV. (1643–1715) unter französischem Vorrang (Federhüte, Halskrause, dann Spitzenkragen). Während der Regierungszeit Ludwigs XIV. wurde alles auf Prachtentfaltung ausgerichtet (Allongeperücke, Fontange). Auf die Ausgestaltung der Gärten wurde größter Wert gelegt.
LIT. F. Strich, Der europ. B. (1947); J. H. Biller, Bayer. B. (1965); E. Fähler, Feuerwerke des B. (1973); R. Arbour, L'ère baroque en France (1979); G. Dünnhaupt, Bibliograph. Hdb. der Barockliteratur (1982); F. Markmiller, Barockmaler in Niederbayern (1982); B. Rupprecht, W.-Ch. von der Mülbe, Die Brüder Asam. Sinn und Sinnlichkeit im bayer. B. (^{2}1984); J. von Stakkelberg, Renaissance und B. (1984).

Baron (ahd. baro, Mann; mlat. baro, baronus). Ein Adelstitel, ursprüngl. der Lehensmann, der sein Lehen vom König hatte, und zwar direkt. Seit Ende des 13. Jh. in Frankreich, seit dem 14. Jh. in England wurden B. ernannt (Patentbaronie). In Dtl. entsprachen den B. die Reichsfreiherren. Seit dem 17. Jh. wurde statt Freiherr der Titel B.

(aus dem Französischen) übernommen, wobei aber der Titel an Bedeutung verlor.

Baronet (kleiner Baron). In England der niederste Adel (Gentry) mit dem Titel Sir vor dem Taufnamen sowie der Abkürzung Bart. hinter dem Familiennamen. Im Jahre 1611 durch König Jakob I. (1603–25) geschaffen, war der B. erblich, im Gegensatz zum Knight (mit dem Titel Sir), der dem Baronet übergeordnet ist.

Baronie. Bez. für ein Kronlehen, den Grundbesitz eines Barons, sodann der Hochadel, die Gesamtheit der Barone in einem Land.

Barrière (franz., auch barre, hierher barrage; mlat. barragium, Maut). Die Schranke, allgemein ein Hindernis, im milit. Sinn ein festes Geländehindernis.

Barrièretraktat. Der Vertrag über ein Besatzungsrecht der holländ. Generalstaaten in einer Reihe von befestigten Plätzen in den span.-österreich. Niederlanden (Barrièreplätze). Das B. war seit dem 15. 11. 1715 gültig; es wurde durch Kaiser Joseph II. (1765/1780–90) im Jahre 1781 aufgehoben. Hiervon stammt der Begriff Barrièrepolitik; durch sie suchte ein Staat milit. besetzte Sicherheits- und Einflußzonen in einem benachbarten unabhängigen Staat zu erreichen. Die Barrièrepolitik spielte vor allem im 17. und 18. Jh. eine Rolle (→Pufferstaat).
LIT. E. Hubert, Les garnisons de la Barrière dans les Pays-Bas Autrichiens 1715–82 (1902); Geschiedenes van Vlaanderen, hrsg. von R. van Roosbroeck, 5 (Brüssel 1940); W. Hahlweg, in: HZ. 187 (1959).

Barrow. Bez. für vorgeschichtl. Grabhügel auf den Brit. Inseln. Unterschieden werden Long Barrows, die für die Jungsteinzeit typisch sind, und Round Barrows, die für die ältere Bronzezeit typisch sind.
LIT. V. Gordon Childe, Communities of the British Isles (London ^{2}1952).

Barschalke (Abgaben leistender Knecht). Nach german. Recht der Minderfreie in den Gebieten Bayerns und der Ostmark während des frühen MA. Der B. war mit Erbbesitz ausgestattet, aber lehnspflichtig (→Lassen).
LIT. Th. Meyer, Baar und B. In: Mitteilungen des oberösterr. Landesarchivs 3 (1954).

Bartholomäusnacht (franz. La Saint-Barthélemy), auch Pariser Bluthochzeit genannt. Die Ermordung von etwa 2000 Hugenotten in Paris und etwa 20000 in der Provinz in der Nacht vom 23./24. 8. 1572 (Bartholomäustag) auf Anstiften der Königin-Mutter Katharina von Medici. Beweggrund war der Versuch Karls IX. (1560–74), durch die Verheiratung seiner Schwester Margareta von Valois mit dem prot. Prinzen Heinrich von Navarra die religiöse Lage zu entspannen. Vorausgegangen war ein gescheiterter Mordanschlag auf den Hugenottenführer Admiral Coligny (1519–72), der dann der B. zum Opfer fiel.
LIT. W. Platzhoff, Die B. In: Preuß. Jahrbücher 150 (1912); F. Watson, Katharina von Medici und das Zeitalter der B. (1936); Ph. Erlanger, Le massacre de la Saint-Barthélemy (Paris 1960).

Basel, Separatfrieden von.
[1] Am 5. 4. 1795 zwischen Preußen (Hardenberg) und der französischen Republik (Barthélemy) geschlossen. Preußen trat von der Koalition (Österreich, England, Holland, Spanien) gegen Frankreich zurück und überließ außerdem Frankreich seine linksrhein. Besitzungen; in einem Geheimartikel wurde Preußen eine Entschädigung für den Fall versprochen, daß das linke Rheinufer bei einem allg. Friedensschluß endgültig an Frankreich fallen sollte. Die Konvention vom 17. 5. erklärte Norddeutschland sowie den Fränkischen Reichskreis (durch eine Demarkationslinie) für neutral.
[2] Am 22. 7. 1795 kam ein anderer Frieden von Basel zwischen Frankreich und Spanien zustande, demzufolge das span. Reich auf seinen Anteil an der Insel Haiti verzichtete.
LIT. A. Sorel, La paix de Bâle. In: Revue historique. Bd. 5–7 (1880–82); B. Bailleu, König Friedrich Wilhelm II. und die Genesis des Friedens von Basel. In: HZ 75 (1895); A. Ernstberger, Österreich und Preußen von Basel bis Campoformio (Reichenberg 1932).

Baseler Konfession. Bekenntnisschrift der reformierten Kirche. Sie wurde vefaßt von Oswald Myconius auf Grund der Arbeiten des schweizer. Reformators Johann Ökolampadius (1482–1531), dessen Bestreben, die Majestät Gottes in Kirche und Welt zur Geltung zu bringen, ihn zu einem Vorläufer Calvins (1509–64) machte. 1534 erfolgte die Annahme der B. K. in Ba-

sel, 1537 in Mülhausen (daher auch Mülhausener Konfession). Sie blieb bis 1872 in Geltung.
LIT. E. F. K. Müller, Die Bekenntnisschrift der reformierten Kirche (1903).

Baseler Konzil (1431–39) →Konzil, →Reformkonzilien.

Baseler Programm. Bez. für das Organisationsprogramm, das auf dem ersten Zionistenkongreß in Basel (29.–31. 8. 1897) angenommen wurde.

Basileus (griech., König, Herrscher, Fürst). Der persische Großkönig, der byzantinische Kaiser, der zweite der neun Archonten in Athen. Dem B. oblag die Überwachung des Staatskults sowie die Leitung der Feste und Spiele. Sein Amtsgebäude war die Basilika (Königshalle), die am Markt stand. Der griechischen Staatstheorie entsprechend, war der B. im Gegensatz zum Tyrannen der gute Monarch. In Byzanz wurde der B. nach 812, vielleicht als Reaktion auf das Kaisertum Karls d. Gr., als offizieller Titel eingeführt.

Basilianer.
[1] Eine häufig übliche, aber nicht zutreffende Bez. der Mönche der orthodoxen Kirche.
[2] Die offizielle Bez. für 5 kleine Orden der unierten oriental. Kirchen: byzantin. Mönchsorden (mit Sitz in Grottaferrata bei Rom), ruthen. Mönchsorden (mit Sitz in Rom), 3 melchitische Orden (mit Sitz in der Republik Libanon). Die Bez. B. leitet sich her von dem Kirchenlehrer Basilius d. Gr. (um 330–79), Bischof von Cäsarea im Pontus, einem Förderer des Mönchtums.

Basilie. Bez. für eine monarchische Staatsform, die positiv gewertet wird, da der Herrscher in ihr nicht über, sondern unter dem Gesetz stand.

Basilika (griech. Königsbau). Im At. eine Halle mit inneren Säulenhallen; sie diente als Markt-, Gerichts- und Versammlungsraum. Bei der römischen B. befand sich der Eingang in der Mitte der Breitseite; an den Schmalseiten war meist eine große Halbrundnische, die Apsis. Raumform und Name gingen auf das altchristliche Kirchengebäude über; die B. wurde überhaupt zum grundlegenden Schema der Sakralarchitektur des MA: Der Altar befindet sich in oder vor der erhöhten Apsis. Charakteristisch wurde die Anordnung eines Querschiffs (Transept) vor der Apsis. Vor allem in Deutschland fügte man in frühroman. Zeit (nach syr. Vorbild) häufig eine zweite westl. Apsis mit oder ohne Querschiff an (doppelchörige B.). Gewöhnlich ist die Apsis um ein rechteckiges Vorjoch verlängert; mit diesem zusammen bildet sie den Chor. In roman. Zeit wurde unter dem erhöhten Chor oft eine gruftartige Unterkirche (Krypta) errichtet. Während des 12. Jh. wurden zuerst die Seitenschiffe, dann ebenfalls das Mittelschiff gewölbt. In Italien hingegen hielt man weitgehend an der ursprüngl. Holzdecke fest. Im christl. Osten bildete die Wölbung von Anfang an ein Charakteristikum der B., die man mit der Kuppel verband. Der Baugedanke der Kuppel-Basilika strahlte seit dem 10. Jh. vom Osten auf den Westen aus.
LIT. RDK I, 1480–88; LThK II, 40–45; G. Dehio und G. von Bezold, Die kirchl. Baukunst des Abendlandes, 3 Bde. (1884–1901); O. Wulff, Altchristl. und byzantin. Kunst, 2 Bde. (Neudr. 1936); A. von Gerkan, in: Von antiker Architektur und Topographie (1959); E. Langlotz, Der architekturgeschichtl. Ursprung der christl. B. (1972).

Bastard (franz. bâtard). Ein illegitimer Nachkomme, dessen Nachlaß im Falle des Fehlens von Deszendenz dem Landesherren zufiel.

Bastardfaden. In Westeuropa achtete man sorgfältiger als in Dtl. darauf, daß sämtl. männl. Personen innerhalb eines Geschlechts ihre Wappen durch ein bes. Beizeichen voneinander unterschieden. Dementsprechend waren Schräglinksfäden im Wappen Bastarden vorbehalten.

Bastille (franz.). Ursprünglich eine Bez. für befestigte Türme und Schlösser in Frankreich, dann der Name für die zwischen 1369 und 1383 erbaute Burg bei dem Tor St. Antoine (Paris). Die B. galt als gefürchtetes Staatsgefängnis für polit. Häftlinge. Zu Beginn der Französischen Revolution wurde sie am 14. 7. 1789 erstürmt und zerstört. Der Tag der Erstürmung wird als franz. Nationalfeiertag begangen.
LIT. J. Durieux, Les vainqueurs de la B. (Paris 1911).

Bastion (frz.; auch Bastei). Im Festungsbau, vor allem nach den Systemen des franz. Festungsbaumeisters Vauban (1633–1707), der aus der Umwallung vorspringende Teil, von dem aus das Vorfeld beschossen werden kann. Der bastionierte Grundriß (Bastionärtracé) entsteht aus einer Reihe von Bastionen.

Bastonnade (ital. bastonata; frz. baston, bâton, Stock). Alte (bis in die Mitte des 19. Jh. übliche) oriental., dann auch russ. Prügelstrafe. Sie bestand in Stockschlägen, vor allem auf die Fußsohlen.

Bataillon (frz. von ital. battaglia und battaglione). Die kleinste militär. Einheit, die zur Durchführung selbständiger Gefechtsaufträge befähigt ist. Sie umfaßt sämtl. Waffen und Mittel des Infanteriegefechts: als Träger des Handelns die Füsilier- (oder Schützen-) Kompanien, als Feuerstaffeln die Maschinengewehr- und Schwere-Waffen-Kompanien.
Das Infanteriebataillon umfaßte im früheren dt. Heer 4 Kompanien, seit dem Ersten Weltkrieg 3 Schützen- und eine Maschinengewehr-Kompanie.

Batzen. Eine Scheidemünze, die ihren Namen vom Berner Bären in den ersten Prägungen herleitet. Der B. war seit 1492 in der Schweiz und in Süddtl. verbreitet (in der Schweiz bis ins 19. Jh. ausgegeben); sein Wert betrug vier Kreuzer oder 1/15 Gulden.

Bauer. Allein der selbst aus bäuerlichem Leben stammende Eigentümer eines landwirtschaftlichen Anwesens, das von ihm selbst und seiner Familie, doch je nach der Größe des Landwirtschaftsbetriebes sowie der Familie auch mit Unterstützung einiger nicht zur Familie gehörenden Arbeitskräfte, bewirtschaftet wird und der Familie den gesamten Lebensunterhalt bietet, der, dem jeweiligen Lebensstandard entsprechend, verschieden sein kann, ist B. im wirtschaftlichen, gesellschaftlichen sowie kulturellen Vollsinn des Begriffes.
Die Gründung der bäuerlichen Lebensform darf als ein entscheidender Vorgang in der Menschheitsgeschichte bezeichnet werden; hinsichtlich des Verhältnisses der Menschen zur Umwelt kommt ihr sogar eine Bedeutung von revolutionärem Charakter zu. Denn dadurch, daß der Mensch nicht mehr allein das nahm, was die Natur ihm bot bzw. wie sie es ihm bot, vielmehr in das Wachstum von Pflanzen und Tieren gestaltend eingriff, vollzog sich ein in der Menschheitsgeschichte beispielloser ökonomischer Wandlungsprozeß, der von der Stufe der Jäger und Sammler zu der der Produktion ging.
Die Anfänge des **Bauerntums** konnten durch die Forschung bisher noch nicht völlig geklärt werden. Auf Grund der Forschungsergebnisse der Archäologie steht am Anfang des Bauerntums höchstwahrscheinlich eine Bauernkultur mit Getreideanbau und Viehzucht (Hornvieh, Schaf und Ziege). Zeitlich setzt man sie zu Beginn des 5. Jahrtsd. v. Chr. an, örtlich verlegt man sie in den Vorderen Orient, doch nicht, wie zunächst vermutet, in die Stromgebiete, sondern in die sich hieran anschließenden Plateaus. Da aber bisher noch zu wenig Räume erforscht wurden, kommt den Forschungsergebnissen keine letzte Verbindlichkeit zu. Auf Grund der Forschungsresultate der Ethnologie entwickelte sich das Bauerntum aus einer reinen Hirtenkultur mit Großviehherdenzucht; nach und nach kam es zur Herausbildung von Pflanzenkulturen mit (gelegentlicher) Kleinviehzucht (Huhn und Schwein).
Wie es auch immer zur Ausbildung der Pflanzen- sowie der Tierzucht bzw. zu ihrer Kombination im Bauerntum gekommen sein mag; eine grundlegende Umgestaltung des Verhältnisses zur Umwelt vollzog sich durch die gänzlich neuartige Aktivität des züchterischen Willens. Vergegenwärtigt man sich den Grad der geistigen Leistung, in ihrer Fortdauer über mehrere Jahrtausende hinweg jedoch als solche nicht mehr ohne weiteres erkennbar, dann vermag man den tieferen Hintergrund der keineswegs allein im ökonomischen Verhalten sich erschöpfenden Beziehung des Bauern zu seinem Acker und zu seinen Tieren zu erkennen.
Von Vorderasien her breitete sich der bäuerliche Bodenbau im vorgeschichtlichen Europa aus. Mithin gehen den Anfängen der europäischen Geschichte in der Völkerwanderung rd. 2500 Jahre bäuerlicher Kulturen im gleichen Raum voraus. Während der Völkerwanderungszeit entstand aus den Vorformen der altgermanischen Agrarverfassung, wozu vor allem das freie Landeigentum gehörte, sowie aus Regelungen bei der Landnahme auf ehedem römischem Gebiet z. Z. der Karolinger die Hufenverfassung. Dadurch ging das alte Bauerntum in das neue politische Gemeinwesen ein. Infolge der Ausbildung und Festigung feudaler Herrschaftsformen im hohen MA wurden die Bauern großenteils der Grundherrschaft unterworfen; ihre Lebensformen änderten sich dementsprechend. In Teilen des NW, so vor allem in Dithmarschen, und im alpinen SW, insbesondere in der Schweiz

und in Tirol, konnte die alte Bauernfreiheit erhalten werden.
Vom 15. und 16. Jh. an verlief die Entwicklung in West- und Osteuropa unterschiedlich; während sich im W. nach dem Bauernkrieg (1525) die Rentengrundherrschaft durchzusetzen begann, kam es im O. zur Ausbildung eines gutsherrlich-bäuerlichen Verhältnisses.
LIT. G. Franz, Bücherkunde zur Geschichte des dt. Bauerntums (1937); J. Schwendimann, Der Bauernstand im Wandel der Jahrtausende (1945); R. M. Radbruch, Der dt. Bauernstand zwischen MA und Neuzeit (^{2}1961); H. Jankuhn u. a., Wort und Begriff B. (1975); E. Ennen (Hrsg.), Dt. Agrargeschichte (1979); B. Ehrhard, Bauernstand und Politik. Zur Geschichte des Tiroler Bauernbundes (1981); O. Brunner (Hrsg.), Geschichtl. Grundbegriffe I, 407 ff. (1982); J. Blum (Hrsg.), Die bäuerl. Welt. Geschichte und Kultur in sieben Jh. (1982); J. Mooser, Ländl. Klassengesellschaft. Bauern und Unterschichten, ... im östl. Westfalen (1984); W. Rösener, Bauern im MA (1985).

Bauernbefreiung. Das Herauslösen der Bauern aus sämtl. herrschaftl. Bindungen infolge der liberalen Agrarreformen des 18. und 19. Jh. Sie umfaßte die persönl. Befreiung aus der Leibeigenschaft oder der Erbuntertänigkeit, die »Grundentlastung« bzw. die Auflösung der Grundherrschaft, die Aufhebung der Gerichtsherrschaft sowie die Ablösung des Zehnten und im Zusammenhang damit weiterer herrschaftl. Bindungen. Im allg. vollzog sich die B. in verschiedenen Stufen, so in Preußen durch die Reformen Friedrichs II. (reg. 1740–1786), Steins (1757–1831) und Hardenbergs (1750–1822); in Frankreich wurde sie revolutionär durchgeführt: am 4. 8. 1789 hob die Nationalversammlung alle persönl. und grundherrl. Abhängigkeiten auf, zudem die Patrimonialgerichtsbarkeit. Wo die B. staatlicherseits erfolgte, erhielten die Herren für die wegfallenden bäuerl. Abgaben wie Renten, Naturalleistungen und die Fronen Entschädigungen. Handelte es sich um eine Gutsherrschaft, wurde Entschädigung auch durch Landabgabe geleistet, so in Ostelbien und Osteuropa. Hierdurch wurde die wirtschaftl. Stellung der Bauern häufig geschwächt; als Landarbeiter gerieten sie in erneute gutsherrliche Abhängigkeit. Im Zusammenhang mit den Verkoppelungen und Gemeinheitsteilungen, den Separationen, schuf die B. die Voraussetzung zur Steigerung der agrarischen Produktivität in einer rationellen Landwirtschaft.
LIT. G. F. Knapp, Die B. und der Ursprung der Landarbeiter in den älteren Teilen Preußens, 2 Bde. (1887); F. Lütge, Über die Auswirkungen der B. in Deutschland. In: Jbb. f. Nat.-Ökonomie und Statistik 157 (1943); W. Conze, Die Auswirkungen der lib. Agrarreformen auf die Volksordnung in Mitteleuropa. In: VSWG 38 (1949); F. Lütge, Geschichte der dt. Agrarverfassung (1963; ^{2}1967, mit Lit.); W. von Hippel, Die B. im Königreich Württemberg (1977); Ch. Dipper, Die B. in Dtl. (1980).

Bauerngerichte, Bauernsprachen, Dorfgerichte, Heimgerichte. Mittelalterl. Gerichte auf dem Land; sie wurden von einem Bauernmeister als Vorsitzendem sowie 5–6 Bauerngenossen als Beisitzern abgehalten. Ihre Aufgabe war es, über geringfügige Streitigkeiten wegen des Besitzstandes, unbedeutender Vergehen etc. zu entscheiden (→Dorfgerichte).

Bauernkriege.
[1] in Deutschland: Im Jahre 1525 der Versuch der Bauern Süd- und Mitteldeutschlands sowie Österreichs (mit Ausnahme Bayerns), die seit dem MA und der Epoche der Naturalwirtschaft fortbestehenden Lasten teilweise zu erleichtern, teilweise gänzlich abzuschütteln. Erste Erhebungen (des sog. »Bundschuh«) hatte es in Süddeutschland zwischen 1493 und 1517 gegeben. Der Hauptanstoß zu den B. erfolgte durch die Reformation, die die in der Hl. Schrift nicht enthaltenen Lasten als ungöttlich erklärt hatte. Dem Aufstand von 1525 lag ein einheitliches Aktionsprogramm der aufständischen Bauern (12 Artikel) zugrunde. Die Niederwerfung der aufständischen Bauern erfolgte durch Truppen des Adels (von Mitte Mai bis Ende Juni 1525). Verbunden war die Niederwerfung mit Stand- und Strafgerichten.
[2] in der Schweiz:
(a) Von Süddeutschland her beeinflußt, überfielen die Bauern 1524–25 die Klöster (Ittingen, Töß u. a.); sie forderten gemeinde- oder ämterweise wirtschaftliche sowie kirchliche Neuerungen. Überfälle auf Städte konnten verhindert werden; eine Einigung wurde

zumeist auf dem Verhandlungswege erreicht.
(b) Im Jahre 1653 erhob sich die untertänige Bauernschaft in den Städteorten des schweizer. Mittellandes (vor allem in Luzern, Basel und Bern) in einem bewaffneten Aufstand, der zunächst wirtschaftl., dann auch polit. Ziele hatte. Verursacht wurde die Erhebung durch die krisenhaften Folgen des Dreißigjährigen Krieges. Das Ergebnis war die völlige Niederlage der Bauern, innere Verwaltungsreformen sowie eine Festigung der absolutist.-aristokrat. Regierungsform.
LIT. G. Franz, Der dt. B. ([11]1977); R. Wohlfeil (Hrsg.), Der B. 1524–26 (1975); H. U. Wehler, Der dt. B. 1524–26 (1975); P. Blickle, Die Revolution von 1525 (1977); W. Schulze, Bäuerl. Widerstand und feudale Herrschaft in der frühen Neuzeit (1980); F. Dörrer (Hrsg.), Die B. und Michael Gaismair (Innsbruck 1982); W. Schulze (Hrsg.), Aufstände, Revolten, Prozesse. Beiträge zu bäuerl. Widerstandsbewegungen im frühneuzeitl. Europa (1983); H. Buszello, P. Blickle, R. Endres (Hrsg.), Der dt. B. (1984); Der dt. B. von 1525. Hrsg. von P. Blickle. Wege der Forschung 460 (1985).

Bauernlegen. Das Einziehen gutsherrlicher Bauernstellen, die wüst (→Wüstung) lagen, um sie als Gutsland zu nutzen; ebenfalls der Auskauf freier Bauernhöfe zum gleichen Zweck; häufig erfolgte der Auskauf unter Druck. Bereits im 15. und 16. Jh. setzte das B. in England ein, um dadurch den Grundherren die Möglichkeit für die Schaffung von Weideland zu geben. In Ostdtl., d. h. in Mecklenburg und Vorpommern, verschwanden die Bauern auf ritterl. Grund und Boden entweder durch das B. seit dem Dreißigjährigen Krieg oder durch Zusammenlegen mehrerer Höfe zu Kleingütern. In Preußen wurde eine derartige oder ähnl. Entwicklung durch den Bauernschutz der Krone seit 1709 verhindert.
LIT. F. Lütge, Geschichte der dt. Agrarverfassung ([2]1967).

Bauernlehen. Die Verleihung eines Bauernguts während der Verfallszeit des Lehnswesens gegen Zins (daher auch Zins- oder Beutellehen), zumindest aber gegen ein →Laudemium.

Bauge, Bouge (ahd. zu biogan, biegen). Bez. für einen Metallring, der als Arm- und Halsschmuck diente; ebenfalls Bez. für Ringgeld.

Bayerischer Bauernbund. Aus der oppositionellen Haltung der bäuerl. Zentrumswähler gegen die Handelspolitik Reichskanzler Caprivis (1890–94) heraus im Jahre 1893 im südl. Bayern entstanden. Föderalist. und republikan. orientiert, war der B.B. seit 1919 an den Bayer. Regierungsbildungen beteiligt. Er nannte sich seit 1923 Bayerischer Bauern- und Mittelstandsbund; 1933 wurde er aufgelöst.

Bayerischer Erbfolgekrieg (1778/79). Die Auseinandersetzung zwischen Friedrich d. Gr. (1740–86) und Kaiser Joseph II. (1765–90). Joseph wollte durch den B. E. die Stellung Österreichs im Reich nach dem Aussterben der bayer. Linie der Wittelsbacher (1777) durch den Erwerb Niederbayerns und der Oberpfalz stärken. Durch einen kurzen Demonstrations-Feldzug Preußens nach Böhmen, bei dem es zu keiner entscheidenden Schlacht zwischen den Kontrahenten kam (daher auch die spöttische Bez. »Kartoffelkrieg« für den Feldzug), insbes. aber durch die Vermittlung Rußlands und Frankreichs wurde dies verhindert. Österreich konnte im Frieden von Teschen (1779), der durch Rußland garantiert wurde, lediglich das Innviertel behaupten.
LIT. E. Reimann, Geschichte des B. E. (1869); A. Unzer, Der Friede von Teschen (1903); M. Doeberl, Entwicklungsgeschichte Bayerns II; M. Spindler (Hrsg.), Hdb. der Bayer. Geschichte II (mit ausf. Lit., 1967 ff.).

Bazoche, Basoche (franz., von griech. basilika). Eine in einem der kgl. Paläste von Paris residierende Schreibergilde. Auf Grund eines Privilegs veranstaltete sie von 1303–1789 in jedem Jahr dramat. Aufführungen, die meist satir. Art waren.

Beamter. Im weitesten Sinne des Wortes eine in einem öffentl. Dienstverhältnis stehende Person. Zu allen Zeiten hat es bei sämtl. staatl. organisierten Völkern B. gegeben. Die Mannigfaltigkeit der histor. Erscheinungsformen zeitigt die verschiedenartigsten Typen, so der ständischen Zugehörigkeit, z. B. der Sklaven und der Freigelassenen im At., der Bürgerlichen in der NZ, der Adeligen in der röm. Republik, außerdem im diplomat. Dienst der neuzeitl. Staaten etc.
Das zunächst jurist., dann kamerali-

stisch vorgebildete Fachbeamtentum entwickelte sich als ein besonderer Berufsstand zum erstenmal im normannisch-sizilischen Staat Kaiser Friedrichs II. (1215–50), später in Frankreich sowie in den deutschen Territorialstaaten. In den absolutist. regierten Staaten des europ. Kontinents wurde das Berufsbeamtentum während des 17. und 18. Jh. neben dem Offiziersstand zur staatstragenden Schicht (»Militär- und Beamtenstaat«).

Im aufgeklärten Absolutismus wurde der B. mehr und mehr zum Staatsdiener, der sich nicht allein durch seine persönl. Rechtsbeziehung zum Monarchen, sondern gleichzeitig durch die ethische Bindung an die überpersönl. Einheit des Staates »an sich« verpflichtet wußte. Dagegen hatte er sich ursprüngl. als »Fürstendiener« in einer ausschließl. persönl. Treue- und Gehorsamsbindung dem Landesherren gegenüber verstanden. Wie der Fürst zum »ersten Diener des Staates«, so wurde der B. Repräsentant und Organ einer auf den Macht-, Wohlfahrts- und Rechtsgedanken der Aufklärung gegründeten Staatsidee. In zunehmendem Maße wurde die Stellung des B. mit Rechtsgarantien ausgestattet.

Im konstitutionellen Staat des 19. Jh. konnte das Berufsbeamtentum seine Funktionen im öffentl. Leben nicht allein bewahren, sondern darüber hinaus weiter festigen. Es nahm in hohem Maße an den fortschrittl. Bewegungen teil; zudem erwarb es sich große Verdienste beim Aufbau einer leistungsfähigen, objektiven, gerechten und unbestechl. öffentl. Verwaltung. In polit. Hinsicht entwickelte sich im Beamtentum ein bedeutendes Maß an Unabhängigkeit; seine Vertreter waren zahlreich in der parlamentar. Opposition, wo sie nicht selten an führender Stelle standen. Etwa seit der 2. Hälfte des 19. Jh. setzten sich allerdings die konservativen Ideen wieder durch, insbes. beim preuß. Beamtentum. Seit der Reichsgründung von 1871 entstand neben dem Landesbeamtentum ein besonderes Reichsbeamtentum.

Trotz der ursprünglich beamtenfeindl. Forderungen der dt. Sozialdemokratie wurde das Beamtentum durch die Weimarer Verfassung als staatl. Einrichtung gewährleistet (Art. 128–131). Das Beamtentum stellte sich nach 1918 fast ausschließl. und ohne Vorbehalt für den demokrat. Staatsaufbau zur Verfügung.

Nach 1933 wurden durch das Gesetz zur Wiederherstellung des Berufsbeamtentums vom 7. 4. 1933 polit. nicht zuverlässige und »nichtarische« B. entweder in den Ruhestand versetzt oder entlassen. Das am 26. 1. 1937 erlassene ›Deutsche Beamtengesetz für alle Reichs-, Landes- und Gemeindebeamte‹ legte im wesentl. die überkommenen Grundsätze des Berufsbeamtentums reichseinheitl. fest.

Nach dem Zusammenbruch 1945 kehrten die Landesverfassungen trotz vielfacher Kritik an der Haltung und Rechtsstellung der B. bald wieder zu den althergebrachten Grundsätzen des Berufsbeamtentums zurück. Ihnen trägt auch das Grundgesetz (Art. 33) Rechnung.

Seit Beginn des 20. Jh. hat das Beamtentum infolge der Schwächung der Staatsgewalt in der pluralist. Gesellschaft, der Politisierung der Spitzenposition im Staat sowie infolge der sozialen Umordnung, ebenfalls der polit. Umwälzungen (vgl. hierzu vor allem in den kommunist. Staaten die Beseitigung der Sonderrechte) sowohl an innerer Geschlossenheit wie auch an Prägung verloren. In der ehem. DDR gab es keine B., sondern nur Angestellte.

LIT. S. Isaacsohn, Geschichte des preuß. Beamtentums. 2 Bde. (1873–78; unvollendet); G. Schmoller, Über Behördenorganisation, Amtswesen und Beamtentum (1894); A. Lotz, Geschichte des dt. Beamtentums (1909); H. Nawiasky, Die Stellung des Berufsbeamtentums im parlamentar. Staat (1926); A. Köttgen, Das dt. Berufsbeamtentum und die parlamentar. Demokratie (1928); F. Winters, Abriß der Geschichte des Berufsbeamtentums (^{2}1929); F. Hartung, Zur Geschichte des Beamtentums im 19. und 20. Jh. (1948); W. Grewe, U. Scheuner u.a., Politische Treupflicht im öffentl. Dienst (1951); H. von Borch, Obrigkeit und Widerstand (1954); M. Weber, Wirtschaft und Gesellschaft, 2 Tle. (^{4}1956); ders. u.a., Der dt. B. heute (1959); Th. Eschenburg, Ämterpatronage (1961); F. von Dungern, Bürokraten oder schöpfer. B.? (1960); Th. Ellwein, Zoll, Berufsbeamtentum (1973); Christine van den Heuvel, Beamtenschaft und Territorialstaat. Behördenentwicklung und Sozialstruktur der Beamtenschaft im Hochstift Osnabrück 1550–

1800 (1984); H. Henning, Die dt. Beamtenschaft im 19. Jh. Zwischen Stand und Beruf (1984).

Bede (nddt., Bitte, Gebot). Die älteste direkte dt. Steuer. Seit etwa dem 12. Jh. wurde sie in sämtl. dt. Territorien vom Landesherren meist nur von Grundbesitz und Gebäuden der Bauern und Bürger erhoben (»erbittet«). Befreit waren von der B. der landsässige Adel, teilweise die Geistlichkeit.
LIT. HWDRG I, 346 ff.; A. Waas, Vogtei und B. (1919/23); A. Erler, Bürgerrecht und Steuerpflicht im ma. Städtewesen ([2]1963); Th. Mayer, Geschichte der Finanzwirtschaft vom MA bis zum Ende des 18. Jh. ([2]1952); O. Brunner, Land und Herrschaft ([5]1965).

Bedemund (von ahd. munt, Schutz, Gewalt), Bumede, mlat. maritagium. Eine Erlaubnisgebühr, die von Leibeigenen bei deren Verheiratung erhoben wurde; sie war gewöhnlich nur von der Braut zu entrichten.

Beginen (Begijnen, Begutten). Bez. für eine religiöse Frauengenossenschaft, deren Mitglieder jedoch keine Gelübde ablegten. Sie entstand um 1200 im südl. Brabant; als ihre Aufgabe betrachtete sie die Mädchenerziehung und die Krankenpflege. Der Name B. ist noch nicht hinreichend erklärt; er leitet sich weder von der hl. Begga noch von dem Lütticher Priester Lambert Le Bègue († 1177) her. Die Blütezeit der B. liegt im 13. und 14. Jh.; ihr Verbreitungsgebiet waren die Niederlande, Frankreich und Deutschland. Wegen ihrer Verwandtschaft mit den von der Kirche bekämpften Laienbewegungen Albigenser, Humiliaten und Waldenser sowie ihrer allmählichen Entartung verloren sie bald an Bedeutung. Im 15. Jh. (1453 durch Papst Nikolaus V., 1447–55) gingen sie weitgehend in den Tertiariern (Dritter Orden) auf. Die B. wohnten meist in kleinen Gruppen (Beginenhöfe, Klausen, Samenungen). Einzelne Beginenhöfe haben sich in Belgien und in den Niederlanden bis heute erhalten.
Das männliche Gegenstück zu den B. waren die **Begharden,** die ebenfalls im 13. und 14. Jh. entstanden; sie widmeten sich der Krankenpflege und der Totenbestattung.
LIT. J. Greven, Die Anfänge der B. (1912); A. Mens, Oorsprong en betekenis van de Nederlandse beginjen-begarden beweging (1947); E. W. Mc Donnell, The Beguines and Beghardes in Medieval Culture (New Brunswick 1954, m. Lit.); H. Grundmann, Zur Geschichte der B. In: AKG 21 (1931, 37 1955); E. G. Neumann, Rheinisches B.- und Begardenwesen. In: Mainzer Abhandl. 4 (1960); B. Degler-Spengler, Die B. in Basel (Basel 1970); E. Gatz, Kirche und Krankenpflege im 19. Jh. (1971).

Beglerbeg, Bejlerbey (türk., Herr der Herren). Hoher türk. Verwaltungsbeamter. Zunächst war je einer für den europ. und für den asiat. Teil der Türkei zuständig.

Bei, Bej, Beg, Bek, Bey (türk., Herr). Türkischer Titel für höhere Beamte und Offiziere, ebenfalls Titel der türk. Statthalter in Nordafrika (1956 erfolgte die Absetzung des B. von Tunis). Später war B. allg. die Anrede sowohl für Angehörige der Oberschicht im türk. Reich als auch für Europäer. Der Titel wurde dann ebenfalls dem Namen desjenigen angehängt, der eine sozial höhere Stellung einnahm. B. war gleichfalls ein Ehrentitel der Paschasöhne; er wurde 1934 in der Türkei, 1952 in Jordanien und Ägypten abgeschafft.

Beigeordneter (nach dem franz. adjoint du maire, Adjunkt, Amtsgehilfe). Nach den preuß. Städteordnungen ein seit dem 19. Jh. von der Regierung bestätigter Bürgermeister-Stellvertreter; er wird entweder ehrenamtl. oder hauptamtl. bestellt.

Beinhaus, Karner, Gerner. Auf Friedhöfen ein kapellenartiger Bau, in dem bei der Anlage neuer Gräber die gefundenen Gebeine und Schädel aufgeschichtet werden. In einer Reihe von Fällen hat das B. einen Altar für Totenmessen.

Beisasse, Beisaß (mhd. zu sitzen). Im MA diejenigen Städter, die nicht das volle Bürgerrecht besaßen (Schutzverwandte).

Bekenntnisfreiheit, Glaubensfreiheit. Die rechtl. gewährleistete Glaubens- und Gewissensfreiheit sowie das Recht der freien Religionsausübung. Die B. konnte sich im 17. u. 18. Jh. (unter der Einwirkung der Aufklärung) durchsetzen, nachdem sie in den Glaubenskriegen (Hugenottenkriege; Dreißigjähriger Krieg u. a.) sehr umkämpft war. In den Verfassungen des 19. Jh. wurde die B. anerkannt. Die Freiheit des Glaubens, des Gewissens, des religiösen und weltanschaul. Bekenntnisses waren

bzw. sind nach Art. 135 der Weimarer Verf. und Art. 4 des GG der BRD unverletzlich.
LIT. G. Anschütz, Die Religionsfreiheit. In: Hdb. des dt. Staatsrechts 2 (1932); H. Scholler, Freiheit des Gewissens (1958); W. Geiger, in: StL III; W. Hamel, Glaubens- und Gewissensfreiheit. In: Die Grundrechte, hrsg. von K. A. Bettermann, H.-C. Nipperdey und U. Scheuner, 4,1 (1960).

Bekenntnisschriften, symbolische Bücher. Kirchlich-autoritative Symbole, die die christl. Grundwahrheiten zusammenfassen oder auch eine einzelne Glaubensfrage entscheiden. Wichtige B. sind: In der kath. Kirche die drei altkirchl. B. sowie das tridentin. Glaubensbekenntnis mit dem Antimodernisteneid (→Modernismus). In dem Nicänischen Symbolum und den Lehrentscheidungen des 1.–7. ökumen. Konzils ist die dogmat. Lehre der Ostkirche enthalten.
Als B. der luth. Kirche gelten: die drei altkirchlichen Symbole, die Augsburg. Konfession (Confessio Augustana) einschließlich Apologie, die Schmalkaldischen Artikel, Luthers Kleiner und Großer Katechismus sowie Melanchthons Schrift ›Von der Gewalt und Obrigkeit des Papstes‹ (1537); zusammengefaßt sind sie mit der Konkordienformel (1577) im Konkordienbuch (1580).
Eine Fülle von (begrenzt anerkannten) B. entstand in den reformierten Kirchen: der Genfer Katechismus (1545), die Erste (1536) und die Zweite (1566) Helvetische Konfession, die streng orthodoxe Formula consensus Helvetici (des reform. Theologen J. H. Heidegger, 1633–98), die jedoch nur vorübergehend anerkannt wurde, der Heidelberger Katechismus, das Common Prayer Book, die 39 Artikel der Anglikanischen Kirche aus dem Jahre 1563 (1571 vom Parlament genehmigt; eine Überarbeitung der 42 Artikel von 1552), die Westminster-Konfession (→Westminstersynode).
LIT. C. Fabricius (Hrsg.), Corpus Confessionum, Sammlung aller B. der Christenheit (1918ff.); K. Algermissen, Konfessionskunde (^{7}1957); J. Neuner und H. Roos, Der Glaube der Kirche (^{3}1949); H. Bornkamm (Hrsg.), Die B. der evangel.-luth. Kirche (^{3}1952); W. Niesel (Hrsg.), B. der nach Gottes Wort reform. Kirchen (^{3}1948); Mulert-Schott, Konfessionskunde (^{2}1956).

Bekjaren (türk., Junggeselle), südslaw. Betjaren. Vom 17. Jh. an Räuberbanden in den Ländern des Balkans; sie verdingten sich jedoch auch als Söldner. Z. Z. der Türkenherrschaft waren sie auch in Südungarn verbreitet.

Belagerungsmünzen. Bez. für Notgeld, das in belagerten Städten hergestellt wurde. Die B. waren hinsichtl. der Stempelung häufig unvollkommen; sie konnten aus zerschnittenem Silbergeschirr bestehen, doch wurde hierfür meist minderwertiges Material verwendet (Zinn, Messing, Leder, Pappe; z. B. die während der Belagerung Kolbergs 1807 ausgegebenen Pappgroschen).
LIT. A. Brause, Feld-, Not- und Belagerungsmünzen. 2 Bde. (1897–1904); H. Ballreich, Das Staatsnotrecht (1955).

Belagerungszustand. Ursprünglich das besondere innerstaatliche Kriegsrecht für von feindlichen Truppen eingeschlossene Orte. In zahlreichen Staaten dient der B. zur Bez. eines Sonderrechts, das in Kraft gesetzt (»verhängt«) wird, wenn sich die normale staatliche Ordnung zur Abwehr außerordentlicher Gefahren als unzureichend erweist. Der B. bzw. der Kriegszustand, wenn es sich um größere Gebiete handelt, ist – dem Vorbild der Französischen Revolution entsprechend (Gesetz vom 5. 9. 1797) – in zahlreichen Staaten durch die Verfassung geregelt (Preußen/Deutsches Reich seit dem 4. 6. 1851).
LIT. B. Fleischmann, in: Stengel-Fleischmann I; K. Strupp, Dt. Kriegszustandsrecht (1916); H. Ballreich, Das Staatsnotrecht (1955); weitere Lit. bei E. R. Huber, Dt. Verfassungsgesch. seit 1789, 3 (1963).

Belehnung →Lehen, →Investitur.

Belfried (von mhd. belle, Glocke). Ein freistehender Glockenturm in ma. Städten; ebenfalls Bez. für den Rathausturm (franz. beffroi).

Bellizimus. Eine polit. Richtung, die den Krieg, verbunden mit starken Affekten gegen die bürgerl. Gesellschaft, das »jämmerliche Manchestertum«, bejaht als »Stahlbad« und den »Traum vom Ewigen Frieden« bekämpft als Zeichen ermatteter, gedankenarmer Epochen. Vertreter dieser Richtung: H. von Treitschke, Hermann Baumgarten.

bellum (lat., von duo, zwei). Krieg;

nach Hobbes (1588–1679) der Urzustand der Menschheit: »b. omnium contra omnes«, der Krieg aller gegen alle. In dieser Aussage dokumentiert sich eine Lehre, die auch die Geschichtswissenschaft vorübergehend stark beeinflußt hat (Th. Mommsen). Das b. iustum, der »gerechte Krieg«, stellte vor allem für die Römer die allein mögl. Form eines Krieges dar, und zwar wegen der Mitwirkung der Götter. Er wurde durch die Komitien beschlossen und den Fetialen unter bes. Zeremonien erklärt. Augustinus (354–430), Thomas von Aquin (1225 od. 1226–74) sowie Hugo Grotius (1583–1645) anerkannten den Krieg als gerechtfertigt und daher möglich.

LIT. B. de Solage, La Théologie de la guerre juste (1947); L. Strauss, The Political Philosophy of Hobbes (^{2}1952).

Bematisten (griech., Schrittzähler). Im Stabe Alexanders d. Gr. (336–23) und der hellenist. Könige stellten die B. eine Sonderabteilung dar; ihnen oblag die Landaufnahme sowie die Überprüfung der Itinerarien im Perserreich.

LIT. H. Berve, Das Alexanderreich auf prosopograph. Grundlage. 2 Bde. (1926); Th. Birt, Alexander d. Gr. und das Weltgriechentum bis zum Erscheinen Jesu (^{3}1928).

Benediktiner. Der Benediktinerorden ist der älteste unter den heute noch bestehenden Orden des Abendlandes. Er umfaßt im weitesten Sinn alle Mönche und Nonnen, Klöster und Kongregationen, die nach der Regel des hl. Benedikt von Nursia (um 480–547/53) leben. Auszuschließen sind heute im engeren Sinn diejenigen Abzweigungen, die sich zu selbständigen Orden entwikkelt haben, u.a. die Zisterzienser und Kamaldulenser. Nie haben sich die Cluniazenser als Zweigorden betrachtet.

Wie auch aller anderen Orden, ist es das höchste Ziel des B.-Ordens, Vollkommenheit in christlichem Sinn zu erreichen. Nach Meinung des Stifters wird sie insbes. erreicht durch die Pflege des liturg. Gottesdienstes, ohne daß dabei jedoch die übrigen Tätigkeiten innerhalb des Klosters, wie Pflege der Wissenschaft, der Kunst, des Handwerks oder des Schulunterrichts, auch nicht die außerhalb des Klosters, wie Seelsorge, karitative Werke, Volks- und Heidenmission oder kulturelle Aufgaben, vernachlässigt würden. Dem B.-Kloster steht ein Abt vor, der von den Mönchen als »Vater« der Klosterfamilie auf Lebenszeit gewählt wird und bereits seit frühester Zeit eine kirchl. Weihe erhält. Ursprüngl. waren nur wenige Mönche eines Klosters Priester. Seit dem 10./11. Jh. bildete sich die noch heute übliche Scheidung zwischen den zum gemeinsamen Chorgebet verpflichteten Mönchen, die meistens Priester sind, und den Laienbrüdern heraus. Als neue dritte Gruppe traten zu den beiden die Chorfratres. Die Kleidung der B. besteht aus Tunika mit Leder- oder Tuch-Cingulum, dem Skapulier mit oder ohne Kapuze, wozu im Chor noch die Kukulle (Flocke) kommt. Die Farbe der Kleidungsstücke der B. ist schwarz, weshalb sie auch schwarze Mönche genannt werden.

Die Geschichte des B.-Ordens läßt sich in verschiedene Perioden aufteilen. Die erste, die von 529 bis ca. 900 dauerte, wurde bestimmt durch das Wirken von Einzelklöstern. Von Monte Cassino (um 529 gegründet) und den übrigen in Italien durch Benedikt gegründeten Klöstern aus trat seine Regel nach und nach an die Stelle der bisherigen. Um 589 bestand in Rom am Lateran ein B.-Kloster. Papst Gregor der Große (590 bis 604), selbst Mönch und Abt des Ordens, sandte unter der Leitung des B.-Mönches Augustinus 40 weitere zur Christianisierung der Angelsachsen nach England, wo der Orden mit großem Erfolg wirkte. Wie auf den Britischen Inseln, so setzte sich die B.-Regel auch in Frankreich, Spanien und Belgien durch. In Deutschland gründeten die angelsächs. Glaubensboten, die hll. Suitbert, Willibrord und vor allem Bonifatius sowie deren Genossen, B.-Klöster in Friesland, Thüringen, Hessen und Bayern. Gewalttätige Eingriffe weltlicher und geistlicher Fürsten, vor allem Karl Martells (714–741), in die Verwaltung der Klöster, Anhäufung und Mißbrauch von Güterbesitz sowie Mangel an Ordensgeist und Disziplin führten während der 1. Periode der Ordensgeschichte den Verfall zahlreicher Klöster herbei. Verheerender jedoch waren die Einfälle der Dänen in England, der Normannen in Frankreich und Norddtl., der Ungarn in Süddtl. und Oberitalien sowie der Sarazenen in den übrigen Teilen Italiens, dazu in Südfrankreich und Spanien, durch die viele B.-Klöster vernichtet wurden.

Die 2. Periode der Geschichte des B.-

Ordens, die vom 9. bis 14. Jh. dauerte, ist durch den Zusammenschluß der Einzelklöster zu Klostergruppen gekennzeichnet, um so mehr Kraft nach innen und größeren Schutz nach außen zu gewinnen. Tiefgreifender und nachhaltiger Einfluß ging seit Beginn des 10. Jh. von dem 910 gegründeten Kloster Cluny aus, dessen Satzungen (consuetudines) unter den vier bedeutenden Äbten Odo, Majolus, Odilo und Hugo nach und nach von zahlreichen Klöstern des Ordens ganz oder teilweise übernommen wurden. Der B.-Orden erlangte dadurch in kirchl., polit. und sozialer Hinsicht vom 10. bis 12. Jh. solche Bedeutung, daß Päpste, Kaiser, Bischöfe und Landesfürsten mit ihm rechnen mußten.
Mit dem gewaltigen Aufschwung der großen Bettelorden (Franziskaner, Dominikaner, Karmeliten, Augustiner-Eremiten) seit dem 12. Jh., die die besten Kräfte an sich zogen, machte sich ein Rückgang des B.-Ordens bemerkbar. Päpste und Konzilien, insbesondere das 4. Lateran-Konzil von 1215, drangen während dieser Phase darauf, daß die vielfach zu Versorgungsanstalten des Adels gewordenen B.-Klöster sich nach dem Vorbild der Bettelorden stärker als bisher zentralisierten. Entscheidend war in diesem Zusammenhang die sog. ›Benedictina‹ Papst Benedikts XII. (1334–42) von 1336, durch die der gesamte B.-Orden in 36 Provinzen eingeteilt und jährl. Generalkapitel sowie alle drei Jahre Provinzialkapitel angeordnet wurden. Die 3. Periode der Ordensgeschichte der B., die von ca. 1400 bis ca. 1800 dauerte, ist gekennzeichnet durch die Bildung von Ordenskongregationen, die sich im Zusammenhang mit der Entwicklung der Territorialstaaten auf territorialer Grundlage bildeten.
Nach den Verlusten, die die Hussitenkriege, der Hundertjährige Krieg, die Bauernkriege sowie die Glaubenskriege in den verschiedenen Ländern den B. gebracht hatten, wurden durch die Ordensreform des Konzils von Trient auf dessen 25. Sitzung vom 4. 12. 1563 neue Kongregationen geschaffen, für Deutschland u.a. die schwäb. Kongregation vom hl. Joseph im Jahre 1564.
Die Auswirkungen des Gallikanismus, des Josephinismus, der Französischen Revolution, der Napoleonischen Kriege und die teilweise hiermit verbundenen Säkularisationen brachten den Orden an den Rand des Untergangs. Nur etwa 50 Klöster, darunter Monte Cassino, überlebten.
Die 4. Periode in der Ordensgeschichte der B. begann um die Mitte des 19. Jh. Bis heute andauernd, brachte sie eine neue Aufwärtsentwicklung des Ordens. Neue Klöster und Kongregationen entstanden, auf allen Gebieten des geistigen Lebens konnte die Arbeit wieder aufgenommen werden. Durch bes. Pflege des kultisch-religiösen Lebens bzw. der liturg. Bewegung – in Deutschland vor allem in den Klöstern Beuron und Maria Laach – wurde das kath. Leben nachhaltig beeinflußt.
Heute sind sämtl. Klöster des Ordens in Kongregationen zusammengeschlossen. An ihrer Spitze steht jeweils ein Präses, General- oder Erzabt bzw. Generalsuperior. Auf Generalkapiteln beraten sie über ihre Angelegenheiten. 1893 erfolgte eine Einigung aller B.-Kongregationen, deren Äbte alle 12 Jahre einen Abtprimas wählen. Er residiert als Vertreter des Ordens im B.-Studienkolleg Sant' Anselmo in Rom.

LIT. LThK II, 184–192; TRE V, 549–60; St. Hilpisch, Das Benediktinertum im Wandel der Zeiten (1943); Ph. Schmitz, Histoire de l'Ordre de Saint-Benoit, 6 Bde. (1942–49; dt. von L. Raeber, 1947ff.); R. Tschudy, F. Renner, Der hl. Benedikt und das benediktin. Mönchtum (1979); L. Hellriegel, B. als Seelsorger im linksrheinischen Gebiet des ehemaligen Bistums Mainz (1980); Die Bayer. B.-Kongregation 1684–1984 (1985).

Benefizium.
[1] ecclesiasticum: Dem kath. Kirchenrecht entsprechend ein Amt, das zugleich einen Anspruch auf die Erträge einer mit diesem Amt verbundenen Vermögensmasse gewährt. Das B. ist mithin eine Dos im engeren Sinn. Die Dos kann aus Land, Geldvermögen oder sicheren Einkünften bestehen, die dem jeweiligen Inhaber des B. (Benefiziat) zufließen. Hauptarten des kirchlichen B. sind: Beneficia consistoriala (Gegensatz hierzu: B. non consistoriala); hierunter sind solche B. zu verstehen, die gewöhnlich im Konsistorium verliehen werden; die B. saecularia (religiosa), d.h. solche, die nur Weltgeistlichen bzw. nur Klostergeistlichen (religiosa) zustehen, und schließlich die B. curata, welche mit der Seelsorge verbunden sind oder nicht mit ihr verbun-

den sind (non curata). Die Errichtung, Veränderung, Aufhebung und Verleihung der Konsistorial-B. steht ausschließl. dem Hl. Stuhl zu, während hierfür bei den übrigen B. in der Regel der Orts-Ordinarius zuständig ist. Bei der Verleihung der B. sind nicht selten die durch ein Konkordat festgelegten Mitwirkungsrechte staatl. Stellen oder von Patronaten zu berücksichtigen. Das kirchl. Benefizialwesen ist im 8. Jh. aus der Ausdehnung der merowing.-fränk. Landkirche (Prekarium, Prekarie) auf das Kirchengut entstanden. An diese vermögensrechtl. Leihe schloß sich bald auch die Ämterleihe. Das ev. Kirchenrecht hat zunächst den Begriff des B. im engeren Sinn aufgenommen. Im 19. Jh. ist der Unterhalt der kirchl. Amtsinhaber in Dtl. aus den Erträgen des B. fast überall durch ein der staatl. Beamtenbesoldung angeglichenes Gehalt ersetzt worden.

[2] Lehensnutzung; allg. als lat. Bez. des dt. Wortes Lehen verwendet.

LIT. E. Eichmann, Lehrbuch des Kirchenrechts auf Grund des codex juris canonici, Bd. II Sachenrecht ([7]1953), 417ff.; Feine, KRG I ([3]1953); W. Plöchl, Geschichte des Kirchenrechts. Bd. 1 (1953), 390ff., Bd. 2 (1955), 361ff; U. Stutz, Geschichte des kirchl. Benefizialwesens (1985; Neudr. 1972); H. Mitteis, Lehnrecht und Staatsgewalt (1933; Neudr. 1958); F. L. Ganshof, Was ist das Lehnswesen? (1961).

Berg(bau)freiheit. Bez. für das Recht, das sich seit dem späten MA aus dem Bergregal entwickelte; es sicherte dem Landesherrn, später dem Staat den Abbau von Bodenschätzen aus dem Grund und Boden des Eigentümers gegen eine Entschädigung. Außer dem Landesherrn bzw. dem Staat war jedem Finder der Abbau gestattet. Der Inhaber des Bergregals wurde Bergherr genannt.

Bergpartei (Berg, Montagne). Die radikalste Gruppe im Konvent (1792 bis 1795) während der Französischen Revolution. Die B. hatte ihren Namen von den höher gelegenen Bänken im Konvent, auf denen ihre Angehörigen saßen. Die führenden »Montagnards« waren Danton (1759–94), Marat (1744–93) und Robespierre (1758–94).

Bergregal. Ein Recht des Königs, das ihm die freie Verfügung über die Bodenschätze gestattete (Erze, Salz). Es wurde zum erstenmal 1158 in der Ronkalischen Konstitution Kaiser Friedrichs I. Barbarossa (1152–90) festgestellt. Seit der Mitte des 13. Jh. stand das B. den Landesherren zu. Mit dem Übergang des B. an die Landesherren war die rechtl. Trennung der Bodenschätze vom Grundeigentum verbunden. Das B. wurde nunmehr zur Berg(bau)freiheit, einer abgeschwächten Form des B., entwickelt.

Berliner Kongreß. Die von Österreich angeregte und durch Bismarck einberufene polit. Zusammenkunft der leitenden Staatsmänner der europ. Großmächte sowie der Türkei vom 13. 6.–13. 7. 1878 unter dem Vorsitz Bismarcks (als »ehrlichem Makler«) in Berlin. Der russ.-türk. Frieden von San Stefano vom 3. 3. 1878 sollte durch den B. K. revidiert und damit das Übergewicht Rußlands auf dem Balkan beseitigt werden. Rußland konnte zum Verzicht auf ein Protektorat Groß-Bulgariens veranlaßt werden; dieses wurde in ein Fürstentum unter türk. Oberhoheit und in eine türk. Provinz Ostrumelien geteilt. Rußland erhielt für seinen Verzicht Gebiete im Kaukasus und Teile Bessarabiens von Rumänien, das wiederum die Dobrudscha gewann. Serbien und Montenegro wurden für unabhängig erklärt. Österreich bekam das Mandat zur Besetzung Bosniens, der Herzegowina und des Sandschak als Gegengewicht gegen Rußland auf dem Balkan eingeräumt. Die Balkanvölker betrachteten die auf dem Berliner Kongreß geschaffene Neuordnung des Balkans lediglich als ein Provisorium. Die Erbitterung Rußlands über seine Machtminderung belastete den Frieden in Europa; dies führte 1879 zum dt.-österreich. Zweibund.

LIT. W. N. Medlicott, The Congress of Berlin and after (London 1938); E. Eyck, Bismarck, 3 Bde. (1944); S. Maiwald, Der B. K. und das Völkerrecht (1948); A. Novotny, Quellen und Studien zur Geschichte des B. K.: Österreich, die Türkei und das Balkanproblem im Jahre des B. K. (1957); R. Melville, H.-J. Schröder, Der B. K. Die Politik der Großmächte und die Probleme der Modernisierung Südosteuropas in der zweiten Hälfte des 19. Jh. (1982).

Berliner Verträge.

[1] Der am 23. 12. 1728 zwischen Friedrich Wilhelm I. von Preußen (reg.

1713–40) und Kaiser Karl VI. (reg. 1711–40) abgeschlossene Vertrag. Durch ihn wurden die im Preußischen →Krontraktat vom 16. 11. 1700 sowie im Geheimvertrag von Wustershausen (vom 12. 10. 1726, der allerdings nicht ratifiziert wurde) getroffenen Vereinbarungen (gegenseitige Waffenhilfe mit 12000 bzw. 10000 Mann) bestätigt. Der Kaiser versprach, die preuß. Ansprüche auf Berg zu unterstützen, während Preußen zusagte, die Pragmatische Sanktion anzuerkennen und seine Kurstimme dem künftigen Gemahl der Erzherzogin Maria Theresia (1717–1780) zu geben, vorausgesetzt, daß dieser Angehöriger eines dt. Reichsfürstengeschlechts sei.

[2] Der auf dem →Berliner Kongreß von 1878 abgeschlossene Vertrag.

[3] Der Freundschafts- und Neutralitätsvertrag, der am 24. 4. 1926 als Erweiterung des →Rapallo-Vertrags (16. 4. 1922) zwischen dem Dt. Reich und der UdSSR abgeschlossen wurde. Die beiden Vertragschließenden verpflichteten sich, im Falle eines Angriffs von dritter Seite Neutralität zu wahren und sich einem wirtschaftl. und/oder finanziellen Boykott gegen einen der beiden Partner nicht anzuschließen. Durch den Vertrag wurde seitens der UdSSR einer Westorientierung des Dt. Reiches entgegengewirkt. Der Vertrag erfuhr eine Erneuerung 1931 und erneut im Mai 1933 um fünf Jahre.

LIT. Zu [3] L. Zimmermann, Dt. Außenpolitik in der Ära der Weimarer Republik (1958); H. L. Dyck, Weimar Germany and Soviet Russia 1926–1933. A Study in Diplomatic Instability (London 1966); Akten zur Dt. Auswärtigen Politik, Serie B, Bd. 2, 1 und 2,2 (1967); K. Hildebrand, Das Dt. Reich und die Sowjetunion im internationalen System (1977); A. Anderle, G. Förster, L. Heller, Forschungen zur Geschichte der UdSSR und der dt.-sowjet. Beziehungen 1917–1945. In: Jb. für Geschichte der sozialist. Länder Europas 24 (1980); G. Niedhart (Hrsg.), Der Westen und die Sowjetunion. Einstellungen und Politik gegenüber der UdSSR in Europa und in den USA seit 1917 (1983).

Beruf. Ein bereits seit den frühesten Entwicklungsstufen der menschl. Gesellschaft nachweisbares soziales Urphänomen. Zu den Ur-Berufen gehört der des Sammlers, Jägers (Kriegers), Hirten, Fischers, Ackerbauern, Schmieds, Töpfers, Webers, Händlers, Priesters (gleichzeitig Arzt und Lehrer), Sängers (Rhapsoden). Während der Antike wurde eine staatl. geregelte Berufsordnung geschaffen. Außer den Ur-Berufen entwickelten sich die städt. Handwerker-Berufe. Da die Antike die meisten B. den Sklavenschichten überließ, war ihr eine eigene Berufsidee mit einem Berufsethos unbekannt, etwas, das bereits bei den primitiven Völkern vorhanden war und das insbes. durch das Juden- und Christentum ausgeprägt wurde. So war in der Lehre des Thomas von Aquin (1225/27–74) der B. ein von Gott übertragenes Amt; es fiel dem Menschen kraft seiner Stellung im ganzen der natürl. Schöpfungsordnung zu. Die Ausübung des B. verlangte die ständige Hingabe der gesamten Persönlichkeit an ihre Aufgabe (in der Mystik des 14. Jh. der ›ruof‹ Gottes: Eckehardt, um 1260–1327; J. Tauler, um 1300–61).

Luther (1483–1546) erweiterte diesen Gedanken in Richtung einer Heiligung der irdischen Arbeit. Die Arbeit des Alltags wurde durch ihn an die Stelle der ›guten Werke‹ gerückt. Im B. sah er eine göttl. Berufung, und die Berufsarbeit wurde für ihn Gottesdienst, Ausdruck der Nächstenliebe, da der einzelne durch die Berufsarbeit gezwungen sei, für andere tätig zu sein. Hieraus ergab sich das Verlangen nach Gehorsam und Pflichterfüllung im B.

Ihre schärfste Ausprägung erfuhr die Berufsethik im Calvinismus, da hier die Bewährung im B. bzw. der Berufserfolg als Beweis der Heilsgnade betrachtet wird. Der sich aus dieser Auffassung heraus entwickelnde Typ des Berufsmenschen ist auch heute noch weit verbreitet.

Demgegenüber nahm der dt. Idealismus eine andere Haltung ein. Für ihn war der B. das Werk, in dem der Mensch die Möglichkeit der Entfaltung seiner Menschlichkeit und Persönlichkeit erhielt und gleichzeitig der Gemeinschaft diente.

Als eine Ordnung von Grundberufen wirkte die röm. Zunftordnung in der Berufsordnung des MA nach. Durch Spezialisierung erwuchsen aus ihnen die neuzeitl. B. Vermehrt wurden die Berufsarten infolge des Aufkommens der Industrie im 18. Jh., namentlich die metallverarbeitenden und Verkehrs-Beru-

fe, weiter die kaufmänn., techn. und wissenschaftl. B. Dies verursachte eine immer größere Arbeitsteilung. Gewerbe-, Handels- und Niederlassungsfreiheit brachten die Freiheit der Berufswahl sowie der berufl. Ausbildung in Berufsschulen, den Handwerker-, landwirtschaftl., hauswirtschaftl., Handelsschulen etc. Erst das 20. Jh. verwirklichte die Berufsberatung, u. a. in den USA, Belgien, der Schweiz und Dtl. Unterstützt wird die Berufsberatung durch wissenschaftl. Forschung (Arbeits-Physiologie und Psychologie).
Bei zahlreichen Völkern galten diejenigen B., die mit Töten und Blutvergießen verbunden sind, als unrein, so der B. des Schlächters, des Schinders und Henkers; häufig auch bestimmte künstler. B. sowie solche, die sich mit der Geldwirtschaft befaßten (u. a. Musiker, Schauspieler; Geldwechsler, »Zöllner und Sünder«).
LIT. M. Weber, Wissenschaft als B. ([3]1930); R. Thurnwald, Die menschl. Gesellschaft, 2 (1932); J. Johannesson, B. und Privatleben im Industriebetrieb (1953); J. Streller, Wörterbuch der B. (1953); M. Tramer, Die Berufsnöte Jugendlicher (1954).

Besam (franz. Bésant). Der Byzantiner; eine vor allem im 13. Jh. verbreitete Goldmünze von unterschiedl. Wert. Die Bez. wurde auch für Silbermünzen gebraucht.

Beschreibstoffe →Urkunde.

Besthaupt. Das beste Stück Vieh (als Abgabe beim →Mortuarium).

Bettelorden. Die Entstehung der B. (ordines mendicantium) darf als das Ergebnis der Forderung einer Zeit betrachtet werden. Die Orden mußten auftreten und die Kirche retten helfen, welche durch die Sektierer des 13. Jh. an sittl. Strenge, an Armut sowie an Entbehrungs- und Pflichteifer übertroffen wurde. Die Vorwürfe der Ketzer, gegen die Kirche gerichtet, konnten erst seit dem Auftreten der B. entkräftet werden.
Entgegen den alten Orden sind die B. nicht an Ortsbeständigkeit gebunden. Daher ließen sie sich fast nur in volkreichen Räumen bzw. in den Städten nieder. In der Übung der Armut gingen sie so weit, daß sie sogar den gemeinsamen Besitz aufgaben, um dadurch eine möglichst arme Lebensführung zu erreichen. Erhielten sie den Lohn für ihre Arbeit nicht, dann erbettelten sie sich ihren Lebensunterhalt von Tür zu Tür (daher die Bez. Bettelmönche oder Mendikanten). Für die empfangenen Gaben waren sie bestrebt, dem Volke als Prediger und Beichtväter zu dienen. Bei ihrer Tätigkeit stützten sie sich insbes. auf das aufstrebende Bürgertum, mit Erfolg arbeiteten sie an der sozialen Hebung des Volkes. Aus diesem Grund wurden sie die Favoriten der Städte. Z. Z. der Reformation wurde ihnen ihre Abhängigkeit von den Städten, als diese die Reformation erfaßte, zum Verhängnis. Dennoch hielt die überwiegende Mehrzahl der Angehörigen der B. zur alten Kirche.
Ursprünglich zählten lediglich die Franziskaner und Dominikaner zu den B. Innozenz IV. (1243–54) gesellte ihnen 1245 noch die Karmeliten, Alexander IV. (1254–61) 1256 die Augustiner-Eremiten zu. Wiewohl Martin V. (1417–31) im Jahre 1424 auch die Serviten den B. zurechnete, spricht das 15. Jh. doch durchweg von den »vier B.«: den Barfüßern, den Predigern, den Augustinern und »Unserer Frauen Brüder«. Später wurden den B. noch zugezählt: die regulierten Tertiarier des hl. Franz, die Minimen oder die Mindesten Brüder des hl. Franz von Paula, die Trinitarier, die Mercedarier, die Hieronymitaner, die Barmherzigen Brüder des hl. Johannes von Gott sowie der Orden von der Buße. Als Mendikanten in strengerem Sinne gelten allein die Franziskaner, die Konventualen und die Kapuziner.
Lt. kath. Kirchenrecht ist es den B. gestattet, mit ihrer Oberen Erlaubnis innerhalb der Diözese, in der sich der Konvent befindet, Almosen zu sammeln. In fremden Diözesen hingegen müssen sie die Erlaubnis der betr. Bischöfe einholen. Diese darf ihnen nur aus schwerwiegenden Gründen verweigert werden.
Die Lehrtätigkeit der B. an den Universitäten, außerdem ihre Privilegien, die in der Exemtion von der bischöfl. Gewalt sowie in der Befugnis zur Pfarrseelsorge bestanden, schufen den B. zahlreiche Feinde. In Paris wurden sie insbes. durch Wilhelm von St.-Amour (geb. zu St.-Amour in der Franche-Comté, gest. daselbst 1272) bekämpft. Doch die hll. Thomas (1225 oder 1226–74) und Bonaventura (1221–74) verteidigten die B. sehr geschickt. 1256 wurde der Streit zugunsten der B. entschieden. Den B. ge-

hörten die bedeutendsten Theologen des 13. und 14. Jh. an.
Großartiges haben die B. nicht zuletzt als Missionare in aller Welt geleistet. So besaßen allein die Franziskaner im 15. Jh. Missionsstationen von Lappland bis zum Kongo und von den Azoren bis China.
In der Architektur haben die B. durch ihre Brückenstellung zwischen dem frühromanischen Stil und der Spätgotik, der sie den Weg ebneten, eine herausragende entwicklungsgeschichtl. Bedeutung. Nie haben die B. Bauvorschriften erlassen; ihre Generalkapitel beschränken sich auf gelegentl. Direktiven. Bei den Franziskanern lehnen sich die Direktiven an die Vorschriften der Zisterzienser an; von diesen wurde jedoch lediglich das Turmverbot durchgeführt. Allgemeingültige Vorschriften oder Baugepflogenheiten kennen sie nicht.
LIT. DDC VI, 1156–63; M. Heimbucher, Die Orden und Kongregationen der kath. Kirche (3 Bde. ^{2}1907/08; ^{3}1933/34 in 2 Bdn.); J. Wiesehoff, Die Stellung der B. in den dt. freien Reichsstädten des MA (1906); RDK II, 394–444; IV, 129–54; R. Krautheimer, Die Kirchen der B. in Dtl. (1925); N. Hekker, Bettelorden und Bürgertum. Konflikt und Kooperation in den dt. Städten des SpätMA (1981).

Beunden, Peunten (ahd. biunt, mhd. biunte, Gehege). Ursprüngl. die der privaten Nutzung dienenden Grundstücke, welche der Allmende entzogen und eingezäunt waren (auch Bifang). Die B. waren nicht den wirtschaftl. Einschränkungen, z. B. dem Flurzwang, unterworfen. Heute bez. man als B. häufig die Gärten der Bauernhöfe in Oberdeutschland.

Beuterecht. Im Krieg das Recht eines kriegführenden Staates, sich feindl. Güter anzueignen oder zu gebrauchen. Nach Landkriegsrecht bezieht sich das B. lediglich auf das bewegl. Eigentum des feindl. Staates, insofern es nicht dem Gottesdienst, der Wohltätigkeit, dem Unterricht, der Kunst oder der Wissenschaft dient, nicht hingegen auf das Privateigentum sowie auf das Eigentum der Gemeinden.
LIT. H. Wehberg, Das B. im Land- und Seekriege (1909); H. A. Sturm, in: British Yearbook of International Law 23 (1946).

Bevölkerung.
[1] Meist die Gesamtheit der Bewohner eines Gebietes, einer Ortschaft, eines Landes etc. In dem verhältnismäßigen Anteil der beiden Geschlechter, in der Gliederung nach Alter, Familienstand, Siedlungsweise, Beruf, Gebürtigkeit, Konfession etc. drückt sich die Struktur der Bevölkerung aus.
[2] Seit dem 17. Jh. gehören B. und Bevölkerungsbewegung zu den Forschungsgebieten der Nationalökonomie, Anthropologie und Soziologie. Die statist. erfaßbaren Erscheinungen sind Gegenstand der Bevölkerungsstatistik oder Demographie, die sich sowohl mit dem Stand der B. als auch deren Bewegung befaßt. Allerdings ist das Zahlenmaterial erst seit dem 19. Jh. für eine nur langsam wachsende Zahl von Staaten gesichert. Für die älteren Zeiten liegen der histor. Forschung lediglich vereinzelte Volkszählungs-Ergebnisse vor, so die erste umfassende des athenischen Gelehrten und Staatsmannes Demetrios von Phaleron in Athen, der hier von 317–07 unter dem Diadochen Kassander (355–298 oder 297) Statthalter war, ebenfalls der römische Zensus. Für die Errechnung der Bevölkerungszahlen ist die Forschung daher größtenteils auf Steuerlisten, Angaben über Heeresstärken, wirtschafts- und finanzstatist. Hinweise etc. angewiesen.
LIT. K. J. Beloch, Die B. der griech.-röm. Welt (1886); A. W. Gomme, The Population of Athens (1933); G. Ipsen, B. In: Hwb. des Grenz- und Auslandsdeutschtums, Bd. 1 (1934); A. M. Carr-Saunders, World Population, Past Growth and Present Trends (Oxford 1936); E. Keyser, Bevölkerungsgeschichte Deutschlands (^{3}1943); E. Kirsten, Raum und B. in der Weltgeschichte (1956); H. Harmsen, in: Entwicklungstheorie und -politik (hrsg. von E. Boettcher, 1964).

Bevölkerungslehre, Bevölkerungstheorie (früher auch Populationistik genannt). Die Wissenschaft von der Bevölkerung; sie spürt den Gesetzmäßigkeiten der Bevölkerungsentwicklung, zudem ihrer Abhängigkeit von wirtschaftl., sozialen und polit. Gegebenheiten nach. Weitreichende Entwürfe über die Zusammenhänge von B. und Nahrungsgebiet sind den Arbeiten von Quesnay (1694–1774) sowie von Mirabeau (1715–89) zu verdanken, desgl. den Untersuchungen von Th. R. Malthus (1766–1834). Malthus entwickelte in seinem ›Essay on the Principle of Po-

pulation‹ (1798) als ersten Lehrsatz, daß die Bevölkerungszahl in geometr., die Mittel für ihren Unterhalt bestenfalls in arithmet. Progression sich bewegen (Malthus'sches Gesetz).
LIT. G. Mackenroth, Bevölkerungslehre (1953).

Bevölkerungspolitik. Bez. für sämtl. Maßnahmen und Planungen, die regelnd und steuernd auf die Bevölkerungsbewegung einwirken. Maßnahmen bevölkerungspolit. Art waren bereits im alten Orient bekannt, während Augustus (31 v.–14 n. Chr.) den drohenden Zerfall der in Rom führenden Schichten durch die ›Lex Iulia et Papia Poppaea‹ (9 n. Chr.) zu bekämpfen suchte. Das Gesetz schrieb für die bedeutenden Familien ein Ehe- und Kindergebot vor. Im MA war die Bevölkerungspolitik weitgehend Angelegenheit der Kirche. In der NZ trieb vor allem der Fürstenstaat eine intensive B., da er die Abhängigkeit staatl. Macht von der Bevölkerungszahl erkannte. Die liberalen Staaten hingegen verzichteten weitgehend auf eine B., da sie einer freien Entfaltung der Gesellschaft zuneigten. In der Gegenwart wird die B. in zunehmendem Maße durch staatl. Gesetzgebung beeinflußt. Die bevölkerungspolit. Maßnahmen werden unterschieden in qualitative und quantitative; die qualitativen dienen der Hebung der Volksgesundheit, die quantitativen wollen einer Übervölkerung bzw. einem Bevölkerungsschwund entgegenwirken, und zwar durch Geburtenkontrolle oder Familienförderung, Steuer- und Sozialgesetze, Ein- und Auswanderungsgesetze etc.
LIT. →Bevölkerung.

Bevölkerungstausch, Bevölkerungsaustausch. Ihm liegt der Gedanke des nationalen Staatsbegriffs zugrunde. Aus dem nationalstaatl. Denken des 19. Jh. heraus entwickelt, wurde er erst im 20. Jh. praktiziert. Beispiele hierfür sind u. a. der Vertrag zwischen der Türkei und Bulgarien zu Adrianopel (1913). Bei echter Gegenseitigkeit, d. h., daß aufgrund zwischenstaatl. Vereinbarungen eine gleichberechtigte Umsiedlung nationaler Minderheiten bei gegenseitiger Wahrung des Vermögensstandes erfolgt, kann hierdurch eine Beilegung internationaler Konflikte erfolgen, falls auf anderem Wege friedl. Lösungen nicht erreicht werden können.
LIT. G. Rhode, Völker auf dem Wege (1952).

Bewußtsein →Geschichte.

Bezirk (von lat. circus, Kreis). Bez. für die gebietsmäßig abgegrenzte Unterabteilung eines staatl. Verbandes, desgl. von Großstädten (so z. B. Berlin, das seit 1920 unter einem Bezirksbürgermeister stand). Im ehem. preuß. Staat und seinen Nachfolgeländern stellt der Regierungsbezirk zwischen der Provinz und dem Kreis eine Mittelinstanz dar, wohingegen in den übrigen dt. Ländern (die der DDR bilden eine Ausnahme) der B., Amtsbezirk und Oberamtsbezirk die niedrigste Verwaltungseinheit darstellt. Unter einem Bezirkshauptmann war in Österreich die Bezirkshauptmannschaft von 1865 bis 1938 die unterste staatl. Verwaltungsbehörde. Der Bezirksausschuß, in Preußen 1883 aus dem Zusammenschluß von Bezirksrat und Bezirksverwaltungsgericht hervorgegangen, war eine Behörde, die aus dem Regierungspräsidenten als Vorsitzendem sowie zwei durch das Staatsministerium ernannten und vier durch den Provinzialausschuß gewählten Mitgliedern bestand. Durch das preuß. Gesetz vom 15. 12. 1933 wurde der Bezirksausschuß beseitigt. Das Bezirksverwaltungsgericht war ein preußisches Gericht, das durch das Verwaltungsgerichtsgesetz vom 3. 7. 1875 für den Regierungsbezirk geschaffen wurde; 1883 ging es im Bezirksausschuß auf.
LIT. H. Beuster, Probleme der staatl. Mittelinstanz. In: AÖR 78 (1952/53).

Bibliographie (griech., Bücherbeschreibung).
[1] Die Lehre von Bücherverzeichnissen.
[2] Die Verzeichnisse selbst; Hilfsmittel der wissenschaftl. Arbeit; die Sammeltätigkeit der Bibliotheken etc. Die anfangs erstrebte allg. B. (Verzeichnis literar. Erzeugnisse ohne Rücksicht auf fachl. Zugehörigkeit, so durch K. von Gesner, 1516–64, die Bibliotheca universalis, 1545–55) konnte nicht aufrechterhalten werden, da die literar. Produktion zu vielfältig war. Die nationalen B., in denen das Schrifttum eines Landes so vollständig wie möglich erfaßt wird, stehen allen anderen voran. Die Fach-B. bieten ein Verzeichnis der Literatur nach dem Inhalt, den verschiedenen Wissenschaften und Wissenschaftsgegenständen; auch die regionalen bzw. Orts-B., die ein das Schrifttum der einzelnen Landschaften und Orte

betreffendes Verzeichnis darstellen, ebenfalls die Personal-B., gehören hierzu. Der Erscheinungsweise entsprechend spricht man von abgeschlossenen und laufenden bzw. periodischen B.
Eine vollständige B. seines Faches steht dem Historiker nicht zur Verfügung; selbst die ›International Bibliography of Historical Sciences‹ (1930ff.) vermittelt lediglich eine Auswahl des Gesamtschrifttums zur Historie. Für die einzelnen Teilgebiete der Geschichte stehen jedoch ausgezeichnete B. zur Verfügung, so z.B. für das At. In den nationalen Fach-B. findet der Historiker eine Genauigkeit, die der National-B. entspricht. Eine Ergänzung hierzu bedeuten die Literatur- und Forschungsberichte, die Rezensionen und Bücherverzeichnisse in den verschiedenen Fachzeitschriften (vgl. hierzu P. Caron und M. Jary, World List of Historical Periodicals, ²1939). Für die Alte Geschichte vgl. das vollständige Verzeichnis ›Bibliotheca philologica classica‹ (1874 bis 1938); für die übrigen Geschichtsepochen bzw. die Geschichte insgesamt: A. Potthast, Bibliotheca historica Medii Aevi (²1896; Neudr. 1954); Dahlmann-Waitz u.a., Quellenkunde zur dt. Geschichte (¹⁰1969); Jahresberichte für Dt. Geschichte, 1920–42 (1952ff.); G. Franz, Bücherkunde zur dt. Geschichte (1950); W. Trillmich, Kleine Bücherkunde zur Geschichtswissenschaft (1949); G. Franz, Bücherkunde zur Weltgeschichte vom Untergang des Röm. Reiches bis zur Gegenwart (1956); E.H. Boehm (Hrsg.), Historical Abstracts (B. der Zeitschriftenlit. der Welt 1775–1945).
LIT. G. Schneider, Einführung in die B. (1936); W. Krabbe, B. (⁶1951); K. Fleischhack, Leitfaden der B. (1951); H. Widmann, B. zum dt. Schrifttum der Jahre 1939–50 (1951); W. Totok, R. Weitzel u. K.H. Weimann, Handbuch der bibliographischen Nachschlagewerke (1954, ³1966); C. Fleischhack u.a. (Bearbeiter); Grundriß der B. (1957); R. Weitzel, Die dt. nationalen B. (1958, ²1960); R. Blum, Vor- und Frühgesch. der nationalen Allgemeinbibliographien (1965); F. Domay, Formenlehre d. bibliograph. Ermittlung (1968); B. Schneider, Einführung in die neuere Geschichte (1974); E.H. Carr, Was ist Geschichte? (⁶1981); A. von Brandt, Werkzeug des Historikers (¹⁰1983); G. Taddey (Hrsg.), Lexikon der dt. Geschichte (²1983); K. Pellens (Hrsg.), Geschichtskultur – Geschichtsdidaktik. Internationale Bibliographie (1984); F.J. Lucas, Geschichte als engagierte Wissenschaft. Zur Geschichte einer Geschichtsdidaktik (1984).

Bibliothek (griech., Buchniederlage).
[1] Aufbewahrungsort für Bücher.
[2] Jedwede Art planmäßigen Sammelns von Büchern.
Die älteste B. war die Tontafelsammlung des Königs Assurbanipal (668 bis 626 v.Chr.) in Ninive. Die Alexandrinische B. und die B. von Pergamon waren die bedeutendsten des griech. Altertums. Die griech. B. entwickelte sich parallel zur Wissenschaft als ein Hilfsmittel der Forschung. Neben zahlreichen Privat-B. in Rom wurde die erste öffentliche B. erst 39 v.Chr. durch den röm. Staatsmann und Schriftsteller Gaius Asinius Pollio (76 v.Chr.–5 n.Chr.) gestiftet. Im 4. Jh. n.Chr. besaß Rom 28 öffentliche B. Die ersten christl. B. entstanden bei den Hauptkirchen in Caesarea, Edessa und Konstantinopel; im FrühMA standen die Kirchen-B. ausschließlich im Dienste der kirchl. Wissenschaft. Ausgehend von Italien, wurden die Klöster und Stifte fortan die Betreuer der B. (Kopieren von Handschriften antiker Texte). Zu den bedeutendsten Kloster-B. gehörten Bobbio, Monte Cassino, Corbie, Cluny, St. Gallen, Reichenau und Fulda. Aus den Kollegien-B. entwickelten sich im SpätMA die späteren Universitäts-B. (Salamanca 1243; Sorbonne 1257; Oxford 1345; Prag 1356; Basel 1460 u.a.). Die B. des MA war von nur geringem Umfang; selten umfaßte sie mehr als 1000 Handschriften (auf Pulten aufgestellt und häufig angekettet).
Die Fürsten-B. der Renaissance kamen dem Verlangen nach allg. Anteil an Forschung und Bildung entgegen. Die erste öffentl. B. der NZ war die durch Cosimo Medici (1389–1464) im Jahre 1441 begründete von San Marco in Florenz. Humanist. orientiert war außerdem die ebenfalls durch Cosimo begründete Biblioteca Laurenziana (1444). Während der Reformationszeit wurde viel und bedeutendes Bibliotheksgut vernichtet; hingegen wuchs das Bedürfnis nach B. seitens der neuen Kirche sowie des Bürgertums, wozu ebenfalls die Erfindung des Buchdrucks (um 1455) beitrug. Das

Erstarken der fürstl. Macht führte zur Gründung fürstl. B.; aus ihnen gingen später die Staats- und Landes-B. hervor: Wien 1526, Dresden 1556, München 1558, Berlin 1661. Die Palatina in Heidelberg war die bedeutendste dt. B. des 16. Jh., die Augusta in Wolfenbüttel, an der Leibniz (1646–1716) und Lessing (1729–81) wirkten, die bedeutendste des 17. Jh. Den Beginn der allg. Gebrauchs- bzw. der öffentl. B. markieren in England die Bodleiana (gegr. 1602), in Frankreich die Mazarine (gegr. 1645), in Italien die Ambrosiana (gegr. 1609). Das Zeitalter des Barock ist gekennzeichnet durch den Bau herrlicher Bibliothekssäle, so in Wien (Hofburg 1727), den Klöstern St. Gallen, Einsiedeln u. a. Die 1735 gegr. Universitäts-B. in Göttingen war die erste neuzeitlich organisierte wissenschaftl. Gebrauchs-B. Nutznießer der Enteignungen und Zentralisierungstendenz der Französischen Revolution und der Säkularisation um 1800 wurden vor allem die Landes-B. Während des 19. Jh. übernahmen insbes. die National-B. systematisch Sammlung und Verwahrung des bedeutend gewachsenen Schrifttums. Neben die wissenschaftl. traten seit 1850 die Volks-B.; sie dienten dem Unterhaltungs- und Bildungsbedürfnis weiter Kreise.

LIT. G. Adriani, Die Klosterbibliothek des Spätbarock in Österreich und Süddeutschland (1935); H. Kramm, Dt. B. unter dem Einfluß von Humanismus und Reformation (1938); J. Vorstius, Grundzüge der Bibliotheksgeschichte (⁴1948); E. Mehl, Dt. Bibliotheksgeschichte (1951); A. Esdaile, World's Great Libraries. 2 Bde. (London 1934–37); G. Leyh, Die dt. wissenschaftl. B. nach dem Krieg (1947); ders., Katastrophe und Wiederaufbau der dt. B. In: Libri 1 (1951); M. Thilo, Das Bibliothekswesen in der sowjet. Besatzungszone (1964); J. Stummvoll, Die B. der Zukunft. Automationsprobleme im Bibliothekswesen (1965).

Biergelden →Bargilden.

Bifang, Beifang, Auffang, Fang, Neubruch, Ambitus.
[1] Im MA Bez. für das von einem Markgenossen gerodete Land, das durch Einhegung (Einfang) dessen Sondereigentum wurde; es war dem Flurzwang nicht unterworfen.
[2] Das Recht zur Vornahme des Neubruchs.
[3] die Einzäunung des gerodeten Landes.
[4] Ein Ackermaß als Unterabteilung einer Hufe.

Bilderbogen. Werke der Volksgraphik (imagerie populaire). Sie leiten sich von den Einblattdrucken des 15. Jh. her. Als Holzschnitte geschaffen, waren sie häufig koloriert.

Bilderbuch. Ein illustriertes Buch für Kinder, aus der Fibel (ABC-Buch) im 16. Jh. entstanden und namentlich nach dem ›Orbis sensualium Pictus‹ (ein Weltbild für Kinder in kleinen Holzschnitten von A. Comenius, 1592–1670, im Jahre 1658 verfaßt) entwickelt. Berühmte B. waren J. B. Basedows (1723–90) ›Elementarwerk‹ (1774, mit Kupferstichen von D. Chodowiecki, einem Maler und Radierer, der von 1726–1801 lebte), J. K. A. Musäus, ›Moralische Kinderklappe‹ (1788), F. von Poccis (1807–76) gedichtete und gezeichnete Kinderbücher, H. Hoffmanns (1809–94) ›Struwwelpeter‹, der zuerst 1847 erschien und in fast alle europ. Sprachen übersetzt wurde, W. Buschs (1832–1908) ›Max und Moritz‹ (1858) etc.

LIT. K. Hobrecker, Alte vergessene Kinderbücher (1924); A. Rümann, Alte deutsche Kinderbücher (1937); I. Graebsch, Geschichte des dt. Jugendbuches (1942); M. Dierks, Vom B. zum Arbeitsbuch (1965); B. Hürlimann, Die Welt im B. (1965).

Bilderhandschrift. Ein mit Miniaturen geschmücktes handgeschriebenes Buch religiösen, wissenschaftl. und dichter. Inhalts aus der Zeit vor der Erfindung des Buchdrucks. Beispiele für B. sind: Vergil in der Vatikanischen Bibliothek (Antike); irische, karolingische und romanische B. in St. Gallen und Kloster Engelberg; Heidelberger Liederhandschrift (Profanhandschrift), die sog. Manessische Handschrift (um 1300 entstanden).

LIT. K. Pfister, Mittelalterl. Buchmalerei des Abendlandes (1922); F. Unterkircher, Die Buchmalerei. Entwicklung, Technik, Eigenart (1974).

Bilderstreit. Bez. für den Streit um die Verehrung religiöser Bilder im byzantin. Reich von 726–840, und zwar zwischen Ikonodulen, »Bilderknechten«, und Ikonoklasten, »Bilderbrechern«. Ausgelöst wurde der B. durch einen Erlaß Kaiser Leos III. (717–41) über das Anbringen und die Verehrung von Bildern Christi, Mariae und der Heiligen. Der Erlaß entstand aus der Befürchtung heraus, daß die Verehrenden lediglich das Bild, nicht jedoch die damit symbolisierte geistige Realität anbeteten. Der B. konnte beigelegt werden auf dem 2. Konzil von Nicäa (787) und dem 4. Konzil von Konstantinopel (869). Karl der Große (768–814) sprach sich wohl gegen eine Verehrung, aber für ein Anbringen von Bildern aus (Libri Carolini).

LIT. E. J. Martin, A History of the Iconoclastic Controversy (1930); K. J. Brosch, Wenn ich nur sein Gewand berühre (1951); K. H. Bernhardt, Gott und Bild (1956); G. Howe (Hrsg.), Das Gottesbild im Abendland (1957); G. Haendler, Epochen karolingischer Theologie (1958); H. W. Haussig, Kulturgeschichte von Byzanz (1959).

Bildersturm. Im Zusammenhang mit dem Bilderstreit die Beseitigung und Zerstörung jedweder Art von Kunstwerken durch Feinde der Bilderverehrung. Ähnl. Ursprungs waren die weitgehenden B. zur Zeit der Reformation; sie erfolgten gegen den Willen Luthers, so die von 1522 zu Wittenberg und in anderen Städten, insbes. in denjenigen, in denen man ref. Bekenntnissen anhing.

Bildnis (Porträt). Die Darstellung einer bestimmten Person, ebenfalls des Künstlers selbst (Selbstbildnis) oder einer Gruppe in Skulptur, Malerei und Graphik. Antike Statuen und Büsten waren zunächst Weihegeschenke, dem Götterideal angeglichen. Um so bewußter suchte der Hellenismus die Lebensnähe der Darstellung. Im MA war das B. selten und eher typisch als individuell gefärbt, so z. B. die Kaiserbilder in der Buchmalerei, Grabmäler und Stifterfiguren. Seit dem 15. Jh. finden sich selbständige B. Die Hochrenaissance mit ihrem ausgeprägten Persönlichkeitssinn wurde zur Glanzzeit des B. Das Barock bevorzugte die Repräsentation; gleichzeitig schuf Rembrandt (1606–69) B. von starker Eindringlichkeit. Menschl. Werte suchten Klassizismus und Romantik in ihren B. zum Ausdruck zu bringen. Das spätere 19. Jh. und die Gegenwart sind in ihrer Auffassung nicht selten von der Photographie beeinflußt, häufig auch im gewollten Gegensatz zu ihr.

LIT. R. von Lichtenberg, Das Porträt an Grabdenkmälern etc. (1902); K. Woermann, Die italienische Bildnismalerei der Renaissance (1906); W. Waetzoldt, Die Kunst des Porträts (1908); Dumont-Wilden, Le portrait en France (Brüssel 1909); A. Hekler, Die Bildniskunst der Griechen und Römer (1912); E. Waldmann, Das Bild im 19. Jh. (1921); M. Wegner (Hrsg.), Das röm. Herrscherbild (1939ff.); B. Schweitzer, Studien zur Entstehung des Porträts bei den Griechen (1940); K. Scheffold, Die B. der antiken Dichter, Redner und Denker (1943); B. Schweitzer, Die Bildniskunst der röm. Republik (1948); E. Buchner, Das dt. B. der Spätgotik und der frühen Dürerzeit (1953); Gisela M. A. Richter, The Portraits of the Greeks. 3 Bde. (London 1965); H. W. Singer, Allgemeiner Bildniskatalog. 14 Bde. (1967); ders., Neuer Bildniskatalog. 5 Bde. (1967).

Bildnisrecht (lat. ius imaginum). Das Recht patriz. Geschlechter in Rom, sodann der Nobilität, daß im Leichenzug diejenigen bereits verstorbenen Angehörigen, die das Amt eines Diktators, Konsuls, Zensors, Prätors, Reiterführers, kurulischen Aedils bekleidet hatten, gleichsam persönl. folgten. Voraussetzung für das B. war, daß die Verstorbenen zu ihren Lebzeiten im Vollbesitz der Bürgerrechte sowie der bürgerl. Ehre gewesen waren; auch durften diese Rechte nicht nach dem Tode aberkannt worden sein, was nach röm. Recht möglich war. Desgl. durften die Verstorbenen nicht unter die Götter versetzt worden sein, wodurch sie aus der Zahl der Dahingeschiedenen ausschieden.

LIT. Th. Mommsen, Röm. Staatsrecht (1952, Nachdr. der 3. Aufl.); E. Bethe, Ahnenbild und Familiengeschichte (1935).

Bilingue (lat.). Eine Inschrift oder Handschrift mit zweisprachigem Text, in Kolumnen abgesetzt. Insbes. für die Entzifferung unbekannter Schriften und Sprachen sind die B. von Bedeutung, beispielsweise bei der Entzifferung des Sumerischen durch die Assyriologie.

Bill (engl., von ma. billa, bulla, Zettel, Brief, Urkunde). Im angelsächs. Recht vor allem der dem Parlament vorgelegte Gesetzentwurf; er wird durch die Zustimmung des Königs zur Act (Gesetz), so die ›B. of Rights‹, das Gesetz der Rechte; sie wurde im Oktober 1689 durch ein ordnungsgemäß berufenes Parlament zum Gesetz erhoben,

nachdem es im Anschluß an die Vertreibung Jakobs II. (1685–88) zunächst durch eine formlos berufene Parlamentsversammlung als ›Declaration of Rights‹ aufgesetzt und im Februar 1689 von den neuen Herrschern (Wilhelm III. von Oranien und Maria, 1689–1702 bzw. bis 1694) angenommen worden war. Die ›B. of Rights‹ regelte in 13 Art. die Thronfolge in England und sämtl. Rechte des Parlaments, vor allem das Ausschreiben von Steuern; sie stellte eine Art Staatsgesetz dar. Die ›B. of Rights‹ führte dazu, daß die Herrschaft des Parlaments gegenüber der Regierung und dem König gesichert wurde.
LIT. W Holdsworth, A History of English Law. 18 Bde. (1923–73).

Billon (franz.). Eine Legierung minderwertigen Münzmetalls (Silber und Kupfer). Die Legierung enthält mehr Kupfer als Silber. In Frankreich nennt man alle Scheidemünzen B., in England rohe, ungemünzte Edelmetalle.

Bimetallismus. Bez. für ein Währungssystem auf der Grundlage zweier Währungsmetalle, meist Silber und Gold, wobei die Einlösung der Banknoten sowie die Prägung von Münzen im einen wie im anderen Metall erfolgen können. Bei der Parallelwährung besteht, im Gegensatz zur Doppelwährung, kein festes gesetzl. Umtauschverhältnis zwischen den beiden Währungsstoffen. Die Doppelwährung geht aus von der durch die tatsächl. Entwicklung widerlegten Annahme eines stabilen Wertverhältnisses zwischen Silber und Gold, das z.B. für England 1717, für die USA 1792 festgelegt wurde.
LIT. E. Cernuschi, La monnaie bimétallique (1876).

Biographie (griech. Lebensbeschreibung).
[1] Die Darstellung eines durch Ideen, Taten, Charakter oder Schicksal bemerkenswerten Menschenlebens. In der Autobiographie, der künstler. konzentrierten Form des Tagebuchs, stellt der Verfasser sein eigenes Leben dar.
[2] Sammelwerk, das in alphabet. Reihenfolge Lebensbeschreibungen in knapper Form enthält (wenn sich biograph. und bibliograph. Angaben die Waage halten, Bibliographie genannt), z.B. die von der Historischen Kommission der Münchner Akademie in 52 Bänden von 1875–1912 hrsg. ›Allgemeine Deutsche Biographie‹. Neben den nationalen gibt es auch internationale und regionale B., außerdem solche, die nach Zeiten, Bekenntnissen, Berufen oder Fachgebieten begrenzt sind.
Die Geschichte der B. reicht zurück bis ins Altertum. So wurden bei Plutarch (um 50–120 n.Chr.) bedeutende Persönlichkeiten des Griechen- und Römertums nebeneinander gestellt, um dadurch eine Typisierung sowie einen erzieherischen Effekt zu erreichen. Von Sueton (um 70–nach 140 n.Chr.) sind die Lebensbeschreibungen der römischen Kaiser von der Zeit Caesars bzw. Oktavians (31 v.–14 n.Chr.) bis Domitian (81–96) erhalten. Sueton übertrug auf die ›vitae Caesarum‹ die Form der gelehrten alexandrischen B., die er ebenfalls in seinem Hauptwerk ›De viris illustribus‹ anwandte. Hierin werden bedeutende Repräsentanten der römischen Literatur, Dichter, Historiker, Philosophen, Grammatiker und Rhetoren beschrieben. Während des MA stand die legendenhafte Heiligenbiographie (→Hagiographie) im Vordergrund, während seit dem Beginn der NZ die Darstellung der Einzelpersönlichkeit vorrangig ist. Von besonderem Wert für die historische Forschung ist die Autobiographie, vor allem dann, wenn sie sich durch Objektivität, Vollständigkeit und Einordnung des eigenen Lebens und Erlebens in die jeweilige Epoche auszeichnet. Berühmte Autobiographien stammen von Augustinus (354–430, ›Confessiones‹), Abälard (1079–1142), der hl. Theresa von Avila (1515–82), Ulrich von Hutten (1488–1523), J.J.Rousseau (1712–78), J.W. von Goethe (1749–1832) etc.
LIT. E.M. Oettinger, Bibliographie biographique universelle (^{2}1866); R. Dimpfel, Biographische Nachschlagewerke (1922); G. Schneider, Handbuch der B. (^{4}1930); R. F. Arnold, Allg. Bücherkunde zur neueren dt. Literaturgeschichte (^{3}1931); J. Romein, Die B. (1948); G. Misch, Geschichte der Autobiographie. 4 Bde. (1949–69); M. Hartmann, Einführung in die allg. B. (1956); H. Koch und W. Siedentop, Grundzüge der allg. B. (1957); J. L. Clifford, Biography as an Art (London 1962).

Bireme (lat. biremis). Ein Zweiruderer; das leichte schnelle Kriegsschiff der Römer; es fand auch als Geleitfahrzeug Verwendung.

Birkebeiner. Bez. für die Anhänger des norweg. Gegenkönigs Sverre (1164–1202); Sverre erhob sich gegen

König Magnus VI. (1161–84) und die Partei der Bagler. Zweck des Aufstands war, die Ansprüche der Kirche zurückzuweisen und diese der Herrschaft des Königs unterzuordnen. Die Bez. B. bezieht sich auf die Umhüllung der Beine mit Birkenrinde.

Bischof (von griech. episkopos, Aufseher). Der leitende Geistliche eines bestimmten Gebiets in christl. Kirchen. Das Amt des B. fiel in der Urkirche mit dem des Presbyters zusammen. Bereits bei dem Apostel Paulus werden B. als selbständige Amtsträger erwähnt, anfangs verschiedene an einem Ort, wahrscheinlich für jede Hausgemeinde jeweils ein B. Seit dem 2. Jh. entstand, vermutl. in Syrien und Kleinasien, zuerst bei Ignatius von Antiochien († um 110 n. Chr.) der Gedanke des monarch. Episkopats: der den Presbytern und Diakonen, d. h. den beiden anderen Amtsträgern, übergeordnete Einzelbischof. Er repräsentierte als Leiter der Eucharistie die Kirche für die gesamte Ortsgemeinde.
Seit dem 3. Jh. verkörpert der von der Gemeinde, dem Klerus oder anderen B. gewählte und eingesetzte B. die Tradition der Kirche, da er in der apostolischen Sukzession steht; er besitzt das Priester-, Lehr- und Hirtenamt, die Presbyter und Diakone werden von ihm ernannt, zudem beaufsichtigt er das Leben der Gemeinde. Auch obliegt ihm die Aufsicht über die Kirchenzucht.
Nach der Anerkennung des Christentums durch den Staat erlangten die an der Spitze der kirchl. Hierarchie stehenden B. auch den Rang weltl. Würdenträger. Im Zusammenhang mit der Herausbildung einer festen Kirchenorganisation wird der ursprüngl. Amtsbereich der B., die Parochie, zur Diözese, einem exakt umrissenen Bezirk. Mehrere Diözesen bilden eine Kirchenprovinz, der ein Erzbischof bzw. ein Metropolit vorsteht. Seit dem 3. Jh. wird die Priester- und Hirtengewalt zwar langsam, aber stetig durch den Primat des römischen B. als Papst und Inhaber des Primats eingeschränkt, während innerhalb der Diözese Archidiakon und Domkapitel, insbes. im Hoch- und Spät-MA Einfluß auf die Macht des B. zu gewinnen versuchen. Speziell im dt. Reich erlangen eine Anzahl von B. als Fürstbischöfe Einfluß. Die Versuche der B., gegenüber den Päpsten größeren Einfluß und Unabhängigkeit zu gewinnen, werden durch letztere vor allem auf den Konzilien bekämpft. Sie finden ihr Ende durch das Vatikanische Konzil im Jahre 1870. Dagegen können die B. gegenüber den Domkapiteln seit dem Konzil von Trient (1545–63) an Macht gewinnen.
Heute erfolgt die Besetzung eines Bischofsstuhls in freier Ernennung des B. durch den Papst; er stützt sich dabei auf Vorschlagslisten der B. des jeweiligen Landes sowie des Domkapitels. Letzteres besitzt in Ausnahmefällen ein formales Wahlrecht. Nach seiner Ernennung hat der B. dem Papst einen Treueid zu leisten, in einigen Fällen, so in Dtl., auch dem Staat. Feste Residenz, regelmäßige Visitation der Diözese und Berichterstattung nach Rom (visitatio ad limina) gehören zu den bischöfl. Pflichten. Da der B. als Nachfolger der Apostel betrachtet wird, besitzt er die Weihegewalt (potestas ordinis), die Regierungsgewalt (potestas iurisdictionis) sowie das Lehramt (potestas magistri).
Der B. zeichnet sich durch eine besondere Tracht und Insignien (Pontifikalien) aus. Die Bischofsinsignien sind: Der Ring, das Symbol der geistl. Vermählung mit seiner Kirche; der Stab (Krummstab), das Zeichen der Hirtensorge; das Brustkreuz, das Zeichen der bischöfl. Würde sowie Inful oder Mitra (Bischofsmütze). In der Bischofskirche findet sich rechts vom Altar die Kathedra (Bischofsthron), weshalb die Bischofskirche Kathedrale genannt wird.
In der ev. Kirche konnte sich lediglich zu Beginn der Reformation die ursprüngl. Vorstellung vom Bischofsamt durchsetzen, da schon bald die Konsistorialverfassung an die Stelle des Bischofsamtes trat. Zunächst nur als vorübergehende Institution gedacht, wurde die Konsistorialverfassung zu einer Dauereinrichtung; sie bestand bis 1918. Seitdem gibt es das Amt des Landesbischofs in den einzelnen Landeskirchen. Er wird von der Synode gewählt; ihm untersteht die geistl. Leitung der Pfarrer. Außerdem hat er maßgebl. Einfluß auf die Verwaltung der Landeskirche.
Die anglikan. Kirche kennt ebenfalls B., ebenso die Kirche der skandinavischen Länder u. a. Ihre Stellung ähnelt der der kath. Bischöfe.
LIT. A. Nicolovius, Die bischöfl. Würde in Preußens ev. Kirche (1834); H. Lier-

mann, Deutsches ev. Kirchenrecht (1933); Episcopus, Studien über das Bischofsamt, Festschrift Kard. Faulhaber (Hrsg. Theolog. Fakultät München, 1949); E. Eichmann, Lehrbuch des Kirchenrechts auf Grund des Codex Iuris Canonici. Neu bearb. und hrsg. von K. Mörsdorf ([9]1959); H. von Campenhausen, Kirchliches Amt und geistliche Vollmacht ([2]1963); Y. Congar, Das Bischofsamt und die Weltkirche (1964); R. Kaiser, Bischofsherrschaft zwischen Königtum und Fürstenmacht (1981); E. Gatz, Die Bischöfe der deutschsprachigen Länder 1785/1803 bis 1945 (1983); H.J. Brandt, K. Hengst, Die Bischöfe und Erzbischöfe von Paderborn (1984).

Bischofsmütze. Die Kopfbedeckung von Kardinälen, Bischöfen und Äbten bei ihren Pontifikalfunktionen. Die B. steht auch den Protonotaren (oberste Rangstufe der päpstlichen Hof- und Ehrenprälaten), den Rota-Auditoren sowie, mit einem entspr. päpstl. Privileg ausgestattet, ebenfalls anderen (infulierten) Prälaten zu. Die B. besteht aus zwei flachen, nach oben spitz zulaufenden Deckeln; an der Rückseite hat sie zwei Bänder (→Mitra).

Bischofsstadt. In Dtl. die bischöfl. Residenzstadt, in der der Bf. gleichzeitig Stadtherr war.
LIT. F. Merzbacher, Die B. (1961).

Bistum (ahd. biscoftuom). Der aus der Parochie hervorgegangene kirchliche Verwaltungsbezirk des Bischofs (Diözese). In ihm übt der Bischof seit dem frühen MA seine Rechte aus; ihm untersteht dessen geistl. Leitung, nicht selten bis zur Säkularisation auch die weltl. (Fürstbischof). Das B. setzt sich zusammen aus Pfarreien, von denen mehrere ein Dekanat bilden. Eine Anzahl von B. ist in einer Kirchenprovinz zusammengefaßt. Exemte B. nennt man diejenigen, die nicht dem Verband einer Kirchenprovinz angehören, sondern dem Hl. Stuhl unmittelbar unterstellt sind (→Exemtion).

Bitte →Bede, →Erste Bitten.

Blaffert, Blappart, Blaphard, Plappert (frz. blafard). Im SpätMA und zu Beginn der NZ allgemein Bez. für Scheidemünze, Halbgroschen.

Blason. Wappenschild, Wappenkunde. Die kunstgerechte Beschreibung eines Wappens wird als Blasonieren bezeichnet. Blasonierte Münzen nennt man diejenigen dt. Münzen, die ein mit Lack ausgemaltes Wappen tragen.

Blaubuch →Farbbücher.

Bleikammern. In Venedig das berüchtigte Staatsgefängnis unter einem Bleidach. Mit dem Dogenpalast war es durch die Seufzerbrücke verbunden. 1797 wurde es zerstört. Berühmt wurde Giacomo Casanova (1725–98) durch seine kühne Flucht aus den Bleikammern im Jahre 1756, in die er infolge einer Anklage der Inquisition gelangt war.
LIT. H. Kretschmayr, Geschichte von Venedig. 5 Bde. (1905–34).

Bliaud (franz.), **Blialt.** Bez. für ein Obergewand (hemdkittelartig gearbeitet), das vom 10. bis zum 14. Jh. von Männern und Frauen getragen wurde; auch Cotte, auch Robe genannt. In Dtl. war es unter dem Namen Roc bekannt. Bei den Männern reichte es bis zu den Knien oder bis zu den Knöcheln, bei den Frauen hinab bis zu den Füßen, falls es nicht schleppig gearbeitet war. Aus seiner kurzen Form, die lediglich bis zum Gürtel reichte, kam es zur Entwicklung der Bluse.
LIT. H. Schurtz, Grundzüge einer Philosophie der Tracht (1891); L. H. Newburgh, Psychology of Heat Regulation and the Science of Clothing (1949).

Blitzkrieg. Bez. für die erfolgreichen Feldzüge der dt. Wehrmacht gegen Polen, Frankreich, Jugoslawien und Griechenland während der Kriegsjahre 1939–41, da sie die Erwartungen von Freund und Feind weit übertrafen. Die Erfolge basierten nicht zuletzt auf dem kombinierten Einsatz der Luft- und Panzerstreitkräfte. Die Blitzkriegsphase fand ihr Ende mit dem Steckenbleiben der Offensive der dt. Heeresgruppe Mitte vor Moskau Ende November 1941 und den erfolgreichen sowjet. Gegenoffensiven im Süd- und Zentralabschnitt der Ostfront im Winter 1941/42.
LIT. A. Hillgruber, Hitlers Strategie. Politik und Kriegführung 1940 bis 1941 (1965); A.S. Milward, Die dt. Kriegswirtschaft 1939–1945 (1966).

Block (franz. bloc von ahd. bloh). Bez. für das polit. Zusammengehen von Parteien. Der B. unterscheidet sich von der Koalition durch seine kämpferische Tendenz, z.B. 1907 im Reichstag die Vereinigung von Konservativen, Nationalliberalen und Freisinnigen gegen das Zentrum und die Sozialdemokraten

zum Bülow-Block. Im außenpolit. Sinne das enge Bündnis zwischen mehreren Staaten, die eine gemeinsame Weltanschauung vertreten.
LIT. A. Steiniger, Das Blocksystem (1949); A. Vulpius, Die Allparteienregierung (Diss. Freiburg 1956).

Blockade (engl., franz. blocus). Die Absperrung (das Blockieren) eines Hafens oder einer Küste durch fremde Flottenstreitkräfte (Blockadegeschwader). Die B. ist zulässig im Krieg oder als Repressalie. Die Kriegsblockade erhielt ihre rechtliche Ordnung durch die Pariser Seerechtsdeklaration vom 16. 4. 1856. Eine gegenüber den Neutralen rechtsgültige B. besteht, sobald der Zugang zur Küste durch Seestreitkräfte an Ort und Stelle wirksam verhindert wird (Prinzip der Effektivität der B.; verboten sind die Fern- oder die Papierblokkade; letztere bezeichnet die lediglich durch eine Erklärung ausgesprochene B.). Die neutralen Schiffe, welche trotz Kenntnis der B. die Sperre zu durchbrechen suchen (Blockadebrecher), dürfen entschädigungslos weggenommen werden. Keine B. im ursprüngl. Sinn ist die sog. Seesperre; hierdurch soll der Handelsverkehr des Feindes mit den Neutralen über neutrale Häfen lahmgelegt werden.
LIT. J. L. Kunz, Kriegsrecht und Neutralitätsrecht (1935); L. F. L. Oppenheim und H. Lauterpacht, International Law, 2 (London [7]1952); L. Kotsch, in: Wörterbuch des Völkerrechts, 1 (1960).

Blockbücher. Holzdrucke, d.h. in Buchform gefaßte Folgen von Bilddrukken, die mit kurzen Begleittexten versehen sind; dabei wurde stets eine ganze Seite von einer Holztafel (Block) abgezogen. B. entstanden größtenteils in Dtl. und den Niederlanden, und zwar von 1430–50 und später. Endgültig wurden sie zu Beginn des 16. Jh. durch Holzschnittbücher, deren Text typographisch hergestellt war, verdrängt.
Inhalt: Volkstüml. Erbauungsschriften sowie auch Lehrbücher auf scholastischer und mystischer Grundlage. Als wichtigste B. sind zu bez.: der Antichristus et quindecim signa, die Apokalypse, die Ars moriendi, die Biblia pauperum, das Canticum canticorum (Hohelied), die Chiromantia, das Defensorium inviolatae et perpetuae virginitatis Mariae, die Mirabilia Romae, das Planetenbuch, das Speculum humanae salvationis sowie der Totentanz. Insgesamt sind 33 Werke in über 100 Ausgaben als B. bekannt.
LIT. P. Kristeller, Kupferstich und Holzschnitt in vier Jh. ([4]1922); E. von Rath und R. Ruchhoff, in: Hdb. der Bibliothekswissenschaft 1 (1931; [2]1950); RDK II.

Blutbann. Im dt. MA die Gerichtsbarkeit über Leben und Tod. Ursprüngl. in der Hand des Königs, durch seine Beamten (Grafen, Reichsvögte) ausgeübt, gelangte der B. mit Entstehung der Landeshoheit an die Landesherren (→Bann).
LIT. K. von Amira, Über das altgerman. Privatstrafrecht (Sitzungsbericht München 1913); H. Hirsch, Die hohe Gerichtsbarkeit im dt. MA (1922); F. Genzmer, Wergeld und Klage (1941); H. von Hentig, Die Strafe ([2]1955); H. Mitteis, DRG ([11]1969); L. Günther, Die Idee der Wiedervergeltung in der Geschichte und in der Philosophie des Strafrechts (1889).

Blutfahne, Blutbanner. Eine rote Fahne, mit der die Reichslehen beliehen wurden, die mit dem Blutbann verbunden waren.

Blutfeld, Regalienfeld. In der Heraldik ein rotes Feld im Wappen; es weist auf die Belehnung mit der Blutfahne hin (Burgund).

Blutgeld.
[1] Während des dt. MA, darüber hinaus vor allem im England des 18. Jh. eine Belohnung für denjenigen, dessen Zeugnis zur Überführung eines Verbrechers führte.
[2] Buße für die Tötung eines Menschen (Wergeld).

Blutiger Sonntag. Bez. für den 22. 1. 1901. Dieser Tag, ein Sonntag, markiert den Beginn der bürgerlich-sozialist. Unruhen in Rußland, als ein friedlicher Bitt-Demonstrationszug (rd. 100000 Teilnehmer) in St. Petersburg unter der Führung des Priesters G. Gapon durch Gardetruppen des Zaren zusammengeschossen wurde. Nach Bekanntwerden der russ. Niederlage im russ.-japan. Krieg (1904/05) brach in Rußland die Revolution aus; sie hatte ihre Ursache in den sozialen und wirtschaftl. Mißständen des Zarenreiches.
LIT. L. Kulczycki, Geschichte der russ. Revolution. 3 Bde. (1910–14); H. Seton-Watson, Der Verfall des Zarenreiches (1954).

Blutrache. Eine Erscheinung des primitiven Gesellschaftslebens; sie ist Ausdruck eines urtümlichen Gefühls für Verwandtschaftszusammenhang in Sippe oder Clan. Der Tod durch Blutvergießen, aber auch durch Zauberei, galt bzw. gilt als Anlaß für die B. Dabei erscheint nicht der einzelne Täter, sondern sein gesamter Verwandtschaftsverband als schuldig, dem gegenüber zur B. aufgerufen wird. B. führte oft zu langen Kämpfen zwischen den verschiedensten Geschlechtern. Sie ging zurück mit der Ausbildung fester Machtordnungen und dem Erstarken staatl. geregelter Rechtsordnungen.

Bodenreform. Zusammenfassende Bez. für die unterschiedl. Bestrebungen, die auf eine Änderung der Besitzverhältnisse sowie des Eigentumsrechts am Grund und Boden gerichtet sind. Die beiden Grundfragen der B. sind: Abschaffung des privaten Bodenmonopols (der »Bodensperre«) sowie Beschränkung oder Aufhebung des arbeitslosen Einkommens aus Grundrente. Zu den von den verschiedenen Gruppen geforderten wirtschaftlichen Maßnahmen gehören die folgenden:
[1] Aufhebung des privaten Bodenbesitzes, d.h. (a) Verstaatlichung; sie führt zur Entstehung von Staatsbetrieben (z.B. der sowjet. Sowchosen) oder von staatl. verpachteten Bauerngütern (Kolchosen); (b) Übertragung des Bodenbesitzes an die Gemeinden, verwirklicht z.B. im russ. Mir und in der ma. Hufenverfassung; sie spielt auch in der modernen kommunalen Wohnungspolitik eine Rolle; (c) die Verallgemeinerung des genossenschaftl. Grundbesitzes; sie gehört zu den Forderungen des Anarchismus.
[2] Aufteilung des Grundbesitzes und Zuweisung des Bodens an selbständige Bauern; sie ist im Grunde die verbreitetste Art der Bodenreform.
[3] Abschöpfung der Grundrente durch Besteuerung (Bodenwertzuwachssteuern).
In der Bodenreformbewegung berühren sich ausgesprochen sozialist. und kommunist. Ideen (Agrarsozialismus und Agrarkommunismus) mit kleinbürgerl.-mittelständischen (Mieterschutz, »Zurück-aufs-Land«-Bewegung, Bauernpolitik) oder sogar solchen liberalen, großbürgerlichen Ursprungs (Kampf gegen den grundbesitzenden Adel; Interesse des industriellen Bürgertums an niedrigen Nahrungsmittelpreisen etc.). Den stärksten Impuls, vor allem in England und den USA, erhielt die B. durch Henry George, namentlich auf Grund seines Werkes ›Progress and Poverty‹ (1879), das die Lösung der sozialen Frage in der Abschöpfung der Grundrente durch eine einzige Steuer (engl. single tax, hierher »singletax«-Bewegung) erblickt, die an die Stelle sämtl. übrigen Steuern treten soll. In Deutschland entwickelte sich eine Bodenreformbewegung unter der Führung von M. Flürscheim (1844–1912), A. Damaschke (1865–1935) und F. Oppenheimer (1864–1943).
In der ehem. DDR erfolgte 1954 als erste Stufe zur Verwirklichung des Agrarsozialismus die entschädigungslose Enteignung der Großgrundbesitzer. In Westdeutschland wurde 1946–48 eine Enteignung gegen Entschädigung durch die damaligen Besatzungsmächte eingeleitet.
LIT. K. Diehl, Art. Bodenbesitzreform. In: HWSt II (hier die gesamte ältere Lit.); A. Damaschke, Geschichte der Nationalökonomie (^{4}1910); ders., Die B. (1923); M. Sering, Agrarrevolution und Agrarreform in Ost- und Mitteleuropa (1929); ders. (Hrsg.), Die agrarischen Umwälzungen im außerruss. Osteuropa (1930); A. Liertz, A. Damaschke und die dt. B. (1948); W. Abel, Agrarpolitik (1951); W. Ehrenforth, Das Recht der Siedlung und B. (Texte, 1952); W. Abel, Agrarpolitik (^{2}1958).

Bodmerei, Verbodmung (ndl. bodmerij, engl. bottomry, vgl. Schiffs»boden«). Im Seehandelsrecht seit dem späten MA die Darlehensaufnahme auf den Schiffsboden. Der Gläubiger trug hierbei gegen einen erhebl. Zinssatz (20–40%) das Risiko beim Verlust eines Schiffes. In der NZ ist die B. auf ein Notdarlehen beschränkt; hierüber wird vom Kapitän des Schiffes eine Urkunde (Bodmereibrief) ausgefertigt. Die Aufnahme des Notdarlehens muß in fremden Häfen erfolgen; hierdurch wird die Fortsetzung der Reise ermöglicht. Moderne Formen der Nachrichtenübermittlung wie Funk und Kabel haben die B. überflüssig gemacht.
LIT. H. Wüstendörfer, Neuzeitl. Seehandelsrecht (^{2}1950).

Bogomilen, Bogumilen (slaw. ›Gottesfreunde‹), auch Babunier. Eine seit dem 10. Jh. in Kleinasien und auf dem Balkan verbreitete, den Manichäern verwandte Sekte. Die B., die die Taufe, das Abendmahl, die religiösen Bilder sowie die Verehrung des Kreuzes verwarfen, lehrten die Existenz eines guten und bösen Gottes. Vom 12. Jh. an wurden sie durch den byzantin. Staat bekämpft; bis ins späte MA hielten sie sich vor allem in Bosnien (daher spricht man auch von der ›Bosnischen Kirche‹). Ohne Erfolg blieben die mit Unterstützung der ungar. Könige unternommenen Bekehrungs- und Bekämpfungsversuche der kath. Kirche. Die Mehrzahl der B. trat nach der türk. Eroberung (1463) zum Islam über. Bis heute sind Spuren der bogomil. Lehre in abgelegenen Gegenden ihres einstigen Verbreitungsgebiets feststellbar. In gewissem Sinne sind die B. Vorläufer der Katharer.

LIT. I. von Döllinger, Beitrr. zur Sektengeschichte des MA. 2 Bde. (1890); J. Ilic, Die B. in ihrer geschichtl. Entwicklung (Bern 1923); M. Spinka, A History of Christianity in the Balkans (Chicago 1933); A. Dondaine, Un traité néomanichéen du XIIIe siècle, le ›Liber de duobus principiis‹ (Rom 1939); P. Obolensky, The Bogomil (Cambridge 1948); D. Angelov, Der Bogumulismus (Sofia 1948); A. Borst, Die Katharer (1953); G. Wild, Bogumili als Ausdruck des Selbstverständnisses der ma. Sektenkirche. In: Kirche im Osten, 6 (1963); TRE VII, 28–42; R. Kutzli, Die Bogumilen (1977).

Bojar (altruss., ursprüngl. donaubulgar., Herr, Edelmann). In Bulgarien vom 8.–14. Jh., in Rußland bis ins 18. Jh. existierender Stand. Hier waren die B. für das örtl. Steuer-, Gerichts- und Militärwesen zuständig. Dann, unter Peter d. Gr. (1689–1725), wurden sie durch den Dienstadel der Dvorjane ersetzt. In Rumänien gab es B. bis ins 19. Jh. Im alten Rußland waren die B. fürstl. Gefolgschaftsleute. In Rumänien bzw. den rumän. Fürstentümern wurden als B. allg. die Freien, die Großgrundbesitzer bezeichnet.

LIT. W. O. Kliutschewsku, Die Bojarenduma (russ. 1888); M. A. Djakonov, Skizzen zur Gesellschafts- und Staatsordnung des alten Rußlands (1931); J. Blum, Lord and Peasant in Russia from the Ninth to the Nineteenth Century (Princeton 1961); H.-W. Camphausen, Die Bojarenduma unter Ivan IV. (1985).

Bollandisten. Die nach dem 1596 zu Julemont bei Lüttich geborenen und 1665 zu Antwerpen verstorbenen Jean Bolland genannten Herausgeber des noch nicht abgeschlossenen Riesenwerkes ›Acta Sanctorum‹, einer Biographie aller Heiligen; die erreichbaren Quellen sämtl. Heiligen sind hier zusammengetragen. Von dem Jesuiten J. Bolland im Jahre 1615 begonnen, wurden durch seine Ordensgenossen, die B. genannt wurden, bis 1773 in Antwerpen 50 Bde., seit 1837 in Brüssel 22 Bde. ediert.

LIT. H. Delehaye, A travers trois siècles: l'œuvre des Bollandistes 1615–1915 (Brüssel 1920); P. Peeters, L'œuvre des B. (ebd. 1942).

Bolschewismus (russ. von bolsche, mehr, im Gegensatz zu mensche, weniger). Der Begriff leitet sich her von der Bez. für den radikalen Flügel der ehem. russ. Sozialdemokratischen Partei. Verwirklicht wurde der B. in Rußland nach der Oktoberrevolution von 1917 im Sowjetregime. Der Name Bolschewiki entstand nach der Spaltung der Sozialdemokratischen Partei auf dem II. Parteitag zu Brüssel-London im Juli 1903. Hier entschied sich der größere (Bolschewiki) Teil für Lenins (1870–1924) revolutionäre Taktik, während sich der kleinere Teil (Menschewiki) für ein evolutionäres Prinzip aussprach. Der Leninismus basiert auf der philosoph. Grundlage des dialekt. Materialismus; er sieht im Staat ein Organ der Klassenherrschaft, erwartet jedoch von der Beseitigung der Klassenunterschiede auch ein Absterben des Staates. Dies soll erreicht werden durch die – als Übergang gedachte – Diktatur des Proletariats. Sie setzt einen Massenaufstand unter Führung einer kommunist. Avantgarde voraus. Die Verwirklichung der klassenlosen Gesellschaft wird erst von einer Weltrevolution erwartet.

Das Wirtschaftsprogramm des B. beinhaltet: Vollständige Vergesellschaftung der Produktionsmittel, planwirtschaftl. Regelung der Produktion, Abschaffung des Privateigentums, der privaten Initiative in der Landwirtschaft, im Handel etc. sowie Gleichheit der Löhne. Unter dem Stalinismus (Beginn in den 30er Jahren des 20. Jh.) erfolgten erhebl. Veränderungen im B.: Konzessionen an eine erstarkende Bürokratie, Akzentuierung des Nationalismus sowie eines Imperialismus (→Totalitarismus). Nach dem Zweiten Weltkrieg festigte der B. seine Position in den Rand-Satellitenstaaten der UdSSR (Polen, DDR, Tschechoslowakei, Ungarn, Bulgarien,

Rumänien) und stieß zudem bis in den Fernen Osten vor. Übersteigerung des Personenkults sowie des Bürokratismus führten nach Stalins Tod (1953) zu innersowjet. Krisen und immer stärkerer Kritik am Stalinismus (Höhepunkt der Kritik: die Rede Chruschtschews vor dem XX. Parteitag 1956). Es erfolgte eine Rückwendung zum Leninismus, insbes. in den Satellitenstaaten (Polen und Ungarn) sowie in China, das einen »eigenen Weg« in diesem Zusammenhang vorschlug (Rede Mao Tse-tungs vor dem Obersten Staatsrat am 27. 2. 1957). In der UdSSR wurde eine Rückkehr zur Lehre Lenins auf dem XXII. Parteitag (1961) verkündet und der Stalinismus gänzlich verworfen. Bis zum Auseinanderbrechen der UdSSR 1991 war die Situation des B. bestimmt durch die ideolog.-polit. Spannungen zw. Moskau und Peking. Die Gegensätze konnten weder auf der Moskauer Konferenz von 1960, an der 81 kommunist. Parteien teilnahmen, noch später überbrückt werden. Die gegenwärtige Situation des B. ist durch Zerfallserscheinungen gekennzeichnet.

LIT. W. I. Lenin, Staat und Revolution (1917; dt. 1926); N. I. Bucharin, ABC des Kommunismus (1921); J. Martow, Geschichte der russ. Sozialdemokratie (1926; menschewist.); V. Fülöp-Miller, Geist und Gesicht des B. (Zürich 1926); A. Feiler, Das Experiment des B. (1930); W. Gurian, B., Einführung in Geschichte und Lehre (1931); B. Meissner, Umbruch in Rußland (1951); G. A. Wetter, Der dialekt. Materialismus. Seine Geschichte und sein System in der Sowjetunion (Wien 1952, ^{5}1960); H. J. Lieber, Die Philosophie des B. (^{2}1958); I. Fetscher, Von Marx zur Sowjetideologie (^{6}1961).

Bombarde (franz. von lat.-griech. bombus, einer lautmalenden Klangbezeichnung). Vom 15.–17. Jh. ein großkalibriges Belagerungsgeschütz, das von vorne beladen wurde. Es vermochte Steinkugeln von mehreren Zentnern Gewicht zu schleudern und war sämtl. Befestigungen seiner Zeit überlegen. Hierher leitet sich auch die Bez. Bombardier her, der Büchsenmeister des 14.–15. Jh., später allg. der Artillerist; im Preußen des 18. und beginnenden 19. Jh. eine Rangstufe zwischen den Mannschaften und den Unteroffizieren bei der Artillerie.

Bonapartisten. Eine seit 1815 in Frankreich bestehende polit. Gruppe, die sich für das Regierungssystem Kaiser Napoleons I. (1804–14/15) und die Ansprüche der Familie Bonaparte einsetzte. Sie hatte Anteil am Aufstieg Napoleons III. (1852–70) und behielt nach dessen Sturz einen bedeutenden Anhang und Einfluß in Heer und Beamtenschaft. Nachdem sie in den Kammerwahlen des Jahres 1885 noch rd. 80 Sitze hatte gewinnen können, verlor sie nach 1888 an Einfluß. In diesem Jahr hatte sie den kurz darauf wegen eines Umsturzversuchs zu lebenslängl. Gefängnis verurteilten General und Politiker Boulanger (1837–91) unterstützt; sie sank nunmehr bald zur Bedeutungslosigkeit herab (→Boulangismus).

Bönhase →Zunft.

boni (lat., Gutgesinnte, Ehrenmänner). Die konservativen Patrioten (→Optimaten) bei Cicero (106–43 v. Chr.).

Bonze (von jap. bonso, Priester, Mönch). Urspr. Bez. für den buddhist. Priester, später (während der Gottsched-Zeit, 1700–66) im Sinne von »Pfaffe« gebraucht. Neuerdings auf großspurige und dabei engstirnige Parteibürokraten angewendet.

Bootaxtkultur. Eine jungsteinzeitliche, nach dem bootartigen Aussehen ihrer Streitäxte benannte Kultur. Sie stellt den schwed., finn. und balt. Zweig der jungsteinzeitl.-kupferzeitl. Streitaxtkultur dar.

LIT. K. Tackenberg, in: Historia mundi 2 (1963).

Börse (die Bez. leitet sich vom Namen der Patrizierfamilie van der Burse in Brügge her, in deren Haus sich seit dem 13. Jh. Geld- und Wechselhändler trafen). Ein Zentralmarkt, auf dem in regelmäßigen Zeitabständen, unter Einbeziehung von Mittelspersonen (Börsenmakler), Geschäfte in vertretbaren Gütern abgeschlossen werden. Die B. garantiert eine größtmögl. Marktübersicht, Zusammenfassung der Nachfrage und des Angebots sowie das Einspielen des herrschenden Marktpreises (Kurs). Man unterscheidet vor allem Waren- oder Produkten-B. und Effekten-, Wertpapier- oder Fonds-B. Bei den Waren-B. (die Amsterdamer Getreide-B. bestand schon im 17. Jh., ihre volle Entwicklung erlebte sie erst Ende des 19. Jh.) muß die Vertretbarkeit erst geschaffen werden, z. B. durch Festsetzung von Typen mit bestimmten Quali-

täten (beispielsweise für Getreide, Baumwolle, Kaffee). Die Effekten-B., seit dem 12. Jh. aus den Messen in Oberitalien entstanden, doch erst im 16. Jh. zu größerer Bedeutung gelangt, haben die Versachlichung des Kredits, d. h. seine Unabhängigkeit von der Person des Schuldners und Gläubigers, gefördert und die Marktgängigkeit der Wertpapiere stark erhöht.
Der Begriff B. wird von der Wirtschaftsgeschichte bereits für vergleichbare Erscheinungen im At. verwendet. Die katalanischen Seestädte Sevilla, Cadiz und Lissabon hatten schon im 15. Jh. B. (Lonja). Antwerpen besaß die erste internationale B. (1531). Die frühesten gesetzl. organisierten B. in Frankreich waren die von Lyon, Toulouse (1546) und Rouen (1566); Paris hingegen erhielt erst 1724 eine gesetzl. B. In England wurde zwischen 1566 und 1570 die Royal Exchange (zunächst The Bourse genannt) in London gegründet.
In Dtl. entstanden die ersten B. während der ersten Hälfte des 16. Jh. in Augsburg und Nürnberg, in der 2. Hälfte des 16. Jh. in Hamburg und Köln; Anfang des 17. Jh. erfolgten Börsengründungen in Königsberg, Lübeck, Frankfurt/M. und Leipzig; zu Beginn des 18. Jh. in Berlin. Frankfurt und Berlin standen seit Beginn des 19. Jh., bis etwa 1866, gleichbedeutend nebeneinander, dann jedoch erlangte die Berliner B. allmählich eine überragende Bedeutung.
LIT. W. Sombart, Der moderne Kapitalismus (1928); J. Löffelholz, Geschichte der Betriebswirtschaft und der Betriebswirtschaftslehre (1935); S. Moltke, Geschichte der Leipziger B. (1936); A. Mayer, Finanzkatastrophen und Spekulanten (1938); G. Bernhard, Die B. (Berlin o. J.).

Borussisten (zu mlat. Borussia, Preußen). Bez. für die Repräsentanten einer nationalpolitischen-kleindt. Geschichtsschreibung, u. a. J. G. Droysen (1808–84), H. von Sybel (1817–95); F. Häusser (1818–67) und H. von Treitschke (1834–96).

Botschaft. Die schriftliche, unmittelbare Mitteilung des Staatsoberhauptes eines konstitutionellen Staates an die Volksvertretung aus einem wichtigen Anlaß, so die Kaiserliche Botschaft vom 17. 11. 1881 zur Sozialpolitik. In den USA bezeichnet man als B. die Rede des Präsidenten vor dem Kongreß über die Lage der Nation zu Jahresbeginn.
LIT. W. Zechlin, Die Welt der Diplomatie (^{2}1960).

Botschafter (franz. ambassadeur, von lat. ambactus, Dienstmann). Seit dem Wiener Kongreß (1815) Bez. für den höchsten diplomat. Vertreter eines Landes bzw. den persönl. Vertreter eines Staatsoberhauptes. Zunächst nur unter Großmächten ausgetauscht, sind B. heute als diplomat. Vertreter sämtl. Staaten fast allg. üblich.

Boulangismus. Bez. für eine chauvinist. Bewegung in Frankreich, die zur Revanche an Dtl. für den verlorenen Krieg von 1870/71 aufforderte. Ihr Initiator war der franz. General und Politiker Georges Boulanger (1837 bis 1891). Da Boulanger, der 1886 Kriegsminister wurde, als Wortführer der Revanchepolitik 1887 die Gefahr eines dt.-franz. Krieges heraufführte, wurde er bald abberufen und 1888 aus der Armee entfernt. Er wirkte jedoch als Kammermitglied im Sinne des Revanchismus weiter; außerdem forderte er die Revision der Verfassung. Unterstützt wurde er bei seinen Bestrebungen von einer radikalen Parteigruppe (den Boulangisten oder der Boulange) unter dem Dichter und Politiker Paul Déroulède (1846–1914), der 1882 die auf eine Revanche hinwirkende Patriotenliga gegründet hatte, außerdem von den Monarchisten. Der B. brach bald nach Boulangers Tod (Selbstmord) zusammen.
LIT. F. Laur, L'époque boulangiste (Paris 1912); A. Zévaès, Au temps du Boulangisme (1930); W. Frank, Nationalismus und Demokratie im Frankreich der 3. Republik (1933); J. Néré, Le boulangisme et la presse (Paris 1964).

Bourgeoisie (franz. bourgeois, Bürger einer Stadt. Gegensatz: citoyen, Staatsbürger). Die Oberschicht des Bürgertums. Urspr. war B. ein Ausdruck der marxist. Terminologie, wodurch die Klasse der Kapitalisten dem »Proletariat« gegenübergestellt werden sollte. Nach der Lehre des Marxismus ist die B. die in der kapitalist. Gesellschaft dominierende Klasse. Sie beutet die Klasse der Lohnarbeiter bzw. des Proletariats aus, da sie über die Produktionsmittel verfügt. Lt. Kommunistischem Manifest spaltet sich die gesamte Gesellschaft in zunehmender Weise in zwei große Klassen, die einander feindl. gegenüberstehen. Durch die Revolutionen des 17. Jh. (in England), des 18. Jh. (in Frankreich), des 19. Jh. (in Dtl.) und des 20. Jh. (in Dtl. und Rußland) habe sich die B. gegenüber der feudalen Gesellschaft durchgesetzt und die Macht übernommen, welche ihr jedoch durch den Klassenkampf und die Revolution des internationalen Proletariats mit Erfolg streitig gemacht werde. Zunächst ein Schlagwort der Sozialisten, wurde der Begriff B. zum Forschungsgegenstand der Wissenschaft (Soziologie, Wirtschaftsgeschichte etc.). Festzuhalten ist, daß sich das vom Marxismus vorausgesagte Zwei-Klassensystem nicht durchgesetzt hat, denn der Mittelstand existiert nach wie vor. Insbes. in England und den USA stiegen zahlreiche Angehörige des Arbeiterstandes in die B. auf. Selbst in den kommunist. Ländern konnte die Klasse der B. nicht überwunden werden (vgl. M. Djilas, Die Neue Klasse). Die Definition des Begriffes B. durch die marxist. Lehre ist somit fragwürdig.

LIT. W. Sombart, Der Bourgeois (^{2}1923); M. Rostovtzeff, The Social and Economic History of the Roman Empire (1926; dt. Gesellschaft und Wirtschaft im Röm. Kaiserreich. 2 Bde., 1931); R. Pernoud, Origines de la b. (1947); N. Berdjaev, De l'esprit bourgeois (1948); J. A. Schumpeter, Kapitalismus, Sozialismus und Demokratie (^{2}1950); M. Djilas, Die Neue Klasse (New York 1957; dt. 1958); E. Hobsbawm, Europ. Revolutionen (1962); A. J. Tudesq, Les grands notables en France 1840–49, 2 Bde. (Paris 1964).

Boxer (chin. k'üan-fei, Faust-Rebellen). Ein chines. religiöser Geheimbund. Um 1770 entstanden, verfolgte er auch polit. Ziele, die sich zunächst gegen das Herrscherhaus, dann gegen Ausländer richteten. Öffentl. Anerkennung erfuhr der Geheimbund 1900 unter der Bez. J-ho-t'uan (Vereinigung für Recht und Eintracht); er erlebte unter der neuen Bez. eine rasche Ausbreitung.

LIT. G. N. Steiger, China and the Occident. The Origin and Development of the B. Movement (New Haven 1927); Wu-Yung, The Flight of an Empress (London 1937); V. Purcell, The B. Rebellion (Cambridge 1963).

Boxeraufstand. Die Erhebung der Anhänger der Vereinigung des k'üan-fei (→Boxer) gegen die Mandschu-Dynastie und den Einfluß der fremden Mächte in China (1900). Durch die Entsendung eines internationalen Expeditionskorps wurde der Aufstand niedergeschlagen.

Boykott (engl.). Eine Maßnahme zur Erzwingung oder Bestrafung eines bestimmten Verhaltens durch Abbruch der wirtschaftl. und gesellschaftl. Beziehungen. Der Name leitet sich her von dem engl. Güterverwalter Ch. Boycott, den die irische Landliga infolge seiner Härte gegen die irischen Pächter um 1881 zur Auswanderung zwang, indem sie bewirkte, daß jedwede Form der Zusammenarbeit und jeder gesellschaftl. Verkehr mit ihm aufhörten. Unter B. im engeren Sinne versteht man die Weigerung, Waren von bestimmten Personen zu kaufen oder an bestimmte Personen zu verkaufen. Der B. ist als Form des passiven Widerstandes auch ein Mittel des polit. Kampfes, so 1921 Indiens (M. Gandhis, 1869–1948) gegen England.

LIT. A. Retzbach, Der B. (1916); L. Wolman, The Boycott in American Trade Unions (Baltimore 1916); P. Krückmann, Der B. (1918); A. Weber, Der Kampf zwischen Kapital und Arbeit (^{4}1921); W. Röpke, Der B. In: HWSt 3 (^{4}1926); A. Nikisch, Arbeitsrecht (^{2}1959).

Brabançonne (franz., die »Brabantische«). In der Septemberrevolution von 1830 entstandenes belgisches Freiheits- und Nationallied.

Brabançons, Brabanzonen. Größtenteils aus Brabant stammende Söldner des 12. Jh., die in engl. oder franz. Diensten standen. Nach ihrer Entlassung stellten sie gefürchtete marodierende Banden dar.

Brahmane (altind. Brāhmana, nach engl. und franz. Schreibweise auch Bramine, Brahmine). Ein von Brahman, einer männl. Gottheit, Erfüllter. Seit dem 15. Jh. v. Chr. haben die B. in der Geschichte Indiens eine herausragende Stellung als Priester, Dichter, Gelehrte und Politiker eingenommen. Seit dem 10. Jh. v. Chr. bilden die B. die höchste der vier Kasten Indiens mit fast göttl. Ansehen. Nach vorübergehender Einbuße an Einfluß (vom 6. Jh. v.–7. Jh. n. Chr.) infolge der Einwirkung des Buddhismus konnten die B. ihre Bedeutung und den damit verbundenen polit. Einfluß zurückgewinnen.

LIT. G. Mensching, Soziologie der großen Religionen (1966).

Brakteat (von lat. bractea, dünnes Metallblättchen). Bez. für einseitig geprägte hohle Pfennige. Sie wurden seit dem 12. Jh. in weiten Teilen Deutschlands anstelle der kleinen zweiseitigen Pfennige geprägt. Von der erzbischöfl.-magdeburg. Münzstätte in Halle ausgehend, verbreiteten sich die B. zunächst in Meißen und der Oberlausitz, sodann in Thüringen; nach 1140 in Magdeburg, Halberstadt, Niedersachsen bis zur Weser und Hessen, ausgeschlossen die nördl. Wetterau. In Süddtl. waren die B. wenig verbreitet; als Schweizer Kleinmünze galt sie von 1190–1500. Ebenfalls im Deutsch-Ordensgebiet, in Skandinavien und im nördl. Böhmen ging man zur Brakteatenprägung über. Die B. waren meist rund, selten viereckig, mit einem Durchmesser bis zu 50 mm.
LIT. F. von Schrötter, Wb. der Münzkunde (1930); G. L. Schlumberger, Les Bractéates d'Allemagne (1874); H. Buchenau, Der Brakteatenfund von Seega (1905); ders., Der Brakteatenfund von Gotha (1928); A. Suhle, Mittelalterl. B. (1966).

Brandwirtschaft. Eine Form der Gewinnung von Nutzland durch Abbrennen der Oberflächenvegetation. Sie erstreckt sich auf minderwertige Böden in Wald-, Weide- und Moorgebieten. Nach einem begrenzten Zeitabschnitt wird das Nutzland wieder der Wald- und Weidenutzung bzw. der Moorbrache zugeführt.

Brauch. Das an Überlieferung gebundene Handeln einer Gemeinschaft. Die B. haben in allen Kulturen ihren tieferen Ursprung in der Religion; nicht selten haben sie ein hohes Alter, weshalb die vergleichende Völkerkunde zu ihrer Erklärung beitragen kann.
LIT. P. Geiger, Dt. Volkstum in Sitte und B. (1936); W. E. Peuckert, Volkskunde (Basel 1951); H. Schwedt (Hrsg.), Brauchforschung regional (1989).

Brauchtum →Herkommen.

Brehonen (engl. Brehons), **Brithem.** Bez. für den altirischen, erbl. Richterstand.

Brehon Laws. Die alten einheimischen Gesetze der irischen Richter vor der Eroberung Irlands durch England. Zwischen dem 8. und 13. Jh. wurden die z. T. lange vor dieser Zeit entstandenen Gesetze aufgezeichnet; König Jakob I. (1603–25) schaffte sie ab. Zwischen 1865 und 1901 wurden die Brehon Laws unter dem Titel ›Ancient Laws of Ireland‹ herausgegeben.
LIT. E. Mac Neill, Celtic Ireland (London 1921); K. S. Bottigheimer, Geschichte Irlands (1985).

Breite Groschen (lat. Grossi lati). Silbermünzen, die während des 14. Jh. nach dem Muster der Prager Groschen durch die Markgrafen in Meißen geprägt wurden. Auf die feine Mark gingen 60 B. G.

Brennus. Der Name gallischer Fürsten (vermutl. ein Titel in der Bedeutung »König«). Am bekanntesten ist der, dem man den Sieg an der Allia (wahrscheinlich 387 v. Chr.) über die Römer und die Einnahme Roms zuschrieb, sodann der Führer eines kelt. Heeres, das 279 v. Chr. aus dem N gegen Griechenland vordrang und bis Delphi gelangte; während des Rückzugs starb B.

Breslauer Vertrag, am 4. 6. 1741 zwischen Preußen und Frankreich abgeschlossen. Friedrich II. erhält darin eine Garantieerklärung für den Besitz Niederschlesiens und sagt dem Kurfürsten Karl Albrecht von Bayern seine Kurstimme bei der Kaiserwahl zu. Preußen verzichtet auf seine Ansprüche auf Jülich und Berg.

Breve (lat. von brevis, kurz, hierzu: Brief). Bez. für kürzere päpstl. Erlasse. Seit dem ausgehenden 14. Jh. (1390) aufkommend, treten B. seit dem 15. Jh. immer häufiger in Erscheinung, vor allem seit Papst Martin V. (1417 bis 1431). Sie sind zu erkennen an dem roten Stempel des Fischerrings (Wachssiegel). Das Pergament hat Querformat. Weitere Kennzeichen des B. sind die über den Text gesetzte knappe Intitulatio (z. B. Martinus papa V) sowie die knappe Datierung. Die B. waren zunächst für polit. Verwaltungsakte bestimmt, von der 2. Hälfte des 15. Jh. an mehr und mehr auch für Gnadenangelegenheiten, ebenfalls für Ablaßverleihungen. Heute werden durch B. meist Ehrenrechte verliehen. Sie werden ausgestellt in der Kanzlei der B. des Staatssekretariats, dann auch in der Sekretarie der Fürstenbreven. Das B. wird heute meist apostolischer Brief (lat. Litterae apostolicae) genannt.
LIT. L. Schmitz-Kallenberg, Papsturkunden (1913); LThK 2; Th. Frenz, Die verlorenen Brevenregister 1421–1527. In: QFIAB 57 (1977), 354–65.

Brevet (franz. zu lat. brevis, kurz).
[1] Seit dem 16. Jh. ein Gnadenbrief des franz. Königs, demzufolge Ämter, Würden etc. verliehen wurden. Er wurde auf Pergament geschrieben. Die Abfassung erfolgte in Protokollform, beginnend mit dem Datum. Unterzeichnet wurde er vom König, gegengezeichnet von einem Staatssekretär, jedoch nicht gesiegelt. Später bzw. heute werden staatl. Verleihungsurkunden, z.B. für Konzessionen, Patente etc. B. genannt.
[2] Die milit. Bestallungsurkunde für Offiziere, das Diplom für eine bestandene Prüfung, das Patent für eine Erfindung etc.

Breviarium (lat.). Ein Schriftstück in knapper Fassung, ein Auszug, eine Übersicht.
Das ›B. Augusti‹, später ›B. totius Imperii‹ genannt, von Augustus bei seinem Tode (14. n.Chr.) hinterlassen und von anderen Kaisern erneuert, enthält statist. Angaben über das röm. Reich, darunter seine finanziellen und militär. Machtmittel. B. wird auch die Kurzfassung z.B. eines Geschichtswerks genannt. So heißt die Arbeit, die der Geschichtsschreiber Eutropius unter Kaiser Valens (364–78) schrieb, ›B. ab urbe condita‹.
Eine durch König Alarich II. (484–507) für die Römer im Westgotenreich zusammengestellte Sammlung röm. Rechtsbestimmungen stellt das ›B. Alaricianum‹ dar, auch ›Liber legum‹, ›Lex Romana Visigothorum‹ genannt.
Das ›B. Grimani‹ ist eine Pracht-Hs. aus der Sammlung des Kard. Domenico Grimani; es befindet sich heute in der Markusbibliothek zu Venedig; fläm. Künstler statteten es zu Beginn des 16. Jh. mit Bildern aus.
LIT. M. Conrat (Cohn), B. Alaricianum (1903; Neudruck 1963).

Brevier (von lat. breviarium, kurzes Verzeichnis).
[1] Ein liturg. Buch mit dem tägl. lat. Pflichtgebet des kath. Priesters, der Mönche und Ordensfrauen mit offiziellem Chorgebet (Hymnen, Psalmen, Lesungen und Gebeten). Papst Pius V. (1566–72) schrieb 1568 ein einheitliches B. für die gesamte kath. Kirche vor.
[2] Laienbrevier. Das für Laien in die verschiedenen Landessprachen übersetzte B. Das Beten des B. in den Landessprachen ist heute auch den Priestern erlaubt.
LIT. LThK II; S. Bäumer, Geschichte des B. (1895); J. Brinktrine, Das röm. B. (1932); M. Righetti, Manuale di Storia Liturgica II (1946); P. Salmon, Das Stundengebet. In: Hdb. der Liturgiewissenschaft; A.-G. Martimort, B. (1965); F. Unterkircher, Burgundisches B. (1973).

Brief (von lat. brevis, kurz). Eine schriftl., persönl. Mitteilung. Der Absender steht im Präskript. Die Form lautet: »Von NN an NN«. Am Schluß steht zuweilen das Datum; seit hellenist. Zeit eine Grußformel; bei Urkunden kommen dazu noch Zeugenlisten. Zum offenen Vertragstext kann dann auch ein versiegelter geschlossener Text treten, um so Verfälschungen zu verhindern.
Die alten Kulturvölker, die Babylonier und Assyrer – sie schrieben auf Tontafeln – und die Ägypter – sie schrieben auf Papyrusrollen – verwendeten den B. schon umfänglich. Die Griechen und Römer benutzten weitgehend holzgeschützte zweiteilige Wachstafeln – weniger hingegen Papyrus – und sorgten bereits für deren Vervielfältigung. Das MA (Urkunden-B.) schrieb auf Pergament; seit dem 15. Jh. wurde auf Papier geschrieben, womit sich Geschäfts- und Privatbriefe entwickelten. Das franz. 17. und das dt. 18. Jh. waren brieffreudig. Zu den berühmten Briefschreibern gehören Cicero, Caesar, Seneca, Plinius d. J., Paulus, Augustinus, Julian Apostata, Alkuin, Abälard, Héloïse, Petrus de Vinea, Katharina von Siena, Luther, Erasmus, Reuchlin, Hutten, Crotus Rubianus (die Dunkelmännerbriefe, lat. ›Epistolae obscurorum virorum‹, eine witzige Schmähschrift, zwischen 1515–17 entstanden, in »Küchenlatein« auf die Kölner theolog. Gegner Reuchlins von Rubianus und – deren 2. Teil – von Hutten verfaßt), Pascal, Madame de Sévigné u.a. Die Briefform wurde von der Antike bis in die neueste Zeit als literar. Mittel für die wissenschaftl., polit. und dichter. Darstellung oder die öffentl. Kundgebung verwendet.
LIT. B. Schmeidler, Über Briefsammlungen des frühen MA (1926); Büngel, Der B., ein kulturgeschichtl. Dokument (1939); H. Rüdiger, Einleitung zu ›B. des Altertums‹ ([2]1965); P. Herde, Politik und Rhetorik am Vorabend der Renaissance. In: AKG 2 (1965); J. Pfanner, Briefe an und über C. Pirckheimer (1966); H. Rogge, Fingierte B. als Mit-

tel polit. Satire (1966); S. Steinhausen, Geschichte des dt. Briefes. 2 Bde. (1889–91; Neudr. 1968); Ingeborg Klettke-Mengel, Fürsten und Fürstenbriefe. Zur Briefkultur im 16. Jh. in geheimen und offiziellen preuß.-braunschweig. Korrespondenzen. Studien zur Geschichte Preußens 38 (Köln 1985).

Briefadel. Ein im Unterschied zum Uradel und Alten Adel aufgrund eines kaiserlichen, später landesfürstlichen Diploms verliehener Adel.

Brigade (franz., urspr. ital., von spätlat. briga, Streit). Ein größerer Truppenverband, bestehend aus zwei oder drei Regimentern der gleichen Waffengattung (Infanterie-, Artillerie-, Kavallerie-B.). Die B. gibt es seit König Gustav Adolf (reg. 1611–32). Seit dem 18. Jh. eine Unterabteilung der Division, ist die B. heute häufig ein gemischter Verband, d. h., daß er sich aus Truppen verschiedener Waffengattungen zusammensetzt; ebenfalls existiert sie als eine selbständige Einheit (Gebirgs-B.).

Brigadier. Kurzform für den Kommandanten einer Brigade. In der engl., amerikan. und franz. Armee gibt es den Brigadegeneral, der dem Generalmajor des ehem. dt. Heeres entspricht. Die Bundeswehr kennt ebenfalls den Brigadegeneral.

Briganten (ital. briganti, franz. brigands). Wegelagerer, Straßenräuber. Urspr. (im 14. Jh.) mit Schuppenpanzern (Brigantinen) ausgerüstete franz. Söldnertruppen. Während des 19. Jh. spielten die B. z. Z. des Kampfes G. Garibaldis, d. h. vor allem 1848/49 und 1860, in Neapel und Sizilien eine Rolle.

Brigantine (auch Korazin, ital. corrazino).

[1] Ein im 15.–16. Jh. getragener Leibschurz, d. h. eine Jacke mit innen angebrachten Eisenplättchen.

[2] Ein Segelschiff (Schonerbrigg, Zweimaster) insbes. im Mittelmeer; auch ein Seeräuberschiff.

LIT. A. Dubarry, Le brigandage en Italie (Paris 1875); C. Cesari, Il brigantaggio e l'opera dell'esercito Italiano 1860–70 (Rom 1920).

Brikolschuß (von franz. bricole, ital. braccata, Katapultgeschütz). Seit dem 17. Jh. bei der Artillerie die Bez. für einen Abpraller von einer Festungsmauer (bei der Beschießung eingezogener Mauerabschnitte).

Bruderschaft, auch Brüderschaft (lat. confraternitas). Bez. für einen freiwilligen Zusammenschluß innerhalb der kath. Kirche zum Zwecke der Frömmigkeitspflege oder der Caritas sowie zur Förderung des öffentl. Gottesdienstes. Die B. haben Elemente vorchristl. Tischgemeinschaften und des christl. Liebesmahls bereits seit dem frühen MA bewahrt. Später gliederten sie sich nach Berufsgruppen, weshalb die Bez. dann auch auf nicht-religiöse Vereinigungen übergeht.

Brüder vom gemeinsamen Leben (lat. Fratres communis vitae, auch Fratres devoti). Eine zu Ende des 14. Jh. in Deventer (Niederlande) gegr. nichtmönchische Bruderschaft. Sie erstrebte die Reform des kirchl. Lebens durch Versenkung ins Evangelium, praktische Frömmigkeit und christl.-humanist. Volksbildung. Sie wurde zur Trägerin der Devotio moderna. Aus ihr gingen u. a. Thomas a Kempis (1379/80–1471), Nikolaus Cusanus (1401–64) und Erasmus (1466–1536) hervor.

LIT. E. Barnikol, Studien zur Geschichte der Brüder vom gemeinsamen Leben (1917); G. Schreiber, Gemeinschaften des MA (1948); W. M. Landeen, Gabriel Biel and the Brethren of the Common Life in Germany. In: Church History 20 (Hartford, Conn., 1951); J. Dechamps, Les confrèries au moyen âge (1958); I. Crusius, Die Brüder vom gemeinsamen Leben in Deutschland (1965); E. Iserloh, Thomas a Kempis und die Devotio moderna (1976); TRE VII, 220–25.

Brüsseler Vertrag (Fünfmächtepakt). Der zwischen Großbritannien, Frankreich sowie den Beneluxländern (Belgien, Niederlande, Luxemburg) am 17. 3. 1948 über die wirtschaftliche, soziale und kulturelle Zusammenarbeit, außerdem über die kollektive Selbstverteidigung, abgeschlossene Vertrag. Die militär. Aufgaben wurden auf die Nordatlantische Vertragsgemeinschaft übertragen (1949). Nachdem die Europäische Verteidigungsgemeinschaft 1954 gescheitert war, traten die BRD und Italien (aufgrund der Londoner Akte vom 3. 10. 1954) dem B. V. bei (am 23. 10. 1954); zuvor war der ursprüngl. gegen Dtl. gerichtete Vertrag in dieser Hinsicht abgeändert worden. Durch die Pariser Verträge wurde der B. V. zur Westeuropäischen Union erweitert (am 5. 5. 1955).

Buccelarius (lat. Schmarotzer, zu buccella, Bissen). Der Gefolgsmann eines Grundherrn oder Feldherrn in spätröm., westgot. und byzantin. Zeit. Während des 7. Jh. eine byzantin. Elitetruppe; desgl. eine Offizierscharge.

Buch (ahd. buoh, hergeleitet vom Buchenholz der germ. Schrifttafel). Als älteste Buchform darf die babylonische und assyrische Tontafel betrachtet werden. Das B. der Ägypter (das älteste bekannte Exemplar aus dem Jahre 3350 v. Chr. befindet sich in der Nationalbibliothek zu Paris), der Griechen und Römer war die Rolle aus Papyrus oder Lederblättern.
Beim Vorlesen der Buchrolle bzw. bei deren Lesen wurde zugleich auf- und zugerollt. Im Westen (Rom?) hat man für Notizbücher den Codex geschaffen, bei dem Einzelblätter aus Pergament, seltener aus Papyrus, zusammengeheftet wurden, die man beidseitig beschreiben konnte. Der Codex (für die Aufzeichnung hl. Texte) anstelle der Rolle ist christl. Ursprungs. Während die griech. literar. Papyri des 2./3. Jh. zu 90% Rollen sind, überwiegen im gleichen Maße bei der griech. Bibel die Codices. Bisweilen hat man Pergament-Codices wiederbenutzt. In derartigen Fällen wurde der alte Text abgeschabt.
Bereits im At. wurde auch Pergament als Schreibmaterial gebraucht. Mehrere Pergamentstücke aufeinandergelegt und je nach der gewünschten Buchgröße gefaltet (1 Bruch, d.h. 1 Bogen zu 4 Seiten ergibt das Folio-, 2 das Quart-, 3 das Oktav- und 4 das Sedezformat) und geheftet, bildeten eine Lage, mehrere Lagen zu einem Bande vereinigt einen Codex, mithin die Buchformen des MA, die im heutigen B. weiterleben. Als zu Anfang des 14. Jh. das billigere Papier aus China nach dem Westen kam, trat es an die Stelle des bisherigen Beschreibstoffes.
LIT. A. Schramm, Schreib- und Buchwesen einst und jetzt (1922); F. Milkau, Hdb. der Bibliothekswissenschaft 1 (1931); S. Dahl, Geschichte des B. ([2]1941); C. Wendel, Die griech.-röm. Buchbeschreibung verglichen mit der des Vorderen Orients (1949); J. Cerny, Paper and Books in Ancient Egypt (1952); K. Schottenloher, Bücher bewegten die Welt. Eine Kulturgeschichte des B. 2 Bde. (2. Aufl., Neudruck 1968); H. Hiller, Wörterbuch des B. ([4]1980); F. Funke, Buchkunde (1959, [2]1963); H. Presser, Das B. vom B. (1962); H. Kliemann, Auf dem Acker des Buches (1963); J. Kirchner (Hrsg.), Lexikon des Buchwesens. 4 Bde. (1952–1956); Beiträge zur Geschichte des Buchwesens im konfessionellen Zeitalter. Hrsg. von H. G. Göpfert. Wolfenbütteler Schriften zur Geschichte des Buchwesens 11 (1985).

Buchdruck (Geschichte). Obwohl die Chinesen bereits im 11. Jh. und die Koreaner, bei ihnen noch weiter entwikkelt, im 15. Jh. den Letternguß kannten, ist der B. Europas doch allein von der Erfindung Johann Gutenbergs (etwa 1400–68) ausgegangen, der um 1455 seine berühmt gewordene 42-Zeilen-Bibel druckte. Vom Erfindungs- und Druckort Mainz aus verbreitete sich die ständig verbesserte und mit immer neuen Typen arbeitende »neue Kunst« rasch über das gesamte Abendland; sie rief bis in das 18. Jh. eine Reihe großer Meister hervor. Während des 19. Jh. wurde insbes. die Bildtechnik durch vervollkommnete Stereotypie, die Erfindung der Schnellpresse, der Galvanoplastik, der Setzmaschine, der Schriftgießerei etc. entwickelt. Im 20. Jh. vollzog sich der Übergang vom Bleisatz zum Photosatz bzw. Lichtsatz.
LIT. W. Unger, Wie ein Buch entsteht ([3]1912); A. Müller, Lehrbuch der Buchdruckerkunst (1929); P. Renner, Die Kunst der Typographie (1939); H. Barge, Geschichte der Buchdruckerkunst (1940); P. A. Schmidt und Kunsemüller, Die Erfindung des B. als technisches Phänomen (1951); W. Brise, Wissen und Können im B. ([3]1965).

Bücherzensur →Zensur.

Buchkunst. Ihr Höhepunkt liegt im MA. Sie resultiert aus dem Zusammenwirken von edlem Beschreibstoff, einer hochentwickelten Schreibkunst sowie einer vollendeten Buchmalerei. Die Kalligraphie (Schönschreibkunst) wurde zunächst in klösterl., dann aber auch in handwerkl. Schreibstuben mit feinem Stilgefühl gepflegt. Der Bildschmuck der B. begann mit den Initialen, die zu selbständigen Miniaturen fortgebildet wurden. Anfänglich ahmte der Buchdruck die Handschrift nach (Inkunabeln). Ausgeschmückt wurden die Bücher zuerst mit Holzschnitten, so durch Dürer, Holbein u.a., später, d.h. seit dem 16. Jh., mit Kupferstichen (zunächst als Titelkupfer, im 18. Jh. unter der Führung Frankreichs, auch mit Ganzbildern und Vignetten) und schließlich mit Stahlstichen und Lithographien. Eine Umwälzung in die bisherigen Darstellungstechniken brachte die photomechan. Illustrationstechnik.

Budget (von altfranz. bougette, Geldbeutel, von lat. bulga). Seit dem 19. Jh. der Haushaltsplan, d.h. der Voranschlag der Einnahmen und Ausgaben öffentl. Körperschaften während einer Finanzperiode.
LIT. G. Jèze, Théorie générale du budget (Cours des finances, Paris 1922; dt. Allg. Theorie des Budgets, 1927); W. Prion, Die Lehre vom Wirtschaftsbetrieb. 3 Bde. (1935).

Budgetkommission. Der Haushaltsausschuß einer öffentl. Körperschaft.

Budgetrecht. Das Recht der Volksvertretung, die staatl. Einnahmen und Ausgaben zu bewilligen, und zwar insbes. in der Form, die sich nach engl. Vorbild im Konstitutionalismus des 19. Jh. entwickelte.

Bukaniere, Bukkaniere (franz. boucanier, engl. buccaneer, von boucan, Hürde, Rauchfleisch). Herrenlose Jäger und Schlächter des 17. Jh., später Kaperfahrer und Seepiraten, die sich in Genossenschaften (»Küstenbrüder«) von Haiti her ausbreiteten.
LIT. A. Sternbeck, Flibustier und B. (1928); J. Piekalkiewicz, Freibeuter. Das bunte wilde Leben der Buccaneers in der Karib. See (1979).

Bulé (griech., Rat, Ratsversammlung). In den griech. Stadtstaaten die aus dem Beirat des Königs sowie aus dem regierenden Rat des Adelsstaates entstandene Institution. Sie gewann bes. Bedeutung in den Demokratien, wiewohl sie in allen freien Stadtstaaten bestand. So schuf Solon (etwa 640 bis 541) in Athen neben dem weiterhin bestehenden Areopag einen Rat der 400; er rekrutierte sich aus den vier alten Phylen (je 100). Seit Kleisthenes (510 v.Chr.), der den Rat der 400 durch den Rat der 500 ersetzte (je 50 aus den 10 neugebildeten Phylen), vermochte jeder mindestens 30 Jahre alte Bürger auf 1 Jahr in den Rat zu gelangen; niemand konnte zweimal Rat (Buleutes) sein. Seit Perikles (ca. 500–429) wurden den Ratsherren für die Sitzungen Diäten gezahlt. Für ein Jahreszehntel (Prytanie) oblag die Geschäftsführung den Vertretern einer Phyle, deren Vorsteher tägl. wechselte; der Sekretär (Grammateus) hingegen amtierte für den Zeitraum einer Prytanie. – B. ist auch die Bez. für den röm. Senat. – Buleut: Ratsherr. – Buleuterion: Rathaus.
LIT. G. Busolt und H. Swoboda, Griech. Staatskunde. 2 Bde. (1920–26, [3]1963); V. Ehrenberg, Der Staat der Griechen ([2]1965).

Bullarium. Sammlung der wichtigsten Bullen und Breven. Als offiziell gilt nur der erste Band des Bullariums (1754–58) Papst Benedikts XIV. (1740–58). Sämtl. übrigen B. sind Privatarbeiten, u.a. die von Cherubini (1586–88) und Coquelines (1739–62). Außerdem gibt es die B. einzelner Orden.
LIT. H. Mainardi, C. Coquelines, Magnum B. Romanum. 32 Bde. (1733–62; Neudr. 1964–67); Forts. von A. Berberi, Spetia u.a.; DDC II, 1121–26; Bresslau II.

Bulle (lat. bulla, Kapsel). Urspr. ein Amulett, das von röm. Triumphatoren am Hals getragen wurde, das aber auch alle freien Knaben bis zur Anlegung der toga virilis trugen. Dann wird als B. auch das in eine Kapsel eingeschlossene Siegel aus Gold, Silber, Blei oder Wachs einer Urkunde bezeichnet. Offenbar war die Verwendung der von Ostrom gekommenen Gold-, in selteneren Fällen von Silber-Bullen, ein Privileg von Souveränen. Im Abendland waren B. bei Kaisern und Königen seit Karl d. Gr. (768–814) bis ins 18. Jh. für feierl. Urkunden und auf den ausdrücklichen Wunsch eines hierfür zahlenden Empfängers hin üblich. Diejenigen Souveräne, die nicht Kaiser oder Könige waren, verwendeten Gold-Bullen selten, die Päpste seit dem 16. Jh.
Bleisiegel waren bereits im At. bekannt und blieben während des Bestehens Ostroms, d.h. bis 1453, in Gebrauch. Während des MA wurden Bleisiegel vor allem in den westl. Mittelmeerländern verwendet, an der Kurie nahezu schlechthin. Urspr. nicht auf bestimmte Personen beschränkt, galt ihre Verwendung während des SpätMA im Abendland als Vorrecht der Päpste und Souveräne. Seit dem 12. Jh. trugen die päpstl. Bleibullen auf der Rückseite die Köpfe der beiden Apostel Petrus und Paulus, während auf der Vorderseite der Name des jeweiligen Papstes verzeichnet war. Die kaiserl. B. waren in der Regel mit dem Brustbild einschl. Namen oder Unterschrift des Kaisers versehen; dagegen zeigten die kaiserl. Goldbullen das Kaiserporträt auf der Vorderseite und die aurea Roma auf der

Rückseite (ab 1033); seit der Zeit Maximilians I. (1493–1519) den mit dem Wappen umgebenen Reichsadler. Mit den eigentl. Urkunden waren die B. durch Schnüre oder Fäden verbunden.
Seit der Übertragung der Siegelart auf das besiegelte Schriftstück (ab 13. Jh.) wird die Urkunde selbst als B. bezeichnet. Zitiert wurden die B. nach dem Anfang der Arenga, so z.B. ›Unam Sanctam‹ vom 18. 11. 1302, durch die Bonifaz VIII. (1294–1303) die überkommene These von der Überordnung der geistl. über die weltl. Gewalt zu erneuern suchte.
Bemerkenswert erscheint, daß Bleibullen Briefen mit Gnadenerweisen durch Seidenfäden (cum filo serico), Mandaten durch Hanfschnüre (cum filo canapis) verbunden waren.
Die Bez. B. ist seit neuerer Zeit auf Erlasse von bes. Wichtigkeit beschränkt. Seit 1878 wurde das Bleisiegel durch einen roten Farbstempel ersetzt.
LIT. A. Eitel, Über Blei- und Goldbullen im MA (1912); L. Schmitz-Kallenberg, Papsturkunden (1913); Bresslau II; H. E. Feine, in: RGG (1958); LThK II; P. Herde, Beiträge zum päpstl. Kanzlei- und Urkundenwesen im 13. Jh. (1961); P. E. Schramm, Die Metallbullen der Karolinger (1969).

Bulletin (franz. von mlat. bulla, Zettel). Bericht, Tagesbericht. Urspr. der am 29. 5. 1800 durch Napoleon Bonaparte an die Reservearmee gerichtete Tagesbefehl. Später die von Napoleon oder seinem Polizeiminister Fouché (1759–1820) verfaßten tendenziösen und aufgebauschten Heeresberichte (dt. Heereszettel), zu deren Abdruck die Presse gezwungen wurde. Dementspr. werden heute – allerdings ohne abwertenden bzw. tendenziösen Sinn – Tages-, Krankheits-, Heeresberichte sowie amtl. Bekanntmachungen, die für die Öffentlichkeit bestimmt sind, B. genannt.

Bullionismus (von engl. bullion, Gold-, Silberbarren; ungemünztes Gold oder Silber).
[1] Bez. für den älteren Merkantilismus.
[2] Die Lehre sowie die Forderungen des engl. ›Bullion Committees‹; hierbei handelte es sich um eine parlamentar. Kommission, deren Bericht vom Jahre 1810 an die Schrift des engl. Sozialökonomen D. Ricardo (1772–1823) ›On the High Price of Bullion‹ vom Jahre 1809 anknüpfte.

Bund.
[1] Soziologie: Eine Gruppe, deren Verbundenheit auf bestimmten Wertvorstellungen, Interessen und Ideologie basiert. In der primitiven Welt spielten bzw. spielen die Männerbünde eine bedeutende Rolle, nicht zuletzt deshalb, weil sie die Entstehung staatl. Ordnungen einleiten können (etwa als »geheime Gesellschaften«). In der Moderne tauchen bündische Ideen vor allem in der Jugendbewegung wieder auf.
[2] Historie, Politik: Eine auf Dauer und Koordination der Glieder ausgerichtete Staatenverbindung; sie steht im Gegensatz zu den Begriffen Herrschaft, Hegemonie, Reich, Diktatur. Die Mittel, ihren Bestand zu erhalten, sind Waffenhilfe, Schiedsgericht, Konkordat; als ihre Garantien gelten Eid, Pfand und Vertrag.
Der Bundesgedanke kann in verschiedenen Formen verwirklicht werden, so im Staatenbund, dem Bundesstaat und der Union. Im Verlauf der Geschichte hat er die verschiedensten Verwirklichungen erfahren, z.B. als Hellen. Bund gegen Philipp von Makedonien (340 v. Chr.); als Rhein. Städtebund von 1254 und 1381; als Schwäb. Städtebund von 1376; als Schweizer. Eidgenossenschaft, seit dem Jahre 1291 allmählich erwachsend; als Staatenbund der Niederlande (im 16. Jh.); als 1. und 2. Rheinbund (1658–68 bzw. 1806–13), unter der Führung Frankreichs gegen Habsburg gerichtet; als nordamerikan. Staatenbund, den USA (im 18. Jh.); als Zweibund (1879); als Dreibund (1882); als British Commonwealth of Nations (20. Jh.); als Bundesrepublik Deutschland (BRD), in der die 16 Bundesländer (seit der Vereinigung 1990) zusammengeschlossen sind.
Seit den Verhandlungen und Diskussionen während des Wiener Kongresses (1814/15) ist der Begriff B. von der Antithese Staatenbund (Konföderation) und Bundesstaat (Union) erfüllt. Die beiden Begriffe werden häufig, wenn auch nicht immer zu Recht, als Stufen einer Entwicklung zum Einheitsstaat hin betrachtet. Angesichts der Vielfalt ihrer Erscheinungsformen in der Geschichte entziehen sie sich einer definitiven Bestimmung. Gemeinsam sind den verschiedenen Bundesformen die Zentralinstanz, eine Verfassung, der völker-

rechtl. Charakter sowie die Aufgabe bestimmter Souveränitätsrechte, z. B. des Münzrechts, durch die einzelnen Gliedstaaten. Hinsichtl. der Macht- und Zuständigkeitsverteilung sind die Unterschiede zwischen den Gliedstaaten nur gradueller Art. Ihren schärfsten Ausdruck finden sie in der Art und Besetzung der Zentralbehörden sowie im Bundesbürgerrecht.

[3] Religion: Ein dauerndes, das gesamte Leben zwischen Gott und seinem Volk ordnendes Verhältnis.

(a) Der B. im Alten Testament beruhte auf dem durch Offenbarung an das auserwählte Volk kundgetanen, gesetzschaffenden Willen Gottes.

(b) Im B. des Neuen Testaments wird Christus als der Mittler des (verheißenen) Neuen B. betrachtet. Der Neue B. gilt als Erfüllung und Überwindung des Alten B.

LIT. C. Wollgraff, Wodurch unterscheiden sich Staatenbünde, Bundesstaat und Einheitsstaat? (1859); E. A. Freeman, J. B. Bury, History of Federal Government in Greece and Italy (1883); L. Le Fur und P. Posener, Bundesstaat und Staatenbund (1902, mit Lit.); H. Swoboda, Die griech. Bünde und der moderne Bundesstaat (1915); H. Schmalenbach, Die soziolog. Kategorie des B. (Dioskuren Bd. 2, 1922); R. N. Coudenhove-Kalergi, Pan-Europa ([3]1926); Sir E. Barker, Ideen und Ideale des Brit. Weltreichs (dt. 1942); W. Bourquin, Vers une nouvelle Société des Nation (Neuchâtel 1945); E. R. Huber, Dt. Verfassungsgeschichte seit 1789. 6 Bde. (1957 ff.); G. Eisermann (Bearb. u. Hrsg.), Die Lehre von der Gesellschaft (1958); H. K. Rupp, Politische Geschichte der BRD (1978).

Bundesakte. Bez. für den von 39 Staaten am 8. 6. 1815 unterzeichneten Verfassungsvertrag des Dt. Bundes. Sie stellt einen Teil der Schlußakte des Wiener Kongresses vom 9. 6. 1815 dar.

Bundesarchiv. Eine am 1. 6. 1952 anstelle des ehemaligen Reichsarchivs errichtete Bundesbehörde in Koblenz. Aufgaben: Sammlung und Verwertung des Archivguts, das bei den obersten Bundesbehörden anfällt, Betreuung und Bearbeitung der Archivbestände des ehem. Reichsarchivs, des Preuß. Geh. Staatsarchivs (seit 1990 auch der Archivbestände in der ehem. DDR in Potsdam und Merseburg), des Archivguts aus den abgetrennten dt. Gebieten sowie anderer ehem. Reichsbehörden, der ehem. westzonalen und bizonalen Verwaltungen und der Wehrmacht. Das Archivgut des Dt. Bundes und des alten Dt. Reiches wird von der Außenstelle Frankfurt/M., Archivgut der Wehrmacht, der Reichswehr und der preuß. Armee vom Bundesarchiv/Militärarchiv in Koblenz, Personal- und Versorgungsunterlagen der Wehrmacht von der Zentralnachweisstelle in Kornelimünster verwaltet. Neben dem staatl. Archivgut werden durch das B. auch die Überlieferungen von Verbänden, Anstalten sowie früheren polit. Parteien, namentl. der NSDAP, aufgenommen. Darüber hinaus sammelt das B. die Nachlässe leitender Persönlichkeiten, Erlebnisberichte und Erinnerungen, Film- und Bildgut, darunter publizist. Quellen zur Zeitgeschichte.

LIT. G. Winter, Das B. In: Bulletin des Presse- und Informationsamtes der Bundesregierung 91 (1952); Schriften des B. (seit 1955); G. Granier, J. Henke, K. Oldenhage (Bearb.), Das Bundesarchiv und seine Bestände ([3]1977); E. von Vietsch und W. Kohte (Hrsg.), Das B. (1966).

Bundesbriefe. Die in Urkundenform abgefaßten Bestimmungen der Bündnisse, die vom 13. Jh. an die Städte, adelige Herren, seltener bäuerl. Dörfer oder Täler miteinander abschlossen (B. der Acht alten Orte; Bund der Dreizehn Orte; Urkunden über die zwischen den eidgenöss. Städten und Ländern abgeschlossenen Bündnisse; bis 1789 waren sie die staatsrechtl. Grundlage der Eidgenossenschaft).

Bundesdirektorium. Der Vorstand der Reichsritterschaft nach deren Zusammenschluß von 1577; der Vorstand wechselte unter den drei Ritterkreisen.

Bundesdistrikt. In einigen Bundesstaaten ein Territorium mit dem Sitz der Bundesbehörden unter einer eigenen Verwaltung, so in Brasilien, Argentinien, Mexiko, Venezuela, den USA (In den USA steht der sog. District of Columbia [DC], Washington, unter der Verwaltung des Kongresses).

Bundesfeldherr. Lt. Verfassung des Norddt. Bundes (Art. 63) der König von Preußen als Oberbefehlshaber der gesamten Landstreitkräfte.

Bundesfestungen. Die Festungen des Deutschen Bundes während der Jahre 1815–66; sie waren mit Bundestruppen belegt und wurden aus Bundesmitteln

unterhalten. B. waren Landau, Luxemburg, Mainz, Rastatt und Ulm. Nach 1866 wurde Landau, nach 1871 Luxemburg geschleift. Die übrigen drei B. wurden nach der Reichsgründung von 1871 in das System der dt. Festungen einbezogen. Rastatt verlor seinen Festungscharakter 1890, Mainz und Ulm 1919.
LIT. H. Gassner, Die Geschichte der Festung Mainz (1904).

Bundesgenossen. Ein Teil der italischen Städte und Stämme in der röm. Republik. Die B. standen (auf Grund eines ungleichen Bündnisses: foedus iniquum) in einem Abhängigkeitsverhältnis zu Rom. Obgleich zur Heeresfolge verpflichtet, waren sie bei polit. Entscheidungen ohne Mitspracherecht. Auch verschiedene außeritalische Städte gehörten den B. an, so Massilia.
LIT. Th. Hantos, Das röm. Bundesgenossensystem in Italien (1983).

Bundesgenossenkrieg.
(a) Der Krieg Kariens, Rhodos', Chios' und Byzanz' gegen Athen (357–55 v. Chr.). Er führte das Ende des 378/77 v. Chr. gegründeten 2. Attischen Seebundes herbei;
(b) Die letzte bedeutende kriegerische Auseinandersetzung in der Geschichte Griechenlands, ehe die Römer hier eingriffen; sie dauerte von 220–17 v. Chr. Makedonien und der Achäische Bund standen in diesem Krieg gegen Sparta und den Ätolischen Bund. Beendet wurde der Kampf durch den Frieden von Naupaktos im Jahre 217 v. Chr.;
(c) Der Aufstand der italischen Bundesgenossen gegen Rom (91–88 bzw. 82 v. Chr.). Der Aufstand hatte seine Ursache in der Weigerung Roms, den Bundesgenossen das röm. Bürgerrecht zu gewähren. Nachdem den versöhnungsbereiten Bundesgenossen das Bürgerrecht zugesichert worden war, gelang es Rom, den Widerstand zu brechen (89/88). Die weiterhin aufständ. Samniter konnten erst im Jahre 82 niedergeworfen werden.

Bundesgesetzgebung. Die in einem Bundesstaat von den gesetzgebenden Organen des Gesamtstaates erlassenen Gesetze. Trotz des Grundsatzes, daß Bundesrecht Landesrecht bricht, waren sie lange umstritten, so auch, ob den Beschlüssen der Bundesversammlung des Deutschen Bundes gesetzgeberischer Charakter zukomme.

Bundesheer, Bundeswehr. Das Heer eines Bundesstaates, z. B. Österreichs. In der Schweiz wird das B. Armee genannt und ist dem Bund unterstellt (mit kantonalen Anteilen). In der BRD stellt die Bundeswehr die durch Beschluß des Bundestages vom 8. 8. 1956 neu geschaffene militär. Streitmacht dar. Im Deutschen Bund waren es die aus den Kontingenten der Länder bestehenden Streitkräfte; ihr Oberbefehlshaber wurde lt. Kriegsverfassung vom 9. 4. 1821 von Fall zu Fall bestellt.
LIT. F. H. W. Borkenhagen (Hrsg.), Bundeswehr – Demokratie in oliv? (1986).

Bundesintervention. Z. Z. des Deutschen Bundes die einem Land geleistete Hilfe bzw. Bundeshilfe, um Sicherheit und Ordnung wiederherzustellen (vgl. Art. 26 der Wiener Schlußakte).

Bundeskanzlei. Im Deutschen Bund sowie in der Schweiz die Kanzlei der Bundesversammlung.

Bundeskanzler. In der Schweiz der seit 1848 auf jeweils vier Jahre gewählte Vorsteher der Bundeskanzlei; im Norddt. Bund von 1867–71 der durch das Präsidium, d. h. die Krone Preußens ernannte Vorsteher des Bundesrats und dessen Geschäftsleiter; in Österreich während der Jahre 1920 bis 1938 und wiederum seit 1945 der Regierungschef; in der BRD der Leiter der Bundesregierung.
LIT. J. Küpper, Die Kanzlerdemokratie (1985).

Bundeskasse. Die im Zusammenhang mit der Gründung des 1. Attischen Seebundes (478 v. Chr.) zur Abwehr persischer Übergriffe geschaffene Kasse. Gespeist wurde sie aus den Beiträgen (phori) der Mitglieder, die keine eigenen Schiffe zur Verfügung stellten. Die B., die von den Hellenotamien verwaltet wurde, befand sich zunächst auf der Insel Delos, seit 454 v. Chr. in Athen.

Bundeslade, Gesetzeslade. Bez. für den Schrein, in dem die beiden israelit. Gesetzestafeln aufbewahrt wurden. Urspr. ein Wanderheiligtum, wurde die B. später im Tempel von Jerusalem aufbewahrt.

Bundesländer. Die Gliedstaaten der BRD, ebenfalls der Republik Österreichs, wo an ihrer Spitze der Landeshauptmann steht.

Bundesmatrikel. Das Verzeichnis der Mitglieder sowie der Kontingente und Beiträge des Deutschen Bundes.

Bundespräsident.
(a) BRD: das Staatsoberhaupt mit fünfjähriger Amtsdauer; es wird von der Bundesversammlung gewählt; eine Wiederwahl ist nur einmal zulässig.
(b) Österreich: von 1920–38 und erneut seit 1945 das Staatsoberhaupt; es wird auf vier Jahre gewählt; eine Wiederwahl ist zulässig.
(c) Schweiz: (unter Beibehaltung seines Departements) der Vorsitzende des regierenden Bundesrats. Er wird von der Bundesversammlung auf ein Jahr gewählt.

Bundespräsidium.
(a) Der Vorsitz in der Bundesversammlung des Deutschen Bundes; er stand der Präsidialmacht Österreich zu;
(b) Der Vorsitz im Norddt. Bund, der der Krone Preußens zustand (Art. 11);
(c) Der Vorsitz im Deutschen Reich nach 1871, der dem König von Preußen zustand; er führte in dieser Eigenschaft den Namen ›Deutscher Kaiser‹ (Art. 11 der Reichsverfassung von 1871). Ihm oblag die Vertretung des Reiches nach außen, das Recht der Kriegserklärung, die Berufung des Parlaments und die Ernennung des Kanzlers.

Bundesrat.
(a) Im Norddt. Bund (1867–71) das oberste Bundesorgan; im dt. Kaiserreich (1871–1918) kam ihm die gleiche Rangstufe zu.
(b) In der Schweiz die höchste vollziehende und leitende Behörde.
(c) In der BRD das höchste föderative Bundesorgan, bestehend aus mindestens drei Regierungsmitgliedern pro Bundesland; es wirkt an der Gesetzgebung und Verwaltung des Bundes mit (die 16 Länder der BRD haben je nach Größe je 3 bis 6 Stimmen; die Stimmen der einzelnen Länder sind einheitl. abzugeben).
(d) In Österreich seit 1920 die Vertretung der Länder (Länderkammer), die mit beschränkten Befugnissen (aufschiebendes Veto) ausgestattet ist. Der B. bzw. die Länderkammer umfaßt 50 Mitglieder.
(e) Beim Schwäbischen Bund (1488–1534) war der B. das leitende Organ, aus 40 Mitgliedern der Fürsten, Prälaten, Städte und Ritter bestehend.
LIT. U. Scholl, Der Bundesrat in der dt. Verfassungsentwicklung (1982).

Bundesstaat. Eine auf Dauer bestehende Staatenverbindung, die mehrere Gliedstaaten (Länder, states, Kantone) derart zu einem Gesamtstaat zusammenfaßt, daß den einzelnen Gliedstaaten eine bestimmte Freiheit im Rahmen des Gesamtstaates verbleibt und daß sie als solche an dessen Willensbildung beteiligt sind.
LIT. K. Weber, Kriterien des B. (1980).

Bundestag. Zunächst die inoffizielle, bald jedoch die allg. übliche Bez. für die Bundesversammlung des Deutschen Bundes. In der BRD stellt der B. die Volksvertretung dar; als solcher hat er den früheren Reichstag ersetzt. Erstmalig gewählt wurde der B. der BRD am 14. 8. 1949. Die Wahlperiode umfaßt vier Jahre.

Bundesversammlung. Z. Z. des Deutschen Bundes (1815–66) der in Frankfurt/M. tagende ständige Gesandtenkongreß. Er stellte das oberste Bundesorgan der 41 im Deutschen Bund zusammengeschlossenen Staaten dar. Im Plenum wurde lt. Art. 6 der Bundesakte und Art. 12 der Wiener Schlußakte mit ⅔ Mehrheit, bei wichtigen Entscheidungen einstimmig beschlossen. In der BRD stellt die B. die Vereinigung der Mitglieder des Bundestages sowie der gleichen Anzahl von Vertretern der Länder dar. Die B., vom Präsidenten des Bundestags einberufen, ist das Bundesorgan für die Wahl des Bundespräsidenten der BRD. In der Schweiz ist sie das aus Nationalrat und Ständerat zusammengesetzte Parlament (seit 1848).
LIT. H. Nabholz und Kläui, Quellenbuch zur Verfassungsgeschichte (1940); G. Strickrodt, Das Bundesratsmandat (1949); Th. Maunz, Deutsches Staatsrecht (^{14}1965).

Bündnis (auch Symmachie, foedus, Allianz). Ein Vertrag zwischen zwei oder mehreren Staaten zum Zweck des gegenseitigen Beistands im Falle eines Krieges (casus foederis). Die Beistandspflicht beinhaltet:
(a) das Verharren in der Neutralität, d. h. nicht auf seiten des jeweiligen Gegners einzugreifen bzw. eine wohlwollende Neutralität zu beobachten. Mit letzterem Begriff wird ein Verhalten umschrieben, das weniger dem völkerrechtl. als vielmehr dem diplomat. Sprachgebrauch entnommen ist;
(b) den automat. Kriegseintritt bzw. nach vorausgegangener Konsultation Absprachen über die Quantität und Qualität bzw. die Art der Truppen, die

zur Verfügung zu stellen sind, außerdem Feststellungen hinsichtl. der einzuschlagenden Strategie, der Kriegsziele etc. Nach Art der Abmachungen wird zwischen offensivem und defensivem B. unterschieden. Von Schutz- und Trutzbündnissen spricht man im Falle von sog. gemischten B., während man, der Zahl der bündnisschließenden Staaten entsprechend, von Zwei-, Dreibund etc. bzw. Tripel-, Quadrupelallianz spricht. Im Falle einer Liga (auch Union) liegt der Akzent auf den gemeinsam zu verfechtenden Interessen. Eine Konföderation kennt keine zeitl. Begrenzung. Der Pakt, das Agreement, die Entente sowie die Konvention sind Zusammenschlüsse, ohne daß ihnen ein spezieller Vertragscharakter zugrunde liegt.
LIT. P. Barandon, Das System der polit. Staatsverträge seit 1918 (1937).

Bundschuh. Die nach ihrem Feldzeichen, dem bäuerl. Riemenschuh, benannten lokalen Bauernrevolten während der Jahre 1492–1517, insbes. in Südwestdtl. Der B. im Bistum Speyer (1502), im Breisgau (1513) sowie am Oberrhein (1517) wurde angeführt von dem Bauern Joss Fritz aus Untergrombach (Kreis Bruchsal). Die Bauernrevolten des B. mündeten in den großen Bauernkrieg 1525/26 ein.
LIT. A. Rosenkranz, Der B. 2 Bde. (1927); W. E. Peuckert, Die große Wende (1948); G. Franz, Der dt. Bauernkrieg. 2 Bde. (^{10}1975).

Burg (griech. pyrgos, lat. burgus, frz. bourg, engl. borough, ital. borgo). Ein befestigter Wohnsitz. Schon in vorgeschichtl. Zeit gab es befestigte Höhenkuppen (Fluchtburgen) zur Aufnahme von Talbewohnern. In der ägäischen Kultur stellten u. a. Mykene und Tiryns ausgedehnte Burganlagen dar. Eine besondere Entwicklung erfuhren in der german. Ritterzeit die Herrenburgen, Zwingburgen, Talsperren- und Ortsburgen. Im Gegensatz zum röm. Kastell waren sie dem Gelände angepaßt. Während der Kaiserzeit, d. h. seit 31 v. Chr., stellt die B. (burgus) als Wach- und Wohnturm einen wesentl. Bestandteil der röm. Grenzbefestigung dar, insbes. an bedeutenden Handelswegen, die in das nichtunterworfene und somit dem röm. Herrschaftsbereich nicht zugehörige Gebiet führten. Sie war nicht selten der Ausgangspunkt für die Entstehung von Ansiedlungen. Daher wurde seit dem 7. Jh. auf ehedem röm. Staatsgebiet die B. mit Civitas (städtische Siedlung) gleichgesetzt, während z. Z. des frühen MA im ostfränk. Reich die Stadt B. genannt wurde; ihre Einwohner bezeichnete man als burgari (Bürger). Die engl. Stadt entwickelte sich ebenfalls weitgehend aus der befestigten Anlage, dem borough. Seit dem 12. Jh. dient die Bez. B. mehr und mehr zur Umschreibung einer ausgesprochenen Verteidigungsanlage. Mit der Entwicklung der Feuerwaffen seit dem 15. Jh., die die B. als eine nützl. Verteidigungsanlage in zunehmendem Maße zweifelhaft erscheinen läßt, wandelt sie sich zum Schloß.
LIT. RDK III, 126–73; 221–25; 1304–12; C. Schuchardt, Die B. im Wandel der Weltgeschichte (1929 ff.); W. Schlesinger, Burgen und Burgbezirke. In: Festschr. R. Kötzschke (1937); B. Ebhardt, Der Wehrbau Europas im MA. 2 Bde. (1939–58); E. Klebel, Ma. Burgen und ihr Recht (1952); H. Dannenbauer, Grundlagen der ma. Welt (1959/62); A. Tuulse, B. des Abendlandes (1958); R. Schmidt, B. des dt. MA (1959); C. Tillmann, Lexikon der deutschen Burgen und Schlösser. 3 Textbde. und 1 Kartenbd. (1958–1961); H. Patze (Hrsg.), Die B. im dt. Sprachraum. Ihre rechts- und verfassungsgeschichtl. Bedeutung. 2 Teilbde. (1976); C. L. Salch, L'atlas des chateaux forts en France (1976); W.-R. Berns, Burgenpolitik und Herrschaft des Erzbischofs Balduin von Trier (1307–54) (1980); G. Streich, B. und Kirche während des dt. MA (1984); B. Gondorf, Die Burgen der Eifel und ihrer Randgebiete (1984).

Burgbann. Während des MA ein Bezirk um eine Burg oder Stadt. Den innerhalb des B. lebenden Bewohnern war es gestattet, sich im Kriegsfall auf die Burg zu begeben, wo sie sich an der Instandhaltung der Burganlagen (Burgwerk) und der Verteidigung der Burg zu beteiligen hatten.

Bürger. Zunächst in den Stadtstaaten der Antike eine auf Grund ihrer Geburt mit polit. Entscheidungsgewalt ausgestattete Person. In den Städten Griechenlands sowie den Kolonien und Munizipien wurde durch sie ein vielschichtiges Selbstverwaltungssystem entwikkelt. Der Zusammenbruch des röm. Reiches, d. h. vor allem seines Westteils, beeinträchtigte zwar die Bedeutung der Städte; sie blieben dennoch die Mittelpunkte der Gewerbetreibenden. Außer-

dem trat eine Reihe von adeligen Burgen aus dem Umkreis der Städte hinzu.
Die Bez. B. stand demjenigen zu, der freier und vollberechtigter Einwohner einer Stadt war. Voraussetzung hierfür war der Besitz von Grund und Boden in der Stadt bzw. innerhalb deren Gemarkung (Pfahlbürger). Ihm stand entgegen der Unfreie, der Halbfreie und der Beisasse. Gegen eine Beeinträchtigung ihrer Freiheiten haben sich die B. stets gewehrt. Zu den bürgerl. Freiheiten gehörten insbes. die Freiheit von der Steuerpflicht und der Heerfahrt sowie der außerstädt. Gerichtsbarkeit. Auch Hörige konnten Freie werden, wenn sie auf einen Aufenthalt von einem Jahr in einer Stadt zu verweisen vermochten; daher der Terminus: »Stadtluft macht frei«. Mit dem Aufkommen zahlreicher Städte vor allem seit dem 12. Jh. trat zu dem Adel und den Bauern als ein neuer Stand der der B. Innerhalb der Stadt selbst kam es in der Folge zu einer Ständegliederung in Patrizier, Gilden und Zünfte. Mit dem wirtschaftl. Erstarken der beiden letztgenannten Gruppen, die auch Spießbürger genannt wurden, da sie weitgehend mit Spießen bewaffnet waren, kommt es im 14. Jh. zu Kämpfen mit dem Patriziat um die Beteiligung am Stadtregiment. Während in den meisten Auseinandersetzungen die Gleichberechtigung erreicht werden kann, obsiegt in Nürnberg, Frankfurt sowie den Hansestädten das Patriziat. Die Entwicklung in den Städten war seit dem HochMA durch eine hohe Kultur gekennzeichnet, da der Absatz der Produktion gesichert und eine gleichmäßige Einkommensverteilung gewährleistet war. Das Erstarken des Fürstenstaats, eine Entwicklung, die sich bereits vom MA an abzuzeichnen begann, und die mit der Entdeckung der Neuen Welt (1492) erfolgende weitgehende Verlagerung des Handels nach Westeuropa leitet den Niedergang der Städte bzw. seines Bürgertums ein; der 30jährige Krieg (1618–48) schließlich führt seine Verarmung herbei. Das bürgerl. Wirtschafts- und Kapitaldenken greift nunmehr, vor allem seit dem Zeitalter des Absolutismus, auf den Staat über. Anteil an der polit. Macht erreichen die B. in der Franz. Revolution (1789). Durch die Städteordnung des Frh. vom Stein (1757–1831) aus dem Jahre 1808 wird den städt. B. das Recht auf Selbstverwaltung eingeräumt. Die Umbildung des Staates zum Verfassungsstaat erreichen die B. (Staatsbürger) durch die bürgerl. Revolutionen 1830 und 1848.

LIT. HWDRG I, 543ff.; O. Brunner, Geschichtl. Grundbegriffe I, 672ff. (1982); W. H. Riehl, Die bürgerl. Gesellschaft (1851, [8]1885, Neudruck 1930); W. Sombart, Der Bourgeois ([2]1923); O. Gmelin, Naturgeschichte des B. (1929); H. Pirenne, Les Villes et les institutions urbaines (1939); Marbach, Theorie des Mittelstandes (1942); A. von Brandt, W. Koppe (Hrsg.), Städtewesen und Bürgertum. In: Gedächtnisschr. für F. Rörig (1953); E. Ennen, Frühgeschichte der europ. Stadt (1953); H. Planitz, Die dt. Stadt im MA ([3]1973); F. Rörig, Die europ. Stadt ([2]1955); E. H. Maurer. Das Spätbürgertum (1964); B. Groethuysen, Die Entstehung der bürgerl. Welt- und Lebensanschauung in Frankreich. 2 Bde. (1978); H. Stoob (Hrsg.), Altständ. B. 2 Bde. (1978); E. Ennen, Die europ. Stadt des MA ([3]1979); R. Vierhaus (Hrsg.), B. und Bürgerlichkeit im Zeitalter der Aufklärung (1981); J. Kocka (Hrsg.), B. und Bürgerlichkeit im 19. Jh. (1987); H.-J. Puhle (Hrsg.), B. in der Gesellschaft der Neuzeit (1991).

Bürgerausschuß (auch Bürgerrat). Eine Selbsthilfeorganisation, die im Anschluß an die Novemberrevolution (1918) entstand. In den Freien Städten Hamburg und Lübeck war der B. ein Ausschuß der Bürgerschaft, der für weniger wichtige Angelegenheiten zuständig war. Er wachte u.a. auch darüber, daß die Verfassung nicht verletzt wurde.

Bürgergarde. Bewaffnete Verbände; im Falle von Unruhen zur Aufrechterhaltung der Ordnung aufgestellt.

Bürgerkönig. Die Bez. für Louis Philippe, König von Frankreich (1830 bis 1848). Er wurde nach dem Sturz Karls X. (1824–30) durch das französische Bürgertum zum konstitutionellen Monarchen erhoben. In der Februarrevolution von 1848 beseitigt.

Bürgerkrieg.
(a) Ein Konflikt, den 2 oder mehrere feindliche Parteien oder Regierungen eines Staates, die den gleichen Anspruch auf Souveränität erheben, untereinander austragen.
(b) Die Auflehnung eines Teils der Bevölkerung gegen die eigene Staatsgewalt. Ein B. kann, muß jedoch nicht Be-

gleiterscheinung einer Revolution sein. Zu den Kriegen im völkerrechtl. Sinn gehört der B. nicht; er wird als innere Angelegenheit eines Staates betrachtet.
Als Beispiele für Bürgerkriege seien genannt: Die Auseinandersetzung zwischen Caesar und Pompeius (49ff. v. Chr.), die Kämpfe zwischen Ländern und Städten der schweiz. Eidgenossenschaft (im 15. und 16. Jh.), die Rosenkriege (1455–85), der Sezessionskrieg in den USA (1861–65), die Kriege in Rußland, China, Spanien und Griechenland (im 20. Jh.).
LIT. C. Wiesse, Le droit international appliqué aux guerres civiles (Lausanne 1899); G. Scelle, La reconnaissance des insurgés. In: Friedenswarte 37,2 (1937); F. Siordet, Les Conventions de Genève et la guerre civile. In: Revue internationale de la Croix Rouge (1950); vgl. »B. in China«, »B. in Griechenland«, »B. in Rußland«, »B. in Spanien« in: Lexikon zur Geschichte und Politik im 20. Jh. (1971), 122–27 (mit Lit.); H. Thomas, The Spanish Civil War (London 1986).

Bürgerkrone (lat. corona civica). Eine Auszeichnung (Eichenkranz) für die Rettung eines Mitbürgers, der im Kampf in Todesgefahr geraten war.

Bürgermeister (franz. maire, engl. mayor). Der Vorsitzende der Verwaltung einer Gemeinde. Nach 1945 in den Ländern Schleswig-Holstein, Niedersachsen, Nordrhein-Westfalen der Vorsitzende des Rates einer Kommune; der höchste kommunale Beamte hingegen heißt hier Stadtdirektor.

Bürgerrecht. Das Recht der Staatsangehörigkeit. Es bildet die Grundlage für die polit. Rechte. Das B. soll dem Menschen gleichsam eine letzte Zufluchtstätte sein: es schützt ihn gegen Auslieferung und Ausweisung durch den Heimatstaat und verleiht ihm einen Anspruch auf diplomat. Schutz dem Ausland gegenüber. Das B. wird entweder auf Grund bes. familienrechtl. Gegebenheiten (Geburt, Heirat, Legitimation) oder Verleihung durch einen Staat erworben. Es gibt verschiedene Möglichkeiten der B.-Verleihung: auf das Begehren des Einzubürgernden hin (Einbürgerung, Naturalisation), durch Verleihung des Ehrenbürgerrechts (an Personen, die sich um das Gemeinwesen verdient gemacht haben), durch Zwangseinbürgerung (z. B. im Falle einer Gebietsabtretung). Das B. kann verloren werden: durch Entlassung (sog. Verzicht) auf Antrag eines Bürgers, durch Widerruf einer Einbürgerung (Nichtigerklärung, u. a. im Falle einer Erschleichung des B.), durch Aberkennung der Staatsangehörigkeit (Zwangsausbürgerung, u. a. im Falle von Landesverrat oder Fahnenflucht).
LIT. E. Ehrlich, Über Staatsangehörigkeit (1930); H. Peters (Hrsg.), Handb. der kommunalen Wissenschaft und Praxis, 1 (1956).

Bürgerschaft. Bez. für das Stadtparlament in Hamburg, Bremen und Lübeck seit der Mitte des 19. Jh.

Bürgertum. Ein vieldeutiger Begriff. Es werden hierunter im allg. die überlebenden Reste der alten Ständeordnung verstanden (3. Stand: Handwerker, Händler, Bauern), wie auch die mit dem Kapitalismus auftretende bürgerl. Klasse (Bourgeoisie, Mittelstand). Während früher innerhalb des Begriffs B. beides durcheinanderlief, versucht man neuerdings, beide Teilgebilde zu trennen.
LIT. H.J. Henning, Das westdt. B. in der Epoche der Hochindustrialisierung 1860–1914, T.I (1972); W. Conze, J. Kocka (Hrsg.), Bildungsbürgertum im 19. Jh. T. 1 (1984); U. Engelhardt, Bildungsbürgertum. Begriffs- und Dogmengeschichte eines Etiketts (1986).

Burgfriede. Während des MA der Ausschluß oder die Beschränkung der Fehde innerhalb des Bereichs ummauerter Burgen oder Städte.

Burggraf (lat. praefectus, burggravius, auch castellanus). Ein mit richterl. Gewalt über die ihm unterstellten Burgmannen ausgestatteter militär. Befehlshaber in Burgen und Städten, insbes. in Reichsburgen sowie Reichs- und Bischofsstädten. Die praefecti urbis, denen die militär. Sicherung bedeutender Handelsplätze oblag, dürfen als die Vorläufer der B. betrachtet werden. Der B. stand im Dienste des Reiches oder eines Landesherren. Infolge der zunehmenden Bedeutung seines richterl. Amtes im Verlauf des späteren MA heißt er häufig auch Vogt oder Schultheiß. Die Burggrafenwürde war nicht selten erblich. Nach dem Vorbild der Burgwardeiverfassung der Ottonen war der B. in Polen und Schlesien sowohl militär. Befehlshaber als auch Richter und Verwaltungsbeamter in dem nach ihm benannten Bezirk, desgl. in Böhmen, wo er im 12./13. Jh. dem Hochadel entstammte, jedoch auch dem niederen Adel, wenn es sich um die Wahrnehmung von Aufgaben geringerer Bedeutung handelte. Der flandr. B., der seit dem 10. Jh. das Richteramt ausübte, stand auf der gleichen Stufe wie der Baron; er war ebenfalls militär. Befehlshaber. Seit dem 12. Jh. wurde er durch den Bailli ersetzt. In Italien oblag dem B. meist die Befehlsgewalt in einem Burgflecken.

LIT. S. Ritschel, Das Burggrafenamt (1905); W. Schlesinger, Zur Gerichtsverfassung des Markengebietes. In: Beiträge zur dt. Verfassungsgeschichte (1961).

Burglehen. Das einem Burgmann zu dessen Unterhalt verliehene Lehen, wenn der Burgmann auf einer Burg zu deren Verteidigung ansässig war (Burggesäße). Das B. bestand aus Grund und Boden außerhalb der Burg. Es war vererb-, aber nicht verleihbar. Wenn eine Burg in einer Stadt aufging, wurden die Burgmannen zu Stadtbürgern. Mit ihrem Grundbesitz stellten sie dann in den meisten Fällen einen Teil des Patriziats dar.

Burgstall (Burgstelle). Bez. für eine Burgruine oder den Platz, auf dem einst eine Burg stand.

Burgunderkriege. Die von 1474–77 währenden Kämpfe der schweizer. Eidgenossen gegen den Burgunderherzog Karl den Kühnen (reg. 1467–77). Ursachen für die B. waren die Machtpläne Karls des Kühnen zur Bildung eines neuburgund. Reiches, die Einkreisungspolitik des vorsichtigen und listigen franz. Königs Ludwig XI. (reg. 1461–83), die auf einer Koalition mit dem dt. Kaiser Friedrich III. (1440–93) und den Eidgenossen basierte, sowie die Begehrlichkeit Berns nach den savoyischen Gebieten Waadt und Unterwallis. Der Krieg verlief folgendermaßen: 1474 Sperrung der Burgunderpforte und der Jurapässe durch die Eidgenossen; 1475 Bernerzug in die Waadt; 1476 Vordringen Karls des Kühnen über den Jura; die Eroberung und blutige Bestrafung von Grandson; der Überraschungskampf bei Grandson und Sprengung des Burgunderheeres durch die Eidgenossen. Dann der zweite Zug Karls des Kühnen mit erfolgloser Belagerung von Murten (verteidigt durch Adrian von Bubenberg) und Niederlage am 22. 6. 1476. Am 5. 1. 1477 siegten die Eidgenossen und Herzog René von Lothringen bei Nancy; Karl der Kühne fiel in der Schlacht.

LIT. E. Dürr, Schweizer Kriegsgeschichte, IV (1933); J. Robert de Chevanne, Les guerres en Bourgogne 1470–75 (1934); E. von Rodt, Karl der Kühne (1941); P. Sulzer, Die B. in der schweizer. Geschichtsschreibung (1945); R. Vaughan, Charles the Bold (1973); N. Stein, Burgund und die Eidgenossenschaft z. Z. Karls des Kühnen (1979).

Burgward. Der während des 10. und 11. Jh. zu einer Burg gehörige Bezirk im Grenzraum des Dt. Reiches, hauptsächlich an der Elbe, der Saale und der Mulde. Die Mittelpunkte der gegen die Slawen gerichteten B. waren Fluchtburgen, für die durch die Bevölkerung Abgaben (Burgbann) und Befestigungsarbeiten geleistet wurden. Die B. waren von Wirtschaftshöfen umgeben, die nicht selten das Marktrecht erhielten. Es scheint, daß die B. ein geschlossenes System von Verwaltungsbezirken bildeten, die gleichzeitig den Pfarrsprengeln entsprachen. Das Burgwardensystem ging teils aus dem fränk. Bauernkriegertum hervor, das Heinrich I. (919–36) in Sachsen übernahm, teils war es slaw. Ursprungs. Durch die ostdt. Siedlung wurde das Burgwardensystem in zunehmendem Maße durchlöchert.

LIT. B. Knüll, Die B. (1895); K. Rübel, Die Franken und ihr Eroberungs- und Siedlungssystem (1904); R. Kötzschke, in: Festgabe für G. Seeliger (1920); W. Schlesinger, in: Land und Kultur (Festschrift für R. Kötzschke, 1937); ders., Die dt. Kirche im Sorbenland und die Kirchenverfassung auf westslaw. Boden. In: Mitteldt. Beitrr. zur dt. Verfassungsgeschichte des MA (1961); ders., Merseburg. In: Dt. Königspfalzen, 1 (1963).

Burgwardeiverfassung. Bez. für einen bestimmten Bezirk, der 12–24 Dörfer umfaßte und für den die jeweilige Burg der Verwaltungs- und Gerichtssitz war.

Seit dem 12. Jh. wurden vom Hochadel und den Ministerialen Burgen gebaut, obwohl deren Anlage ein Regal ist. Außerdem bauten Kirchenvögte auf geistl. Gebiet Burgen. Die Salier, vor allem aber die Staufer, errichteten systemat. Anlagen von Burgbezirken, und zwar sowohl auf Reichs-, wie auch auf Hausgut. Die Landesherren des späteren MA erstellten Burgen als Verwaltungszen-

tralen ihrer Territorien, der Deutsche Orden als Wehranlagen.
LIT. E. Schrader, Das Befestigungsrecht in Dtl. (1910); O. Piper, Abriß der Burgenkunde ([3]1914); W. Schlesinger, Die Entstehung der Landesherrschaft (1941).

Bürokratie. Kritisch-abwertende Bez. für das Übergewicht insbes. der führenden Schicht eines engstirnigen Verwaltungsapparats. Nach M. Weber (1864–1920) stellt die B. eine legitime Herrschaftsform dar. Sie beruht auf dem Glauben an die Legalität gesetzter Ordnungen sowie auf dem Anweisungsrecht der zur Ausübung der Herrschaft Berufenen. Ausgeführt werden die Anweisungen durch einen geschulten Apparat von Beamten. Obwohl die B. niemals eine rein verwirklichte Herrschaftsform war und voraussichtl. auch nie sein wird, so sind ihre Wesenszüge in der Geschichte doch vielfach faßbar. So spricht man von der B. in den hellenist. Staaten, im Rom der Spätantike, in den absolutist. regierten Staaten etc., während sie in der Gegenwart im Bereich der zivilen und militär. Verwaltung, in der Industrie und in den Parteien u. a. registrierbar ist.
Bürokratisierung stellt eine Form dar, die zum Bürokratismus tendiert. Der Bürokratismus (die Herrschaft des Büros) ist namentl. in der öffentl. Verwaltung sowie in Recht und Wirtschaft feststellbar. Für ihn existiert das Publikum lediglich als gestaltlose Masse; er läßt somit einen Grundzug der modernen rationalisierten Gesellschaft erkennen. Seine Leistung liegt insbes. im korrekten Mechanismus, seine Gefahr in der Verknöcherung, dem Schematismus sowie der Pedanterie der sog. Bürokraten.
LIT. L. von Mises, Burocracy (1944); M. Weber, Wirtschaft und Gesellschaft ([4]1956); F. Morstein-Marx, Einführung in die B. (1959); Th. Eschenburg, Staat und Gesellschaft in Dtl. ([6]1963); L. von Wiese, System der allg. Soziologie als Lehre von den sozialen Prozessen und den sozialen Gebilden der Menschen ([4]1966); Th. Leuenberger, K.H. Ruffmann (Hrsg.), B. (1977); E. Treichel, Der Primat der B. (1991).

Bursa (lat. Tasche, Beutel).
[1] Im MA Geldbeutel, Börse, Reliquienbehälter, auch Opferstock.
[2] Die Burse; seit dem MA Bez. für Stiftungen an Universitäten zum Unterhalt armer Studenten und Magister. Bes. bekannt war die B. an der Sorbonne (Paris; gegr. 1254), an den Universitäten Oxford, Cambridge sowie an den dt. Universitäten.

Burschenschaft. Eine national-dt. Studentenorganisation, die insbes. im 19. Jh. wirksam war. Nach den Ideen Friedrich Ludwig Jahns (1778–1852) und Ludwig Uhlands (1787–1862) wurde durch sie eine christl.-vaterländ. Erneuerung erstrebt. Eine Gruppe innerhalb der B. verfocht radikale Tendenzen – in diesem Zusammenhang kam es auch zur Ermordung des Dichters und russischen Spions Kotzebue – und setzte sich deshalb der Demagogenverfolgung durch Metternich (1773–1859) aus.
LIT. W. Fabricius, Die dt. Corps bis zur Gegenwart (1928); D. Grieswelle, Zur Soziologie des Cösener Corps 1870–1914. In: Chr. Helfer, M. Rassem (Hrsg.), Student und Hochschule im 19. Jh. (1975); Quellen und Darstellungen zur Geschichte der B. und der dt. Einheitsbewegung. Hrsg. von H. Haupt. 17 Bde. (1910 ff.; [2]1965 ff.); Darstellungen zur Geschichte der dt. Einheitsbewegung im 19. und 20. Jh. Hrsg. von P. Wentzcke u. a. 7 Bde. (1954–67).

Bußbücher, Pönitentialien. Bez. für Schriftenverzeichnisse, die Bestimmungen für die Verwaltung des Bußsakraments enthalten, insbesondere Anweisungen, die sich auf die für die einzelnen Sünden zu verkündenden Bußen beziehen. In der Zeit vom 6. bis zum 12. Jh. wurde in der irischen, angelsächs. und franz. Kirche eine Vielzahl von B. aus den Konzilsvorschriften erstellt.
LIT. RAC II, 802 ff.; LThK II, 805–15; H.J. Schmitz, Die B. und die Bußdisziplin der Kirche. 2 Bde. (1883; 1898); W. von Hörmann, Bußbücherstudien. In: ZRG GA 32–34 (1911–13); G. Hägele, Das Poenitentiale Vallicellianum I. (1984).

Buße. Lt. germanischem und ma. Recht eine in Geld oder Vieh zu leistende Entschädigung. Der Verletzte und seine Sippe empfing sie für Friedensbrüche und Ungefähr. In den meisten Fällen stellte die B. einen Bruchteil des Wergelds dar; sie war daher wie dieses gestuft (entspr. dem Stand des Verletzten). Von der Strafe unterschied die B. ihr privater, von der Sühne ihr wirtschaftl. Charakter. Während des MA stellte die B. eine der gelegentl. Einkünfte des Gerichtsherrn dar, vor allem in Form der Bußgelder für die Übertre-

tung des Königsfriedens sowie der »Bannbuße« der Karolingerzeit für die Befreiung vom Heeresdienst, dem Heerbann.
LIT. HWDRG I, 575ff., 1466ff.

Bußtag, Bettag. In der abendländ. Kirche eine staatl.-kirchl., aus vorchristl. Zeit stammende Einrichtung, durch gemeinsame Buße des Volkes zur Behebung der Landesnot beizutragen. Übernommen wurde sie für die christl. Zeit u. a. durch Theodosius d. Gr. (reg. 379–95) und Karl d. Gr. (reg. 768–814). Außerordentliche B. wurden zu ständigen erhoben. In Anlehnung an die kath. Quatembertage wurde der regelmäßige »Landesbuß- und Bettag« in den prot. Kirchen entweder zu jeder Jahreszeit wiederholt oder auf eine bestimmte Zeit des Kirchenjahres gelegt. In den dt. Landeskirchen wird er am Mittwoch vor dem letzten Sonntag des jeweiligen Kirchenjahres begangen, in Bayern daneben auch am Sonntag Invocavit (am ersten Fastensonntag).
LIT. G. Mensching, Die Idee der Sünde (1931); TRE VII, 492–96.

Bußzucht, Bußdisziplin. In der alten und der ma. Kirche die Regelung der öffentlichen Buße. Verhängt wurde sie für Glaubensabfall, Mord, Unzucht sowie verwandte Sünden über einen längeren Zeitabschnitt hinweg. In den ersten nachchristl. Jh. verhängte man die Bußen für derartige Sünden, die als die schwersten galten, häufig auf Lebenszeit. Eine Wiederaufnahme der Büßer in den Schoß der Kirche, die in späterer Zeit am Gründonnerstag erfolgte, konnte erst nach schweren Auseinandersetzungen mit dem Rigorismus erreicht werden. Im Morgenland verschwand die Einrichtung der B. im Verlauf des 5. Jh., während sie im Abendland noch weiterbestand, doch war sie bereits seit der Merowingerzeit auf öffentl. Sünder eingeschränkt worden; im 11. Jh. fiel sie auch für diese weg. Ersetzt wurde sie durch die private Beichte sowie die in der abendländ. Kirche durch die vom Bußsakrament abgelöste Verhängung öffentl. Bußen durch die geistl. Gerichte (Send, Sendgericht). Mitgewirkt haben bei der Beseitigung der B. die Bußredemptionen, die unter dem Einfluß des german. Sühnegeldes entstanden. Ersetzt wurden die schweren öffentl. Bußen nunmehr durch leichtere Bußübungen wie Gebete, Almosen, Wallfahrten etc., und zwar entsprechend den Festlegungen in den Bußbüchern.
LIT. Rauschen, Eucharistie und Bußsakrament in den ersten 6 Jahrhunderten (^{2}1910); B. Poschmann, Buße und letzte Ölung. In: Hdb. der Dogmengeschichte (1951; hier weitere Lit.).

Buteil (mlat., Bauteil). Nach ma. Recht der einem geistl. oder weltl. Grundherrn zustehende Anteil am Nachlaß eines Hörigen. Nicht selten betrug der Anteil ein Drittel des Nachlasses.

Butigler (mlat. buticularius, Mundschenk). Zunächst das Hofamt. Zum erstenmal erwähnt wird es in der Palastordnung Hinkmars, des EB von Reims (845–882). Z. Z. der stauf. Kaiser (1138–1254) war der Reichs-B. der oberste Beamte des Reichsgutsbezirks um Nürnberg. Er entstammte der hohen Reichsministerialität.

Büttel (ahd. butil). Gerichtsdiener, Häscher. Heute nur noch abwertend gebraucht.

Byzantinismus. Bez. für würdelose Unterwürfigkeit Höherstehenden gegenüber; sie ist abgeleitet vom Hofzeremoniell des Byzantinischen Reiches. Ihren Ursprung hat die Bez. – von ihrer Bedeutung her betrachtet – in dem geringen Verständnis der Geschichtsschreibung während des Zeitalters der Aufklärung für die Formen und Formeln des byzantin. Herrscherzeremoniells, das dem röm. Kaiserkult entstammte. In seinem Vollzug war jedoch keine moralische, sondern lediglich eine liturg. Handlung zu sehen.
LIT. H. Hunger, Byzantinismus. Nachwirkungen byzantin. Verhaltensweisen bis in die Gegenwart. In: Schriftenreihe des Int. Konstantin-Ordens, V.

Byzantinistik. Bez. für die Wissenschaft, die sich mit allen Lebensäußerungen des Byzantin. Reiches und seiner Bevölkerung beschäftigt. Zeitlich umfaßt sie die Spanne von 330 n. Chr. (Gründung Konstantinopels) bis 1453 (Eroberung durch die osmanischen Türken); der geographische Raum wechselt je nach Ausdehnung des Reiches (Kernländer: Kleinasien, Thrakien, Griechenland).
Nach einer ersten Vorstufe, da die Byzantiner vor allem in Italien dem Abendland den Weg zurück in die griech. Antike erschlossen, verdankt die wissenschaftliche Beschäftigung mit Byzanz ihre Entstehung dem sprachlichen

(Humanisten) wie auch dem religiös-politischen (Reformation, Unionsverhandlungen, Türkenkriege) Interesse des 16. Jh., dessen Vertreter vor allem im süddt. Raum (Wolf, Xylander etc.) zu suchen sind. Seit dem 17. Jh. hat sich die B. in Frankreich – nicht zuletzt aufgrund des damals erwachsenden Interesses der franz. Wissenschaft für die Kreuzfahrerstaaten im Orient – verselbständigt (DuCange u. a.). Nach der Geringschätzung in der Aufklärungszeit (→Byzantinismus; Lebeau; Gibbon), erlebte sie im 19. Jh. einen neuen Aufschwung, bis sie in K. Krumbacher (1856–1909), der 1897 den ersten Lehrstuhl des Faches in München erhielt, ihren heros ktistes, ihren Begründer und Schöpfer, als wissenschaftliche Disziplin an einer Universität fand.

LIT. G. Ostrogorsky, Entwicklung der byzantin. Geschichtswissenschaft. Einleitung zur Geschichte des byzantin. Staates ([3]1963); H. G. Beck, Die byzantin. Studien in Deutschland vor Karl Krumbacher. In: Chalikes. Festgabe für die Teilnehmer am XI. Internat. Byzantinistenkongreß (1958), 66–119; G. Moravcsik, Byzantinoturcica I ([2]1958; mit ausführl. Literatur); D. A. Zakythinos, Byzantin. Geschichte. Bd. 1 (1977); H. G. Beck, Byzantinistik heute (1977); St. Runciman, Kunst und Kultur in Byzanz (1978); E. Eickhoff, Macht und Sendung. Byzantin. Weltpolitik (1981).

Cahier de doléances (Cahier de remonstrances). Beschwerdeschrift. In Frankreich seit dem 15. Jh. Zusammenfassung der Beschwerden der drei Stände (Adel, Geistlichkeit, Bürger), die zunächst für jede Stadt usw. aufgeschrieben wurden, dann zu einem Cahier de bailliage zusammengefaßt, schließlich für jeden Stand redigiert und dann von den drei Ständen (Cahier des états généraux) dem König überreicht wurden.

Calderari (ital., Kesselflicker). Polit. Geheimbund, vor allem in Süditalien, zwischen 1810–20, gegen die Carbonaria gerichtet, verteidigt die alte Ordnung und die Restauration, unterliegt im Kampf mit der Carbonaria und den fortschrittl.-freiheitl. Ideen.

Calixtiner (Utraquisten). Gemäßigte Mehrheit der Hussiten, oft die Gegenspieler der Taboriten. Die C. rekrutieren sich hauptsächl. aus dem tschech. Adel und dem Bürgertum der Städte, organisieren sich zunächst auf Klerussynoden, unter Leitung des von der Kirche abgefallenen EB von Prag, dann unter Leitung des vom Landtag gewählten Joh. von Rokycana, stehen seit 1478 unter einem Konsistorium, seit 1485 als Landeskirche in Böhmen und Mähren neben den Katholiken anerkannt. In der Forderung nach Kommunion unter beiden Gestalten weichen sie zum mindesten von der kath. Kirche ab. Seit 1524 sind die C. in »alte« und »lutherfreundliche« gespalten; Unionsversuche bleiben erfolglos; 1609 übernehmen die ev. C. das Konsistorium; im ersten Drittel des 17. Jh. werden alle C. in Böhmen und Mähren unterdrückt.

LIT. F.G. Heymann, John Ziška and the Hussite Revolution (Princeton 1955); H. Grundmann, Ketzergeschichte des MA (1963); F. Seibt, Hussitica. Zur Struktur einer Revolution (1965); K. Bosl (Hrsg.), Handbuch der Geschichte der böhm. Länder, I (1967).

Calvinismus. Von den deutschen Lutheranern geprägte, zunächst polemisch gebrauchte Bez. für die aus der Lehre und Wirksamkeit Calvins (1509–64) hervorgegangene reformator. Lehre und Bewegung, bald identisch mit der reformierten Kirche. Der C. wurzelt im franz. und Schweizer Humanismus, ist von Luther beeinflußt, unterscheidet sich jedoch vom Luthertum in der Lehre vom Abendmahl und der Prädestination.

Calvins Hauptwerk und Grundlage der reformierten Glaubenslehre ist die ›Institutio Religionis Christianae‹ (1536, seitdem erweitert und verbessert). Calvins Lehre ist stark theozentrisch; dem Hl. Geist kommt eine besondere Rolle zu, Christus ist stark zurückgedrängt. Der Mensch ist nach Calvins Lehre total verdorben, wird allein durch den Glauben gerechtfertigt. Der Papst wird als Antichrist abgelehnt, eine unfehlbare Autorität der Konzilien nicht anerkannt, die Kirche auf dem Gemeindeprinzip aufgebaut und demokratisch geleitet von einem Konsistorium (presbyterianische Kirchenordnung). Der Verwirklichung des Reiches Gottes auf Erden sind die polit. Ziele des C. untergeordnet.

Das Zusammengehen des C. mit frondierenden Ständeparteien gegen nicht calvinistische Obrigkeiten (Frankreich, Niederlande, England, Österreich) ist charakteristisch. Im Unterschied zu dem polit. fast passiven Luthertum entfaltete der C. im Reich eine beachtl. polit. Aktivität und stellte die eigentl. Opposition gegen den Kaiser (Kurpfalz, Nassau, Hessen-Kassel). Der C. breitete sich von ca. 1550 von Genf aus über die Schweiz und Frankreich aus, wo er in der ›Confessio Gallicana‹ (1559) auf der ersten franz. Nationalsynode eine kräftige Grundlage erhielt und sich in den Hugenottenkriegen behauptete. Das Zentrum des europ. C. im 17. Jh. waren die wirtschaftl. außerordentl. starken Niederlande. Trotz beachtl. Anfangserfolge wurde der C. in Polen nach 1560 von der Gegenreformation zurückgedrängt. In Ungarn und Siebenbürgen behauptete sich eine starke reformierte Kirche. Die ungarische ständische Opposition gegen den Absolutismus der Habsburger verquickte sich mit dem reformierten Bekenntnis. An den Bürgerkriegen und Kämpfen um die Macht in Frankreich, England, Schottland, an dem Freiheitskampf der Niederlande und ihrer Weltgeltung im 17. Jh. hatte der C. hervorragenden Anteil.

Stärkste wirtschaftl. Impulse gingen vom C., seinem Arbeitsethos, seiner »innerweltlichen Askese« aus. Der Erwählungsgedanke wirkte polit. und wirtschaftl. anspornend. Weit mehr als das auf das Reich und Skandinavien beschränkte Luthertum hat der C. als die in Westeuropa herrschende und nach Übersee verbreitete Form des Prote-

stantismus die Geschichte der Neuzeit bestimmt. Im Reich war der C. in der Kurpfalz (Heidelberger Katechismus 1563), in Ostfriesland, Nassau, Anhalt, Hessen-Kassel das herrschende Bekenntnis. Presbyterianer, Kongregationalisten sowie Methodisten spalteten sich vom C. ab.
LIT. RGG I, 1588–99; LThK II, 887–98; Sacramentum mundi I, 687 bis 699; StL II, 339–47; HKG Bd. IV; J. Bohatec, Calvins Lehre von Staat und Kirche (1957); V. Press, C. und Territorialstaat (1970); H. Scholl, Calvinus Catholicus. Die kathol. Calvinforschung im 20. Jh. (1974); H. Kretzer, C. und französ. Monarchie im 17. Jh. (1975); TRE VII, 568–92.

Camaldulenser. Zweigorden der Benediktiner, gegr. um 1000; die Einsiedelei Camaldoli (1012) mit dem späteren Kloster Fontebuono wurde erst einige Jahre später zum Stammkloster des Ordens. Die C. verbinden eremit. und koinobit. Ideal (monachi-eremitae). Einflüsse auf die Anfänge Brunos (→Karthäuser) sind unverkennbar. Im SpätMA Selbständigkeitsbestrebungen der zahlenmäßig stärkeren Koinobiten; von 1616–1935 bestand eine eigene Koinobitenkongregation. Die Eremitengemeinschaften spalteten sich in mehrere Kongregationen. Bedeutende C. waren: Gregor XVI., Gratian, Bruno von Querfurt.
LIT. LThK V, 1266f.

Cambrai, Damenfriede von (3. 8. 1529). Zustandegebracht durch die Statthalterin der Niederlande, Margaretha, und durch Luise von Savoyen, die Mutter Kg. Franz' I. von Frankreich. Abgeschlossen auf der Grundlage des Friedens von Madrid (14. 1. 1526). Kg. Franz I. von Frankreich verzichtet auf Burgund, alle Ansprüche auf Mailand, Genua, Neapel und seine Souveränitätsrechte über habsburg. Besitz in den Niederlanden, außerdem verpflichtet er sich, den Herzog von Bourbon wieder in seine Rechte einzusetzen. Frankreich erhält Péronne, Montdidier, Roye, die Grafschaft de Bolanois, Städte und Herrschaften an der Somme. Franz I. verpflichtet sich, Eleonore von Portugal, die Schwester Karls V. zu heiraten. Andrea Doria, Genua, erhält Schadenersatz. Robert von der Mark, Karl Herzog von Bourbonnais und der Auvergne u.a. werden restituiert. Frankreich macht erhebl. finanzielle Zugeständnisse für die Freilassung der Prinzen, übernimmt die kaiserl. Schulden gegenüber England.
LIT. K. Brandi, Karl V., 2 Bde. ([7]1964, dort weitere Lit.).

Cambrai, Kongreß von. Der beim Abschluß der Quadrupelallianz (2. 8. 1718) in Aussicht genommene Kongreß von C. wurde von Österreichs Alliierten Frankreich und England aus Furcht vor einer Ausweitung der österr. Macht in Italien lange verhindert. Als der Kongreß endlich am 24. 1. 1724 eröffnet wurde, waren die wichtigsten Verhandlungsgegenstände das Schicksal von Parma, Piacenza und Toskana und die Frage des belg.-ostind. Handels. Der erfolglos verlaufene Kongreß fand mit der Annäherung zwischen Spanien und Österreich (Erfolg der Mission Ripperdas) und dem Abschluß der Wiener Verträge vom 30. 4. und 1. 5. 1725 zwischen Spanien und Frankreich sein Ende.
LIT. A.F. Pribram, Österreich. Staatsverträge I (1907) 433ff., O. Redlich, Das Werden einer Großmacht. Österreich von 1700–1740 (1942); M. Braubach, Prinz Eugen von Savoyen. 5 Bde. (1963–65).

Camera Apostolica. Apostolische Kammer; Kurialbehörde zur Verwaltung des Vermögens des Apostol. Stuhles. Voll ausgebildet erscheint die C.A. gegen Ende des 12. Jh. im ›Liber censuum‹; mit dem Ende des Kirchenstaats endet auch ihre Tätigkeit, ausgenommen die Zeit der Sedisvakanz des Päpstl. Stuhles. An der Spitze der C.A. steht der Camerlengo.

Camerlengo.
[1] (lat. S. Rom. Eccl. camerarius), Kämmerer der Hl. Röm. Kirche; Kardinalpräfekt der Apostolischen Kammer; heute hat der Camerlengo nur noch bei der Sedisvakanz und bei der Vorbereitung des Konklave gewisse Rechte.
[2] Oberster Finanzbeamter in den ital. Stadtrepubliken des SpätMA und der NZ.

Camorra. Südital. Geheimbund des 19. Jh., spielte in der Bourbonenzeit eine Rolle, extrem terroristisch, kriminelle Tendenzen.

Campo Formio, Friede von (17./18. 10. 1797). Nach dem Waffenstillstand und Vorfrieden von Leoben, der den 1. Koalitionskrieg beendete, wurde auf Schloß Passariano, in der Nähe von Campo Formio, nach schwierigen

Verhandlungen zwischen Napoleon und dem österreich. Diplomaten Cobenzl der Friede zwischen Österreich und Frankreich mit der Ortsangabe Campo Formio unterzeichnet. Der Kriegszustand zwischen dem Reich und Frankreich blieb bestehen; alle das Reich betr. Fragen sollen auf einem Kongreß in Rastatt geklärt werden, der binnen Monatsfrist zusammentreten wird.
Bestimmungen des Friedens von C.: Österreich anerkennt die franz. Republik, verzichtet auf die Unterstützung der Bourbonen und Emigranten, verzichtet in Italien auf die Herzogtümer Mailand, Modena sowie auf Mantua zugunsten der neuzugründenden Cisalpinischen Republik. Österreich tritt die südl. Niederlande an Frankreich ab und verpflichtet sich, bei der Abtretung der linksrhein. Reichsterritorien zwischen Basel-Andernach und westl. der Nette-Roer-Linie zugunsten Frankreichs mitzuwirken. Die linksrhein. depossedierten Fürsten sollen rechtsrhein. mit geistl. Territorien entschädigt werden. Mit diesem Entschädigungsversprechen leitet der Friede von C. die Säkularisation der Reichskirche ein und damit den Untergang des Reiches. Österreich erhält als Entschädigung die venezian. terra ferma bis zur Etsch, Istrien und Dalmatien einschließlich der venezian. Inseln in der Adria, doch kommen Korfu, Zanta, St. Maurus, Cerigo an Frankreich. Der Herzog von Modena wurde auf Entschädigungen aus dem vorderösterreich. Breisgau verwiesen, wofür Österreich das Erzstift Salzburg und bayer. Gebiete rechts des Inns erhalten sollte.
LIT. M. Braubach, Von der Franz. Revolution bis zum Wiener Kongreß. In: Gebhardt-Grundmann III; A. Ernstberger, Österreich und Preußen von Basel bis Campoformio 1795–97 (1932); W. Andreas, Napoleon (1962); S. S. Biro, The German Policy of Revolutionary France. 2 Bde. (1957).

Camposanto (ital., Friedhof). Bes. Begräbnisplatz mit Einfassung durch kreuzgangähnl. Arkadengänge. Der bekannteste C., neben dem Dom von Pisa, seit dem letzten Drittel des 13. bis zur Mitte des 14. Jh. errichtet; die Arkaden mit Maßwerk gefüllt, die Wände des Umgangs im 14. und 15. Jh. mit Fresken, darunter der ›Triumph des Todes‹, bedeckt. Schwere Schäden 1944, 1953 restauriert.
LIT. E. Carli-P. E. Arias, Il Camposanto di Pisa (1937).

Camposanto Teutonico. Auf der Südseite des Petersdoms zu Rom, aus der ›Schola Francorum‹ hervorgegangen, mit Priesterhaus, Friedhof, Pilgerherberge, Hospital, getragen von der um 1450 von Joh. Goldeser gegründeten Bruderschaft, seit 1579 Erzbruderschaft, Mittelpunkt des dt. Lebens in Rom über das MA hinaus. Der Friedhof reich an histor. interessanten Grabstätten, heute den Mitgliedern der Erzbruderschaft reserviert. 1876 Gründung eines wissenschaftl. Priesterkollegs, das seit 1887 die ›Römische Quartalschrift‹ zusammen mit der Görres-Gesellschaft herausgibt. Der Camposanto Teutonico ist auch Sitz des Röm. Instituts der Görres-Gesellschaft, seit 1929 exterritorial, vom Vatikan verwaltet, Sitz der Agenzie für die Erzbistümer Köln und München-Freising.
LIT. LThK II, 912; E. Gatz (Hrsg.), Hundert Jahre dt. Priesterkolleg beim Campo Santo Teutonico 1876–1976 (1977).

Cancellaria Apostolica. Apostol. Kanzlei, Päpstl. Kanzlei. Seit 1042 steht ein bibliothecarius et cancellarius Sanctae Sedis Apostolicae an der Spitze der C., seit Ende des 11. Jh. ein Kardinal, ausgenommen die Zeit 1216–1325. Von 1216–1908 hieß der Vorstand vicecancellarius Sanctae Ecclesiae Romanae, seitdem cardinalis cancellarius. Die C. besorgte bis ins 15. Jh. die Ausfertigung aller Papsturkunden, seitdem nur noch die der Bullen, die beneficia ecclesiastica consistorialia, größere Verwaltungsgeschäfte u. a. betrafen.

Cannae, Schlacht von (2. 8. 216). Hannibal schlägt bei C. die Römer vernichtend; die röm. Verluste betrugen mehr als 50000 Mann, fast 20000 wurden gefangen; unter den Gefallenen war auch der Konsul Aemilius Paullus. C. ist eine der bittersten Niederlagen der röm. Geschichte und zählt zu den klassischen Einkreisungsschlachten.
LIT. A. Gf. von Schlieffen, C. In: Ges. Schriften. 2 Bde. (1913); F. Cornelius, C. Das militär. und das literar. Problem (1932; Neudruck 1963).

Canonici in herbis. Zum Unterschied von den canonici in floribus et fructibus, d. h. den Canonici (Dom- bzw. Stiftsherrn), die stallum in choro (Sitz im Chor) und votum in capitulo (Stimme im Kapitel) haben, die Domicellaren, die ihren Unterhalt selbst bestreiten müssen.

Canonicus a latere. Domherr, der von einem Fürstbf. an seinen Hof berufen und zu bes. Aufgaben verwendet wurde. Für die Zeit der Abwesenheit am fürstbischöfl. Hof war er von den Pflichten eines Domherrn dispensiert.

Canossa. Burg südwestl. von Reggio nell'Emilia am nördl. Abhang des Apennin. C. gab einer Markgrafschaft den Namen. Hier spielte Markgräfin Mathilde von Tuszien, der die Burg und die Markgrafschaft gehörte, zusammen mit Abt Hugo von Cluny die Rolle der Vermittlerin zwischen Heinrich IV. und Papst Gregor VII., so daß Heinrich am 28. 1. 1077, als er schon an Aufbruch dachte, vom Papst die Absolution erreichte. Die Bedingungen für Heinrich IV., unter denen er die Absolution erreichte, waren Genugtuung an die Fürsten oder Vergleich mit ihnen innerhalb einer vom Papst festgesetzten Frist sowie freies Geleit für den Papst für den Fall einer Reise nach Dtl. Über die Investitur wurde keine Vereinbarung getroffen. Nach Canossa behandelte der Papst Heinrich IV. als König, ohne ihn als solchen ausdrückl. anzuerkennen.
Ob C. ein Erfolg oder eine Niederlage Heinrichs IV. war, ist umstritten, sicher war es für den Augenblick ein taktischer Erfolg des Königs, der die Verbindung des Papstes mit seinen dt. Gegnern verhinderte, für den ma. Reichsgedanken stellte die »Wende von Canossa« aber eine Einbuße dar.
In Anlehnung an das Ereignis von 1077 erklärte Bismarck während des Kulturkampfes in der Reichstagssitzung vom 14. 5. 1872: »Nach Canossa gehen wir nicht – weder körperlich noch geistig.«
LIT. A. Brackmann, C. und das Reich. In: Stufen und Wandlungen der dt. Einheit (1943); H. Zimmermann, Canossa 1077 (1977).

Canticum (lat. Lied).
[1] Einzel- und Wechselgesang in der röm. Komödie.
[2] Liedhafte Partie der Schrift, die nicht aus den Psalmen stammt, aber in der Liturgie wie ein Psalm verwendet wird. Der Gebrauch der Cantica wurde wahrscheinlich in der Osternacht entwickelt. Am bekanntesten Benedictus, Magnificat, Nunc dimittis. Aus den Vigilfeiern wanderten die Cantica in die Laudes (Morgenlob). Bes. reich vertreten im monast. Brevier und im altspan. Ritus.
LIT. E. Bickel, Lehrbuch der Geschichte der röm. Literatur (1937, [2]1961); LThK II, 922.

capella regia.
[1] Mantelreliquie des hl. Martinus (cappa, capella sancti Martini); seit der Mitte des 7. Jh. im Besitz der Merowingerkönige, seit 710 in dem der Karolinger. Im 8. Jh. wird mit c.r. der Reliquienschatz des Königs oder auch das Meßgerät gemeint.
[2] Seit 765 auch Bez. für das Oratorium der Königspfalz, in dem Reliquien aufbewahrt wurden. Bald nach 800 wird auch in den fisci von capellae gesprochen. Capellae geht schließlich als Bezeichnung auf alle königl., dann auf die nichtkönigl. Eigenkirchen über. Eigenkirchen haben in der Regel keine Pfarrrechte. So erklärt sich der moderne Wortgebrauch von Kapelle als Bezeichnung für kleine kirchl. Gebäude.
[3] Seit 741 werden die Geistlichen im Gefolge des Königs als capellani bezeichnet. Mit Pippins Königserhebung stiegen die capellani zu geistl. Gefolgsleuten auf, deren Gemeinschaft als c. r. bezeichnet wurde. Nach dem Vorbild des Königs hielten bald auch Herzöge, Bischöfe und Päpste ihre eigenen Kapelläne. Seit dem 12. Jh. wird capellanus auch der Stellvertreter eines Geistlichen genannt. In diesem weitesten Sinn deckt sich capellanus mit vicarius (→Vikar). Die c.r. hatte nicht nur geistl. Aufgaben, sondern ihr war auch die schriftl. Verwaltungstätigkeit übertragen.
Seit 825 gibt es folgendes Ordnungsschema der c.r.: an ihrer Spitze der archicapellanus (anfangs ein Abt, später Bischof, unter ihm rückte der alte Kanzleivorsteher zum cancellarius (seit 808) und (seit 820) zum summus cancellarius auf. In Angleichung an den archicapellanus nannte er sich archicancellarius (bald nach 820). Der unter dem archicancellarius stehende leitende Notar rückte als cancellarius nach und gewann zunehmend an Bedeutung, je mehr Erzkaplan und Erzkanzler nicht mehr am Hofe weilten. Die Teilung des großfränk. Reiches führte zur Bildung eigener Hofkapellen.
Seit 965 war der EB von Mainz deutscher Erzkaplan und damit die c.r. mit dem Mainzer Erzstuhl verbunden. Die c.r. wuchs in die Reichskirche hinein, die Mitglieder der c.r. erlangten viel-

fach Bischofsstühle. Die Verbindung von c. r., Reichskirche und König wurde mit dem Investiturstreit und mit dem Schwinden des königl. Ernennungsrechts auf die Bischofsstühle gestört.
Seit der Mitte des 11. Jh., verlor die c. r. ihre Bedeutung, die Kanzlei verwandelte sich seit dem 12. Jh. in eine eigene Behörde, der EB von Mainz führte anstelle des Titels Erzkaplan den des Erzkanzlers. In reduzierter Form blieb die c. r. als exemte kirchl. Institution bis zum Ende des Reiches bestehen.
LIT. J. Fleckenstein, Die Hofkapelle der dt. Könige (1959/66); HWDRG I (1966) 582–85.

Capitaine (lat. caput, Kopf). Heerführer, Feldherr.

Capitaine d'armes. Kammerunteroffizier, Rüstmeister, Waffenmeister.

Capitaine des chasses ou de louveterie. Jägermeister, der in Jagdsachen eine Gerichtsbarkeit ausübte.

Capitainerie.
[1] Teil der königl. Domäne mit einem Schloß und umliegendem Land.
[2] Küstenstrecke, die zu Wach- und Zollzwecken einem capitaine général unterstellt war.
LIT. Haberkern-Wallach 95.

Capitolium. Name (vielleicht sabinischen Ursprungs) für die aus zwei Kuppen bestehende Anhöhe zwischen Velabrum und Campus Martius, nördl. die Arx (heute Kirche Ara coeli), südwestl. das Capitolium, dazwischen ein Sattel (clivus Capitolinus), über den der Weg vom Forum hinaufführte. Auf der Südseite wurde unter den Tarquiniern der große Tempel für die Göttertrias Jupiter Optimus Maximus, Juno und Minerva errichtet, vollendet im ersten Jahr der Republik (509), niedergebrannt 83 v. Chr., Neubau unter Sulla begonnen, 69 v. Chr. durch Catulus eingeweiht, 69 n. Chr. erneut abgebrannt. Der Neubau Vespasians, nach Brandschäden durch Titus wiederhergestellt, steht dann bis ins 6. Jh., im MA nach Plünderungen der Völkerwanderungszeit gründlich zerstört. Siegreiche Feldherrn fuhren im Triumph in der Tracht des Jupiter zu diesem Tempel. Auf der Arx der Tempel der Juno Moneta, die röm. Münzstätte. Der steile Absturz an der Südostseite des C. war der Tarpejische Felsen, über den hinab Staatsverbrecher zu Tode gestürzt wurden.
Capitolia gab es auch in anderen Städten des Imperium Romanum: z. B. Capua, Karthago; die Bez. ist manchmal auch an Kirchen erhalten, z. B. in Köln: St. Maria im Kapitol.

Capitulare de villis (vollständiger Titel: Capitulare de villis vel curtis imperii). Zwischen 770/800 entstanden, gibt das C. d. v. sehr detaillierte Vorschriften zur Verwaltung der Krongüter und ist, auch mit seinen programmat.-theoret. Hinweisen, die wichtigste Quelle über die Verwaltung des fränk. Reichsgutes.
LIT. HWDRG I 587f.

Capitulatio de partibus Saxoniae. Ein fränk. Sondergesetz für die unterworfenen Sachsen; 782/85 erlassen, aus zwei Teilen bestehend, stellenweise wenig übersichtlich, bedroht es u. a. mit Strafe: Menschenopfer, Opfermahl, das Verbrennen der Toten, Opfer an Quellen, Bäumen, Hainen u. a.
LIT. HWDRG I, 588.

Capitulatio perpetua Osnabrugensis. Sondervertrag zur Regelung der nach dem Westfälischen Frieden (1648) noch strittigen Einzelfragen im Hochstift Osnabrück, abgeschlossen zwischen dem Osnabrücker Fürstbischof Franz Wilhelm von Wartenberg, dem kath.-ev. gemischten Domkapitel und dem Hause Braunschweig-Lüneburg, dessen successio alternativa im Hochstift Osnabrück durch den Westfäl. Frieden garantiert war. Die C. p. O. ist Grundgesetz für das Hochstift Osnabrück. Die geistl. Verwaltung des Bistums stand während der Regierung prot. Fürstbischöfe dem EB von Köln als Metropoliten zu. In die ev. Dinge durfte er sich nicht einmischen. Die Pfarreien des Bistums wurden nach der sogen. Volmarischen Liste geteilt: in 28 kath., 17 luth. Pfarreien; einige Pfarreien wurden gemeinsamer Besitz beider Konfessionen. Parität. war die Landesverwaltung. Bis zum Untergang des Reiches wird Osnabrück abwechselnd von einem kath. Bischof und einem prot. Fürstbischof aus dem Hause Braunschweig-Lüneburg regiert. Die C. p. O. ist ein Versuch, die Grenzen des Besitzstandes jeder Konfession und die Entfaltung jeder Kirche zu fixieren; sie steht der Entfaltung eines absolutist. Monarchenrechts hemmend im Wege.
LIT. H. Freckmann, Die capitulatio perpetua und ihre verfassungsgeschichtliche Bedeutung für das Hochstift Osnabrück, 1648–50 (1906); H. Hiltebrandt, Die kirchl. Reunionsverhandlungen in

der 2. Hälfte des 17. Jh. zwischen Ernst August von Hannover und der kath. Kirche (1922); G. Schwaiger, Kardinal Franz Wilhelm von Wartenberg als Bischof von Regensburg (1954); A. Knoch, Die Politik des Bischofs Franz Wilhelm von Wartenberg während der westfäl. Friedensverhandlungen (1644–48) (1966); R. Renger, Landesherr und Landstände im Hochstift Osnabrück in der Mitte des 18. Jh. (1968).

Cappa (Capa). Kirchl. Kleidungsstück. Nachklass. lat. Bezeichnung für eine Kapuze oder den ärmellosen Kapuzenmantel. Von der C. leiten sich her a) das Pluviale, b) die C. choralis, ein schwarzer Kapuzenmantel der Kanoniker für das Chorgebet zur Winterzeit. Aus der C. choralis entsteht durch Verkürzung die Mozetta. Mit der C. bekleidet stellt sich der Domicellar dem Domkapitel vor (»Kappengang«) und erhält die Emanzipation.
LIT. RDK III, 323f.; LThK II, 926.

Cappa magna. Mantel mit langer Schleppe (cauda) und großer Kapuze, von Kardinälen und Bischöfen bei feierlichen Ein- und Auszügen getragen. Durch Privileg auch den Mitgliedern hervorragender Domkapitel und päpstlicher Basiliken verliehen. Die Schleppe (cauda) ist bei Kardinälen und Bischöfen ausgeschlagen und wird durch einen caudatarius nachgetragen, sonst allg. nicht entfaltet über dem Arm oder in einer Schleife getragen. Farbe bei Kardinälen rot, in Buß- und Trauerzeit violett, bei Religiosen früher in der Ordensfarbe. Heute nur noch sehr selten gebräuchlich.

Carbonaria (ital., Köhler). Polit. Geheimbund der ersten Hälfte des 19. Jh. in Italien, vor allem Süditalien, trat zuerst 1807 in Neapel in Erscheinung. Ursprung ungeklärt. Die C. wendete sich zunächst gegen Murat, dann gegen die Restauration, forderte freiheitl. Verfassung, Einheit und Unabhängigkeit Italiens. An der Revolution von 1820 führend beteiligt, 1830 auch in Modena. Aus der C. ging die von G. Mazzini gegründete Giovine Italia hervor. Die C. hat in der Organisation und in ihren Formen starke Anleihen bei der Freimaurerei gemacht, wurde von Pius VII. (13. 9. 1821) verurteilt, rivalisierte mit den Calderari, verlor nach 1830 an Bedeutung.

Carmen de bello Saxonico. Gedicht von den Kämpfen Heinrichs IV. mit den Sachsen bis zum Frieden von Gerstungen, zwischen dem 9. 6. 1075 und vor Frühjahr 1076 verfaßt. Der nicht bekannte Verf., wohl ein Kleriker aus der näheren Umgebung des Kaisers, schreibt in sachsenfeindl. Sinne. Lampert von Hersfeld kann nicht als Verf. gelten.
LIT. W. Gundlach, Heldenlieder der dt. Kaiserzeit 2 (1896). W. Wattenbach, Deutschlands Geschichtsquellen im MA. Deutsche Kaiserzeit, hrsg. von R. Holtzmann, Bd. I, 3 (1940; [2]1948); MGH Script. XV 1218–35.

Carmina burana (Benediktbeurer Lieder). Bez. für Vagantenlieder in einer im Kloster Benediktbeuren gefundenen Hs., die von mehreren Schreibern um die Mitte des 13. Jh. angefertigt, von A. Schmeller 1847 unter dieser Bez. veröffentlicht wurde. Sie enthält 250 lat. Gedichte, die meisten davon eine Mischung aus Liebes- und Trinkpoesie, einige auch religiösen Inhaltes. Neben Versen in dt.-lat. Mischsprache, stehen auch 49 dt. Strophen bzw. Lieder, die an lat. Gedichte angeschlossen sind.
Ausgaben: A. Hilka und O. Schumann (Hrsg.), Carmina burana. 2 Bde. (1930); Auswahl von Lundius ([2]1926).
LIT. H. Süßmilch, Die lat. Vagantenpoesie des 12. und 13. Jh. (1917); H. Brinkmann, Geschichte der lat. Liebesdichtung im MA (1925).

Carolina, Constitutio Criminalis C. Peinliche Gerichtsordnung Karls V., am 25. 7. 1532 vom Regensburger Reichstag genehmigt, 1533 gedruckt. Die C. entsprach der Zeit und blieb bis zu den Reformen des 18. Jh. allg. in Geltung. Aus der C. wurde das allg. dt. Strafrecht, vor allem durch sächsische Juristen, entwickelt.

Carta. Urspr. das aus der Papyrusstaude gewonnene, aber noch nicht beschriebene Blatt, in spätrom. Zeit Bez. für Urkunden verschiedener Art. Im MA allg. Urkunde, im engeren Sinn Privaturkunde, rechtsetzend (Gegensatz: Notitia). Die C. ist überwiegend in subjektiver Form abgefaßt, d. h., der Aussteller nennt sich selbst in der ersten Person; sie ist formaler als die Notitia; die C. beginnt mit einer Inskriptionsformel mit dem Namen des Ausstellers und des Empfängers. Es folgt die firmatio mit Unterfertigung durch den Aussteller (Handzeichen oder Unterschrift), Nennung der Zeugen, die persönlich unterschreiben, und die subscriptio des Schreibers. Die Beweiskraft liegt in der Handschrift (oder Unterschrift) des Schreibers oder Notars. Der Abschluß des Beurkundungsvorgangs heißt traditio cartae. Im FrühMA erfuhr die aus spätröm. Zeit übernommene C. in formaler Hinsicht mannigfache Abwandlungen. Mit dem Rückgang der Schriftlichkeit verlor sie im 9. Jh. ihre Bedeutung. Beweiswert nur im hohen Adel und der Kirche (Schriftkundige), mit rechtssymbol. Handlungen verbunden. C. im HochMA allg. Urkunde.

LIT. Clavis Mediaevalis 50; HWDRG I, 597–99; H. Honselmann, Von der Carta zur Siegelurkunde (1939; Nachdruck 1970).

Cartularii (epistolarii; libellarii), Freigelassene, genauer: die durch Carta Freigelassenen, im Unterschied zu den durch eine Tabula des Bischofs Freigelassenen (Tabularii), die in einem Schutzverhältnis der Kirche stehen. Für die C. bestehen noch gewisse Bindungen an die königl. Herrschaft. Das Manngeld der C. fällt an den König.

LIT. H. Conrad, DRG I, 118; Haberkern-Wallach 210; HWDRG 599f.

Cäsarenwahnsinn. Begriffsbildung nach Gustav Freytags Roman ›Die verlorene Handschrift‹ (1864), worin sich Prof. Werner über Tacitus' geniale Charakteristik röm. Kaiser ergeht. Bez. für krankhafte Herrschsucht, Neigung zu sinnlosen Befehlen und Grausamkeiten, wozu schwache Charaktere durch unumschränkte Macht verführt werden können. Beispiele aus der röm. Geschichte für C.: Caligula (37–41 n. Chr.); Nero (54–68).

Caesar non supra grammaticos (lat., der Kaiser [steht] nicht über den Grammatikern). Eine Redewendung, die ihren Ursprung angebl. in der falschen Anwendung des Wortes ›schisma‹ durch König Sigismund (reg. 1410–37) hat. Auf dem Konzil von Konstanz (1414–18) soll es von Sigismund als männl. Hauptwort gebraucht worden sein. Auf den daraufhin erfolgenden Einspruch des Kardinals von Piacenza habe Sigismund angebl. geantwortet: »Ich bin römischer König und stehe über der Grammatik.«

Caesaropapismus (lat. Kunstw., »Kaiserpapsttum«). Ein Schlagwort zur Charakterisierung des Kirche-Staat-Verhältnisses, und zwar insofern, als die höchste volle kirchl. Gewalt in der Hand des Staates liegt, d.h., daß der »Caesar« gleichsam auch die Funktionen eines Papstes hat. Der Begriff wurde im 18. Jh. geprägt. Zunächst bez. er ledigl. das staatskirchenrechtl. System des Römischen Reiches seit dem 4. Jh. Später übertrug man ihn (in den meisten Fällen in polem. Absicht) ebenfalls auf Regelungen, in denen kirchl. Befugnisse, welcher Art auch immer, durch die staatl. Gewalt ausgeübt werden, so in der Byzantinischen Kirche im Anschluß an den Bilderstreit, in der Kirche Rußlands bis 1917. Bis zu einem gewissen Grad gilt der Begriff auch für die Fränkische Kirche, die dt. Reichskirche des frühen und des beginnenden hohen MA, das Staatskirchentum der kath. Nationalstaaten in der NZ und des ev. Landesherrn als Summus episcopus seiner ev. Landeskirche.

LIT. H. Raab (Hrsg.), Kirche und Staat (dtv-Dokumente, 238/39, 1966); S. Runciman, The Orthodox Churches and the Secular State (1971).

Casus belli. Kriegsfall. Ereignis, das zur Kriegserklärung Anlaß gibt, das als Kriegsgrund angesehen wird.

Casus foederis. Bündnisfall. Ereignis, bei dem die von einem Staat übernommene Bündnisverpflichtung eintritt.

Cateau-Cambrésis, Friede von (3. 4. 1559). Abgeschlossen zwischen Kg. Heinrich II. von Frankreich und Philipp II. von Spanien. Frankreich, von den Habsburgern trotz der Teilung in zwei Linien eingekreist, verzichtet auf die eigentl. Kriegsziele der Valois. Es behält Metz, Toul und Verdun, verzichtet aber auf die Eroberungen im Artois, in Flandern sowie im Charolais und gibt Thionville, Marienburg, Yvoix, Damvilliers, Montmédy an Spanien zurück. Der Herzog von Mantua erhält die Markgrafschaft Montferrat und Casale; Korsika kommt an Genua zurück; der Herzog von Savoyen erhält von Frankreich das Herzogtum Savoyen, das Gebiet von Bresseu, Bugey, das Fürstentum Piemont, die Grafschaft Asti, die Markgrafschaft Ceva usw. zurück. Abgesprochen wird ferner die Vermählung Philipps II. mit Elisabeth von Frankreich (18. 6. 1559) und die Verlobung Margaretas von Frankreich mit Philibert von Savoyen. Frankreich und Spanien versprechen, sich nachdrückl. für die Einberufung und Durchführung ei-

nes allg. Konzils zur Reform der Kirche und Wiederherstellung der kirchl. Einheit einzusetzen. Mit Cateau-Cambrésis ist Philipp II. der mächtigste Monarch, Spanien die Vormacht Europas. Der Tod Heinrichs II., kurz nach dem Friedensschluß, läßt in Frankreich heftige Kämpfe der Adelsparteien um den Einfluß auf die Krone ausbrechen, die zu Konfessionskriegen zwischen Katholiken und Calvinisten werden.
LIT. C. Bauer, Die europ.-polit. Situation von 1559. In: HJB 53 (1933); H. Hauser, La prépondérance Espagnole 1559–1660 (1940); G. Ritter, Die Neugestaltung Europas im 16. Jh. (1950).

Cathedra (griech., Sitz). Aus dem antiken Amtssitz hervorgegangener, erhöhter Sitz des Bischofs beim Gottesdienst (Bischofsstuhl). Eigentl. und altchristl. Platz der C. ist der Apsisscheitel hinter dem Altar, der im MA vielfach auf die Evangelienseite verlegt wurde. Urspr. aus Holz und mit Leinen überzogen, wurde die C. nur gelegentlich aufgestellt, später (seit Konstantin) findet sie sich öfters fest errichtet, aus Stein und prächtig verziert (Beispiel: C. des Maximinus zu Ravenna, 545–56), auch mit Baldachin. In der Reichskirche war die C. auch Ausdruck der fürstlichen Macht der Bischöfe.

Cathedralis ecclesia. Bischofskirche, Hauptkirche des Bistums; Kathedrale als Bezeichnung der Bischofskirche vor allem in Spanien, Frankreich, England üblich, in Dtl. meist Dom oder Münster. Für Errichtung und Aufhebung der Kathedralkirchen ist der Apostol. Stuhl zuständig.

Cathedra Petri. Bischofsstuhl von Rom. Die C. P. der Peterskirche in Rom ist vermutlich der Thron Karls des Kahlen, den dieser vielleicht Papst Johannes VIII. schenkte.

Cathedraticum (auch synodaticum genannt). Kathedralabgabe; jährl. Abgabe der Diözesankirchen an die Kathedralkirche (Bischof) in signum subjectionis, als Zeichen der Unterordnung, früher meist auf den Synoden entrichtet. Im MA vom Bf. widerrechtl. für die Ordination geforderte Abgabe.

Catholicisme libéral. Unterstreicht die Interessengemeinschaft zw. kath. Kirche und polit. Liberalismus. Seine Grundlinien zeichnete R. F. de Lamennais, der einen kath. Liberalismus an die Stelle des individualist., philosoph. Liberalismus setzte und die Kirche aus dem Bündnis von Thron und Altar des frühen 19. Jh. lösen wollte (seine Ideen vertreten in der Zs. ›Avenir‹). Für einen taktischen kath. Liberalismus tritt der ›Correspondant‹ ein. Die Vorstellungen von Lamennais wirkten trotz seines Scheiterns in Frankreich, Belgien, auch in Dtl. weiter.
LIT. W. Gurian, Die polit. und sozialen Ideen des franz. Katholizismus 1789–1914 (1929); L. Ahrens, Lamennais und Dtl. (1930); J. R. Derré, Lamennais, ses amis et le mouvement des idées à l'époque romantique (1824–34) (1962); ders., Metternich et Lamennais (1963); K. Jürgensen, Lamennais und die Gestaltung des belgischen Staates. Der liberale Katholizismus in der Verfassungsbewegung des 19. Jh. (1963).

Catholicon (auch prosodia genannt). Das mit einer Grammatik verbundene lat. Wörterbuch des Dominikaners Johannes Balbus von Genua, vollendet 7. 3. 1286, das ein Hilfsmittel zum besseren Verständnis der Vulgata sein sollte und in Dtl. im Zug der Kirchenreform durch den Buchdruck im 15. Jh. in 23 Auflagen verbreitet wurde, trotz seines riesigen Umfangs. Das C. spielt in der Geschichte der Wiegendrucke eine hervorragende Rolle.

Centenar →Hundertschaft.

Centgericht. Mittelalterlicher Gerichtsbezirk mit einem centenarius an der Spitze (→Hundertschaft), vor allem in den Gebieten am Main (Bistum Würzburg und Bamberg), die erst später zum Fränkischen Reich kamen.

Centuria (Hundertschaft). Die militär. und polit. Einteilung der röm. Bürgerschaft nach C. (ursprüngl. Einheit 100 Mann, bald jedoch nur Sollstärke) wird Kg. Servius Tullius zugeschrieben. Volksabstimmungen erfolgen in Comitia centuriata. Die militär. Einheit C. führte der Centurio. Nach Hadrians Heeresreform ist die C. taktische Einheit, der Centurio, 50 je Legion, auch takt. Kommandant. Der Centurio war Bindeglied zw. Offizieren und Mannschaft. Als hervorragender Träger des militär. Geistes trug er zum Zeichen seiner Disziplinargewalt den Rebstock (bis Ende des 2. Jh. n. Chr.) und den quergestellten Helmbusch, seit der frühen Kaiserzeit war er durch Beinschienen und Goldring ausgezeichnet. Anfang des 4. Jh. wurde er durch den Centenarius abgelöst.

Ceterum censeo. Ceterum censeo Carthaginem esse delendam (Übrigens bin ich der Meinung, daß Karthago zerstört werden muß). Ständige Redensart des M. Porcius Cato Censorius (234–149 v. Chr.), womit er wesentl. zum Ausbruch des 3. Punischen Krieges beigetragen haben soll. Viele Aussprüche Catos sind sprichwörtl. geworden; eine Sammlung Verssprüche, die sog. Disticha Catonis, war bis ins SpätMA verbreitet.

Cevennen, Aufstand in den. Die Aufhebung des Edikts von Nantes und die von Ludwig XIV. gegen die franz. Protestanten eingeleiteten Maßnahmen führten in den Cevennen zum Aufstand, dem »Krieg der Camisards«, unter Führung des Bäckergesellen J. Cavalier; der Aufstand wurde von Holland, England und Savoyen geschürt, aber nicht unterstützt und 1705–10 mit härtesten Mitteln niedergeworfen.

LIT. A. Ducasse, La guerre des Camisards (1947); C. Almeras, La révolte des Camisards (1960).

Chaironeia, Schlacht von.
[1] (1. 9. 338 v. Chr.). Philipp von Makedonien besiegt die Athener und Thebaner unter Chares und Theagenes. Den Sieg entschied der Angriff des 18jährigen Alexander gegen die Heilige Schar der Thebaner. Ch. bedeutete das Ende der griech. Einzelstaaten und die Einigung Griechenlands unter makedon. Vorherrschaft, den Anfang der Kultur des Hellenismus.
[2] (86 v. Chr.). L. Cornelius Sulla besiegt bei Ch. die weit überlegene pontische Armee des Mithridates VI. Eupator unter Führung des Archelaus.

Chambellan (lat. cambellanus, camberlanus, cubicularius). Im ma. Frankreich Unterbeamter des Chambrier, mit der eigentl. Verwaltung der Finanzen betraut. Später dem grand-chambellan unterstellt. Unter Ludwig IX. gab es vier Ch., die die Zimmer des Königs bewachten. Aus den Ch. wurden Ratgeber, Gesandte usw. gewählt.
→Grand Chambellan.

Chambord, Vertrag von (15. 1. 1552). Abgeschlossen zwischen Moritz von Sachsen, Herzog Johann Albrecht von Mecklenburg, Landgraf Wilhelm von Hessen und König Heinrich II. von Frankreich war der Vertrag gegen Kaiser Karl V. gerichtet, mit dem Ziel, ihn von den Niederlanden abzuschneiden, sich womöglich am Rhein mit Frankreich zu verbinden und die Ziele der prot. Fürstenopposition gegen den Kaiser durchzusetzen. Gegen beträchtl. Subsidien werden Frankreich die zwar franz. sprechenden, aber zum Reich gehörenden Städte Metz, Toul, Verdun und Cambrai ausgeliefert. Formell sollte Kg. Heinrich II. nur Vikar des Reiches sein, die Rechte des Reiches vorbehalten werden. Die Städte sollten dem Reich nicht verlorengehen, von den Bistümern bzw. den geistl. Territorien ist nicht die Rede. Für Frankreich eröffnete sich aus der polit. und konfessionellen Zerrissenheit des Reiches die Möglichkeit, die Städte und darüber hinaus weitere Gebiete an der Westgrenze des Reiches zu gewinnen. Der Vertrag von Chambord bildete die Voraussetzung für den Angriff von Sachsen, Hessen, Kulmbach auf den Kaiser im März 1552.

LIT. G. Zeller, La réunion de Metz à la France 1552–1648 (1926); K.E. Born, Moritz von Sachsen und die Fürstenverschwörung gegen Karl V. In: HZ 191 (1960); F. Petri, Das Jahr 1552 in der rheinischen Geschichte. In: K. Repgen u. St. Skalweit (Hrsg.), Spiegel der Geschichte, Festgabe für M. Braubach (1964); K. Brandi, Kaiser Karl V., 2 Bde. ([7]1964).

Charisma (griech.). Das ungeschuldete Heil; Gnadengaben, magische Fähigkeiten. Schon das AT hat vom Gottesgeist ergriffene Führer wie Simson, Saul. Im NT vertieft: Weisheitsrede, Heilungsgabe, Prophetie. In der nachapostol. Zeit Differenzierung zwischen Amt und Charisma, Krise im Montanismus. Charismatische Bewegungen: Armutsbewegung des 12. und 13. Jh., Devotio moderna. Seit M. Weber spricht man vom Typ der charismat. Herrschaft; Ch. in der Soziologie im umfassenden Sinne und wertfrei gebraucht, in der modernen Theologie häufig gegen das »Amt« gestellt. Eine Geschichte der Theologie des Ch. fehlt.

LIT. F. Taeger, Charisma (1957/60); LThK II, 1025ff.; A.B. Gugolz, Charisma und Rationalität in der Gesellschaft. Die Religionssoziologie Carl Mayers zwischen klass. Theorien und moderner Wissenssoziologie (1984).

Charistia. Röm. Fest, am 20. Februar gefeiert, diente der Beseitigung von Mißverständnissen und Streitigkeiten unter Verwandten (cara cognatio, dies

festos inter cognatos) bei einer gemeinsamen Mahlzeit.
LIT. Grotefend 20.

Chariten (Charites). In der griech. Mythologie die drei Göttinnen Aglaia (Glanz), Euphrosyne (Frohsinn), Thalia (Lebensfreude), oft im Gefolge der Aphrodite auftretend, häufig in der Kunst dargestellt, von den Römern Gratiae (Grazien) genannt.

Charlottenburg, Vertrag von. Abgeschlossen zw. Lucchesini und dem General von Zastrow am 30. 10. 1806. Preußen verzichtet nach der Niederlage von Jena und Auerstedt und dem Einzug des Kaisers Napoleon in Berlin auf alle linkselbischen Besitzungen außer Magdeburg und der Altmark. Napoleon verweigert jedoch die Zustimmung zu diesem Vertrag.

Charta (carta). Papyrus, dann Papierblatt, außerdem im Sinne von Buch, Schriftstück, Urkunde (carta) gebraucht; Bez. für Urkunden von größter rechtl. und polit. Bedeutung, z. B. Magna Charta libertatum, Charta der Vereinten Nationen.

Charte constitutionelle. Bez. für die von dem zurückkehrenden Bourbonen Ludwig XVIII. Frankreich gegebene »Verfassung« (4. 6. 1814). Mit Absicht wurde die Bezeichnung »Constitution« vermieden, denn Konstitution hieß seit 1789 die vom Volke beschlossene Verfassung, Carta (Charte) aber bezeichnete seit dem MA vom Monarchen gewährte Zugeständnisse. Charte constitutionelle hieß auch die Verfassung Frankreichs vom 14. 8. 1830, ebenso die Verfassung Portugals vom 26. 4. 1826. Ludwig XVIII. verlieh die Charte 1814 als freies Geschenk der Krone; in der Präambel wurde die Stellung der königl. Gewalt über die Verfassung aus der Geschichte begründet.
LIT. F. A. Helie, Les constitutions de la France (1879), 884 (Text der Charte von 1814).

Chartular. Kopiar, →Kopialbuch.

Chassidim (hebr., Fromme). Urspr. ein Geheimbund altgläubiger Juden zur Zeit der Seleukiden. Als Chassidim bezeichneten sich auch die Mitglieder einer mystisch-kabbalist. Sekte des Israel Baal Schem aus Miedziboz, Polen (geb. nach 1700, gest. 1760). Baal Schem trat als Wundertäter und Prophet auf und wurde als Heiliger verehrt. Trotz Verfolgung durch die Rabbiner zählten die Chassidim beim Tode des Sektengründers ca. 40000 Anhänger. Unter Dob Beer Verbreitung auch in Ungarn und den Donauländern. Trotz erfolgversprechender Anfänge zerfielen die Ch. bald in zahlreiche Sekten.
LIT. S. Dubnow, Geschichte des Chassidismus (1931–32); M. Buber, Die Erzählungen der C. (1949); ders., Die chassid. Botschaft (1952).

Châtillon, Kongreß von (1814). Die Uneinigkeit der Alliierten und die diplomat. Tätigkeit von Metternich und Castlereagh führten zum Kongreß von Châtillon, auf dem Frankreich die vorrevolutionären, nicht die natürl. Grenzen zugestanden werden sollten. Napoleon, dem es während des Kongresses gelang, den Alliierten einige Niederlagen beizubringen (Champaubert, Montmirail, Vauchamps, Montereau) forderte ultimativ die natürl. Grenzen. Die militär. Ereignisse im Februar und März 1814 sowie der Abschluß des Vertrags von Chaumont machten dem Kongreß ein Ende.

Chaumont, Vertrag von (9. 3. 1814). Österreich, Rußland, Preußen, England schließen sich zur Fortsetzung des Krieges gegen das napoleon. Frankreich zusammen. Der Vertrag, ein Werk Castlereaghs, beendet den Kongreß von Châtillon und hat die Zurückführung Frankreichs in die Grenzen von 1792 sowie die volle Unabhängigkeit der Nachbarländer zum Ziel.

Chauvinismus (franz.). Übersteigerter, blinder, fremde Rechte mißachtender Nationalismus. Wort- und Begriffsbildung nach dem Namen eines jungen Rekruten Chauvin, der in dem Lustspiel der Brüder Théodore und Hippolyte Cogniard ›La cocarde tricolore‹ (1831) auftritt.

Cheirotonie (griech., Handaufheben). In den Freistaaten Altgriechenlands die gebräuchlichste Forrm der Abstimmung durch die Volksversammlung.

Cherasco, Vertrag von (1631) →Mantuanischer Erbfolgekrieg.

Cherasco, Waffenstillstand von (27. 4. 1796). Abgeschlossen nach dem siegreichen Feldzug Napoleons in Oberitalien im Frühjahr 1796 gegen Österreich und Sardinien zw. Napoleon und König Viktor Amadeus von Sardinien. Napoleon erhält die wichtigsten Festungen als Pfand, während Viktor Amadeus über den endgültigen Frieden mit dem Direktorium in Paris verhandelt. Die endgültigen Friedensbedingungen sahen die Abtretung von Nizza und Savoyen, Verpfändung der Festungen, freien Durchzug für die franz. Armee, Abbruch aller Beziehungen zu den Feinden Frankreichs vor.

Chevalier (franz., von mlat. caballarius, miles). Ritter in der umfassendsten Bedeutung, ohne Rücksicht auf sonstige Titel, später Angehöriger des mittleren Adels. Seine Frau: Dame.

Chevalier-bachelier, Bachelier (Baccalarius). Unverheirateter Vasall, ohne Lehen, am Hofe des Seigneur lebend. Im 14. und 15. Jh. Ritter, der allein oder mit geringem Gefolge zu Feld zieht.

Chevalier de la Légion d'honneur. Ritter der Ehrenlegion (unterste Stufe der von Napoleon am 19. 5. 1802 für militär. und zivile Verdienste gestifteten Légion d'honneur).

Chevalier de la Triste Figure. Ritter von der traurigen Gestalt (Don Quichotte).

Chevalier du guet (miles gueti). Seit Mitte des 13. Jh. Hauptmann der Wache in Paris.

Chevalier du Temple. Tempelherr, Tempelritter, Templer.

Chevalier errant. Fahrender Ritter.

Chevalier sans peur et sans reproche. Ritter ohne Furcht und Tadel; Ehrenname verschiedener franz. Ritter (u. a. des Bertrand Du Guesclin und des Chevalier de Bayard).

Chiffrieren. Verfahren, durch Vertauschung der gebräuchl. Schriftzeichen, durch Geheimschriften usw. Mitteilungen vertraul. Inhalts in Akten, Briefen und dgl. der allg. Kenntnis zu entziehen. Ausgebaut wurde, obwohl At. und MA Geheimschriften bereits kannten, die Kunst des Chiffrierens mit der Ausbildung der ständigen Gesandtschaften und des diplomat. Verkehrs seit dem 15. Jh. (Kryptographie, Geheimschriften). Im 17. Jh. ersetzte man häufig Buchstaben durch Zahlen, wobei zur Erschwerung der Entschlüsselung Personennamen nach einem anderen Schlüssel chiffriert wurden. Die Systeme, nach denen die Umsetzung eines Klartextes in Geheimschrift (Verschlüsselung) erfolgt, sind in der NZ immer komplizierter geworden. Der wichtigste Anhaltspunkt zum Dechiffrieren (Entschlüsseln) besteht in der Tatsache, daß in allen Sprachen die Häufigkeit der Vokale und Konsonanten bestimmt werden kann. Voraussetzung für die Entzifferung ist die Kenntnis der Schlüssel, der Chiffrier- (chiffre chiffrant) und der Dechiffriertabelle (chiffre déchiffrant), der bes. Namensverzeichnisse (Nomenclator, passe partout), der sog. blinden, d. h. irreführenden, nichtssagenden Zeichen oder Zeilen (non valeurs). Vielfach liegt den chiffrierten Stücken eine Entzifferung von Empfängerseite bei oder der Chiffrenschlüssel, nicht selten ist die Dechiffrierung auch zw. den Zeilen bereits erfolgt.

LIT. E. Fleissner von Wostrowitz, Hdb. der Kryptographie (1881); A. Collon, Étude sur la cryptographie (1901); A. Meister, Die Anfänge der modernen diplomat. Geheimschrift (1902); E. Dröscher, Die Methoden der Geheimschriften (Zifferschriften) unter Berücksichtigung ihrer geschichtl. Entwicklung (1921).

Childerichgrab. Grab des Frankenkönigs Childerich I. (ca. 460–81). Childerich, Sohn des Merowech, verteidigte das Reich des Syagrius in Gallien gegen andrängende Germanen, vermutl. als röm. Bundesgenosse, andererseits aus der Vorstellung, daß dieses reström. Reich den Franken zufallen werde. Seine Residenz war (zuletzt) Tournai (Doornik). Dort wurde 1653 ein reich ausgestattetes Fürstengrab gefunden, das u. a. einen goldenen Siegelring mit der Umschrift Childerici regis und dem Bild des Königs enthielt. Von der reichen Grabausstattung, heute in der Bibliothèque Nationale zu Paris, sind nur noch Fragmente erhalten: Teile eines Schwertes, Teile von Schnallen, Zikadenfibeln (gotische Erzeugnisse aus dem Donaugebiet).

LIT. K. Böhner, Das Langschwert des Frankenkönigs Childerich. In: Bonner Jahrbücher 148 (1948) u. 150 (1950).

Chiliarch.

[1] Kommandant von tausend Mann im griech. Heer.

[2] Kommandant der persönl. Leibwache der Perserkönige. Das Amt, von Alexander d. Gr. übernommen, war unter den Diadochen das bedeutendste Hofamt.

Chiliasmus (griech.). Auch Millenarismus genannt. Die Erwartung eines tausendjährigen Reiches Christi auf Erden, das dem Endgericht vorausgehen soll. Jüd. und altoriental. Vorstellungen von einem weltl.-überweltl. Zwischenreich und der endgültigen Gottesherrschaft verbinden sich darin. Grundlage ist Apk. 20, 1–15. Mit dem 4. Jh. n. Chr. beginnt im Christentum ein Nachlassen endzeitl. Erwartungen. Augustinus († 430) setzte das Tausendjähr. Reich gleich mit der Zeit von der Auferstehung Christi bis zu seiner Wiederkunft. Joachim von Fiore († 1202) nahm in seinem 3. Zeitalter ein Tausendjähr. Reich des Hl. Geistes an und rechnete für 1260 mit dem Anbruch der Gottesherrschaft auf Erden. In den Reformbewegungen des MA spielt die Vorstellung vom Tausendjähr. Reich eine Rolle. Der Ch. lebte im SpätMA wieder auf in den schwärmer. Gruppen der Apostoliker, Flagellanten usw., seit dem 16. Jh. vor allem in den Sekten (Wiedertäufer), bei den Böhmischen Brüdern (17. Jh.), in einer bestimmten Richtung des Pietismus, bei Adventisten und Mormonen (19. Jh.), den Zeugen Jehovas u. a. (20. Jh.). Auch in säkularisierter Form und in mannigfacher Abwandlung ist der Ch. wirksam.

LIT. E. Benz, Ecclesia spiritualis (1934, Neudr. 1964); W. Nigg, Das ewige Reich (^{2}1954); LThK II (1958), 1058–62; R. A. Knox, Christliches Schwärmertum (1957).

Chimaira (Chimäre). Dreigestaltiges Fabelwesen, mit den drei Köpfen von Löwe, Ziege, Schlange dargestellt, auch im vorderen Teil Löwe, in der Mitte Ziege, hinten Schlange. Homer erzählt die Sage von der Aufzucht der Chimaira und ihrer Vernichtung durch Bellerophontes, lokalisiert sie an der Westküste Lykiens; Vergil und Lukian versetzen sie in die Unterwelt. Bildl. Darstellungen nicht selten, auch als Wappentier verwendet (z. T. mit Pegasus) von Korinth, Sikyon u. a. Schon in der Antike wird die Ch. rationalist. als vulkan. Erscheinung gedeutet.

Chinoiserie. Seit Anfang des 18. Jh. nach chines. Vorbildern entwickelte Motive, vor allem in der Innenausstattung der Rokokoräume, in der Fayence- und Porzellankunst, im Ornamentstich des 18. Jh., zunächst in Frankreich, dann auch in Dtl. und England verbreitet. China, durch die Reisebeschreibungen und Berichte der Missionare seit dem späten 17. Jh. bekannt geworden, galt als Land des heiteren und spielerischen Lebensgenusses.

LIT. A. Reichwein, China und Europa im 18. Jh. (1923); Ch. Yamada, Die Chinamode des Spätbarock (1935); E. H. von Tscharner, China in der dt. Dichtung bis zur Klassik (1939); RDK III.

Chirographum (griech., handgeschrieben). Urspr. Bezeichnung der antiken Papyrusurkunde. Dann im MA von England ausgehend (erstmals 854/55) Bez. für eine Sonderform der Urkundenbeglaubigung (Carta partita). Zwischen die gleichlautende Doppel- oder Mehrfachausfertigung der Urkunde auf einem Pergamentblatt wurde in den Zwischenraum das Wort Ch. oder ein Name, Spruch oder Teil des Alphabets geschrieben und dann glatt, später auch wellenförmig durchschnitten, so daß die jedem Vertragspartner ausgehändigten Stücke beim Aneinanderpassen die Echtheit beider Ausfertigungen bewiesen. Ch. überwiegend im privaten Rechtsverkehr, seit dem 6. Jh. bei den Angelsachsen, seit dem 10. Jh. auch in Frankreich und Dtl. belegt. Die Beweiskraft des Ch. wurde seit dem 12. Jh. durch zusätzl. Besiegelung erhöht, ein drittes Exemplar in kirchl. oder städt. Archiven hinterlegt.

Mit dem Aufkommen des Siegels ging das Ch. zurück, hielt sich aber in den Städten Nordostfrankreichs, der Niederlande und in Lothringen bis in die NZ.

LIT. Bresslau I 50f., 669f.; O. Redlich, Die Privaturkunden des MA (1911); B. Bischoff, Zur Frühgeschichte des ma. Ch. In: Archival. Zeitschrift 50/51 (1955) 297ff.; Clavis mediaevalis 50f.; HWDRG I (1966) 609–10.

Chorbischof (lat. chorepiscopus, episcopus vagus). Im Gegensatz zum Stadtbischof Bischof für das offene Land (griech. chora). Die Anfänge des Ch. fallen zusammen mit der Verbreitung des Christentums außerhalb der Städte. Der Ch. ist dem Stadtbischof untergeordnet. Die Bez. taucht erstmals bei der Synode von Ankyra (314), im Abendland erstmals im Schreiben des Papstes Zacharias an Pippin 747 auf. Der abendländ. Ch. hat seinen Ursprung vom iroschott. Klosterbischof oder in der Einordnung des iroschott. Bischofs (ohne Sprengel und Jurisdiktion) in die Diözesanorganisation. Blütezeit der Ch. im 9. Jh., beginnender Verfall im 10. Jh., Ende im 11./12. Jh.

LIT. DDC III, 689–95.

Chorherren (Canonici Regulares, Regularkanoniker, Kanoniker). Aus der Gregorianischen Reform des 11.

und 12. Jh. erwuchs eine Belebung des priesterl. Gemeinschaftslebens der Kanoniker in den Domkapiteln, den Kollegiatkapiteln nach der Augustinusregel. Durch Neugründungen, insbes. von Hospizen (z.B. Großer St. Bernhard), entstanden Gemeinschaften von Chorherren. Die Richtung des »Ordo novus« wurde unter den Chorherrn vor allem durch Prémontré und Springiersbach verkörpert. Die Blütezeit der Chorherrn, die bedeutende Wissenschaftler hervorbrachten und ihre Klöster zu geistigen und kulturellen Ausstrahlungspunkten machten (z.B. in Bayern: Polling, Rottenbuch, Berchtesgaden; in Österreich: St. Florian, Klosterneuburg), lag im 14., 15. und im 18. Jh. Durch den Josephinismus, die Französische Revolution und die Säkularisation wurden sie fast vernichtet.

LIT. DHGE XII, 353–405; LThK II, 1053–88; S. Brunner, Ein Chorherrenbuch (1883); N. Backmund, Die Chorherrenorden und ihre Stifte in Bayern (1966).

Chotusitz, Schlacht von (17. 5. 1742). Sieg Friedrichs d. Gr. über die von Karl von Lothringen, dem Schwager der Maria Theresia, geführte österr. Armee. Die Niederlage von Ch. bricht den Widerstandswillen Maria Theresias; nicht ganz einen Monat später, am 11. 6. 1742, werden in Breslau Präliminarien vereinbart, die durch den Frieden von Berlin (28. 7. 1742) bestätigt werden. Ch. ist die Entscheidungsschlacht des ersten Schlesischen Krieges.

LIT. J. G. Droysen, Zur Schlacht bei Ch. (1873).

Chouans (frz. von chat-huant, Eule). Während der Französischen Revolution in der Bretagne sowie auf dem rechten Ufer der unteren Loire die Königstreuen (auf dem linken Loire-Ufer waren es die Royalisten der Vendée). Der Name Ch. scheint von ihrem ersten Führer, Jean Cotterau, hergeleitet, den man nach dem ihm eigenen Schrei Chouan nannte. Die Ch. kämpften seit 1792 verbissen gegen die Republik (Chouannerie). Obwohl sie 1796 durch General Hoche unterworfen werden konnten, kam es 1799 zu einem erneuten Aufstand unter Cadoudal, der ebenfalls niedergeworfen wurde. Zu letzten Erhebungen der Ch. kam es 1815; sie waren gegen die Rückkehr Napoleons gerichtet.

LIT. J. Morvan, Les Ch. de la Mayenne (1900); E. Sageret, Le Morbihan et la chouannerie, 3 Bde. (1911–1917); L. Madelin, La Contre-Révolution 1789–1815 (1935); Bleiguen, Ch. et bleus (1950).

Chrestomathie (griech.). Sammlung vorbildlicher Stücke, meist Prosa, aus verschiedenen Schriftstellern, für den Unterricht bestimmt. Zu Ausgang des At. gab es Ch. aus griech. und lat. Autoren (z.B. die Ch. des Proklos). In der NZ für den Schulgebrauch abgestimmte Auswahlen der wichtigsten Schriftsteller eines Landes.

Chrismon (Pl. Chrismen).

[1] Ein aus Buchstaben oder aus Tironischen Noten gebildetes Zeichen für Christus. Von Konstantin d. Gr. für das Labarum übernommen.

[2] Symbolische Invocatio (Anrufung Gottes bzw. Christi) am Anfang ma. Urkunden, erst ein mit Tironischen Noten versehenes Kreuz, dann ein verschnörkeltes C. Aus den Kaiser- und Königsurkunden verschwindet das Ch. seit Otto IV. immer mehr, aus den Papsturkunden seit Gregor VII. Auch Privaturkunden haben Chrismen.

Christenverfolgungen. Schon die urchristl. Gemeinde hatte unter der Verfolgung durch die jüd. Hohenpriester, vor allem aus dem Hause Annas und die jedem Messianismus feindl. Sadduzäer zu leiden. (Martyrium des Apostels Jakobus d. Ä. 43).

Unter Nero (64) und Domitian (81–96) kam es zu gelegentl. Verfolgungen der von den Juden noch nicht hinreichend unterschiedenen Christen, denen aufrührerische Tätigkeit und sittl. Verfehlungen vorgeworfen wurden. Aufschlußreich für das Verhalten gegenüber den Christen ist die Antwort des Kaisers Trajan auf eine Anfrage des Statthalters Plinius von Bithynien. An anonymen Denunziationen der Christen bestand kein Interesse, opferte der angezeigte Christ den Staatsgöttern und dem Kaiser, blieb er straffrei. Die Feindseligkeiten gegen die Christen rührten weniger von den relativ toleranten Kaisern als von der heidnischen und jüdischen Bevölkerung her. Unter Trajan (98–117) kam es in Bithynien, Palästina (Martyrium Simeons) und Antiochien (Martyrium des Ignatius) zu Verfolgungen.

Nach der relativ friedl. Regierungszeit Hadrians (117–138) wurden in der zweiten Hälfte des 2. Jh. die Martyrien

zahlreicher. Die erste große Anklage gegen die Christen nach Polemiken von untergeordneter Bedeutung stammte von Celsus. Mit dem Edikt des Kaisers Severus (202), das den Übertritt zum Judentum und Christentum verbot, daher hauptsächl. eine Verfolgung der Neophyten und Katechumenen auslöste, zeichnet sich erstmals eine allg., systemat. Unterdrückung der Christen ab. Zwar verhielten sich die folgenden Kaiser den Christen gegenüber zum Teil wohlwollend, an Martyrien in einzelnen Provinzen (Kleinasiens, Syriens, Afrikas [im röm. Sinn] und Ägyptens) fehlte es aber auch jetzt nicht.
Die erste planmäßige Christenverfolgung auf der Grundlage besonderer Edikte und mit dem Ziel der Vernichtung wurde von Kaiser Decius (249–251) durchgeführt, von Valerian (257–260) wieder aufgenommen, dauerte aber trotz ihrer Härte nur kurze Zeit. Mit der Verfolgung unter Diokletian (303/304) versuchte das heidnische Kaisertum mit einer bis dahin unbekannten Grausamkeit auf der Grundlage von 4 Edikten das Christentum zu vernichten und die Gesamtherrschaft im geteilten Reich wiederherzustellen. Am heftigsten waren die Verfolgungen in Ägypten, Syrien, Kleinasien. Zahl und Grausamkeit der Martyrien wurden nicht selten legendär ausgeschmückt.
Konstantin setzte mit dem Mailänder Edikt die Duldung und freie Ausübung des christl. Glaubens im Röm. Reich durch.
Aber auch in der Folgezeit fehlte es nicht an einzelnen Christenverfolgungen, so z.B. unter Kaiser Julian (361–363), unter der Herrschaft der Vandalen in Nordafrika, während des MA in den german. und slaw. Missionsgebieten, unter der Herrschaft der Araber und Osmanen in Vorderasien, Nordafrika, Kleinasien (Armeniergreuel), auf dem Balkan, schließlich in den überseeischen Missionsgebieten: China 1664; 1723 in Fukien; 1784/85 im ganzen chines. Reich. In Japan 1640: Errichtung des ›Inquisitionsamts für christliche Angelegenheiten‹, Höhepunkt der Verfolgungen ca. 1680–1700 mit der Vernichtung des sichtbaren Christentums. In Afrika kam es wiederholt in der ganzen NZ zu einzelnen lokalen Verfolgungen und Unterdrückungen. Totalitäre Weltanschauungssysteme, Nationalsozialismus wie Kommunismus, haben auch in der jüngsten Vergangenheit Unterdrükkungen und systemat. Verfolgungen von bekennenden Christen durchgeführt.
LIT. RAC II, 1159–83, 1192–1204, 1208–29; TRE VIII, 23–62; HKG I (1963), V (1970) (mit weiterer Lit. für die Missionsgeschichte); A. Ehrhard, Die Kirche der Märtyrer (1932); H. von Campenhausen, Die Idee des Martyriums in der alten Kirche (1936); K. S. Latourette, A History of the Expansion of Christianity III (1940); G. E. M. De St. Croix, Aspects of the »Great« Persecution. In: Harvard Theol. Review 47 (1954) 75–113; W. Niemöller, Die ev. Kirche im Dritten Reich, Handbuch des Kirchenkampfes (1956); S. Delacroix, Histoire des Missions Catholiques (1957); J. Moreau, Die Christenverfolgung im Römischen Reich (1961); H. Müller, Kath. Kirche und Nationalsozialismus (1963); J. Lecler, Geschichte der Religionsfreiheit. 2 Bde. (1965); R. Freudenberger, Das Verhalten der röm. Behörden gegen die Christen im 2. Jh., dargestellt am Brief des Plinius an Trajan und den Reskripten Trajans und Hadrians (1967).

Chroniken. Sekundäre Geschichtsquellen. Der Übergang von den Annalen zu den C. ist fließend. Der Unterschied besteht darin, daß die Verfasser ihren Namen nennen, literar. Ehrgeiz durch Widmung, Vorausgeschichte und Aufbau bekunden. Nach Umfang, Wert und Zusammensetzung sind die C. sehr verschieden. Der jeweilige Stand der Geschichtswissenschaft spiegelt sich in ihnen. C. wollen eine zusammenfassende Erzählung in zeitl. Abfolge geben, sind meist in Klöstern und Bischofssitzen entstanden, berücksichtigen vielfach in erster Linie die Geschichte ihres Entstehungsraumes.
Andere C. wollen die gesamte abendländ. Welt umfassen. Weltchroniken kannte bereits das Altertum (Eratosthenes von Kyrene, Diodor, Trogus, Pompejus, Nikolaus von Damaskus). Auf Eusebios von Kaisareia fußen die späteren C. des Ostens und Westens. Die ma. Weltchroniken beginnen gewöhnlich mit der Erschaffung der Welt, der Erschaffung des Menschen oder Christi Geburt. Ihr Quellenwert sinkt mit der Entfernung von der Abfassungszeit (bekannte C.: Frechulf von Lisieux (852/53), Ado von Vienne, Regino von Prüm).
In der Chronik des Bischofs Otto von

Freising (›Chronica sive Historia de duabus civitatibus‹) erreicht die Quellengattung ihren Höhepunkt. Im 13. Jh. artet die Gattung der Weltchroniken in Kompilationen aus (z.B. Alberich von Trois Fontaines, Matthäus von Paris, Vinzenz von Beauvais). Die C. der dt. Städte vom 14.–16. Jh. sind oft für diese Zeit die einzigen Quellen und haben einen bes. histor. Quellenwert. Sie werden seit 1862 von der Hist. Kommission bei der Akademie der Wissenschaften in München herausgegeben. Eine ma. Volkschronik ist die ›Chronica Boemorum‹ des Kosmas von Prag.

LIT. R. C. van Carnegem, F. L. Ganshof, Kurze Quellenkunde des westeurop. MA (1964); M. Menzel, Die Sächs. Weltchronik. Ihre Quellen und Stoffauswahl (1985).

Chronogramm. Wort, Inschrift, Merkvers oder sonstiger lat. Text, in dem die als röm. Zahlzeichen gebrauchten, meist durch Größe, aber auch durch Farbe hervorgehobenen Buchstaben die Jahreszahl des zum Text gehörenden Ereignisses angeben. Chronogramm in Versen: Chronostichon. Bekanntes Chronogramm am Schluß des Genter Altars:
VersV seXta MaI Vos CoLLoCat aCta tVerI = MCCCLLXVVVVII = 1432.

Chronologie (Lehre von der Zeiteinteilung und Zeitrechnung). Die Chronologie hat a) zu untersuchen, wie die verschiedenen Zeitmaße errechnet, auf Grund welcher Beobachtungen sie gewonnen und wie sie eingeteilt werden (theoret. bzw. mathemat. Chronologie) und b) die Mittel zu finden, Zeitangaben in histor. Quellen zu deuten und aufzulösen (techn. oder histor. Chronologie). Ohne die histor. Chronologie wäre die Geschichte eine wirre Masse. Histor. Chronologie macht den Zusammenhang histor. Geschehens deutlich und wurde bereits von Petavius mit Recht als ein Auge der Geschichte – das andere nennt er die Geographie – bezeichnet.

Die Zeitrechnung begründete der Mensch auf Ereignisse, die für jedermann sichtbar und begreifbar sind und eine regelmäßige Wiederkehr deutl. erkennen lassen. Zur Gewinnung fester Zeitmaße ist die Berechnung der Gestirnbewegungen (Sonne, Mond) Voraussetzung. Astronomie und Kalenderwesen, aber auch Zeitrechnung, Kult und Religion stehen nicht nur für die Frühzeit der Kulturen und für primitive Völker in engem Zusammenhang.

Die mathemat.-astronom. Grundlagen der Zeitrechnungslehre sind 1. der mittlere Sonnentag, d.h. der Zeitraum, in dem sich die Erde einmal um die eigene Achse dreht, 2. das Sonnenjahr (tropisches Sonnenjahr), d.h. der Zeitraum, in dem die Sonne auf ihrer scheinbaren Bahn bis zu demselben Wendepunkt (Äquinoktialpunkt) zurückkehrt, von einer mittleren Länge von 365 Tagen, 5 Stunden 48 Minuten und 46,08 Sekunden.

Das tropische Sonnenjahr wurde nach griech. und ägypt. Vorbild von Julius Caesar in dessen III. Konsulatsjahr (46 v. Chr.) der röm. Zeitrechnung zugrunde gelegt (Julianischer Kalender). Der Julianische Kalender näherte sich dem tropischen Sonnenjahr an und faßte die übrigbleibenden Tagesteile nach einiger Frist zu einem vollen Tag wieder zusammen. Auf je drei Gemeinjahre von 365 Tagen folgte demnach ein Schaltjahr von 366 Tagen. Der Julianische Kalender blieb während des gesamten MA nach einigen nicht verwirklichten Reformvorschlägen (Kalenderkommission des Konzils von Basel, Reparatio Calendarii des Nicolaus von Cues 1439) bis zur Gregorianischen Kalenderreform und deren Annahme in den einzelnen Staaten in Geltung.

Die Gregorianische Kalenderreform, durchgeführt von Papst Gregor XIII., verkündet in der Bulle ›Inter gravissimas‹, schaltete die Differenz zwischen dem astronom. und dem Julianischen Kalender, die im Laufe der Jahrhunderte zu einer erhebl. zeitl. Verschiebung des ersten Frühlingsvollmonds und damit des Ostertermins geführt hatte, dadurch aus, daß sie 10 Tage ausfallen und auf den 4. Oktober 1582 sogleich den 15. Oktober folgen ließ.

Die prot. Länder nahmen den Gregorianischen Kalender nur zögernd und sehr verspätet an; in Dtl. wurde der sog. »Neue Stil« im allg. erst um 1700 eingeführt. In der Übergangszeit wurde vielfach nach dem alten und neuen Stil datiert. In der Sowjetunion wurde der Gregorianische Kalender erst am 14. 2. 1918 eingeführt (Oktoberrevolution: 25. Oktober alten, 7. November neuen Stils).

Die Ursprünge der Woche liegen im Dunkel (ägypt. Dekade, röm. 8 Tage-Woche), die 7-Tage-Woche ist bibl. Ur-

sprungs, Abbild der Schöpfungswoche Gottes. Das Christentum übernimmt die röm. von Planeten-Göttern genommenen Tagesnamen, die später von german. Götternamen im german. Sprachbereich verdrängt werden. Die Monate berechnen sich von der Umlaufzeit des Mondes. Der synod. Monat beträgt 29 Tage, 12 Stunden, 44 Minuten, 2,8 Sekunden.
Die Jahresform des MA blieb ein reines Sonnenjahr, aber der christl. Kult verlangte, da der Ostertermin hauptsächl. durch den Mondlauf bestimmt wurde (das Konzil von Nikäa entschied, daß das Osterfest am Sonntag nach Frühlingsvollmond zu feiern sei), eine Verbindung der Zeitrechnung nach Sonne und Mondzeiten. Die Schwierigkeiten, die sich daraus ergaben, wurden mit der Gregorianischen Kalenderreform beseitigt und die Frühlingstagundnachtgleiche wieder auf den 21. März festgelegt. Das wurde dadurch für die Zukunft erreicht, daß von den Schalttagen in einem Zeitraum von 400 Jahren 3 fortfallen, nur die durch 4 teilbaren Säkularjahre behalten den Schalttag (also 1600, nicht aber 1700, 1800, 1900) und so das Kalenderjahr weitgehend dem astronom. Jahr angeglichen wird.
Der Jahresanfang und die Jahreszählung sind von kult. oder administrativen Faktoren abhängig. Die Antike rechnete z.B. nach Olympiaden (von 776 v.Chr.), von der Gründung Roms (753 v.Chr.), nach Konsulatsjahren, oder kannte andere Ären, wie die Seleukidenära (280 v.Chr.), die Ären syrisch-phönikischer Städte oder vorderasiat. Dynastien (Arsakidenära).
Als Jahresanfang begegnen im MA:
a) der 25. 3. Dabei ist zu unterscheiden der Annuntiationsstil (auch stilus Pisanus) oder Incarnationsstil, der vom 25. 3. vor unserem Jahresanfang ausgeht (so Trier, Metz, Toul, Verdun), und der stilus Florentinus, der vom 25. 3. nach unserem Jahresanfang rechnet;
b) der 25. 12. als Jahresbeginn, weitverbreitet, (stilus Curiae Romanae, in Dtl.: Mainzer Stil). Die Kanzlei der deutschen Kaiser seit den Karolingern rechnet fast ausnahmslos mit diesem Stil;
c) mit Ostern als Jahresanfang (Osterstil) wird gerechnet in Frankreich, in den Niederlanden, vorübergehend auch in Köln. Durch den Osterstil werden die Jahre völlig ungleich, bis zu 45 Tagen Unterschied;
d) der byzantin. Stil (Jahresbeginn: 1. September) war in Süditalien verbreitet.
Der 1. Januar als Jahresanfang setzt sich erst seit dem 16. Jh. durch.
Datierung nach Heiligen- und Festtagen ist im MA und in der frühen NZ sehr verbreitet, selbst noch im 19. Jh. üblich.
Der von der Französischen Revolution eingeführte Kalender (14. 7. 1790) konnte sich nicht durchsetzen und wurde als rein polit. Kalenderreform von Napoleon wieder rückgängig gemacht. Seit dem 22. 9. 1792 zählte man nach Jahren der Republik, vorher nach den Jahren der Freiheit, von denen es allerdings nur zwei gab. Ähnl. polit. Kalenderreformen der neuesten Zeit scheiterten gleichfalls (Italien unter Mussolini).
LIT. H. Lietzmann-K. Aland, Zeitrechnung der röm. Kaiserzeit, des MA und der Neuzeit für die Jahre 1–2000 n.Chr. ([2]1957); F. K. Ginzel, Handbuch der mathemat. und techn. Chronologie, 3 Bde. (1906–14, 1958); A. von Brandt, Werkzeug des Historikers ([13]1992); H. Grotefend, Taschenbuch der Zeitrechnung ([11]1971).

Chronostichon → Chronogramm.

Chrysographie (griech.). Kunst, mit Goldtinktur zu malen oder zu schreiben, nicht nur einzelne Buchstaben, sondern Urkunden und ganze Handschriften (Beispiel: Codex aureus). Später beschränkt auf das Ausmalen einzelner Buchstaben; Nachblüte in der Ikonenmalerei.
Beispiele für C.: in Byzanz vor allem bei Schreiben an hochgestellte Persönlichkeiten verwendet, so Nikephoros Phokas an Otto I.; Romanos II. an Konrad II.; Manuel an Friedrich I. Ferner für wichtige Dekrete, Schenkungen, Urkunden: Privileg Ottos I. für die röm. Kirche (962); Dotalurkunde Ottos II. für Theophanu; Heinrichs II. an Benedikt VIII. (1020); Diplom Konrads II. für das Bistum Parma (1035, nur Entwurf), sowie Diplome Heinrichs IV., Friedrichs I., Friedrichs II.
LIT. Bresslau II 507–13.

Ciborium.
[1] Auf Säulen ruhender, steinerner Altarüberbau (Altarciborium, Baldachin), an dem das Gefäß mit der Eucharistie hing. Bes. häufig in Italien, in Dtl. nur

bei Nebenaltären. Beispiel: das got. C. im Dom zu Regensburg.
[2] Gefäß, aus Edelmetall, in verschiedenen Formen, zur Aufnahme der Eucharistie.

Cisiojanus. Merkverse zum Verständnis und zur Einprägung des ma. Festkalenders, vom 13. bis 16. Jh. in Gebrauch; gebildet aus den Anfangssilben der bedeutendsten Festtage jedes Monats, jede Silbe entspricht einem Kalendertag. Der Name rührt her vom Beginn der Januar-Merkverse: Cisio Janus Epi sibi vendicat Oc Feli Mar An Priscae Fab Ag Vincen Ti Pau Po nobile lumen. (Cisio = Circumcissionis = 1. Januar; Epi = Epiphanias domini = 6. Januar; Oc = Octava Epi. = 13. Januar; Feli = Felicis = 14. Januar; Mar = Marcelli = 16. Januar; An = Antonii = 17. Januar; Priscae = 18. Januar; Fab = Fabiani + Sebastiani = 20. Januar; Ag = Agnetis = 21. Januar; Vincen = Vincentis = 22. Januar; Ti = Timothei = 24. Januar; Pau = Conversionis Pauli = 25. Januar; Po = Polycarpi = 26. Januar).
Der C. war meist in 24 Hexametern, für jeden Monat 2, abgefaßt; aber entsprechend dem Reichtum des ma. Festkalenders findet sich der C. in den verschiedensten Formen, den Diözesen und ihrem Heiligenkalender angepaßt. Neben dem lat. C. gibt es auch dt. C., die sich dem lat. Vorbild meist eng anschließen (z.B. Oswald von Wolkenstein, Konrad von Dankrotzheim).
LIT. Grotefend 124f.; Clavis mediaevalis 53.

Civis Romanus sum. »Ich bin römischer Bürger«, Zitat aus Ciceros (106–43 v.Chr.) zweiter Rede gegen Verres (gest. 43 v.Chr.), V, 57; das stolze Bekenntnis der Größe Roms. (Gegensatz → Incola).

Civitas Dei (Staat Gottes). Gemeinschaft der nach dem Geist Lebenden, im Gegensatz zu der **Civitas terrena** (ird. Staat), der Gemeinschaft der nach dem Fleisch Lebenden. Eine durch Augustinus' Werk ›De civitate Dei‹ geprägte Vorstellung von einem kosmischen Dualismus. Die Begriffe der beiden Civitates dürfen nicht ohne weiteres auf empirische Gemeinschaften angewendet werden. Beide Civitates sind miteinander verflochten. Später erfolgt eine Annäherung von Civitas Dei = Kirche und von Civitas terrena = Staat.

Clan. In Schottland Gemeinschaft von Personen, die von einem gemeinsamen Ahnherrn abzustammen glaubten, denselben Namen führten (vorausgestellt die Bezeichnung Mac = Sohn) und unter einem Häuptling ein gemeinsames Gebiet (ebenfalls Clan) bewohnten. Noch zu Lebzeiten des Häuptlings wurde sein Nachfolger und Stellvertreter (Tanaist) gewählt. Der Häuptling hatte patriarchalische Gewalt, die Feldbestellung erfolgte gemeinsam. Ursprünglich war nur bewegl. Besitz vererbbar. Mit dem Einbruch der Geldwirtschaft (Verpachtung des überschüssigen Landes) begann die Clanverfassung zu zerfallen, doch blieb der C. als Stammeseinheit bestehen. Aufgelöst wurde die Clanverfassung durch die Engländer 1745. Im Hochland spielen die C. noch eine gewisse Rolle. Clan-Farben sind nicht älter als 200 Jahre. Das Muster der Röcke wird (über die Regimenter des 18. Jh.) zum Abzeichen der C.-Zugehörigkeit.
LIT. Haberkern-Wallach 109.

Clericis laicos. Von Papst Bonifaz VIII. erlassene Bulle (25. 2. 1296), mit der er einer Bitte des franz. Klerus, vor allem der Zisterzienser entsprach. Durch die Bulle wurde die Besteuerung des Klerus durch die Krone und Tributabgaben ohne päpstl. Bewilligung verboten. Offensichtl. beabsichtigte Bonifaz VIII. damit, seinen Friedensbemühungen zwischen Frankreich und England größeren Nachdruck zu verleihen. Die Bulle wurde von Kg. Philipp IV. (dem Schönen) mit einer Ausfuhrsperre für Geld, Wechsel, Edelmetall und Maßnahmen gegen ausländ. Pfründeninhaber beantwortet. Bonifaz VIII. lenkte ein, doch lebte, ausgelöst durch den Fall des Bf. Bernard Saisset von Pamiers der Streit zwischen dem Papst und Philipp IV. bald wieder auf und fand in der Bulle ›Unam Sanctam‹ und dem Attentat von Anagni seinen Höhepunkt.

Clericus. Urspr. auf alle Christen angewandt, dann seit dem 3. Jh. im engeren Sinne Bez. für ein Mitglied des geistl. Standes (ordo clericalis). Aufnahme in den geistl. Stand mit der Tonsur. Nur ein Mann kann C. sein; Ordensleute, die nicht C. sind, nehmen an manchen ihrer Vorrechte teil. Der Ausdruck C. kann im MA auch einen nichtgeistl. Schreiber oder Kanzleibeamten bezeichnen (engl. = clerc). C. religiosus, C. regularis = Ordensmann, Ordensgeistlicher, im Gegensatz zu C. saecularis = Weltgeistlicher.

Clienten (lat. cliens, der sich schutzeshalber anlehnt). Im alten Rom halbfreie Hintersassen eines patrizischen Herrn (patronus), seit ca. 400 n. Chr. privat und öffentl. voll rechtsfähig. Beziehungen zu dem patronus bleiben bestehen: die clientes bilden das Gefolge des patronus, treten bei den Wahlen für ihn ein, dieser schützt sie, vertritt sie vor Gericht. Die röm. Klientel hält sich noch lange in Gallien. Im MA ist clientes eine Bezeichnung für Dienstmannen, Knappen, Schutzhörige. Deren Gesamtheit wird clientela genannt. Zunächst bei den kirchl. Dienstmannen abgelöst durch die Bez. ministeriales, die im 12. Jh. vorherrscht.
LIT. Haberkern-Wallach 110; HWDRG I (1966) 615f.

Cluny, Cluniazensische Reform. Cluny in Burgund, von Herzog Wilhelm III. von Aquitanien 908 neu gegründet, war Ausgang und Mittelpunkt der kirchl. Reformbewegung vom 10.–12. Jh. Die Cluniazensische Reform richtete sich gegen die Entartung des Eigenkirchenwesens. Cluny erhielt eine eigene, von der weltl. und allmählich auch von der bischöfl. Gewalt unabhängige Satzung, insbes. freie Abtwahl, Exemtion vom Bischof, Unterstellung unter den Papst. In der ersten Hälfte des 11. Jh. wurden diese Sonderrechte und die Reformen des klösterl. Lebens von Cluny auf alle abhängigen Klöster übertragen.
Unter den 6 bedeutenden, ungewöhnlich lange regierenden Äbten Berno (†927), Odo (†942), Majolus (†944), Aymard (resig. 948), Odilo (†1049), und Hugo (†1109) erreichte Cluny seine Blüte. Unter Odilo betrug die Zahl der von Cluny abhängigen Klöster 65, im 12.–14. Jh. waren es 1150–1450.
Das klösterl. Leben wurde nach den ›Consuetudines‹, einem fast lückenlosen Gesetzbuch, das sich an der Interpretation der Benediktinerregel durch Benedikt von Aniane orientierte, neu geregelt, die Handarbeit zugunsten der Verinnerlichung zurückgedrängt, strenges Stillschweigen eingeführt; Chorgebet und Liturgie waren bes. feierlich; Kreuz- und Marienverehrung wurden sehr gepflegt.
Die Gregorianische Reform wurde vorbereitet durch die Cluniazensische und fand hervorragende Unterstützung durch Mönche von Cluny, die als Bischöfe, Kardinäle, päpstl. Gesandte tätig waren. Auf das Reichsgebiet, wo die Reform von Gorze herrschte, hat Cluny im 12. Jh., bis zur Übernahme cluniazensischer Observanz durch Hirsau, wenig eingewirkt.
Im 13. Jh. begann der Verfall Clunys, das eines der mächtigsten Klöster des Abendlandes gewesen war und durch seine zentralist. Verfassung größten Einfluß ausgeübt hatte.
Über den religiös-kirchl. Bereich hinaus ist die Cluniazensische Reform von Bedeutung für die Friedens- und die Kreuzzugsidee, für die Sorge für Arme und Pilger.
Auf den Sakralbau hat Cluny, obwohl es keine Bauschule begründete, stark eingewirkt. Die von Abt Hugo erbaute Kirche (Cluny III) (1088–1109) galt damals als die größte Kirche des Abendlandes; sie wurde durch die Französische Revolution völlig zerstört.
LIT. K. Hallinger, Gorze-Cluny, 2 Bde. (1950/51; Neudr. 1971); Th. Schieffer, Cluniazensische oder Gorzische Reformbewegung? In: AmrhKG 4 (1953) 24–44; A. Brackmann, Die polit. Wirkung der cluniazensischen Bewegung (Neudr. 1955); E. Sackur, Die Cluniazenser bis zur Mitte des 11. Jh. 2 Bde. (Nachdr. 1971); H. E. J. Cowdrey, The Cluniacs and the Gregorian Reform (1970); H. Richter (Hrsg.), Cluny (1975); G. Constable, Cluniac Studies (1980).

Code civil (Code Napoléon). Durch eine bes., am 12. 8. 1800 gebildete Kommission unter tatkräftigem Mitarbeiten Napoleons ausgearbeitet und am 15. 3. 1804 als Gesetz angenommen, unter dem Namen ›Code civil der Franzosen‹ am 27. 3. 1804 verkündet; später wurde der Name in ›Code Napoléon‹ umgeändert.
Der C. c. ist keine Neuschöpfung, sondern eine »coordination«, eine Verschmelzung von Altem und Neuem, von Gesetzen des franz. Ancien Régime mit den Errungenschaften der Revolution, Römisch-rechtlichem und Gewohnheitsrecht (lois coutumes). Der ›Code Napoléon‹ wurde in zahlreichen Rheinbundstaaten eingeführt, so im Königreich Westfalen (15. 11. 1807), in den Großherzogtümern Baden (1806), Berg (1. 1. 1810), Frankfurt (1. 1. 1809); in anderen Staaten wurde seine Einführung beschlossen (Bayern, Würzburg, Hessen-Darmstadt, Nassau). Als eini-

gendes Band, als Mittel polit. Integration und in seiner Bedeutung für die meisten europ. Staaten kann der C. c. nicht hoch genug eingeschätzt werden.
LIT. J. A. L. Seidensticker, Einleitung in den Code Napoléon (1808); W. Andreas, Die Einführung des Code Napoléon in Baden. In: ZRG GA 31 (1910); G. Böhmer, Der Einfluß des Code Civil auf die Rechtsentwicklung in Deutschland. In: Archiv für die civile Praxis 151 (1950/51); E. Fehrenbach, Der Kampf um die Einführung des Code Napoléon in den Rheinbundstaaten (1973); HWDRG I, 619–26.

Codex (lat. caudex, codex, Baumstamm, Holzklotz). Buchform, die in der Spätantike und im MA an die Stelle der für das Pergament wenig geeigneten Buchrolle (volumen) trat. Der C. besteht im allg. aus Lagen von (im Umfang verschiedenen) Pergamentblättern in Holzdeckeln, die mit Leder oder Edelmetall überzogen sein können. In der ältesten Form ist der C. ein Päckchen von wachsbestrichenen, zum Schreiben eingerichteten Holztäfelchen, die mit durchgezogenen Fäden zusammengehalten wurden. Dann wurde die Bezeichnung vom Material auf die Form übertragen. Ein Codex chartaceus war ein Codex aus Papyrus, Papier; ein Codex membranaceus bestand aus Pergament.
Berühmte Codices: Codex Argenteus, Codex Aureus, Codex Udalrici; sowie Gesetzessammlungen, wie z. B. Codex Iuris Canonici, Codex Theodosianus, Codex Theresianus.
LIT. B. Bischoff, Paläographie des römischen Altertums und des abendländischen MA (1979); W. Wattenbach, Das Schriftwesen im Mittelalter (Neudr. 1958).

Codex Argenteus (Silberner Codex). Berühmte got. Bibelhandschrift, urspr. 330 Bll., von denen noch 187 erhalten sind, heute in der Universitätsbibliothek zu Uppsala. Der C. A. enthält teils in silberner, teils in goldener Schrift auf purpurnen Pergamentbll. Bruchstücke aus den vier Evangelien nach der Übersetzung von Bf. Wulfila (um 440).

Codex Aureus (Goldener Codex).
[1] – Epternacensis (von Echternach), heute im Germanischen Nat.-Mus., Nürnberg, bilderreiches Prachtevangeliar, Anfang 11. Jh., das otton., karoling., byzantin. Vorlagen zu einem neuen Stil verarbeitet.
LIT. P. Metz, Das Goldene Evangelienbuch von Echternach (1956); Faks.-Ausgabe des C. A. Epternacensis (1982).
[2] – von St. Emmeram, Regensburg, seit 1811 in München, Bayr. Staatsbibliothek, im Auftrag Karls des Kahlen 870 geschaffenes Prachtevangeliar mit großformatigen Miniaturen.
Faksimileausgabe von G. Leidinger. 5 Bde. (1921–25).

Codex Carolinus. Sammlung von ca. 100 Briefen der Päpste Gregor III. bis Hadrian I. an Karl Martell und seine Nachkommen (bis 791), die Karl d. Gr. zu polit. Zwecken hat sammeln lassen. Ausgezeichnete Quelle für die kirchl. und polit. Geschichte des 8. Jh.
Ausgabe: Jaffé, Bibl. rer. Germ. IV. Mon. Carolina (1868); Grundlach, MGH Epp. III; ein Teil auch bei J. Haller, Quellen zur Entstehung des Kirchenstaats (1907); H. Fuhrmann, Quellen zur Entstehung des Kirchenstaates (1968).

Codex Iuris Canonici (CIC). Promulgiert 27. 5. 1917, seit 19. 5. 1918 in Kraft, ist das Gesetzbuch der lat. Kirche, mit beschränkter Geltung für die Ostkirche. Der CIC sucht das historisch gewordene Vielerlei der alten Rechtsquellen abzulösen, leidet aber, bei klarer und nüchterner Sprache, an einer beträchtl. Unsicherheit in der Terminologie. Die authentische Interpretation des CIC soll eine unterm 25. 9. 1917 eingesetzte Kardinalskommission sichern (PCJ). Eine Reform des kanon. Rechts wurde vom II. Vatikan. Konzil in die Wege geleitet, eine Kommission zur Revision des CIC 1963 eingesetzt.
LIT. LThK II (1958) 1244–49; Sacramentum Mundi I, 808; HWDRG I (1966), 626f.; U. Stutz, Der Geist des CIC (1918); K. Mörsdorf, Lehrbuch des Kirchenrechts auf Grund des CIC ([11]1964); H. E. Feine, KRG ([4]1964).

Codex Theodosianus, von Kaiser Theodosius II. (15. 2. 438) publizierte Sammlung von Gesetzen und Entscheidungen seit Konstantin I., hatte im Röm. Reich Geltung bis auf Justinians Gesetzgebung.
LIT. Pauly-Wissowa IV, 1, 170ff.; HWDRG I, 627–29.

Codex Theresianus. Die Errichtung einer obersten Justizstelle (1749) war ein erster Schritt zur Zentralisierung des

Rechtswesens der habsburg. Erblande. Eine 1753 gebildete Kommission sollte ein gültiges Gesetzbuch, den C. Th., schaffen. Hauptreferent war der Prager Professor Josef von Azzoni, nach seinem Tod Johann Bernhard von Zenker. Der 1766 abgeschlossene, acht Foliobände füllende Entwurf, wurde, weil zu weitschweifig und aus sachl. Bedenken, von Maria Theresia nicht gebilligt. Der C. Th. ist nie Gesetz geworden, doch bildete er die Grundlage für das 1811 verkündete ›Allgemeine Bürgerliche Gesetzbuch‹.
LIT. Ph. Harras von Harrasowsky (Hrsg.), Codex Theresianus. 5 Bde. (1883–86); HWDRG I, 629 f.

Codex Udalrici. Sammlung des Bamberger Geistlichen Ulrich, reicht bis 1125, mit Zusätzen bis 1134, von größter Bedeutung für die Zeit des Investiturstreites, eine Zeit lang als Formularbuch in der kaiserl. Kanzlei benutzt. Mit seiner Entstehung aus älteren Sammlungen und Einzelstücken haben sich K. Pivec, C. Erdmann beschäftigt.
Ed.: Jaffé Bibl. V (1869; Neudr. 1964).

Cognac, hl. Liga von (22. 5. 1526). Abgeschlossen zwischen Papst Clemens VII., Mailand, Venedig und Frankreich. Gegen Kaiser Karl V. gerichtet, angebl. aus Sorge um den Frieden in der Christenheit und die Freiheit Italiens, die vom Kaiser bedroht würden. England begünstigt nach einem Sonderfrieden mit Frankreich die Liga.
LIT. K. Brandi, Kaiser Karl V., I (^{7}1964; Neudr. 1986).

Collatio.
[1] Die gemeinsame außerliturg. Schrift- und Väterlesung der Mönche.
[2] Kirchenrecht: die vorschriftsmäßige Übertragung eines vakanten Kirchenamtes an eine taugliche Person. Collatio libera schließt freie Auswahl ein (Kollaturrecht des Bf.), collatio non libera, seu necessaria bedeutet Bindung an einen vorausgegangenen Vorschlag. Das Kollaturrecht entwickelte sich aus dem aus german. Rechtsanschauung ausgebildeten Patronatsrecht.

Collegium Germanicum. Von Papst Julius III. auf Betreiben des Ignatius von Loyola 1552 gegründet. 1580 vereinigte Gregor XIII. mit ihm das 1578 begonnene Ungarische Kolleg (Collegium Germanicum-Hungaricum). Durch reiche Schenkungen u.a. von Kaiser Ferdinand I., Herzog Albrecht V. von Bayern, in den Stand gesetzt, 100 Alumnen zu halten, aus denen Führungskräfte für die dt. Kirche hervorgehen sollten. Mit Rücksicht auf die Verfassung der Reichskirche, auf die Statuten der Domkapitel wurden bevorzugt Adelige aufgenommen, Bürgerliche waren nicht ausgeschlossen. Germaniker hatten eine beträchtl. Anzahl der deutschen Bischofssitze inne, stellten zahlreiche Weihbischöfe. Durch das C. G. wurde der Klerus der Reichskirche stärker nach Rom orientiert, die kath. Reform entscheidend gefördert, die theolog. Ausbildung in röm. Sinne gelenkt. Nach Aufhebung der Gesellschaft Jesu 1773 wurde das C. G. bis 1798 von Weltpriestern weitergeführt, 1818 erneut eröffnet und den Jesuiten übertragen. Tracht der Alumnen: roter Talar, schwarzes Zingulum, roter Mantel. Die Alumnen kommen aus dem Gebiet des ehem. Röm. Reiches Deutscher Nation und aus Ungarn.
LIT. A. Steinhuber, Geschichte des Collegium Germanicum-Hungaricum in Rom. 2 Bde. (^{2}1906); LThK VI, 373–76.

Colonus (lat.) Pächter, zwischen Freiheit und Sklaverei stehend (colonatus: eine Form der zeitlich unbeschränkten, vererbl. Bodenpacht). Unter Diokletian wird der C. auf den kaiserl. Domänen häufiger, seine Ausbreitung vom Kaiser gefördert, um der Landflucht zu wehren und die Steuereinkommen zu sichern. Der C. ist an die Scholle gebunden, darf nicht entfernt werden und hat keine Freizügigkeit; der Herr hat ein Züchtigungsrecht gegen den C., er kann sogar in dessen Ehe eingreifen. Persönl. Eigentum kann der C. erwerben.

Columbarium. Eigentl.: Taubenschlag, dann die Nische für die Aufnahme von Aschenurnen in den großen röm. Friedhöfen. Grabstätten der kleinen Leute. Armut, Sparsamkeit und Raummangel schufen diese Bestattungssitte, die ihren Namen von der Ähnlichkeit mit einem Taubenschlag hat. In zahlreichen, eng gereihten, rechteckigen oder halbrunden Nischen werden je zwei Aschenurnen beigesetzt und der Name des Toten angebracht. Die Anlagen sind z. T. unterirdisch und von erhebl. Ausdehnung. Private C. tragen an der Außentür den Namen des Besitzers und oft ein auf seinen Beruf bezügl. Reliefbild; in der älteren Zeit war das C. recht einfach, später als aedicula mit Giebel und Muschel gestaltet. Mit dem Ende der Brandbestattung hören die C. auf; christl. C. gibt es nicht, ebensowenig besteht ein Zusammenhang mit der symbol. Bedeutung der Taube.

Coemeterium (griech.-lat., Schlafkammer). Altchristl. Grabstätte, Friedhof. Coemeterium ad catacumbas: urspr. Bez. für die Katakombe des hl. Sebastian; von hier wird die Bez. Katakombe auf alle röm. Coemeterien übertragen.

Commercium. Gesetzliche Fähigkeit, Kaufs- und Verkaufstransaktionen unter röm. Recht abzuschließen. Erst seit dem 4. Jh. konnte das C. an nichtröm. Gemeinschaften und nichtröm. Einzelpersonen verliehen werden. Römer konnten das C. als Strafe verlieren. Als Instrument röm. Politik spielt die Verleihung des C. eine wichtige Rolle.

Completorium, completa. Unter dem Einfluß der Regel des hl. Benedikt eingeführt, ist die Komplet (Abschluß) das Gebet nach der Abendmahlzeit und der Collatio (einer Abendlesung) im Dormitorium, später im Oratorium verrichtet. Durch die immer frühere Feier der Vesper, des gemeinsamen Abendlobs, bekommt die Komplet größere Bedeutung.

Computus. Berechnung der Daten des Kalenders mit Hilfe der Osterfestberechnung, der Goldenen Zahlen, Epakten, Sonntagsbuchstaben. Autoritäten der Computistik sind Dionysius Exiguus (6. Jh.), Beda Venerabilis (7. Jh.), Helperic (10. Jh.), Roger Bacon.

LIT. Clavis mediaevalis 55.

Comuneros, Communeros. Spanische Aufständische 1520/21 gegen die von niederländischen Ratgebern bestimmte Politik Karls V. In der Schlacht bei Villalar (23. 4. 1521) wurden die Comuneros, bei denen sich auch sozial-revolutionäre Tendenzen abzeichneten, geschlagen.

LIT. H. L. Seaver, The great revolt in Castile. A study of the Comunero movement of 1520–1521 (1928); K. Brandi, Kaiser Karl V. 2 Bde. ([7]1964; Neudr. 1986).

Comuneros, Söhne des Padilla. Geheime polit. Gesellschaft innerhalb der span. Freimaurerei (1821), von König Ferdinand VII. hart verfolgt.

Conclusum imperii (lat.). Reichsschluß. Die Form, in der seit Ende des 14. Jh. durch den Reichstag Gesetze erlassen und vom Kaiser sanktioniert wurden. Jedes Kollegium des Reichstags (Kurfürstenkollegium und Reichsfürstenrat) entschied für sich über die Annahme oder Ablehnung des eingebrachten Gesetzes. Stimmten beide Beschlußfassungen nach vorangegangener Relation und Correlation überein, entstand das Conclusum duorum, das dem Städtekollegium zur Entscheidung vorgelegt wurde. Nach Zustimmung der Städte hieß die Gesetzesvorlage Conclusum trium collegiorum oder consultum imperii (Reichsgutachten), dieses nach Annahme durch den Kaiser conclusum imperii (Reichsschluß). Die Reichsschlüsse wurden seit 1663 zusammen im Reichsabschied (recursus imperii) verkündet.

LIT. F. Hartung, Dt. Verfassungsgeschichte vom 15. Jh. bis zur Gegenwart ([9]1969); HWDRG I, 630 bis 631.

Concordata Principum → Konkordate.

Condottiere (von ital. condotta, Sold; lat. conducere, anwerben). Söldnerführer zunächst fremder, dann auch ital. Herkunft im Dienst der ital. Städte des 14. und 15. Jh. Berühmte Condottieri waren u. a. Bartolomeo Colleoni (1400–75), Gattamelata (ca. 1370–1443; berühmtes Reiterdenkmal von Donatello in Padua), Giovanni Acuto (John Hawkins). Einige Condottieri stiegen zu eigener Herrschaft auf wie Francesco Sforza (1401–66) in Mailand.

Condottiere auch gebraucht als Bez. für den Führer eines Gewalthaufens.

LIT. F. von Graevenitz, Gattamelata und Colleoni (1906); P. Clemen, B. Colleoni (1925); E. Walder, Der Condottiere Walter Roll von Uri und die Beziehungen zw. der Innerschweiz und Italien in der Wende zur Gegenreformation, 1551–61 (1948); N. Valeri, L'Italia nell'età dei principati (1949); B. Belotti, La vita di B. Colleoni ([2]1951).

Confessio. Raum, der Altar und Martyrergrab verbindet, entstanden aus dem Bemühen, auf einem Altar über dem Grab Eucharistie feiern zu können und das Grab für Pilger zugleich zugänglich zu halten. Die Bezeichnung C. wird im MA auf die ganze Grabanlage und auf das Reliquiengrab im Altar ausgedehnt. Die C. ist eine Vorform der Krypta.

Confessio Augustana, Augsburger Konfession, Augsburger Bekenntnis. Von Melanchthon verfaßt, von Luther gebilligt, vor dem Augsburger Reichstag verlesen am 25. 6. 1530, von Kursachsen, Kurbrandenburg, Braunschweig-Lüneburg, Hessen, Nürnberg, Reutlingen u. a. unterschrieben, nicht aber von den oberdeutschen Städten (→Confessio Tetrapolitana) und der Schweiz. Im ersten Teil der Confessio Augustana wird die reformator. Lehre möglichst im Einklang mit dem alten Glauben dargestellt, die Frage des päpstl. Primats, des Fegefeuers und des Ablasses nicht erwähnt. Im zweiten Teil werden Mißstände zusammengestellt: z. B. Zölibat, Fastengebote, Klostergelübde, bischöfl. Jurisdiktion. Der Vorwurf des Dissimulierens und Harmonisierens wurde wegen der C. A. gegen Melanchthon erhoben; die C. A. ist keine vollständige Darstellung der neuen Lehre. Die Katholiken antworteten in Augsburg mit der ›Confutatio‹, Melanchthon schrieb dagegen die ›Apologie‹. 1540 überarbeitete Melanchthon die C. A. zur sogenannten ›Variata‹, um den Anhängern Zwinglis und Calvins entgegenzukommen und die Confessio besser zu begründen. Die C. A. erhielt bald symbolische Bedeutung, wurde zur Grundlage des Schmalkaldischen Bundes und im Augsburger Religionsfrieden, der nur für die Augsburgischen Konfessionsverwandten, nicht aber für die Reformierten galt, reichsrechtlich anerkannt.

LIT. J. Lortz, Die Reformation in Deutschland. 2 Bde. (^{3}1948; Neudr. 1983); RGG I, 733–36; LThK I, 1079 ff.; HKG Bd. IV; V. Pfnür, Einig in der Rechtfertigung? Die Rechtfertigungslehre in der Confessio Augustana und die Stellungnahme der katholischen Kontroverstheologie (1970); G. Leif, Die Confessio Augustana. Einführung in die Hauptgedanken der lutherischen Reformation (1970); H. Immenkötter, Die Confutatio der Confessio Augustana (1978).

Confessio Bohemica. Bekenntnisschrift der Lutheraner, Utraquisten und Böhmischen Brüder von 1575 (Einigung mit den Lutheranern), im Majestätsbrief Kaiser Rudolfs II. vom 9. 7. 1609 rechtl. anerkannt.

Confessio Helvetica, Helvetische Konfession. Bekenntnisschrift der reformierten Kirche.
a) **Confessio Helvetica prior** (1536) von Heinrich Bullinger (1504–75), F. Myconius 1490–1546 u. a. verfaßt, Unionsbuch der Schweizer reformierten Stände.
b) **Confessio Helvetica posterior,** 1562 von Heinrich Bullinger als privates Glaubensbekenntnis verfaßt, von Kurfürst Friedrich von der Pfalz den reformierten Ständen der Schweiz zur Annahme vorgelegt, auch in Ungarn, Schottland, Polen, in den Niederlanden, Böhmen akzeptiert. Nachdem bereits 1549 in dem **Consensus Tigurinus** eine Einigung zwischen den Anhängern Zwinglis und Calvins herbeigeführt worden war, stellte die C. H. ein einigendes Band zwischen den reformierten Kirchen dar.

LIT. W. Niesel (Hrsg.), Bekenntnisschriften und Kirchenordnungen der reformierten Kirche, 5 Hefte (1938); W. Hildebrandt u. R. Zimmermann, Bedeutung und Geschichte des 2. Helvetischen Bekenntnisses (Zürich 1938); P. Jacobs (Hrsg.), Reformierte Bekenntnisschriften und Kirchenordnungen (1950); J. Staedtke (Hrsg.), Glauben und Bekennen (1966).

Confessio Tetrapolitana (Vierstädtebekenntnis). Bekenntnisschrift der Städte Straßburg, Konstanz, Lindau und Memmingen. 1530 von Martin Bucer und Wolfgang Capito verfaßt und dem Augsburger Reichstag vorgelegt. Diese Bekenntnisschrift zeigt manche Verwandtschaft mit der Confessio Augustana, weicht aber in anderen Punkten von ihr ab und unterstreicht die Sonderstellung der oberdt., konfessionspolit. nach Zürich orientierten Städte.

Confoederatio cum principibus ecclesiasticis. Privilegien Friedrichs II. an die dt. Fürsten (1220 und 1231/32: Statutum in favorem principum). Die konventionelle Benennung beider Dokumente stammt aus dem 19. Jh. Die Confoederatio (26. 4. 1220) war der Preis Friedrichs II. für die Zustimmung der geistl. Reichsfürsten zur Wahl von Friedrichs minderjährigem Sohn Heinrich (VII.) zum dt. König. Friedrich II. verzichtet auf das Spolienrecht und verbietet die Ausübung durch alle Laien. Er verzichtet ferner auf die Errichtung neuer Münz- und Zollstätten auf dem Gebiet geistl. Fürsten ohne deren Zustimmung, gibt den Kirchenfürsten freie Verfügungsgewalt über vakant werdende Kirchenlehen, verbietet vogteiliche

Übergriffe, die Errichtung von Burgen und Städten auf geistl. Gebiet ohne bes. Genehmigung, sagt die Zerstörung widerrechtl. angelegter Burgen und Städte zu sowie die Verstärkung des Kirchenbanns durch nachfolgende Reichsacht, präzisiert die königl. Regaliennutzung bei Hoftagen in Bischofsstädten. Die C. enthält keine definitive Verzichtleistung des Königs auf bisher voll gewahrte Königsrechte. Auf die königl. Territorialpolitik hat sie nur vorübergehend gewirkt. Sie läßt den Stand erkennen, den die dt. Fürsten um 1200 erreicht haben.

LIT. H. Mitteis, Der Staat des Hohen MA ([7]1962); HWDRG I, 1358–61; G. Wolf (Hrsg.), Stupor mundi (Wege der Forschung 101; 1966).

Congrua → Kongrua.

Connétable (lat. comes stabuli; constabularius). Urspr. Oberststallmeister, noch im 11. Jh. im wesentlichen auf die Funktionen des Marschalls beschränkt, im 12. Jh. dann an die Stelle des Seneschalls tretend, nach dessen Beseitigung (1191) Kronfeldherr, aber erst im 14. Jh. stärker hervortretend. Im 16. Jh. wird das Amt des C., da für die Krone gefährlich, zeitweise nicht mehr besetzt, 1627 abgeschafft, 1804 von Napoleon als reines Ehrenamt wieder hergestellt. Der C. ist in manchen Ländern erbl. Ehrentitel; C. kommt ferner als Titel unterer Beamter vor.

LIT. Ph. de Contamine, Guerre, Etat et société à la fin du MA (1972).

Connétablie. Marschallsgericht. Militärgericht.

Connétablie et maréchaussée de France. Oberstes Militärgericht des Ancien régime, im 15. Jh. entstanden, in seinen Befugnissen nie genau umgrenzt.

Consilium et auxilium. Rat und Tat. Formelhafte Wendung, die das Wesen der vasallit. Treuepflicht umschreibt. Im SpätMA und in der frühen NZ charakterisiert sie das Verhältnis der Stände zum Fürsten.

Consolatio (lat.) Trost, Trostschrift, Trostrede. Trostgedichte meist in Hexametern (z.B. Statius in den ›Silvae‹). Von Seneca Trostschriften in Prosa. Nachwirkung: Boëthius, ›Consolatio Philosophiae‹.

LIT. R. Kassel, Untersuchungen zum griech. und röm. Konsolationsstil (1958); P. von Moos, Consolatio. 4 Bde. (1971–72).

Consolationes. Urspr. eine freiwillige außerordentl., später eine ordentl. Pflichtabgabe in Geld, welche der Klerus alljährlich an den Bf. entrichten mußte, sub titulo sustentationis, als Beitrag zum Unterhalt.

Constituta. Die nach stenograph. Aufzeichnungen niedergeschriebenen Verhandlungen und Beschlüsse der vom Papst abgehaltenen Synoden aus der Spätantike und dem frühen MA; von Beamten der päpstl. Kanzlei geschrieben, in den Archiven der Päpste niedergelegt. Die C. sind Urkunden, weil sie zugleich authent. und rechtskräftige Ausfertigung der Synodalbeschlüsse sind; daher auch feste Formen: Invocatio, Datierung, Namen des präsenten Papstes und der Mitglieder der Synode, Bericht in objektiver Form, in der die verlesenen Schriftstücke inseriert sind, Schlußprotokoll, bestehend aus Unterschrift des Papstes, mit Namen, Titel und Unterschrift der Synodalmitglieder.

LIT. Bresslau I, 74f.; Clavis mediaevalis 56.

Constitutio Innocentiana. Verbot aller vor der Bischofswahl eingegangenen Verträge, Kapitulationen und dgl. durch Papst Innozenz XII. (22. 9. 1695). Nach der Wahl vorgelegte Verträge müssen der Prüfung durch den Papst unterworfen werden. Reichskammergericht und Kaiser Leopold I. schließen sich 1698 dem päpstl. Standpunkt an. Die bischöfl. Wahlkapitulationen werden verworfen. Das Verbot der Wahlkapitulationen wurde jedoch vielfach umgangen, und eine Reihe von Domkapiteln setzte die Wahlkapitulationen bis zum Ende des Reiches fort. Ein evtl. Rekurs in dieser Sache nach Rom wurde durch entspr. Klauseln in den Wahlkapitulationen und einen besonderen Eid erschwert, zudem hätte er sich für den rekurrierenden Fürstbischof und seine Familie polit. höchst nachteilig ausgewirkt.

LIT. G. Weigel, Die Wahlkapitulationen der Bamberger Bischöfe 1328–1693 (1909); J. A. Abert, Die Wahlkapitulationen der Würzburger Fürstbischöfe bis zum Ende des 17. Jh. In: Archiv des Histor. Vereins für Unterfranken und Aschaffenburg 46 (1909); N. Fuchs, Die Wahlkapitulationen der Fürstbischöfe von Regensburg 1437–1801. In: Verhandl. des Histor. Vereins von Oberpfalz und Regensburg 101 (1960/61).

Constitutio Romana (Lotharii), 11. 11. 824. Regelung der fränk.-röm. Beziehungen unter Ludwig I. durch seinen Sohn Lothar. Die C. R. führt das Prinzip der Personalität des Rechts im Kirchenstaat ein, errichtet in Rom eine aus einem kaiserl. und päpstl. Missus gebildete Kontrollinstanz, die über die Verwaltung des Kirchenstaats zu wachen hat und führt mit dem von dem gewählten Papst vor seiner Weihe geforderten Eid (pro conservatione omnium) eine Kontrolle der Besetzung des päpstl. Stuhles durch den Kaiser ein. Der röm. Kirchenstaat wird durch die C. R. fest dem Karoling. Imperium eingegliedert, die Bindungen der Constitutio 844 noch verstärkt und durch Papst Johann IX. (898) sanktioniert. Otto I. bestätigt (13. 2. 962; Ottonianum) die Constitutio Lothars.
LIT. MGH Capitularia I 322f.; E. Stengel, in: HZ 134 (1926); O. Bertolini, Osservazioni sulla Constitutio Romana e sul Sacramentum cleri et populi Romani dell' 824. Studi medievali in onore di A. Stefano (1956) 43–78.

Contrasigillum (Gegensiegel, Rücksiegel). Ein auf der Rückseite eines anhängenden Siegels oder auch auf der Vorderseite desselben aufgeprägtes Siegel. Es dient Kontrollzwecken und der zusätzl. Sicherung des Majestätssiegels (Sekretsiegel). Es kann von derselben Person wie das Vordersiegel, aber auch von einer zweiten beteiligten oder mitverantwortenden Person herrühren.
LIT. Bresslau II, 570f.; Clavis mediaevalis 215.

Contumacia, Kontumaz. Ungehorsam gegenüber einem Gericht, zu einem bestimmten Termin zu erscheinen, in die Verhandlung einzutreten, die Fortsetzung des Verfahrens zu verweigern. Die ausbleibende, prozeßungehorsame Partei heißt Contumax. Sie treffen die Kontumazialnachteile oder das Kontumazialverfahren (= Verfahren wegen Ungehorsams gegenüber dem Gericht).

Conubium.
[1] Im röm. Recht die Fähigkeit bestimmter Personen, eine gültige Ehe einzugehen. Bei Standesverschiedenheit war auch im MA und in der frühen NZ eine Heirat unmöglich bzw. außerordentlich erschwert.
[2] Die meist durch Vereinbarung der beiderseitigen Eltern geschlossene Ehe unter Berücksichtigung von Stand und Ansehen, Vermögen, Gesundheit, Fortpflanzungsfähigkeit.

Conversi → Konversen, Konversen-Institut.

Cordeliers (frz., »Strickträger«). In Frankreich ursprünglich Bez. für die Franziskaner, da ihr Habit mit einem Strick (frz. cord, cordelle) umgürtet wurde. Z. Z. der Französischen Revolution ein radikaler polit. Klub (gegr. im April 1790 in einem ehemaligen Kloster der C.; daher der Name). Die bedeutendsten Mitglieder des Klubs, die vorwiegend dem linken Flügel der Französischen Revolution angehörten, waren Jean Paul Marat (1743–93); Georges Jacques Danton (1759–94), Camille Desmoulins (1760–94) und Jacques René Hébert (1757–94). Als Organ des Klubs gab Marat von 1792–93 den ›Ami du peuple‹ heraus. Die C. waren aktiv beteiligt an den Septembermorden von 1792, der Abschaffung der Monarchie sowie der Zerschlagung der Girondisten. Während der Jahre 1793/94 übernahmen zahlreiche C. das Programm der »Enragierten«, der Vertreter des äußersten linken Flügels der Jakobiner. Nach Dantons und Héberts Sturz im März 1794 zerfiel der Klub; im April 1794 löste er sich auf.
LIT. M. Göhring, Geschichte der Großen Revolution. 2 Bde. (1950/51); K. Griewank, Die Französische Revolution (^{2}1958); F. Furer, D. Richet, Die Französische Revolution (1968).

Corporation Act (1661). Der C. A. festigt die Vorherrschaft der Anglikaner in England; läßt zu den lokalen Behörden und Körperschaften nur noch Personen zu, die das Abendmahl nach anglikanischem Ritus empfangen.

Corpus Catholicorum.
[1] Bez. für die kath. Reichsstände unter dem Direktorium von Kurmainz, von geringerer polit. Bedeutung als das Corpus Evangelicorum, da das Kaisertum kath. blieb; das C. C. hat das Recht der Itio in partes und der Abstimmung nach Corpora.
[2] Gesellschaft zur Herausgabe der Werke kath. Schriftsteller im Zeitalter der Glaubensspaltung, 1917 gegründet, durch ihre Publikationen um die Erforschung der Reformation und Gegenreformation verdient.

Corpus Evangelicorum. 1653 als Reichstagsbehörde konstituiert, umfaßt das C. E. sämtl. luth. und reformierten Reichsstände; das Direktorium hatte

Kursachsen, auch nach dem Übertritt der Wettiner zur kath. Kirche (1697). Das C. E. hatte das Recht der Itio in partes und der Abstimmung nach Corpora in Religionssachen.
LIT. H. Conrad, DRG II; F. Wolff, C. E. und Corpus Cath. auf dem Westfälischen Friedenskongreß (1966); U. Belster, Die Stellung des C. E. in der Reichsverfassung (1968).

Corpus Iuris Canonici (C.I.C.) (das, lat.). Zusammenfassung teils privater, teils amtl. Sammlungen kirchenrechtl. Inhalts, die zwischen 1140 und 1503 entstanden sind, wichtigste Quelle des Kirchenrechts vor der Veröffentlichung des Codex Iuris Canonici.
Das C.I.C. besteht aus 5 Rechtssammlungen und Gesetzbüchern:
1. *Decretum Gratiani* (Concordia discordantium canonum), eine private Sammlung des Mönchs Gratian von St. Felix und Nabor in Bologna, vollendet 1140–42, der erste gelungene Versuch einer Zusammenfassung des vorhandenen kirchl. Rechtsmaterials, für die spätere Entwicklung von größter Bedeutung.
2. *Liber Extra* (vagantium) Gregors IX. (Dekretalen Gregors IX.), zusammengestellt von dessen Kaplan Raimund von Peñafort, 1234 als Gesetzbuch promulgiert.
3. *Liber Sextus* Bonifatius' VIII., will (wie der Titel zeigt) die Fortsetzung der 5 Bücher der Dekretalen Gregors IX. sein, wurde 1298 publiziert.
4. *Clementinae.* Von Papst Clemens V. begonnene, von Johannes XXII. revidierte und 1317 veröffentl. Sammlung. (Urspr. Titel: Liber-Septimus).
5. *Extravagantes Johannis XXII.* und *Extravagantes communes,* keine offiziellen Zusammenfassungen, private Sammlungen, erschienen 1500, in einer zweiten Aufl. 1503.
LIT. Feine, KRG ([5]1972); DDC III, 623–27; LThK [2]III, 65–69.

Corpus Iuris Civilis. Seit dem SpätMA übl. Bezeichnung für die von dem oström. Kaiser Justinian I. (527–65) veranstaltete Kodifikation des römischen Rechts (533/34) (Corpus Justinianeum).
Das Corpus Iuris besteht aus 4 Teilen: a) den Institutionen, b) den Digesten oder Pandekten, 50 Büchern mit Auszügen aus der röm. Rechtsliteratur, c) dem Codex Iustinianus, 12 Büchern kaiserl. Gesetze seit Hadrian, d) den Novellen, Gesetzen Justinians und zweier seiner Nachfolger.
LIT. *Ausgabe:* Th. Mommsen, P. Krüger u.a., Corpus Iuris Civilis. 3 Bde. (1899ff. Neudr. 1954); L. Wenger, Die Quellen des röm. Rechts (1953); F. Ebrard, Die Entstehung des corpus iuris nach den acht Einführungsgesetzen des Kaisers Justinian. In: Schweizer Beiträge zur allg. Geschichte 5 (1947).

Corpus iuris militaris. Sammlungen von Heeresvorschriften deutscher und anderer Fürsten, 1632–1724. Sie sind nicht nur Stoffsammlungen und Quellenwerke (meist nach den Verlegern, seltener nach den Herausgebern benannt), sondern auch wichtig für die beginnende Militärrechtswissenschaft.

Corroboratio. Am Ende des Kontextes einer Urkunde Angabe der Beglaubigungsmittel, in der Königsurkunde der nachstaufischen Zeit eng mit der Datierung verbunden, kann als Teil des Schlußprotokolls aufgefaßt werden. C. kündigt eigene Unterschrift an oder Besiegelung (sigillari iussimus, oder sigilli nostri impressione iussimus communire). Unter Konrad III. und Friedrich I. wird, was früher selten vorgekommen ist, die Zeugenliste oft in der Corroboratio angekündigt; die Zeugenliste erscheint als Beglaubigungsmittel.
LIT. Bresslau I, 48, 688, 690; II, 96, 218.

Cortes. Ständevertretungen in Kastilien, Léon, Aragón, Portugal, Navarra. Mit dem Absolutismus schwindet ihre Bedeutung.

Crécy, Schlacht von (26. 8. 1346). Crécy liegt zw. Calais und Abbéville. Nach der Landung der Engländer unter Eduard III. (12. 6. 1346) und nach ihrem Vormarsch kam es bei C. zur Schlacht gegen das Ritterheer Kg. Philipps VI. von Frankreich. Die überlegenen engl. Bogenschützen (der Langbogen war noch auf 250 yards eine tödl. Waffe) brachten dem franz. Ritterheer eine vernichtende Niederlage bei geringsten eigenen Verlusten bei. An der Schlacht nahm auf seiten seines Schwagers auch der spätere Kaiser Karl IV. und dessen Vater, der blinde König Johann von Böhmen, teil. Dieser fiel, Karl IV. konnte entkommen. Crécy, eine der Entscheidungsschlachten nicht nur des Hundertjährigen Krieges, sondern der europ. Geschichte überhaupt, befestigte die Position der Engländer in Frankreich und bewies die Überlegenheit der

Infanterie und der Bogenschützen über ma. Ritterheere.

LIT. F. Lot, L'art militaire et les armées au Moyen-Age 1 (1946); Ph. de Contamine, Crécy (1346) et Azincourt (1415): une comparaison (1977).

Creditiv (litterae credentiales, Credentzbrief, kurz auch Credentz). Beglaubigungsschreiben beim Antritt einer diplomat. Mission zwecks Legitimierung und Anerkennung der Gesandtschaft. Die Formen des C. sind nach Epochen und Ländern verschieden.

Crépy, Friede von (19. 9. 1544). Abgeschlossen zw. Kaiser Karl V. und Kg. Franz I. von Frankreich, beendet der Friede von C. den vierten Krieg zwischen dem Kaiser und dem franz. König (1542–44). In einem siegreichen Vorstoß war Karl V. über die Marne in Richtung auf Paris bis Château-Thierry vorgedrungen. Panik in Paris, die Sorge des franz. Königs um seine Hauptstadt, andererseits die Furcht des Kaisers um das eigene Heer, dem ein entscheidender Sieg über den Gegner nicht gelungen war und fehlende Nachrichten über den engl. Verbündeten, der noch vor Boulogne liegt, führen zu einem schnellen Frieden.
Frankreich anerkennt im Frieden zu Crépy die Friedensschlüsse von Madrid und Cambrai, verspricht Waffenhilfe gegen die Türken in Höhe von 10000 Mann und 6000 Reitern, Restitution aller Eroberungen seit 1538, Rückgabe von Stenay, Heirat des Herzogs von Orléans mit der Infantin Maria oder der Erzherzogin Anna von Österreich. Karl V. verzichtet zugunsten des Dauphin auf das Herzogtum Burgund, die Grafschaft Auxonne u.a. Gebiete. Frankreich verzichtet auf die bisherige Kaperpolitik und verspricht Anerkennung der Rechte der Spanier und Portugiesen auf alle indischen Länder. In einem Geheimvertrag sagt Frankreich Hilfe gegen die dt. Protestanten bei der Rückführung in die alte Kirche, bei der Wiederherstellung des wahren Glaubens, bei der Durchführung kirchl. Reformen und der Vorbereitung des Konzils (in Trient oder Metz) zu. Der Friede von Crépy war für keine Seite ein eindeutiger Sieg oder eine eindeutige Niederlage.

LIT. K. Brandi, Kaiser Karl V. 2 Bde. ([8]1973; Neudr. 1986), 431f.; A. Hasenclever, Die Geheimartikel zum Frieden von Crépy. In: ZKiG 45 (1926–27).

Crux → Kreuz.

Cubicularius (lat.). Kammerdiener, bes. im kaiserl. Palast, in der Regel Sklave, während der Oberkämmerer (a cubiculo) meist Freigelassener ist. In der Zeit des Dominats heißt der Oberkämmerer praepositus sacri cubiculi, zählt als oberster Hofbeamter zu den höchsten Würdenträgern des Reiches und hat infolge des persönl. Umgangs mit dem Kaiser starken Einfluß.
Auch am päpstl. Hof gibt es Cubicularii; bis in die Zeit Gregors I. Laien, dann Geistl. und Mönche; sie treten seit dem 12. Jh. deutlich in Erscheinung und haben vor allem zeremonielle Aufgaben. Sie begleiten den Papst mit brennender Kerze, halten den Baldachin, wirken bei der Fußwaschung am Gründonnerstag mit, helfen beim Besteigen des Pferdes usw.; im 14. Jh. auch im Urkunden- und Supplikenwesen tätig. Die Hofordnung Papst Alexanders V. unterscheidet 3 Gruppen von Cubicularii. Ihre Aufgabe war die Wahrnehmung der wichtigeren Funktionen in der Umgebung des Papstes. Heute heißen die Cubicularii Kammerherren.

Cui bono? (lat., zu wessen Vorteil?). Frage des röm. Untersuchungsrichters. Geht auf L. Cassius Longinus Ravilla zurück. Öfters bei Cicero zitiert.

Cuius regio, eius religio. Einprägsames, stark umstrittenes, auf den Greifswalder ev. Kanonisten J. Stephani (1544–1623) zurückgehendes Schlagwort des konfessionellen Absolutismus; propagiert den landesherrl. Religionszwang: der Landesherr kann die Konfession seiner Untertanen bestimmen (Ius reformandi; Augsburger Religionsfriede 1555; Westfäl. Friede 1648); die »geistliche Obrigkeit ist höchstes Regal«. Die Obrigkeit gewann durch das Schlagwort und den Grundsatz eine zuvor unbekannte sakrale Autorität und Legitimität; der konfessionelle Besitzstand wurde dadurch verhärtet, der dt. Protestantismus in eine Vielzahl enger Landeskirchentümer zersplittert. Begrenzt wurde der Grundsatz im Augsburger Religionsfrieden durch das Ius emigrationis (= Auswanderungsrecht), den geistl. Vorbehalt (Reservatum ecclesiasticum); dann durch ständische Religionsverträge in den einzelnen Territorien, schließlich durch den Westfälischen Frieden; vor allem durch den

Schutz des exercitium religionis publicum, sc. privatum, sowie des Kirchenguts nach dem Normaljahr 1624 (annus normalis) und den Normaltag. Der Bekenntnisstand eines Territoriums ist mit dem Normaljahr fixiert und geschützt.

LIT. M. Heckel, Staat und Kirche nach den Lehren der ev. Juristen Dtl. in der ersten Hälfte des 17. Jh. In: ZRG KA 42 (1956); 43 (1957); F. Dickmann, Der Westfälische Friede (^{2}1960); HWDRG I (1966) 651–58.

Curia Romana (Römische Kurie). Bez. für die Gesamtheit der Kardinalskongregationen. (S. Officium, Konzilskongregation, Ritenkongregation usw.), Gerichtshöfe (Sacra Rota Romana, Signatura Apostolica [→Signatur]) und Ämter (Apostolische Datarie, Staatssekretariat), die dem Papst bei der Regierung der gesamten Kirche zur Seite stehen. Die Bezeichnung C. R. wurde vor dem 11. Jh. nicht verwendet.

Cursus. Eine aus der Antike übernommene Form der Kunstprosa; rhythmische Kadenz der Sätze und vor allem der Schlüsse (clausulae) von Sätzen oder Satzteilen. Wichtigster Grundsatz: am Ende von Sätzen oder Satzgliedern müssen die beiden letzten betonten Silben durch mindestens zwei, unter Umständen drei oder vier unbetonte Silben getrennt werden. Die päpstl. Kanzlei verwandte C.-Technik seit dem 5. Jh. (Leo-Briefe, liber diurnus, cursus leonis = weil auf Papst Leo I. zurückgeführt); die Kenntnis der C.-Technik verliert sich nach Gregor d. Gr. langsam. Eine Wiederbelebung wurde im Auftrag Urbans II. seit 1088 unter dem Kanzler Johannes von Gaeta (später Gelasius II.) begonnen. Die Vernachlässigung des C. wird seit der Mitte des 12. Jh. gegen die Echtheit einer päpstl. Urkunde sprechen. Die Theorie des C. wurde in der päpstl. Kanzlei von Albertus de Morra (Kanzler von 1178–87) festgelegt (summa dictaminis). Beim Satzende ist möglich a) cursus velox (1 Daktylus u. 2 Spondeen), b) cursus planus (1½ oder 2 Spondeen und ein Wort von 1½ Spondeen), c) cursus tardus (ecclesiasticus, durus) Spondeus, Halbspondeus, Daktylus. Der C. beginnt seit Ende des 13. Jh. wieder aus der päpstl. Kanzlei zu verschwinden, war bis gegen Ende des MA aber noch vorhanden. Verbreitet war der C. in allen Kanzleien, vor allem unter Friedrich II. in Sizilien, doch nie so stark wie in der päpstl. Kanzlei.

Custodia.

[1] Behälter in Form eines Türmchens, Zylinders usw. zur Aufbewahrung der konsekrierten Hostie.

[2] Gliederung der Franziskaner-Provinzen unter Kustodes, bei OFM Conv. bis heute im wesentl. beibehalten, bei OFM Cap. 1937 wiedereingeführt. Als Kustodie wird manchmal auch eine Niederlassung der Franziskaner bezeichnet, die in einem Lande die einzige war. Heute bezeichnet Kustodie eine kleinere Provinz.

[3] Im röm. Recht eine noch unentwickelte Form der Verschuldenshaftung. C. im klass. röm. Recht die über die culpa-Haftung hinausgehende Haftung, die sich auch auf die Fälle des niederen Zufalls erstreckt, von dem eine res custodiri solita getroffen wurde und der durch besondere Bewachung hätte abgewendet werden können.

Custos.

[1] Richtzeichen für den Hefter einer Handschrift oder eines gedruckten Buches in Form des ersten Wortes der folgenden Lage oder der Nummer des Druckbogens.

[2] Amtsträger im kirchl.-klösterl. Bereich.

Dageschalke, Dagewerchten. Während des MA die Eigenleute, d.h. das in der Stadt und auf dem Lande ansässige unfreie Gesinde. Obwohl es größtenteils weder eigentums- noch ehefähig war, besaß es doch schon den Schutz des Strafrechts.

Dáil, Dáil Eireann. In der Republik Irland das Abgeordnetenhaus.

Daily-Telegraph-Affaire. Die aus der Veröffentlichung eines unbeherrschten Interviews Kaiser Wilhelms II. (reg. 1888–1918) am 11. 11. 1908 für die brit. Zeitung ›Daily Telegraph‹ resultierende innenpolit. Krise. Das an dem Interview Erschreckende hat der damalige Reichskanzler B. von Bülow (1849–1929) folgendermaßen zusammengefaßt: Der Kaiser habe die Aufforderung der russ. und franz. Regierung, sich mit ihnen zu vereinigen, um die Burenrepubliken zu retten und England »bis in den Staub zu demütigen«, nicht nur mit dem Hinweis darauf abgelehnt, daß Deutschland es niemals auf einen Streit mit einer Seemacht wie England ankommen lassen könne, sondern er habe auch den genauen Wortlaut der vertraulichen franz. und russ. Noten sowie seine Antworten auf die besagten Noten der Königin von England sofort mitgeteilt. Im September 1899 habe er u.a. durch einen dt. Offizier einen ganz genauen Bericht über die Zahl der Kämpfenden auf beiden Seiten und über die Stellung der in Südafrika einander gegenüberstehenden Streitkräfte aufsetzen lassen. Es sei »ein merkwürdiges Zusammentreffen«, daß der vom dt. Kaiser ausgearbeitete Plan demjenigen sehr nahekomme, der dann vom brit. Oberbefehlshaber im Burenkrieg (1899/1900), Feldmarschall F. S. Roberts (1832–1914) angenommen und durch ihn glücklich ausgeführt worden sei. Demnach habe eigentlich nicht Roberts, sondern Wilhelm II. die Buren besiegt und vernichtet.

Die Kritik auf das Interview war im dt. Volk derart einheitlich, und dies gerade unter den Konservativen, daß Bülow im Reichstag öffentlich davon abrücken mußte. Aus dem Interview entstand deshalb eine Staatskrise, weil das dt. Volk von den Reden des Kaisers ein Mindestmaß an Besonnenheit erwartete.

LIT. E. Eyck, Das persönl. Regiment Wilhelms II. (1948); W. Schüssler, Die D.T.A. 1908 (1952).

Daimjo, Daimyo. Früher in Japan Territorialfürsten. Im 11. Jh. wurden die Inhaber größerer und kleinerer Komplexe von sog. Myoden (»Namenfelder«) D. oder Schomio, Shomyo (»Groß- oder Kleinname«) genannt. Privatleute hatten sie angelegt, deren Namen sie auch trugen. Im 12. Jh. bezeichnete man größere und kleinere Grundherren schlechthin als D., vor allem die ritterlichen. Zum Gattungsnamen wurde D. für alle diejenigen, die auf Grund privater und lehnsrechtl. Besitztitel während des 13.–16. Jh. zu landesherrl. Stellung gelangten. Infolge der Mitwirkung der eigenen Vasallen, ebenfalls auf Grund der Reichsgesetzgebung, war die Landeshoheit der D. beschränkt. Vom 17. Jh. ab gab es drei Rangklassen der D.: Go-sanke, Fudai und Tozama. Wegen der besseren Überwachung durch den Shogun waren die D. von etwa 1635 bis 1862 verpflichtet, sich alle 2 Jahre für 6 Monate in der Residenz aufzuhalten. Nachdem die D. 1869 ihre Herrschaften an den Kaiser zurückgegeben hatten, erhielten sie seit 1871 als Entschädigung eine Staatsrente.

Dalai Lama (mongol. Dalai, Meer; tibet. Lama, der Höhere). Seit dem 15. Jh. der Titel des Oberhauptes der lamaistischen Kirche, der tibet. Abart des Buddhismus. Auf der Grundlage der stark mit Zauberbräuchen durchsetzten indischen Spätformen des ›Großen‹ und ›Diamant-Fahrzeugs‹ (mahajana, vadschrajana) erwachsen, hat der Lamaismus mancherlei Elemente der vorbuddhist. Landesreligion, der ›Bon‹-Lehre, in sich aufgenommen und unter dem Einfluß bedeutender Priester eine eigenartige hierarch. Organisation erhalten. An ihrer Spitze stehen der Dalai Lama (»Meerpriester«) in Lhasa und der Pantschen-rinpo-tsche (»Juwel des großen Gelehrten«), der in Europa meist Taschi Lama genannt wird; er ist eine Inkarnation Buddhas. Die histor. Entwicklung hat dazu geführt, daß der Dalai Lama der oberste weltl. Herrscher Tibets wurde, während der Taschi Lama, der, dem Rang des in ihm inkarnierten Wesens entsprechend, eigentl. höher als der D. L. steht, sich mehr mit religiösen Funktionen begnügen mußte.

Der Lamaismus ist die Mischung einer tiefsinnigen buddhist. Philosophie, eines prunkvollen Kultus sowie eines alles

überwuchernden Dämonen- und Zauberglaubens.
Bereits im 13. Jh., vor allem aber seit dem 16. Jh., gelang es den Lamas, die Mongolen zu bekehren; im 17. Jh. bekehrten sie die Burjäten und Kalmükken. Nachdem letztere sich im Raum zwischen Don und Wolga festgesetzt hatten, entstanden auch im europ. Rußland lamaist. Gemeinden. Der Lamaismus herrscht heute auch in den Himalaja-Ländern Ladakh, Sikkim und Bhutan.
LIT. H. Schulemann, Die Geschichte der Dalai-Lamas ([2]1958); Ch. Bell, The Religion of Tibet (Oxford 1931); W. E. Clark, Two Lamaistic Pantheons. 2 Bde. (Cambridge, Mass. 1937); W. Filchner, Der Lamaismus in Lehre und Leben (1954); L. A. Waddell, The Buddhism of Tibet ([2]1958).

damaszieren (von Damaskus). Ein vor allem in der Stahlverarbeitung angewandtes Verfahren zur Erzielung einer linearen, meistenteils geschwungenen, doch auch blumigen Zeichnung auf der Oberfläche des Werkstücks, desgl. zur Steigerung seiner Festigkeit und Zähigkeit (Damaszener Stahl). Das Verfahren besteht darin, daß man dünne Vierkantstäbe verschiedener Dicke und Drähte aus weichem und hartem Stahl mehrfach übereinanderlegt und verschweißt; sie werden dann schraubenförmig verwunden und durch Hämmern zu neuen Stäben gestreckt; dieser Vorgang wird mehrfach wiederholt. Die Berührungslinien der Stahlschichten ergeben das Muster.
Die Kunst des D. hat ihren Ursprung in Indien. Sie fand weite Verbreitung, insbes. in Damaskus, dessen Waffenproduktion von der Spätantike bis ins MA führend war; in Dtl. wird sie seit etwa 1400 ausgeübt. Einer der bedeutendsten Meister des D. war der im 17. Jh. in Solingen wirkende Semmelnuß. Herausragende Meister dieser Kunstgattung waren in Frankreich Clouet (um 1780), in Italien Crivelli, der um 1820 in Mailand arbeitete.
LIT. E. von Lenz, in: Zs. für histor. Waffenkunde, 4 (1906–08); W. Hassenstein, in: Zs. für histor. Waffenkunde, N.F. 6 (1937); O. Johannsen, Geschichte des Eisens ([3]1953); P. Post, in: RDK 3 (1954).

Dame (franz. aus lat. domina). In der altfranz. Ritter- und Hofsprache galt D. als der Titel für die Frau eines Ritters. Die Frau eines Knappen hingegen wurde damoiselle genannt. Der D. stand das Recht zu, Schild und Banner zu führen. Später wurde der für eine privilegierte Schicht bzw. die Frauen dieser Schicht reservierte Titel allg. der Ehrentitel der verheirateten sowie der unverheirateten Frauen, allerdings ledigl. solcher von Stand, welchem dann das Fürwort ›ma‹ (Madame) beigefügt wurde. Im dt. Sprachgebrauch diente die Bez. D. beim Volk zunächst zur Umschreibung der »Geliebten«, »Dirne«, doch setzte sie sich allmählich als Schmucktitel der Frau in Hof- und Adelskreisen nach franz. Vorbild durch. Seit dem beginnenden 19. Jh. fand die Titulierung ebenfalls in der bürgerl. Gesellschaft Eingang.

Damenfrieden. → Cambrai, Damenfriede von.

Damenstifte. Ma. Bez. für die Konvente, Kapitel oder Kollegien von Kanonissen oder Chorfrauen. Später wurden die Anstalten für die unverheirateten Töchter der höheren Stände, vor allem des Adels, als D. (Fräuleinstifte) bez.; Wohnung und Kost waren hier frei.

Damenweg, Chemin-des-Dames. Im franz. Dép. Aisne, auf dem Höhenrükken zwischen Aisne und Ailette (südlich von Laon), ein Höhenweg von 30 km Länge; er wurde von Ludwig XV. (reg. 1715–74) für seine Töchter angelegt. Während des Ersten Weltkriegs war der D. von April 1917 bis Okt. 1918 schwer umkämpft.

Dames de France. Der Titel der königl. Prinzessinnen im monarchischen Frankreich.
a) **Dames du palais** (Palastdamen) nannte man die franz. Hofdamen.
b) **Dames de la cour** waren D., die bei Hofe Zutritt hatten.
c) Seit langem werden die Pariser Fisch- und Gemüsefrauen ironisierend **Dames de la halle** (Hallendamen, nach den Markthallen der franz. Hauptstadt) genannt, und zwar deshalb, weil es ihnen früher erlaubt war, zu bestimmten Zeiten dem König einen Blumenstrauß zu überreichen.

Danebrog (von brog, Fahne). Das dän. Reichsbanner. Nach der Sage fiel es während der Schlacht bei der Estenburg Lindanissa (Lindanos oder Lyndanis) im Jahre 1219 vom Himmel herab. Die Estenburg Lindanissa stand in der Landschaft Revele, wo später Reval erbaut wurde.

Danebrogsorden (Orden des dänischen Reichsbanners). Der zweite der dän. Ritterorden wurde von Christian V. am 12. 10. 1671 gestiftet; am 1. 12. 1693 erhielt er seine Statuten, die am 28. 6. 1808 bedeutend erweitert wurden, als Friedrich VI. den D. in drei Klassen teilte: Großkommandeure, Großkreuze sowie Kommandeure; 1864 erfolgte noch einmal eine Unterteilung in zwei Grade. Ordenstage sind der Geburtstag des jeweiligen Königs, ferner der 28. Januar, der 15. April sowie der 28. Juni.
LIT. Werlauff, Om Danebrog og Danebrogsorden (Kopenhagen 1872).

Danegeld (Dänengeld). Ein Tribut, der in England seit dem 9. Jh. an die Dänen (Wikinger) gezahlt wurde, um diese dadurch von Plünderungen abzuhalten. Nach dem Ende der Dänenherrschaft (1042) wurde das D. weiter erhoben, jetzt als Grund- und Wehrsteuer. Nach der normann. Eroberung (1066) wurde das D., ebenfalls als Grund- und Wehrsteuer, weiterhin erhoben.

Danewerk. Befestigung aus dem 8.–12. Jh., die den Zugang nach Jütland sperrte, gegen das Frankenreich, das otton. Reich und angreifende Slawen gerichtet.

Dareikos (griech.). Goldmünze des altpers. Reiches mit dem Bild des Großkönigs Dareios I. (reg. 522–486 v. Chr.); die Münze war 8,4 g schwer. Während die Vorderseite den König als Bogenschützen zeigte, hatte die Rückseite nur einen tiefen Einschlag. Die D., im 5. und 4. Jh. v. Chr. die bedeutendsten und zuverlässigsten Münzen im internationalen Verkehr, wurden nach der Darstellung des Königs auch Toxotai (Bogenschützen) genannt.

Darstellung. Terminus, der zur Umschreibung der Begriffe Geschichtsschreibung, Historiographie verwendet wird, doch auch ihrer Teilgebiete und speziellen Probleme. Im At. war die (erzählende) D. als literar. Kunstwerk bes. Gesetzen unterworfen (vgl. die »eingelegte Rede« insbes. bei Thukydides, etwa 460–395 v. Chr.). Die antike D. gliederte sich in drei Formen der Geschichtsschreibung: a) die referierende (z. B. Annalen, Chroniken), b) die pragmatische und c) die genetische, der entsprechend ein histor. Phänomen als etwas nach und nach Gewordenes bzw. als das Endergebnis dieses Prozesses aufgefaßt wurde. Zu diesen Formen sind in jüngster Zeit weitere getreten, u. a. die soziolog. und morpholog. (vgl. in diesem Zusammenhang auch die Darstellungsform der Biographie). Erwähnt sei noch, daß sich der Versuch J. G. Droysens (1808–84), die D. durch Unterscheidung zwischen untersuchender und erzählender sowie didakt. D. aufzufächern, nicht durchgesetzt hat, ebenfalls nicht ein Versuch, die polit. Diskussion mit Erkenntnissen und Beispielen aus der Geschichte zu führen.
LIT. M. Ritter, Die Entwicklungsgeschichte der Geschichte (1919); W. Bauer, Einführung in das Studium der Geschichte (^{2}1928); K. Brandi, Geschichte der Geschichtswissenschaft (1947; ^{2}1952 überarb. von W. Graf); J. G. Droysen, Historik (^{3}1958); F. Stern (Hrsg.), Geschichte und Geschichtsschreibung (dt. 1966); R. Landfester, Historia magistra vitae (1972).

Datar. Während des MA ein päpstl. Beamter, dem die Datierung, sodann auch die Prüfung der → Suppliken oblag.

Dataria. Apostolica, Apostolische Datarie. Eine Behörde der röm. Kurie. Sie entstand während des 15. Jh. aus der Gewohnheit, bestimmten Kurialen die Datierung der Supplikenbewilligungen zu übertragen. Hieraus entwickelte sich eine umfangreiche Behörde; seit dem 17. Jh. stand ihr gewöhnlich ein Kardinal vor mit dem Titel Prodatar. Seit 1908, d. h. seit dem Jahr der Kurialreform, beschränkt sich die D. A. auf Angelegenheiten, die sich auf die Vergabe der nicht-konsistorialen Benefizien beziehen, d. h. die dem Zuständigkeitsbereich des Papstes vorbehaltenen Benefizien.
LIT. Feine, KRG I (^{3}1955, mit ausführl. Bibliographie); W. M. Pöschl, Geschichte des Kirchenrechts 1 und 2 (1953–55); N. del Re, La Curia Romana (^{2}1952).

Datierung (von lat. datum, gegeben am).
[1] Die Angabe eines Datums, d. h. von Jahr und Tag; sie ist bes. gebräuchl. bei Urkunden, dem Eintreten eines Ereignisses (zu den Jahresdaten → Ära). Die Angabe der Tage erfolgte in griech. Quellen nach den örtl. gültigen Mondjahren; ihr Jahresanfang war unterschiedlich; zudem besaßen sie eigene Monatsnamen. So waren im Attischen Jahr, das mit dem Neumond nach der Sommersonnenwende begann, die Mo-

nate in jeweils drei Dekaden gegliedert; innerhalb einer Dekade wurden die Tage durchgezählt. Die Angleichung an das Sonnenjahr erreichte man durch einen 8jährigen Zyklus (daher Oktaeteris genannt); seit etwa 421 v. Chr. durch einen 19jährigen, recht genauen, Schaltzyklus, der von Meton aufgestellt worden war und deshalb auch Metonischer Zyklus genannt wurde. In den Diadochenreichen galt das Sonnenjahr mit ägypt. bzw. makedon. Monaten; die Tage wurden durchlaufend gezählt.
Nachdem durch Caesar im Jahre 46 v. Chr. die Umstellung vom alten Mond- auf das ägypt. Sonnenjahr erfolgt war, setzte sich der röm. Kalender allmählich durch, wobei die Tagesbezeichnung durch Rückzählung von Festpunkten erfolgte, so den Kalenden, den Ersten eines Monats, den Nonen, den Fünften des Monats (im März, Mai, Juli und Oktober der 7. Tag des Monats) bzw. den Iden, den Dreizehnten des Monats (im März, Mai, Juli und Oktober der 15. Tag des Monats). Die röm. D. war im FrühMA weit verbreitet; sie wurde im Hoch- und SpätMA seltener.
Die heutige D. nach Monatstagen wurde in der dt. Königskanzlei zum erstenmal unter Heinrich VI. (reg. 1190–97) angewandt, obwohl sie schon bis ins 6. Jh. n. Chr. zurückreicht. Die D. nach Fest- oder Heiligentagen entwickelte sich zu der am häufigsten gebrauchten. Dabei unterschied man zwischen dem Tag des Festes selbst (festum), dem Vorabend des Festes (vigilia), dem 2. Tag vor dem Fest (vigilia vigiliae), dem Tag nach dem Fest (crastino), dem 7. Tag nach dem Fest (octava) und dem 14. Tag nach dem Fest (quindena). Nicht selten wurden die Heiligenfeste in den einzelnen Diözesen oder Orten an verschiedenen Tagen gefeiert. Eine Besonderheit war in verschiedenen Gegenden die D. nach dem Cisiojanus, einer Sammlung ma. kalendar. Merkverse; sie zählten die Heiligenfeste für jeden Monat auf; die Verse als solche waren sinnlos. Gebraucht wurde der Cisiojanus vom 13.–17. Jh.
[2] In der historischen Kritik gilt die D. als ein Unterfangen, eine undatierte Quelle zeitl. zu fixieren. Das geschieht insbes. dadurch, daß man die rein äußeren und die inhaltl. Merkmale der Quelle miteinander vergleicht; desgl. dadurch, daß man das zeitl. früher (terminus post [quem]) und später Liegende (terminus ante [quem]) festzustellen versucht.
→Kalenderreform, →Chronologie.

Dauphin (lat. delphinus). Nach dem Delphin im Wappen oder als Eigenname (aus dem Vor- und Beinamen Dolfinus, Dalfinus) des Grafen von Vienne entstanden, war D. seit 1150 der Beiname des Grafen von Albon, dann der Titel des Grafen von Vienne, nachdem die Grafen von Albon seit dem ausgehenden 12. Jh. den größten Teil der Grafschaft Vienne erobert hatten. Danach machten sie sich zu Herren fast der gesamten Dauphiné, einer histor. Landschaft, die mit der Auflösung des Königreichs Burgund entstanden war. 1349 verkauften sie die D. unter der Bedingung an Frankreich, daß der jeweilige franz. Thronfolger Wappen und Titel D. führen solle. Von 1349–1791 und von 1814–30 wurden durch die Kronprinzen von Frankreich Wappen und Titel D. geführt.

Davidstern. Hexagramm. Erstmals im 14. Jh. nachweisbares Siegelzeichen der jüdischen Magie, ein aus zwei übereinander liegenden, gleichseitigen Dreiecken bestehender Sechsstern. Im 17. Jh. wurde der D. Symbol des Judentums, seit 1948 in die Flagge des Staates Israel übernommen.

Dawesplan. Am 16. 4. 1924 zu London abgeschlossenes Vertragswerk, das die dt. Reparationen nach dem Ersten Weltkrieg regelt. Vorbereitet worden war er durch einen internationalen Sachverständigenausschuß unter der Leitung des amerikan. Politikers Ch. G. Dawes (1865–1951), der ein Gutachten über die dt. Leistungsfähigkeit ausgearbeitet hatte. Es ging von einem ausgeglichenen dt. Haushalt und einer aktiven dt. Zahlungsbilanz als Voraussetzung für die Leistung von Reparationen aus. Zur endgültigen Stabilisierung der Währung und als Überbrückungshilfe für das erste Jahr der Reparationszahlungen erhielt Deutschland eine Auslandsanleihe von 800 Mill. Goldmark. Nach einer Übergangszeit waren deutscherseits Jahreszahlungen in Höhe von 2,4 Mrd. Goldmark zu leisten, die folgerndermaßen aufzubringen waren: 1250 Mill. aus dem Haushalt des Reiches unter Verpfändung der Einnahmen aus den Zöllen sowie vier großen Verbrauchssteuern, 660 Mill. durch die Reichsbahngesellschaft, 210 Mill. aus der Beförderungssteuer, 300 Mill. durch die Industrie als Verzinsung und Tilgung einer Industriebelastung in Höhe von 5 Mrd. Die Transferierung der Gelder, die bei der Reichsbank einzuzahlen waren, erfolgte durch einen »Generalagenten« und ein »Transferkomitee« an die Gläubigerländer. Infolge ausländ. Anleihen konnte der D. während der ersten Jahre seiner Laufzeit erfüllt werden; seit 1928 aber wuchs das nicht transferierbare Guthaben derart stark beim »Generalagenten« an, daß der D. 1929 durch eine neue Zahlungsvereinbarung (→Youngplan) ersetzt werden mußte. Der D. trat am 1. 9. 1924 in Kraft.

LIT. R. C. Dawes, Wie der D. zustande kam (1926); H. v. Beckerath, Reparationsagent und dt. Wirtschaftspolitik (1928); M. Sering, Deutschland unter dem D. (1928); W. J. Delbrück, Die Reparationen in der Ära Brüning (1962); W. Link, Die amerikan. Stabilisierungspolitik in Dtl. 1921–32 (1970); E. Wandel, Die Bedeutung der Vereinigten Staaten von Amerika für das Reparationsproblem 1924–29 (1971).

Debellation (von lat. bellum, Krieg). Die völlige Besiegung und Eroberung eines Staates. D. ist ein Begriff des Völkerrechts.

Dechant, der →Dekan.

Décime. Vor 1789 in Frankreich eine Zehntsteuer, die durch die Geistlichen an den König zu entrichten war.
Auch der Zuschlag, der in Notzeiten zu den öffentl. Abgaben zu leisten war, wurde D. genannt.

LIT. R. Doucet, Les institutions de la France au XVIe siècle, 2 (Paris 1948).

Decimo (ital., Zehntel). Bis zum Jahre 1870 in Rom ein kleines Längenmaß, (etwa 2 mm).

Decisiones →Dezision.

Declaration of Independence. Die Unabhängigkeitserklärung der USA vom 4. 7. 1776. Die 13 Kolonien mit 2,5 Mill. Einwohnern im Jahre 1775, aus denen sich die US bildeten, wiesen bei ihrer Entstehung unterschiedl. Wirtschaftsverhältnisse auf. Das besiedelte Gebiet reichte bis zu den Osthängen der Alleghanies. Ihre Wirtschaft, ihre innere Verwaltung sowie ihre Siedlungen waren durch die Kolonien aus eigener Kraft auf- und ausgebaut worden. Hierdurch war ein ausgeprägtes Selbstbewußtsein entstanden, das durch den siegreichen Krieg gegen Frankreich (1756–63), wenn auch mit Unterstützung des Mutterlandes England, noch gesteigert worden war.
Nun aber begann die Regierung des Mutterlandes damit, ihr durch den Krieg gegen Frankreich wesentl. erweitertes Reich straffer zu verwalten, was nicht zuletzt auch die amerikan. Kolonien betraf. Da hier ein engl. Staatsbewußtsein dominierte, waren die Kolonisten zunächst keineswegs englandfeindl. gesonnen. Allerdings begannen sie, die gleichen Rechte zu fordern, wie sie die Einwohner des Mutterlandes besaßen. Diese jedoch zuzugestehen, waren die engl. Regierung und das Parlament nur zögernd bereit.
Aus dieser Situation heraus erwuchs die Forderung, Steuern nur dann zu zahlen, wenn die Kolonien durch eigene gewählte Abgeordnete im Parlament vertreten seien (»no taxation without representation«). Wohl zeigte die brit. Regierung viel Mäßigung; sie befolgte allerdings keinen festen Kurs, weshalb manche ihrer Maßnahmen scharfen Widerstand seitens der Kolonisten hervorriefen und daher zurückgenommen werden mußten. Der Widerstand war bes. stark in Boston, dem Hauptsitz der puritan. Opposition gegen England (Versenkung einer Teeladung der East India Company am 16. 12. 1773) sowie in Virginia (dem Widerstandsgebiet der selbstbewußten Plantagenbesitzer).
Scharfe Maßnahmen des Mutterlandes gegen Boston führten in Amerika zur Einberufung eines Kontinentalkongresses durch die überall zusammengetretenen Bürgerausschüsse am 5. 9. 1774 in Philadelphia. Er stellte die erste gemeinsame Versammlung aller amerikan. Kolonien brit. Provenienz dar. Auf ihr wurden bereits militär. Vorbereitungen gegen das Mutterland getroffen.
Die eigentl. Revolution wurde durch örtl. Ereignisse ausgelöst: Brit. Truppen stießen bei dem Versuch, Waffen der Bürgermiliz zu beschlagnahmen, auf deren Widerstand in Massachusetts (19. 4. 1775). Mit dem Gefecht zu Bunker Hill am gleichen Tag brach der lange und schwere Unabhängigkeitskrieg aus. Die von Jefferson (1743–1826) entworfene Unabhängigkeitserklärung wurde am 4. 7. 1776 durch den Kontinentalkongreß angenommen. Dieser Tag gilt als Nationalfeiertag der USA.

LIT. J. Bryce, The American Commonwealth. 2 Bde. (1887; revid. Ed. 1920;

dt., Amerika als Staat und Gesellschaft, 1924); C. A. Beard, An Economic Interpretation of the Constitution (1913, Neuausg. 1935).

Declaration of Rights (Erklärung der Rechte). Eine durch das brit. Parlament am 12. 2. 1689 gefaßte Entschließung über die verfassungsmäßigen Grundrechte der Bürger. König Jakob II. (reg. 1685–88) war der Thron abgesprochen worden, weil er die Grundrechte verletzt hatte. Durch den neuen König, Wilhelm von Oranien (reg. 1689–1702), wurde die D. sofort angenommen; sie erfuhr dann eine Erweiterung zur Bill of Rights, das gegen den Katholizismus und Absolutismus gerichtete Gesetz der Rechte.
LIT. G. Jellinek, Die Erklärung der Menschenrechte (1919).

Decretales Gregorii IX. →Corpus iuris canonici.

Decretum Gratiani →Corpus iuris canonici.

Dedikation (lat. Weihung). Bei den Römern sowohl der feierl. Akt der Einweihung einer Kultstätte als auch die Übergabe eines mobilen oder immobilen Gegenstandes an eine Gottheit bei gleichzeitigem Verzicht auf das Eigentumsrecht, z.B. anläßl. von Stiftungen und Gelübden.
LIT. G. Wissowa, Religion und Kultus der Römer (^{2}1912).

Dediticii (lat.). Die von Unterworfenen abstammenden Nachkommen. Sie stellten im Röm. Reich die Bevölkerungsgruppen mit der niedersten Rechtsstellung dar und umfaßten vor allem die innerhalb der Reichsgrenzen angesiedelten Barbaren. Die Rechtsstellung der D. hatten seit dem 4. Jh. n. Chr. ebenfalls die vorbestraften freigelassenen Sklaven.

de facto (lat.). Den Tatsachen entsprechend, ohne Rücksichtnahme darauf, daß diese rechtlich (de iure) begründet sind. Seit dem Beginn des 19. Jh. unterscheidet man im Völkerrecht, nicht zuletzt infolge der häufig schwierigen Frage, ob Aufständische nicht als Rebellen, sondern als tatsächl. Inhaber der Regierungsgewalt anzusehen und folglich zu behandeln sind, die vorläufige Anerkennung (de facto) von der endgültigen Anerkennung (de iure). Dementsprechend ist ein zwischenstaatl. Verkehr, insbes. auf dem Sektor Wirtschaft, auch ohne eine formelle Anerkennung möglich. Die Anerkennung kann widerrufen werden (z. B. zog Großbritannien 1940 seine 1938 ausgesprochene de iure-Anerkennung der Annexion Abessiniens durch Italien wieder zurück). Nach der jüngsten Entwicklung kann die Verweigerung der Anerkennung einer unter Gewaltanwendung erfolgten Gebietseroberung Ausdruck der Klarstellung eines völkerrechtl. Unrechts sein.
LIT. L. Spirodoulos, Die de facto-Regierungen im Völkerrecht (1926); J. L. Kunz, Die Anerkennung von Staaten und Regierungen im Völkerbund (1928); T. C. Chen, The International Law of Recognition (London 1951).

Defaitismus (franz.). Bez. für die dem Unglauben an die Möglichkeit eines Sieges entstammende Neigung, einen Krieg selbst unter ungünstigen Bedingungen möglichst bald zu beenden, insbes. dann, wenn sich bei längerer oder gar langer Kriegsdauer militär. Rückschläge einstellen. Während des Ersten Weltkriegs hatte Frankreich gegen defaitist. Strömungen zu kämpfen; seit etwa 1917 in zunehmendem Maße vor allem die Mittelmächte infolge ihrer ständig prekärer werdenden militär. und wirtschaftl. Lage. Die Defaitisten werden seitens der kriegführenden Regierungen bekämpft. Während des Zweiten Weltkriegs wurden sie in Dtl. als Staatsfeinde verfolgt.
Lt. kommunist. Ideologie wird derjenige als Defaitist betrachtet, der den Erfolg der Partei- und Regierungsmaßnahmen, vor allem auf dem Gebiet der Wirtschaft, anzweifelt.

Defension (lat). Bez. für die gesamten Verteidigungseinrichtungen sowie die Kriegsverfassung, beginnend mit dem Zeitpunkt der Verkündigung des ›Ewigen Landfriedens‹ (1495) bis ins 18. Jh.

Defensionale. Die in der Zeit von 1668–73 entstandene schweizer. Heeresordnung; hierdurch erhielt das Heerwesen der Eidgenossenschaft zum erstenmal eine einheitl. Organisation; die Heeresstärke wurde auf 40000 Mann festgesetzt. Die Gültigkeit der D. erlosch, als die kath. Kantone im 18. Jh. von ihr zurücktraten.

Defensor fidei (lat., Verteidiger des Glaubens; engl. defender of the faith). Ein an König Heinrich VIII. (reg. 1509–47) von Papst Leo X. (reg. 1513–21) im Jahre 1521 verliehener Ehrentitel für seine gegen Luther (1483–1546) gerichtete polem. Schrift ›De septem sacramentis assertio‹. Auf Grund eines Parlamentsbeschlusses vom Jahre 1544 wurde der Titel für das engl. Königshaus erblich; er wird noch heute vom engl. König bzw. der Königin geführt.

Defterdar (türk., Buchhalter, von griech. diphtera, Buch). Ein von den höchsten Finanzbeamten der Türkei bis ins 19. Jh. geführter Titel; urspr. gab es einen, dann vier D. Die D. waren Mitglieder des Divan. Den Titel D. führte auch der Finanzverwalter eines Wilajet.

Degen (ahd. dëgan, Gefolgsmann, Diener; mhd. dëgen, Held). Zunächst der freie Gefolgsmann in der german. Gefolgschaft, dann ganz allg. ein tüchtiger Krieger.

Degen (von mlat. dagna; span. und ital. daga, langer Dolch). Eine Hieb- und Stichwaffe; sie hat eine lange, schmale Klinge, die – im Unterschied zum Säbel – gerade ist, ein- oder zweischneidig sein kann und einen die Hand schützenden Degenkorb hat. Der D. entwickelte sich im 14. Jh. aus dem Schwert. Während des 16. Jh. kam er von Italien und Spanien nach Dtl.; hier wurde er von den Offizieren bis 1919 geführt. Als Würdeabzeichen (Hof-Degen) wurde er vom Adel, bei Hofe und von den Diplomaten getragen; als Standesabzeichen galt er den Patriziern und Studenten.

Deheme (zu lat. decima). Zehnt; vor allem während des MA eine durch die Bauern zu entrichtende Abgabe dafür, daß sie ihre Schweine in die Eichenwälder treiben durften.

Dehortatorien (von lat. dehortor, abmahnen, abraten). Kaiserl. Erlasse anläßl. der Reichsexekution bei Landfriedensbruch oder einem äußeren Feind gegenüber. Durch die D. wurde jede Form der Gemeinschaft mit dem Reichsfeind verboten.

Dei, Dai (türk.).
[1] Oheim (mütterlicherseits).
[2] Anrede für Janitscharenoffiziere.
[3] In Algerien von etwa 1600–1830 der Titel des Oberhauptes der Janitscharen-Herrscher.

Deichgraf, Deichhauptmann, heute **Deichvorsteher.** Im MA und erneut seit dem 19. Jh. ein genossenschaftl. Beamter, der dem Deichverband vorsteht. Er wird seit dem vorigen Jh. durch die staatl. Behörde bestätigt; z. Z. des Absolutismus hingegen wurde er staatlicherseits ernannt. Aufgabe des Deichgrafen ist es, für die Instandhaltung, wenn nötig auch für den Neubau der Deiche zu sorgen. Dem Deichgrafen bzw. dem Deichvorsteher stehen die Mitglieder des Deichvorstandes zur Seite: die Deichgeschworenen, die Deichschöppen und die Deichschulzen.

Deichlast. Die Pflicht, für die Instandhaltung der Deiche zu sorgen. Von dieser Pflicht konnte man lediglich durch rechtsförml. Aufgabe des Grundstücks entbunden werden; das geschah dadurch, daß man einen Spaten in den davorliegenden Deich einstach, der Ausdruck des sog. Spatenrechts.

Deichverband. Der Zusammenschluß der Deichanwohner bzw. der Grundeigentümer, die für die Anlage und Unterhaltung eines Deiches zu sorgen haben. Die Beteiligung hieran konnte bzw. kann erzwungen werden.
LIT. J. von Gierke, Geschichte des dt. Deich-Rechts, 1 (1901), 2 (1917); HWDRG I, 668–72 (Deichrecht); R. E. Siebert, Entwicklung des Deichwesens vom MA bis zur Gegenwart (1969).

Deismus (von lat. deus, Gott). Eine religiöse Anschauung, die während der Aufklärung vorherrschte. Sie schrieb Gott zwar die Weltschöpfung, jedoch kein weiteres Eingreifen in Natur und Weltgeschehen zu. Der D. wandte sich gegen einen Offenbarungsglauben und eine kirchl.-konfessionelle Bindung. Das Grundwerk des D. schrieb der engl. Philosoph J. Toland (1670–1722); es erschien 1696 (dt. 1908) unter dem Titel ›Christianity not Mysterious‹ und gipfelte in dem Satz, daß nichts im Evangelium »der Vernunft widerspricht oder sie übersteigt«. Weitere Repräsentanten des D. waren W. Tindale (1483–1536) und J. Locke (1632–1704) in England, Voltaire (1694–1778) und die Enzyklopädisten in Frankreich. In Dtl. ging der D. in den Rationalismus der Aufklärung über; Hauptvertreter: G. E. Lessing (1729–81), H. S. Reimarus (1694–1768) und M. Mendelssohn (1729–86). Die Deisten wurden auch als Freidenker bezeichnet.
LIT. K. Leese, Recht und Grenzen der natürl. Religion (1954); H. Thielicke, Offenbarung, Vernunft und Existenz. Studien zur Religionsphilosophie Lessings (^{4}1959); W. Philipp, Das Werden der Aufklärung in theologiegeschichtl. Sicht (1963).

Dekabristen (von russ. dekabr, Dezember). Bez. für die Teilnehmer am gescheiterten Aufstand vom 26. (14.) 12. 1825 nach dem Tod Zar Alexanders I. (reg. 1801–25) und dem Thronverzicht des Großfürsten Konstantin. Vorbereitet in den Geheimbünden junger Aristokraten und Gardeoffiziere, verlangten sie für Rußland eine Konstitution, die in zahlreichen westl. Staaten bereits verwirklicht war. Der Aufstand wurde schnell niedergeschlagen, da er planlos erfolgte. Fünf der Verschwörer wurden gehenkt, der Rest nach Sibirien verbannt, von wo die Überlebenden erst 1856 zurückkehrten. Die D. wurden als Vorbilder sämtl. freiheitl. Bestrebungen z. Z. des Zarismus verehrt.

LIT. A. G. Mazour, The First Russian Revolution (Berkely 1937); M. N. Wolkonskij, Die D. (Zürich 1946); N. A. Netschkina, Der Aufstand des 14. Dezember 1825 (russ., Moskau 1951); M. Zetlin, The Decembrists (N. Y. 1958); H. Lemberg, Die nationale Gedankenwelt der D. (1963).

Dekan (von lat. decem, zehn).

[1] In der röm. Militärsprache die Bez. für den Kommandeur einer 10 Mann starken Truppe.

[2] In der kath. Kirche stellt der D., Dechant, Erzpriester oder Landdekan – der Fachausdruck lautet vicarius foraneus (lat., Außenvikar) – eine Zwischeninstanz zwischen Bischof und Pfarrer dar, die sich aus dem Amt des Archipresbyters entwickelte. Im MA galt der D. auch als Zwischeninstanz zw. dem Archidiakon und dem Pfarrer, vorausgesetzt, daß sich infolge der großen Anzahl von Archidiakonen – so vor allem im ostfränk. Reich – die Bildung eines besonderen D.-Amtes erübrigte. Der Bischof ernennt den D. für den zuständigen Bereich (das Dekanat); im Auftrag des Bf. beaufsichtigt der D. seinen Zuständigkeitsbereich, die Zusammenfassung mehrerer Pfarreien, deren Größe ebenfalls durch den Bf. bestimmt wird. Die Geistlichen eines Dekanats kommen zu Dekanatskonferenzen zusammen; über den Stand des Dekanats wird dem Bf. regelmäßig Bericht erstattet. Der Titel D. wird auch vom dienstältesten Kardinal, den dienstältesten Prälaten der vier Prälatenkollegien sowie häufig den Dignitären der Kapitel geführt.

[3] In den ev. Landeskirchen, und zwar denen von Württemberg, Bayern, Baden, Pfalz, Hessen und Nassau sowie Kurhessen-Waldeck kommt die Amtsbezeichnung D. dem aufsichtführenden Geistlichen eines Kirchenkreises zu; sie entspricht dem des Superintendenten.

[4] An den Universitäten war der D. zunächst Vorsteher der Provinz der Nationen. Seit dem Aufkommen der Fakultäten wird der D. gewöhnl. für ein Jahr zum Leiter des Kollegiums sowie der laufenden Geschäfte einer Fakultät gewählt. Er vertritt gleichzeitig die Fakultät im akadem. Senat.

LIT. J. B. Sägmüller, Lehrbuch des kath. Kirchenrechts, 1 (^{3}1914; hier Lit. bis 1914); Feine, KRG I; DDC IV, 1057.

Dekapolis (griech., zehn Städte).

[1] Ein aus zehn hellenist. Städten gebildeter Bund im Ostjordanland, zw. dem Toten Meer und dem See Genezareth, teilweise auch im westl. Jordangebiet zw. Galiläa und Samaria. Ein bes. Merkmal der D. war ihre ausgeprägte Selbstverwaltung. Die D., der u. a. die Städte Skythopolis, Gerasa, Gadara und Philadelphia angehörten, bestand von 62 v. Chr. bis etwa 200 n. Chr.

[2] Während des 16. Jh. Bez. für zehn Reichsstädte des Elsaß, und zwar Hagenau, Colmar, Schlettstadt, Weißenburg, Landau, Oberehnheim, Rosheim, Münster, Kaysersberg und Türkheim.

LIT. Zu [1] H. Guthe, Die griech.-röm. Städte des Ostjordanlandes (1918); ders., Gerasa (1919); H. C. Kraeling (Hrsg.), Gerasa, City of Decapolis (New Haven, Conn. 1938).

Zu [2] L. Sittler, La Décapole alsacienne (Straßburg 1955); Der elsässische Zehnstädtebund. In: Jb. für Geschichte der oberdt. Reichsstädte 10 (1964).

Deklaration (lat.). Erklärung grundlegender Art, wie z. B. die ›declaration of rights‹ des engl. Parlaments vom 12. 2. 1689 zur Verfassung Englands, die ›declaration of independence‹, die Bez. für die Unabhängigkeitserklärung der USA von 1776, die ›declaration des droits humains‹, die franz. Erklärung der Grund- und Menschenrechte von 1789. D. hießen früher auch Gesetze, die zur maßgebenden Erläuterung vorausgegangener Gesetze bestimmt waren (authentische D.). Im internationalen Verkehr werden als D. Zusatzverträge oder Vereinbarungen bez., die ihrer Absicht nach einen bisherigen Zustand ledigl. bestätigen. Sie sind jedoch häufig deshalb von großer Bedeutung, weil sie zweifelhafte oder umstrittene Rechte verbindl. festlegen, beispielsweise die Pariser Seerechtsdeklaration von 1856. Die Unterzeichner werden Deklaranten genannt.

Dekretalen (epistolae decretales). Der Name, der zum erstenmal auf der röm. Synode des Jahres 496 fiel, dient zur Bez. päpstl. Erlasse, wie sie sich in den Rechtssammlungen des MA finden. Gewöhnl. werden als D. (wie die Konstitutionen) allg. Gesetze bez., im Gegensatz zu den Reskripten, durch welche Einzelfälle entschieden werden; allerdings kann ein Reskript durch Aufnahme in eine amtl. Sammlung die Bedeutung von D. erlangen.
Als erstes erhaltenes D. gilt das des Papstes Siricius (reg. 384–99) aus dem Jahre 385 an den Bf. Himerius von Tarragona über den Zölibat. Eine der ältesten Dekretalensammlungen ist die sog. Avellana; sie enthält neben päpstl. auch kaiserl. D. Es gibt neben echten auch falsche oder gefälschte D., so in denen des Pseudo-Isidors. Schon in den ältesten Rechtssammlungen wurden durch die Kanones der Konzilien die D. der Päpste unterschieden; dementsprechend spricht man von Kanones- oder Dekretalensammlungen. Bei dem ständig wachsenden Umfang der päpstl. Gesetzgebung wurde letzterer Name seit dem Decretum Gratiani, einer Sammlung sämtlicher kirchenrechtl. Quellen um 1150, für die Sammlungen des kirchl. Rechts allgemein. So bez. man als D. die offiziellen Sammlungen des Corpus Juris Canonici, die Compilationes antiquae, den Liber septimus, die Extravagantensammlungen u. a. Neuere Dekretalensammlungen sind die →Bullarien.
LIT. H. Singer, Neue Beiträge über die Dekretalensammlungen. In: Sitz. Ber. der Wiener Akademie 171, 1 (1913); H. Getzeny, Stil und Form der ältesten Papstbriefe (1922); Ae. Friedberg (Hrsg.), Die Canones-Sammlungen zwischen Gratian und Bernhard von Pavia (1897; Neudr. 1958); J. B. Sägmüller, Lehrbuch des kath. Kirchenrechts I, Teil 1 (^{4}1926); Feine, KRG I (^{5}1972).

Dekumatenland (lat. agri decumates). Erwähnt wird das D. bei Tacitus (55–116) in seinem Werk ›De origine et situ Germanorum‹, 29. Das D. umfaßte das Vorfeld zw. Rhein und Donau, das Neckarland und dessen Randberge. Das Gebiet war von den kelt. Helvetiern seit dem Kimbernzug (seit dem Ende des 2. Jh. v. Chr.) geräumt und daraufhin von german. Stämmen (Sueben und Teutonen) neu besetzt worden. Zur kürzeren Verbindung zw. den Heeresstandorten am Rhein und der mittleren Donau wurde die Grenze des Röm. Reiches seit 74 n. Chr. in mehreren Etappen vorgeschoben; das neugewonnene Land wurde durch die Anlage des Limes gesichert und der röm. Provinz Obergermanien (Germania superior) zugeschlagen. Etwa 260 n. Chr. überrannte der german. Stamm der Alemannen den Limes und eroberte das D. Die Deutung des D. als »Zehntland« gilt als umstritten und nicht geklärt.
LIT. F. Hertlein, Die Römer in Württemberg, 1 (1928); K. Magirus, Was heißt decumates agri? (1929); E. Norden, Altgermanien (1934); E. Hesselmeyer, D. In: Klio, 37 (1944); V. Burr, Decumates agri. In: Ellwanger Jb. 25 (1973/74); T. Bechert, Röm. Germanien zwischen Rhein und Maas. Die Provinz Germania Inferior (1982); J. vom Elbe, Die Römer in Dtl. Ausgrabungen, Feuerstätten, Museen (1984); →Limes.

Dekurio (lat. decurio, von decem ›zehn‹). Bei den Römern urspr. der einer Abteilung von 10 Mann Vorstehende (decuria), lt. ältester röm. Heeresordnung beim Fußvolk und bei der Reiterei. In den latinischen Kolonien sowie den Munizipien des Röm. Reiches war der D. ein Ratsherr des Gemeinderats; auf 1000 Kolonisten entfielen normalerweise 100 D.; sie waren die Träger der lokalen Selbstverwaltung. Am wirtschaftl. und kulturellen Aufblühen der Städte hatten sie entscheidenden Anteil. Ihre Bedeutung schwand dahin, als Kaiser Konstantin d. Gr. (reg. 306–337) sie für das Aufbringen der städt. Steuern verantwortl. machte und sie dadurch in ihrer wirtschaftl. Existenz ruinierte.

Delatoren (lat., Anzeiger). Bez. für die gewerbsmäßigen Ankläger im antiken Rom, insbes. während des 1. Jh. des Prinzipats, und zwar nachdem während der Regierungszeit des Kaisers Augustus (31 v. Chr.–14 n. Chr.) der Begriff der maiestas vom röm. Volk auf die Person des Kaisers übergegangen war.

Delegation (lat.).
[1] Abordnung; Ausschuß von Bevollmächtigten.
[2] Die Übertragung, und zwar von richterl. Befugnissen, z. B. durch die

Kaiser Roms auf die Statthalter, oder eingeschränkten polit. Zuständigkeiten, so in Lombardo-Venetien und im Kirchenstaat.

[3] In Österreich-Ungarn (1867–1918) wurden als D. die Parlamentsausschüsse bezeichnet, die bei der Gesetzgebung über die gemeinsamen Reichsangelegenheiten der beiden Reichshälften mitwirkten.

[4] Eine bevollmächtigte Abordnung, insbes. in internat. Gremien (Völkerbund, UNO etc.) und Konferenzen (Haager Friedenskonferenzen von 1899 und 1907, Genfer Abrüstungskonferenz etc.).

[5] Nach kath. Kirchenrecht die Übertragung der kirchl. Jurisdiktion ohne Amt.

Deliberationsrecht (franz.-lat.). Im älteren Staatsrecht das den Ständen oder der Volksvertretung zustehende Recht, beratend mitzuwirken.

Deliberativ-Stimme: beratende Stimme.

Demagoge (griech., Volksführer).

[1] In den Demokratien Griechenlands, vor allem in der radikalen athenischen Demokratie (seit 461 v. Chr.) eine Person, die durch ihr Ansehen, ihre Rednergabe sowie ihre Macht- und Erfolgspolitik die Entschließungen der Volksversammlungen und, da es hier zur Verurteilung von Feldherrn und Politikern bzw. deren Politik kam, die Staatsleitung zu beeinflussen vermochte. Als Prototyp des D. darf der Athener radikale Politiker Kleon angesehen werden, der nach dem Tod des Perikles (429 v. Chr.) Wortführer der Kriegspartei gegen Sparta war; er fiel in der Schlacht bei Amphipolis 422 v. Chr.; diese Schlacht stellte den Höhepunkt eines Feldzugs dar, zu dem er in seiner grobschlächtigen Art aufgerufen hatte.

[2] Allgemein die Bez. für einen aufrührerischen und gewissenlosen Volksverführer; sie leitet sich her aus dem Zeitalter der Restauration (1815–48), als sich die Regierungen, zunächst die Preußens, gegen die nationalen und liberalen Ideen wandten. Den Anlaß zu den sog. **Demagogenverfolgungen** lieferte die Ermordung des Schriftstellers Kotzebue (1761–1819) durch den Burschenschaftler Sand (1819). Neben den Burschenschaften wurden u. a. die Turnerschaft, die Presse und die Angehörigen der Universitäten verfolgt, verhaftet oder amtsenthoben, hierunter E. M. Arndt (1769–1860), L. Jahn (1778–1852) und K. Th. Welcker (1790–1869); überwacht wurde F. Schleiermacher (1768–1834); es flüchtete J. von Görres (1776–1848). Der Bundestag in Frankfurt/M. setzte auf Grund der →Karlsbader Beschlüsse vom August 1819 eine Zentral-Untersuchungskommission in Mainz ein.

Im Anschluß an die Juli-Revolution von 1830 kam es zu neuen Verfolgungen. Ein Sturm auf die Frankfurter Hauptwache (1833) war die Ursache für die Einsetzung einer neuen Zentraluntersuchungskommission in Frankfurt/M. Eines der zahlreichen Opfer der Verfolgungen war der Schriftsteller Fritz Reuter (1810–74). →Karlsbader Beschlüsse.

LIT. Zu [1] P. Cloché, La démocratie athénienne (1951); T. Tarkiainen, Die athen. Demokratie (1972).

Zu [2] F. Schneider, Pressefreiheit und polit. Öffentlichkeit (1966); E. R. Huber, Dt. Verfassungsgesch. seit 1789 (^{2}1967/68); HWDRG I, 677–80; E. R. Huber, Dt. Verfassungsgeschichte I (1957); E. Büssem, Die Karlsbader Beschlüsse von 1819 (1974).

Démarche (franz.). Die diplomat. Vorstellung bei einem anderen Staate, gewöhnl. mit der Absicht eines Protestes, der sich gegen vertragswidrige Handlungen oder unwahre Aussagen eines anderen Staates richtet.

Demareteion (griech.). Eine Silbermünze zu 10 att. Drachmen; sie wurde 480/79 v. Chr. aus dem Gegenwert eines goldenen Kranzes geprägt; diesen hatten die Karthager der Königin Demarete, der Gemahlin Gelons, welcher 480 v. Chr. die Karthager bei Himera auf Sizilien besiegte, geschenkt, und zwar aus Dankbarkeit für ungewöhnl. leichte Friedensbedingungen. Die Münze trägt auf der Vorderseite einen weibl. Kopf, dessen Deutung zweifelhaft ist; auf der Rückseite sind Nike, Quadriga und ein afrikan. Löwe abgebildet.

Demarkation (mlat. von germ. Mark). Die Festlegung der Grenzen zw. Staaten im Anschluß an Gebietsveränderungen oder Streitigkeiten, meist auf Grund von Verträgen. Nicht selten wird die D. durch eine gemeinsame Kommission der beteiligten Staaten oder durch eine internationale Kommission durchgeführt; sie kann auch durch eine höhere schiedsrichterl. Instanz erfolgen, so z. B. die Atlantische D. (Vertrag von

Tordesillas von 1494, bestätigt durch Papst Alexander VI., 1492–1503) und die Pazifische D. (Vertrag von Saragossa, 1529) zur Abgrenzung der portugies. und span. Kolonisationssphären.

Demarkationslinie. Die zw. zwei Staaten festgelegte vorläufige Grenze. Jenseits dieser Grenzen soll sich der eine oder der andere Teil kriegerischer Unternehmungen oder der Ausübung der Staatshoheit enthalten. Als D. galten z.B. der Ebro im Vertrag zwischen Rom und Karthago (226 v. Chr.) und die Curzon-Linie, die Ostgrenze Polens (vom 8. 12. 1919).

Dementi (franz.). In der Diplomatie und Politik seit dem 18. Jh. die offizielle Ableugnung oder Richtigstellung öffentl. Erklärungen oder Behauptungen. – Dementieren: für falsch erklären, ableugnen.

Demiurg (griech., Werkmeister). Im frühen Athen und bei Homer, der wohl im 8. Jh. v. Chr. lebte, der Handwerker und Gewerbetreibende, später in einigen Poleis Griechenlands der oberste Jahresbeamte (auch Epidemiurg). Seit Platon (427–347) der Weltbaumeister, welcher meist nicht mit der höchsten Gottheit identisch war, sondern den man sich als Mittler zwischen dieser und der irdischen Welt vorstellte. Die Erschaffung der Welt wird verschiedentl. auch dem D. zugeschrieben. Bei den Gnostikern, vor allem bei Markion (um 85 n. Chr. bis um 165/70) wird durch die Lehre vom D. versucht, das Böse zu erklären.

LIT. A. von Harnack, Marcion, das Evangelium vom fremden Gott ([2]1924); H. Leisegang, Die Gnosis (1924); K. Murakawa, Demiurgos. In: Historia, 6 (1957); W. Theiler, in: Reallexikon für Antike und Christentum, 3 (1957).

Demographie, Bevölkerungswissenschaft. In der Regel die statist. Beschreibung von Zuständen, Entwicklungen und Veränderungen, die sich auf Bevölkerungen und Bevölkerungsteile, so von Ländern, Regionen, Städten etc. erstreckt. Die D. ist ein wichtiger Bestandteil der Geschichtswissenschaft.

LIT. A. E. Imhof, Einführung in die Historische D. (1977); W. G. Rödel, Mainz und seine Bevölkerung im 17. und 18. Jh. Demograph. Entwicklung, Lebensverhältnisse und soziale Strukturen in einer geistl. Residenzstadt (1985; hier weitere Lit.).

Demokratie (griech., Volksherrschaft). Die D. unterscheidet sich nach der klass. Dreiteilung der Staatsformen (Aristoteles, 384–322) als Herrschaft aller von der Herrschaft eines einzelnen (Monarchie, Tyrannis), ebenfalls von der Herrschaft weniger (Aristokratie, Oligarchie). Verwirklicht war die klassisch-antike Form der D. in einer Anzahl von Stadtstaaten Alt-Griechenlands, z. B. in Athen; sie beruhte auf der Gleichheit der Staatsbürger. Allerdings waren nicht alle Einwohner Staatsbürger, da breite Schichten (Sklaven, Heloten) keine polit. Rechte besaßen. So stellten die vollberechtigten Einwohner stets eine Minderheit dar. Im republikan. Rom vermochten sich nur einzelne demokrat. Einrichtungen durchzusetzen.

Wohl galten gleiche Rechte und gleiche Pflichten innerhalb des Stammverbandes bei den Germanen; die daher noch von Montesquieu (1689–1755) vertretene Auffassung, daß bei ihnen der Ursprung der D. zu suchen sei, erscheint aber nicht haltbar. Die urspr. Gleichheit der german. Freien wurde durch das erstarkende Königtum und die Durchbildung des Lehnswesens mehr und mehr verdrängt. Das MA kann als das Zeitalter des monarchischen und aristokrat. Ständestaates betrachtet werden; sein Wesen wird durch Vorrechte und Sonderrechte (Privilegien) geprägt; zudem überwog bald die Herrschaftsgewalt des Landesherrn. Auch dort, wo in der ma. Staatstheorie der Gedanke der Volkssouveränität vertreten wird, wird ein ständisch gegliedertes Volk vorausgesetzt. Echte demokrat. Zielsetzungen zeigen sich in den Fällen, in denen die »niederen Stände« Anteil an der polit. Gewalt fordern und sich mit ihren Forderungen durchsetzen können. Speziell in den Urkantonen der Schweizer Eidgenossenschaft entstand seit dem 13. Jh. eine bäuerliche D. auf der Grundlage der Markgenossenschaft. In den europ. Städten kommt es zum Kampf der Handwerkerzünfte um die Gleichberechtigung mit den herrschenden Ständen.

Als den ersten großen Durchbruch der religiösen D. kann man die englische Revolution des 17. Jh. betrachten. Durch die Pilgerväter kamen die Vorstellungen von der religiösen D. nach Amerika; sie fanden ihren Ausdruck in der ›Erklärung der Menschen- und Bürgerrechte‹ sowie schließlich in der Un-

abhängigkeitserklärung der Vereinigten Staaten (1776).
Neben den im religiösen Bereich entwickelten Gedanken wurden philosophisch-naturwissenschaftl. wirksam, welche bereits im Altertum (Stoa) vorgebildet waren. Die Aufklärungsphilosophie in England und Frankreich hat den Gedanken, daß der Staat die Pflicht habe, die Freiheit aller anzuerkennen und zu sichern sowie jedem einen gleichen Anteil an der Staatsgewalt zuzugestehen, zur Überzeugung derjenigen Kreise gemacht, aus denen schließlich die Französische Revolution (1789) hervorging. Von bedeutendem Einfluß waren hierbei die Theorien Montesquieus und J. J. Rousseaus (1712–78). Während die Lehren Montesquieus zum liberalen Staat mit starken Freiheitssicherungen (Gewaltenteilung) hinführten, bekannte sich Rousseau zu einer schrankenlosen Allmacht der »volonté générále«. Wie die Erfahrungen der Französischen Revolution zeigen, kann diese leicht in die Diktatur umschlagen.
Außerdem wurde die D. auch wirtschaftlich-sozial begründet. Schon während der ma. Stadtrevolutionen und der Bauernaufstände wurde der Anspruch auf unbeeinträchtigte Lebensbetätigung, auf die Achtung vor der Menschenwürde sowie auf wahres Recht und auf ausreichende Nahrung für jedermann erhoben.
Unter der Einwirkung der Verfassung der Vereinigten Staaten sowie der Französischen Revolution setzten sich demokrat. Grundsätze in der Gesetzgebung und der Verwaltung sowohl in Dtl. wie auch in anderen europ. Staaten durch, die sich, teilweise in heftigen Verfassungskämpfen, zu konstitutionellen Monarchien wandelten. Hierbei war das engl. Vorbild von nicht zu unterschätzendem Einfluß.
Im allg. darf man von einer ständigen Ausbreitung und Verstärkung der demokrat. Einrichtungen bis zum Ersten Weltkrieg sprechen. Die Ursache hierfür lag in der gewaltigen Bevölkerungsvermehrung der europ. Länder sowie in dem Streben der Massen nach sozialem Aufstieg und Mitbeteiligung an der polit. Verantwortung. Die Fortbildung des demokrat. Ideengutes vollzieht sich seit dem 19. Jh. in der Auseinandersetzung mit den sozialist. Theorien.
Obwohl sich die D. im 20. Jh., insbes. auch unter nicht-europäischen Völkern, stark ausbreitet, kann man von einer Bedrohung ihrer geistigen Voraussetzungen wie auch ihrer Existenz und Durchführung sprechen. In zahlreichen modernen Staaten haben sich die Gegensätze der Interessen und Weltanschauungen verschärft. Das freie Spiel der Meinungen im polit. Leben ist nicht mehr entscheidend. Festgefügte Interessenblöcke und ideolog. Fronten lassen eine Diskussion kaum mehr zu. Der Individualismus, die Grundlage der überlieferten D., ist bereits weitgehend durch einen Kollektivismus verdrängt worden, in dem Massenführer die Möglichkeit erhalten, mit demokrat. Methoden die Macht zu erlangen. Andererseits ist der Wille zu demokrat. Lebensformen durch die Erfahrungen in den modernen Diktaturen gestärkt worden.

LIT. J. Bryce, Modern Democracies. 2 Bde. (London 1921; dt. Moderne D. 3 Bde. 1923–26); H. Kelsen, Vom Wesen und Wert der D. (^{2}1929); C. Schmitt, Die geistesgeschichtl. Lage des heutigen Parlamentarismus (^{2}1926); L. Wittmayer, D. und Parlamentarismus (^{2}1926); F. A. Hermens, D. und Kapitalismus (1931); V. Ehrenberg, Ursprung des Wortes demokratia (1950); Th. Eschenburg, Staat und Gesellschaft in Deutschland (^{6}1963); A. H. M. Jones, Athenian Democracy (1957); G. Leibholz, Strukturprobleme der modernen D. (1958); A. de Tocqueville, Die D. in Amerika (dt. 1959); A. Rosenberg, D. und Sozialismus (1962); Art. D., in: Chamber's Encyclop. (1950); R. Maurach, Sowjetische D. (1951); E. Forsthoff, Dt. Verfassungsgeschichte der NZ (1961); M. Imboden, Die polit. Systeme (1962); J. Dewey, Democracy and Education (N. Y. 1961); E. Fraenkel, Deutschl. und die westlichen Demokratien (1964); R. Dahrendorf, Gesellschaft und D. in Deutschland (1965); D. Pickles, Democracy (London 1970); Ch. Meier, Die Entstehung des Begriffs D. (1970); H. Maier, Revolution, D., Kirche (1975); J. Bleicken, Die athenische D. (1986).

Demos (griech., Gemeinde, Volk). Im antiken Griechenland zunächst das Gebiet, gleichzeitig die in einem Staatswesen herrschende Schicht; dann meist das niedere Volk, vor allem die städt. Menge. D. wurden häufig auch die Landgemeinden genannt. Seit Kleisthenes, der um 510 v. Chr. polit. wirkte, war in Attika das Bürgerrecht an die Zugehörigkeit zu einem D. gebunden. Als Mitglied eines D. (Demotes) führte seitdem jeder Bürger die Heimatbezeichnung (Demotikon) im Namen. Der kommunalen Selbstverwaltung stand als Leiter der Demarch vor; ihm oblag die Führung der Bürger- und Aushebungslisten des Katasters sowie der Gemeindekasse. – Demotisch, volkstümlich, dem (gemeinen) Volk zugehörig. – Demotische Schrift der Ägypter: die ägyptische Kursivschrift mit der Sprache des 1. Jahrtsd. v. Chr.

Demotikon. Der 3. Teil des attischen Namens (neben Namen und Patronymikon); er gab die Demenzugehörigkeit (→Demos) an.

Denar (lat. denarius, von deni asses, je 10 As.). Die wichtigste Münzeinheit Roms; sie wurde wahrscheinlich 187 v. Chr. eingeführt und blieb 400 Jahre lang die Währungs- und Rechnungseinheit. Zunächst entsprach 1 D. dem Wert von 4 Sesterzen (= 1/72 Pfund = 4,55 g). Nach einiger Zeit allerdings wurde der D. auf 1/84 Pfund = 3,9 g herabgesetzt. Seit der Münzreform des Kaisers Augustus (reg. 31 v.–14 n. Chr.) entsprachen einem D. 4 Sesterzen (1 Aureus = 25 D.). Nero (reg. 54–68) setzte dem urspr. aus reinem Silber geprägten D. 5–10% Kupfer zu unter gleichzeitiger Festsetzung auf 1/96 Pfund = 3,4 g. Bei fortlaufender Inflation setzte Trajan (reg. 98–117) den Silbergehalt mit 85%, Septimus Severus (reg. 193–211) mit 50% fest. Der D., im MA dem Pfennig entsprechend, ist bis heute (als Dinar) die Währungseinheit Jugoslawiens.

LIT. B. V. Head, Historia nummorum (Oxford [2]1911); K. Regling, Die antiken Münzen (nach A. von Sallet neubearb.; [3]1929).

Denkmal. Bez. für jedweden Gegenstand von allg. Interesse, ob er nun in den Bereich der Kunst, der Geschichte oder der Natur gehört, weshalb man zwischen Natur-, Geschichts- und Kunstdenkmälern unterscheidet. Im engeren Sinne ist ein D. figürl. Art und wird für eine Persönlichkeit geschaffen.

Den D. werden zugerechnet:

a) jedwede Art von Bau- und Kunstwerken, u. a. also Kirchen, Burgen, Schlösser, Triumphbögen, Siegessäulen, Grabstätten bzw. Grabmonumente, Skulpturen, Werke der Malerei, Mosaiken (z. B. aus antiker Zeit), Kupfer- und Holzstiche, Geräte aus dem liturg. Bereich, Reliquiare (so bei den Reichskleinodien), Teppiche, (z. B. der Teppich von Bayeux);

b) Inschriften, insbes. aus dem At. und MA, wie sie sich auf Grabsteinen, Grenz- und Meilensteinen sowie Altären befinden;

c) Urkunden; denn sie sind nicht nur Ausdruck eines Geschäftsabschlusses, sondern es wird dadurch gleichfalls ein rechtl. Tatbestand für die Zukunft festgelegt;

d) Münzen und Medaillen, die Porträts und Ortsansichten zeigen, wenn man von ihrer Bedeutung für die Geldgeschichte einmal absieht;

e) Siegel als Quellen der Ikonographie, der Heraldik und Genealogie;

f) Wappen als Quellen der Genealogie, der Orts- und Symbolgeschichte;

g) Waffen als kriegsgeschichtl. Quellen.

Soweit man den D. eine Belehrungsabsicht beimißt, werden sie der Quellengruppe Tradition zugerechnet; alle übrigen D. gehören zur Gruppe der Überreste.

Die Geschichte des sog. Individual-Denkmals, d. h. das einem Individuum gesetzte D. kann bis in die Antike zurückverfolgt werden. Im allg. war es der Sinn eines dem Individuum errichteten D., das Individuum über die übrigen Sterblichen zu erheben (Plinius, 23 oder 24 n. Chr.-79 n. Chr.). Im MA hat das D. vor allem Symbolcharakter, so das durch Heinrich den Löwen (1139–80) zu Braunschweig errichtete D. eines Löwen, Ausdruck des Selbstbewußtseins und der Stärke. Von bes. Bedeutung in der Geschichte des D. wurde das Reiterdenkmal. Einen Höhepunkt des Denkmalbaues in Frankreich brachte das Zeitalter Ludwigs XIV. (1643–1715), wobei der Repräsentanz-Gedanke vorherrschend war. Diese Vorstellung wurde durch die Französische Revolution von 1789 zerstört; nunmehr sollten nur noch »verdiente« Männer durch D. geehrt werden. Im 19. Jh. begann man damit, allen mehr oder minder bedeutenden Persönlichkeiten ein D. zu setzen. Ausgangs des 19. Jh. wandte man sich vom figürl. D. ab; in Dtl. folgte nun die Zeit der Bismarck-Türme. Die künstler. Wertlosigkeit zahlreicher D. steht außer Zweifel.

LIT. P. Clemen, Der Denkmalsbegriff und seine Symbolik (1933); H. Schrade, Das dt. National-Denkmal (1934); I. Dahl, Das barocke Reitermonument (Diss. München 1935); Katalog der Ausstellung »Bewahren und Gestalten, Dt. D.« (1966); Denkmalschutz und Denkmalpflege in NRW. Eine Literaturdokumentation von H. Schubert (1982); C. Meckseper, H. Siebenmorgen (Hrsg.), Die alte Stadt: Denkmal oder Lebensraum (1984); M. Bach, Studien zur Geschichte des dt. Kriegerdenkmals in Westfalen und Lippe (1985); A. Laumann-Kleineberg, Denkmäler des 19. Jh. (1989).

Departement (franz.; engl. department, Abteilung, Verwaltungszweig). In Frankreich die obersten Verwaltungsbezirke, 1789 durch Aufteilung der historisch gewordenen Provinzen nach geograph.-polit. Gesichtspunkten geschaffen und nach Gebirgen, Flüssen etc. benannt. Im franz. Mutterland betrug 1791 die Zahl der D. 83; seit 1918 sind es 90. An der Spitze eines D. steht der Präfekt (Préfet) sowie der aus allg. Wahlen hervorgegangene Generalrat (Conseil général). Die Unterabteilung eines D. ist der Kreis (Arrondissement); ihm steht der Unterpräfekt (Sous-préfet) vor. Die Bez. D. wurde ebenfalls durch verschiedene lateinamerikan. Staaten Mittel- und Südamerikas übernommen. Von 1810–17 wurde die Landvogtei Württembergs D. genannt. Auch die Abteilung einer Behörde, die entweder eine Provinz (Provinzialdepartement) verwaltet oder ein Ressort, das für das gesamte Land (Fachdepartement) zuständig ist, wird als D. bez. Im preußischen Generaldirektorium (1723–1806) existierte die Mischung des regionalen und realen Prinzips; so war z.B. das 3. D. für die rheinischen Gebiete sowie das Post- und Münzwesen zuständig.

Department of War. Das amerikan. Kriegsministerium; State-Department, das Außenministerium der USA.

Deportation (lat., Verbringung, Wegführung). Eine Strafe, die sich (im Recht der röm. Kaiserzeit) aus dem Exil sowie der Aberkennung des Bürgerrechts (aquae et ignis interdictio) entwickelte: »Verbannung mit Zwangsaufenthalt« (Th. Mommsen). Die D. war bzw. ist zumindest teilweise noch im Strafrecht der NZ verankert. So konnten in England straffällig Gewordene nach Australien, in Frankreich nach Cayenne, in Rußland bzw. der UdSSR nach Sibirien verschickt werden, desgl. solche, die aus polit. Gründen straffällig geworden waren. Im Völkerrecht bez. D. die Abschiebung von straffälligen Ausländern nach Verbüßung ihrer Strafe in die Heimat.

Depot (franz. dépôt, zu lat. deponere, niederlegen). Das Lager, der Aufbewahrungsort und die Sammelstelle für Kriegsgerät, Munition und anderen Bedarf im Kriegsfall, desgl. von Mannschaften und Pferden.

Dépôt de la guerre. Die im franz. Kriegsministerium zu Paris unter Ludwig XIV. (1643/61–1715) durch den Kriegsminister Louvois (1641–91) eingerichtete Stelle für die Sammlung von Kriegsberichten, Feldzugsplänen sowie kriegswissenschaftl., insbes. kriegsgeschichtl. Schriften: Als bedeutendste Leistung des D.d.l.g. gilt die Herstellung der Carte de France (1:80000), womit 1817 begonnen wurde. Das D.d.l.g. wurde 1887 aufgelöst; Bestände und Aufgaben dieser Institution gingen auf die histor. Abteilung des franz. Generalstabs sowie den topograph. Dienst der Armee über.

Depotfunde. Vorgeschichtl. Bodenfunde, die nicht zuletzt wegen der Eigentümlichkeit ihrer Niederlegung für die Forschung bes. Bedeutung haben. Es wird unterschieden zwischen a) Verwahrfunden (durch Händler als Niederlagen oder in Zeiten der Gefahr geborgen); b) Gießerfunden (unter ähnl. Gegebenheiten von Handwerkern verwahrte Metallvorräte); c) Hortfunden (vergrabene Schätze; sie stellten den Besitz der Wohlhabenden dar). Die D. liefern der Forschung wichtige Aufschlüsse über die Chronologie sowie die wirtschaftl. und gesellschaftl. Struktur der vorgeschichtl. Epochen.

LIT. H.-J. Hundt, in: Jb. des Röm.-German. Zentralmuseums Mainz, 2 (1955); E. Aner, in: Offa, 15 (1956); E. Sprockhoff, Jungbronzezeitl. Hortfunde der Südzone des nordischen Kreises, Kat. des Röm.-German. Zentralmuseums Mainz, 16 (1956); W.A. von Brunn, in: Schriften der Sektion für Vor- und Frühgeschichte der Dt. Akademie der Wiss. Berlin, 7 (1959).

Deputat (von spätlat. deputare, anweisen). Insbes. Naturalleistungen und Naturallohn, u.a. für das Gutsgesinde, ebenfalls für Lehrer und Geistliche. Das

D. bestand aus Lebensmitteln, Holz etc., bei den Bergarbeitern aus Kohle (D.-Kohle).

Deputat-Gesinde. Arbeitskräfte, die im eigenen Haushalt lebten und zum großen Teil durch Naturalien und Überlassung von Deputatland entlohnt wurden.

LIT. HWDRG I, 1627–29; G. Hertz, Die Rechtsverhältnisse des freien Gesindes nach den Rechtsquellen des MA (1881, [2]1935); O. Könnecke, Rechtsgeschichte des Gesindes in West- und Süddeutschland (1912).

Deputation (lat.). Die Abordnung von Mitgliedern einer Versammlung oder Vereinigung, welche im Auftrag und Namen der sie entsendenden Gesamtheit handelt. Deputierte sind die Mitglieder einer D.

Im alten Dt. Reich (bis 1806) wurden durch den Reichstag zur Erledigung bestimmter Geschäfte Reichsdeputationen eingesetzt. Urspr. tagten sie während der Pausen zwischen den einzelnen Reichstagen (ordentl. Reichsdeputation). Seit jedoch der Reichstag ständig versammelt war (1663), gab es nur noch die außerordentl. Reichsdeputationen; sie mußten sich konfessionell paritätisch zusammensetzen. Soweit es zu Beschlüssen kam, wurden sie in einem Reichsdeputationshauptschluß zusammengefaßt. Der bedeutendste ist der Reichsdeputationshauptschluß vom 25. 2. 1803 über die Gebietsveränderungen im Anschluß an den Frieden von Lunéville (9. 2. 1801). Im Jahre 1849 trug die Kaiserdeputation im Namen der Frankfurter Nationalversammlung dem preuß. König die Kaiserkrone an.

Verwaltungsdeputationen wurden nach dem früheren Gemeinderecht in den Städten für einzelne Verwaltungszweige (Schul-, Armen-, Bau-, Steuer-, Gas- und Wasserwerke) sowohl für die Beschlußfassung der städt. Organe als auch zur eigenen Anordnung gebildet.

Derebeg, Derebei (türk.). Der Angehörige einer türk. Beamtendynastie, deren Aufwärtsentwicklung zu Anfang des 18. Jh. in Kleinasien begann; die D. waren von der Hohen Pforte einigermaßen unabhängig und besaßen das erbliche Ejalet; etwa 1830 wurden sie abgeschafft.

Derogation (lat.). Nach röm. Staatsrecht die Aufhebung einzelner durch ein Gesetz verankerter Bestimmungen.

Designation (lat. designatio, Ernennung zu einem Amt). Die Anweisung, die Bestimmung der Person, welche ein Amt nach Ablauf der Amtsdauer des Vorgängers antreten soll. Z. Z. der röm. Republik erfolgte die D. durch Volkswahl. Während der Zeit zwischen Wahl und Amtsantritt wurde der Magistrat designatus genannt. Im alten Dt. Reich bestand das Recht des Königs, seinen Nachfolger zu designieren; bis auf Heinrich VI. (reg. 1190–97) galt der Wahlvorschlag als bindend, gewöhnl. um so die Dynastie zu sichern. Im Gegensatz hierzu stand die D. Heinrichs I. (reg. 919–36) durch Konrad I. (reg. 911–19) im Jahre 919. Seit Heinrich VI. begründete die D. nur mehr eine Anwartschaft bei der Königswahl, ohne bindenden Charakter zu haben.

LIT H. Mitteis, Die dt. Königswahl ([2]1944); W. Berges, Gregor VII. und das dt. Designationsrecht (Studi Gregoriani, II, 1947); Th. Mommsen, Röm. Staatsrecht (1952, Nachdruck der 3. Auflage).

Despot (griech., despotes, Herr). Im byzantin. Reich zunächst die Anrede für den Kaiser sowie für kaiserl. Familienmitglieder. Seit dem 12. Jh. wurden in Byzanz angeheiratete mutmaßl. Thronfolger, seit dem 13. Jh. die Herrscher der hier entstandenen Teilstaaten als D. angeredet; in der Spätzeit des Reiches waren es die Inhaber der kaiserl. Sekundogenituren und Provinzgouverneure aus kaiserl. Haus, die man als D. anredete. Heute noch heißt der griech. Bischof D.; die Anrede »Despota« kommt jedem griechischen Priester zu.

Despotismus (griech.). Bez. für diejenige Regierungsform, bei der ledigl. der Wille und die Willkür des Herrschers entscheiden. D. stellt den höchsten Grad und die Ausartung eines autokrat. oder absolutist. Regierungssystems (Tyrannis, Willkürherrschaft) dar. In der Regel spricht man von D. in der Bedeutung von Fürstendespotismus. Denjenigen D., der während des 17. und 18. Jh. in den meisten dt. Territorien zu finden war, bez. man als patriarchalischen D., weil damals das Verhältnis zw. Landesherrn und Landeskindern tatsächl. häufig einen gewissen patriarchal. Charakter hatte.

Despotisch wird im übertragenen Sinn für die Gewaltherrschaft eines einzelnen oder einer Machtgruppe gebraucht.

LIT. R. Thurnwald, Die menschliche Gesellschaft, Bd. 4: Werden, Wandel und Gestaltung von Staat und Kultur im Lichte der Völkerforschung (1935); K. A. Wittfogel, Die orientalischen Despoten (1962).

Deszendenz (lat.). Sammelbez. für die Verwandtschaft in absteigender Linie: Urgroßvater, Großvater, Sohn, Enkel sowie weitere direkte Nachkommen.

Deszendenz-Lehre, Abstammungslehre. Ein Teil der Wissenschaft von der Entstehung, Entwicklung sowie der Typendifferenzierung der menschl. Art und von ihren wechselnden Verhaltensformen mit den gleichfalls wechselnden Umweltformen, insbes. in der vom Darwinismus geprägten Form (Charles Darwin, 1809–82, ›The Descent of Man‹, 1871).

Deszendenztafel. Stammtafel, umfaßt alle Personen, die von einem gemeinsamen Ahnherrn, Stammvater abstammen (→Aszendenztafel). D. sind für das Erbrecht und die damit zusammenhängenden histor. Fragen wichtig.

Detraktrecht (lat. detractus ius). Ein bis ins 19. Jh. ausgeübtes Recht, sowohl von Auswanderern wie auch von dem über die Grenzen mitgeführten Nachlaß im Falle der Beerbung durch einen Fremden, Abgaben zu erheben (Abzugsgeld, Abschoß). Das D. wurde von Gutsherren, Städten und Staaten ausgeübt.

Deutsche Bewegung. Ein Begriff, der die »Blütezeit des dt. Geistes« kennzeichnet; er umfaßt etwa die Lebenszeit Goethes (1749–1832). In diesem Zeitabschnitt kam es seit dem hohen MA zum erstenmal wieder zu einer Selbstverwirklichung des dt. Geistes, nachdem die vorausgegangenen Kulturepochen in ihrem Ursprung ihre Prägung wesentl. durch fremde Einflüsse erfahren hatten: Renaissance, Humanismus, Barock, Klassizismus.
Auf dem Gebiet der Dichtung waren im Zeitalter der D. B. die Hauptrepräsentanten F. Klopstock (1724–1803), F. Hölderlin (1770–1843), Jean Paul (1763–1825), H. von Kleist (1777–1811); auf dem Gebiet der Philosophie I. Kant (1724–1804). J. G. Fichte (1762–1814), F. W. Schelling (1775–1854) und G. W. F. Hegel (1770–1831). Weitere Leistungen waren neben denen auf dem Gebiet der Dichtung und Philosophie die Entdeckung der geschichtl. Welt sowie des dt. MA (J. Möser, 1720–94; J. G. Herder, 1744–1803), die Neubegegnung mit der Antike (J. J. Winckelmann, 1717–68; Goethe, F. Schiller, 1759–1805; F. Hölderlin), die Sprachdeutung und Sprachforschung (J. G. Hamann, 1730–88; J. Grimm, 1785–1863; W. von Humboldt, 1767–1835). In die Epoche der D. B. fällt ebenfalls die Entstehung des Nationalgefühls (Fichte, E. M. Arndt, 1769–1860; Kleist; J. F. Ch. Jahn, 1778–1852) und der Staatsauffassung (W. von Humboldt; Frhr. vom Stein, 1757–1831). Die D. B. war außerdem von nachhaltigem Einfluß auf die europ. Geistesentwicklung, vor allem durch Herder, Goethe, Hegel sowie die Romantik. Der Begriff D. B. geht zurück auf den Pädagogen und Philosophen H. Nohl (1879–1960).
LIT. H. Nohl, in: Pädagogik in 30 Jahren (1949); G. Steinhausen, Geschichte der dt. Kultur (^{3}1929).

Deutsche Farben. Die Nationalfarben des deutschen Reiches und Volkes. Das bis 1806 bestehende alte dt. Reich kannte keine Nationalfarben, da die Voraussetzung hierfür, die Staatseinheit, fehlte: Als kaiserl. Farbe galt Schwarz-Gelb; in Österreich hat sie mit der Kaiserwürde bis 1918 weitergelebt. Mit der Geschichte der dt. Einigung sowie ihren Krisen und Höhepunkten ist die Geschichte der D. F. eng verbunden.
Durch Theodor Körner (1791–1813) war die schwarze Kleidung der Lützower Jäger, mit roten Vorschößen und goldenen Knöpfen besetzt, volkstümlich geworden. Nach den Befreiungskriegen trugen die Burschenschaften, denen vor allem in Jena viele Lützower Jäger angehörten, ihre Waffenröcke als Bundeskleidung weiter. Hieraus entstand ihre Bundesfarbe Schwarz und Rot mit Gold durchwirkt, ebenfalls ihre Fahne. Auf dem Wartburgfest des Jahres 1817 setzte die Jenenser Burschenschaft ihre eigene Tracht und Farbe mit der Begründung durch, daß diese die ermittelten D. F. seien, was mit dem – nicht zutreffenden – Hinweis auf die Farben des alten Reichswappens bekräftigt wurde. Beim Hambacher Fest (1832) bestand kein Zweifel mehr, daß Schwarz-Rot-Gold die D. F. seien. Unter dem Eindruck der Pariser Februarrevolution (1848) erklärte der Bundestag in Frankfurt das angeblich alte Reichspanier zu Bundesfarben. Die Begeiste-

rung, mit der insbes. im März und Sommer 1848 die Truppen der Bundesfürsten die schwarz-rot-goldene Kokarde trugen, schwand wieder. Im Volksbewußtsein jedoch lebte die Trikolore als D. F. weiter.
Der Norddeutsche Bund wurde durch eine neue, aus den Farben Preußens (Schwarz-Weiß) und der Hansestädte (Weiß und Rot) abgeleitete Trikolore (Schwarz-Weiß-Rot) versinnbildlicht, die nach dem Krieg von 1870/71 auf das Dt. Reich übertragen wurde (Art. 55 der Reichsverfassung). Diese Farben wurden 1892 förmlich zur Nationalflagge erklärt. In Österreich-Ungarn galten den Deutschen Schwarz-Rot-Gold weiterhin als D. F.
Nach dem Zusammenbruch von 1918 wurden die Reichs- und Nationalfarben der Weimarer Republik Schwarz-Rot-Gold. Die Handelsflagge aber war schwarz-weiß-rot mit den Reichsfarben in der Gösch, der Oberecke der Flagge.
Die Wiedereinführung der schwarz-weiß-roten Flagge durch die Nationalsozialisten 1933 war nur kurz. Seit dem Reichsflaggengesetz vom 15. 9. 1935 nämlich waren Schwarz-Weiß-Rot nur noch als Reichsfarben für Kokarden, Helmwappen der Wehrmacht (rechts), Schlagbäume, Schilderhäuser u. a. erlaubt; zur alleinigen Nationalflagge wurde die Hakenkreuzflagge. Seit der Gründung der BRD (1949) sind die schwarz-rot-goldenen Farben zur Symbolisierung dt. Staatlichkeit wieder in Geltung.

LIT. E. Zechlin, Schwarzrotgold und Schwarzweißrot (1926); P. Wentzcke, Die D. F., ihre Entwicklung und Deutung sowie ihre Stellung in der dt. Geschichte ([2]1939; Neuaufl. 1955); V. Valentin und O. Neubecker, Die D. F. (1929); G. Hoog, Dt. Flaggenrecht (1982); H. Hüttenhauer, Dt. Nationalsymbole. Zeichen und Bedeutung (1984).

Deutsche Frage. Z. Z. der Tagung der Frankfurter Nationalversammlung wurde die D.F. im Zusammenhang mit Umfang und Organisation des geplanten Dt. Reiches besprochen. Die Auseinandersetzungen um die D.F. begannen im Herbst 1848; sie erreichten im Januar 1849 ihren Höhepunkt. Unheilvoll wurden sie dadurch beeinflußt, daß in den beiden Großmächten, in Preußen sowie in Österreich, im Herbst 1848 die Reaktion den Sieg davon trug. Eine Auflösung der habsburg. Monarchie, die während der ersten Monate der 1848er Revolution als wahrscheinlich erschien, wodurch die Schaffung eines »großdt.« Bundesstaates mit preuß. Spitze, d.h. mit einem zum dt. Kaiser gewählten preuß. König (unter der Voraussetzung allerdings, daß sich Preußen in seinem Staatsbestand mehr oder minder auflockerte und in Dtl. aufging), war nunmehr undenkbar.
Angesichts dieser Lage vollzog sich in der Frankfurter Nationalversammlung eine völlige Neugruppierung: Die Linke trat entschieden gegen eine monarch. Lösung ein; aus der bisherigen Mehrheit bildeten sich die polit. Gruppen, für die sich vom Monat Januar des Jahres 1849 an die Bez. »kleindt.« und »großdt.« einzubürgern begann. Während die »Kleindeutschen«, die sich selbst »Erbkaiserliche« nannten, in ihrer Mehrzahl die Aufnahme Gesamtösterreichs mit seinen nicht-dt. Teilen aus nationalen Motiven ablehnten und in zunehmendem Maße (infolge der reaktionären Haltung Österreichs) an die Schaffung eines vorerst kleindt. Bundesstaates dachten, dem der preuß. König als Kaiser vorstehen sollte, bekämpfte die Gruppe der »Großdeutschen« (sie war in sich keineswegs einheitlich), teilweise aus innenpolit. und partikularist. Gründen, eine preuß. Führung. Konfessionelle Gegensätze spielten dabei auf beiden Seiten eine nicht unwesentl. Rolle. Nachdem eine Mehrheitsbildung der »Kleindeutschen« erfolgt war, wurde Friedrich Wilhelm IV. von Preußen (reg. 1840–61) am 28. 3. 1849 mit 290 Stimmen bei 248 Enthaltungen zum erblichen Kaiser gewählt, jedoch akzeptierte er die Krone nicht (3. 4. 1849).

LIT. V. Valentin, Geschichte der dt. Revolution 1848/49. 2 Bde. (1930/32); R. Stadelmann, Soziale und polit. Revolution von 1848 (1948); W. Mommsen, Größe und Versagen des Dt. Bürgertums (1949); W. Blos, Die dt. Revolution. Gesch. der Dt. Bewegung von 1848–1849 (1978); H. Lutz, H. Rumpler (Hrsg.), Österreich und die dt. Frage im 19. und 20. Jh. (1982); C. Lessing, K. G. Fischer (Hrsg.), Dt. Fragen in Geschichte, Politik und polit. Bildung (1982); W. D. Gruner, Die dt. Frage (1985); H. Horn, S. Mampel (Hrsg.), Die dt. Frage aus der heutigen Sicht des Auslandes (1987).

Deutsche Historikergesellschaft (DHG). Vereinigung der »in Forschung, Lehre und populärwissenschaftl. Arbeit tätigen Historiker der DDR«. Aufgabe der am 18. 3. 1958 in Leipzig gegr. DHG war es, »den dialekt. und histor. Materialismus auf allen Gebieten der Geschichtswissenschaft anzuwenden und zu verbreiten«. Bis zum 22. 3. 1965 war ihr Vorsitzender Prof. Dr.Ernst Engelberg, danach Prof. Dr. Gerhard Schilfert, beide Altkommunisten; Sekretär war Dr. Ernst Laboor. Die DHG hatte 7 Bezirksverbände, die teilweise mehrere Bezirke umfaßten. In ihr konstituierten sich Fachgruppen für einzelne Zeiträume und Fragen. Seit ihrem im Oktober 1962 veranstalteten II. Kongreß wurde nicht allein eine marxist., sondern ebenfalls eine nationale Geschichtsbetrachtung betont. Der IV. Historikerkongreß (9.–11. 10. 1968 in Leipzig) bestimmte Prof. Joachim Streisand zum Präsidenten; er wurde auf dem V. Kongreß (12.–15. 12. 1972 in Dresden) wiedergewählt.

Deutschenspiegel (Spiegel dt. Leute). Eines der Rechtsbücher des MA. Der D. stellt eine von einem unbekannten süddt. Verfasser herrührende Bearbeitung des Sachsenspiegels aus der Mitte des 13. Jh. dar. Er wurde 1857 in der Innsbrucker Universitätsbibliothek aufgefunden und durch J. von Ficker (Innsbruck, 1859) herausgegeben.
LIT. C. von Schwerin, in: Dt. Lit. des MA, Verfasserlexikon, 1 (1933; mit Bibliogr.).

Deutsche Partei.
[1] Von 1866–1919 der Name der Nationalliberalen Partei in Württemberg.
[2] Die aus der Niedersächsischen Landespartei nach 1945 hervorgegangene polit. Partei; sie bestand zunächst nur in Niedersachsen, Schleswig-Holstein, Hamburg und Bremen; dann dehnte sie sich auf das gesamte Bundesgebiet aus. Die Partei vertritt einen gemäßigten Föderalismus; sie betont im übrigen eine nationaldeutsche Auffassung. 1961 vereinigte sich die DP mit dem Gesamtdeutschen Block/BHE zur Gesamtdeutschen Partei (GDP). In Niedersachsen und Bremen konstituierte sich die DP 1962 neu.

Deutscher Bund. Der von 1815–66 bestehende Staatenbund der dt. Einzelstaaten; er war durch die Bundesakte vom 8. 6. 1815 gegründet und durch die Wiener Schlußakte vom 15. 5. 1820 weiterentwickelt worden. Zunächst, d.h. 1815, umfaßte der D.B. 34, 1866, im letzten Jahr seines Bestehens, noch 28 souveräne Fürsten und 4 Freie Städte. Von ausländischen Staaten gehörten dem D.B. Dänemark (für Holstein und Lauenburg), England (für Hannover) sowie die Niederlande (für Luxemburg und Limburg) an. Die beiden im Bund bestimmenden Mächte, Österreich und Preußen, gehörten ihm ledigl. mit denjenigen Gebietsteilen an, die dem alten Dt. Reich bis zu dessen Ende im Jahre 1806 angehört hatten.
Die Bundesversammlung (ebenfalls Bundestag genannt), bestehend aus den Gesandten der Einzelstaaten, die in Frankfurt/M. tagte, war das einzige Bundesorgan. Österreich führte in ihr (als Präsidialmacht) den Vorsitz.
Die Entwicklung des D.B. zu einem Nationalstaat war insofern ausgeschlossen, als einmal den Gliedstaaten ihre Souveränität garantiert war, sodann der Dualismus von Preußen und Österreich eine derartige Entwicklung unmöglich machte. Vom Tage seiner Gründung an sah sich der D.B. mit der Gegnerschaft sowohl der demokrat.-liberalen als auch der nationalen Bewegung konfrontiert; sie wurde durch die von Fürst Metternich (1773–1859) betriebene Bundespolitik bzw. die hiermit zusammenhängenden Maßnahmen unterdrückt (u.a. durch die →Karlsbader Beschlüsse). Im Verlauf der Revolution von 1848/49 wurde versucht, den D.B. in einen nationalen Bundesstaat, der durch einen gemäßigten demokrat. Liberalismus charakterisiert sein sollte, umzuwandeln. Nachdem die Bundesversammlung ihre Befugnisse an den Reichsverweser übertragen hatte, stellte sie ihre Tätigkeit ein. Als jedoch die Revolution fehlschlug, wurde die Bundesversammlung durch Österreich (zunächst gegen Preußen) wieder hergestellt. Im Anschluß an die Olmützer Punktation (29. 11. 1850) kehrte auch Preußen (samt seinen Anhängern) wieder in die Bundesversammlung zurück. Die jeweils in ihrem Sinne unternommenen Reformversuche durch Österreich (→Frankfurter Fürstentag, 1. 9. 1863) sowie durch Preußen (Reformanträge vom 11. 5. 1866) waren ergebnislos.
Als die Bundesversammlung auf einen Antrag Österreichs hin am 14. 6. 1866 die Mobilisierung des Bundesheeres ge-

gen Preußen beschloß (wegen des Konflikts zwischen Österreich und Preußen), führte dies zum Auseinanderbrechen des Bundes. Daraufhin erklärte Preußen seinen Rücktritt vom Bundesvertrag. Im Prager Frieden vom 23. 8. 1866 wurde die Auflösung des D.B. durch Österreich anerkannt (→Deutscher Krieg von 1866). Der D.B. zerbrach letztlich deshalb, weil er die erwachende nationale Einheitsbewegung nicht befriedigen konnte.

LIT. Protokolle der dt. Bundesversammlung. 19 Bde. und Reg. (1817–28); L. F. Ilse, Geschichte der dt. Bundesversammlung. 3 Bde. (1860–62); E. R. Huber, Dt. Verfassungsgesch. seit 1789 ([2]1967/68); R. Darmstadt, Der Deutsche Bund in der zeitgenöss. Publizistik (1971).

Deutscher Krieg von 1866. Der Entscheidungskampf zwischen Preußen und Österreich in Dtl. um die Vorherrschaft in Dtl. (durch Bismarck herbeigeführt). Der Bruch ging aus dem Gegensatz der beiden Mächte in der schleswig-holstein. Frage sowie in der Frage der Bundesreform hervor. Im Anschluß an die Besetzung Holsteins durch preuß. Truppen entgegen der Gasteiner Konvention vom 14. 8. 1865, derzufolge Österreich die Verwaltung Holsteins, Preußen die Schleswigs erhielt, kam es zum Bruch mit Österreich, dessen Antrag auf Mobilmachung der Bundesarmee unter Ausschluß Preußens am 14. 6. 1866 von der Mehrheit des Bundestags angenommen und von Preußen als Kriegserklärung betrachtet wurde.

Auf der Seite Österreichs nahmen Sachsen, Bayern, Württemberg, Baden, Hannover, Hessen-Darmstadt, Hessen-Kassel und Nassau am Krieg teil. Auf preuß. Seite beteiligten sich am Krieg nur Sachsen-Coburg und Lippe, außerdem Italien (Bündnis mit Preußen am 8. 4. 1866); die meisten der übrigen kleineren dt. Staaten waren unentschieden. Nach H. von Moltkes (1800–91) Feldzugsplan drang die preuß. Hauptmacht in drei Armeen über die Sudeten in Böhmen ein. Die unter der Führung L. von Benedeks (1804–81) stehende österreich. Nordarmee, die mit sächs. Truppen vereinigt kämpfte, wurde, nachdem sie in mehreren Gefechten zurückgedrängt worden war (Nachod, Skalitz, Trautenau etc.), am 3. 7. 1866 bei Königgrätz und Sadowa entscheidend geschlagen. Der preuß. Vormarsch erreichte am 8. 7. die Gegend von Wien.

Hannover, Kurhessen und Sachsen waren währenddessen durch preuß. Truppen besetzt und die hannoversche Armee bei Langensalza zur Kapitulation gezwungen worden (29. 6.). Die preuß. Mainarmee schlug süddt. Korps in Hessen und Franken. Lediglich auf dem ital. Kriegsschauplatz konnten die Österreicher unter Erzherzog Albrecht über die Italiener unter La Marmora bei Custozza (24. 6.) siegen, während die österreich. Flotte unter W. von Tegetthoff (1827–71) bei Lissa erfolgreich war (20. 7.).

Da Bismarck ein Eingreifen Napoleons III. auf österreich. Seite fürchtete, schloß er am 26. 7. 1866 den Vorfrieden von Nikolsburg und am 23. 8. 1866 den endgültigen Frieden zu Prag. Österreich, das zu keinen Gebietsabtretungen gezwungen wurde, mußte der Auflösung des Dt. Bundes und der Gründung des Norddt. Bundes zustimmen. Die süddt. Staaten, mit denen zw. dem 13. 8. und 3. 9. zu Berlin Friedensabschlüsse zustande kamen, wurden ebenso schonend wie Österreich behandelt. Hannover, Hessen-Kassel, Nassau, Frankfurt/M. und Schleswig-Holstein dagegen wurden durch Preußen annektiert. Trotz der österreich. Siege über Italien trat Österreich im Frieden von Wien am 3. 10. 1866 Venetien an Italien ab.

Österreich, das auf Grund des D. K. aus Deutschland ausschied, schloß 1867 den bis 1918 gültigen Ausgleich mit Ungarn ab, wodurch das staatsrechtl. Verhältnis zw. der österreich. und ungar. Reichshälfte geregelt wurde. Damit bereitete es die Schaffung der österreich.-ungar. Doppelmonarchie vor.

LIT. Der Feldzug von 1866 in Deutschland (preuß. Generalstabswerk. 5 Bde., 1868); Österreichs Kämpfe 1866 (österreich. Generalstabswerk. 5 Bde., 1867–69); La campagna del 1866 in Italia (ital. Generalstabswerk. 2 Bde. und Compl., 1875–95, Rom 1909); O. von Lettow-Vorbeck, Geschichte des Krieges von 1866 in Deutschland. 3 Bde. (1896–1902); H. von Srbik, Dt. Einheit, 4 (1942); Groote und Gersdorff (Hrsg.), Entscheidung 1866 (1966); G. A. Craig, Königgrätz (dt. 1966); A. Wandruszka, Schicksalsjahr 1866 (1966).

deutscher Michel. Eine vom Erzengel

Michael, dem Schutzpatron der Deutschen, abgeleitete Bez. für den Deutschen. In der Karikatur erscheint der d. M. als das Gegenteil des strahlenden Gotteskämpfers: als ein Bauernbursche mit Zipfelmütze und in Kniehosen, Inbegriff der Einfalt und einer gutmütigen Schwerfälligkeit. Die Gestalt des d. M. wurde oft und gern von polit. Bewegungen benutzt, um das Volk aufzurütteln, so bereits während der Reformationszeit. Z. Z. des Dreißigjährigen Krieges erhielt der Reiterführer Michael Obentraut (1574–1625) den Beinamen »der d. M.«.

LIT. A. Hauffen, Geschichte des d. M. (1918); E. Boehlich, Joh. Mich. Elias Obentraut. Zur Geschichte und Legende des d. M. (Bausteine. Festschrift für Max Koch, 1926); C. Rademacher, Wodan-St. Michael – Der d. M. (1934).

Deutscher Orden, Deutschritter-, Deutschherren-, Kreuzritterorden. Die Kreuzzüge brachten eine Verschmelzung geistl. und ritterl. Elemente in die Ritterorden der Johanniter, der Templer und schließl. der Deutschherren, der im Verlauf des 3. Kreuzzuges (1189–92) durch Lübecker und Bremer Kaufleute 1190 gegründet wurde, und zwar als Krankenpflegerorden; 1198 wurde er in einen geistl. Orden mit dem Sitz in Akkon umgewandelt. Die Tracht der Ordensritter bestand aus einem weißen Mantel mit schwarzem Kreuz.

Der Aufgabenbereich des Ordens, der in Palästina, Griechenland, Süditalien und insbes. in Dtl. reich begütert war, lag weniger im Hl. Land als vielmehr in Europa. Unter dem vierten Hochmeister Hermann von Salza (1210–39) wurde der D. O. im siebenbürgischen Burzenland, das er von 1211 bis 1225 als Lehen besaß, gegen die heidnischen Kumanen eingesetzt; hier gründete er Kronstadt. Da er dem ungar. Adel und dem König zu mächtig wurde, verdrängten diese ihn 1225. Von Herzog Konrad von Masowien gegen die heidnischen Preußen zu Hilfe gerufen, erhielt er 1226 das Culmerland. Von diesem Besitztum aus wurde bis 1283 das gesamte Preußenland unterworfen. Durch die Ansiedlung dt. Bauern und eine Reihe von Städtegründungen konnte das Land eingedeutscht werden. Als sich der D. O. 1237 mit dem Schwertbrüderorden vereinigte, wurde er zum Herrn von Livland und Kurland. Bei dem Versuch, gegen Nowgorod vorzustoßen, scheiterte der Orden in der Schlacht auf dem Peipus-See (1242).

Der Sitz des Hochmeisters, zunächst in Akkon, wurde nach dessen Eroberung durch die Mohammedaner (1291) nach Venedig, 1309 nach Marienburg und 1466 nach Königsberg verlegt. 1308 gewann der Orden Pommerellen mit Danzig, 1346 das bis dahin dänische Estland, 1380 Schamaiten, 1398 Gotland und 1402 die Neumark. Den Höhepunkt in der Geschichte des Ordensstaates stellt die Herrschaft des Hochmeisters Winrich von Kniprode (1351–82) dar.

Der auf Lebenszeit gewählte Hochmeister war zwar kein Reichsfürst, jedoch reichszugehörig; ihm standen fünf Gebietiger zur Seite; unter ihm stand der Landmeister für Livland sowie der Deutschmeister für die zwölf binnendt. Balleien; den Bezirksverwaltungen standen Komture vor.

Der Niedergang des D. O. wurde im 14. Jh. eingeleitet; Ursache hierfür war die Gegnerschaft zwischen Landadel und Städten. Und als Litauen sich 1386 unter dem Großfürsten Jagiello mit Polen vereinigte und christl. wurde, verlor der Orden nicht nur seine Missionsaufgabe, sondern wurde gleichzeitig von einem überlegenen Gegner umklammert. Nach der Niederlage in der Schlacht von Tannenberg (15. 7. 1410) trat der D. O. im 1. Thorner Frieden (1411) Schamaiten ab. Die im Anschluß an die Niederlage eingeleiteten Reformversuche des Hochmeisters Heinrich von Plauen (1410–13) waren erfolglos. Im Jahre 1453 brach ein 13 Jahre lang währender Krieg zwischen dem Landadel, den Städten und Polen aus; er wurde durch den 2. Thorner Frieden (1466) beendigt. Der Orden mußte Pommerellen, das Culmerland, Marienburg, Danzig, Elbing und das Ermland an Polen abtreten; das übrige Preußen wurde zur Anerkennung der Oberlehenshoheit des poln. Königs gezwungen. Im Jahre 1525 verwandelte der Hochmeister des Ordens, Albrecht von Brandenburg-Ansbach, den Ordensstaat in ein preuß. Herzogtum. Der Landmeister Walter von Plettenberg (1494–1535) versuchte in Livland die Ordensherrschaft zu behaupten. Da er aber den russ. Angriffen zu erliegen drohte, unterwarf sich 1561 Estland der schwed., Livland der poln. Herrschaft, während 1558 Kurland als Lehen Polens ein prot. Herzogtum des

letzten livländ. Heermeisters Gotthard Kettler wurde.
Der D. O., nunmehr auf seine zerstreuten Besitzungen im süd- und westdt. Raum beschränkt, verlegte seinen Hauptsitz nach Mergentheim. 1530 verlieh Kaiser Karl V. (reg. 1519–56) dem kath. gebliebenen Deutschmeister die Würde des Hochmeisters. In den außerösterreich. Teilen Dtl. hob Napoleon I. den Orden 1809 auf; Franz I. von Österreich erneuerte ihn 1834 als kath. Adelsgemeinschaft. Er gehört seit 1929 zu den klerikalen Bettelorden.
LIT. H. von Treitschke, Das dt. Ordensland Preußen (1862); E. Caspar, Hermann von Salza und die Gründung des D. O.-Staates in Preußen (1924); Chr. Krollmann, Polit. Geschichte des D. O. (1932); E. Maschke, Der dt. Ordensstaat (1935); E. E. Stengel, Hochmeister und Reich (1938); R. ten Haaf, Kurze Biographie des D. O. 1198–1561 (1949); W. Ziesemer und K. Helm, Die Literatur des D.O. (1951); W. Hubatsch, Quellen zur Gesch. des D. O. (1954); ders., in: Preußenland und D. O., Festschr. für K. Forstreuter (1958); B. Schumacher, Geschichte Ost- und Westpreußens (^{2}1957); U. Arnold, Quellen und Studien zur Geschichte des Deutschen Ordens (1968ff.); M. Tümler, Der D. O. (1974); K. Wieser (Bearb.), Bibliographie des D. O.; bis 1959 (1975); M. L. Favreau, Studien zur Frühgeschichte des Deutschen Ordens (1976); H. Bookmann, Der Deutsche Orden (1982).

Deutsches Institut für Erforschung des Mittelalters (1936–45: Reichsinstitut für ältere dt. Geschichtsforschung). Die bis 1936 bestehende und von den dt. Akademien getragene Zentraldirektion der Monumenta Germaniae Historica, die 1946 unter der Bez. »MGH. Deutsches Institut für Erforschung des Mittelalters« wiederhergestellt wurde.

Deutsches Reich.
[1] Das alte (I.) Dt. Reich von 911–1806; sein offizieller Name lautete seit Anfang des 11. Jh. »Römisches Reich« (Romanum Imperium; ab 1034 nachweisbar), seit dem 15. Jh. »Heiliges Römisches Reich Dt. Nation«.
[2] Der amtl. Name des dt. Staates im Zeitalter des Bismarck-Reiches (II. Dt. Reich) von 1871–1918, z.Z. der Weimarer Republik (1919–33) und des nationalsozialist. Deutschland (→Drittes Reich); 1933–45.
LIT. K. Zeumer, Heiliges Römisches Reich Dt. Nation. In: Quellen und Studien, hrsg. von K. Zeumer, 4, 2 (1911); R. Poidevin, Die unruhige Großmacht. Dtl. und die Welt im 20. Jh. (dt. 1985); H. Klinke-Mibert (Hrsg.), Deutschsein heute. Auf der Suche nach Identität (1986).

Deutsches Zentralarchiv, Zentrales Staatsarchiv der DDR. 1946 in Potsdam eingerichtetes Nachfolgearchiv des ehemal. Reichsarchivs. Es bewahrt das archival. Material des Reichsarchivs sowie das in der DDR bis zu ihrem Ende 1990 angefallene Archivgut. In der Außenstelle Merseburg wird das Archivmaterial des Preuß. Geheimen Staatsarchivs aufbewahrt.

Deutsch-Französischer Krieg von 1870/1871. Ursachen waren die Schwächung Österreichs im Deutschen Krieg von 1866 und die hierdurch bedingte Vormacht Preußens, außerdem die beginnende Zentralisation Deutschlands. Hinzu trat die Enttäuschung Napoleons III. von Frankreich wegen Ablehnung der franz. territorialen Kompensationsvorschläge durch Bismarck, die sich auf das linke Rheinufer, Luxemburg und Belgien bezogen. Ausgelöst wurde der Krieg durch den Streit über die span. Thronkandidatur des Prinzen Leopold von Hohenzollern. Bismarcks Emser Depesche schuf die Kriegsatmosphäre; am 19. 7. 1870 erfolgte die Kriegserklärung durch Frankreich. Es kam nicht zu einem Bündnis zw. Frankreich und dem 1866 durch Preußen besiegten Österreich, wodurch eine 2. Front gegen Preußen geschaffen worden wäre; hingegen traten die süddt. Staaten (1866 Gegner Preußens) sofort auf die Seite Preußens.
Kriegsverlauf: Auf dt. Seite marschierte eine Armee von ca. 325000, auf franz. von ca. 300000 Soldaten auf. Die dt. Streitkräfte, vor allem wegen ihrer Führung (H. von Moltke, 1800–91) den franz. überlegen, drangen (in drei Armeen gegliedert: unter Kronprinz Friedrich, Prinz Friedrich Karl und von Steinmetz) von der Pfalz aus vor und siegten bei Weißenburg (4. 8. 1870), Wörth und Spichern (6. 8. 1870). Die franz. Rheinarmee unter Marschall F. A. Bazaine (1811–88) wurde im Anschluß daran durch die Schlachten um Metz – bei Colombey-Nouilly (14. 8.

1870), Mars-la-Tour und Vionville (16. 8. 1870), Gravelotte und Saint-Privat (18. 8. 1870) – in die Festung Metz gedrängt und hier eingeschlossen. Der Versuch einer franz. Armee unter Marschall M. Mac-Mahon (1808–93), bei der auch Kaiser Napoleon III. weilte, Metz zu entsetzen, scheiterte nicht nur; es gelang der Kronprinzenarmee und der neugebildeten Maasarmee unter Kronprinz Albert von Sachsen darüber hinaus, die franz. Entsatzarmee in Sedan einzuschließen, wo sie am 2. 9. 1870 mit dem Kaiser kapitulierte; Bazaine ergab sich am 27. 10. 1870 in Metz.

Am 4. 9. 1870 wurde das franz. Kaisertum gestürzt und die Republik durch Léon Gambetta (1838–82) proklamiert, der Krieg aber fortgesetzt. Seit dem 15. 9. 1870 schlossen die Deutschen das stark befestigte Paris ein. Zum Entsatz der belagerten Hauptstadt stellte Gambetta im Süden und Norden Frankreichs neue Massenheere (ca. 600000 Mann) auf (Levée en masse), die aber schlecht ausgebildet und ausgerüstet waren. Bei Orléans wurde die Loirearmee geschlagen (28. 11.–4. 12. 1870). Als sie sich teilte, erlitt die Westarmee eine Niederlage bei Le Mans (10. 1.–12. 1. 1871). Etwa zur gleichen Zeit konnten die Generale Manteuffel und Goeben Vorstöße der Nordarmee durch die Siege bei Amiens (27. 11. 1870) und Saint-Quentin (19. 1. 1871) zurückschlagen. Ausfälle aus dem belagerten Paris scheiterten ebenfalls. Am 28. 1. 1871 ergab sich Paris. Währenddessen drang die franz. Ostarmee unter General Bourbaki (1816–97) gegen Belfort vor. Durch diesen Vorstoß sollte die bisher noch nicht eroberte franz. Festung entsetzt und rückwärtige dt. Verbindungen abgeschnitten werden. General von Werder fing diesen Vorstoß ab; in der sich hierbei ergebenden Schlacht an der Lisaine (15.–17. 1. 1871) vermochte er sich zu behaupten.

Am 1. 2. 1871 zwang die unter Manteuffel neugebildete Südarmee Bourbaki bei Pontarlier, in die Schweiz überzutreten. Nach dem Vorfrieden zu Versailles am 26. 2. 1871 wurde am 10. 5. 1871 der Friede zu Frankfurt/M. abgeschlossen. Bereits am 18. 1. 1871 war die Kaiserproklamation Wilhelms I. von Preußen zu Versailles erfolgt. Als Folge des verlorenen Krieges mußte Frankreich Elsaß-Lothringen abtreten und eine Kriegsentschädigung von 5 Mrd. Franken zahlen; bis zu deren endgültiger Zahlung blieb ein Teil Nordfrankreichs besetzt. Auf franz. Seite rief die Niederlage die Revanche-Idee hervor.

Die Gesamtverluste des D.-F. K. betrugen auf dt. Seite 49000 Tote; auf franz. Seite 139000 Tote und 384000 Gefangene.

LIT. Zur Vorgeschichte: Les origines de la guerre franco-allemande. 15 Bde. (1910–25; Aktensammlung); Der D.-F. K. 1870/71 (das dt. Generalstabswerk, 5 Text- und 3 Kartenbände, 1874–81); H. von Moltke, Geschichte des D.-F. K. (²1891; Volksausgabe 1895); K. Stählin, Der D.-F. K. 1870/71 (1912; mit Bibliographie); H. Kohl (Hrsg.), Deutschlands Einigungskriege 1864–71 in Briefen und Berichten der führenden Männer. 3. Tl.: Der D.-F. K. 1870/71. 5 Bde. (1912–16); B. E. Palat, Bibliographie générale de la guerre de 1870/71 (1896); La guerre de 1870/71 (das franz. Generalstabswerk, 10 Faszikel und 30 Bde., 1901–11); H. Oncken, Die Rheinpolitik Kaiser Napoleons III. und der Ursprung des D.-F. K. 1863–70. 3 Bde. (1926); H. Delbrück, Geschichte der Kriegskunst (fortgesetzt von E. Daniels und O. Haintz). Bd. 5, Tl. 1–3 (1929–31); P. Bronsart von Schellendorf, Geh. Kriegstagebuch 1870/71, hrsg. von P. Rassow (1958); K. Fuchs, Zur polit. Lage und Stimmung am Mittelrhein bei Ausbruch des D.-F. K. von 1870/71. In: Nass. Ann. (1978); U. E. Koch, Berliner Presse und europ. Geschehen 1871 (1978).

Deutschkatholizismus. Eine 1844 durch die Priester Czerski (Schneidemühl) und Ronge (Breslau) anläßlich der Ausstellung des Hl. Rocks zu Trier begründete Reformbewegung, die sich von der kath. Kirche abspaltete. In Österreich und Bayern wurden die ›kath. Dissidenten‹, denen sich auch zahlreiche Protestanten anschlossen, ausgewiesen, die Bewegung verboten. Ihren Höhepunkt erreichte der D. 1847 mit 70–80000 Anhängern. Vor allem das kirchl. Lehramt und der päpstl. Primat wurden durch ihn verworfen; an Heiligenkult, Bilderverehrung und Fasten nahm er Anstoß. Sein Verfall setzte 1850 ein; er konnte auch durch die Verschmelzung mit den ›Freien Protestantischen Gemeinden‹ (Lichtfreunden)

nicht aufgehalten werden. 1859 schlossen sich seine vom positiven Christentum abgelösten und freidenkerisch gewordenen Reste zum ›Bund Freireligiöser Gemeinden Deutschlands‹ zusammen, der 1921 in den ›Volksbund für Geistesfreiheit‹ (Freidenker, Freireligiöse) umbenannt wurde.
LIT. G. Tschirn, Zur 60jährigen Geschichte der freireligiösen Bewegung (1904); P. Lieberknecht, Geschichte des D. in Kurhessen (1915); G. Esseltom, Der D. in Darmstadt (1923); W. Leesch, Geschichte des D. in Schlesien (1938); G. Habres, Der D. in Österreich (1960); A. Stollenwerk, Der D. in den preuß. Rheinlanden (1971); F. W. Graf, Die Politisierung des religiösen Bewußtseins (1978).

Deutschlandlied. Benannt nach dem Anfang: Deutschland, Deutschland über alles. Seit der Verordnung des Reichspräsidenten Ebert vom 11. 8. 1922 dt. Nationalhymne. Der Text stammt von A. Hoffmann von Fallersleben (1798–1874); er dichtete ihn im August 1841 auf der Insel Helgoland. Die Melodie entspricht der der alten österreich. Kaiserhymne (›Gott erhalte Franz den Kaiser‹), die Joseph Haydn (1732–1809) komponierte. Seit dem 6. 5. 1952 ist das D. die Nationalhymne der BRD; seit 1990 auch des wiedervereinigten Deutschlands; bei amtl. Anlässen wird dessen dritte Strophe gesungen.

Deutschorden. Heraldisches Rang- und Würdezeichen. Schwarzes Kreuz, auf diesem ein silbernes Stabkreuz mit goldenen Lilienenden, auf dem Durchkreuzungspunkt der Arme ein goldenes Schildchen mit schwarzem Adler.

Devise (franz. von vulgärlat. divisare, aufteilen).
[1] Ein mit einem Sinnbild (corps de d.) zusammengehörender Spruch (âme de d., Motto), jedoch auch der Spruch allein. Die Mode der D. blühte vom 16. bis gegen Ende des 17. Jh., insbes. in Italien. Einzelne D., sie waren im Unterschied zu den Wappen nicht vererbbar, haben ihre ehem. Inhaber überlebt, so die Friedrichs II. (reg. 1740–86): der preuß. Adler mit dem Spruch »Pro Gloria et Patria«. Zu den bekannten D. gehört die Ludwigs XIV. (reg. 1643–1715): die Sonne mit dem Spruch »Nec pluribus impar« (»Auch mehreren gewachsen«), der Adler Friedrichs I. von Preußen (reg. 1701–13) mit den Sinnbildern der gerechten Belohnung (Lorbeerkranz) und der gerechten Strafe (Donnerkeil) sowie dem Spruch »Suum cuique« (»Jedem das Seine«).
[2] Die Regierungsjahre der chines. und japan. Regenten. Die chines. Kaiser führten seit 114 v. Chr. Regierungs-D., welche frei gewechselt werden konnten; seit 1386 jedoch wurde die D. nur noch beim Regierungsantritt geändert. Gewöhnlich drückten die D. eine glückl. Vorbedeutung aus, z. B. K'ang-hi »Kraftvoller Glanz«. Von China wurde der Brauch durch eine Reihe anderer asiat. Staaten übernommen, seit 645 durch Japan. So lautet die D. Kaiser Hirohitos (reg. 1926–89) Schowa »Glänzende Harmonie«. In China und Japan zählte bzw. zählt man die Jahre nach D., z. B. K'ang-hi 14. Jahr = 1675, Schowa 45. Jahr = 1970.
LIT. J. Dielitz, Wahl- und Denksprüche, Feldgeschreie ... (1882); P. Mathias Tchang SJ, Synchronismes Chinois (Schanghai 1905).

Devolution (lat. devolvere, abwälzen). Die kraft eines Gesetzes erfolgende Abwälzung oder der Übergang eines Rechtes oder Besitzes auf einen anderen, z. B. in Frankreich und Flandern seit dem 15. Jh. der Übergang von Erbgütern der väterl. auf die mütterl. Linie bzw. umgekehrt im Falle des Aussterbens einer Linie.

Devolutionskrieg. Der erste der Eroberungskriege Ludwigs XIV. (reg. 1643–1715) von Frankreich während der Jahre 1667/68. Der Krieg hatte seine Ursache in dem Anspruch Ludwigs als Gemahl der Tochter des 1665 verstorbenen Königs von Spanien, Philipps IV. (reg. 1621–65), auf einige Provinzen der Niederlande, in denen das Recht der Devolution galt. Nach anfängl. Erfolgen unterlag Ludwig den Streitkräften der Tripelallianz (Holland, England und Schweden). Die Freigrafschaft Burgund mußte er im Aachener Frieden wieder herausgeben, jedoch behauptete er die Eroberungen in Flandern (Douai, Lille, Kortrijk) und im Hennegau (Charleroi, Tournai).
LIT. F. Meinecke, Der Regensburger Reichstag und der Devolutionskrieg. In: HZ 60 (1888).

Devolutionsrecht. Im kath. Kirchenrecht der Übergang des Besetzungs- oder (bei versäumter Präsentation) Bestallungsrechtes für ein Amt an die nächsthöhere Instanz, wenn das Recht von zuständiger Seite nicht ausgeübt wurde; es gilt insbes. hinsichtl. der Besetzung von Stellen.

Devotio moderna (lat., neue Frömmigkeit). Die religiöse Erneuerungsbewegung des 14. und 15. Jh. Sie ging aus von dem niederländ. Buß- und Reformprediger Gerhard Groote (etwa 1340–84) und der Genossenschaft der Brüder des gemeinsamen Lebens (Fraterherren). Die D. m. bestand in der praktisch-erbaul. Betrachtung des Lebens Jesu, in das man sich zu versenken und so zur persönl. Vereinigung mit Gott zu bringen suchte. Das bisherige mönchisch-klösterl. Frömmigkeitsideal wurde nunmehr durch praktisches Weltchristentum, das eine tätige und helfende Liebe (Krankenpflege, Armenfürsorge, Schulen) zum Inhalt hatte, ersetzt. Aus dem Geist der D. m., die innerhalb der kath. Kirche das Frömmigkeitsideal des Luthertums vorwegnahm, entstand um 1420 die ›Nachfolge Christi‹ des Thomas von Kempen (1379/80–1471). Die Devoten-Bewegung fand in fast allen Ländern Westeuropas Eingang.

LIT. Thomas a Kempis, Von der Nachfolge Christi (dt. [15]1926 u.ö.); R. Stadelmann, Vom Geist des ausgehenden Mittelalters (1929); J.M.E. Dols, Bibliographie der moderne devotie (Nijmegen 1941); M.A. Lücker, Meister Eckhart und die D.m. (Leiden 1950); R. R. Post, The Modern Devotion (Leiden 1968); G. Epiney-Burgard, Gérard Groote (1340–1384) et les débuts de la Dévotion moderne (1970); G. Rehm, Die Schwestern vom gemeinsamen Leben im nordwestl. Deutschland. Untersuchungen zur Geschichte der D. und des weibl. Religiosentums (1985).

Devotion (lat. devotio). Im At. ein magischer Akt, wodurch ein Feind oder eine feindl. Stadt durch das Vergraben einer Bleitafel mit Spruch (Devotionstafel, Fluchtafel) den Mächten der Unterwelt geweiht wurde. Von bes. Art war die D. der Decier (nach dem röm. Plebejergeschlecht der Decier, bekannt durch drei Angehörige mit Namen Publius D. Mus [Vater, Sohn und Enkel], die sich geopfert haben sollen, um für ihr Heer den Sieg zu erreichen; der erste in der Schlacht am Vesuv 340 v. Chr., der zweite im Samniterkrieg bei Sentinum 295 v. Chr. und der dritte im Krieg gegen Pyrrhus bei Asculum 279 v. Chr.), bzw. die Todesweihe, durch die ein Feldherr sich und das Heer des Feindes den unterirdischen Mächten weihte; im Todesfalle riß er die mit ihm Geweihten mit sich.

LIT. G. Wissowa, Religion und Kultus der Römer ([2]1912).

Dezem (lat.). Die kirchl. Abgabe; →Zehnt, Zehntsteuer.

Dezemvirn (lat. decemviri, Zehnmänner). In der röm. Republik ein Beamtenkollegium von 10 Männern, z.B. Decemviri legibus scribundis, die 451 v.Chr. mit außerordentl. Vollmachten zur Gesetzesabfassung gewählt worden sein sollen (Zwölftafelgesetz); Decemviri sacris faciundis, ein Priesterkollegium, das insbes. mit der Auslegung der Sibyllinischen Bücher befaßt war; Decemviri litibus iudicandis, ein Gerichtshof, der für Freiheitsprozesse zuständig war; Decemviri agris metiendis dividendisque, eine Behörde, der die Vermessung und Verteilung der dem Staate zugefallenen Ländereien an die Kolonisten oblag.

dezimieren. Die Gepflogenheit, im Falle der Meuterei oder Feigheit eines Truppenteils jeden zehnten Mann mit dem Tode zu bestrafen.

Dezision (lat.). Im älteren Staatsrecht die einer Volksvertretung zustehende Entscheidungsbefugnis (im Gegensatz zur beratenden Funktion stehend; →Deliberationsrecht).

Decisiones quinquaginta: Die 50 Konstitutionen der Jahre 529–532, welche den Codex Iustinianeus vorbereiteten.

Decisiones Rotae Romanae: Die Urteile, welche die Rota fällt.

Dia de la Raza (span., Tag der Rasse). Der seit dem Jahre 1911 in Spanien, Portugal sowie den lateinamerikan. Ländern gefeierte Jahrestag der Entdeckung Amerikas am 12. 10. 1492 durch Christoph Kolumbus (1451–1506).

Diadem (griech., Binde). Eine Stirnbinde, aus Stoff (Seide, Wolle und Garn) oder aus Metall (Gold, Silber) hergestellt. Während diademartiger Schmuck bereits im alten Orient insbes. von Frauen getragen wurde, galt den Griechen das D. als Zeichen der Priesterwürde. Eine Haarbinde wurde in Griechenland auch von Frauen und jungen Männern getragen, insbes. von olympischen Siegern. Hingegen war das D. im Orient schon früh ein Herrschaftssymbol (Babylonien, Ägypten, Persien etc.). Alexander d.Gr. (reg.

336–323 v. Chr.) und die Herrscher der hellenist. Staaten übernahmen das D. aus dem Orient. Das republikan. Rom lehnte das D. als ein Zeichen der Monarchie ab. Erst seit der Zeit Konstantins d. Gr. (reg. 306–337) wurde es durch die röm. Kaiser als Zeichen der Kaiserwürde übernommen. Der oström. Kaiser Justinian (reg. 527–565) machte das D. zu einem Stirnreif mit geschlossenem Bügel, der von einem Kreuz gekrönt war, d. h., daß er das D. zur Krone ausgestaltete.

LIT. S. Grenz, Beitr. zur Geschichte des D. in hellenist. Reichen (1914); A. Alföldi, Insignien und Tracht der röm. Kaiser. In: Mitt. des Dt. Archäolog. Inst., Röm. Abt. 50 (1935); E. Eichmann, Die Kaiserkrönung im Abendland. 2 Bde. (1942); P. E. Schramm, Herrschaftszeichen und Staatssymbolik. 3 Bde. (1954/56); R. A. Higgins, Greek and Roman Jewellery (London 1961); H. W. Ritter, D. und Königsherrschaft (1965).

Diadochen (griech., Nachfolger). Die im Anschluß an den Tod Alexanders d. Gr. (323 v. Chr.) um dessen Nachfolge gegeneinander rivalisierenden und sich sein Reich schließl. teilenden Feldherren Alexanders: Antipater behielt Makedonien (mit Griechenland), Lysimachos erhielt Thrakien, Antigonos Lykien, Pamphylien und Großphrygien, Ptolemäos Ägypten und Seleukos Babylonien. Außer Pergamon blieben noch einige weitere Teile des Reiches unabhängig. Die Kämpfe der D. untereinander fanden mit der Schlacht bei Ipsos (301 v. Chr.) ihren vorläufigen und mit der Schlacht bei Kurupedion (281 v. Chr.) ihren endgültigen Abschluß. Seit etwa 280 v. Chr. kam es zur Bildung der drei großen hellenist. Reiche: Ägypten (unter den Ptolemäern), Syrien (unter den Seleukiden) und Makedonien (unter den Antigoniden); dazu noch das Reich von Pergamon (unter den Attaliden). Die Nachfolger der D. wurden Epigonen genannt.

LIT. J. G. Droysen, Geschichte des Hellenismus, 2 und 3 (^{2}1877–78); J. Kaerst, Geschichte des Hellenismus, 1 (^{3}1927), 2 (^{2}1926); H. Bengtson, Griech. Geschichte (^{3}1965).

Diakon (griech. diakonos, Gehilfe, Diener). Im NT die Bez. für einen Gemeindefunktionär. Im 1. Timotheusbrief, 3, werden die von einem D. erwarteten Eigenschaften genannt, nicht aber die Aufgaben des Amtes. Offensichtl. war es dem des Bischofs analog. Der D. half dem Bischof in Kultus, Armenpflege und bei der Verwaltung; somit ist er einflußreich, obwohl er nie zu vollen Priesterfunktionen zugelassen und ausdrücklich den Presbytern unterstellt wurde. Durch zahlreiche, genau fixierte Aufgaben war er kultisch unentbehrlich. So blieb es in der Ostkirche bis heute. Daß dort auch die kleinste Gemeinde einen D. neben dem Priester haben muß, hat sich auf die Vorbildung der D. negativ ausgewirkt. Häufig besitzen sie nur Volksschulbildung; bisweilen wird die Diakonsweihe an Schulentlassene erteilt.

Wie sich der Dienst der D. in der frühen Kirche vielfach gliederte (über den Taufunterricht und die Salbung bei der Taufe u. U. bis zur Austeilung des Abendmahls oder zur Predigt), so gab es eine ähnl. Mannigfaltigkeit der Aufgaben auch beim weibl. Diakonat, dessen Angehörige sich zunächst aus Gemeindewitwen rekrutierten, im Laufe der Zeit jedoch aus Jungfrauen, die eine der Diakonsweihe ähnliche Ordination empfingen.

An Bischofskirchen hieß der erste D. Archidiakonus; aus den röm. Regionaldiakonen wurden die Kardinaldiakone (heute 14, meist mit Priester- oder Bischofsweihe). Der Diakonat als solcher hat in der röm.-kath. Kirche heute seine selbständige Bedeutung verloren, da er als zweitniedrigster der höheren Weihegrade nur Durchgang zum Presbyterat ist.

In der anglikan. Kirche blieb der Diakonat kanonischer Weihegrad. In luth. Kirchen war bis ins 20. Jh., häufig in Gemeinden mit mehreren Geistlichen, die Bez. Diakonus für den zweiten Geistlichen üblich. Gibt es mehrere D., so hat man auch die Bez. Subdiakonus und insbes. Archidiakonus. Auch der weibl. Diakonat wurde im Luthertum nicht aufgegeben. Calvins (1509–64) Gedanken über den kirchl. Dienst der Frau wurden im Diakonissenamt holländ. und niederrhein. Gemeinden in mehreren Fällen bis ins 17. Jh. verwirklicht. In der 1. Hälfte des 19. Jh. lebte das Diakonen- und Diakonissenamt neu auf. Aus dem Leben der modernen ev. Gemeinde, ebenfalls den Anstalten bzw. den Aufgaben der Inneren Mission sind beide Ämter nicht mehr wegzudenken.

LIT. EKL I (1955ff.), 915ff. und 921ff.; F. Heiler, Wertung und Wirksamkeit der Frau in der christl. Kirche. In: Veritati, Festschrift für Johannes Hessen (1949), 116–140; K. Rahner und H. Vorgrimler, Diaconia in Christo (1962); H. Krimm, Das diakonische Amt der Kirche ([2]1965); H. Rünger, Die männliche Diakonie, Gestalt und Auftrag im Wandel der Zeit (1965).

Dialektik (griech., Disputierkunst; im MA eine der Freien Künste). Von den Sophisten ausgebildet, wurde sie durch Sokrates (469–399 v. Chr.) und Platon (427–347 v. Chr.) zur Methode der Philosophie erhoben. D. war bis ins 16. Jh. auch der Name für die formale Logik. Die neuere D. führt das Denken method. auf Widersprüche zurück und durch diese hindurch, welche sie als Schein zu entlarven oder in »Synthesen« aufzuheben trachtet bzw. als ein Letztes stehen läßt. Die eigentl. D. wurde durch Fichte (1762–1814) begründet, und zwar dadurch, daß er grundsätzl. philosoph. Gedankengänge sich durch Widersprüche hindurchbewegen und darin steigern ließ, hierbei neue Synthesen aus den Widersprüchen konstruierend. Übernommen wurde dieses Verfahren durch Hegel (1770–1831), in dessen System eine Auseinanderentwicklung der Begriffe derart erfolgt, daß jeder Begriff als »Thesis« einen entgegengesetzten, die »Antithesis«, enthält und aus sich erzeugt. Als die höhere Form geht aus den beiden Begriffen wieder die »Synthesis« hervor; in ihr sind die Widersprüche aufgegangen, doch werden sie auch in ihr aufbewahrt. Karl Marx (1818–83) übernahm Hegels dialekt. Methode in seinem Historischen Materialismus, der Weltanschauung des sog. wissenschaftlichen Sozialismus oder Marxismus.

LIT. I. Cohn, Theorie der D. (1923); S. Marck, Die D. in der Philosophie der Gegenwart. 2 Teile (1929/31); P. Foulquié, La dialectique (Paris 1949); L. Reidemeister, Das exakte Denken der Griechen (1949); R. Heiss, Wesen und Formen der D. (1959); G. A. Wetter, Der dialektische Materialismus. Seine Geschichte und sein System in der Sowjetunion ([5]1960); J. P. Sartre, La critique de la raison dialectique (1960); E. Topitsch, Die Sozialphilosophie Hegels als Heilslehre und Herrschaftsideologie (1967); H. Heimsoeth, Transzendentale D., ein Kommentar zu Kants Kritik der reinen Vernunft (1967); Th. W. Adorno, Negative D. (1967); G. Göhler, Die Reduktion der D. durch Marx (1980).

Diaspora (griech. Zerstreuung). Glaubensgenossen, die zerstreut unter den Bekennern anderer Konfessionen leben; auch die Gebiete, in denen sie wohnen (Jak. 1,1; Petr. 1,1).

Diaeta, Diäten (von lat. dies, Tag; franz. diète). Ständeversammlung, Reichstag; Tagungsperiode; hierher die Bez. Diäten, in der NZ die Entschädigung eines Abgeordneten, eine nach Tagesleistung oder Tagesaufwand gewährte Vergütung. Außerdem das Diensteinkommen, das außerplanmäßige Beamte erhalten.

Dicken. Eine Silbermünze zu ⅓ Goldgulden mit meistenteils schönen Münzbildern. Nach dem Vorbild der Testone wurde der D. in der Schweiz sowie im Gebiet des Oberrheins geprägt.

Dienst. Die Leistung für den Beruf, die Gesellschaft, desgl. für die Religion (Gottesdienst); sodann auch für kulturelle oder mitmenschliche Ideale.

Dienstadel. Eine dem Adel verwandte Bez. für im Dienst des Königs oder anderer hoher Herren Stehende; die Angehörigen des D. waren nicht selten aus der Schicht der Unfreien aufgestiegen; allmählich verschmolz der D. mit dem Geburtsadel.

Dienstbarkeit (Servitut). Das dingliche Nutzungsrecht an einer fremden Sache; es ist zu unterscheiden von dem rein schuldrechtl. Nutzungsrecht, das nur einen Anspruch auf Gestattung der Nutzung gewährt.

Diensthufe. Im Grunde genommen jede Hufe, auf der Leistungen, d.h. Dienste jedweder Art ruhen; dann vor allem die Hufe, die der Angehörige eines Fronhofes zur Bestreitung seines Unterhalts zugeteilt bekam.

Dienstlehen. Das an einen Ministerialen verliehene Lehen, zunächst ohne einen Lehenseid; das D. konnte nicht weiter verliehen werden. Im Zusammenhang mit dem sozialen Aufstieg der Ministerialen wurde es nach und nach zu einem echten Lehen.

Dienstrechte. Im Bereich geistl. Herrschaften seit dem 11., mehr noch seit dem 12. Jh. die Aufzeichnungen der Rechte und Pflichten der Dienstleute, insbes. die D. von Bamberg (11. Jh.), Köln und Basel (13. Jh.). Im Verlauf des

13. Jh. wurde das D. durch das Lehensrecht ersetzt.

Digesten (lat. von digerere, ordnen, mitteilen; griech. Pandekten). Der Hauptbestandteil des Corpus Juris Civilis, und zwar die 530–33 zusammengestellten 50 Bücher des röm. Juristenrechts (ius vetus). Allg. bez. D. ein systematisch geordnetes Sammelwerk insbes. jurist. Inhalts.

Dignitär (lat.). Würdenträger. Nach kath. Kirchenrecht der Inhaber eines höheren Kirchenamtes (Dignität). Als Dignitäten gelten vor allem die leitenden Mitglieder eines Kapitels, z.B. der Domdekan, der Dompropst und der Domscholaster.

Dikasterien. Altgriech., vor allem athen. Volksgerichtshöfe (Geschworenengerichte, Heliäen). Aus dem von Solon als Berufungsinstanz gegen Beamtenansprüche eingerichteten Volksgerichtshof entwickelten sich seit etwa 500 v. Chr. mehrere Gerichtshöfe, die in erster und zweiter Instanz urteilten. Als auch die attischen Bundesgenossen Athens häufig gezwungen waren, in Athen ihr Recht zu suchen, gehörten den D. einige tausend Athener an. Durch die Einführung der Diäten seitens Perikles (nach 500–429) erhielten auch die ärmeren Bevölkerungskreise Athens die Möglichkeit, den D. anzugehören. Den Vorsitz im Dikasterion hatte ein Beamter inne; die Teilnehmer stimmten mit Stimmsteinen ab. Als kirchl. D. bez. man in der kath. Kirche die Zentralbehörden der päpstl. Kurie, vor allem innerhalb der kurialen Vermögensverwaltung.

LIT. O. Schulthess, Das attische Volksgericht (Bern 1921); H. Hommel, Heliaia. In: Philologus, Suppl.-Bd. 19, 2 (1927).

Diktat. Ein strikter Befehl, z.B. das bedingungslos auszuführende Friedensdiktat von Versailles vom 28. 6. 1919.

Dictatus papae. Die durch Papst Gregor VII. (1073–85) im Jahre 1075 aufgestellten 27 kirchenpolit. Grundsätze über die universale Papstgewalt. Sie gipfelte im Primat der von Irrtum freien, von Gott gestifteten röm. Kirche, deren Vorsteher von niemandem gerichtet werden kann und darf.

LIT. K. Hofmann, Der D.p. Gregors VII. (1933); H. Mordek (Hrsg.), Proprie auctoritates apostolice sedis. Ein zweiter D.p.?. In: DA 28 (1972); E. Caspar (Hrsg.), Das Register Gregors VII. (1955).

Diktator (lat., Sprecher).

[1] In latinischen Städten das oberste Jahresamt. Z. Z. der frühen röm. Republik ein Beamter mit unbeschränkten Befugnissen. Er wurde in Notzeiten durch die Konsuln ernannt; mit seinem Gehilfen (magister equitum) regierte er ohne Kollegen, ohne Provokation, ohne Interzession der Volkstribunen. Die Amtszeit des D. war auf sechs Monate beschränkt. Seit dem Ende des 2. Punischen Krieges (201 v. Chr.) wurde kein D. mehr eingesetzt. Die Diktaturen Sullas (82–79 v. Chr.) und Caesars (49, 48–44 v. Chr., zuletzt auf Lebenszeit) waren etwas gänzlich Neues. Ledigl. die Titel und äußeren Formen (24 Liktoren) wurden durch sie wiederaufgenommen.

[2] Im Deutschen Reich bis 1806 der Sekretär des Mainzer Erzbischofs; er hatte auf dem Reichstag die Diktatur (seit 1663 und ähnlich auch im Deutschen Bund, seit 1815), die förml. Weitergabe von Anträgen und Eingaben an die Gesandten, vorzunehmen. Seit der NZ bez. man eine mit uneingeschränkter Machtvollkommenheit ausgestattete Einzelperson als D.: er ist der führende Mann in autoritären Staaten.

LIT. E. Halévy, L'ère des tyrans (1938); W. Wilcken, Zur Entwicklung der röm. Diktatur (1940); Ernst Meyer, Röm. Staat und Staatsgedanke (^{3}1964).

Diktatur. In autoritären Staaten die uneingeschränkte Macht eines einzelnen oder einer oligarchischen Gruppe, welche tatsächlich die gesamte polit. Gewalt innehaben und bestenfalls dem äußeren Schein nach andere Staatsorgane neben sich gelten lassen. Dementsprechend hat etwa ein Monarch neben dem diktatorisch herrschenden Regierungschef lediglich repräsentative Funktionen zu erfüllen, während eine evtl. noch bestehende Volksvertretung ein reines Akklamationsorgan ist; Mitwirkung bei oder Stellungnahme zu den Regierungsentscheidungen werden durch Zustimmungsakte vorgetäuscht. In derartigen Fällen stellt die D. einen Dauerzustand dar. Selbst wo sie noch formal aufrechterhalten wird, stellt die überlieferte parlamentar.-demokrat. Verfassung in Wirklichkeit eine Fiktion dar; der eigentl. Verfassungszustand ist die souveräne D. Aus einer Krise des parlamentar.-demokrat. Staates ent-

standen, kann sie sich auf eine revolutionäre Massenbewegung mit autoritärer und in den meisten Fällen auch totalitärer Ideologie stützen; nicht selten basiert die D. auf einer Gruppe von Militärs. Häufig ist sie aus einer Verbindung nationalist. Elemente mit sozialrevolutionären Arbeiterbewegungen hervorgegangen.
In einer Reihe europ. Staaten kam es nach dem Ersten Weltkrieg zur Bildung diktator. Staatsformen. Die polit. Konstellation wie auch das Ausmaß des Eingreifens in die rechtsgültige staatl. Ordnung war hierbei in den verschiedenen Ländern sehr unterschiedlich. Als Beispiele für diktator. Staatsformen wären zu nennen, sieht man vom Faschismus und Nationalsozialismus einmal ab, Spanien unter Primo de Rivera (1923), Polen unter Pilsudski (1926), Griechenland unter Metaxas (1936). In einigen außereurop. Staaten kam es zu einer ähnl. Entwicklung nach dem Zweiten Weltkrieg: in Argentinien unter Peron (1946), in Persien unter Mossadegh (1952), in Ägypten unter Nagib bzw. unter Nasser (1952); zudem in Algerien, dem Irak, Syrien, Libyen, dem Sudan etc.
LIT. C. Schmitt, Die D. ([2]1928); H. Arendt, Elemente und Ursprünge totaler Herrschaft (1955); O. Stammer, Demokratie und D. (1955); C.J. Friedrich, Totalitäre D. (1957, mit Lit.); G. W. F. Hallgarten, Dämonen oder Retter (1957); H. Buchheim, Totalitäre Herrschaft (1962); B. Moore, Soziale Ursprünge von D. und Demokratie (1969); J.C. Fest, Hitler (1973).

Diktatur des Proletariats. Bez. für eine Herrschaftsform, in der alle polit. Gewalt von der organisierten Klasse der Arbeiter, dem Proletariat, ausgeübt wird. Die D.d.P. ist im Grunde genommen ein Zwischenstadium: lt. Kommunistischem Manifest (1847/48), durch Karl Marx (1818–83) und Friedrich Engels (1820–95) proklamiert, stellt sie eine sozialrevolutionäre Herrschaftsform für die Übergangszeit vom Zusammenbruch der bürgerl. Ordnung bis zur Herausbildung einer klassenlosen Gesellschaft dar.
LIT. K. Kautsky, Die D.d.P. ([4]1919); A. Waerland, Die D.d.P. (1921; aus dem Schwedischen); M. Langhans, Vom Absolutismus zum Rätefreistaat (1925); W.I. Lenin, Sämtliche Werke, 22 (dt. 1925ff. und 1958ff.); J.W. Stalin, Fragen des Leninismus (dt. [2]1950).

Ding, nordgerman. Thing (mlat. mallus, placitum). Die german. Volksversammlung, im fränk. und frühma. Reich vor allem die Gerichtsversammlung. Stets fand das D. bei Tage statt (Tagding, hierher Taiding: Gericht, Verhandlung) und unter freiem Himmel. Der Tagungsort wurde nicht geändert: die Dingstätte (Malstätte, Dingstuhl), wie man den Tagungsort nannte, war altgewohnt; hier versammelten sich die Dinggenossen (Dingleute, Dingmannen). Auf den religiösen Ursprung des D. läßt die Hegung, d.h. die Bekanntmachung des Dingfriedens bei gleichzeitiger Anrufung der Gottheit, schließen; das Brechen des Dingfriedens wurde hart bestraft. Man unterschied zwischen echtem D. und gebotenem D.
Während zunächst alle waffenfähigen und freien Männer dingpflichtig waren, versammelten sich seit Karl d. Gr. (reg. 768–814) das gesamte Dingvolk nur noch dreimal jährl. beim echten D. des Grafen. Das während der Zwischenperioden bei Bedarf veranstaltete gebotene D. besuchten gewöhnl. nur der Schultheiß und die Schöffen; Dingvogt oder Dinger war eine gängige Bez. für den Vorsitzenden des D. Auf dem grundherrl. Dinghof stand der Meier oder Vogt dem D. vor.
Die Dauer des D. war nicht fest begrenzt; es konnte drei Tage, jedoch auch länger dauern. Die Dingfrist, d.h. die Zeit bis zur nächsten Tagung, betrug 40 Nächte (fränkisch), sechs Wochen und drei Tage (sächsisch). Im Falle eines Versäumnisverfahrens war eine derartige Frist von Bedeutung.
Die von gesetzeskundigen Dinggenossen erfragten Beschlüsse und Urteile erhielten auf die Zustimmung des Umstandes hin Gesetzeskraft. Zur Urteilsfindung wurden Dingzeugen herangezogen. Über die Verhandlung verfaßte man ein beweiskräftiges Zeugnis. Der zu verurteilende Missetäter wurde für die Zeit der Verhandlung dingfest gemacht.
Bei den Germanen entschied das D. noch über alle das gesamte Volk betreffenden Fragen, nicht zuletzt über Krieg und Frieden. Dagegen wurde es seit der fränk. Zeit mehr und mehr zu einem reinen Gerichtsding. Während des MA verlor das D. seine ursprüngl. Bedeutung infolge der zunehmenden ständ.

und sachl. Differenzierung, bis es schließl. durch die zwar nicht formale, jedoch tatsächl. Gerichtsverfassung des Territorialstaats verdrängt wurde. In den Landtagen der Stände bestand es als polit. Versammlung weiter.
Die Tradition des D. lebt in den Bez. für die Parlamente der skandinavischen Länder weiter: Althing, Storting, Landsting, Folketing. Die schweizerische Landsgemeinde, obwohl sie als Organ der direkten Demokratie dem D. am nächsten steht, leitet sich nicht von diesem her.
LIT. C. von Schwerin und H. Thieme, Grundzüge der dt. Rechtsgeschichte (⁴1950); W. Grönbech, Kultur und Religion der Germanen (⁵1954); A. Grote, Die Welt der Dinge (1958); H. Mitteis, Der Staat des hohen MA (⁷1962).

Dinzeltag, Dingestag (ahd. ding, Gericht). Bez. für den Tag, an dem die Jahresversammlung einer Zunftgenossenschaft stattfand.

Diobelie (griech.). »Zwei-Obolen-Spende«; eine im Jahre 410 v. Chr. in Athen eingeführte tägl. Staatsrente. Sie wurde allen Bürgern gewährt, die ihre Besoldung nicht vom Staat erhielten.

Diognetbrief. Eine von einem unbekannten altchristl. Verfasser um 200 n. Chr. in Briefform abgefaßte hervorragende Apologie. Hierin werden die von einem Heiden gestellten Fragen nach dem Wesen christl. Gottesverehrung beantwortet; gleichzeitig wird der Unterschied der Verehrung Gottes gegenüber der durch Juden und Heiden dargelegt.

Dioikismos (griech.). In der Geschichte der Griechen die unter Zwang vorgenommene Aufteilung einer Stadt in eine Anzahl selbständiger Gemeinden. Synoikismos war hierzu ein Akt gegensätzlicher Art.

Diözese (griech., dioikesis, Haus-, Staatsverwaltung).
[1] In den Stadtstaaten Griechenlands, insbes. aber in den hellenist. Königreichen die Verwaltung der Finanzen und der Wirtschaft; hierher Dioiketes, der »Hausverwalter«, der dem Finanzwesen und der Staatswirtschaft im Ägypten der Ptolemäerzeit (284–31 v. Chr.) Vorstehende; desgl. der Titel für die ihm in den einzelnen Landesteilen Unterstellten; in Byzanz der Titel der Finanzbeamten. Das spätlat. dioecesis bez. eine Verwaltungseinheit des röm. Reiches in Anlehnung an das hellenist. Vorbild, und zwar ein Stadt-Territorium, das einen der Provinz untergeordneten Verwaltungsbezirk darstellt. Seit der Reform Kaiser Diokletians (284–305) stellte die D. innerhalb des gesamten Verwaltungsbereichs eine Zwischeninstanz dar, die den Provinzen übergeordnet war; an der Spitze der urspr. 12 D. stand der Vikar oder Comes.
Von der spätantiken Bedeutung leitet sich nach kath. Kirchenrecht der Amtsbezirk eines Bischofs bzw. seine Bez. als D. her. In den ersten christl. Jahrhunderten wurde die bischöfl. Stadtgemeinde D. genannt. Infolge fortschreitender Missionierung dehnte sie sich auf das umliegende Gebiet, häufig auch auf Stadt- und Landgemeinden aus, die keinen Bf. hatten. Seit dem 3. Jh. entstanden nach oben die größeren hierarch. Verbände durch Zusammenfassung, nach unten die Pfarreien (Parochien) durch Teilung.
[2] **Exemte Diözese.** Eine D., die keiner Kirchenprovinz eingegliedert, sondern direkt dem Papst oder dessen Beauftragtem unterstellt ist.
[3] In der ev. Kirche bez. man den Bezirk eines Superintendenten (Dekan) als D.
LIT. J. Müller, Die bischöfl. Diözesanbehörden (1905); S. d'Angelo, La curia diocesana a norma del Codice. 2 Bde. (Giarre 1922, 1928); Handbücher des kath. Kirchenrechts und seiner Geschichte.

Diplom (griech., gefaltetes Schreiben). Urspr., und zwar bei den Griechen, ein amtl. Schriftstück, das aus zwei Täfelchen zusammengefügt war; bei den Römern vor allem ein von den Kaisern oder anderen höheren Staatsbeamten verfaßtes Schreiben, wodurch einzelnen Personen gewisse Vorrechte oder Vorteile zugesprochen wurden, so u. a. das Militärdiplom, die Entlassungsurkunde der röm. Soldaten, denen hierdurch das Bürgerrecht und das Conubium verliehen wurden.
Im MA wurde die Bez. D nur noch selten verwendet; denn zu dieser Zeit nannte man Urkunden »charta«, »pagina«, »litterae«, »instrumentum« etc. Erst seit dem 17. Jh. wurde das Wort D. wieder allg. verwendet und daraufhin durch J. Mabillon (1632–1707), den Begründer der Urkundenlehre, in den wissenschaftl. Sprachgebrauch eingeführt. Seit der Bearbeitung der Diplo-

matik in dt. Sprache wurde das Wort D. durch Urkunde ersetzt. Gleichzeitig kommt es aber zu unterschiedl. Auffassungen hinsichtl. der Urkunden. So wurden durch H. Bresslau (1848–1926) »schriftliche, unter Beobachtung bestimmter, wenn auch nach Verschiedenheit von Person, Ort, Zeit und Sache wechselnder Formen aufgezeichnete Erklärungen, welche bestimmt sind, als Zeugnisse über Vorgänge rechtlicher Natur zu dienen«, als Urkunden bezeichnet. Akten nennt man die sämtlichen übrigen in den Archiven verwahrten Schriftstücke.

LIT. →Diplomatik; →Urkundenlehre.

Diplomatie. Die Wissenschaft und Praxis der internationalen Beziehungen. Der Sache nach ist die D. so alt wie die Staaten, deren Verhandlungen und Abmachungen untereinander sich bis ins 2. Jahrtsd. v. Chr. zurückverfolgen lassen. Die diplomat. Gepflogenheiten der NZ wurden seit dem 15. Jh. vor allem in den Staaten Westeuropas entwickelt (Italien, hier insbes. an der Kurie, in Venedig und Florenz, Frankreich und Spanien) und durch internationale Vereinbarungen ganz bes. während des Wiener Kongresses festgelegt (Wiener Reglement vom 19. 3. 1815; ferner durch das Aachener Protokoll vom 21. 11. 1818). Die Zeit der Geheimdiplomatie vom Westfälischen Frieden (1648) bis zum Ersten Weltkrieg (1914–18), in der Formen der Etikette, persönl. Kontakt, Lebensstil etc. einer auf Hof und aristokrat. Gesellschaft abgerichteten D. Voraussetzungen für den Erfolg waren, ist seit dem Ende des Ersten Weltkriegs einer neuen, der offenen D., gewichen. Sie wird geprägt durch Demokratisierung und eine immer stärkere Technisierung des diplomat. Verkehrs, nicht zuletzt auch durch das häufige persönl. Zusammentreffen der leitenden Staatsmänner.

LIT. O. Krauske, Die Entwicklung der ständischen D. (1886); J. Cambon, Der Diplomat (1927); H. Nicolson, Diplomacy (New York 1939; dt. Bern 1947); R. Sallet, Der diplomat. Dienst (1953); H. Wildner, Die Technik der D. (1959, mit Lit.); Ch. Webster, The Art and Practice of Diplomacy (London 1961); P. Gerbore, Formen und Stile der D. (1964, mit Lit.); H. A. Kissinger, Großmacht D. Von der Staatskunst Castlereaghs und Metternichs (1980); F. Franchedino, Diplomat. Geheimschriften (1980); J. von Uthmann, Die Diplomaten. Affären und Staatsaffären von den Pharaonen bis zu den Ostverträgen (1985).

Diplomatik. Als formale geschichtl., nicht als jurist. Erscheinung ist die Urkunde Gegenstand der D. Als einer der sog. Hilfswissenschaften der Geschichtswissenschaft fällt ihr im Rahmen der Quellenkunde die Aufgabe zu, für die krit. Aufbereitung der urkundl. Quellen zu sorgen. Ihre Begründung durch Jean Mabillon (1632– 1707) im 17. Jh. darf als der Beginn einer method.-krit. Geschichtsforschung betrachtet werden; die D. verdankt Mabillon auch ihren Namen, der von dem griech.-lat. diploma hergeleitet ist, womit urspr. bestimmte Arten der röm. Doppeltafelurkunde bez. wurden, in neulat. Zeit aber die Urkunde im allg., im engeren Sinn jedoch zur Bez. der feierl. Ausfertigung namentlich königlicher Urkunden diente. Herkömmlich, gleichfalls durch die Entwicklung bedingt, ist die Gliederung der D. in eine allg. D. sowie in Spezialdiplomatiken, und zwar Königsurkunden, Papsturkunden und nichtkönigl. Urkunden; unzutreffend ist die Bez. Privaturkunden (eine derartige Gliederung wird den Gegebenheiten und der Mannigfaltigkeit des Urkundenwesens allerdings nur in unvollkommener Weise gerecht).

Auf beschreibende und vergleichende Art betrachtet die D. zunächst die Beschaffenheit der Urkunden nach deren äußeren und inneren Merkmalen: Beschreibstoff, Schrift, Besiegelung bzw. Sprache, Gliederung und Textgehalt. Sodann wendet sie sich ihrer zeitl. und inhaltl. Bedingtheit zu, betrachtet sie dann unter dem Aspekt der Abhängigkeit von Vorbildern und Vorlagen, um dadurch die Kriterien für die Beurteilung ihrer Echtheit und Glaubwürdigkeit zu gewinnen. Unter Zuhilfenahme der durch Th. Sickel (1826–1908) entwickelten Methode des Schrift- und Diktatvergleichs zielt sie weiter dahin, den Verfasser des Textes, d.h. des »Diktates«, sowie den Schreiber der einzelnen Urkunden zu bestimmen, insgesamt die verschiedenen Stufen des Geschäftsganges aufzuhellen, welchen die Urkunde durchlief, und zwar vom Antrag (petitio, Supplik) oder vom Rechtsakt an über den Beurkundungsantrag hin zum Entwurf, weiter zu ihrer Genehmigung, zur Reinschrift un schließlich zu ihrer Vollziehung. Neben die Betrachtung der fertigen Urkunde tritt mithin die Untersuchung des Beurkundungsvorganges. Dementsprechend richtet sich das Interesse der D. auch auf die beteiligten Personen und Einrichtungen, d.h. die Beurkundungsstellen bzw. »Kanzleien«. Diese Einbeziehung der Verwaltungsgeschichte bedingt, daß sich die D. nicht mehr auf die klass. Urkunde, den Einzelakt, beschränkt, sondern darüber hinaus die Amts- oder Geschäftsbücher mit ihren Sammeleintragungen sowohl urkundl. wie auch verwaltungsmäßigen Charakters einbezieht. Auf diese Weise erhellt die D., zumal sie am Rande ebenfalls den Briefformen ihr Augenmerk zu widmen hat, die Frühgeschichte des Aktenwesens. Was die Kulturgeschichte anbetrifft, so vermittelt die D. Einblick in das Ausmaß sowie die Rolle des Schriftgebrauchs, der sich seit dem frühen MA wieder ausbreitete.

LIT. Bresslau I (1889), II/1, 2 (1912–31); R. Thommen, Die Lehre von den Königs- und Kaiserurkunden. In: Grundriß der Geschichtswissenschaft, I, 1 (1906), I, 2 (1906, [2]1913); O. Redlich, Allgemeine Einleitung zur Urkundenlehre (1907); W. Erben, Die Kaiser und Königsurkunden des MA in Deutschland, Frankreich und Italien (1907); F. Dölger, Byzantinische D. (1956); Archiv für Urkundenforschung 1–18 (Berlin 1908–44); ADipl. (1955ff.)

Diptychon (griech., doppelt zusammengefaltet). Antikes, durch zwei Gelenke verbundenes, zusammenklappbares, schmal-rechteckiges Tafelpaar aus Holz, Elfenbein oder Edelmetall mit einer Wachseinlage zum Schreiben; außen war es mit Reliefschmuck versehen. Das D. war ein häufiges Geschenk beim Amtsantritt von Konsuln (Konsulardiptychon), mit deren Bildnis versehen. Vom 4. Jh. an waren D. auch in frühchristl. Kirchen gebräuchlich. Ihre Außenseiten waren mit christl. Szenen verziert, ihre Innenseiten zur Aufzeichnung von lebenden und toten Wohltätern der Kirche bestimmt, deren man beim Meßopfer gedachte. Während des MA wurden D. oft als Deckel von Handschrifteneinbänden benutzt. Zweiflügelige Altäre bez. man ebenfalls als D.

LIT. H. Graeven, Frühchristl. und ma. Elfenbeinwerke (1898–1900); R. Delbrück, Konsulardiptychen und verwandte Denkmäler (1929); W. F. Volbach, Elfenbeinarbeiten der Spätantike und des frühen MA ([2]1952, m. Lit.).

Direktorium (von lat. dirigere, leiten). Eine mehrere Personen umfassende Gemeinschaft, die durch Wahl oder Ernennung den Vorsitz oder das Präsidium einer Institution bildet bzw. die leitende Instanz, eine oberste Verwaltungsbehörde darstellt, z. B. seit 1489 in den Reichstagskollegien, so Mainz im Kurfürstenkollegium, Österreich bzw. Salzburg im Reichsfürstenrat, die Stadt des Reichstags im Städtekollegium, das Kreisdirektorium in den Reichskreisen.

Nach der Verfassung vom 1. Vendémiaire (23. 9. 1795) stellte das D. (franz. Directoire) die oberste Regierungsbehörde Frankreichs dar. Es bestand aus fünf Mitgliedern; sie wurden vom Rat der Alten aus einer durch den Rat der 500 aufgestellten Liste gewählt. Zu den bekanntesten Direktoren gehörten Barras, Rewbell, Carnot und Sieyès. Napoleon Bonaparte machte durch den Staatsstreich vom 18. Brumaire (9. 11. 1799) dem D. ein Ende; an dessen Stelle trat nunmehr das Konsulat.

LIT. L. Sciout, Le Directoire, 4 Bde. (1895–97); A. Mathiez, Le Directoire (1934); G. Lefèbvre, Le Directoire (1946, [2]1958); J. Godechot, Les institutions de la France sous la Révolution et l'Empire (1951).

Dirhem, Diräm (griech.). Bis ins 16. Jh. eine wichtige muselmanische Silbermünze von 2,97 g Gewicht. 695/96 eingeführt, wurde sie von Baktrien bis Spanien geschlagen.

Disciplina clericalis. Eine aus 34 oriental. Quellen schöpfende Sammlung von Fabeln, moralischen Erzählungen, Sprüchen und Gedichten; besorgt wurde sie zu Beginn des 12. Jh. durch Moses von Huesca (nach seiner Taufe Petrus Alfonsus) in lat. Sprache.

Ausgaben der D. c. von A. Hilka und W. Söderhjelm. 2 Bde.

Disengagement (engl., Ungebundenheit). Allg. Bez. für Entspannung, insbes. aber zur schlagwortartigen Umschreibung der seit 1955 währenden Bemühungen gebraucht, die in Mitteleuropa militär. engagierten Großmächte zum Auseinanderrücken zu bewegen.

LIT. K. Kaiser, German Foreign Policy

in Transition (1968); P. Bender, Die Ostpolitik Willy Brandts (1972).

Disestablishment (engl., Entstaatlichung). Bez. für die Trennung der Kirchen Großbritanniens vom Staat: der Irlands 1869, Schottlands 1874, Wales' 1920.

Dislokation. Die räuml. Verteilung von Truppen im Frieden.

Dislokationsrecht. Nach 1945 beruhte die Stellung der Sieger- bzw. Besatzungsmächte in Dtl. auf dem D.

Dismembration (lat. Kunstw.). Die Zerstückelung eines Staatswesens. Nach dem Ersten Weltkrieg kam dem Begriff D. im Zusammenhang mit den Diskussionen, die die Auflösung der Donaumonarchie auslöste, bes. Bedeutung zu.

Dispensator (lat., Verwalter, Rechnungsführer, Kassierer). Während des FrühMA der mit der Kassenführung und Auszahlung betraute Hofbeamte; allgemein der Wirtschaftsverwalter (Meier).

Dispositio Achillea. Das Hausgesetz des Kurfürsten Albrecht Achilles (reg. 1470–86) vom 24. 2. 1473. Hierdurch wurden Primogenitur und Unteilbarkeit für die Mark Brandenburg festgelegt.
LIT. E. W. Kanter, Markgraf Albrecht Achilles. Bd. 1 (1911); J. Schultze, Die Mark Brandenburg, 3 (1963); H. Conrad, DRG 2 (1966).

Disposition (lat. dispositio, Anordnung). Die Verfügungsbefugnis. In den dt. Armeen wurden die verabschiedeten höheren Offiziere, die, ohne Dienst zu tun, dem Kriegsministerium im Mobilmachungsfall zur Verfügung standen, ›Offiziere z. D.‹ (Offiziere zur D.) genannt. Auch diejenigen Offiziere, die Dienst in inaktiven Stellungen taten, z. B. als Bezirkskommandeure, nannte man Offiziere zur D.

Dispositionsfonds. Im Staatshaushalt ein Posten, dessen Verwendung dem König, dem Staatsoberhaupt oder den Ministerien zur freien Verfügung steht; der D. wird durch die Volksvertretung zugebilligt.

Disputation. Das öffentl. geführte gelehrte Streitgespräch; es war früher weit verbreitet und diente der Klärung wissenschaftl. oder religiöser Streitfragen, z. B. die D. Martin Luthers mit dem Ingolstädter Theologen Johannes Eck zu Leipzig im Jahre 1519. Die D. war auch zur Erlangung akadem. Grade und Würden erforderlich.

Dissenters (Nonkonformisten, Andersdenkende). Bez. für diejenigen Gruppen in England, die wegen ihrer Forderung nach Reformation der engl. Kirche (Verlangen nach dem reinen Wort Gottes) die Uniformitätsakte (1559 etc.) ablehnten. Es handelte sich bei ihnen hauptsächl. um Anhänger Calvins (1509–64); sie erhielten bald den Namen Puritaner. Z. Z. Cromwells (reg. 1649–58) gewannen sie die Führung in der Kirche; seit 1660 jedoch wurden sie verfolgt und entrechtet; etwa 2000 Geistliche wurden aus ihren Kirchen vertrieben und grausame Gesetze gegen sie eingebracht. Die hiermit verfolgte Absicht des Zwangseintritts in die Staatskirche wurde meist nicht erreicht. Kongregationalisten, Presbyterianer, Baptisten, Quäker etc. nahmen sogar zu und bildeten in ihren staatlicherseits verbotenen Akademien den Nachwuchs aus. Durch die Toleranzakte (1689) wurde ihnen freie Gottesdienstausübung gewährt, davon ausgenommen waren die Unitarier und die röm. Katholiken.
Im 18. und 19. Jh. gewannen die D. allmählich Gleichberechtigung mit den Anglikanern: 1827 erreichten sie Zugang zu Gemeinde- und Staatsämtern, auch die Mitgliedschaft im Parlament, 1868 Aufhebung der Kirchensteuerverpflichtung, 1871 Erlaubnis zum Studium in Oxford und Cambridge, alles gegen starke Opposition der Staatskirche. Die Namen Cromwell, Milton (1608–74), des Politikers Fox (1749–1806), Bunyans (1628–88), des Malers Watts (1817–1904), Wesleys (1703–91), des Begründers des Methodismus beweisen den großen Beitrag der D. für das engl. Leben.
Der Bez. D. wird heute der Name Freikirche vorgezogen; das Verhältnis zur anglikan. Kirche ist wesentl. freundlicher. Zu den aus England nach den USA abgewanderten D. gehören u. a. die Pilgrim Fathers (1620).
LIT. H. W. Clark, History of English Nonconformity. 2 Bde. (1911/12); H. Davies, The English Free Churches (N. Y. 1952, mit Lit.).

Dissidenten. Der Begriff D. (lat. dissidere, nicht übereinstimmen, getrennt sein) ist heute schillernd. Sprachl. tritt er zuerst im Warschauer Frieden (Pax dissidentium, 1573) in Erscheinung; er dient dort zur Kennzeichnung der von der kath. Kirche Getrennten. In England sind Dissenters die von der Staats-

kirche Getrennten. Wenn, wie es z.B. im preuß. Staat der Fall war, mehrere Kirchen öffentl.-rechtl. Befugnisse besitzen, gelten als D. diejenigen, welche sich von diesen Kirchen getrennt halten. Seitdem auch kleinere Religionsgemeinschaften Körperschaften des öffentl. Rechts werden können (vgl. Art. 137–141 der Weimarer Verfassung von 1919), verengt sich der Begriff im modernen Sprachgebrauch auf solche Personen, die keiner Religionsgemeinschaft angehören, die in diesem Sinne mithin konfessionslos (glaubenslos) sind. Um dem Wort einen positiven Sinn zu verleihen, bez. das Dritte Reich die D. als »Gottgläubige«. Die Bez. »Freidenker« ist für D. ebenfalls üblich. Nur dort, wo Religionsfreiheit herrscht, sind D. möglich.
In der nichtkommunist. Welt bez. man mit D. oft Oppositionelle in den ehem. Ostblockstaaten, die mit den jeweils herrschenden Anschauungen und polit. Grundsätzen nicht übereinstimmten.
LIT. RGG II (1958), 209; LThK III (^{2}1957ff.), 348; StL I (1957), 1464.

Distelorden, Andreasorden; engl. The Most Ancient and Most Noble Order of the Thistle. Ein urspr. schott., heute brit. Orden, der in der Rangfolge der brit. Orden (hinter dem Hosenbandorden) an 2. Stelle steht. Er soll 787 durch den schott. König Achaius, der mit Hungus, dem König der Pikten, gegen die Engländer kämpfte, in Erinnerung an ein leuchtendes Kreuz, das sie in der Nacht vor der Schlacht sahen, gegr. worden sein. 1540 soll der Orden wiederhergestellt worden sein, sicher aber 1687, jedoch nur bis zur Revolution des Jahres 1688. Endgültig wiederhergestellt wurde er durch Königin Anna (reg. 1702–14) im Jahre 1703. Die Mitgliedschaft des Ordens ist auf den König, Mitglieder des Königshauses, ausländ. Ritter sowie im Höchstfalle 16 Ritter aus dem hohen schott. Adel (Peers) beschränkt.

Distrikt (mlat. districtio, Amtsgewalt bzw. deren Ausübung). Die untere Verwaltungseinheit, d.h. der Bezirk, der Kreis oder deren Untergliederung. In den europ. Staaten kommt der D. im Verwaltungsbereich selten vor; in Frankreich war er von 1791–95 ein Teil des Departements, Bayern kannte ihn im 19. Jh.; häufiger war er in der Kolonialverwaltung Dtls. und Großbritanniens. In mittel- und südamerikan. Staaten (Mexiko, Venezuela, Argentinien, Brasilien, Uruguay, Peru) ist der Distrito Federal, der Bundes-Distrikt, der den Provinzen oder Staaten gleichgestellte Verwaltungsbezirk. Der District of Columbia, abgek. D.C., ist der 1791 geschaffene Bundesdistrikt der USA mit der Bundeshauptstadt Washington; er ist dem Kongreß unmittelbar unterstellt.

Disziplin (lat. disciplina, Unterweisung, Zucht).
[1] Wissenschaftszweig, vor allem die disciplina Etrusca, die Wissenschaft der etrusk. Haruspices; sie wurden herangezogen, wenn es in Rom die Prodigien zu deuten galt.
[2] Zucht, Ordnung, vor allem im Heer, wo sie als militär. Tugend galt; im 2. Jh. n. Chr. wurde sie als Göttin verehrt.
[3] Kirchenzucht (→Flagellanten); sie steht in engem Zusammenhang mit der inneren Zucht, der Selbstdisziplin, einer freien, sittl. Leistung des einzelnen.

Divan, Diwan.
[1] Urspr. Rechnungsbücher, dann das Büro der Finanzverwaltung, das Amtszimmer, der Sitz des Beamten, die Regierungskanzlei im islam. Orient; ebenfalls Bez. für den früheren türk. Staatsrat (desgleichen den rumän.), dessen Vorsitzender der Großwesir war.
[2] Sammlung panegyrischer und lyrischer Gedichte eines islam. Dichters (nach oriental. Vorbild entstand Goethes ›West-östlicher D.‹).

Divide et impera (lat., teile [trenne] und herrsche). Dieser Grundsatz, der davon ausgeht, durch die Schaffung von Parteiungen zu herrschen, wird den Staatsmännern des antiken Rom zugesprochen, die ihn angebl. gegenüber den von ihnen unterworfenen Völkern praktizierten; doch führt man seinen Ursprung auch auf Ludwig XI. von Frankreich (reg. 1461–83) zurück.
LIT. J. Vogt, D.e.i. In: Das Reich, Festschr. Joh. Haller (1940).

Divination (von lat. divinatio, Sehergabe, [Gabe der] Weissagung). Allg. die Ahnung künftiger Ereignisse; im bes. die Feststellung der Zukunft durch bestimmte Mittel, u.a. durch Beobachtungen in der Natur: Baumrauschen, Vogelflug, Eingeweide von Opfertieren etc. Verschiedene Ausübungsformen der D. waren strafbar; so galt z.B. in der Spätantike die Frage nach dem Tod des Kaisers als Majestätsverbrechen.

LIT. Th. Mommsen, Röm. Strafrecht (1888); R. Otto, Das Heilige ([28]1948).

Divini redemptoris (lat., die Verheißung eines »göttlichen Erlösers«). Die gegen den »gottlosen Kommunismus« gerichtete Enzyklika Papst Pius' XI. (reg. 1922–39) vom 19. 3. 1937.

Division (lat., Teilung, Einteilung). Unterabteilung. Seit dem Ende des 18. Jh. ein Truppenteil bzw. Truppenverband; er verfügt über sämtl. zu selbständiger Kampfführung erforderl. Waffen und Versorgungsdienste und stellt daher die unterste operative Einheit dar; ihr Bestand umfaßt 10000–12000 Mann, in der brit. Armee 15000 Mann. Die Unterteilung des gesamten Heeres in D. erfolgte zuerst unter Napoleon I. (1804–14/15). In der Kriegsmarine ist die D. eine Unterabteilung bzw. Unterverband des Geschwaders; sie umfaßt 3–5 Kriegsschiffe.

Divisionär. Bezeichnung für den Kommandeur einer Division; er hat meist den Rang eines Generalleutnants oder Generals.

Divus (lat.). Der Gottgewordene. Im antiken Rom der staatl. verliehene Titel für einen zu göttl. Verehrung erhobenen großen Toten. Als erstem wurde dieser Titel Caesar zuerkannt, den man als D. Julius verehrte. Seit Augustus (reg. 31 v.-14 n. Chr.) wurde die Konsekration immer mehr zur Regel, allerdings konnte der Senat einen verstorbenen Kaiser auch für verfluchungswürdig erklären (damnatio memoriae). Seit Commodus (reg. 180–192) wurde der Titel D. auch auf lebende Kaiser angewendet. Die mlat. Bedeutung von D., vereinzelt als Prädikat der Kaiser verwendet, entspricht in erster Linie der des Gottesgnadentums.

LIT. J. S. Reid, in: A Companion to Latin Studies (London 1910); G. Wissowa, Religion und Kultus der Römer ([2]1912); L. R. Taylor, The Divinity of the Roman Emperor (London 1931); P. E. Schramm, Kaiser, Rom und Renovatio ([2]1957); K. Latte, Röm. Religionsgeschichte (1960).

Dogaressa. Die Gemahlin des Dogen.

Doge (ital. von lat. dux). Bez. für das Staatsoberhaupt der ehem. Republiken Venedig und Genua mit dem Rang eines regierenden Fürsten. Die Dogenwürde findet sich in Venedig bereits seit 697 n. Chr. Die zunächst fast absolute Gewalt des D. wurde Ende des 12. Jh. durch eine neue Verfassung in eine derartige Abhängigkeit vom Rat gebracht, daß eine Wahl zu diesem Amt, vor allem auch wegen der 5 Correttori, die nach dem Tode des D. seine Amtsführung prüften und etwaige verhängte Strafen auf seine Angehörigen übertrugen, keineswegs immer gern angenommen wurde. Der 1177 gewählte D. Ziani vollzog zum erstenmal die später immer wieder gefeierte symbolische Vermählung des neuen D. mit dem Meer dadurch, daß er einen kostbaren Ring von dem prächtigen Staatsschiff Bucentaur in die Tiefe warf.
Genua gab sich den ersten D. 1339. Die 1528 durch Andrea Doria eingeführte Verfassung bestimmte, daß nur sehr vermögende Senatoren sowie Mitglieder des Großen Rates, die mindestens 50 Jahre alt sein mußten, gewählt werden konnten. Der Friede von Campo Formio (1797) machte den Republiken Venedig und Genua und damit auch der Würde des D. ein Ende. In Genua wurde sie 1802 noch einmal hergestellt, hörte jedoch 1805 mit der Einverleibung der Ligurischen Republik in das franz. Kaiserreich endgültig auf.

LIT. Musatti, Storia della promissione ducale (Padua 1888); H. Kretschmayr, Geschichte von Venedig. 3 Bde. (1905–34); L. M. Levati, Dogi di Genova 1669–1797. 4 Bde. (Genua 1912–16); R. Cessi, Venezia ducale, 1 (Venedig 1940); F. Thiriet, Histoire de Venise (Paris 1952); A. da Mosto, I dogi di Venezia nella vita pubblica e privata (Milano 1960).

Dogma (griech., Verordnung, Satzung, Lehrsatz). Ein für die kirchl. Gemeinschaft verpflichtender Glaubenssatz. Als D. gilt nach kath. Auffassung jede von Gott entweder durch die Hl. Schrift oder die Überlieferung geoffenbarte Wahrheit, und zwar in der vom obersten Lehramt (Papst) verkündeten Form; es stellt eine Glaubenspflicht für alle Gläubigen dar. In der orthodoxen Kirche sind glaubenspflichtige D. lediglich die Lehrentscheidungen der ersten sieben ökumenischen Konzilien (325–787). Nach ev. Auffassung enthält das D. eine Lehr- aber keine Glaubensverpflichtung. D. im Sinne der kath., orthod. und prot. Kirche sind in den nichtchristl. Religionen unbekannt; hier gibt es ledigl. lehrhafte Formulierungen, die den D. nahekommen.

LIT. A. Deneffe, D., Wort und Begriff.

In: Scholastik, 6 (1931); B. Poschmann, Wesen und Bedeutung des D. In: Die Kirche in der Welt. Ein Loseblatt-Lexikon, 2 (1949); A. von Harnack, Lehrbuch der Dogmengeschichte ([5]1931f.); P. Althaus, Die christliche Wahrheit. 2 Bde. ([3]1952); F. Flückiger, Der Ursprung des christl. D. (1955); L. Ott, Grundriß der D. ([6]1963); F. Feiner, M. Löhrer (Hrsg.), Mysterium Salutis. Grundriß heilsgeschichtlicher Dogmatik. 5 Bde. (1966ff.); F. Gogarten, Die Verkündung Jesu Christi ([2]1966); W. Trillhaas, Dogmatik ([2]1967); J. Ratzinger, Das Problem der Dogmengeschichte in der Sicht der kath. Theologie (1966).

Dokimasie (griech.). In der athenischen Demokratie die dem Amtsantritt der Beamten und Ratsherren vorausgehende Prüfung, sowohl der erwählten wie auch der erlosten. Die D. bezog sich insbes. auf die mit einer Amtsübernahme verbundenen Vorbedingungen, u.a. das Bürgerrecht, außerdem auf das Vorleben der Bewerber.

Doktrin (lat. doctrina, Lehre, Gelehrsamkeit). Eine Lehre; in der Politik präzis formulierte Grundsätze von Parteien, Staaten, Machtgruppen, z.B. die Monroe-Doktrin (die Botschaft des amerikan. Präsidenten J. Monroe vom 2. 12. 1823, welche die europ. Einmischung in amerikan. Angelegenheiten und die amerikan. in europ. ablehnt; →Isolationismus). Im Völkerrecht kann eine D. als Rechtserkenntnisquelle dienen, so die Grundsätze von der Freiheit der Meere.

Doktrinär (nlat.). Gelehrt, meist mit dem Nebensinn des Einseitigen und Engstirnigen, nach festgelegten Meinungen handelnd. – In Frankreich erhielt eine parlamentarische Oppositionsgruppe während der Restaurationszeit (1815–48), welche die Weiterbildung des konstitutionellen Systems nach engl. Vorbild verfocht, den Namen Doktrinäre; während der Regierungszeit Louis Philippes (1830–48) kam sie, geführt von G. Guizot (1787–1874), zu beherrschender Geltung.

Dokumentation. Sammlung, Ordnung und Verarbeitung von Dokumenten, d.h. des sämtl. Materials wie Bücher, Zeitungen, Zeitschriften, Briefe, Urkunden, Akten, Bilder etc. mit dem Ziel, dem Forscher das Aufsuchen und Beschaffen der gewünschten Unterlagen zu erleichtern. Die D. befaßt sich mit der Ausarbeitung und Verbreitung von Methoden, Normen und Richtlinien für das Herstellen, Zusammentragen, Ordnen und Benutzen von Dokumenten, z.B. für die innere und äußere Gestaltung wissenschaftl. Veröffentlichungen, das Auswerten von Zeitschriften, die systemat. Klassifizierung des gesammelten Materials, die Organisation sog. Literaturnachweisstellen, die Reproduktion (vor allem die photographische) vergriffener oder schwer zugängl. Dokumente sowie die hierfür notwendige Apparatur. Das seit 1895 bestehende Internationale Bibliographische Institut in Brüssel gab die Anregung zur planmäßigen internationalen Zusammenarbeit auf dem Gebiet der D.

LIT. O. Frank, Einführung in die D. (1949, Hdb. der Klassifikation, 5); Zs.: Nachrichten für D. (1950ff.); Th.P. Loosjes, D. wissenschaftl. Lit. (1962); E. Ühlein, Terminologie der D. (1966).

Dolchstoßlegende. Nach dem Ersten Weltkrieg verbreitete, letztlich auf E. Ludendorff (1865–1937) zurückgehende Darstellung der Ursachen des dt. Zusammenbruchs; hiernach war ein Teil der Heimatbevölkerung dem im Felde unbesiegten Frontheer in den Rücken gefallen; die Niederlage Deutschlands war mithin nicht aus militär. und wirtschaftl. Gründen, sondern durch Defaitismus verschuldet worden. Der Begriff D. wurde zum Schlagwort und als solches von den Rechtsparteien, insbes. von den Nationalsozialisten ausgenutzt. Deshalb bestanden 1945 die Alliierten auf der Unterschrift der Kapitulationsurkunde durch die dt. militärischen Befehlshaber. – Bereits in der franz. polit. Lit. nach der Niederlage im Krieg von 1870/71 war von einem »coup de poignard dans le dos« die Rede.

LIT. H. von Zwehl, Der Dolchstoß in den Rücken des siegreichen Heeres (1922); Der Dolchstoß. In: Süddt. Monatshefte (Okt.–Nov. 1925); H. Schröder, Das Ende der D. (1946); S.A. Kaehler, Neuere Geschichtslegenden und ihre Widerlegung. In: Vorurteile und Tatsachen (1949); W. Conze. In: Dt. Geschichte im Überblick, hrsg. von P. Rassow (1953; [2]1962); F. Frhr. Hiller von Gaertringen, »Dolchstoß«-Diskussion und »D.« im Wandel von vier Jahrzehnten. In: Festschr. für Hans Rothfels (1963); J. Petzold, Die D. Eine Geschichtsfälschung im Dienste des dt. Imperialismus und Militarismus (Berlin-Ost 1963).

Dollar →Taler.

Dolmen (bret. dol = Tisch, Tafel, men = Stein, wörtlich also Steintisch, Tafelstein). Bez. für ein in der Regel aus einer Decke und vier Tragsteinen bestehendes Hünengrab, Riesengrab; die große Totenstätte (Gangrab) der jüngeren Stein- und frühen Bronzezeit für einen Toten (→Megalithgrab).

Dom (von lat. domus, Haus, mhd. tuom, später Thum). Die Kirche eines Bischofs (Kathedrale) oder eine größere Stiftskirche, deren Geistliche urspr., ähnlich den Mönchen, ein gemeinsames Leben führten; daher wurde der D. nicht selten auch Münster genannt.

LIT. K. Honselmann, in: Theologie und Glaube, 49 (1959); H. J. Mrusek, K. G. Beyer, Drei dt. Dome – Quedlinburg, Magdeburg und Halberstadt (1983).

Domäne (lat. dominium, Herrschaft, Besitz, mlat. domanium). Das staatl. Landgut, die Fischerei, das Bergwerk, der Forst etc.; im weiteren Sinn alle dem Staat gehörenden Grundstücke, die der »Urproduktion« dienen; in Frankreich wird der gesamte öffentl. Grund und Boden als domaine bezeichnet.

Die röm. Anfänge des Begriffs D. sind umstritten; entweder ging das dominium in solo provinciali aus der Übernahme des hellenist. Königslandes in den ager publicus hervor oder aus einer Rechtstheorie, die auf die röm. Kaiserzeit zurückgeht. Jedenfalls bildet seit der Kaiserzeit des Römischen Reiches der Dominialbesitz, d.h. das Krongut bzw. Reichsgut oder (soweit als Privatbesitz des Herrschers deklariert) das Kammergut, Schatullgut oder Tafelgut eine der entscheidenden Einkommensquellen des Staates bis in die NZ.

Die süddt. Herzöge, der Langobardenkönig, insbes. aber das Frankenreich besaßen D. beträchtl. Ausmaßes; gegen Ende der Merowingerzeit unterstand es den Hausmeiern. Karl d.Gr. (reg. 768–814) verfügte eine Neuordnung der Verwaltung des umfangreichen Besitzes in den ›Capitulare de villis‹ (812). Dadurch wurden u.a. die D. aus der Verwaltung der Grafschaft herausgenommen und in einem besonderen Domänenverwaltungsbezirk zusammengefaßt. Aus dem hiermit verbundenen Domänenamt entwickelte sich seit dem 10. Jh. die dominiale Grafschaft. Mit dieser Entwicklung lief die Verwendung der D. zur Ausstattung von Kirchen, zur Belehnung des Adels oder als Kreditunterpfand (Verpfändung) parallel. Mit dem Übergang der Lehen in erbl. Besitz gingen die D. in ihrer Eigenschaft als Staatsbesitz größtenteils verloren. Gleichzeitig kam es zu einer Erstarkung des landesherrl. Domänenbesitzes, der infolge der Säkularisation seit 1521 (im Zusammenhang mit der Reformation) und nach 1802 eine weitere Vermehrung erfuhr.

War bis in die zweite Hälfte des 17. Jh. als Nutzungsform der D. die Selbstverwaltung üblich, so war es später die Verpachtung; gewöhnlich handelte es sich dabei um Zeitpacht, vereinzelt um Erbpacht. Zw. dem Staatsvermögen und dem fürstl. Hausgut (Kammer-, Schatull- oder Tafelgut) bestand keine scharfe Trennung. Als sich die verschiedenen Territorien im Laufe des 19. Jh. Verfassungen gaben, wurden die D. teils zu Staatsgut (so in Bayern, Preußen und Sachsen), teils kam es zu ihrer Aufteilung zw. dem Staat und dem Fürstenhaus, teils blieben sie im Besitz des Fürstenhauses, allerdings mit der Auflage, hierfür Abgaben zu entrichten.

Als der Zusammenbruch des Deutschen Reiches 1918 zur Abdankung der Regenten der Länder des Reiches führte, kam es zu Auseinandersetzungen mit der Republik als der Rechtsnachfolgerin des Reiches hinsichtl. der D. Die Auseinandersetzungen machen deutlich, daß die Eigentumsverhältnisse bis zu diesem Zeitpunkt noch häufig unsicher waren.

LIT. M. Rostovtzeff, Gesellschafts- und Wirtschaftsgeschichte der hellenist. Welt. 3 Bde. (dt. 1955/56); H. Balck, Dominiale Verhältnisse in Mecklenburg-Schwerin (1864); H. Olrichs, Die Domänenverwaltung des preuß. Staates (^{2}1888); K. Beyerle, Artikel »Domäne«, in: Handwörterbuch der Rechtswissensch., 2 (1927); T. Frank, Journal of Hellenistic Studies (1927); A.H.M. Jones, in: Journal of Hellenistic Studies (1941); F. Facius, Wirtschaft und Staat (1959); F. Lütge, Geschichte der dt. Agrarverfassung (^{2}1967).

Domesday Book (engl., Buch des Jüngsten Gerichts), Liber iudicarius Angliae. Das unter Wilhelm d. Eroberer (1066–87) von 1083–86 für 34 engl. Grafschaften (Northumberland und Durham fehlen; von Westmoreland und

Cumberland sind lediglich Teile erfaßt) angelegte Grundbuch stellt den ältesten erhaltenen engl. Kataster dar. Es enthält ein Verzeichnis des Grundbesitzes sowie die Zahl der Einwohner nach Einkünften und Abgaben. Das in lat. Sprache auf Pergament abgefaßte Buch umfaßt 2 Bände (ein Band in Folioformat zu 382 Seiten, ein Band in Quartformat zu 450 Seiten). Das D. B. wird ebenfalls ›King's Book‹ und ›The Winchester Roll‹ (da es in Winchester aufbewahrt wurde) genannt.
Ausgabe: 1783 (amtlich); Index 1811; Supplement 1816; Facsimile-Ausgabe 1861/64. – Heute befindet sich das D. B. im Public Record Office in London.
LIT. A. Ballard, The Domesday Inquest (1906); J. Hatschek, Engl. Verfassungsgeschichte (1913); F.M. Stenton, Anglo-Saxon England (Oxford ^{2}1947); A. L. Poole, From Domesday to Magna Charta (1951); H.C. Darby, Domesday-geography of England (Cambridge seit 1952); V. H. Galbraith, The Making of D. B. (Oxford 1961); R. Welldon Finn, An Introduction to D. B. (London 1963); R. Fuchs, Das D. B. und sein Umfeld. Zur ethn. und sozialen Aussagekraft einer Landesbeschreibung im England des 11. Jh. (1987).

Domesticus (lat., der zum Hause gehörige Genosse).
[1] Seit dem 4. Jh. n. Chr. Beamte, die bei den höchsten Staatswürdenträgern des röm. und byzantin. Reiches eine Vertrauensstellung einnahmen.
[2] **protectores domestici:** die kaiserliche Leibgarde.
[3] In der Merowingerzeit war der D. Domänenverwalter; mlat. Ministeriale.

Domfreiheit. In Bischofsstädten der unter der unmittelbaren Gerichtsbarkeit des Domstiftes als Immunitätsherrn stehende Bezirk um den Dom.

Domherr. Angehöriger des Domkapitels, im MA häufig adeligen Standes, seit dem 9. Jh. in eigener Wohnung lebend, mit freier Verfügung über sein Privateigentum und seine Pfründeneinkünfte. Der D. hat ständige Residenzpflicht, die Pflicht zur Teilnahme am Chordienst und den Versammlungen des Domkapitels sowie zur Übernahme bestimmter Ämter.

Dominat (lat. dominus, Herr). Im Gegensatz zum Prinzipat des Augustus (reg. 31 v.-14 n. Chr.) die zweite, das absolute Kaisertum umschreibende Epoche der röm. Kaiserzeit; sie begann mit Diokletian (reg. 284–305) und dauerte bis zur Teilung in ein oström. und weström. Reich (395) bzw. bis zum Untergang Westroms (476).

Dominikaner (Predigerorden, Ordo Fratrum Praedicatorum, OP: nach dem Kloster St. Jakob in Paris auch Jakobinerorden genannt).
Die Ordensgründung durch den hl. Dominikus von Caleruega (1170–1221) ist, wie beim Franziskanerorden, im Zusammenhang mit den Spannungen zu sehen, die seit der Mitte des 12. Jh. in der Kritik der Laien gegenüber der Verweltlichung der Geistlichkeit, in der Forderung nach apostol. Armut sowie in den häret. Bewegungen (Albigenser, Waldenser) ihren Ausdruck finden. Ihren Ursprung haben die D. in Südfrankreich, wo Dominikus 1215 in Toulouse ein erstes Haus errichtete, mit der Absicht der predigtmäßigen Bekämpfung der Häretiker. Papst Honorius III. (reg. 1216–27) bestätigte die Gründung des Dominikus. Insbes. durch das Verlangen des aufstrebenden Bürgertums nach intensiver Seelsorge findet der neue Orden schnell Verbreitung in den Städten.
Die Ordensregel knüpft an die der Augustiner an, doch übernimmt sie auch Elemente der Franziskanerregel, allerdings ohne die strenge Betonung des Armutsgelübdes, welches später (1475 bzw. 1477) durch Papst Sixtus IV. ganz aufgehoben wird. Gemäß dem Auftrag des Ordens entfällt die stabilitas loci, desgleichen die Forderung nach Handarbeit; denn theolog. Studien und Predigt stehen im Mittelpunkt. Bald nach der Gründung beginnt im Orden die Tätigkeit bedeutender Gelehrter wie Alberts des Großen (1193[?]–1280) und Thomas' von Aquino (1225[27]–74) sowie der großen mystischen Prediger des 14. Jh.: Eckehart (um 1260–1327), Tauler (um 1300–61), Seuse (um 1295–1366) und Savonarola (1452–98).
Großen Einfluß gewinnen die D. durch die fast ausschließl. Übertragung der Inquisition (1232) unter Papst Gregor IX. (reg. 1227–41) sowie infolge des stets mit einem D. besetzten Amtes des päpstl. theolog. Beraters (magister sacri palatii). Den D. eröffnete sich ein neues Betätigungsfeld im Zeitalter der Entdeckungen: die Mission in Übersee. Die Reformation, das Aufkommen der Jesuiten, die Franz. Revolution (1789) sowie die Säkularisation führen den Nie-

dergang des Ordens herbei. Im 19. Jh. jedoch gewinnen die D. durch Dominique Lacordaire (1802–61) und den Ordensgeneral Jaudel (†1872) wieder an Bedeutung; auf wissenschaftl. Gebiet u.a. durch Heinrich Seuse Denifle (1844–1905).
Heute bestehen 33 Provinzen; höchste Instanz ist das Generalkapitel, das den Ordensgeneral wählt. Die Ordensprovinzen werden von einem Prior provincialis, die Klöster von einem Prior geleitet. Wichtige wissenschaftl. Forschungsstätten befinden sich in der Gegenwart u.a. in Rom, in Walberberg bei Köln (Albertus-Magnus-Akademie), zu Etielles bei Paris sowie in Freiburg/Schweiz (Theolog. Fakultät). In neuester Zeit sind zu den alten Arbeitsgebieten neue getreten, u.a. die Kath. Sozialkunde.
Der von Dominikus gegründete sog. »II. Orden« der Dominikanerinnen tritt heute gegenüber seiner großen Bedeutung im MA zurück. Von dem im 13. Jh. entstandenen III. Orden (Tertiarier) wurde der männl. Zweig 1923 mit dem 1. Orden vereinigt.
LIT. Monumenta Ordinis Fratrum Praedicatorum historica. 14 Bde. (1896–1904), ab Bd. 15ff. 1931ff.; Heimbucher II, 93ff.; O.M. Rohling, Der Predigerorden in Deutschland (1938); G.M. Löhr, Die Kölner Dominikanerschule vom 14.–16. Jh. (1948); ders., Der Dominikanerorden und seine Wirksamkeit im mittelrheinischen Raum. In: AMrhKG 4 (1952), 120–56; Quellen und Forschungen zur Geschichte des Dominikanerordens in Deutschland (1907ff.); H. Wilms, Geschichte der dt. Dominikanerinnen (1920); A.M. Walz, Wahrheitskünder. Die D. in Geschichte und Gegenwart (1960); M.M. Monssen, Die Dominikanerinnen (1964); W. Hinnebusch, The History of the Dominican Order. Origins and Growth to 1500, vol. 1 (N.Y. 1965).

Dominion (engl., Herrschaftsgebiet). Lt. engl. Staatsrecht urspr. jede überseeische Besitzung des Britischen Reiches (1901–52 Teil des Titels der brit. Krone: ... of the British Dominions beyond the Seas); seit der brit. Reichskonferenz von 1917 galten als D. nur noch die sog. »self-governing« (sich selbst regierenden) Länder Kanada, Australien, Neuseeland, Südafrika und die Teile des Britischen Reiches, welche eine diesen Ländern gleichberechtigte Stellung (Dominionstatus) gegenüber dem brit. Mutterland erhielten (Indien 1947, Pakistan 1947, Ceylon 1948). Die D. wurden bei der brit. Regierung durch Hoch-Kommissare (High Commissioners) vertreten. Nachdem die Bez. D. durch den Terminus Country of the Commonwealth ersetzt worden war, weil sie zu sehr an die frühere Abhängigkeit vom brit. Mutterland erinnerte, ist sie seit 1952 auch aus dem Titel Elisabeths II. entfernt worden.

Dominium (lat., Eigentum). Das, besonders nach röm. Recht, nicht beschränkte private Eigentumsrecht an Grund und Boden.

Dominium altum. In der dt. Rechtsgeschichte: öffentl. »hoheitliche Gewalt«, über die der Territorialherr verfügte.

Dominium directum. Obereigentum des Lehnsherrn.

Dominium eminens. Im Staatskirchenrecht: Das bes. aus dem Josephinismus bzw. den hieraus entstandenen Auffassungen hergeleitete landesherrl. Obereigentum am Besitz der Kirche.

Dominium humile. In der dt. Rechtsgeschichte: private »niedere Gewalt« eines Eigentümers an Grund und Boden (Patrimonialgerichtsbarkeit).

Dominium maris baltici (lat.). Die Herrschaft über die Ostsee. Ein zuerst 1563 durch Sigismund II. von Polen (reg. 1548–72) verwendetes Schlagwort zur Umreißung des machtpolit. Strebens nach der Ostseeherrschaft. Dann allg. der Ausdruck des Versuchs eines Anliegerstaates, vor allem Schwedens, die Gegenküste zu beherrschen.
LIT. W. Vogel, Zur Frage der Ostseeherrschaft. In: Jomsburg (Zeitschrift) 1 (1937); J. Paul, Europa im Ostseeraum (1961); W. Hubatsch, Unruhe des Nordens (1962).

Dominium utile. Lt. röm. Recht die eigentumsähnliche Befugnis des Erbpächters.

Dominus (lat., Hausherr, Eigentümer, Herr, Herrscher, Gebieter). Die Bez. wurde schon früh als Anrede der röm. Kaiser verwendet (Domitian, reg. 81–96 n.Chr.); seit Aurelian (reg. 270–275) gehört sie offiziell zum kaiserl. Titel: »dominus et deus«. Hieraus entwickelte sich eine übl. Titulierung. Im Mittellat. bedeutet D. Lehnsherr, Grundherr, Landesherr (dominus terrae) und Weltenherrscher (dominus rerum). Aus dem lat. D. entwickelten sich das spanische »Don« und das portugies. »Dom« als Titel für die Geistlichkeit (auch des Papstes) sowie Prinzen und Angehörige des Hochadels.

Domkapitel. Die Korporation von Geistlichen an einer Kathedralkirche (bischöfl. Kirche). Ihm entspricht bei den Stiftskirchen das Stiftskapitel. Die Geistlichen solcher Kirchen lebten in klosterähnlicher Gemeinschaft, die, im 4. Jh. eingeführt, doch erst seit der Karolingerzeit Bedeutung erlangte. Von der auf Chrodegang von Metz († 766) zurückgehenden Übung, bei der tägl. Versammlung ein Kapitel zu lesen, erhielt erst der Versammlungssaal, dann auch die Gemeinschaft der Versammelten selbst, den Namen Kapitel; die einzelnen Mitglieder hießen Kanoniker, Kapitulare, Dom-, Stifts- oder Chorherren. Im 10. und 11. Jh. geriet die vita canonica in Verfall. Unter Gregor VII. (reg. 1073–85) entstand eine Reformbewegung, die sich jedoch fast ausschl. bei den Stiftskapiteln durchsetzte; ihren Niederschlag bildet hier die sog. Augustinerregel, beruhend auf den Schriften des hl. Augustinus, weshalb man auch von Regularkanonikern oder Augustiner-Chorherren spricht. Seit dem 13. Jh. verfiel die vita canonica erneut; sie ist heute nur noch in schwachen Resten vorhanden. Die nicht in der Gemeinschaft lebenden Stiftsherren hießen »Säkularkanoniker«.

Im SpätMA erhielten die D. immer größeren Anteil an der bischöfl. Regierung, vom 12. Jh. an besaßen sie auch das Recht der Bischofswahl. Im Laufe der Zeit verselbständigten sich manche Kapitel völlig gegenüber ihren Bischöfen; dieser Entwicklung bereitete das Tridentinum (1545–63) ein Ende. In Dtl. existierten die D. in ihrer alten Form bis zur Säkularisation von 1803, wodurch die reichsunmittelbaren D. beseitigt und die reichsmittelbaren den Landesfürsten untergeordnet wurden.

Heute ist die Stellung der D. rein kirchlich; das Recht der Bischofswahl haben die D. mit Einschränkungen behauptet, d. h., daß sie vielfach durch Vorschlagslisten bei der Auswahl des neuen Bischofs mitwirken.

LIT. H. E. Feine, Die Besetzung der Reichsbistümer vom Westfäl. Frieden bis zur Säkularisation 1648–1803 (1921; unveränderter Nachdruck 1964); A. Schulte, Der Adel und die dt. Kirche im MA ([2]1922); Ph. Hofmeister, Bischof und D. (1931); Feine, KRG I (1950); E. Eichmann, Lehrbuch des Kirchenrechts auf Grund des Codex Iuris Canonici (neu bearb. und hrsg. von K. Mörsdorf), 1 ([9]1959); R. Schieffer, Die Entstehung von Domkapiteln in Dtl. (1976); C. Bosshart-Pfluger, Das Basler Domkapitel von seiner Übersiedlung nach Arlesheim bis zur Säkularisation (1687–1803) (1983); P. Hersche, Die dt. Domkapitel im 17. und 18. Jh. 3 Bde. (1984).

Domkloster. In german. Ländern ein an Bischofskirchen des frühen MA gelegenes Kloster. Das D. war eine Vorform des Domkapitels.

Dompropst. Der Leiter des Domkapitels; er ist vor allem für die Güterverwaltung zuständig; unterstützt wird er bei der Vermögensverwaltung sowie bei der Leitung des Gottesdienstes nicht selten durch den Domdekan.

Domschule. Eine vom Domkapitel unterhaltene Ausbildungsstätte, bes. für den Klerikernachwuchs; geleitet wird sie vom Domscholaster. In der ma. Bildung kam ihr neben den Klosterschulen bes. Bedeutung zu, die sie jedoch mit dem Aufkommen der Universitäten und der städt. Schulen mehr und mehr verlor. Die D. wurde schließl. durch die vom Tridentinum (1545–63) vorgeschriebenen Seminare abgelöst.

Donaten →Oblaten.

Donatisten. Das donatist. Schisma, das vom 4. bis 7. Jh. n. Chr. in Nordafrika währte, brach aus, als es im Anschluß an den Tod des Bf. Mensurius von Karthago im Jahre 311/12 oder 307 zu einer Doppelwahl kam. Der eigentl. Grund für die Spaltung lag jedoch in den starken sozialen, wirtschaftl. und nationalen Spannungen zwischen der berberischen Landbevölkerung und den röm. oder romanisierten Grundherren sowie den Städten. Bereits 305 hatten die Landarbeiter in Cirta den Bürgern einen Bf. ihrer Wahl aufgezwungen. Infolge solcher tieferen Ursachen währte das Schisma auch so lange. Ihren Namen erhielt die Bewegung von dem Bf. Donatus von Karthago († um 355); sie betrachtete sich als die Verkörperung der ecclesia catholica schlechthin.

Die Versuche Kaiser Konstantins (306–37), die kirchl. Einheit Nordafrikas wiederherzustellen (Synoden zu Rom 313, zu Arles 314) schlugen fehl. Die D. wurden zunächst vorübergehend, seit 414 in großem Ausmaß als Ketzer verfolgt. Hierbei verschmolz ihre unversöhnl. Opposition mit national-punischen und sozial-revolutionären Tendenzen. Zu Unruhen kam es durch die Zusammenrottung von D., den sog. Circumcellionen oder Agnostikern. Die Bez. Circumcellionen stammte daher, daß diese sich bei den cellae rusticanae, d.h. wahrscheinlich: den Märtyrerschreinen und -gräbern in ländl. Kirchen Numidiens mit angebauten Verpflegungsmagazinen, sammelten. Bedeutende Theologen der D. waren u.a. Ticonius und Parmenian. Außerhalb Afrikas entstand nur in Rom eine donatist. Gemeinde.

LIT. H. von Soden (Hrsg.), Urkunden zur Entstehungsgeschichte des Donatismus (^{2}1950); P. Menceaux, Histoire littéraire de l'Afrique chrétienne IV en VII (1912–23); W.H.C. Frend, The Donatist Church (1952); S.L. Greenslade, Schism in the Early Church (Oxford 1953); H.-J. Diesner, Studien zur Gesellschaftslehre und sozialen Haltung Augustins (1954); H. Kraft, Kaiser Konstantins religiöse Entwicklung. In: BHTh 20 (1955); H.J. Diesner, Spätantike Widerstandsbewegungen, das Circumcellionentum. In: Aus der byzantin. Arbeit der DDR, 1 (1957); H. Lietzmann, Geschichte der alten Kirche, 3 (^{3}1961).

Donativum (lat., Geldgeschenk). Ein außerordentl. Geldgeschenk, das die röm. Kaiser an ihre Soldaten bei feierl. Anlässen verteilten. Das D. wurde vor allem beim Regierungsantritt von den Herrschern gewährt, um dadurch die Gunst der Soldaten zu gewinnen, sodann auch am Jahrestag der Thronbesteigung, schließl. bei wichtigen Anlässen im Leben der kaiserl. Familie, so der Annahme der toga virilis, des Caesartitels seitens des Thronfolgers, bei Adoption und Heirat. Noch bei den Ostgoten unter Theoderich (reg. 493–526) gab es das D. Endgültig abgeschafft wurde es in Ostrom unter Justinian (reg. 527–65).

Donaufürstentümer. Bez. für die Fürstentümer Moldau und Walachei bis zu deren Vereinigung im Jahre 1861.

LIT. R. Roesler, Romänische Studien, Untersuchungen zur älteren Geschichte Romäniens (1871).

Donaumonarchie. Name für die offizielle Bez. Österreich-Ungarn (Österreich-Ungarische Monarchie), d.h. die vom Kaiser von Österreich und König von Ungarn beherrschte habsburg. Doppelmonarchie; sie umfaßte die Länder der habsburg. Hausmacht sowie der ungar. Krone mit einer Gesamtfläche von 676615 km^2. Zum Kaiserreich Österreich gehörten die im Reichsrat repräsentierten Kronländer Niederösterreich, Oberösterreich, Salzburg, Steiermark, Kärnten, Krain, Küstenland (d.h. Triest, Görz, Gradisca und Istrien), Tirol, Vorarlberg sowie die Königreiche Böhmen-Mähren mit Schlesien und Galizien, die Bukowina und Dalmatien (Flächeninhalt: 300004 km^2); zum Königreich Ungarn gehörten die Länder der ungar. Krone mit Kroatien und Slowenien (Flächeninhalt: 325411 km^2); seit 1908 kamen die ehemals türkischen Provinzen Bosnien und Herzegowina (Flächeninhalt: 51200 km^2) hinzu. Gemeinsam waren der D.: Währung (Krone), Maße und Gewichte, die Außenpolitik und das Kriegswesen; Verwaltung, Gesetzgebung, Parlamente und Folklore hingegen waren getrennt. Die Einwohnerzahl betrug rd. 50 Mill.

LIT. Die Österreich.-Ungar. Monarchie in Wort und Bild. 24 Bde. (1886–1906); R. A. Kann, B. K. Király, P. S. Fichtner, The Habsburg Empire in World War I (N. Y. 1977); J. Komlos, The Habsburg Monarchy as a Customs Union. Economic Development ... (Princeton 1983); E. Marjanowic, Die Habsburger Monarchie in Politik und öffentl. Meinung Frankreichs 1914–1918 (Wien 1984); B. Hamann (Hrsg.), Die Habsburger. Ein biograph. Lexikon (1988); W. Bihl, Von der D. zur Zweiten Republik (1989).

Donauraum. Die Uferstaaten der mittleren und unteren Donau umfassend, deren Geschichte entscheidend durch die Auseinandersetzungen zw. dem Osten und dem Westen um die Beherrschung des Verbindungsweges zw. Europa und Kleinasien mitbestimmt wird. Das Streben Rußlands und der österreichisch-ungarischen Monarchie um die Vorherrschaft im D. wurde während des 19. Jh. von den nationalen Bestrebungen der Balkanvölker durchkreuzt. Die Habsburger Monarchie verstand es nicht, ihre dynast. Grundsätze mit der auf die Kooperation einzelner Nationalstaaten gerichteten Strömung zu verbinden; sie fiel daher im Ersten Weltkrieg auseinander. Nach 1918 strebten Ungarn und Bulgarien, durch

Dtl. und Italien unterstützt, eine Revision an. Der Plan einer Donauföderation stand zur Debatte, als im Jahre 1938 Hitler zum Vorstoß nach dem D. unter der Parole des Ausschlusses »raumfremder Mächte« ansetzte. Deutschlands Niederlage im Zweiten Weltkrieg öffnete den D. 1945 dem Einfluß der Sowjetunion. Die Bestrebungen, eine Donauföderation zu erreichen, d.h. den wirtschaftl. Zusammenschluß der aus Österreich-Ungarn zu bildenden Nachfolgestaaten, gehen bis in die Mitte des 19. Jh. zurück.
LIT. R. Roesler, Romänische Studien, Untersuchungen zur älteren Geschichte Romäniens (1871); J. Popovici, Die Vereinigten Staaten von Groß-Österreich (1906); G. Schacher, Die Nachfolgestaaten Österreich, Ungarn, Tschechosloswakei und ihre wirtschaftl. Kräfte (1932); K. Springenschmid, Der D. (1935); E. Hantos, Die Neuordnung des D. (1935); M. A. Basch, The Danube Basin and the German Economic Sphere (London 1944; mit zahlreicher Lit.); F. Gross, Crossroads of Two Continents. A Democratic Federation of East-Central Europe (N. Y. 1945); R. Wierer, Der Föderalismus im D. (1960).

Donjon (franz., engl. zu lat. dominium, Herrschaft, Besitz). Der turmartige, meist viereckige, feste Hauptturm franz.-normann. Burgen; der Bergfried.

Doppeladler →Adler.

Doppelaxt. Ein zunächst aus Stein gefertigtes Werkzeug; es findet sich in den vorgeschichtl. Kulturen des Vorderen Orients. Seit dem letzten Drittel des 3. Jahrtsd. v. Chr. erscheint die D. in Kreta. In der minoischen Kultur (etwa 2000–1400 v. Chr.) ist sie als Kultsymbol von großer Bedeutung. Die meisten der steinernen und bronzenen D., die aus der Zeit der vorgeschichtl. Kulturen Europas stammen, entstanden offensichtlich – teils mehr, teils weniger – unter mittelbarem ägäischem Einfluß.
LIT. M. P. Nilsson, The Minoan-Mycenaean Religion (²1950); H. G. Buchholz, in: Prähistor. Zeitschr., 38 (1960).

Doppelsöldner. Ein Söldner mit doppelter Löhnung, insbes. ein Landsknecht, der mit einer Arkebuse (Hakenbüchse) ausgerüstet war.

Dordrechter Synode. Internationale Generalsynode der ref. Kirchen; sie dauerte vom 13. 11. 1618–29. 5. 1619. Sie war einberufen worden, um die Streitigkeiten zw. Remonstranten (→Arminianismus) und den streng orthodoxen Calvinisten über die Prädestination beizulegen. Nach 180 Sitzungen endete sie mit der Verurteilung der Remonstranten und der Absetzung von mehr als 200 Predigern. Die seit 1630 tolerierten Remonstranten haben zur Ausbildung des modernen Geisteslebens (H. Grotius, 1583–1645; G. J. Vossius, 1577–1649) sowie zur Gestaltung des engl. und amerikan. kirchl. Lebens wesentl. beigetragen.
LIT. H. Kaajan, De Synode van Dordrecht (1918); J. Reitsma, Geschiedenis van de Hervorming en de Hervormde Kerk der Nederlanden, hrsg. von J. Lindeboom (Den Haag ⁵1949).

Dorf. Urspr. wird unter D. eine Form des gemeinsamen Siedelns von mehreren Hausgemeinschaften verstanden. Nach Tenhumberg ist D. »eine Siedlungs- und Wohngemeinschaft, in der die Menschen auf der Grundlage der landwirtschaftlichen Arbeit noch natur- und bodenverbunden leben, ihr Gemeinschaftsleben noch für alle voll überschaubar vollziehen, ihr geistiges und religiöses Leben noch in dieser Natur- und Menschengebundenheit gestalten können«. Dieser Definition zufolge können, zumindest in entwickelten Industriegesellschaften, nur noch einige wenige Landgemeinden der Kategorie D. zugeordnet werden. Hinsichtl. seiner sozialökonom. Struktur weist das heutige D. als Ergebnis der histor. Entwicklung eine reiche Differenzierung auf: sie erlaubt es nicht, ohne weiteres von einem Gegensatz Stadt – Dorf zu sprechen. Vielmehr kann man von Erscheinungsformen und Sinngehalten sprechen, die sich von der reinen Agrargemeinde bis zur Großstadt in lückenloser Folge hinziehen.
Obwohl gerade im german. Bereich die Bewirtschaftung des Landes frühzeitig bei den einzelnen Familien lag, verlangte die Wirtschaftstechnik doch bestimmte Formen der Kooperation (→Flurzwang). Den Kern des alten D. bildete daher die kooperative Bauernschaft. Die älteren dt. D. waren in ihrer Mehrzahl Markgenossenschaften mit eigener Gerichtsbarkeit, den Bauerngerichten. Die Versammlung der Dorfgenossenschaft tagte unter dem Vorsitz des Dorfvorstehers (Bauermeister, →Heimbürge, Dorfschulze →Schultheiß). In der NZ wandelten sich die D.

aus Lebens- und Wirtschaftsgemeinschaften mehr und mehr zu reinen Verwaltungseinheiten. Stark erschüttert wurde die herkömmliche soziale Gliederung infolge der industriellen Entwicklung, insbes. seit 1900; die Verstädterung bewirkte eine Einengung, teilweise eine Aufgabe des dörfl. Brauchtums. In umfangreichen Räumen verwandelten sich die D. in Industrie- und Arbeiterdörfer bzw. -siedlungen; die Trennung von der Wohn- und Arbeitsstätte macht die Pendelwanderung deutlich. Diese Entwicklung zeichnete sich seit der Bauernbefreiung ab. Hiermit zusammenhängend bildete sich recht bald eine unterbäuerl. Schicht heraus; sie, die urspr. als arbeitswirtschaftl. Beifügung zu den Höfen gedacht war, erreichte ihre Emanzipation durch die Aufnahme außerlandwirtschaftl. Neben- bzw. Zusatzbeschäftigungen (Landflucht). Zu Beginn der Industrialisierung stellte sie ein Arbeitskräftereservoir der gewerbl. Wirtschaft dar. Dieser Entwicklung und der sich hieraus ergebenden Tatbestände wegen findet man insbes. in West- und Mitteleuropa eine Anzahl von Dorftypen mit unterschiedl. sozialökonom. Strukturen.

LIT. A. Dopsch, Herrschaft und Bauer in der dt. Kaiserzeit (1939); K. S. Bader, Staat und Bauerntum im dt. MA (Adel und Bauern) (1943); H. Tenhumberg, Grundzüge im soziolog. Bild des westdt. D. In: Schriftenreihe für ländliche Sozialfragen, 7 (1952), 20–50; Th. Baader, in: Jb. des Vereins für niederdt. Sprachforschung, 79 (1956); K. S. Bader, Studien zur Rechtsgeschichte des ma. Dorfes. 3 Bde. (1957–73); O. Brunner, Land und Herrschaft (^{4}1959); G. Wurzbacher, Das D. im Spannungsfeld industrieller Entwicklung (^{2}1961); K. S. Baader, Dorfgenossenschaft und Dorfgemeinde (1962); ders., Die Anfänge der Landgemeinde und ihr Wesen. 2 Bde. (1964); F. Lütge, Geschichte der dt. Agrarverfassung vom frühen MA bis zum 19. Jh. (^{2}1967); K. Fuchs, Geschichte der Verbandsgemeinde Gebhardshain (1982); H. Reyer, Die Dorfgemeinde im nördl. Hessen. Untersuchungen zur hess. Dorfverfassung im SpätMA und in der frühen Neuzeit (Schr. d. Hess. Landesamtes f. gesch. Ldskde. 38; 1983); P. Assion, R. W. Brednich, Bauen und Wohnen im deutschen Südwesten. Dörfl. Kultur vom 15. bis zum 19. Jh. (1984); J. Graw, Arnoldsdorf/Wildgrund. Geschichte und Leben eines oberschles. Dorfes (1984).

Dorfgerichte.
[1] Während des MA Niedergerichte; sie waren vielfach mit Aufgaben der bäuerl. Selbstverwaltung betraut.
[2] Im früheren Geltungsbereich des Preußischen Allgemeinen Landrechts Hilfsorgane der Freiwilligen Gerichtsbarkeit (auf Grund von Art. 104 des preuß. Gesetzes vom 21. 9. 1899). Der Aufgabenbereich der D. umfaßte die Sicherung von Nachlässen sowie die freiwillige Versteigerung bewegl. Sachen.

Dos (lat., Mitgift).
[1] Nach röm. Recht ein Beitrag, der von der Frau oder deren Familie zu den ehelichen Lasten geleistet wurde. Eigentümer der D. wird der Mann, doch kann er nur beschränkt über Dotalgrundstücke verfügen; nach Lösung der Ehe muß er die D. wieder herausgeben.
[2] Nach kath. Kirchenrecht die Aussteuer einer Klosterfrau, außerdem die Ausstattung einer kirchl. Stiftung oder einer Anstalt.

Dotation (von lat. dos, Gabe, Mitgift).
[1] Die Zuweisung von Grundbesitz oder anderen Vermögenswerten durch das Staatsoberhaupt bzw. durch den Staat an verdiente Staatsmänner, erfolgreiche Heerführer etc.
[2] Im öffentl. Recht die zweckgebundene Ausstattung von Stiftungen und Anstalten mit Vermögensgütern.
[3] Nach kath. Kirchenrecht die vermögensmäßige Ausstattung einer kirchl. Stiftung, Anstalt oder Pfründe.

Downing Street. Nach einem engl. Diplomaten des 17. Jh. (Sir George Downing, um 1624–84) benannte Londoner Straße, in der die Wohnung des brit. Premiers (Downing Street No. 10) und das Außenministerium Großbritanniens (Foreign Office) liegen; daher übertragen für diese selbst gebraucht.

Drache (griech., Schlange).
[1] Ein Fabelwesen, das, meist aus Bestandteilen des Schlangen- und Vogelkörpers gemischt, als Verkörperung feindlicher, zerstörender Naturmächte, insbes. von Bächen und Seen, in den Mythologien zahlreicher Völker eine Rolle spielte bzw. noch spielt (China, Persien – Tier des babylon. Gottes Marduk).

[2] Heraldik: hier wurde der D. sehr häufig als Symbol der Kraft und der Furchtlosigkeit verwendet. Seit dem 11. Jh. erhielt der D., zweibeinige Schlange genannt, Fledermausflügel, vom 16. Jh. an ein zweites Beinpaar; seitdem unterscheidet man zw. Lindwurm (2 Beine) und D. (4 Beine). Als Feldzeichen verwendet, ist der D. oriental. Ursprungs; er wurde auch in den Heeren der Germanen und den röm. Heeren der Spätantike heimisch; daher die spätröm.-byzantin. Bez. Dracontarius (Fahnenträger). In Westeuropa war der D. als Feldzeichen (ohne Flügel) bis ins 11. Jh. üblich, in England bis 1485. Hierher rührt die engl. Bez. Pendragon für den dux bellorum, den Führer im Krieg (Pen: Führer oder Häuptling.)
In Schöpfungsmythen verkörpert der D. die den Göttern feindl. Mächte. Der hl. Johannes nimmt in der Offenbarung (Kap. 12) den D. als den Widersacher Gottes (Tier aus dem Abgrund) noch einmal auf.
LIT. M. W. de Visser, The Dragon in China and Japan (Amsterdam 1913); G. E. Smith, The Evolution of the Dragon (London 1919), L. Mackensen, in: Hwb. des dt. Aberglaubens, 2 (1929–30); B. Renz, Der oriental. Schlangen-D. (1930); K. Fürst Schwarzenberg, Adler und D. (1958).

Drachme (griech., eine Handvoll).
[1] Eine altgriech. Gewichts- und Rechnungseinheit nach oriental. Vorbild (1 D. = 6 Obolen, 1/100 der Mine, 1/6000 des Talents). Alle griech. Währungen bauten auf der D. oder dem Stater (= 2 D.) auf; das Gewicht der D. war jedoch verschieden. Stark vertreten war die doppelte D. (Didrachmon) und insbes. die vierfache D. (Tetradrachmon). Bekannt war die von Athen mit dem Athenakopf und der Eule auf der Rückseite, ferner die Alexanders d. Gr. (336–323 v. Chr.) mit Herakleskopf und Zeus des Phidias. Letztere war eine in der damaligen bekannten Welt verbreitete Münze und wurde in allen Orten des Alexanderreichs geprägt. Selten war die achtfache D. (Oktodrachmon) sowie die zehnfache D. (Dekadrachmon), eine der größten Münzen des At., die sowohl in Stil wie Technik zum Besten auf dem Gebiet des Münzwesens im At. gehört. Im Anschluß an die Diadochenzeit wurde das Tetradrachmon in Syrien und Ägypten im Wert von 1 röm. Denar ausgeprägt. Die D. war eine Silbermünze.
[2] Während des MA wurden durch die Kreuzfahrer D. und halbe D. aus Silber in Akkon geprägt.

Dragoman (arab., Dolmetscher). Im Vorderen Orient früher ein Dolmetscher, der der Aufrechterhaltung des Verkehrs zwischen den diplomat. sowie konsular. Vertretungen und den Landesbehörden diente.

Dragonaden (franz. dragonnades). Bez. für die Zwangsmaßnahmen Ludwigs XIV. (reg. 1643–1715) sowie seines Ministers Louvois (1641–91) zur Bekehrung der Protestanten Frankreichs; diese wurden mit einer doppelten Einquartierung an Dragonern belegt, welchen man zudem Mißhandlungen und Plünderungen gestattete.

Dragoner (von lat. draco, franz.-engl. dragon, Drache, eine mit einem Drachenkopf verzierte Feuerwaffe). In Frankreich eine im 16. Jh. entwickelte Gattung der Reiterei. Als Hauptwaffe diente ihr das Gewehr; deshalb kämpfte sie als berittene Infanterie vornehmlich abgesessen; doch trat das Fußgefecht nach und nach in den Hintergrund. Seit etwa der Mitte des 18. Jh. wurden die D. gänzlich als Kavallerie verwendet. Im preußisch-dt. Heer hatten sie, gleich den Husaren, leichtere Pferde als Kürassiere und Ulanen.

Dragonerpost. In Brandenburg sowie der Pfalz im 17. und 18. Jh. gebräuchl. berittene Truppe (Dragoner), die Nachrichten übermittelte. Von 1646–49 unterhielt der Große Kurfürst (reg. 1640–88) die erste D. (als feste Stafettenlinie betrieben) zw. Berlin, Osnabrück und Münster/Westf. Zweck dieser D. war der Nachrichtenaustausch zw. dem Hof des Großen Kurfürsten und seinen Gesandten bei den Verhandlungen in Osnabrück und Münster zur Beendigung des Dreißigjährigen Krieges. Weitere D. bestanden zw. Königsberg (Preußen) und Warschau (seit 1657) sowie zw. Pillau und Danzig (unter Friedrich I., reg. 1701–13). In der Pfalz bestand eine D. oder Ordonnanzpost von 1699–1732 (von Weinheim, dem damaligen Regierungssitz, aus).
LIT. Handwörterb. des Postwesens (^{2}1953); K. Becker, in: Pfälzische Postgeschichte, 13 (1956).

Dreibund. Das durch den Beitritt Italiens am 20. 5. 1882 auf fünf Jahre abgeschlossene geheime Verteidigungsbündnis zw. dem Deutschen Reich, der Donaumonarchie und Italien. Die Vertragsbestimmungen lauteten, daß im Falle eines Angriffskrieges durch zwei oder mehr Großmächte gegen einen der Verbündeten für die beiden anderen die unbedingte Beistandspflicht eintrete. Bereits 1879 hatten das Deutsche Reich und Österreich-Ungarn den Zweibund miteinander abgeschlossen. Ohne förmlich beizutreten, erfolgte 1883 die Angliederung Rumäniens an den D. auf Grund von Sonderverträgen mit dem Deutschen Reich und Österreich-Ungarn. Eine Ergänzung durch zwei Sonderverträge erfuhr der D. anläßlich seiner ersten Verlängerung i.J. 1887; sie wurden zw. Österreich-Ungarn und Italien abgeschlossen sowie zw. Dtl. und Italien. Hiernach waren im Falle von Territorialveränderungen auf dem Balkan Kompensationen zwischen Italien und der Donaumonarchie vorgesehen; das Deutsche Reich stand Italien bei einem Konflikt mit Frankreich im westl. Mittelmeer bei. 1891, als der D. zum zweitenmal verlängert wurde, wurden die Sonderverträge Bestandteil des Hauptvertrags. Verlängert wurde der D. 1896 stillschweigend, 1902 ausdrücklich, 1907 wieder stillschweigend und 1912 wiederum ausdrücklich. Die Dreibundverträge, die geheim waren, wurden in ihrem Wortlaut erst nach dem Ersten Weltkrieg bekannt. Entwertet wurde der D. bereits 1902, als Italien ein Geheimabkommen mit Frankreich abschloß; eine weitere Aushöhlung erfuhr er infolge der österreich.-ital. Spannungen seit 1911; er brach auseinander, als Italien 1915 auf der Seite der Entente-Mächte in den Krieg eintrat.

LIT. R. Kjellen, D. und Dreiverband (1921); H. Granfelt, Das Dreibundsystem 1879–1916, 1 (1925); Italicus (d. i. M. Alberti), Italiens Dreibundpolitik 1870–96, 2 Tle. (1928); H. Oncken, Das Dt. Reich und die Vorgeschichte des Weltkriegs. 2 Bde. (1933); L. Albertini, The Origins of the War of 1914, 1 (London 1952); W. M. Carlgren, in: Histor. Archiv, 2 (1954); F. Fellner, in: Österr.-Archiv, 8 (1960).

Dreifaltigkeitssäulen. Sie wurden, gleich den Marien- und Heiligensäulen, aus bes. Anlässen errichtet, so z.B. die Wiener D. am Graben 1679 als Ausdruck des Dankes für das Ende der Pest (deshalb auch Pestsäule genannt) oder als Erinnerung an den Sieg der Gegenreformation. In Böhmen und Mähren sowie in Österreich waren D. in volkstüml. Form weit verbreitet.

Dreigröscher, poln. Trojak. Eine Silbermünze von 2,34 g Silbergehalt. Sie wurde 1526 durch König Sigismund I. von Polen (1506–48) eingeführt und fand bald sehr große Verbreitung, in Preußen unter der Bez. Düttchen.

Dreikaiserjahr.
[1] Bez. für das Jahr 69 n. Chr., als Galba, Otho und Vitellius röm. Kaiser waren, auf die Vespasian (bis 79) folgte.
[2] Bez. für das Jahr 1888, als Wilhelm I., Friedrich III. und Wilhelm II. deutsche Kaiser waren bzw. wurden.

LIT. W. Richter, Friedrich III. Leben und Tragik des zweiten Hohenzollernkaisers (^{2}1981); W. Treue (Hrsg.), Drei dt. Kaiser (1987).

Dreikaiserschlacht. Die am 2. 12. 1805 zwischen Napoleon I., Franz II. von Österreich und Alexander I. von Rußland ausgetragene Schlacht bei Austerlitz in Südmähren. Napoleon erfocht hier einen entscheidenden Sieg über Österreicher und Russen.

LIT. E. Mayerhoffer, Die Schlacht bei Austerlitz (1912).

Dreikaiserverhältnis, Dreikaiserbund. Bez. für das durch Bismarck (1815–98) begründete und anläßl. der Berliner Zusammenkunft der drei Kaiser 1872 öffentl. bekannt gegebene polit. Einvernehmen zw. Dtl., Österreich und Rußland. Eine erste nachhaltige Beeinträchtigung erfuhr das D. 1876 infolge des österreich.-russ. Gegensatzes auf dem Balkan. Trotz eines Neutralitätsvertrags, den Bismarck 1881 zustande brachte, sowie einer neuen Zusammenkunft der drei Kaiser zu Skierniewice 1884 konnte das Auseinanderbrechen des D. während der Balkankrise 1886 nicht verhindert werden.

Dreiklassenwahlrecht. Ein indirektes Wahlrecht, demzufolge die Wähler zunächst die Wahlmänner, diese dann die Abgeordneten wählten. Die Wähler jeder Kommune wurden entsprechend den von ihnen gezahlten Steuern in drei Gruppen geteilt; auf jede dieser Gruppen entfiel ⅓ der Gesamtsumme der erbrachten Steuern. Mithin wählten die wenigen am höchsten Besteuerten ebenso viele Wahlmänner wie die weit größere Zahl der zweiten Gruppe sowie die Masse der gering besteuerten dritten Gruppe. Das 1849/50 eingeführte D. wurde erst durch die Revolution von

1918 abgeschafft; in seiner ›Osterbotschaft‹ vom 7. 4. 1917 hatte Kaiser Wilhelm II. die Beseitigung des D. in Aussicht gestellt.
LIT. J. Jastrow, Das Dreiklassensystem (1894); H. Boberach, Wahlrechtsfragen im Vormärz, die Wahlrechtsanschauungen im Rheinland 1815–49 und die Entstehung des D. (1959); R. Patemann, Der Kampf um die preuß. Wahlreform im 1. Weltkrieg (1964).

Dreikönigsbündnis. Es wurde am 26. 5. 1849 zw. den Königen von Preußen, Sachsen und Hannover abgeschlossen. Anstelle des gescheiterten Verfassungswerks der Frankfurter Nationalversammlung sollte es die Unionspolitik des preuß. Staatsmannes J. M. von Radowitz (1797–1853) durchführen und einen kleindt. Bundesstaat (auf der Grundlage der Frankfurter Reichsverfassung) unter der Führung Preußens schaffen. Es kam zur Auflösung des D. (im Oktober 1849), als der Beitritt Bayerns, der von Sachsen und Hannover zur Bedingung gemacht worden war, nicht erfolgte.

Dreikronenkrieg. Nordischer siebenjähriger Krieg (1563–70). Er wurde ausgelöst durch den Anspruch Dänemarks, das mit drei Kronen versehene schwed. Wappen zu führen.

Dreiling. Ein zwischen Elbe und Oder vom 14.–18. Jh. geprägtes silbernes Dreipfennigstück des Wendischen Münzvereins, der 1377 von den Wendischen Städten Lübeck, Hamburg, Lüneburg und Wismar gegründet worden war.

Dreimächtepakt. Ein Vertrag, der am 27. 9. 1940 durch Dtl., Italien und Japan zu Berlin abgeschlossen wurde. Dem D. zufolge sollte in Europa und im »Großasiatischen Raum« eine »neue Ordnung« geschaffen werden; einer nachträgl. Ergänzung gemäß sollte er jedoch nicht den bestehenden Status der UdSSR berühren. Es traten dem D. bei: Ungarn, Rumänien, die Slowakei (1940); Bulgarien, Kroatien, Jugoslawien (1941). Nach Ausbruch des dt.-sowjet. Konflikts am 22. 6. 1941 wurde der D. dahingehend ergänzt, daß keiner der Mitgliedstaaten einen Waffenstillstand oder Frieden ohne Einverständnis der Gesamtheit der übrigen Partner abschließen durfte. Am 18. 1. 1942 wurde der D. durch ein Militärbündnis der drei Hauptmächte vertieft. Japan bezeichnete die Kapitulation Deutschlands am 6. 5. 1945 als Bruch des D.
LIT. H. Roennefarth, Konferenzen und Verträge (Vertragsploetz), 4 Tle. 2 (2), 1914–59 (1959); Th. Sommer, Deutschland und Japan zwischen den Mächten 1935–40 (1962); B. Martin, Deutschland und Japan im 2. Weltkrieg (1969).

Dreispitz (Dreimaster). Seit Ende des 17. Jh. eine zivile sowie (und vor allem) eine militär. Kopfbedeckung: Filzhut mit dreiseitig hochgeschlossenem Rand (Krempe). Aus der militär. Tracht verschwand der D. nach 1786; in der bürgerl. Kleidung hielt er sich bis zu Beginn des 19. Jh.

Dreißigjähriger Krieg. Bez. für eine Reihe von Kriegen während der Jahre von 1618–48. Der D. K. ging aus den konfessionellen Gegensätzen in Dtl. hervor; in seinem Verlauf wurde er aber immer mehr ein auf dt. Boden ausgetragener Kampf gegen die span.-österr. Vormacht mit rein polit. Zielen. Wirklichen Frieden hatte der Augsburger Religionsfriede (25. 9. 1555) nicht gebracht; denn den geistl. Vorbehalt (→Reservatum ecclesiasticum) lehnten die Protestanten ab und verletzten ihn, während die Zusicherungen Ferdinands, seit 1526 König von Böhmen und Ungarn, seit 1531 röm. König, seit 1556 Kaiser (im Geheimvertrag), zugunsten der prot. Untertanen geistl. Fürsten von den Katholiken nicht anerkannt wurden; darüber hinaus bildete die Anerkennung des Calvinismus einen Streitpunkt. Die Spannungen verstärkten sich, als die Katholiken, durch die Reform (→Gegenreformation) seit den 80er Jahren des 16. Jh. gekräftigt, ein entschiedenes und erfolgreiches Auftreten, so im Kölner Krieg (1582–84), wodurch der kath. Charakter Nordwestdtl. erhalten wurde, an den Tag legten. Die gegen Donauwörth durch Maximilian I. von Bayern (reg. 1597–1623) ausgeführte Reichsacht wegen Bedrückung der kath. Minderheit durch die prot. Mehrheit verursachte 1608 die Sprengung des Reichstags und führte zur Gründung konfessioneller Zusammenschlüsse: der prot. Union unter Führung Friedrichs IV. von der Pfalz 1608 sowie der kath. Liga unter Maximilian 1609.
Der Krieg nahm seinen Anfang in den österreichischen Erblanden. Infolge des Streites um die Auslegung des Maje-

stätsbriefes sowie des Widerstandes gegen den entschieden kath. Erzherzog Ferdinand (II.) als böhm. König kam es 1618 zur Revolution in Böhmen, ausgelöst durch den Widerstand einer radikalen prot. tschechisch-aristokrat. Gruppe. Ihren greifbaren Ausdruck fand die Revolution im Prager Fenstersturz (23. 5. 1618), sowie in der Gegenwahl Friedrichs V. von der Pfalz (reg. 1610–20) zum König von Böhmen (August 1619).
In der 1. Phase des D. K., dem Böhmisch-Pfälzischen Krieg (1618–23), konnte Maximilian als Führer der Liga zusammen mit den Truppen des 1619 zum Kaiser gewählten Ferdinand II. (reg. 1619–37) den »Winterkönig« Friedrich von der Pfalz in der Schlacht am Weißen Berg bei Prag schlagen (November 1620): Friedrich flüchtete nach Holland. Im dem sich nun entwickelnden Krieg um die Pfalz, wo Ernst von Mansfeld, Christian von Braunschweig und Georg Friedrich von Baden-Durlach für Friedrich fochten, behielt der Feldherr der Liga, Tilly (1559–1632), die Oberhand. Maximilian besetzte die Oberpfalz; 1623 erhielt er die Friedrich abgesprochene pfälzische Kur. In den österreich. Landen wurde nunmehr die Gegenreformation durchgeführt.
Im Niedersächsisch-Dänischen Krieg (1623–29), von den prot. Gegnern des Kaisers mit Unterstützung Hollands und Englands geführt, besiegte der kaiserl. Generalissimus Wallenstein (1583–1634) den auf prot. Seite kämpfenden Söldnerführer Graf Ernst II. von Mansfeld (1580–1626) an der Dessauer Brücke (25. 4. 1626), während Tilly König Christian IV. von Dänemark (reg. 1588–1648) ebenfalls 1626 bei Lutter am Barenberge schlagen konnte (27. 8.). Durch das Vordringen über Holstein und Schleswig bis nach Jütland wurden Kaiser und Liga zu Herren im Norden und Nordwesten. Angesichts dieser günstigen Situation erließ Ferdinand das Restitutionsedikt (1629). Nunmehr geriet die kath. Einheitsfront ins Wanken. Der Grund hierfür war die nachdrückl. Durchführung des Restitutionsedikts, das Mißtrauen gegen Wallenstein sowie gegen die span.-kaiserl. Politik, gegenüber der auch Papst Urban VIII. (reg. 1623–44) Argwohn hegte. Durch Richelieu (1624–42), den Leiter der franz. Politik, unterstützt, griff nun Gustav II. Adolf (reg. 1611–32) in den Krieg ein, in erster Linie deshalb, weil er seinen Plan, ein großes schwed. Ostseereich zu schaffen, durch das kaiserl. Vordringen gefährdet sah.
Damit begann die 3. Phase des D. K., der Schwedische Krieg (1630–35). Infolge des Mißtrauens, das die prot. Stände hegten, gewann Gustav Adolf zunächst nur langsam an Boden. Tilly, der nach der Entlassung Wallensteins als kaiserl. Feldherr außer den ligistischen auch die kaiserl. Truppen führte, konnte am 20. 5. 1631 Magdeburg erobern. Durch den Sieg bei Breitenfeld (17. 9. 1631) aber war für Gustav Adolf der Weg in die Länder der Liga offen. In einem zweiten Gefecht bei Rain am Lech (15. 4. 1632) wurde Tilly tödlich verwundet; München wurde nunmehr besetzt und verwüstet. Der in dieser Lage vom Kaiser zurückgerufene Wallenstein führte keine Wende zugunsten des Kaisers und der Liga herbei, obwohl die Lage nach der Schlacht bei Lützen (16. 11. 1632), in der Gustav Adolf zwar siegte, aber fiel, günstig war. Wegen seines Gegensatzes zu Maximilian blieb Wallenstein untätig, als die Schweden Regensburg eroberten, Bayern verwüsteten. Wallenstein wurde des Hochverrats beschuldigt und am 25. 2. 1634 zu Eger ermordet. Als die vereinigten kaiserl., span. und bayr. Truppen bei Nördlingen siegten (6. 9. 1634), kam es zum Frieden von Prag mit Sachsen; die Mehrzahl der prot. Stände trat dem Frieden bei. Die Schweden neigten ebenfalls zum Frieden, doch Richelieu bestärkte sie in ihrem Widerstand.
Entgegen den Friedensbemühungen der Kurie trat Frankreich sogar selbst in den Krieg ein und leitete damit dessen vierte Phase ein. Als schwedisch-französischer Krieg bez., dauerte er von 1635–48; er wurde mit wechselndem Erfolg geführt. Von seinen Vorgängern unterschied er sich dadurch, daß er noch blutiger und verherender war. Seit Februar 1637 führte er zu einem Übergewicht der gegnerischen Mächte über Kaiser Ferdinand III. (reg. 1637–57), zumal innerer Schwierigkeiten wegen die Widerstandskraft Spaniens erlahmte. Zudem gelang es, die dt. Bundesgenossen des Kaisers diesem abspenstig zu machen, vorübergehend sogar Maximilian von Bayern. Wirkliche Friedensverhandlungen kamen erst 1644 bzw. 1646 in Gang, zu Münster in Westf. mit Frankreich, zu Osnabrück mit Schweden; sie

führten am 24. 10. 1648 zum Abschluß des →Westfälischen Friedens.
Die lange Kriegsdauer sowie die Anwendung des Grundsatzes, daß der Krieg den Krieg zu ernähren habe, brachten unendliches Leid über Dtl. und seine Einwohner. Neben dem jahrzehntelang nachwirkenden wirtschaftl. Schaden war der sittl. und geistige Verfall unermeßlich. Deutschlands große wirtschaftliche Abhängigkeit vom Ausland in der Folge wurde hierdurch mitbedingt, als Großmacht wurde es ausgeschaltet. Die Anerkennung der vollen Landeshoheit der Territorialherren sowie ihres Bündnisrechtes mit ausländischen Staaten durch den Westfälischen Frieden besiegelte den Zerfall des alten Reiches. Die Gewinner des Krieges waren Schweden und Frankreich, die nicht nur dt. Land erhielten, sondern auch die Möglichkeit der Einmischung in innerdt. Angelegenheiten.
LIT. H. J. G. von Grimmelshausen, Der abenteuerliche Simplicissimus Teutsch (1669, neu hrsg. [3]1954 von J. H. Scholte, [2]1965 von A. Kalletat); M. Ritter, Dt. Geschichte im Zeitalter der Gegenreformation und des D. K. Bd. 3 (1908); R. Huch, Der große Krieg in Deutschland. 3 Bde. (1912–14); G. Franz, Der D. K. und das dt. Volk ([2]1943); Bücherkunde zur dt. Geschichte. Nr. 2205 bis 2232 a (1951); I. Bog, Die bäuerliche Wirtschaft im Zeitalter des D. K. (1952); S. H. Steinberg, Der D. K. und der Kampf um die Vorherrschaft in Europa 1600–1660 (1967); C. V. Wedgwood, Der D. K. (1967); H. Diwald, Wallenstein (1969); J. von Polišenský, The Thirty Years War (London 1971); G. Mann, Wallenstein (1971); Josef von Polišenský, Der Krieg und die Gesellschaft in Europa 1618–1648. In: Documenta Bohemica. Bellum Tricennale illustrantia I. (Prag 1971); ders., War and Society in Europe 1618–48 (Cambr. 1978); H. Langer, Kulturgeschichte des D. K. (1978); K. Fuchs, Wallenstein (1983); G. Schormann, Der D. K. (1985); G. Barudio, Der ›Teutsche‹ Krieg 1618–1648 (1985); G. Parker, Der D. K. (1987).

Dreißigste. Im altdt. Recht die Verpflichtung der Erben, den zum Haushalt gehörigen Familienangehörigen (einschließl. des Gesindes) des Erblassers während eines Zeitraums von 30 Tagen nach dem Erbfall Unterhalt zu gewähren und Benutzung der Wohnung zu gestatten.
LIT. H. Planitz, Grundzüge des dt. Privatrechts ([3]1949); H. Mitteis und H. Lieberich, Dt. Privatrecht ([4]1963).

Dreißig Tyrannen. Die durch den spartan. Feldherrn Lysander († 395 v. Chr.) im Jahre 404 v. Chr. in Athen als Regierungskörperschaft eingesetzten 30 Männer; sie führten ein Gewaltregiment. Ihr Sturz erfolgte bereits 403. Auch die unter dem röm. Kaiser Gallienus (reg. 253–68 n. Chr.) auftretenden Usurpatoren wurden, obwohl sie nicht die Zahl 30 erreichten, als D. T. bezeichnet.

Dreistadiengesetz. Ein von G. B. Vico (1668–1744), durch den die Geschichtswissenschaft als das Bewußtsein der Menschheit von ihren Taten begründet wurde, aufgestelltes Gesetz, demzufolge sich die Weltgeschichte in drei Entwicklungsstufen vollzieht; in der Fassung von A. Comte (1798–1857): die Zeitalter der Theologie, der Metaphysik und als Abschluß das des positiven Wissens.

Dreistufentheorie. Bez. für die Lehre, derzufolge durch die Menschheit im Verlauf ihrer wirtschaftl. Entwicklung drei Stufen durchlaufen wurden: die des Jägers, des Hirten und des Ackerbauern. Widerlegt wurde die D. durch E. Hahn (1856–1928).
LIT. E. Hahn, Von der Hacke zum Pflug (1919).

Dreitageschlacht. Bez. für die zw. dem 28. 2. und 2. 3. 1653 im Ärmelkanal (zw. der Isle of Portland und dem Cap de la Hague) ausgetragene große Seeschlacht, in der die engl. Flotte (unter dem Flottenführer Cromwells, Admiral Robert Blake, 1599–1657) über die niederländische (unter Admiral Maarten Tromp, 1598–1653) siegte.

Dreiverband, Tripelentente. Seit 1907 bis in den Ersten Weltkrieg zw. Frankreich, Rußland und England bestehend. Der D. baute auf dem russ.-franz. Bündnis von 1894, der engl.-franz. Entente von 1904 und dem engl.-russ. Abkommen von 1907 auf. Vom Dreibund unterschied sich der D. dadurch, daß er eine lose und zeitlich unbegrenzte Interessengemeinschaft darstellte. Eine Ergänzung und Festigung erfuhr der D. durch militär. und maritime Absprachen zw. England, Frankreich und Rußland, wodurch er mehr und mehr in die Form eines Bündnisses

hineinwuchs. Zu gegenseitiger Waffenhilfe im Kriegsfall verpflichtete der D. seine Mitglieder nicht.
LIT. O. Hauser, Deutschland und der engl.-russ. Gegensatz 1900–14 (1958).

Dreyfus-Affäre. Bez. für das Justizverfahren gegen den franz. Hauptmann jüd. Herkunft Alfred Dreyfus (1859–1935). Nach einem auf falschen Schriftexpertisen aufbauenden und prozessual fehlbaren Verfahren wurde Dreyfus wegen Landesverrats zu Degradierung und Deportation (auf die Teufelsinsel) verurteilt. Die D. war von weittragenden polit. Folgen; sie führte zur Sammlung der Linken, die 1899 zur Macht kam. In ihrem Kampf gegen die kath. Kirche, in der sie die Hauptstütze der Rechten erblickte, führte sie während der Jahre von 1901–05 die Trennung von Kirche und Staat durch.
LIT. A. Dreyfus, Lettres d'un innocent (Paris 1898; dt. 1899); ders., Cinq années de ma vie, 1894–99 (Paris 1901, dt. 1901; zahlreiche Aufl.; in fast alle Weltsprachen übersetzt); E. Zola, Die Affäre Dreyfus (dt. 1901); B. Weil, Der Prozeß des Hauptmanns Dreyfus (dt. ^{9}1931); K. Leuser, Die Affäre Dreyfus (1949); S. Thalheimer, Die Affäre D. (1963); P. Miquel, L'affaire Dreyfus (Paris 1965); R. Gautier (Hrsg.), Dreyfusards. Souvenirs de Mathieu Dreyfus (Paris 1965).

Dritte Kraft (franz. troisième force). In Frankreich die Forderung nach einer demokrat. Mitte ausdrückend; sie sollte die franz. Republik gegen die extremen Kräfte von rechts (Gaullisten) und links (Kommunisten) schützen. Die urspr. von dem Politiker Léon Blum (1872–1950) im Jahre 1947 ausgesprochene Forderung ist seitdem auch ein in Europa und der Welt allg. verbreitetes polit. Schlagwort zur Bez. einer Mächtegruppe geworden, die sich neben oder zwischen zwei übergroßen Parteien oder Staaten zu behaupten vermag.

Dritter Orden, Drittorden (lat. Tertiarier). In der kath. Kirche klösterl. oder Laienvereinigungen beiderlei Geschlechts im Anschluß an einen religiösen Männer- oder Frauenorden. Die Mitglieder der D. O. erstreben eine Erziehung zur religiös-sittl. Vollkommenheit. Die D. O., während des 13. Jh. im Anschluß an die Bettelorden gebildet, traten zu deren männl. (1. Orden) und weibl. (2. Orden) klösterl. Zweig hinzu. Von den weltl. D. O. sind die der Franziskaner und Dominikaner die bedeutendsten.

Dritter Stand (franz. tiers état). Bez. für das Bürgertum in der ma. Ständeordnung; es nahm hinter den privilegierten Ständen des Adels und der Geistlichkeit den dritten Platz ein. Der D. S. erreichte während der Französischen Revolution (1789) und den hierauf folgenden polit. Entwicklungen in Europa die polit. und rechtl. Gleichrangigkeit mit den beiden übrigen Ständen. Mit dem aufkommenden Proletariat (→Vierter Stand) wurde der Begriff dann auch gebraucht, um das besitzende Bürgertum hiervon zu unterscheiden.
LIT. A. Thierry, Essai sur l'histoire de la formation et des progrès du Tiers-Etat (1853).

Dritter Weg. Bez. für ein modernes, vorwiegend volkswirtschaftl. Reformprogramm. Zwischen histor. Liberalismus und Kollektivismus zielt es auf einen »ökonomischen Humanismus« ab: Dezentralisation, Förderung der kleineren Produktions- und Siedlungseinheiten sowie der soziolog. gesunden Lebens- und Berufsformen; es wendet sich gegen Monopole und Konzentration; den Regeln der Marktwirtschaft entsprechend sollen die Staatseingriffe begrenzt sein.
LIT. W. Eucken, Der Wettbewerb als Mittel volkswirtschaftl. Leistungssteigerung und Leistungsauslese (1942); W. Lippmann, The Good Society (Boston 1937; dt. 1946); W. Röpke, Internationale Ordnung (1945); ders., Die Gesellschaftskrisis der Gegenwart (^{5}1949).

Drittes Reich.
[1] In der christl. Prophetie sowie Geschichtsphilosophie des MA eine Weltperiode, in der der Zwiespalt von Idee und Wirklichkeit nicht mehr besteht. Zum erstenmal erscheint die Idee eines D. R. bei Joachim von Floris (1132–1202). Nach dessen chiliast. Geschichtstheologie folgt das Zeitalter des Hl. Geistes dem des Vaters und des Sohnes. Später ist diese Konzeption häufig abgewandelt worden, so von G. E. Lessing (1729–81) und von F. W. Schelling (1775–1854), der von einem »Johannei-Zeitalter« sprach. Nach H. Ibsen (1828–1906) ist im D. R. die Synthese von Antike und Christentum zu sehen (vgl. hierzu das Werk ›Kejser og Galilaeer‹, 1873; dt. ›Kaiser und Galiläer‹, 1888). Der russ. Schriftsteller D. S. Me-

reschkowskij (1865–1941) vertrat die Idee einer Synthese des Christentums mit der antiken Kultur (Nazarener- und Hellenentum).
[2] Zum polit. Schlagwort eines konservativ-romant. Nationalismus wurde der Begriff D. R. durch ein Buch von A. M. Moeller van den Bruck mit dem Titel ›Das D. R.‹ (1923). Von dort wurde er für den nationalsozialist. Einparteienstaat unter der Führung A. Hitlers (1889–1945) übernommen.
LIT. E. Benz, Ecclesia spiritualis (1934); J. Petersen, Die Sehnsucht nach dem D. R. in dt. Sage und Dichtung (1934); W. Nigg, Das Ewige Reich (1944); J. Neurohr, Der Mythos vom D. R. (1957); K. Hildebrand, Das Dritte Reich (1980); M. Broszat, N. Frei (Hrsg.), Ploetz. Das Dritte Reich. Ursprünge – Ereignisse – Wirkungen (1983); W. Michalka (Hrsg.), Das Dritte Reich. 2 Bde. (dtv-Dokumente) Bd. 1 (1985).

Drittes Rom. Moskau, das 1325 Sitz des Metropoliten geworden war, stieg, durch seine Lage begünstigt, zum Großfürstentum auf. Die Moskauer Herrscher bildeten die uneingeschränkte Fürstengewalt aus und unterwarfen die benachbarten Fürstentümer.
Im Moskauer Rußland, dessen traditionsgeformte Kultur gänzlich in seinen Klöstern lebte, erhob die seit dem Jahre 1448 autokephale (eigenständige) Kirche (nach 1589 unter einem eigenen Patriarchen) und mit ihr der Zar den Anspruch, einziger Hort des rechtgläubigen Christentums, ein D. R. (1470) zu sein. Nach dem Fall von Konstantinopel (1453) wurden bei der Heirat (1472) Iwans III. (reg. 1462–1505) mit Zoë Sophia Paläologa, der Nichte des letzten Kaisers von Byzanz und dessen Erbin, das Symbol des Doppeladlers sowie ein Zeremoniell der Selbstherrschaft eingeführt.
LIT. L. Bonwetsch, Kirchengeschichte Rußlands (1923); W. K. Medlin, Moscow and East Rome (Diss. Genf 1946).

Drost (mndt. drossete, Truchseß). Seit dem späten MA in Nordwestdtl. ein Beamter; er entspricht in etwa dem Amtmann oder Landrat und stand bes. den Domänen vor. Seit Beginn der NZ ebenfalls der Titel des mit polizeil. und militär. Befugnissen ausgestatteten Adeligen. In Hannover hießen die Regierungspräsidenten noch bis 1885 Landdroste.

Druiden (lat. druides, irisch driud, die »Eichenkundigen«). Bez. für die altheidnischen Priester der Kelten in Britannien und Gallien; sie waren als Stand organisiert und entsprachen den indischen Brahmanen. Die Priesterkaste der D. bestand bereits seit indogerman. Zeit. Z. Z. Caesars bildeten sie in Gallien einen geschlossenen Stand; er teilte sich mit dem der Ritter in die Herrschaft über das Volk. Die Spitze der D. wurde repräsentiert durch einen obersten D. Ihre Funktionen als Priester waren mannigfach: sie bewahrten nicht nur die religiöse Geheimlehre, sondern übten auch die Kunst der Weissagung aus; darüber hinaus waren sie Richter, Heil- und Sternkundige. Eine überaus wichtige Rolle spielte der Kult der Eiche. Wesentl. Bestandteil der Lehre der D. war ein neues Leben nach dem Tode sowie die Seelenwanderung. Vor allem zwei Gründe waren es, die Kaiser Claudius (reg. 41–54 n. Chr.) veranlaßten, den druidischen Gottesdienst aufzuheben: einmal dessen Verbindung mit Menschenopfern, sodann die Tatsache, daß die D. die einzigen wirklichen Träger eines keltischen Nationalbewußtseins waren, das nicht zuletzt im Kult verankert war. Die D. verschwanden, als Gallien allmählich romanisiert bzw. – wie auch Schottland und Irland – christianisiert wurde.
LIT. J. Pokorny, Der Ursprung des Druidentums. In: Mitt. der Anthropolog. Gesellsch. in Wien, 38 (1908); T. D. Kendrick, The Druids (London 1927); J. Ryan, Die Kelten (Christus und die Religionen der Erde, II), 1951; L. Spence, The History and Origin of Druidism (London 1951); F. le Roux, Les druides (1961).

Druzhina (russ. Freundschaftsbund). Die sich aus dem Stand der Bojaren rekrutierende kriegerische Gefolgschaft altrussischer Fürsten.

Dualismus (von lat. dualis, zweifach). Die Doppelherrschaft, d. h. das koordinierte Nebeneinander von zwei polit. Mächten oder Organen, z. B. in einem Staat, in dem die Staatsspitze von zwei Königen oder Konsuln gebildet wird oder in dem die monarch. und die ständ. Gewalt gleiches Gewicht besitzen (D. des alten Ständestaats), oder die monarch. und parlamentar. Gewalt einander gleichgeordnet sind, oder ein D. von 1. und 2. Kammer gegeben ist (Zweikammersystem). Klassische Fälle des D. in

der neueren Geschichte sind der preuß.-österreich. Gegensatz im 18. Jh., im Dt. Bund (1815–66 und 1850–59) sowie die Zweiteilung der Donaumonarchie in eine österreich. und ungar. Reichshälfte (1867–1918).
LIT. E. R. Huber, Dt. Verfassungsgeschichte seit 1789 (1957/1963); Th. Rody, Preußen und Österreich im Ringen um die dt. Seele (1947); E. Franzel, Der Donauraum (1958); E. Somogyi, Vom Zentralismus zum Dualismus. Die ungar. Frage in der österr. Politik (1982).

Dublone (span. doblon, Doppelstück, von urspr. 2 Escudos). Früher eine Goldmünze; seit dem 16. Jh. der doppelte span. Escudo mit einem Goldgehalt von 6,766 g.

Duc (franz., weibl. Duchesse, Herzogin, ital. duca, Herzog). Der höchste franz. Adelstitel nach dem des Prinzen. Während der Lehenszeit war er mit dem Besitz eines Herzogtums (duché) verbunden.

Dukat, Dukaten (mlat.). Die meistverbreitete Goldmünze Europas (Zechine). Der D. wurde zunächst in Venedig geprägt und zwar erstmals durch G. Dandolo (reg. 1280–89) nach Florentiner Vorbild. Ihren Namen erhielt die Münze durch die Legende auf der Rückseite, die mit dem Wort ducatus endete: sit tibi Christe datus quem tu regis iste ducatus. Seit 1235 gab es D. in Ungarn, seit 1559 als dt. Reichsmünzen. In Süddtl. wurden D. bis 1871, in Österreich noch im 20. Jh. geprägt. In den Niederlanden schlug man die Ritter-D. (3,42 g Gold) vom 16.–20. Jh., in Skandinavien von etwa 1550–1868 (in Schweden).

Duke (von lat. dux, Führer). Herzog. Der höchste unter den engl. Adelstiteln. Zunächst ledigl. an die Mitglieder des königl. Hauses verliehen, kam es seit Richard II. (1377–99) auch zu anderweitigen Verleihungen, die seit dem 17. Jh. häufiger wurden. Die ›Royal Dukes‹ jedoch (»Your Royal Highness« angeredet) besaßen gegenüber den übrigen Herzögen (»Your Grace« angeredet) einen Vorrang. Es gibt heute 4 »royal« (königl.) und 26 sog. »noble« Herzogswürden.

Duma (russ., Rat, Gedanke). In Rußland bis in die Zeit Peters d. Gr. (reg. 1689–1725) der Rat der fürstl. Gefolgsleute. Als Städtische D. wurde die Stadtverordnetenversammlung nach der Städteordnung von 1870 bez. Seit der Revolution von 1905 (bis 1917) hieß das russ. Parlament Reichs-Duma. Auf Grund des Gesetzes vom 19. 8. 1905 war die D. zunächst lediglich eine beratende Versammlung; sie erhielt aber nur kurze Zeit später das Recht der Gesetzgebung. Gewählt wurden die Abgeordneten der D. nach einem dreistufigen Wahlsystem (für Bauerngemeinden, Fabrikarbeiter und Kleingrundbesitzer), bzw. nach einem zweistufigen für die übrigen Bevölkerungsgruppen. Zwischen 1905 und 1917 hat es in Rußland vier Dumas gegeben: die erste tagte vom 10. 5.–22. 7. 1906 (sie wurde wegen ihrer radikalen Haltung aufgelöst); die Tagungsperiode der zweiten dauerte vom 5. 3.–17. 6. 1907; die dritte, die vom 14. 11. 1907–22. 6. 1912 tagte, war nach einem neuen Wahlgesetz der Regierung gewählt worden, welches die besitzenden Klassen begünstigte; die vierte, am 15. 11. 1912 eröffnet, amtierte bis zur Februarrevolution; im Jahre 1917 wurde durch sie die provisorische Regierung gebildet. Die D. wurde (seit 1907) auf 5 Jahre bestellt.
LIT. A. Palme, Die russische Verfassung (1910); O. Hoetzsch, Rußland (^{2}1917); H. Seton-Watson, The Decline of the Russian Empire (1952; dt. 1954); A. A. Zimin, Sostav bojarskoj dumy v XV–XVI vekach. In: Archeografičeskij ežegodnik za 1957 (1958).

Dunkelmännerbriefe (lat. Epistolae obscurorum virorum). Eine witzige Schmähschrift, in absichtl. schlechtem Latein (Küchenlatein) abgefaßt; Teil I erschien 1515, Teil II 1517. Sie wandte sich gegen die Kölner theolog. Gegner des Humanisten Johannes Reuchlin (1455–1522). Verfasser waren vor allem Crotus Rubianus (um 1480–nach 1530) und Ulrich von Hutten (1488–1523). Außer den Kölner Theologen werden in den D. die Wissenschaft und Lehrweise des MA verspottet.
Ausgabe von A. Bömer. 2 Bde. (1924, 1966); W. Brecht, Die Verfasser der Epistolae obscurorum virorum (1904).

Duodezstaat (von lat. duodecima, ein Zwölftel). Ein kleines Land während der Zeit der dt. Kleinstaaterei; die Bez. hatte spöttischen Charakter; sie war hergeleitet von Duodez, dem kleinen Buchformat, wonach ein Druckbogen 12 Blatt (= 24 Seiten) umfaßt.
LIT. H. Reichold, Bismarcks Zaunkönige. Duodez im 20. Jh. (1977).

Durchlaucht (lat. Serenitas; →Serenissimus). Durchlauchtiger, Durchlauchtigster; das den got. und fränk. Königen beigelegte Prädikat. 1375 erhielten im alten Dt. Reich die Kurfürsten von Kaiser Karl IV. (1347–78) das Prädikat Durchlauchtig, im 17. Jh. die österreich. Erzherzöge, seit 1712 die Reichsfürsten. Das Prädikat war auch in Venedig, Genua und Polen üblich. Es war ebenfalls mit der landesherrlichen Erhebung in den Fürstenstand verbunden (seit Anfang des 19. Jh.).

Durchzugsrecht, Etappenrecht. Die Befugnis, das Territorium eines fremden Staates mit militär. Einheiten friedlich zu durchziehen bzw. zu überfliegen. Das D. ist allein durch einen völkerrechtl. Vertrag begründbar. Die Neutralität in einem Krieg verpflichtet jedoch nicht allein dazu, ein D. nicht nur nicht zu gestatten, sondern es sogar zu verhindern. Hingegen gilt die Durchzugserlaubnis für Kranke und Verwundete nicht als Neutralitätsverletzung (lt. 5. Haager Abkommen über die Landneutralität von 1907). Im Falle von militär. Sanktionen der Vereinten Nationen besteht nach Art. 43 der Satzung ein Durchmarschrecht zu Lasten der Mitgliedsländer; es ist allerdings vom Abschluß eines Sonderabkommens abhängig.
Auf Grund des Gewohnheitsrechts besteht ein Durchfahrtsrecht für die Territorialgewässer; die Gestattung der Durchfahrt stellt auch im Krieg keine Neutralitätsverletzung dar.

Dürnitz, Dirnitz, Dorntzee, Tirnitz (von russ. gornitza). Urspr. eine größere heizbare Stube, ein Speisezimmer, das durch einen Ofen beheizbar war. Seit dem 14. Jh. bez. man als D. die Wohnung der Dienstmannen auf Burgen und Schlössern, ebenfalls die Badestube.

Dusack. Das aus einem Stück bestehende böhm. Sensenschwert mit der Schneide an der inneren Krümmung. In Dtl. wurde es bis ins 16. Jh. hinein verwendet.

Düttchen, Dütchen, Dittchen. Volkstümliche Bez. für die im 17. und 18. Jh. in Niedersachsen, Schleswig-Holstein und Dänemark geprägten 1/16 Taler oder 2-, seit 1622 3-Schilling-Stücke sowie die Dreigröscher.

Dux (lat., Führer, franz. Duc, ital. duce, engl. duke). In der spätröm. Kaiserzeit der einem Heeresteil vorstehende Befehlshaber. Seitdem durch Kaiser Diokletian (reg. 284–305) die militär. und zivile Gewalt streng geschieden worden waren, war der D. der militär. Befehlshaber in einer Provinz (dux limitis). Nachdem der D. seit dem 7. Jh. wieder mit der zivilen Verwaltung von Provinzen beauftragt worden war (sein Amtsbereich hieß Dukat), entwickelte sich hieraus allmählich ein Hoftitel sowie der Titel lokaler Herrscher, vor allem in Italien. Als Dukalien bez. man die landesherrlichen Rechte eines Herzogs.

Duce. Der Titel Mussolinis (1883–1945).
LIT. H. W. Goetz, »Dux« und Ducatus (1972).

Dvorjane (von russ. dvor, Hof). Die unter den Bojaren stehenden Hofmannen bzw. Gefolgschaftsangehörige eines russ. Fürsten. Nachdem unter Peter d. Gr. (reg. 1689–1725) die Bojaren ausgeschaltet worden waren, stellten die D. den Dienstadel in Heer und Verwaltung. Allg. auch Bez. für den Adel.

Dyarchie (von griech. dyo, zwei). Der Ausdruck, der geschaffen wurde, um den Gegensatz zur Monarchie zu umschreiben, kennzeichnet eine Staatsform, bei der die Macht auf zwei verschiedene Institutionen, die voneinander unabhängig sind, aufgeteilt ist, so im Prinzipat des Augustus (reg. 31. v.–14 n. Chr). auf Senat und Kaiser.

Dynast (von griech. dynastes, Machthaber). Im At. die Bez. für einen Machthaber bzw. für eine Persönlichkeit, die in einem Gemeinwesen Herrschaftsrechte ohne Herrschaftstitel ausübte.

Dynastie. Bez. für eine Familie, der in einem monarchist. Staat tatsächl. oder rechtl. das Vorrecht auf die Erlangung der Herrscherwürde zusteht. Im alten Ägypten machte der Priester Manetho von Sabennytos (um 280 v. Chr.) die D. zur Grundlage der Chronologie: Altes Reich, 1.–6. D.; Mittleres Reich, 11.–13. D.; Neues Reich, 18.–24. D. Für Mesopotamien schuf der Priester Berossos (um 280 v. Chr.) eine ähnl. Chronologie.
LIT. J. Kunisch, Der dynastische Fürstenstaat (1982).

Earl. Englischer Grafentitel. Seit Knut d. Gr. der Titel des Statthalters eines Teilkönigreiches. In normann. Zeit durch königl. Beamte in der Amtsgewalt abgelöst und zum Standestitel entwertet. Nach der Einführung der Adelstitel Duke und Viscount im 14. Jh. wurde Earl zur Bez. des dritthöchsten Adelsrangs.

Ebenbürtigkeit. Gleichwertige Abkunft, die zur Standesgleichheit und Rechtsgleichheit führt. Der Grundsatz der Ebenbürtigkeit hat Rechtsfolgen (Heirat, Erbe) im Gerichtswesen (Richter, Zeugen); er erhält nach dem Sachsenspiegel erhöhte Bedeutung. Ebenbürtigkeitsregeln werden später vor allem in Hausgesetzen festgelegt; im niederen Adel spielte die E. in der Frage der Stiftsfähigkeit eine Rolle.
Lit. O. von Dungern, Das Problem der Ebenbürtigkeit (1905); HWDRG I, 793–95.

Ecce homo. Nach Johannes 19, 4 der gegeißelte, mit Dornen gekrönte, mit einem Spottmantel umgebene Jesus, ein Rohrzepter in den gefesselten Händen haltend. Schon in frühchristl. Zeit, bes. aber seit dem späten MA in der Kunst häufig entweder als Einzelgestalt oder in einer Szene mit den ihn verhöhnenden Juden dargestellt. Beispiele: Rogier van der Weyden (ca. 1450), Leonardo da Vinci, Tizian, Tintoretto, G. Reni, A. Dürer, Rembrandt.
LIT. R. Bauerreiss, Pie Jesu (1931); G. von der Osten, Der Schmerzensmann (1935).

Ecclesia (griech.).
a) Versammlung der freien Bürger in den griech. Stadtstaaten.
b) Versammlung der Christen zum Gottesdienst.
c) Die Einheit der Gläubigen in der ganzen Welt (Kirche) bzw. an einem Ort (Ortskirche), rechtl. und sakramental zusammengefaßt.
d) Der Raum, in dem der christl. Gottesdienst stattfindet, Kirchengebäude; Darstellung der Kirche bzw. des Neuen Testamentes in der Kunst, meist als siegreiche Frauengestalt mit Krone, Kelch, Kreuzesfahne als Gegengestalt der Synagoge, seit dem 9. Jh. oft als Begleitfigur der Kreuzigung, auch zusammen mit der Synagoge im ma. Schauspiel.
LIT. H. Pflaum, Der allegor. Streit zwischen Synagoge und Ecclesia in der europ. Dichtung des MA (1934).

Ecclesia cathedralis. Kathedralkirche, Domkirche, Hauptkirche (ecclesia capitularis; ecclesia major), Residenzkirche des Diözesanbischofs, Residenzkirche des Erzbischofs (Metropolitankirche), bestimmt für die Feier der bischöfl. Pontifikalhandlungen und die dem Domkapitel obliegenden gottesdienstl. Funktionen.

Ecclesia militans. Die streitende Kirche, d. h. die Kirche in der Welt.

Ecclesia non sitit sanguinem. »Die Kirche vergießt kein Blut.« Grundsatz, der im MA teils beachtet, teils wegen der Verquickung geistl. und weltl. Bereiche und der bes. Situation der Kirche beiseite gesetzt war, heute jedoch uneingeschränkt Geltung hat. Da geistl. Fürsten keinen Blutbann ausüben durften, mußten sie besondere, von ihnen eingesetzte Personen den Blutbann aus der Hand des Königs empfangen lassen. Der kirchl. Anspruch gegen die weltl. Macht auf Verhängung der Todesstrafe gegen Ketzer, Zauberer, Hexen (seit Gregor IX., Friedrich II.) zeigt eine neue Seite des Problems. Nicht beachtet hat die Kirche den Grundsatz in den Kreuzzügen, deren Führung sie beanspruchte, da sie negotia fidei, negotia Dei seien. Der Grundsatz richtete sich gegen den Kriegsdienst der Geistlichen, schloß aber Selbstverteidigung nicht aus.
LIT. HWDRG I, 795–98.

Ecclesia triumphans. Die triumphierende Kirche, die Kirche der Heiligen, die Kirche in der Vollendung.

Ecclesia vivit lege Romana. »Die Kirche lebt nach röm. Recht.« Dieser in den ma. Quellen mehrfach bezeugte Grundsatz kann nur bedingt als histor. Aussage gelten, da starke oriental. Einflüsse unverkennbar und ganze Gebiete dem fränk. (langobard.) Recht vorbehalten sind. Der Grundsatz bringt das Personalitätsprinzip der ma. Kirche und das nur z. T. auf echter Kontinuität fortlebende röm. Recht in der Kirche zum Ausdruck.
LIT. HWDRG I, 798f.

École des Chartes. École nationale des Chartes: 1821 gegr. Institut in Paris. Die bei der Gründung festgesetzten Konstitutionen wurden 1829 erneuert und verbessert. Die Kurse dauern jeweils 3 Jahre und bereiten auf den späteren Archiv- und Bibliotheksdienst vor. Besonders gepflegt werden, einer alten franz. Tradition entsprechend, die

historischen Hilfswissenschaften: Paläographie, Urkundenlehre, Chronologie, Quellenkunde, Mittellatein, Provenzalisch. Die Zeitschrift des Instituts ist die ›Bibliothèque de l'École des Chartes‹. Nach dem Vorbild der E. d. C. wurde 1854 das Institut für Österreichische Geschichtsforschung gegründet, das auf dem Gebiet der Hilfswissenschaften nicht nur der E. d. C. ebenbürtig war, sondern sie in einigen Fächern bald überholte.
LIT. Livre du Centenaire d'École des Chartes. 2 Bde. (1921).

École Française. Eine von H. Brémond geschaffene, auf die franz. Spiritualität des 17. Jh. angewandte Bezeichnung (Bérulle, Condren, J. Eudes, Olier), heute in der Ausdehnung etwas umstritten.

École Polytechnique. 1794/95 vor allem zur Förderung der Kriegstechnik, für Straßen- und Brückenbau, Schiffsbau, Kanal- und Bergbau usw. gegr., war die E. P. wegweisend für den wissenschaftl. betriebenen Maschinenbau und die wissenschaftl. Technik. Die Aufgaben der E. P. umriß A. F. de Fourcroy 1794.
LIT. G. Pinet, Histoire de l'Ecole Polytechnique (1887).

Écorcheurs (franz., Abdecker, Schinder). Ein anderer Name für die von Caboche geführte Partei in Paris (1413). In weiterem Sinne gebraucht für die räuberischen Söldnerbanden, die Frankreich ca. 1430–45 verwüsteten (→Armagnacs).

Écrasez l'infâme (franz., »Vernichtet den schimpflichen [zu ergänzen: superstition] Aberglauben«). Voltaires berühmtes Wort, das sich an mehreren Stellen seines Briefwechsels mit Aufklärern aus den Jahren zwischen 1759–62 findet, u. a. in dem Brief an d'Alembert vom 28. 11. 1762. Voltaire will das Wort nicht gegen die Religion oder die Kirche gerichtet wissen. Nach seiner eigenen Aussage betrachtet er als Ergänzung des weiblichen Adjektivs infâme das Substantiv superstition (= Aberglaube).
LIT. F. Dupré, Encyclopédie des citations Nr. 1286; Büchmann, Geflügelte Worte I–III (1967).

Écuyer (von franz. écu = Schild; lat. scutum). Urspr. Schildträger, Knappe; Diener, der seinem Herrn im Krieg den Schild trug. Bez. dann die letzte Stufe vor dem Ritterschlag. Bez. für den einfachen Adeligen: Junker, Herr. Im Ancien régime hatte der **Grand E.** die Oberaufsicht über die équipage et écuries du roi (= Oberstallmeister). **E. tranchant:** Truchseß; **E. de bouche, E. de cuisine:** Küchenmeister an fürstl. Tafeln.

Edel. Sprachl. verwandt mit Adel; sprachlich und rechtlich vielfach gleichgesetzt bis in die Neuzeit. Ob edel in Beziehung zu Odal gesetzt werden kann, ist umstritten. Eine notwendige Beziehung zw. Adel und Stammgut kann nicht angenommen werden.
LIT. HWDRG I, 799ff.

Edelfreie. Durch edle Abkunft und höheres Ansehen ausgezeichnete Schicht der Freien bei den Germanen. Edelfrei wird nicht für Ministerialen oder den niederen Adel gebraucht. Aus den Edelfreien entwickelten sich im 11./12. Jh. die liberi barones, die mit Gerichtshoheit ausgestatteten Grundherren.

Edelmannsfreiheit. Zusammenfassende Bezeichnung für bestimmte Rechte, die nur persönlich waren und an sich nur den Nachkommen der 1577 dem bayerischen Adel angehörenden Familien zustanden. Die E. umfaßte das Scharwerk auf den Eigengütern (= Freiheit von den landesherrlichen →Fronden und das Recht, solche selbst zu fordern), niedere Gerichtsbarkeit, gewisse Jagdrechte, Privilegien bei der Erbfolge. E. wurde zum wichtigen Unterscheidungsmerkmal des bayerischen Adels: nicht edelmannsfrei war der neue Adel nach 1577.
LIT. Spindler I.

Edictum Theodorici. Sog. Edikt des Theoderich. An der Autorschaft des Ostgotenkönigs Theoderich (493–526) wird nicht mehr festgehalten, einiges spricht dafür, daß das E. T. von dem Westgotenkönig Theoderich II. (453–66) stamme. Das E. T. behandelt Gegenstände des Privat-, Prozeß- und Strafrechts; es gehört zu den Kodifikationen des röm. Rechts in den Germanenreichen.
LIT. HWDRG I, 801ff.

Edikt (lat. edictum). Obrigkeitlicher Erlaß. In der Zeit der röm. Republik öffentl. Bekanntmachung des Prätors über die Grundsätze für die Rechtsanwendung und Verwaltung seines Amtes, zunächst nur für die Amtszeit gültig. Unter Kaiser Hadrian erfolgte die Fixierung des Edikts (ca. 130 n. Chr.), das fortan als **Edictum perpetuum** gültig war und in dieser Form veröffentlicht werden mußte. In der Kaiserzeit wird E. zur Bez. bestimmter kaiserl. Erlasse verwendet, die Gesetzeskraft erlangten.

Edikt von Nantes (13. 4. 1598). Von König Heinrich IV. von Frankreich erlassen, um die Hugenottenkriege zu beenden und die Hugenotten für den Staat zu gewinnen. Die Reformierten erhielten mit dem Edikt Gewissens- und örtlich beschränkte Kultfreiheit. Das galt bes. für Adelige mit selbständiger Gerichtsbarkeit und reformierte Bürger in bestimmten Städten und Flecken. Untersagt war der reformierte Gottesdienst in allen bischöfl. und erzbischöfl. Städten, am Hof des Königs in Paris und im Umkreis von 5 Meilen um Paris. Die Reformierten durften ferner Schulen, Kollegien, Akademien errichten und Synoden abhalten; sie erhielten Zutritt zu den Staatsämtern und Zulassung zu den gemischten Gerichtshöfen. 150 Schutzorte wurden ihnen zunächst auf 8 Jahre eingeräumt, wo sie eigene Garnisonen unterhalten durften. Aus polit. Gründen entzog ihnen Richelieu die Schutzorte, löste die Garnisonen auf, bestätigte aber im Gnadenedikt von Nîmes (Juli 1629) die bürgerl. und religiösen Rechte. Aufgehoben wurde das E. durch Ludwig XIV. mit dem Edikt von Fontainebleau (18. 10. 1685). Ludwig XVI. gewährte mit dem Toleranzedikt von Versailles (1787) freie Religionsausübung. Unbeschränkte religiöse und bürgerl. Freiheit erlangten die Reformierten mit der Erklärung der Menschen- und Bürgerrechte (26. 8. 1789). In den Organischen Artikeln zu dem Konkordat Napoleons mit Pius VII. werden sie den Katholiken gleichgestellt (7. 4. 1802).

Text des Edikts von Nantes bei E. Walder (Hrsg.), Religionsvergleiche des 16. Jh. II (1961) 13–71.

LIT. R. Nürnberger, Die Politisierung des franz. Protestantismus (1948); E. Mengin (Hrsg.), Das Edikt von Nantes (1963); J. Faurey, L'édit de Nantes et la question de tolérance (1929); ders., Henri IV et l'édit de Nantes (1903); J. Lecler, Histoire de la tolérance au siècle de la réforme. 2 Bde. (1935), dt. Geschichte der Religionsfreiheit im Zeitalter der Reformation. 2 Bde. (1965); G. Pagès, La paix de religion et l'édit de Nantes. In: Revue d'Histoire Moderne 11,5 (1936) 393–413; K. H. Schipperges, Die »Politik« Heinrichs IV. von Frankreich bis zum Edikt von Nantes (1955); S. Mours, Les Eglises réformées en France (1958); E. Labrousse, »Une foi, une loi, un roi.« Essai sur la Révocation de l'édit de Nantes (1985).

Editio, Edition. Herausgabe eines Werkes, bes. antiker Texte. Die philolog. Methode des 19. Jh. hat auch für die Herausgabe von schriftl. Quellen der Geschichtswissenschaft den Begriff der kritischen Edition (**editio critica**) entwickelt und vor allem unter dem Einfluß der Monumenta Germaniae Historica Grundsätze zur Textgestaltung aufgestellt.

LIT. W. Hagen u. a. (Hrsg.), Handbuch der Editionen (1979).

Editio castigata (– castrata, – expurgata). Ausgabe eines Werkes, in der religiös, moralisch oder polit. anstößige Stellen beseitigt sind, entweder durch den Verfasser oder den Herausgeber oder auf Weisung der Zensur (→ad usum delphini).

Editio princeps. Erstausgabe, bes. von alten bzw. wiederentdeckten Werken. Bei den Humanisten Bez. für den Erstdruck lat. und griech. Klassiker, oft von großem literar. und antiquar. Wert.

Editionstechnik. Technik der Herausgabe von schriftl. Quellen. Sie verfolgt den Zweck, den Text in möglicher Reinheit und Vollständigkeit, übersichtlich, lesbar darzustellen. Erforderl. ist dafür die möglichst vollständige Erfassung der Überlieferung, unter Heranziehung des eventuell erhaltenen Autographs, der Konzepte, Reinschriften oder Abschriften, Ordnung der Handschriften, in einem Stammbaum (Stemma) und Ermittlung von Redaktionen, ihrer Entstehungszeit und ihrer Absicht. Die Textwiedergabe erfolgt nach der besten Überlieferung unter Beifügung der wichtigen Varianten (Variantenapparat). Verderbte Textstellen werden verbessert (Konjektur), Interpolationen deutlich gemacht. Sacherklärungen bringt der Sachapparat. Die Regelung der Interpunktion und der Orthographie erfolgt nach Grundsätzen, die u. U. in der Einleitung dargelegt werden. Jeder krit. Edition muß eine Einleitung vorausgehen, die über die verwendeten Handschriften und editionstechn. Grundsätze Aufschluß gibt. Register, u. U. auch ein Glossar und eine Konkordanztafel erschließen eine Edition.

LIT. O. Stählin, Editionstechnik; Ratschläge für die Anlage textkritischer Ausgaben. In: Neue Jahrbücher für das klass. Altertum, Geschichte und deutsche Lit. 23 (1909) 393–433; H. Zeller, Zur gegenwärtigen Aufgabe der Editionstechnik. In: Euphorion 52 (1958); Clavis mediaevalis 65f.; H. Quirin, Einführung in das Studium der ma. Geschichte (^{2}1961) 159ff., 288ff.; G. Wittkowski, Textkritik und Editionstechnik neuerer Schriftwerke (1924); RDL I^2 (1958) 313–20; J. Schultze, Richtlinien für die äußere Textgestaltung bei der Herausgabe von Quellen zur neueren deutschen Geschichte. In: Blätter für Deutsche Landesgeschichte 102 (1966) 1–10.

Ehrbarkeit. Bezeichnet in Württemberg das Honoratiorentum (Pfarrer, Ärzte, Kaufleute). Ursprung im 15. und 16. Jh. Starkes Familienbewußtsein verbindet sich dabei mit dem Streben, die erworbenen Positionen zu halten. Wirtschaftl. Unvermögen machte nicht gesellschaftsunfähig, bewirkte aber eine schlechte Ausbildung. Die E. hatte in Württemberg die gesamte hohe geistl. und weltl. Verwaltung inne.

LIT. M. Hasselhorn, Der altwürttembergische Pfarrstand (1958); E. Marquardt, Geschichte Württembergs (^{2}1962).

Ehrenbücher. Von den Patriziern der Städte angelegte und unterhaltene Bücher: z.B. Ehrenbuch der Fugger in Augsburg.

Ehrenbürger. Ehrentitel verdienter Personen, schließt die Rechte eines Bürgers, nicht jedoch dessen Pflichten ein; von Gemeinden und Hochschulen verliehen.

Ehrenlegion (franz. légion d'honneur). 1802 von Napoleon I. gestifteter, höchster franz. Orden für militär. und zivile Verdienste; 5 Ordensklassen: Ritter, Offiziere, Kommandeure, Großoffiziere, Großkreuze, mit Pension verbunden.

LIT. J. Renault, La légion d'honneur (^{4}1922).

Ehrenzeichen. Abzeichen, die nicht ausdrücklich Orden heißen und zur Belohnung von Verdiensten an Einzelpersonen oder Gruppen verliehen werden. Ehrenzeichen stehen in der Ordenskunde zwischen den Medaillen und den eigentl. Orden. Ehrenzeichen wurden seit dem 18. Jh. vergeben, zunächst zur Auszeichnung derjenigen, die keine Ritterorden erhalten konnten, etwa der Soldaten unterhalb der Offiziersränge. Allg. kann die vermehrte Schöpfung von Ehrenzeichen nach 1918 als eine Art versteckter Opposition demokratisch-republikan. Grundhaltung gegen die als aristokrat. empfundenen Orden gedeutet werden. Vielfach unterscheiden sich Ehrenzeichen von den Orden nur dem Namen nach.

Eid. An eine bestimmte Form oder an eine symbolische Handlung gebundene Anrufung Gottes als Zeugen für die Wahrheit einer Aussage; bei fast allen Völkern und Kulturen bekannt.

[1] Zum Wesen des Eides gehört die Eidesform und der Glaube an den allwissenden und wahrhaftigen Gott. Abgelehnt wurde der E. von Pelagianern, Katharern, Waldensern, Wiclif, Hus, Mennoniten, Herrnhutern, Quäkern u. a.

[2] E. im rechtl. Sinne ist die feierl. Beteuerung der Richtigkeit, wahlweise auch ohne Anrufung Gottes, d. h. nicht religiöser Beteuerung.

[3] Geschichtl. bedeutsam wurde insbes. der Versprechens-, Gelöbniseid (promissorischer Eid) in seinen verschiedenen Formen. Die königl. Gefolgschaft der fränk. Zeit schwor dem König Mannschaft und Treue (trustem et fidelitatem). Im Merowingerreich seit dem 6. Jh. und wieder seit Karl d. Gr. bis etwa Ende des 9. Jh. begegnet der Untertaneneid, wohl antiken Vorbildern nachgebildet. Der mit der Feudalisierung aufkommende Lehenseid verknüpfte grundsätzlich nur Herrn und Lehensmann. Bei der Entstehung und in der Geschichte der ma. Stadt kommt dem Gesamteid der Bürger (der coniuratio) größte Bedeutung zu, durch den ein neuer Rechtsraum entsteht. Im Wesen des Eides liegt, daß eine Verpflichtung gegen Glaubens-, Sittenlehre und Gewissen nicht Gegenstand des Eides sein kann, das galt im MA bereits mit dem Treuevorbehalt gegenüber einem anderen Lehnsherrn, mit der Lehre vom Widerstandsrecht gegenüber dem rex iniustus (dem Tyrannen), mit dem Anspruch der Kirche über die Bindungswirkung von Eiden entscheiden zu können (z. B im Investiturstreit), das gilt bis zur Gegenwart bes. für den Beamten- und Fahneneid bei entstehenden Gewissenskonflikten.

LIT. StL ^{6}II (1958) 1055–60; HWDRG I (1967) 861–70; J. Stelzenberger, Der Fahneneid (1953).

Eigenkirche (ecclesia propria). Wurzelt in der röm. Latifundienkirche (Ausbreitung der Kirche auf dem Land; Mitwirkung des Grundherrn bei Errichtung der Kirche), in der oström. Kirchenhoheit und in german. Rechtsvorstellungen (Grundherrschaft, bäuerlicher Gemeinbesitz) sowie in polit. und ökonom. Notwendigkeiten. Die einseitige Ableitung vom german. Privattempelwesen (U. Stutz) oder vom altarischen Hauspriestertum (H. E. Feine) ist nicht gerechtfertigt. Der Höhepunkt des Eigenkirchenwesens wurde im 8. und 9. Jh. erreicht. Der Eigenkirchen-Herr sah in den auf seinem Gebiet errichteten Gotteshäusern, Klöstern, Kirchen sein Eigentum, über das er verfügen konnte. Er bestellte und entließ die Geistlichen, darunter auch Unfreie. Seit Karl d. Gr. wird der Einfluß der Bischöfe stärker, seit Gregor VII. wird das Eigenkirchenwesen als Simonie bekämpft, seit dem 12. Jh. beginnt das Aussterben der Eigenkirchen. An die Stelle des Eigenkirchenwesens treten Patronat und Inkorporation.
LIT. Feine, KRG, 160ff., 205ff., 397ff., 406ff.; HWDRG I, 879f.; LThK ^{2}III; TRE IX, 399–404; Th. Graff, Kaiserurkunde und Eigenkirchenrecht. Ein Beitrag zur Rechtsstellung der geistl. Eigenklöster vornehmlich nach den Diplomen der Ottonen und Salier, in MIÖG 78 (1970) 63–72.

Einblattdruck. Erste Erzeugnisse mechanischer schriftl. Wiedergabe eines Textes vor Erfindung des Buchdruckes (d.h. der zusammensetzbaren Lettern), aber auch später üblich. Ihrem Inhalt nach meist Flugblätter, Berichte über eigentüml. Ereignisse, Fabeln, Sinnsprüche, moral. Lehren, oft mit Illustrationen (Holzschnitt, Kupfer). Heute noch in Wahlflugblättern und Bilderbogen.
LIT. W. Heide, Handbuch der Zeitungswiss. I (1940); Reallexikon der deutschen Literaturgeschichte I (^{2}1958) 320–21; W. H. Schreiber, Handbuch der Holz- und Metallschnitte des 15. Jh. 8 Bde (1926–30).

Einmauerung (lat. inmuratio).
[1] Form der Askese (→Inklusen).
[2] Als Bezeichnung für Einkerkerung in ma. Texten gebraucht.
[3] Als Gnadenstrafe seit dem 14./15. Jh. für todeswürdige Verbrechen bezeugt; auch eine Form der Todesstrafe mit Aushungerung für verurteilte Geistliche.
Die E. ist ein beliebtes Sagenmotiv. Errettung aus der E. wird mit übernatürl. Einwirkung zum Schutz der Unschuld begründet.
LIT. LThK ^{2}III; HWDRG I, 906.

Einsiedel, Einsiedler; Einsiedelei.
[1] Lehnübersetzung von griech.-lat. ἀναχωρητής = Anachoret, monachus (= Mönch). In der Absonderung die Nähe zu Gott und Selbstheiligung suchender Asket, auch im Buddhismus vorkommend. E. ist die ältere Form des Mönchtums, im Unterschied zu den in Gemeinsamkeit lebenden Zönobiten (→Zönobium), zuerst in Ägypten und Syrien im 3. Jh. nachweisbar. Klassische Gestalt: Antonius der Einsiedler, in der Kunst immer wieder dargestellt.
[2] Der Übergang zum klösterl. Zusammenschluß der Mönche wurde durch Pachomios und Basilius d. Gr. eingeleitet. Das Zönobitentum trug in der Folge den Sieg über das Einsiedlertum davon, doch lebte das Einsiedlertum im irischen Mönchtum (Gallus, Fridolin u. a.), in Frankreich (neue Blüte im 11. Jh.) und in Italien weiter. Die z. T. verwilderte Anachorese wurde von der Kirche in Eremitenkongregationen und -klöstern aufgefangen (lebte aber auch ungeformt weiter, z. B. Nikolaus von Flüe), so etwa in Süddeutschland (Freisinger Kongregation von 1686), in den »Waldbrüdern« bis zur Aufklärung und Säkularisation. Heute nur noch sehr schwach vertreten.
[3] **Einsiedelei.** Stätte, an der der E. lebt, bes. in der Wüste, im Gebirge und Wald, beliebtes Motiv der Kunst in der Romantik, bei den Nazarenern usw.
LIT. LThK ^{2}III, (1959) 767ff.; F. von Oer, Die Eremiten in Steiermark (1917); K. Vossler, Poesie der Einsamkeit in Spanien (1940); L. Gougaud, Eremites et Reclus (1948); Ph. Hofmeister, Eremiten in Deutschland. In: Wahrheit und Verkündigung. II (1967) 1191–1214; N. Watteck, Einsiedler (1972).

Eisen und Blut. Bereits bei Max von Schenkendorf ›Das eiserne Kreuz‹ (1813): »Denn nur Eisen kann uns retten/Und erlösen kann nur Blut« und bei E. M. Arndt. Zum geflügelten Wort wurde es durch Bismarck. In der Budgetkommission des preuß. Abgeordnetenhauses sagte Bismarck am 30. 9. 1862: »Nicht durch Reden und Majoritätsbeschlüsse werden die großen Fragen der Zeit entschieden – das ist der Fehler von 1848 und 1849 gewesen – sondern durch Eisen und Blut.« Bismarck gebrauchte die Wortverbindung öfters.

LIT. Büchmann, Geflügelte Worte, (1967) 546f.

Eisernes Kreuz. Am 10. 3. 1813, dem Geburtstag der verstorbenen Königin Luise, von König Friedrich Wilhelm III. von Preußen für die Dauer des Krieges gestiftete Kriegsauszeichnung für alle Dienstgrade. Künstler. Ausführung nach des Königs Entwurf von K. F. Schinkel. Das E. K. wurde am 19. 7. 1870, 5. 8. 1914, 1. 9. 1939 auf Kriegsdauer erneuert. Höhere Stufen des E. K. waren das E. K. I. Kl. (als Steckkreuz an der linken Brust), das Ritterkreuz (am Hals zu tragen, anstelle des früheren Pour le mérite). Höhere Stufen des Ritterkreuzes: das Eichenlaub zum Ritterkreuz; dasselbe mit Schwertern, letztere Form mit Brillanten, schließlich das Goldene Eichenlaub mit Schwertern und Brillanten zum Ritterkreuz des E. K., sowie das Großkreuz. Durch Ordensgesetz vom 26. 7. 1957 wurde das Tragen des E. K. (ohne Hakenkreuz) in der BRD zugelassen.

LIT. K. Bauch, Das E. K. 1813/1939 (1941); K. G. Klietmann – O. Neubekker, Ordenslexikon (1951ff).

Eldorado (span., der Vergoldete, aus lat. deaurare, vergolden). Geht auf die Kulthandlung des Kaziken zurück, der, am ganzen Körper vergoldet, im heiligen See badete. Dann Bezeichnung für das sagenhafte Goldland in Südamerika, das in der Geschichte der Entdekkungen des 16. bis 18. Jh. eine wichtige Rolle spielte.

LIT. H. Trimborn, E. (1961).

Eleganz (lat. elegans, wählerisch; von eligere, wählen, auswählen). Anfang des 18. Jh. aus franz. élégant entlehnt, zunächst als Wort der künstler. Kritik (»einen eleganten stylum und Schreibart acquirieren«), später für materielle Vollkommenheit, insbes. Kleidung, verwendet. E. schon im 16. Jh. aus dem Lat. als literar. Ausdruck entlehnt, bedeutete Gewähltheit im Ausdruck, Zierlichkeit.

Elendenbruderschaft (ahd. eli-lenti, in fremdem Lande; mhd. ellende, Ausland, Verbannung, Not). Elend im MA gleichbedeutend mit: Fremde. Die E. (confraternitas exulum) übernahm im MA die Sorge für Fremde und Heimatlose, speziell deren Begräbnis. Anfang des 14. Jh. gab es viele E. Die 1492 bestätigte Paderborner E. hat sich als einzige in Dtl. erhalten.

Elgin Marbles. Die von Lord Thomas Elgin (1766–1841) als Gesandtem im Osmanischen Reich erworbenen Skulpturen aus Griechenland, bes. aus Athen. Die Hauptstücke stammen vom Parthenon und Erechtheion. Seit 1816 befindet sich die Sammlung im Brit. Museum; sie wurde für ein neues Verständnis der griech. Kunst äußerst wichtig.

Elite (franz., das Auserlesene, die Auswahl; von lat. eligere, auswählen). Ende des 18. Jh. wird das Wort aus dem Franz. übernommen. Bez. für die Auswahl von Menschen (Minderheit), deren Überlegenheit sich gesellschaftlich bestimmend geltend macht. E. ist nicht fixiert, instabil, ständig wechselnd; sie hat die Tendenz, sich zur herrschenden Schicht oder Kaste zu wandeln. E. ist (seit V. Pareto, G. Sorel) eine soziolog. Kategorie, gleichgültig ob sie regiert oder nicht, das bewegende Prinzip der Gesellschaft. Nach Pareto ist die gesamte Sozialgeschichte »Kreislauf der Elite«.

LIT. E. Rack, Das Problem der E. (1950); E. W. Mommsen, Die Elitebildung in der Wirtschaft (1955); A. von Martin, Ordnung und Freiheit (1956); P. Hübner, Herrschende Klasse und Elite. Eine Strukturanalyse der Gesellschaftstheorie Moscas und Paretos (1967); T. B. Bottomore, Elite und Gesellschaft ([3]1974); G. Endruweit, Elite und Entwicklung. Theorie und Empirie zum Einfluß von Eliten auf Entwicklungsprozesse (1986).

Elle. Natürliches, sehr verbreitetes Längenmaß, vom Ellbogen bis zur Spitze des Mittelfingers reichend. Die genauen Maße schwanken für Ägypten, Babylonien, das übrige At., MA und NZ. Allein in Dtl. gab es über 100 verschiedene Ellenmaße. Die E. betrug (etwa) zwischen 49–80 cm.

Ellerianer. Elias Eller (1690–1750) aus Ronsdorf bei Wuppertal gründete kurz nach 1726 mit Anna von Buchel (1702–43) die Elberfelder, seit 1737 Ronsdorfer Philadelphische Sozietät, eine chiliastische Sekte, in deren Mittelpunkt Anna von Buchel als Zionsmutter stand. Zu den Anhängern Ellers (Elle-

rianer) zählte u.a. Schleiermachers Großvater Daniel. Ronsdorf, für das Eller 1745 vom Pfälzer Kurfürsten Stadtrecht erlangte, erhielt einen Herrnhut ähnlichen Charakter. 1749 kam es zum Zerwürfnis mit Schleiermacher und zu dessen Ausscheiden. Nach Ellers Tod – man warf ihm Tyrannei und Unsittlichkeit vor – ging die chiliast. – schwärmerische Bewegung 1768 zugrunde. Seit 1741 gab es E. in Dtl., Holland, der Schweiz und in England.
LIT. RGG II, 435f.; LThK III, 825f.

Eltville, Verträge von (26. 5. 1349). Abgeschlossen zwischen Kg. Karl IV. und den Wittelsbacher Herzögen (Ludwig dem Brandenburger, Stephan II.). Mit diesen Verträgen stellen die Wittelsbacher den Widerstand gegen das Königtum Karls IV. ein (Thronverzicht des hoffnungslos isolierten Gegenkönigs Günther von Schwarzburg-Arnstadt), und Karl IV. verzichtet auf die Unterstützung der Gegner der Wittelsbacher in Tirol und Brandenburg.
LIT. S. Steinherz, Die Verträge Karls IV. mit den Wittelsbachern. In: MIÖG 8 (1887); Th. Lindner, Karl IV. und die Wittelsbacher. In: MIÖG 12 (1891); Spindler, II (1966).

Elvira, Synode von (306). Gesamtspanisches Konzil. Die Canones über Bußdisziplin, Taufe, Eherecht, Ehelosigkeit der Priester fallen durch außergewöhnliche Strenge auf. Can. 33 bestimmte die Ehelosigkeit der Priester für ganz Spanien und gilt als älteste Festlegung des Zölibats.
LIT. Bihlmeyer-Tüchle, Kirchengeschichte I; HKG I.

Elzevier. Niederländ. Buchdrucker- und Buchhändlerfamilie des 16. und 17. Jh., mit Niederlassungen in Leiden und Amsterdam. Förderte die Verbreitung des wissenschaftl. Buches durch preiswerte Duodezausgaben mit klarem Schriftbild (Elzevier-Ausgaben) und durch Drucke von Descartes, Calvin, H. Grotius, Corneille, Galilei und anderen. Der bedeutendste der E.: Ludwig E. (1604–70).
LIT. D. W. Davies, The world of the Elzeviers (1954); W. Alphonse, Les Elzeviers. Histoire et annales typographiques (1962).

Emanzipation (lat. emancipatio = Freilassung).
[1] röm. Recht: Freilassung des Sohnes aus der Gewalt des Hausvaters, durch dreimaligen Scheinverkauf (mancipatio), womit die Bedingung der sofortigen Freilassung verbunden war. Der Sohn war danach Person eigenen Rechts. E. ist seit der französ. Revolution politisches Schlagwort. Von entscheidender Bedeutung für die seit der frühen NZ immer stärker werdenden Emanzipationsforderungen der verschiedensten Gruppen der Gesellschaft wurde die Erklärung der Menschen- und Bürgerrechte und ihr Eindringen in das öffentl. Bewußtsein. Seit etwa 1830 wurde E. der amerikan. Negersklaven gefordert. Seit 1833 (Börne) wird von der E. der Juden gesprochen, seit 1839 (Gutzkow) von der E. der Frau, seit dem Saint-Simonismus von der E. des Fleisches usw.
[2] E. der Frau →Frauenbewegung.
[3] Jüdische E.: Die Forderung nach bürgerl. Gleichberechtigung der Juden ist eine Frucht der Aufklärung, aufbauend auf dem aufklärer. Natur- und Menschenrecht; erstmals in der Deklaration von Virginia (1776); weitere Staaten der USA schließen sich an. Während der Franz. Revolution wird die E. in der Verfassung vom 3. 9. 1791 verankert. In Dtl. wird sie durch Lessing, Ch. W. Dohm vorbereitet, im Toleranzpatent Kaiser Josephs II. (1781) bekräftigt. H. Heine (1829): »Was ist aber die große Aufgabe unserer Zeit? Es ist die Emanzipation.« Die E. stößt auf Widerstand des orthodoxen Judentums, wird erst allg. nach 1871 durchgeführt, im zarist. Rußland abgelehnt, in Dtl. mit der Ariergesetzgebung und den Nürnberger Gesetzen durch die NS-Diktatur wieder annulliert.
LIT. K. Fuchs, Juden als Wegbereiter. Ihre Bedeutung für das dt. Erziehungs- und Bildungswesen. In: Tribüne. Zs. zum Verständnis des Judentums, H. 89, 92, S. 101–107, 146–150 (1984); R. van Dülmen, Die Gesellschaft der Aufklärer. Zur bürgerl. E. und aufklärer. Kultur in Dtl. (1986).

Embargo (span. embargar, zurückhalten). Gewaltsame, von einem Staat innerhalb seiner Hoheitsgrenzen verfügte Zurückhaltung des Eigentums eines fremden Staates oder fremder Staatsangehöriger, insbes. von dessen Schiffen und Ladungen; dient in Friedenszeiten als Repressalie, handelspolit. oder polit. Maßnahme, in Kriegszeiten als Beginn der Anwendung des Seebeuterechts. Das völkerrechtl. E. ist zu unterscheiden von dem staatsrechtl. oder

zivilen (z. B. aus staatspolizeil. oder gesundheitl. Gründen verfügten) Embargo. Die Ausübung des E. in Kriegszeiten ist umstritten, erwünscht ist, daß den Schiffen freies Auslaufen gewährt wird. E. als Repressalie muß aufgehoben werden, sobald Genugtuung erfolgt oder der Zweck der Repressalie nicht mehr erreichbar ist.
LIT. WB des Völkerrechts I, 279.

Emblem. Kompositorische Einheit einer kurzen ethischen Wahrheit, einer Lebensregel oder eines Wahlspruchs (Motto, Devise, Lemma) mit einer sie ausdeutenden bildl. Darstellung (Pictura, Icon, Symbolon) und der näheren Erklärung und Auflösung durch ein Epigramm.

Emblembuch. Urspr. die Sammlung kunstvoller Verbindungen von Wort und Bild ohne weitere Zusätze. In der Renaissance und mit ihrer Vorliebe geheime Abzeichen zu tragen (meist mit entspr. Wahlspruch) und der aufkommenden Hieroglyphik entstehen die Emblemata des Andreas Alciati (1531; zahlreiche Neudrucke und Übersetzungen bis 1781) und mit ihrer Nachahmung die Emblemliteratur: M. Holzwart (1581), G. Rollhagen (1611), J. Camerarius (1590) u. a. Die Anwendung der Embleme im 17. Jh. und die Emblemliteratur des Barock ist schier unbegrenzt. Verbreitet ist die bewußte Antithese von Bild und Deutung, die Herausforderung zur intellektuellen Deutung, der Vorstoß zu nicht mehr deutbaren Tiefen, rätselhaften Anspielungen (von Harsdörffer stammt die Übersetzung: »Sinnbildkunst«). Wichtig: Filippo Picinelli, Mondo symbolico (1653; lat.: Mundus symbolicus, 1680). Verbreitet sind Titelemblemata, z. B. bei Grimmelshausen, Widmungsemblemata usw.
LIT. RDL I (1958) 334ff.; A. Schöne, Emblemata (1964); M. Praz, Studies in 17th Century Imagerie (1939, 1947); A. Henckel, A. Schöne, Emblemata, Handbuch zur Sinnbildkunst des 16. und 17. Jh. (1967); A. Schöne, Emblematik und Drama im Zeitalter des Barock ([2]1968); D. W. Jöns, »Das Sinnen-Bild«, Studie zur allegorischen Bildlichkeit bei Gryphius (1966).

Emeritenhäuser (lat. domus emeritorum, domus bene meritorum). In der kath. Kirche Bez. für die Versorgungsanstalten, die der Unterbringung von dienstunfähig gewordenen würdigen Klerikern dienten. Die E. wurden inzwischen durch kirchl. Ruhegehaltskassen ersetzt.

Emigration (von lat. migrare). Auswanderung, freiwillige Verbannung, freiwilliges Verlassen der Heimat aus religiösen, polit., rassischen Gründen oder unter Zwang. E. hat es stets gegeben (→Exulant), z. B. die Hugenotten, Réfugiés, Quäker. **Emigrés** wurden die franz. Flüchtlinge während und vor der Franz. Revolution, u. a. Adelige und eidverweigernde Priester, genannt. Zur ersten Emigrations-Welle gehörten unmittelbar nach dem Bastillesturm die Prinzen der königl. Familie (Graf von der Provence, Comte d'Artois, Condé, Polignac). Hauptquartier der aristokrat. E. war Koblenz, vorübergehend auch Worms. Mit Hilfe der europ. Mächte wurde unter Condé eine Emigrantenarmee aufgestellt, die 1792/94 am Krieg teilnahm. Als Reaktion auf die Politik der E. ist die Konfiskation der Güter durch die revolutionär. Machthaber in Frankreich und die Aufstellung der Proskribiertenlisten zu verstehen. Im Gefolge des Friedens von Lunéville mußte sich die Emigrantenarmee auflösen. Die Lokkerung der Emigrationsgesetze durch Napoleon bewog einen Großteil der Emigranten zur Rückkehr nach Frankreich. Eine Entschädigung erfolgte erst 1814 und 1825.
Im 19. Jh. emigrierten unter dem Druck der Demagogenverfolgungen der 1820er Jahre, zunehmend aber nach der 1848er Revolution polit. gefährdete Persönlichkeiten (u. a. Joseph Görres, Richard Wagner, J. Fröbel, G. Kinkel). In Rußland löste die Oktoberrevolution 1917 und der Bürgerkrieg 1917–21 eine E. von über 1 Million Menschen, vornehmlich der oberen Schichten, aus. Im faschist. Italien kam es nur zu einer zahlenmäßig unbedeutenden E. Dagegen war die Zahl der polit., rassisch und religiös Verfolgten und Emigrierten aus dem nationalsozialist. Dtl. beträchtlich (über 270000 Juden; 300000 nichtjüd. Emigranten). Für die in Dtl. verbliebenen Gegner der NS-Diktatur kam der Ausdruck **innere Emigration** auf.
LIT. H. Forneron, Histoire générale des Emigrés pendant la Révolution française. 3 Bde. (1884–90); F. Baldensperger, Le mouvement des idées dans l'émigration française. 2. Bde. (1924); F. Hempelmann, Die Emigranten und

die Französische Revolution in den Jahren 1789–92 (1935); W. Wühr, Die Emigranten der Französischen Revolution im bayerischen und fränkischen Kreis (1938); J. Vidalenc, Les Emigrés Français 1789 à 1825 (1963); M. Pawlik, Emigranten der Französischen Revolution in Österreich 1789–1814. In: MIÖG 77 (1969) 78–127; K. R. Grossmann, Emigration. Die Geschichte der Hitler-Flüchtlinge (1969); J. Radkau, Die dt. Emigration in die USA (1971); A. Marsch, Die Salzburger Emigration in Bildern (1977); R. Fabian, Die dt. Emigration in Frankreich (1978); Biograph. Hdb. der deutschsprachigen Emigration nach 1933. Bd. I: Politik, Wirtschaft, Öffentl. Leben. Leitung und Bearbeitung: W. Röder, H. A. Strauss (1980); B. Post, Judentoleranz und Judenemanzipation in Kurmainz 1774–1813 (1985).

Eminenz (lat. eminentissimus, hervorragend). Spätröm. Titel. Im MA u.a. zunächst für die fränk. Könige und Kaiser gebraucht, dann auf andere bedeutende Persönlichkeiten, z.B. Bischöfe ausgedehnt. Seit 1630 für die Kardinäle reserviert, außerdem für die geistl. Kurfürsten und den Großmeister der Johanniter (Malteser) angewendet, der heute noch diesen Titel führt.

Emir (arab. amir von amara, befehlen). Urspr. arab. Stammeshäuptling, später Titel arab. Statthalter und Oberbefehlshaber, seit Omar weltl. Titel des Kalifen, von den selbständigen mohammedan. Herrschern bis heute geführt. E. der Emire seit Anfang des 10. Jh. Oberbefehlshaber, Titel des obersten Söldnerführers des Kalifen von Bagdad, der nach Art eines Hausmeiers regierte, während der Kalif nur noch geistl. Oberhaupt war. Unter den Abbasiden Provinzgouverneur. Durch niederländ. emier seit 1728 auch im Deutschen.

LIT. Haberkern-Wallach 171.

Emphytheuse →Erbleihe.

Empire (franz., engl., von lat. imperium) Kaiserreich, Weltreich.

[1] franz. und engl. Bez. für das röm. Weltreich.

[2] engl. und franz. Bez. für das ma. Reich, das Heilige Römische Reich (Deutscher Nation): The Holy Roman Empire; Saint-Empire.

[3] Bez. für das Kaiserreich Napoleons I. (reg. 1804–15) und Napoleons III.

[4] Brit. Weltreich (British Empire); Kolonialreich der 3. Franz. Republik.

[5] Bez. der klassizist. Kunstrichtung unter dem Kaisertum Napoleons I. und darüber hinaus (ca. 1800–30), ausgezeichnet in der bildenden Kunst, bes. der Architektur, durch ägypt., griech. und röm. Formelemente, Geradlinigkeit, Schwere (z.B. Arc de Triomphe); vermittelt oft den Eindruck des Wuchtigen, Großen.

LIT. G. Pariset, Le Consulat et l'Empire (1921); L. Madelin, L'Empire de Napoléon (1946); J. Godechot, Les Institutions de la France sous la Révolution et l'Empire (1951); G. Bruun, Europe and the French Imperium, 1799–1814 (1938); J. E. Tyler, The Struggle for Imperial Unity, 1868–95 (1938); A. Speltz, Das Empireornament (^{2}1913); M. von Boehm, Das Empire (1925); G. Hanotaux-A. Martineu, Histoire des colonies françaises et de l'expansion de la France dans le Monde (1933); E. Lasbax, La France ira-t-elle à un Troisième Empire? (1936); M. Erbe, Vom Konsulat zum Empire, 1799–1870 (1985); W. Markow, Die Napoleon-Zeit. Geschichte und Kultur des Grand Empire (1985).

Emser Depesche. Depesche Bismarcks vom 13. 7. 1870 an alle preuß. Gesandtschaften. Sie ist die durch Streichungen Bismarcks bewußt verschärfte Veröffentlichung der Ablehnung König Wilhelms I. der Zumutungen Frankreichs in der Frage der Hohenzollernschen Thronkandidatur in Spanien. Die Emser Depesche stellt keine Fälschung Bismarcks dar, aber sie zwang Frankreich nach Lage der Dinge, entweder eine schwere diplomat. Niederlage einzustecken oder die Rolle der kriegserklärenden Macht zu übernehmen. Verursacht hat indessen die Emser Depesche den Deutsch-Französischen Krieg von 1870/71 nicht.

LIT. R. Fester, Briefe, Akten und Regesten zur Geschichte der Hohenzollernschen Thronkandidatur in Spanien (1913); ders., Neue Beiträge zur Geschichte der Hohenzollernschen Thronkandidatur in Spanien (1913); ders., Die Genesis der Emser Depesche (1915); E. Walder, Die Emser Depesche. Quellen zur Neueren Geschichte, Heft 27–29 (^{2}1972); G. Bonnin, Bismarck and the Hohenzollern Candidature. The documents in the German Diplomatic Archives (1957); J. Becker,

Zum Problem der Bismarckschen Politik in der spanischen Thronfolge. In: HZ 212 (1971).

Emser Kongreß (25. 7.–25. 8. 1786). Zusammenkunft der Deputierten der drei rhein. Kurfürst-Erzbischöfe von Köln, Trier und Mainz und des Fürst-Erzbischofs von Salzburg mit dem Ziel, ein reichskirchl. Reformprogramm, das sich vor allem gegen die Nuntiaturen richtete und die Befugnisse der Metropoliten stärken sollte, aufzurichten. Dieses Reform- und Kampfprogramm, die sog. **Emser Punktation** (25. 8. 1786), knüpfte an die Gravamina der rhein. Kurfürsten, insbes. die Koblenzer Gravamina von 1769, den Febronianismus und Episkopalismus an. Die Unabhängigkeit der bischöfl. Gewalt von der päpstl. wurde betont, die Aufhebung der Exemtionen und der Quinquennalfakultäten, der Nuntiaturen, zum mindesten aber ihrer konkurrierenden Jurisdiktion, das bischöfl. Plazet für röm. Bullen und Breven wurden gefordert. Die Annaten und Palliengelder sollten reduziert werden. Nicht mehr das Wiener Konkordat (1448), sondern die Mainzer Akzeptation (1439) und die Concordata Principum (1447) (→Konkordate) sollten die Grundlage der Reichskirchenverfassung bilden. Die Forderung nach Abhaltung von Konzilien, zum mindesten von Nationalkonzilien in regelmäßigen Abständen, wurde erneut erhoben. Die Emser Punktation fand die Unterstützung des Kaisers nicht, stieß auf zunehmenden Widerstand der Suffragane, vor allem des Fürstbischofs August von Limburg-Styrum von Speyer und wurde durch den Nuntiaturstreit und das Bündnis zwischen Papsttum und bayerischem Staatskirchentum überspielt. Relativ schnell begann sich die Union der vier Erzbischöfe zu lockern. Die Emser Punktation blieb »die bloße Ansage einer Fehde wider Rom, der die Fehde selbst nicht folgte«.

LIT. H. Raab, Der reichskirchliche Episkopalismus von der Mitte des 17. bis zum Ende des 18. Jh. In: HKG V (1970); ders., Die Concordata Nat. Germanicae in der kanonist. Diskussion des 17.–19. Jh. (1956); K. O. von Aretin, Heiliges Römisches Reich (1776–1806) Teil I (1967); M. Höhler, Des kurtrier. geistl. Rats H. A. Arnoldi Tagbuch über die zu Ems gehaltene Zusammenkunft der vier Erzbischöfl. dt. Herrn Deputierten, die Beschwerde der dt. Nation gegen den Römischen Stuhl und sonstige Gerechtsame betreffend 1786 (1915).

Enchiridion (griech.). Handbuch. Leitfaden, Sammlung wichtiger Texte. a) Desiderius Erasmus von Rotterdam, Enchiridion militis Christiani (1503) bezeichnet die Wende des Erasmus zu einem christl. Humanismus und ist mit seinem Streben nach bibl. Einfachheit, seinem mangelnden Verständnis für Kirche und Sakramente wichtig geworden für die Geistesgeschichte des frühen 16. Jh. b) H. Denzinger, Enchiridion Symbolorum et Definitionum (1854; [31]1957): Sammlung von wichtigen Lehrentscheidungen der kath. Kirche, auch für den Historiker ein sehr brauchbares Arbeitsinstrument.

Englische Fräulein (lat.: Institutum Beatae Mariae Virginis, abgekürzt: I. B. M. V.: Institut der seligen Jungfrau Maria). Ordensgemeinschaft für Erziehung und Unterricht der weibl. Jugend, gegründet von der aus England geflohenen Maria Ward. Auf Grund persönl. Initiative des Herzogs Maximilian I. gegenüber der von der Kirche nach Auflösung der Kongregation der Jesuitinnen bedrängten Ordensgründerin wurden 1627 in München Pensionat und Schule der Engl. Fräulein eröffnet. Von 1700–1929 befand sich die Generalleitung des Instituts in München. Die E. F. sind hauptsächlich in Deutschland und Österreich verbreitet, wo sie Schulen und Internate für Mädchen unterhalten. Tracht: engl. schwarze Witwentracht mit schwarzem Schleier und weißem Kragen.

LIT. J. Grisar, Die ersten Anklagen in Rom gegen das Institut M. Wards (1959); ders., Maria Wards Institut vor röm. Kongregat, 1610–30 (1966); M. Köhler, Maria Ward (1984).

Enklave (franz., von lat. clavis, Schlüssel; mlat. inclavare, einschließen). Staatsgebiete, die ringsum vom Gebiet eines anderen Staates umschlossen sind. E. ist vom fremden Staat her gesehen **Exklave.** Auch ein Kleinstaat kann von dem ihn umgebenden Staat als Enklave betrachtet werden (Beispiel: San Marino – Italien). Enklaven-Exklaven waren vor allem in Mitteleuropa vor der Franz. Revolution als Folge der Grenzverschiebungen, Teilungen und der erst im 17. Jh. sich ausbildenden Vorstellung der linearen Grenzen häu-

fig. Durch Grenzregulierung, Tausch, Kauf, Mediatisierung wurden E. im 19. Jh. weitgehend beseitigt. Einige E. sind heute noch vorhanden. Die bes. wirtschaftl., finanziellen, verkehrspolit. u. a. Probleme der E. sucht man durch Staatsverträge zu regeln. Ein bes. Problem des Enklavenrechts bildet das Durchzugsrecht. Bei den alten E. des alten Reiches war das Durchzugsrecht zu den E. anerkannt und bot kaum Schwierigkeiten.
LIT. WB des Völkerrechts I, 425 ff.; HWDRG I, 939 ff.

Enkolpion (griech., das auf der Brust Getragene). Im At. vielfach auf der Brust getragenes kleines Behältnis mit dem Charakter eines Amuletts. In altchristl. Zeit und im frühen MA gewinnt das E. christl. Formen (Kreuz, Fisch, Anker, Petrusschlüssel u. a.) mit christl. Beschriftung; Inhalt: Reliquien, insbes. Kreuzpartikel; auch das von griech. Bischöfen getragene Medaillonbild der Jungfrau Maria. Unterschiedl. Beurteilung schon in frühchristl. Zeit (Gregor d. Gr., Gregor von Nyssa).

Entelechie (griech.). Von Aristoteles in die Philosophie eingeführter Begriff, worunter eine wesensimmanente Strebekraft in einem materiell Seienden verstanden wird, durch die dieses Seiende auf ein bestimmtes Ziel (telos) hingeordnet wird. Das Prinzip der E. wird vielfach auch das Prinzip der Finalität oder der Teleologie genannt.

Entente cordiale (franz., herzliches Einvernehmen). Von Guizot verwendete Bez. für die unter seiner Regierung herbeigeführte Verbesserung der Beziehungen zw. Frankreich und England (1843: Begegnung zwischen Louis-Philippe und Königin Viktoria). Napoleon III. versuchte diese Politik weiterzuführen (während des Krimkrieges 1854/56), aber die kolonialen Gegensätze verhinderten ein polit. Zusammengehen zw. den beiden Mächten (Faschoda 1898). Deutschlands wachsende Macht bestimmte die engl. Politik, aus der Isolierung herauszukommen, zunächst durch Anschluß an Frankreich, dann Rußland, schließlich an Japan. Erster Erfolg der neuen Politik ist der Abschluß des engl.-japan. Bündnisses (30. 1. 1902). Der Besuch Kg. Eduards VII. in Paris (1903) und der Gegenbesuch des franz. Außenministers Delcassé bereitet einen Umschwung in der öffentl. Meinung vor (Beginn der Anglophilie); dem Ausgleich der kolonialen Gegensätze folgt eine polit. Kooperation, schließlich politische Freundschaft.
Die E. c. war urspr. nicht offen gegen Dtl. gerichtet. Das Abkommen vom 8. 4. 1904 (Lansdowne für England, Paul Cambon für Frankreich) bereinigt die kolonialen Gegensätze, vor allem in Nordafrika (Ägypten und Marokko), in West- und Zentralafrika, betr. Neufundland, Siam, Madagaskar, die Neuen Hebriden, trifft Bestimmungen über Handel und Durchgangsverkehr in den nordafrikan. Kolonialgebieten, sichert freie Durchfahrt durch den Suezkanal und die Meerenge von Gibraltar und gegenseitige Unterstützung bei der Durchführung der Erklärung über Ägypten und Marokko. Spanien wird an der Aufteilung Marokkos beteiligt, darf jedoch keine fremde Macht (Deutschland) anrufen. Am 16. 5. 1907 folgt der E. c. der engl.-franz.-span. Vertrag über gemeinsame Interessen im Mittelmeer, Atlantik und den angrenzenden Gebieten. 1907 wird die E. c. durch den Beitritt Rußlands zur Tripelentente (→Dreiverband) erweitert.
LIT. P. J. V. Rolo, The E. c. The Origins and Negotiations of the Anglo-French Agreements of April 8th 1904 (1969).

Enzheim, Schlacht bei (4. 10. 1674). Unentschiedene Schlacht des franz.-niederländ. Krieges.
Nach der Erklärung des Reichskrieges gegen Frankreich, der Zerstörung der Kurpfalz durch Turenne und der Niederlage der Kaiserlichen bei Sinsheim wehrten die zahlenmäßig überlegenen Kaiserlichen und Reichstruppen bei Enzheim/Elsaß einen franz. Angriff ab, konnten aber infolge eigener Uneinigkeit einen Sieg nicht erringen.
LIT. H. Pastenaci, Die Schlacht bei E. (1880).

Enzyklika. Bezeichnung für kirchl. Rundschreiben (Lehr- und Disziplinar-Enzykliken), die an einige oder alle Kirchen gerichtet sind. Papst Benedikt XIV. wollte die alte Form der E. beleben, aber erst seit Gregor XVI. (1831) erscheint die Bezeichnung E. häufiger und wird allg. gebräuchlich. E. ist eine authentische Äußerung des kirchl. Lehramtes.

Enzyklopädie (griech.). Umfassende und übersichtl. Darstellung des gesamten Wissensstoffes einer Zeit (Universalenzyklopädie) oder eines Fachgebiets in alphabet. Reihenfolge oder in systemat. Zusammenhang. Die älteste (verlorene) Enzyklopädie aus dem 4. Jh. v. Chr. stammt angeblich von Speusippos. Im MA wurden Wissensgebiete unter dem Titel ›Summa‹ zusammengefaßt. In der Renaissance taucht der Name Enzyklopädie auf; als Begründer der modernen Enzyklopädie gilt F. Bacon (›Novum organum scientiarum‹, 1620). Von weiteren berühmten Enzyklopädien seien genannt: E. Chambers, Cyclopædie. 2 Bde. (1728); J. P. Ludewig, Großes vollständiges Universallexikon. 68 Bde. (1732–54), nach dem Verleger ›Zedlers Universallexikon‹ genannt; die ›Encyclopédie‹ von Diderot, d'Alembert und den Enzyklopädisten, die ›Encyclopædia Britannica‹, zuerst 3 Bde. (1768–71); J. S. Ersch-J. G. Gruber, Allgemeine Encyclopädie der Wissenschaften und Künste. 167 Bde. (1818–89; unvollendet); die ›Enciclopedia Italiana‹. 35 Bde. (1929–37); die ›Große Sowjet-Enzyklopädie‹ (1926–47); ›The new Encyclopædia Britannica‹ (^{15}1974–87) u. a. m.

LIT. R. L. Collison, Encyclopedias (1962); J. Mittelstrass, Enzyklopädie, die Philosophie und Wissenschaftstheorie I (1980); M. T. Bronio-Brodieri Fumagalli, Le Enciclopedie dell'Occidente medievale (1981).

Enzyklopädisten. Bez. für die Mitarbeiter der von Diderot und d'Alembert 1751/72 herausgegebenen ›Encyclopédie ou Dictionnaire raisonné des sciences, des arts et des métiers‹ (24 Bände, bis 1780 um 8 weitere Bände vermehrt). Mitarbeiter waren u. a. Voltaire, der sich wegen sprachl. Mängel der Enzyklopädie und aus anderen Gründen zurückzog, Rousseau, der sich mit Diderot überwarf, Condillac, Helvétius, Holbach, Grimm, Turgot, Boulanger, Jaucourt, Morellet. Die Enzyklopädisten, obwohl in ihren Auffassungen keineswegs übereinstimmend, verstanden sich als die eigtl. Vertreter der öffentl. Meinung. Im Sinne der Aufklärung übten sie einen sehr starken Einfluß aus. Die Enzyklopädie ist das große Wahrzeichen der franz. Aufklärung.

LIT. F. Schalk, Einleitung in die Enzyklopädie der franz. Aufklärung (1936), E. Weis, Geschichtsschreibung und Staatsauffassung in der Französischen Enzyklopädie (1956).

Epakten.

[1] **Epakten alten Stils** (epactae lunares, epactae minores, adiectiones lunae) sind die Angaben des Mondalters eines bestimmten Tages im Jahr. Sie dienen zur Osterfestberechnung.

Sedes epactarum ist der 22. März, der Tag nach dem Eintreffen der Frühjahrstagundnachtgleiche. Die Epakte ist jedesmal um 11 Tage größer als die des Vorjahres entsprechend dem Unterschied von Mondjahr (354) und Sonnenjahr (365); sie kehrt mit dem Mondzyklus in 19jährigem Rhythmus wieder; die Epakte des 19. Jahres springt um 12 Tage (saltus lunae), um den durch Vollrechnung der Tage entstandenen Überschuß auszugleichen und die regelmäßige Wiederkehr des Zyklus zu sichern. Wechsel der Epakten ist der 1. September (= Alexandrinischer Brauch), 1. Januar (= Römischer Brauch). Berechnung: Subtrahiere 1 von der Goldenen Zahl, multipliziere den Rest mit 11 und subtrahiere, so oft es möglich ist, 30.

[2] **Epakten neuen Stils** wird der Epaktenzyklus genannt. Neu ist, daß jedesmal, wenn ein Schalttag ausgelassen wird, sich die Epakten um eine Einheit verringern. 1700 tritt eine neue Epaktenreihe ein, 1800 jedoch nicht, weil die in diesem Jahr stattfindende Mondgleichung (alle 300, bzw. 308 Jahre) die ebenfalls eintretende Sonnengleichung aufgehoben hat.

LIT. Grotefend I, 50f.; F. K. Ginzel, Handbuch der mathemat. und techn. Chronologie III (1914; 1958), 140ff.; Clavis mediaevalis 68f.

Eparch. Bez. für höhere Offiziere und Beamte. Entspricht dem lat. praefectus.

Eparchie. Amt und Amtsbereich eines Eparchen, Verwaltungseinheit des byzantin. Reiches. In der griech. Kirche umfaßt die E. den Bereich der Diözese. Im MA wurde das Stadtoberhaupt von Konstantinopel als Eparch bezeichnet.

Epavenrecht (franz. droit d'épaves). Begriff und Name stammen aus dem franz. Staatsrecht. Das E. gründet auf der Vorstellung, daß das ius circa sacra et politica dem Landesherrn erlaube, bei der Aufhebung geistl. Stiftungen über deren Rechte und Besitzungen zu verfügen, soweit sie in seinem Territorium liegen. Bei der Aufhebung der Gesellschaft Jesu (1773) wurde es auch von zahlreichen dt. Reichsständen in

Anspruch genommen. Bei der Durchführung des Reichsdeputationshauptschlusses versuchten der Kaiser und Österreich das E. in Anwendung zu bringen.

Ephesos, Konzil von (431). 3. allgemeines Konzil. Bestätigt die Lehre des Konzils von Nikaia (325) über die Menschwerdung Christi. Stärkt mit der Anerkennung des Legaten Coelestins I. die päpstl. Stellung gegenüber dem Konzil.

Epidemien. Pest, Cholera, Lepra haben in der Geschichte der Menschheit bis an die Schwelle der Gegenwart eine verheerende, noch nicht genügend erforschte Rolle gespielt. Die von ital. und franz. Handelsleuten aus dem Vorderen Orient eingeschleppte Pest (Beulen- und Lungenpest) wirkte insbes. im 14. Jh. (1348: großes Pestjahr), aber auch noch im 17. Jh. stärkstens auf polit. Entscheidungen (Hundertjähriger Krieg, Kalmarische Union), auf Kriegsläufe, Sozialverhältnisse (Leibeigenschaft, Löhne), auf Wirtschaft (Geldwesen, Preise), auf die religiös-kirchl. Entwicklung (Reformbestrebungen, Geißler, Flagellanten), auf die Kunst, kirchl. Malerei, Literatur und auf das gesamte Lebensgefühl der betreffenden Zeiten, oft wie ein »traumatischer Schock«. Erst der Fortschritt der Medizin, der Hygiene, Verbesserungen in den Siedlungsformen haben die Wirkung der Epidemien (»Gottesgeißel«) an der Schwelle der Gegenwart einigermaßen gebannt.

LIT. K. Lechner, Das große Sterben in Deutschland (1884); H. Zinsser, Rats, Lice and History (1935); E. Rodenwald, Pest in Venedig 1575–77. Ein Beitrag zur Frage der Infektkette bei den Pestepidemien Westeuropas. Sitzungsberichte der Heidelberger Akademie der Wissenschaften, Mathemat. nat. Klasse 1952, 2; E. Keyser, Neue dt. Forschungen über die Geschichte der Pest. In: VSWG 44 (1957).

Epigonen (von griech. epigonoi, Nachgeborene). Helden der griech. Sage, die zehn Jahre nach dem Tode ihrer Väter, der Sieben gegen Theben, diese Stadt eroberten und in einem Epos gefeiert wurden. Die Nachfolger Alexanders d. Gr. werden bei Strabo E. genannt, dann wird der Begriff auf alle schwachen Nachfolger berühmter Vorgänger ausgedehnt, seit K. Immermanns Roman ›Die Epigonen‹ (1830) vor allem abwertend gebraucht, z.B. Epigonendichtung.

Epigramm (griech., Aufschrift, Inschrift). Zunächst Aufschrift auf Gebäuden, Denkmälern, Weihegaben o.ä. in einprägsamer Kürze, meist in elegischen Distichen verfaßt (E. = Kurzelegie). Seit dem 6. Jh. v. Chr. gewinnt das E. seine literar. Bedeutung. Der erste große Epigrammmatiker war Simonides von Keos (556–468 v. Chr.: Grabinschrift der Thermopylenkämpfer: »Wanderer, kommst du nach Sparta, verkündige dorten, du habest uns hier liegen gesehen, wie das Gesetz es befahl.«). Aischylos (Inschrift am Denkmal der Kämpfer von Marathon [?]), Platon, Kallimachos u.a. schrieben E. Von röm. Epigrammatikern sind zu nennen Ennius, Vergil, Martial (40–102), der dem E. den straffen satirischen Charakter gab. Antikisierende Dichtung führt das E. in die neuere Lit. ein, so in die deutsche durch Opitz (1625). Bedeutende Vertreter: Logau, Wernicke im 17. Jh., im 18. Jh. Kästner. Lessing: ›Zerstreute Anmerkungen über das E.‹ (1771), Schiller und Goethe in den ›Xenien‹; Goethe ferner: ›Venezianische Epigramme‹ (1790). Seit der Mitte des 19. Jh. keine nennenswerten E. mehr.

LIT. O. Weinreich, E. stud. (1948); R. Raiser, Über das E. (1950); RDL I, 374–79.

Epigraphik (von griech., ritzen, aufschreiben; lat. inscriptiones). Lehre von den Inschriften an Bauwerken, Kunstwerken, Schmuckstücken, auf dauerhaftem Material (Stein, Metall; bei Holz sind keine antiken Beispiele mehr vorhanden). Die E. wird abgegrenzt gegen Numismatik, Sphragistik, Papyrologie (Papyruskunde). Ostraka (Tonscherben) als Papierersatz werden mit den Papyri behandelt. Enge Berührung der E. mit Sprachwissenschaft, Philologie u.a. geschichtl. Hilfswissenschaften führt dazu, daß auf dem Gebiet der Assyriologie, der Ägyptologie und dem der das At. betreffenden Orientalistik E. und Sprachwissenschaft noch nicht recht zu trennen sind. Die moderne E. ist von dem Berliner Philologen Phil. Aug. Boeckh (1785–1867) und Th. Mommsen begründet worden. Boeckh legte die erste wissenschaftl. Sammlung griech. Inschriften im ›Corpus inscriptionum Graecarum (CIG)‹ (1827) an. Mommsen stellte den Plan für das lat. Inschriftencorpus (›Corpus Inscriptionum Latinarum‹ [CIL]) auf. Die Sammlung und Erforschung der ma. Inschriften in Dtl. wurde auf Anregung des Germanisten F. Panzer in Angriff genommen.

LIT. H. Dessau: Lat. E. In: Einleitung in die Altertumswissenschaft I, 10 (1925); Handbuch der Archäologie I (1939) 185ff.; H. Bengtson, Einführung in die alte Geschichte (1949); G. Klaffenbach, Griechische E. Studienhefte zur Altertumswissenschaft 6 (1957); F. Panzer-H. Kollenberger, Inschriftenkunde. In: Deutsche Philologie im Aufriß I^2 (1957) 333ff; H. Bengtson, Einführung in die alte Geschichte (^{8}1979).

Epikie (griech., Billigkeit: lat. aequitas). Korrektur des Gesetzes und des gesetzl. Rechten zugunsten des wirklich Rechten. E. ist nach Aristoteles das bessere Recht. Die E. spielte im MA, vor allem infolge der Aristoteles-Rezeption, eine wichtige Rolle. Thomas von Aquin betrachtet sie als einen Teil der allg. Gerechtigkeit oder als den vorzüglicheren Teil der Gesetzesgerechtigkeit. Mit der Subjektivierung des Rechts in der NZ tritt die E. stärker hervor und erfährt mit Fortschreiten des Individualismus eine Akzentverschiebung und Abwertung.

Epilog (griech., Schlußrede, Nachrede, aber auch der Sprecher selbst).

[1] In der röm. Komödie, im Drama des MA und der frühen NZ betont der E. den Abschluß des Stücks, faßt moralisch zusammen, enthält Hinweise auf das nächste Stück, gibt religiöse Ermahnungen im Drama der Reformation und Gegenreformation.

[2] Erläuterndes Nachwort zu einem lit. Werk.

LIT. RDL I (^{2}1958) 379f.

Epiphanie (von griech. Erscheinung). Fest der Erscheinung des Herrn, am 6. Januar. In Alexandrien im 3. Jh. nachweisbar, urspr. auf die Geburt Christi bezogen, wandelt sich dieses Fest bei der Wanderung nach Westen zum Fest der Offenbarung Christi an die Welt, die vor allem in der Huldigung der drei Weisen (Drei Könige) gesehen und in weiten Gebieten der abendländ. Kirche heute noch im Volksbrauch (Sternsingen, Haussegnung) gefeiert wird.

Episkopalismus (von lat. episcopus, Bischof). Nach Ländern, Epochen und den jeweiligen Trägern sehr differenzierte Bewegung, die durch das Bestreben charakterisiert werden kann, das Schwergewicht in der Regierung der Kirche von Papst und den Kardinälen auf die Bischöfe und das Generalkonzil zu verlegen. Als Reaktion auf die päpstl.-absolutist. Kirchenverfassung begegnet der Episkopalismus verstärkt im SpätMA, häufig im Bündnis mit dem aufkommenden staatskirchl. Absolutismus (Philipp der Schöne in Frankreich, Ludwig der Bayer). Auf den Konzilien von Pisa, Konstanz und Basel, in den dann abgeschlossenen Konkordaten sowie in der Pragmatischen Sanktion von Bourges (1438) und in der Mainzer Akzeptation (1439) findet er seinen Niederschlag und seine kirchen- und staatsrechtliche Begründung. Das Konzil von Trient und die Gegenreformation festigen die Lehre von der päpstl. Gewaltenfülle. Ungelöst bleibt die Frage nach dem Verhältnis Papst, Konzil, Bischöfe. Der E. behauptet sich in Spanien und Frankreich (Petrus de Marca, Pithou, Fleury, Bossuet, Gallikanismus) und wird auch in der Reichskirche nach dem Westfälischen Frieden stärker. Er läuft dort auf eine Kompromißlehre vom Status mixtus der Kirche, auf die Diskussion um die Konkordate der Natio Germanica, den Kampf gegen die Nuntiaturen hinaus und erstrebt eine Stärkung der fürstbischöfl. Macht.

Höhepunkte des reichsrechtl. Episkopalismus: die Koblenzer Gravamina (1769), der Emser Kongreß (1786), der Salzburger Kongreß (1777) und der Münchener Nuntiaturstreit (1785ff.). Hauptvertreter: Johann Kaspar Barthel in Würzburg, Johann Nikolaus von Hontheim in Trier (→Febronianismus), Gregor Zallwein in Salzburg, die Fürstbischöfe aus dem Hause Schönborn, die Kurfürst-Erzbischöfe von Mainz, Köln und Trier. Von aufklärer. und jansenist. Unterströmungen war der E. nicht frei. Er scheiterte an dem Bündnis von Papsttum und landesfürstl. Staatskirchentum, wirkte aber auch nach der Säkularisation in der Umgebung Dalbergs und in der Sonderform des Wessenbergianismus weiter.

LIT. H. Raab, Der reichskirchl. Episkopalismus von der Mitte des 17. bis zum Ende des 18. Jh. In: HKG V (1970) 477–507 (mit weiterer Lit.).

Episkopalsystem. System und Theorie der ev. Kirchenverfassung insbes. während des 17. Jh. Das E. spricht im

Unterschied zu dem Kollegialsystem dem Landesfürsten bischöfl. Gewalt zu (Summepiskopat), indem dieser als Treuhänder der im Augsburger Religionsfrieden (1555) suspendierten Jurisdiktion der kath. Bischöfe über die Evangelischen bez. wird. Abgelöst wird das E. im frühen 18. Jh. durch das Territorialsystem.
LIT. RGG II, 532; LThK III, 950f.; M. Heckel, Staat und Kirche nach den Lehren der ev. Juristen Deutschlands in der ersten Hälfte des 17. Jh. In: ZRGKA 42 (1956) 117-247; 43 (1957) 202–306.

Episkopat. Gehört zu den Strukturelementen der Kirche. Seine Ausbildung vollzieht sich im 1.–9. Jh. Zu den bischöfl. Aufgaben gehören: Lehrverkündigung, Kultleistung, Disziplinarfunktionen, legislative und exekutive Vollmachten. Das seit dem Konstantin. Zeitalter von der weltl. Macht beanspruchte Nominationsrecht auf die Bischofsstühle, das 921 von Johannes X. anerkannt wird, macht den E. zum festen Bestandteil der ma. Ordnung und zur tragenden Säule des Reiches. Der Streit um die Investitur (Einsetzung in das geistl. Amt und Einweisung in die Regalien) zeigt die Problematik des ma. Staates und der bischöfl. Stellung zw. Sacerdotium und Imperium (Regnum). Der Kompromiß des Wormser Konkordats löst das Problem nicht. Während im HochMA unter dem Einfluß der herrschenden Theologie und Kanonistik nach dem Siege des Papsttums über das Kaisertum die Bischöfe vielfach als Funktionäre des Papsttums erscheinen, entwickelt sich im SpätMA parallel zum Verfall der päpstl. Macht (Avignoneser Exil, Abendländisches Schisma, Reformkonzilien) ein Episkopalismus unterschiedl. Prägung. In der Pragmatischen Sanktion von Bourges (1438) und der Mainzer Akzeptation (1439) erfährt er seine Fixierung, wird aber dann durch die erfolgreiche (Konkordat-)Politik der Päpste im Bund mit den Laienfürsten abgebaut. In der Reformation wird vielfach der E. abgelehnt (Zwingli, Calvin), andererseits aber beibehalten (luther. Kirche Skandinaviens; anglikan. Hochkirche). Das Konzil von Trient führt zu einem neuen vertieften Verständnis des E. Gallikanismus, Jansenismus, Febronianismus, z.T. auch die kath. Aufklärung versuchen aus verschiedenen Gründen (reformerischen, kirchenrechtl., politischen) die Stellung des E. zu stärken, müssen aber mit der Säkularisation von 1803 und der kirchl. Restauration eine Niederlage hinnehmen. Das Vaticanum I verurteilt mit der Definition des päpstl. Summepiskopats den extremen Episkopalismus, wendet sich aber auch gegen den radikalen Papalismus. Das Vaticanum II sucht die neue Stellung des E. zu begründen.
LIT. LThK [3]III (1959) 951–952; Sacramentum mundi I (1967) 1073–1103; 1082/83; H. Zielinski, Der Reichsepiskopat in spätotton. und sal. Zeit (1002–1125) (1984).

Epistolae obscurorum virorum. →Dunkelmännerbriefe.

Epitaph. In Athen Grabrede bzw. Gedächtnisrede für die in Kriegszeiten Gefallenen, eine der frühesten Formen der Kunstprosa. Dann die in dichter. Form abgefaßte Inschrift auf dem Grabstein, in dieser Form vom christl. MA übernommen und seit dem 15. Jh. mit der Wiederbelebung antiker Formen und der alten Sprachen wieder stärker gepflegt. Im Humanismus wurde E. von der Inschrift auf das ganze Gedächtnismal übertragen. Die dt. Kunstgeschichte hat den Begriff E. eingeschränkt auf eine bes. Art von Totengedächtnismalen, welche die Erinnerung an den Verstorbenen mit einem religiösen oder allegor. Bildwerk und einer Inschrift verbinden. E. sind keine eigentlichen Grabmäler, auch nicht an den Ort der Beerdigung gebunden, vielfach im ganzen Kirchenraum angebracht, auch an den Außenwänden der Kirchen, vor allem an Pfeilern aufgehängt oder aufgestellt. Die außerordentlich reiche Ausgestaltung der E., insbes. in der Zeit des Barock, in der mehrgeschossige E. begegnen, spiegelt die Kunstentwicklung, die herrschenden religiösen Strömungen und das Lebensgefühl wider; sie sind auch für die histor. Forschung eine wichtige Quelle.

Epitomator. Verfasser einer Epitome.

Epitome (griech., Ausschnitt). Auszug aus einem größeren Werk (Perichochen zu Livius) oder einem Wissensgebiet.

Epoche (griech. Haltepunkt, Zeitpunkt eines bedeutenden Ereignisses). In der Chronologie der Anfang einer Zeitrechnung, einer Ära. Die Epoche oder der **Epochentag** ist der Tag, an dem bei der Datierung die Jahresziffer

umgesetzt wurde. In der Geschichte der Zeitpunkt eines bedeutenden, »epochalen« bzw. »epochemachenden« Ereignisses, dann in übertragenem Sinn die von diesem Ereignis eingeleitete bzw. beherrschte Zeit. Epochenbezeichnungen und Epochenbegriffe sind stets umstritten, aber die Notwendigkeit einer Gliederung ist allein schon aus prakt. und didakt. Gründen gegeben.
Nach Ch. Cellarius (1638–1707) und seiner ›Historia universalis‹ (1685f.) hat sich in der Geschichte die ursprünglich literarhistor. Periodisierung der Latinitas allgemein durchgesetzt: Altertum, Mittelalter, Neuzeit. Diese Periodisierung war vor Cellarius bereits bekannt; sie stützt sich auf die Vorstellung humanist. Gelehrter des 15./16. Jh. (u.a. Justus Lipsius) von der Wiederentdeckung der Antike mit Renaissance und Humanismus. Die schemat., vereinfachende Einteilung, von Cellarius auf die Geschichte übertragen, ist als solche ohne Wert und nur für das westl. und mittlere Europa, das Gebiet des Reiches, nicht aber z.B. für Byzanz einigermaßen anwendbar und mit Inhalten zu füllen. Sie hat jedoch entscheidend das Geschichtsbild des Abendlandes bestimmt, und ist durch bessere Bezeichnungen nicht ersetzt.
Um die Epochengrenzen wird stets gestritten werden, Epochenbezeichnungen aus Nachbardisziplinen, wie z.B. der Kunstgeschichte, der Wirtschafts-, Verfassungs- und Kirchengeschichte werden nicht ohne weiteres auf die polit. Geschichte bzw. die Geschichte übertragen werden und mit bereits dort geprägten Epochenbezeichnungen zur Deckung gebracht werden können.
LIT. L. von Ranke, Über die Epochen der neueren Geschichte (1854); K. Heussi, Altertum, Mittelalter und Neuzeit in der Kirchengeschichte. Ein Beitrag zum Problem der histor. Periodisierung (1924); G. von Below, über histor. Periodisierungen (1925); H. Ritter von Srbik, Geist und Geschichte vom dt. Humanismus bis zur Gegenwart (1950); A. Klempt, Die Säkularisation der histor. Auffassung. Zum Wandel des Geschichtsdenkens im 16. und 17. Jh. (1960); R. Herzog, R. Koselleck (Hrsg.), Epochenschwelle und Epochenbewußtsein (1988).

Erbauungsbücher (Erbauungsliteratur). E. dienen der religiösen Erbauung (die Gemeinde als Gottestempel) einer Gemeinschaft und (verstärkt seit dem Pietismus) des einzelnen. Erbauungsliteratur gibt es bereits im frühen Christentum: Heiligenleben und Märtyrerakten, Schriften Cyprians und Gregors d. Gr., dann im MA die Mystiker (Eckhart, Tauler), Thomas a Kempis, ›De imitatione Christi‹, zahlreiche ›Seelengärtlein‹, Stundenbücher, Sterbebüchlein, Beichtspiegel, Erklärung der Evangelien- und Episteltexte, Gebetsanthologien, wie die von Staupitz (1523). Stark ist der Einfluß der Passionsmystik. Evangel. E. seit der Reformation: Luthers Betbüchlein (1522), Habermanns Andachtsbücher (1567). In der kath. Gegenreformation erhalten die E. durch Ignatius von Loyola: ›Exercitia spiritualia‹, durch Franz von Sales: ›Introduction à la vie dévote‹ (Philothea) 1609, durch M. Molinos und die Madame Guyon starken Auftrieb. Martin von Cochem und Goffiné waren sehr verbreitet. Die E. machen im ev. dt. Volksteil bis um die Mitte des 18. Jh. einen wesentl. Teil der Literatur aus. Sehr verbreitet waren Joh. Arnd: ›Vier Bücher vom wahren Christentum‹; H. Müller: ›Geistliche Erquickstunden‹; Zesen: ›Des kirchlichen Frauenzimmers Tugendwecker‹; Joh. Gerhard: ›Meditationes‹. Mit der pietist. Bewegung, der Tendenz nach subjektiver Innerlichkeit, erhielten die E. neuen Auftrieb; Spener, Francke, Zinzendorf, Tersteegen, Stark. Während die rationalist.-moralisierende Ära wenig an E. hervorgebracht hat (Wessenbergs Gesang- und Andachtsbuch, J. M. Sailers Gebetbuch wären zu nennen) sieht das frühe 19. Jh. zahlreiche Neuauflagen der alten E., der Legendenbücher usw., doch werden sie im kath. Bereich durch die aufkommenden Diözesangebetbücher, die liturg. Bewegung zurückgedrängt und verschwinden auch im ev. Bereich seit der Wende des 19. zum 20. Jh.
LIT. RDL I, 393–404.

Erbfeind. Im MA und in der frühen NZ Bez. für den Teufel, dann im 15. Jh. auf den Türken übertragenes Schlagwort: Erbfeind der Christenheit. Schon im frühen 16. Jh. von Kaiser Maximilian I. auf die Franzosen angewendet. Zur Zeit der Befreiungskriege (→Freiheitskämpfe) wurde das Schlagwort E. erneut belebt, insbes. von E. M. Arndt; für die deutsch-franz. Beziehungen war es von verhängnisvoller Bedeutung. In der Publizistik des Ersten Weltkriegs sehr häufig gebraucht.

Erbfolge, Erbfolgeordnung. Seit der Merowingerzeit war die Erbfolge (Thronfolge) auf den Mannesstamm beschränkt. Die Söhne, gleich ob ehelich oder unehelicher Herkunft, teilten in der Regel Schatz und Reich unter sich. Die Söhne eines Teilkönigs wurden häufig von der Erbfolge ausgeschlossen. Unter den Karolingern galt das Erbrecht des Sohnes, den der König zum Nachfolger bestimmte, doch war das Wahlrecht nicht ganz beseitigt und trat gegen Ende der Karolingerzeit wieder stärker hervor. Das Nebeneinander von Wahlrecht und Erbrecht (→Geblütsrecht) ist für das ma. Reich charakteristisch. Im Reich ist nicht die Krone, sondern schließlich das Wahlrecht der Kurfürsten erblich geworden. Die Goldene Bulle setzte für die Kurfürstentümer Unteilbarkeit und Primogeniturfolge fest. In den übrigen dt. Territorien drangen nach und nach das Prinzip der Unteilbarkeit und Primogenitur durch, für Österreich erst mit der Pragmatischen Sanktion Kaiser Karls VI. von 1713. In Hausgesetzen der regierenden Dynastien wurde in der frühen NZ die Erbfolge geregelt: Teilungen haben indessen die Kraft und Bedeutung nicht weniger Territorien bis tief ins 18. Jh. hinein geschwächt (z. B. Sachsen, die thüring. Territorien usw.).
LIT. HWDRG I, 962–64; G. Turba, Die Pragmatische Sanktion (1913).

Erbfolgekrieg. Bez. für die polit. und militär. Auseinandersetzungen, die beim Aussterben einer regierenden Dynastie um deren Territorialbesitz zw. den Mächten geführt wurden. Zu den bekanntesten Erbfolgekriegen zählen: der Bayerische Erbfolgekrieg, der Österreichische Erbfolgekrieg, der Spanische Erbfolgekrieg, der Pfälzische Erbfolgekrieg.
LIT. HWDRG I, 962ff.; G. Turba, Geschichte des Thronfolgerechtes in den alten habsburg. Ländern bis zur Pragmatischen Sanktion (1913); K. L. Feckl, Preußen im Span. E. (1979).

Erblande. Stammland des Landesfürsten, Gebiet einer Dynastie, das auf Grund alten Erbrechts in deren Besitz ist, die Landeshoheit stützt sich auf Erbrecht, und gegenüber den Landständen werden vom Fürsten bes. Machtbefugnisse geltend gemacht. Hinter dem Begriff der E. steht eine patrimoniale Staatsauffassung. Der öffentl.-rechtl. Gegenbegriff zu Erblande ist **Kronland.** Besondere Bedeutung kam den E. der Habsburger zu. Hier war die Abgrenzung gegenüber den Kompetenzen des Reiches wichtig, da die Habsburger die Kaiserkrone trugen.
LIT. HWDRG I, 966–67.

Erbleihe. Erbzinsleihe, Leihe zu Erbrecht, war die günstigste Form der Leihe im MA und in der frühen NZ. Sie wird zurückgeführt auf die spätröm., zunächst in Kleinasien und an der unteren Donau ausgebildete **Emphytheuse,** d. h. die dingliche Erbpacht mit vollem Nutzungsrecht wie Verfügungsrecht der Eigentümer und der Verpflichtung, das Grundstück in gutem Zustand zu erhalten, sowie auf die Precarie. Bei der hoch- und spätma. Kolonisation sowie der Städtegründung kam der Erbleihe große Bedeutung zu.
LIT. HWDRG I, 968–971; F. Lütge, Die mittelalterliche Grundherrschaft und ihre Auflösung (1957).

Eremitage (franz., Einsiedelei). Ländliches Gebäude in den Parks des 18. Jh., als Symbol der Empfindsamkeit und der Einsamkeit gedacht, aber auch für ein zurückgezogenes Leben benutzt. Aus einer von Zarin Katharina II. 1756 in St. Petersburg errichteten Kunstkammer wurde die Bezeichnung E. auf das daraus entwickelte bedeutende Museum, das Weltruf genießt, übertragen.
LIT. P. von Weiner, Meisterwerke der Gemäldesammlung in der Eremitage zu Petrograd ([2]1923); R. F. Gubtschewski, Die staatliche Eremitage (dt. 1955).

Erbuntertänigkeit. Form der wirtschaftl. und persönl. Abhängigkeit des Bauern vom Gutsherrn, entstanden aus der Milderung der alten Leibeigenschaft. E. bedeutet keine privatrechtl. Eigentumsmacht über Menschen nach Art der Sklaverei. Sie beruht auf der öffentl.-rechtl. Hoheitsgewalt des Gutsherrn über den Gutsuntertan; war vor allem in Ostdeutschland verbreitet und wurde durch die Bauernbefreiung des 19. Jh. aufgehoben. Merkmale der E. sind Schollenpflichtigkeit (glebae adscriptio), Frondienst bzw. Gesindezwang, andererseits von seiten des Gutsherrn als Korrelat ein relativ hoher Schutz bei Alter, Krankheit sowie das Verbot des Bauernlegens.
LIT. G. F. Knapp, Bauernbefreiung. 2 Bde. (1887).

Erfüllungspolitik. Ein polit. Schlagwort der Rechtsparteien und A. Hitlers (1889–1945). Damit sollte die durch die Regierung J. Wirth (vom Mai 1921–Nov. 1922 im Amt) eingeleitete Politik, die dahin ging, die aus dem Versailler Vertrag erwachsenen Verpflichtungen zu erfüllen (speziell handelte es sich um die Annahme des Londoner Ultimatums vom 5. 5. 1921), gebrandmarkt werden. Mit der E., die von G. Stresemann (1878–1929) als »nationale Realpolitik« fortgeführt wurde, sollte die Grenze der wirtschaftl. Leistungsfähigkeit und damit die Unmöglichkeit der Erfüllung der Reparationsforderungen bewiesen werden. Durch die E. wurde die vorzeitige Räumung der Rheinlande erreicht.
LIT. Gebhardt-Grundmann IV.; L. Zimmermann, Dt. Außenpolitik in der Ära der Weimarer Republik (1958).

Erisapfel. Eris, Dämon des Streites, Schwester des Ares, warf bei der Hochzeit des Peleus und der Thetis einen goldenen Apfel mit der Aufschrift »Der Schönsten« unter die Gäste. Die Göttinnen Hera, Athene und Aphrodite stritten darum, bestellten zum Schiedsrichter den Troerprinzen Paris. Er gab den Apfel Aphrodite, die ihm dafür bei der Entführung der Helena half. So gab der Erisapfel den Anlaß zum Trojanischen Krieg.

Erlaucht (mhd. erliuht, als Lehnübersetzung von lat. illustris übernommen). Adelsprädikat.

Erste Bitten (lat. preces primariae). Das dem dt. König seit dem 12. Jh. zustehende Recht, bei jedem Kloster oder Stift für die erste im Anschluß an seine Krönung erledigte Pfründe den neuen Inhaber vorzuschlagen.
LIT. H. Bauer, Das Recht der ersten Bitte bei den deutschen Königen bis auf Karl IV. (1919); H. E. Feine, Papst, Erste Bitten und Regierungsantritt des Kaisers seit dem Ausgang des Mittelalters. In: ZRG KA 51 (1931); A. A. Benna, Preces Primariae und Reichshofkanzlei. In: MÖSTA 5 (1952) 87–102; Feine, KRG (^{4}1964) 387f.; F. J. Heyen, Die kaiserlichen Ersten Bitten für Stifte des Erzbistums Trier von Ferdinand I. bis Franz II. (1531–1792). In: Festschrift für Alois Thomas (1967) 175–188.

Erweckungsbewegung. Religiöse Erneuerungsbewegung innerhalb des Protestantismus vom 17. bis 19. Jh. als Reaktion gegen den Rationalismus der Aufklärung und die Orthodoxie des Staatskirchentums. Die Erweckungsbewegungen des Pietismus und der Herrnhuter Bürgergemeinde trugen viel zur religiösen Vertiefung bei. Im 19. Jh. vielfach mit nationalen und konservativen Ideen verbunden. In England fand die Erweckungsbewegung Ausdruck im Quäkertum und im Methodismus.
LIT. RGG II, 621–29; LThK III, 1063–65; F. W. Kantzenbach, Die Erwekkungsbewegung (1957).

Erzämter (archiofficia). Oberste Reichswürden, an bestimmte Territorien gebunden. Im Reich hatten die 7 Kurfürsten auch die 7 Erzämter inne. Der Erzbischof von Mainz war Erzkanzler des Reiches (archicancellarius sacri imperii per Germaniam); der Erzbischof von Köln Erzkanzler für Italien (archicancellarius per Italiam), der Erzbischof von Trier Erzkanzler für Gallien und Burgund (archicancellarius sacri imperii per Galliam et regnum Arelatense); der Pfalzgraf bei Rhein war Erztruchseß (archidapifer), der Kurf. von Sachsen Erzmarschall (archimarescallus); der Kurf. von Brandenburg Erzkämmerer (archicamerarius), der Kurf. von Böhmen Erzmundschenk (archipincerna).
Zwischen Erzamt und Kurrecht besteht ein enger Zusammenhang. Neu geschaffene Kurwürden wurden wenigstens dem Titel nach mit Erzämtern verbunden. 1623 kam das Erztruchsessenamt mit der ersten weltl. Kur (bisher Kurpfalz) an Bayern. 1648 erhielt die restituierte Kurpfalz (nunmehr 8. Kur) das Erzschatzmeisteramt. 1692/1708 erhielt Kur-Hannover (Braunschweig-Lüneburg) das Reichsbanneramt. 1778 mit der Vereinigung von Kurpfalz und Kurbayern fiel das Erztruchsessenamt wieder an die Pfalz zurück, das Erzschatzmeisteramt kam an Hannover. Das Reichsbanneramt kam 1803–06 an die neue Kur Württemberg. Es gab auch ein Erzjägermeisteramt (Markgraf von Meissen) und Erzämter der Kaiserin: Erzkanzler, Erzmarschall, Erzkaplan.
Die älteren E. wurden bei der Krönung ausgeübt, die jüngeren blieben meist nur Titel. Den Dienst versahen die meist gräfl. Inhaber der Reichserzämter, z.B. die Grafen von Waldburg als Reichserbtruchsessen, die Grafen von Pappenheim als Reichserzmarschälle.

LIT. HWDRG I, 1011–15; H. Conrad, DRG I (1962); M. Buchner, Die Entstehung der E. (1911); S. Schlösser, Der Mainzer Erzkanzler im Streit der Häuser Habsburg und Wittelbach um das Kaisertum 1740–1745 (1986).

Erzbischof (archiepiscopus). In der Ostkirche seit dem 4. Jh. Bez. für die Inhaber der hervorragendsten Bischofsstühle (Alexandria, Antiochia, Rom); Vorsteher der Großsprengel, die oft mehrere Kirchenprovinzen umfassen. Seit dem 8. Jh. auch in der Westkirche von den angeseheneren Bischöfen geführt. Der E. steht an der Spitze einer Kirchenprovinz, ist gleichbedeutend mit Metropolit. Seit dem 11. bis zum 15. Jh. leisten die Suffragane dem Erzbischof einen Obödienzeid. Rechte des E.: a) Gerichtsbarkeit über die Suffragane, b) Berufung des Provinzialkonzils und Vorsitz dabei, c) Visitationsrecht über die Kirchenprovinz (heute eingeschränkt), d) besondere kirchl. Rechte und Ehrenrechte (→Pallium).

Erzkanzler (lat. archicancellarius). Höchste Würde im Reich nach dem Kaiser. Zunächst war die Bez. summus cancellarius für den obersten Leiter der königl. Kanzlei üblich (erstmals 820). In Dtl. wird die Bez. summus cancellarius nicht üblich, zumal seit Ludwig dem Deutschen 854 dieses Amt mit dem des Erzkaplans (→Capella regia) vereinigt wurde und hier die Bez. archicapellanus vorherrschte. Die selten unterbrochene, fast tausendjährige Verbindung des Erzkanzleramtes des Reiches mit dem Erzkapellanat und dem Mainzer Erzstuhl erfolgte erst unter Liutbert von Mainz (870). Die Verbindung geistl. und weltl. Rechte durch den Mainzer Erzbischof gab dem Amt des E. im 10. Jh. endgültig seine überragende Bedeutung. Der Mainzer EB hatte bei der Königswahl (Wahleinberufungsrecht; Erst-, dann Letztstimme) bei der Königskrönung und im Reichstag eine Sonderstellung inne. Die tatsächl. Leitung der Reichskanzlei ist schon 868 auf den Hofkanzler übergegangen, wird aber im 15. und 16. Jh. von den Mainzer Erzbischöfen im Zuge der Reichsreform zeitweise mit Erfolg wieder beansprucht, in der NZ jedoch durch die habsburgische Hofkanzlei und den Reichsvizekanzler in Wien ausgeübt. Das Erzkanzellariat für Italien war unter den Ottonen in wechselndem Besitz geistl. Fürsten und seit 1031 fest mit dem Kölner Erzstuhl verbunden. Das Erzkanzellariat für Burgund (seit 1043) wird im späten MA von Trier beansprucht: seit 1308 nimmt der EB von Trier diesen Titel in Anspruch, erhält die Rechte 1314 durch Privileg und in der Goldenen Bulle (wie Mainz, Köln für die betr. Gebiete) bestätigt mit dem Zusatz »per Galliam«. 1803–06 blieb die Würde eines Reichserzkanzlers mit dem von Mainz nach Regensburg transferierten Erzstuhl verbunden.
In Frankreich führte bis zum Beginn des 12. Jh. der EB von Reims den Titel E. als Ehrentitel. Napoleon I. schuf 1804 zwei archichancelliers: a) den a. de l'empire, b) den a. de l'état. Die Aufgaben des letzteren: Promulgation von internationalen Verträgen, Korrespondenz mit fremden Höfen, formeller Vorgesetzter der Gesandten und Konsuln.
LIT. HWDRG I, 1013f. (s. Erzämter); Clavis mediaevalis, 70f.; Haberkern-Wallach 181; G. Seliger, Erzkanzler und Reichskanzleien (1889); H. Mathy, Über das Mainzer Erzkanzleramt in der Neuzeit. Stand und Aufgaben der Forschung. In: Geschichtliche Landeskunde 2 (1965); J. Bärmann, Mainzer Kammergerichtsvisitation und Verfassungshermeneutik im 18. Jh. In: Festschrift für Ludwig Petry. T. 2 (1969).

Eschatokoll. Schlußprotokoll, Schlußformeln der Urkunde. Zum E. gehören: Subscriptio, Datierung, Apprecatio. Das E. ist nach Urkundenart und der Kanzlei des Ausstellers verschieden.
LIT. Bresslau I, 46ff., 76f.

Esperanto (nach lat. sperare, hoffen). Von dem Warschauer Augenarzt Dr. L. L. Zamenhof (1859–1917) meist aus dem Romanischen konstruierte Welthilfssprache (1887).

Esplanade (franz. esplanade, von lat. explanare, einebnen). Begriff der neuzeitl. Festungsbaukunst. Bez. den freien (eingeebneten) Raum vor den Befestigungsanlagen bzw. den vorgelagerten Befestigungsanlagen und dem Siedlungsgebiet, zw. Stadt und Zitadelle. Die E. sichert freies Schußfeld. Bez. auch die erhöhte Plattform zur Aufstellung von Batterien. Heute: breite Allee.

Etat (franz., von lat. status) Stand, Zustand, Haushalt, Staat, Staatshaushalt (→Staat).

Etatismus. Ausdehnung der öffentl. Haushalte zu Lasten der Privatwirtschaft; Finanzpolitik, die das Gleichgewicht der öffentl. Haushalte ohne Rücksicht auf die Interessen der Wirtschaft anstrebt (étatisme: Staatssozialismus).

Etats généraux. Generalstände, entstanden aus der Erweiterung der Cour plénière, d.h. der erweiterten Curia regis und den schon älteren Berufungen von Vertretern der »guten Stände« durch den König. Erste Tagung 1302; damit tritt der dritte Stand offiziell in die Politik Frankreichs ein. Die zahlreichen Ständeversammlungen des 14. und 15. Jh. stellten keine Reichsversammlungen dar. Eine verfassungsmäßige Form erlangten die Stände nicht, blieben vielmehr lange stets vom Willen des Königs abhängig. Eine Sonderstellung nahm die Ständeversammlung 1483/84 unter einem minderjährigen, geistesschwachen König ein; sie hatte den Charakter einer Nationalversammlung. Die Zahl der Abgeordneten auf den Ständeversammlungen war stets verschieden, auch die Zahl der Vertreter der einzelnen Stände schwankte. Da die Stände jedoch fast nur zur Steuerbewilligung zusammenberufen wurden, spielten Zahl und Wahl der Abgeordneten nur eine untergeordnete Rolle, bes. zu der Zeit, wo der dritte Stand polit. fast ohne Bedeutung war. Letzte Einberufung der Generalstände 1614. Nach der Einberufung von 1789, die unter dem Kampfzeichen für oder gegen die Form von 1614 und der Ständekämpfe stand, erklärte sich der dritte Stand, der in der Regierung seinen Verbündeten sah, als Nationalversammlung. »Der dritte Stand ist die Gesellschaft, ist die Nation selbst.« Mit dem Zusammentritt der Generalstände 1789 beginnt die Französische Revolution.

LIT. G. Picot, Histoire des Etats généraux (1888); G. Lefèbvre – A. Terroine, Le régime des Etats généraux de 1789 et ses origines (1952).

Ethnarch (griech., Volksfürst). In der röm. Zeit bes. in Syrien und in Palästina Titel eines subalternen Fürsten. Caesar z.B. verleiht den Titel E. dem Hohenpriester Hyrkanos II.

Ethnarchie. Gebiet eines Volksfürsten, Statthalterschaft.

Etikette (franz. étiquette). Urspr. Bedeutung: Stift zum Anheften eines Zettels, dann: Bezeichnungszettel. Später: Ordnung gesellschaftl. Formen. Die Einbürgerung des aus dem Franz. entlehnten Wortes erfolgte am Ende des 17. Jh. mit der Übernahme franz. Hofsitten und Lebensformen. Zunächst begegnet E. am Wiener Hof als Synonym zu Zeremoniell.

Etymologie (griech.). Nachweis des Ursprungs eines Wortes. E. ist die Lehre von den letzten Elementen, aus denen sich ein Wort aufbaut. Wissenschaftl. begründete E. gibt es, da die antike E., vom äußeren Gleichklang ausgehend, sich vielfach, wie die des MA, in Wortspielereien und phantastischen Vermutungen erschöpft, erst seit dem 19. Jh., als die Verwandtschaft der indogerman. Sprachen und die Gesetze des Lautwandels entdeckt waren. Etymolog. Hilfsmittel sind für den Historiker oft unentbehrlich, so z.B. für die dt. Sprache: Fr. Kluge, Etymologisches Wörterbuch der deutschen Sprache (^{22}1989).

LIT. F. Mauser-F. Stroh, Deutsche Wortgeschichte. 2 Bde. (^{2}1959 bis 1960); H. Birkhan, E. des Deutschen (1985).

Eudämonismus. Glückseligkeitslehre. Sittl. gut ist alles, was die Glückseligkeit fördert. Das Prinzip des Guten ist im Glück zu sehen (im Glück des einzelnen: Individual-E.; im Glück der Gesellschaft: Sozial-E.). In der neuzeitl., bes. der engl. Philosophie, wird gefordert, das »größte Glück der größten Zahl« möge den sittl. Wert der Handlungen bestimmen. Glück ist indessen kein letztes ethisches Prinzip, weil durch Früheres entschieden. Gegen den E. wendet sich I. Kant. Das Gute müsse um seiner selbst willen, rein aus Pflicht gewollt werden. Als wesentl. Begleiterscheinung der sittl. Werte räumen M. Scheler und N. Hartmann dem Glück in der Ethik größeren Raum ein.

Eunuch (griech., Betthüter). Ein durch Verstümmelung zeugungsunfähiger Mann. Eunuchen konnten im alten Orient als Haremswächter oder Hofbeamte bis zu den höchsten Regierungsämtern aufsteigen, kommen auch in der Kaiserzeit in Rom und Byzanz vor. Die christl. Gesetzgebung schritt allg. erst ab 325 gegen die Verstümmelung ein.

Evangelienharmonie. Mit dem von Andreas Osiander (Harmoniae Evangelicae Libri IV, Basel 1537) zuerst verwendeten Begriff bezeichnet man die Versuche, aus den Worten der vier Evangelien eine fortlaufende, einheitliche Erzählung des Lebens Jesu herzustellen (Unterschied zur →Synopse).

Erste bekannte E. ist das Werk des Syrers Tatian (geschrieben ca. 170), das im Morgen- und Abendland bis ins späte MA sehr verbreitet war. Ca. 830 entstand in Fulda als Gemeinschaftswerk die ahd. Tatianhandschrift. Weitere E. stammen von Guido von Perpignan, Johannes Gerson und Jansenius dem Ä. Im weiteren Sinne sind als E. anzusprechen: der altsächs. ›Heliand‹, Otfrids ›Liber Evangeliorum‹ (ca. 870) sowie andere poetische Bearbeitungen des MA.
LIT. RDL I, 410–413.

Evangelisch (von lat. evangelicus, von griech. frohe Botschaft).
[1] Im Evangelium enthalten oder dem Evangelium entsprechend.
[2] Bez. für Christen, die in der Hl. Schrift die alleinige Norm des Glaubens sehen. E. wird im 11. Jh. aus dem Lat. entlehnt. M. Luther dehnt den Begriff Evangelium auf die ganze Bibel aus. Ende 1520 nennt Luther seine Lehre evangelisch und schlägt dieses als Selbstbezeichnung seiner Anhänger vor. Zunächst wird das Wort e. durch den Bauernkrieg, die Täuferbewegung und deren polit. und soziale Forderungen erheblich belastet. Weder auf dem Augsburger Reichstag 1530 noch im Augsburger Religionsfrieden dringt die Bezeichnung durch, auch nicht im Westfälischen Frieden (Augsburgische Konfessionsverwandte). Erst mit der Formierung des Corpus Evangelicorum gewinnt die Bezeichnung amtl. Charakter, um sich dann vor allem seit den Unionsbestrebungen (1817) als Sammelname für alle prot. Kirchen mehr oder weniger durchzusetzen. E. will den positiven Charakter des Protestantismus unterstreichen.
LIT. EKL I, 1819f.; LThK 3, 1327; Zs für deutsche Wortf. 13, 1ff.

Evokation, Evokationsrecht (lat. evocatio: Auswanderung, Aufruf, Abberufung usw.).
[1] In der röm. Antike Aufforderung an die Gottheiten einer eroberten Stadt, diese zu verlassen und nach Rom überzusiedeln.
[2] Befreiung einer Örtlichkeit von den darauf ruhenden religiösen Verpflichtungen.
[3] Im MA wird mit E. bezeichnet, wenn der König bzw. andere höchste Machthaber, z. B. der Papst, unerledigte Rechtsfälle an sich zogen (ius evocandi). Im SpätMA erwarben Landesfürsten, insbes. Kurfürsten Privilegia de non evocando, d. h. das Vorrecht, von der Berufung an andere »ausländische« bzw. höchste Reichsgerichte oder deren Eingreifen frei zu sein. Die Reichsgerichte hatten das Recht der Evokation.

Evolution. Entwicklung.
[1] Vorwiegend für Veränderung, Wachstum, Differenzierung, Fortschritt im naturwissenschaftl. Bereich gebraucht. Der Gedanke einer Evolution in der Natur konnte durchdringen, als die buchstäbl. Anerkennung des bibl. Schöpfungsberichtes und der bibl. Chronologie erschüttert waren.
[2] Evolution bez. im Ablauf der Geschichte die friedl. Entwicklung im Gegensatz zur Veränderung durch Anwendung von Gewalt (Revolution).

Evolutionismus.
[1] Entwicklungslehre.
[2] Philosoph. Richtung, die den Entwicklungsgedanken zum allg. Prinzip erhebt, einseitig alles unter diesem Gesichtspunkt betrachtet und die Unterschiede zw. Leblosem und Lebendem, zw. Materie und Geist damit zu überbrücken sucht; im 19. Jh. vor allem durch H. Spencer und Ch. Darwin vertreten.

Evolutionstheorie. Versuch, mit Hilfe von Mikro- und Makroevolution, Mutation und anderen Faktoren erdgeschichtl. und biolog. Veränderungen zu erklären. Gegensatz: Katastrophentheorie.

Exarch (griech.). Anführer.
[1] Titel, der seit Ende des 6. Jh. an kaiserl. Magistraten mit ziviler und militär. Gewalt über mehrere Provinzen (Exarchat) vergeben wurde. Allg. entsprach der E. einem Strategos und das Exarchat einem Thema. Nach Verdrängung der Ostgoten aus Italien entstand das **Exarchat** von Ravenna, das byzantin., von einem Statthalter mit dem Ehrentitel eines Patricius verwaltete Gebiet in Italien (553–751); das Exarchat von Ravenna wurde 754 von Pippin dem Papst überwiesen. Nach ital. Vorbild bestand 591–709 (Einnahme von Ceuta durch die Araber) ein Exarchat in Afrika.
[2] Archimandrit.
[3] Titel des Oberhaupts autokephaler Kirchen, z. B. in Bulgarien 1870–1953.
[4] Titel in den orthodoxen Kirchen, bezeichnet in der Frühzeit einen Bischof, der seinen Sitz in der Provinzhauptstadt

hat und ein Mittelglied zwischen Patriarch und Erzbischof darstellt.
[5] Im Abendland vereinzelt Ehrentitel eines Bischofs, z.B. des Bischofs von Lyon z.Z. Friedrichs I.

exc. (lat.; Abk. von **excudit**: hat es gebildet). Abkürzung auf Kunstwerken, z.B. Kupferstichen, als Zusatz zum Namen des Verlegers, der zugleich Stecher sein kann.

Exekutive (von lat. exsequi: vollziehen, ausführen). Vollziehende Gewalt. Exekutive ist leicht mißverständl. und nur aus dem histor.-ideegeschichtl. Zusammenhang richtig zu verstehende Bez., mit der in der klass. Lehre von der Gewaltentrennung bzw. Gewaltenteilung die Leitung des gesamten Staates, Regierung und Verwaltung benannt wird. Exekutive ist also mehr als nur die Ausführung der von der Legislative gemachten Gesetze.

Exempel (lat. exemplum, Beispiel). Kurze Erzählung von positiven oder negativen Beispielen zur Veranschaulichung einer sittl. oder religiösen Lehre mit der Nutzanwendung für den einzelnen, für einen Stand oder die Allgemeinheit. Folgende Typen von Exempla werden unterschieden: a) das biblische E.; b) das fromm-erbauliche E. (aus Kirchenvätern u. dgl.); c) das hagiographische E. (aus Heiligenlegenden, Wundergeschichten); d) das Visions-E.; e) das profane E.; f) das historische E.; g) das sagenhafte E.; h) das tiergeschichtliche (Fabel-)E.; i) das naturgeschichtl. E.; k) das persönl. und Erfahrungs-E.
Die große Blütezeit der E. beginnt im 13. Jh.: Alanus von Lille; Jacobus de Vitriaco; Vinzenz von Beauvais (›Speculum historiale‹ 1244, 1250), Heinrich von Herford; Martin von Troppau (›Promptuarium exemplorum‹). Im 15. Jh. beginnt der Verfall des E. Im Barock lebt es weiter bei Martin von Cochem und Abraham a Santa Clara. Das E. hat die dt. Lit. weitgehend befruchtet, vor allem mit Anregungen stofflicher Art.
LIT. E. R. Curtius, Europ. Lit. und lat. MA (1948); RDL 1, 413–418.

Exemtion. Befreiung von einer Verbindlichkeit oder der Befehlsgewalt; Ausgliederung aus dem gewöhnl. Gerichtsstand; Freistellung von Abgaben; im Völkerrecht: Exterritorialität; im Kirchenrecht: Herausnahme aus der gewöhnl. Organisation der Kirche (Kirchenprovinz, Bistum, Pfarrei) und Unterstellung unter den nächsthöheren Hoheitsträger.
Früheste Exemtion der Ostkirche: die Herausnahme des Bischofssitzes von Byzanz aus dem Obermetropolitanverband von Herakleia (381). Damit begann die kirchliche Sonderstellung von Byzanz; früheste Exemtion eines Bistums der Westkirche: Pavia, 7. Jh. Bekannte Exemtionen der Reichskirche: die des Klosters Fulda mit dem Privileg des Papstes Zacharias von 751 aus dem Würzburger Diözesanverband. 1662 anerkannte Würzburg die Abtei Fulda als »Ecclesia nullius«. Endgültig abgeschlossen wurden die Exemtionsstreitigkeiten mit Würzburg und Mainz durch die Erhebung Fuldas zum Bistum (1752). Das Bistum Bamberg, von Heinrich II. bei seiner Gründung (1007) unter den Schutz der röm. Kirche gestellt, was bald mit der Vorstellung päpstl. Obereigentums verbunden wurde, erlangte im 13. Jh. die völlige Exemtion vom Erzbistum Mainz. Die Fürstpropstei Berchtesgaden wurde mit einem Urteil der Rota Romana 1593 als exemt von der Salzburger Bischofsgewalt erklärt und unmittelbar Rom unterstellt. Ende des 17. Jh. wurde das langwierige Ringen des Fürstbistums Passau um Exemtion von dem Metropolitanverband Salzburg mit Hilfe des Kaisers zugunsten des Passauer Bischofs entschieden, der sich fortan analog dem Salzburger Legatenkreuz das Exemtionskreuz vortragen ließ. Die geistl. Ritterorden (Johanniter, Templer, Deutscher Orden) sowie die Mendikantenorden erlangten im 12./13. Jh. die Exemtion.
Allzu häufige Exemtionen von Orden, Pfarreien, Klöstern usw. führten im SpätMA zur Durchbrechung der bischöfl. Jurisdiktion und der Diözesanverwaltung sowie zur Lähmung von Reformen. Eine Einschränkung der Exemtion erbrachte das Konzil von Trient. Exemt ist heute weitgehend die Militärseelsorge. Die Exemtion der Orden von der Jurisdiktion des zuständigen Bischofs ist verschieden geregelt. Die Abbati nullius (dioecesis), Praelati nullius (dioecesis), d.h. die freien oder gefreiten Abteien und Prälaturen mit voller oder quasibischöfl. Jurisdiktion, waren in der Reichskirche zahlreich.
LIT. Feine, KRG (pass.); LThK III^2 (1959) 1295f.; A. Scheuermann, Die

Exemtion nach geltendem kirchl. Recht mit einem Überblick über die geschichtl. Entwicklung (1938); J. Weier, Exemte Jurisdiktionsbezirke im Archidiakonat Dietkirchen. In: AMrhKG 21 (1969) 35–58; H. Hack, Der Rechtsstreit zw. dem Fürstbischof von Würzburg und dem Fürstabt von Fulda an der Römischen Kurie (1688 bis 1777) (1956); Ph. Hofmeister, Gefreite Abteien und Prälaturen. in: ZRGKA 50 (1964).

Exequatur (lat.) Es möge vollzogen werden.
[1] Vom Staat im System des Staatskirchentums beanspruchtes Recht, nach vorheriger Prüfung, die Genehmigung zur Veröffentlichung oder zum Vollzug päpstl., auch bischöfl. und synodaler Akte zu erteilen. Plazet: eine andere Bezeichnung für diese Institution.
[2] Genehmigung eines Staates zur Errichtung eines Konsulats, wobei die sachl. und räuml. Zuständigkeit festgelegt wird.

Exerzitien. Geistl. Übungen, gekennzeichnet durch Zurückgezogenheit für eine bestimmte Zeit, planmäßiges Vorgehen nach bestimmten Gesichtspunkten unter Leitung eines Exerzitienmeisters und einen bestimmten Vorsatz. Die ersten festen Formen für die Übungen gehen auf die Wüstenväter zurück, werden im 13. Jh. vertieft, durch die devotio moderna festgelegt, bes. aber von Ignatius von Loyola ausgebaut (Exerzitienbuch 1548). Frühestes Exerzitienhaus in Alcalá. Das 1569 in Mailand eröffnete Exerzitienhaus bildete den Ausgangspunkt einer mächtigen Bewegung, die im 17. Jh. fast alle kath. Länder ergriff und heute noch verbreitet ist.

Exil (lat. exsilium, Verbannung, Zufluchtsstätte). Im alten Rom zunächst das freiwillige Verlassen des Staatsgebiets bei drohender Verurteilung; später wurde das Verlassen des Domizils nach einer gerichtl. Verurteilung gestattet. Seit dem 1. Jh. n. Chr. verhängte man das Exil auch als gerichtl. Strafe, und zwar a) als Relegation (Verweisung auf einen Platz, der außerhalb Roms lag; in der Regel erfolgte die Verweisung auf Zeit); b) als Deportation (zwangsweise Entfernung an einen bestimmten Ort; sie erfolgte meist auf Lebenszeit).
LIT. R. Albrecht u. a. (Hrsg.), Widerstand und Exil (1986).

Exilregierung. Die Verlegung der Regierung aus dem angestammten Sitz auf fremdes Territorium als Folge von Kriegen, Bürgerkriegen oder einer Abfallbewegung im eigenen Land. Seit dem 1. Weltkrieg (1914–18), als z. B. die belgische Regierung ihren Sitz nach Le Havre verlegte, hat es eine Reihe von E. gegeben, vor allem während des 2. Weltkriegs, als in den von Dtl. besetzten Ländern die Regierungen ihre Regierungssitze verließen.
LIT. K. H. Mattern, Die E. (1953).

Exklusive (ius exclusivae, ius exclusionis, veto civile). Ausschließungsrecht, Veto bei Bischofswahlen in der Reichskirche, von vielen Publizisten und Staatstheoretikern des 17. und 18. Jh. auf Grund des Wormser Konkordats für den Kaiser gefordert. Bis zum Untergang des Reiches umstritten. Ferner das von den österreich. Kaisern, dem Kaiser des Hl. Röm. Reiches, den Königen von Frankreich, Spanien, Neapel geforderte, von der Kirche geduldete Recht, im Konklave gegen die Wahl eines bestimmten Kandidaten Veto einzulegen. Die Anwendung der E. bei der Papstwahl war genau geregelt, sie wurde als Recht anscheinend zuerst von Karl V. und Philipp II. gefordert, war im 18. Jh. voll ausgebildet, zuletzt von Österreich 1903 gegen die Wahl Rampollas zum Papst angewendet. Napoleon verlangte bei den Friedensverhandlungen zu Tolentino (1797) die Anerkennung der Exklusive auch nach vollzogener Papstwahl, drang damit nicht durch. Die Exklusive bei der Besetzung der Reichsbistümer wurde gewöhnlich mit Reichsfeindschaft begründet, sie war ein polit. Kampfmittel der habsburg. Reichskirchenpolitik, drang jedoch nur selten durch.
LIT. Feine, KRG I; H. E. Feine, Die Besetzung der Reichsbistümer vom Westfäl. Frieden bis zur Säkularisation 1648–1803 (1921; unveränderter Nachdruck 1964); HKG V (1970).

Exkommunikation (lat. excommunicatio). Ausschließung aus der kirchl. Gemeinschaft; kanon. Bez. für Kirchenbann. Bei der E. unterscheidet man excommunicatio minor (Ausschluß von den Sakramenten), excommunicatio maior (völliger Ausschluß aus der kirchl. Gemeinschaft) und in bes. schweren Fällen das Anathem. Die E. tritt entweder durch Urteilsspruch oder auf Grund des Strafgesetzes oder Strafbefehls ein. E. schließt von den Sakramenten, den Sakramentalien, kirchl.

Ämtern und Ehrendiensten aus. Bestimmte Vergehen ziehen die E. nach sich. Auch in den luth. Kirchen gab es die E. verschiedener Grade; in der ref. Kirchenzucht erhielt sich der Gedanke der E.
LIT. E. Eichmann, Acht und Bann im Reichsrecht des Mittelalters (1909); K. Mörsdorf, Handbuch theolog. Grundbegriffe I (1962) 375–380; HWDRG I (1968) 1032ff.

Exlibris (lat., aus den Büchern). Bücherzeichen; ein kleines gedrucktes Blatt, das gewöhnlich auf die Innenseite des Buchdeckels geklebt wird, um den Besitzer des Buches zu bezeichnen. Meist ausgeschmückt, urspr. fast ausschließlich mit Wappen, dann mit Monogramm oder mit symbol. oder allegor. Darstellungen, die den Besitzer charakterisieren sollen, oder in bes. Beziehung zu ihm stehen.
Das E. kam gegen Ende des 15. Jh. in Dtl. auf (Holzschnitt, dann Kupferstich) und nahm am allg. Aufschwung der graph. Künste zur Dürer-Zeit teil. Dürer schuf E. für Pirckheimer und andere Nürnberger Patrizier. Im Zeitalter des Barock war das E. über alle europ. Länder verbreitet, erlebte eine Blüte im 18. Jh., einen Tiefstand im 19. und eine künstler. Wiederbelebung bes. in Dtl. und England nach 1900. **Super-E.:** ein außen auf den Deckel als Wappen, Namen oder Monogramm geprägtes E.
Bedeutende Exlibris-Sammlungen: German. Museum Nürnberg, Berliner Kunstbibliothek, Bayerische Staatsbibliothek München, Österreich. Nationalbibliothek, Gutenberg-Museum Mainz, British Museum London. – Für bibliotheksgeschichtl. und geistesgeschichtl. Forschungen ist die Exlibris-Kunde von nicht geringem Wert.
LIT. E. W. von der Westen, E. (^{3}1925).

Exorzismus (griech., hinausbeschwören). Hinausbeschwörung (Beseitigung) böser Geister, Dämonen, widergöttl. Mächte. E. gehört zu den Grundformen religiösen Weltverhältnisses, spielt eine große Rolle im chines. Taoismus, im Schamanismus, im alttestamentl. Judentum, wo der E. mit dem Aufkommen einer ausgebildeten Dämonologie, vor allem an Besessenen, weit verbreitet ist. Christus hat nach dem NT den E. vollzogen, den Befehl an den Teufel gerichtet, Menschen und Gegenstände zu verlassen bzw. zu meiden, und Vollmacht und Auftrag hierzu gegeben (Matth. 10, 1; Mark. 3, 10). E. wurde zunächst an Besessenen vorgenommen, seit dem 3. Jh. auch für die Taufbewerber eingeführt, noch heute bei der Kindertaufe erhalten. E. auch über Gegenstände, die geweiht sind und in gottesdienstl. Gebrauch gestellt werden: Taufwasser, hl. Öle. E. hat nichts mit Magie zu tun, sondern ist, nach einem bestimmten Ritual, ein feierl. Gebet zu Gott im Namen und Auftrag Jesu, Unheilsmächte abzuwenden, zu vertreiben.

Exorzist. Kleriker, der zur Vornahme des Exorzismus bestellt ist, im 3. Jh., wohl im Zusammenhang mit dem Taufexorzismus, zu einem Amt verfestigt, das sich bald wieder auflöste. Von der lat. Kirche im MA im Schema der vier Niederen Weihen als Durchgangsstufe zur Priesterweihe ohne echte Aufgabe wiederbelebt.
LIT. RGG 2, 832f.; LThK 3, 1314f.; J. Pascher, Die Liturgie der Sakramente (1951).

Explicit.
[1] Einleitungswort der Schlußformel von Handschriften und Büchern, oft ebenso wie das Incipit durch andere Schrift gekennzeichnet.
[2] Bei der Beschreibung einer Handschrift Zitat des Schlußsatzes des Einzeltextes der Handschrift. Explicit und Incipit dienen der Bestimmung der Textgrenzen.

Exsurge Domine. Bulle Papst Leos X. (15. 6. 1520) mit der ersten amtl. Stellungnahme zur Gesamtlehre Martin Luthers. Die Bulle ist das Ergebnis des kirchl. Prozesses gegen Luther, der im Frühjahr 1518 begonnen hatte. Der Kern der Bulle ist eine Liste von 41 Artikeln mit Irrtümern Luthers.

Extra ecclesiam nulla salus (lat., außerhalb der Kirche ist kein Heil). Theolog. Grundsatz, der die kath. Kirche als die alleinseligmachende hinstellt. Die Formulierung bei Origenes vollendet, grundlegendes Axiom bei Cyprian, wiederholt von Augustinus benutzt, im MA in der Bulle Unam Sanctam Papst Bonifaz' VIII. ausgesprochen, wird das Prinzip in der NZ (Bellarmin, Suarez) gemildert. Durch Erklärung des Hl. Offiziums vom 8. 8. 1949 in einem Brief an Erzbischof Cushing von Boston (abgedr.: American Ecclesiastical Review 77, 1952, 307–311) erneut eingeschärft.
LIT. LThK 3, 1320f.; H. Denzinger-A. Schönmetzler (Hrsg.), Enchiridion Symbolorum (^{33}1965) 770f. (Nr. 3866

bis 3873); J. Neuner-H. Roos-K. Rahner, Der Glaube der Kirche in den Urkunden der Lehrverkündigung (1961) 255f. (dt. Übersetzung der wichtigsten Stellen).

Exulant (von lat. exul, verbannt). Verbannter. Mit E. bez. man vor allem die wegen ihres Bekenntnisses vertriebenen Protestanten aus den habsburg. Ländern im 17. und 18. Jh. Die böhmischen E., nach der Schlacht am Weißen Berge vertriebene böhm. Protestanten, wandern hauptsächl. nach Kursachsen aus. Die Salzburger E., aus dem Erzstift Salzburg im Anfang des 18. Jh. ausgewiesen, wandern zum großen Teil nach Ostpreußen aus. Die Ausweisung war in vielen Fällen auf das ius reformandi der Landesfürsten gegründet (→Cuius regio, eius religio).
LIT. F. Martin, Salzburgs Fürsten in der Barockzeit (^{2}1966); H. Widmann, Geschichte Salzburgs Bd. III (1914); G. Florey, Bischöfe, Ketzer, Emigranten. Der Protestantismus im Lande Salzburg von seinen Anfängen bis zur Gegenwart (1967); G. Schwarz-Oberhumer, Die Auswanderung der Gasteiner Protestanten unter Erzbischof Leopold Firmian. In: Mitteilungen d. Gesellschaft für Salzburger Landeskunde 94; W. Menger, Die Salzburger Emigration nach Ostpreußen 1731/32. Ebda.

Ex voto (lat.). Auf Weihegeschenken und Votivtafeln übliche Formel. Sie besagt, daß es sich dabei um eine Stiftung auf Grund eines Gelübdes handelt.

Exzellenz (von lat. excellentia, Herrlichkeit). Ehrender Titel, nicht scharf geschieden von Eminenz. E. im MA zuerst bei den langobard. Königen, dann bei den fränk. Königen, Kaisern, souveränen Fürsten, Päpsten und Bischöfen verwendet. 1593 dem franz. Gesandten in Rom zuerkannt, 1648 allg. den Gesandten, seit der Mitte des 17. Jh. in Frankreich mit höchsten Militär- und Zivilämtern verbunden. E. verschwindet im 17. Jh. als fürstl. Titel. In Dtl. gebührte der Titel E. bis 1918 dem Reichskanzler und den Staatssekretären des Reiches, in Preußen den Ministern und Oberpräsidenten während der Amtsdauer, ferner den Offizieren vom Generalleutnant aufwärts.

Fabianismus. Bez. für die Lehren und die polit. Haltung der im Jahre 1883 in London gegründeten Fabian Society, u.a. durch S. Webb (1859–1947), B. Webb (1858–1943) und G. B. Shaw (1856–1950). Der F. stellte eine Mittelstandsaktion gegen den radikalen marxist. Sozialismus im Sinne einer schrittweisen Umbildung von Wirtschaft und Gesellschaft dar. Die Bez. F. leitet sich her von dem röm. Diktator Quintus Fabius Maximus Cunctator (217/16 v. Chr.).

LIT. E. Reichel, Der Sozialismus der Fabier (1947); A. M. McBriar, Fabian Socialism and English Politics, 1884–1918 (Cambr. 1962); H. Frei, Fabianismus und Bernstein'scher Revisionismus 1884–1890 (1979).

Fabrik (lat. fabrica, Bearbeitung).

[1] In der Numismatik werden die äußeren Eigenschaften einer Münzklasse als F. bez.; dadurch wird eine Unterscheidung der Prägungen nach Ort und Zeit ermöglicht.

[2] Bau, Baukunst: der Kirchenbau sowie die zu seiner Instandhaltung bestehende Kasse: Kirchenfabrik (fabrica ecclesiae).

[3] Seit dem Zeitalter des Merkantilismus ein zunftfreier Gewerbebetrieb, die »Werkstätte« (verwiesen sei in diesem Zusammenhang auf die spätröm. bzw. byzantin. Großwerkstätten für die Herstellung von Waffen sowie Hausbedarf, die fabricae).

[4] Ein industrieller Betrieb, in dem Rohstoffe zu Halb- oder Fertigfabrikaten verarbeitet werden; die ältere Bez. Manufaktur ist nahezu verschwunden. Typisch für den Fabrikbetrieb sind: eine größere Zahl von Arbeitern, weitgehende Arbeitsteilung, die Verwendung von Maschinen und Motoren, eine verhältnismäßig hohe Kapitalinvestierung und die Erzeugung einer großen Zahl einheitl. Produkte (Massenproduktion) für den meistenteils anonymen Markt.

LIT. W. Ruppert, Die Fabrik. Geschichte von Arbeit und Industrialisierung in Dtl. (1983).

Fabrikbau. Bis zu Beginn des 19. Jh. sachl. und schlicht, wurde er dann in historisierenden oder gesucht modernen Formen monumentalisiert. Im Verlauf des 20. Jh. setzte sich ein techn. Stil endgültig durch mit Formen, die aus den eigenen Anforderungen erwuchsen.

LIT. H. Mayer-Leibnitz, Industriebau. 2 Bde. (1932–33); W. Henn, Bauten der Industrie. 2 Bde. (Neuausg. 1957).

Fahne. Sie gehört zu den wichtigsten Symbolen der Völker; ihren Ursprung nahm sie vom Wahrzeichen der über Krieg und Frieden entscheidenden Gottheit. Diese kultische Herkunft zeigte deutlich das (für die abendländische Kirchen- und Prozessions-F. vorbildliche) Labarum Konstantins d. Gr. (reg. 306–337), da diese Reichsfahne das Christusmonogramm anstelle des röm. Adlers in sich aufnahm. Die Signa des röm. Heeres (Feldzeichen, beginnend mit verschiedenen Tiergestalten, später insbes. der eherne Legionsadler) fanden im quadrat., an einer Querstange getragenen Vexillum (Tuch, Segel) die Entwicklung zur eigentlichen F.; sie wirkte nach in der segelgroßen ma. Städtefahne bis hin zu den Standarten des 18. Jh. Die nachantiken F. zeigten, zuerst von den östl. Völkern aufgebracht, verschiedenartige Tierembleme (Zoolatrie: Löwe, Stier, Eber, Falke, Drache, Schlange u.a.). Die seit dem 6. Jh. verehrte Reiterstandarte der byzantin. Reiterei, das Bandon, ist german. Ursprungs; es setzte sich im hochma. Banner (seit dem 12. Jh.) fort; dessen unmittelbarer Vorläufer (seit dem 8. Jh.) war das Gonfalon (Kampf- und Turnierfahne). Seit dem 14. Jh. erschien neben dem Banner das dreieckige Fähnlein (frz. pennon); es war das Feldzeichen kleinerer Truppenteile; hierauf geht der neuzeitl. Ausdruck F. zurück.

LIT. HWDRG I, 1037f.; A. von Domaszewski, Die F. im röm. Heere (1885); C. Erdmann, Kaiser-Fahne und Blut-Fahne (1932); H. Kühlmann, Geschichte der bayer. F. und Standarten 1100–1919. 5 Bde. und 960 Taf. (seit 1959); R. Redlin, Pro Gloria et Patria, die Feldzeichen der preuß. Armee (Rüti/Zürich, seit 1967).

Fahneneid. Urspr. der stets auf die F. oder die Standarte, bei der Artillerie auf das Geschütz abgelegte Diensteid; heute die Bez. für den Treueid des Soldaten auf die Verfassung, das Volk, die Armee etc.

LIT. J. Bruckauf, Fahnenlehn und Fahnenbelehnung (1907); F. Everling, Vom Fahneneid (1916); E. Friesenhahn, Der polit. Eid (1928); R. Höhn, Verfassungskampf und Heereseid (1938); O. Neubecker, Fahnen und Flaggen

(1939); H. Mitteis, Lehnsrecht und Staatsgewalt (Neudr. 1958).

Fahnenflucht (Desertion). Die unter schwerer Strafe stehende unerlaubte, dauernde Entfernung von der Truppe.

Fahnengasse. Der Hauptweg des Zeltlagers, der mit den Fahnen der Fähnlein ausgesteckt war.

Fahnenjunker. Während des 16. und 17. Jh. Edelleute, die im Alter von 14–16 Jahren standen und sich der militär. Laufbahn widmeten; als eine bes. Auszeichnung galt für sie das Tragen der Fahne. Im dt. Heer bis 1919 bzw. in der dt. Wehrmacht seit 1934 hießen die Offiziersanwärter F.; bis 1899 waren sie als Avantageure bez. worden.

Fahnenlehen. Im Dt. Reich des MA ein unmittelbar vom König verliehenes Lehen, das mit der herzogl. Amtsgewalt verbunden war. Die Belehnung erfolgte mit einer Fahne als Sinnbild des Heerbanns, ebenfalls der Gerichtsbarkeit, in den meisten Fällen jedoch mit mehreren Fahnen, um dadurch das Recht der Weiterverleihung von einzelnen Rechten zum Ausdruck zu bringen.

Fahnenwagen (ital. carroccio). Z. Z. des HochMA ein Wagen, der das Zentrum der oberital. Städteheere bildete; aus dem Wagen ragte ein Mast mit den Fahnen der Städte empor. Der Verlust des Wagens kam einer vollständigen Niederlage gleich; seine Übergabe, so durch Mailand i. J. 1162 an Kaiser Friedrich Barbarossa (reg. 1152–90), war der Ausdruck bedingungsloser Unterwerfung.

Fähnlein. Die niedrigste Einheit von durchschnittlich 300–600 Mann Fußvolk oder 250 Reitern in den Söldnerheeren Deutschlands und der Schweiz während des 16. und 17. Jh.; 10 F. bildeten in der Regel ein Regiment. Während des 17. Jh. wurde der Name F. durch Kompagnie ersetzt.

Fähnrich (früher auch Venner). Der Fahnen- oder Bannerträger. Während des MA häufig auch der Führer einer Bannerschaft; in einer Reihe von Armeen ein Dienstgrad. In Dtl. waren F. die nach einer bes. Prüfung hierzu ernannten Fahnenjunker; sie waren die Anwärter auf den Offiziersgrad.

Fahrende Leute, Fahrendes Volk, Fahrende. Im MA und in der NZ heimatlos umherziehende Spielleute, Vaganten, Zauberer, Totenwahrsager, Dirnen, Bettler, Landsknechte, die entlassen worden waren, entlaufene Mönche und Nonnen. Ihre rechtl., kirchl. und soziale Geltung war bis zum Ausgang des MA gering. Leib und Leben der Fahrenden wurden durch Sachsen- und Schwabenspiegel, desgl. die ältesten Stadtrechte, nur geringfügig geschützt, da sie außerhalb der gesellschaftl. Ordnung standen. Obwohl ihnen im Reformationszeitalter und im Zusammenhang mit der erstarkenden Landesverwaltung schwer zugesetzt wurde, hielten sie sich weiterhin; allerdings verschwand der Name F. L. seit dem ausgehenden 15. Jh. Die F. L. seit dem 17. Jh. waren Bänkelsänger, Alchimisten, Geisterbeschwörer, Hausierer, Quacksalber, Komödianten etc.

LIT. H. Blümner, Fahrendes Volk im At. (1918); Th. Hampe, F. L. in der dt. Vergangenheit ([3]1924); J. Bolte, F. L. in der Lit. des 15. und 16. Jh. (1928); H. Arnold, Vaganten, Komödianten, Briganten (1958); E. Schlee, Werbezettel der Schausteller. In: Philobiblon, 11 (1967); W. Hartung, Die Spielleute. Eine Randgruppe in der Gesellschaft des MA (1982); A. Kopeczny, Fahrende und Vagabunden (1980); H. Reif, Vagierende Unterschichten (1981); C. Küther, Menschen auf der Straße (1983).

Fahrnis (Fahrnishabe). Seit germanischer Zeit Bez. für »fahrende Habe«, »bewegliche Sachen« (Mobilien: franz. meubles): Vieh, Gerätschaften, Waffen, desgl. das Holzhaus. Im Gegensatz zum unbewegl. (immobilen) Vermögen konnte die F. schon früh vererbt oder anderweitig veräußert werden; doch war den Hausgenossen ein Einspruchsrecht (Warterecht) vorbehalten. Die Möglichkeit der **Fahrnisklage** bestand, wenn die F. verlorengegangen war.

Faktion (lat., franz.). Partei; im bes. Sinne die leidenschaftl. kämpfende und werbende Partei, so im Röm. Reich seit der Kaiserzeit die vor allem in Rom und Konstantinopel bezeugten Zirkusparteien, die sich in Weiße und Rote bzw. Grüne und Blaue gliederten. In Konstantinopel verfügten sie unter ihrem Leiter, dem Demarch, über eine feste Organisation. Verschiedentl. gelangten sie zu bedeutendem polit. Einfluß, so im Nika-Aufstand (532 n. Chr.).

Faktor.

[1] Eine um 1500 aufgekommene Bez. für die seit dem HochMA bis ins 19. Jh. von den Kaufleuten an bedeutenden Messeplätzen bestellten und ständig

dort in Kontoren oder Höfen wohnenden Stellvertreter (auch Institores, Lieger, Diener, Gesinde).
[2] Als F. bez. man auch denjenigen, der im Verlagssystem des Textilgewerbes die Vermittlung des Verkehrs zw. dem Fabrikanten und dem Heimarbeiter auf dem Lande vermittelte.

Faktorei (engl. factory). Eine größere Handelsniederlassung europ. Kaufleute in Übersee; sie wurde von einem Faktor verwaltet. Bereits im 13. bis 15. Jh. besaßen die Hanseaten ähnl. Niederlassungen in den Ländern des Ost- und Nordseeraumes, obwohl der Ausdruck F. erst im Verlauf des 16. Jh. in Gebrauch kam. Vor allem die mit Privilegien ausgestatteten Handelskompagnien in Afrika, Asien und Amerika gründeten Faktoreien. Bis 1842 wurde in China der Austausch von Waren zw. den Händlern Europas und den Chinesen allein durch die großen in Kanton ansässigen F. getätigt; bis 1858 vermittelte den Warenaustausch mit Japan die niederländische F. (seit 1609). Außer den Kontoren der Hanse bzw. der Hanseaten in den Ländern der Ost- und Nordsee können die Stationen der hellenist. Staaten und Roms in Vorderindien als Vorläufer der F. bez. werden.

Fakultät (lat. facultas, Fähigkeit, Vermögen).
[1] Die Vereinigung von Universitätslehrern (seit dem 13. Jh.) unter dem Vorsitz eines Dekans. Urspr. gab es drei F.: die theologische, die juristische und die medizinische, zu denen später die philosophische oder Artisten-F. als weitere, gleichberechtigte hinzutrat.
[2] Im kath. Kirchenrecht die Ermächtigung, Befugnisse auszuüben, welche von einem höheren Oberen an einen Untergebenen erteilt werden und die kraft des Amtes oder Reservation dem höheren Oberen allein zustehen.

Falarika (lat., wahrscheinlich nach Phalaris, dem Tyrannen von Akragas, reg. 570–554 v. Chr., benannt). Von einer Wurfmaschine geschleudertes Brandgeschoß (seit dem 3. Jh. v. Chr.); es wurde bis ins MA verwendet.

Falke, Falkaune, ebenfalls **Falkhahn, Falkonette** (frz. faucon, fauconette). Bez. für eine leichte Wurfmaschine. Insbes. während des 16. Jh. wurde ein leichtes, von einem Pferd gezogenes Feldgeschütz F. genannt.

Fall. Begriff der Rechtsgeschichte; bez. die dem Leib- oder Grundherrn nach dem Tod eines Leibeigenen oder Hörigen zufallende Abgabe (Todfall).

Fallbrücke (lat. sambuca). Belagerungsmaschine der Römer. Mit Hilfe der F. suchten die Belagerer die feindl. Gräben zu überwinden und die Mauern zu ersteigen.

Fallgatter, Fallgitter. Ein Gatter, das aus unten zugespitzten und mit Eisen beschlagenen Balken bestand; es diente zur Sperrung des Eingangs eines Stadt- oder Burgtores.

Fälschung (lat. falsum). Bei verschiedenen strafbaren Handlungen das Tatbestandsmerkmal, die bes. Form der Täuschung durch Erzeugung eines unechten Produkts oder durch Nachahmung einer echten Sache; darüber hinaus auch die Verfälschung, die mißbräuchl. Änderung einer bestehenden Sache. Zu den Hauptfällen strafbarer F. gehören die Münzfälschung und die Urkundenfälschung. Im MA kam die F. von Urkunden häufig vor. Sie erfolgte in der Absicht, sich hierdurch Rechte oder Besitzungen zu verschaffen. Häufig dienten die F. auch nur dazu, für verlorengegangene Dokumente oder nicht beurkundete Rechtsakte einen Ersatz zu schaffen; wiederholt wurde die Schrift nachgeahmt und der Text umgearbeitet; nicht selten heftete man ein gefälschtes Siegel an die Urkunde.
Z. Z. des frühen Christentums wurde eine Vielzahl von Schriften den Aposteln zugeschrieben; man verfolgte damit die Absicht, die Schriften zu legitimieren oder zu empfehlen. Nach den damaligen Anschauungen jedoch kann man dieses Verfahren der Pseudepigraphie schwerlich als F. bez. Man hat auch (teilweise aus theolog. oder histor. Interesse) Schriften erfunden, z. B. die Pilatusakten. Die bedeutenden, unter kirchenpolit. Gesichtspunkten vorgenommenen F. beginnen im frühen MA; hierher gehören die symmachischen F. für die Unabhängigkeit des röm. Bischofs im frühen 6. Jh.; im großen Stil wurden sie wieder aufgenommen in der Konstantinischen Schenkung (8. Jh.) und den pseudoisidor. Dekretalen (9. Jh.).
Als Fälscher von Geschichtsquellen haben sich einen Namen gemacht: der Abt Trithemius (1462–1516), der Erfinder der Chronisten Meginfried und Hunibald; Johann Letzner, der zu Beginn des 17. Jh. u. a. die Annalen des Klosters Corvey edierte, die jedoch von ihm selbst verfaßt worden waren; der öster-

reich. Zisterzienser Chrysostomus Hanthaler, der während des 18. Jh. vier Chronisten der babenbergischen Zeit erfand; der Mainzer Professor F. J. Bodmann mit seinen ›Rheingauischen Altertümern‹. Die Fälschung von Hitler-Tagebüchern aus der jüngsten Vergangenheit sind ein Beispiel dafür, wie dilettantisch-unkritisch »Zeitgeschichte« betrieben werden kann. Auf die zahlreichen F. von Kunstwerken, die mit der aufkommenden Wertschätzung der Künstlerpersönlichkeit seit der Renaissance einsetzten, sei lediglich hingewiesen.

LIT. H. Lüpke, Historische F. als Werkzeug der Politik (1939); K. Wehlte, Werkstoffe und Techniken der Malerei (^{3}1977); H. Fuhrmann, Einfluß und Verbreitung der pseudo-isidorischen Fälschungen. 3 Bde. (1972–74); TRE VIII, 196–202.

Familia (lat., Bez. für den Kreis der Mitglieder einer Familie, einschließl. Gesinde und Familienhabe; zu famulus, Diener, im Haus geborener Sklave, mlat. Knappe, Ministeriale). Diese Grundinstitution der röm. Gesellschaft umfaßte nach altröm. Vorstellung den Hausvater (pater familias), dessen Gattin (mater familias), weiter die Söhne, deren Frauen, die unverheirateten Töchter sowie die Familiaren, d. h. abhängige Freie, insbes. Freigelassene, und Sklaven. Die väterl. Gewalt (patria potestas), ein Abbild der Staatsgewalt, war außerordentlich. Sie erstreckte sich auf sämtl. Familienmitglieder und deren Besitz, d. h., daß sie eine Fülle von Möglichkeiten umfaßte: die Bestrafung (Koerzition), die Veräußerung (Emanzipation), resp. die Scheidung und die alleinige wirtschaftl. und jurist. Geschäftsfähigkeit einschließl. der priesterl. Funktion des Familienkultverbandes (Laren, Manen, Penaten, Genien).
Eine Änderung der väterl. Gewalt bahnte sich an, als hellenist. Gedankengut in Rom vordrang; nunmehr lockerten sich die hergebrachten Formen; es kam zu einer Humanisierung des Verhältnisses von Hausvater und F.; insbes. gewann die Frau eine stärkere Unabhängigkeit und Verfügung über ihr Vermögen; gleichzeitig geht die Gewalt über Leben und Tod auf den Staat über. Vor allem sind es zwei Gründe, die die Erweiterung der F. zur Großfamilie bewirken: einmal das Fortbestehen der Bindungen des Oberhauptes über dessen Tod hinaus, sodann die zunehmende Bedeutung der Haussöhne; im Gegensatz zu Gesinde und Sklavenschaft.
Weitere Formen des Zusammengehörens, denen das Attribut F. zukommt, hat es im weiteren Verlauf der Geschichte immer wieder gegeben. So hieß das Personal einer Gladiatorenschule »familia gladiatora«, einer Renngesellschaft »familia quadrigaria«; die Bez. F. kam auch den abhängigen Gemeinschaften des MA zu: Genoßsamen, dem Hofstaat eines Fürsten, weiter den Geistlichen und Laien im persönl. Dienst eines Papstes (familia pontificia) sowie den Angehörigen eines Klosters (bis in die Gegenwart). Die polit.-weltanschaul. Eingriffe während der letzten Jahrzehnte haben das innere Gefüge der Familie nicht so erschüttert, wie häufig befürchtet wurde.

LIT. HWDRG I, 1066–71; F. Müller-Lyer, Die Entwicklungsstufen der Menschheit. Bd. 4: Die Familie (^{2}1921); R. Thurnwald, Die menschliche Gesellschaft. Bd. 2: Werden, Wandel und Entfaltung von F., Verwandtschaft und Bünden im Lichte der Völkerforschung (1932); C. C. Zimmermann, Family and Civilization (1947); H. Begemann, Von der patriarchalischen zur partnerschaftlichen Familie (Diss. Münster 1959); W. Conze (Hrsg.), Sozialgeschichte der Familie in der Neuzeit Europas (1976); P. Borscheid, H. J. Teuteberg, Ehe, Liebe, Tod. Zum Wandel der Familie, der Geschlechts- und Generationsbeziehungen in der Neuzeit (Studien zur Gesch. des Alltags, 1; 1983); M. Segalen, Die Familie (dt. 1990).

Familiengeschichte, Familienchronik, Familienbuch, Familienstammbuch. Verzeichnis der für eine Familie bedeutsamen Ereignisse, so von Geburten, Eheschließungen, Familienjubiläen, Todesfällen etc. Wurden für derartige Verzeichnisse früher Blätter der Hausbibel benutzt, so wird seit einer Reihe von Jahren der Brauch, familiengeschichtliche Ereignisse aufzuzeichnen, durch die Überreichung eines Familienbuches bei der Eheschließung offiziell gefördert.

LIT. R. Thurnwald, Die menschl. Gesellschaft. Bd. 2: Werden, Wandel und Entfaltung von Familie, Verwandtschaft und Bünden im Lichte der Völkerforschung (1932); J. Höffner, Ehe und Familie (1959).

Famulus, Famulant (lat., Diener).

Während des MA ein bevorzugter Unfreier; er leistete dem König oder einem Grundherrn persönl. Dienste, jedoch auch Waffendienste. Zur Ritterzeit wurde der F. Knappe genannt. Später Bez. für Schüler, Gehilfe.

Fanal (griech.-franz.). Eine Stange, die senkrecht aufgestellt wurde und an ihrem oberen Ende eine Tonne trug, die mit Brennstoff gefüllt war; doch wurde die Stange auch durch Umwickeln mit Werg sowie Eintauchen in flüssiges Pech und Teer brennbar gemacht. Zündete man das F. an, dann entstanden eine starke Dampfwolke und eine Flamme; sie galten als Signal für einen verabredeten Zweck.

Fanarioten, Phanarioten (zu spätgriech. phanarion, Leuchtturm). Urspr. die (meist griech.) Bewohner des Stadtviertels Phanar in Konstantinopel; viele von ihnen entstammten edlen Familien des byzantin. Reiches. Sie waren in türk. Dienste getreten (seit der Mitte des 16. Jh.) und hatten seit der Mitte des 17. Jh. hohe Ämter im Hof- und Verwaltungsdienst inne, z. B. als Dragomanen. Seit 1821 beteiligten sich die F. an der griech. Revolution. Auf Grund des griech.-türk. Austauschvertrags von 1923 zogen die meisten F. von Konstantinopel weg.
LIT. H. Held, Die Phanarioten (1920); J. Gottwald, in: Leipziger Vierteljahresschrift für Südosteuropa, 5 (1941).

Fanatiker, Fanatismus (von lat. fanari, umherrasen). Urspr. ein von Gott besessener Priester. Seit dem 17. Jh. wurde der Ausdruck für die Vertreter extremer Sekten eingeführt zur Bez. der Unduldsamkeit und blinden Leidenschaft, mit der sie eine Sache vertreten. Der F. tritt epochenweise als Massenbewegung auf, so in der Tanzwut des MA, den Hexenprozessen oder den modernen polit. Massenpsychosen.
LIT. E. Murisier, Les maladies du sentiment religieux ([2]1903); H. Lasswell, Psychopathology and Politics (Chicago 1930); Ph. Lersch, Der Aufbau der Person ([10]1966); V. Klemperer, Die unbewältigte Sprache (1966).

Farbbücher, Buntbücher. Amtl. Dokumentensammlungen, die zur Rechtfertigung der (auswärtigen) Politik und der Diplomatie ohne Veröffentlichungspflicht zu gegebenen Anlässen erscheinen. Der Name F. leitet sich her von den Farben der Umschläge, die, traditionsgemäß, von den einzelnen Staaten verwendet werden: Weißbücher: Deutschland, Portugal; Rotbücher: Österreich, Spanien, z.T. auch die USA; Gelbbücher: Frankreich, China; Grünbücher: Italien, Mexiko; Graubücher: Dänemark, Japan; Blaubücher: Großbritannien; Blauweißbücher: Finnland; Braunbücher: ehem. DDR.
England veröffentlichte die ersten F. 1624; hier bez. man auch sämtl. Parlamentsdrucksachen als Blue Books; sie werden White Books genannt, wenn sie, ohne das Bestehen eines sachl. Unterschieds, einen weißen Umschlag haben. Die F., urspr. nur an das Parlament gerichtet, wenden sich seit 1831 in zunehmendem Maße an die Öffentlichkeit.
LIT. J. Sass, Die dt. Weißbücher zur auswärtigen Politik 1870–1914 (1928; mit Übersichten über andere F.).

Farbige (coloured people). Während in Europa alle Nicht-Weißen, d.h. auch Chinesen, Malaien etc. als F. bez. werden, sind es in Amerika die Neger, doch auch die Indianer sowie die europid-negriden Mischlinge der verschiedenen Grade (Mestizen, Mulatten etc.).

Faschismus (von ital. fascio, Mz. fasci; Bündel; →Liktoren). Unter dem Eindruck des Versagens der alten monarchisch-konservativen Staatsformen, ebenfalls der noch kaum stabilisierten bürgerlich-liberalen Parlaments- und Parteidemokratien gegenüber den Problemen der modernen Staaten und Gesellschaft, entwickelten um die Jahrhundertwende vor allem die Soziologen Georges Sorel (1847–1922) in den ›Réflexions sur la Violence‹ (1906) und Alfredo Pareto (1848–1923) in dem ›Trattato di Sociologia Generale‹ (1916) Herrschafts- und Elitetheorien. In Anknüpfung an die Philosophie F. Nietzsches (1844–1900) bzw. der von der Umgebung Nietzsches verfälschten Version vom ›Willen zur Macht‹ wurden diese Theorien entwickelt. Sie übten früh einen tiefen Einfluß auf das polit. Denken des revolutionären Sozialisten Benito Mussolini (1883–1945) aus, der sie in einer polit. Bewegung verwirklichte.
1922–43 bestimmte der F. die Form des ital. Staates. Nachdem 1921 die faschist. Miliz (»Schwarzhemden«) gegründet worden war, wurde die Staatsgewalt durch den Marsch von 40000 Schwarzhemden auf Rom am 28. 10. 1922 handstreichartig übernommen. 1925 wurde der F. zur Einheitspartei Italiens;

ihr Symbol war das Liktorenbündel, ihr Gruß der antike Gladiatorengruß. Ihr Wirtschaftsprogramm sahen die Faschisten in der Gründung berufsständiger Korporationen; das grundlegende Gesetz wurde am 3. 4. 1936 verabschiedet.
Trotz der Bemühungen seines Philosophen Giovanni Gentile (1875–1944) war der F. nicht die Schöpfung einer Staatsphilosophie. Das Werk Mussolinis imponierte vielmehr durch seinen glanzvollen äußeren Aufbau. Dadurch wurde der F. zum Vorbild ähnl. autokrat. und totalitärer Strömungen in anderen Ländern, insbes. in Dtl. (→Nationalsozialismus). Seit 1936 gingen Hitler und Mussolini polit. zusammen (»Achse«). Nach Mussolinis Sturz am 25. 7. 1943 fand der F., nachdem er als Neo-Faschismus im Schatten der dt. Macht in den von den dt. Truppen besetzten Gebieten weiterexistiert hatte, beim militär. Zusammenbruch Deutschlands ein blutiges Ende.
Im polemischen Sinne wurde der Begriff F. früh auf alle Bestrebungen ausgedehnt, die seit den Erschütterungen des Ersten Weltkriegs auf eine Ablösung der parlamentar. Demokratien durch »nationale Diktaturen« sowie den autoritär geführten Einparteienstaat abzielten. Diese Verallgemeinerung zum Gattungsbegriff (in der kommunistischen – »antifaschistischen« – Propaganda bis zur negativen Kennzeichnung aller nicht-kommunistischen Staats- und Gesellschaftsformen übersteigert) ist angesichts der weitgehenden Verschiedenheiten nationaldiktaturstaatl. Verwirklichungsversuche wissenschaftl. nicht zu rechtfertigen, wiewohl äußere Ähnlichkeiten und wechselseitige Einflüsse auf vergleichbare Bedingungen und Bestrebungen in anderen Ländern hinweisen: Spanien unter Primo de Rivera und Franco, Portugal unter Salazar, Argentinien unter Perón, Ungarn unter Horthy, Polen unter Pilsudski, Österreich unter Dollfuß und Schuschnigg etc. Man hat an dem speziellen Inhalt des F. als einer historisch-politischen Erscheinungsform des Nationalismus Italiens festzuhalten.
LIT R. Michels, Sozialismus und F. (1925); H. Heller, Europa und der F. (1931); E. Nolte, Der F. in seiner Epoche (1963); ders., Die faschist. Bewegungen (1966); W. Laqueur und G. L. Mosse (Hrsg.), Internationaler F. (1966); G. Quazza, Fascismo e antifascismo nell'Italia (1976); K.-J. Siegfried, Klerikalfaschismus (1979); M. Estermann-Juckler, Faschistische Staatsbaukunst (1982); Der ital. F., Probleme und Forschungstendenzen. Kolloquium des Instituts für Zeitgeschichte (1983); M. Luks, Entstehung der kommunist. Faschismustheorie. Die Auseinandersetzung der Komintern mit F. und Nationalsozialismus 1921–1935 (1985); B. Bromberger, H. Mausbach, K.-D. Thomann, Medizin, F. und Widerstand (1985); Eva Gottschaldt, Antifaschismus und Widerstand. Der Kampf gegen den dt. F. (1985).

Fasten. Bez. für den in zahlreichen Religionen geübten Brauch einer zeitl. beschränkten Enthaltung von der Nahrungsaufnahme. Auf der Stufe der Naturreligionen basiert das F. auf der Auffassung, daß von der Nahrung bestimmte, u. U. schädigende Wirkungen ausgehen. Das F. dient im Judentum zur Buße (Versöhnungstag) oder Trauer (Tag der Tempelzerstörung). Gefordert wird das F. von alttestamentl. Propheten, im späteren Buddhismus, im Manichäismus, im Islam, im Christentum etc. Die strengen Fastenverordnungen der kath. Kirche wurden im Laufe der Zeit sehr gemildert oder ganz aufgehoben.
LIT. R. Arbesmann, Das F. bei den Griechen und Römern (1929); J. Schümmer, Die altchristl. Fastenpraxis (1933); TRE XI, 48–59.

Fasti (von lat. fas, Recht; dies fasti, Spruch- oder Gerichtstage).
[1] Bez. für bestimmte Tage im antiken Rom, an denen bürgerl. und staatl. Geschäfte erlaubt (dies fasti) oder unerlaubt waren (dies nefasti).
[2] Im wissenschaftl. Sprachgebrauch allg. Beamtenverzeichnisse röm. Beamten, die Jahreslisten der Magistrate.
LIT. O. Seeck, Die Kalendertafel der Pontifices (1885); G. Wissowa, Religion und Kultus der Römer (^{2}1912); J. Beloch, Röm. Gesch. (1926); R. Werner, Der Beginn der Röm. Republik (1963).

Fatalismus (lat. fatalis, vom Geschick bestimmt). Der Glaube an ein unabänderl. Schicksal. Dem F. liegt die Überzeugung zugrunde, daß an den Lebensfügungen weder die Menschen noch ein Gott etwas zu ändern vermögen. Demnach liegt allem Geschehen die Gewalt eines unentrinnbaren Schicksals zugrunde. Der F. des Islam hingegen beruht auf dem Glauben an die Allmacht Allahs und die völlige Ergebung in dessen Willen; das menschl. Schicksal ist nämlich durch Allah von Ewigkeit her vorbestimmt.

LIT. W. Engel, Die Schicksalsidee im Altertum (1926); H. Naumann, German. Schicksalsglaube (1934); H. Runggren, Studies in Islamic Fatalism (Uppsala 1952).

Faustrecht. Die Inanspruchnahme der Selbstverteidigung und Selbsthilfe durch den in seinen Rechten Bedrohten oder Verletzten für den Fall, daß der Staat keinen ausreichenden Schutz zu gewähren vermag. Blutrache und Fehde zählen zum F.; sie beherrschten während der histor. Frühzeit, als das Staatswesen noch mangelhaft ausgebildet war, beispielsweise in den nordgerman. Ländern, doch auch in Zeiten staatl. Verfalls, so im SpätMA und im 16. Jh., das Rechtsleben.

Febronianismus. Eine nach ihrem Urheber, Justinus Febronius, Deckname des Trierer Weihbischofs Johannes Nikolaus von Hontheim (1701–90), benannte Reformbewegung innerhalb der kath. Kirche. Die Bewegung ging zurück auf die 1763 durch Hontheim unter dem Pseudonym J. Febronius veröffentlichte Schrift ›De statu ecclesiae et legitima potestate Romani Pontificis‹. Ihr Ziel war es, den Einfluß der Kurie in Dtl. mit Hilfe des Staates zugunsten einer Nationalkirche zurückzudrängen. Ihren Höhepunkt erreichte die Bewegung, die dem Gallikanismus und Episkopalismus verwandt war und von den geistl. Kurfürsten von Mainz, Trier und Köln getragen wurde, in der Emser Punktation (1786). Doch vermochte es der F. nicht, sich gegen den Widerstand des übrigen Episkopats durchzusetzen, da dieser die päpstl. der Metropolitan-Jurisdiktion vorzog (→Pseudo-Isidorien des 9. Jh.). Außerdem stieß er entweder auf Gleichgültigkeit oder Ablehnung seitens des Kaisers sowie der weltl. Fürsten. Der F. verschwand mit der Säkularisation (1803) und der Auflösung des Reiches (1806).

LIT. M. Höhler (Hrsg.), Des kurtrier. Geistl. Rats H. A. Arnoldi Tagbuch über die in Ems gehaltene Zusammenkunft (1915; hier Text der Emser Punktation); H. Becher, Der dt. Primas (1943); L. Just, Hontheim. In: AmrhKg 4 (1952); H. Raab, Die Concordata Nationis Germanicae i.d. Kanonist. Diskussion des 17. bis 19. Jh. (1958); ders., G. Chr. Neller und Febronius. In: AmrhKg 11 (1959); ders., Der reichskirchl. Episkopalismus. In: HKG V (1970) 477–508; ders., J. N. von Hontheim. In: Rhein. Lebensbilder V (1973).

Februarrevolution.

[1] Die Staatsumwälzung in Frankreich am 24. 2. 1848, durch die Louis-Philippe (reg. 1830 bis 1848) gestürzt und die 2. Republik errichtet wurde. Während des Zeitalters der Restauration (1815–48) hatte die durch die Französische Revolution hervorgerufene Umgestaltung der Rechts- und Gesellschaftsordnung nicht rückgängig gemacht werden können. Frankreich wurde daher während dieses Zeitabschnitts durch Revolutionen erschüttert; es blieb der Herd der bürgerl. Revolutionen Europas im 19. Jh.

Ludwigs XVIII. Herrschaft (1815–24) war das erste Beispiel einer konstitutionellen Monarchie auf dem europ. Festland; sie suchte eine Verbindung der monarch. Tradition mit dem Erbe der Revolution. Die stärkste polit. Kraft stellte nunmehr das Bürgertum dar. Dennoch kam es zu einer Konfrontation der restaurativen und der revolutionären Kräfte in Frankreich, insbes. als der Herzog von Berry am 14. 2. 1820 durch den Fanatiker Louvel erstochen wurde. An dieser innenpolit. Entwicklung vermochten auch die außenpolit. Erfolge Frankreichs nichts zu ändern, die im Beitritt zur Hl. Allianz gipfelten. Die Thronbesteigung von Ludwigs XVIII. Bruder, Karl X. (reg. 1824–30), hatte eine Verschärfung der Reaktion zur Folge. Dies führte zu einer Verhärtung der Opposition des bürgerl. Liberalismus. Im August 1829 versuchte die Regierung des Ultraroyalisten Polignac (1780–1847) vergeblich, das linke Rheinufer und Belgien zu gewinnen und dadurch auf die Außenpolitik abzulenken; die zu dem gleichen Zwecke eingeleitete Eroberung Algiers führte ebenfalls zu keiner Entspannung auf innenpolit. Gebiet. Als Neuwahlen der Opposition Erfolge brachten, glaubte Karl X. zum Mittel des Staatsstreichs greifen zu müssen: Am 27. 7. 1830 beseitigte er die Pressefreiheit, änderte das Wahlrecht und löste die neugewählte Kammer auf; daraufhin brach am 17. 7. 1830 die **Julirevolution** aus; am 2. 8. 1830 dankte Karl X. ab.

Die **Julirevolution** führte zur Vorherrschaft des Bürgertums in der Form einer konstitutionell-parlamentar. Monarchie. Von histor. Bedeutung wurde sie vor allem dadurch, daß sie der liberalen und nationalen Entwicklung in beinahe allen europ. Ländern bedeutenden Auftrieb gab. In Frankreich selbst fügte der siegreiche Liberalismus der Verfassung den Grundsatz der Volkssouveränität ein. Neuer König der Franzosen wurde der Herzog von Orléans als Louis-Philippe. Die Trikolore der Revolution von 1789 ersetzte wieder das weiße Lilienbanner der Bourbonen.
Louis-Philippe suchte die Juli-Monarchie von der revolutionären Demokratie zu lösen und ein persönl. Regiment zu errichten. Bei seinen Bemühungen stützte er sich auf das Bürgertum. Seine Politik wurde jedoch von Rechts- und Links-Parteien bekämpft: den bourbon. Legitimisten, den Bonapartisten sowie den Republikanern. Der König scheiterte schließlich an der Frage der Wahlreform, der Hauptforderung der radikalen Opposition, vor allem auch der Kleinbürger und Arbeiter. Sie signalisierte die Gefahr einer sozialen Revolution, welche sich am 24. 2. 1848 in der Februarrevolution sowie in der Flucht und Abdankung des Bürgerkönigs verwirklichte.
[2] Die **russ. Revolution** vom März 1917 (alten Stils Februar). Seit der Revolution von 1905 sowie der Niederlage im Russisch-Japanischen Krieg von 1905 wandte sich die russ. Außenpolitik verstärkt dem Westen zu. Dies fand seinen Ausdruck in der panslawistischen Agitation gegen Österreich, der verstärkten Bindung an Frankreich sowie schließl. dem Ausgleich mit England bezügl. der Streitfragen in Asien (1907). Während sich Rußland in der bosnischen Krise (1908/09) noch zurückhielt, da es noch nicht genügend gerüstet war, verschärfte es die Spannungen während der Balkankriege (1912/13) in Serbien, worauf es dann zum Ausbruch des Ersten Weltkriegs kam. Die verlustreichen Schlachten im Ersten Weltkrieg führten im 3. Kriegsjahr auf Grund der katastrophalen Lage in Rußland zu Kriegsmüdigkeit und im Zusammenhang damit zu einer revolutionsreifen Lage. Zar Nikolaus II. (reg. 1894–1917) wurde am 15. 3. 1917 zur Abdankung gezwungen, nachdem durch bürgerlich-liberale Kräfte eine Revolution ausgerufen worden war.

LIT. Zu [1] D. H. Pinkney, The French Revolution of 1830 (Princeton N. J. 1972); J. Dautry, Histoire de la Révolution de 1848 en France (1948).
Zu [2]: H. Kohn, Pan-Slavism (1953, ²1960); H. Seton-Watson, Der Verfall des Zarenreiches (1954); L. Kulczycki, Geschichte der russ. Revolution. 3 Bde. (1910–14); P. Miljukow, Rußlands Zusammenbruch. 2 Bde. (1925/26); H. Kohn, Das moderne Rußland (1961); R. P. Dimitriera, Bibliographie der russ. Geschichtsschreibung: 1679–1959 (dt. 1962); R. Stökl, Russische Geschichte von den Anfängen bis zur Gegenwart (²1965), P. Sethe, Russische Geschichte (1965); L. Schapiro, 1917: The Russian Revolutions and the Origins of Present-Day Communism (London 1985).

Federhannsen. Während des SpätMA Leute, die im Waffenhandwerk unterrichteten; es handelte sich bei ihnen meist um erprobte Soldaten. Durch die F. wurden förmliche Lehrbriefe ausgestellt.

Fehde (mhd. vêde, Feindschaft). Bez. für Feindschaft (inimicitia), Rache, Streit zw. zwei Freien oder deren Sippen in german. Zeit sowie im MA. Wenn die öffentl. Gerichtsgewalt versagte wie in vorkaroling. Zeit oder während des Interregnums (1254–73), war jedermann zur Durchsetzung seines wirklichen oder vermeintlichen Rechts auf die eigenmächtige Selbsthilfe, das Faustrecht, angewiesen. Die F., zunächst außerrechtl., wurde später durch die Rechtsordnung anerkannt. Von der gewöhnl. Blutrache unterschied sich die F. dadurch, daß sie die gebotenen, wenn auch häufig mißachteten ritterl. Formen beobachtete. Vor Beginn der Feindseligkeiten war die F. dem Gegner durch Fehdebrief anzukündigen. Durch das Werfen des Fehdehandschuhs forderte der Ritter seinen Gegner zum Zweikampf.
Sowohl die Kirche als auch der Staat haben die F. einzudämmen versucht, z. B. durch den Gottesfrieden (treuga dei) und Landfrieden, durch die Forderung nach vorheriger Erschöpfung des Rechtswegs, der Ankündigung (Fehdebrief), des Sühnezwangs (Urfehde) etc. Dennoch waren F. des Landadels, F. zw. Stadt und Adel und Bauernfehden

bis in die beginnende NZ hinein üblich, obwohl sie im Ewigen Landfrieden (1495) für das Gebiet des Reiches verboten wurden. Erst der Rechtsschutz und die Vollstreckungsgewalt der modernen Staaten vermochten es, die F. endgültig zu überwinden. Seit dem SpätMA wurde jede Form des Kleinkriegs zwischen den Ständen als F. bezeichnet.
LIT. HWDRG I, 1083–93; H. Conrad, Geschichte der dt. Wehrverfassung I (1939); Cl. von Schwerin-H. Thieme, Grundzüge der dt. Rechtsgeschichte ([4]1950); J. Gernhuber, Die Landfriedensbewegung in Deutschland bis zum Mainzer Reichslandfrieden von 1235 (1952); O. Brunner, Land und Herrschaft ([4]1959); E. Schmidt, Einführung in die Geschichte der dt. Strafrechtspflege ([3]1965); H. Angermeier, Königtum und Landfriede im dt. SpätMA (1966).

Feld.
[1] Landwirtschaft: das (begrenzte) dem Ackerbau dienende Kulturland.
[2] Bergbau: zur bergmännischen Nutzung bestimmtes unterirdisches Gebiet, das durch Verleihung zugesprochen wurde bzw. wird.
[3] In der Heraldik der Platz für ein Wappenbild.

Feldbinde. Ein von militär. Führern um Schulter, Arm oder Leib getragenes Kleidungsstück. Die F. war bereits bei den Griechen und Römern bekannt; sie wurde nach dem Dreißigjährigen Krieg das Abzeichen der Offiziere, und zwar zunächst als Schärpe aus Silber oder einem Goldgespinst mit Schleife und Quasten; dann war sie ein einfacher Leibgurt, mit einer Schleife aus gleichfarbigem Metall versehen. Seit dem Ersten Weltkrieg wurden F. nur noch bei festl. Anlässen, z.B. Paraden, getragen.

Felderwirtschaft. Eine Form der Bodenbebauung mit einer Einteilung der Flur in Schläge (Felder), die streng voneinander getrennt waren. Hier ist zu unterscheiden zw. verschiedenen Systemen der Fruchtfolge:
a) Felderwirtschaften, bei denen der Getreidebau überwog; hierbei ist am bekanntesten die Dreifelderwirtschaft, nach der die in drei Schläge bzw. ein Mehrfaches hiervon geteilte Flur im Wechsel von Winterfrucht, Sommerfrucht und Brache bewirtschaftet wird. Bereits seit german. Zeit ist die Dreifelderwirtschaft bekannt; eine Intensivierung erfährt sie im Anschluß an die Völkerwanderung; bis ins 19. Jh. bleibt sie dominierend;
b) Fruchtfelderwirtschaften; hierbei tritt der Getreideanbau zugunsten von anderen, insbes. Hackfrüchten, zurück;
c) Wechselwirtschaften, d.h. der Wechsel zw. mehrjähriger Futternutzung und Ackerkulturen. Typisch für die Art der Bewirtschaftung ist die Egartenwirtschaft in Süddeutschland sowie die Feldgras- und Koppelwirtschaft in Norddeutschland; hierbei wecheln Weide (Dreesch) bzw. Weide und Acker einander ab;
d) freie Wirtschaft; hierunter ist eine Bewirtschaftung ohne eine planmäßig geregelte Fruchtfolge zu verstehen. Sie wird gewöhnlich dort praktiziert, wo günstige Standortbedingungen eine intensive Bodennutzung erlauben.
Neben den genannten gibt es noch andere Bewirtschaftungsformen, so die Brandwirtschaft: durch Roden und Abbrennen wird für eine gewisse Zeit Nutzland gewonnen (Brandkultur).
LIT. Th. von der Goltz, Geschichte der dt. Landwirtschaft (1902f.); G. von Below, Geschichte der dt. Landwirtschaft des MA (hrsg. von F. Lütge, 1937); G. Franz, Bücherkunde zur Geschichte des dt. Bauerntums (1937); Th. Brinkmann, Das Fruchtfolgebild des dt. Akkerbaus (1950).

Feldgemeinschaft. Im Gegensatz zum freien Landbesitz die verschiedenen Formen des Rechts am Boden, soweit dieses Recht nicht individuell und nicht staatl. ist. Hierzu gehören: a) Gemeineigentum, das gemeinsam genutzt wird; b) Gemeineigentum, das einzelnen in periodischer Auf- und Umteilung zur Nutzung überlassen wird; c) Flurzwang. Das Gemeineigentum wurde während des 19. Jh. als die Ursprungsform des Eigentums an Grund und Boden bezeichnet. Auf Grund der Forschung wissen wir heute, daß die Formen der F., soweit nachweisbar, geschichtl. Bildungen sind; sie entstanden, nachdem sich die Staatlichkeit entwickelt hatte. Als Beispiele hierfür seien genannt: der russ. Mir, die südslaw. Zadruga und die Gewannflur german. Zeit. Die sowjet. Kolchose mit ihren verschiedenartigen Übergangsformen kann als eine moderne Form der F. bez. werden, ebenfalls die LPG in der ehem. DDR.
LIT. W. D. Preyer, Feldgemeinschaft in

Rußland. In: HWSt 3 ([4]1926); R. Kötzschke, Agrarverfassung II. In: Hwb. für das Grenz- und Auslandsdeutschtum I (1933; mit Lit); F. Lütge, Geschichte der dt. Agrarverfassung ([2]1967).

Feldgericht. Ein Rügegericht in Feldsachen, das bei Grenzstreitigkeiten, Frevel etc. angerufen wurde.

Feldgeschrei.
[1] Im Felde der Erkennungsruf der Truppen.
[2] In der Heraldik die auf einem Bande um die Helmzier aufgezeichnete Losung.

Feldgeschworener, Feldscheider. Der für Grenzstreite zuständige Schiedsmann.

Feldhauptmann. Bez. für einen Truppen- oder Heerführer vor allem des 16. und 17. Jh. Die Bez. rührt her von den Landsknechten.

Feldjäger. Urspr. die aus Berufsjägern gebildete Truppe der alten österreich. Armee. Sie waren hier, in Feldjägerbataillonen zusammengefaßt, eine Elite-Truppe der Infanterie. In Preußen wurden F. seit der Zeit Friedrichs d. Gr. (reg. 1740–86) als militär. und diplomat. Kuriere verwendet; sie bildeten das Reitende Feldjägerkorps; 1919 wurde es aufgelöst. In der dt. Bundeswehr sind die F. eine Waffengattung zur Aufrechterhaltung von Ordnung und Disziplin, Verkehrsregelung und -überwachung (vor allem bei Marschbewegungen von Truppen).

Feldmarschall. In den meisten Armeen die höchste, nur selten verliehene, milit. Rangstufe; sie geht aus dem Marschallamte hervor; während des 18. Jh. überflügelte sie die Generalsränge.

Feldmarschalleutnant. In der Armee der Donaumonarchie bis 1918 ein Generalleutnant.

Feldpost. Bez. für denjenigen Teil der Post, der in Kriegszeiten für die Postverbindung zwischen den Streitkräften und der Heimat sowie den Streitkräften untereinander zuständig ist.
Unter Maximilian I. (reg. 1493–1519) erfolgte 1496 die Einrichtung der ersten nachweisbaren F. Die erste Dienstinstruktion für F. erschien in Preußen 1715 während der Regierungszeit des ›Soldatenkönigs‹ Friedrich Wilhelm I. (reg. 1711–40). Z. Zt. des Siebenjährigen Krieges (1756–63) existierten sowohl F.-Ämter als auch F.-Expeditionen. Während des Dt.-Französ. Krieges (1870/71) gab es 88 F.-Anstalten mit 960 Beamten. Die Zahl der im 1. Weltkrieg (1914–18) bei der F. eingesetzten Kräfte belief sich auf 8000 Beamte und militär. Hilfspersonal. Während des 2. Weltkriegs (1939–45) bildete die F. einen Teil der dt. Wehrmacht. Sie gliederte sich in drei Instanzen: 1. den Heeresfeldpostmeister (er war dem Generalquartiermeister des Heeres zugeteilt); 2. jeweils einen Armeefeldpostmeister bei jedem Armeeoberkommando (ihm waren sämtliche F.-Dienststellen des Armeebereichs unterstellt); 3. jeweils ein F.-Amt für die einzelnen Armeeoberkommandos, Korps und Divisionen. Außerdem gab es für jeden Armeebereich eine Armeebriefstelle, ferner eine F.-Leitstelle sowie F.-Ämter zur bes. Verwendung. Marine und Luftwaffe waren Sonderbestimmungen unterworfen. Aus Gründen der Geheimhaltung des Standorts der einzelnen Truppenteile wurde bei Sendungen an Wehrmachtsangehörige neben dem Namen und dem Dienstgrad eine F.-Nummer verwendet. Im Verlauf des 2. Weltkriegs beförderte die F., deren Apparat etwa 30000 Beamte und ebensoviele zivile Hilfskräfte umfaßte, rd. 30,6 Mrd. Sendungen.
LIT. Schracke, Geschichte der dt. F. im Kriege 1914–18 (1921); H. Stephan, Geschichte der Preuß. Post (1928); K. Sautter, Geschichte der Dt. Reichspost 1871–1945 (1951).

Feldprediger, Feldkaplan (in der kath. Kirche). Geistlicher für die Militärseelsorge, der dem kath. oder prot. Feldpropst bzw. Feldvikar oder Feldsuperior unterstand.
LIT. J. Freisen, Das Militärkirchenrecht (1913).

Feldwebel, Feldweibel (weibeln, schaffen). Der höhere bzw. 1. Unteroffizier einer Kompanie seit der Zeit der Landsknechte.

Feldwebelleutnant. Von 1877–1918 in der dt. Armee ein an verdiente Unteroffiziere verliehener Dienstgrad, insbes. während des Ersten Weltkriegs.

Feldzeichen. Kennzeichen, die militär. Formationen im Felde vorangetragen wurden: Adler, Standarte etc. Die Römer hatten als Legionsfeldzeichen (signum) einen plastischen, silbernen Adler, auf dem Donnerkeil sitzend. In spätröm. Zeit traten Kaiserbilder und Kränze, schließl. nur noch das Kaiserbild (imago) an die Stelle des Adlers.

Seit dem 16. Jh. wurde das F. auf die als Kennzeichen der Parteizugehörigkeit im Felde aufkommenden Schärpen und Armbinden übertragen.

Feldzeugmeister. In den Landsknechtsheeren der Kommandant der Artillerie; im österreich.-ungar. Heer der zweithöchste Generalsrang; im ehem. dt. Heer seit Ende des 19. Jh. der an der Spitze der Feldzeugmeisterei (für die Beschaffung und Verwaltung von Kriegsgerät zuständig) stehende General.

Felonie (von mlat. fello, eidbrüchig). Verräterischer Treubruch. Im Lehnsrecht der vorsätzl. Bruch des Treueverhältnisses zw. Lehnsherrn und Vasall. F. galt als eines der schwersten Verbrechen. Sie konnte seitens des Vasallen in der Verweigerung seiner Pflichten dem Lehnsherrn gegenüber bestehen, z.B. der Heerfahrt, des Bündnisses mit den Feinden des Lehnsherrn, dem böswilligen Verkauf des Lehens etc. Für den Herrn war das Verbrechen der F. gegeben, wenn er z.B. ein Lehen ohne Grund einzog oder dessen Herausgabe verweigerte. Für den Vasallen bedeutete F. Lehns-Verlust. So wurde Heinrich der Löwe 1180 nach Lehnsrecht verurteilt; infolgedessen verlor er die Herzogtümer Sachsen und Bayern.

LIT. J. Goebel, Felony and Misdemeanor (1937).

Fememorde. Die nach 1919, vor allem aber im Jahre 1923 von rechtsradikalen Vereinigungen in Dtl. verübten polit. Morde. Den F. fielen nicht allein führende Politiker der Mittel- und Linksparteien zum Opfer (u.a. W. Rathenau und M. Erzberger), sondern auch und vor allem zahlreiche Mitglieder aus den eigenen Reihen, soweit sie sich des Verrats verdächtig gemacht hatten (→Republikschutzgesetz). Durch die F. kamen etwa 300 Menschen um.

LIT. Fr. Grimm, Grundsätzliches zu den Femeprozessen (1928); ders., in: Handwörterbuch der Rechtswissenschaft (Erg.-Bd. 1931); E. J. Gumbel, Vier Jahre polit. Morde (1922); ders., Verräter verfallen der Feme (1929); ders., Vom F. zur Reichskanzlei (1962); H. Habedank, Der Feind steht rechts (Ost-Berlin 1965); H. Hannover und E. Hannover-Drück, Polit. Justiz 1918–33 (1966).

Femgerichte (Fehme, Vehme, Freigerichte, heimliche Gerichte, Stuhlgerichte). Im MA in Dtl., insbes. in Westfalen bestehende Gerichte, die vom Kaiser mit dem Blutbann beliehen waren und in seinem Namen Verbrechen aburteilten, die die Todesstrafe nach sich zogen. Die Herkunft des Wortes Fem ist umstritten. Es wird sowohl von dem lat. Wort fama (Gerücht) als auch von dem altdt. Wort feme oder feime, das Gericht bedeutet, abgeleitet. Die Bez. Freigerichte bezieht sich darauf, daß jeder Freigeborene zur Teilnahme an denselben berechtigt war, doch auch auf gewisse Freiheiten, die die Feme für sich in Anspruch nahm, während die Bez. heimliches Gericht, Stuhl- oder Stillgericht, heimliche Acht darauf hindeuten, daß die Verhandlungen der Feme meist nicht öffentlich waren. Der Name »verbotene Gerichte« schließlich besagt, daß Nichteingeweihten der Zutritt zu den heimlichen Tagungen bei Todesstrafe verboten war. Was über das heimliche und unheimliche Wesen der F. in Sage und Dichtung berichtet wird, sind häufig Übertreibungen. Untersuchungen über die F. haben ergeben, daß diese nie von der Folter Gebrauch machten, sondern daß es sich hierbei um ehrwürdige altgerman. Rechtsinstitutionen handelte, deren Sitzungen nur zum Teil geheim und die Orte, an denen sie tagten, allgemein bekannt waren.

Das Femgericht stammt aus der karoling. Zeit. Nach älterem dt. Recht konnte allein der Kaiser den Blutbann, d.h. das Recht, Gericht über Leben und Tod zu halten, verleihen. Während nun in den übrigen dt. Territorien dieses Recht im Laufe der Zeit auf die Landesherren überging, erhielt sich der alte Grundsatz in Westfalen. Die halb anarchischen Zustände des MA waren der Ausdehnung der Gerichtsbarkeit der westfäl. Freigerichte weit über die Grenzen Westfalens hinaus besonders förderlich. Der ›Freistuhl‹ oder ›freie Stuhl‹, die Stelle, an der das Gericht tagte, war gewöhnlich ein Hügel oder ein anderer, jedermann bekannter und zugänglicher Ort, dessen angesehenster sich in Dortmund befand. Stuhlherr wurde der Eigentümer des Freistuhls und Patronatsherr des Gerichts genannt. Inhaber der Stuhlherrschaft waren geistl. und weltl. Fürsten, häufig auch einzelne Stadtgemeinden. Unter ihnen standen mehrere Freigrafen, die aus der Mitte der Freischöffen vom Stuhlherren auf Lebenszeit gewählt werden mußten. Oberstuhlherr und Stellvertreter des Kaisers war der EB von Köln als Herzog von Westfalen. Die Aufnahme unter die Wissenden (Freischöffen) erfolgte vor einem Freistuhl auf roter Erde, eine Bezeichnung, die mit dem Blutbann zusammenhängt, unter feierl. Zeremonien. Auf der untersten Stufe unter den Wissenden standen die Freifronen oder Fernboten, die die Aufträge der Freigrafen zu vollziehen und namentlich die Aufrechterhaltung der Ordnung wahrzunehmen hatten.

Die innere Einrichtung und das Verfahren der F. waren im wesentl. die gleichen wie bei allen übrigen altdt. Gerichten. Die Freistühle und die Gerichtstage waren allg. bekannt, die Sitzungen, an denen jeder freie Mann teilnehmen konnte, fanden nur bei Tage statt. Das Verfahren war der alte dt. Anklageprozeß. Als Kläger durfte nur ein Freischöffe auftreten. Zunächst wurde untersucht, ob die Anklage eine Sache betreffe, die vor das F. gehöre. Hierzu gehörten alle mit dem Tode zu bestrafenden Verbrechen. In derartigen Fällen wurde dem Beklagten eine Vorladung zugeschickt, die ein Freigraf besiegelt hatte. Gewöhnlich wurde der Ladebrief dem Vorzuladenden nicht persönl. übergeben, sondern an seinem Haus oder einem diesem nahegelegenen Ort befestigt. Drei ausgehauene Späne wurden als Wahrzeichen der Feme gebraucht. – Für die Gerichtsverhandlung bestanden althergebrachte und streng beachtete Formalitäten. Erschien der Angeklagte und gestand seine Tat, dann wurde das Todesurteil gesprochen und sofort vollstreckt. Leugnete er sie, dann wurde ein Beweisverfahren eingeleitet. Wenn der Kläger nicht erschien, wurde der Angeklagte ohne weiteres freigesprochen. Für den Fall, daß der Angeklagte ausblieb, wurde er verfemt, d.h. die Oberacht ausgesprochen und dem Ankläger das gesprochene Urteil schriftlich ausgefertigt. Hierin war die Mahnung an alle Freischöffen erhalten, dem Kläger bei der Urteilsvollstreckung »gefällig« zu sein. Die gewöhnl. Art der Todesstrafe war der Strang.

Ursache für den Verfall des Femewesens war das Erstarken der Landeshoheit der Territorialherren. Es hatte die Einführung einer besseren Rechtspflege zur Folge. Die Justizanordnungen Kaiser Maximilians trugen ebenfalls zum Verfall des Femewesens bei. Daher waren die westfäl. Freigerichte bereits während des 16. Jh. auf Westfalen beschränkt. Dann wurden sie den Landesgerichten unterstellt und auf bloße Polizeifälle verwiesen. In dieser nur mehr unbedeutenden Form bestanden sie fort, bis der König von Westfalen, Jérôme Bonaparte (1807–13), sie endgültig beseitigte. Der letzte Freigraf starb 1835.

LIT. HWDRG I, 1099–1103; F. von Thudichum, Femgericht und Inquisition (1889); Th. Lindner, Die Veme ([2]1896); ders., Der angebl. Ursprung der Vemegerichte aus der Inquisition. Eine Antwort an Thudichum (1890); E. Schmidt, Einführung in die Geschichte der dt. Strafrechtspflege ([2]1951; [3]1965); A.K. Hömberg, Die Veme in ihrer zeitlichen und räumlichen Entwicklung. In: Der Raum Westfalen (1955); H. Conrad, Dt. Rechtsgeschichte 1 ([2]1962), 2 (1966).

Fenier (engl. Fenians von altir. fene, frei, oder fiann, Gefolgsmann). Eine antiengl. Geheimorganisation, die sich 1857 sowohl in Irland unter James Stephens und in New York unter John O'Mahony bildete; sie verfolgte die Absicht, die brit. Herrschaft in Irland zu beseitigen und Irland in eine Republik umzuwandeln. Die »Fenian Brotherhood« breitete sich schnell in den USA aus; sie unternahm Einfälle nach Kanada (1866) und einen Aufstandsversuch in Irland selbst (1867); außerdem Bombenanschläge auf den Londoner Tower und das brit. Parlamentsgebäude (1885). Der Bund verlor seit 1880 für Irland an unmittelbarer Bedeutung; als Vereinigung der Iren Nordamerikas blieb er jedoch bestehen. Später haben einige Führer der Sinn Fein wieder an die Ideen der F. angeknüpft.

LIT. J. O'Leary, Recollections of Fenians and Fenianism. 2 Bde. (London 1896); F. Devoy, Recollections of an Irish Rebel (London 1929); D. Macardle, The Irish Republic (London 1937); D. Ryan, The Phoenix Flame (London 1937).

Fernost (engl. Far East). Die am Rande des Pazifik gelegenen Länder Ostasiens, insbes. China und Japan.

Fernostkommission. Ein Ausschuß, vom Völkerbund ernannt, zur Untersuchung des japan. Angriffs auf China in der Mandschurei (Sept. 1931). Obwohl der Ausschuß die Unrechtmäßigkeit des japan. Angriffs feststellte, machte er den Vorschlag, die Mandschurei unter japan. Vormacht zu einem autonomen chin. Staat zu erklären. Die Untersuchungsergebnisse des Ausschusses veranlaßten Japan, aus dem Völkerbund auszutreten.

Fest, Festtag (lat. festum), auch **Festmahl.** Die aus dem Alltag herausgehobene »heilige« oder »mächtige« Zeit, der Höhepunkt des urwüchsigen religiösen Lebens. Die Festtage geben dem Jahr seinen Rhythmus. Die religiösen Festtage der kath. und prot., darüber hinaus der oriental. Christen, knüpfen teilweise an die alttestamentl.-jüdischen F. an, teilweise haben sie sich unabhängig von diesen wie auch unabhängig voneinander entwickelt. Zahlreiche F. haben eine geschichtl. Persönlichkeit oder Begebenheit zum Gegenstand, andere wiederum hängen mit den Jahreszeiten zusammen. Ziel der F. ist stets eine Huldigung an Gott sowie die religiöse Besinnung der Gläubigen.

LIT. M. Nickel, Die hl. Zeiten und F. nach ihrer Geschichte und Feier. 6 Bde. (1825–38); F. Strauß, Das ev. Kirchenjahr (1850); B. Sasowski, Das Buch von F. und Feier (1929); Th. Knoll-W. Stählin, Das Kirchenjahr (1934); O. Casel, Das christl. F.mysterium (1941); J. Pieper, Muße und Kult (1948); H. Muckermann, Feiertag und Feierabend (1951); J. A. Jungmann, Das kirchl. F. nach Idee und Grenze. In: Festgabe für F. X. Arnold (1958); H. Biehn (Hrsg.), F. und Feiern im alten Europa (1965); W. Haug, R. Warning (Hrsg.), Das F. (1989).

Festlandsdegen. Seit dem 18. Jh. vor allem in der Publizistik, doch auch in der Geschichtsschreibung verwendete Bez. für diejenige europ. Kontinentalmacht, die die brit. Interessen auf dem europ. Festland verteidigt.

Festung. Bez. für eine dauernde größere Befestigungsanlage, die einem Angriff länger währenden Widerstand zu leisten vermag. Die F. ist im Gegensatz zu den ma. Burgen eine großräumige Anlage; im Unterschied zu den befestigten Städten des At. stellt sie ein Verteidigungsobjekt dar, das insbes. unter militär. Voraussetzungen errichtet wurde; größtenteils kamen bzw. kommen ihr strateg. Aufgaben zu.

Die Zeit des Festungsbaues ist im eigentlichen Sinne auf den Abschnitt zwischen dem Absolutismus (S. Vauban, 1633–1707) und die Jahrzehnte zwischen den beiden Weltkriegen (1918–39) mit ihren ausgedehnten Befestigungsanlagen beschränkt; jedoch erfuhren die Auffassungen über den Festungswert vor allem nach dem Ersten Weltkrieg eine grundsätzl. Wandlung, die sich dahingehend auswirkten, daß man von der F. zur Festungsfront überging. Dies führte zur Errichtung weitausgreifender Festungszonen mit möglichster Eingliederung alter F., die man modernisierte (Maginot-Linie, Westwall, Atlantikwall).

Ein gänzlich neues Gesicht erhielt der Festungskrieg während des Zweiten Weltkriegs infolge der den Verteidigungswaffen überlegenen Angriffswaffen. Für eine erfolgreiche Verteidigung konnten Luft- und Seeherrschaft ausschlaggebend sein, meist jedoch nur vorübergehend (Narvik, Eben Emael, Pearl Harbor, Singapur, Sewastopol etc.). Infolge der Weiterentwicklung der Waffen (Raketen, Atombombe) ist ein definitives Urteil über den derzeitigen und künftigen Wert von F. nicht möglich.

LIT. S. de Vauban, Traité de l'attaque et la défense des places. 2 Bde. (1737–42; dt. 1748); H. von Müller, Geschichte des Festungskriegs seit Einführung der Feuerwaffen (^{2}1892); M. von Brunner, Die beständige Befestigung (^{6}1901); M. Schwarte, Kriegstechnik der Gegenwart (1927); Schroeter, Die F. (1940); OKH, Gen. der Pioniere und F.: Die Landesbefestigung (1943); T. Ehrhardt, Geschichte der Festung Königsberg/Pr. 1257–1945 (1960); A. Klose, Festung Neisse (1980).

Festungshaft. Freiheitsstrafe für polit. und militär. Vergehen seit dem 18. Jh.; F. ist nicht entehrend.

Festungsviereck. Die oberital. Festungen Österreichs, die 1848 und 1866 eine Rolle spielten: Mantua, Legnago, Verona und Peschiera; dgl. die befestigte Zone Ostbulgariens um Varna während der Balkankriege.

Fetialen (lat. fetiales). Altröm. Priesterkollegium, das sich aus 20 Sachverständigen für völkerrechtl. Angelegenheiten zusammensetzte. Ihm oblag es, über die mit dem Völkerrecht verbundenen sakralrechtl. Fragen zu entscheiden.

LIT. K. Latte, Röm. Religionsgeschichte (1960).

Fetisch (von portugies. feitiço, Machwerk, Amulett, Zauber, lat. facticius, künstlich gemacht). Gegenstände, die bei primitiven Völkern als Gottheit verehrt werden; sie sind beseelt und haben Macht über das Leben (Idole, Pfähle, Steine, Bäume etc., außerdem Waffen und Werkzeuge).

LIT. N. Söderblom, Das Werden des Gottesglaubens (^{2}1926); G. van der Leeuw, La religion dans son essence et ses manifestations (1948); M. Eliade, Traité d'histoire des religions (1949); Chr. Garnier und J. Fralon, Le fétichisme en Afrique noire (Paris 1951).

Feudalismus (von mlat. feodum, feudum, Lehen). Die Gesamtheit derjenigen polit., kirchl. und sozialen Verhältnisse, bei denen Pflichten und Leistungen auf einem persönl. Treueverhältnis zw. dem Obern (Feudalherrn) und dem Untergebenen (Vasall) beruhen, wobei dieser durch Belehnung mit Grund und Boden (beneficium) belohnt wird. Der F. nahm seinen Anfang mit der Organisierung des Heerwesens durch Karl d. Gr. (reg. 768–814) und breitete sich von da auf das polit. Gebiet (Lehnswesen, Lehnsstaat), die ma. Kirchenverfassung und die Grundbesitzverhältnisse aus. Zwischen 900 und 1100 kommt es zu einer weitgehenden Auflockerung Europas in feudale und allodiale Herrschaften. Der Aufstieg des Königtums im 12. Jh. führt dazu, daß die zentripetalen Tendenzen des Lehnswesens wieder hervortreten; die Oberlehnsherrlichkeit wird zu einem Feudalstaat mit hierarch. Lehnspyramide ausgeformt, zugleich aber auch oft direkte Abhängigkeit der Aftervasallen vom Herrscher durchgesetzt.

In Frankreich, wo das Lehnsrecht fast völlig durchgedrungen war, konnte man den Gesamtkomplex der adeligen Herrschaftsrechte als feudal bezeichnen. Im 17. Jh. erscheint das Hauptwort Féodalité; es bez. vorerst nur den Gesamtkomplex lehnsrechtl. Normen. Zur Bez. einer vom Staat abgehobenen Feudalgesellschaft wird Féodalité in den ersten Jahrzehnten des 18. Jh., und zwar aus der Opposition des Adels, der sich in seinen Rechten durch das absolute Königtum bedroht fühlt. In Frankreich hatte das absolute Königtum seit langem den Dritten Stand der königl. Städte zur Gesamtheit der unmittelbar den königl. Behörden unterstehenden Bürgern und Bauern weitergebildet. 1789 erklärte sich der Dritte Stand als die Nation der Freien und – vor dem Gesetz – Gleichen. Dementsprechend erscheinen die Feudalrechte als widerrechtl. Privilegien, Ergebnisse der Gewalt und der Eroberung.

Die Feudalität (die herrschaftl., jedoch auch die korporativen Sonderrechte) wurde von der Revolution von 1789 beseitigt. Eine entsprechende Entwicklung vollzog sich im übrigen Europa bzw. in Mitteleuropa vom Ausgang des 18. Jh. an bis etwa 1848. Der Begriff F. ist seitdem durch diesen Vorgang weitgehend bestimmt; er wird zum Gegenpart der bürgerl. Gesellschaft, und zwar im Sinne des 19. Jh. Seine weiteste Verbreitung erfuhr er durch den Marxismus. Bereits bei den Frühsozialisten ist F. nur eine der Arten der prinzipiell abgelehnten persönl. Abhängigkeit der Menschen, die als Gegensatz von Bourgeoisie und Proletariat in der bürgerl. Gesellschaft erscheint. Karl Marx (1818–83) erfaßte dieses Verhältnis als Kapitalismus, d.h. die Verfügung über das Kapital als das in der Industriegesellschaft maßgebende Produktionsmittel; ihm stellte er den F. entgegen, d.h. die Herrschaft über den Menschen und die Verfügung über den Grund und Boden (in einer Agrargesellschaft). Hier erscheint F. als eine notwendige Durchgangsstufe in einem weltgeschichtl. Ablauf; für jede durch Großgrundbesitz oder Pächtersysteme bestimmte Gesellschaft kann er daher gebraucht werden. Neben dem marxist. existiert auch ein bürgerl. Begriff F.; er leitet jede Grundherrschaft her aus Gewalt, Eroberung und Überlagerung.

LIT. H. Mitteis, Lehnsrecht und Staatsgewalt (1933; Neudr. 1958); O. Hintze, Wesen und Verbreitung des F. in Staat und Verfassung (1941), 74–109; M. Bloch, La société féodale. 2 Bde. (1949); A. Rüstow, Ortsbestimmung der Gegenwart, I (1950); H. Mitteis, Der Staat des Hohen MA (^{7}1962); M. Weber, Wirtschaft und Gesellschaft (^{4}1956); F. Oppenheimer, Abriß einer Sozial- und Wirtschaftsgeschichte Europas (System der Soziologie, IV/2), 1933, S. 454ff.; R. Coulborn (Hrsg.), Feudalism in History (Princeton 1956); O. Brunner, F. (1958); J. Q. C. Mackrell, The Attack on ›Feudalism‹ in the 18th-Century France (London 1973); Heide Wunder (Hrsg.), F. (1974).

Feuerarmbrust, Feuerrohrarmbrust. Eine insbes. im 16. Jh. benutzte Feuerwaffe; sie stellte eine Kombination zw.

Armbrust und Feuerrohr, einer langschäftigen Pistole, dar.

Feuerprobe. Eine bes. Form des Gottesurteils, das im Überschreiten eines glühenden Rostes, dem Anfassen und Tragen glühenden Eisens etc. bestand.

Feuertod. Vollzugsform der Todesstrafe durch Verbrennen bei lebendigem Leib; der F. war früher eine weit verbreitete Form der Bestrafung, im MA insbes. für Brandstifter, Zauberer, Hexen und Ketzer (J. Hus zu Konstanz, 1415). Die Aufklärung bzw. die durch sie ausgelöste Reform des Strafrechts schaffte den F. im Laufe des 18. Jh. ab.

Feuertopf. Eine mit Brennstoffen und Zündungen gefüllte Tonne; er wurde im At. und MA zum Entzünden von Feuern bei Belagerungen eingesetzt.

Feuerwaffen (Pulverwaffen). Gewehre und Geschütze aller Art, die seit der Verbreitung des Schießpulvers vom 14. Jh. an entwickelt wurden.

LIT. F. Temesváry, Pistolen. F. des Ungar. Nationalmuseums I (1988).

Feuerwerker. Spezialisten, die für die Kriegsfeuerwerkerei (Technik des Pulvers und der Pulverwaffen) seit Beginn des 15. Jh. auftraten; sie waren zunftmäßig gebunden. Während des 18. Jh. wurden die F. als Unteroffiziere den Artillerieeinheiten zugeteilt.

Feuillants. Ein politischer Klub, der in der ersten Phase der Französ. Revolution eine bedeutende Rolle spielte. Er wurde gegr. im Sommer 1790 von Mitgliedern des Breton. Klubs (Anhänger der Verfassung), die sich angesichts der Radikalisierung dieses Klubs von ihm abgewandt hatten. Der neue Klub, dessen Mitglieder liberal eingestellte Adelige waren (sie pflegten ihre Zusammenkünfte im ehemaligen Kloster der Feuillants in der Nähe der Tuilerien abzuhalten), unterstützte die konstitutionelle Monarchie. Führende Mitglieder des Klubs waren Marie Joseph Lafayette (1757–1834), Emanuel Joseph Sieyès (1748–1836), Barnave und die Brüder Lameth. Ihr Bestreben war es, eine weitere Radikalisierung der Revolution zu verhindern. Mit der Abschaffung der Monarchie und der Proklamation der Republik (22. 9. 1792) durch die Jakobiner wurden die F. beseitigt. Die Klubmitglieder klagte man an, die Sache der Revolution verraten zu haben.

LIT. M. Göhrung, Geschichte der Großen Revolution. 2 Bde. (1950/51); K. Griewank, Die Französische Revolution (^{2}1958); F. Furer, D. Richet, Die Französische Revolution (1958).

Fideikommiß (lat. fidei commissum, auf Treu und Glauben Anvertrautes). Unveräußerl. Sondervermögen, das ungeteilt in der Hand eines Familienmitglieds blieb; der Inhaber war in der Verfügung beschränkt. Beim F. handelte es sich meist um Grundbesitz. Die Vermögensform wurde seit dem 14. Jh., insbes. im 16./17 Jh. im Mannesstamm gepflegt. Majorat und Primogenitur waren am häufigsten. Das F. wurde im Bereich des franz. Rechts durch den Code Napoléon beseitigt. In Art. 155 der Weimarer Verfassung wurde die Auflösung des F. zur besseren Verteilung des Grundbesitzes bestimmt; die noch bestehenden F. löste das Reichsgesetz vom 6. 7. 1938 auf.

LIT. M. Wolff, in: Stengel-Fleischmann (^{2}1911); H. Meyer, Die Anfänge der Familienfideikommisse in Dtl. (Festschrift R. Sohm, 1914); ders., Eine süddt. Stammgutsstiftung (Festschr. J. W. Hedemann, 1938); H. Modersohn, Die Auflösung der F. in Preußen (1921); Th. Häbig, Dt. Latifundien (^{3}1947); F. Lütge, in: Hwb. der Sozialwiss. (1961).

Filiation (von lat. filius, Sohn).

[1] In der Genealogie bez. F. sowohl die Abstammung wie auch den Abstammungsnachweis einer Person von einer anderen.

[2] Juristisch die Bez. für die legitime Abstammung eines Kindes von seinen Eltern.

[3] In der Philologie das Abhängigkeitsverhältnis der Handschriften, das in Form von Stammtafeln (Stemmata) dargestellt wird.

Filibuster (engl., Freibeuter, vgl. →Flibustier). Taktik, durch stundenlanges Reden die Diskussion bzw. die Abstimmung über eine Gesetzesvorlage zu verhindern; sie wird vor allem im amerikan. Parlament von der Opposition angewandt.

Finanzausgleich. Sämtliche Maßnahmen, durch die die finanziellen Wechselbeziehungen der Gebietskörperschaften untereinander geregelt werden. In der BRD wird die Ausstattung von Bund, Ländern und Gemeinden mit Finanzmitteln durch den F. mit dem sich aus ihren Aufgaben ergebenden Bedarf an Geldmitteln abgestimmt. Gewöhnl. erfordert der F. bes. Maßnahmen, so die

Aufteilung von Steuerzuständigkeiten, bestimmte Beteiligungen am Steueraufkommen oder Dotationen und Matrikularbeiträge. Neben dem »vertikalen« F. zw. über- und untergeordneten Gebietskörperschaften spricht man von einem »horizontalen« F., früher auch als Lastenausgleich bez.; er erfolgt zw. gleichgeordneten, jedoch in verschiedenem Grade finanzstarken Gebietskörperschaften.

Finanzen (franz.-mlat., von lat. finis, Ende, mlat. Termin, urspr. Schulden, desgl. Wucher). Bez. für die Gesamtheit der Maßnahmen, welche auf die Gestaltung der Finanzwirtschaft, d. h. die Beschaffung, Verwaltung und Verwendung der von den öffentl. Gemeinwesen für die Bewältigung ihrer Aufgaben benötigten Mittel, gerichtet sind. Urspr. abschließende Schuldenzahlungen; seit dem Merkantilismus Staatseinnahmen, staatl. Geldbesitz sowie die staatl. Vermögensanlage.
LIT. W. Röpke, Finanzwissenschaft (1929); W. Gerloff, F. Neumark (Hrsg.), Hdb. der Finanzwissenschaft (^{2}1951 ff.).

Finanzministerium. Eine Oberbehörde zur einheitl. Leitung der Finanzen; sie ist aus der fürstl. Kammer hervorgegangen; seit dem 19. Jh. gehört das F. zu den sog. klass. Ministerien.

Finanzmonopol. Ein speziell zum Zwecke der Besteuerung geschaffenes staatl. Monopol.

Finanzperiode, Finanzjahr. Die Zeitdauer, für die der Staatshaushalt aufgestellt wird. Im 19. Jh. betrug die Dauer in einigen Ländern 2 oder 3 Jahre; unter dem Druck der Parlamente setzte sich das Finanzjahr durch, das inzwischen jedoch in zahlreichen Ländern wieder von einer längeren Finanzperiode abgelöst worden ist.

Finanzprokurator. In Österreich eine dem Finanzministerium unterstellte Behörde; sie ist für die rechtsanwaltl. Geschäfte des Bundesvermögens sowie für bestimmte andere Vermögenschaften zuständig – Fonds und Stiftungen –, vor allem aber zur Vertretung vor Gericht.

Finanzsteuer, Finanzzoll. Allg. Bez. für Abgaben, die allein aus finanzpolit. Gründen erhoben werden.

Finanzwache. Seit 1843 in der Donaumonarchie die Paß- und Zollbeamten, denen auch die Steuerüberwachung und Steuerfahndung oblag.

Fin de siècle (franz., Ende des Jh., Titel einer Komödie von H. Micard/F. de Jouvenot, Paris 1888). Bez. für eine gegen Ende des 19. Jh. charakterist., insbes. in Frankreich, aber auch in Dtl. bewußt gewordene Haltung des raffinierten Genusses und der müden Skepsis einer dekadenten Generation.

Fischerring (Anulus piscatoris). Der Amtsring des Papstes. Seit Clemens IV. (1265–68) wird er zum Siegeln der Breven verwendet. Er trägt das Bild von Petri Fischfang (netzauswerfender oder -einziehender Petrus). Der F. wird nach dem Ableben eines Papstes zerbrochen.

Fischgrätenmauerwerk (lat. opus spicatum). Das gemusterte röm. und ma. Backstein- und Bruchsteinmauerwerk.

Fiskal. In Dtl. während des 18. Jh. ein öffentl. Beamter; er hatte die Gerechtsame und Interessen des Fiskus wahrzunehmen.

Fiskalat. Das Amt des Fiskal, Staatskassenamt.

Fiskalinen. Am Hofe der fränk. Könige eine bevorrechtete Klasse von Leibeigenen.

Fiskalismus, Fiskalpolitik. Eine sich einseitig um hohe öffentl. Einnahmen bemühende Richtung der Finanzpolitik; gesamtwirtschaftl. Rücksichten werden hierbei vernachlässigt.

Fiskus (lat., Korb, den man zum Aufbewahren größerer Geldmengen verwendet). a) Seit Augustus (reg. 31 v. bis 14. n. Chr.) wurden die Privatkasse des röm. Kaisers sowie die kaiserl. Einkünfte als F. bez.; b) das röm. Fiskalgut fiel an die fränkischen Könige; unter ihnen wurde zw. Staats-, Kron- und Privatgut des Königs nicht unterschieden; c) während des SpätMA verliehen, schenkten oder verpfändeten die Könige zahlreiche Güter oder Rechte des F. an Kirchen, weltliche Adelige, Städte und ländliche Gemeinwesen; d) während der NZ wurde die Kasse eines Landesherrn, im Gegensatz zur Staatskasse (Aerar), als F. bez., seit dem Absolutismus die Staatskasse schlechthin.
LIT. J. Hatschek, Art. Fiskus. In: Stengel-Fleischmann I; E. Forsthoff, Lehrbuch des Verwaltungsrechts, 1 (^{9}1966).

Fixation (von mlat. fixare, festsetzen). Eine Steuerpauschale und deren Festsetzung, u. a. bei der preuß. Akzise im 18. Jh.

Flagellanten, Flegler (lat. flagellantes, flagellarii), **Geißler,** auch **Geißel-** oder **Kreuzbrüder** (cruciferi) genannt. Schwärmerische Laien aller Stände, welche die »Disciplina flagelli«, d.h. die Geißelung von den Klöstern auf die Straße trugen. In ihrem übertriebenen Bußeifer erschienen sie erstmals 1260 in Mittelitalien, bald darauf, insbes. im 14. und beginnenden 15. Jh., in fast sämtl. west- und mitteleurop. Ländern; vor allem während der Pestjahre 1348/49 durchzogen sie als Bruderschaften Stadt und Land; bei entblößtem Oberkörper geißelten sie sich morgens und abends unter Gebet, Psalmengesang und Bußliedern öffentlich. Von den Frauen wurde die Selbstgeißelung in streng verschlossenen Kirchen vollzogen. Die Flagellantenbewegung, aus der aufgewühlten Stimmung des SpätMA erwachsen, erreichte ihren Höhepunkt 1348/49; daraufhin artete sie mehr und mehr in abergläubische Verirrung, Vagabundieren, verschiedentl. auch in soziale Unruhen aus. Kirche und Klerus wurden in den Liedern der F. als pflichtvergessen angegriffen; daher wurden die F. 1349 von Papst Clemens VI. (1342–52) und 1417 durch das Konstanzer Konzil (1414–18) verboten. Den F. ähnlich waren die Vereinigungen, die in Italien und Spanien unter dem Einfluß bedeutender Bußprediger wie Nikolaus von Tolentino († 1305) und Vinzenz Ferrer († 1419) entstanden. Die F. verschwanden erst im Laufe des 15. Jh. Zur Zeit der Gegenreformation lebte die öffentl. Selbstgeißelung an den Kartagen wieder auf.

LIT. G. F. Collas, Geschichte der F. Bd. 1 (1913); L. Kern, Die F. In: Festschrift G. Schnürer (1930); F. Siebert, Der Mensch um 1300 (1931); A. Hübner, Die dt. Geißellieder (1931); E. Tomek, Kirchengesch. Österreichs, 1 (1935); N. Kohn, The Pursuit of the Millenium (London 1957).

Flagge (aus engl. flag, schlaff hängen). Ein Erkennungs- oder Feldzeichen zur See; vermutlich wurde es bereits von Wilhelm dem Eroberer (reg. 1066–87) auf der Fahrt nach England 1066 geführt. Die F. waren zunächst einfarbig (z.B. Schwarze F., Zeichen der Piraten; Gelbe F., Zeichen für Seuchengefahr; Rote F., Zeichen für Pulverladung; Weiße F., Zeichen für Verhandlungsbereitschaft, Waffenruhe). Erst nach den Befreiungskriegen der Niederlande erlangten mehrstreifige F. Bedeutung. Die niederländische F. fand als erste echte Nationalflagge Nachahmung; dementsprechend besaß im 17. Jh. in Verbindung mit der Völkerrechtslehre von der Freiheit der Meere (Hugo Grotius, 1583–1645) jedes seefahrende Gebiet oder Land eine eigene F. Für die meisten F. im 19. Jh. wurde die Trikolore der Französ. Revolution zum Vorbild.
Neben den Handelsflaggen führen zahlreiche Staaten eine bes. Kriegsflagge. Man unterscheidet u.a. die Bugsprietflagge oder Gösch (bei Kriegsschiffen), die Heckflagge (achtern, Hauptflagge eines Schiffes), die Toppflagge (eine im Schiffstopp geführte Nebenflagge).

LIT. R. Siegel, Die F. (1912); O. Neubecker, Fahnen und F. (1939); P. Wentzcke, Die dt. Farben. Ihre Entwicklung und Deutung sowie ihre Stellung in der dt. Geschichte (1955); W. Petersen und P. Kannik, Das farbige F.-Lexikon (1958); H. Horstmann, Die Rechtszeichen der europ. Schiffe im MA. In: Bremer Jb. (1965); C. J. Colombos, The International Law of the Sea (London [6]1967).

Flaggengruß. Ein internationaler Höflichkeitsbrauch bei der Begegnung von Schiffen durch langsames Niederholen und Hissen der Flagge.

Flaggenrecht. Rechtssätze über die Flagge vor allem über deren Gebrauch auf dem Meere; im engeren Sinne die Befugnis eines Seeschiffes, eine bestimmte Nationalflagge zu führen.

Flaggensignale. Nachrichtenübermittlung mit Hilfe von Signalflagge und Flaggenwimpeln.

Flaggoffiziere. Die höchste Rangklasse der Marineoffiziere: Konteradmiral, Vizeadmiral, Admiral, Generaladmiral, Großadmiral; sie sind zur Führung einer Flagge berechtigt.

Flaggschiff (Admiralsschiff). In einem Schiffsverband das Schiff des Kommandanten.

Flaggenzoll (Flaggenzuschlag). Eine Sonderabgabe, die in mehreren westeurop. Staaten bei der Wareneinfuhr auf fremden Schiffen erhoben wurde (vom 17.–19. Jh.). Der F. war eine Folge der Navigationsakte Englands.

Flamberg (franz.). Ein mannshohes Schlagschwert mit teilweise oder ganz »geflammter« Klinge, vor allem in der Form des Beidhänders (Griff für beide Hände). Der F. wurde insbes. zur Mauerverteidigung verwendet; er war seit dem 15. Jh. in Gebrauch, u.a. auch bei den Landsknechten Karls V. (reg. 1519–56). Die Bez. F. wurde später, bes. in der Poesie, für Schwert schlechthin benutzt.

Flamen (lat., Anzünder). Röm. Eigenpriester eines einzelnen Gottes. Die F. wurden unterteilt in die Flamines maiores (F. des Jupiter: F. Dialis; des Mars: F. Martialis; des Quirinus: F. Quirinalis) sowie die zwölf Flamines minores. Eine bes. Stellung kam dem F. Dialis zu. Dem Vorbild der Flamines maiores entsprechend, wurden in der röm. Kaiserzeit Flamines Divorum eingesetzt, d.h. Einzelpriester der vergöttlichten Kaiser.

Flandern, Graf von. Seit 1840 der Titel des 2. belg. Königssohnes.

Flecken (franz. Bourg, engl. Borough). Eine Ortschaft, der einzelne städt. Rechte verliehen worden sind, vor allem Marktrechte, weshalb man auch von Marktflecken spricht; man spricht von Burgflecken, wenn sie befestigt sind. In Südwestdtl. bis in die Gegenwart die Bez. für ein einfaches Dorf.

Fleckenrodel. In Südwestdtl. ein Grundstücksverzeichnis. Seit dem ausgehenden MA angefertigt, sind hier diejenigen Grundstücke aufgeführt, ebenfalls die Gerechtsame, Abgaben etc., die zu einem Ort gehörten. Erstellt wurden die F. durch die jeweilige Ortsherrschaft.

Flibustier (holl. Vrijbuiter, span. filibustero, lat. in finibus terrae). Im 17. Jh. westind. Seeräuber, vermutl. nach deren leichten und schnellen Schiffen genannt (frz. flibots, engl. flyboats). Urspr. franz. Piraten; sie setzten sich 1625 auf der Insel St. Christoph und nach ihrer Vertreibung von dort etwa 1630 im NW der span. Insel Santo Domingo (Haiti) fest. Hier trieben sie Handel mit Dörrfleisch, daher auch Bukaniere genannt. In der 2. Hälfte des 17. Jh. gelangten die F. zu bedeutender Macht; 1671 plünderten sie Panama, 1683 Vera Cruz, 1685 die Städte Chiles und Perus; zu Beginn des 18. Jh. wurden sie aufgerieben.

LIT. A. Sternbeck, F. und Bukaniere (1928).

Fliehburgen, Fluchtburgen. Vor- und frühgeschichtl. Befestigungen. Im Falle einer Kriegsgefahr dienten sie den Umwohnern als Zufluchtstätten.

Florin (franz. von ital. fiorino d'oro, Goldblümchen, dt. Floren).

[1] Die erste, seit 1252 in Florenz geprägte Goldmünze des MA; sie trug die Lilie auf dem Revers. Die 3,8 g schwere Münze war das Vorbild des venezian. Dukaten sowie des rhein. Gulden.

[2] Franz. Name für den Gulden (Abk. fl.).

[3] Eine engl. Silbermünze zu 2 Shilling; sie wurde seit 1849 mit einem Feingewicht von 10,462 g geprägt. Seit 1887 gibt es auch doppelte F. zu 4 Shilling.

Flugblätter, Fliegende Blätter, Flugblattlieder, Flugschriften (dt. im 18. Jh. für franz. feuilles volantes). Eine nicht gebundene Druckschrift, vom Einblattdruck bis zur umfangreichen Broschüre reichend; sie behandelt Tagesfragen des polit., kirchl., sozialen oder wissenschaftl. Lebens. Die F. erschienen bald nach der Erfindung der Buchdruckerkunst (erstes Flugblatt 1488); sie dürfen als Vorläufer der Zeitungen bez. werden; bereits zu Beginn des 16. Jh. wurden sie auch häufig so genannt. Als um die Mitte des 16. Jh. die Zahl der F. ihren Höhepunkt in Dtl. erreicht hatte, versuchte man ihnen durch die Reichspolizeiordnungen von 1548 und 1577 entgegenzuwirken, jedoch ohne Erfolg. Die F. stellen bedeutende Geschichtsquellen dar, bes. diejenigen der Reformation, des Dreißigjährigen Krieges, der Zeit der Franz. Revolution, der Befreiungskriege (1812/13), der 1840er Jahre in Preußen, der 1848er Revolution etc. Die F. waren verschiedentl. strengen Kontrollen unterworfen (den franz. Zensurbestimmungen von 1788, denen die der Karlsbader Beschlüsse von 1818 hierin folgten und Druckerzeugnisse auf 20 Bogen = 320 Seiten beschränkten). Flugblatt-Sammlungen gibt es im Britischen Museum in London, in den Nationalbibliotheken von Wien sowie der Stadtbibliothek Frankfurt/M.

LIT. E. Weller, Die ersten dt. Zeitungen (1872); K. Schottenloher, F. und Zeitung (1922; Nachdr. 1985); K. d'Ester, Hdb. der Zeitungswissenschaft, hrsg. von W. Heide (1940–43; nicht vollendet); W. Wäscher, Das dt. illustrierte Flugblatt. 2 Bde. (1955/56); W. Kothe, 50 Jahre dt. Geschichte 1907–57 in Plakaten und F. (1957); W. Schaber (Hrsg.), F. und Streitschriften (1966); J. Köhler (Hrsg.), Flugschriften als Massenmedien der Reformationszeit (1980); O. Neisinger, Flugblätter (1982); K. Schottenloher, J. Binkowski, Flugblatt und Zeitung. Ein Wegweiser durch das gedruckte Tagesschrifttum. Bd. 1: Von den Anfängen bis zum Jahre 1848; Bd. 2: Von 1848 bis zur Gegenwart (1985); Paul S. Russell, Lay theology in the Reformation. Popular pamphleteers in Southwest Germany 1521–25 (Cambridge 1986).

Flügeladjutant. Bez. für den Adjutanten eines höheren Befehlshabers; er wird zu den Flügeln des Heeres entsandt, um der kämpfenden Armee Befehle zu überbringen. Die Adjutanten eines Fürsten, die den Generalsrang hatten, wurden später Generale à la suite oder Generaladjutanten genannt, diejenigen, die einen niederen Rang bekleideten, Flügeladjutanten.

Flurbuch. Ein Verzeichnis der Grundstücke einer Gemeinde nach Größe, Lage, Ertrag, Eigentümer; das F. dient als Unterlage zum Grundbuch.

Flurumgänge (Flurgänge). Das kult. Begehen der Fluren; im antiken Rom anläßl. der drei Frühlingsfeste. Christl. F. sind die Bittgänge sowie die Flurprozessionen.

Flurzwang. Bez. für die durch die Gemengelage der Grundstücke sowie den Mangel an Wegen verursachten Bestellungs-, Aussaat- und Erntevorschriften, die der Bauer unter der bis zum Ende des 18. Jh. dominierenden Zwei- oder Dreifelderwirtschaft (→Felderwirtschaft) zu beobachten hatte. Der F. wurde entweder seitens der Besitzer vereinbart oder durch den Grundherrn angeordnet.

Föderalismus (von lat. foedus). Seit dem 18. Jh., vor allem seit Montesquieu (1689–1755), häufig gebrauchte Bez. für das Gestaltungsprinzip einer aus mehreren Staaten zusammengesetzten rechtl. Gemeinschaft im Sinne eines betonten Selbstbestimmungs- und Mitbestimmungsrechts der Glieder. Seine Verwirklichung erfolgt in den beiden Formen des Staatenbundes und des Bundesstaates. Entwickelt worden ist die Theorie des F. in Frankreich von Proudhon (1809–65); in Dtl. waren die Hauptverfechter Konstantin Frantz (1817–91), weiter O. von Gierke (1841–1921), F. Oppenheimer (1864–1943) und O. Spann (1878–1950).
Der F. nahm im Dt. Bund die Form des Staatenbundes unter der Präsidialmacht Österreich an. Seit der Reichsgründung von 1871 bestand in Dtl. ein dynast. F.; er gipfelte in der Institution des Bundesrates. Wohl war die Führung des größten Bundesstaates, Preußen, in der Verfassung verankert; dennoch war in Dtl. bis 1918 der F. stärker als z. Z. der Weimarer Republik und ebenfalls in der BRD, wo ein verstärkter Zug zum Einheitsstaat zu beobachten war bzw. ist.
In Österreich wurden von den Anhängern einer Umgestaltung der Donaumonarchie in einen Bundesstaat entweder die Kronländer oder die Kronlandgruppen, desgl. die nach der nationalen Siedlung abgegrenzten Gebiete als Gliedstaaten gewünscht. In seinen Anfängen reicht der Gegensatz zwischen den Föderalisten und Zentralisten bis in die Zeit der Kaiserin Maria Theresia (reg. 1740–80) zurück; die polit. Kämpfe der ehem. österreich. bzw. österreich-ungar. Monarchie hat der F. seit 1848 entscheidend bestimmt.
Die USA und die Schweiz sind ebenfalls auf der Grundlage des F. aufgebaut; auch hier führte die Entwicklung zu einer bundesstaatl. Organisation. Das brit. Commonwealth of Nations ist gleichfalls föderativ gegliedert. In Frankreich vermochte sich der F. im Anschluß an die Revolution von 1789 nicht durchzusetzen. Als die Hauptfeinde der zentralist. ausgerichteten »République une et indivisible« galten hier neben den Royalisten die Föderalisten. Föderalist. Bestrebungen unter dem Namen Regionalismus (in Frankreich und Italien) waren erfolglos. Den F. auf internationaler Ebene zu verwirklichen, wird seit der Zeit des Völkerbundes (1919 gegr.) versucht.
Föderalisten nannten sich, nachdem die Unabhängigkeit der nordamerikan. Kolonien erreicht worden war, die Vorkämpfer der bundesstaatl. Idee (A. Hamilton, J. Jay u. a.), die mit der Annahme der Verfassung (17. 9. 1787) den Sieg über den bisherigen Staatenbund davontrugen.
LIT. K. Frantz, Der F. (1879; Neuausg. 1946); ders., Deutschland und der F. (1917); F. Fleiner, Unitarismus und F. in der Schweiz und den Vereinigten Staaten von Amerika (1931); B. Dennewitz, Der F. (1947); W. Grewe, Antinomien des F. (1948); F. W. Jerusalem, Die Staatsidee des F. (1949); E. von Puttkamer, Föderalist. Elemente im dt. Staatsrecht seit 1648 (1955); Th. Maunz, Dt. Staatsrecht (^{12}1963); K. H. Walper, F. (1966); H. Ehringhaus, Der kooperative F. in den USA (1971).

foedus (lat., Bündnis, Vertrag). Das

röm. Staatsrecht unterschied zwischen f. aequum, dem Vertrag, den gleichberechtigte Partner abschlossen, so Rom und Marseille um 400 v. Chr., sowie f. iniquum, d.h. dem Vertrag zw. Partnern ungleichen Rechts, seit dem 4. Jh. v. Chr. zw. Rom und zahlreichen Städten und Stämmen Italiens bestehend. Daneben gab es die foederati, die aufgrund eines f. gewonnenen socii, die zu Heeresfolge und Abgaben verpflichtet waren. Foederati gab es auch außerh. der Reichsbevölkerung, z.B. gall. Stämme z.Z. Caesars, insbes. aber die in spätantiker Zeit innerh. der Grenzen des röm. Reiches geschlossen angesiedelten german. Stämme.

LIT. H. Horn, Foederati (Diss. 1929).

Fokosch. Eine Wurf- und Schlagwaffe der Magyaren; ein Streithammer, teilweise mit Beilschneide versehen.

Folketing (dän.). Seit 1849 die 2. Kammer des dän. Reichstags, die neben dem Landsting, dem Oberhaus des Reichstags, besteht.

Folklore (engl., Volkslehre). Von dem Engländer William John Thoms 1846 geschaffene Bez. für die Überlieferung von volkstüml. Dichtung, von Brauch und Aberglauben sowie Gegenständen der Volkskunde. Zunächst setzte sich die F. im engl. Sprachraum durch gegenüber dem seit 1806 und 1812 von verschiedener Seite im dt. Sprachraum verwendeten Begriff Volkskunde. Die F. beschränkte sich auf die o.a. Gebiete; die Volkskunde dagegen erweiterte sich durch Einbeziehung sprach- und literaturgeschichtl. sowie anthropolog. Probleme zu einer Wissenschaft von den Lebensformen und Lebensäußerungen der deutschsprachigen Völker. Nach Ansätzen sehr verschiedener Art (u.a. Herder, J. Möser, Arnim, Brentano) durch die Brüder Grimm als eine Wissenschaftsdisziplin begründet, gewann die dt. Volkskunde – trotz W. H. Riehl (1823–97) – erst seit 1890 auf Grund des Wirkens K. Weinholds (1823–1901) festere Gestalt. Bedeutsam wurde Weinholds Gründung des ›Vereins (später ›Gesellschaft‹) für Volkskunde‹ zu Berlin. Zu Weinholds Gründung traten andere volkskundl. Vereine, die Zeitschriften herausgaben und zu Mittelpunkten der Forschung wurden; 1904 schlossen sie sich zum ›Verband dt. Vereine für Volkskunde‹ zusammen (seit 1947 ›Verband der Vereine für Volkskunde‹). F. und Volkskunde stehen als Kulturwissenschaft in der Nähe der Kulturgeschichte.

LIT. O. A. Erich, R. Beitl, Wörterbuch der dt. Volkskunde ([2]1955); H. Moser, Der Folklorismus. In: Zs. für Volkskunde, 58 (1962) und in: Hess. Blätter für Volkskunde, 55 (1964).

Follis (lat., Geldbeutel). Eine zuerst unter Kaiser Diokletian (reg. 284–305) geprägte röm. Bronzemünze. Sie trug urspr. die Wertzahl XXI (wie die im Jahre 215 durch Kaiser Caracalla, reg. 211–17, geschaffene röm. Silbermünze »Antoninian«). Der F., der den Antoninian ersetzen sollte, kam bis ins 10. Jh. vor.

Folter (von mlat. poledrus, Füllen, ein röm. Foltergerät). Ein prozessuales Beweismittel, aber keine Strafe. Man ging davon aus, daß der Mensch in der Qual die Wahrheit sagen werde. Die F. außerhalb eines Prozesses gehört nicht in den rechtl. Bereich der Tortur. Im röm. Recht wurde sie vor allem gegenüber Sklaven und Plebejern angewendet. In Dtl. kam die F. erst gegen Ende des MA mit der Entwicklung der Inquisitionsprozesse auf. Das Beweisverfahren des gemeinen dt. Strafprozesses, auf der Carolina beruhend, suchte die Wahrheit in erster Linie durch das Geständnis des Angeklagten zu ermitteln. War das Geständnis nicht freiwillig zu erreichen, dann wurde es durch die »peinliche Frage«, die dem Richter nur bei schweren Verdachtsgründen erlaubt war, herbeigeführt. Der späteren Praxis waren drei Grade der F. bekannt, wobei der berüchtigte 3. Grad die grausamste Form der F. darstellte. Die strafrechtl. Reformbewegung der Aufklärung verlangte die Beseitigung der F.; abgeschafft wurde sie zuerst in Preußen (1740), dann in Österreich (1776). Die fortschreitende Humanisierung der Strafrechtspflege im 20. Jh. erfuhr durch die Wiederaufnahme von Vernehmungspraktiken grausamster Art einen schweren Rückschlag.

Die wichtigsten Folterwerkzeuge waren: Daumen- und Beinschrauben zum Zusammenpressen der Daumen und Waden, die Folterleiter, um die Glieder zu zerren, der spanische Bock, der Schwitzkasten, das Rad etc.

LIT. Th. Mommsen, Röm. Strafrecht (1888); H. Fehr, Gottesurteil und F. In: Festgabe R. Stammler (1926); F. Helbing, Die Tortur. Geschichte der F. im Kriminalverfahren aller Zeiten und Völker (neu bearb. 1926); R. Lieberwirth, C. Thomasius, Über die F. (1960).

Fondaco (ital. von arab. funduq, Magazin, Lager). Seit dem 11. Jh. Bez. für Handelsniederlassungen, Kaufhäuser und Herbergen insbes. ital. und franz. Kaufleute im Orient und Mittelmeergebiet. Im MA spielten sie eine bedeutende Rolle für das Wirtschaftsleben. Am bekanntesten ist der Fondaco dei Tedeschi, das Kauf- und Lagerhaus der Deutschen in Venedig vom 13. Jh. bis 1805. Das um 1200 zuerst genannte Haus war mit Kammern und Gewölben ausgestattet, die an dt. Kaufleute vermietet wurden; hier drängte sich der gesamte dt.-venezian. Handel zusammen.
LIT. H. Simonsfeld, Der Fondaco dei Tedeschi in Venedig. 2 Bde. (1887); G. von Pölnitz, Fugger und Medici (1942).

Fontes rerum Austriacarum. Die seit 1849 von der Histor. Kommission der Österreichischen (bis 1918 Kaiserlichen) Akademie der Wissenschaften edierten österreich. Geschichtsquellen. Sie sind gegliedert in drei Abteilungen: 1. Scriptores; 2. Diplomataria et Acta; 3. Fontes iuris.

Formel (lat. formula). Die urspr. von Priestern, dann vom Prätor und Juristen festgelegte Wortfolge für eine Geschäfts- oder Prozeßhandlung, die vielfach zur Musterformel (Formular) entwickelt wurde.

Formularbuch, Formelsammlung. Eine Mustersammlung von Urkunden und Briefen, die für die Benutzung in Kanzleien bestimmt ist. Als bedeutende Beispiele von F. seien genannt:
a) der ›Liber diurnus‹ (Buch für den tägl. Gebrauch); er ist das älteste erhaltene F. und entstammt der päpstl. Kanzlei; vom 7.–11. Jh. wurde er in immer wieder neu angepaßten Fassungen benutzt;
b) die ›Formulae Marculfi‹ der fränk. Königskanzlei (gegen Ende des 7. Jh. entstanden);
c) die ›Formulae imperiales‹ (um 830 in Gebrauch genommen);
d) Die Briefsammlung des ›Codex Udalrici‹ (um 1125 aus Bamberg; sie wurde in der staufischen Kanzlei verwendet);
e) die ›Summae de arte prosandi‹ des Konrad von Mure (um 1275 zusammengetragen).
Die F. erhielten seit dem 11. Jh. lehrbuchartige Einleitungen. Im späteren MA gab es F. in jeder größeren Kanzlei. Der Gebrauch der F. sowie deren Wandlungen oder Wanderungen zw. verschiedenen Kanzleien lassen Schlußfolgerungen, über die Feststellung der Kanzleigebräuche hinaus, auch hinsichtl. der polit. und geistesgeschichtl. Situation zu.
LIT. K. Zeumer, Formulae Merowingici et Karolini aevi. 2 Tle. In: MGH Legum Sectio V (1886); W. M. Peitz, Liber Diurnus – Methodisches zur Diurnusforschung. In: Miscellanea historiae pontificae 2, 3 (1940); F. Hausmann, in: MIÖG 58 (1950); F. Beyerle, in: Aus Verfassungs- und Landesgeschichte (Festschr. zum 70. Geburtstag von Th. Mayer) 2 (1955); Bresslau 2, 2 (^{2}1958).

Forst (mlat. forestis von lat. foris, draußen). Durch den Menschen beeinflußter Wald; urspr. herrenloses Land; es konnte neben Waldungen auch Fischgewässer, in einigen Fällen auch Kulturland umfassen. Seit der Merowingerzeit wurde es durch den König mit seinem Bann durch Einforstung (mlat. forestatio) zu dessen Sondereigentum erhoben. Während des MA wurde die Bez. F. insbes. im Sinne von eingefriedetem Wald verwendet. In den sog. Ronkalischen Beschlüssen (1158) beanspruchte Friedrich I. Barbarossa (reg. 1152–90) das Forstrecht zusammen mit dem Jagdrecht als Regal; es wurde ebenfalls an geistl. und weltl. Herren verliehen. Bei Strafe des Königsbanns war die Nutzung derjenigen Wälder, die aufgrund des Forstrechts eingehegt worden waren (Bannforsten), vor allem die Jagd, verboten (→Wildbann). Seit dem späteren MA war das Forstrecht in zunehmendem Maße im Besitz der Landesherren. Von diesen wurde es für sämtl. Wälder innerh. ihres Territoriums beansprucht. Ende des MA und in der frühen NZ wurde es so zur Forsthoheit. Die derart entstandene Forsthoheit der Landesherren entwickelte sich, bes. ausgeprägt im 16.–18. Jh., infolge zahlreicher Forstordnungen, wobei die Ordonnanz Ludwigs XIV. von 1669 als Vorbild diente, zu einer staatl. Aufsicht über die Miteigentümer, die zu Beginn des 19. Jh. aufgrund der Lehre von der Freiheit des Eigentums aufgehoben und erst gegen Ende des Jh., vor allem aber nach dem Ersten Weltkrieg, wiedereingeführt wurde.

LIT. H. Timme, Forestis, Königsgut und Königsrecht. In: Archiv für Urkundenforschung (1909); K. Glöckner, Bedeutung und Entstehung des Forestisbegriffes. In: VSWG (1924); K. Lindner, Die Jagd im frühen MA (1940); H. Görcke, Das Forst-Zivilrecht im Dt. Reich. 2 Bde. (1930–33); J. Köstler, Wald und F. in der dt. Geschichtsforschung. In: HZ 155 (1937); R. B. Hilf, Der Wald in Geschichte und Gegenwart (1938); H. Kaspers, Comitatus nemoris (1957); F. Mayer, Der Wald in Altpreußen als Wirtschaftsraum. 2 Bde. (1960); H. von Bothmer, Mirica, F. und Gesellschaft (1965).

Fort (franz., stark, fest). Ein abgeschlossenes, räuml. begrenztes Verteidigungswerk seit dem 17. Jh. Es wurde entweder als detachiertes oder vorgeschobenes F. von einem Festungskern oder zur Verteidigung von Hafeneinfahrten, bedeutenden Verkehrs- und Angriffswegen in der Nähe der Grenze als Sperrfort angelegt.

LIT. H. P. Pétain, La bataille de Verdun (1929).

Fortifikation. Befestigungskunst, -wesen; auch die Befestigung, das Festungswerk sowie deren Ingenieuroffiziere (vor allem im 19. Jh.).

Fortschritt (lat. progressus, franz. progrès, engl. progress). Die Aufeinanderfolge von Formen oder Zuständen in einem derartigen Sinn, daß die zeitl. späteren für den Betrachter von größerem Werte erscheinen.

Der Begriff, bereits in der Antike bekannt, verbreitete sich seit dem ausgehenden 18. Jh. schnell. Nach dem modernen Fortschrittsgedanken setzt sich die Vernunft stetig durch, die Menschheit wird einem vollkommeneren und glücklicheren Zustand entgegengeführt, vor allem durch ihren moral. F. Die Geschichtsschreibung der Aufklärung ist bis hin zu Rousseau (1712–78), der zum erstenmal Bedenken anmeldete, von diesem Fortschrittsgedanken beherrscht. I. Kant (1724–1804) wandelte ihn dahin ab, daß die Natur den Menschen zur Legalität seiner Handlungen dränge, was bestenfalls auf eine wachsende Moralität seiner Gesinnung zu hoffen berechtige. Die weitere Entwicklung der Fortschrittsidee wird beherrscht von den Geschichtskonstruktionen G. W. F. Hegels (1770–1831) und A. Comtes (1798–1857). Sie verflacht dann bald zum Zivilisationsoptimismus des aufsteigenden Bürgertums in enger Verbindung mit der sich schnell entwickelnden Wissenschaft und Technik. Sie verbindet sich mit dem Darwinismus, der den Wirtschaftsliberalismus des »laisser faire« zu stützen schien.

Der Erste und Zweite Weltkrieg haben diesen Fortschrittsglauben stark erschüttert; desgl. schienen ihn die Grundlagenkrisen der Wissenschaften zu widerlegen. Dem jedoch steht entgegen, daß die Forschung hiervon verhältnismäßig wenig berührt wurde und sich häufig in den letzten Jahrzehnten ebenso schnell entwickelte wie auch die Technik. Die Erwartung, daß Wissenschaft und Technik F. machen, hat sich bestätigt. Ebenfalls der Lebensstandard der breiten Volksschichten ist gestiegen, allen Rückschlägen zum Trotz. Daher hat sich ihnen auch der Fortschrittsglaube erhalten; er hat sich sogar in seiner orthodox-marxist. Form zu einer vollkommenen Ersatzreligion entwickelt.

In den polit. Ideologien ist der F. seit dem 19. Jh. zur Kampfparole geworden. Man beansprucht, Träger des F. zu sein, was dem Gegner abgestritten wird. Insbes. hat der Marxismus den F. für sich in Anspruch genommen, trotz der logischen Spannung, in der sich die Ideologie des Fortschritts-Begriffs zum dialektischen Materialismus befindet.

LIT. R. Briefault, Progress and History (London 1916); F. Tönnies, F. und soziale Entwicklung (1926); A. M. Hocart, The Progress of Man (London 1933); M. Ginsberg, The Idea of Progress (London 1953); H. Freyer, Theorie des gegenwärtigen Zeitalters (1955); E. Bloch, Differenzierungen im Begriff F. (Ost-Berlin 1956); R. Wittram, Das Interesse an der Geschichte (1958); E. Burck (Hrsg.), Die Idee des F. (1963); W. Müller, Gesellschaft und F. (Ost-Berlin 1966); P. A. Baran, Unterdrückung und F. (1966); H. B. Cobb, Der Preis des F. (1972); E. Knaul, Glanz und Elend des F. (1972); F.-J. Bäumer, F. und Theologie. Philosoph. und theolog. Überlegungen zum Fortschrittsgedanken (1985).

Fortschrittspartei, Deutsche Fortschrittspartei. Eine Partei, die 1861 von altliberalen Abgeordneten in Preußen gegründet wurde; ein Teil von ihnen wechselte 1866 zu den Nationallibera-

len über. Die F. stand unter ihrem Führer Eugen Richter (1838–1906) im Reichstag in hartnäckiger Opposition zu Bismarck; sie ging 1884 in der Dt.-Freisinnigen Partei auf.
LIT. H. A. Winkler, Preuß. Liberalismus und dt. Nationalstaat. Studien zur Geschichte der Dt. F. 1861–66 (1964); G. Seeberg, Zwischen Bebel und Bismarck. Zur Geschichte des Linksliberalismus in Dtl. 1871–93 (1965).

Forum (lat.). Urspr. der Marktplatz der italischen Gemeinden, der griech. Agora entsprechend; sodann a) die polit. Versammlungsstätte und b) die allg. Gerichtsstätte für zivile Prozesse (forum civile; forensisch: gerichtlich).
Das F. Romanum in Rom war an der Straßenkreuzung zw. urspr. getrennten Siedlungen (Kapitol, Esquilin, Palatin) entstanden. Am Tempel der Vesta vorbei führte die Heilige Straße zum Hauptplatz mit Rednertribüne (Rostra), Markt- und Gerichtsgebäuden (Basilica Aemilia und Iulia), Tempeln der Dioskuren, des Ianus etc. Neben dieses republikanische F. traten die Kaiserfora, riesige Plätze, die von Säulenhallen und Tempeln umgeben waren, so das F. des Caesar, Augustus, Vespasian, Trajan. Da das F. Romanum auch Gerichtsstätte war, wurde die Bez. mlat. für weltl. oder kirchl. Gericht sowie die Gerichtszuständigkeit verwendet.
LIT. Ch. Heulsen, F. und Palatin (1926); L. Curtius und A. Nawrath, Das antike Rom (^{3}1957); H. Kähler, Das Fünfsäulendenkmal für die Tetrarchen auf dem F. Romanum (1964); J. Lugli, Fontes ad topographiam veteris urbis Romae pertinentes, 6, 1, 16 (Rom 1965).

Frais (ahd. freisa, Gefahr). In Süddtl. häufige Bez. für peinl. Gerichtsbarkeit.

Fraisherr. Inhaber der peinl. bzw. der Blutgerichtsbarkeit.

Fraktion (lat. fractio, Bruchteil). Im parlamentar. Sprachgebrauch die der gleichen Partei angehörenden Mitglieder eines Parlaments oder einer kommunalen Volksvertretung, gewöhnlich, insofern sie die lt. Geschäftsordnung vorgeschriebene Mindeststärke erreichen. Entgegen dem Prinzip des freien Mandats bestimmt die F. in zunehmendem Maße die polit. Haltung ihrer Mitglieder. Insbes. bei Abstimmungen bedient sie sich dazu des Fraktionszwanges. Diejenigen Abgeordneten, die die Fraktionsdisziplin verletzen, können aus der F. ausgeschlossen werden. In der Regel ist ein Austritt aus der F. oder ein Fraktionswechsel mit dem Parteiaustritt oder Parteiwechsel verbunden. In der BRD bilden nach der Geschäftsordnung mindestens 15 Abgeordnete eine F. Mit Zustimmung des Bundestages können sich Abgeordnete verschiedener Parteien zu einer F. zusammenschließen (techn. F.). Als Fraktionslose (früher »Wilde«) werden solche Abgeordnete bez., die keiner F. angehören.
LIT. Th. Eschenburg, Staat und Gesellschaft in Dtl. (1956, ^{6}1963); Th. Nipperdey, Die Organisation der bürgerl. Parteien in Dtl. vor 1918. In: HZ 185 (1958); G. Eisermann (Hrsg. und Bearb.), Die Lehre von der Gesellschaft (1958).

Fraktur (lat., Bruch). Die dt. Ausprägung der sog. got. Druckschrift. Sie entstand im 16. Jh. und war im dt. Sprachgebiet, in Skandinavien, den baltischen Ländern, Polen etc. verbreitet. Im 19. Jh. wurde sie allmählich von der Antiqua verdrängt.
LIT. R. Kautzsch, Die Entstehung der Frakturschrift (1922); E. Crous-J. Kirchner, Die got. Schriftarten (1928); A. Hessel, Die Schrift der Reichskanzlei seit dem Interregnum und die Entstehung der F. In: Nachrichten von der Gesellschaft der Wiss. Göttingen, Phil. hist. Kl. II, N. F. 2, 2 (1937); K. Wehmer, Hans Schönsperger, Der Drucker Kaiser Maximilians. In: Altmeister der Druckschrift (1940); W. H. Lange, Schriftfibel (^{3}1952); H. Fichtenau, Die Lehrbücher Maximilians I. und die Anfänge der Fraktur-Schrift (1961).

Framea (lat. aus ahd. brame). Eine german. Waffe, und zwar eine lange Lanze mit schmaler, kurzer Eisenspitze. Z. Z. des Tacitus (55–116 n. Chr.) war die F. die Hauptwaffe der Germanen; lt. Germania, 6, stellte die F. einen Speer »mit schmalem, kurzem Eisen (dar), aber einem so scharfen und zum Gebrauch handlichen, daß sie mit derselben Waffe, je nach Lage, aus der Nähe oder aus der Ferne kämpfen«.

Franche-Comté. Freigrafschaft Burgund, eine ehem. Provinz in Ostfrankreich. Die F.-C. kam 1032 als ›Freigrafschaft Burgund‹ an das Dt. Reich. Seit 1318 gehörte sie zum Herzogtum Burgund. 1493 wurde sie habsburg. Besitz, 1556 der span. Linie der Habsburger

zugesprochen. Ludwig XIV. (reg. 1643–1715) eroberte die F.-C. 1668 und 1674; seit dem Frieden von Nimwegen (1678) gehört sie zu Frankreich. Hauptstadt: Besançon.
LIT. Renard, La F.-C. Histoire et Civilisation (Besançon 1947); E. Préchin, Histoire de la F.-C. (Paris 1947); L. Marion, F.-C. (Paris 1960); L. Boehm, Geschichte Burgunds (1971).

Franc-tireurs (franz.). Freischärler, die in Kriegszeiten außerh. der regulären Armee kämpfen (im Dt.-Franz. Krieg 1870/71 und im Ersten Weltkrieg in Belgien); sie sind häufig nicht uniformiert.

Franken (die »Kühnen«, »Trotzigen« [?]). Der westgerm. Stamm der F. wird 258 n. Chr. zum erstenmal erwähnt; er umfaßte die Völkerschaften am mittleren und unteren Rhein. Kernstamm der F. waren die Salier (wohl auf die ingwäonischen Chauken zurückgehend). Nach dem Abzug der röm. Truppen (406 n. Chr.) breiteten sich die F. in westl. Richtung (nach Flandern) bis zur Nordsee aus. Sie stießen weiter nach Gallien vor, wodurch sie die Grundlage für das Fränkische Reich legten.
Die Ausbreitung der F. den Main aufwärts begann nach der Gründung des Fränkischen Reiches sowie der Unterwerfung der Alemannen durch Chlodwig (466–511). Die F. stellen das eigtl. Element der german. und abendländ. Geschichte dar. Auf dt. Boden einigten sie die dt. Stämme der Völkerwanderungszeit rechts und links des Rheins und Mains; gleichzeitig wurden sie zu deren Bindeglied. Darüber hinaus sind die Hessen, Thüringer, außerdem die nördl. Gruppen der Bayern und Alemannen ebenfalls fränk. Prägung. Ferner haben die F. bedeutenden Anteil an der Besiedlung des dt. Ostens z. Z. des HochMA. Sie sind sowohl in Obersachsen als auch in Schlesien zu finden, zudem im nördl. Sudetenland, in Brandenburg und im südl. Ostpreußen.
Der Name F. gilt heute nur noch für deren östl. Gruppe im Maintal. Dagegen haben Niederländer, Flamen, Rheinländer, Pfälzer und Lothringer im eigtl. Kernland der Franken den Rhein entlang ein eigenes Stammesbewußtsein entwickelt, das an die Stelle des fränkischen getreten ist.
LIT. G. Wagner, Die fränk. Landschaft im Wechsel der Zeiten (1923); B. Schmeidler, F. und das Dt. Reich im MA (1930); F. Steinbach und F. Petri, Zur Grundlegung der europ. Einheit durch die F. (1939); W. Levison, Aus rhein. und fränk. Frühzeit (1948); W. von Wartburg, Umfang und Bedeutung der german. Siedlung in Nordgallien im 5. und 6. Jh. (1950); K. Bosl, F. um 800 (1959); R. Wenskus, Stammesbildung und Verfassung (1961); G. Pfeiffer, Fränk. Bibliographie (1965); E. von Guttenberg, Die Territorienbildung am Obermain (²1966); E. Zöllner, Geschichte der F. bis zur Mitte des 6. Jh. (1970); F. Petri (Hrsg.), Siedlung, Sprache und Bevölkerungsstruktur im Frankenreich (Wege der Forschung 49, 1973).

Franken, Franc.
[1] Franz. Münzsorten: Franc d'or von 1360–80; Franc d'argent, eine Silbermünze, von 1575–1641; der moderne Franc, seit dem 1. 7. 1796, eine Münzeinheit in Silber zu 100 Centimes.
[2] Franken, der Hauptwert der Schweizer Geldwährung. Am 19. 3. 1799 führte die Helvetische Republik den F. zu 100 Rappen ein. Die Schweizerische Eidgenossenschaft setzte 1850, nach Erlöschen der Münzhoheit der Kantone, den Franc als Münzeinheit fest. 1865 trat die Schweiz der lateinischen Münzunion, der Währungsgrundlage mehrerer europ. Länder, bei. Das Ende der Münzunion (1927) verlangte eine neue Festsetzung des F. Aufgrund einer Abwertung (1936) wurde der Goldwert des F. zw. 190 und 210 Milligramm festgesetzt.
LIT. P. Hofer, Die Münzprägungen der Helvetischen Republik (1936); E. Kellenberger, Das Münzwesen der Schweiz seit 1850 (1937).

Frankfurter Friede (vom 10. 5. 1871). Er beendete den →Deutsch-Französischen Krieg von 1870/71. Abgeschlossen wurde der F. F. durch Bismarck (1815–98) und den franz. Außenminister J. Favre (1809–80). Aufgrund des F. F. mußte Frankreich das Elsaß (ohne Belfort) und Lothringen (einschließl. Metz) an das Dt. Reich abtreten; außerdem hatte es eine Kriegsentschädigung von 5 Mrd. Francs zu zahlen. Nordostfrankreich blieb bis zur endgültigen Bezahlung der Kriegsentschädigung (1873) besetzt.
LIT. E. Kessel, Der F. F. 1871. In: Studien der Erwin von Steinbach-Stiftung, 3 (1971).

Frankfurter Fürstentag. Auf Veranlassung Österreichs hin im August 1863 zusammengetreten, beschäftigte er sich mit der Reform der Verfassung des Dt. Bundes. Die Verhandlungen zeitigten jedoch keine Ergebnisse, nicht zuletzt deshalb, weil Preußen (auf Bismarcks Drängen hin) auf dem F. F. nicht vertreten war.

LIT. H. von Srbik, Deutsche Einheit IV (1942).

Frankfurter Nationalversammlung. Das dt. Parlament von 1848/49; es erstrebte eine dt. Reichsverfassung, scheiterte jedoch infolge von Parteikämpfen zw. den »Großdeutschen« (Österreicher, Süddeutsche und Republikaner) und den »Kleindeutschen«, welche unter der Führung Preußens einen Bund erstrebten.

LIT. V. Valentin, Geschichte der dt. Revolution 1848/49. 2 Bde. (1930/32); R. Stadelmann, Soziale und polit. Geschichte der Revolution von 1848 (1948); W. Mommsen, Größe und Versagen des dt. Bürgertums (1949); E. R. Huber, Dt. Verfassungsgesch. seit 1789, 2 (1960); E. Eyck, Deutschlands große Hoffnung. Die F. N. (1973); W. Siemann, Die Frankfurter Nationalversammlung 1848/49 zwischen demokrat. Sozialismus und konservativer Reform (1976); D. Langewiesche, Die dt. Revolution von 1848/49 (1983).

Fränkisches Recht. Das Recht des german. Volksstammes der Franken. Die ältesten Überlieferungen des F. R. gehören zu den »Volksrechten« oder den »leges Barbarorum«: die ›lex Salica‹ (etwa 510); die ›lex Ribuaria‹ (6. und 7. Jh.); ›Ewa (Gesetz) Chamavorum‹ (um 803).

Als Fränkisches Amtsrecht werden die königlichen Kapitularien (mit regelmäßiger Kapiteleinteilung) bez. – Das F. R. ist auch in Formelsammlungen überliefert; deren wichtigste wurden von dem Mönch Markulf verfaßt.

LIT. H. Conrad, DRG; HWDRG I, 1209–10.

Franziska. Z. Z. der Merowinger das Wurfbeil der Franken mit kurzem, leicht gebogenem Stiel; es war die Hauptwaffe der Franken.

LIT. K. Böhner, in: Rhein. Vorzeit in Wort und Bild. 2. Jg. (1939).

Franziskaner (Ordo Fratrum Minorum, OFM, Minoriten oder Minderbrüder). Diejenigen religiösen Genossenschaften, die den hl. Franz von Assisi (1181/82[?]–1226) als ihren Stifter verehren. Die Ziele des Ordens geben die 3 Regeln wieder: die im Gründungsjahr 1209 ausgearbeitete und von Papst Innozenz III. (1198–1216) mündlich bestätigte, die 1221 entstandene mit 23 Kapiteln und die von Papst Honorius III. (1216–27) am 29. 11. 1223 bestätigte mit 12 Kapiteln, die sog. ›Regula bullata‹. Sie verlangen Beobachtung des Evangeliums, Preisgabe jegl. Besitzes, Verbot der Geldannahme (im Notfall Zuflucht zum Betteln; →Bettelorden), Selbstheiligung und Arbeit am Seelenheil des Nächsten. Die Tracht der F. besteht aus einem groben Gewand mit Kapuze und Stock (Schuhe nur in besonderen Fällen).

Die Spannung zw. dem Ideal der Herstellung der apostol. Urkirche in Armut und Selbstverleugnung sowie der Angleichung an den bisher gekannten Typus klösterl. Lebens trat bereits zu Lebzeiten des hl. Franziskus hervor; sie verdüsterte dessen letzte Lebensjahre und bestimmte die weitere Entwicklung des Ordens. Schon in der Regel von 1223 sind die Mahnungen Jesu zur Nachfolge und die Aussendungsgebote an die Jünger zugunsten der 3 herkömml. Ordensgelübde weggefallen. Der 2. Generalmeister des Ordens, Elias von Cortona (um 1180–1253), forderte die äußere Ausbreitung und Privilegierung des Ordens. In dem Streit um das Armutsideal standen sich die gemäßigten Konventualen und die strengeren Spiritualen oder Observanten gegenüber. Unter dem Generalat des Johann von Parma (1247–57) gewann die apokalypt. Richtung des Abtes Joachim von Fiore (um 1130–1202) Einfluß. Nach seiner Lehre von den 3 Zeitaltern des Vaters, des Sohnes und des Hl. Geistes war das Ende der neutestamentl. Klerikerkirche und der Anbruch der mönchischen Geistzeit spätestens 1260 zu erwarten.

Der Pariser Theologe Bonaventura (Generalmeister 1257–74) ging streng gegen den Joachimitismus vor. In der Bulle ›Exiit qui seminat‹ (1279) wurde dem Orden zwar die Nutznießung seines irdischen Besitzes gestattet, dieser selbst aber zum päpstl. Eigentum erklärt. Die Mehrheit des Ordens fügte sich; um so heftiger widersetzten sich die Spiritualen unter der Führung des Apokalyptikers Petrus Johannis Oligavi (1248–98). Nach einem vorübergehenden Erfolg der Spiritualen bzw. Obser-

vanten unter Papst Clemens V. (1305–14) kam es unter Johannes XXII. (1316–34) zum Sieg der Konventualen und zur Unterdrückung der Observanten, teilweise unter Einsatz der Inquisition.
Zu einem Streit zw. den Dominikanern und den F. wurde die 1323 beginnende unterschiedl. Auffassung vom Armutsideal, in dem Johannes XXII. die Partei der Dominikaner ergriff und die franziskan. Behauptung der völligen Besitzlosigkeit Christi und seiner Jünger für häretisch erklärte. Im Verlauf des Streites entstanden mehrere kurzlebige Sondergemeinschaften. Schweren Schaden fügten dem Orden der Schwarze Tod (1348ff.) und das Schisma (1378–1417) zu. Die Spaltung in die Konventualen und Observanten wurde 1517 päpstlicherseits bestätigt (Apostolische Konstitution ›Ite vos‹).
Die Reformation brachte den Orden im Norden Europas fast zum Erliegen; in Spanien jedoch begann eine neue Blüte. Neue große Wunden schlugen dem Orden die Aufklärung, das Staatskirchentum und die Französ. Revolution (1789), ebenso die Säkularisation; im 19. Jh. ebenfalls die Revolutionen in Südamerika. Papst Leo XIII. (1878–1903) vereinigte 1897 die verschiedenen Zweige zum Ordo Fratrum Minorum (sog. Braune F.).
Wirksamkeit des Ordens: In den Städten wurde vor allem die innere Mission gepflegt (durch päpstliche Privilegien gefördert). Bedeutende Prediger waren Antonius von Padua (1195–1231), Berthold von Regensburg (um 1210–72), Bernhardin von Siena (1380–1444), Johannes von Capistrano (1386–1456) u. a. Die schon in den Anfängen des Ordens wichtige äußere Mission pflegt dieser heute vor allem auf dem Balkan, in Syrien, Indien, Japan, Australien, Südamerika und in Zaire.
Die Wissenschaft fand im Orden glänzende Vertreter, vor allem in Alexander von Hales (um 1180–1245), Bonaventura (1221–74), Duns Scotus (1266–1308) und Wilhelm von Ockham (1290/1300 [?]–49). Das franziskan. Denken ist zwar nie eine eigentl. Schultheologie geworden, knüpft aber an Augustinus (354–430) an und gibt dem Wollen und Lieben den Vorrang gegenüber dem Erkennen; im Gegensatz zum Thomismus betont es das Individuelle und Konkrete stärker als das Allgemeine und Abstrakte. Durch die Ausgaben der Werke des Alexander von Hales, Bonaventuras u. a. (in Quaracchi bei Florenz) hat sich der Orden verdient gemacht.
Der Gesamtorden umfaßt 115 Provinzen. In Dtl. gibt es 5 Provinzen. Die F.-Observanten und -Konventualen bez. man als 1. Orden, die Klarissen (Franziskanerinnen) als 2. und die Tertiarier als 3. Orden.
LIT. Analecta Franciscana (1885ff.); Études Franciscaines (1899–1939; 1949ff.); Archivum Franciscanum Historicum (1908ff.); Franziskanische Studien (1914ff.); Collectanea Franciscana (1931ff.); Wissenschaft und Weisheit (1934ff.); Franciscan Studies (Washington 1941ff.); Heimbucher, I; A. Gemilli, Das Franziskanertum (1936); R. M. Huber, A Documented History of the Franciscan Order 1182–1514 (Washington 1944); K. Esser, Der Orden des hl. Franziskus (^{2}1952); Fr. de Sessevalle, Histoire générale de l'Ordre de S. François I/1–2 (Paris 1935/37); A. Léon, Histoire de l'Ordre des frères mineurs (Paris 1954); E. Wagner, Historia Constitutionum generalium O. F. M. (1954); L. Casutt, Die älteste franziskan. Lebensform. Untersuchung zur regula prima sine bulla (1955); K. Esser, Anfänge und ursprüngl. Zielsetzungen des Ordens der Minderbrüder (Leyden 1966); H. Roggen, De Franciscaanse Lekenbeweging. 2 Bde. (Mecheln 1966); TRE XI, 389–97; J. Moorman, A History of the Franciscan Order (Oxford 1968).

Französische Revolution. In der modernen Geschichte eines der folgenreichsten Ereignisse, da mit ihr eine Neugestaltung der Weltgeschichte beginnt; sie vollzog näml. das histor. Bündnis universaler Menschheitsideale mit dem nationalen Gedanken und zerstörte dadurch das überkommene Staatensystem in Europa, weil in der Restauration später nur unvollkommen und vorübergehend erneuert, auf immer. Dadurch, daß sie unter sämtl. Völkern Europas einen Strukturwandel hervorrief, schuf sie mit den Forderungen des Liberalismus und der Demokratie in Gesellschaft, Wirtschaft und Recht die Voraussetzung für die Gestaltung der Industriegesellschaft sowie für die Entwicklung der soz. Bewegung.
Die F. R. dauerte vom 14. 7. 1789 (Bastillesturm) bis zum 9. 11. 1799 (Staats-

streich N. Bonapartes). Die Wurzeln für die Revolution sind in der Reformbedürftigkeit des Ancien régime zu sehen; hiergegen richteten sich die Gesellschaftskritik sowie die Staatstheorie der Aufklärung (Montesquieu, 1689–1755; Voltaire, 1694–1778; Rousseau, 1712–78). Der Anlaß für den Ausbruch der F. R. war die Wirtschafts- und Finanzkrise der Regierung: am 5. 5. 1789 erfolgte die Einberufung der États généraux (Generalstände); sie traten in Versailles zusammen. Adel und Klerus hatten je 300, der Dritte Stand (Tiers État), entsprechend königl. Verfügung, 600 Deputierte gewählt; letztere forderten eine Abstimmung nach Köpfen anstatt nach Ständen. Die Abgeordneten des Dritten Standes erklärten sich am 17. 6. 1789 zur verfassunggebenden Nationalversammlung (Constituante); am 20. 6. 1789 leisteten sie im Ballhaus den Schwur, vor Vollendung einer Verfassung nicht auseinanderzugehen. Die Nationalversammlung arbeitete eine neue Verfassung aus, erklärte die Freiheit und Gleichheit aller Bürger und schaffte die Privilegien des Adels und des Klerus ab; am 26. 8. 1789 erfolgte die Erklärung der Menschenrechte, nachdem am 14. 7. 1789 der Sturz der absoluten Monarchie erfolgt war; am 10. 8. 1792 kam es zum Sturz der konstitutionellen Monarchie, am 2. 6. 1793 zum Sturz der parlamentar. Republik und Errichtung der Diktatur der Jakobiner (bis zum 28. 7. 1794). Am 21. 1. 1793 wurde König Ludwig XVI. (reg. ab 1774) hingerichtet.

Um der durch das Ausland drohenden Intervention zuvorzukommen, der wachsenden inneren Schwierigkeiten Herr zu werden und der revolutionären Missionsidee zu dienen, wurde durch die Girondisten am 20. 4. 1792 die Kriegserklärung an Österreich (mit Preußen verbündet) durchgesetzt. Hieraus entwickelte sich der 1. Koalitionskrieg (1792–97). Im Innern wurde der Widerstand der Bauern, des Adels und der Katholiken durch Terror niedergerungen. Die Diktatur fand ihr Ende, als Robespierre (1758–94), der seit dem 27. 7. 1793 im Wohlfahrtsausschuß tätig war, infolge einer Verschwörung seiner ehem. Anhänger am 9. Thermidor (27. 7. 1794) gestürzt und hingerichtet wurde.

Nach Annahme der Direktorialverfassung am 23. 9. 1795 löste sich der Nationalkonvent, der 1792 an die Stelle der Legislative getreten war, auf. Die neue Verfassung brachte die Rückkehr zu einer bürgerl. Klassenherrschaft, die auf dem Zensus-Wahlrecht aufbaute. Das Ende der 1. Republik wurde durch N. Bonaparte herbeigeführt, der am 18. Brumaire (9. 11. 1799) die Macht übernahm. Die Revolution wurde nunmehr für beendet erklärt.

LIT. H. Wahl, Vorgeschichte der F. R. 2 Bde. (1905–07); M. Göhring, Weg und Sieg der modernen Staatsidee in Frankreich (²1947); ders., Geschichte der Großen Revolution. 2 Bde. (1950/51); K. Griewank, Die F. R. 1789/99 (1948); K. Borries, Die Bedeutung der F. R. für die Entstehung der modernen Welt (1938); A. Mathiez, La Révolution française. 3 Bde. (1937–38; dt. 1940); P. Gaxotte, La Révolution française (1928; erw. Ausg. 1947; dt. 1949); P. de la Gorce, Histoire religieuse de la Révolution française. 5 Bde. (1909–50); J. Godechot, Les institutions de la France sous la Révolution et l'Empire (1951); M. J. Sydenham, The French Revolution (London 1965); W. Markov und A. Soboul, Die Sansculotten von Paris (1967); W. Grab (Hrsg.), Die F. R. Eine Dokumentation (1973); E. Schmitt (Hrsg.), Die Französische Revolution. Anlässe und langfristige Ursachen (Wege der Forschung 293, 1973); E. Pressensé, L'Eglise et la Révolution française (1978); M. Vovelle, Die Französ. Revolution – soziale Bewegung und Umbruch der Mentalitäten (1982); J. Voss (Hrsg.), Dtl. und die Französ. Revolution (1983); J. Michelet, Geschichte der F. R., 5 Bde. (1988); N. Hampson, Vor dem Terror – Das revolutionäre Frankreich 1789–91 (1989).

Französische Revolutionskriege. Die von 1792 bis 1802 von dem revolutionären Frankreich auf der einen und den europ. Koalitionen auf der anderen Seite ausgetragenen Kriege; sie fanden ihre Fortsetzung in den Napoleonischen Kriegen.

[1] Der Krieg Frankreichs gegen die 1. Koalition (1792–97): Am 20. 4. 1792 erfolgte die Kriegserklärung Frankreichs an Österreich, auf dessen Seite sich unmittelbar darauf das verbündete Preußen stellte. Unter Wilhelm Ferdinand von Braunschweig (1735–1806) drang im Sommer 1792 ein preuß. Heer bis in die Champagne vor; nach der erfolglosen Kanonade von Valmy (20. 9.

1792) zog sich das Heer wieder zurück. Die Franzosen gingen nun ihrerseits zum Angriff über. General Ch. F. Dumouriez (1739–1823) gelang es, die Österreicher am 6. 11. 1792 bei Jemappes in der Provinz Hennegau zu besiegen und die österreich. Niederlande zu besetzen. Zur gleichen Zeit war General A. Ph. Custine (1740–93) in die Pfalz eingedrungen; am 21. 10. 1792 hatte er Mainz, einen Tag später Frankfurt/M. erobern können.

Der Anschluß Englands, Hollands und Spaniens an Österreich und Preußen 1793 vervollständigte die erste der seitens der Feinde Frankreichs zustande gekommenen Koalitionen während der F. R. Infolgedessen gelang es dem österreich.-preuß. Heer, die Initiative zurückzugewinnen und wieder zur Offensive überzugehen. Durch den Sieg bei Neerwinden (18. 3. 1793) gewannen die Österreicher die Niederlande zurück; preuß. Truppen gelang es, Mainz zurückzuerobern (23. 7. 1793). Vor allem diese neue Situation, die sich nicht zuletzt durch die Landung der Engländer in Südfrankreich und die Besetzung des Kriegshafens Toulon (29. 8. 1793) für die Franzosen prekär gestaltete, führte dazu, daß die Revolutionsregierung durch L. N. Carnot (1753–1823) bedeutend größere und bessere Armeen aufstellen ließ. Als ein erstes Ergebnis der Maßnahmen Carnots darf der Sieg J. B. Jourdans (1762–1833) bei Fleurus (26. 6. 1794) betrachtet werden, wodurch die österreich. Niederlande erneut an die Franzosen fielen. 1794/95 konnte General Ch. Pichegru (1761–1804) Holland (seit 1795 ›Batavische Republik‹) erobern, während vor allem auf die Initiative von General J. V. Moreau (1763–1813) hin das gesamte linke Rheinufer in die Hände der Franzosen fiel.

Nachdem Preußen durch den Baseler Frieden, an dem auch Spanien beteiligt war, aus dem Krieg ausgeschieden war (5. 4. 1795), wodurch Mittel-, Nord- und Ostdeutschland bis 1806 von kriegerischen Handlungen verschont blieben, setzte Österreich den Krieg während der Jahre 1795 und 1796 und bis in das Jahr 1797 hinein in wechselvollen Kämpfen fort. Erzherzog Karl von Österreich (1771–1847) schlug in den Feldzügen von 1795 und 1796 die Vorstöße der Franzosen auf das rechte Rheinufer zurück (durch die Siege bei Wetzlar am 15. 6., Amberg am 24. 8. und Würzburg am 3. 9. 1796). Trotz der Erfolge Erzherzog Karls endete der Krieg der 1. Koalition mit einer Niederlage Österreichs, da in Oberitalien, wo die Franzosen bis zum Frühjahr 1796 recht glücklos gekämpft hatten, Napoleon Bonaparte (1769–1821) den Oberbefehl übernahm. Er führte hier nun den entscheidenden Feldzug des Krieges: Der König von Sardinien wurde zum Verzicht auf Savoyen und Sardinien gezwungen, die Lombardei und Ferrara besetzt sowie die Festung Mantua belagert. Österreichs Entsatzversuche führten zu Niederlagen bei Castiglione (5. 8. 1796), bei Arcole (15.–17. 11. 1796) und bei Rivoli (14. 1. 1797). Als Napoleon nach der Kapitulation von Mantua (2. 2. 1797) Klagenfurt und Laibach besetzte und auf Wien vorrückte, lenkte Österreich ein: Am 18. 4. 1797 kam es zum Vorfrieden von Leoben; im Frieden von Campo Formio (17. 10. 1797) schied Österreich aus dem Krieg aus. Nur zur See waren die Franzosen (den Engländern) unterlegen. Als Napoleon seine »Ägyptische Expedition« unternahm, um Englands Herrschaft in Indien zu bedrohen, erfocht der brit. Admiral H. Nelson (1758–1805) den entscheidenden Sieg bei Abukir (1. 8. 1798).

[2] Der Krieg der 2. Koalition gegen Frankreich (1798–1801/02): Um der franz. Ausdehnungspolitik widerstehen zu können, kam es bereits 1798 zu einer 2. Koalition; an ihre Spitze trat der russ. Zar Paul I. (reg. 1796–1801); Österreich, England, die Türkei, Portugal, Neapel sowie der Kirchenstaat schlossen sich ihm an. Im Frühjahr 1799 wurden die Franzosen durch Erzherzog Karl wiederholt geschlagen (am Oberrhein); gleichzeitig siegten die Truppen der Koalition unter dem russ. Marschall Suworow (1729–1800) in Italien. Doch im Dezember 1799 schied Rußland aus der Koalition aus. In Frankreich ging die Macht (als 1. Konsul) an den aus Ägypten zurückgekehrten Napoleon Bonaparte über (1799). Bereits im Frühjahr 1800 begab er sich nach Oberitalien, wo er die Österreicher bei Marengo schlug (14. 6. 1800). Währenddessen drang Moreau in Bayern vor; er siegte bei Hohenlinden (3. 12. 1800) über Erzherzog Johann (1782–1859). Hierauf kam es zw. Österreich und Frankreich am 9. 2. 1801 zum Frie-

den von Lunéville; er bestätigte Frankreich den Besitz des linken Rheinufers und die Vorherrschaft in Italien. England, das noch 1801 die Franzosen aus Ägypten vertrieben hatte, schloß am 27. 3. 1802 mit Frankreich den Frieden von Amiens.

LIT. L. von Ranke, Ursprung und Beginn der Revolutionskriege, Sämtl. Werke, Bd. 45 (^{2}1879); C. von Clausewitz, Der Feldzug von 1796 in Italien, 4. Bd. der Hinterlass. Werke (^{3}1899); H. Hüffer, Der Krieg des Jahres 1799 und die zweite Koalition. 2 Bde. (1904/05); S. Stern, Karl Wilhelm Ferdinand, Herzog zu Braunschweig und Lüneburg (1921); E. Gachot, Les Campagnes de 1799; Jourdan en Allemagne et Brune en Hollande (1906); Krieg gegen die Franz. Revolution. Österreich. Generalstabswerk. 2 Bde. (1905); W. John, Erzherzog Karl, der Feldherr und seine Armee (1913); H. Delbrück, Geschichte der Kriegskunst, 4 (1920); R. Lorenz, Volksbewaffnung und Staatsidee in Österreich 1792–97 (1926); S. S. Birro, The German Policy of Revolutionary France. 2 Bde. (Cambridge, Mass. 1957); F. Godechot, L'expansion révolutionnaire de la France. 2 Bde. (Paris 1956); N. Hampson, La marine de l'an II (Paris 1959); G. Lefebvre, La Révolution française (Paris ^{3}1963); H. O. Sieburg (Hrsg.), Napoleon und Europa (1971); W. Grab, Eroberung oder Befreiung? Dt. Jakobiner und die Franzosenherrschaft im Rheinland 1792–99. In: Studien zu Jakobinismus und Sozialismus (1974); H. G. Molitor, Vom Untertan zum Administré. Studien zur französ. Herrschaft und zum Verhalten der Bevölkerung im Rhein-Mosel-Raum von den Revolutionskriegen bis zum Ende der Napoleon. Zeit (1980); R. Reichardt, E. Schmitt (Hrsg.), Hdb. der polit.-sozialen Grundbegriffe in Frankreich 1680–1820 (1984 ff.).

Frater (lat., Bruder). Zunächst sämtl. Mitglieder von Klostergemeinschaften, dann, abgesehen von den Dominikanern, auf die Laienbrüder beschränkt. In Dtl. wird der zum Ordensmann als Priester Bestimmte F. genannt, der Laienbruder dagegen Bruder.

fraternisieren (lat.-franz.). Verbrüdern, vertraut werden, vor allem der Besatzungstruppen mit der Einwohnerschaft des besetzten Landes.

Fraternité. »Brüderlichkeit«; Schlagwort der Franz. Revolution; es ging aus von den Rufen des Dritten Standes (5. 5. 1789).

Fratizellen →Spiritualen.

Frauenbewegung, Frauenemanzipation. Sammelbez. für sämtl. Einsichten, Bestrebungen und Leistungen, die es der Frau ermöglichen, ihre Kräfte in Zusammenarbeit mit dem Mann zu entfalten. Nachdem bereits 1792 sowohl in Dtl. als auch in England Darstellungen erschienen waren, in denen größere polit. Rechte für die Frauen gefordert wurden, setzte die Bewegung im eigentl. Sinn um die Mitte des 19. Jh. in allen Kulturstaaten ein, zunächst in den angelsächs. und skandinavischen. Die Frauenfrage stellt sich als eine Reformfrage. Mit den übrigen gesellschaftl. Reformfragen, die sich seit dem Ende des 18. Jh. ergeben haben, steht sie in engem Zusammenhang. Olympe de Gouge versuchte 1789, eine ›Erklärung der Frauenrechte‹ herauszugeben. De Gouge forderte sowohl ein aktives als auch ein passives Wahlrecht für die Frauen, desgl. ihre Zulassung zu öffentl. Ämtern. 1792 erschien das Buch der Engländerin Mary Wollstonecraft ›Vindication of the Rights of Women‹ (Verteidigung der Rechte der Frauen). Und im gleichen Jahr schrieb Th. von Hippel in Dtl. ›Über die bürgerliche Verbesserung der Weiber‹.

Die F. hat seitdem, von Unterbrechungen abgesehen, ununterbrochen Fortschritte machen können. Zunächst lag der Schwerpunkt auf der Verbesserung der Frauenerziehung und Frauenbildung. So übten z. Z. der Romantik Frauen wie C. Schelling, gesch. Schlegel (1763–1809), D. von Schlegel-Veit, geb. Mendelssohn (1763–1839), H. Herz (1764–1847), G. de Staël-Holstein, geb. Necker (1766–1817), R. von Varnhagen-Levin (1771–1833), B. von Arnim, geb. Brentano (1785–1859) bedeutenden Einfluß auf das geistige Leben von Berlin, Wien und Paris aus. Aus der fortschreitenden Arbeit der Frauen ergaben sich die polit. Zielsetzungen. Von dem Elan der 1848er Bewegung getragen, kam es zur Aufstellung eines ersten Programms, das großen Anklang fand. 1865 wurde in Leipzig der ›Allgemeine Dt. Frauenverein‹ gegründet; er war über eine Reihe von Jahrzehnten hinweg der Hauptträger der F.

Während der 80er und 90er Jahre entwickelten sich Organisationen für Bildungs-, Berufs- und Sittlichkeitsfragen, sozialpolit. Forderungen, Mäßigkeitsbestrebungen etc.; ihr Anliegen war es, die Interessen der verschiedenen Frauenberufe zu pflegen. 1894 schlossen sich die einzelnen Vereine zum Bund dt. Frauenvereine zusammen, der sich wiederum 1897 dem Internationalen Frauenbund anschloß, der größten und ältesten überstaatl. Frauenorganisation. Die Vorkämpferinnen der F. in diesen Jahrzehnten, die u.a. durch drastische Maßnahmen, z.B. gewaltsame Zerstörungen, die polit. Gleichberechtigung zu erreichen suchten, erregten als Frauenrechtlerinnen (Suffragetten) Aufsehen und Widerspruch.

Die Bedeutung der F. nahm von 1900 bis zum Ersten Weltkrieg weiter zu. Während dieses Zeitabschnitts begann auch die Organisierung der konfessionellen F.: 1899 Gründung des Dt. Evangel., 1904 des Kath. und des Jüdischen Frauenbundes. Der Frauenkongreß zu Berlin (1912) stellte einen Höhepunkt der F. dar. Während des Ersten Weltkriegs erfuhr die weibl. Arbeits- und Berufsleistung auf vielen Gebieten Anerkennung. Die polit. Gleichberechtigung der Frau brachte das Jahr 1918 in Deutschland.

Den herausragenden Persönlichkeiten der dt. F. sind zuzurechnen L. Otto-Peters, Auguste Schmidt, Helene Lange, Gertrud Bäumer, Elly Heuss-Knapp.

Eine Unterbrechung der Entwicklung der dt. F. bedeutete die Machtübernahme durch die Nationalsozialisten 1933. Nach 1945 lebte die F. in Dtl. in großen Frauenorganisationen wieder auf; sie widmen sich vor allem polit., sozialen, staatsbürgerl. und berufl. Aufgaben.

LIT. K. Bücher, Die Frauenfrage im MA (^{2}1910); H. Lange, Kampfzeiten (1928); A. von Zahn-Harnack, Die F. (1928); dies., H. Sveistrup, Die Frauenfrage in Dtl., Strömungen und Gegenströmungen 1790–1830 (1934); E. Stein, Frauenbildung und Frauenberufe (1949); Die Frau, Wesen und Aufgaben. In: A. Scherer (Hrsg.), Wörterbuch der Politik, 2 (1951); F. E. Frh. von Gagern, Mann und Frau (^{4}1955); J. Mörsdorf, Gestaltwandel des Frauenbildes (1958); E. Dauzenroth (Hrsg.), F. und Frauenbildung (1964); Gabriele Strecker, Frausein – heute (1965); Betty Friedan, Der Weiblichkeitswahn (dt. 1966); B. Greven-Aschoff, Die bürgerl. Frauenbewegung in Dtl. 1894–1933 (1981); K. Hausen (Hrsg.), Frauen suchen ihre Geschichte. Studien zum 19. und 20. Jh. (1983); I. Weber-Kellermann, Frauenleben im 19. Jh. Empire und Romantik, Biedermeier, Gründerzeit (1983); E. Ennen, Frauen im Mittelalter (1984); TRE XI (1983) 471–81; J. Kirshner, S. Wemple, Women in the medieval world (1985); H. Möbius, Die Frau im Barock (1985); R.-E. Boetcher-Joeres, A. Kuhn, Frauenbilder und Frauenwirklichkeiten. Interdisziplinäre Studien zur Frauengeschichte in Dtl. im 18. u. 19. Jh. (1985); F. Hervé (Hrsg.), Geschichte der dt. Frauenbewegung (1985); U. Blosser, F. Gerster, Töchter der guten Gesellschaft. Frauenrolle und Mädchenerziehung im schweizer. Großbürgertum um 1900 (Zürich 1985); S. Hilzinger, »Als ganzer Mensch zu leben ...« Emanzipatorische Tendenzen in der neueren Frauen-Literatur der DDR (1985); E. Uitz, Die Frau in der ma. Stadt (1988).

Frauenstimmrecht. Das aktive und passive Wahlrecht der Frauen; außerdem ihr Recht, abzustimmen. Als erster führte der US-Staat Wyoming das volle F. ein (1869). Bereits ab 1861 gab es ein partielles Frauenwahlrecht: Australischer Bund 1861, Schweden 1862, Finnland 1863, USA 1869 etc. Vor dem Ersten Weltkrieg gab es ein integrales F. schon in Finnland, Norwegen, Nordirland; während der Jahre 1918–28 wurde es in Großbritannien, den USA, Schweden sowie anderen europ. und überseeischen Ländern eingeführt.

LIT. R. Fulford, Votes for Women (London 1957).

Fräulein. Zunächst Bez. für ein adeliges F., vor allem eine Fürstentochter. Im 18. Jh. nannte man das bürgerl. Mädchen Demoiselle. Seitdem wird allg. die unverheiratete Frau F. genannt.

Freibauer. Der Besitzer eines Freigutes; er unterstand keinem Grundherrn, sondern entrichtete nur an den Grundherrn eine direkte Abgabe.

Freibrief (Freiheitsbrief).

[1] Die Urkunde über die Freilassung eines Hörigen.

[2] Im MA die Gewährung von Vorrechten sowohl an einzelne Personen wie auch Körperschaften durch ein königl. oder fürstl. Privileg.

Freidank (mhd. Vrîdanc, derjenige, dessen Gedanken sich ungehindert bewegen). Selbstbez. durch den unbekannten Verfasser († 1233) des Lehrge-

dichts ›Bescheidenheit‹, die Bez. für Lebenserfahrung, Einsicht. Es handelt sich hierbei um eine Sammlung von Sprichwörtern und Kernsprüchen, die um 1229 entstand. 1508 hat Sebastian Brant (1457–1521), der Verfasser des ›Narrenschiffs‹ (1494), das Werk neu bearbeitet.
Ausgaben: 1860, 1872; nhd.
Ausgaben: 1867 (durch Simrock), 1874 (durch Bacmeister), 1878 (durch Pannier).
LIT. A. Leitzmann, Studien zu Freidanks Bescheidenheit. In: Sitzungsbericht der dt. Akademie der Wissenschaft zu Berlin 1948 (1950); H. de Boor, Geschichte der dt. Literatur, 2 (^{7}1966; mit Bibliographie).

Freie, Freihälse, Frilinge (lat. liberi, ingenui). Im At. und MA Sammelbez. für vollberechtigte Personen, die nicht einem anderen Rechtsträger, d.h. einem Herrn oder Gemeinwesen gehörten. F. besaßen das Recht der Freizügigkeit, die Ehefreiheit sowie das uneingeschränkte Verfügungsrecht über ihre Güter. Die willkürl. Verhaftung, Folterung, Bestrafung und Verurteilung von F. war nicht gestattet. Infolge gewisser Verbrechen, außerdem durch Selbstverkauf, durch Unterliegen im Kampf ging man der Freiheit verlustig; desgl. verlor die Freiheit derjenige, der sich als Geisel stellte. Der Unfreie und der Lite (Halbfreie) gelangte durch Freilassung in eine höhere Klasse; als Beweismittel seiner Freilassung diente der ihm ausgestellte Freibrief. Königsdienst und Grundherrschaft führten im Fränkischen Reich zur Ausbildung eines Dienst- und Grundadels; er erhob sich als ein bevorrechtigter Stand der Hochfreien über die Gemeinfreien. Im Verlauf des MA entwickelte sich ein Stand von Berufskriegern (Ritterstand), der sich den Gemeinfreien gegenüber als niederer Adel abschloß. Durch Eintritt in ein Schutzverhältnis gegenüber einem Herrn sank ihr größter Teil in die Hörigkeit ab; sie stellte eine Art von Minderfreiheit dar. Diese Entwicklung währte bis zur Bauernbefreiung. F. im überkommenen Sinn erhielten sich nur in einigen Landschaften Dtl. Die rechtl. Unfreiheit wurde in den Städten durch das Bürgerrecht beseitigt.
LIT. E. Hölzle, Die Idee der altgerman. Freiheit (1925); H. Fehr, Zur Lehre vom ma. Freiheitsbegriff. In: MIÖG 47 (1933); G. Tellenbach, Libertas. Kirche und Weltordnung im Zeitalter des Investiturstreits (1936); A. Waas, Die alte dt. Freiheit (1939); Th. Mayer (Hrsg.), Adel und Bauern im dt. Staat des MA (1943); K. Bosl, Frühformen der Gesellschaft im ma. Europa (1964); F. Lütge, Geschichte der dt. Agrarverfassung (^{2}1967).

Freie Berufe.
[1] Im At. fielen die F. B. auf eine gewisse Zeit mit den ›artes liberales‹ zus., die den Inhalt der in der Antike eines Freien würdig erachteten allg. Bildung bezeichnen, d.h. Vorzüge, Leistungen und Dienste auf höheren geistigen Gebieten.
[2] Während des MA galten als F. B. insbes. diejenigen, die sich aus den drei Hauptfakultäten ergaben: der Theologie, der Jurisprudenz und der Medizin; außerdem aus den nunmehr eng umgrenzten ›septem artes liberales‹: Jurist, Arzt, Theologe, Geometer, Feldmesser, Astronom und Musiker.
[3] Die orts- und marktgebundenen Berufe standen seit dem Zeitalter der Renaissance denjenigen (freien) Berufen gegenüber, welche (aufgrund königl. Patente) überall ausgeübt werden konnten: Wundarzt, Alchimist, Musiker, Maler.
[4] Dem modernen Begriff des F. B. entsprechend, bringt die freie Persönlichkeit schöpfer. eigene Ideen und Werke hervor, die von der Ausbildung weitgehend unabhängig sind.
LIT. H. Fehlmann, Die rechtl. Stellung der freien wissenschaftl.-techn. Berufe (1946); W. Kriener, Wesen und Bedeutung der F. B. (1966).

Freie Künste (artes liberales). Die Artes ingenuae oder bonae bezeichnen in der spätgriech. Antike diejenigen Kenntnisse und Fertigkeiten, die man eines freien Mannes für würdig ansah; sie standen im Gegensatz zu der von den Sklaven geleisteten Arbeit. Als Vorstufe der Philosophie galten sie seit Isokrates (436–337 v. Chr.). Sieben F. K. zählte Martianus Capella (um 420 n. Chr.) auf: Grammatik, Rhetorik, Dialektik, Arithmetik, Geometrie, Musik, Astronomie. Der röm. Philosoph und Staatsmann Boëthius (um 480–524) faßte die vier letzten als Quadrivium zus.: im 9. Jh. erhielten die drei ersten den Namen Trivium. Bis ins MA war diese Darstellung maßgebend.
LIT. J. Koch, Artes liberales (1959).

Freies Frankreich. Die während des

Zweiten Weltkriegs ab 1940 (seit der Niederlage Frankreichs) in London residierende franz. Exilregierung unter Charles de Gaulle (1890–1970). Das F. F. bestand bis 1944. Sein Symbol war das Lothringerkreuz.

LIT. H. Michel, Histoire de la Résistance 1940–44 (1950); Hoover-Institution (Hrsg.), France during the German Occupation (1940–44). 3 Bde. (Stanford 1958/59); A. Fabre-Luce, De Gaulle – Zwischen Tadel und Bewunderung (1961); R. Aron, Charles de Gaulle (Paris 1964).

Freie Städte (Freistädte). Im Unterschied zu den reichsfreien Städten im Dt. Reich seit dem 14. Jh. diejenigen Bischofsstädte, denen es seit dem 13. Jh. gelungen war, sich von der bischöfl. Verwaltung zu befreien und darüber hinaus das Stadtregiment in die eigene Hand zu nehmen.

LIT. H. Planitz, Die dt. Stadt im MA (^{2}1965); G. Landwehr, Die Verpfändung der dt. Reichsstädte im MA (1967); P.-J. Heinig, Reichsstädte, Freie Städte und Königtum 1389–1450 (1983).

Freigelassener (libertus). Lt. röm. Recht war er dem Freigeborenen (ingenuus) gegenüber polit. zurückgesetzt sowie vom Patron abhängig, dem er nicht nur Dienste schuldete, sondern der ihn auch beerbte.

LIT. H. Chantraine, F. und Sklaven im Dienst der röm. Kaiser (1967); W. L. Westermann, The Slave Systems of Greek and Roman Antiquity (Philadelphia 1955).

Freigut, Freihof. Im MA ein Landgut; es war frei von öffentl. oder grundherrl. Abgaben, desgl. von Diensten.

Freihafen (Zollausschlußgebiet). Bez. für einen Hafen mit einer Freizone: hier dürfen Waren aus dem Zollausland gelagert, umgepackt, weiterverarbeitet bzw. veredelt und wieder zollfrei ausgeführt werden. Neapel, Venedig, Triest (für die Donaumonarchie bis 1918), Hamburg, Kopenhagen und Stockholm sind bekannte F. Den vorgesehenen Regelungen für F. entsprechend, schufen die USA die sog. Freihandelszonen (durch ein Gesetz von 1934), worin ihnen andere amerikan. Staaten folgten. Zu den bekannten Freihandelszonen gehören New York, San Francisco, Seattle, Los Angeles, Panamá und Puntarenas (Costa Rica).

LIT. R. S. Thoman, Free Ports and Foreign Trade Zones (Cambr. 1956).

Freihandel (engl. Free Trade).

[1] Im allg. die unbeeinträchtigte Freiheit des Erwerbs und des Verkehrs, im bes. der von Zöllen und anderen staatl. Maßnahmen unbeeinflußte zwischenstaatl. Handelsverkehr. Entspr. den Grundgedanken des Liberalismus wird der Wirtschaftsrhythmus durch jeden Eingriff, der von außen erfolgt, gehemmt. Zu einer bestmögl. Arbeitsteilung zw. den einzelnen Ländern kann es nur dann kommen, wenn der Handelsverkehr keiner Behinderung unterliegt.

LIT. G. Haberler, Der internat. Handel (1953); A. Kruse, Außenwirtschaft (^{2}1965).

[2] Die **Freihandelslehre** bzw. ihre Praktizierung nahm ihren Weg von England aus; hier war die durch Adam Smith (1723–90) und seine Schule vertretene freihändler. Lehre insbes. von der Industrie aufgenommen worden (Manchesterpartei). In den Ländern Kontinentaleuropas war die Bedeutung der Freihandelsbewegung nicht so ausgeprägt wie in England. Infolgedessen kam es hier ledigl. zu einer Herabsetzung der Einfuhrzölle. Die Freihandelsbewegung war zeitl. und räuml. begrenzt. Die ihr entgegengesetzte Schutzzollpolitik (→Protektionismus) setzte in Dtl. mit dem Zolltarif von 1879 ein, nachdem andere Staaten hiermit bereits früher begonnen hatten, soweit sie nicht später folgten, während Rußland und die USA stets bei der Schutzpolitik geblieben waren. Nachdem der F. seit etwa den 80er Jahren des 19. Jh. mehr und mehr abgebaut worden war, wurden die letzten Überbleibsel während der Weltwirtschaftskrise von 1929 beseitigt. Nunmehr setzte sich die autonome Handelspolitik durch, die hinsichtlich der Austauschbeziehungen ausschließlich auf die Belange des Binnenbereichs, d. h. die Erhaltung der Vollbeschäftigung ausgerichtet war; die Wirtschaftsbeziehungen basierten auf dem bilateralen Handelsvertrag.

Nach dem Zweiten Weltkrieg trachtete man, eine größere Freiheit des Welthandels zu erreichen, d. h., man versuchte zu einer multilateralen Handelspolitik zurückzukehren (ein Versuch, der bereits nach dem Ersten Weltkrieg gemacht worden war). Speziell in Europa führten die Europäische Zahlungsunion sowie das Europäische Währungsabkommen zu einer gemäßigten Form des F. Innerh. der Europäischen Wirtschaftsgemeinschaft (EWG, dann EG, Europäische Gemeinschaften) und der Europäischen Freihandelsgemeinschaft (EFTA) wird der weitere Ausbau des F. vorangetrieben. Über EWG bzw. EG und EFTA hinaus wird auf einen weltweiten F. hingearbeitet, soweit ein solcher angesichts der bes. Probleme der Entwicklungsländer verwirklicht werden kann. Ebenso stellen in diesem Zusammenhang die kommunist. Staaten mit ihrer dirigist. Handelspolitik ein spezielles Problem dar.

LIT. R. Schüller, Schutzzoll und F. (1905); E. Carell, F. und größtmögliche Güterversorgung (1937); V. Hentschel, Die dt. Freihändler und der volkswirtschaftliche Kongreß (1975).

Freihaus. Nach älterem dt. Recht a) die Freistätte, das Asyl; b) ein Haus, das von Steuern, Fronden, Gericht etc. befreit war.

Freihäusler. In Schlesien früher Leute, die von Zins- und Frondiensten befreit waren.

Freiheit.

[1] Das Merkmal des Selbstbewußtseins sowie der Menschenwürde (Persönlichkeit). F. besteht in Unabhängigkeit von Knechtschaft und Zwang; sie beruht auf der inneren F. und dem Recht, das Leben innerh. der sittl. und gemeinschaftsbedingten Ordnung zu schaffen. F. und Recht gehören im MA aufs engste zusammen. F. ist im MA kein absoluter Begriff, es gibt vielmehr eine Vielzahl von Freiheiten (libertates). F. ist eng mit →Munt und →Herrschaft verbunden, daher besteht auch eine bes. Beziehung des Königs zur F. (Königsdienst macht frei). Die vom Liberalismus her geprägte individualist.-optimist. Denkart des 19. Jh. erstrebte weitergehende, durch eigene Einsicht geregelte Loslösung von Bindungen.

[2] Politik: F. bedeutet hier neben der äußeren Unabhängigkeit und Gleichberechtigung eines Staates (Souveränität) ebenfalls das Recht eines Volkes, über seine staatl. Einheit und Ordnung selbst zu entscheiden, darüber hinaus das Recht sämtl. Staatsbürger, an der Ausübung der Staatsgewalt teilzunehmen (Demokratie). Bereits in alter Zeit wurde die persönl. F. gegenüber der Staatsgewalt als ein hohes Gut betrachtet. Seit der Reformation erfuhr das polit. Freiheitsbewußtsein eine Wiederbelebung; es erhielt sich in den städtischen F., bis sich im 18. und 19. Jh. das moderne polit. Freiheitsverlangen durchsetzte, das insbes. von Naturrecht und Aufklärung getragen wurde. Diese bürgerl.-liberale Bewegung erreichte durch die Revolutionen und Verfassungskämpfe der modernen Zeit die Sicherung der persönl. F. im Staat. Gewaltenteilung, Grundrechte sowie unabhängige Gerichtsbarkeit gehören in den modernen Verfassungsstaaten zu den institutionellen Garanten der persönl. F. Infolge der totalitären Massenbewegungen der neuesten Zeit werden die polit. F. des einzelnen weit stärker bedroht, als dies durch fürstl., feudale oder militär.-bürokrat. Gewalten jemals geschah.

[3] Recht: In der älteren dt. Rechtssprache bedeutet F. die Zugehörigkeit zum Stande der Freien. Unter F. von Städten, Ständen, Korporationen verstand man die diesen durch Tradition, Herkommen, Gewohnheitsrecht oder Privileg zustehenden Sonderrechte. Derartige alte F. gingen aber im Zeitalter des Absolutismus verloren. Einige Sonderrechte bestehen dennoch bis heute: die Immunität der Abgeordneten oder die Exterritorialität.

LIT. Geschichtl. Grundbegriffe 2 (1975); HWDRG I, 1228–33; E. Fromm, Die Furcht vor der F. (Zürich 1945); O. Veit, Die Flucht von der F. (1948); R. Zorn, Das Problem der F. (1952); L. Hand, Das Wesen der F. (dt. 1955); M. Pohlenz, Griech. F. (1955); Das Problem der F. in der dt. und schweizer. Geschichte, Vorträge und Forschungen, 2 (1955); Ch. Morgan, Von der F. des Geistes (dt. 1956); O. Veit, Soziologie der F. (1957); L. Szondi, F. und Zwang im Schicksal des einzelnen (1968); J. Schlumbohm, F. Die Anfänge der bürgerl. Emanzipationsbewegung in Dtl. im Spiegel ihres Leitworts (1975); D. Klippel, Polit. F. und Freiheitsrechte im dt. Naturrecht des 18. Jh. (1976); TRE XI (1983; mit ausführl. Lit.).

Freiheit der Meere. Völkerrechtl. Grundsatz, wonach das offene Meer keiner Staatsgewalt unterworfen ist und von allen Staaten oder deren Angehörigen in gleicher Weise benutzt werden darf. Ausgenommen von der F. d. M. sind ledigl. die Küstengewässer. Die F. d. M. umfaßt die Befugnis aller Flag-

gen, im Frieden ungehindert Schiffahrt zu betreiben, sich der Reichtümer des Meeres zu bemächtigen (Fischerei) sowie Kabel zu verlegen. Formuliert wurde der Grundsatz von der F. d. M. zum erstenmal durch Hugo Grotius (1583–1645) 1609.
LIT. F. Stier-Somlo, Die F. d. M. und das Völkerrecht (1917); E. G. Hofmann, Der Grundsatz der Freiheit der Seeschiffahrt im Völkerrecht (1956); C. J. Colombos, The International Law of the Sea (London [6]1967).

Freiheit, Gleichheit, Brüderlichkeit (liberté, égalité, fraternité). Ein durch die Französische Revolution von 1789 geprägtes Schlagwort, das zur Devise der französischen Republik wurde.

Freiheitsbaum. Eine während des amerikan. Unabhängigkeitskrieges (1775–83) entstandene Sitte, Bäume als Symbol der Freiheit zu pflanzen. Durch die Französische Revolution von 1789 übernommen.
LIT. S. Anderegg, Der Freiheitsbaum (1969).

Freiheitskämpfe, Freiheitskriege. Bez. für die Kämpfe von Völkern und Staaten um ihre Selbständigkeit, entweder gegen drohende oder bereits eingetretene Gewaltherrschaft seitens fremder Staaten und Völkerschaften; außerdem das Ringen um Verselbständigung innerh. einer bestehenden Machtorganisation, z.B. eines Reiches; weiter die Erhebung gegen eine Kolonialmacht, die Kämpfe innerh. eines Staates wider die polit. und sozialen Verhältnisse, gegen eine Verfassung, ein Regierungssystem etc. – Im engeren Sinne bez. man als F. die Auseinandersetzungen, die von 1813–1815 zur Befreiung von der Herrschaft Napoleons geführt wurden.
LIT. R. Friederich, Die Befreiungskriege (1911–13); H. W. Koch, Die Befreiungskriege 1807/1815 – Napoleon gegen Deutschland und Europa (1987).

Freiheitsmütze →Freiheitssymbole.

Freiheitssymbole.
a) Fahnen und Glocken: in Florenz (1215) »zu Ehren Gottes und der Freiheit« geweiht; Liberty Bell (seit 1753 im State House von Philadelphia); sie läutete 1776 den amerikan. Unabhängigkeitskampf ein; seit 1950 im Berliner Rathaus die tägl. um 12 Uhr läutende Freiheitsglocke.
b) Bäume: Freiheitsbäume, vor allem Pappeln; sie wurden während des Unabhängigkeitskrieges in Amerika gepflanzt; in der Französischen Revolution die Arbres de la Liberté (wahrscheinlich 1790 zum erstenmal durch die Jakobiner errichtet).
c) Kopfbedeckungen: die Jakobinermütze (bonnet de la liberté, Freiheitsmütze); der Form nach kommt sie von der »phrygischen« Mütze her, die von Fischern am Mittelmeer getragen wurde; ihrer Bedeutung nach entspricht sie dem pileus libertatis (wie bereits der Doktorhut), dem Abzeichen des freien Römers, das dem Sklaven anläßl. seiner Freilassung verliehen wurde.
d) Bauten: das Atrium libertatis in Rom oder ma. Rathäuser.
Als Personifikation der Freiheit galt in Rom die Göttin Libertas (das älteste F.), gewöhnl. mit dem pileus libertatis in der Rechten. In ihr haben ihren Ursprung auch die Liberté Delacroix' (1798–1863) sowie die New Yorker Freiheitsstatue am Eingang des Hafens, von F. A. Bartholdi (1834–1904) geschaffen und 1886 als Geschenk Frankreichs errichtet. Die Rolandsfiguren des MA galten nur in wenigen Fällen als F., z.B. die zu Bremen aus dem Jahre 1404.
Die Athener Demokratie symbolisierte das Denkmal der Tyrannenmörder, der Kämpfer für die Freiheit; im MA und der Renaissance galten Judith und David als Freiheitssymbole.
LIT. W. Helbig, Über den pileus der alten Italiker. In: Sitz.-Ber. der Bayer. Akad. der Wiss., Phil.-hist. Kl. (1880); H. Friedel, Der Tyrannenmord in Gesetzgebung und Volksmeinung der Griechen (1937); H. Meyer, Freiheitsroland und Gottesfrieden. In: Hansische Geschichtsblätter, 56 (1931); H. Kauffmann, Donatello ([2]1936); H. Keller, Denkmal. In: Reallex. zur dt. Kunstgeschichte 3 (1954); Symbolon, Jb. für Symbolforschg., hrsg. von J. Schwabe, 1–5 (1960–66).

Freiherr (Edelfreiherr, ahd. baro, Mann). Adelstitel; urspr. ein Lehnsmann; er hatte sein Lehen direkt vom König. Seit der NZ allmähl. Reichsritter (→Baron). Weibl. Form Freifrau, Freiin (Freifräulein).
Der Titel F. konnte vom Kaiser verliehen werden; die durch den Kaiser in den Freiherrenstand Erhobenen wurden Reichsfreiherrn genannt.

Freilassung.
a) lt. german. Recht die Entlassung eines Unfreien aus der Knechtschaft; sie

erfolgte durch die Übergabe eines Freibriefes.
b) röm. Recht: →Freigelassener.

Freimann. In der älteren dt. Sprache Bez. für einen freien Bauern; ebenfalls der Hörige, der nur mit verschiedenen Freiheitsrechten ausgestattet war, u.a. mit dem Recht des freien Abzugs.

Freimaurerei (Freimaurerbund). In den Bauhütten der gotischen Dome entstanden, was für Straßburg und Aberdeen nachweisbar ist, wurde ihr Handwerk durch die Zünfte der Maurer ins Geistige erhoben. In England hat sich die Symbolik der F. am längsten erhalten. Im Jahre 1717 schlossen sich in London vier Bauhütten (Logen) zu einer Großloge zusammen. Die F. nahm von hier aus eine rasche Verbreitung auf dem Kontinent: 1725 wurde die erste Loge in Paris, 1736 in Genf gegründet. Nach Dtl. kam die F. 1737, als in Hamburg die Loge Absalom gegründet wurde. In der humanist. Geistesrichtung fand sie wirksame Unterstützung. Von jeher sind Fürsten, Staatsmänner, Gelehrte, Künstler und Kaufleute Mitglieder der Logen gewesen, z.B. Friedrich d. Gr., Wilhelm I., Blücher, Fichte, Herder, Goethe, Mozart etc. Die F. erstrebt die Erziehung ihrer Mitglieder ohne konfessionelle Bindung zur Humanität, und zwar durch Übung der vom Bauhandwerk hergeleiteten symbol. Gebräuche, durch Pflege des Idealen und der Freundschaft sowie durch Erfüllung sozialer Pflichten.
LIT. F. Runkel, Geschichte der F. in Deutschland. 3 Bde. (1932); E. Lenhoff, O. Posner, Internationales Freimaurerlexikon (1932); W. Stukenberg, Die F. (1953); H.-G. Deiters, Die F. (1963); E. Lennhoff und U. von Merhart, Die F. (1963); U. von Merhart, Panorama der Welt-F. (1967); E. Rosenstrauch-Königsberg, Freimaurerei im josephin. Wien (1974); W. Dotzauer, Freimaurergesellschaften am Rhein (1977); L. Hammermayer, Der Wilhelmsbader Freimaurer-Konvent von 1782 (1980); R. Halevi, Les loges maçonniques dans la France d'Ancien Régime aux origines de la sociabilité démocratique (1985); H. Reinalter, Joseph II. und die F. im Lichte zeitgenöss. Broschüren. Komm. für Neuere Geschichte Österreichs 77 (1985/86); H. Biedermann, Das verlorene Meisterwort. Kultur- und Geistesgeschichte des Freimaurertums (1986).

Freimeister. Während des MA Handwerksmeister, die außerh. der Zünfte standen. Sie übten ihr Handwerk auf Grund einer durch den Stadtrat ausgestellten Erlaubnis aus. Teilweise waren die F. sogar privilegiert, da ihnen die Möglichkeit gegeben wurde, die Stellung der in der Zunft zusammengeschlossenen Meister zu brechen. Der Gruppe der Bönhasen sind die F. nicht zuzurechnen. Sie arbeiteten ohne Lehrlinge und Gesellen; an die ihrem Handwerk entsprechende Zunft entrichteten sie häufig eine geringfügige Abfindung. Gab es in einer Stadt mehrere F. desselben Handwerks, so schlossen sie sich bisweilen zur Zunft der F. zusammen.

Freirechtsschule. Eine rechtswissenschaftl. Schule, die ihren Höhepunkt um 1900 erlebte. Sie richtete sich gegen die um diese Zeit herrschende histor. und positivist. Schule. Ihre Forderungen zielten auf eine freie Auslegung des Gesetzes sowie darauf, daß als Rechtsquelle außer dem Gesetz das richterl. Recht zu gelten habe. Dieses wiederum habe zurückzugehen auf das Abwägen der Interessen, soziale Gerechtigkeit, zudem Billigkeit und Zweckmäßigkeit.
LIT. H. Reichel, Gesetz und Richterspruch (1915); E. Stampe, Die Freirechtsbewegung (1911); H. U. Kantorowicz, Aus der Vorgeschichte der F. (1925); E. Fuchs, Gerechtigkeitswissenschaft. Ausgewählte Schriften zur Freirechtslehre (1965).

Freireligiöse. Eine dogmenfreie Bewegung, die 1840 in Mitteldtl. auf dem Boden der prot. Landeskirche entstand. Nach dem Ersten Weltkrieg wuchs die freireligiöse Bewegung an; unter dem Nationalsozialismus war sie verboten. Nach 1945 bildeten sich erneut zahlreiche freireligiöse Gemeinden.
LIT. TRE XI (1983) 567–72; F. Heyer, V. Pitzer (Hrsg.), Religion ohne Kirche. Die Bewegung der Freireligiösen. Ein Handbuch (^{2}1979).

Freisasse. Bez. für den Besitzer eines Freiguts.

Freischaren. Bewaffnete Freiwilligenscharen; sie bilden sich auf Veranlassung einzelner Persönlichkeiten oder polit. Parteien durch freiwilligen Zuzug ohne Ermächtigung des Kriegsherrn. Da sie der Kriegsmacht angegliedert sind, ist ihre rechtl. Stellung und Verwendung im Kriegsfalle seit dem Haager Landfriedensabkommen (1899) geregelt.

LIT. H. A. Koch, Fremdvölkische Truppenteile des dt. Heeres (Feldgrau 4, 1956).

Freischarenzüge. Bez. für die Kriegszüge radikaler Schweizer am 8. 12. 1844 und am 31. 3. 1845; sie waren gegen Luzern gerichtet und führten zum sog. Sonderbund, einer Schutzvereinigung konservativer Kantone.

LIT. O. Marchi, Der erste F. (1971).

Freisinn. Eine polit. Richtung, die die Verwirklichung eines liberalen Staatsprogramms sowie eine grundsätzl. individualist. Wirtschaftsordnung zu erreichen suchte; sie nahm später auch sozialliberale und -reformerische Ideen auf; nach 1870 organisierte sie sich in Parteien. Die Dt. Freisinnige Partei löste sich 1893 auf; sie lebte fort in der Freisinnigen Vereinigung und der Freisinnigen Volkspartei, welche 1910 in der Fortschrittlichen Volkspartei aufging, die wiederum 1919 den Hauptbestand der Demokratischen Partei lieferte.

Der F. entstand in der Schweiz aus der Kritik an der Regeneration (1815–30). Er repräsentierte das Ideengut der Franz. Revolution; dem föderalist. Element gegenüber vertrat er das zentralistische. Der F. vermochte die Grundsätze des polit. Liberalismus durch die Bundesverfassung von 1848 zu verwirklichen; eine organisatorische Etablierung als Partei erfolgte erst 1894. Dem F. erwuchs gegen Ende des 19. Jh. die Opposition der industriellen Arbeiterschaft, die sich in der Sozialdemokratie organisierte.

LIT. H. Rutishauser, Liberalismus und Sozialpolitik in der Schweiz (1935); D. Fricke (Hrsg.), Die bürgerl. Parteien in Dtl. 1830–45 (1968).

Freistaat. Die dt. Bez. für Republik. Für die meisten der dt. Länder nach 1918 die offizielle Bez.; nach 1945 bez. sich nur noch die Länder Baden (bis 1953) und Bayern, seit 1990 auch Sachsen als F. Nach Art. 17 der Weimarer Verf. mußte jedes der dt. Länder eine freistaatl. Verfassung haben.

Freistatt, Freistätte; Zufluchtsort (→Asyl).

Freizügigkeit. Gegen das Vordringen der Grundherrschaft, den Zunftzwang etc. im MA gerichtet bzw. gegen die hierdurch erschwerte freie Wahl des Aufenthaltsortes. Erst im 19. Jh. erfolgte die Gewährleistung der Freizügigkeit.

LIT. I. Jahreis, Das Prinzip der F. nach dem GG (Diss. München 1953); H. P. Tieves, F. nach allg. Völkerrecht ... (Diss. Köln 1959).

Fremde. Weder im antiken Griechenland noch im antiken Rom hatte der F. Anteil an den polit. Rechten. Als peregrinus war er in der älteren Zeit recht- und schutzlos; weithin wurde er sogar als Feind betrachtet. Später erlangte er das Gastrecht (hospitium). Der F. lebte im Privatrecht nach seinem heimischen Recht; im Vermögensverkehr bildete sich jedoch ein Recht der Völker (ius gentium) heraus. Im Röm. Reich vermochten die F. in großem Umfang das röm. Bürgerrecht zu erlangen; die Unterscheidung zwischen civis und peregrinus verlor mehr und mehr an Bedeutung.

Die Germanen bezogen den F. (got. gasts, ahd. alilanti) grundsätzl. nicht in ihre Rechtsordnung ein. Bürgte ein Gastfreund jedoch für ihn, dann konnte er ihm Rechtsschutz verschaffen. Innerh. des fränk. Rechtsgebiets wurden die F. während des MA ihrem nationalen Recht entspr. behandelt; die Neigung, sie dem sächs. Recht des Aufenthaltsstaats zu unterwerfen, wuchs aber. Die F., denen zahlreiche Rechte vorenthalten blieben, so das des Grunderwerbs und das Marktrecht, konnten den Einheimischen durch Privilegien gleichgestellt werden. Die Rechtsstellung der F. erfuhr eine nachhaltige Verbesserung z. Z. des Absolutismus, insofern die Staaten dadurch qualifizierte Ausländer anzuziehen vermochten. Die F. sind den Einheimischen seit dem 19. Jh. grundsätzl. gleichgestellt.

LIT. U. Kahrstedt, Stud. zum öffentl. Recht Athens, 1 (1934); A. H. Roth, The Minimum Standard of International Law applied to Aliens (Leiden 1949); K. Doehring, Die allg. Regeln des völkerrechtl. Fremdenrechts und das dt. Verf.-Recht (1963); A. Kloesel und R. Christ, Dt. Ausländerrecht (1965); W. Kanein, Das Ausländer-Ges. und die wesentl. fremdenrechtl. Vorschriften (1966); G. Weissmann, Ausländer-Ges. (1966); H. Sonnabend, Fremdenbild und Politik. Vorstellungen der Römer von Ägypten und dem Partherreich in der späten Republik und frühen Kaiserzeit (1986).

Fremdenlegion.

a) Die französische F. (Légion étrangère), 1831 durch König Louis-Philippe

(1830–48) in Frankreich aus polit. Flüchtlingen, Deserteuren und Abenteurern aller Länder gebildet. Zunächst in dem eben eroberten Algerien verwendet, zeichnete sich die Truppe während des Dt.-Franz. Krieges von 1870/71, in Marokko und während des Ersten Weltkriegs aus. 1940 wurde die F. aufgelöst, 1946 neu gegründet.
b) 1855 wurde die engl. F. für den Kampf auf der Krim und im Vorderen Orient gegen Rußland gebildet. Kolonialformationen anderer Staaten wiesen ebenfalls Legionscharakter auf, so die Spaniens, Belgiens und der Niederlande.
LIT. F. von Papen, Die französische F. (^{12}1926); W. von Trotha, Frankreichs F. (1929); E. O'Ballance, The Story of the French Foreign Legion (London 1961); G. Blond, Die F. (dt. 1966).

Frevel (ahd. fravali, Kühnheit). Bez. für tadelnswerte Handlungen gegen das Vermögen, meist in Verbindung mit Sachbeschädigung, z.B. Jagd-, Wild- und Fischfrevel, sowie Forst-, Wald- und Feldfrevel. Im älteren dt. Recht galt F. nicht als eine Strafe an »Hals und Hand«, d.h. ein mit Tod oder Verstümmelung geahndetes Vergehen; F. war eine Straftat, die an »Haut und Haar«, d.h. durch Züchtigung, Haarscheren vollzogen wurde. Auch durch eine Geldstrafe (Brüche) konnte der F. geahndet werden.

Friede (lat. pax, franz. paix, engl. peace, griech. eirene). Zustand harmonisch ausgeglichener gegenseitiger Beziehungen; er ist insbes. durch die Kraft der Gerechtigkeit und der Humanität sowie das Gefühl der Ruhe und Sicherheit gekennzeichnet; zerstört wird der F. durch Streitigkeiten und Kampf. Als das Ziel jeder in die Politik gesetzten Hoffnung wurde der F. im At. zum Teil kultisch verehrt, z.B. in Athen seit 449 v. Chr. Im MA wurde das Erbe der Pax Romana mit dem Friedensgedanken der christl. Botschaft verbunden; in der NZ wurde es aufgenommen vom Abbé de Saint-Pierre (1658–1743) in seinem ›Projet pour rendre la paix perpétuelle en Europe‹, (1712/13; dt. 1922); durch I. Kant (1724–1804) in seiner Schrift ›Zum ewigen Frieden‹ (1795) u.a., ohne daß sich hieraus jedoch prakt. Konsequenzen ergeben hätten. Angesichts der modernen Kriegswaffen erwächst aus der religiös-sittl. Verpflichtung, den F. zu verteidigen, der Zwang, den physischen Fortbestand der Menschheit zu sichern.
Mit dem Erstarken der Staatsgewalt in histor. Zeit ist die Sicherung des F. überall auf die staatl. Organe übergegangen. Bis zum Ausgang des MA hat sich in den abendländ. Staaten das Fehderecht erhalten. Frühzeitig entwickelte sich ein bes. Friedensschutz als Burg-, Stadt-, Heer- oder Gerichtsfriede. Friedensstörungen, die sich aus der Anwendung des Fehderechts ergaben, wurden eingegrenzt durch die Treuga Dei sowie den Landfrieden. Friedensbruch, zunächst die Verwirkung des F. gegenüber dem Verletzten bei einem Verbrechen, wird heute von den Strafgesetzen als Haus- und Landfriedensbruch bestraft. Der innere F. wird heute bedroht oder gestört durch Arbeitskämpfe (Streiks); durch den Abschluß von Tarifverträgen übernehmen die Tarifpartner eine tarifl. Friedenspflicht.
In der prakt. Politik versuchte man durch Friedensschlüsse (Friedensverträge) Vereinbarungen, die den zw. den Staaten bestehenden Kriegszustand beendeten, zu sichern. In der NZ werden Friedensschlüsse bzw. -verträge meist nach dem Ort des Vertragsabschlusses benannt, z.B. Pariser F. von 1814, 1815, 1856. Sie sind zu unterscheiden von den vorausgehenden Vereinbarungen über Waffenruhe; ebenfalls den vorläufigen Abreden der Beteiligten (Präliminarien, Präliminarfrieden). Bis zum Ende des 19. Jh. machte der Gedanke, internationale Streitigkeiten durch Schiedsgerichte zu schlichten, große Fortschritte. Seinen wohl wichtigsten und nachhaltigsten Niederschlag fand er in den beiden Haager Friedenskonferenzen (1899, 1907); ihr Hauptresultat war die Errichtung des Ständigen Schiedshofs im Haag.
Die Bemühungen, den F. zu sichern, wurden nach dem Ersten Weltkrieg verstärkt. Der Völkerbund sowie der Ständige Internat. Gerichtshof im Haag sollten universale Einrichtungen der Friedenssicherung sein; der Kellogg-Pakt (1928) schloß den Krieg als Mittel zur Durchsetzung nationaler Ziele aus. Die der Friedenssicherung dienenden Aufgaben des Völkerbundes wurden nach dem Zweiten Weltkrieg durch die Vereinten Nationen übernommen; der Haager Gerichtshof (Internationaler Gerichtshof) wurde erneuert. Dennoch blieben die Versuche, eine allg. Abrü-

stung zu erreichen, auch seit dem Zerfall der UdSSR (vgl. u.a. die Staaten des Mittleren Ostens, Lybien) ohne Ergebnis; es kam jedoch eine internationale Kontrolle der Atomenergie zustande (Kernwaffensperrvertrag von 1968).

LIT. H. Fuchs, Augustin und der antike Friedensgedanke (1928); W. Nestle, Der Friedensgedanke in der antiken Welt (1938); R. Laun, Der dauernde F. (1947); H. J. Schlochauer, Die Idee des Ewigen F. (1953); K. v. Raumer, Ewiger F. (1953); R. N. Coudenhove-Kalergi, Weltgeschichte des F. (1956); R. Schneider, Der F. und die Welt (1956); K. Jaspers, Wahrheit, Freiheit und F. (1958); E. Biser, Der Sinn des F. (1960); R. Aron, F. und Krieg (dt. 1963); S. T. Possony, Strategie des F. Sicherheit und Fortschr. im Atomzeitalter (1963); H. Angermeier, Königtum und Landfriede im dt. SpätMA (1966); TRE XI (1983) 599–646; C. Kuhlmann, Peace – A Topic in European History Text-Books? (1985); Frieden in Geschichte und Gegenwart. Hrsg. vom Histor. Seminar der Universität Düsseldorf (1985).

Friede den Hütten, Krieg den Palästen. »Guerre aux châteaux, paix aux chaumières.« Formel der Franz. Revolution, die alte Vorstellungen von einem natürl.-einfachen, friedl. Leben mit aufklärer. Ideen verquickt und die Begriffswelt der Revolution über Frieden und Krieg zusammenfaßt. Diese Parole stellt eine erweiterte Fassung der Formel dar: »guerre aux rois, paix aux nations«, die aus der Legende von den friedliebenden Republiken und den kriegslüsternen Monarchien hervorgegangen ist.

Friedelehe. Die nach ahd. Recht lösbare Ehe mit einer freien Frau, der Friedel; sie trat nicht unter die Munt des Mannes und erhielt kein Wittum, sondern eine Morgengabe. Die Vorgängerin der F. ist die morganat. Ehe. Die aus einer F. hervorgegangenen Kinder standen denen aus einer Vollehe unter der Voraussetzung gleich, daß der Vater sie »aufnahm«.

Friedensbürgschaft. Die Möglichkeit, durch den Strafrichter einer Person das Versprechen abzunehmen, eine geplante strafbare Handlung nicht auszuführen, hierfür hingegen eine angemessene Sicherheit zu leisten. Die F. war im altdt. und ist noch im engl. Recht entwickelt; nach dem Vorbild älterer Strafrechte der Kantone ist sie auch in das schweizer. Strafgesetzbuch aufgenommen worden.

Friedensfreunde →Pazifismus.

Friedensgeld (lat. fredus). Nach german. Recht ein Betrag, der im Falle sühnbarer Friedensbrüche durch den Täter an die öffentl. Gewalt zu entrichten war. Das F. galt als Preis für die Wiederherstellung des Friedens.

Friedensresolution. Öffentl. Erklärung zur Friedensbereitschaft, so die am 19. 7. 1917 durch die Mehrheit der Linken im Dt. Reichstag unter der Führung Erzbergers (1875–1921; ermordet) erklärte Bereitschaft zu einem Verständigungsfrieden ohne Annexionen und Kriegsentschädigungen.

LIT. W. Steglich, Die Friedenspolitik der Mittelmächte 1917/18 (1964).

Friedensrichter (Vermittler). Eine ehrenamtl. tätige Person, deren Aufgabe es ist, bei Beleidigungen, einfacher Körperverletzung, Hausfriedensbruch u.ä. einen Sühneversuch zu unternehmen (Güteverfahren). – In England und den USA ein Einzelrichter, der für die Rechtsprechung in Straf- und Zivilsachen niederer Ordnung zuständig ist. Von der Krone ernannte F. wirken in England seit dem 13. Jh.; sie entstammen meist der Gentry. In der Schweiz ein Rechtspflegebeamter (juge de paix). Durch ihn ist ein Sühneversuch, der obligatorisch ist, durchzuführen.

Friedenssicherung. Die Bemühungen, den Weltfrieden durch gemeinsame Maßnahmen sämtl. Staaten, zumindest aber einer größeren Gruppe von Staaten, nicht nur herbeizuführen, sondern auch zu gewährleisten.

Ihre Wurzel haben die Bemühungen, den Frieden zu sichern, in den Friedensgedanken des christl. geprägten ma. Reiches; sie wirkten fort in den Friedensbemühungen William Penns (1644–1718; ›Essay on the Present and Future Peace of Europe‹, 1693) sowie des Abbé de Saint-Pierre (1658–1743; ›Projet pour rendre la paix perpétuelle en Europe‹, 1712/13). Durch I. Kant (1724–1804) wurde die Idee des ›Ewigen Friedens‹ zu einem universalen Friedensprogramm ausgeweitet; sie erfuhr durch ihn auch die entspr. Vertiefung (›Zum ewigen Frieden‹, 1795). Die christl. Friedensidee fand auf kath. Seite ihren Ausdruck in den diesbezügl. Bemühungen seit Papst Leo XIII. (1878–1903), auf prot. Seite in denen

des ›Weltbunds für Freundschaftsarbeit der Kirchen‹ (1914).
Neben diesen theoret. Bemühungen versuchte man in der prakt. Politik durch die Friedensschlüsse von Münster und Osnabrück (1648) sowie Utrecht (1713) den europ. Frieden zu sichern. Über nahezu vier Jahrzehnte hinweg gelang die F. der Hl. Allianz (1815).
Eine Humanisierung der Kriegführung wurde seit dem Krimkrieg (1853–56) und dem Österreich.-Ital. Krieg (1859) versucht; sie fand ihren Ausdruck in der Genfer Konvention vom 22. 8. 1864, einem von 16 Staaten unterzeichneten Abkommen, aus dem das Rote Kreuz hervorging. Vor dem Ersten Weltkrieg kam es zu verstärkten Bemühungen, internationale Streitigkeiten durch Schiedsgerichte beizulegen; sie konkretisierten sich in den Haager Friedenskonferenzen (1899, 1907) bzw. der Errichtung des Ständigen Schiedshofs im Haag.
Nach dem Ersten Weltkrieg wurden die Bemühungen zur F. fortgesetzt. Sowohl der Völkerbund als auch der Ständige Haager Schiedshof waren Institutionen der F. Aus dem Erlebnis des Ersten Weltkriegs heraus sollte ihnen eine bes. Bedeutung im Rahmen der F. zukommen. Es gelang dem Völkerbund jedoch nicht, die in ihn gesetzten Erwartungen zu erfüllen, d. h. eine Revision der Pariser Vorortverträge zu erreichen und eine allg. Abrüstung herbeizuführen; die gemeinsame Abwehr von Friedensstörungen mittels Sanktionen gegen einen Angreifer erwies sich ebenfalls als wirkungslos, denn es konnten weder bewaffnete regionale Konflikte noch der Zweite Weltkrieg verhindert werden.
Seit dem Zweiten Weltkrieg nehmen die Vereinten Nationen (UNO) die der F. dienenden Aufgaben des Völkerbunds, der sich 1946 auflöste, wahr. Der Haager Schiedshof wurde als Internationaler Gerichtshof erneuert. Trotz dieser neuen oder erneuerten Institutionen zur F., die sich namentl. um eine allg. Abrüstung sowie eine Kontrolle der Kernwaffenerzeugung bemühen, konnten kriegerische Auseinandersetzungen nicht vermieden werden: in Korea (1950/53), im Kongo (1961/62), in Vietnam (1949–75), im Nahen Osten (1967; 1973) etc. Die Bemühungen um einen Friedensvertrag mit Gesamtdeutschland wurden durch die Vereinigung erfolgreich abgeschlossen.

LIT. H. J. Schlochauer, Das Problem der F. in seiner ideengeschichtl. und völkerrechtl. Entwicklung (1946); A. Hanke, Friedenspläne und Friedensorganisationen (1958); F. Dickmann, Friedensrecht und Friedenssicherung (1971); W. von Simson, Die Verteidigung des Friedens (1975); P. Lock (Hrsg.), Frieden als Gegenstand von Wissenschaft (1982); H. Röhrs, Frieden – eine pädagogische Aufgabe. Idee und Realität der Friedenspädagogik (1983); G. Heiss, H. Lutz (Hrsg.), Friedensbewegungen. Bedingungen und Wirkungen (1984); D. Riesenberger, Geschichte der Friedensbewegung in Dtl. von den Anfängen bis 1933 (1985).

Friedensvertrag. Eine Übereinkunft, durch die ein Krieg beendet und der Friede zwischen den vertragschließenden Parteien wiederhergestellt wird. Sowohl die territorialen als auch die polit. Verhältnisse, darüber hinaus die Fragen der Entschädigungen (Reparationen), der Abrüstung, der Entfestigung oder der Entmilitarisierung von Gebietsteilen, Garantien für die Sicherung der Erfüllung der erhobenen Ansprüche (z. B. die Besetzung des gesamten Landes oder von Landesteilen durch den Sieger), die Beendigung des Wirtschaftskrieges sowie die Wiederherstellung eines friedl. Verkehrs werden durch einen F. geregelt. Im Falle eines Bürgerkrieges entfällt ein F., außerdem bei vollständiger Unterwerfung (debellatio) und einer hierauf erfolgenden Annexion durch den Gegner (wie im Falle Hannover, Kurhessen, Nassau, Frankfurt/M. im Jahre 1866, der Burenrepubliken im Jahre 1901). Führen verschiedene Staaten gemeinsam einen Krieg, dann verpflichten sie sich häufig, keinen Sonderfrieden (Separatfrieden) abzuschließen. Die entscheidenden Forderungen und Zugeständnisse, die für einen F. verbindlich sind, werden mitunter in einem Vorfrieden (Präliminarfrieden) festgelegt (z. B. Nikolsburg 1866; Versailles 1871). Dagegen werden durch einen Waffenstillstand ledigl. die Kampfhandlungen eingestellt; der Waffenstillstand kann jedoch mit einem Vorfrieden verbunden werden (dies geschah im Falle der Waffenstillstandsvereinbarungen der UdSSR mit Rumänien, Bulgarien, Ungarn und Finnland – Verbündete Deutschlands im Zweiten Weltkrieg – in den Jahren 1944/45). Nach Kriegen, an denen zahlreiche

Staaten beteiligt waren, kommt es gewöhnl. zu Friedenskonferenzen (Kongressen), auf denen der F. ausgehandelt wird. Bedeutende Friedenskonferenzen bzw. -kongresse waren die zu Münster und Osnabrück (1644–48), zu Utrecht (1713), zu Aachen (1748), zu Rastatt (1797–99), zu Wien (1815), zu Berlin (1878), im Haag (1899 und 1907), zu Paris und Vororten (1919/20).

Ein F. kann a) die Wiederherstellung des früheren Zustandes (Status quo ante), b) die Herstellung einer neuen polit. Ordnung zu erreichen suchen. Das Ergebnis eines F. kann aufgrund von Vereinbarungen zwischen Siegern und Besiegten auf der Basis der Gleichberechtigung (Verständigungsfriede) zustande kommen; es kann aber auch die dauernde Überlegenheit des Siegers anstreben. In der Regel kommt es zwischen den ehem. Kriegführenden zu Verhandlungen über den Inhalt des F. (zu Versailles – 1919 – wurde ledigl. schriftl. und zudem nur für kurze Zeit verhandelt). Wird durch den Sieger auf den Besiegten ein Druck ausgeübt, so entsteht daraus kein rechtl. Mangel des F.

Nach dem Zweiten Weltkrieg kamen F. zustande (im Anschluß an Friedenskonferenzen) zwischen den Alliierten und Italien, Rumänien, Ungarn und Finnland (am 10. 2. 1947 zu Paris), zw. den Alliierten (ausschließl. der UdSSR) und Japan (am 8. 9. 1951 zu San Francisco), zw. den Alliierten und Österreich (am 15. 5. 1955 zu Wien; Staatsvertrag). Mit Gesamtdeutschland ist es im Zusammenhang mit der dt. Wiedervereinigung zu friedensichernden Abmachungen und Verträgen gekommen.

LIT. H. Hackert und H. Nicolson, Das europ. Gleichgewicht. Friedenskongresse in 3 Jh. (1948); P. Drost, Contracts and Peace Treaties (Den Haag 1948); F. A. von der Heydte und H. Müller, in: StL 3 (1959); H. von Hentig, Der Friedensschluß (1952; Neuaufl. 1965); H. Rößler (Hrsg.), Ideologie und Machtpolitik 1919 (1966); D. Blumenwitz, Die Grundlagen eines F. mit Deutschland (1966); G. Schulz, Revolutionen und Friedensschlüsse (1967); B. Mesmer, Friedensverträge aus der Zeit der deutschen Einigung (1975); J. Fisch, Krieg und Frieden im Friedensvertrag (1979).

Friedland (Ostpr.), **Schlacht bei** (14. 6. 1807). Durch den Sieg Napoleons I. (reg. 1804–14/15) über die Preußen und Russen führte sie zum Frieden von Tilsit.

Friedlosigkeit. Im MA die sich aus einigen schweren Verbrechen ergebende gesetzl. Folge. Dementspr. wurde der Friedlose in das Tot- und Schelmenbuch (Achtbuch) eingetragen und verrufen; man durfte ihn straflos töten; seine Habe war jedwedem Zugriff preisgegeben; aus jeder Form der Rechtsgemeinschaft war er herausgerissen.

Friedrichsd'or, abgek. Frdor. Eine von 1750–1855 geprägte preuß. Silbermünze im Wert von 5–5⅔ Silbertaler. Es wurden auch doppelte und halbe F. geprägt.

Fron, Fronde (von ahd. frô, Herr). Hörigkeit einem Herrn, urspr. Gott gegenüber, später der Arbeitsdienst für einen Gebieter.

LIT. F. Lütge, Geschichte der dt. Agrarverfassung vom frühen MA bis zum 19. Jh. (²1967); ders., Dt. Sozial- und Wirtschaftsgeschichte (²1960).

Fronbote. Im MA zunächst der Vollstreckungsbeamte eines Grafen, dann allg. der Gerichtsdiener (Büttel, Weibel), der außerdem mit Verwaltungsaufgaben betraut war, u. a. mit dem Einziehen der Steuern. In einer Reihe von Städten fungierte der F. als Richter in Bagatellsachen.

Fronde (franz., Schleuder). Die während der Minderjährigkeit Ludwigs XIV. gegen Kardinal Mazarin (1643–61) gerichtete Opposition des Pariser Parlaments, der Bevölkerung von Paris und des franz. Adels. Der Widerstand richtete sich gegen Mazarins Absolutismus; von 1648–53 führte er zum Bürgerkrieg. – Dementspr. bez. man eine nicht organisierte Gruppe Oppositioneller als Fronde.

LIT. H. Sée, Les idées politiques en France au 17ᵉ siècle (1923); H. Courteault, La F. à Paris (1930); A. Bailly, Mazarin (1942); B. Poršnev, Die Volksaufstände in Frankreich vor der F. 1623–48 (dt. 1954); A. L. Moote, The Parliamentary F. and the 17th Century Robe Solidarity. In: French Historical Studies, 2 (1962); E. Birnstiel, Die F. in Bordeaux, 1648–53 (1985).

Frondienste (Zwangsdienste). Teils Spanndienste, d. h. Ackerbestellung, Baufuhren etc., teils Handdienste, d. h. persönl. Verrichtungen auf dem Gutshof. Die meist unentgeltl. F. (Vergütung in Form von Beköstigung kam vor) wa-

ren nach Zahl, Zeit, Ort und Art nicht genau festgelegt. Im allg. war jedoch seit dem ausgehenden MA in Westeuropa, Westdtl. eingeschlossen, der Frondienst auf bestimmte Tage des Jahres, des Monats oder der Woche beschränkt. Geleistet bzw. verlangt wurden die Dienstleistungen von den hierzu Pflichtigen gleichzeitig (sässige Fronden) oder abwechselnd (walzende Fronden). Bereits seit dem HochMA konnten die F. durch Abgaben entgolten werden; teilweise wurden sie zu jener Zeit schon abgeschafft, so in England. Hingegen wurden sie im SpätMA und der frühen NZ im Bereich der Gutsherrschaft ausgebaut. Die Bauernbefreiung beseitigte sämtliche F.
LIT. G. F. Knapp, Die Landarbeiter in Knechtschaft und Freiheit (^{2}1910); F. Lütge, Geschichte der dt. Agrarverfassung (^{3}1978).

Fronfasten. Die Quatemberfasten, da im MA die Fronden gewöhnl. zu den Quatemberterminen geleistet werden mußten.

Fronhof. Ein Herrengut, das vom Herrn oder einem Verwalter bewirtschaftet wurde; hierbei leisteten die der Grundherrschaft hörigen Bauern (Hintersassen) Frondienste. Der F. umfaßte die Wohngebäude des Grundherrn bzw. seines Meiers, außerdem des Hausgesindes und der Tagelöhner (provendarii), zudem die Wirtschaftsgebäude, insbes. die Vorratsscheunen. Das zum F. gehörige Herrenland (terra salica) setzte sich meist aus Streubesitz zusammen. Auch das Hofgericht hatte seinen Sitz auf dem F. Mehrere F., die es im Bereich größerer Grundherrschaften gab, unterstanden einem Oberhof. Die Agrarstruktur des Früh- und HochMA wurde durch die Fronhofswirtschaft (villicatio) bestimmt.

Frontier (engl., Grenze). Die freies Land und Kulturland trennende Linie; der Raum, in dem der Pioniergeist expansiver und dynamischer Kräfte wirkt. Der amerikan. Historiker F. J. Turner (1861–1931) bez. diese Kräfte, die das Bestreben haben, sich selbst zu verwalten und auf sozialem Gebiet Gleichrangigkeit zu erreichen trachten, in ständischer, berufl. und lokaler Hinsicht kaum gebunden sind, als ein wesensbestimmendes Element der US-Geschichte. Heute wird dieses Thema unter dem Aspekt einer vergleichenden Geschichtsbetrachtung auch im Hinblick auf andere Gebiete und Zeiträume untersucht.
LIT. F. J. Turner, The Frontier in American History (1921); D. Gerhard, Alte und Neue Welt in vergleichender Geschichtsbetrachtung (1962); M. Mittler, Eroberung eines Kontinents (Zürich 1968); H. Boesch, USA (1973); R. A. Billington, Westward Expansion (New York ^{4}1974).

Frontismus. Bez. für antidemokratische polit. Strömungen in der Schweiz. F. wurde in Anlehnung an Faschismus und Nationalsozialismus gebildet.
LIT. B. Glaus, Die nationale Front. Eine Schweizer faschist. Bewegung 1930–40 (1969).

Fronung (Fron). Seit fränk. Zeit die Beschlagnahme des gesamten, insbes. des unbewegl. Vermögens durch die öffentl. Gewalt zugunsten eines Klägers. Die F., eine Form der Liegenschaftsvollstreckung, erfolgte aufgrund der gräfl. Banngewalt (mlat. missio in bannum).
LIT. H. Planitz, Die F. In: ZRG GA, 78 (1961).

Fruchtfelderwirtschaften →Felderwirtschaft.

Frühsozialismus →Sozialismus.

Fuchtel (von fechten). Degen mit flacher Klinge. Bis 1806 war der Schlag mit der F. eine im preuß. Heer oft angewendete Strafe; daher die Redensart »unter der F. stehen«; in strenger Zucht stehen.

Fuéro (span. von lat. forum). Gericht, Gesetzbuch, Sammlung von Rechtsgewohnheiten. Die ältesten F. sind die F. Juzgo, die span. Übersetzung der ›lex Visigothorum‹ (694) des Königs Eurich (reg. 466–84).

Fuéro de los Españoles. Das span. Grundgesetz vom 17. 7. 1945.
Texte: Leyes fundamentales del Reino (Madrid 1967).

Fuggerzeitungen. Sammlung von handschriftl. Nachrichten über Ereignisse und Zustände während der Zeit von 1568–1604. Der 27 Bände umfassende Hauptbestand liegt in der Wiener Nationalbibliothek. Im wesentl. geht die Sammlung auf Philipp Eduard Fugger (1546–1618) zurück.
LIT. V. Klarwill (Hrsg.), F. (Wien 1923); M. A. H. Fitzler (d.i. M. A. H. Koemmerling), Die Entstehung der sog. F. in der Wiener Nationalbibliothek (1937); G. T. Matthews (Hrsg.), News and Rumor in Renaissance

Europe. The Fugger Newsletters (N. Y. 1959).

Führer. Bez. für eine Persönlichkeit, die eine Gruppe von Menschen oder Unternehmen aufgrund ihrer F.-Eigenschaften oder Kenntnisse zu leiten versteht. Im milit. Bereich wird seit der Landsknechtszeit eine Dienststellung als F. gekennzeichnet: Zugführer, Kompanieführer etc. In den Diktaturen der jüngeren Vergangenheit und der Gegenwart ist die Bez. F. ein selbstgeschaffener Titel ihrer Diktatoren; so nannte sich A. Hitler »Der F.«, B. Mussolini »Duce«, F. Franco »Caudillo«. Entspr. dem Führerprinzip befiehlt und entscheidet der F. (»wir folgen«).

LIT. A. Hitler, Mein Kampf. 2 Bde. (1925–27, [47]1933); A. Bullock, Hitler. Eine Studie über Tyrannei ([2]1953 u. ö.); Jean F. Neurohr, Der Mythos vom Dritten Reich (1957); W. Horn, Führerideologie und Parteiorganisation in der NSDAP 1919–39 (1972); A. Tyrell, Vom Trommler zum Führer (1974).

Führerbefehl. Die 1941–45 erlassenen Befehle Hitlers in seiner Eigenschaft als Oberbefehlshaber des Heeres. Hitlers Weisungen hingegen stellen Rahmenbefehle für die strateg. Kriegführung dar.

LIT. W. Hubatsch (Hrsg.), Hitlers Weisungen für die Kriegführung (1965).

Fünfte Kolonne. Bez. für Agenten-, Spionen- und Verrätergruppen sowie für staatszersetzende, Wühlarbeit leistende Organisationen verschiedener Art im Dienste einer ausländ. Macht. Die Bez. entstand während des Span. Bürgerkrieges (1936–39), als nationalspan. Truppen in vier Kolonnen gegen Madrid vorrückten, währenddessen sie durch ihre Anhänger, eine F. K., in der Stadt unterstützt wurden.

LIT. L. de Jong, Die dt. F. K. im Zweiten Weltkrieg (1958); T. Georgescu, La cinquième colonne en Roumanie. In: Revue d'Histoire de la Deuxième Guerre Mondiale, 8 (1968).

Furor Teutonicus (lat., german. Raserei). Ausdruck zur Bez. des german. Angriffsgeistes; er ist zuerst bezeugt bei dem röm. Dichter Marcus Annaeus Lukan (39–65; erzwungener Selbstmord) in seinem leidenschaftl. antimonarch. (unvollendeten) Epos ›Pharsalia‹ (I, 255f.).

Fürsprech(er). Im MA verbreitete Bez. für den Beistand einer Partei vor Gericht; er sprach für sie und beriet sie. Heute insbes. im Kanton Bern die Bez. für Rechtsanwalt.

Fürstbischof, Fürsterzbischof. Ein durch den Staat verliehener, kirchenrechtl. bedeutungsloser Ehrentitel von elf Erzbischöfen und Bischöfen des alten Österreichs, deren Sprengel bereits vor der Regierung Maria Theresias (1740–80) bestanden, des Erzbischofs von Gran und des Bischofs von Breslau. Außerh. des heutigen Österreich ist der Titel nach dem Ersten Weltkrieg weggefallen.

Fürsten (lat. principes, ahd. furesto, der Erste; vgl. angelsächs. fyrest, engl. first). Im MA die höchsten Reichsbeamten, Herzöge, Pfalz-, Burg- und Gaugrafen. Als F. galten auch die Bischöfe und Äbte, sofern die von ihnen verwalteten Gebiete reichsfrei waren. Die weltl. und geistl. F. hatten Sitz und Stimme im Reichstag. – Heute werden im allg. sämtl. souveränen Monarchen als F. bez.

LIT. H. Mitteis, Der Staat des hohen MA ([7]1962); J. Ficker, Vom Reichsfürstenstande. Bd. 2, hrsg. und bearb. von P. Puntschert ([3]1923); O. von Dungern, Der Herrenstand im MA (1908); ders., Adelsherrschaft im MA (1927); A. Schulte, Der Adel und die dt. Kirche im MA ([2]1922); Th. Mayer, Kaisertum und Herzogsgewalt im Zeitalter Friedrichs I. (1944); ders., F. und Staat (1950); G. Tellenbach, Vom karoling. Adel zum dt. Reichsfürstenstand (Herrschaft und Staat im MA, 1956); W. Berges, Die Fürstenspiegel des hohen und späten MA (1938; unveränd. Nachdruck 1952); H. M. Klinkenberg, Über Karolingische Fürstenspiegel. In: GWU 7 (1956); H. Mitteis und H. Lieberich, Dt. Rechtsgeschichte ([9]1965); Ingeborg Klettke-Mengel, F. und Fürstenbriefe. Zur Briefkultur im 16. Jh. an geheimen und offiziellen preuß.-braunschweig. Korrespondenzen. Studien zur Geschichte Preußens 38 (1985).

Fürstenabfindung, Fürstenauseinandersetzung. Bez. für die Regelung der Vermögensverhältnisse der dt. Fürstenhäuser, die 1918 entthront worden waren. Die F. erfolgte aufgrund von 26 Einzelverträgen, nachdem eine reichsgesetzl. Regelung und der ›Volksentscheid auf entschädigungslose Enteignung der Fürsten‹ (20. 6. 1926) gescheitert waren. Die Verträge liefen im wesentl. darauf hinaus, daß das Kammergut (Domänen) zw. Staat und Fürsten-

haus geteilt wurde, während die Residenzschlösser, Parks, Theater, Bibliotheken und Museen in den meisten Fällen auf den Staat übergingen. Teilweise erhielten die Fürsten auch einmalige Abfindungen oder lebenslange Renten. Die Abfindungen bezogen sich stets auf das gesamte Haus. Ihren Abschluß fand die F. durch den Vergleich des preuß. Staates mit dem Haus Hohenzollern am 6. 9. 1926. Durch Gesetz vom 3. 4. 1919 erfolgte die Beschlagnahme der Kron- und Familienfideikommisse des Hauses Habsburg.
LIT. Th. Günther, Die Fürstenentschädigung (1928); M. Stürmer, Koalition und Opposition in der Weimarer Republik (1967); U. Schüren, Der Volksentscheid zur Fürstenenteignung 1926 (1978).

Fürstenbank (Fürstenrat). Die Gesamtheit der mit Sitz und Einzel(Viril)-stimme ausgestatteten Fürsten am Reichstag. Durch kaiserl. Privilegien, die sog. Fürstungen, bildete sich die jüngste Schicht des Reichsfürstenstandes. Die Auflösung aller geistl. und zahlreicher weltl. Fürstentümer brachte der Reichsdeputationshauptschluß (1803). Jedoch verblieben den mediatisierten standesherrl. Häusern die Zugehörigkeit zum Hochadel sowie die volle Ebenbürtigkeit. Diese Rechte besaßen später gefürstete Familien nicht.
LIT. L. K. Aegidi, Der Reichsfürstenrat nach dem Luneviller Frieden (1853).

Fürstenbund (Deutscher). 23. 7. 1785: durch Friedrich d. Gr. (reg. 1740–86) gegen die Hauspolitik Kaiser Josephs II. (reg. 1765–90) veranlaßter Bund dt. Reichsfürsten von Preußen, Sachsen, Hannover, Trier u. a. Der F. richtete sich im einzelnen gegen den Versuch Josephs II., Bayern durch Tausch mit den österreich. Niederlanden für Österreich zu erwerben, darüber hinaus das Reich im zentralist. Sinne umzugestalten; die Rechte der Reichsfürsten hätten bei der Verwirklichung solcher Bestrebungen zwangsläufig geschmälert werden müssen. Durch die Konvention von Reichenbach (1790) fanden die Bestrebungen ihr Ende.
LIT. L. von Ranke, Die dt. Mächte und der F. (^{2}1875); U. Krämer, Carl August von Weimar und der Dt. F. (1961).

Fürstenschulen. Durch den Kurfürsten Moritz 1543 in Sachsen errichtete Internate mit humanist. Bildungsideal; jahrhundertelang gingen aus den F. bedeutende Persönlichkeiten hervor, z. B. (aus Pforta) Klopstock, Fichte, Ranke, Nietzsche; (aus Meißen) Gellert, Lessing.
LIT. R. Lennert, in: Neue Sammlung, Jg. 4 (1964).

Fürstenspiegel. Anleitung zur Erziehung junger Fürsten, häufig in poetischer Form oder als Lebensbild abgefaßt; in ihnen wird das Idealbild eines Herrschers dargestellt oder Regeln für ein vernünftiges Handeln zukünftiger Herrscher vorgeschrieben. Berühmte F. sind Xenophons ›Kyropädie‹; Thomas von Aquins ›De regimine principum‹ (1266); Machiavellis ›Il Principe‹ (1513); Erasmus von Rotterdams ›Institutio principis christiani‹; Castigliones ›Cortegiano‹ (1518); Elyots ›Governour‹ (1531); Fénelons ›Télémaque‹ (1699); Wielands ›Goldener Spiegel‹ (1772).
LIT. B. Singer, Der F. in Dtl. im Zeitalter des Humanismus und der Reformation (1979); W. Berges, Die F. des hohen und späten MA (1938; 1952).

Fürstentag.
[1] Die Versammlung dt. Reichsfürsten, meist gegen den König gerichtet. Der erste, gegen Heinrich IV. (reg. 1056–1106) gerichtete F., fand 1076 zu Tribur bei Mainz statt.
[2] Die Versammlung der Fürsten des Dt. Bundes 1863 zu Frankfurt/M.; Zweck der Versammlung war es, eine Reform des Bundes zu beraten.

Fürstentum.
[1] Die von einem Fürsten bekleidete Würde.
[2] Im Dt. Reich Bez. für die aus den alten Herzogtümern hervorgegangenen reichsunmittelbaren Territorien. Die Bez. ist seit dem 16. Jh. nachweisbar. Man unterschied geistl. und weltl. F.
LIT. H. Aubin, Die Entstehung der Landeshoheit (1920; Neudr. 1961); H. Conrad, DRG 1 (^{2}1962), 2 (1966); H. Möller, Fürstenstaat oder Bürgernation. Deutschland 1763–1815 (1989).

Fürstprimas. Titel, der 1806 dem Reichsfreiherrn Karl Theodor von Dalberg (1744–1817) durch die Rheinbundakte verliehen wurde: ›F. des Rheinbundes‹.

Füsilier (von franz. fusil, Gewehr, Flinte). Eine zunächst in Frankreich aufgekommene Bez. für den mit dem um 1640 erfundenen Steinschloßgewehr ausgerüsteten Angehörigen eines Reiterregiments. Bis ins 20. Jh. blieb die

Bez. als Traditionsname für Angehörige der Infanterie bestehen, da die Infanterie nach den Reiterregimentern die gleiche Bewaffnung erhielt.

Füssen, Friede von (22. 4. 1745 zwischen Bayern und Österreich). Seine Bedeutung liegt darin, daß Kurfürst Maximilian III. Joseph (1745–77) sich hierdurch aus dem Österreichischen Erbfolgekrieg zurückzog, um sich einer Politik der inneren Reformen zuzuwenden.

Fylke (norweg.). »Völkerschaft«, das Herrschaftsgebiet eines norweg. Kleinkönigs (Hersen); seit dem MA Bez. für die Verwaltungsbezirke in Norwegen.

Gabella (franz. gabelle). Urspr. Bez. für jede indirekte Steuer in Frankreich (gabelle du vin etc.), dann Salzsteuer seit Philipp IV. (1286). Salzverkauf war Staatsmonopol, erfolgte durch königl. Offiziere (grenadiers à sel). Steuerpflichtige mußten jedes Jahr eine bestimmte Menge Salz kaufen (devoir de sel: Pflichtsalz). Wer bei der Kontrolle nicht genügend Salzquittungen vorweisen konnte (billets de gabellement), wurde bestraft. Einige franz. Provinzen hatten Exemtion vom Salzmonopol erreicht (l'Auvergne, le Poitou, la Saintonge, le Périgord, les deux Limousins). Seit 1680 unterscheidet man pays de la petite gabelle (Dauphiné, Languedoc, Provence u. a.), wo das Salz weniger teuer ist, und pays de la grande gabelle, ferner provinces franches (pays de franc salé). Die G. war sehr unpopulär, reizte zum Schmuggel mit Salz zw. den verschiedenen Provinzen und wurde von der Assemblée générale am 10. 5. 1790 abgeschafft, 1806 auf anderer Grundlage wieder eingeführt. – Salzakzise, Salzumgeld, Salzzoll gab es auch in anderen Ländern, z. B. in Böhmen und Preußen bis 1820.
LIT. M. Mourré, Dict. d'hist. universelle I (1968), 793; Haberkern-Wallach 220.

Gala (aus arab. über span. gala, Kleiderpracht). Festschmuck, Festkleider; am Wiener Hof Leopolds I. (1658–1705) taucht die aus dem Span. übernommene Bez. zuerst auf, 1706 in Hannover verständlich, in Süddtl. und in Paris noch unbekannt.

Galan (von span. galano, in Gala gekleidet, höfisch, artig). Im Deutschen (seit 1601): Liebhaber.
LIT. Kluge 228.

Galant (von franz. galer, Feste feiern, oder von Gala) wird im letzten Drittel des 17. und in den beiden ersten Jahrzehnten des 18. Jh. anstelle von »alamodisch« als Modewort für elegant und modern gebraucht. Gesellschaftl. Gewandtheit im Benehmen und Reden, bes. gegenüber Frauen, bildet den Kern des schnell verallgemeinerten und verwässerten Begriffs, der in Frankreich im Umkreis des Hotels Rambouillet entstanden ist. Der überragende Einfluß Frankreichs in jener Zeit spiegelt sich in der Geschichte dieses Mode- und Schlagwortes. **Galant homme:** »ein Mensch, dem alles wohl ansteht, der gleich vor allem der Leute Augen auf sich zieht und ihnen immer besser gefällt« (Frisch 1719). Nicht nur Kleidung und Umgangsformen, alles Menschliche sollte, den Forderungen der Zeit entsprechend, »galant« sein, daher auch **»galante Dichtung«** (Erdmann, Neumeister, ›Allerneueste Art zur reinen und galanten Poesie zu gelangen‹, 1707).

Galanterie tritt an die Stelle des Schlichten, Natürlichen. Die Reaktion auf galant setzte etwa ab 1720 in Dtl. ein.

Galeasse (ital. galeazza). Größeres Kriegsschiff; seit 1419 in dt. Texten; in der Bedeutung: Zweimaster mit hohem Vormast nicht vor 1794.
LIT. Kluge 228.

Galeere (griech.). Die griech. Bez. für einen Seefisch wurde auf die großen Ruderkriegsschiffe des Mittelmeeres übertragen. Aus mlat. galea entstand ital. galera, dt. zunächst gallere. Segel dienten als Hilfsantrieb; von Strafgefangenen gerudert, danach: Galeerensklave; die Galeerenstrafe wurde bis Ende des 18. Jh. verhängt. **Général des galères:** Galeerengeneral; in Frankreich vom Ende des 15. Jh. bis 1748 der Kommandant der Galeerenflotte.

Galimathias (aus neulat. gallimathia). Verworrenes Gerede. Seit Montaigne († 1592) literarisch, Ende des 17. Jh. von Christ. Gryphius übernommen.
LIT. Kluge 229.

Gallia christiana. Histor.-statist. Werk, das die Geschichte der Bistümer und Abteien des alten Frankreich auf urkundl. Grundlage, nach Kirchenprovinzen geordnet, behandelt. Angeregt durch Ughellis Italia sacra (1644–62) erweiterten die Brüder de Sainte-Marthe die einbändige G. c. des Robert (1626) und der Archiepiscopatuum et episcopatuum Galliae (1621) von Chenu zur G. c., qua omnium archiepiscoporum, episcoporum et abbatum Franciae deducitur (4 Bde., 1659). Durch die Assemblée nationale von 1710 aufgefordert, begann D. de Sainte-Marthe (OSB) die Neubearbeitung: G. c. in provincias eccl. distributa etc. (3 Bde. 1715–20). Die Bände IV–XIII (Lyon-Trier) gaben die Mauriner (1728–86) heraus; im 19. Jh. kamen die Bände XIV–XVI (Tours-Vienne) hinzu (1856–65). Die G. c. ist die beste unter den im 17. und 18. Jh. geschaffenen histor.-statist., nach Ländern geordneten Kirchengeschichten. Sie war Vorbild für

ähnl. Unternehmen wie España Sagrada, Illyricum sacrum, Germania sacra des Abtes Martin Gerbert von St. Blasien. Eine zweite von Piolin besorgte Ausgabe umfaßte nur einen Teil der Bände der G. c. und entsprach nicht den modernen histor. krit. Anforderungen. Die franz. Bearbeitung von H. Fisquet (La France pontificale. 22 Bde., 1864–69) enthält Zusätze über den damaligen Stand der Bistümer.
LIT. DACL VI, 227–310; LThK 4, 497.

Gallikanismus. System des Staatskirchenrechts mit episkopalist., konziliarem und nationalkirchl. Einschlag, das in Frankreich (»ecclesia gallicana«) seit dem späten MA zur Ausbildung kam, vor allem seit den Kämpfen Philipps IV. mit Papst Bonifaz VIII. In einer königl. Ordonanz vom 18. 2. 1407 wurde das System des G. präzise formuliert, in der Pragmatischen Sanktion von Bourges (1438) mit Reformdekreten des Baseler Konzils zum Staatsgesetz erhoben, und in der Publizistik des ausgehenden 16. und 17. Jh. weiter ausgebaut. Namhafte Theoretiker des G. (P. Pithou, ›Les libertés de l'Eglise gallicane‹; P. de Marca, ›De concordia sacerdotii et imperii‹, 1641; E. Richer, ›De ecclesiastica et politica potestate‹, 1661) förderten die Entwicklung zum absolutist. Staat sowie den Ausbau des franz. Landeskirchentums im 17. Jh. Seinen kirchenpolit. und doktrinären Höhepunkt erreichte der G. unter Ludwig XIV., der 1663 die Sorbonne zwang, den G. anzuerkennen und während des Regalienstreits 1682 die von Bossuet redigierte ›Declaratio cleri Gallicani‹ von einer franz. Klerusversammlung (Assemblées du clergé) annehmen ließ. Papst Alexander VIII. verwarf die ›Declaratio‹, scheute aber aus Furcht vor einem Schisma vor einer öffentl. Verurteilung zurück. Die von Innozenz XII. erreichte formale Zurücknahme der ›Declaratio‹ bedeutete wenig.
Der G. trat mit der Aufklärung, mit dem Kampf gegen den jüngeren Jansenismus zurück, und wurde mit dem aus der Französischen Revolution hervorgehenden Prinzip der Trennung von Kirche und Staat zum guten Teil überwunden, begann aber mit den Organischen Artikeln des Konkordats zw. Napoleon und Pius VII. (1801) und in der Restauration wieder aufzuleben. Die Entscheidung gegen den G. fiel mit den Erklärungen des Ersten Vatikanischen Konzils.
Seitdem ging auch im polit. Leben Frankreichs die Bedeutung des G. zurück. Der G. schränkte die päpstl. Gewalt gegenüber Frankreich und der Ecclesia gallicana zugunsten der Bischöfe (»libertés de l'Eglise gallicane«) und vor allem des Königs ein. Der Staatsgewalt wurden in Kirchensachen größte Rechte eingeräumt, bes. bei der Vergebung der Pfründen, der Besetzung der Bischofsstühle, mit dem Plazet und der Appellatio ab abusu. Die Wirkungen des G. blieben nicht auf Frankreich beschränkt. Im reichskirchl. Episkopalismus, im Febronianismus, im Josephinismus ist der Einfluß der gallikan. Theoretiker und des gallikan. Vorbilds unverkennbar.
LIT. HKG III–V; LThK IV (1960) 499–503; V. Martin, Les origines du Gallicanisme. 2 Bde. (1838–39); A. G. Martimort, Le Gallicanisme de Bossuet (1953); Carl Andresen, Georg Denzler, dtv-Wörterbuch der Kirchengeschichte (^{2}1984); A. Gough, Paris and Rome. The Gallican Church and the Ultramontane Campaign 1848–53 (1986).

Gallomanie. Übertriebene Vorliebe für franz. Lebensart und franz. Wesen; im 17. und 18. Jh. in Dtl. stark verbreitet. Die G. wurde im 17. Jh. bekämpft von Gryphius, Grimmelshausen, im 18. Jh. durch Schiller u.a. Jeweils im Zusammenhang mit polit.-militär. Vorstößen Frankreichs nach Osten (Eroberung Straßburgs 1681, Pfälzischer Erbfolgekrieg 1688–97) zurückgedrängt, lebte die G. jedoch infolge der kulturellen und geistigen Überlegenheit Frankreichs immer wieder (z.B. am Berliner Hof und anderen dt. Residenzen) auf.

Gallophobie (syn. Frankophobie), Franzosenhaß. Im 17. Jh. z.Z. der Abwehrkämpfe gegen die franz. Hegemonie sind gallophobe Äußerungen festzustellen. Stärker lebt die G. aber erst während der Befreiungskämpfe von der Herrschaft Napoleons (Kleist, Arndt, Körner) und z.Z. des Bismarckreiches auf.

Galloromania. Gallien z.Z. der Römerherrschaft bis zum Einfall der Franken. Davon abgeleitet: Galloromanen = Bewohner dieser Gebiete; **galloromanisch:** aus der Verbindung zw. röm. Zivilisation und kelt. Elementen hervorgegangen; **galloromanische Schrift:**

von Alfred d. Gr. in England eingeführte Schrift.

Gallus Anonymus. Erste zusammenhängende Landesgeschichte Polens aus dem Anfang des 12. Jh., wohl um 1114 vollendet. Der unbekannte Verf. stammt wahrscheinl. aus dem südl. Frankreich oder der Provence. Deutsch- und tschechenfeindliche Tendenz der Darstellung; der Verf. fühlt sich als Herold Boleslaws III.
LIT. W. Wattenbach-R. Holtzmann, Deutschlands Geschichtsquellen im MA II, (1967) 812.

Gammelsdorf, Schlacht von (9. 11. 1313). Sieg Ludwigs von Oberbayern über die Österreicher im Streit um die Vormundschaft über die niederbayer. Wittelsbacher; G. rettete Niederbayern vor dem österreich. Zugriff.
LIT. W. Hofmann, Gammelsdorf 1313, eine kriegsgeschichtl. Studie. In: Verhandl. des Hist. Vereins für Niederbayern 73 (1940) 68–84; Spindler II, 136ff.

Ganerbe (frühahd. ganarp[e]o). Miterbe, Glied einer Erbengemeinschaft; Ganerben: die Gesamtheit der zu einem Erbe Berufenen (lat. coheredes), die auf dem ungeteilten Erbe zusammenlebt.

Ganerbschaft. Adelsgenossenschaft, Ganerbengeschlecht, Ganherrschaft, unter Mitgliedern des Adels, meist der Reichsritterschaft durch Vertrag begründet (Burgfrieden, Erbeinigung, pax castrensis). Ein gemeinsamer Haushalt der Ganerben war in der Regel nicht der Fall; Ganerben leben durch Mutscharung getrennt. War die Ganerbschaft ein Lehen, fand Gesamtbelehnung statt.
LIT. Haberkern-Wallach 121; H. Stegel, Das dt. Erbrecht nach den Rechtsquellen des MA (1853).

Gant (von lat. in quantum, wie hoch [wird geboten?]). Versteigerung. Frage des Versteigerers, über mlat. inquantare, ital. incanto, mhd. gant, seit 1372 in der Schweiz.
LIT. Kluge 231.

Garantiegesetz. Bez. für das ital. Gesetz vom 13. 5. 1871 zur Lösung der röm. Frage. Es sah gewisse Garantien für die Würde und Unabhängigkeit des Papstes vor, eine jährl. Dotation, freie Verbindung des Papstes mit Bischöfen und Gläubigen, aktive und passive diplomat. Vertretung, Nutzung der exterritorialen vatikan. und lateran. Paläste, Trennung von Kirche und Staat in Italien, Abschaffung des Plazet. Ziel des Garantiegesetzes war, aus dem Papst einen ital. Staatsbürger zu machen. Das Gesetz wurde von der Kirche zurückgewiesen. Es erfüllte auch seinen Zweck (z. B. Vertreibung der diplomat. Vertretungen der Mittelmächte) nicht. Mit den Lateranverträgen (1929) wurde das einseitige Garantiegesetz hinfällig.
Text: Z. Giacometti, Quellen zur Geschichte der Trennung von Staat und Kirche (1926).
LIT. H. Bastgen, Die röm. Frage. 3 Bde. (1917–19); A. Jemolo, La Questione romana (1938); ders., Chiesa e Stato in Italia negli ultimi cento anni (1949).

Garde (franz. garde, ital. guardia). Schutz, Warte (germ. warda). 1474 heißt die burgund. Truppe im Heer Karls d. Kühnen garde. G. bedeutet auch die Verpflichtung des franz. homme lige (Lehensmann), die Burg des Herrn zu verteidigen; **garde du commerce:** 1808–67 Beamter in Paris, der die in Schuldhaft Geratenen verhaftete; **garde du sceau:** Bewahrer des kgl. Geheimsiegels in Frankreich, meist unbesetzt; **garde marine:** seit Colbert der Seeoffiziersanwärter; **garde mobile:** 1848/49 in Paris Truppe zum Schutz der Republik; **garde nationale:** Nationalgarde. 1789–1871 Organisation der nicht in sonstigem Militärdienst stehenden Wehrfähigen.
Als G. wurden auch die Elitetruppen in der Umgebung des Herrschers (Hetären, Prätorianer, Mamelucken, Janitscharen) und die Schweizergarden der Bourbonen (seit Ludwig XII. [1498–1515]) und der Päpste (seit 1506), die G. Napoleons I. als Kerntruppe der franz. Armee, die G. als Mustertruppe des preuß. Heeres bis 1918 und in Rußland bezeichnet; die Rote Armee übernimmt diesen Begriff; ähnl. Formationen, allerdings ohne die Bez. G., doch mit demselben Anspruch, auch im NS-Dtl.; **Rote Garden:** Elitegruppen in der Volksrepublik China.

Garnison (aus dem Franz. Anfang des 17. Jh. entlehnt).
[1] Bez. für die in einen bestimmten Platz zu Verteidigungszwecken gelegte Truppe.
[2] Festung; fester Platz; Ort, in dem Truppen liegen (Ville de garnison, Garnisonstadt).

LIT. Kluge 241; Haberkern-Wallach 122; Littré II, 1839.

Garnisonsältester. Ältester Offizier, Vorgesetzter der ganzen Garnison.

Garnisonsgericht. In Preußen bis 1900; zuständig für alle, auch von Zivilisten begangene Ausschreitungen gegen Ruhe und Sicherheit der Garnisonen.

Gast. Fremder; auch fahrender Held, Nichtbürger, fahrender Kaufmann, Schüler. Gastfreundschaft galt in der Antike, im Spätjudentum als hervorragende Tugend. Sie wurde im frühen und ma. Christentum hauptsächl. unter dem Motiv geübt, daß man geübte Gastfreundschaft als Christus selbst erwiesen betrachtete und der Gläubige sich als Fremdling auf Erden (peregrinus) verstand. Gastrecht sichert Unverletzlichkeit auch gegen Dritte (Asyl); das Gastgericht (placitum hospitum) ist ein Notgericht für Gäste. Gastrecht heißt auch das Recht eines Kriegsschiffes einer kriegführenden Macht, sich für eine kurze Zeit in einem neutralen Hafen aufzuhalten.

Gastalde (lat. gastaldus, gastaldio, castaldus). Bez. eines langobard. Beamten; seine Stellung ist nicht genau definierbar. Im eigentl. Regnum langobard. waren die G. hohe bis mittlere Amtsträger, neben den Herzögen, jedoch enger als diese dem König untergeordnet, vom König ein- und absetzbar. G. verwalten häufig ein Stadtgebiet oder königl. Fiskalgut. G. werden in fränk. Zeit durch den Grafen (comes) ersetzt; die Bez. hält sich in den folgenden Jahrhunderten für die Verwalter von Gütern in königl., adligem, bischöfl., städt. Besitz (Verwaltungsbeamter, Meier).
LIT. HWDRG 1388f.; Haberkern-Wallach 223.

Gastein, Konvention von (14. 8. 1865). Zw. Bismarck und dem österreich. Gesandten Graf Blome in München unterzeichnete Übereinkunft, nach der die Verwaltung von Holstein Österreich, die von Schleswig Preußen zustehen solle. Österreich trat seine Rechte an Lauenburg gegen eine Geldentschädigung an Preußen ab. Die Konvention von Gastein war der letzte Versuch einer friedlichen Regelung der deutschen Frage.
LIT. R. Stadelmann, Das Jahr 1865 in Bismarcks dt. Politik (1933); J. C. G. Röhl, Kriegsgefahr und G. K. In: I. Geis, B.-J. Wendt (Hrsg.), Dtl. in der Weltpolitik des 19. und 20. Jh. F. Fischer zum 65. Geburtstag (1973).

Gastrecht →Gast.

Gebietiger (Großgebietiger, Ordensgebietiger). Allg.: Herrscher, Machthaber; Titel der fünf höchsten Ämter im Deutschen Ritterorden: Großkomtur, Marschall, Spittler, Drapierer, Treßler.
LIT. Haberkern-Wallach 224.

Geblütsrecht. Anspruch vor allem des Sohnes eines regierenden Herrschers auf Herrschaft und Erbe; Anspruch, noch zu dessen Lebzeiten (zur Sicherung der Nachfolge der regierenden Dynastie) gewählt zu werden, dann Anwartschaft der nächsten Verwandten auf den Thron. Das in magischen Vorstellungen von dem bes. Heil der Königssippe wurzelnde Geblütsrecht wurde zwar im MA als Prinzip der Thronfolge (Erbfolge) berücksichtigt, konnte sich jedoch gegen das Wahlrecht, den Widerstand der Dynasten und die Einmischungen des Papsttums in die Wahlen nicht durchsetzen und zum Erbrecht steigern. Bei der Wahl des Gegenkönigs Rudolf von Rheinfelden 1077 zu Forchheim siegte das freie Wahlrecht über das Geblütsrecht, ebenso bei der Wahl Lothars III. 1125 über den Geblütsanspruch Friedrichs II. von Schwaben und bei der Wahl Konrads III. 1138 über den Geblütsanspruch Herzog Heinrichs von Bayern und Schwaben. Indessen blieb auch nach dem Interregnum und nach Ausbildung des Kurfürstenkollegs das Geblütsrecht stark (→König, Königtum).
LIT. H. Mitteis, Die dt. Königswahl (^{2}1944; Nachdr. 1965); H. Conrad, DRG I; F. Rörig, Geblütsrecht und freie Wahl in ihrer Auswirkung auf die dt. Geschichte. In: Abh. d. Akad. d. Wissensch. Berlin, Jg. 1945/46, Phil. hist. Klasse 6 (1948).

Geburtstag. In der Antike als Ahnenandenken und Festtag des persönl. Schutzgottes. Nach anfängl. Zögern von der Kirche im 4./5. Jh. aufgenommen; bis ins 11./12. Jh. ein eigenes Meßformular in natale genuinum. G. heute bes. in prot. Ländern verbreitet; in manchen kath. Gegenden besitzt der Namenstag bis heute ausschließlich Geltung.

Geflügelte Worte. Homer. Ausdruck (Ilias I, 201), doch erst seit Georg Büchmanns Werk, das diesen Titel führt (1864), selbst zum »geflügelten Wort« geworden. Man versteht darunter sprichwörtl. gebrauchte Ausdrücke, Bezeichnungen, Namen, deren Ursprung nachweisbar ist.

Gefolgschaft. Im frühen 19. Jh. aufkommende Bez. für ein wesentl. Element der german. Verfassung, den comitatus, und alle von ihm abgeleiteten Erscheinungen. G. war ein auf Treue und Gehorsam begründetes Verhältnis zw. dem Gefolgsherrn, einem König oder Adeligen und seinen Gefolgsleuten. Eine große G. verlieh Ansehen in Friedenszeiten, Macht in Kriegszeiten. Kriegerisches Gefolge dieser Art gab es noch in der Völkerwanderungszeit, ungewiß ist der Zusammenhang mit Vasallität und Lehenswesen (siehe auch →Antrustionen; →trustis).

LIT. HWDRG 1433–37; R. von Kienle, German. Gemeinschaftsformen (1939); W. Schlesinger, Herrschaft und Gefolgschaft in der german.-dt. Verfassungsgeschichte. In: HZ 176 (1953).

Gefürstet. Im Reich die Grafen und Prälaten, denen Ehrenrechte und Titel eines Fürsten zustanden (z. B. Fürstabt, Fürstäbtissin, Fürstpropst; Fürstabt von St. Gallen, Fürstäbtissin von Essen und Thorn; Fürstpropst von Ellwangen usw.). Die Mehrzahl zählte zu den Reichsfürsten, einige waren aber nur Kreisstände.

Gegenkönig (Gegenkaiser). Die Zeit des Gegenkönigtums in der dt. Geschichte reicht von der Wahl Rudolfs von Schwaben (1077) bis zum Verzicht Günthers von Schwarzburg auf die Königswürde (1349). Bis zur Mitte des 11. Jh. war das Geblütsrecht so stark ausgeprägt, daß Thronstreitigkeiten fast nur innerh. der Königssippe vorkamen. Mit dem Aufstieg der Fürsten wurde das Prinzip der Wahl stärker, das Geblütsrecht schwächer. Zudem geriet seit dem Investiturstreit der röm.-dt. König zw. Papsttum und Fürstentum: staufisch-welfischer Thronstreit, Doppelwahl von 1198: Otto IV. gegen Philipp von Schwaben. Der Niedergang der stauf. Macht begünstigte mit den päpstl. Eingriffen die Wahl von Gegenkönigen (1246/47). Doppelwahl von 1257: Richard von Cornwall – Alfons X. von Kastilien. Nach der Zurückweisung des päpstl. Approbationsanspruchs mit dem Rhenser Weistum (1338) und der Ausbildung des Wahlrechts der Kurfürsten war das Ende der Doppelwahlen und des Gegenkönigtums gekommen.

Gegenpapst (pseudopapa, antipapa). Zu Lebzeiten eines bereits kanonisch gewählten Papstes aufgestellter Papst. Die genaue Zahl der Gegenpäpste festzustellen, ist infolge der Quellenlage, der z. T. oft stürmischen Papstwahlen und der unterschiedl. Zählung der Päpste schwierig. Die Zahl der Gegenpäpste schwankt je nach den Standpunkten der Historiker zw. 25 und 40. Erster G. war Hippolytos von Rom, letzter Felix V. Parteiungen im Kardinalskollegium, Eingriffe der Kaiser oder röm. Adelsgruppen führten zur Aufstellung von Gegenpäpsten. Bei einer Reihe von Päpsten ist die rechtl. und histor. Stellung äußerst kompliziert und kaum zu entscheiden, wer der rechtmäßige oder der unrechtmäßige Papst ist.

LIT. Bihlmeyer-Tüchle; HKG; F. X. Seppelt-G. Schwaiger, Geschichte der Päpste. 5 Bde. (^{2}1957–59); L. von Pastor, Geschichte der Päpste seit dem Ausgang des MA. 16 Bde. (Neudr. 1958 ff.).

Gegenreformation. Der erstmals von dem Göttinger Juristen Stephan Pütter (1776) gebrauchte Ausdruck wurde zunächst als Bez. für die einzelnen Fälle von (gewaltsamer) Rückführung prot. gewordener Gebiete zur kath. Religionsausübung gebraucht. Man sprach daher meist von »Gegenreformationen«. Daß die Zeit vom Augsburger Religionsfrieden bis etwa zum Westfälischen Frieden eine Eigenart aufweise, die nach bes. histor. Namengebung verlange, hat sich nur langsam durchgesetzt. Ranke spricht am Ende seiner ›Deutschen Geschichte im Zeitalter der Reformation‹ zum ersten Male von der »Gegenreformation« als einem Zeitalter. Die Bez. ist seit Moritz Ritter (Deutsche Geschichte im Zeitalter der Gegenreformation, 1889 f.) in die Historiographie eingeführt, seitdem heftig umstritten bzw. abgelehnt, durch andere Begriffe z. B. »katholische Reform«, »Restauration«, »konfessioneller Absolutismus« ersetzt bzw. ergänzt und durch die Forschungen von J. Lortz, K. Eder, H. Jedin, E. W. Zeeden u. a. erheblich differenziert. Die Unterscheidung von religiös bestimmter innerkirchl. Reform oder Regeneration und vorwiegend polit. bestimmter, gewaltsam rekatholisierender Gegenreformation hat sich dabei durchgesetzt.

In der geschichtl. Wirklichkeit durchdrangen sich beide Prozesse vielfach.

Entscheidende Impulse zur kirchl. Erneuerung und G. gingen aus von dem Konzil von Trient, den Nuntiaturen und den neuen Orden der Jesuiten, Kapuziner, Theatiner, neugegründeten Universitäten (Jesuitenuniversitäten) und dem Collegium Germanicum, das der Reichskirche eine Reihe tüchtiger Bischöfe und Weihbischöfe schenkte. Der Augsburger Religionsfriede bot den kath. Reichsfürsten die Möglichkeit, ihre Untertanen im kath. Bekenntnis zu erhalten oder zu ihm zurückzuführen. Die im Prinzip genauso auf die Erhaltung des Konfessionsstandes oder seine Ausdehnung abzielende Politik prot. Reichsfürsten führte zu dem Streit um Aachen, dem Straßburger Kapitelstreit, dem Streit um die Reichsstadt Donauwörth, zur Lahmlegung von Reichskammergericht und Reichstag, schließlich zur konfessionellen Bündnisbildung mit dem Abschluß der Union (gegr. 14. 5. 1608, Ahausen), der Liga unter bayer. Führung (1609) und weiteren Reichskrisen, die in den Dreißigjährigen Krieg mündeten. Erstes Zentrum der G. im Reich war das Herzogtum Bayern unter Wilhelm IV. (reg. 1508–50), Albrecht V. (reg. 1550–79) und Wilhelm V. (reg. 1579–98). Die G. in Bayern wirkte sich auf die Markgft. Baden-Baden, im Bunde mit Rom und einer eigenen süddt. Nuntiatur (unter Portia und Ninguarda) auf die Bistümer Freising, Regensburg, Passau, sowie über die Wittelsbacher Kirchenpolitik auch auf das Erzstift Köln und die Hochstifte des Niederrheinisch-Westfälischen Reichskreises aus, die seit der Wahl des Herzogs Ernst auf den Kölner Erzstuhl für 180 Jahre bis 1761 eine Art geistl. Sekundogenitur der Wittelsbacher blieben. Im Erzstift Salzburg setzte die G. unter Wolf Dietrich von Raitenau (1587–1612) und Marcus Sittich von Hohenems (1612–19) ein. In den innerösterreich. Ländern machte sie Fortschritte unter den Erzherzögen Karl und Ferdinand, in Tirol unter Erzherzog Ferdinand II., in den Ländern der Wenzelskrone (Böhmen, Mähren, Schlesien) nach 1620, im Fürstbistum Würzburg unter Julius Echter von Mespelbrunn (1573–1617), im Hochstift Bamberg unter Johann Gottfried von Aschhausen (1617–21), in der Fürstabtei Fulda unter Balthasar von Dernbach (1570–1606). Im Erzstift Mainz wurde die kirchl. Erneuerung und G. durchgeführt unter den Kurfürst-Erzbischöfen Daniel Brendel von Homburg (1555–82), Johann Adam von Bicken (1601–04), Johann Schweikhard von Kronberg (1604–26); im Erzstift Köln setzte die G. mit dem Kölnischen Krieg und der Vertreibung des Gebhard II. Truchseß von Waldburg (reg. 1577–83) unter Herzog Ernst von Bayern (reg. 1583–1612) und seinem Neffen Ferdinand von Bayern (1612–50) ein. Dem ersten Jahrzehnt des Dreißigjährigen Krieges gaben die Rekatholisierung Böhmens, Ober- und Niederösterreichs, der Oberpfalz sowie das Restitutionsedikt (1629) beherrschende Akzente.

Das Eingreifen des Schwedenkönigs Gustav II. Adolf machte die Erfolge der G. im Reich zum größten Teil wieder zunichte. Der Westfälische Friede brachte im großen und ganzen das Ende der polit. G., wenn auch deren Ausläufer im 17./18. Jh. in Schlesien (→Altranstädter Konvention) und in der Pfalz (→Rijswijker Klausel, Pfälzer Religionsstreit) festzustellen sind.

Wenn auch die Periodenbez. G., für die man franz. contreréforme und engl. counterreformation kennt, sich bezeichnenderweise in der dt. Geschichtsschreibung durchgesetzt hat, fehlt es doch nicht in anderen europ. Staaten an »Gegenreformationen«. In England versuchte Maria die Katholische vergebens die G. durchzuführen. In Frankreich zeigen die Hugenottenkriege die enge Verbindung von konfessionellen und polit. Fragen. In Polen trug die G. schließlich den Sieg davon. Die Außenpolitik der europ. Mächte (z.B. Spaniens unter Philipp II., Englands unter Elisabeth I., Schwedens, der Habsburger, Wittelsbacher, Guisen) war entscheidend von konfessionellen Momenten bestimmt. Ohne die innere kath.-kirchl. Erneuerung sind die im Bündnis mit der Staatsgewalt errungenen Erfolge der G. nicht verständlich. Umgekehrt wäre ohne die Unterstützung der kath. Mächte und Dynastien, des kräftig aufblühenden Staatskirchentums eine kirchl. Erneuerung kaum möglich gewesen. Stärksten Ausdruck gewinnt die G. in einer speziellen Frömmigkeit und in der Kunst (Barock), im Jesuitendrama, in der Erbauungsliteratur.

LIT. L. Petry, Die G. in Deutschland (1952); HWDRG I, 1438–42; RGG ^{3}III (1958) 1254–62; LThK ^{2}IV (1960) 585–88; H. Jedin, Katholische Reformation oder Gegenreformation? Ein Versuch zur Klärung der Begriffe nebst einer Jubiläumsbetrachtung über das Trienter Konzil (1946); K. Eder, Die Kirche im Zeitalter des konfessionellen Absolutismus (1555–1648) (1949); E. W. Zeeden, Das Zeitalter der Gegenreformation (1967); ders., Das Zeitalter der Glaubenskämpfe (1555–1648). In: Gebhardt-Grundmann II; HKG IV: Reformation, Katholische Reform und Gegenreformation (1967); Spindler II (1969), III (1971); E. W. Zeeden (Hrsg.), Gegenreformation. Wege der Forschung 311 (1973); G. Droysen, Geschichte der G. (Neuausg. 1984).

Gegenstempel. Ein auf Münzen aufgeprägter kleiner Stempel, der als Prüfzeichen der Behörde und zur Anerkennung landfremder Münzen, auch zur Wertveränderung früher geprägter Sorten dient.
LIT. Clavis mediaevalis 80f.

Geheimbünde. Exklusive Organisationen, abgeschlossen gegenüber »Uneingeweihten«, in der Regel Männerbünde, von hierarch. Gliederung und steigender Exklusivität. In primitiven Gesellschaften meist kultischer Art; in der Antike ägypt., vorderasiat. und griech. Mysterienbünde. Geheimbündischen Charakter im Christentum haben einzelne Gruppen des Gnostizismus, Manichäer, die ma. Neumanichäer, Bogomilen, Katharer, Albigenser. G. waren im MA die schiitischen Assassinen, die Feme.
In der frühen NZ werden die G. häufiger: z.B. die Rosenkreuzer, Freimaurer, Illuminaten, Odd Fellows, Martinisten usw. Ihre polit. Bedeutung ist verschieden, manchmal zweifelhaft. Erst im 19. Jh. entstehen G. mit unmittelbarer polit. Tendenz; in Italien Carbonari, Calderari, Camorra, Mafia; in Frankreich, in Irland, in Rußland die Nihilisten; in Spanien die Comuneros, in China die Boxer, in den USA der Ku-Klux-Klan (negerfeindl., antisemit., antikath.). Ziele und Mittel der G. sind sehr verschieden, oft national, fremdenfeindl. und reichen bis zum polit. Mord, zur Terrorisierung Andersdenkender. Auch die Gegenwart ist noch durchsetzt mit G., mit Resterscheinungen älterer G. und neu entstehenden.
LIT. P. C. Martens, Geheime Gesellschaften ([2]1923); E. Lennhoff-O. Posner, Internationales Freimaurerlexikon (1932); H. und G. Schreiber, Gesch. der G. in vier Jahrtausenden (1956); E. Lennhoff, Polit. G. (1966); M. Agethen, Geheimbund und Utopie. Illuminaten, Freimaurer und deutsche Spätaufklärung (1984).

Geheimschrift. G. gibt es schon im frühen At. Am bekanntesten sind die G., die durch Umsetzen der Buchstaben des Alphabets oder mit Hilfe des Zahlenwerts der Buchstaben (Gematrie) zustande kommen. Daneben gibt es G. aus willkürl. geschaffenen Zeichen. Ma. G. begegnen in Urkunden zur Rekognition und Apprekation, häufiger in Handschriften, Randnoten, Glossaren, Rezepten, Segen u. dgl. Systematischer Ausbau der G. findet sich erst im SpätMA mit dem Aufkommen der diplomat. (ständigen) Vertretungen, zunächst vor allem in Italien (Sforza in Mailand, Venedig). Chiffrensysteme, Zeichenalphabete werden entwickelt, Personen, Staaten usw. durch Decknamen ersetzt, die manchmal schwer aufzulösen sind. In Dtl. sind G. unter Maximilian I. noch selten, recht häufig unter Karl V., in den Kanzleien der Fürsten verstärkt seit dem 17. Jh. In der Reichskanzlei seit der 2. Hälfte des 18. Jh. ein eigenes Chiffrensekretariat, unter Karl VI. in Wien Aufbau eines geheimen Dienstes mit geheimer Ziffernkanzlei. Bes. entwickelt war die G. in Frankreich seit Ludwig XIV.; sehr verbreitet auch an der Röm. Kurie, zahlreiche Nuntiaturberichte sind z.T. in Geheimschriften abgefaßt.
LIT. A. Meister, Die Anfänge der modernen diplomat. Geheimschrift (1902); Clavis mediaevalis 81; B. Bischoff, Übersicht über die nichtdiplomat. G. des MA (Sonderdruck aus: MIÖG 62; 1954); HWDRG 1443ff.; E. Hüttenhain, Die G. des Fürstbistums Münster unter Chr. B. von Galen 1650–1678 (1974).

Geisel. Person, die zur Sicherung eines Rechtsanspruchs in der Gewalt eines Geiselherrn haftbar gemacht wird: Menschenpfand. Zw. der G. und der Tat, für die sie haftbar gemacht wird, besteht kein Rechtszusammenhang, wohl aber irgendeine Beziehung: z.B. Volkszugehörigkeit. Geiselhaft ist zu unterscheiden von Gefangenschaft. Geiselverfall tritt ein bei Fluchtversuch oder Nichterfüllung des Anspruchs. Geiselhaft kann durch Vertrag oder einseitigen Akt (Geiselnahme) begründet

werden. Als Garant völkerrechtl. Ansprüche (Leibbürge) spielte die G. in röm. Zeit, im MA eine wichtige Rolle. Letztes Beispiel für Friedensgeiseln: 1748 zw. England und Frankreich wegen der Herausgabe der Insel Cap Breton. Bei Verträgen zw. Kolonial- und unzivilisierten Mächten vereinzelt noch im 19. Jh. Kriegsgeiseln bis zur Gegenwart als Mittel anerkannt, den Gegner zur Beachtung der Kriegsregeln zu zwingen (z. B. im Partisanenkrieg, als Schutz gegen Sabotage u. dgl.; Sicherheitsgeisel). Die Haager Landkriegsordnung berührt das Problem nicht, Einschränkungen erfuhr das Geisel-Problem durch das Genfer Abkommen über die Behandlung von Kriegsgefangenen 1929; seit dem Genfer Abkommen über den Schutz von Zivilpersonen in Kriegszeiten vom 12. 8. 1949 ist jede Geiselnahme verboten. Der Geiselvertrag zur Ableistung von Schulden (Nutzgeisel) galt nur bis ins MA. Private Geiselnahme läßt sich nicht nachweisen.
LIT. HWDRG I, 1445–51; A. Lutteroth, Die G. im Rechtsleben (1922); A. von Knieriem, Nürnberg (1953).

Geißler. Flagellanten (von lat. flagellum, Geißel). Selbstgeißelung als asket. Übung war im MA und in der frühen NZ verbreitet. Unter G. im engeren Sinne verstand man jene Schwärmer, die seit der Mitte des 13. Jh. – erstes öffentl. Auftreten in Perugia 1260 – die Selbstgeißelung in die Öffentlichkeit trugen. Unmittelbare Ursache der von Oberitalien rasch um sich greifenden Bewegung und der Geißlerfahrten (oft 33½ Tage dauernd in Erinnerung an das Leiden Christi) waren die religiöse Erregung der Zeit, wirtschaftl. Verelendung, Seuchen, vor allem die große Pest 1348/49, endzeitl. Erwartungen. Vielfach förderten die G. soziale Unruhen, nahmen an Judenverfolgungen teil, maßten sich Beicht- und Predigtrecht an, verschärften die Kritik an der Kirche. Papst Clemens VII. verbot, allerdings erfolglos, die Geißlerfahrten; die endgültige Verurteilung erfolgte durch das Konzil von Konstanz 1417, doch lebten die G. örtlich bis ins 16. Jh. weiter. Während der Gegenreformation lebte die öffentl. Selbstgeißelung unter dem Einfluß von Jesuiten und Kapuzinern erneut auf.
LIT. LThK IV^2 610f.; RGG II^3 971f; TRE XII (1984) 162–69.

Geisteswissenschaften. Zusammenfassende Bez. (seit 1849 für [engl.] »moral sciences« erstmals auftauchend) der histor.-philolog. Wissenschaften, die gegen Ende des 19. Jh. gegen die Naturwissenschaften abgegrenzt wurden. Grundlegend waren die Versuche von Wilhelm Dilthey: ›Einleitung in die Geisteswissenschaften‹ (1883) sowie ›Der Aufbau der geschichtlichen Welt in den Geisteswissenschaften‹ (1910). Der Historie kommt in diesem System der G. bes. Bedeutung zu. Die bewußte method. Besinnung auf die G. erfolgte in Auseinandersetzung mit den im 19. Jh. mächtig aufblühenden Naturwissenschaften auf dem Boden des dt. Idealismus, der Romantik und der historischen Schule. Es gibt folgende Scheidungsprinzipien von Natur- und Geisteswissenschaften: erklärend – verstehend (nach Dilthey), nomothetisch – ideographisch (nach Windelband), generalisierend – individualisierend, wertbezogen (nach Rickert).
LIT. E. Spranger, Die Grundlagen der Geisteswissenschaft (1905); E. Rothakker, Einleitung in die Geisteswissenschaft (^{2}1930); E. Cassirer, Zur Logik der Kulturwissenschaft (1942); Th. von Uexküll, Von Ursprung und Grenzen der Geistes- und Naturwissenschaften (1950); W. Laskowski u. a. (Hrsg.), Geisteswissenschaft und Naturwissenschaft. Ihre Bedeutung für den Menschen von heute (1970); TRE XII (1984) 259–73; O. F. Bollnow, Zur Philosophie der Geisteswissenschaften. 2 Bde. (1982).

Gelbe Gefahr. Seit dem Boxeraufstand in China (1899–1900), vor allem aber seit dem Sieg der Japaner über das zarist. Rußland im russ.-japan. Krieg (1904/05) gebrauchtes Schlagwort für die vermeintl. Gefahr, die der weißen Rasse und Kultur durch die gelbe Rasse drohte.

Geld (ahd. gelt, Vergeltung, Vergütung). Das lat. Wort pecunia = Geld wird meist auf pecus (Vieh) zurückgeführt, doch ist zu vermuten, daß es auf die umfassendere Bedeutung von pecunia = Eigentum zurückgeht.
Entstanden ist das G. aus dem Bedürfnis heraus, einen Maßstab für die Quantifizierung z. B. von kult. Opfern zu besitzen. Der anwachsende Tauschverkehr führte dazu, stellvertretend für sämtl. übrigen Güter ein einziges Gut als bevorzugtes Tauschmittel verfügbar zu ha-

ben. Bei den einzelnen Völkern und Kulturen hat es im Laufe der Zeit die unterschiedlichsten Zahlungsmittel gegeben, so Kleidergeld (Pelze) im alten Rußland, Nutzgeld, d.h. vor allem Nahrungs- und Genußmittel u.a. bei den Lappen, den Mexikanern und den Abessiniern, oder Metallgeld im Nigergebiet.
Die weitere wirtschaftl. Entwicklung im Laufe der Zeit führte dazu, daß die primitiven Geldformen in zunehmendem Maße durch Metalle, zumal Silber und Gold, ersetzt wurden, bis schließl. die Goldwährung (seit der Wende vom 18. zum 19. Jh.) maßgebend wurde. Erster Weltkrieg (1914–18), Weltwirtschaftskrise (1929–31) und Zweiter Weltkrieg (1939–45) führten zu volkswirtschaftl. Belastungen, denen die Goldwährung nicht gewachsen war. Die hieraus resultierende Konsequenz war, daß an ihre Stelle die Papierwährung trat. Sie verkörpert das Wesen des Geldes als einer abstrakten Währung am vollkommensten. Gleichzeitig jedoch birgt sie die Gefahr der Vermehrung der Geldmenge in sich mit den daraus sich ergebenden Gefahren für die modernen Volkswirtschaften.
LIT. W. Gerloff, Die Entstehung des G. und die Anfänge des Geldwesens ([2]1947); ders., Geld und Gesellschaft (1952); H. Ritter, Der Mensch und das G. (1952); E. Samhaber, Das G. Eine Kulturgeschichte (1964); H. Schacht, Magie des G. (1966); H. Rittmann, Dt. Geldgeschichte seit 1914 (1975); M. Monestier (Hrsg.), Banknoten der Welt (1982); H. Moser, H. Rizzolli, H. Tursk, Tiroler Münzbuch (Innsbruck 1984); F. Wagner, Geld oder Gott? Zur Geldbestimmtheit der ... Lebenswelt (1985).

Geldkatze. Früher benutzter Geldbeutel für Reisende; er war schlauchartig gearbeitet und wurde um den Leib geschnallt.

Gelehrtenkalender. Biograph. und bibliograph. Hilfsmittel. ›Kürschners Deutscher Gelehrtenkalender‹, seit 1925 von dem seit 1879ff. erscheinenden ›Allg. dt. Literaturkalender‹ getrennt; Biographien lebender Persönlichkeiten auch in dem seit 1849 erscheinenden ›Who is who?‹ Vergleichbares gibt es für alle Länder, z.B. für Deutschland seit 1905: H. A. L. Degener, ›Wer ist's?‹; heute unter dem Titel: ›Wer ist wer?‹ Allgemein nur kurze biograph. Angaben, Name, Fach, akadem. Grade, Titel, Stellung, Adresse, Veröffentlichungen.

Geleit (conductus, custodia stratarum publicum, ducatus). Begleitung, Schutzgeleit, Ehrengeleit. Das Geleitrecht war königl. Hoheitsrecht. Friedrich II. gestand 1220 und 1232 den Landesfürsten auch das Geleitregal zu. Der unter Geleit Reisende zahlte dem »Geleitherrn« ein bes. Geleitgeld. Als Zeichen des Schutzes trug der Geleitete Fahne, Kreuz, geweihten Stab oder andere Abzeichen. Das Geleitwesen diente der Sicherheit der Straßen, des Verkehrs und des Handels. G. konnte auch als Zusicherung der Verschonung von Untersuchungshaft und Freiheit von Haft an Personen gewährt werden (Hus auf dem Konzil von Konstanz, Geleitsbruch umstritten; Luther auf dem Reichstag zu Worms 1521). Für die Königswahl war den Kurfürsten seit Licet iuris (1338) und der Goldenen Bulle G. zugesichert, ebenso für die Reichstage.
LIT. HWDRG I, 1481–89; Rössler-Franz, SWDG I, 334f.

Gelobtes Land. Bez. für Palästina nach Hebr. 11, 9 (terra repromissionis), weil Gott es den Patriarchen und ihren Nachkommen zu geben versprochen hatte.

Gemarkung (ahd. marcha, Mark). Urspr. Grenze, Markung; später Feldmark, Flur, heute auch für Gemeindegebiet gebraucht. Unterabteilung der Gemarkung ist die Gewann.

Gematrie. Geheimschrift, die auf dem Zahlenwert des Buchstabens beruht, in altoriental., jüd., christl., griech. und arab. Überlieferung. Auffallende Zahlen oder Quersummen werden als Geheimnisse gedeutet; im Talmud und der Kabbala dient G. oft der Schriftexegese.

Gemeiner Pfennig. Auf dem Reichstag von Worms (1495) eingeführte Reichssteuer, »Ordnung des gemeinen Pfennigs«. Der G. P. ist der erste, aber mißglückte Versuch einer allg. Reichssteuer, mit der sich bereits der Große Regensburger Christentag (Reichstag von 1471) beschäftigt hatte; sie sollte von allen Männern und Frauen über 15 Jahren erhoben werden, war auf 4 Jahre befristet, sollte die Aufstellung eines Reichsheeres ermöglichen sowie die Kosten des Reichskammergerichts decken. Da die Erhebung zu schwierig, der Ertrag zu gering war, kehrte man 1505, dauernd 1521 wieder zu dem äl-

teren System der Matrikularbeiträge zurück.
LIT. E. Gothein, Der G. P. auf dem Reichstag zu Worms (1878); H. Müller, Reichssteuern und Reichsreformbestrebungen im 15. und 16. Jh. (1880).

Gemeines Recht (lat. ius commune) bez. das bei allen Völkern gleichmäßig geltende ius gentium sowie das allen Bürgern desselben Staates gemeinsame Recht im Gegensatz zu dem lokalen, regionalen, ständ. Sonderrecht. Das G. R. bildete sich im 14./15. Jh. in Oberitalien, vor allem aus dem röm. Recht als »communis opinio doctorum«, wurde im MA subsidiär zum Partikularrecht angewendet und setzte sich im werdenden frühneuzeitl. Staat im Zug der Vereinheitlichung der Gesetzgebung allmählich durch. Kritik am G. R. ging vom Naturrecht des 17. und 18. Jh. aus. Unterschiedl. ist die Stellung der Kodifikationen zum G. R.: das Allgemeine Landrecht für die preuß. Staaten z.B. setzt das G. R. außer Kraft. Subsidiär fand das G. R. z.T. Anwendung bis zum Inkrafttreten des Bürgerlichen Gesetzbuches (BGB).
LIT. HWDRG I, 1506–10; H. Conrad, DRG I; P. Koschaker, Europa und das röm. Recht (^{4}1966); F. Wieacker, Privatrechtsgeschichte der Neuzeit (^{2}1967).

Gemeingeist. Etwa gleichbedeutend mit Gemeinsinn. Sinn und Tätigkeit für das Gemeinbeste, gebildet gegen Ende des 18. Jh. nach engl. public spirit, franz. esprit public. Das Wort begegnet bei Campe, Herder, Schiller, Görres.
LIT. Grimm, Deutsches Wörterbuch, IV, 1, 2 (1897) 3254; Kluge 246.

Gemeinheit. Bez. für das gemeinschaftl. Nutzungsrecht an ländl. Grundbesitz infolge gemeinsamen Eigentums oder »wechselseitiger Dienstbarkeiten«. Nachdem sich seit dem 18. Jh. die Auffassung durchzusetzen begann, daß gemeinsame Nutzungen nicht sinnvoll seien und daher staatlicherseits beseitigt werden müßten, geschah dies durch Gemeindeteilung in großem Ausmaß (lt. preuß. Ges. vom 7.6. 1821). Verbunden war hiermit in der Regel die Aufhebung des Flurzwangs, außerdem Flurbereinigung sowie Zusammenlegung des herrschaftl. Besitzes (Verkoppelung). Schon vor Einsetzen dieses Prozesses verfügten die Bauern in zahlreichen Fällen nur noch über ein Nutzungsrecht an den G., da sie bereits in den Besitz der Großgrundgesitzer übergegangen waren (→Allmende).
LIT. P. Gieseke, Art. Grundstück, in: Rechtsvergl. Hwb. f. d. Zivil- u. Handelsrecht, 3 (1931); W. Abel, Agrarpolitik (^{3}1967).

Gemeinsinn →Gemeingeist.

Gemmensiegel. Seit der Merowingerzeit bis Ende der Karolinger wurden antike Gemmen häufig als Siegelinstrument verwendet; seit Ludwig dem Frommen gibt es auch Nachahmungen solcher Gemmen. Die G. sind meist oval gebildet und zeigen im Profil bildl. Darstellungen von Kaisern, Göttern und Frauenköpfen sowie figürl. Szenen etc.; durch die Umschrift als Siegel einer Person des MA gekennzeichnet. In geh. Ringsiegeln und in Sekreten noch vereinzelt bis ins SpätMA.
LIT. Bresslau II, 597ff.; Clavis mediaevalis 82.

Genealogie. Histor. Hilfswissenschaft, die sich mit der Geschichte der Personen, ihrer Abstammung und den darauf beruhenden Zusammenhängen sowie mit Familienforschung beschäftigt. Vgl. auch →Ahnenprobe, →Ahnentafel, →Aszendenz, →Deszendenz, →Gotha, →Genealogisches Handbuch des Adels.
LIT. E. Heydenreich, Hdb. der prakt. Genealogie (1913); E. Henning, W. Ribbe (Hrsg.), Hdb. der Genealogie (1972); Deutsches Familienarchiv (bis 1981 sind 75 Bände erschienen).

Genealogisches Handbuch des Adels. Fortführung der Gothaischen Taschenbücher seit 1951, gegenüber dem alten »Gotha« wesentl. erweitert, (bis 1980) 73 Bände, gegliedert in: Fürstliche, Gräfliche, Freiherrliche und Adelige Häuser.

General (von lat. generalis, allgemein). Im Kirchenlatein Bez. für Vorsteher eines Mönchsordens. Seit dem 15. Jh. im franz. Heerwesen zur Bez. eines milit. Dienstgrades: capitaine général; daraus gekürzt général für den Höchstkommandierenden. Die dt. Nachbildung Generaloberst gibt es seit der Mitte des 16. Jh., die Kürzung General seit dem Anfang des 17. Jh. Das Oberkommando über die Reichsarmee hatte, wenn es der Kaiser nicht selbst übernahm, der Reichsgeneralfeldmarschall, der von Kaiser und Reichstag gemeinsam ernannt wurde. Bei der Ernennung der Reichsgeneralität mußte seit dem Westfälischen Frieden die kon-

fessionelle Parität berücksichtigt werden. Höchster Rang der dt. Wehrmacht war der Generalfeldmarschall; es folgten der Generaloberst, der General der Infanterie, Artillerie usw., der Generalleutnant, der Generalmajor.
LIT. R. Stumpf, Die Wehrmacht-Elite. Rang- und Herkunftsstruktur der dt. Generale und Admirale 1933–1945 (1982).

Generalbaßzeit (von ital. basso continuo). Bez. für die Musik des Barock seit Anfang des 17. Jh.

Generaldirektorium (abgek. Bez. der höchsten preuß. Behörde im 18. Jh., entstanden aus der 1722 erfolgten Zusammenlegung der Zentralbehörde für die Domänenverwaltung (1689: Geheime Hofkammer, 1713: Generalfinanzdirektion) und des Generalkriegskommissariats mit dem eigentl. Namen: General-Oberfinanz-Kriegs- und Domänendirektorium. Das G. war in Departements mit teils territorialer, teils nach Sachgebieten bestimmter Ressortverteilung gegliedert. Der Zusammenbruch Preußens und die Reformen Steins brachten die Ablösung des G. durch ein modernes Verwaltungssystem.
LIT. H. Conrad, DRG II (1966) 309–313; F. Hartung, Deutsche Verfassungsgeschichte; E. R. Huber, Deutsche Verfassungsgeschichte I.

Generalvikar (Vicarius generalis in spiritualibus). Vertreter des Ortsbischofs, vom Bischof abhängig und nur mit beschränkter stellvertretender Amtsgewalt. Die Ausbildung des Amtes erfolgte im 13. und 14. Jh. G. und Offizial drängten die zu mächtig gewordenen Archidiakone zurück. Das Amt des G. erlischt mit der Vakanz des Bischofstuhles.
LIT. Feine, KRG; LThK IV 667–68; E. von Kienitz, G. und Offizial (1931).

Genfer Katechismus: Zwei verschiedene Schriften Calvins.
a) ›Instruction et Confession de foi dont on use en l'Église de Genève‹ (1537 verfaßt): Katechismus und Glaubensbekenntnis, auf das sich die Genfer Bürgerschaft eidlich verpflichten sollte; die Trinität wurde nicht nachdrücklich gelehrt.
b) 1541/42 verfaßte Calvin 373 Fragen und Antworten. Die Prädestinationslehre war noch nicht entwickelt. Der lat. Text des Katechismus (1545) erhielt in der reform. Kirche das Ansehen einer Bekenntnisschrift.
LIT. RGG II, 1384; W. Niesel (Hrsg.), Bekenntnisschrift der nach Gottes Wort reformierten Kirche (^{2}1948); P. Jacobs (Hrsg.), Reformierte Bekenntnisschriften und Kirchenordnungen (1950).

Genieperiode, Geniezeit →Sturm und Drang.

Genius. Röm. Gott; Schutzgeist; Verkörperung der das Einzelleben überdauernden männl. Zeugungs- und Schöpfungskraft (genius natalis; lectus genialis: Ehebett) sowie der individuellen Existenz; das Fest des G. war der Geburtstag. Von Familie (Familiengenius) und Haus (Hausgenius) wurde der Genienglaube auf größere Verbände, Truppen, Staaten, auf das Imperium seit Augustus, und auf Örtlichkeiten (genius loci) übertragen. Der Genius erschien in Schlangen-, später in Menschengestalt, als nacktes Flügelkind, in Renaissance und Barock zum Putto abgewandelt.

Genossenschaft (von ahd. nōz. Nutzvieh). Genosse ist urspr. der Mithirte oder Weidemitbenützer. G. ist im ma.-dt. Recht eine Vereinigung zur Verwirklichung religiöser, gesellschaftl., wirtschaftl. und polit. Aufgaben auf dem Prinzip der Gleichberechtigung oder auch der Unterordnung (herrschaftl. G.). Als natürlichster genossenschaftl. Faktor erscheint die Verwandtschaft. Aus nachbarl. Solidaritätsgefühl entstanden Nachbar- oder Dorfschaften, darauf aufbauend zur Wahrnehmung wirtschaftl. Interessen die Markgenossenschaft. Durch freie Einung (coniuratio, Eidgenossenschaft) entstand die ma. Stadtverfassung; bei den Kämpfen um die Stadtverfassung und die Bürgerrechte standen sich die Patriziergenossenschaften (z. B. Richerzeche/Köln) und die genossenschaftl. Zünfte der Handwerker gegenüber. Auch in der Landesherrschaft ist ein stark genossenschaftl. Element unverkennbar. Die Bedeutung der G. für das MA hat vor allem O. von Gierke, Das deutsche Genossenschaftsrecht, 4 Bde. (1868/1913; Neudr. 1954) herausgestellt. Vgl. auch O. von Gierke, Die Genossenschaftstheorie und die deutsche Rechtsprechung (1887; Neudr. 1963).
LIT. HWDRG I, 1522–27; StL III (^{6}1959) 764–68; Rössler-Franz, SWDG I, 338ff. K. Kluthe, Genossenschaften und Staat in Deutschland (1985).

Genossenschaftskirche. Neben die

Eigenkirche trat im frühen MA die G., von einem Personenverband (Markgenossenschaft, Hundertschaft usw.) getragen. Die Mehrzahl der dt. G. wurden später Eigenkirchen.
LIT. LThK IV, 678.

Gens (lat.). Geschlecht, Sippe, Volk; das vornehme, polit. einflußreiche, zuerst nur patrizische, dann auch plebejische röm. Geschlecht mit bes. Kult- und Grabrecht; Verband mehrerer Familien, die denselben Namen haben und gemeinsame Abstammung annehmen. Die eigentl. Bedeutung der G. lag in der vorrepublikan. Zeit. Die Angehörigen der G. heißen gentiles (**Gentilen**); sie unterscheiden sich von den Agnaten dadurch, daß ihre Verwandtschaft mit dem Stammvater nicht mehr nachweisbar ist. Umstritten ist die Zugehörigkeit von Freigelassenen und Klienten zur G.
LIT. RE VII, 1176–98.

Gentleman (franz. gentilhomme). Edelmann, Kavalier, urspr. dem niederen Adel (Gentry) angehörend, später jedes Mitglied der guten Gesellschaft. Der G. wurde seit der elisabeth. Zeit immer mehr zum Erziehungs- und Bildungsideal. 1813 umschreibt Campe den G.: »feiner oder rechtlicher Mann«, ein Mann von Erziehung. Als Erziehung- und Bildungsideal löst G. auch im Deutschen ältere Vorstellungen und Schlagwörter ab, z. B. Kavalier, galanter Mensch (17. Jh.), Weltmann (18. Jh.). Kennzeichen: Selbstbeherrschung, Höflichkeit, Fairneß.

gentlemanlike. Nach Art eines Gentleman, ehrenhaft, anständig.

Gentlemen's agreement. Formlose, persönl. Vereinbarung auf Treu und Glauben, bes. in der Diplomatie und Wirtschaft; stillschweigende Übereinkunft zw. Ehrenmännern; Mittel der polit. Verständigung.

Gentry (engl.). Der niedere Adel in England bis zum Baronet; steht unter der Nobility, ist aber nicht abgeschlossen. Auch die Inhaber bestimmter Orden und Ämter sowie Großgrundbesitzer zählen zur G.
LIT. G. E. Mingay, The Gentry. The Rise and Fall of a Ruling Class (1976).

Geographus Ravennatus. Geistlicher aus Ravenna, der um ca. 800 unter Benutzung einer Weltkarte des 3. Jh. eine Kosmographie verfaßte. Guido von Pisa fertigte 1118 einen Auszug aus dem Werk.
LIT. J. Schnetz, Itineraria Romana II (1940).

Geopolitik. Von dem schwedischen Staatsrechtslehrer Rudolf Kjellén (1864–1922) geprägte Bez. der nie anerkannten »Grenzwissenschaft« zw. Geographie, Staatenkunde, Soziologie und Geschichte. Sie geht auf die polit.-geograph. Ideen Friedrich Ratzels (1844–1904) zurück und wurde in Dtl. vor allem durch Karl Haushofer (1869–1946) zur angewandten polit. Geographie weitergebildet. Haushofer vertrat die Lehre »von der geographischen Bedingtheit der Politik«, »von der Erdgebundenheit der polit. Vorgänge«. Durch Haushofers Schüler Rudolf Hess waren Verbindungen zum Nationalsozialismus früh gegeben. Die G., 1935 zu »einer der Grundsäulen des Nationalsozialismus« erklärt, trug zur Rechtfertigung von Hitlers Politik manches bei, brach mit dem Dritten Reich zusammen, rückte aber nach 1945 im Weltbild des histor. Materialismus in eine wichtige Position.
LIT. R. Kjellén-K. Haushofer, Die Großmächte der Gegenwart ([7]1930); K. Haushofer, Grenzen und ihre geograph. und polit. Bedeutung (1927); R. Hennig, Geopolitik (1928); A. Haushofer, Allg. Politik, Geographie und Geopolitik (1951); A. Grabowsky, Raum, Staat und Geschichte. Grundlagen der Geopolitik (1960); StL III ([6]1959) 778ff.

Georgsorden, St.
[1] Hannoverscher Orden, 1839 von König Ernst August von Hannover gestiftet und zum Hausorden erklärt.
[2] Von Zarin Katharina II. 1769 gestifteter höchster militär. Orden Rußlands.

Gerechtsame. Altertümliche Bez. für vererbl. und veräußerl. Nutzungsrechte an Grundstücken, z. B. das Bergrecht und die Apotheken-Gerechtsame.

Gericht, Gerichtsbarkeit (ahd. giriht, zu ahd. recht, gerade, aufgerichtet).
[1] Organ der Rechtsprechung.
[2] Vorgang der Rechtsprechung.

Gerichtsverfassung. In german.-fränk. Zeit hatten die Sippen, König, Kirche, Verbände, Grafen Gerichtsbarkeit. Dem Königtum ist es nie gelungen, die Gerichtsbarkeit zu einem Kernstück zentraler Reichsgewalt auszubauen. Im Gerichtsverfahren dienten Eid, Gottesurteil, Zeugen, auch Urkunden als Beweise. Die Zersetzung der königl. Gerichtsbarkeit, die bereits im 9. Jh. einsetzte, wurde seit der Verquickung von Gerichtsbarkeit und Lehnswesen beschleunigt. Der königl. Bann geriet mit dem Untergang der Feme fast in Vergessenheit. Im SpätMA entzogen viele Reichsstände ihr Gebiet der obersten Gerichtsbarkeit des Königs. Die Goldene Bulle für die Kurstaaten und Privilegia de non appellando und de non evocando für weitere Territorien bezeichnen den Abbau der Reichsjustiz und die Ausdehnung der Landesjustiz. Für die Ausbildung der Landeshoheit wurde der Erwerb der Blutsgerichtsbarkeit wichtig. Mit der Rezeption des röm. Rechts beginnt der Aufstieg der gelehrten Richter. Die beiden obersten Reichsgerichte waren das Reichskammergericht seit 1495 als vom Kaiser unabhängiges Gericht und mit ihm konkurrierend der Reichshofrat seit 1498, der ein wirklich kaiserl. Gericht war. Reformversuche der obersten Reichsgerichte blieben bis zum Untergang des Reiches ohne Erfolg. Die Städte wußten sich ebenso wie die Kirche ihr eigenes Gericht zu sichern. Die Niedergerichtsbarkeit blieb bis ins 19. Jh. weitgehend bei den Städten. Seit dem Untergang des Reiches (1806) gab es bis zur Errichtung des Reichsgerichts keine obersten Gerichte, weder im Deutschen Bund noch im Norddeutschen Bund. Erst 1934/35 wurden die G. der Länder einschließl. der Landesjustizverwaltungen auf das Reich übertragen.

LIT. HWDRG I, 1539–42; 1551–76; H. Conrad, DRG I (^{2}1962); II (1966); Feine, KRG; G. May, Die geistl. Gerichtsbarkeit des EB von Mainz im Thüringen des späten MA (1956).

Germania Sacra. In Anlehnung an die Gallia christiana und die Italia sacra in Dtl. im 18. Jh. unternommener Versuch einer histor.-statist. Bestandsaufnahme der ma. dt. Kirche (Bistümer, Domkapitel, Kollegiatkirchen, Klöster usw.). Vor allem gefördert durch die Benediktiner von St. Blasien unter Abt Martin II. Gerbert. 1908 entwickelten P. F. Kehr und A. Brackmann den Plan einer G. S. Für einige Bistümer liegen Veröffentlichungen vor.

LIT. G. Pfeilschifter, Die St. Blasianische G. S. (1921); G. Wentz, Die G. S. des Kaiser-Wilhelm-Instituts für dt. Geschichte. In: Bll. für dt. Landesgeschichte 86 (1941) 92–1006; N. Hammerstein, Aufklärung und kath. Reich (1977); W. Kohl (Bearb.), Die Bistümer der Kirchenprovinz Köln. Das Bistum Münster (1989).

Gesamtherrschaft, Gemeinherrschaft, Kondominium. Die von verschiedenen Staaten gemeinsam ausgeübte Herrschaft über ein Gebiet. Während des dt. MA diente die G. häufig als ein Mittel, um nachteilige Folgen einer Erbteilung zu verhüten. In Resten lebt die G. seit dem 19. Jh. noch fort. Im Völkerrecht existiert sie noch zu dem Zweck, dem Anspruch mehrerer Staaten auf ein Gebiet gerecht zu werden. So gab es eine G. von Preußen und Lippe über Lippstadt (bis 1850), von Hamburg und Lübeck über Bergedorf (bis 1868), von Preußen und Österreich über Schleswig-Holstein (1864–66), von Großbritannien und Frankreich über die Neuen Hebriden (seit 1906).

Gesamtstimme, Kuriatstimme. Die einer Mehrheit von Stimmberechtigten zustehende Stimme. Im Unterschied zur Virilstimme, die einem einzelnen zukommt, kann die G. nur einheitlich abgegeben werden. Im Reichstag des alten Dt. Reiches (bis 1806) waren die gräfl. Häuser zu 4 G. zusammengefaßt (fränk., schwäb., westfäl., wetterauische Grafenbank), die nicht gefürsteten Prälaten zu 2 G. (rhein. und schwäb. Prälatenbank). Im Dt. Bund verfügten im Engeren Rat außer den 11 Einzelstimmen der größeren und mittleren Staaten die 27 kleineren Staaten über 6 G.

Gesandter. Als gekürzte Lehnübersetzung des franz. envoyé im 17. Jh. in Dtl. nachweisbar. G. ist ein öffentl. beglaubigter und mit diplomat. Charakter ausgestatteter Vertreter eines Staates bei einem anderen Staat.

LIT. W. Fürnrohr, Kurbaierns Gesandte auf dem Immerwährenden Reichstag (1971).

Gesandtschaft. Im 17. Jh. aufkommende Bez. für ständige diplomat. Vertretungen eines Staates bei einem anderen Staat der Völkerrechtsgemeinschaft. Ständige G. gehen auf die dauernde päpstl. Vertretung am Kaiserhof zu Byzanz und bei den fränk. Königen, vor allem aber auf die von Venedig und anderen ital. Staaten seit der Mitte des 15. Jh. entwickelten diplomat. Formen zurück. Die heute übl. Unterscheidung diplomat. Vertreter stützt sich auf das Reglement des Wiener Kongresses (Protokoll vom 19. 3. 1815) und des Aachener Kongresses (Protokoll vom 21. 11. 1818). Man unterscheidet

a) **Botschafter** (ambassadeur extraordinaire et plénipotentiaire), Vertreter ihres Staates und ihres Staatsoberhauptes, bis nach dem Ersten Weltkrieg nur unter den Großmächten üblich; sie haben bes. Ehrenrechte, führen den Titel Exzellenz; ihnen gleichstehend die päpstliche Nuntien und Pronuntien.
b) **Gesandte** (envoyé extraordinaire et ministre plénipotentiaire), von Souverän zu Souverän beglaubigt, sie vertreten jedoch nicht das Staatsoberhaupt, haben geringere Ehrenrechte als die Botschafter; ihnen gleich stehen die päpstl. Internuntien.
c) **Ministerresidenten** in Kleinstaaten vor allem oder in Staaten, die in der internationalen Staatengemeinschaft nicht als vollberechtigt anerkannt sind; heute kaum noch von Bedeutung.
d) **Geschäftsträger:** ständige Geschäftsträger (chargé d'affaires); Geschäftsträger ad interim, nur von Minister zu Minister beglaubigt, sie unterhalten bei polit. Spannungen oder bei Abwesenheit des Missionschefs den notwendigen diplomat. Verkehr.
Die Wahl der Rangklasse einer diplomat. Vertretung hängt vom Absenderstaat ab. Die amtl. Ernennung eines Gesandten erfolgt nach erteiltem Agrément. Seine bes. Aufgaben sind in einer Instruktion festgehalten. Die Sendung eines Gesandten endigt durch Tod, Rückberufung, Abbruch der diplomat. Beziehungen, Erledigung des erteilten Auftrags. Die Gesandten besitzen Exterritorialität, d.h. Befreiung von der Strafgerichtsbarkeit und Zivilgerichtsbarkeit des Empfangsstaates, franchise de l'hôtel: Unverletzlichkeit des Gesandtschaftsgebäudes, Steuer- und Zollfreiheit, Brief- und Depeschenrecht, das Recht der freien Religionsausübung, sog. Kapellrecht usw.
LIT. P. Zorn, Deutsches Gesandtschafts- und Konsularrecht auf der Grundlage des allg. Völkerrechts (1920); K. Walf, Die Entwicklung des päpstl. Gesandtschaftswesens in dem Zeitabschnitt zw. Dekretalenrecht und Wiener Kongreß, 1159–1815 (1966); H. Raab, Sieben Jahrhunderte päpstl. Gesandtschaftswesens. In: HJB 89 (1969) 409–19; K. Müller, Das kaiserl. Gesandtschaftswesen im Jh. nach dem Westf. Frieden 1648–1740 (1976); A. Casaroli, Der Heilige Stuhl und die Völkergemeinschaft. Hrsg. von H. Schambeck (1981).

Geschichte, Geschichtswissenschaft (ahd. gisciht: Ereignis, Zufall, Hergang; frühneuhochdeutsch auch: Erzählung von Geschehenem). Das im 13. Jh. eingedeutschte Wort Historie wurde im 18. Jh. durch G. ersetzt. G. wird in doppeltem und durchaus nicht identischem Sinn gebraucht a) zur Bez. dessen, was geschehen ist, b) als Kunde, Erzählung von dem Geschehenen. In letzterem Sinn umfaßt G. auch den Gesamtbegriff dessen, was mit Geschichtswissenschaft bezeichnet wird, nämlich Geschichtsforschung und Geschichtsschreibung (Historiographie, →Darstellung). Geschichtsforschung versucht, method. Tatbestände aufzuhellen; Geschichtsschreibung ist Aufzeichnung des histor. Geschehens, verbunden mit der Frage nach Ursachen, Zusammenhängen und dem Versuch einer Deutung.
G. kann sich stets nur auf Geschehenes, Vergangenes beziehen, Geschehen an sich ist jedoch noch nicht Geschichte. Geschichtswissenschaft ist die Wissenschaft, welche die durch menschl. Willensakte bewirkten, sozial relevanten Erscheinungen in ihrer vielseitigen Individualität und nach dem erkennbaren kausalen und finalen Zusammenhang mit der Folgezeit bzw. mit bes. Rücksicht auf ihren typischen Wert zu erforschen und zu beschreiben versucht. Zwar gibt es auch eine G. der Natur, des Tier- und Pflanzenlebens, aber im eigentl. Sinne besitzt G. nur der Mensch, wenn er sich als vernünftiges, bewußt handelndes Wesen betätigt. Nur der Mensch wird sich seiner G. bewußt, und zwar jeweils nur geschichtlich und in Auseinandersetzung mit der G. Der Mensch besitzt seine G. nur in deren Verständnis, darin liegt die Einheit von G. als bereits Geschehenem und G. als Wissenschaft. Das Verständnis der G. hat selbst seine G., und es ist in seinem Wandel ein Moment der G. selbst. Die Auswahl des Wissenswerten aus der G. variiert und ist, wie auch die historische Urteilsbildung, abhängig von allg. Zeittendenzen. »Die Vergangenheit vergessen erzeugt die Wirkung, der wir heute begegnen: den Rückfall des Menschen in die Barbarei« (Ortega y Gasset). G. ist nach J. Huizinga die geistige Form, in der sich eine Kultur über ihre Vergangenheit Rechenschaft gibt. Von diesen Urteilen her wird man zu modernen Versuchen, G. durch Futurologie oder

Prognostik abzulösen, Stellung nehmen müssen.
G. ist nach Leopold von Ranke, dem Altmeister histor. Forschung und Geschichtsschreibung, die Darstellung des Gewesenen, »wie es wirklich war, die Vergegenwärtigung der vollen Wahrheit«, nicht Vermittlung von totem Fakten- und Datenwissen, noch Kuriositätenkabinett. G. ist eine ständig in die Vergangenheit hinein, die als Grund der Gegenwart präsent, jedoch nicht verfügbar ist, fragende Wissenschaft. Die Leugnung der Herkünftigkeit der Gegenwart und der Zukunft aus der Vergangenheit ist Absage an die G. und führt zu utopisch-revolutionärer Einstellung. Die Leugnung echter Zukünftigkeit mündet in falscher Restauration und Stagnation.
G. ist einmalig, unwiederholbar, nicht umkehrbar; Geschehenes kann nicht ungeschehen gemacht werden. G. als Wissenschaft unterscheidet sich von den exakten (Natur-)Wissenschaften, die sich auf das Experiment stützen können, vor allem dadurch, daß sie des Experiments entbehren muß und keine Gesetze nach Art der Naturwissenschaften kennt. G. ist nicht willkürl. Zurückgreifen in die Vergangenheit, sondern von der gegenwärtigen Situation her bestimmtes Fragen. Vergangenes wird daher immer wieder unter anderen Gesichtspunkten befragt und beschrieben.
Vorzüglichste Träger und Organe der G. sind Staat, Religion, Kultur. Die polit. G. genießt seit jeher, vor allem seit Hegel und Ranke, eine Vorzugsstellung und nimmt in der Geschichtsschreibung den breitesten Raum ein (dynastische G., Reichsgeschichte, Territorial-, Verfassungs- und Parteigeschichte). Staatl.-polit. Vorgänge (Kriege, Bündnisse, Friedensschlüsse, Außenpolitik), polit. Denken (Ideengeschichte) sind primäre Objekte für die polit. G.
Die Geschichtsauffassung des 19. Jh. war vorwiegend nationalstaatl., polit.-militärisch. Die kulturgeschichtl. Richtung – Karl Lamprechts (1856–1915) kulturgeschichtl. Methode war stark umstritten.
a) **Kulturgeschichte** als eigene Disziplin bleibt problematisch – will die geistigen, religiösen, gesellschaftl., rechtl., wirtschaftl. Verhältnisse einer Zeit beschreiben, die Abhängigkeit von Einzelerscheinungen voneinander untersuchen und die Bedeutung dieser Verhältnisse für die Gesamtentwicklung der Menschheit oder eines Volkes erforschen.
b) **Territorial- oder Landesgeschichte** wendet sich kleineren geographischen, stammesmäßigen, territorialen Einheiten zu.
c) **Sozial- und Wirtschaftsgeschichte** will die Wechselwirkungen zw. Wirtschaft, Staat, Gesellschaft erforschen, wird gelegentlich überschätzt, ist jedoch ein wichtiges Gebiet, dessen Bedeutung nicht nur für die G. der NZ evident ist.
d) **Rechts- und Verfassungsgeschichte,** zw. Geschichtswissenschaft und Rechtswissenschaft stehend, erforscht Formen und Kräfte des staatl. Lebens und ist das »erste und zugleich wichtigste unter den Teilgebieten der G.« (Paul Kirn).
e) Die verschiedenen Religionen in ihrem Werden und in ihrer Art sind Gegenstand der **Religionsgeschichte.**
f) Gegenstand der **Kirchengeschichte** »ist das Wachstum der von Christus gestifteten Kirche in Zeit und Raum. Indem sie diesen ihren Gegenstand von der Glaubenswissenschaft empfängt und im Glauben festhält, ist sie theologische Disziplin und unterscheidet sich von einer G. des Christentums« (H. Jedin). Im Zeitalter der Reformation und der Gegenreformation hat die Kirchengeschichte viel zur Entwicklung der histor.-kritischen Methode beigetragen, der Geschichtswissenschaft auch später wichtige Anregungen gegeben und ausgezeichnete Werke hervorgebracht. Der Wert der Kirchengeschichte für die Geschichtswissenschaft wird vor allem für das MA, die Zeit der Reformation und Gegenreformation und die frühe NZ deutlich.
Die **Geistesgeschichte** bleibt ähnlich wie die Kulturgeschichte als Disziplin problematisch, als Ideengeschichte ist sie aber in jeder Forschungsrichtung miteingeschlossen und sollte dort gepflegt werden. Die Verbindung zw. G. und Kunstgeschichte sollte aufrechterhalten werden.
Nach der formalen Seite ist Geschichtsforschung und Geschichtsschreibung zu unterscheiden. Forschung bereitet in der Untersuchung und Kritik der Quellen, in der Edition von Urkunden, Akten, Briefen usw., in der Anwendung der sog. historischen Hilfswissenschaften (Chronologie, Diplomatik, Paläo-

graphie, Heraldik, Genealogie, Numismatik) das Material für die Darstellung vor, sichert Tatbestände, klärt Details. Geschichtsschreibung ist Darstellung des Geschehens, der Ursachen und Zusammenhänge und verlangt ein gewisses künstlerisches Element. Nach der Art der Darstellung werden in der Geschichtsschreibung unterschieden:

a) die **referierende** oder **narrative Geschichtsschreibung,** die einfachste, nächstliegende und älteste Form histor. Darstellung. Die referierende Geschichtsschreibung begnügt sich mit der Erzählung des Tatsächlichen in äußerer chronolog. Aufeinanderfolge (»Historia quae nude res gestas tantum narrat«). Die referierende Geschichtsschreibung wird vielfach als vorwissenschaftlich charakterisiert. Typisch für diese Form sind: Herodot, die ma. Ostertafeln, die ma. Annalen und Chroniken.

b) die **pragmatische** oder **lehrhafte Geschichtsschreibung,** im 18. Jh. auch histoire raisonnée genannt. Sie versucht den Verlauf des Geschehens nach Ursache und Wirkung zu erfassen, den inneren Triebkräften im histor. Geschehen nachzuspüren und aus der gewonnenen Begründung u. U. eine Nutzanwendung für das Leben, den Staat, die Kirche, die Partei abzuleiten, Bestätigung eigener Auffassungen, Lehren für die Zukunft zu finden. Die pragmat. Geschichtsschreibung verfolgt religiöse, ethisch-erbauliche, patriotische, nationale oder parteipolit. Ziele. Das sittliche Urteil beherrscht die Darstellung. Ein stark subjektives Element ist bei der Auswahl und Auswertung der Quellen und in der Darstellung unverkennbar. Die G. ist richterliche Instanz und Lehrmeisterin. Die pragmatische Geschichtsschreibung gedeiht offensichtlich am besten in den Perioden, da der Pragmatismus seine Sinngebung und Weisung von oben und von wenigen empfängt (Absolutismus, Aufklärung). Vertreter der pragmatischen Geschichtsschreibung sind: Thukydides, Cicero, der in der G. eine magistra vitae sah, Tacitus, Schiller, Friedrich d. Gr., dem die G. zur Rechtfertigung diente, K. von Rotteck, F. Chr. Schlosser. P. Le Moyne, De l'histoire (1670): »Die G. ist eine ununterbrochene Darstellung wahrer und bedeutsamer Begebenheiten, geschrieben mit Geist, Beredsamkeit und Urteilskraft zum Zweck, Privatleute wie Fürsten zu unterrichten und dem Wohle der bürgerlichen Gesellschaft zu dienen.« – Referierende und pragmatische Geschichtsschreibung entspringen menschlich-natürlicher Veranlagung, sind aber auf keine wissenschaftliche Methode gestützt.

c) Die **genetische Geschichtsschreibung** versucht unabhängig von allen spekulativen und lehrhaften Absichten die Entwicklung jeder geschichtl. Erscheinung in ihrem allmählichen Werden zu verstehen aus unzähligen inneren und äußeren Vorgängen. Sie will zeigen, wie etwas geworden ist. Zur allg. herrschenden Form wird die genetische Geschichtsschreibung, die allein den heutigen wissenschaftlichen Anforderungen entspricht, erst im 19. Jh., nachdem Herder den Weg dazu gewiesen hatte. Die neuere Historiographie weist oft Elemente aller drei Stufen der Geschichtsschreibung in enger Verbindung miteinander auf.

Überblick über die **Geschichte der Geschichtswissenschaft:** Der Fortschritt der G. als Wissenschaft war von der Ausbildung der histor.-kritischen Methode abhängig, mit der allein Ergebnisse auf wissenschaftliche Art erworben werden konnten. Ansätze histor. Kritik finden sich bereits in der antiken (Thukydides, Sallust, Tacitus) und ma. Geschichtsschreibung. Die christl. Antike orientierte die Geschichtsschreibung auf Schöpfung, Offenbarung, Weltende, auf den Kampf zw. civitas Dei und civitas Diaboli (Augustinus). Sie brachte Periodisierungen nach den vier Weltreichen der Danielprophetie und nach den sechs Weltaltern in Analogie zu den Lebensaltern (Augustinus, Isidor, Beda). Seltener sind Periodisierungen nach den drei Zeitaltern ante legem, sub lege, sub gratia. Die Hauptformen ma. Geschichtsschreibung sind Annalen, Chroniken, Viten.

Der neuzeitl. Begriff der G. setzt die Verselbständigung der Wissenschaften gegenüber Theologie und Philosophie, die Anschauung von der innerlichen Zusammengehörigkeit und Kontinuität menschlicher Begebenheiten, die Ausbildung des modernen Staates voraus. Renaissance, Humanismus, Reformation und Gegenreformation schärfen ganz allg. den Sinn für philolog. Kritik und das hist.-kritische Bewußtsein. Lorenzo Valla gibt mit seiner Kritik an der Konstantinischen Schenkung ein Muster der Quellenkritik und leitet die Abwertung des »finsteren« MA ein. Machiavellis Geschichtsschreibung (›Istorie Fiorentine‹, 8 Bde., bis 1492 reichend, und seine ›Vita di Castruccio Castracani‹, 1281–1328) übt mehr einen grundsätzlichen als einen vorbildlich praktischen Einfluß aus. Francesco Guicciardini (1483–1540) liefert mit seiner ›Storia d'Italia 1492–1534‹, erstmals vollständig im Buchhandel 1567, und seiner bis ins 19. Jh. geheimgehaltenen ›Storia Fiorentina‹ (1378–1509) Musterbeispiele der neueren polit. Staatengeschichte, bricht mit der humanist. Tradition. Enea Silvio Piccolomini (später Papst Pius II.) bringt in seiner ›Historia Bohemica‹ (verfaßt 1458, reichend bis 1458) die erste im humanist. Geist abgefaßte dt. Landesgeschichte und in seiner ›Germaniae descriptio‹ (1458) wichtige Anregungen für ein stärkeres dt. Nationalbewußtsein. Jakob Wimpheling (1450–1528) verfaßt, nachdem der Humanismus zur Erwekkung des hist. Selbstbewußtseins der Deutschen und Erschließung von Geschichtsquellen (1473 erster Druck der neuentdeckten Germania des Tacitus) manches geleistet hatte, den ersten patriotischen Abriß einer dt. G. (›Epitome rerum Germanicarum‹ 1505). Beatus Rhenanus (1486–1547) führt Wimphelings Werk fort, verfaßt ›Rerum Germanicarum libri tres‹ (zuerst Basel 1531) und Aventin (Johannes Thurmair, 1477–1534) prägt mit seiner bayer. G., die mit souveräner Behandlung der Quellen tiefes Verständnis und leidenschaftl. Begeisterung für seinen Gegenstand verbindet, auf lange Zeit das bayer. Geschichtsbild. Besonderes Interesse wendet Kaiser Maximilian der G. auch als polit. Kampfmittel zu. In seiner Umgebung fehlt es nicht an Plänen zur Edition dt. Geschichtsquellen (Celtis und Cuspinian) und an histor. Versuchen.

Der dt. Humanismus erlahmt vor der religiösen Welle der Reformation. Melanchthon trennt grundsätzlich die polit. und die Kirchengeschichte; für ihn war der Zweck der G. religiöser und politisch-ethischer Natur. Vorzüglichster Ausdruck prot. Kirchengeschichtsschreibung sind die der histor. Rechtfertigung der Reformation dienenden Magdeburger Centurien des Flacius Illyricus (Mathias Vlacich) u. a. Die prot. Kirchengeschichtsschreibung, aus Bedürfnissen der konfessionellen Polemik entstanden, sollte den Nachweis liefern, daß die Reformation im Gegensatz zum Katholizismus die reine Urform des Christentums erneuert habe, die Herrschaft des Papstes aber identisch sei mit der des Antichrist. Unter diesen Vorzeichen konnte die histor. Erkenntnis aus der aufblühenden Kirchengeschichte nur geringen Vorteil ziehen. Was sie durch die Erweiterung des Stoffes gewann, verlor sie wieder durch polemische, konfessionelle Befangenheit des Urteils. Die bedeutendste kath. Entgegnung auf die Magdeburger Centurien sind die ›Annales ecclesiastici‹ des Cäsar Baronius, in zehn Bänden, 1588–1607, bis 1198 reichend, fortgesetzt von Odericus Raynaldus, J. von Laderchio, H. Spondé und A. Bzovius. Standpunkt, Anlage, Methode und Kritik sind, wenn auch die Quellen sorgfältiger benutzt werden als bei den Magdeburger Centurien, bei den Annales ecclesiastici im wesentlichen sehr ähnlich. So tendenziös und apologetisch diese Werke auch im einzelnen sein mögen, in ihrer Kritik und in ihrem Bemühen um quellenmäßig histor. Begründung sind sie ein erster großer Schritt der Kirchengeschichtsschreibung.

Wie stark die religiösen Kämpfe des 16. Jh. auch die polit. Geschichtsschreibung beherrschen, die Probleme Habsburg-Valois, Kaiser und Fürsten mitbestimmen, zeigen Sleidans (eigentlich Johann Philippi, nach seinem Geburtsort Schleiden in der Eifel Sleidan genannt, 1507–66) ›Commentarii de statu religionis et rei publicae Caroli V.‹ (1555), eine G. der Ereignisse 1517–55 und frühes Muster zeitgeschichtl. Darstellung. Erst im 19. Jh., als die Archive der Forschung geöffnet wurden, begann sich die Geschichtsforschung von Sleidan zu distanzieren. In systemat. Form wird die histor. Kritik von Jean Bodin und nach dem Abklingen der konfessionellen Auseinandersetzungen im 17. Jh. von den Maurinern (Dom Jean Mabillon, 1632–1707, ›De re diplomatica libri sex‹, 1681) und Bollandisten weiter entwickelt. Mabillon gab zu den diplomat. und paläograph. Forschungen auch außerhalb Frankreichs Anregungen: in England wandten Madox, in Spanien Perez, in Italien Maffei die Grundsätze der Mauriner an. In Dtl. stehen der Gießener Rechtslehrer J. N. Hertius, J. G. Bessel, der Abt des Klosters Göttweig

(›Chronicon Gotwicense‹, 1732) in der Tradition der Mauriner. In den Niederlanden erwächst aus den hagiograph. Forschungen der Jesuiten, vor allem des Johannes Bolland in den ›Acta Sanctorum‹ (1643 ff.) ein Organ der historisch-kritischen Methode.
Die im 17. Jh. nachlassende konfessionelle Polemik, der allmählich einsetzende Säkularisierungsprozeß des europ. Geistes, die Hinwendung zu neuen, nicht mehr ausschließlich oder vorwiegend kirchl.-theolog. bestimmten Zielen ist der Fortbildung des histor. Sinns und der Geschichtswissenschaft nützlich. Samuel von Pufendorf (1632–94) sind als offiziösem Historiographen bei der Abfassung seiner ›Commentariorum de rebus Svevicis ll. XXVI ab expeditione Gustavi Adolphi in Germaniam ad abdicationem usque Christinae‹ (1686) und der ›De rebus gestis Friderici Wilhelmi Magni Electoris Brandenburgici ll. XIX‹ (1695) Grenzen gezogen. Leibniz (1646–1716) versucht die neue gelehrte Methode der Mauriner auf die Geschichte anzuwenden und befolgt im allg. ihre histor. Prinzipien, erwirbt sich außerdem Verdienste um die Quellen- und Sachkritik. In Österreich treten die Brüder Pez, in Italien Ludovico Muratori, in Frankreich Bouquet mit Editionen hervor.
Die Aufklärung bringt die Ablösung von der bisherigen heilsgeschichtl. Auffassung der G. und den Durchbruch eines histor. Relativismus. Wegbereiter dieses Relativismus ist Montesquieu: ›Considérations sur les causes de la grandeur et de la décadence des Romains‹ (1734). Der eigentl. Begründer der Aufklärungshistoriographie ist Voltaire (1694–1778). William Robertson (1721–93) gilt als »the most impeccable historian« des 18. Jh. Neben seiner ›History of Scotland‹ (1759) und seiner ›History of America‹ (1777) ist vor allem seine ›History of the Reign of the Emperor Charles V‹ (1769) zu nennen, die seinen Ruhm in Europa begründete. David Hume (1711–76) verfaßt eine ›History of England from the Invasions of Julius Caesar to the revolution of 1688‹ (erstmals 1763); Edward Gibbons (1737–94) ›History of the Decline and Fall of the Roman Empire‹ (1776–88) wirkt bis in die Gegenwart nach. Weniger an den Universitäten als an den im 18. Jh. gegründeten Akademien, insbes. an der Kurbayerischen, wurden Geschichtsforschung und Geschichtsschreibung gepflegt.
Der Ausbildung der philolog. Methode in Göttingen durch die Philologen Gesner, Ernesti, Heyne kommt für die Geschichtswissenschaft beträchtliche Bedeutung zu. Die Sankt-Blasianische Germania Sacra u. a. Unternehmen, wie z. B. die ›Subsidia diplomatica‹ und die ›Nova Subsidia‹ des Wormser Weihbischofs Würdtwein erschlossen nicht nur für die kirchengeschichtl. Forschung wichtige Quellen. Mit der Beschäftigung mit dem MA beginnt erst eigentlich die moderne dt. Geschichtsschreibung. Gatterer richtet in Göttingen das erste paläograph. Seminar ein. Ein typischer Vertreter der dt. Aufklärungshistoriographie, vielfach überschätzt, ist A. L. Schlözer. Wichtiger für die Geschichtsschreibung ist das Werk von Johannes von Müller.
Das 19. Jh. zeigt die historisch-kritische Methode auf ihrer Höhe. Von größter Bedeutung für die moderne Geschichtswissenschaft sind die vom Freiherrn vom Stein angeregten Monumenta Germaniae Historica (seit 1826). Von der patriotischen Welle der Freiheitskriege und von der Romantik gehen wichtige Impulse für das histor. Denken und die Geschichtsforschung aus. Die Veröffentlichungen der Historischen Kommission bei der Bayerischen Akademie der Wissenschaften, die auf Initiative Rankes von König Max II. berufen wurde, die Errichtung des Instituts für Österreichische Geschichtsforschung in Wien (1845), das sich vor allem der Pflege der Hilfswissenschaften widmet, die Eröffnung des Vatikanischen Archivs (1881) und die daran anschließende Gründung des Preußischen Historischen Instituts in Rom (1883, 1888) und des Historischen Instituts der Görres-Gesellschaft (1889) bez. wichtige Marksteine in der histor. Forschung und Geschichtsschreibung. Von bes. Bedeutung wurde der Ausbau der Historischen Seminare an den deutschen Universitäten; das erste wurde von dem Ranke-Schüler Waitz eingerichtet.
Entscheidend geprägt wurde die Geschichtsforschung und die Geschichtsschreibung des 19. Jh. durch Leopold von Ranke, seine Schüler – unter ihnen die Mediävisten Giesebrecht und Waitz und der bedeutende neuere Historiker Sybel – sowie durch die vorwiegend kleindeutsch-prot. Historiographie

(Droysen, Sybel, Treitschke, Mommsen). Die großdeutsch-kath. Geschichtsschreibung (Ficker, Onno Klopp) trat wissenschaftlich weniger hervor, erlitt mit der kleindeutschen polit. Lösung eine Niederlage und wurde während des Kulturkampfes, nachdem das erste Vatikanische Konzil führende kath. Historiker (Döllinger, Reusch u. a.) in die Opposition und zum Altkatholizismus getrieben hatte, in die Verteidigung gedrängt. Janssens quellengesättigte, aber nicht zu den hist. Meisterwerken zählende ›Geschichte des deutschen Volkes seit dem Ausgang des Mittelalters‹ (1873f.) zog heftige Angriffe von Baumgarten, Kawerau, Köstlin, Delbrück, Kolde auf sich. Denifles Attacke auf Luther und die Reformation (›Luther und Luthertum‹, 1904) verschärfte und förderte die Diskussion um die Reformation, zu der auch N. Paulus, Grisar und L. von Pastors vielbändige, materialreiche, erstmals aus den Vatikanischen Archiven und unzähligen anderen Quellen geschriebene ›Geschichte der Päpste seit dem Ausgang des Mittelalters‹ Wesentliches beitrugen. Die ma. G. wurde durch den Streit zwischen Sybel und Ficker in die polit. Diskussion hineingezogen, im übrigen aber durch die Arbeit der Monumenta Germaniae Historica, durch Quellenkritik und Editionen sehr gefördert. Der große Schweizer Historiker Jacob Burckhardt (›Die Zeit Konstantins des Großen‹; ›Die Kultur der Renaissance in Italien‹, bei ihrem Erscheinen 1860 bereits als klassisches Geschichtswerk angesehen; ›Griechische Kulturgeschichte‹), der von der Romantik und den Brüdern Grimm beeinflußte, fast vergessene Wilhelm Heinrich Riehl (›Die Naturgeschichte des dt. Volkes‹, 1851f.), schließlich auch Gustav Freytag mit seinen patriotischen ›Bildern aus der deutschen Vergangenheit‹, in deren Mittelpunkt Luther steht, schufen mit der Kulturgeschichte, der sie den Rang einer eigenen Disziplin verliehen, einen Ausgleich zu der fast ausschließlich polit.-nationalstaatl. orientierten Geschichtsschreibung.

Als »Bismarck auf dem Katheder« und Herold des Hohenzollern-Reiches wurde Treitschke angesehen. Sein Meisterwerk ›Deutsche Geschichte im 19. Jahrhundert‹ hat durch F. Schnabel, der aus tiefer und ruhigerer Sicht dieselbe Zeit behandelt, wichtige Korrekturen und Ergänzungen erfahren. Nach 1890 wendeten sich führende Historiker wie M. Lenz, E. Marcks, eine Autorität auf dem Gebiet der Bismarckforschung, bekannt vor allem durch sein letztes Werk ›Der Aufstieg des Deutschen Reiches‹, und H. Oncken (›Die Rheinpolitik Kaiser Napoleons III.‹, 1863–70) von Treitschke ab und Ranke zu. Kaum einen nennenswerten Einfluß hat bis nach dem Zweiten Weltkrieg die materialist. Geschichtsauffassung von Karl Marx auf die dt. Geschichtsschreibung ausüben können. Dagegen erreichte der Historismus im ausgehenden 19. Jh. seine Blüte. Dilthey wollte »das Bewußtsein der Relativität alles geschichtlich Wirklichen bis in seine letzten Konsequenzen« entwickeln. E. Troeltsch zeigte die Problematik des Historismus auf. Als Schüler Diltheys wurde F. Meinekke, eine der bedeutendsten Gestalten der dt. Historiographie, der Begründer der Ideen- und Geistesgeschichte und steuerte dazu Meisterwerke (›Die Idee der Staatsräson‹, ›Die Entstehung des Historismus‹, ›Weltbürgertum und Nationalstaat. Studien zur Genesis des deutschen Nationalstaates‹) bei. Der Zusammenbruch des Kaiserreiches 1918 gab der dt. Historiographie eine vorwiegend polit. Aufgabe mit der Widerlegung der Kriegsschuldlüge und der Erforschung der Vorgeschichte des Ersten Weltkrieges. F. Thimme leistete die Hauptarbeit an der ›Großen Politik der europäischen Kabinette, 1871 bis 1914‹. Der Weg zur Überwindung des kleindeutschen Geschichtsbildes wurde nach 1918 frei. Vor allem von österreich. Seite leisteten H. von Srbik (›Metternich‹; ›Deutsche Einheit. Idee und Wirklichkeit vom Heiligen Reich bis Königgrätz‹. 4 Bde., 1935–42; ›Geist und Geschichte vom deutschen Humanismus bis zur Gegenwart‹. 2 Bde., 1950) und andere Historiker wie Redlich und Hantsch Hervorragendes. Für das Zeitalter der Reformation und Gegenreformation legten K. Brandi (›Deutsche Reformation und Gegenreformation‹. 2 Bde., [2]1941; ›Kaiser Karl V.‹. 2 Bde., 1937–41) und Joseph Lortz (›Die Reformation in Deutschland‹, erstmals 1939–40) und H. Jedin (›Geschichte des Konzils von Trient‹) Standardwerke vor, die für das Geschichtsbild und für die Forschung von größter Wichtigkeit sind. F. Hartung veröffentlichte seine ›Deutsche Verfassungsgeschichte vom 15. Jahrhundert bis zur Gegenwart‹, ein Meisterwerk der Verfassungsgeschichte, und G. Ritter schrieb neben zahlreichen anderen Arbeiten eine Biographie Steins und das Werk ›Staatskunst und Kriegshandwerk, das Problem des Militarismus in Deutschland‹. Die ma. G. trat vor allem auf dem Gebiet der Quellenkritik und der Editionen hervor, zeichnete sich aber auch in der Geschichtsschreibung mit den großen Darstellungen von K. Hampe, J. Haller, P. E. Schramm u. a. aus.

Stand und Leistung der jüngsten dt. Geschichtsschreibung spiegeln die großen und bekannten Handbücher, z. B. die von Below-Meinecke, Gebhardt-Grundmann; O. Brandt-A. O. Meyer-L. Just, ferner das ›Handbuch der europäischen Geschichte‹ von Th. Schieder, das ›Handbuch der bayerischen Geschichte‹ von M. Spindler, das ›Handbuch der Kirchengeschichte‹ von H. Jedin.

LIT. E. Bernheim, Lehrbuch der histor. Methode ([6]1908); M. Ritter, Die Entwicklung der Geschichtswissenschaft an ihren führenden Werken betrachtet (1919); P. Joachimsen, Geschichtsauffassung und Geschichtsschreibung in Dtl. unter dem Einfluß des Humanismus I (1920); G. Pfeilschifter, Die St.-Blasianische Germania Sacra. Ein Beitr. zur Historiographie des 18. Jh. (1921); E. C. Scherer, G. und Kirchengeschichte an den dt. Universitäten (1927); W. Bauer, Einführung in das Studium der G. ([2]1928); E. Fueter, G. der neueren Historiographie ([4]1985); F. Gundolf, Anfänge dt. Geschichtsschreibung (1937); G. Heer, Johann Mabillon und die Schweizer Benediktiner (1938); R. Voggensperger, Der Begriff der G. als Wissenschaft im Lichte aristotel. und thomist. Prinzipien (1948); A. Coreth, Österreich. Geschichtsschreibung in der Barockzeit, 1610–1740 (1950); H. von Srbik, Geist und G. vom dt. Humanismus bis zur Gegenwart. 2 Bde. (1950–51); F. Wagner, Geschichtswissenschaft (1951); H. Leclercq, Dom Mabillon. 2 Bde. (1953–54); J. G. Droysen, Historik ([3]1958); A. Kraus, Die histor. Forschung an der Churbayer. Akademie der Wissenschaften, 1759 bis 1806 (1959); J. Engel, Die dt. Universitäten und die Geschichtswissenschaft. In: HZ 189 (1959); F. Wagner, Moderne Geschichtsschreibung. Ausblick auf eine Philosophie der Geschichtswissenschaft (1960); A. Klempt, Die Säkularisierung der universalhistor. Auffassung. Zum Wandel des Geschichtsdenkens im 17. und 18. Jh. (1960); A. Lhotsky, Österreich. Historiographie (1962); H. Jedin, Einleitung in die Kirchengeschichte. In: HKG I (1962); A. Kraus, Vernunft und G. Die Bedeutung der dt. Akademien für die Entwicklung der Geschichtswissenschaft im späten 18. Jh. (1963); P. E. Hübinger, Das Histor. Seminar der Rhein. Friedrich Wilhelms Universität zu Bonn. Vorläufer, Gründung, Entwicklung (1963); G. P. Gooch, G. und Geschichtsschreiber im 19. Jh. (1964); L. Boehm, Der wissenschaftstheoret. Ort der historia im frühen MA. In: Speculum historiale, Festschr. für J. Spörl (1965); F. Wagner, Der Historiker und die Weltgeschichte (1965); P. Meinhold, G. der kirchl. Historiographie. 2 Bde. (1967); R. Wittram, Das Interesse an der G. ([3]1968); H. W. Hedinger, Subjektivität und Geschichtswissenschaft, Grundzüge einer Historik (1969); K. H. Spieler, Untersuchungen zu Johann Gustav Droysens ›Historik‹ (1970); A. Marwick, The Nature of History (1970); Ch. Weiß, Geschichtsauffassung und polit. Denken Münchener Historiker in der Weimarer Zeit (1970); E. K. Kessler (Hrsg.), Theoretiker humanist. Geschichtsschreibung (1971); H. U. Wehler (Hrsg.), Dt. Historiker. 5 Bde. (1972); K. Kluxen, Vorlesungen zur Geschichtstheorie (1974); J. Rüsen, Für eine erneuerte Historik (1976); E. Kosthorst (Hrsg.), Geschichtswissenschaft. Didaktik – Forschung – Theorie (1977); K.-G. Faber, Theorie der Geschichtswissenschaft ([5]1983); A. Demandt, Metaphern für Geschichte (1978); H. Grundmann, Geschichtsschreibung (Mittelalter). In: Dt. Philologie im Aufriß, hrsg. von W. Stammler III (1977–79); R. Uhlig, Histor. Grundlagenforschung als Problem der Geschichtswissenschaft (1980); R. Dophude, Wie finde ich Literatur der Geschichtswissenschaft (1980); E. Rudolph, E. Stöv (Hrsg.), Geschichtsbewußtsein und Rationalität. Zum Problem der Geschichtlichkeit in der Theoriebildung (1982); Th. Kornbichler, Dt. Geschichtsschreibung im 19. Jh. Wilhelm Dilthey und die Begründung der modernen Geschichtswissenschaft (1984); H. E. Bödeker u. a. (Hrsg.), Aufklärung und Geschichte. Studien zur dt. Geschichtswissenschaft im 18. Jh. (1985); K. H. Jarausch, G. A. Arminger, M. Thaller, Quantitative Methoden in der Geschichtswissenschaft (1985); F.-J. Schmale, Funktion und Formen ma. Geschichtsschreibung (1985); J. Meran, Theorien der Geschichtswissenschaft (1985); H. Patze (Hrsg.), Geschichtsschreibung und Geschichtsbewußtsein im SpätMA (1985); E. O. Karpf, Herrscherlegitimation und Reichsbegriff in der otton. Geschichtsschreibung des 10. Jh. (1985); TRE XII (1984) 565–698.

Geschichtskalender. Chronologisch geordnete Zusammenstellungen wichtiger polit. Ereignisse je eines Jahres. Ihr Entstehen verdanken die G. hauptsächlich dem praktischen Informationsbedürfnis von Politik, Wirtschaft, Presse usw. G. sind ein typisches Erzeugnis der jüngeren NZ; manches läßt sie der ma. Annalistik verwandt erscheinen. Ältestes Beispiel eines G.: ›The Annual Register‹, seit 1758, begründet von Edmund Burke, dem hervorragenden engl. Staatsdenker und Gegner der Franz. Revolution.

LIT. H. Schultheß, Europ. Geschichtskalender (1 [1860] bis 25 [1884]); Keesings Archiv der Gegenwart (1931 ff.); J. Lesur, L'annuaire historique universel, 43 voll. (1818–61); A. Daniel (A. Lebon), L'année politique, 1874–1905; 1944 wiederaufgenommen von A. Siegfried, E. Bonnefous, J. B. Duroselle, bis heute weitergeführt; Survey of International Affairs (1919 ff.); The Statesman's Yearbook (1864 ff.); K. Wippermann-F. Pulitz, S. H. Steinberg, Dt. G. (1886–1933).

Geschichtsphilosophie. Von Voltaire eingeführter Begriff; G. befaßt sich mit dem Sinn der Geschichte (Geschichtsmetaphysik) und mit der logischen Voraussetzung der Geschichtswissenschaft (Geschichtslogik). Grundlegend für die G. des MA und der frühen NZ wurde Augustinus Deutung der Geschichte als Kampf zw. civitas Diaboli und civitas Dei. Die röm.-dt. Kaiser (Karolinger, Ottonen, Salier) verstanden das Reich als Sacrum Imperium. Der Investiturstreit wirkte auf die G. mit der Zweischwerterlehre und in den Werken des Rupert von Deutz, Hugo von St. Viktor, der Hildegard von Bingen und des Otto von Freising. Nominalismus und Renaissance wirkten mit der Trennung von Glauben und Wissen an der Ausbildung einer G. mit. Luther sah in der Geschichte das Werk Gottes. G. B. Vico († 1744) entwarf im 17. Jh. eine weltliche G. (= Kreislauflehre notwendig aufeinanderfolgender Zeitalter). Als Prozeß steten Fortschreitens deutete die Aufklärung die Geschichte. Der Begründer der dt. G. ist Herder. Den Höhepunkt der idealist. G., die von Kants ›Reich der Freiheit‹ beherrscht ist, stellt Hegel dar: Weltgeschichte als »Fortschritt des Geistes im Bewußtsein der Freiheit«. Marx deutet die Geschichte von ökonom.-soziolog. Grundlagen her als Geschichte von Klassenkämpfen; Endpunkt der Geschichte sei die klassenlose Gesellschaft. Die Historiker des 19. Jh. betonen vor allem die Einmaligkeit und den Freiheitsgehalt der Geschichte (Ranke, Burckhardt, J. G. Droysen). Droysens Auffassung von der Geschichtlichkeit wurde von Dilthey ausgebaut. Geisteswissenschaftliche G. betrieben nach 1900 H. Rickert, W. Dilthey, M. Weber. K. Lamprecht und E. Troeltsch, der mit Scheler auch die Idee des »Europäismus« vertritt, hoben in der G. kulturgeschichtl. Aspekte hervor. Jaspers entwirft ein Schema der Weltgeschichte, charakterisiert durch die »Achsenzeit«. Die gegenwärtige G. ist auf eine enge Verbindung mit der Geschichtswissenschaft angewiesen und selbst zu einer empir. Wissenschaft geworden.

LIT. E. Troeltsch, Der Historismus und seine Überwindung (1924); A. Dempf, Sacrum Imperium (1929); Th. Litt, Geschichtswissenschaft und G. (1950); H. von Srbik, Geist und Geschichte vom dt. Humanismus bis zur Gegenwart. 2 Bde. (1950/51); J. Thyssen, Geschichte der G. (^{3}1960); A. Stern, G. und Wertproblem (1967); K. Löwith, Weltgeschichte und Heilsgeschehen. Zur Kritik der Geschichtsphilosophie (1983).

Geschichtsvereine (auch: Altertumsvereine). Vereine, deren Aufgabe die Pflege der geschichtl. Studien eines Landes, eines Landesteils, einer Diözese u. ä. ist. G. geben histor. Zeitschriften heraus, veranstalten Vorträge, unterstützen Heimatmuseen, Denkmalpflege, haben z. T. beachtl. Verdienste für die histor. Forschung. In Deutschland entstanden seit den 20er Jahren des 19. Jh. unter dem Einfluß der romant. Hinwendung zum MA und des Fortschritts der histor. Methode und Forschung zahlreiche G. Beispiele: 1810 in Graz, 1816 in Prag: Vaterländ. Museum; 1819 in Halle; 1824 für pommersche Geschichte. 1852 Zusammenschluß von ca. 500 G. im Gesamtverein dt. Geschichts- und Altertumsvereine. Organ: ›Korrespond. Bl.‹; seit 1937: ›Blätter für deutsche Landesgeschichte‹. Die G. geben auch heute noch zahlreiche Zeitschriften heraus. Außerdem zahlreiche Diözesangeschichtsvereine: Freiburg, Fulda, Hildesheim, Mainz, Speyer, Limburg, Trier, München-Freising, Regensburg, Würzburg usw. mit eigenen Publikationsorganen.

Geschworene (lat. iurati). Personen, die einen Eid geleistet haben und damit eine bes. Vertrauensstellung oder ein Amt erwerben. Als G. werden alle zum Gericht gehörigen Personen bezeichnet: Richter, Schöffen, Notare usw. G. sind seit der fränk. Zeit bekannt. G. heißen insbes. die Laienbeisitzer eines Schwurgerichts.

Gesinde. Gesamtheit von Personen, die zu jemand im Verhältnis einer persönl. Abhängigkeit stehen und ihm zu Dienstleistungen verpflichtet sind: z.B. Dienstboten im Hause, Knecht und Magd. Für die Rechtsstellung des G. war die Munt von Bedeutung; es bestanden Schutz- und Fürsorgepflichten, aber auch Strafgewalt des Herrn über das G.
LIT. Th. Vormbaum, Politik und Gesinderecht im 19. Jahrhundert (1980).

Gesindezwang war in der Grundherrschaft die Verpflichtung, der Herrschaft gegen geringe Vergütung landwirtschaftl. Dienste zu leisten; G. war neben der Schollenpflichtigkeit wichtiger Bestandteil der Grundherrschaft. Die Verhältnisse des Gesindes waren in den Städten seit dem 14. Jh. bis 1918 in den Gesindeordnungen geregelt.

Gesta (statt res gestae). Taten; Bez. für Geschehen, Geschichte, Tatenbericht. Beispiele: ›Res gestae Divi Augusti‹ (Monumentum Ancyranum); Liber pontificalis (6./7. Jh.), ›Gesta episcoporum Mettensium‹ des Paulus Diaconus (784); ›Gesta Chuonradi‹ des Kaplans Wipo; ›Gesta Friderici‹ Ottos von Freising. Eine Trennung von chronikal. Geschichtsdarstellung ist nicht immer möglich.
LIT. Clavis mediaevalis 86.

Gesta Berengarii. Epos auf den 915 zum Kaiser gekrönten Berengar, von einem zeitgenöss. Dichter aus Ober- oder Mittelitalien verfaßt. Hat einen gewissen Wert als histor. Quelle.
Text: MGH Antiquitates. Poetae IV (1899) 355–401.

Gesta Francorum et aliorum Hierosolymitanorum. Älteste Geschichte des ersten Kreuzzugs, glaubwürdig dargestellt. Verfasser: ein unbekannter Teilnehmer an diesem Kreuzzug.
Text: L. Brehier (1924, mit franz. Übersetzung); R. Hill (Nelson's Medieval Texts 1962, mit engl. Übersetzung).

Gesta Friderici. Epos auf Friedrich I., zw. 1162–66 von Otto von Freising verfaßt mit kaiserfreundl. Tendenz.
Text: E. Monaci, Fonti per la storia d'Italia I (1887).

Gesta Romanorum. Gegen Ende des 13. Jh. vermutl. in England entstandene Sammlung erbaul. Erzählungen, hauptsächl. der röm. Geschichte und der Legende entnommen.
Text: H. Oesterley (1872); J. G. Graesse-H. E. Rübesamen (1962).

Geusen (franz. gueux, Bettler). Seit der Petition vom 5. 4. 1566 um Einstellung der Inquisition gegen die Ketzer Spottname; von der spanienfreundl. Umgebung der Regentin Margareta von Parma den niederländischen Edelleuten gegeben, bald auf Anregung des Grafen Brederode von den niederländ. Edelleuten als Parteiname übernommen, nach der Abtrennung des kath. Adels den calvinist. Gegnern Spaniens in den Niederlanden vorbehalten.
LIT. F. Rachfahl, Wilhelm von Oranien und der Niederländ. Aufstand. 3 Bde. (1906–24).

Gewaltenteilung (franz. séparation des pouvoirs). Die Teilung oder Trennung der in einem Herrschaftsverband bestehenden Herrschaftsgewalt nach ihren Staatsfunktionen ist seit der Aufklärung (J. Locke, 1632–1704; Montesquieu 1689–1755) zum unabdingbaren Wesenselement der Rechtsstaatlichkeit geworden. Die *formale* Gewaltenteilung ist schon bei Aristoteles, Cicero, auch im MA vorgebildet, fand bei Locke und Montesquieu (›Über den Geist der Gesetze‹, 1748) in der Trennung von Legislative (gesetzgebende Gewalt) Exekutive (vollziehende Gewalt) und richterlicher Gewalt (oft auch Organisationsgewalt) ihre klassische Form. Ziel der G. ist nicht nur Arbeitsteilung, sondern Ausschluß von Mißbrauch der Herrschaftsgewalt, gegenseitige Kontrolle, Sicherung der persönl. Freiheit und der staatsfreien Sphäre. Die *materielle* Gewaltentrennung bezweckt die Aufteilung der Macht im Staat durch funktionale Bindung der polit. Kräfte. Auch in diesem Fall ist das Ziel gegenseitige Kontrolle und Gleichgewicht der Kräfte. Aus dem Gesellschaftsvertrag von Hobbes und Rousseau wurde das Prinzip der *Gewaltenhäufung* abgeleitet. Von bes. Bedeutung wurde das Prinzip der Gewaltentrennung für die Verfassung der nordamerikan. Union (USA).

LIT. StL III^6, 896–901; G. Jellinek, Allg. Staatslehre (^{3}1921); E. von Hippel, Geschichte der Staatstheorie I (1955); Th. Maunz, Deutsches Staatsrecht (^{12}1963).

Gewann. Acker, Flur; Unterabteilung der Gemarkung; einer der drei Teile, in welche bei der Dreifelderwirtschaft die Dorfflur (Gemarkung) aufgeteilt war, mit gleicher Frucht bestellt, möglichst gleich groß; urspr. Ackergrenze, an der gewendet wurde.

Gewere (lat. investitura). Abschließender Akt der Eigentumsübertragung, meist in einem symbol. Akt. Die Sichtbarmachung der G. war die Grundlage des ältesten german. Sachenrechts. G. bez. den Besitz, bei unbewegl. Sachen die Nutzung. Der Inhaber der G. genoß bei der Führung des Eigentumsnachweises eine bevorzugte Stellung. Ideelle G., im Unterschied zu der reellen G., ist die dinglich gesicherte Anwartschaft, Rechtsanspruch auf eine Sache (z.B. Erbe hat G. am Nachlaß).

LIT. H. Huber, Die Bedeutung der G. im dt. Sachenrecht (1894); H. Mitteis, DRG.

Gewerkschaften (auch Gewerkvereine). Zusammenschlüsse von Arbeitnehmern, Lohn- und Gehaltsempfängern zur Wahrung ihrer Lohn- und Arbeitsinteressen, zuerst in England (Trade Unions) 1829; Owen faßte 1834 Gewerkvereine und Konsumgenossenschaften zusammen und gründete die erste sog. »allgemeine« G., doch erst in den 1850er Jahren kam es nach dem Radikalismus der Chartistenbewegung zur Gründung von Facharbeiter-G. In Dtl. entstanden um 1848 zahlreiche lokale Arbeiterverbände; 1848 gründete Adolf Kolping den ›Katholischen Gesellenverein‹, 1849 Schulze-Delitzsch die ersten Genossenschaften, 1863 Ferdinand Lassalle den ›Allgemeinen Deutschen Arbeiterverein‹; 1868 erfolgte die Gründung der ›Arbeiterschaften‹ und die liberale Gegengründung der ›Hirsch-Dunckerschen Gewerkvereine‹. Nach Aufhebung des Sozialistengesetzes (1890) entwickelten sich die G. sprunghaft. 1890: Gründung der ›Generalkommission der Gewerkschaften Deutschlands‹; 1891: ›Deutscher Metallarbeiterverband‹; 1894: ›Gewerkverein christlicher Bergarbeiter‹ u.a. Bis zu ihrer Auflösung 1933 bestanden in Dtl. drei große Richtungen in der Gewerkschaftsbewegung nebeneinander:

a) die Freien G., sozialistisch ausgerichtet, aber von der SPD unabhängig, besonders seit 1905; die Freien G. übten auf die SPD nach und nach stärkeren Einfluß i.S. des Revisionismus aus.

b) die Hirsch-Dunckerschen Gewerkvereine, liberal, national.

c) die Christlichen G., innerh. der Christlich-sozialen Bewegung entstanden, lehnten revolutionäre Ziele und Klassenkampf ab.

Nach der Aufhebung aller dt. G. (1933) wurden ihre Mitglieder in die ›Deutsche Arbeitsfront‹ übergeführt. 1949 wurde mit dem **Deutschen Gewerkschaftsbund (DGB)** eine einheitl. G. gegründet; 1945 erfolgte in Hamburg die Gründung der **Deutschen Angestellten-Gewerkschaft (DAG),** 1955 entstand die **Christliche Gewerkschaftsbewegung Deutschlands (CGB).**

LIT. StL III, 926–43; G. Briefs, Gewerkschaftsprobleme gestern und heute (1955); F. Deppe u.a. (Hrsg.), Geschichte der dt. Gewerkschaftsbewegung (1977); M. Schneider, Die Christl. Gewerkschaften 1894–1933 (1982); W. J. Mommsen, H.-G. Husung (Hrsg.), Auf dem Wege zur Massengewerkschaft. Die Entwicklung der Gewerkschaften in Dtl. und Großbritannien 1890–1914 (1984); E. Matthias, K. Schönhoven (Hrsg.), Solidarität und Menschenwürde. Etappen der dt. Gewerkschaftsgeschichte von den Anfängen bis zur Gegenwart (1984); H.-O. Hemmer, K. Th. Schmitz (Hrsg.), Geschichte der G. in der Bundesrep. Dtl. Von den Anfängen bis heute (1990); R. Krämer, Geschichte des dt. Bauarbeiterverbandes (1911–1922). Eine Gewerkschaft ... (Diss. Mainz 1990).

Gewissensfreiheit. Gewissen, eine Lehnübersetzung von conscientia (lat.). Von Boëthius geprägt: libertas conscientiae (= G.); franz.: liberté de conscience seit 1598 nachweisbar. Im Westf. Frieden (1648) wird libertas conscientiae übersetzt als »Gewissens Freiheit«. Die Zusammensetzung »Gewissens-Freiheit« seit 1661. Das Wort Gewissenszwang schon 1521. Äußere G. ist das dem einzelnen Menschen zuerkannte, staatl. zu gewährleistende natürl. Recht, nach dem eigenen Gewissensurteil zu reden und zu handeln. In erster Linie wird die äußere G. verstanden als Freiheit der religiösen Betätigung (Bekenntnisfreiheit, Kultusfreiheit, Glaubensfreiheit, Religionsrecht). Sie hat sich auch als solche entwickelt und wird auch heute noch geradezu als solche (Glaubensfreiheit) bezeichnet, obwohl G. sich darin nicht erschöpft, sondern auch ethisch oder weltanschaul. begründete Haltungen umfaßt, jedoch nicht sittl. Subjektivismus, Freiheit für Willkür. In den Erklärungen der Menschenrechte wird die G. verkündet und in den meisten Verfassungen, allerdings oft mit Einschränkungen und Uminterpretationen, gewährleistet.

LIT. StL III, 946–51; RGG II, 1104–08; LThK IV, 870–73; F. Tillmann, Geschichte des Begriffes Gewissensfreiheit. In: Festschrift S. Merkle (1922); H. J. Scholler, Die Freiheit des Gewissens (1958); K. Brinkmann, Grundrecht und Gewissen im Grundgesetz (1965).

G(h)etto (ital.). Die Bez. G. stammt aus Venedig, wo die Juden in einem Stadtteil »Ghetto Nuovo« (= Neue Gießerei) seit 1510 wohnen mußten. Bes. Judenviertel gab es bereits in der Spätantike, zuerst freiwillig, im MA seit dem III. Laterankonzil (1179) zwangsweise, »von den gemeinsamen Wohnungen der Christen durch einen Zaun, eine Mauer oder einen Graben getrennt«. G. auch in einigen dt. Städten: Köln, Mainz, Worms, Frankfurt a.M., Regensburg, Prag sowie in den osteurop. Städten, vor allem in Polen, Weißrußland. Das Anwachsen der jüd. Bevölkerung in den G. führte dazu, daß diese eng und lichtlos wurden. Aufklärung, Franz. Revolution und Emanzipation führten zu einer Lockerung und zur Überwindung der Absperrung.
Der Ghettozwang wurde zu Beginn des Zweiten Weltkriegs von der NS-Regierung als Zwischenstufe auf dem Weg zur sog. Endlösung wieder eingeführt. Dadurch unterscheidet sich das Ghetto der NS-Zeit grundsätzlich von den älteren Ghettos: es macht die Abschließung undurchdringlich und ist Vorstufe der physischen Vernichtung.
In islam. Ländern gibt es heute noch Ghettos.

LIT. G. Kisch, The Jews in Medieval Germany (1949); F. W. Foerster, Die jüd. Frage (1959); W. P. Eckert, Das G., Geschichte und Gestalt (1966); Venedig, Geschichte und Gestalt seiner G. (1975).

Ghibellinen, Guelfen. Parteibezeichnungen, die aus dem Gegensatz von Staufern (Waiblinger) und Welfen stammen. Gh. = ital. Umformung von Waiblingen, dem bedeutenden stauf. Gut. Späte Überlieferung (zuerst bei Andreas von Regensburg, 1425) will wissen, daß 1140 in der Schlacht von Weinsberg zuerst der Schlachtruf: »Hie Welf, hie Waiblingen« erklungen sei. Nachweisbar ist der Parteiname 1215 bei der Spaltung des Adels in Florenz, wo Ghibellinen die Anhänger des Kaisers, Guelfen dessen Gegner genannt wurden. Von der Toscana dann auch in der Lombardei verbreitet. Nach dem Untergang der Staufer werden andere Gegensätze mit den Parteinamen bezeichnet: Gh. = Adel, Gu. = Volkspartei. Benedikt XIII. verbot den Gebrauch der Namen unter Strafe des Bannes (1334).

LIT. V. Vitale, Guelfi e Ghibellini a Genova nel Duecento. In: RSCJ 60 (1948); LThK IV 881f.; P. Herde, Guelfen und Neoguelfen. Zur Geschichte einer nationalen Ideologie vom Mittelalter zum Risorgimento (1986).

Gichtelianer. Anhänger der Lehre des Theosophen und myst. Schwärmers Johann Georg Gichtel (1638–1710); kirchenlose Christen, die das stumme Gebet, Visionen und Askese pflegen. Stark von der Mystik J. Böhmes beeinflußt. Wegen der Ablehnung der Ehe auch Engelsbrüder genannt. In Dtl. (Regensburg, Augsburg, Lindau, Hamburg, Berlin) und in Holland nur wenig verbreitet.

LIT. RGG [3]II, 1368f.; F. Tanner, Die Ehe im Pietismus (1952).

Gilde (altnord. gjald; got. gild, in der Bedeutung von Opfer, gemeinsames Mahl, Zahlung, Steuer, Bruderschaft; mlat. gilda, gildonia; neuhd. Gilde, seit Luther). Urspr. kultisch-religiöse Vereinigung, zu der dann der Rechtsschutz der Mitglieder kam. Überwiegend religiös bestimmte Gilden münden in der religiösen Bruderschaft; handwerkl. Gilden wandelten sich und nahmen den Namen Zunft an. Mit der Förderung und dem Schutz des Handels befaßten sich andere Gilden (Kaufmannsgilden), deren Mitglieder durch Schwurgemeinschaft (conjuratio) einander verpflichtet waren. Hieraus entwickelte sich z. B. die Hanse. Der Zugang zur Gilde, urspr. frei, wurde bis zum Ende des 11. Jh. durch Bräuche und Vorbedingungen geregelt. Gilderecht trug zur Bildung des späteren Stadtrechts bei; Gemeinschaftsleistungen waren die Gildehallen. Erst im 15./16. Jh. begann die Bedeutung der Gilden zurückzugehen.

LIT. B. Schwineköper (Hrsg.), G. und Zünfte. Kaufmänn. und gewerbl. Genossenschaften im frühen und hohen MA (1985).

Giovine Italia. Von G. Mazzini gegr. Vereinigung, die die geistigen, polit. und ideolog. Voraussetzungen für die Erneuerung Italiens entscheidend mitbegründete. Die Vereinigung gab seit 1831 eine Zeitschrift ›La G. I.‹ heraus, die in Marseille gedruckt wurde und heimlich in Italien starke Verbreitung fand. Mazzini löste kurz vor der Revolution 1848 die G. I. auf und gründete in Paris die ›Associazione Nazionale Italiana‹.

Girondisten (franz. Girondins). Nach dem Departement Gironde, aus dem mehrere ihrer Führer kamen, benannte Gruppe in der Nationalversammlung, auch als **Brissotisten** (= Brissotins nach ihrem Führer Brissot), **Buzotins** (nach Buzot) oder **Rolandais** (nach Roland) bezeichnet. Neben den drei Genannten waren ihre hervorragendsten Vertreter Vergniaud, Isnard, Guadet, Gensonné und der gelehrte Condorcet. Die G. als Vertreter des kleinen und mittleren Bürgertums traten entschieden gegen jede Rückkehr zum Ancien régime ein, sperrten sich aber ebenso gegen soziale Demokratie, Zwangswirtschaft und die Vorstellungen der Jakobiner (Montagnards). 1791 setzten die G. schärfste Maßnahmen gegen die Emigranten und den eidweigernden Klerus und am 20. 4. 1792 die Kriegserklärung gegen Österreich durch. Gemeinsam mit den Jakobinern stürzten sie das Königtum, versuchten aber vergebl., das Leben des Königs zu retten und erlitten nach der Niederlage von Neerwinden (18. 3. 1793) starke Einbußen. In den Auseinandersetzungen mit den Jakobinern (Marat) und den Pariser Sektionen unterlagen die G. (31. 5.–2. 6. 1793). Brissot, Vergniaud, Gensonné und andere G. wurden hingerichtet, Aufstände girondist. Provinzen und Städte niedergeschlagen. Nach dem Ende der Schreckensherrschaft kehrten einige G. wie Convray, Isnard, Lanjuinais in den Konvent zurück.

LIT. A. de Lamartine, Histoire des girondins. 3 Bde. (1865/66); E. Biré, La Légende des girondins (1881); A. Mathiez, Girondins et Montagnards ([5]1930); M. J. Sydenham, The Girondins (1961).

Gladiator (lat. gladius, Schwert). G. waren in der Mehrzahl zunächst Kriegsgefangene, Schwerverbrecher, Sklaven, seit Ausgang der Republik auch Freigelassene, die in Kasernen (Gladiatorenschulen) zusammengezogen und für die Gladiatorenkämpfe ausgebildet wurden. Die Gladiatorenkämpfe, etrusk. Herkunft, wurden früh von den Römern übernommen, in Rom zum ersten Male für das Jahr 264 v. Chr. nachweisbar, zunächst als Leichenspiele oder Teile derselben, seit der ausgehenden Republik auch aus polit. oder militär. Anlässen veranstaltet. Seit 105 v. Chr. Gladiatorenfechten auch im röm. Heer eingeführt. Verschiedentl. wurden G. als Kampftruppen eingesetzt, so im Bürgerkrieg Caesar-Pompejus, im Markomannenkrieg, oft auch als Leibwachen röm. Politiker verwendet. Nach ihrer Ausrüstung und Kampfesart wurden die G. in verschiedene Gruppen eingeteilt: z. B. Retiarii, Gallier, Samniten, Thraker. Der Ablauf der Gladiatorenspiele vollzog sich wie folgt: Pompa (Aufmarsch), Probatio (Scheinfechten mit stumpfen Waffen), eigtl. Kämpfe mit verschiedenen Waffen paarweise, in Gruppen, in Massen, Kämpfe gegen wilde Tiere. Die Sieger erhielten beträchtl. Prämien und Geschenke. Kritik an den Gladiatorenkämpfen wurde nur selten laut (z. B. Seneca), Domitian unterdrückte die privaten Fechtschulen, Kaiser Konstantin verbot 325 im östl. Reichsteil die Gladiatorenspiele. Im 5. Jh. gingen die Gladiatorenspiele zu Ende.

LIT. Lexikon der Alten Welt 1088 f.; RE, Suppl. III 760–84; L. Robert, Les gladiateurs dans l'orient grec (1940); M. Grant, Die Gladiatoren (1970); A. Henze, Augusta Hönle, Röm. Amphitheater und Stadien – Gladiatorenkämpfe und Circusspiele (1981).

Glagolismus, Glagolitismus. In der von Kyrill entwickelten Schrift, der **Glagolica,** ist das altslaw. Schrifttum verfaßt. Die urspr. runde Glagolica wurde seit dem 10. Jh. durch die Kyrillische Schrift zurückgedrängt, blieb aber im kath. Kroatien erhalten, wo sich seit dem 13. Jh. die eckigen Glagolien bildeten. An sie ist der G., der Gebrauch der kirchenslawischen Sprache im kath. Gottesdienst, heute ausschließlich gebunden. Innozenz IV. hatte 1248 den G. nach älteren Verboten genehmigt. In Kroatien kam es im 19. Jh. zum Streit zw. Lateinern und Glagoliten. Der G. galt als Privileg der Kroaten. Eine Reinigung des G. von Russizismen wurde durchgeführt, doch verlor der G. ständig an Bedeutung.

Glaubensfreiheit. Als Teil der Gewissensfreiheit, die dem einzelnen Menschen garantierte Freiheit, seine Glaubensüberzeugung selbst wählen zu können und von jedem staatl. Eingriff in seinen religiösen Bereich frei zu sein. Die erste Anerkennung der G., deren Geschichte von dem Verhältnis von Religion und Recht, Kirche und Staat bestimmt ist (→ius reformandi) und durch Christenverfolgung, Inquisition, Ketzerverfolgung, Reformation und Toleranz führt, findet sich im ›Agreement of the People‹ (1647); bekannt geworden ist die Anerkennung der G. in der Erklärung von Virginia und im Allgemeinen Landrecht für die preußischen Staaten. Das Recht der G. fehlt fast in keiner Verfassung des 19. Jh. und der Gegenwart, auch nicht in der Satzung der Vereinten Nationen und in der Allgemeinen Erklärung der Menschenrechte von 1948. Ihre Ergänzung findet die G. durch die Kultusfreiheit. Die Annahme des allein wahren, von Christus gelehrten Glaubens wird von der kath. Kirche zur Gewissenspflicht gemacht, Nichtkatholiken darf jedoch der Glaube nicht aufgezwungen werden. Abfall vom Glauben, Glaubensdelikte werden mit Kirchenstrafen belegt.

LIT. StL III, 969–74; M. S. Bates, Glaubensfreiheit (dt. 1947); H. Marti, Glaubens- und Kultusfreiheit (1951); G. Miegge, Religious liberty (1957).

Gleichgewicht (Lehnübersetzung von lat. aequilibrium, franz. équilibre, seit 1679). Das engl. Schlagwort Balance of Europe (1675) erscheint in Dtl. lat. als bilanx Europae. Die Formel »Gleichgewicht von Europa« seit Justi (1758), »europäisches Gleichgewicht« (équilibre de l'Europe) seit 1798.

Der durchaus doppeldeutige Begriff G., rationales Surrogat des »Abendlandes«, erscheint als polit. Ziel zuerst in der polit. Welt Italiens zw. Mailand, Venedig, Florenz, Neapel, um das Übergewicht eines Staates zu verhindern. Der Begriff wird von Venedig auf andere europ. Fragen übertragen und ist seit dem 16. Jh. ein ständiges Element europ. Politik, gegen die Gefahr einer Hegemonie gerichtet, insbes. von England gefordert, nicht zuletzt in der Absicht über die »balance of power« die Kontinentalmächte beherrschen zu können. Die Politik des europ. G., eng verknüpft mit der Idee der Staatsräson, richtete sich zunächst gegen die spanisch-österreich. Weltmacht, hauptsächl. von Frankreich inspiriert (Rohan, Richelieu). Dann wurde sie gegen die franz. Hegemonie unter Ludwig XIV. gekehrt, hauptsächl. von Wilhelm III. von Oranien-England, der niederländ., engl. und dt. Publizistik, bald aber auch während des Nordischen Krieges gegen Rußland vertreten. Dem »europäischen Gleichgewicht« wurde ein »nordisches Gleichgewicht« parallel gesetzt.

Mit den Friedensschlüssen von Utrecht, Rastatt, Baden (1713/15) wurde ein gewisses europ. G. hergestellt, doch gelang es England nach den Friedensschlüssen von Paris (1763) und Hubertusburg (1763) seine Vormachtstellung in der zweiten Hälfte des 18. Jh. auszubauen. Der z. Z. der Kriege gegen das revolutionäre Frankreich (Koalitionskriege) und das napoleonische Empire neubelebte Grundsatz des europ. G. spielte auf dem Wiener Kongreß (1814/15) und bei der Gründung und Politik der Heiligen Allianz eine wichtige Rolle.

Seit der Mitte des 19. Jh. begannen Liberalismus und Nationalismus die Idee des G. auszuhöhlen. Napoleon III. setzte dagegen das nationale Prinzip und das Recht der Selbstbestimmung. Das europ. Gleichgewichtssystem nahm zuletzt die Form zweier Mächtegruppen an: Entente (→Entente cordiale) und Dreibund standen sich in immer tiefer werdendem Gegensatz gegenüber. Der Erste Weltkrieg und das Diktat von Versailles beseitigten das europ. G. Mit der Verlagerung der Weltpolitik weg

von Alt-Europa und mit dem Aufkommen neuer Großmächte, mit dem Zusammenbruch der Kolonialreiche und mit der polit. Gruppierung um Erdteile und Weltmächte beginnen neue Vorstellungen internationaler Beziehungen und die Frage nach einem G. in der Weltpolitik an seine Stelle zu treten.
LIT. J. Schmauß, Die Historie der Balance von Europa (1741); J. H. G. von Justi, Chimäre des Gleichgewichts von Europa (1758); ders., Chimäre des Gleichgewichts des Handels und der Schiffahrt (1759); E. Kaeber, Die Idee des europ. Gleichgewichts in der publizist. Literatur vom 16. bis zur Mitte des 18. Jh. (1907); G. Hanotaux, La politique de l'équilibre 1907/12 (1912); E. von Vietsch, Das europ. Gleichgewicht (1942); L. Dehio, Gleichgewicht oder Hegemonie (1948); H. Duchhardt, Gleichgewicht der Kräfte (1976).

Gleichheit. Der G. der Menschen von Natur aus steht eine ebenso in der Natur begründete, durch Entwicklung, Leistung, bes. die moderne Wirtschaft, vertiefte Ungleichheit gegenüber. Die nur im Abendland entwickelte Idee der G. wurzelt im Christentum, in der Stoa, im Naturrecht, doch blieb sie im MA und in der frühen NZ überdeckt von den institutionellen Ordnungen der Geschichte, im mehr oder weniger latenten Widerspruch zu diesen und fand in der Armutsbewegung, in der Mystik, in spiritualist. und häret. Bewegungen einen Ausdruck.
Die Idee der G. wurde in sozialen Utopien der frühen NZ (Thomas Morus, Morelly, E. Cabet), in der Aufklärung (J. J. Rousseau, ›Discours sur l'origine et les fondements de l'inégalité des hommes‹, 1754) vertreten, doch kannten die ma. und frühneuzeitl. Staaten vor der Französischen Revolution keine G. des Rechts. Die Unabhängigkeitserklärung der Vereinigten Staaten (1776) und die Pariser ›Erklärung der Menschenrechte‹ vom 26. 8. 1789 stellen den Grundsatz der G. aller Menschen auf (»Die Menschen werden frei und gleich geboren und bleiben es.«). Der Gedanke der Menschen- und Bürgerrechte richtet sich gegen Privilegien von Ständen und Gruppen. Die Verfassungen anderer Länder nahmen im 19. Jh. die G. des Rechts auf (Belgien 1831; Verfassung der Frankfurter Nationalversammlung 1849; Preußische Verfassung 1850).
Die G., im revolutionären Denken der neuesten Zeit tragendes Sozialprinzip, steht in einer notwendigen Spannung zur Freiheit, insofern die Verwirklichung der polit. (z. B. im Kampf um das allg. Wahlrecht), noch mehr der sozialen G. mit Einschränkungen der individuellen Freiheit bezahlt werden muß. Eine ausgleichende Beseitigung aller Ungleichheiten (klassenlose Gesellschaft) kann niemals das Ziel einer vernünftigen und verantwortungsbewußten Staatsleitung sein, da auf Ungleichheit Leben, Veränderung und Betätigung beruhen und jede persönl. Leistung die Ungleichheit wieder zur Geltung bringt.
LIT. StL III, 983–93; M. Rümelin, Die Gleichheit vor dem Gesetz (1928); F. Ermacora, Handbuch der Grundfreiheiten und Menschenrechte (1963); P. Brückner, Freiheit, Gleichheit, Sicherheit (1966).

Gloria. Hymnus, aus vielen huldigenden Akklamationen bestehend; zunächst ein Morgenhymnus, dann beim Papstgottesdienst für die Sonntage und Märtyrerfeste, erst im HochMA auch im Priestergottesdienst an Festtagen zugelassen. Im ev. Gottesdienst vielfach auf den bibl. Einleitungsspruch beschränkt.

Glorious Revolution, Glorreiche Revolution. Herkömml. und bes. in der angelsächs. Historiographie verbreitete Bez. der »Revolution« von 1688, d. h. der Wiederherstellung des rechten Zustands vor der Stuart-Restauration: »glorreich« deshalb, weil sie ohne Kämpfe vor sich ging und von der Glorie eines neuen Königs umstrahlt wurde. Die G. R. wurde ausgelöst durch die absolutist. Politik, die Rekatholisierungsmaßnahmen des kath. Königs Jakob II. (reg. 1685–88), die Furcht vor einer kath. Thronfolge durch die Geburt des Prinzen Jakob Eduard (1688–1766) und durch den Zusammenhang der Ereignisse in England mit den großen europ. Problemen der pfälzischen Erbfolge (→Pfälzischer Erbfolgekrieg), mit dem Thronanspruch der älteren, prot. gebliebenen Tochter König Jakobs von England und ihres Gemahls Wilhelm III. von Oranien und der Furcht vor den Einmischungsversuchen des absolutist. Frankreich unter Ludwig XIV. Wilhelm von Oranien, von Whigs und Tories zum Eingreifen aufgefordert, landete in England, Jakob II. floh nach Frankreich. Ein auf Veranlassung Wilhelms III. gewähltes Konventionsparlament regelte die Nachfolgefrage, erklärte Wilhelm und seine Gemahlin zu Souveränen des Landes, sprach die Absetzung Jakobs II. aus und gab mit der Bill of Rights von 1689 dem Königtum eine konstitutionelle Grundlage. Die G. R. von 1688 schuf die Grundlage für die gegen die Hegemonialbestrebungen Frankreichs gerichtete Gleichgewichts- und Einkreisungspolitik Wilhelms III. und war von entscheidender Bedeutung für den Ausgang des Pfälzischen Erbfolgekrieges.

LIT. G. M. Trevelyan, The English Revolution 1688–89 (1938; dt. 1950); J. P. Kenyon, The Nobility in the Revolution of 1688 (1963); L. Stone, The Causes of the English Revolution (1972); P. Wende, Probleme der Englischen Revolution (1980).

Glossa ordinaria. Die Bez. kam im 14. Jh. auf. Gemeint sind damit Glossen, die den Kirchenvätern und späteren Kirchenschriftstellern entnommen waren (mit gelegentl. Bemerkungen der Glossatoren hierzu). Längere G.o. wurden an den Rand des Textes, kürzere zwischen die Zeilen geschrieben. Die G.o. deckten die ganze Vulgata ab.

Glossatoren. Rechtsgelehrte, deren wissenschaftl. Tätigkeit in der Abfassung von Glossen zu Texten des röm., des kanon. und des langobard. Rechts bestand. Zentren der Glossatorenschulen waren im 11. Jh. Pavia, dann seit Irnerius (†1118) vor allem Bologna, das in der Mitte des 12. Jh. etwa 10000 Jurastudenten hatte. Hervorragende G. waren die »Quattuor Doctores« des 12. Jh., Martinus, Bulgarus, Hugo, Jacobus, in der Folgezeit Pillius (†1207), Azo (†1230) und Hugolinus (†1233). Mit letzteren ist der Höhepunkt der G. erreicht.

LIT. HWDRG I, 1708–12.

Gnosis (griech.). Erkenntnis überhaupt; bes. spekulativ religiöses Erkennen als Schauen oder Einswerden mit dem Objekt der Erkenntnis; Weg zur Erlösung. Im engeren Sinn Bez. für religiöse Strömungen und Sekten der Spätantike (→Gnostizismus).

Gnostizismus (von Gnosis). Zusammenfassende Bez. für spätantike religiöse Bewegungen und Sekten, frühchristl. Lehren und Sekten. Kennzeichen des G. sind ein mythisiertes Welt- und Menschenbild, soteriolog. Impulse, Dualismus von Gott und Welt, Verquickung von Elementen griech. Philosophie und Mysterienreligionen und christl. Elementen. Die maßgebenden Gnostiker stammten aus dem Orient. Der G. im Frühchristentum gab die Offenbarung als Grundlage theolog. Erkennens auf, verwässerte sie durch allegor. Auslegungen und verquickte sie mit heidn. Philosophemen und Elementen oriental. Kulte. Der G. war im Morgen- und Abendland weit verbreitet, bes. unter den Gebildeten, seine Literatur im 2. Jh. zunächst umfangreicher als die orthodoxe, doch ist sie zum größten Teil verloren und erst nach 1850 in einigem Umfang entdeckt worden. Eine Bildung des G. ist der Manichäismus; gnost. Traditionen leben bei den Katharern fort. Bekanntere Gnostiker sind Basilides (120–45), Bardesanes (†222), Marcion, dessen Sonderkirche sich lange behauptet hat.

LIT. W. Völker, Quellen zur Geschichte der christl. Gnosis; H. Leisegang, Die Gnosis (^{5}1985); B. Altaner, Patrologie (^{3}1951); Jedin, HKG I; K. Prümm, Gnosis an der Wurzel des Christentums (1971); TRE 13 (1984) 519–50.

Goldbulle. Der Gebrauch der G. (Goldsiegel) war im allg. auf Könige und souveräne Herrscher beschränkt, ging von Byzanz aus und wurde im MA bes. bei Kaisern und dt. Königen seit Otto I. üblich, wenn es der Bedeutung einer Urkunde und dem Urkundenempfänger angemessen war. Wichtigere G. (Goldene Bullen): a) die Goldene Bulle von Rimini Friedrichs II. vom März 1226, das Grundgesetz des Deutschen Ordens in Preußen; b) die Goldene Bulle Karls IV. von 1356 (Gesetze der Reichstage von Nürnberg und Metz) über die röm. Königswahl und die Kurfürstenrechte, ein Reichsgrundgesetz.

LIT. Bresslau ^{2}II 558f., 566f.; Clavis mediaevalis 87f.

Goldene Bulle. Reichsgrundgesetz, welches das Recht der Königswahl festlegt und die Stellung der Kurfürsten und das Zeremoniell für die Repräsentation des Reiches ordnet. Die ersten 23 Kapitel der Goldenen Bulle wurden am 10. 1. 1356 auf dem Nürnberger Reichstag veröffentlicht, die Kapitel 24–31 wahrscheinlich auf der Reichsversammlung in Metz (25. 12. 1356). Die ersten sieben Kapitel handeln über die Verfassung des Kurfürstenkollegs, binden Wahlrecht und Erzamt an ein

Fürstentum und verhindern durch Primogeniturordnung und andere Bestimmungen die Zersplitterung von ius, vox et potestas eligendi Romanorum regem. Die Kurfürsten erhalten die Privilegia de non evocando und de non appellando. Wahlort für die Königswahl ist Frankfurt; die erste Krönung soll in Aachen, der erste Reichstag in Nürnberg stattfinden. Die Krönung in Rom und die päpstl. Ansprüche auf Nomination und approbatio electionis (→Approbation) werden übergangen. In den Wahlkapitulationen der dt. Kaiser und Könige wurde die Goldene Bulle anerkannt. Sie zählt neben dem Augsburger Religionsfrieden, dem Westfälischen Frieden zu den wichtigsten Reichsgrundgesetzen.
LIT. A. Erler, Die Goldene Bulle Kaiser Karls IV. von 1356 auf Grund der Textausgabe von Karl Zeumer; HWDRG I, 1739–1746; K. Müller, Die G. B. Kaiser Karls IV. 1356 (^{3}1970); W. Dotzauer, Das Königsgeleit für die Kurfürsten in der G. B. Karls IV. (1356). In: Geschichtl. Landeskunde, Bd. 21 (1980), 82–139.

Goldene Bulle von Rimini (März 1226). Kaiser Friedrich II. erteilt auf Bitte des Hochmeisters des Deutsch-Ritterordens (→Deutscher Orden), Hermann von Salza, diesem die Ermächtigung zum Angriff auf das heidnische Land der Preußen. Er bestätigt gleichzeitig dem Hochmeister und dem Deutschen Orden die Schenkung des Kulmer Landes durch Herzog Konrad von Masowien sowie alles Land, das der Orden im Gebiet des Landes Preußen gewinnen wird. Das Land Preußen wird unter »die Monarchie des Römischen Imperiums« einbegriffen.
LIT. E. Stengel, Hochmeister und Reich. In: ZRGGA 58 (1938); W. Hubatsch, Quellen zur Gesch. des Deutschen Ordens (1954); E. Weise, Interpretation der Goldenen Bulle von Rimini (März 1226) nach dem kanonischen Recht. In: Acht Jahrhunderte Dt. Orden, hrsg. von Kl. Wieser 15–44.

Goldene Horde. Heerlager, dann auch Reich von Tschingis Chans ältestem Sohn Dschutschi († 1227) und dessen Nachkommen; umfaßte die westl. Länder des mongol. Eroberungsgebiets in Asien und Europa, zw. Aral-See und Pripet. Seit Osbeg (reg. 1313 bis 1341) setzt sich langsam im Reich der G. H. der Islam durch. Anfang des 15. Jh. beginnt endgültig der Verfall mit der Abspaltung der Krim, Kasans, Astrachans, Sibiriens; 1480 wird Moskau unabhängig. Poln.-litauische und russ. Angriffe schwächen die G. H., 1502 werden ihre Reste östlich von Kiew vernichtet.

Goldener Bund (5. 10. 1548). So genannt wegen der goldenen Anfangsbuchstaben der Vertragsurkunde, seit 1656 Borromäischer Bund nach seinem Patron, dem hl. Karl Borromäus. Der G. H. ist ein Bündnis von Luzern, Uri, Schwyz, Unterwalden, Zug, Freiburg, Solothurn, in ihrem Gebiet die kath. Religion um jeden Preis zu schützen, sich gegenseitig Hilfe zu leisten und dieses Bündnis, falls die Religion in Frage stehe, selbst den eidgenöss. Bündnissen vorgehen zu lassen. 1587 trat Philipp II. von Spanien, 1597 Appenzell-Innerrhoden, 1635 Kathol.-Glarus dem Bündnis bei.

Goldene Regel (regula aurea). Der Begriff ist erst im 18. Jh. nachweisbar, zuerst in England (golden rule), als Bez. für die Maxime »Was du nicht willst, daß man dir tu', das füg auch keinem andern zu!« Luther setzt das göttl. Liebesgebot mit der G. R. gleich; im Decretum Gratiani ist die G. R. mit dem Naturrecht gleichgesetzt. Hobbes u. a. sehen die G. R. als Summe der Naturgesetze an, Voltaire betrachtet sie als Ausgleich von Vernunft und Leidenschaft. Bei Kant nimmt die G. R. die Form des kategor. Imperativs an. Scheler setzt sie mit dem Solidaritätsprinzip gleich, sieht darin einen »Grundartikel eines Kosmos endlicher sittlicher Personen«. In der Sache geht es bei der Goldenen Regel um das Prinzip der Gegenseitigkeit (Reziprozität).
LIT. Th. Heckel, Regula aurea. Zur polit. Predigt (1952) 57–66; A. Dihle, Die G. R. Eine Einführung in die Geschichte der antiken und frühchristl. Vulgärethik (1962); TRE XIII (1984) 570–83.

Goldene Rose (lat. rosa aurea). Eine aus Gold verfertigte und mit Edelsteinen besetzte Rose. Sie wird jedes Jahr am 4. Fastensonntag (Rosensonntag) geweiht und an Persönlichkeiten verschenkt, die sich um die Kirche verdient gemacht haben (daher auch Tugendrose genannt). Die päpstl. Auszeichnung existiert seit dem 11. Jh.
LIT. E. Cornides, Rose und Schwert im päpstlichen Zeremoniell (1967).

Goldenes Buch.
[1] Ein Verzeichnis von 1200 (zuletzt 1600) Patrizierfamilien Venedigs; ihnen

stand seit dem Jahre 1297 allein das Recht zu, am ›Großen Rat‹ und damit an der Regierung teilzunehmen. Das G. B. wurde 1797 verbrannt.
[2] Ein prunkvolles Buch, das von Städten, Universitäten und großen Körperschaften geführt wird. Es dient dazu, daß Ehrengäste sich darin eintragen.
LIT. zu [1] G. Maranini, La costituzione di Venezia dopo la Serrata de Maggior Consiglio (Florenz 1931).

Goldenes Vlies (Orden vom G. V.; franz. Toison d'or; span. Toisón de oro). Ein im Jahre 1430 durch Philipp den Guten von Burgund (reg. 1419–67) gestifteter Orden. Nach der Teilung des Hauses Habsburg in einen österreich. und span. Teil (1556) wurde er in Österreich und Spanien als höchste Auszeichnung verliehen. Das Ordenszeichen war ein goldenes Widderfell unter einem Feuerstein; die Ordenskette war aus Feuersteinen und Feuerstählen gearbeitet.
LIT. J. Kervyn de Lettenhove, La Toison d'Or (1907).

Goldenes Zeitalter. Ein aus der Antike übernommener Begriff zur Bez. einer Epoche, in der auf geistigem und kulturellem Gebiet Höchstleistungen vollbracht wurden, so z. Z. des Perikles (kurz vor 500–429 v. Chr.) und des Kaisers Augustus (31 v. – 14 n. Chr.). Die auf ein G. Z. folgende Spätblüte, gekennzeichnet durch nachlassende schöpfer. Kraft, wird als Silbernes Zeitalter bezeichnet (z. B. Silberne Latinität). →Zeitalter.
LIT. M. Landsmann, Das Zeitalter als Schicksal (1956); M. Defourneaux, Spanien im G. Z. (1986); P. Cloché, Le siècle de Perikles (1949); V. Gardthausen, Augustus und seine Zeit. 2 Tle. (1891–1904); R. Günther, R. Müller, Das G. Z. (1988).

Goldene Worte. Eine unter dem Namen von Pythagoras überlieferte Schrift, die in Wirklichkeit eine spätere Fälschung darstellt.

Goliarden. Im MA Bez. für fahrende Dichter oder Sänger in Dtl., Frankreich, England. Meist wandernde Kleriker.

Göllheim, Schlacht von (2. 7. 1298). König Adolf von Nassau unterliegt im Kampf um die Krone dem Habsburger Albrecht und dessen Verbündeten aus Böhmen und Ungarn und findet in der Schlacht den Tod. In dem militär. Ergebnis von Göllheim ist eine Entsprechung zu der Absetzung Adolfs durch die Kurfürsten (23. 6. 1298) und der Neuwahl Albrechts I. zu sehen.
LIT. Gebhardt-Grundmann II, 407f.

Gonfaloniere (ital. Bannerträger). In Italien bis 1859 übl. Bez. des Stadtoberhauptes; bis 1870 im Kirchenstaat Oberhaupt einer Provinzhauptstadt.

Gonfaloniere della chiesa (Bannerträger der Kirche). Ehrentitel, vom Papst seit dem 12. Jh. an Fürsten verliehen, bes. an die Könige von Sizilien und die Herzöge von Parma.

Gonfaloniere della giustizia (Bannerträger der Gerechtigkeit). In Florenz 1293 geschaffenes Amt, das anstelle des Podestà die eigentl. Spitze der Stadtverwaltung bildete. Auch in anderen ital. Städten, hauptsächl. zur Wahrung der bürgerl. Interessen gegenüber dem Adel.

Gonfalonieri. 1264 in Rom gegr. Erzbruderschaft von 12 Edelleuten zum Loskauf der christl. Gefangenen aus den Händen der Sarazenen.

Gorze. Südwestlich von Metz gelegene, 749 von Bischof Chrodegang von Metz gegr., von den Karolingern reich dotierte Benediktinerabtei. Seit der Restitution und Reform durch Bischof Adalbero I. (933) war G. unter den Äbten Ainold († 967) und Johannes I. († 974) Mittelpunkt einer Reformbewegung, die von der cluniazensischen Reform in vielen Punkten verschieden, sich schnell im Reichsgebiet ausbreitete, St. Maximin, Stablo-Malmédy, Prüm, Schwarzach am Main, Niederalteich, St. Emmeram, Reichenau, St. Gallen erfaßte und sich dem Ottonischen Reichskirchensystem einfügte. In der 2. Hälfte des 11. Jh. trat die Gorzer Reform hinter der von Cluny zurück.
LIT. K. Hallinger, Gorze-Cluny. 2 Bde. (1950/51); TRE XIII (1984) 588–90.

Gotha; Gothaische Taschenbücher.
[1] Gothaischer Hofkalender, seit 1785 im Verlag von Justus Perthes, enthält die regierenden Häuser und den hohen Adel.
[2] Gräfliches Taschenbuch, ab 1825.
[3] Freiherrliches Taschenbuch.
[4] Historisch-heraldisches Handbuch zum genealogischen Taschenbuch der gräflichen Häuser, 1855.
[5] Uradeliges Taschenbuch, 1900.
[6] Adeliges Taschenbuch, 1907.
Die letzten Gothaischen Taschenbücher wurden 1942 verlegt. Seit 1951 wird diese Reihe, die ein unentbehrl. Hilfsmittel darstellt, unter dem Titel →Ge-

nealogisches Handbuch des Adels fortgesetzt.
LIT. T. Frh. von Fritsch, Die Gothaischen Taschenbücher, Hofkalender und Almanache (1968).

Gotik. Von ital. Gelehrten des 15. Jh. (Ghiberti, Vasari) geprägte Bez. für die ma. Kunst, die nach der damaligen Meinung von den Goten geprägt war und, gemessen an der Antike, als »barbarisch« galt. Von dem Odium des Barbarischen begann erst die Romantik, zuerst in England, mit der Korrektur des Mittelalterbildes die G. zu befreien. Die Bestimmung der G. erfolgte zunächst von der Baukunst her und in Abgrenzung gegen Romantik und Renaissance.
Ursprungsland der G. ist Nordfrankreich (Ile de France, Picardie, Champagne, Normandie) ca. Mitte des 12. Jh.; St. Denis 1137, Chartres Westbau 1134, Sens 1140, Reims 1221, Amiens 1221. In England trat die G. im letzten Viertel des 12. Jh. auf; Chor der Kathedrale von Canterbury 1174, Kathedrale von Lincoln 1233, Salisbury 1220–60. In Dtl. erst ab Mitte des 13. Jh. gotischer Kirchenbau; Höhepunkte: Straßburg, Freiburg i. Br., Köln, Oppenheim, Regensburg. Eine Sonderform ist die Spätgotik in Dtl. (»eigene deutsche G.«) mit weiträumigen Hallenkirchen: St. Stephan, Wien; Soest, Maria zur Wiese; Ulm, Münster u. a. Höchste Blüte der Glasmalerei im 14. und 15. Jh.
Kennzeichen der G.: Betonung der Vertikalen, Verbindung von Idealismus und Naturalismus, schlanke, schwingende, entschwerte Formen in allen Künsten; in der Baukunst: Spitzbogen, Rippengewölbe, Strebwerk, Maßwerk, Gliederung der Pfeiler.
Im 16. Jh. geht die G. in Dtl. im wesentl. zu Ende, lebt aber noch im 17. und im frühen 18. Jh. in der Kirchenbaukunst als Nachgotik und im 19. Jh. als Neugotik weiter.
LIT. H. Schmitz, Die G. im dt. Kunst- und Geistesleben (1921); W. Worringer, Formprobleme der G. ([19]1936); H. Sedlmayr, Die Entstehung der Kathedrale (1950); M. Aubert, Got. Kathedralen und Kunstschätze in Frankreich (1959); A. Stange, Die Malerei der G. 9 Bde. (1934–58); P. Frankl, The Gothic (1960); O. von Simson, The Gothic Cathedral ([2]1962, dt. 1968); R. Branner, St. Louis and the Court Style in Gothic Architecture (1968); R. Mark, Experiments in Gothik Structure (1982).

Gotlandfahrer, Gemeinschaft der deutschen G. Gemeinschaft dt. Handelsleute des 12. und 13. Jh.; begründete in Nowgorod um 1200 ein eigenes Kontor (Peterhof); spielte bei der Entstehung der Hanse eine wichtige Rolle; seit der Mitte des 13. Jh. auch in Flandern. Die Blüte Wisbys (auf Gotland) geht auf die G. zurück. Eigenes Siegel: Sigillum Theutonicorum Gutlandium frequentantium.

Gottesfreunde. Im 14. Jh. verbreitete Bez. für von Welt- und Ordensleuten getragene relig. Reformgruppen bes. am Rhein und im Elsaß. Der sog. Gottesfreund aus dem Oberland ist der lit. Deckname für den reichen Straßburger Kaufmann und Mystiker Rulman Merswin (1307–82), der in dem von ihm erworbenen Kloster Grünenwörth Gleichgesinnte um sich sammelte; Merswin, ein Beichtkind Taulers, oder sein Sekretär Nikolaus von Löwen ließen Traktate und Schriften eines »Gottesfreundes aus dem Oberland« hinausgehen und fälschten sie in einem fehlerhaften Schweizerdeutsch. Verbindungen zu der niederländ. Mystik bestanden.

Gottesfrieden. Die ersten Gottesfrieden begegnen, von Cluny entscheidend bestimmt, um 1000 in Süd- und Westfrankreich, sie sind im 11. Jh. weit verbreitet und enden ungefähr nach 1200 mit Ausnahme Spaniens. Die G. sind beschworene Beschlüsse, die unter Androhung von Kirchenstrafen (Exkommunikation usw.) bes. Personengruppen (Kleriker, Kaufleute, Bauern, Frauen) und Objekte (Kirchen, Klöster, Straßen) vor dem Überhandnehmen des Fehdewesens sichern wollen. Relativ spät tauchen G. in Dtl. auf. Nach 1023 werden die G. durch Treuga Dei erweitert. Mit dem Wiedererstarken der Staatsgewalt erlosch die Gottesfriedensbewegung.
LIT. HWDRG I, 1762–65; H. Conrad, DRG I; H. Hoffmann, Gottesfriede und Treuga Dei (1964).

Gottesgnadentum. Abgeleitet von der Demuts- und Würdeformel »von Gottes Gnaden«, die ihrerseits wieder der von Geistlichen gebrauchten Formel »Dei gratia« nachgebildet ist. Diese Formel ist Ausdruck des fürstl. Absolutismus und konservativer auf metaphysischer Grundlage ruhender Staatsauffassung. Als Schlagwort immer wieder umstritten.

Gotteshausbund auch Gottesbund (franz. Ligue cadé) genannt (29. 1. 1367). In Chur abgeschlossene Vereinigung des Domkapitels von Chur, der bischöfl. Ministerialen, der Abgesandten der Talschaften, des Rats und der Bürger von Chur, gegen die Politik des Bischofs Peter von Böhmen gerichtet. Der G. will die Entfremdung des Gotteshausgutes, die Ernennung eines Vikars ohne Wissen und Willen des G. verhindern.

Gottesurteil (iudicium Dei; auch Ordale von angelsächs. Ordāl, Urteil über lat. ordalium). G. sind auf magisches Denken, »auf den unerschütterlichen Glauben an die Rechtmäßigkeit der naturgegebenen Ordnung« (H.Nottarp) zurückzuführen, keine Schöpfung der Kirche. Das G. war Beweismittel, es hatte den Zweck, in Ermangelung von Tat- oder Zeugenbeweisen Schuld oder Unschuld des Angeklagten aufzuzeigen. Wo menschl. Wissen versagte, sollte Gott genötigt werden, endgültig zu entscheiden. Das Eingreifen wurde als Beweismittel unbedingt anerkannt. G. sind seit dem 8. Jh. aus dem german. Rechtsleben in das weltl. und geistl. Strafprozeßverfahren eingeführt, von der Kirche anerkannt und von verschiedenen Synoden vorgeschrieben (Mainz 847, Worms 868, Seligenstadt 1023 usw.). Zahlreiche Päpste sprachen sich gegen die G. aus, z.B. Nikolaus I. (858–67), Stephan VI. (885–91). Das Laterankonzil verurteilte die G. 1215. Die verbreitetsten Formen der G. waren: Zweikampf, Feuerprobe (z.B. Gang über glühende Pflugscharen), Wasserproben, Kreuzesprobe, Losordal, bei dem durch Los bestimmt wurde, wer Recht hatte; Bissensprobe, bei der Brot oder Käse ohne Schwierigkeit geschluckt werden mußten, Abendmahlsprobe, Bahrrecht (Nibelungenlied: zeigte die Leiche bei Berührung des Probanden Zeichen, dann war dieser schuldig) u. a. m.
LIT. HWDRG I, 1769–73; Bächtold-Stäubli III (1930/31) 994–1064; H. Nottarp, Die Gottesurteile (1949); ders., Gottesurteilstudien (1956); L. Leitmaier, Die Kirche und die Gottesurteile (1952).

Göttinger Sieben. Die sieben Professoren der Universität Göttingen: W. Albrecht, F. C. Dahlmann, H. Ewald, G. G. Gervinus, Jakob und Wilhelm Grimm, W. Weber, die König Ernst August von Hannover der Aufhebung der Verfassung von 1833 beschuldigten, sich zur Verfassung und ihrem Diensteid bekannten. Der Protest der G. S. hatte starke verfassungspolit. Wirkung in Dtl. Die Entlassung und Vertreibung der Sieben mobilisierte die öffentl. Meinung zu ihren Gunsten und schadete der Universität. Die Sieben wurden 1848 fast alle Mitglieder der Frankfurter Nationalversammlung.
LIT. E. R. Huber, Deutsche Verfassungsgeschichte II^2, 96–106; H. Kück, Die G. S. (1934); R. Smend, Die G. S. (1951); W. Ebel, Jakob Grimm und die deutsche Rechtswissenschaft (1963).

Graduale. a) Seit dem 12. Jh. die Bez. für das Choralbuch, das die Gesänge der Messe enthält. Der Name abgeleitet von gradus = Stufen des Ambo, von denen der Kantor die Gesänge vortrug. b) Gesang der Messe.
LIT. LThK IV, 1158f.

Grafschaft (lat. comes iudex; comitatus, cometia, comitia). »Comes« war in der Spätantike die Bez. eines Hofbeamten und kaiserl. Beauftragten in den Provinzen. Beim Zusammenbruch des Röm. Reiches übernahmen die Comes als lokale Machthaber die Verwaltung in den Restgebieten. In der Merowingerzeit bestand die Aufgabe des Comes hauptsächl. darin, die königl. Macht durchzusetzen, den Frieden zu wahren. Im 8. Jh. kam in Nordgallien neben Comes die Bez. »grafio« auf (grafio von Gebot, Befehl), womit urspr. ein lokaler, milit. Befehlshaber bezeichnet wurde, der bald zur gleichen Stellung wie der Comes aufstieg.
In der Karolingerzeit wuchs die Bedeutung des Comes. Heeresaufgebot (Heerbann), Königsschutz, Friedenswahrung, iudex publicus waren seine wichtigsten Aufgaben. Die Grafschaft war territorial abgrenzbar gegen die Herrschaftsbereiche des Hochadels, jedoch »logisch Personenverband«. Das Amt des Grafen, das Karl d. Gr. sogar an Unfreie vergeben hatte, wurde bald in vornehmen Familien erblich. In spätkaroling. Zeit trat das Grafengericht deutlicher hervor. Unter den sächs. Herrschern kam es zur Gründung neuer Grafschaften und einem inneren Strukturwandel der G., zu ihrer Durchbrechung durch Immunitäten. Seit dem

11. Jh. geriet die gräfl. Gewalt unter den Einfluß der territorialen Mächte. Die alten Grafschaften verschwanden.
Im 13. Jh. wurde die G. zu einem »lokal bezeichneten Verfassungsinstitut«. Der Titel Comes verlor seinen ursprüngl. Charakter als Amtsbezeichnung und wurde zum Familientitel, zur Standesbezeichnung. Im 12. und 13. Jh. ist die G. keine gleichwertige Einheit mehr. Ein Teil der Grafen und freien Herrn unterlag den Mediatisierungsbestrebungen größerer Territorien. Markgrafen erhoben sich über Grafen und stiegen an der Ostgrenze des Reiches zu neuer herzogl. Gewalt empor. Die reichsständischen Grafen und freien Herrn (später Reichsgrafen) traten seit dem 15. Jh. mit Fürsten und Prälaten im Fürstenrat (Reichsfürstenrat) zusammen. Es bildete sich eine schwäbische und eine wetterauische, eine fränkische und eine westfälisch-niedersächsische Grafenkurie, die bis zum Ende des Reichstages bestand. Unabhängig von der verfassungsrechtl. Stellung begegnet der Titel ›Graf‹ beim Adel. Mit dem Untergang des Reiches verloren die reichsunmittelbaren Grafen jede selbständige Bedeutung (→Landgraf; →Markgraf; →Pfalzgraf).
LIT. HWDRG I, 1775–95 (dort weitere Lit. nachgewiesen).

Grand Chambellan (zuerst mestre chamberlenc). Unter Philipp III. und Philipp IV. wirklicher Finanzminister, von großem Einfluß. Nach 1315 gehen diese Aufgaben an die tresoriers de France. G. C. wird ein erbliches Hofamt; 1545 tritt der G. C. an die Stelle des Chambrier in dessen alter Bedeutung: er steht an der Spitze der Kammerherrn und führt die Aufsicht über die königl. Gewänder und Insignien. – Die Würde bestand auch noch unter Napoleon I., in der bourbon. Restauration bis 1830 und unter Napoleon III.
LIT. Haberkern-Wallach 102, 256.

Graue Eminenz. Nach Père Joseph (1577–1638), dem Beichtvater des Kardinals Richelieu, Spottbez. für einen einflußreichen, öffentl. nicht hervortretenden Berater oder Politiker, Minister, Offizier.

Grauer Bund. Älteste Grundlage ist das Bündnis zw. Abt Johann von Disentis, Ulrich Brun von Rhäzüns, Albrecht von Sax-Misox 1395. Am 16. 3. 1424 Erneuerung und Erweiterung des Bundes in Truns, Einsetzung eines Bundesgerichts für innere Streitigkeiten. Seine Sprüche können durch Bundesgewalt zur Exekution gelangen. Vorort ist Truns. Der G. B. war der angesehenste unter den rätischen Bünden.

Gravamina (Beschwerden). Nach der Herkunft unterscheidet man klerikale, städtische und offizielle Reichstags-G. Im allg. treten in den G. drei gemeinsame Punkte hervor: a) Klagen gegen die röm. Verwaltungspraxis, b) Klagen gegen die röm. Besteuerungspraxis, c) Klagen über das kirchl. Prozeßverfahren. Die Bezeichnung »G. der dt. Nation wider den römischen Hof« ist als Antizipation einer späteren Ideologie leicht mißverständlich.
Die wichtigsten G.: das Mainzer Libell von 1451, die G. der Mainzer Provinzialsynode von 1455, die Frankfurter Avisamenta, die G. des Reichstags zu Frankfurt 1458, 1479 die G. des unierten Klerus der 3 rhein. Kirchenprovinzen zu Koblenz, die Zusammenstellung J. Wimpfelings, die hundert G. des Wormser Reichstags 1521. In der Geschichte der klerikalen und der Reichstags-G. bedeutet die Reformation keinen nennenswerten Einschnitt. 1673, 1769 (→Koblenzer G.) traten die rhein. Kurf.-Erzbischöfe mit ihren Beschwerden hervor. Auch der Emser Kongreß und die Verhandlungen um die kaiserl. Wahlkapitulation griffen auf die vorreformator. G. zurück.
LIT. B. Gebhardt, Die G. der deutschen Nation gegen den röm. Hof (^{2}1895); H. Raab, Die Concordata Nationis Germanicae in der kanonist. Diskussion des 17.–19. Jh. (1956); LThK IV, 1174f.

Gregorianischer Gesang (Choral). Bez. für den liturg. Gesang der röm. Kirche, dessen Überlieferung im 9. Jh. beginnt und im wesentl. auf die liturg. Reformen Papst Gregors d. Gr. zurückgeht. Eine Reform des Gregorianischen Gesangs im frühen 17. Jh. scheiterte; erst im 19. und frühen 20. Jh. erhielt der Gregorianische Gesang neuen Auftrieb, scheint jedoch durch die Liturgiereform nach dem Zweiten Vatikanischen Konzil gefährdet.
LIT. F. Blume (Hrsg.), Die Musik in Geschichte und Gegenwart (1948–79); K. G. Fellerer, Der Gregorianische Choral (1936); F. Tack, Der kultische Gesang der abendländ. Kirche (1951).

Grenze (im preuß. Ordensland kommt im 13. Jh. greniz[e] auf. Im 15. Jh. dringt das Fremdwort aus dem

Poln. ins deutsche ein, gemeindeutsch wird es erst durch Luther). Trennungslinie zw. zwei Gebieten, natürl. oder rechtl. Art. Staatsgrenzen gegenüber dem Hoheitsgebiet fremder Staaten und gegenüber dem freien Meer beruhen auf Völkerrecht. Es gilt der Grundsatz wechselseitiger Unverletzlichkeit. Verkehr über die G. durch Paß- und Zollrecht geregelt. Die ältesten geschichtl. Formen der G. sind nicht die linearen G., sondern der Grenzsaum (Grenzwald, Sumpf, Gebirge). Grenzraum oder Grenzsaum sind schwach oder nicht bewohnt. Grenzmarken im MA: österreich. Militärgrenze auf dem Balkan. Mit dem Absolutismus, dem Streben nach Überwindung feudaler Bindungen und Beseitigung von En- und Exklaven entsteht das Problem einer genauen Grenzfestlegung. Nationalstaatl. Denken bringt die Forderung nach den gerechten und natürl. Grenzen. Kriterien für die gerechte und natürl. Grenze: Sprachen-, Kulturgrenzen. Bes. Schwierigkeiten in Ostmitteleuropa: Frage der sprachl.-völk. Minderheiten. Polit. G. wurden und werden nach geograph., wirtschaftl. und strateg. Gesichtspunkten fixiert, oft einseitig. Jede Grenzziehung bedarf der ausdrückl. oder stillschweigenden Anerkennung der Völkergemeinschaft. Ein bes. Problem ist das Verhältnis von staatl. und kirchl. Grenzen; während es in frühchristl. Zeit nicht bestand, tauchte es seit dem Erstarken der Territorialstaaten, mit ihrem staatskirchenrechtl. Programm und infolge der Stabilität kirchl. Verwaltungsgrenzen, die sich über Jahrhunderte erhalten hatten, in der frühen NZ (17., 18. Jh.) mit bes. Heftigkeit auf. Zirkumskriptionen, Konkordate halfen im 19. und 20. Jh., das Problem zu entschärfen.
LIT. StL III, 1011–16; RGG VI 1853 – 1856; HWDRG I, 1801–04.

Groschen (mlat. denarius grossus, dicker Pfennig, kleine Münze). Unmittelbares Vorbild für den dt. G. war der Prager Groschen. Daneben gab es viele andere G., etwa Adler(Flandern)-G., Engel-, Marien-G. Bis 1571 galt der G. als 1/32 Taler, dann als 1/24 bzw. weniger. 1821–73: Silber-G. in Preußen, doch bleibt auch nach 1871, als der G. keinen Platz mehr im Währungssystem hat, die Bezeichnung G. erhalten für ein Zehnpfennigstück.

Großfürst. Herrschertitel: 1. in Rußland; z.B. Großfürst von Moskau, Kiew, Nowgorod. Seit dem 18. Jh. Titel der Mitglieder des russ. Kaiserhauses. 2. in Litauen; nach der Union in Litauen mit Polen führen die poln. Könige den Titel eines Großfürsten. 3. in Ungarn; nach der Erhebung Siebenbürgens zum Großfürstentum (1765) führen die habsburg. Könige den Titel Großfürst.

Großmacht. Bez. für einen Staat mit bestimmendem Einfluß auf die Weltpolitik und schwer bestimmbaren tatsächl. Vorrechten in dem Konzert der Mächte. Weder die flächenmäßige Ausdehnung (z.B. Brasilien, Kanada, Sudan) noch die Bevölkerungszahl (z.B. Indien, Indonesien) machen allein eine G. aus. Eine G. entsteht nur durch das Zusammenwirken verschiedener Faktoren – Ausdehnung, Bevölkerungszahl, wirtschaftl. und milit. Leistungsfähigkeit, polit. Wille, günstige Konstellation. Nach ihren Zielen können folgende Großmachttypen unterschieden werden: der kontinentale, militärische, maritime, wirtschaftliche, koloniale, bzw. der aggressive oder defensive.
Unverkennbar ist bei allen G. die ausgeprägte imperialist. Tendenz und der Wille, stärker als die in erster Linie auf das Innerstaatliche (Kultur, Soziales usw.) beschränkten Kleinstaaten das weltpolit. Geschehen zu bestimmen, insbes. bei Kongressen und Friedensschlüssen, z.B. bei den westfälischen Friedensverhandlungen, auf dem Wiener Kongreß, dem Berliner Kongreß (1878), den Friedensverhandlungen von 1919, der Washingtoner Konferenz 1921/22, der Konferenz von Jalta usw. Völkerbund und UNO schränken diesen polit. Willen der G. nur äußerst wenig, fast nur ideell, ein.
Zu dem System der G., wie es sich im 17. und 18. Jh. ausbildete, gehörten nach dem Zerfall der span. Weltmacht (Pyrenäenfrieden 1659):
a) Frankreich als kontinentale Vormacht unter Richelieu und Ludwig XIV.,
b) die aus dem Reich herausgewachsene und unter Leopold I., Joseph I., Karl VI. und Maria Theresia sich verfestigende, in den Donauraum (Prinz Eugen, Türkenkriege) vorstoßende habsburgische Monarchie,
c) die maritime, koloniale Großmacht England, die z.T. das Kolonialerbe Portugals, Spaniens, Frankreichs und der Seemacht Holland antrat,

d) die kontinentale Großmacht Rußland, die das Erbe Polens in Ostmitteleuropa, der verfallenden militär. Großmacht Schweden seit dem Nordischen Krieg (1700–21) im Ostseeraum und des Osmanischen Reiches an den Küsten des Schwarzen Meeres und in Südosteuropa übernahm, und

e) schließlich Preußen, das sich unter Friedrich d. Gr. militär. und polit. gegen das festländische Europa behauptete.

Das europ. Staatensystem der frühen NZ mündete aus in der Pentarchie, d. h. der Hegemonie der fünf G.: England, Frankreich, Rußland, Österreich, Preußen bzw. darauf aufbauend das Deutsche Reich. Höhepunkt der Pentarchie war der Wiener Kongreß. Als außereurop. G. kommt im 19. Jh. die USA hinzu (1898 Krieg gegen Spanien und Eintritt in die Weltpolitik) und zu Beginn des 20. Jh. Japan mit dem Sieg über Rußland (1904–05). Italien rückte seit dem Ausgang des 19. Jh. langsam unter die G. auf. Durch den Ersten Weltkrieg schieden Österreich endgültig und vorläufig auch Deutschland und Rußland aus. Unter den überlebenden G. hatte Frankreich die Vorherrschaft über das festländische Europa, und England wurde als See- und Finanzmacht von den USA eingeholt.

Der Ausgang des Zweiten Weltkrieges hat mit der Vernichtung der kurzlebigen dt., ital. und japan. Großmachtstellung zu weiteren Differenzierungen zwischen den G. geführt. Durch den Besitz atomarer Waffen sowie ihr polit., militär. und wirtschaftl. Potential hoben sich die Weltmächte (Supermächte) USA und UdSSR (bis 1990/91) deutlich von den übrigen »Großmächten« ab. China nimmt nicht zuletzt infolge seiner Flächenausdehnung und seiner Bevölkerungszahl eine Sonderstellung ein. Wirtschaftl. G., ohne entsprechendes polit. Gewicht, waren bisher die BRD und Japan. Wie die künftige Entwicklung nach dem Zerfall der UdSSR und dem sich abzeichnenden polit. Machtzuwachs der BRD und Japans verlaufen wird, ist nicht vorauszusehen. Die Geschichte zeigt, daß jede Hegemonial- oder Universalmacht früher oder später zurückgewiesen wurde bzw. an inneren und äußeren Schwierigkeiten zerbrochen ist.

LIT. L. von Ranke, Die großen Mächte (1833); M. Spahn, Die Großmächte (1918); H. H. Schraeder, E. Kornemann u. a., Die Weltreiche der Geschichte und die Großraumidee der Gegenwart (1942); O. Redlich, Das Werden einer Großmacht. Österreich 1700–40 (1939); W. Windelband, Die auswärtige Politik der Großmächte in der Neuzeit von 1494 bis zur Gegenwart (1922, Neudr. 1964); W. Platzhoff, Geschichte des europ. Staatensystems 1559–1660 (1928, Neudr. 1967); M. Immich, Geschichte des europ. Staatensystems 1660–1789 (1905, Neudr. 1967); Th. Schieder (Hrsg.), Handbuch der europ. Geschichte Bd. IV (^{2}1975) und Bd. VI (1968); R. Poidevin, Die unruhige Großmacht. Dtl. und die Welt im 20. Jh. (dt. 1985).

Groß-Orient. Deputiertenversammlung sämtl. Logen.

Grumbachsche Händel (Grumbachsche Wirren). Nach dem fränk. Reichsritter Wilhelm von Grumbach (1503–67, hingerichtet), dem »Fehdehelden« aus der Umgebung des Markgrafen Albrecht Alcibiades, benannte Händel, die 1558 mit Grumbachs Versuch, den Fürstbischof von Würzburg, Melchior von Zobel, gefangenzunehmen, begannen. Grumbachs Anschläge gegen den Reichsfrieden enthüllen die Ohnmacht des Reiches und den Verfall der Reichsritterschaft und führten zur Verhängung und Vollstreckung der Reichsacht.

LIT. F. Ortloff, Geschichte der G. H. (1868–70).

Grundbesitz, Grundeigentum. Grund und Boden waren bis in die frühe NZ fast alleinige Grundlage des wirtschaftl. Lebens, bes. der Produktion (→Physiokratie). Entsprechend war ihre Stellung in der Wirtschafts-, Sozial- und Gesellschaftsverfassung. Sozialrevolutionäre Bewegungen sind daher oft mit Forderungen auf Neuverteilung des Grundbesitzes verknüpft (Bodenreform).

Grundherrschaft. Aus den früh- und hochma. Quellen nicht belegbarer »moderner historisch-juristischer Ordnungsbegriff«, der erst in Quellen des 15. Jh. begegnet. Der Tatbestand der G. verbirgt sich in dominium, dominatio. potestas, ius et dominium, causa dominica. Grundbesitz bzw. Akkumulation von Grundbesitz allein führte nicht zur G., sondern nur in Verbindung mit eigenständiger, adliger Herrengewalt, mit der Fähigkeit, Schutz und Schirm zu gewähren. G. ist ein Komplex von Herrschaftsrechten, eine Form der Herrschaft neben anderen und wäre am besten zu ersetzen durch »Herrschaft über

Land und Leute«. Die **Grundholden** waren zu Abgaben, Fronden an den **Grundherrn** verpflichtet. Die grundherrl. Gerichtsbarkeit wird als Ausfluß adeliger Herrengewalt gedeutet. Geleitet wurde die G. von einem zentral gelegenen **Herrenhof** (Fronhof, Salhof, curtis dominica, villa, capitanea). In größeren Grundherrschaften gab es das System der Villikation. Die Angehörigen einer G. hießen Hintersassen oder Grundholde. Die G. ist im SpätMA und in der NZ landschaftl. verschieden abgestuft. In Nordostdeutschland geht sie in die Gutsherrschaft über. Daß die G. Unterdrückung freier Bauern gewesen sei, kann nicht behauptet werden; vielmehr gab sie Sklaven und Minderfreien wirtschaftl. und soziale Aufstiegsmöglichkeiten. Seit dem SpätMA wandelte sich die G. in die Rentengrundherrschaft. Im frühen 19. Jh. wurde sie aufgelöst. Die öffentl.-rechtl. Befugnisse der G. übernahm der Staat (Bauernbefreiung), die Grundherrschaft wurde in bloßes privatwirtschaftliches Grundeigentum umgewandelt.

LIT. HWDRG I, 1824–42; F. Lütge, Die Bayer. G. (1949); K. S. Bader, Studien zur Rechtsgeschichte des ma. Dorfes. 2 Bde. (1957–62); O. Brunner, Land- und Herrschaft (⁵1965); H. Patze (Hrsg.), Die G. im späten MA. 2 Teile (1983).

Gründonnerstag. Donnerstag der Karwoche, zuerst in Erfurt ca. 1220, im oberdt. Westen und Süden erst nach 1400, dort Antlaßtag (Tag des Erlasses der Kirchenbußen). Der G. ist bes. dem Gedächtnis des Abendmahls, des Gebetes am Ölberg und des Verrats des Judas geweiht. Von den kath. Bischöfen wurde in Erinnerung die Fußwaschung vollzogen, im allg. außerhalb der Messe. In allen Riten auch Weihe der Hl. Öle.

Grundrechte (auch Grund- und Freiheitsrechte genannt). Grundlegende Rechte des Individuums gegenüber dem Staat, die vom Staat anzuerkennen und zu gewährleisten sind und jedem Menschen, nach naturrechtl. Auffassung, auf Grund seiner Menschenwürde zustehen. Die Begriffe Grundrechte und Menschenrechte überschneiden sich. Manche Grundrechte, z.B. polit. Grundrechte, können über die natürl. Menschenrechte hinausgehen, andererseits sind in manchen Verfassungen nicht alle Menschenrechte als Grundrechte anerkannt.

Historischer Überblick: Der Antike waren Grundrechte im allg. noch unbekannt; Sklaven waren nicht rechtsfähig. In den oriental. Despotien gab es keine Grundrechte, dagegen erweiterte sich in der athen. Stadtrepublik die Freiheits- und Rechtssphäre der Bürger nach den Perserkriegen gegenüber dem Staat. Die wichtigste Grundlage für die Grundrechte wurde mit dem Christentum und der christl. Staatsphilosophie (Augustinus, Thomas von Aquin) gelegt. Entscheidende Impulse kamen auch aus german. Rechtsvorstellungen. Als ma. Vorläuferin von Grundrechtskodifikationen gilt die Magna Charta. Ein weiterer Schritt zu Grundrechtserklärungen wird im 17. Jh. im Kampf gegen den Stuart-Absolutismus und um Religionsfreiheit in England getan: Petition of Rights (1628), Agreement of the People (1647); Habeas-Corpus-Akte (1679), Bill of Rights (1689; →Bill; →Declaration of Rights).

Auf dem Kontinent wurden unter dem Einfluß des Naturrechts der Aufklärung zu Beginn des 18. Jh. Kataloge von Grund- und Menschenrechten aufgestellt (Christian Wolff). In den engl. Kolonien Nordamerikas war die Vorstellung von Grundrechten als Erbe der Deklarationen des 17. Jh. infolge religiöser Überzeugungen, der kolonialen Situation und unter dem Einfluß der europ. Aufklärung bes. tief eingewurzelt. Bei der Losreißung von England stellten die nordamerikan. Staaten ihren Verfassungen Declarations of Rights voran, zunächst Virginia (1776). Das nordamerikan. Vorbild und die Vorstellungen der Aufklärung über Staat und Individuum führten in der franz. Nationalversammlung am 26. 8. 1789 zur Erklärung der Menschen- und Bürgerrechte (›déclaration des droits de l'homme et du citoyen‹), die dann in die Verfassungen von 1791, 1795, 1814 und 1830 überging.

Das Allgemeine Landrecht für die preuß. Staaten (1794) spricht ebenfalls von »allgemeinen Rechten der Menschen«. Im 19. Jh. wurden die Grundrechte in den meisten Verfassungen garantiert, allerdings meistens als »Bürgerrechte«. Die Deutsche Bundesakte vom 8. 6. 1815 versprach eine Erklärung der Rechte für die Untertanen der deutschen Bundesstaaten, doch kam es nur zu spärlichen Zugeständnissen. Am weitesten gingen in der Frage der

Grundrechte noch die vormärzlichen Verfassungen von Bayern, Württemberg und Baden. Entwurf blieben die vom Paulskirchenparlament als Abschnitt VI der Verfassung des Deutschen Reiches vom 28. 3. 1849 beschlossenen ›Grundrechte des deutschen Volkes‹.

Zu diesen Grundrechten, die »den Verfassungen der deutschen Einzelstaaten zur Norm dienen« sollten, gehören: Gleiches Reichsbürgerrecht in allen dt. Staaten, Niederlassungsfreiheit, Rechtsgleichheit, Freiheit und Unverletzlichkeit der Person, Unverletzlichkeit der Wohnung, Briefgeheimnis, Pressefreiheit, volle Glaubens- und Gewissensfreiheit, Freiheit der Wissenschaft und Lehre, Petitionsrecht, Unverletzlichkeit des Eigentums.

In der Verfassung des Norddeutschen Bundes (1867) und des Deutschen Reiches (18. 4. 1871) fehlen Grundrechte. Die Reichsverfassung vom 11. 8. 1919 enthält einen umfangreichen Katalog von Grundrechten und Grundpflichten, auch soziale Grundrechte (Recht auf Arbeit usw.) in einem bisher unbekannten Umfang. Die NS-Diktatur kannte die individuelle Freiheits- und Rechtssphäre gegenüber dem Staat nicht und lehnte Grundrechte prinzipiell ab. Am 28. 2. 1933 wurden die wesentl. Grundrechte der Weimarer Verfassung aufgehoben.

Die Charta der Vereinten Nationen erklärte 1945 den Schutz der Menschenrechte zu einem ihrer Hauptziele. Die Deklaration der Menschenrechte, die von der Generalversammlung der Vereinten Nationen 1948 ausgesprochen wurde, ist indessen nur eine rechtlich unverbindl. Empfehlung. Dreizehn Mitgliedstaaten des Europarates unterzeichneten 1950 in Rom die Konvention zum Schutz der Menschenrechte und Grundfreiheiten mit Pariser Zusatzprotokoll von 1952. Die Europäische Kommission für Menschenrechte und der Europäische Gerichtshof für Menschenrechte können bei Verletzung der Menschenrechte angerufen werden. Die Verfassungen der dt. Länder sowie der Bundesrepublik und der meisten europ. Staaten enthalten Grundrechte.

LIT. StL III, 1122–34; HWDRG I, 1843–52; G. Jellinek, Die Erklärung der Menschen- und Bürgerrechte ([4]1927); G. Dürig, Grundgesetz, Kommentar (1951); A. Wimmer, Die Menschenrechte in christl. Sicht (1953); F. Hartung, Die Entwicklung der Menschen- und Bürgerrechte von 1776 bis zur Gegenwart ([2]1954); J. M. Wintrich, Zur Problematik der Grundrechte (1957); F. Ermacora, Handbuch der Grundfreiheiten und Menschenrechte (1963).

Grundzins. Feststehende, dem Grundherrn zu leistende Abgaben, teils in Geld, teils in Naturalien, eine Art Nutzungsgebühr für den Boden und Mietzins für die Gebäude.

Grüne Front. Das im März 1929 geschlossene Bündnis der bedeutendsten landwirtschaftl. Interessenverbände (→Reichslandbund, Dt. Landwirtschaftsrat und Vereinigung der dt. christl. Bauernvereine) mit der Absicht, interessenpolit. Absichten durchzusetzen, und zwar höhere Agrarzölle und ein national-autarkes Bauerntum. Nach der Machtübernahme durch die Nationalsozialisten am 30. 1. 1933 wurden die in der G. F. zusammengeschlossenen Organisationen in den Reichsnährstand übergeführt, für dessen Blut- und Bodenideologie bei ihnen eine ausgeprägte Anfälligkeit bestand.

LIT. E. Topf, Die G. F. (1933); D. Gessner, Agrarverbände in der Weimarer Republik (1976).

Guardian. Ital. Bezeichnung für Kustos, Wart, Wächter; Amtsbez. eines Oberen eines formierten Franziskanerkonvents, auf 3 Jahre ernannt vom Provinzial und 4 Definitoren, im MA zeitweise vom Konvent gewählt. G. in England: Verwalter der geistl. Jurisdiktion einer Diözese während einer Sedisvakanz. Das **Guardianat** ist die Amtszeit oder Wohnung eines G. bzw. der Tätigkeits- oder Terminbezirk eines Konvents. **Vizeguardian** heißt der Stellvertreter eines G.

LIT. LThK IV, 1259f.; H. Heimbucher, Die Orden und Kongregationen der kath. Kirche I (1933) 690; Haberkern-Wallach 262.

Guillotine. Nach dem angebl. Erfinder, dem Arzt J. J. Guillotin (1738–1814), wird das Fallbeil der Franz. Revolution G. genannt, im Deutschen zuerst von Lichtenberg 1792.

Guillotinieren. Nach franz. guillotiner (1790), seit 1800 im Deutschen.

LIT. Kluge 276.

Guinegatte, Schlacht von (im Artois). [1] Maximilian I. besiegte am 7. 8. 1479

im Kampf um die burgund. Erbschaft seiner Gemahlin Maria den König von Frankreich, Ludwig XI. Der nur vorübergehende Erfolg des Sieges wurde durch den frühen Tod Marias von Burgund (1482) wieder zunichte gemacht.
[2] Am 16. 8. 1513 besiegten Heinrich VIII. von England und Maximilian I. als milit. Berater der Engländer die Franzosen bei Guinegatte-Thérouanne (»Sporenschlacht«, da die Franzosen, wie Zeitgenossen bereits spotteten, sich mehr der Sporen als der Waffen bedienten). Die Engländer besetzten Tournai und übernahmen einen Teil des Schutzes der habsburg. Lande. Politisch brachte die Schlacht für das Reich keinen Gewinn.

Gulden (abgeleitet von Gold). Bez. für eine Goldmünze, die nach ital. Vorbild geprägt (→Florin) auch seit ca. 1300 in Dtl. umlief (aureus denarius; Fiorino d'oro seit 1252). Seit 1325 in Böhmen, dann in Westdeutschland und Österreich, seit 1440 auch in Lübeck wurden Florene nachgeprägt, seit 1375 mit einheim. Wappen. Urspr. nach seinem Goldgehalt in Zahlung genommen (Goldgulden), wurde der G. nach und nach aus dem Währungssystem durch Silbermünzen (Guldengroschen, Taler) verdrängt. Nach Erstarrung des Namens und Sachwandel wird eine Wortbildung wie Silbergulden möglich. G. im 19. Jh. in Ost- und Westpreußen und Polen auf ⅓ Taler übertragen, der G. lebte in Danzig seit 1923, in Polen 1815–50 und in Ungarn (1946 als Forint) wieder auf. Die niederländische Währungseinheit ist nach wie vor der holländische Gulden (hfl) zu 100 cents.

Gutsgerichtsbarkeit →Patrimonialgerichtsbarkeit.

Gutsherrschaft. Sie entwickelte sich seit der Ostkolonisation neben der Grundherrschaft, blieb bis ins 19. Jh. bestehen und war von größter Bedeutung für Nordostdeutschland. G. ist eine Konzentration von Grund-, Leib- und Gerichtsherrschaft. Dem Gutsherrn wurden von Territorialfürsten staatl. Rechte und öffentl.-rechtl. Hoheitsgewalt delegiert. Seit der Mitte des 16. Jh. begannen die Gutsherrn durch Bauernlegen ihren Besitz zu erweitern, nach der Mitte des 17. Jh. die Hintersassen in Erbuntertänigkeit, schließlich in die Leibeigenschaft zu drücken. Erst die Bauernbefreiung brachte mit dem Ende der Grundherrschaft auch das Ende der Gutsherrschaft.
LIT. HWDRG I, 1878–80; H. van zur Mühlen, Zur Entstehung der Gutsherrschaft in Oberschlesien. In: VSWG 38 (1950); H. Kaak, Die G. (1991).

Gymnasium (griech., öffentl. Platz für nackt ausgeführte Leibesübungen, dann »Versammlungsplatz« der Philosophen). In der Zeit des Humanismus aufgenommen zur Bez. von Latein- und Gelehrtenschulen (z.B. in Straßburg), um die Distanz zu den ma. Domschulen, dem Bildungsideal des MA und die Anknüpfung an das antike Ideal, das mit christl. Vorstellungen vereinigt werden sollte, zu unterstreichen. Sprachl. Schulung an den lat. und griech. Klassikern, lat. Eloquenz, Allgemeinbildung, Durchdringung mit christl. Gedankengut (z.B. an den Jesuitengymnasien, auch an den pietist. Gymnasien) waren die Ziele. Seit der Aufklärung fanden die Naturwissenschaften an den Gymnasien stärkere Berücksichtigung. Um 1800 erhielt das G. durch den Neuhumanismus (W. von Humboldt, F. J. Niethammer u.a.) seine moderne Gestalt und das ausschließliche Recht, auf die Universitätsstudien vorzubereiten. Um 1900 wurden Realgymnasium (Latein, moderne Fremdsprachen) und Oberrealschule (moderne Fremdsprachen, Naturwissenschaften) als gleichberechtigt anerkannt, 1925 die Deutsche Oberschule eingeführt, 1937 die Oberschule mit neusprachl. und mathematisch-naturwissenschaftl. Zweig. Nach 1945 folgten weitere Neuerungen und Experimente, die das G. aus seiner ehemals führenden Position verdrängten und neue Wege zur Allgemeinbildung und Hochschulreife aufzeigten.
LIT. F. Paulsen, Geschichte des gelehrten Unterrichts. 2 Bde. (1919, Neudr. 1960); F. Blättner, Das G. (1960); A. Rebele-Th. Hülshoff, Zur Geschichte der höheren Schule, 1 (1967); H. J. Apel, Das preuß. G. in den Rheinlanden und Westfalen 1814–1848 (1984).

Gymnosophisten. Griech. Bezeichnung für ind. Asketen, eine Klasse der Brahmanen, die nackt in den Wäldern lebten, ausgezeichnet durch Gebet, Verehrung der Natur, Prophetie, Selbstverbrennung. Der bekannteste G., der im Gefolge Alexanders d. Großen reiste, war Kalamos.

Haager Abkommen (Haager Konventionen). Die verschiedenen Vereinbarungen der Konferenzen, die im Haag abgehalten wurden:
a) Regelung des Geltungsbereichs der Gesetze auf dem Gebiet der Eheschließung (vom 12. 6. 1902);
b) Ehescheidung und Trennung von Tisch und Bett (vom 12. 6. 1902);
c) Wirkungen der Ehe auf die Rechte und Pflichten der Ehegatten sowohl in ihren persönlichen Beziehungen als auch auf das Vermögen des Ehegatten (vom 17. 7. 1905).
Außerdem werden den H. A. zugerechnet: das Abkommen über den Zivilprozeß (von 1896; neugefaßt am 17. 7. 1905) zur Vereinfachung des Verkehrs mit den ausländ. Gerichten und zur prozessualen Gleichstellung von In- und Ausländern sowie das Abkommen über 15jährigen Rechtsschutz gewerbl. Muster und Modelle sowie deren Hinterlegung beim Internationalen Bureau zum Schutz des gewerbl. Eigentums in Bern (vom 6. 11. 1925). Ein einheitl. Wechsel- und Scheckgesetz wurde in den Haager Wechselabkommen von 1910 und 1912 vereinbart.
Die Beschlüsse der Haager Friedenskonferenzen werden ebenfalls als H. A. bezeichnet.
LIT. F. Meili und A. Mamelok, Das internationale Privat- und Zivilprozeßrecht auf Grund der Haager Konventionen (1911); F. Liszt, M. Fleischmann, Völkerrecht ([12]1925); A. N. Makarov, Die Quellen des Internat. Privatrechts, 1 ([2]1953); G. Jellinek, Die zweiseitigen Staatsverträge über Anerkennung ausländ. Zivilurteile (1953); F. Kessler, Wechselgesetz (1933); ders., Scheckgesetz (1934).

Haager Friedenskonferenzen. Die auf die Initiative Zar Nikolaus' II. (1894–1917) hin einberufenen diplomat. Konferenzen im Haag zur Rüstungsbeschränkung. Die erste H.F. tagte vom 18. 5. bis 19. 7. 1899. An ihr nahmen sämtl. europ. Staaten teil, von den außereurop. Staaten die USA, Mexiko, China, Japan und Siam (insges. 26 Staaten). Hinsichtl. der Abrüstungsfrage kam es nur zu einer allg. Erklärung, derzufolge eine Beschränkung der Militärlasten für wünschenswert bez. wurde. Wertvollstes Ergebnis der ersten H. F. war die Einrichtung eines ständigen internationalen Schiedsgerichtshofes (Haager Schiedshof). Wegen des Widerstandes seitens der dt. Delegation wurde eine internationale Schiedsgerichtsbarkeit ledigl. in Form einer Empfehlung für die schiedsgerichtl. Erledigung von Streitfällen verwirklicht.
Die zweite H. F. (vom 15. 6.–18. 10. 1907) wurde von 44 Staaten beschickt. Die Regeln des Kriegsrechts wurden auf dieser Konferenz in 12 Konventionen festgelegt. Außer den verbesserten Fassungen der Landkriegsordnung (Haager Landkriegsordnung) sowie des Rechts der Genfer Konvention im Seekrieg betrafen die Konventionen insbes. das Recht der Neutralen in einem Land- und Seekrieg sowie die Art der Seekriegführung.
LIT. Les Procès-Verbaux de la Conf. intern. de la Paix. 4 Bde. (Haag 1899); C. Meurer, Die H. F. 2 Bde. (1905–07); Actes et Documents de la deuxième Conférence de la Paix (1908); Ph. Zorn, Die beiden H. F. von 1899 u. 1907 (1915); W. Schücking (Hrsg.), Das Werk vom Haag (1912–17); H. Lammasch, Die Lehre von der Schiedsgerichtsbarkeit (1914); A. Pillet, Les conventions de la Haye 1899–1907 (1918); J. B. V. Scott (Hrsg.), The Proceedings of the Hague Peace Conferences. 5 Bde. (Oxford 1920–21); P. Zorn, Dtl. und die beiden H. F. (1920); H. J. Schlochauer, Das Problem der Friedenssicherung und seiner ideengeschichtl. und völkerrechtl. Entwicklung (1946).

Haager Konferenz. Die im August 1929 und Mai 1930 im Haag abgehaltene Tagung zw. den Alliierten und Dtl.; Aufgabe der H. K. war die Regelung der Reparationsfrage im Rahmen des Young-Plans. In Abänderung des Dawes-Plans von 1924, der die Zahlung von 2,4 Mrd. Goldmark pro Jahr durch das Dt. Reich vorsah, wurde nun eine Zahlung von 34,5 Mrd. festgelegt, die bis 1988 zu leisten war. Die H. K. sah außerdem die vorzeitige Räumung des Rheinlandes (bis zum 1. 7. 1930) vor.

Haager Landkriegsordnung (HLKO). Bez. für einen Bestandteil (Anlage) der Abkommen der Haager Friedenskonferenzen von 1899 und 1907 bezügl. der Regeln und Gebräuche des Landkriegs. Durch die H. L. werden diejenigen Staaten, die sie ratifiziert haben, zu ihrer Einhaltung verpflichtet; darüber hinaus auch alle Kriegführenden, insofern sie allg. Regeln des Völkerrechts kodifiziert. Personen, die gegen die H. L. verstoßen, können wegen Kriegs-

verbrechen vor internationalen Gerichten zur Verantwortung gezogen werden.
Die durch die H. L. getroffenen Bestimmungen betreffen: die Abgrenzung des Kreises der Kämpfenden (hierzu gehören ebenfalls die Teilnehmer an einer Volkserhebung im Falle des Herannahens eines Feindes; ebenso Freischärler, die durch ein Abzeichen gekennzeichnet sind, ihre Waffen tragen und einer verantwortl. Führung unterstehen); das Verbot von grausamen und hinterlistigen Waffen; die Tötung Wehrloser und Verwundeter; die Stellung der Besatzungsmacht im besetzten Gebiet, deren Pflicht, die Ordnung wiederherzustellen sowie Person, Ehre und Eigentum der Bewohner zu achten; ferner das Recht der Besatzungsmacht auf Requisitionen und das Einziehen von Kriegsbeute.
Da die H. L. teilweise veraltet ist, wird sie durch neuere Abkommen (Genfer Vereinbarungen) ergänzt, z.B. über Kriegsgefangene, Verwundete, den Schutz der Zivilbevölkerung.
LIT. A. Waltzog, Recht der Landkriegsführung (1942); R. Laun, H. L. (^{5}1950); Ch. Rousseau, Principes généraux du Droit internat. public, T. 1 (1953); E. Castrén, Present Law of War and Neutrality (Helsinki 1954); M. Greenspan, The Modern Law of Land Warfare (London 1959); J. Hinz, Kriegsvölkerrecht (^{2}1960).

Haager Schiedshof, Ständiger Internationaler Schiedsgerichtshof, Ständiger Schiedshof (franz. Cour permanente d'arbitrage; engl. Permanent Court of Arbitration). Eine Einrichtung, die in Ausführung des Haager Abkommens (29. 7. 1899) zur friedl. Erledigung internat. Streitigkeiten geschaffen wurde; sie umfaßt einen Verwaltungsrat, der sich aus den im Haag beglaubigten Gesandten der Vertragsstaaten zusammensetzt. Von 1902–32 wurde der H. S. in 20 Fällen angerufen. Nach dem Zweiten Weltkrieg sind die schiedsgerichtl. Funktionen des H. S. mehr und mehr durch die Vereinten Nationen sowie deren Sicherheitsrat übernommen worden.
LIT. C. Meurer, H. Friedenskonferenz, 1 (1905); H. Wehberg, Kommentar zu den Haager Abkommen von 1907 (1911); J. B. V. Scott (Hrsg.), The Hague Court, Reports (Oxford 1916–32); E. Schmitz u.a. (Hrsg.), Hdb. der Entscheidungen des Ständigen Schiedshofs 1902–28 (1931); G. Schwarzenberger, International Law, 1 (London ^{2}1949); L. F. L. Oppenheim und H. Lauterpacht, International Law, 2 (London ^{7}1957); Rapport du Conseil administratif de la Cour Permanente d'Arbitrage. In: Analyses des sentences rendues par les Tribunaux d'Arbitrage 1899–1934 (Haag 1934).

Haartracht. Für Völker und Epochen kennzeichnend.
a) Altertum: Assyrer, Babylonier, Meder und Perser kräuselten ihr Haar wie auch den Bart; am kunstvollsten behandelten die Ägypter ihr Haar; sie trugen auch Perücken. Die alten Hebräer pflegten sorgfältig zunächst langes, dann kürzeres Haar. Verschiedene Frisuren hatten die Griechen; sie unterschieden zw. der H. der Freien und der der Sklaven. Jungmänner trugen das Haar meist unbeschnitten. Während bei den Männern anfänglich die Lockendrehung üblich war, kannten die Frauen mannigfaltige H.: gelockt, gescheitelt; im Laufe der Zeit verkürzten sie ihr Haar; zu Beginn der röm. Kaiserzeit verwendeten sie auch künstl. Frisuren, sogar Perücken. Bei den Kelten und einigen Germanenstämmen war es Brauch, das Haar hinten zu knoten. Von ihren Königen abgesehen, beschnitten die fränkischen Adeligen das Haar; die Sachsen hingegen, d. h. deren Freie, trugen es lang.
b) Mittelalter: Gelocktes Haar, meist bis auf die Schultern fallend, wurde bis ins HochMA getragen; später schwankte die H. zw. kürzerem und bis zur Achsel fallendem Haar. Kurzes Haar wurde seit dem 16. Jh. getragen. Wallend-offenes oder von einer Binde (Gebende) oder von einer Schnur und einem Reif (Schapel) gefaßtes Haar war die H. der Frauen; vielfach auch der Zopf (mit Haube, Netz und Bändern).
c) Neuzeit: Z. Z. der Renaissance bevorzugten die Männer das an Stirn und Nacken glatt abgeschnittene Haar (Kolbe). Während des 17. Jh. führte die H. vom langen Haar zum geflochtenen Zopf der Männer, vor allem der Soldaten, zum zivilen Haarbeutel und insbes. zur kunstvollen Perücke. Als Sonderformen galten die Allonge-Perücke bei den Männern, die Fontange bei den Frauen. Die Franz. Revolution schaffte die Perücke ab; sie brachte für die Frauen einfachere gelockte Frisuren. Wechselhaft war die H. der Frauen im 19. Jh.;

sie entwickelte sich von der ringellockig um den Kopf gelegten Frisur des Biedermeier über das Nacken-Chignon und die Zopfflechten bis hin zu den zahlreichen H. des 20. Jh., darunter der »Bubikopf« sowie die mannigfaltigen Formen, die die 1925 durch den Deutschen Nessler (in London) erfundene Dauerwelle, die jedoch schon im At. bekannt war, ermöglichte.
LIT. HWDRG I, 1880–84; Boehn, Die Mode. 8 Bde. u. Erg.-Bd. (1907–25); E. Forster, Haar- und Barttrachten (^{2}1924); G. Wolf-Brüssel, Geschichte der Frisur in allen Zeiten (1952); Emma Calderini, Acconciature. Antiche e Moderne (Mailand 1963); R. Corson, Fashions in Hair (London 1965).

Habakuk. Ein alttestamentl. Buch, das zur Gruppe der 12 Kleinen Propheten gehört.

Habeas Corpus (lat., Du habest den Körper, bzw. die Person, und zwar ad subiciendum, um sie dem Gericht vorzuführen). Anfangsworte eines ma. Haftbefehls; im anglo-amerikan. Recht das prozessuale Mittel gegen ungerechtfertigte Verhaftung. Der Writ of H. C. der als das Kernstück der bürgerlichen Freiheitsrechte gilt, wurde verschärft in der Petition of Rights (1628), wonach bei der Verhaftung einer Person die Gründe für die Verhaftung anzugeben waren, und in der Habeas-Corpus-Akte (1679), wodurch bestimmt wurde, daß ein Verhafteter die Abschrift eines richterl. Haftbefehls verlangen konnte; sodann als Rechtsmittel, wonach er gegen eine evtl. willkürl. Freiheitsberaubung innerh. von drei Tagen die Vorführung zur Haftprüfung zu erreichen vermag. 1816 wurde der Anwendungsbereich der H.-C.-Akte auf Geisteskranke und Minderjährige ausgedehnt. Die von der engl. Gesetzgebung entwickelte Form des bestmöglichen Schutzes der persönl. Freiheit ist auch in das Bonner GG (Art. 104) eingegangen.
LIT. P. Sundelin, Die H.-C.-Acte (1862); Quellen zur Neueren Geschichte (hrsg. vom Histor. Seminar der Univ. Bern, H. 11: Die engl. Freiheitsrechte des 17. Jh.; ^{2}1962).

Haberfeldtreiben. Ein nächtliches Rügeverfahren der Jungburschenschaften vor allem Bayerns bis Ende des 19. Jh. Das volkstüml. H. erfolgte unter Katzenmusik und Maskierung; es richtete sich gegen Verletzungen der Volksmoral.

Hacke. Ein bereits in der jüngeren Steinzeit als Steinhacke auftretendes Erdbearbeitungsgerät für den Ackerbau; später durch die bronzene bzw. die eiserne H. abgelöst.

Hacksilber. Primitive Geldform Osteuropas z. Z. des frühen MA; es bestand aus Rohmetall und war nach bestimmten Gewichten gestückelt.

Hackwaldwirtschaft →Haubergswirtschaft.

Hadrianswall (Piktenmauer, -wall). Ein Wallsystem mit 17 Kastellen, 80 Toren und 320 Türmen, das sich von der West- zur Ostküste Nordenglands erstreckte. Der H. wurde um 122 n. Chr. durch den röm. Kaiser Hadrian (reg. 117–38) angelegt.
LIT. S. Frere, Britannia. A History of Roman Britain (^{2}1978).

Hafen. Ein natürlich oder künstlich geschaffener Anlegeplatz zum Schutz der Schiffe gegen Wind, Hochwasser, See- und Eisgang. Seehäfen liegen an Meeresküsten, Binnenhäfen an Flüssen und Strömen; sie sind durch Molen und Quaimauern sowie Bollwerke gegen Sturm und Wellen geschützt, um dadurch der Schiffahrt die Verrichtung der von Land her erfolgenden Tätigkeiten ungestört zu ermöglichen. Einen Höhepunkt der Hafenbaukunst stellt die Zeit Griechenlands, Karthagos und Roms dar (Hafenanlagen Athens, Karthagos, Alexandriens, Ostias [H. der Stadt Rom] etc.). Die Binnenschiffahrt und damit auch der Ausbau der Binnenhäfen war nur wenig entwickelt. Die Hafenbaukunst der neueren Zeit geht von den ital. Seestädten des späteren MA (Genua, Venedig) aus. Kriegs- und Handelshäfen waren von jeher voneinander getrennt. Die Entwicklung der Handelshäfen hing nicht selten vom Strom des Fernhandels ab; seine Verlagerung konnte zur Rückbildung bzw. zum Ausbau neuer H. an den Schwerpunkten neuer Handelswege führen (nach der Entdeckung der Neuen Welt 1492 Aufschwung Lissabons, Antwerpens und Amsterdams bei gleichzeitiger Rückbildung der Hansehäfen an den Ostseeküsten). Die Bedeutung der H. als Handelszentren führte dazu, daß sich eigene Hafenverwaltungen (Hafenamt, Hafenmeisterei) herausbildeten. Für die Benutzung der H. werden Hafengebühren, Hafengelder erhoben; desgleichen Hafenzölle.
Der **Freihafen** ist ein ganz oder teilweise

als Zollausland geltender H.; er soll den internationalen Verkehr anziehen; denn hier können Waren aus dem Zollausland gelagert, umgepackt, veredelt und wieder ausgeführt werden, ohne daß ein Ein- und Ausfuhrzoll entrichtet werden muß. Die ersten Freihäfen besaßen Livorno (1547), Genua (1595), Neapel (1633), Venedig (1661), Ancona und Messina (1732), Frankreich mit Marseille (1669); in Dtl. hatte der Altonaer H. bereits 1664 Zollfreiheit, Hamburg seit 1669. Freihäfen erhielten Hamburg und Bremen 1888.
LIT. HWDRG I, 1892–94; K. Lehmann-Hartleben, Die antiken Hafenanlagen des Mittelmeeres (1923); O. Franzius, Der Verkehrswasserbau (1927); D. Schäfer (Hrsg.), Abh. zur Handels- und Seegeschichte (1933ff.); R. Héron de Villefosse, Europ. H. (1961); F. Rauers, Vom Wilden zum Weltraumfahrer (1962); F. Voigt, Verkehr (1965).

Haftung. Das Einstehenmüssen für eine Schuld. Sie bestimmt Zugriffsrechte und Zwangsgewalt eines Gläubigers für den Fall, daß ein Schuldner sie nicht freiwillig leistet. Die H. findet sich bereits in den ältesten Rechtsordnungen.
LIT. HWDRG I, 1901–06; O. von Gierke, Schuld und H. (1910); Ph. von Heck, Grundriß des Schuldrechts (1929).

Haganah (hebr., Selbstschutz). Name einer Verteidigungsorganisation jüd. Jugendlicher; die H. entstand während der russ. Pogrome der Jahre 1887 und 1905. Neugegründet wurde die H. in Palästina nach dem 1. Weltkrieg zum Schutz der jüd. Siedlungen. 1948 bildete sie den Kern der israel. Armee; damit verlor sie ihre Selbständigkeit.

Hagestolz (ahd. hagustalt, Besitzer eines Hages, eines eingefriedeten Grundstücks; später auch in der Bedeutung »Leibeigener«). Im MA der Eigenmann, der keinen Herrenhof verwaltete, sondern ein Gehege oder Vorwerk. Als freier Gefolgsmann oder jüngerer Bruder war er vom Herrn wirtschaftl. abhängig und daher häufig ohne die Möglichkeit, eine vollgültige Ehe einzugehen.

Hagestolzenrecht. Es entwickelte sich aus dem Anspruch des Herrn auf den Nachlaß eines ledig verstorbenen Hagestolzen. Das H. (vielfach ausgeweitet auf den Landes- oder Stadtherrn) wurde im 18. Jh. abgeschafft.

Hagestolzensteuer. Bez. für eine bes. Steuer auf Ehelosigkeit; sie wurde vor allem im 17. Jh. erhoben bzw. angewandt, als bevölkerungspolit. Maßnahme nach den Menschenverlusten im 30jährigen Krieg.

Hagiographie (griech.). Bez. für die Geschichtsschreibung über die Heiligen. Entwickelt hat sich die christliche H. aus den Martyrerberichten (Martyrerakten). Absicht der H. war es, das Leben und Leiden der Heiligen zu bewahren; später lieferte sie den Stoff für die liturg. Lesungen im Gottesdienst. Da sie in erster Linie erbaul. sein wollte, förderte sie im MA eine unkrit. Legendenbildung. Unter dem Einfluß des Humanismus setzte eine histor.-krit. H. ein, vor allem durch die Bollandisten. Die bekannteste Sammlung ist die ›Legenda aurea‹ des Jacobus de Voragine († 1298). Weitere Sammlungen stammen von Mabillon (1668ff.), Assemani (1748) und P. Bedjan (1890ff.).
LIT. A. Ehrhard, Überlieferung und Bestand der hagiograph. und homilet. Lit. der griech. Kirche. 2 Teile (1937ff.); A. Butler und H. Thurston, The Lives of the Saints. 12 Bde. (London 1926–38); R. Aigrain, L'hagiographie. Ses sources, ses méthodes, son histoire (Paris 1953); P. Molinari, Die Heiligen und ihre Verehrung (dt. 1964); E. und H. Melchers, Das Jahr der Heiligen (1965); B. Gaiffier, Etudes critiques d'hagiographie et d'iconologie (Brüssel 1967); J. Coulson (Hrsg.), Dictionnaire historique des saints (Paris 1964); O. Wimmer, Hdb. der Namen und Heiligen (^{3}1966); P. Manns (Hrsg.), Die Heiligen in ihrer Zeit. 2 Bde. (1966).

Hagiologie (griech.). Die Lehre oder die Wissenschaft von den Heiligen.

Hagiologion. Das Heiligenverzeichnis.

Hahnenkampf. Bereits in der Antike und während des MA eine über ganz Europa verbreitete Volksbelustigung. Man nützte beim H. die natürl. Streitsucht der Hähne aus und erfreute sich daran. Heute noch bes. in Indien und Ostasien beliebt.

Hakenbüchse (auch Haken, Hakbusse). Während der 2. Hälfte des 15. Jh. ein Gewehr; urspr. war die H. am unteren Laufende mit Haken zum Aufstützen versehen (→Arkebuse).

Hakenkreuz (Swastika, zu Sanskrit svasti, Glück, Segen). Ein Kreuz, das in verschiedenen Varianten auftrat und als Segens- und Fruchtbarkeitszeichen galt. Es ist seit vorgeschichtl. Zeit in Europa, Indien, Ostasien, der altamerikan. Kultur und Afrika bezeugt. Durch den Nationalsozialismus wurde das H. als Abzeichen einer völk. und antisemit. Gesinnung umgedeutet.
LIT. L. Wilser, Das H. nach Ursprung, Vorkommen und Bedeutung (1917); J. Lechler, Vom H., die Geschichte eines Symbols (1921; ²1934).

Hakim (arab., Weiser). Urspr. ein Arzt (Hakimbaschi, Leibarzt des Sultans), dann ein Richter, ebenfalls ein Beamter; in Persien ein Provinzstatthalter. Im mohammedan. Spanien die Bez. für einen niederen Richter (Kadi), in den sonstigen mohammedan. Ländern für einen Propheten.
LIT. M. Canard, in: Encyclop. of Islam, ²3 (1966), S. 76–82.

Halbbauer. Frühere Bez. für einen kleinen Bauern; auch Halbhufner, der Besitzer einer halben Hufe, oder Halbspänner, der Besitzer eines halben Gespanns, oder Halbpächter.

Halbbruder. Im Dt. Orden ein dienender Bruder.

Hälbling (mhd. halbeling). Der ma. halbe →Pfennig.

Halbmond.
[1] Symbol des Islam und des Türkischen Reiches. Bereits von den Sassaniden verwendet, wurde der H. von den Seldschuken (1200), dann von den Türken u. a., meist mit Stern, übernommen. Die Herkunft ist umstritten (Roter H.: Bez. für das Rote Kreuz der islam. Völker).
[2] Im Festungsbau ein Außenwerk mit einem einspringenden Winkel; seine Schenkel stoßen meist rechtwinklig aufeinander.
[3] Fruchtbarer H. Bez. für die fruchtbaren Länder des Zweistromlandes sowie Syrien; in ihnen wird eine der Ur-Heimaten der Kultur und der Geschichte vermutet. Geprägt wurde die Bez. von J. H. Breasted (1865–1935).

Halbmondorden.
[1] Auszeichnung für den Kampf gegen den Halbmond, die im 15. Jh. verliehen wurde (René von Anjou, 1448).
[2] Ein türk. Orden, der Fremden verliehen wird.
[3] Eiserner H. Eine türk. Kriegsauszeichnung des Ersten Weltkriegs; sie wurde 1915 gestiftet.

Halbpacht (Halbteilwirtschaft, Halbscheidwirtschaft). Pachtwirtschaft. Die Pächter haben bei dieser Wirtschaftsform in der Regel die Hälfte des landwirtschaftl. Rohertrags als Grundzins an den Verpächter zu entrichten. Die Pächter werden auch als Halbleute bez.

Halfenwirtschaft →Teilbau.

Halljahr →Jobeljahr.

Halloren (spätlat. hallones, Salzleute, Hall-Leute). Die Zunftgenossen in den Salinen zu Halle a. d. Saale. Die H. waren eine Bruderschaft mit eigener Tracht und bes. Bräuchen. Ihre Zahl war einst so groß, daß noch 1545 mehr als 600 streitbare Männer von ihnen gestellt worden sein sollen. Heute gibt es noch etwa 100 (?) H. Erhalten haben sich eine bes. Fachsprache und Festtracht.
LIT. Chr. Keferstein, Über die H. (1843); F. Büttner, Pfänner zu Thal. Aus der Heimat. Sagen und Märchen der H. (³1889); A. Kirchhoff, Die H. in ihrer alten Tracht (1890); H. Freydank, Die H. (1931); W. Piechocki, Die H. Geschichte und Tradition der »Salzwirtschaft im Thale zu Halle« (Leipzig 1981).

Halmwurf. Im alten dt. Recht die Übergabe eines Halmes oder eines Speeres als Ausdruck der Zustimmung. Der Rechtsbrauch des H. wurde vor allem bei der Eigentumsübertragung zur Symbolisierung der Auflassung geübt.
LIT. A. Manigk, Das rechtswirksame Verhalten (1939).

Halsbandgeschichte. Ein der Französ. Revolution von 1789 vorausgehender Skandal, in den der in Ungnade befindl. Kardinal Prinz Rohan, die Gräfin Lamothe und der Abenteurer Cagliostro verwickelt waren. Rohan glaubte, durch das (von der Gräfin aus eigennützigen Absichten veräußerte) Geschenk eines Diamanten-Halsbandes ein Rendezvous mit der Königin Marie Antoinette zu bewirken. Der Ruf der Königin wurde durch den Handel schwer geschädigt.
LIT. F. Funck-Brentano, Das Halsband der Königin und der Tod der Königin (dt. 1903); St. Zweig, Marie Antoinette (1932); L. Hastier, La vérité sur l'affaire du collier (Paris 1955); H. Mathy, Die Halsbandaffäre (1989).

Halsberge (von alberc, alles bergend, frz. haubert). Im MA ein hemdartiges

Gewand, das bis zu den Knien reichte; später ein Rüstungsteil zw. Hals und Brustharnisch, der als Halsschutz verstanden wurde.

Halseisen. Bez. für ein eisernes Halsband, das an einem Pfahl oder einem öffentl. Gebäude (Rathaus) befestigt ist; der Verurteilte wurde in das H. eingeschlossen und öffentl. ausgestellt. Während des MA diente das H. zur Vollstreckung der Ehrenstrafe.

Halsgericht. Im späteren MA, vor allem im 15. Jh., der Name für das bluthohe, peinliche Gericht, Ungericht, das über Leben und Tod wegen »Bosheits«-Verbrechen, insbes. Mord, Totschlag, Brandstiftung, Raub, Diebstahl, Notzucht, Meineid, Fälschung entschied. Zur Aufklärung diente das Inquisitionsverfahren; dabei wurde seit dem ausgehenden 12. Jh. in zunehmendem Maße die Folter angewandt (daher auch die Bez. Hochnotpeinliches H.).

Halsgerichtsordnungen hießen die im 15. und 16. Jh. in Dtl. erlassenen Gesetze über das Strafverfahren und Strafrecht (z.B. Nürnberger H. von 1481 und 1526, Tiroler Malefiz-Ordnung von 1506 und 1514). Bes. Bedeutung erlangte die Bambergische H. von 1507 (Constitutio Criminalis Bambergensis); sie, ein vom Geist des Humanismus getragenes Rechtsbuch für das Bistum Bamberg, wurde 1507 von J. von Schwarzenberg verfaßt. Auf der Bambergischen H. baute die peinliche Gerichtsordnung Karls V. (reg. 1519–56) auf, die 1532 beschlossene Carolina (vollständiger Titel: Constitutio Criminalis Carolina, abgekürzt: CCC).
LIT. HWDRG I, 1914–15; E. Schmidt, Einführung in die Geschichte der dt. Strafrechtspflege (^{3}1965); G. Radbruch (Hrsg.), Die peinliche Gerichtsordnung Karls V. von 1532 (^{5}1980).

Hals und Hand. Bez. für die Todesstrafe und Verstümmelungsstrafen während des MA. Hals und Hand war eine Sühnestrafe für schwere Verbrechen (Ungericht, Malefizsachen); hiervon rührt der Name Halsgericht.

Hambacher Fest (27. 5. 1832 auf dem Hambacher Schloß [urspr. Kästenburg] unweit der Gemeinde Hambach in Kreis Neustadt a.d. Weinstr.). Eine große Volksversammlung der demokrat.-nationalen Bewegung im süddt. Raum. Sie veranlaßte den Bundestag, die Presse- und Versammlungsfreiheit radikal zu unterdrücken. Die auf dem H. F. auftretenden Redner, durch die die Souveränität des Volkes, die Republik sowie die Einheit Dtl. gefordert worden waren, wurden eingekerkert, soweit sie nicht ins Ausland flohen.
LIT. A. Becker, Hambach und Pirmasens, ein Beitr. zur Geschichte des H. F. (1928); V. Valentin, Das H. Nationalfest (1932); K. Baumann (Hrsg.), Das H. F. Männer und Ideen (1957); Hambacher Gespräche (Geschichtl. Landeskunde Bd. 1 [1964], hrsg. von J. Bärmann, A. Gerlich, L. Petry); H. E. Volkmann, Der poln. Aufstand 1830/31 und die dt. Öffentlichkeit. In: ZfO 16 (1967); N. Deuchert. Vom H. F. zur bad. Revolution. Polit. Presse und Anfänge dt. Demokratie 1832–1848/49 (1983).

Hammer und Sichel. Das Emblem des Kommunismus. Es symbolisiert die Einheit von Arbeiter- und Bauernstand. Das Staatssymbol der UdSSR (30. 12. 1922) bestand bis zu ihrem Zerfall 1991 aus gekreuztem H. u. S. sowie einem überhöhten, fünfstrahligen Stern. Höchste zivile Auszeichnung der UdSSR war eine Goldmedaille mit H. u. S.
LIT. F. Weinhandl, Über das aufschließende Symbol (1929); A. Rabbow, dtv-Lexikon polit. Symbole (1970); M. P. Verneuil, Dict. des symboles, embl. et attributs (1987).

Hand. Im Recht des MA bedeutete H. (Munt; lat. manus) die Gewalt eines Menschen, z.B. des Hausherrn über Frau, Kinder, Gesinde, freie Schutzgenossen.

– **Handfeste.**
[1] Urspr. eine Urkunde; sie wurde vom Aussteller unterzeichnet oder durch Handschlag gefestigt (lat. cartam manu firmare, davon die Bez. Firma).
[2] Im MA häufig das durch Stadtherren einer Stadt verliehene Privileg, z.B. Kulmer Handfeste des Dt. Ordens von 1233 (ein Stadtrecht nach Magdeburger Vorbild).

– **Handhafte** (frische) **Tat.** Eine Tat, während der der Täter gestellt wurde.

– **Hantgemal** (mhd. Handzeichen, freies Gut).
[1] Im MA ein Stammgut vollfreier, insbes. ritterbürtiger Geschlechter, das im Mannesstamm vererbbar war; hiermit war ebenfalls die Fähigkeit zum Schöffenamt verbunden.
[2] Bez. für Hauszeichen.

– **Gesamthand** bezeichnet ein Rechtsverhältnis zw. mehreren Berechtigten, die nur mit dem Willen aller verfügen konnten.

– **Linke Hand, Ehe zur linken Hand.** Entsprechend dem Recht des Hochadels eine nach der Form der Trauung benannte standesungleiche Ehe; ihre vermögens- und erbrechtl. Wirkungen wurden durch Ehevertrag ausdrücklich festgelegt. Weil die Frau lediglich eine Morgengabe, jedoch nicht das Wittum erhielt, hieß diese Form der Ehe auch morganatische Ehe. Seit 1918 ist diese rechtl. Sonderstellung des Hochadels weggefallen.

LIT. C. G. Homeyer, Über die Heimat nach altdt. Recht. In: AAB (1825); O. von Gierke, Dt. Privatrecht, 1 (1895); R. Sohm, Über das Hantgemal. In: ZRG GA Bd. 30 (1909); A. Boenicke, Die Ehe zur linken H. (Diss. Leipzig 1915); H. Meyer, Das Hantgemal als Gerichtswahrzeichen (1934); W. Krogmann, in: ZRG GA 71 (1954).

Handel. Allg. Verrichtung, Vorgang, vor allem:

[1] gerichtlicher Streit, Zank (Pl. Händel).

[2] Die gewerbsmäßige Vermittlung von Gütern und Dienstleistungen, die erst dann möglich wird, wenn die Stufe der geschlossenen Hauswirtschaft, bei der sowohl Erzeugung wie auch Verbrauch zusammenfallen, überwunden und eine gewisse Arbeitsteilung vorhanden ist. Jedoch fehlt ein Güteraustausch auch bei primitivsten Naturvölkern nicht. So läßt sich H. seit der Altsteinzeit nachweisen, zunächst als Austausch von Rohstoffen (Feuerstein etc.), doch auch von Schmuckgegenständen und Geräten, Bernsteingegenständen, Äxten etc. Von der Metallzeit an werden zu wichtigen Handelsartikeln Kupfer, Zinn, Gold und Bronze; als Handelsstraßen dienten bereits die großen Flußläufe (vgl. Bernsteinstraße). Während des At. war der H. zumeist mit hochwertigen Produkten bedeutend, namentlich im Mittelmeerraum. Im Röm. Reich war der H. stark entwickelt. Die Völkerwanderung und der hierdurch bewirkte Zerfall des Röm. Reiches brachte in dessen westl. Teil den Zusammenbruch des H., während im östl. Teil (Oström. Reich), von der Völkerwanderung weitgehend unbeeinflußt, Byzanz zu einem Handelsmittelpunkt zw. Europa und Asien bzw. dem Orient wurde. Durch die Kreuzzüge erlebte der H. zw. Orient und Okzident einen bedeutenden Aufschwung, der vor allem die Blüte der ital. Handelsstädte (u.a. Amalfi, Pisa, Genua und Venedig) hervorrief; hier wurden die modernen Formen des H. entwickelt (Banken, Buchführung, Messen). Von Italien aus führten bedeutende Fernhandelsstraßen über die Alpen nach Dtl. Hier entwickelten sich die großen Handelsstädte Süddtl., vornehmlich Augsburg, Ulm, Nürnberg, Regensburg; es entstanden Handelshäuser von Weltgeltung, so die der Fugger und Welser. Bis in die NZ war der H. beschwerlich und der Unsicherheit der Straßen wegen risikoreich. Den H. zw. Nord- und Osteuropa sowie zw. Mittel- und Westeuropa vermittelte, im 12. Jh. beginnend, bis ins 17. Jh. die Hanse.

Durch das Zeitalter der Entdeckungen wurden die internationalen Handelsbeziehungen völlig verändert. Nachdem Portugal und Spanien, dann die Niederlande die vorherrschenden Handelsmächte gewesen waren, wurde England die herausragende Handelsmacht. Die bereits in Rückbildung begriffene Hanse wurde nun völlig ausgeschaltet: 1598 Schließung des Stalhofs in London. Der Aufstieg und Niedergang der Handelsplätze Antwerpen, Brügge und Amsterdam dokumentiert die handelspolit. Machtverschiebung.

Seit dem ausgehenden 18. Jh. trennte sich der Großhandel in zunehmendem Maße vom Einzelhandel. Bis zum Ende des 19. Jh. waren die in der Industrie vordringenden Kapitalgesellschaften im H. verhältnismäßig selten vertreten. Die vor 1914 einsetzende Entwicklung zum Großbetrieb dehnt sich immer weiter aus. Die Kapitalgesellschaften sind in den Großbetriebsformen häufig, selten dagegen im eigentlichen Großhandel.

LIT. C. Büchele, Geschichte des Welthandels (1868); A. Schulte, Geschichte des ma. H. (1900); A. Schaube, Handelsgeschichte der roman. Völker (1906); W. Stein, Handels- und Verkehrsgeschichte der dt. Kaiserzeit (1922); A. Schulte, Geschichte der großen Ravensburger Handelsgesellschaft (1923); H. Bechtel, Der ökonom. Raum für den H. im SpätMA. In: Schmoller's Jb., H. 2 (1929); R. Thurnwald, Werden, Wandel und Gestaltung der Wirtschaft (1932); D. Schäfer (Hrsg.), Abh. zur Handels- und Seegeschichte (1933ff.); F. Rörig, Ma. Weltwirtschaft (1933); G. von Pölnitz,

J. Fugger (1949ff.); O. Fischer, Allg. Handelskunde ([3]1950); R. Seyffert, Wirtschaftslehre des H. ([4]1961); H. Wagenführ, Großmacht Europa (1961); F. Salzmann, English Trade in the Middle Ages (1964); R. Sédillot, Histoire des marchands et des marchés (1964); K. Rose (Hrsg.) Theorie der internationalen Wirtschaftsbeziehungen (1965); M. Wheeler, Der Fernhandel des Röm. Reiches in Europa, Afrika und Asien (dt. 1965); F. Lütge, Dt. Sozial- und Wirtschaftsgeschichte ([3]1966); F. Braudel, Der Handel. Sozialgeschichte des 15.–18. Jh. (1986).

Handelsbilanz (spätlat. bilanx, Waage mit zwei Schalen). Die Gesamtheit der Zahlungsforderungen und Zahlungsverpflichtungen, die sich während einer bestimmten Zeit für ein Land aus seinem zwischenstaatl. Warenhandel ergeben.

Handelsgesellschaft. Vereinigung zum Betrieb eines Handelsgewerbes unter gemeinsamer Firma (»Handelshaus«); der Gewinn wird unter die Mitglieder verteilt (Große Ravensburger H. 1380–1530).
LIT. HWDRG I, 1936–42.

Handelskammer (Industriekammer). Die für ein bestimmtes Gebiet zuständigen Vertretungen des Handels und der Industrie. Deren Aufgabe ist es, die allg. Interessen von Industrie, Großhandel und teilweise auch des Handwerks zu fördern. Die H. wurden vor allem seit dem 19. Jh. in den meisten Staaten eingerichtet. Sie entstanden nach franz. Vorbild (chambre de commerce); Marseille besaß bereits 1650 eine H.
LIT. H. Winkel, Geschichte der württemberg. Industrie- und Handelskammern Heilbronn, Reutlingen, Stuttgart/Mittlerer Neckar und Ulm 1933–1980. Zum 125jährigen Bestehen (1980).

Handelskompanien. Große, seit dem 16. Jh. auftretende Gesellschaften von Kaufleuten, die meist mit einem fernen Land Handel trieben. Begünstigt wurden sie durch Monopole, Privilegien und Unterstützungen. Die H. trugen wesentl. zur Kolonisierung zahlreicher Länder bei, u.a. Indiens, Niederländisch-Indiens, Kanadas. Berühmte H. waren die Englisch-Ostindische Gesellschaft (1601–1858), die Holländisch-Ostindische Kompanie (1602–1798). Trotz guter Erfolge wurde die Ostindische Kompanie Kaiser Karls VI. (reg. 1711–40) im Jahre 1731 aufgelöst.
LIT. R. de Roover, L'organisation administrative et commerciale de la Compagnie d'Ostende (1934); E. Köhler, Einzelhandel im MA (1938); F. Weyer, Der reisende Kaufmann (1948); E. Sieber, Kolonialgeschichte der NZ (1949); P. E. Schramm, Dtl. und Übersee (1950).

Handelsmünzen (Handelsdollar, Handelspiaster, Handelsyen u.a.). Seit dem At. bekannte Münzen, die für den Handel im Ausland geprägt werden. Vor allem der Maria-Theresien-Taler fand große Verbreitung (Vorderasien, Nordafrika).

Handelsniederlassungen. Allg. Bez. für die Mittelpunkte der Handelstätigkeit in fremden Ländern. Als H. sind zu bez. die Kolonien der Phöniker im Mittelmeerraum, die Faktoreien Roms und der Ptolemäer in Indien, die Kontore der Hanse, die Faktoreien der Kolonialmächte der NZ in überseeischen Ländern u. ä.

Handelspolitik. Maßnahmen, die im Rahmen der Wirtschaftspolitik zur Gestaltung und Ordnung des Binnen- sowie des Außenhandels getroffen werden.

Handelsprivilegien. Die Einzelnen oder Gesellschaften erteilten Vorrechte zum Zwecke des Handels. Sie entstammen der Zeit, da der Handel durch die Obrigkeit geregelt wurde (Stapelrechte, Handelsmonopole). Im 17. und 18. Jh. wurden die H. den Handelskompanien als Konzessionen verliehen, in Dtl. den Kolonialgesellschaften (seit 1886).

Handelsrecht. Bez. für das Sonderrecht des Handels, und zwar sowohl für die zw. Produzenten und Konsumenten vermittelnde Erwerbstätigkeit, als auch sämtl. Hilfsgewerbe (Banken, Versicherungen, Transportgewerbe) sowie die gesamte gewerbl. und industrielle Produktion, insofern sie über den handwerkl. Rahmen hinausgeht. Unter Ludwig XIV. (reg. 1643–1715) erfolgte die erste umfassende Regelung in der ›Ordonnance sur le commerce‹ (1673); hierauf basiert der ›Code de Commerce‹ (1807), welcher zum Vorbild für die meisten Handelsgesetzbücher des 19. Jh. wurde.
LIT. HWDRG I, 1942–53; P. Raisch, Geschichtl. Voraussetzungen, dogmat. Grundlagen und Sinnwandlung des H. (1965); K. H. Capelle, H. ([12]1967).

Handels- und Gewerbefreiheit. Freiheitsrecht, das dem Einzelnen die von staatl. Eingriffen freie Erwerbstätigkeit garantiert.

Handfeuerwaffen. Bez. für die Handfernwaffen, u.a. das Gewehr, die Pistole, den Revolver; desgl. die früheren Handpulverwaffen, z.B. die Arkebuse (Hakenbüchse) und das Steinschloßgewehr.
LIT. H. Thierbach, Die geschichtl. Entwicklung der H. (^{2}1899); G. Bock, Moderne Faustfeuerwaffen und ihr Gebrauch (^{3}1942); W. H. B. Smith, Small Arms of the World (^{5}1953).

Handfriede. Im MA der Friede, der durch Handschlag gelobt wurde.

Handgeld.
[1] Eine der Gaben des Bräutigams an die Braut am Tage der Hochzeit (Draufgeld, Treugeld, Ehetaler, Schenktaler).
[2] Im 15.–18. Jh. das erste, bei der Werbung der Landsknechte, später der Soldaten gezahlte Geld, welches der Löhnung vorausging.

Handgemal. Gedeutet als Handzeichen, Hausmarke, aber auch als Haupt- oder Stammgut eines vollfreien Geschlechts, Stammgut der Königsleute, Gut, in dem die Gerichtsstätte liegt, im engeren Sinne Gerichtswahrzeichen.
LIT. HWDRG I, 1960–65.

Handschar (türk.), auch **Kandschar.** Arab.-türk. Krummschwert mit zweifach gebogener und in eine Spitze auslaufender Klinge; seit dem 16. Jh. als Hiebwaffe aufgekommen. Als langer, gekrümmter Dolch ist der H. ebenfalls die Waffe der Albaner, Montenegriner, Kaukasier und Perser.

Handschlag. Nach älterem dt. Recht eine Form, die die vertragl. Haftung begründete. Als Volkssitte hat sich der H. bis heute erhalten.
LIT. HWDRG I, 1974–75; K. von Amira, Die Handgebärden in der Bilderhandschrift des Sachsenspiegels (1905).

Handschrift. Im übertragenen Sinn Bez. für Buch bis zur Erfindung des Buchdrucks. Das Schrifttum der Antike sowie des MA ist in H. überliefert. Mit ihrer Entstehungsgeschichte und Entwicklung befaßt sich die Handschriftenkunde, mit ihrer Entzifferung die Paläographie.
Die früh- und hochma. H. entstanden in den Skriptorien (Schreibstuben) der Klöster, meist für den eigenen Bedarf. Z. Z. der Karolinger und der Ottonen waren Hauptorte St. Gallen, Reichenau, Fulda, Trier, Weingarten, Reims, Tours, Saint Denis u.a. Die Schreibtätigkeit erlahmte gegen Ende des 14. Jh. in den Klöstern. Dem erhöhten Bedarf an einfachen Gebrauchs-H. suchten dann weltl. Schreiber zu genügen. Es kam zur Entwicklung eines ausgedehnten Handschriftenhandels.
Heute befinden sich die H. größtenteils im Besitz öffentl. Bibliotheken; nicht selten sind die H. nach ihrer »Bibliotheksheimat« benannt (z.B. Codex Vaticanus).
LIT. G. E. Magnat, Die Sprache der H. (1948); K. Löffler und P. Ruf, in: Hdb. der Bibliothekswissenschaft, 1 (1952); W. Voigt (Hrsg.), Forschungen und Fortschritte der Katalogisierung der oriental. H. in Deutschland (1966); B. Bischoff, Ma. Studien. Ausgewählte Aufsätze zur Schriftkunde und Literaturgeschichte. 2 Bde. (1966–67). – A. Kirchhoff, Die H.-Händler des MA (^{2}1853, Neudr. 1966).

Handschuh. Ein Herrschafts- und Rechtssymbol bei der Investitur, der Belehnung sowie der Standeserhöhung. Als Zeichen der Herausforderung warf ein Ritter seinem Gegner den rechten H. hin (→Fehde).
LIT. HWDRG I, 1975–76; W. B. Redfern, Royal and Historic Gloves and Shoes (London 1904); B. Schwineköper, Der H. im Recht, Ämterwesen, Brauch und Volksglauben. Mit einer Einführung von P. E. Schramm, Die Erforschung der ma. Symbole (1981).

Handwerk. Die Anfänge des H. reichen, da es sich um die älteste Produktionsform der Menschheit handelt, in vorgeschichtl. Zeiten zurück. Zahlreiche hochentwickelte Kulturen der Vergangenheit haben auf handwerkl. Grundlage bedeutende techn. Leistungen hervorgebracht; ohne H. ist keine entwickelte Menschheitskultur möglich und denkbar. Im christl.-abendländ. Kulturkreis erreichte das H. während des MA eine einmalige Blüte, die durch den Zusammenklang von künstler. Gestaltungskraft, wirtschaftl. Wohlstand und gesellschaftl. Harmonie (→Zunft) gekennzeichnet ist. Das Einsetzen der ersten industriellen Revolution im ausgehenden 18. Jh. führte die Herrschaft einer neuen Produktionsform, der industriellen (→Industrie), herauf; sie strebt in der Gegenwart einem Höhepunkt zu.
Der modernen Sachlage wird die ent-

wicklungsgeschichtl. bedingte Einschätzung des H. als »vorindustrielle« Wirtschaftsform nicht mehr gerecht, weil keine ausreichenden Anzeichen dafür vorliegen, daß die Industrie (Großbetrieb) das H. (Kleinbetrieb) verdränge. Diese Auffassung berücksichtigt nämlich nicht, daß beide Wirtschaftsbereiche unterschiedl. volkswirtschaftl. Funktionen wahrnehmen, die nebeneinander zu bestehen vermögen. Auf der techn. Grundlage individueller, insbes. erlernter Handfertigkeit sowie umfassender Werkstoffbeherrschung vollzieht der Handwerker Produktions- oder Dienstleistungen vielfacher Art; hierbei ist der Einsatz der vollen Persönlichkeit stets die Voraussetzung für ein gutes Gelingen. Betätigungsbereiche: Neuherstellung, Montage und Installation, Instandhaltung (Pflege) und Reparatur, sachl. und persönl. Dienstleistungen, Handelstätigkeit in Verbindung mit einer dieser Funktionen.

Die neuzeitl. Handwerksgesetzgebung in Dtl. basiert auf der Gewerbenovelle von 1897; dadurch wurden Handwerkskammern eingerichtet. 1908 folgte die Einführung des kleinen Befähigungsnachweises, der das Recht zur Anleitung von Lehrlingen grundsätzl. für die geprüften Handwerksmeister reserviert. Als amtl. Verzeichnis der Handwerksbetriebe wurde 1929 die Handwerksrolle eingeführt, jedoch ohne Registriercharakter; hinzu kam 1935 der große Befähigungsnachweis, d.h. daß fortan jeder, der im H. selbständig werden wollte, zuvor die Meisterprüfung abgelegt haben mußte. 1953 wurde das Handwerksrecht in der BRD neu kodifiziert. Von den bis 1935 ergangenen Bestimmungen weicht es nicht wesentlich ab.

LIT. HWDRG I, 1976–84; O. D. Potthoff, Kulturgeschichte des dt. H. (1938); K. Gatz, Das verlorene Tagewerk (1951); H. Mitgau, Berufsvererbung und Berufswechsel im H. (1952); ders., Bibliographie des H. (1953ff.); K. Abraham, Der Strukturwandel des H. in der ersten Hälfte des 19. Jh. (1955); M. Rumpf, Dt. Handwerkerleben und der Aufstieg der Stadt (1955); H. Sinz, Volksbuch vom dt. H. (1958); W. Vocke, Geschichte der H.-Berufe (1959/60); W. Wernet, Kurzgefaßte Geschichte des H. in Dtl. ([5]1969); J. Bergmann, Das Berliner H. in den Frühphasen der Industrialisierung (1973); W. Abel (Hrsg.), Handwerksgeschichte in neuer Sicht (1978); R. S. Elkar (Hrsg.), Dt. Handwerk in Spätmittelalter und Früher Neuzeit. Sozialgeschichte – Volkskunde – Literaturgeschichte (1983); U. Engelhardt (Hrsg.), Handwerker in der Industrialisierung. Lage, Kultur und Politik vom späten 18. bis ins frühe 20. Jh. (1984); W. Reininghaus (Bearb.), Quellen zur Geschichte des Handwerks. Ein Bestandsnachweis für die Kreishandwerkerschaften in Westfalen u. Lippe (Veröff. d. Stiftg. Westf. Wirtsch. arch.; 1984); R. Boch, Handwerker-Sozialisten gegen Fabrikgesellschaft (1985); P. Schichtel, Das Recht des zünftigen H. im Herzogtum Pfalz-Zweibrücken während des 18. Jh. (Schriften zur Rechtsgeschichte, H. 37; 1986); T. Meer, H., Hauswerk, Heimarbeit (1986); G. Deter, Handwerksgerichtsbarkeit zwischen Absolutismus und Liberalismus (1987).

Hannibal ad portas (lat. »Hannibal vor den Toren«). Um die Römer im Verlauf des 2. Punischen Krieges (218–201 v. Chr.) von der Eroberung Capuas abzuhalten, zog Hannibal (247/46–183 v. Chr.) 211 v. Chr. gegen Rom. Dies löste den Schreckensruf der Römer aus (Bei Cicero, 106–43 v. Chr., ›Philippica‹ 1, 5, 11 und ›De finibus‹ 4, 9, 22 angeführt). Die Verteidigungsmaßnahmen der Stadt führten bei Hannibal zu der Erkenntnis, daß eine Eroberung Roms ausgeschlossen sei.

LIT. H. Sack, Hannibals Marsch auf Rom im Jahre 211 v. Chr. (Diss. Frankfurt/M. 1937); H. Bellen, Metus Gallicus – Metus Punicus. Zum Furchtmotiv in der röm. Republik (1985).

Hanse (latinisiert Hansa; got. und ahd. hansa, bewaffnete Schar, später die Genossenschaft, die ihr hanshus, Gildehalle, hatte). Seit 1356 Bez. für den lockeren Zusammenschluß der norddt. Handelsstädte. Die Blütezeit der H. fällt in das 14. und 15. Jh.; während dieser Periode umfaßte die H. mehr als 100 Städte. Die Führung lag bei den Städten Lübeck, Hamburg und Köln. Als ihre Aufgabe betrachtete die H. die Vermittlung des Warenaustauschs von Rußland und Polen mit Norddtl., den skandinavischen Ländern, Flandern sowie England. Die bedeutendsten Umschlagplätze und Etappen waren: Nowgorod, Wisby, Bergen, London, Brügge, später Antwerpen; hier besaß die H. bes. Privilegien: Zollfreiheit oder -ermäßigungen, eigene Gerichtsbarkeit (so der Stalhof in London). Die H. löste sich im 30jährigen Krieg auf. Den Namen einer Hansestadt wahrten nur Hamburg, Lübeck und Bremen. Der Begriff H. wird von der Geschichtswissenschaft auch für (Handels-)Städtebünde anderer Epochen gebraucht.

LIT. HWDRG I, 1990–2002; Hans. Gesch.bll. (1871ff.); D. Schäfer, Die Hansestädte und König Waldemar (1879); ders., Die dt. H. (⁴1943); E. Daenell, Die Blütezeit der dt. H. (1905f., Neudr. 1973); W. Stein, Die Hansestädte (Hans. Gesch.bll., 1913–15); W. Vogel, Kurze Geschichte der dt. H. (1915); F. Rörig, Vom Wesen und Werden der dt. H. (³1943); H. K. Röthel, Die Hansestädte Hamburg, Lübeck, Bremen (1955); F. Bruns und H. Weczerka, Hansische Handelsstraßen (1962); Ph. Dollinger, Die H. (²1976); K. Pagel, Die H. (⁴1965); K.-F. Olechnowitz, Handel und Seeschifffahrt der späten H. (1965); F. Lütge, Dt. Sozial- und Wirtschaftsgesch. (³1966); R. Sprandel (Hrsg.), Quellen zur Hanse-Geschichte (1982); K. Fritze, E. Müller-Mertens, W. Stark (Hrsg.), Autonomie, Wirtschaft und Kultur der Hansestädte (Hansische Studien VI; 1984); J. Schildhauer, Die H. Geschichte und Kultur (1984).

Hanseaten. Bez. für die Kaufleute und Städte der Hanse.

Hansebund. Die von 1909–33 bestehende antiagrar. und antikonservative Interessenvertretung einer liberalen Wirtschaftspolitik in Dtl.

Hanswurst. Spottname in S. Brants (1457–1521) ›Narrenschiff‹ (1494); die Schreibweise ist hier Hans Worst. Durch Luther (1483–1546) wurde der Ausdruck in seiner ›Vermahnung an die Geistlichen‹ (1530) sowie in der Streitschrift ›Wider Hansworst‹ (1541) verwendet. Seit dem 16. Jh. ist der H. eine komische Figur der Bühne.

LIT. X. Flock, H. und seine Erben (1892); H. Hohenemser, Pulcinella, Harlekin, H. (Diss. München 1940); O. Rommel, J. A. Stranitzky, Der bäuerl. Urhanswurst. In: Altwiener Volkskomödie (1952).

Harakiri (jap., Bauchaufschneiden). In Japan die seit dem MA geübte rituelle Art des ehrenvollen Selbstmordes. Als eine dem Ritterstand vorbehaltene Strafe konnte das H. bis 1868 von der Regierung befohlen werden.

LIT. P. Rindl, H. (1965).

Häresie (griech., die erwählte Meinung; im Hellenismus und Judentum auch »die selbstgewählte wissenschaftliche oder politische Ansicht«). Ketzerei, Meinung, die der kirchl. Lehre widerspricht. Seit Konstantin d. Gr. (reg. 306–37) bis ins 17. Jh. war der Häretiker auch staatl. Strafen ausgesetzt. Während des MA wurde der Häretiker in der Inquisition insbes. mit kirchl. Strafen verfolgt; eine Reihe von Tatbeständen, so die Communicatio in sacris (die Kultgemeinschaft zwischen verschiedenen, vor allem christlichen Konfessionen), begründet den Häretikerverdacht. Wer sich des Widerspruchs zum Dogma nicht bewußt ist, gilt nur als materieller Häretiker. Die H. zählt zu den Glaubensdelikten; ob ein solches vorliegt, entscheidet die Kirche. H. wird heute mit Exkommunikation bestraft.

LIT. W. Bauer, Rechtgläubigkeit und Ketzerei im ältesten Christentum (1934); J. Brosch, Das Wesen der H. (1936); G. Welter, Histoire des sectes chrétiennes des origines à nos jours (1950); W. Nigg, Das Buch der Ketzer (1949, ²1953); H. Grundmann, Ketzergeschichte des MA (1963); H. Dörries, Wort und Stunde, 1 (1966); G. Leff, Heresy in the Later Middle Ages (N. Y. 1967).

Haribannatores (lat. von haribannum, Heerbann). Sonderbevollmächtigte, von Karl d. Gr. (reg. 768–814) eingesetzt; ihre Aufgabe war es, die Bußen für die Verweigerung des Zuzugs zum fränk. Heerbann oder für Befreiungen, die unbegründet waren, einzuziehen.

Harnisch (mhd. harnasch aus altfranz. harnas). In der Waffenkunde der zum Schutze des Oberleibes bestimmte Teil der Rüstung.

Hartschier, Hatschier (von ital. arcieri, Bogenschütze). Leibgardist, Angehöriger der Palastwache. Die Leibwache der bayer. Könige bildeten Leibgarde-Hartschiere.

Haruspices (lat. Ez. haruspex). Bez. für etrusk. und altröm. Wahrsager (Eingeweidebeschauer), die sich auf die komplizierte Kunst (disciplina Etrusca) der Eingeweideschau (extipicina), der Deutung von Blitzzeichen (ars fulguratoria), außergewöhnl. Naturerscheinungen und Abnormitäten verstanden. Aus dem Orient kam über die Etrusker die »Leberschau« nach Rom. Infolge der Wundergläubigkeit der röm. Kaiserzeit hielt sich die »Leberschau« noch bis ins

4. Jh. n. Chr. Die H. wurden von Feldherren, Kaisern und Privaten zur Erstellung von Gutachten herangezogen. Als Staatspriester sind dagegen die H. nie anerkannt worden.
LIT. G. Wissowa, Religion und Kultus der Römer (^{2}1912); K. Latte, Röm. Religionsgeschichte (1960).

Harzburger Front. Bez. für den vorübergehenden Zusammenschluß der »Nationalen Opposition«, bestehend aus Nationalsozialisten, Deutschnationalen, Stahlhelm, Alldt. Verband und Vaterländ. Verbänden gegen die Regierung H. Brünings (1885–1970) sowie die bürgerl. und die linksgerichteten Parteien. Auf der Harzburger Tagung (11. 10. 1931), an der sich Führer und Abordnungen der Deutschnationalen, der Volkspartei, des Stahlhelms, der NSDAP, der Vereinigten Vaterländ. Verbände sowie prominente Repräsentanten aus Fürstenhäusern und dem Finanz- und Wirtschaftsleben beteiligten, wurde der Rücktritt der Reichsregierung und der preuß. Regierung, außerdem die Auflösung des Reichstags und des preuß. Landtags gefordert, ferner die Aufhebung der →Notverordnungen, Neuwahlen im Reich und in Preußen. Die H. F., der ein gemeinsames polit. Konzept fehlte, zerbrach nicht zuletzt, weil A. Hitler (1889–1945) den Gedanken der »Gemeinsamkeit« prinzipiell ablehnte. Offenkundig wurde dies gelegentlich der Reichspräsidentenwahl im Frühjahr 1932, als es nicht gelang, sich auf einen gemeinsamen Kandidaten der Rechten zu einigen bzw. die Deutschnationalen sich weigerten, die Kandidatur Hitlers zu unterstützen.
LIT. W. Treue, Dt. Parteiprogramme (^{3}1963).

Harzgulden. Ein aus Harzsilber geprägter braunschweig. Gulden des 16.–18. Jh. Die H. waren meist mit dem Bild des Wilden Mannes oder des hl. Andreas versehen.

Haubergswirtschaft, Hackwaldwirtschaft. Wechselwirtschaft zwischen Niederwaldpflanzung und Ackerbau auf ertragsarmen Böden (16–20jährige Holzwirtschaft, 2–4 Jahre Anbau von Hafer, Roggen, Kartoffeln oder Nutzung als Weideland). H. wurde im Siegerland betrieben, wo der Niederwald vor allem für die Produktion von Holzkohle zur Versorgung der Erzhütten verwendet wurde. Die Baumrinde fand bei der Lohgerberei Verwendung. H. wurde bis nach dem Zweiten Weltkrieg betrieben. Eigentümer der sog. Hackberge sind die Haubergsgenossenschaften.
LIT. HWDRG I, 2015–18; H. Kroll, Die Siegerländer H. In: Zs. für Ethnologie, 68 (1937); H. Wingen, Energie aus dem Hauberg (1982).

Haubitze (aus tschech. von dt. Hauptbüchse). Ein seit dem 15. Jh. bekanntes kurzrohriges, schweres Geschütz, das zw. Flachfeuerkanonen und Steilfeuergeschützen seit dem 20. Jh. einzuordnen ist.

Haudegen.
[1] Degen mit zweischneidiger Klinge.
[2] Ein alter Krieger, Landsknecht.

Haude- und Spenersche Zeitung. Eine in Berlin im Jahre 1740 durch A. Haude gegründete Zeitung. Sie wurde durch Friedrich II. (reg. 1740–86) zu polit. Zwecken benutzt; auch verfaßte der König selbst Beiträge für sie. Seit 1872 hieß die Zeitung ›Spenersche Zeitung‹, nachdem sie zunächst an J. K. Spener und 1826 an H. S. Spener übergegangen war. Im Jahre 1874 kam es zur Verschmelzung der ›Spenerschen Zeitung‹ mit der ›Nationalzeitung‹, deren Namen zuletzt das Berliner ›8-Uhr-Abendblatt‹ trug (1938 eingestellt).
LIT. Margot Lindemann, Dt. Presse bis 1815; K. Koszyk, Dt. Presse im 19. Jh.; ders., Dt. Presse 1914–1945; alle in Geschichte der dt. Presse, III Teile (1972).

Hauländereien, Holländereien.
[1] Ursprüngl. Bez. für die Siedlungen holländ. Bauern, größtenteils Sektierer, im Flußgebiet der Weichsel seit 1527.
[2] Vom 16. bis ins frühe 19. Jh. die auf Brachland im Osten entstandenen dt. Siedlungen. Aus dem Marschhufendorf der holländ. Siedler entwickelten sich die Liniendörfer. Die neuzeitl. dt. Siedlung in Polen entstand vorwiegend in dieser Form.

Hauptfahrt. Zunächst das Anrufen eines Gerichts in 2. Instanz; in Kleve und der Gft. Mark bis zum Jahre 1719 das Gericht 2. Instanz selbst.

Hauptgericht. Generell ein Gericht 2. Instanz; in einem Territorium das hierfür zuständige landesherrl. Obergericht.

Hauptherr.
[1] Der Besitzer eines Gutes, das zu einem Fronhofsverband gehörte, das aber durch den Besitzer an einen Hörigen weiterverliehen wurde, um sich dadurch

der Lasten gegenüber dem Grundherren, insbes. der Frondienste, zu entledigen.
[2] Das Haupt einer Familie.

Hauptlade. Die Zentrale eines Zunftverbandes; sie befand sich im allg. in der Stadt, in der das betreffende Handwerk bes. zahlreich vertreten war.

Hauptmann. Im MA der Anführer jeder selbständigen Truppe, in den Söldnerheeren der frühen NZ der Anführer eines Fähnleins. Rangmäßig über ihm stand nur sein Oberst sowie der Heerführer; letzterer wurde auch Feldhauptmann genannt. Infolge der Umwandlung des Fähnleins in die Kompanie wurde der H. Kapitän. Während der H. sein Fähnlein im 16. Jh. noch völlig selbständig führte, wurde er später vom Obersten als Führer des Fähnleins im Krieg abgelöst; verantwortl. blieb der H. jetzt noch für die Werbung, Löhnung, Verpflegung, auch die Beförderung der Unterführer – in Preußen bis zu den Reformen zu Beginn des 19. Jh. Den Titel H. trägt seit dem späten MA auch der Kommandant einer städt. Truppe (Stadthauptmann).

Hauptquartier. Im Krieg Sitz der obersten Kommandostelle sowie der höheren Truppenstäbe. In der früheren dt. Wehrmacht gab es Korps-, Armee- und Heeresgruppen-H. Die Zentrale einer übernationalen Organisation, so der UNO in New York, der NATO in Brüssel, wird ebenfalls als H. bezeichnet.

Haupt- und Staatsaktionen. Bez. für die Stücke der dt. Wanderschauspieler um 1700. Die Hauptaktion umschrieb den Teil des Stückes, der im Gegensatz zum lustigen Nachspiel stand. Wegen des geschichtl.-polit. Inhalts mancher dieser Stücke, evtl. auch wegen der Pracht (Staat) ihrer Ausstattung, bildete sich die Bez. Staatsaktion. Gekennzeichnet sind die H. durch ihre schwülstige Prosa.
LIT. R. Payer von Thurn (Hrsg.), H. u. St. 2 Bde. (1908–10); W. Flemming, in: RDL 1 (^{2}1958).

Haus. Ein ortsfestes Gebäude; es dient dem Menschen als Wohnstätte. Zudem bedeutet H. von altersher auch die Bewohner des H., eine durch Verwandtschaft oder durch ein sonstiges, vor allem durch ein Dienstverhältnis zusammengeschlossene Wohngemeinschaft (Familie). Die enge Verbindung zwischen H. und Hausgemeinschaft hat zu rechtl., religiösen und kulturgeschichtl. Sonderbildungen bedeutender Art geführt (vgl. z. B. die Wohnstatt und den Privatbesitz eines Adeligen oder Herrschers: H. Hohenzollern, H. Österreich; ebenfalls die Hofstatt und Hofhaltung eines Fürsten; ferner Abgeordnetenhaus, Herrenhaus, Repräsentantenhaus, House of Commons, das Volkshaus in der dt. Reichsverfassung vom 28. 3. 1849 u. a.).

Hausämter. Die Hofämter, insbes. des frühen MA.

Hausartillerie. Eine Spezialtruppe zur Verteidigung befestigter Plätze; sie wurde durch die Krone Österreichs im 17./18. Jh. unterhalten.

Hausfriede. Nach german. Recht ein Sonderfriede; seine Verletzung, der Hausfriedensbruch, wurde streng bestraft und berechtigte zur Notwehr.

Hausgenosse. Der Angehörige einer Hausgemeinschaft. Die Bez. dient auch dazu, den Besitz von Haus und Hof bes. zu kennzeichnen.

Hausgesetz, Hausverträge. Seit dem späten MA Vereinbarungen familien- und erbrechtl. Art; sie werden von souveränen und mediatisierten Häusern getroffen (→Pragmatische Sanktion Karls VI., 1713).

Hausgut. Der Besitz der herrschenden Dynastie im HochMA. Insbes. seit Konrad II. (reg. 1024–39) konnte das H. einer erloschenen Dynastie, beispielsweise der Karolinger, zum Reichsgut einer späteren Dynastie werden. Seit Konrad II. war das H. vom Reichsgut begriffl. geschieden, wurde aber gemeinsam verwaltet.

Haushalt.
[1] Die häusl. Wirtschaft einer Familie oder Lebensgemeinschaft im engeren Sinne.
[2] Die Einnahmen und Ausgaben einer öffentl. Körperschaft, vor allem die Wirtschaftsführung eines Staates (Staatshaushalt).

Haus-, Hof- und Staatsarchiv; Österreichisches Staatsarchiv. 1749 durch Maria Theresia (reg. 1740–80) in Wien gegründet. Seit 1806 war es das Zentralarchiv für das alte Dt. Reich, seit 1814 der österr. Monarchie. 1918 wurde das H. in Staatsarchiv umbenannt.
LIT. K. von Böhm, Die Handschriften des k. u. k. H. 2 Bde. (1873/74); G. Winter, Die Gründung des k. u. k. H. (1902); L. Bittner (Hrsg.), Gesamtinventar des Wiener H. 5 Bde. (1936–40); L. Santifaller (Hrsg.), Festschrift

zur Feier des 200jährigen Bestandes des H. 2 Bde. (1949–51).

Haus-, Hof- und Staatskanzlei. In Österreich die 1742 durch Maria Theresia (reg. 1740–80) für die äußeren Angelegenheiten errichtete zentrale Behörde, aus der im 19. Jh. das Ministerium des Äußeren hervorging.

Hausindustrie. Eine Form der gewerbl. Erzeugung im At. und wiederum im bzw. seit dem späten MA, vor allem im Textil- und Metallgewerbe. Die meist sehr bedrückenden Arbeitsverhältnisse bei der hausindustriellen Produktion waren durch das Hausarbeitsgesetz von 1911 und die Neufassung des Heimarbeiterlohn-Gesetzes von 1932 nur unzureichend verbessert worden. Wirksamere Regelungen brachten die Gesetze von 1934, 1939 und schließl. das von 1951 für den Bereich der BRD.

Häusler. Dorfbewohner, die in einem eigenen Haus leben, jedoch auf Lohnarbeit angewiesen sind, da sie über keinen oder nur sehr geringen Feldbesitz verfügen.

Hausmachtpolitik. Seit dem 12. Jh., vor allem von Rudolf I. (reg. 1273–91) bis Friedrich III. (reg. 1440–93), der Versuch der dt. Könige, den Zerfall der Reichsgewalt durch Stärkung des eigenen Hausguts zu verhindern. In der H. sahen die Dynastien die einzige Möglichkeit, die königl. Zentralgewalt vor der Zerstörung durch die Machtpolitik namentlich der großen Territorialherren zu bewahren.
LIT. W. Schlesinger, Die Entstehung der Landesherrschaft (1942); Th. Mayer, Fürsten und Staat (1950); E. Schubert, König und Reich. Studien zur spätma. dt. Verfassungsgeschichte (1979).

Hausmaler. Vom 17. bis 19. Jh. unabhängige Fayence- und Porzellanmaler; die H. arbeiteten außerh. der Manufakturen.
LIT. G. E. Pazaurek, Dt. Fayence- und Porzellan-H. 2 Bde. (1925).

Hausmeier (mlat. Maior domus, frz. Maire du palais). Im Frankenreich unter den Merowingern der Vorstand der königl. Hofhaltung; gleichzeitig das Haupt des kriegerischen Gefolges (Antrustionen). Das Hausmeieramt entwickelte sich zum obersten Amt der Staatsverwaltung. Während der letzten Jahrzehnte des Merowingerreiches entschieden die H. auch über die Nachfolge im Königsamt. Nach der Wahl des H. Pippin im Jahre 751 ließ dieser zu Soissons Childerich III. (reg. 743–51), den letzten Merowinger-König, absetzen und sich selbst zum König wählen. Das Amt des H. hörte damit auf.
LIT. HWDRG I, 2035–40; H. Brunner, Dt. Rechtsgeschichte. Bd. 2 (²1928; unveränd. Neudr. 1958).

Hausministerium. Bis 1918 in den dt. Monarchien diejenige Behörde, die die Angelegenheiten des fürstl. Hauses zu verwalten hatte (vor allem das Vermögen, sodann Ehe-, Vormundschafts- und Testamentssachen).

Hausname. Während des MA die übliche an einem Haus oder Hof haftende Bez. des Hauses, und zwar auch dann noch, wenn es den Besitzer wechselte. Während die ältesten H. auf natürl. Kennzeichen der Häuser zurückgehen, werden sie später in der Mehrzahl der Fälle durch den Besitzer bestimmt und häufig als Hauszeichen angebracht. Hergeleitet sind die H. u. a. aus dem Bereich der Religion (›Zum Engel‹, ›Zum guten Hirten‹), aus der Umgebung (›Rosengarten‹, ›Bäumken‹) und dem Beruf (›Zur Mühle‹, ›Zum Salzhaus‹). Der Brauch der H. entstand seit dem 13. Jh. (zus. mit der Entwicklung der Familiennamen). Im 18. Jh. wurden (nach franz. Vorbild) anstelle der H. Hausnummern eingeführt.
LIT. E. Grohne, Die H. und Hauszeichen (1912); K. Schmidt, Die H. und Hauszeichen im ma. Freiburg (1930).

Hausprälat. Kleriker der röm. Kurie mit der Würde eines Prälaten und dem Titel Monsignore.

Haussprüche, Hausinschriften. An Gebäuden angebrachte Inschriften, die meist Bibelsprüchen und Sprichwörtern nachgebildet sind. In Dtl. war es vor allem vom 15. bis ins 17. Jh. üblich, H. anzubringen.
LIT. J. Hofmann, 1400 dt. H. (1918); H. Stelljes, Hess. H. (Diss. Marburg 1942); G. Maurer, Hausinschriften im Schweizerland (²1951); W. Schmülling, H. in Westfalen (1951).

Haustruppen (lat. domestici; die →protectores der röm. Kaiserzeit seit dem 4. Jh.). Leibwache, Leibgarde.

Hausvogtei. Die Aufsichtsbehörde einer Schloß- und Gebäudeverwaltung. In einzelnen Fällen war sie bis ins 19. Jh. mit Gerichts- und Polizeibefugnissen ausgestattet.

Hauswehr, Bauernwehr, Ochsenzunge. Ein für den Nahkampf bestimmtes

meist sehr kurzes Schwert, das zu Beginn des 14. Jh. aufkam.
LIT. H. Seitz, Blankwaffen, 1 (1965, m. Bibliogr.).

Hauswirtschaft. Die meist von einer Familie getragene wirtschaftl.-soziale Lebenseinheit, im engeren Sinne die materiellen Dinge und die entspr. wirtschaftl. Tätigkeiten, die im Rahmen der Familie, nicht jedoch zu deren Erwerb, vollzogen werden. In der Wirtschaftsgeschichte ist die H. nach der Theorie von K. Bücher (1847–1930) die erste der drei geschichtl. Wirtschaftsstufen: geschlossene H., Stadtwirtschaft, Volkswirtschaft. Sie waren, ebenfalls nach Bücher, für das At. und das frühe MA kennzeichnend.
LIT. W. Wygodzinski, Die Hausfrau und die Volkswirtschaft (1916); W. Eucken, Die Grundlagen der Nationalökonomie (^{6}1950).

Hauszeichen. Zur Bez. der Fahrnishabe (→Fahrnis) sowie des Besitzes überhaupt eingekerbte, aufgemalte, geritzte oder eingehauene Eigentumszeichen. Die H. werden auch Hausmarken oder Hofmarken genannt.

Havarie, Haverei (von arab. hawâr, Beschädigung). Nach dem Seehandelsrecht des späteren MA der Zusammenschluß aller bei einer Kauffahrt an Schiff und Ladung Beteiligten. Zweck des Zusammenschlusses, der auf genossenschaftl. Basis erfolgte, war das gemeinsame Einstehen für etwaige Schäden und Verluste. Nach heutigem Seerecht umfaßt die (große) H. alle Schäden und Kosten, die zur Rettung aus Gefahr direkt (z.B. Kappen der Masten) oder indirekt (z.B. Einlaufen in einen Nothafen) entstehen. Die Kosten werden vom Schiff, der Ladung und der Fracht gemeinsam getragen.
LIT. HWDRG II, 2–6; H. Wüstendörfer, Neuzeitl. Seehandelsrecht (^{2}1950); R. Ulrich, G. Hochgräber, P. Brüders, Große H. 2 Bde. (^{3}1927–30); G. Schaps und H. J. Abraham, Das dt. Seerecht, 2 (^{3}1962).

Hazarpet (pers.; griech. Chiliarch). Befehlshaber der 1000 Mann umfassenden Leibwache der altpers. Könige; sie gehörten zu den 10000 »Unsterblichen« des stehenden Heeres. Seit Dareios d. Gr. (reg. 521–485 v. Chr.) war der H. Leiter der Verwaltung und des Schatzes.

Heckenmünze. Während des 16. und 17. Jh. ungesetzl. Münzstätten, in denen minderwertiges Geld (Heckmünzen) geprägt wurde. Höhepunkte der Hekkenmünzerei fallen in die Jahre 1618–22 (→Kipper und Wipper) sowie die Zeit um 1680.

Hedschra, Hidschra (arab., Auswanderung). Bez. für Mohammeds (571–632) Weggang von Mekka nach Medina (zwischen dem 28. 6. und 20. 9. 622 n. Chr.). Seit dem Kalifen Omar Beginn der mohammedan. Zeitrechnung; sie datiert vom 15. oder 16. 7. 622 (= 1. Muharrem des Jahres 1 der H.) und wird nach dem Mondjahr berechnet.
LIT. F. Wüstenfeld und E. Mahler, Vergleichungstabellen der mohammedan. und christl. Zeitrechnung (^{3}1961); W. Montgomery Watt, in: Encyclop. of Islam, ^{2}3 (1966), 366f.

Heerbann. Seit dem frühen MA die milit. Hoheitsgewalt, sodann das Heer selbst; so im fränk. Reich
a) die Befugnis des Königs, das Heer für den Kriegsdienst aufzubieten;
b) das Aufbieten zu einer Heeresfolge;
c) die Geldstrafe von 60 solidi, die bei Nichtbefolgung des Befehls, Heeresfolge zu leisten, entrichtet werden mußte;
d) das aufgebotene Heer.
LIT. HWDRG II, 22–23.

Heerfahrt, Kriegszug. Vor allem der Vasallendienst im Reichsheer z.Z. des MA (insbes. der Italienzug zur Kaiserkrönung, die sog. Romfahrt). Die allg. Pflicht zur Heerfolge (Lehnsfolge) konnte durch Geld abgelöst werden.

Heergewäte (ahd. wad, Kleid, mlat. vestis bellica), **Heergeräte.** Urspr. Schwert, Harnisch, Streitroß, Kleid, Bett und Tischgerät. Im MA ein ritterl. Sondervermögen. Nach dem Recht des Sachsenspiegels und zahlreicher späterer Quellen gehörte das H. nicht zum allgem. Erbe; es wurde stets dem nächsten ebenbürtigen männl. Verwandten (Schwertmagen) zugesprochen. Das H. ist ein Rest der alten Sitte, dem Verstorbenen seine Rüstung etc. als Totengabe ins Grab mitzugeben.
LIT. K. Klatt, Das H. (1908).

Heeresleitung. Die Oberste H. ist praktisch identisch mit dem Generalstab. Kaiser Wilhelm II., der formelle Oberbefehlshaber, vermochte darin keinen wirklichen Einfluß auszuüben. Im August 1916 übernahm Feldmarschall Paul von Hindenburg als Chef des Generalstabes und General Erich von

Ludendorff als sein erster Quartiermeister die Oberste H. Seitdem waren Kaiser und Kabinett von der Kommandogewalt fast völlig ausgeschaltet.

Heer(es)versammlung. Die Versammlung des Volkes in Waffen in frühgeschichtl. Zeit, insbes. während der Wanderungen. Die H. besaß beratende und entscheidende Funktionen. Teilweise bestand sie nach der Landnahme weiter, so bei den Makedonen bis in die hellenist. Zeit, wo sie die Gerichtsbarkeit sowie das Recht auf Mitwirkung bei der Thronbesetzung besaß. Bei den Franken existierte die H. bis ins 9. Jh. (Märzfeld, Maifeld, Ding).
LIT. P. Schmitthenner, Wehrhaft und frei. Die dt. Wehr von den Anfängen bis zur Gegenwart (1934); M. Lezius, Die Entwicklung des dt. Heeres von seinen ersten Anfängen bis auf unsere Tage (1936); H. Conrad, Geschichte der dt. Wehrverfassung (1939); E. R. Huber, Heer und Staat in der dt. Geschichte (^{2}1943).

Heerkönig. Bez. für einen König, dessen Macht sich im wesentl. auf das Heer stützt, so bei den idg. Stämmen (Griechen, Kelten, Germanen, sodann bei den Germanen der Völkerwanderungszeit). Der H. stand einem Heer vor, das keine stammesmäßigen Bindungen kannte. Beim makedon. Heer beispielsweise trug das Heerkönigtum patriarchal. Züge einer einstigen Wehrordnung.

Heermeister. Dt. Bez. für den röm. Magister equitum, militum, utriusque militiae; Leiter einer Ritterorden-Provinz, so des Dt. Ritterordens; seit 1525 Fürstenmeister.

Heerschild (mlat. clipeus militaris). Zunächst das milit. Kommando bzw. das Recht, die Vasallen aufzubieten und das Kommando über sie zu führen. Nach dem Sachsen- und Schwabenspiegel gibt es eine H.-Ordnung, die in 7 Stufen unterteilt ist: 1. der König, 2. die Pfaffenfürsten, 3. die Laienfürsten, 4. die Grafen und Freiherren, 5. die Freien und Ministerialen, 6. die Mannen der Freien und Ministerialen, 7. die übrigen rittermäßigen Leute, die die aktive Lehensfähigkeit nicht besaßen.
LIT. J. Ficker, Vom H. (1862, Neudruck 1964); H. Mitteis, Lehnrecht und Staatsgewalt (1933, Neudruck 1958); W. Goez, Der Leihezwang (1962).

Heersteuer, Heerbann. Das seit der Karolingerzeit zu entrichtende Entgelt für die Befreiung von der Heerfahrt.

Heerstraße. Ausgehend von polit., wirtschaftl. und militär. Prämissen war es das Ziel der Gesetzgebung seit der Zeit der Karolinger, das Verkehrswesen zu fördern. So entstand in der ottonisch-salischen Zeit ein Gesetzgebungswerk, das die Fragen des Straßenzwangs, der Zollstätten, der Beherbergung der Reisenden, der Besteuerung des Handelsguts, der Abgabenfreiheit der Verkehrsmittel, der Verpflichtung zur Hilfeleistung beim Wegebau und Wegeunterhaltung, wozu auch die Unterhaltung von Brücken und Dämmen gehörte, regelte. Die bedeutenderen und größeren Straßen erhielten den Rang von *Königsstraßen;* wegen ihrer Eigenschaft als H. waren sie Eigentum des Reiches, ein Tatbestand, der mindestens seit dem 10. Jh. ebenfalls auf Brücken, Fähren und Wasserstraßen ausgedehnt wurde. Unter Heinrich I. (reg. 919–36) wurde zum erstenmal die Bez. *Reichsstraße* (strata imperialis; mhd. des riches strâze) verwendet (1008). Auf den Reichsstraßen herrschte ebenso wie auf dem Markt der Königsfriede. Wer sich der Sicherheit der Straße begab, tat dies auf eigene Gefahr. An der Reichsstraße mußte Gericht gehalten werden, und zwar an einem Kreuzweg unter freiem Himmel.
Im Verlauf des MA gingen die Verkehrswege sowohl zu Lande als auch zu Wasser allmählich vom König auf die örtl. Gewalten als Lehen über; seit dem 13. Jh. waren sie ein Bestandteil der Landeshoheit (→Landesherr).
LIT. F. Rauers, Zur Geschichte der alten Handelsstraßen in Dtl. (1907); A. Schulte, Geschichte des ma. Handels und Verkehrs zwischen Westdtl. und Italien mit Ausschluß von Venedig (Neudr. 1966).

Hegemon (griech., Führer). In einzelnen Fällen der Oberkommandierende in den Stadtstaaten Griechenlands; rechtl. waren seine Kompetenzen nur ungenau bestimmt. Seit dem 4. Jh. v. Chr. wird der Bundesfeldherr als H. bezeichnet, so Philipp und Alexander von Makedonien im Korinthischen Bund (337 v. Chr.).

Hegemonie. Die Vormachtstellung eines Staates gegenüber einem oder mehreren anderen Staaten. Bedeutende Hegemonialmächte waren Athen unter Perikles (460–429), Spanien z. Z. der

Gegenreformation (etwa 1550–1650), Frankreich unter Ludwig XIV. (1661–1715) und Napoleon I. (1804–14), Preußen im Dt. Reich von 1871, das zarist. Rußland auf dem Balkan (1856–1914), die UdSSR in Osteuropa von 1945 bis 1989. Der Begriff H. wird nicht allein auf den polit., sondern ebenfalls auf den führenden Einfluß oder die Kontrollgewalt im kulturellen und wirtschaftl. Bereich angewandt; darüber hinaus auf eine Gruppe, einen Stand oder eine Klasse.

LIT. F. von Wieser, Das Gesetz der Macht (1926); H. Triepel, Die H. ([2]1943); L. Dehio, Gleichgewicht oder H. (1948); K. Stadelmann, H. und Gleichgewicht (1950).

Hegung. Bez. für das Einhegen der Gerichtsstätte mit Zweig, Schnur, Pflock und Seil anläßl. der feierl. Eröffnung des Dings. Die H. erfolgte unter formelhaften Erklärungen durch die Richter an das Volk. Durch die H. wurde das Ding unter einen bes. Frieden gestellt.

Hehlerrecht, Hehlerprivileg. Während des MA das Recht desjenigen, der gestohlenes Gut auf dem Markt erworben hatte, dieses dem Eigentümer entweder gegen Zahlung des halben oder des ganzen Kaufpreises zurückzugeben (Lösungsrecht).

Heidelberger Katechismus. Neben Luthers (1483–1546) Enchiridion das bedeutendste und verbreitetste Unterrichtsbuch in Form von Fragen und Antworten. Er ist das Ergebnis der Bemühungen des Kurfürsten Friedrich III., die unfertigen kirchl. Verhältnisse der Kurpfalz zu konsolidieren. Die entscheidende theolog. Vorarbeit leistete Z. Ursinus (1534–83), der unter Benutzung früherer ev., insbes. reformierter Katechismen, außerdem von Melanchthon (1497–1560) erarbeiteten Materials, zwei lat. Entwürfe vorlegte, die auf Beratungen und Diskussionen hin Änderungen erfuhren. Die dt. Endredaktion ist wahrscheinl. das Werk K. Olevians (1536–87), auf dessen Veranlassung hin der Kurfürst dem fertigen Werk die gegen die röm. Messe gerichteten 80 Fragen hinzufügte.

Der H. K. wird, wahrscheinl. nach dem Vorbild eines 1558 in Heidelberg nachgedruckten anonymen luth. Katechismus, in 3 Teile unterteilt: ›Von des Menschen Elend‹ (erkannt durch das Gesetz Gottes, das uns Christus im Doppelgebot der Liebe lehrt), ›Von des Menschen Erlösung‹ (Credo, Taufe, Abendmahl) und ›Von der Dankbarkeit‹ (10 Gebote und Unservater).

Außer der Kurpfalz eroberte sich der H. K., der von den Lutheranern heftig befehdet wurde, da er theolog. in erster Linie von Calvin (1509–64) abhängig ist, Nassau-Oranien, Wittgenstein, Braunfels, Hanau, den Niederrhein sowie die Grafschaft Mark, vor allem aber die Niederlande; sodann z. T. auch Bremen, Hessen, Tecklenburg, Bentheim, Lingen, Lippe, Anhalt, die Schweizer Kantone St. Gallen, Bern, Aargau und Schaffhausen, die reformierten Gemeinden in Preußen, Böhmen-Mähren, Polen, Ungarn, Amerika und Südafrika. Bis heute gilt er als das stärkste ökumen. Band der Reformierten in der Welt.

LIT. A. Lang, Der H. K. und vier verwandte Katechismen (1913); W. Klaas, Die Stimmen der Väter (1949); K. Barth, Die christl. Lehre nach dem H. K. (1949); K. Hollweg, Neue Untersuchungen zur Geschichte und Lehre des H. K. (1961); L. Coenen (Hrsg.), Hdb. zum H. K. (1963).

Heiden (ahd. heida, urbar gemachte Flur). Die Bez. entstand bei den Israeliten, als diese sich über ihre religiöse Verschiedenheit von allen Völkern Rechenschaft gaben (hebr. gojim, Nichtjuden). Nach urspr. christl. Sprachgebrauch werden als H. diejenigen Menschen bez., die sowohl die christl. Offenbarung als auch ihre vortestamentl. Vorstufe ablehnen. Die Bez. paganus (von lat. pagus, Dorf, Gau) kommt im 4. Jh. n. Chr. in Gebrauch; sie wird als Anspielung auf das Heidentum unter der Landbevölkerung der Spätantike verstanden. In der NZ werden als Neuheiden im christl., vor allem im kath. Sprachgebrauch, die Angehörigen derjenigen Religionen bez., die eine Vielheit von Göttern verehren, d. h. die im Gegensatz zum Monotheismus stehen.

LIT. →Heidenchristen.

Heidenburg, Heidenmauer, Heidenschanze, Heidengraben, Heidenwall. Volkstüml. Bez. für vor- und frühgeschichtl. Befestigungen bzw. die noch vorhandenen Reste dieser Befestigungsanlagen (z. B. bei Dürkheim und Neustadt a. d. Weinstraße); ebenfalls für provinzialröm. Mauerzüge (z. B.

in Wiesbaden; desgl. die auf dem Odilienberg im Elsaß aus spätröm. Zeit).

Heidenchristen. Christen heidnischer Abstammung; sie wurden z.Z. der Urkirche von den Judenchristen unterschieden.
LIT. W. Bousset, Kyrios Christos (^{2}1921); H. Prümm, Religionsgeschichtl. Handbuch für den Raum der altchristl. Umwelt (1943); E. Peterson, Theolog. Traktate (1951); G. Dix, Jew and Greek (Westminster 1953); L. Goppelt, Christentum und Judentum im 1. und 2. Jh. (1954).

Heiducken, Heiduken (ungarisch hajduk, Treiber).
[1] Urspr. Bez. für ungarische Viehhirten.
[2] Eine Söldnertruppe; 1605 erhielt sie östl. der mittleren Theiß ein eigenes Komitat, dessen Hauptstadt Debreczin war.
[3] Später die Bez. für die ungar. Gerichtsdiener sowie die Trabanten der ungar. Großen; ebenfalls die Diener an dt. Höfen.
[4] Bez. für die Freischärler, die auf dem Balkan gegen die Türken kämpften.

Heil. Im german. At. bis ins HochMA war H. ein religiös-polit. Begriff. Von Göttern verliehen, stellte es eine Lebenskraft des Menschen dar, die ihn, darüber hinaus eine Sippe, einen Stamm trägt und ihm Kraft gibt. Der Begriff H. wird auch auf Ereignisse, z.B. eine Schlacht bezogen. Im christl. Sinn bedeutet H. Freisein von seel. Schädigung durch Sünde (Seelen-H.); im engsten Sinn die jenseitige Seligkeit in Gott. Bes. nachhaltig wirkt der Heilsbegriff im Königsheil weiter.
LIT. R. Guardini, Der Heilbringer (1946); O. Höfler, German. Sakralkönigtum (1952); W. Grönbech, Kultur und Religion der Germanen (^{5}1954); HWDRG II, 41–43; R. Schottländer, Der philosophische Heilsbegriff in der Ethik (1952); J. Becker, Das H. Gottes (1964); B. Welte, Heilsverständnis (1966).

Heiland (ahd.). Altsächs. Heliand. H. entspricht dem lat. salvator. Diese altkirchl. Bez. für Christus ist eine Wiedergabe des im NT auf Christus angewandten Begriffs des griech. Soter.
LIT. W. Staerk, Soter. 2 Bde. (1933, 1938); R. Guardini, Der Heilbringer (1946).

Heilige.
[1] Im christl. Sinne: alle Menschen auf Erden, die in der Taufgnade, d.h. in der Kindschaft Gottes sind.
[2] Im weltl. Bereich (mlat. ecclesiastici): unfreie Eigenleute von Kirchen und Klöstern (Wachszinsige).
Seit 1157 wird H. als Adjektiv in der offiziellen Bez. des Dt. Reiches geführt, um dadurch den sakralen Charakter des Reiches gegenüber der Kirche zu betonen (in Wiederaufnahme der justinianischen Tradition). Der Begriff »Sacrum Imperium« ist seit 1254 zum erstenmal nachweisbar, zusammen mit »Romanum Imperium«, einer Formel, die seit 1034 nachgewiesen werden kann. Die dt. Form »Heiliges Römisches Reich« kommt im SpätMA auf; seit dem 15. Jh. wurde ihr der Genitiv »Deutscher Nation« zugefügt. Dadurch sollten die dt. Gebiete von den übrigen abgehoben werden. An dieser Bez. orientiert sich auch das im Zeitalter des Humanismus aufkommende dt. Nationalbewußtsein.
LIT. K. Zeumer, Heiliges Römisches Reich Dt. Nation (1910); A. Diehl, Heiliges Römisches Reich Dt. Nation, in: HZ 156 (1937); W. Nigg, Große H. (^{7}1962); O. Wimmer, Hdb. der Namen und H. (^{3}1966); P. Manns (Hrsg.), Die H. in ihrer Zeit. 2 Bde. (1966); P. Trüb, H. und Krankheit (1978); G. Neumeister, Lexikon der Heiligen und Päpste (1980); G. von Gyuz-Reckowski, Der Festkreis des Jahres (1981); F. Hubmann, E. Trost, Das Heilige Römische Reich Deutscher Nation (1984).

Heilige Allianz. Zu Paris am 26. 9. 1815 zustande gekommen auf Anregung Zar Alexanders I. (reg. 1801–25) zw. den Staaten Rußland, Österreich und Preußen. Die H. A. stellt eine Vereinbarung dar, der später außer England und dem Hl. Stuhl alle christl. Monarchen Europas beitraten. Die Monarchen versprachen in der H. A. einander Hilfe und erklärten, die Religion, den Frieden und die Gerechtigkeit bewahren zu wollen. Polit. Bedeutung hat sie nur bedingt erlangt. Im wesentl. handelte es sich um eine Kundgebung christl. Friedensgesinnung, die nach den Grundsätzen der Legitimität und des Gleichgewichts auf eine Restauration der vorrevolutionären Staatenwelt und einer europäischen Völkerrechtsgemeinschaft abzielte. Von größerer Wichtigkeit war das Bündnis vom

20. 11. 1815 der Siegermächte Rußland, England, Österreich und Preußen. In der Folge wurde H. A. zum Schlagwort für die konservativ-reaktionäre Politik des Systems Metternich.

LIT. R. Wetzlar, Die H. A. von 1815 bis zum Ausbruch des russ.-türk. Krieges (1922); W. Näf, Zur Geschichte der H. A. (Bern 1928); J. H. Pirenne, La Sainte Alliance. 2 Bde. (1946); W. Markert, Alexander I. und Metternich. In: Schicksalswege dt. Vergangenheit. Festschr. S. A. Kaehler (1950); M. Bourquin, Histoire de la Sainte Alliance (Genf 1954); G. de Bertier de Sauvigny, Sainte Alliance et alliance dans les conceptions de Metternich. In: RH 223 (1960) 249–274; H. Schaeder, Autokratie und H. A. (1963); E. R. Huber, Dt. Verfassungsgeschichte der Neuzeit III (1963) 687f.

Heilige Kriege.
a) In der Geschichte Griechenlands die Kriege für Delphi und seine Amphiktyonie (um 590 v. Chr., 448 v. Chr., 356–46 v. Chr., 339/338 v. Chr.);
b) Dschihad (arab., Anstrengung). Name für die im Koran geforderten H. K. der Mohammedaner gegen alle Ungläubigen; die Kreuzzüge gehören ebenfalls in die Kategorie der H. K.

LIT. HWIslam (Leiden 1941), Art. Dschihad; G. von Rad, Der H. K. im alten Israel (1958); A. Noth, H. K. in: Islam und Christentum (1966).

Heilige Lanze →Lanze, →Insignien.

Heiligenschein →Nimbus.

Heiliger Synod. Die oberste Behörde der Kirche Rußlands. 1721 wurde er von Zar Peter d. Gr. (reg. 1689–1725) errichtet, 1917 aufgehoben. Der H. S. wurde vom Zaren ernannt.

Heiliger Vater. Anrede des Papstes.

Heilige Schar. a) 300 Mann starke Truppe der Thebaner; sie entschied 371 v. Chr. den Sieg Pelopidas' bei Leuktra; 338 wurde sie bei Chäronea vernichtet; b) 500 Mann starke Truppe unter A. Ypsilanti (1792–1828); sie wurde 1821 durch die Türken vernichtet.

Heiliges Edikt. 1671 durch den chin. Kaiser K'ang-hi (1673–1722) erlassen; es wandte sich gegen Irrlehren, darunter auch das Christentum, und erreichte einen strengen Konfuzianismus im chin. Reich.

Heiliges Römisches Reich Dt. Nation →Reich.

Heiligkeit, Seine H. Während des MA Anrede des Bischofs; sie wurde jedoch im Laufe der Zeit auf den Papst beschränkt.

Heimbürge. In MA und früher NZ der Dorf-Vorsteher vor allem in West- und Süddtl.; ebenfalls der Richter oder Schöffe im Dorfgericht

Heimbürgin (von volkstümlich Hein, Tod). In Sachsen, aber auch in anderen Gegenden, die Leichenfrau.

Heimfall.
[1] Apertura feudi, im Lehns- und Hofrecht des MA der Rückfall eines erledigten Lehngutes an den Lehnsherrn.
[2] Heimfallrecht, Anfallrecht. Der bis ins 16. Jh. währende Anspruch des Landesherrn auf die Verlassenschaft (Fremdlingsrecht, albinagium) oder eine bes. Form der Steuer (Abschoß, gabella). Nach modernem Recht das Erbrecht des Staates, falls weder Verwandte noch ein Ehegatte des Erblassers beim Erbfall vorhanden sind (§ 1936 BGB).

LIT. HWDRG II, 51–55; E. R. Huber, Wirtschaftsverwaltungsrecht. 2 Bde. (^{2}1953).

Heimlicher (nach mlat. secretarius). Während des MA in oberdt. Städten Stadtratsmitglieder. In verschiedenen schweizer. Kantonen eine kollegiale Kontrollinstanz; sie überwachte das öffentl. und private Leben in den Kantonen und bestand bis ins 19. Jh.

Heimschnath (ndt., Grenze). Teil einer Allmende oder gemeinen Mark in Nordwestdtl.; er stand für Sonderrechte einzelner Bauern oder vollständiger Gemeinden offen.

Heimskringla (Weltkreis). Die norweg. Königsgeschichten (Konunga sögur) bis 1177; sie wurden von Snorri Sturluson (1179–1241) gesammelt.

LIT. F. Niedner, Snorris Königsbuch. In: Thule, Reihe 2, Bd. 14–16 (1922/23; Neudr. 3 Bde., 1963).

Heimwehren. In den bäuerl. Gebieten Österreichs im Jahre 1918 gegründete antikommunist. Selbstschutzorganisationen; sie wurden nach 1927 zu einer gegen die Sozialdemokraten gerichteten Bewegung mit extremem faschist. Flügel.

LIT. K. von Schuschnigg, Requiem in Rot-Weiß-Rot (Zürich 1946); Ch. A. Gulick, Austria from Habsburg to Hitler. 5 Bde. (dt. Wien 1950); F. Schweiger, Geschichte der niederösterr. H. 1928–30 (Diss. Wien 1960); L. Jedlicka, Die österreich. Heimwehren (1966); L. Kerekes, Abenddämmerung einer Demokratie. Mussolini, Gömbös und die H. (1966).

Heiratsmarkt. Ein Brauch, der in der Kaufehe (Brautkauf) begründet liegt. Er war bereits bei den Babyloniern bekannt; von griech. Schriftstellern, u.a. Herodot (um 500–um 424 v. Chr.) wird er illyr. und thrak. Stämmen zugeschrieben. Bis in die jüngste Zeit hat er sich u.a. in Serbien, Rußland, Siebenbürgen und der Bretagne erhalten, wo sich die Mädchen alljährl. an bestimmten Tagen und Orten mit ihrem Heiratsgut einfanden und ausgewählt wurden.

Heiratszwang. Während des FrühMA der vom Vater gegenüber der Tochter, vom Bruder gegenüber der Schwester (soweit sie sich in seiner Vormundschaft befand), verschiedentlich auch der von der Sippe gegenüber dem von ihrer Fürsorge abhängigen Mündel ausgeübte Zwang zur Heirat, dem eine rechtliche Wirksamkeit zukam. Obwohl es der Kirche gelang, den H. zu beseitigen, hielt er sich beim Adel doch noch lange.
LIT. HWDRG II, 66–70.

Hekatombe (griech.). Wörtl. Opfer von 100 Rindern; dann überhaupt ein den Göttern dargebrachtes größeres Schlachtopfer.

Helgoland-Sansibar-Vertrag (1. 7. 1890). Die von Friesen besiedelte Insel war 1402 in den Besitz des Herzogtums Schleswig und 1714 Dänemarks gelangt, das sie 1814 an England abtreten mußte, nachdem sie schon während der Kontinentalsperre besetzt worden war. Aufgrund des unter Reichskanzler L. von Caprivi (1890–94) abgeschlossenen Vertrags zwischen England und dem Dt. Reich verzichtete Dtl. auf Witu (Uganda) und erhielt von Südwestafrika aus Zugang zum Sambesi (Caprivi-Zipfel), während der Festlandsbesitz des Sultans von Sansibar an Dt.-Ostafrika fiel. England sicherte sich sein Protektorat über die Inseln Sansibar und Pemba und trat Helgoland an Dtl. ab; die Insel wurde durch Reichsgesetz mit Preußen vereinigt. Der H.-S.-V. ist im Zusammenhang mit dem neuerbauten Nordostsee-Kanal (1887–95 erbaut) zu sehen, zu dessen Schutz die Reichsregierung den Besitz Helgolands für unentbehrlich erachtete. Er ist aber auch Ausdruck der sich verschlechternden Beziehungen zu Rußland sowie des Versuchs einer Hinwendung zu England. Gegen den H.-S.-V. wurde der →Alldeutsche Verband, zunächst als Kundgebung, begründet.
LIT. A. Birken, Der H.-S.-V. von 1890. In: Int. Jb. für Geschichts- und Geographieunterricht 15 (1974).

Heliäa (griech. Heliaia). Im alten Athen der Versammlungsraum des Geschworenengerichts, dann auch dieses Gericht selbst. Die Mitglieder hatten jährl. einen Eid zu leisten, den Heliasteneid. Das Gericht stand unter dem Vorsitz eines seit etwa 460 v. Chr. besoldeten Thesmotheten.

Hellanodiken (griech.). Ein aus 10 Bürgern von Elis gebildetes Kollegium, bei den Olympischen Spielen die Kampfordner und -richter.

Hellas. Das Land der Hellenen; bei Homer eine Landschaft im südöstl. Thessalien; nach Herodot (um 500–um 424 v. Chr.) das gesamte von Griechen bewohnte Land im Mittelmeerraum (von Kyrene bis Sizilien etwa), vor allem aber der mittelgriech. Raum. Davon **Helladikum,** helladische Zeit, die frühgeschichtl. Epoche Griechenlands; sie wird unterteilt in die frühhelladische Zeit (2600–2000 v. Chr.), die mittelhelladische Zeit (etwa 1900–1550 v. Chr.) und die spät-helladische Zeit (1550–1190 v. Chr.). Die helladische Zeit umfaßt die von den Helladikern gegründete und entwickelte ägäische Kultur.

Hellebarde (mhd. helmbarte, Steilbeil). Eine Stangenwaffe für Hieb und Stoß; seit etwa dem SpätMA bis ins 16./17. Jh. in Gebrauch. Die H. besaß eine Lanzenspitze sowie Axt und Haken an langem Schaft; bei den Schweizern war sie weit verbreitet. Seit dem 16. Jh. wurde sie durch den langen Spieß und die Pike verdrängt. Bei den Schweizergarden des Papstes gilt die H. auch heute noch als Paradewaffe.
LIT. E. A. Gessler, in: Aus Geschichte und Kunst (1928); Cl. Bosson, in: Geneva, N. S. 3 (1955).

Hellenen (griech., neugriech. Ellines). Urspr. ein in Thessalien wohnender Stamm; seit dem 7. Jh. v. Chr. Gesamtname für alle griech. Stämme, im Gegensatz zu den Barbaren Menschen, die Griechisch sprachen und an den Olympischen Spielen teilnahmen; in der klass. Zeit, d.h. z.Z. des Isokrates (436–338 v. Chr.) diejenigen, die an der attischen Bildung teilhatten.

Hellenisierung. Die Einflußnahme der griech. Sprache und Kultur auf ein nichtgriechisches Volk. Unter H. des Christentums versteht man die dogmat. und kult. Entwicklung der Kirche des 2. und 3. Jh. sowie ihre wesenhafte Umgestaltung durch hellenist. Begriffe und Ideen.

Hellenismus (griech. hellenizein, Griechisch sprechen, griechische Denkart haben). Ein von J. G. Droysen (1808–1884) im Jahre 1836 geprägter Begriff zur Bez. der Epoche seit der Zeit Alexanders d. Gr. (reg. 336–323 v. Chr.) bis Augustus (reg. 31 v.–14. n. Chr.), d. h. der Kultur des Weltreichs Alexanders d. Gr. und der aus ihm hervorgegangenen Reiche (Diadochen, Epigonen) bis zu deren Aufgehen im röm. Weltreich. Geistesgeschichtl. gesehen reicht die Epoche bis zum Ausgang der Antike.

LIT. F. E. Peters, The Harvest of Hellenism (Hampstead 1973); H. Kreissig, Geschichte des Hellenismus (1984); H. Bengtson, Philipp und Alexander der Große. Die Begründer der hellenistischen Welt (1985).

Hellenistische Kunst. Die griech. Kunst seit Alexander d. Gr. bis in die Römerzeit.

Hellenistische Welt. Der das Alexanderreich und seine Nachfolgestaaten umfassende Raum.

LIT. J. G. Droysen, Geschichte des Hellenismus. 3 Bde. (Neuausg. 1952–54); J. Burckhardt, Griech. Kulturgeschichte (Neuausgabe in den Ges. W. Bd. 5–8, 1956–57); A. Jüthner, Hellenen und Barbaren (1923); H. E. Stier, Grundlagen und Sinn der griech. Geschichte (1945); R. Laqueur, Hellenismus (1925); F. Altheim, Rom und der Hellenismus (Amsterdam 1942); G. de Reynold, L'Hellénisme et le génie européen (1944); M. P. Nilsson, Die hellenist. Schule (1955); W. Zschietzschmann, Die hellenist. und röm. Kunst (1939); H.-J. Marrou, Geschichte der Erziehung im klass. At. (dt. 1957); M. Hadas, Hellenist. Kultur (dt. 1963); W. W. Carn, Die Kultur der hellenist. Welt (dt. ³1966); H. Bengtson, Herrschergestalten des Hellenismus (1975).

Hellenotamien (griech., Schatzmeister der Griechen). Ein gewähltes Kollegium von 10 Athenern, das während der Zeit des 1. Attischen Seebundes (478/77–404 v. Chr.) fungierte; ihm oblag die Aufstellung der Tributlisten, die Einziehung des Tributs sowie die Verwaltung des Bundesschatzes.

Heller, Häller, Haller, Händleins-, Händelspfennig (mlat. denarius Hallensis). Urspr. ein Pfennig der königl. Münzstätte Hall in Schwaben; urkundl. zum erstenmal 1200 erwähnt. Auf der Vorderseite zeigte er die Hand sowie den Namen der Münzstätte, auf der Rückseite ein Gabelkreuz; bis 1250 zudem die abgek. Königslegende. Der H. verdrängte seit 1270 die Konstanzer Pfennige und den Nürnberger Pfennig. Seit dem beginnenden 13. Jh. trat er zw. Aachen und Böhmen an die Stelle der einheimischen Pfennige; im 15. Jh. war er in der Schweiz hauptsächlich in Zürich und Bern im Umlauf. In der NZ war der H. als Kleinmünze verbreitet, zuletzt in Österr.-Ungarn und der Tschechoslowakei (= 1/100 Krone). Seit 1924 in Ungarn 100 Filler (Heller) = 1 Pengö, seit 1946 = 1 Forint.

Hellweg (zu hell; hier Lichtung). Ein Verbindungsweg zw. Rhein (Ruhrort) und Weser (Minden), der wahrscheinlich aus vorröm.-german. Zeit stammt. Der H. verlief auf der Wasserscheide zw. den Flüssen Ruhr und Lippe über Dortmund, Soest und Paderborn. Während der Sachsenkriege (772–804) baute Karl d. Gr. (reg. 768–814) den H. zu einer Heerstraße aus, die er mit Königshöfen (Curtes) besetzte. Der Name H. wurde auch auf die Landschaft zw. Lippe und Haarstrang ausgedehnt.

LIT. H. Pieper, Der westf. H. (Diss. Münster 1928); H. J. Riekenberg, Königsstraße und Königsgut in luodolfingischer und frühsalischer Zeit. In: Archiv für Urkundenforschung, 17 (1941); B. Ortmann, Vororte Westfalens in german. Zeit (1949); A. Hömberg, in: Zwischen Rhein und Weser (1967).

Helm (zu ahd. helan, verbergen). Ein aus Metall oder Leder hergestellter militär. Kopfschutz gegen Hieb und Stich, später gegen Schußwaffen. Der H. war bereits in der Bronzezeit (ca. 2500–800 v. Chr.) bekannt. Bis gegen Ende des 16. Jh. existierten verschiedene Formen von Eisenhelmen mit und ohne Visier (einem aufklappbaren Gesichtsschutz). Im Verlauf des 19. Jh. wurden der Lederhelm und der Tschako eingeführt. Im Ersten Weltkrieg (1916) wurde der Stahlhelm im dt. Heer eingeführt. Er entstand, wie auch bei den Streitkräften der übrigen Teilnehmerstaaten des Weltkrieges, aus dem Bedürfnis nach einem wirksamen Kopfschutz gegenüber den Kampfmitteln der Materialschlachten heraus.

LIT. G. Frhr. von Suttner, Der H. von seinem Ursprung bis gegen die Mitte des 17. Jh. (1878); E. Haenel, Alte Waffen (²1920); F. Rascher, Die preuß. Infanteriehelme. In: Archiv für Waffen- und Uniformkunde, 1. Jg. (1918); J. K. F. Naumann, in: Wehrtechn. Monatshefte (1944); G. F. Laking, The European Armour and Arms through Seven Centuries. 5 Bde. (London 1920–22); D. Hejdora, Der sog. Sankt-Wenzels-H. In: Waffen- und Kostümkunde (1966); K. H. Frhr. von Brand, in: Dt. Soldaten-Jb. (1967); J. Kraus (Bearb.), Stahlhelme vom Ersten Weltkrieg bis zur Gegenwart. In: Veröffentlichungen des Bayer. Armeemuseums 8 (1984).

Helmdecke. Ein über den Helm gebreitetes Tuch, das wie ein kleines Mäntelchen oder in Streifen geschnitten herabfällt. Die H. ist in den Wappenfarben gehalten, gehört zu den dekorativen Bestandteilen des Helms; mit dem Aufkommen des Kübelhelms (14. Jh.) diente die H. als Zierde oder zur Kühlung.

Heloten (griech. heilotes, Gefangene). In Sparta (in den Ebenen Lakoniens und Messeniens) die soziale Schicht der Leibeigenen, die an die Scholle gebundenen Bauern. Die H. waren die Nachkommen der von den Dorern unterworfenen frühgriech. Einwohnerschaft. Etwa 6 H. bebauten mit ihren Familien in Eigenwirtschaft jeweils das Landlos eines Spartiaten; mindestens die Hälfte des Ertrags hatten sie abzuliefern. Im Kriege dienten die H., die dem Staat gehörten, als Waffenknechte. Die harte Unterdrückung der H. geht daraus hervor, daß durch jährl. offizielle Kriegserklärung H. von jungen Spartiaten heimlich beseitigt wurden. Da das Gemeinschaftsleben der Spartiaten von den durch die H. entrichteten Naturalabgaben abhing, war die Furcht vor Aufständen groß; sie beeinflußte sogar die spartan. Außenpolitik. Erst in späterer Zeit kam es zur Freilassung von H. durch den Staat, um so das Heer aufzufüllen.

LIT. G. L. Huxley, Early Sparta (London 1962); F. Kiechle, Lakonien und Sparta (1963).

Helvetik. Bez. für die der franz. nachgebildete landfremde Saatsform der Schweiz nach dem Zusammenbruch der alten Eidgenossenschaft als Folge des Einmarsches der Franzosen am 12. 4. 1798; sie wurde als »eine und unteilbare Helvetische Republik« in Aarau verkündet. Die Verfassung für die H. entwarf Peter Ochs (1752 bis 1821), der Vertreter der franz. Revolutionsideen in der Schweiz (im Ochs-Büchlein, 1797–98); sie erstrebte die Übertragung des franz. Einheits- und Freiheitsstaates; hieraus resultierten dauernde Kämpfe zw. Unitariern und Föderalisten. 1803 wurde die Verfassung durch die Mediation Napoleons (1769–1821) beseitigt (→Mediationsakte).

LIT. L. von Muralt, Alte und neue Freiheit in der helvet. Revolution (1941).

Helvetische Gesellschaft. Schweizerische Vereinigung, die 1761 in Schinznach (Kanton Aargau) durch Isaac Iselin, Franz Urs Balthasar, Salomon Geßner, Salomon Hirzel u. a. gegründete Gesellschaft zur nationalen Erneuerung der alten Schweiz aus dem Geiste der Aufklärung. Nach der Schaffung des Bundesstaates (1848) löste sie sich auf. 1914 wurde eine neue H. G. gegründet. Ihre Ziele waren der Kampf gegen die Überfremdung, Wiedergewinnung der eidgenöss. Selbstbesinnung und Überwindung des Materialismus.

LIT. U. im Hof, Isaac Iselin. 2 Bde. (1947–67); H. Nabholz, Die H. G. 1761–1848 (1961); G. Thürer u. a., 200-Jahrfeier der H. G. (1961); P. Wegelin, in: Die Schweiz, 35 (1964).

Helvetische Konfession →Confessio Helvetica.

Henotheismus (griech., Eingottverehrung). Von dem Indologen Max Müller (1823–1900) geprägter Begriff für eine Gottesvorstellung; sie geht von dem Vorhandensein zahlreicher Götter aus, ruft allerdings den einzelnen Gott so an, als ob er der einzige sei.

Henotikon (griech., »Vereinigungs«-Formel). Nach dem Titel eines Edikts aus dem Jahre 482; der oström. Kaiser Zeno (reg. 474–91) versuchte damit, die Monophysiten durch Preisgabe der Beschlüsse des Konzils von Chalcedon (451) für die Reichskirche zurückzugewinnen; der Versuch scheiterte jedoch. Dadurch kam es zw. Rom und Byzanz zu einem 35 Jahre währenden Schisma (484–519).

Heortologie (griech., heorte, Fest). Die Lehre von den kirchl. Festen in der Theologie und Religionsgeschichte.

Heortologium. Festkalender.

Heptarchie (griech., Siebenherrschaft). Ein Staatenbund der (gewöhnlich) sieben angelsächs. Königreiche, die sich seit der Landung der Angelsachsen in Britannien nach 450 herausgebildet hatten (Essex, Wessex, Sussex, Kent, Mercia, Eastanglia, Northumberland); 827 unter König Egbert von Wessex (reg. 802–39) vereinigt. Egbert nannte sich daraufhin ›King of the English‹.

Heräen. Altgriech. Fest zu Ehren der Göttin Hera, der Tochter des Kronos und der Rhea.

Heraklessäulen, Herkulessäulen (lat. columnae Herculis). Nach altgriech. Auffassung markierten die H., die angeblich von Herakles aufgerichtet worden waren, verschiedene Randpunkte des Erdkreises, insbes. an der Straße von Gibraltar.

LIT. A. Schulten, in: O. Jessen, Die Straße von Gibraltar (1927); M. Ninck, Die Entdeckung von Europa durch die Griechen (1945).

Heraldik (abgel. von Herold). Die Wissenschaft von der Entstehung und Entwicklung der Wappen (Wappenkunde) sowie die Kunst, Wappen richtig darzustellen (Wappenkunst). Die H. beginnt mit dem ital. Rechtsgelehrten Bartolus de Sassoferrato (›De insigniis et armis‹) um 1350. In England und dann in Frankreich wurde die H. sehr gepflegt, in Dtl. fand sie Eingang durch Ph. J. Spener sowie C. F. Menestrier, SJ. Eine Neubelebung erfuhr die H. um 1840 im Zusammenhang mit der wiederauflebenden Pflege der »vaterländischen Studien«.

Die ältesten Wappen sind seit etwa 1130 bekannt. Sie entstanden aus der Notwendigkeit heraus, während der Zeit der Kreuzzüge (1096–1270) den voll ausgerüsteten Krieger für Freund und Feind erkennbar zu machen. Das lebende Wappenwesen verfiel mit dem Niedergang des Rittertums; es ging nunmehr in die H. über. Die Siegel sind die bedeutendste Quelle der H.

Zwischen Wappen und Siegel besteht jedoch ein grundsätzl. Unterschied; denn während Wappen Erkennungs- und Eigentumszeichen sind, gilt das Siegel als rechtl. wirksames Beglaubigungs- und Beweismittel. Da das Wappen ein weithin erkennbares Zeichen darstellen sollte, galten als Voraussetzung für den heraldischen Stil Einfachheit, Typisierung und Flächenhaftigkeit.

Um ein Wappen fachgerecht zu beschreiben, ist es notwendig, die heraldische Kunstsprache zu beherrschen. Zunächst wird der Inhalt des Schildes beschrieben; es folgt das Oberwappen, dann die übrigen Teile des Wappens. Wesentl. Bestandteil des Wappens ist der Schild, dessen Form im Laufe der Zeit Änderungen unterworfen war: Im 12. Jh. war er mandelförmig, im 13. und 14. Jh. dreieckig, dann halbrund (Tartschenschild). In der NZ nahm der Schild häufig gekünstelte Formen an. Unter einem Herzschild versteht man einen dem Hauptschild in der Mitte aufgelegten kleinen Schild; ein Mittelschild ist der größere von zwei Schilden, die dem Hauptschild aufgelegt sind.

Ehe- bzw. Allianz-Wappen entstanden vor allem dadurch, daß man die beiden Schilde nebeneinander stellte, vorne das Wappenbild des Mannes, dem das der Frau hinten als Spiegelbild zugewandt war. Wappenfiguren stellen den Schildinhalt dar: Heroldsbilder oder gemeine Figuren bzw. eine Verbindung von beiden.

Ein Wappen soll möglichst einfach beschaffen sein, doch gleichzeitig auch so, daß es sich von anderen leicht unterscheiden läßt. Der vereinfachende heraldische Stil bildete sich am augenfälligsten bei den Wappentieren (Löwe, Adler, Greif, Einhorn) und bei Pelzwerken (Feh, Kürsch, Hermelin, Eisenhutfeh etc.) heraus.

Der Wappenminderung (Veränderung von Zahl und Stellung der Figuren) steht die Wappenmehrung (Erweiterung des Wappens anläßl. einer Standeserhöhung, Besitzvergrößerung und Gnadenerweises) entgegen.

Bes. Lebewesen, Pflanzen oder gemeine Figuren werden eines bestimmten Sinngehaltes wegen als Wappenbilder bevorzugt, so der Löwe als König der Tiere (redende Wappen). Ein Wappen hat farbig zu sein (rot, blau, grün, schwarz); zudem kennt die H. die Metalle Gold und Silber. Farbe darf aber nicht auf Farbe und Metall nicht auf Metall gesetzt werden. Die leeren Flächen des Schildes können mit Zierlinien ausgefüllt werden (Damaszierung).

Auf dem oberen Schildrand ruht der Helm. Die Helmzierden erlauben eine formale Vielheit. Oft wiederholen die Helmzierden die Bilder des Schildes, vor allem die Tiere oder die Farben. Weitere Verzierungen (Prachtstücke, Prunkstücke) können aus Spruchbän-

dern mit Wahlsprüchen, bei fürstl. Wappen aus Lorbeer-, Eichen-, Öl- und Palmzweigen bestehen. Seit dem 17. Jh. kommen Wappenmäntel und Wappenzelte hinzu (Thronzelte, Pavillons).
Seit 1596 erscheint das Wappenbuch.
LIT. G. A. Seyler, Geschichte der H. (1885–89); H. G. Ströhl, Heraldischer Atlas (1899); Die Wappenbücher des dt. MA, hrsg. vom Volksbund der sippenkundl. Vereine, 1 (1937–43); A. M. Hildebrandt, Heraldisches Musterbuch ([2]1897); ders., Wappenfibel ([14]1943); D. L. Galbreath, Handbüchlein der H. (Lausanne [2]1948); O. Neubecker, Wo finde ich ein Familienwappen? (1956); J. Siebmachers großes und allg. Wappenbuch (neuhrsg. seit 1854; bis 1949: 618 Lfgn; unvollendet); E. Beck, Grundfragen der Wappenlehre und des Wappenrechts (1931); B. B. Heim, Wappenbrauch und Wappenrecht in der Kirche (Olten 1948); K. E. Demandt, Aktuelle Fragen des kommunalen Wappenwesens. In: Archival. Zeitschr. 52 (1956); Ch. F. Pedersen, Internationales Wappen- und Flaggenlexikon in Farben (1970); O. T. von Hefner, A. M. Hildebrandt, G. A. Seyler, Die Wappen bürgerlicher Geschlechter Deutschlands und der Schweiz, Teil 1 (1971); H. Hussmann, Über dt. Wappenkunst (1977); O. Neubecker, Heraldik-Wappen. Ihr Ursprung, Sinn und Wert (1977); F. Gall, Österreich. Wappenkunde (1977).

Herberge (abgeleitet von Heer; franz. auberge, ital. albergo). Urspr. die Unterkunft für Soldaten, dann für wandernde Handwerksgesellen, schließl. jedes Unterkunftshaus.
LIT. C. H. Perthes, Das Herbergswesen der Handwerksgesellen ([2]1883); C. Brühl, Fodrum, Gistum, Servitium Regis. 2 Bde. (1968).

Herbergsleute. Einwohner ohne Grundbesitz, insbes. in Wüstungen.

Herbergsrecht. Im Frankenreich sowie den europ. Staaten des MA das Recht weltl. und geistl. Herrscher, desgl. ihrer Beamten, auf Beherbergung, Verpflegung und Beförderung. Obwohl für alle Untertanen verbindlich, wurde das H. insbes. den Städten und Klöstern gegenüber angewandt; der Adel hingegen verstand es weitgehend, sich den aus dem H. abgeleiteten, oft drückenden, Verpflichtungen zu entziehen. Seit dem 12. Jh. wurde die Beherbergungspflicht gegenüber dem König und seinem Gefolge innerh. der Grenzen des Dt. Reiches auf die Reichsstädte, die Reichskirchen und die Reichsvogteien begrenzt. Den Landesherren stand das H. in den jeweiligen Territorien zu. Nicht selten wurde das H. in eine Steuer abgeändert, so in Frankreich, Spanien und den nordeurop. Staaten.

Hercynischer Wald. Im At. urspr. Bez. für die Alpen; seit Caesar (100–44 v. Chr.) Name für das rechtsrhein. Mittelgebirgsland.

Herdsteuer. Im MA eine vom Besitz erhobene Steuer. So gab es z. B. in Mainz den Herdschilling; er war in Höhe von ½ Gulden pro Haushaltung neben der Schatzung (einer Vermögenssteuer) zu entrichten.

Herkommen. Die Überlieferung, der Brauch (von alters her geübt), die Gewohnheiten der Gesamtheit oder aber eines engeren Standes- oder Berufsbereichs, soweit sie histor. gefestigt sind, ebenfalls die altüberkommene gesellschaftl. Konvention. Von bes. Bedeutung ist die durch das H. hervorgerufene Kontinuität in der Sozialordnung; ihr kommt die gleiche Stellung zu wie dem staatl. gesetzten Recht. In festgefügten Lebenskreisen wie dem Bauerntum oder dem Handwerkerstand hat sich das H. trotz Fortschritt oder Umwälzung zu behaupten vermocht. Die Industrialisierung hatte eher einen negativen Einfluß. In der Rechtsordnung spielt das H. als eines der Elemente des Gewohnheitsrechts sowie der Observanz eine bes. Rolle. Für Staaten, die keine geschriebene Verfassung haben, stellt das H. einen wesentl. Teil des Verfassungsrechts dar.
LIT. H. Schwedt (Hrsg.), Brauchforschung regional (1989).

Hermandad (span., Verbrüderung). Seit dem 12. Jh. Bez. für Bündnisse kastil. und aragon. Städte gegen den Adel zur Wahrung der öffentl. Sicherheit. 1486 machte das erstarkende Königtum die H. zu einer staatl. Institution als Santa H. (Heilige H.). Sie unterstand einem königl. Beamten und diente der Aufrechterhaltung des Landfriedens. Bis ins 16. Jh. besaß die Santa H. eigene Polizeitruppen und Gerichtsbarkeit.

Hermannsschlacht. Bez. (seit dem 18. Jh.) für die Schlacht im Teutoburger Wald (9. v. Chr.). Dramen von F. G. Klopstock und Heinrich von Kleist.

Herme (griech.). Anfänglich ein nur im Freien aufgestelltes Fruchtbarkeits-

mal der griech. Antike; es war von einem bärtigen Kopf gekrönt, später meist Hermes darstellend, dann allg. eine Bildnisbüste. Zur einfachen H. traten vom späten 6. Jh. v. Chr. an Doppel-H. mit zwei in entgegengesetzter Richtung blickenden Köpfen.
LIT. L. Curtius, Die antike H. (Diss. München 1903); R. Lullies, Die Typen der griech. H. (1931); M. P. Nilsson, Geschichte der griech. Religion, 1 ([3]1967).

Hermeneutik (zu griech. hermeneus, Dolmetsch). Die Lehre von der Auslege- oder Interpretationskunst. Als biblische H. Vorstufe der Exegetik, bestehend aus Noëmatik (Begriff und Art des Schriftsinnes), Heuristik (Weg der Auffindung des Schriftsinnes) und Prophoristik (Darstellung des gefundenen Schriftsinnes). Neben der bibl. H. gibt es die jurist., philologische, archäologische, literarische, kunstwissenschaftliche und musikalische. Die seit dem 18. Jh. währenden Versuche, zu einer allg. Ausdruckslehre zu kommen, nahm F. E. D. Schleiermacher (1768–1834) auf und entwickelte eine umfassende hermeneut. Theorie.
LIT. J. Wach, Das Verstehen. 3 Bde. (1926–33); E. Rothacker, Logik und Systematik der Geisteswissenschaften ([2]1947); O. F. Bollnow, Das Verstehen (1949); E. Betti, Die H. als allg. Methodik der Geisteswissenschaften (1962); K. Frör, Bibl. H. ([2]1964); G. Ebeling, Wort Gottes und Tradition (1964); H.-G. Gadamer, Wahrheit und Methode ([2]1965); S. Oppolzer (Hrsg.), Phänomenologie, Dialektik (1966); F. Kaulbach, Philosophie der Beschreibung (1967); K. Frör, Wege zur Schriftauslegung ([3]1967).

Hermetik (von Hermes Trismegistos, der »dreimal Größte«, d.h. »der Allergrößte«). Während der ersten nachchristl. Jh. eine mystisch-religiöse Lehre, in deren Mittelpunkt Thot (griech. Hermes Trismegistos), der ägypt. Gott der Schrift und Gelehrsamkeit stand.
LIT. W. Kroll, Die Lehren des Hermes Trismegistos (1914); W. Gundel, Hermes Trismegistos. Neue astrolog. Texte. Funde und Forschungen auf dem Gebiet der antiken Astronomie und Astrologie (Abh. der Bayer. Akad. der Wiss. Philos.-histor. Abt. NF 12, 1936); G. van Moorsel, The Mysteries of Hermes Trismegistos (Diss. Utrecht 1955).

Hermetismus (von Hermes Trismegistos, Urheber alchimist. Weisheit); seit 1935 Bez. für eine ital. literar. Bewegung, beeinflußt vom franz. Surrealismus; Vertreter waren Ungaretti, Quasimodo, Montalé, Sinisgalli u. a.

Hermokopidenfrevel. Die Zerstörung der Hermen in Athen 415 v. Chr. Im hierdurch ausgelösten Hermokopidenprozeß gelang es oligarch. Kreisen, den athen. Staatsmann Alkibiades (um 450–404), dem die Untat angelastet wurde, zu stürzen; wahrscheinlich waren die Kläger selbst an der Tat beteiligt gewesen.
LIT. J. Hatzfeld, Alcibiade (Paris 1951).

Herold (wahrscheinlich aus dem ahd. heriowaldo, Heerwalter). Im späteren MA der mit der Kenntnis der Turnierregeln und der Ritterwappen vertraute Beamte. Von diesen Hauptaufgaben abgesehen, konnte der H. auch zu Diensten im Rahmen des Hofzeremoniells herangezogen werden, z. B. bei Festlichkeiten, wo er die Gäste auszurufen hatte. Darüber hinaus war er an völkerrechtl. Vorgängen beteiligt, so bei einer feierl. Kriegserklärung; dann auch als Friedensbote bei der Verkündigung des Friedens (vgl. hierzu auch die ähnl. Funktionen bei anderen Völkern: griech. keryx, lat. praeco, Ausrufer).
Die H. teilten sich in drei Rangstufen: a) Wappenkönige (nur am Königshof oder am Hof eines regierenden Fürsten); b) gewöhnliche H.; c) Persevanten.
Die H. aller Rangstufen besaßen einen Amtsnamen; er glich dem eines Territoriums oder eines Emblems (z. B. Jerusalem, Roter Drache, Blaumantel etc.). H. trugen eine bes. Amtstracht, Wappenrock oder Tappert genannt; auf ihm waren die Wappen des Fürsten, dem man diente, eingestickt.
Die Heroldsämter der NZ (in Bayern, Preußen und Sachsen bis 1918) gehen nicht auf die H. zurück, England ausgenommen; im Rahmen einer modernen Staatsverwaltung erfüllen sie aber deren Aufgaben.
LIT. E. von Berchem, in: E. von Berchem, D. L. Galbreath und O. Hupp, Beitrr. zur Geschichte der Heraldik (1939); A. R. Wagner, Heralds and Heraldry in the Middle Ages (Oxford und London [2]1956); O. Neubecker in: Mitt. der Gesellschaft für Histor. Kostüm- und Waffenkunde, 9 (1959).

Heroldsdichtung, Wappendichtung. Beliebte Art der Dichtung seit dem ausgehenden 13. Jh. Sie schilderte, meist mit übertreibendem Lob, die Rüstung, vor allem aber die Wappen der Streiter. Die H. versuchte, den äußeren Glanz des romanhaften Rittertums auf die Turniere und Kriegszüge ihrer eigenen Zeit zu übertragen. Der bedeutendste Repräsentant der H. war Peter Suchenwirt (2. Hälfte des 14. Jh.). Abgelöst wurde die H. im 16. Jh. durch die Verse der Pritschmeister.
LIT. G. Bebermeyer, in: RDL (^{2}1958).

Heros (griech., Mz. Heroen). In der antiken Mythologie: Held, häufig ein Halbgott, der einer Verbindung von Gott und Mensch entstammte; er wurde nach einem durch große Taten ausgezeichneten Leben unter die Götter versetzt.

Heroenkult. Eine Art des Totenkults; den Heroen opferte man abends. Das zu opfernde Tier war schwarz von Farbe; man ließ sein Blut in das Grab hinabfließen, dann wurde das Tier – im Unterschied zu den den Göttern dargebrachten Opfern – vollständig verbrannt. Zu Ehren der Heroen wurden häufig auch Spiele aufgeführt. Gründer des H., der bis tief in die histor. Zeit hinein gepflegt wurde, waren Archeget und Ktistes.
Seit der griech. Literatur (Homer, Hesiod) ist Heros allg. auch die Bez. für den Helden der Vorzeit.
LIT. F. Pfister, Der Reliquienkult im At. (1909); E. Bethe, Ahnenbild und Familiengeschichte (1935); M. P. Nilsson, Geschichte der griech. Religion, I (^{3}1967); F. Taeger, Charisma (1957/60); K. Kerényi, Die Mythologie der Griechen. Bd. 2: Heroengeschichten (Neuausg. 1966).

Herostratos. Ein Epheser, der 356 v. Chr. den Artemistempel zu Ephesos anzündete, angeblich, um berühmt zu werden; daher Herostratentum Bez. für ein sinnlos zerstörer. Handeln, dem ein patholog. übersteigertes Geltungsbedürfnis zugrunde liegt.

Herr (ahd. heriro, mhd. herre, eigentlich Komparativ zu hehr, ahd. her, ehrwürdig, herrlich). Urspr. Bez. für jeden Höhergestellten und Vorgesetzten im Gegensatz zum Sklaven, Knecht, Untertan; im frühen MA der Standestitel für die reichsunmittelbaren und edelfreien Adeligen, die nach den Fürsten und Grafen folgten. Später wurden sämtl. Adelige, außerdem die Ratsherren und Geistlichen, vom 18. Jh. an allg. die Gebildeten und Besitzenden H. genannt. Seit dem 19. Jh. als Anrede für einen Mann allg. verbreitet. →Freiherr; →Baron.
LIT. M. Weber, Wirtschaft und Gesellschaft. 2 Tle. (^{4}1956).

Herrenbank. Während der Zeit der ständischen Landtagsverfassung diejenige Abteilung, wo Ritterschaft und Adelige saßen. H. diente auch zur Bez. der ritterschaftl. Beisitzer des Hofgerichts, im Gegensatz zur gelehrten Bank, die sich aus den Doktoren des Rechts zusammensetzte; letztere wurden nach Aufnahme des röm. Rechts neben den Adeligen Beisitzer in den Hofgerichten.

Herrenhaus. Im preuß. Landtag die 1. Kammer (1854–1918). Die Mitgliedschaft, die lebenslängl. war, beruhte entweder auf einem Standesprivileg oder einer Berufung durch den Herrscher. In Österreich wurde als H. die 1. Kammer des Reichsrats (1861–1918) bezeichnet.

Herrenklub. Eine 1924 in Berlin durch H. von Gleichen-Rußwurm gegründete polit.-wissenschaftl. Vereinigung, die mit den Jungkonservativen, der Aristokratie und der Wirtschaft zusammenarbeitete. Der polit. Repräsentant des H. war F. von Papen (1879–1968), dessen Regierung er stützte. 1933 verlor der H. seine Bedeutung; 1944 löste er sich auf.
LIT. A. Mohler, Die konservative Revolution in Dtl. (^{2}1972); M. Schoeps, Der Dt. Herrenklub (Diss. 1974).

Herrenmoral. Ein von F. Nietzsche (1844–1900) in dessen ›Genealogie der Moral‹ geprägter Begriff für ein Ethos, das »jenseits von Gut und Böse« steht. Als H. kennzeichnet Nietzsche die antike Moral, als Sklavenmoral die christl. und jüdische.

Herrenstadt. Eine der Herrschaft eines weltl. Landesherrn unterstehende Stadt.

Herrenstube. Bez. für den Raum, der den Patriziern einer Stadt als Versammlungs- und Trinkstätte diente.

Herrenvolk. Ausdruck für den von einem Volk erhobenen Hegemonialanspruch. Aus der Zugehörigkeit zu einer bestimmten Rasse abgeleitet, wurde er vor allem vom Nationalsozialismus verbreitet.

Herrlichkeit.
a) Anrede für die obrigkeitliche Gewalt (lat. maiestas, excellentia); auch Bez. für Herrenrechte.
b) nach dt. Recht die Unterherrschaft.

Herrschaft. Bez. für die polit. Differenzierung der Gesellschaft in Herrschende und Beherrschte im Unterschied zum allg. und neutralen Begriff der Macht. Auf Grund einer Rechtsordnung kann sie als bürokrat. H. rational sein, traditional im Sinne einer Pietätsordnung (z.B. im Patrimonialstaat) oder charismat. als Glaube an die übernatürl. Fähigkeit einer Person oder einer Gruppe. Die verschiedenen Formen der H. werden insbes. in der ma. Rechts- und Verfassungsgeschichte diskutiert (Grund-, Guts-, Landes-H., Territorium u. ä.)
LIT. HWDRG II, 104–08; A. Rüstow, Ortsbestimmung der Gegenwart, I: Ursprung der Herrschaft (Erlenbach-Zürich 1950); G. Eisermann (Bearb. u. Hrsg.), Die Lehre von der Gesellschaft (1958); G. Mosca, Die herrschende Klasse (Bern 1950); H. Dannenbauer, Grundlagen der ma. Welt (1959–62); O. Brunner, Land und Herrschaft ([4]1959); K. Bosl, Herrscher und Beherrschte im Dt. Reich des 10.–12. Jh. (1963); R. E. Agger, D. Goldrich und B. E. Swanson, The Rulers and the Ruled (N. Y. 1964); A. Haverkamp, Herrschaftsformen der Frühstaufer in Reichsitalien. 2 Bde. (1970/71); H. Kämpf (Hrsg.), Herrschaft und Staat im MA (1956; Neuausg. 1984); H. Haferkamp, Soziologie der Herrschaft. Analyse von Struktur, Entwicklung und Zustand von Herrschaftszusammenhängen (1983).

Herrscherkult (Königs-, Kaiserkult). Die Verehrung eines regierenden bzw. eines nach seinem Tode unter die Götter versetzten Herrschers durch den religiös erfaßten Menschen. So gehört zum Kult das, was als Verehrung der Götter seinen Ausdruck in bestimmten Lauten, Worten, Gesten und Handlungen findet. Der H. ist zeitl. etwa auf das 3. Jh. v. Chr. bis zum 3. Jh. n. Chr. begrenzt. Er beginnt mit der Gotteskindschaft Alexanders d. Gr. (reg. 336–323) und findet sein allmähliches Ende mit dem Sieg des Christentums (Toleranzedikt von 313). Zurückzuführen ist der H. auf die Vorstellung von charismat. Charakter des Priesterkönigs. Der H. konnte, insbes. in den griech. Städten, verpflichtend sein. In der Regel wurde der H. in bes. Gebäulichkeiten (Tempeln etc.), die mit Bildern, Statuen u. a. geschmückt sein konnten, vollzogen (Divus, Genius). Seit dem 1. Jh. n. Chr. greift der H. vom griech. auf den lat. Raum über.
LIT. H. Wenschkewitz, Die Spiritualisierung der Kultbegriffe (1932); F. Taeger, Charisma. 2 Bde. (1957–60); Chr. Habicht, Gottmenschentum und griechische Städte (1956); H. W. Ritter, Diadem und Königsherrschaft (1965).

Hertziana, Biblioteca Hertziana. Bibliothek im Palazzo Zuccari in Rom, die nach der Stifterin Henriette Hertz († 1913) benannt ist. Die H. enthält reiches Material zur mittleren und neueren Kunstgeschichte, vor allem Italiens. Seit 1948 unter internationaler Verwaltung, wurde sie 1953 an die BRD (Max-Planck-Gesellschaft) zurückgegeben.
LIT. W. Lotz, Der Palazzo Zuccari in Rom. – Ein Künstlerhaus des 16. Jh. als Sitz eines Max-Planck-Instituts. In: Jb. der Max-Planck-Ges. (1967).

Herzog, Herzogtum (ahd. herizogo, der vor dem Heere herzieht). Bei den Germanen der ohne ständiges Königtum im Kriegsfall unter den Principes erwählte oberste Heerführer. Schon früh zeichnete sich das Bestreben ab, aus dem zeitl. begrenzten Amt des H. eine dauernde Führerstellung auch im Frieden zu machen. Häufig traten solche H., die in den german. Stammesreichen mit Königsverfassung in der älteren Zeit nicht nachweisbar sind, in den Dienst des röm. Reiches der Spätantike. Hier verschmolz ihre Stellung nicht selten mit dem Strategos in Ostrom, mit dem Dux in Westrom. Nach der Eroberung Italiens durch die Langobarden (568 n. Chr.) lag die Staatsführung zunächst in den Händen von 35 H. mit jeweils bes. Bezirk. Nach ihrer Unterwerfung durch den König bestanden sie als diesem untergeordnete Amtsträger weiter.
Amtsherzöge gab es auch im Merowingerreich; sie unterstanden dem König und gingen zurück auf den Dux des spätröm. Reiches, der als Kommandant der Limestruppen wirkte; im Kriegsfall führte er das Aufgebot im Grenzraum. War die Zentralgewalt schwach, gelang es den Grenzherzögen häufig, eine fast unabhängige, erbl. Gewalt zu gewinnen. So führte die Schwäche der merowing. Könige im 8. Jh. zum (sog. älteren)

Stammesherzogtum der Thüringer, Bayern, Alemannen, Friesen und Aquitanier.
Die frühen Karolinger beseitigten die Herzogtümer, lediglich an den Reichsgrenzen erhielten sich größere Gebiete unter der Führung von Markgrafen; aus diesen entwickelten sich unter Ludwig d. Kind (reg. 899–911) in der Art eines halbsouveränen Stammesherzogtums die neuen Stammesherzogtümer (Bayern, Schwaben, Sachsen, Franken). Sie wurden zu einer der Grundlagen des ma. Dt. Reiches bis zur Regierungszeit Friedrichs I. Barbarossa (reg. 1152–90). Versuche der Kaiser Otto I. (reg. 936–73) und Heinrich IV. (reg. 1056–1106), die H. wieder zu Amtsträgern des Königs zu machen, scheiterten. Doch kam es zur vorübergehenden Aufhebung von Herzogtümern (Franken und Sachsen), zur Neugründung infolge Teilung der alten, ebenfalls zur Entziehung des Landes durch lehnsrechtl. Aberkennung seitens des Königs. Um 1180 bestanden die folgenden dt. Herzogtümer: Bayern (907), Schwaben (917), Sachsen (843), Lothringen (895), Brabant (1128), Kärnten (976), Böhmen (895), Österreich (1156), Pommern (1152), Steiermark (1180); hinzu traten Titularherzöge wie die von Zähringen, Meran, Teck etc.
Die Macht des Gebietsherzogtums basierte auf Grafschaften, Vogteien sowie dem Grundbesitz; ihre Herrschaft erstreckte sich auf einen bes. Raum. Bis 1806 entstanden in Dtl. als weitere Herzogtümer: 1235 Braunschweig, 1348 Mecklenburg, 1356 Jülich, 1380 Berg, 1416 Savoyen, 1417 Kleve, 1474 Holstein, 1495 Württemberg, 1525 Preußen, 1552 Sachsen (Ernestinische Linie), 1777 Oldenburg. 1806 bzw. nach 1806 kam es zur Bildung der folgenden Herzogtümer: Nassau-Usingen, Anhalt-Bernburg (1806), Anhalt-Dessau, Anhalt-Köthen (1807), Nassau-Weilburg (1816).
In England, den skandinav. und roman. Ländern ist es nicht zur Ausbildung von Stammesherzogtümern gekommen: hier ist H. nur ein Titel des hohen Adels, in England auch der königl. Familienmitglieder.
Erzherzog war der Titel der kaiserl. Prinzen des Hauses Österreich (1453–1918).
LIT. H. Zeiss, Herzogsmann und Herzogsamt. In: Wiener Prähistor. Zeitschr. (1932); G. Läwen, Stammesherzog und Stammesherzogtum (1935); E. Klebel, Herzogtümer und Marken bis 900. In: DA (1938); W. Schlesinger, Die Entstehung der Landesherrschaft (1941); G. Tellenbach, Vom karoling. Reichsadel zum dt. Reichsfürstenstand. In: Adel und Bauern im dt. Staat des MA (hrsg. von Th. Mayer, 1943); Th. Mayer u. a., Kaisertum und Herzogsgewalt im Zeitalter Friedrichs I. (1944); ders., Fürsten und Staat (1950); E. Klebel, Vom Herzogtum zum Territorium. In: Festschr. Th. Mayer (1954); W. Kienast, Der Herzogstitel in Frankreich und Dtl. (1968).

Herzogskrone. Rang- und Würdezeichen der herzogl. Häuser sowie der Prinzen aus herzogl. Familien und der Erzherzöge.

Hetären (griech., Genossen, Kameraden).
[1] Während der griech. Frühzeit die freien Gefolgsleute des Königs; im makedon. Heer die Adelsreiterei, etwa 3000 Mann stark. Bei den Makedonen war bis in die Diadochenzeit der Hetäre des Königs Vertrauter und Freund; er stand ihm im Kampf zur Seite.
[2] Die Freudenmädchen in der griech. Antike. Seit dem 5. Jh. v. Chr. findet man die H. als hochgebildete und allg. höher geachtete Freundin bedeutender Persönlichkeiten. Berühmte H. waren: Aspasia, die 2. Frau des Perikles (um 490–429), Thais, die Geliebte Alexanders d. Gr. (reg. 336–323), Lais, die Freundin des Demosthenes (384–322), Phryne, die Geliebte des Praxiteles (im 4. Jh. v. Chr.).
LIT. H. Herter, in: RAC, 3 (1957); ders., Jb. für Antike und Christentum, 3 (1960).

Hetärien (von griech. hetairos, Genosse). Meist polit. Zusammenschlüsse im alten Griechenland (403 v. Chr. verboten); seit dem beginnenden 19. Jh. polit. griech. Geheimbünde; sie erstrebten die Befreiung von den Türken. ›Hetärien der Befreundeten‹ war der Name für den 1814 gegründeten Geheimbund zur Befreiung der Griechen von der Herrschaft der Türkei. Führer der Geheimbünde waren Capodistrias und A. Ypsilanti.
LIT. T. Boyrnas, Philike Hetaireia (Athen 1959).

Heteronomie (griech.). Im Gegensatz zur Autonomie die Beugung unter ein Fremdgesetz. Durch I. Kant (1724–

1804) wurde die H. als die Bestimmung des Willens durch etwas anderes (z.B. Autoritäten oder erstrebte Zwecke) als das Sittengesetz in uns bezeichnet.

Hethitologie. Wissenschaft von der Geschichte, Kultur und Sprache der Hethiter, nach 1. Mos. 10,15 die Nachkommen des Heth, eines Volkes des At. mit idg. Sprache, das sich wahrscheinlich bereits vor 2000 v.Chr. im östl. Kleinasien ansiedelte. Nachdem der idg. Charakter der hethit. Sprache durch F. Hrozný 1915 erkannt und die Hieroglyphenschrift durch P. Merigi 1930, I. J. Gelb, F. Forrer, Th. Bossert u. a. entziffert worden war, wurde die H. von der Assyriologie getrennt und als eine selbständige Disziplin betrachtet.
LIT. J. Friedrich, Entzifferungsgeschichte der Hethitischen Hieroglyphenschrift (1939); H. Pedersen, Hittitisch und die anderen indoeurop. Sprachen (Kopenhagen 1938); O. R. Gurney, The Hittites (London 1952); M. Riemenschneider, Die Welt der Hethiter (^{2}1955); J. Friedrich (Hrsg.), Hethit. Wb. (1952ff.); H. Kronasser, Etymologie der hethit. Sprache, 1 (1966).

Hetman (poln.; russ. Ataman). Im alten Königreich Polen der Titel des Oberbefehlshabers des Heeres (vom 15. Jh.–1792); seit 1581 lautete der Titel Großhetman. Seit 1609 wurden die milit. und richterl. Befehle eines H. als Hetmansartikel in die Reichstagsgesetze eingeführt. Vom 16. Jh.–1764 hieß das Stammes- und Heeresoberhaupt der Kosaken H.; es wurde entweder frei gewählt oder vom Zaren bzw. dem poln. König ernannt. Von 1918–20 wurde das Oberhaupt der unabhängigen Ukraine als H. bezeichnet.

Heuerlinge, Heuerleute. Vor allem in Nordwestdtl. Hintersassen eines Großbauern, zu dem sie in einem bes. Pacht- und Arbeitsverhältnis stehen. Durch den Hofbauern erhalten sie zur Eigenwirtschaft Wohn- und Wirtschaftsgebäude, Acker- und Grünland. Die Pacht hierfür wird durch eine vereinbarte bestimmte Zahl von Arbeitstagen (100–200) abgeleistet. Vor allem in Westfalen existiert das Heuerlingswesen seit Generationen.
LIT. H. J. Seraphim, Das Heuerlingswesen (1948).

Heuristik (Kunstwort, von griech. heuriskein, finden). Vor der Kritik und Interpretation in der Historik J. G. Droysens (1808–84) der 1. Teil der Methodik, d.h. die Kunst, Wege zur Gewinnung wissenschaftl. Erkenntnisse zu finden.
LIT. J. Müller, Grundl. der systemat. H. (1970).

Hexabiblos (griech., Sechsbuch). Sammlung der byzantin. Kaisergesetze; sie wurde durch Harmenopulos 1345 in griech. Sprache verfaßt.

Hexen, Hexenwesen, Hexenprozesse (ahd. hagazussa, Zaunteufel [?]). Das Wort ist westgerman.; es wird im Mhd. selten gebraucht; erst im 16. Jh. dringt es in Form von »H.« aus schweizer. Gebiet nach Norden vor. Der Begriff selbst, dem uralte Vorstellungen zugrunde liegen, wurde dem Inhalt nach durch die kirchl. und staatl. Gesetzgebung festgelegt (päpstl. Bullen; ›Hexenhammer‹ des Heinrich Institoris und Jakob Sprenger von 1487). Das Wort H. ist aus der Lit. bis ins 14. Jh. nachweisbar. Bereits in der Antike und bei den Germanen sowie anderen alteurop. Völkern bestanden Vorstellungen von weibl. Unholden und Zauberinnen. Auch heute ist mit H. noch die Vorstellung verbunden: »durch Zauber Schaden bringendes Weib«.
Hatte die Kirche in der Zeit der Germanenbekehrung die alten Volksvorstellungen von den nachtfahrenden Frauen und Tierverwandlungen noch entschieden abgelehnt, so waren diese doch so zählebig, daß die großen Theologen des HochMA wie Alexander von Hales (vor 1180–1245), Bonaventura (1221–74) und Thomas von Aquin (1225/27–74) sie übernahmen und in ihr theolog. System einbauten, nachdem sich bereits das Sachsenkapitulare Karls d.Gr. gegen die Hexenverbrennungen gerichtet hatte. Der Hexenaberglaube verdichtete sich im SpätMA zu einer eigenen Lehre, wonach die H. mit dem Teufel, der sie verjüngte und verschönte, Buhlschaft trieb. Der vom 15.–17. Jh. dauernde Höhepunkt des Hexenwahns erfaßte sämtl. Schichten der Bevölkerung; keine Gegend blieb von ihm verschont. In dem berüchtigten ›Hexenhammer‹ (›Malleus maleficarum‹), der zw. 1487 und 1669 29mal gedruckt wurde (er stellt eine Beschreibung des Hexenwesens und seiner Bekämpfung dar), wurde der Hexenwahn und das Hexen-Bekämpfungsverfahren in ein wirksames System gebracht. Der Hexenhammer löste eine Welle von Hexenprozessen in

Dtl. aus, die nach den Anweisungen des Buches durchgeführt wurden. Papst Innozenz VIII. (1484–92) erließ 1484 eine Bulle gegen das Hexenwesen (›Summis desiderantes‹). Die Hexerei zählte rechtl. zu den gemischten Verbrechen; für sie war im Falle von Schädigung an Leib und Leben das weltl. Gericht zuständig, bei widernatürl. Unzucht, »Teufelsbuhlschaft«, das geistl. Gericht und die Inquisition. Den schärfsten Kampf gegen die H. forderten auch Luther (1483–1546) und Calvin (1509–64). Erst die ›Cautio criminalis‹ Friedrichs von Spee, SJ (1591–1635) vom Jahre 1631, die zwar nicht den Hexenglauben überhaupt verwarf, aber die Art der Durchführung der Prozesse, veranlaßte einige kath. und ev. Fürsten, die Hexenprozesse einzuschränken. Nachdem das aufsehenerregende Werk des Holländers Balth. Bekker von 1691–93 den Glauben an die Macht und Wirksamkeit des Teufels nachdrücklich erschüttert hatte, überwand schließlich Christian Thomasius (1655–1728) den Hexenglauben im Geiste des Rationalismus in der Dissertation ›De crimine magiae‹, die er 1701 verteidigen ließ. Er gab den Anstoß zu dem preuß. Edikt von 1714, das die Hexenprozesse der Regierung und den obersten Justiz-Kollegien vorbehielt. Auch dort, wo die Rechtsbücher das Verbrechen der Hexerei noch kannten, fanden im 18. Jh. nur noch vereinzelt Prozesse statt. Der Hexenglaube, im Zeitalter der Aufklärung ebenfalls im theolog. Raum ganz aufgegeben, blieb jedoch als volkstüml. Überzeugung bis in die Gegenwart erhalten (letzte Hinrichtung 1782 an Anna Göldi in Glarus/Schweiz).

LIT. J. Hansen, Zauberwahn, Inquisition und Hexenprozeß im MA (1900); Quellen und Untersuchungen zur Geschichte des Hexenwahns (1901); W. G. Soldan, H. Heppe, Geschichte der Hexenprozesse (Neudr. 1938); J. Kruse, H. unter uns? Magie und Zauberglauben in unserer Zeit (1951); K. Baschwitz, Die Hexenprozesse im Lichte der Massenpsychologie (1953); F. Merzbacher, Die Hexenprozesse in Franken ([2]1970); Chr. Thomasius, Über die Folter (dt. 1960); H. Auhofer, Aberglaube und Hexen-Wahn heute (1960); W. Ziegeler, Möglichkeiten der Kritik am Hexen- und Zauberwesen im ausgehenden MA (1973); H. Döbler, Hexenwahn (1977); G. Schormann, Hexenprozesse in Deutschland (1981); B. Gloger, W. Zöllner, Teufelsglaube und Hexenwahn (1984); A. R. Baumgarten, Hexenwahn und Hexenverfolgung im Naheraum (Diss. Mainz 1986); Evelyn Heinemann, Hexen und Hexenglauben. Eine histor.-sozialpsycholog. Studie über den europ. Hexenwahn des 16. und 17. Jh. In: Campus Forschung 478 (1986); G. Schwaiger, Teufelsglaube und Hexenprozesse (1987); G. Schormann, Der Krieg der Hexen (1991).

Hidalgo (span.). Zunächst kastil. Adelsklasse; seit dem 13. Jh. allg. Bez. für den Adeligen. Von bes. Einfluß auf die H. wurde die Reconquista. Seit dem 15. Jh. ist H. der Titel des niederen Adels. In Portugal entspricht dem H. der Titel Fidalgo.

Hierarchie (griech., hl. Herrschaft). Im kath. Kirchenrecht der Terminus technicus für das Verhältnis gegenseitiger Über- und Unterordnung innerh. des Klerus sowie für die Gesamtheit der Kleriker, die in irgendeinem Grad an den hierarch. Gewalten teilhaben. Innerh. der ständischen Gliederung der Kirche, die nach göttl. Recht zw. Klerikern und Laien unterscheidet, ist der Klerus durch eine Rangordnung gestuft, und zwar entsprechend der doppelten Gewalt durch eine zweifache: die Weihe- und Jurisdiktionshierarchie. In beiden H. sind die tragenden Stufen – der Weihe nach: Bischöfe, Priester und Diakone, der Jurisdiktion nach: Papst und Bischöfe – göttl. Rechts. An sie sind kraft kirchl. Rechts bes. in der Jurisdiktionshierarchie zahlreiche andere Stufen angeschlossen. Indem der Bischof als zweiter göttl.-rechtl. Träger eigenständiger Jurisdiktion neben dem Papst steht und die Gewalt des Papstes als bischöfl. Vollgewalt charakterisiert wird, wird die bischöfl. Verfassung zur eigentl. hierarch. Verfassung. Die H. ergänzt sich selbst, und zwar in der ersten Ordnung durch die Weihe, in der zweiten durch die Übertragung von Jurisdiktion (→Missio canonica), in der päpstl. Spitze durch Wahl. Lediglich Kleriker können in die H. aufgenommen werden.

Während die ev. Kirche keine H. kennt, besitzen die anglikan. und die orthodoxe Ostkirche eine feste H.

LIT. DDC, V. S. 1125ff.; H. Barion, Sacra Hierarchia (Tymbos für W. Ahlmann, 1951, S. 18–45); E. Eubel u.a. (Hrsg.), Hierarchia Catholica. 5 Bde.

(1898–1952); H. Scharp, Wie die Kirche regiert wird (1958).

Hierodulen (griech., hl. Knechte). Tempelsklaven, männl. oder weibl.; sie wurden als Eigentum der Götter betrachtet. Durch geschlechtl. Vereinigung mit ihnen glaubte man, der göttl. Macht teilhaftig zu werden. Ihre Zahl war teilweise recht groß. So soll es allein in einer Stadt in Kappadokien 6000 H. gegeben haben. In Israel hießen die H. Kedeschim (Geweihte, Heilige), es waren nur Knaben.
LIT. W. Otto, Beitr. zur Hierodulie im hellenist. Ägypten (1949); L. Delekat, Katoche, Hierodulie und Adaptionsfreilassung (1964).

Hieroglyphen (hl. Eingrabungen). Allg. eine Bilderschrift, z. B. die ägäischen, hethitischen H.; insbes. die Zeichen der altägypt. Bilderschrift. Aus ihr entwickelte sich die hieratische (Priester-)Buchschrift sowie die demotische Kursive.

Hierokrat. Ein Geistlicher, der die Hierokratie durchzusetzen versucht.

Hierokratie. Priesterherrschaft, d. h. die Ausübung oder die entscheidende Beeinflussung der staatl. Herrschaft durch kirchl. Machtträger, vor allem die durch das Papsttum des MA vertretene Ordnung des Kirche-Staat-Verhältnisses.
LIT. H. Raab (Hrsg.), Kirche und Staat (dtv-Dokumente, 238/39, 1966).

Hieromantie (griech.). Das Wahrsagen aus Tieropfern.

Hieronymiten (Hieronymitaner). Verschiedene, im 14. Jh. gegr. und nach dem lat. Kirchenvater Hieronymus (331 od. um 340–419 od. 420), dem Förderer des Mönchtums und der Askese, genannte Einsiedlergenossenschaft mit Augustinerregel. Ein letzter italien. Zweig wurde 1953 aufgehoben.

Hierophant. Der oberste Priester der griech. Mysterien, bes. der zu Eleusis. Der H. entstammte einem Geschlecht, in dem sich Symbole und Kultgegenstände einer bes. Gottheit vererbten.

Hieroskopie. Das Wahrsagen aus Tieropfern bzw. deren Eingeweide (→Haruspices).

Highness (engl., Hoheit). Bis zu Heinrich VIII. (reg. 1509–47) Titel der engl. Könige; in der Anrede Your H., Royal H. (›Königliche Hoheit‹) Titel der königl. Prinzen und Prinzessinnen.

Hintersassen (Kossäten, Zinsleute, Hintersättler, Grundholden). Im MA Bez. für die von einem Grundherrn abhängigen freien oder halbfreien Bauern; ebenfalls Ansiedler ohne oder mit nur geringem Recht an der Allmende; sie hatten den Hof entweder erblich oder in abgeleitetem Eigentum oder in Erbpacht zu eigen, bewirtschafteten ihn selbständig, waren aber dem Gutsherren zu Abgaben und Diensten in mannigfacher Art verpflichtet.
LIT. F. Lütge, Geschichte der dt. Grundherrschaft (1967).

Hipparch (griech.) »Reiteroberst«, Befehlshaber einer Reiterschwadron (Hipparchie) des griech. Heeres, in Sparta von Hipparmosten, in Athen von Hipparchen befehligt. Über das Militärische hinaus bestand auch in den Bünden der hellenist. Zeit das Amt des H.; er war der 2. Beamte nach dem Strategen. In Rom entsprach dem H. der magister equitum.

Hippeis. Im griech. Heer die Reiter; sie wurden in Sparta von Hipparmosten, in Athen von Hipparchen befehligt. Außerdem repräsentierten die H. häufig den Adel. In der Timokratie Solons (um 640–um 560) bildeten sie die zweithöchste Vermögensklasse (auf 300–500 Scheffel Getreideertrag festgesetzt).

Hirsau. Das Hirsauer Benediktinerkloster (im 9. Jh. gestiftet) gehörte im 11. Jh. zu den Hauptstützen der Reformbewegung von Cluny; sie verbreitete sich von H. aus in Dtl. (Hirsauer Klosterreform). Hiermit lief eine Ausbreitung der Hirsauer Bauschule parallel; diese schuf zwar keinen bestimmten Typus, zeichnete sich jedoch durch hervorragende Steinmetzarbeit aus.
LIT. W. Irtenkauf, Hirsau (^{2}1978); B. Hoffmann, H. und die Hirsauer Bauschule (1950); K. Schmid, Kloster H. und seine Stifter (1959); H. Jakobs, Die Hirsauer (1961); ders., Der Adel in der Klosterreform von St. Blasien (1968); K. Greiner, H., seine Geschichte und seine Ruinen (^{6}1962).

Historia Augusta. Eine Sammlung von Biographien der röm. Kaiser von Hadrian bis Carus (117–283) aus dem Anfang des 4. Jh.

Historienmalerei. Die künstler. Darstellung geschichtl., bibl. und sagenhafter Szenen. Nach antiken Vorläufern begann die H. mit der Renaissance; im Klassizismus erreichte sie einen letzten Höhepunkt.
LIT. E. Hornung, Geschichte als Fest

(1966); H. G. Evers, Vom Historismus zum Funktionalismus (1967).

Historik. Die Lehre von der Methode der Geschichtsschreibung.
LIT. J. Rüsen, Für eine erneuerte Historik (1976).

Historiographie →Geschichte.

Historische Dichtung. Vergegenwärtigende und deutende Auseinandersetzung mit der Welt der Geschichte in dichterischer Form; in der Erzählung Berührung mit der Geschichtsschreibung unter Gestaltung der Erlebniswahrheit (W. Scott, W. Irving, F. R. Chateaubriand, L. A. v. Arnim, Stendhal, L. N. Tolstoi, Th. Mann u. a.). Insbes. das dichter. Lebensbild hat eine nahe Beziehung zur Biographie (C. F. Meyer, G. L. Strachey, A. Maurois, St. Zweig u. a.). Das Epos mischte sich früher mit der Geschichtserzählung (Herodot, ma. Reimchroniken). Das Drama, weniger die Komödie, benutzte vor dem Aufkommen des bürgerl. Schauspiels vor allem myth. und histor. Stoffe.
LIT. A. Maurois, Aspects de la biographie (1928); E. Ermatinger, Das dichterische Kunstwerk (^{3}1932); Hustvedt, Ballad Books and Ballad Men (Harvard 1936); F. Wehrli, Der historische Roman (Amsterdam 1941).

Historische Geographie. Ein Forschungsgebiet mit Aufgaben geograph. und histor. Art. Auf Grund von Feld- und Bodenforschung (Archäologie) sowie schriftl. Quellen versucht die H. G. das geograph. Bild der einzelnen geschichtl. Epochen wiederherzustellen.
LIT. H. Jäger, H. G. (1969). – Kartenwerk: Westermanns Großer Atlas zur Weltgeschichte (1966).

Historische Hilfswissenschaften. Sammelbez. für diejenigen Wissensgebiete, die notwendig sind, um eine vorbereitende Kritik der Geschichtsquellen zu ermöglichen. Zu den H. H. gehören die Schriften- und Handschriftenkunde (Paläographie), Inschriftenkunde, Urkundenlehre, Siegelkunde, Münzkunde, Genealogie, Wappenkunde, Chronologie, Historische Geographie.

Historische Institutionen. Kommissionen, Institute, Vereine und Publikationsorgane, die der Geschichtsforschung dienen.

Historische Kommission. Institut zur Edition von Geschichtsquellen. Auf L. von Rankes (1795–1886) Anregung hin wurde 1858 in München die erste H. K. gegründet. In den meisten Fällen sind die H. K. landesgeschichtl. Publikationsinstitute.

Historische Rechtsschule. Dt. Schule der Rechtswissenschaft, die zu Beginn des 19. Jh. entstand. Sie betrachtete das Recht als Ergebnis der histor. Entwicklung und führte zu einer Neubelebung der Rechtsgeschichte. Die ältere H. R. bemühte sich vor allem um die Erforschung des älteren röm. und german. Rechts (Romanisten: F. K. von Savigny, G. Fr. Puchta; Germanisten: K. F. Eichhorn, J. Grimm, K. J. A. Mittermaier, G. Beseler, K. G. Homeyer). Die jüngere H. R. hob auch die praktische Bedeutung der Rechtswissenschaft hervor (Romanisten: R. von Jhering, Th. Mommsen, L. Mitteis; Germanisten: K. von Amira, A. Heusler, H. Brunner, O. von Gierke).
LIT. HWDRG II, 170–72.

Historischer Materialismus (abgek. Histomat). Die Grundlehre des Marxismus, von Karl Marx (1818–83) aus dem religiösen Sozialismus C. H. Saint-Simons (1760–1825) und der idealist. Geschichtsphilosophie G. W. F. Hegels (1770–1831) entwickelt. Vor allem F. Engels (1820–95) und W. I. Lenin (1870–1924) machten den H. M. zum Bewegungsgesetz der gesamten Natur. Im Vorwort zur ›Kritik der politischen Ökonomie‹ (1859) wird der H. M. klassisch formuliert. Er sieht die beherrschende geschichtl. Kraft in der ökonom. und sozialen Struktur. Diese geschichtl. Kraft, die Basis, umschließt die Produktivität, d. h. die Bodenschätze, Werkzeuge, Maschinen sowie die Fähigkeit der Menschen, die sie verwerten, außerdem die Produktions- und Eigentumsverhältnisse. Zum ideolog. Überbau, der durch die Basis »bedingt« ist, gehören Kunst und Wissenschaft, polit. Anschauungen und religiöse Überzeugungen sowie deren Institutionen, d. h. Kirche und Staat, Parteien etc. Diese Schichten entwickeln sich in einem Tempo von unterschiedl. Geschwindigkeit. Hieraus entstehen soziale Spannungen und Klassenkämpfe, schließlich Revolutionen; in einer neuen geschichtl. Formation wird durch sie das Gleichgewicht wiederhergestellt.
Man unterscheidet an solchen ökonom. Gesellschaftsformationen: zu Beginn der menschl. Gesellschaft den Urkommunismus; z. Z. der Antike die sklavenhaltende Gesellschaft; im MA die feudale, insbes. die agrar. Gesellschaft; im

19. Jh. die bourgeoise oder kapitalist. Gesellschaft. Auf sie folgt im Anschluß an die proletar. Revolution die sozialist. Gesellschaftsordnung, die in ihrem Endstadium in die kommunist. Gesellschaftsordnung überleitet. Sie ist dadurch gekennzeichnet, daß die Entfremdung des Menschen von seiner Arbeit beseitigt sein wird (Marxismus). In ihr ist es jedermann gestattet, nach Gutdünken zu handeln.

Nach bürgerl. Terminologie ist der H. M. eine ökonomist. Geschichtsphilosophie, jedoch keine Wissenschaft der Geschichte. Mit der Analyse der ökonom. und sozialen Struktur insbes. des 19. Jh. ist durch den H. M. Hervorragendes geleistet worden. Dies gilt vor allem hinsichtl. der Ergänzung einer Geschichtskonzeption, die allzu einseitig orientiert war. In die Soziologie ist vom H. M. eingegangen, was als von Bestand erkannt worden ist.

Der fortwährende Materialismusstreit ist der Ausdruck einer Auseinandersetzung zw. der vorwiegend naturwissenschaftl. und der idealistisch-geistigen (und religiösen) Weltanschauung.

LIT. F. A. Lange, Geschichte des M. 2 Bde. ([10]1921); H. Cunow, Die Marxsche Geschichts-, Gesellschafts- und Staatstheorie. 2 Bde. ([2]1923); K. Kautsky, Die materialist. Geschichtsauffassung. 2 Bde. ([4]1929); M. Adler, Lehrbuch der materialist. Geschichtsauffassung, I. 2 Bde. (1930 ff.); H. Driesch, Die Überwindung des M. (1935); Bavink, Ergebnisse und Probleme der Naturwissenschaften ([9]1948); J. Hommes, Der techn. Eros (1955); G. A. Wetter, Der dialektische M. Seine Geschichte und sein System in der Sowjetunion ([5]1960); J.-Y. Calvez, La pensée de Karl Marx (1956; dt. 1964); H. Marcuse, Die Gesellschaftslehre des sowjet. M. (1964); K. Marko, Sowjethistoriker zwischen Ideologie und Wissenschaft (1964); P. Kägi, Genesis des H. M. (1965); H. Schack; Die Revision des Marxismus-Leninismus ([2]1965); E. Oberländer, Sowjetpatriotismus und Geschichte (1967).

Historische Schule. Bez. für jene Gelehrten verschiedener Fachrichtung, die mit den Mitteln exakter Kritik und historischen Verstehens eine Gesamtanschauung ihrer Wissenschaft zu erreichen suchen. Ihr werden u. a. zugerechnet: B. G. Niebuhr, F. K. von Savigny, J. Grimm, L. von Ranke. Die H. S. stand in einem ausgesprochenen Gegensatz zu G. W. F. Hegels (1770 bis 1831) philosophischer Schule.

LIT. H. von Srbik, Geist und Geschichte vom Humanismus bis zur Gegenwart, II ([2]1964); C. Hinrichs, Ranke und die Geschichtstheologie der Goethezeit (1954); O. Büsch, H. Heimpel, Beiträge zur Organisation der histor. Forschung in Dtl. (1984).

Historische Zeitschrift. Die 1859 durch H. von Sybel gegr. führende Zeitschrift der dt. Geschichtswissenschaft. Ihre Herausgeber waren bzw. sind: F. Meinecke (seit 1893), L. Dehio (seit 1949), L. Dehio und W. Kienast (seit 1950), Th. Schieder und W. Kienast (seit 1957), Th. Schieder und Th. Schieffer (seit 1968), Th. Schieder und L. Gall (seit 1975) und Lothar Gall (seit 1984).

LIT. Th. Schieder (Hrsg.), Hundert Jahre HZ 1859–1959 (1959).

Historisch-politische Blätter für das katholische Deutschland. Eine Halbmonatsschrift, die 1838 in München von G. Phillips, E. Jarcke und J. J. Görres gegründet wurde und bis 1922 erschien; jahrzehntelang wurde sie von J. K. Jörg herausgegeben. Die Zeitschrift behandelte polit. und geschichtl. Themen im Sinne der kath. Weltanschauung. Die von M. Buchner 1924 gegr. ›Gelben Hefte‹ versuchten, ihre Tradition fortzusetzen.

Historismus. Bez. für eine Betrachtung der kulturellen Erscheinungen unter dem Gesichtspunkt ihres geschichtl. Bedingt- und Gewordenseins sowie der damit einhergehenden Leugnung ihres überzeitlichen absoluten Sinnes. Wie die meisten Parteinahmen auf dem Gebiet der Philosophie ist auch dieser Begriff, der in der 2. Hälfte des 19. Jh. aufkommt, zunächst kritisch-polemisch gemeint und geht insbes. auf die Kritik zurück, die F. Nietzsche (1844–1900) in seiner zweiten ›Unzeitgemäßen Betrachtung‹ an der Historie geübt hat; bald wird H. aber auch in einem neutralen Sinn verwendet.

Geschildert hat die Entstehung des H. vor allem F. Meinecke (1862–1954). Herders (1744–1803) Kritik an der Aufklärung ist dafür das wichtigste Dokument (›Auch eine Philosophie zur Geschichte der Bildung der Menschheit‹, 1774). Jedoch vermag man gewisse Vorgestalten des H. zu erkennen, in denen sich der Sache nach ein ähnl. Ge-

gensatz zu einer herrschenden Philosophie darstellt. So im alten Rom die Kritik an der griech. Bildung von röm. Staatsbewußtsein aus, etwa bei Cicero (106–43 v. Chr.), so im Humanismus bis zu Bacon (1561–1626) und Hobbes (1588–1679) die Kritik an der Scholastik. Jedoch ist in diesen Vorgestalten die Kritik mehr pragmatisch als theoretisch gemeint. Hingegen waren im philosoph. Denken von Herder bis Hegel die begriffl. Fundamente des H. gelegt, indem der Begriff der Individualität sowie der Begriff der Entwicklung der Besonderung des Allgemeinen bzw. dem Prozeß des Fortschritts zur Vollkommenheit entgegengesetzt werden. Die von Herder entwickelte und von Ranke (1795–1886) übernommene Form des H. kann man einen histor. Pantheismus nennen, soweit im endlichen geschichtl. Leben das Walten des unendlichen Gottes mehr anerkannt als erkannt wird. Hingegen stellt Hegels (1770–1831) Einbeziehung der Geschichte in das Wesen und die immanente Selbstentfaltung der Wahrheit einen log. Pantheismus vor, weil die Geschichte sich am Ende in dem Begriff aufhebt. Beiden Formen des H. ist gemeinsam, daß das Unendliche im Endlichen erscheint.
Auf dem Gebiet der Politik entspricht dieser Einbeziehung der Geschichte in die Philosophie die Kritik des revolutionären Rationalismus, repräsentiert vor allem durch Edmund Burkes (1729–97) ›Reflections‹ (1790; dt. 1793) sowie ihre romant. Nachfolger; auf dem Gebiet der Rechtswissenschaft durch Savignys (1779–1861) histor. Rechtslehre. Dazu gesellt sich Rankes Kritik der allg. Staatslehre, die die histor. Weltanschauung als erste begründete. Man kann in der durch Ranke eingeleiteten histor. Bewegung ein Zurückbleiben hinter der spekulativen Konsequenz Hegels bzw. eine falsche Anpassung an den Positivismus der Naturforschung sehen wie B. Croce (1866–1952). Karl Marx (1818–83) und seine Fortsetzer, z. B. G. Lukács (1885–1971), sehen in ähnl. Weise in der histor. Schule einen reaktionären Irrationalismus.
Wohl waren bzw. sind das eigentl. Erscheinungsgebiet des H. die Geisteswissenschaften. Darüber hinaus kam es jedoch bei ihnen zu einer durchgreifenden Historisierung. Für den größten Teil des vorigen Jh. stellt der H. die beherrschende Bewegung dar; seiner heutigen Würdigung und Bedeutung galten die Arbeiten u. a. Th. Litts (1880–1962); E. Sprangers (1882–1963) und E. Rothackers (1888–1965).
LIT. F. Nietzsche, Vom Nutzen und Nachteil der Historie für das Leben (1874); G. Simmel, Die Probleme der Geschichtsphilosophie (^{5}1923); M. Weber, Ges.polit. Schriften (^{2}1958); ders., Ges. Aufsätze zur Wissenschaftslehre (^{2}1951); E. Troeltsch, Der H. und seine Probleme (Ges. Schriften, III, 1922); K. Heussi, Die Krisis des H. (1932); F. Meinecke, Die Entstehung des H. 2 Bde. (^{3}1959); C. Antoni, Vom H. zur Soziologie (1950); H. von Srbik, Geist und Geschichte vom dt. Humanismus bis zur Gegenwart. 2 Bde. (^{3}1964); G. Lukács, Die Zerstörung der Vernunft (1953); R. G. Collingwood, Philosophie der Geschichte (dt. 1955); L. Strauß, Naturrecht und Geschichte (1956); E. Fülling, Geschichte als Offenbarung (1956); Th. Litt, Die Wiedererweckung des geschichtl. Bewußtseins (1956); G. Eisermann, Die Grundlagen des H. in der dt. Nationalökonomie (1956); K. R. Popper, Das Elend des Historismus (^{3}1971); G. Scholtz, »Historismus« als spekulative Geschichtsphilosophie (1973).

Hochfrei. Bez. der Geschichtswissenschaft für den hohen Adel im fränk. Reich; darüber hinaus in dessen Nachfolgestaaten sowie in England; die Quellenbez. lauten meliores, optimati (-es), principes, proceres, nobiles u. a.

Hochgericht.
[1] Bez. für das Gericht der hohen Gerichtsbarkeit, während des frühen und hohen MA das Gericht der Grafen, Vögte und Immunitäten; in Territorialstaaten das niedere Landgericht.
[2] Stelle, wo die Hinrichtung stattfand, d. h. wo Galgen bzw. Schafott stand.

Hochkirche (High Church, heute Anglo-Catholics genannt).
[1] In der Anglikan. Kirche eine Richtung, die hierarch. Aufbau, Kultus und Liturgie der kath. Kirche auch nach der Trennung von Rom (1534) beibehielt.
[2] Eine 1918 gegründete Hochkirchliche Vereinigung des dt. Protestantismus; sie nennt sich seit 1947 ›Evangelisch-ökumen. Vereinigung des Augsburger Bekenntnisses‹; durch sie werden »katholisierende« Tendenzen vertreten, so das Bischofsamt in apostol. Nachfolge, die Feier der Sakramente, die Liturgie, die Einzelbeichte, die

kirchl. Einigung. Gleichgeartete Bewegungen entstanden in luth. Kirchen Skandinaviens, der USA, der Schweiz, Frankreichs und der Niederlande. Ziele ähnl. Art werden durch die Alpirsbacher Bewegung und den Berneuchener Kreis angestrebt.
LIT. F. Heiler, Ev. Katholizität (1926); Mackenzie, Anglo-Catholic Ideals (London 1931); B. von Schenk, The Presence (1945); Bo Giertz, Die Kirche Christi (^{4}1954); G. van der Leeuw, Sacramentstheologie (1959).

Hochkommissar (Hoher Kommissar, Oberkommissar, engl. High Commissioner). Titel des obersten Organs in abhängigen oder besetzten Ländern, so in den ehem. Kolonien (Schutzgebieten, Protektoraten) für die der einheim. Verwaltung vorstehenden leitenden Beamten der jeweiligen Schutzmacht, des obersten Völkerbundsbeamten in der Freien Stadt Danzig (1920–39), der Militärgouverneuere in der BRD (1949–55). In der DDR wurde die Sowjetische Kontrollkommission 1953 durch einen H. abgelöst.

Hochmeister. Titel des Ordensmeisters des Dt. Ritterordens; er war der Leiter der Besitzungen in Sachsen, Thüringen und im Wendland, einer Landschaft zw. Elbe und Altmark beiderseits der Jeetze (Reg.-Bez. Lüneburg). Bei den Johannitern lautete der entspr. Titel ›Hoher Meister‹. Hoch- und Deutschmeister war der Titel nach dem Verlust Livlands und Kurlands und der Umwandlung Preußens in ein weltl. Herzogtum (1525), d.h. nach der Beschränkung des Ordens auf den binnendt. Raum.

Hochstift. Bez. für die Bistümer des MA, desgl. für die Bischofsresidenz mit Domkapitel, vielfach auch für Reichsabteien.

Hochverrat. Das auf die gewaltsame Beseitigung der bestehenden staatl. Ordnung gerichtete Verbrechen gegen den Staat, dessen innere Ordnung, Verfassung und Organe (→Landesverrat).

Hochwacht (Hohwacht). Bez. für die in der Schweiz verbreiteten alten kelt. Wachtbefestigungen. Später auch als Wachtpunkte (Chuzen) in der Eidgenossenschaft systemat. organisiert (seit dem 15. Jh., vor allem im 17. Jh.).

Hochzeitshaus, Tanzhaus. Im MA und z. Z. der Renaissance städt. Gebäude zur Veranstaltung von Festen, für die das bürgerl. Haus nicht genügend Raum bot, vielfach auch ein Saal im Rathaus, in einem Zunfthaus u. ä. Eines der größten H. war das ›Tanz- und Kaufhaus‹ Gürzenich in Köln. H. stehen noch in Marburg/Lahn, Alsfeld/Oberhessen und Hameln/Weser.

Hochzeitsmünzen, Hochzeitsmedaillen. Denkmünzen oder Medaillen, die zu der Hochzeit oder dem Hochzeitsjubiläum eines Herrscherpaares geprägt wurden. Bereits seit hellenist. Zeit bekannt, waren sie vor allem seit dem 17. Jh. ebenfalls beim Bürgertum beliebt. Seit dieser Zeit gab es auch Hochzeitsgeschenkmünzen; sie zeigten das Bild eines jungen Paares, das von Christus getraut wird.

Hof.
[1] Urspr. eine vor Überfällen und Überschwemmungen Schutz bietende Anhöhe; heute Bez. für ein Landgut, das vom zugehörigen angebauten Land im ganzen umgeben und nur von einer Bauernfamilie samt deren Gesinde bewohnt wird; es ist ohne Flurverband mit anderen Höfen.
[2] (mlat. curia, curtis). Bez. für die Haushaltung der Fürsten und ihrer Familien, desgl. für die Residenz eines Fürsten, d.h. eines Kaisers, Königs, geistlicher oder weltlicher Fürsten.
LIT. J. Bumke, Höfische Kultur. Literatur und Gesellschaft im hohen Mittelalter (1986).

Hofadel. Der am Hof eines Regenten ständig anwesende Adel; den Nachweis seiner Hoffähigkeit hatte er durch Ahnenprobe zu erbringen.

Hofämter. Allg. Bez. für jede am Hof ausgeübte Tätigkeit, insbes. die schon z. Z. der fränk. Könige bestehenden vier altgerman. Hausämter: Truchseß (Seneschall), Marschall, Kämmerer, Mundschenk; sie wurden seit Otto I. (reg. 936–73) von den höchsten Reichsfürsten ausgeübt. Die Ämter waren von Anfang an Ehrenämter, die Träger dieser Erzämter beanspruchten gemeinsam mit den drei rhein. Erzbischöfen als Erz-Kanzler das Recht auf die Kurfürstenwürde. Zunächst waren deren Inhaber Stellvertreter in den Funktionen der alten Ämter, dann nur mehr Titelträger (Erz-Truchseß, Erz-Marschall, Erz-Kämmerer etc.); die eigentl. Leitung lag bei den Erbämtern weniger Familien: Schenk von Limpurg, Marschall von Pappenheim, Truchseß von Waldburg, Kämmerer von Bolanden-Falkenstein. Seit dem 13. Jh. gab es bei den Landes-

fürsten entsprechende Landes-H. In den dt. Territorien, ebenfalls in England, entwickelte sich seit dem späteren MA neben der Hofverwaltung eine Staatsverwaltung mit selbständigen Behörden und Räten; eine von der Hofverwaltung getrennte Reichsverwaltung hingegen entstand später, und zwar nach dem Vorbild der Territorien. Die Ausweitung der Hofämter zu einem Hofstaat war zeitl. und örtl. verschieden; sie fällt in das 15./16. Jh. Vorbild des Hofzeremoniells war im 15. Jh. der burgund., im 16. Jh. der span. und im 17. Jh. der franz. Hof.
LIT. HWDRG II, 197–200; H. Conrad, DRG I (^{2}1962).

Hofburg. In Wien bis zum Untergang der Donaumonarchie 1918 die kaiserl. Residenz.

Hofcharge. Allg. ein zum Ehrenamt oder ledigl. zu einem Titel gewordenes Hofamt; vom 15. Jh. an wird es nicht selten in Rangklassen unterteilt, so der Obersthof-, Oberhof-, Hofmarschall; bei einigen Adelsfamilien mit häufiger Erblichkeit dieser Ämter findet sich der Zusatz Erb-.

Höferecht. Ein Sonderrecht für Bauernhöfe, durch das Teilung und Belastung verhindert werden sollte. Im späten MA infolge der häufigen Bodenzersplitterung aufgekommen, wurde es im frühen 19. Jh. während der Agrarreformen abgeschafft. Um die Jahrhundertmitte lebte es jedoch wieder auf, so 1855 für Bayern, 1858 für Hessen, 1874 für Hannover, 1882 für Westfalen, 1886 für Schleswig-Holstein. Eine übertriebene Neuregelung erfuhr es im nationalsozialist. Erbhofgesetz vom 29. 9. 1933, das durch das Kontrollratsgesetz Nr. 45 beseitigt wurde. Durch das Gesetz zur Änderung der Höfeordnung vom 24. 8. 1964 wurde der Vorrang des männl. Geschlechts bei der Hoffolge aufgehoben. Nach den in der BRD geltenden Landesgesetzen (Höfeordnung) gilt Einzelerbfolge; Miterben müssen durch Geld abgefunden werden.
LIT. R. Lange, H. Wulff, Ch. Lüdtke-Handjery, Höfeordnung (^{8}1978).

Hoffahrt. Im Früh- und HochMA die Verpflichtung des Lehnsmannes, das Hoflager des Herrn an festgesetzten Terminen zu besuchen (Lehnsfolge); im SpätMA das Recht, am Hof gehört zu werden.

Hofgeistliche. Bez. für Geistliche, die mit dem kirchl. Dienst an einem weltl., im MA auch an einem geistl. Hof betraut waren bzw. sind. Geschichtl. bedeutsam sind:
a) der Hofklerus (Hofkapelle) der merowing., otton. und sal. Herrscher. Die Bischöfe gingen aus der Hofkapelle hervor; die Hofkapläne wurden häufig in der königl. Kanzlei beschäftigt; deren Vorsteher, der Erzkaplan, war seit dem 9. Jh. gleichzeitig (Erz-)Kanzler, vom 10. Jh. an Erzbischof von Mainz;
b) die Hofbeichtväter an den kath. Höfen der NZ; sie waren überwiegend Angehörige des Jesuitenordens;
c) die Hofprediger an den prot. Höfen, vor allem in Dtl.; in zahlreichen Fällen waren sie gleichzeitig an der Leitung der Landeskirche maßgeblich beteiligt.

Hofgeld. Eine durch die Fronhofsverfassung festgelegte jährl. Leistung durch die Angehörigen einer Genoßsame. Zweck der Leistung war, das Hofrecht zu sichern.

Hofgericht. Das an einem Fürstenhof wirkende Gericht, vor allem
a) das *Reichshofgericht,* bis 1235 Königsgericht genannt – es erhielt im Mainzer Reichslandfrieden eine nach sizilischem Vorbild geschaffene Gerichtsverfassung –, dem ein Hofrichter (iustitiarius curiae regiae) vorstand, an den jeder, wann auch immer, appellieren konnte. Die Bedeutung des Gerichts ging seit dem Interregnum sehr zurück, nicht zuletzt infolge der Privilegien, die die Territorien besaßen (Privilegium de non evocando); im Jahre 1456 hört es auf zu bestehen und wird ersetzt durch das Reichskammergericht und den Reichshofrat;
b) *Hofkammer,* die Finanzverwaltungszentrale, die 1498 durch die Habsburger für die Erblande und das Reich errichtet wurde; sie erfuhr 1537 eine Neuorganisation als kollegiale Behörde mit einem Superintendenten als Vorsteher, nachdem sie seit 1527 nur mehr für die Erblande zuständig war; die Hofkammern der einzelnen Länder waren ihr unterstellt; 1848 ging sie im Finanzministerium auf. Im Verlauf des 16. und 17. Jh. errichteten die meisten dt. Territorien Hofkammern, entspr. den österreich., so Preußen 1689 die kollegiale geh. Hofkammer für Domänenverwaltung. Die Hausgüter der dt. Fürsten wurden ebenfalls von Hofkammern verwaltet, und daher auch als Hofkammergut bezeichnet.

LIT. J. Grimm, Weistümer. 7 Tle. (1840–78); E. Döhring, Geschichte der dt. Rechtspflege seit 1500 (1953); H. Conrad, DRG 1 (^{2}1962); HWDRG II, 206–09; B. Diestelkamp (Hrsg.), Urkundenregesten zur Tätigkeit des dt. Königs- und Hofgerichts bis 1451 (1988).

Hofkanzlei. Eine Zentralbehörde für das Reich sowie die österreich. Erblande; letztere erhielten unter Friedrich III. (reg. 1440–93) eine österreich. Hofkanzlei als Sonderabteilung, die jedoch durch Maximilian I. (reg. 1493–1519) mit der Reichshofkanzlei verbunden wurde. Die Reichshofkanzlei, 1559 in eine lat. und dt. Expedition geteilt, war zuständig u.a. für lokale Angelegenheiten der 10 Reichskreise, den diplomat. Schriftverkehr, Angelegenheiten der Reichskirche und Universitäten, nicht zuletzt die Standeserhöhungen. Die österreich. Abteilung der Reichshofkanzlei wurde 1620 endgültig als selbständige Zentralbehörde der österreich. Länder für die auswärtige, innere und Justizverwaltung errichtet; gleichzeitig war sie oberster Gerichtshof. Die für Böhmen und Ungarn bestehenden Abteilungen wurden später selbständig; 1695 erhielt Siebenbürgen eine eigene Hofkanzlei, unter Karl VI. (reg. 1711–40) auch die ital. und niederländ. Besitzungen Österreichs. Seit Joseph I. (reg. 1705–11) gab es zwei österreich. Hofkanzleien; die eine war zuständig für die Geschäfte eines Ministers des kaiserl. Hauses und des Auswärtigen, die andere besorgte die »provincialia et iudicialia«. Die österreich. und böhm. Hofkanzlei wurden 1749 aufgehoben und durch oberste Verwaltungsbehörden für die dt.-böhm. Erblande, die Geh. Haus-, Hof- und Staatskanzlei, das Direktorium in internis (Vereinigte böhmisch-österreichische Hofkanzlei) und die Oberste Justizstelle ersetzt.
LIT. F. Walter, Die Österreich. Zentralverwaltung, hrsg. von Th. Fellner und H. Kretschmayr (1907–38); F. Hausmann, Reichskanzlei und Hofkanzlei (1956).

Hofkriegsrat. Zentralbehörde des alten Österreich, die 1556 von Ferdinand I. (reg. 1556–64) für die Heeresverwaltung, die Grenzverteidigung, vor allem gegen die Türken, sowie den diplomat. Dienst mit der Türkei errichtet wurde. Seit der Mitte des 17. Jh. fungierte er als eine Art Generalstab des österreich. und des Reichsheeres in den Kämpfen gegen Frankreich und die Türkei. Die bedeutendsten Hofkriegsratspräsidenten waren Ernst Rüdiger Graf Starhemberg (1638–1701), Prinz Eugen (1663–1736) und Erzherzog Karl (1771–1847). In Grafen-, Herren- und Ritterbank gegliedert, stellte der H. die bedeutendste Zentralbehörde Österreichs im 17. und 18. Jh. dar. Nach vorübergehender Auflösung 1792 wurde der H. 1848 in das Kriegsministerium umgewandelt.
LIT. O. Regele, Der österreich. H. (1949).

Hoflieferant. Titel für den einen Fürstenhof beliefernden Geschäftsinhaber.

Hofmarschall (während des Früh- und HochMA Marschalk). Seit dem SpätMA der Leiter des Hauswesens eines Hofes, häufig unter Ausschaltung des Kämmerers; außerdem war der H. Richter über sämtl. Hofbeamte. Das Oberhofmarschallamt in Österreich war das Gericht für das Erzhaus.

Hofmeister (magister curiae, praefectus aulae). In den dt. Territorien des 13. Jh., im Reich seit Beginn des 14. Jh., zunächst der Aufseher über das niedere Hofgesinde; er führte den Vorsitz im Hofgericht und Hofrat. Im Laufe der Zeit wurde er ständiger Vertreter der Territorialherren bzw. des Königs als obersten Repräsentanten der Hof- und Territorialverwaltung (Landeshofmeister). Seit der Trennung von Hof und Verwaltung wurde der H. zur Hofcharge.
LIT. F. Neumann, Der H. (Diss. Halle 1930); L. Fertig, Die Hofmeister. Ein Beitrag zur Geschichte des Lehrerstandes und der bürgerl. Intelligenz (1975).

Hofnarr. Vom 15.–18 Jh. an den Fürstenhöfen der Spaßmacher.
Bereits im griech.-röm. Altertum bekannt (sie belebten durch Scherzreden die Unterhaltung, insbes. bei der Tafel), sind sie seit den Kreuzzügen erneut zu registrieren; etwa seit Beginn des 15. Jh. sind sie eine allg. Erscheinung; in Dtl. versuchte man, sie durch Reichstagsbeschlüsse (bis 1575) zu bekämpfen, jedoch hatte man damit keinen Erfolg. In Frankreich wurden die H. im Verlauf des 17. Jh. durch die Etikette beseitigt, während sie sich an dt. Höfen bis ins 18. Jh. hielten; sie hatten hier ein besoldetes Amt (in Kursachsen bis etwa 1750). Am Hof Zar Peters d. Gr. (reg. 1689–1725) waren die H. offiziell in Klassen unterteilt.

H. wurden häufig Zwerge (Perkeo Karl Philipps von der Pfalz) oder Bucklige, insbes. aber solche, die über kritisch-satirischen Witz verfügten. Sie besaßen das Recht der freien Meinungsäußerung. Diese »Narrenfreiheit« ermöglichte es ihnen, ein Zerrbild der Zeit unter der Maske der Torheit zu entwerfen. Als fürstl. Ratgeber vermochten die H. verschiedentlich auch politischen Einfluß zu erlangen. Zur Tracht der H. gehörten die Narrenkappe mit Eselsohren oder Hahnenkamm, das Hofnarrenszepter in Form von Rohrkolben oder lederner Keule, ein überdimensionierter Halskragen, ebenfalls Schellen.

LIT. A. S. Nick, Die Hof- und Volks-Narren. 2 Bde. (1861); F. W. Ebeling, Die Kahlenberger. Zur Geschichte der H. (1890).

Hofpfalzgraf. Durch Karl IV. (reg. 1347–78) geschaffene Würde; sie knüpfte an die alte Stellung des Pfalzgrafen an. Bis 1806 wurden die H. von den Kaisern für die verschiedenen Territorien mit der Vollmacht ausgestattet, Adelsbriefe, akadem. Würden sowie den Titel eines poeta laureatus zu verleihen, außerdem Notare zu ernennen.

LIT. J. Arndt (Bearb.), Hofpfalzgrafen-Register, 1 (1964).

Hofpredigerpartei. Bez. für eine konservative Gruppe insbes. in Preußen z. Z. des Kulturkampfes; 1879 erreichte sie die Absetzung des preuß. Kultusministers A. Falk (1827–1900), dessen liberale Kirchen- und Schulpolitik sie ablehnte.

Hofrat. Eine den König (Kaiser) bzw. den Landesherrn umgebende Landesversammlung, die sich aus sog. wesentl. Räten (dauernd am Hof) und sog. Räten von Hause aus (für bes. Fälle) zusammensetzte; der H. bestand seit dem 13. Jh. im Reich und in verschiedenen Territorien. Vom 15. Jh. an gehörten ihm in zunehmendem Maße Juristen bürgerl. Herkunft an. Seit dem 16. Jh. wurden von ihm die Hof-, Rent- und Domänenkammer (ein Kollegium für Finanzsachen), das Hof- und Kammergericht sowie das Konsistorium für die Kirchenverwaltung abgezweigt.

Der **Reichshofrat,** ein 1497/98 von Maximilian I. (reg. 1493–1519) als polit. und richterl. beratendes Gremium gegr. (bis 1806 bestehend), konkurrierte mit dem reichsständisch beeinflußten Reichskammergericht; sein Zuständigkeitsbereich umfaßte das Reich und die Erblande, ausgenommen – auf Grund des ›Privilegium minus‹ 1156 – Österreich. Seit der Reichshofrats-Ordnung von 1559 war er ein reines Justizkollegium. Vom Ende des 16. Jh. an wird er als ein quasi oberster Reichsgerichtshof zur bedeutendsten Institution des Kaisers im Reich. Er setzte sich zusammen aus einem dem Reichsfürsten- oder Reichsgrafenstand entstammenden Präsidenten sowie der Herren- und Gelehrtenbank. Beschlüsse wurden im Plenum gefaßt; ein vom Kaiser ernannter Reichsfiskal vertrat die kaiserl. und Reichsinteressen. Zuständig war der Reichshofrat für Reichslehnssachen, Kriminalklagen gegen Reichsunmittelbare, Streitigkeiten über kaiserl. Reservatrechte und Privilegien sowie ital. Angelegenheiten. Die Bedeutung des Reichshofrats wuchs mit dem Versagen des Reichskammergerichts. Seit 1564 verloren die Stände ihren Einfluß auf den Reichshofrat gänzlich, während der Kaiser z. B. durch das ›votum ad imperatorem‹ auch persönl. einzuwirken vermochte.

LIT. V. Samanek, Kronrat und Reichshofrat im 13./14. Jh. (1910); O. von Gschliesser, Der Reichshofrat (Wien 1942); C. von Schwerin und H. Thieme, Grundzüge der dt. Rechtsgeschichte ([4]1950); E. Döhring, Geschichte der dt. Rechtspflege seit 1500 (1953); F. Hartung, Dt. Verfassungsgeschichte vom 15. Jh. bis zur Gegenwart ([8]1964); H. Conrad, DRG 2 (1966); R. Heydenreich, Der landesherrl. Hofrat unter Herzog und Kurfürst Maximilian I. von Bayern (1598–1651) (1981).

Hofrecht. Im MA Bez. für dasjenige Recht, das die Verhältnisse zw. dem Grundherrn und den abhängigen Bauern regelte.

LIT. F. Lütge, Geschichte der dt. Agrarverfassung ([2]1967).

Hofreite. Im MA sowohl das um jedes Haus gelegene Hof- und Gartenland, als auch die Gebäude, das Inventar sowie der Besitz insgesamt.

Hofschranze (mhd. schranz, Riß, Schlitztracht). Stutzer, Schmeichler; eine auf höhere Hofbediente gemünzte abfällige Bezeichnung.

Hofschule, Palastschule (lat. schola palatina). Die nach röm. Vorbild seit dem 6. Jh. am Hofe der Merowinger bestehende Schule; in ihr wurden insbes. die Söhne des Königs und seiner Gro-

ßen in den Freien Künsten unterrichtet, außerdem in Latein. Durch die Berufung fremder Gelehrter unter Karl d. Gr. (reg. 768–814) erfuhr die in Verfall geratene H. eine Erneuerung.
LIT. F. Paulsen, Geschichte des gelehrten Unterrichts. 2 Bde. ([3]1912–21).

Hofstaat. Bez. für die Gesamtheit der Hofbeamten, die am Hofe eines Fürsten Dienst tun.

Hoftag (curia regis). Eine vom König im fränkischen und ma. Dt. Reich berufene Versammlung der Großen an den Königshof anläßl. der hohen Kirchenfeste wie Weihnachten, Ostern, Pfingsten. Auf Grund der Hoffahrtpflicht war die Teilnahme an diesen wie auch an den erweiterten H. zu anderen Terminen verbindlich. Die H. fanden ebenfalls in den Städten und Pfalzen der Reichsbischöfe statt. In den Stammesherzogtümern wurden gleichfalls H. abgehalten; seit dem ausgehenden 12. Jh. in den Territorien. Aus den H. der Territorien entwickelten sich die Landtage, aus dem königlichen H. seit dem ausgehenden 15. Jh. die Reichstage.
LIT. W. Sickel, Zur Geschichte des dt. Reichstags. In: MIÖG, Erg.-Bd. I (1885); M. Lintzel, Die Beschlüsse der dt. Hoftage 911–1025 (1924); J. Ficker und P. Puntschart, Vom Reichsfürstenstande, 2, 2 ([2]1961).

Hoheit (franz. altesse, engl. highness).
[1] Titel fürstlicher Personen, vom 17. Jh. an die Anrede der Kinder sowie der nächsten Verwandten von Kaisern und Königen; im Verlauf des 19. Jh. (nach 1806) auch der großherzogl. Familien und der regierenden Herzöge. Seit 1871 stand der Titel ›Kaiserl. H.‹ nur dem Kronprinzen und der Kronprinzessin zu. Seit 1919 besteht der Titel H. offiziell nicht mehr.
[2] Die höchste Staatsgewalt sowie die damit verbundenen Rechte.

Hoheitsrechte. Die bes. Staatsgewalt, durch die sich ein Staat und andere Verbände des öffentl. Rechts von privaten Organisationen unterscheiden. In den dem Absolutismus vorausgehenden Staaten besaß eine Obrigkeit nur die H., für die sie einen bes. Rechtstitel hatte.
LIT. K. H. Klein, Die Übertragung von H. (1952).

Hoheitszeichen, Staatssymbole. Figürl. Darstellungen oder Gegenstände, die auf einen mit Hoheit ausgestatteten Verband, vor allem den Staat, hinweisen, oder ihn (insbes. seine Autorität) versinnbildlichen, z. B. Flaggen, Wappen, Staatssiegel, Hymnen, auch Grenzzeichen.

Hohenfriedeberg, Schlacht von. König Friedrich II. von Preußen (reg. 1740 bis 1786) siegte bei H. (einer Kleinstadt im Kreis Jauer in Niederschlesien) am 4. 6. 1745 über das österreich.-sächs. Hauptheer im Zweiten Schlesischen Krieg.
LIT. A. Hoffmann, Der 4. 6. 1745. Quellenmäßige Darstellung der Schlacht von H. (1910).

Höhenkult, Bergkult, Höhendienst. Bez. für die über den gesamten Erdball verbreitete Verehrung von Bergen und Höhen, da man auf ihren Spitzen entweder den Wohnsitz der Götter mutmaßte oder in ihnen die Stützen des Himmels erblickte. Die Griechen betrachteten den Olymp als Wohnsitz der Götter; die Kelten und Germanen verehrten zahlreiche Berge, während den Juden der Berg Sinai heilig war, da auf ihm die Zehn Gebote verkündet worden waren (2. Mos. 19,23). Wiewohl der H. von den Propheten bekämpft wurde, da sie einer einzigen Opferstätte das Wort redeten (5. Mos. 12,1–6), gaben ihn die Juden nicht auf.
LIT. F. von Andrian, Der H. asiat. und europ. Völker (1891); W. Engelkemper, Heiligtum und Opferstätten in den Gesetzen des Pentateuch (1909); O. Cullmann, Urchristentum und Gottesdienst ([2]1950); P. Radin, Gott und Mensch in der primitiven Welt (1953).

Hohenlinden, Schlacht von (3. 12. 1800). Sieg des franz. Generals J. V. Moreau (1763–1813) mit der Rheinarmee über Erzherzog Johann (→Französische Revolutionskriege).

Hohe Pforte. Bis 1924 in der türk. Kanzleisprache Bez. für die Residenz des Sultans; dann allg. die Regierung, insbes. das Außenministerium des Osmanischen Reiches.

Hohepriester, Hoherpriester (hebr., Großpriester). Seit etwa 520 v. Chr. Bez. für den Vorsteher der Priesterschaft des Tempels zu Jerusalem sowie des Hohen Rates; der H. war ausgezeichnet durch Rang und Tracht.

Hoher Rat (auch: Großer Rat). Die höchste jüdische Staatsbehörde (→Synedrion).

Hohe Straße, Hohe Landstraße. Handelsstraße (seit Beginn des 13. Jh.

bekannt), die von Frankfurt/Main über Eisenach, Erfurt, Halle, Leipzig, Bautzen und Görlitz nach Breslau führte. Als während des 18. Jh. die Kanalbauten in Brandenburg den Verkehr stärker durch die nördl. Gebiete lenkten, verlor die H. S. ihre Bedeutung.
LIT. H. Wiechel, in: Abhandl. der naturwiss. Gesellschaft Isis (1901).

Höhlenkult. Sowohl die Verehrung von Höhlen als Geburtsplätze oder Aufenthaltsorte der Gottheiten als auch deren Benutzung zu Kulthandlungen.

Höhlentempel, Felsentempel. Unter- oder oberirdische Tempelbauten (3. Jh. v. Chr.–10. Jh. n. Chr.), die in Fels gehauen sind; sie finden sich bes. häufig in Vorderindien (Adschanta, Ellora, Karli), doch auch in Ägypten (Abu Simbel) und im Mittelmeergebiet (z. B. in Kleinasien, im Hidschas und bei Jerusalem).

Hohlpfennig. Im Anschluß an die Brakteaten eine nach deren Vorbild (einseitige, hohle Pfennige aus Silberblech) geprägte dünne Silbermünze von geringem Wert.

Holländischer Krieg. Der 2. Eroberungskrieg (Raubkrieg) Ludwigs XIV. von Frankreich (reg. 1661–1715) von 1672–79. Der franz. König, unzufrieden mit dem Ausgang des Devolutionskrieges (1667/68), überfiel die Vereinigten Niederlande ein zweites Mal. Innerhalb kurzer Zeit konnte er die Hälfte der niederländ. Provinzen erobern. Die Holländer, hart bedrängt, stürzten ihre bisherige, von reichen Kaufleuten gebildete Regierung und wählten den 21 Jahre alten Wilhelm III. von Oranien zum Generalstatthalter. Er erklärte »Holland in Not« und ließ die Deiche durchstechen. Zwar verdarben die in das Land einströmenden Salzfluten die fruchtbaren Felder und Weiden auf Jahre hinaus, verwandelten aber gleichzeitig die Städte in schwer einnehmbare Inseln. Infolgedessen vermochten sich die Verteidiger zu halten, bis die Koalition mit Spanien und dem Dt. Reich sowie die (zeitweilige) Unterstützung durch den Großen Kurfürsten (reg. 1640–88) zu deren Eingreifen führte und die franz. Armee ablenkte.
LIT. L. André, Louis XIV et l'Europe (Paris 1949/50); P. O. Höynck, Frankreich und seine Gegner auf dem Nymwegener Friedenskongreß (1960).

Home Rule (engl., Selbstregierung). Im Unterschied zu den Feniern seit 1877 Bez. für das Programm der irischen Nationalpartei, die auf parlamentar. Wege die nationale Selbständigkeit Irlands im Rahmen des Britischen Weltreichs (als Dominion) erstrebte; erreicht wurde die H. R. 1921.

Homestead Act (Heimstättengesetz). Amerikan. Gesetz vom 20. 5. 1862; hiernach werden Farmen auf Regierungsland kostenlos überlassen, wenn sie über einen Zeitraum von 5 Jahren hinweg bebaut worden sind.

Homiliarium (griech.-lat.). Ma. Sammlung von Homilien (Predigten, die sich eng an die ausgewählten Textstellen halten), doch auch von Predigten überhaupt; häufig sind sie nach den Perikopen (bibl. Abschnitte, die in der Vormesse als Epistel und Evangelium gelesen werden) des Kirchenjahres geordnet.

homo (lat., Mensch, Mann, mlat. bedeutet der Plural homines auch Leute, d. h. Untertanen – Vasallen und Unfreie).
[1] **homo faber** (Schmied). Der Mensch als manuell wirkendes Wesen. Hierin dokumentiert sich der Gedanke von der Überlegenheit des Menschen gegenüber den übrigen Wesen sowie die Möglichkeit, die Umwelt in seinem Sinne zu verändern.
[2] **homo novus.** In der ausgehenden röm. Republik (im Gegensatz zu den nobiles) ein in die Staatsaristokratie gelangter Emporkömmling aus bisher unbekannter Familie, so M. Porcius Cato (234–149 v. Chr.) und M. Tullius Cicero (106–43 v. Chr.).
[3] **homo oeconomicus.** Bez. für den Menschen, insofern er rein wirtschaftl. tätig ist; hierbei handelt es sich um eine Begriffsbildung der klassischen Nationalökonomie des 18. Jh.
[4] **homo sui iuris** (Mensch eigenen Rechts). Eine (nach röm. Recht) gewaltfreie Person, d. h., daß sie nicht unter väterl. Gewalt stand.
[5] **homo sapiens.** Seit C. von Linné (1707–78), von dem der Begriff geprägt wurde, der Mensch im Sinne eines vernunftbegabten Wesens; der jetztzeitliche Menschentyp.
LIT. J. Vogt, H. novus (1926); O. von Zwiedineck-Südenhorst, in: Jb. für Nationalökonomie (1934); M. Scheler, Mensch und Geschichte (^{2}1954); Ernst Meyer, Röm. Staat und Staatsgedanke (^{3}1964); J. Huizinga, H. ludens (^{6}1963); A. Gehlen, Der Mensch (^{8}1966).

Honores (lat. honor, honos, Ehre, Ehrenamt, Auszeichnung, Ansehen). In der röm. Republik vor allem die senator. Ämter (cursus honorum: Ämterlaufbahn); hierher: Honours, Auszeichnungen; Honourable (abgek. Hon.), Ehrenwerter (Anrede für die Angehörigen des engl. Hochadels bis zum Marquis), ebenso Anrede für die höchsten Richter und Beamten, in den USA für die Kongreßmitglieder.

Honoriusfrage. Umschreibung des Versuchs Papst Honorius' I. (625–38), den Streit um den Monotheletismus durch das Verbot, von einem oder zwei gottmenschl. Willen in Christus zu sprechen, zu unterdrücken. Deshalb und weil Honorius ledigl. einen Willen annahm, verurteilte ihn das 6. Allg. Konzil zu Konstantinopel (681) als Häretiker. Im Jahre 682 wurde die Verurteilung durch Papst Leo II. (682–83) bestätigt, da Honorius »durch unheilige Preisgabe zugelassen habe, daß die unbefleckte (römische Kirche) befleckt werde«. Während die Verurteilung im Zusammenhang mit dem Papsteid eine Zeitlang fortwirkte, spielte die Begünstigung der Häresie durch Honorius, gleichfalls seine Verurteilung als Häretiker, bei der Auseinandersetzung um die päpstl. Unfehlbarkeit eine wichtige Rolle.
LIT. C. J. Hefele, Causa Honorii (Neapel 1870; dt. 1870); K. Hirsch, Honorius I. und das 6. Allg. Konzil (Salzburg 1929); G. Kreuzer, Die Honoriusfrage im Mittelalter und in der Neuzeit (1975).

Honvéd (ungar., Vaterlandsverteidiger). In Ungarn eine (zuerst 1848) befristet aufgestellte Freiwilligentruppe; seit 1867 Bez. für die ungar. Landwehr, von 1919–45 für die gesamten nationalen Streitkräfte.

Hopliten (griech., hoplites, eigentlich: Schildträger; im antiken Griechenland die mit Schwert, Speer, Helm, Schild [hoplon] und Beinschienen ausgerüsteten Schwerbewaffneten). Da sie den adeligen Einzelkämpfern überlegen und von etwa 650 v. Chr. an wegen ihrer Ausrüstung und Taktik kampfentscheidend waren, erlangten die H. zunehmende polit. Bedeutung (→Zeugiten).
LIT. J. Kromayer, G. Veith, Heerwesen und Kriegführung der Griechen und Römer. In: HAW (1928); dies., Antike Schlachtfelder. 4. Bde. (1903–31); H. Bengtston, Griech. Geschichte. In: HAW ([3]1965).

Hoplitenpolis. Im 6. und 5. Jh. v. Chr. die timokrat. Ordnung des griech. Stadtstaates (zw. Aristokratie und Demokratie).

Hoplitentaktik. Bez. für die Kampfesweise der schwerbewaffneten Fußtruppen; sie bestand im Angriff einer geschlossenen Formation (Phalanx). Der Erfolg der H. war auf den massierten Angriff zurückzuführen; sie erforderte einen hohen Grad an Disziplin. Die H. ging von Sparta aus (seit dem 7. Jh.) und wurde von der damaligen griech. Welt kopiert.

Horde (türk. ordu, Schar, Heerlager). Ethnolog. Begriff für mehr oder weniger lose Lebensgemeinschaften primitiver Jäger, Fischer, Krieger ohne straffe polit. Organisation.
LIT. R. H. Lowie, The History of Ethnological Theories (London 1937); W. Mühlmann, Geschichte der Anthropologie ([2]1968).

Hörigkeit. Mittelstellung zw. Freiheit und Leibeigenschaft, weshalb die Hörigen auch als Halbfreie bez. werden. Im Gegensatz zum Leibeigenen konnte ein Höriger bewegl. Eigentum, jedoch keinen freien Grundbesitz erwerben. Er war an einen Bauernhof gebunden (Schollenpflicht), der einem Großgrundbesitzer gehörte, gleich dem urspr. freien Kolonen seit Kaiser Konstantin (reg. 306–37). Bereits die Germanen kannten die H.; wähend des Früh- und HochMA nahm die Zahl der Hörigen zu, da mehr und mehr Freie entweder als Folge der Schuldknechtschaft zu Hörigen wurden oder sich aus freien Stücken dem Schutz (Schutzhörigkeit) eines Grundherrn unterstellten. Die Gebundenheit des Hörigen an die Scholle wurde an seine Kinder vererbt; sie blieb auch bestehen, wenn ein Gut durch Veräußerung an einen anderen Herrn überging. Der Grundherr hatte Anspruch auf Grundzinsen, gemessene Frondienste und den Todfall (→Fall). Der Hörige war zu persönl. Leistungen auf dem Fronhof (Salhof) verpflichtet, ebenfalls seine Kinder, soweit sie unverheiratet waren. Während des MA besserte sich die Stellung des Hörigen derart, daß die zu leistende Abgabe (insbes. seit dem 13. Jh.) ledigl. in einem Rekognitionszins bestand, während das bestellte Gut erblich wurde. Trotz dieser merklichen Besserung der Situation

des Hörigen blieben die Standesunterschiede bestehen.
Dabei ist allerdings zu berücksichtigen, daß es in den verschiedenen Landschaften rechtl. Unterschiede gab (so konnte im Falle des Todes eines Hörigen die von den Erben zu entrichtende Abgabe zw. einer rein symbol. und einer Abgabe von einem Drittel bzw. der Hälfte des Vermögens schwanken). Eine Heirat zw. ständisch Ungleichen, auch im Falle gleicher wirtschaftl. Stellung, war bis zum ausgehenden MA nicht erlaubt. Gemäß dem Grundsatz »Luft macht eigen« konnte H. auch an eine besondere Gegend gebunden sein, d.h. daß jemand, der dort ein Leihgut besaß, der H. bzw. den damit verbundenen Verpflichtungen unterworfen war. Der Begriff H. umfaßt nicht selten auch die Wachszinser, die Leibeigenen bzw. die Unfreien jeder Art. Mit der Bauernbefreiung im 19. Jh. wurden die letzten Überreste der H. beseitigt.
LIT. L. Thurnwald, Die menschliche Gesellschaft. Bd. 4: Werden, Wandel und Gestaltung von Staat und Kultur im Lichte der Völkerforschung (1935); G. von Below, Geschichte der dt. Landwirtschaft des MA in ihren Grundzügen, hrsg. von F. Lütge (1937); F. Ganshof, in: Cambridge Economic History of Europe, 1 (1942); Ch. E. Perrin, La servage en France et en Allemagne (Rel. Int. Hist. Kongr. Rom 3, 1955); H. Conrad, DRG, 1 ([2]1962), 2 (1966).

Hornfessel. In der Tracht des MA ein breites Bandelier, das schräg über Brust und Rücken getragen wurde.

Horror vacui. Bis ins 17. Jh. Bez. für die herrschende Vorstellung, daß die Natur vor einem leeren Raum einen Abscheu besitzt; deshalb suche sie solche Räume mit allen Mitteln und mit aller Kraft auszufüllen.

Horse-guards. Das älteste der engl. Garde-Kavallerieregimenter (seit 1660 unter König Karl II., reg. 1660–85). Nach ihrer Uniformfarbe werden die H.-g. auch Royal blues genannt.

Hosenbandorden (engl. Order of the Garter), auch Georgsorden genannt. Die höchste engl. Ordensauszeichnung; sie wurde 1348 von König Eduard III. (reg. 1327–77) gestiftet. Die Zahl der Mitglieder ist auf 25 begrenzt (dazu der König oder die Königin, die Prinzen des Hauses und Sonderritter). Devise: honni soit qui mal y pense.

Hospes (lat., Gast[freund], Fremder). Der Fremde, dem zunächst durch einen röm. Bürger, dann auch durch den röm. Staat Gastfreundschaft (hospitium) zuteil wurde. Sie bezog sich auf Gerichtsbeistand sowie die Vermittlung von Geschäftsverbindungen und war vom Vater auf den Sohn vererbbar. Der H. nahm Wohnung in eigens errichteten domunculae, später hospitalia (Gastzimmer) genannt.

Hospital, Spital, Spittel (von lat. hospitalia). Während des MA Sammelanstalt für verschiedene Arten von Hilfsbedürftigen wie Alte, Kranke, Fremde etc. Das H. entstand aus dem frühchristl. Xenodochium (griech., Herberge), einem Fremdenheim; es war als selbständiges kirchl. Institut organisiert. Im FrühMA kam es auch in Italien und Frankreich vor. Im Laufe der Zeit wurde es von den durch die Klöster und Stifte betriebenen Spitälern abgelöst, insbes. durch die der Hospitaliter, deren Klostergenossenschaften sich vornehml. dem Dienst in Hospitälern widmeten. Die bekanntesten unter ihnen waren die Johanniter, die bürgerl. Orden der Antoniusbrüder, der Hospitaliterorden vom hl. Johannes von Gott und der Hospitaliterorden vom Hl. Geist. Zahlreich waren auch die weibl. Klostergemeinschaften (Hospitaliterinnen, von denen u.a. die Zellitinnen noch heute wirken). Mit der Entwicklung der Städte kam es in zunehmendem Maße zur Gründung von Bürgerspitälern; sie waren im kirchl. Sinn geleitet, vermögens- und verwaltungsrechtl. jedoch weltlich organisiert. Das ma. H. hat bis ins 19. Jh. bestanden.
LIT. S. Reicke, Das dt. Spital und sein Recht im MA. 2 Bde. (1932); Feine, KRG ([4]1964); U. Cramer, Das H. als Bautyp des MA (1963); D. Jetter, Geschichte des dt. H. (1966); D. Leistikow, Hospitalbauten in Europa aus zehn Jahrhunderten (1967).

Hospitaliter, Hospitaliterinnen. Ordensgenossenschaften, die sich (neben der Selbstheiligung) vor allem der Krankenpflege in Spitälern widmen. Die Bez. stammt vom hospitalarius, dem in Klöstern und Stiften die Verwaltung des Gast- und Armenhauses oblag.
a) Bereits im 9. Jh. soll Sorore von Siena die Gemeinschaft der in seinem Hospital wirkenden Krankenpfleger zu einer Verbrüderung zusammengeschlos-

sen haben. Bes. Bedeutung erlangten die ritterl. Spitalorden: die Johanniter, die 1113 von Papst Paschalis II. (1099–1118) bestätigt und nach der Übersiedlung nach Malta (1530) Malteser genannt wurden; die Lazariter, die sich aus den Kranken eines vor 1250 in Jerusalem entstandenen Leprosenheims entwickelten (sie nahmen später auch Gesunde auf); der Dt.-Ritterorden, 1189 gegr. von Bürgern aus Bremen und Lübeck im Hospital St. Marien der Deutschen in Jerusalem und 1198 in einen Ritterorden umgestaltet. Unter den nicht-ritterl. Spitalorden ist zunächst der Antoniterorden aus der Zeit des ausgehenden 11. Jh. zu nennen; er entstand aus der Pflege der zahlreichen Kranken, die zu den Reliquien des hl. Antonius in La Motte des bois pilgerten. Sodann der Orden vom Hl. Grab in Jerusalem, 1114 vom Patriarchen Arnulf gegründet. Der Ursprung des 1198 durch Papst Innozenz III. (1198–1216) privilegierten Hl. Geist-Ordens liegt in Montpellier; derselbe Papst berief den Orden 1204 an das Spital Santo Spirito in Sassia zu Rom, das dann Hauptsitz des Ordens wurde. In den selbständigen Spitälern legten die Brüder Gelübde auf die Augustinerregel ab. Das 16. Jh. brachte wieder zwei große Hospitaliterorden hervor, die Barmherzigen Brüder, gestiftet von Johannes von Gott (1495–1550) und 1572 von Papst Pius V. (1566–72) bestätigt, sowie die Kamillianer, 1591 von Papst Gregor XIV. (1590–91) bestätigt. In neuerer Zeit bildeten sich auch verschiedene Hospitaliterkongregationen: die Barmherzigen Brüder von Mariä Hilf in Trier (1852), die Barmherzigen Brüder von Montabaur (1856), die Hospitalitersöhne von der Unbefleckten Empfängnis in Rom (1857), die franziskan. Tertiarbrüder vom hl. Joseph in Heerlen (1875), die Brüder vom hl. Paulus in Queichheim (1913).

b) Die Johanniter, Templer, Lazariter und der Dt.-Orden hatten auch weibl. Zweige, die im Krankendienst tätig waren. Die Großpriorin der Johanniterinnen lebte bis zur Französ. Revolution (1789) in Beaulieu. Die Dt.-Ordensschwestern entstanden 1854 von neuem. In den Spitälern des Ordens vom Hl. Geist versahen Schwestern den Dienst an den weibl. Siechen. Analog den Hospitaliterinnen gab es in vielen Spitälern Augustinerinnen. Im Anschluß an die hl. Elisabeth von Thüringen (1207–31) entstanden unzählige Hospitaliterinnen-Gemeinschaften, von denen manche noch heute bestehen (Schwestern vom hl. Paulus in Chartres, von Ernement bei Rouen). Aus Dtl. und Italien sind zu erwähnen die Schwestern von der hl. Elisabeth in Aachen (1622), die Schwestern nach der 3. Regel des hl. Franziskus in Münster i. Westf. (1850), die franziskan. St. Josephskongregation in Ursberg (1897), die Hospitaliterschwestern vom Heiligsten Herzen Jesu in Rom (1881).

LIT. L. de Grand, Statuts d'Hôtel-Dieu et de Léproseries (1901); E. J. King, The Knights Hospitallers in the Holy Land (London 1931); S. Reicke, Das dt. Spital und sein Recht im MA. 2 Bde. (1932); Heimbucher I; M. Tumler, Der Dt. Orden (1948); A. Mischlewski, Der Antoniterorden in Deutschland. In: AmrhKG 10 (1958) 39–66; A. Lutrelli, The Hospitallers in Cyprus, Rhodes, Greece and the West, 1291–1440 (1978); D. Jetter, Geschichte des Hospitals. 4 Bde. (1966–80); A. Lutrelli, Latin Greece, the Hospitallers and the Crusades 1291–1400 (1982); DHGE V.

Hospiz (lat. hospitium, Herberge). Von Mönchen in unwegsamen Gegenden errichtete Unterkunftsstätte zur Aufnahme von Reisenden, so auf Bergpässen und an Wallfahrtsorten etc. (Vgl. hierzu auch hôtel, von mlat. hospitale, Gasthaus, vor allem im Frankreich des 17. Jh. ein palastartiges Stadtgebäude, das dem Adel als Wohnsitz diente; Hôtel Dieu, das städt. Spital in einer Reihe franz. Städte; Hôtel de ville, das Rathaus, d.h. der Sitz der Stadtverwaltung).

LIT. D. Jetter, Geschichte des Hospitals. 4. Spanien von den Anfängen bis um 1500 (1980); ders., Santiago, Toledo, Granada. Drei span. Kreuzhallenspitäler und ihr Nachhall in aller Welt (1986).

Hospodar, Gospodar (slaw., Herr, griech. despotes).

a) Bez. für den Hausherrn oder das Familienoberhaupt im Kleinrussischen;

b) Titel der Fürsten der Moldau und Walachei vom SpätMA bis 1866. Die H. wurden vom 17.–19. Jh. durch die Pforte (→Hohe Pforte) ernannt oder bestätigt; sie entstammten den rumän. Bojaren; von 1712–1821 waren es griech. Fanarioten.

Hubertusburg (sächs. Jagdschloß aus dem 18. Jh. westl. von Oschatz). Der Friede von H. (15. 2. 1763) beendete den →Siebenjährigen Krieg für Preußen, Österreich und Sachsen. Schlesien und die Grafschaft Glatz verblieben bei Preußen, d. h. daß der Gebietsstand (wie bei Kriegsbeginn, 1756) unverändert blieb. H. bedeutete die Bestätigung der Existenz von zwei gleichberechtigten Großmächten innerhalb des Reiches. Der Dualismus war von nun an ein Tatbestand der dt. Geschichte, der Gegensatz zwischen Wien und Berlin wurde für 100 Jahre zu ihrem Inbegriff (bis 1866). Nachdem nämlich Preußen durch den Siebenjährigen Krieg und seinen Ausgang zu einer Großmacht geworden war, mußte es aus Gründen seines eigenen Bestandes die Existenz des Reiches zu untergraben suchen, damit Österreich gänzlich aus dem Reich herausgedrängt wurde (→Pariser Friedensschlüsse [1]).
LIT. Friedrich der Große, Histoire de la guerre de Sept ans (1788); C. von Beaulieu-Marconnay, Der Hubertusburger Friede (1871); G. Ritter, Friedrich der Große ([3]1954).

Hubertusorden, Sankt-Hubertusorden. Der älteste (seit 1444) und höchste bayerische Orden.

Hubmeister. Während des 15. Jh. in Ober- und Niederösterreich der mit der Leitung der landesherrl. Verwaltung beauftragte Beamte.

Hufe, Hube (ahd. huoba, mhd. huofe, lat. mansus). Bez. für den (gleichmäßigen) Anteil der Gemeindemitglieder an der Ackerflur und der Allmende; auch die bäuerliche Hofstätte mit dem dazu gehörenden Grund und Boden. Während in der Merowingerzeit die Größe einer H. nicht genau bestimmt war, umfaßte sie während der Karolingerzeit einen festgesetzten Raum, und zwar den Hof eines Vollbauern. Im MA kam es nicht selten infolge Erbteilung zur Zersplitterung der H. in Halb-, Viertel- und Achtelhufen; Königs- und Adelshufen waren weit größer als normale H. Der (nieder)sächsische Brauch hielt an der Unteilbarkeit der H. fest. Die Größe einer H. betrug 30–60, einer Königshufe als ritterliche Stelle 120–160 Morgen. Die Hufen-Inhaber waren Vollbauern, Vollspänner oder Hubbauern (Hüfner); die Inhaber der daneben durch Teilung entstandenen H. waren die Halbbauern, Halbspänner oder Halbhüfner. Während der Zeit der Rodungen im HochMA wurde die H. bei der Anlage von Waldhufen als Besitznorm betrachtet; in den spätma. Territorialstaaten und in der frühen NZ war die H. für öffentliche Steuern (Steuer-H.) oder grundherrliche (Zins- und Dienst-H.) Leistungen Belastungseinheit, der Hufenschoß.
LIT. G. Waitz, Über die alte dt. H. (Ges. Abh. 1. Bd.: Abhandlungen zur dt. Verfassungs- und Rechtsgeschichte, hrsg. von K. Zeumer, 1896); J. Reichel, Die Hufenverfassung z. Z. der Karolinger (1907); R. Kötzschke, G. Ipsen, E. G. Bürger, Art. Agrarverfassung, in: Hwb. des Grenz- und Auslanddeutschtums. Bd. 1 (1936); A. Hömberg, Grundfragen der dt. Siedlungsforschung (1938); R. Kötzschke, in: Festschr. A. Dopsch (1938); H. Bechtel, Wirtschaftsgeschichte Deutschlands (1951 ff.); F. Lütge, Dt. Sozial- und Wirtschaftsgeschichte ([3]1966).

Hugenotten. Bez. für die Anhänger des franz. Protestantismus, der nicht nur als kirchl., sondern auch als polit. Bewegung auftritt. Die Herkunft des Wortes ist ungeklärt. Seit 1559 begegnen als Parteinamen huguenots d'état und huguenots de religion. Nach dem Frieden von Cateau-Cambrésis traten die beiden Gruppen in Verbindung. Die Bez. der französischen Reformierten als H., in der 2. Hälfte des 16. Jh. gebräuchlich, wird nach der Aufhebung des Edikts von Nantes (1685) in zunehmendem Maße Selbstbez., vor allem der aus Frankreich kommenden reformierten Emigranten. Normalerweise nannte man diese, die in Gastländern eine Zuflucht fanden, Réfugiés. Die (seit Generationen eingegliederten) Nachfahren der Réfugiés bez. sich heute überwiegend als H., selbst dann, wenn sie nicht (wie ihre Vorfahren) dem reformierten Bekenntnis angehören.
Die den H. geltenden Verfolgungen im 16. und vor allem im 17. Jh. in Frankreich veranlaßten diese, in steigendem Maße Zuflucht in Gebieten von Glaubensverwandten und sie tolerierenden Obrigkeiten zu suchen. Dort bildeten sie dann eigene Flüchtlingsgemeinden (Églises des Réfugiés).
Der erste große Flüchtlingsstrom franz. H. verließ Frankreich seit 1560 (Verschwörung von Amboise). Die durch das Gnadenedikt von Nantes (1598) versuchte Befriedung der franz. H. hielt

bis zur Aufhebung des Edikts (1685) an, wiewohl die Kämpfe und der Fall der Hugenottenfestung La Rochelle (1628) sowie die den H. aufgezwungenen Wohnbeschränkungen weitere Auswanderungen hervorriefen, denen Ludwig XIV. (reg. 1661–1715) durch strengste Auswanderungsverbote entgegenzuwirken versuchte. Hiermit gingen Dragonaden und Zwangsbekehrungen einher. Trotz aller Verfolgungen, die auf eine Bekehrung hinausliefen, und trotz der Auswanderungsverbote gelang es mehr als einer halben Million H., Frankreich zu verlassen. Auf franz. Druck hin folgten ihnen 1698 auch Waldenser aus Piemont. Der Flüchtlingsstrom ebbte bald nach 1700 ab; die Verfolgung einzelner H. in Frankreich selbst hörte jedoch erst gegen Ende der Regierungszeit Ludwigs XV. (reg. 1715–74) auf.

Ihrer sozialen Schichtung nach waren die Réfugiés Beamte und Soldaten, Richter, Ärzte, Pfarrer, Lehrer, kapitalkräftige Kaufleute und Unternehmer sowie fachlich hochqualifizierte Handwerker, dagegen weniger Arbeiter und Bauern. In größeren Städten besaßen die H. eigene Gymnasien, u.a. das Französische Gymnasium in Berlin (1689–1945).

In Dtl. kam es vornehmlich in reformierten Gebieten zur Ansiedlung von H., zunächst im Elsaß. Flüchtlingszentren des 16. Jh. waren seit 1554 Wesel, Emden und Frankfurt/Main, seit 1574 Aachen, Köln und Heidelberg, seit 1579 Kleve und Umgebung sowie Nürnberg, Bremen und Hamburg. Zw. 1561 und 1629 entstanden die Gemeinden im Bereich der Pfalz, u.a. Otterberg, Speyer, Annweiler, Frankenthal und Neustadt. Erst seit 1682 siedelten sich franz. H. im Badischen an; auch in Nassau und Kurhessen fanden, bes. nach 1685, Wallonen, H. und Waldenser Aufnahme, so in Wetzlar, Hanau, Kassel, Homburg, Karlshafen und in Friedrichsdorf im Taunus (1687), wo sich die hugenottische Eigenart bis ins 20. Jh. erhielt. In Braunschweig-Lüneburg konnten sich die Réfugiés seit 1670 niederlassen. Die Bayreuth-Ansbacher setzten die Aufnahme von H. gegen mancherlei Widerstände durch; die Neustadt von Erlangen (1686) war eine reine Hugenotten-Siedlung.

In kommerzieller, polit. und geistiger Hinsicht steht die Niederlassung von H. in Brandenburg-Preußen an hervorragender Stelle. Hier wurde die Aufnahme von Réfugiés vor allem seit dem Edikt von Potsdam (29. 11. 1685), eine Antwort auf das Edikt Ludwigs XIV., bewußt gefördert. Neben den bereits bestehenden kam es seit 1685 zu Hugenotten-Siedlungen in Oranienburg, Rheinsberg, Potsdam (seit 1723). Städtische Zentren der H. wurden 1686 Magdeburg, Halle, Frankfurt/Oder und Stendal (hier vertriebene Pfälzer) sowie Königsberg. Ländl. Kolonien gab es vor allem in der Uckermark, seit 1737 in Ostpreußen. – In Frankreich gibt es z. Z. etwa 750000 Protestanten.

LIT. J. P. Ermann-P. Chr. F. Reclam, Mémoires pour servir à l'histoire des Réfugiés français dans les États du Roi (de Prusse). 9 Bde. (1782–1800); E. Mengin, Das Recht der franz.-reform. Kirche in Preußen (1929); H. Erbe, Die H. in Dtl. (1937; mit Lit.); J. Chambon, Der franz. Protestantismus (^{6}1948); O. Zoff, Die H. (^{2}1948); E. G. Leonard, Le protestant français (Paris 1953); W. Beuleke, Studien zum Refuge in Dtl. und zur Ursprungsheimat seiner Mitglieder (1966); R. von Thadden, M. Magdelaine (Hrsg.), Die Hugenotten 1685–1985 (1985); H. Duchhardt (Hrsg.), Der Exodus der H. (1986).

Hugenottenkriege. Die aus dem gewaltsamen Vorgehen der kath. Partei Frankreichs teils im Bunde mit Spanien gegen die Hugenotten resultierenden kriegerischen Auseinandersetzungen seit dem Jahre 1562. Eingeleitet wurden die H. durch das von Franz von Guise am 1. 3. 1562 veranstaltete Blutbad von Vassy. Während der ersten Kriege (1562/63, 1567/68 und 1568/70) wurden die Hugenotten zwar besiegt, konnten aber im Frieden von Amboise (1563) eine an bestimmte Orte gebundene Kultfreiheit erlangen, die im Frieden von St.-Germain-en-Laye (1570) noch erweitert wurde; durch die Einräumung von Sicherheitsplätzen behaupteten sie eine polit. Sonderstellung.

In der Folge gelang es dem Hugenottenführer Gaspard de Coligny, Admiral von Frankreich (1519–72), maßgebenden Einfluß auf König Karl IX. (reg. 1560–74) zu gewinnen. Durch die Bartholomäusnacht, in der Coligny ermordet wurde, fand sein Einfluß ein Ende. Der Bourbone Heinrich von Navarra

folgte nun als Hugenottenführer. Es kam zu weiteren Kriegen (1572/73, 1574–76, 1576/77, 1579/80).
Die für die Hugenotten günstige Wendung im 5. Krieg (1574–76) führte 1576 zur Bildung der kath. Liga unter Heinrich von Guise (1550–88). König Heinrich II. (reg. 1574–89) begann unter ihrem Einfluß 1585 den 8. H.; 1588 aber verbündete er sich mit den Hugenotten gegen die Liga. Heinrich von Navarra erbte nach der Ermordung Heinrichs III. (1589) den Thron (er regierte als Heinrich IV. von 1589–1610). 1593 trat er zwar zum Katholizismus über, doch im Edikt von Nantes (13. 4. 1598) gewährte er seinen früheren Glaubensgenossen freie Religionsausübung und eine polit. Sonderstellung.
Durch Kardinal Richelieu (1585–1642), der 1628 die Hugenotten-Festung La Rochelle eroberte, verloren die Hugenotten im 9. H. (1621/22) und 10. H. (1625–29), als sie sich zur Erhaltung ihrer polit. Privilegien der Krone entgegenstellten, ihre Sicherheitsplätze. Den schwersten Verfolgungen waren die Hugenotten unter Ludwig XIV. (reg. 1643–1715) ausgesetzt; sie gipfelten in der Aufhebung des Edikts von Nantes (23. 10. 1685); etwa 200000 Hugenotten wanderten nun aus. Es erhielt sich dennoch eine Hugenottengemeinde in Frankreich als ›Kirche der Wüste‹ (nach Offenbar. 12, 6), gegen die der letzte der H. geführt wurde: 1702 trieb man die Hugenotten in den Cevennen zu Aufständen, aus denen der blutige Cevennenkrieg entstand; er wurde 1710 beendet. Staatl. Duldung wurde den Hugenotten erst im Toleranzedikt von Versailles (Nov. 1787) gewährt (als Folge der Wirksamkeit der literar. Aufklärung). Volle Gleichberechtigung erhielten die Hugenotten aber erst nach der Franz. Revolution (1789) durch den Code Napoléon. Heute gibt es in Frankreich etwa 900000 Protestanten, größtenteils Calvinisten.
LIT. L. Romier, Les origines polit. des guerres de religion. 2 Bde. (1913/14); J. Chartrou-Charbonnel, La Réforme et les guerres de religion (1936); A. Ducasse, Guerre des camisards (1946); R. P. Gagg, Die Kirche im Feuer. Das Leben der südfranzös. Hugenotten nach dem Todesurteil durch Ludwig XIV. (1961); J. Condy, Die H. in Augenzeugenberichten (1965); V. Roeser, Politik und religiöse Toleranz vor dem ersten H. in Frankreich. In: Basler Beiträge zur Geschichtswissenschaft 153 (1985); J. Karniel, Die Toleranzpolitik Kaiser Josephs II. (1985).

Hugenottenstil. Der durch die Hugenotten in Holland und im prot. Dtl. verbreitete Baustil. Im Vergleich zum Barock ist er nüchtern und schmucklos.
LIT. P. du Colombier, L'architecture française en Allemagne au 18e Siècle (Paris 1956); P. Germann, Der prot. Kirchenbau in der Schweiz (1963); E. Hempel, Baroque Art and Architecture in Central Europe (Harmondsworth 1965).

Hulde (mlat. homagium, franz. hommage).
[1] Lehnsrecht: das Gelöbnis eines Lehnsmannes, seinem Herrn treu, hold und gegenwärtig zu sein (H. schwören); daraufhin erhielt er die Investitur. Begleitet wurde die H. von symbol. Handlungen, so der Kommendation; hierbei legte der knieende Lehnsmann seine gefalteten Hände in die des Herrn.
[2] Staatsrecht (**Huldigung**): das Treuegelöbnis der Untertanen. Die Huldigung wurde im fränk. Reich bei der Thronbesteigung, doch auch bei anderen Gelegenheiten durch Grafen oder Königsboten vom Volke gefordert. Während des MA nahm der dt. König den höheren Klassen den persönl. Eid ab, der Landesherr in seinem Territorium den Ständen. Während des 19. Jh. wurde die Huldigung aufgegeben; an ihre Stelle trat die Vereidigung, z. B. der Beamten, des Heeres etc.
LIT. HWDRG II, 256–59; F. Hartung, Dt. Verfassungsgeschichte vom 15. Jh. bis zur Gegenwart (^{5}1950); C. von Schwerin und H. Thieme, Grundzüge der dt. Rechtsgeschichte (^{4}1950); W. Kienast, Untertaneneid und Treuvorbehalt in Frankreich und England (1952); A. Holenstein, Die Huldigung der Untertanen. Rechtskultur und Herrschaftsordnung (800–1800) (1991).

Humaniora (lat., das Menschlichere), eigentlich H. studia. Die Studien des klass. At., insofern sie der Allgemeinbildung dienen sollen.

Humanismus (neuzeitl. nach humanum). Eine von der idealisierten klassischen und christl. Antike befruchtete Lebensanschauung, die vom 14.–16. Jh. in den Kreisen der Gelehrten und Pädagogen, Gebildeten und Literaten vorherrschte. Der H. vertrat eine von der Tradition befreite und der kirchl. Autorität teilweise ablehnend gegenüberstehende allg. Geistesbildung und stellte den Menschen in den Mittelpunkt. Von Italien ausgehend, wo er die wissenschaftl.-geistige Seite der Renaissance bildete (Petrarca [1304–74], Poggio [1380–1459], L. Valla [1406 od. 1407–57], Pico della Mirandola [1463–94]), hat der H. in Frankreich (Guillaume Budé [1467–1540], Faber Stapulensis), Spanien (Jiménes [1436–1517]), England (Colet [1467 (?) - 1519], Thomas Morus [1478–1535]), in den Niederlanden und in Deutschland (Reuchlin [1455–1522], Erasmus von Rotterdam [1469–1536], Melanchthon [1497–1560] u.a.) ein eigenes Gepräge; schließlich ist der H. thematisch ausgeweitet worden. Durch die Impulse, die er Wissenschaft und Erziehung vermittelte, bestimmte er die NZ mit.

Die etwa 1750 einsetzende Erneuerung der humanistischen Bewegung und ihre erneute Hinwendung zum klassischen At., der **Neuhumanismus,** wurde angebahnt durch M. Gesner (1691–1761), Chr. G. Heyne (1729–1812) und J. A. Ernesti (1707–1781); sie vertieften den altsprachl. Unterricht, während sie durch Betonung des Griechischen in den Geist des At. einzuführen versuchten. Winckelmann (1717–68), Herder (1744–1803) und Fr. A. Wolff verstanden den Neuhumanismus als Erneuerung des in der Antike geltenden menschl. Hochwertes. W. von Humboldt (1767–1835), G. W. F. Hegel (1770–1831) und F. A. Trendelenburg (1802–72) machten den Neuhumanismus zur Grundlage des preuß., F. J. Niethammer (1766–1848) und F. W. Thiersch (1784–1860) zur Grundlage des bayer. Schul- und Bildungswesens. Darüber hinaus brachte der Neuhumanismus eine Blütezeit künstler. Erneuerung; sie wurde repräsentiert in der Dichtkunst vor allem durch Lessing (1729–81), Schiller (1759–1805); Goethe (1749–1832) und Hölderlin (1770–1843), in der Baukunst durch K. F. Schinkel (1781–1841).

Der sog. **Dritte Humanismus** des 20. Jh. führt auf die überzeitl. Inhalte der griech. Paideia (Erziehung und Selbsterziehung) zurück; er wird repräsentiert u.a. durch W. Jaeger (1888–1961) und J. Stenzel (1883–1936).

LIT. K. Brandi, Ma. Weltanschauung, H. und nationale Bildung (1925); K. Burdach, Reformation, Renaissance und H. (^{2}1926, Nachdr.1970); J. Huizinga, Erasmus (^{2}1936); J. Burckhardt, Die Kultur der Renaissance in Italien (Neuausg. in den Ges. Werken, Bd. 3, 1955); H. Rüdiger, Wesen und Wandlung des H. (1937); W. Rüegg, Cicero und der H. (1946); R. Newald, Humanitas, H., Humanität (1947); H. von Srbik, Geist und Geschichte vom dt. H. bis zur Gegenwart. 2 Bde. (^{3}1964); M. Merleau-Ponty, H. und Terror. 2 Bde. (1965); E. Kessler, Das Problem des frühen H. (1968); P. Joachimsen, Gesammelte Aufsätze. Beiträge zur Renaissance, Humanismus und Reformation; zur Historiographie und zum dt. Staatsgedanken, hrsg. und eingeleitet von N. Hammerstein (1970); A. P. Saccaro, Französ. Humanismus des 14. und 15. Jh. (1975); L. W. Spitz (Hrsg.), Humanismus und Reformation (1981); M. P. Fleischer, Späthumanismus in Schlesien (1984); W. Reinhard (Hrsg.), Humanismus im Bildungswesen des 16. Jh. (1984); J. Overfield, Humanism and scholasticism in the late medieval Germany (1984); M. Fink-Lang, Untersuchungen zum Eichstätter Geistesleben im Zeitalter des H. (1985); Maria Dowling, Humanism in the age of Henry VIII. (Beckenham 1985); A. Buck (Hrsg.), H. und Historiographie (1991).

Humanität (lat. humanitas, Menschlichkeit, Bildung). Anerkennung der Individualität des Mitmenschen allein deswegen, weil er Mensch ist. Eine derartige Geisteshaltung des abendländ. Menschen ist griech. Erbe. Der Begriff H. erwuchs aus der verfeinerten städt. Kultur Athens z.Z. des Aristoteles (384–322 v.Chr.) und Menanders (342–291 v.Chr.); sie wurde von den röm. Humanisten der Stoa, insbes. Cicero (106–43 v.Chr.) und Seneca (1–64 n.Chr.), als Lebens- und Bildungsprogramm übernommen; durch die christl. Bruderliebe wurde sie gefördert und an die europäischen Völker weitergegeben. Vor allem durch J. G. Herder (1744–1803) erhielt die H. eine neue Festigung als Menschheits- und Erziehungsideal, welche zur harmonischen Ausbildung des Seelischen und Geistigen im Menschen beitrage.

LIT. G. Söhngen, H. und Christentum (1946); F. Beckmann, Humanitas (1952); Th. Ballauf, Die Grundstruktur der Bildung (1953); H. Weinstock, Die Tragödie des Humanismus (^{3}1957);

P. B. Stadler, W. von Humboldts Bild der Antike (1959); H. J. Baden, Ende und Anfang der H. (1955); W. A. Berendsohn, Die Idee der H. in Vergangenheit und Gegenwart (1961); G. Möbus, Europäische H. als polit. Formkraft (1963).

Hundertjähriger Krieg. Die Auseinandersetzung zw. England und Frankreich während der Jahre 1338–1453. Der Krieg entstand auf Grund der folgenden Situation: Auf Philipp den Schönen (reg. 1285–1314) folgten nacheinander dessen drei Söhne, mit denen die direkte Linie der Kapetinger ausstarb. Weil aber die Frauen und deren männl. Nachkommen von der Thronfolge ausdrücklich ausgeschlossen wurden, fiel die Krone an Philipp VI. (reg. 1328–50), einen Sohn von Philipps des Schönen Bruder Karl. Damit bestieg das Haus Valois den franz. Thron (bis 1498 hatte es ihn inne). Als Sohn einer Tochter Philipps des Schönen stellte Eduard III. von England (reg. 1327–77) den Valois seinen eigenen Anspruch auf den Thron entgegen. So brach der H. K. mit England aus. Eduard III. konnte nach dem Sieg von Crécy (1346) Calais erobern. 1349 erwarb Philipp die Dauphiné. In der Schlacht von Maupertuis (1356) geriet König Johann der Gute (reg. 1350–64) in die Gefangenschaft der Engländer. Im Frieden von Brétigny (1360) mußte Frankreich den gesamten Südwesten, im Norden Calais und die Grafschaft Ponthieu an England abtreten. 1363 gab Johann seinem jüngsten Sohn, Philipp dem Kühnen, das erledigte Herzogtum Burgund (Bourgogne).
Als durch den engl. König Heinrich V. (reg. 1413–22) mit dem bedeutenden Sieg von Azincourt (1415) der H. K. erneuert wurde, eroberte Johann von Burgund 1418 Paris. Nachdem er 1419 von Anhängern des Dauphins (des späteren Königs Karl VII.) erschlagen worden war, verband sich sein Sohn Philipp der Gute mit England. Heinrich V., der mit Katharina (1400–38), der Tochter Karls VI. von Frankreich (1368–1422) von 1420–22 vermählt war, erhielt im Vertrag von Troyes (1420) die Regentschaft und Thronanwartschaft. Karl VII. (reg. 1422–61) verlor fast ganz Frankreich an die Engländer, bis in Jeanne d'Arc (1412–31) im Jahre 1429 eine Retterin entstand. Ihr Erscheinen bedeutete die entscheidende Wende im Krieg mit England. 1429 entsetzte sie Orléans und führte Karl VII. zur Krönung nach Reims. Im Vertrag von Arras (1435) erkaufte Karl den Frieden mit Burgund, 1436 wurde Paris, bis 1453 ganz Frankreich befreit. Die Engländer behielten lediglich Calais (bis 1558) und die normann. Inseln. Zu einem formellen Friedensschluß kam es erst 1475. Den Titel ›König von Frankreich‹ führten die engl. Herrscher noch bis zum Frieden von Amiens (1802).
LIT. E. M. J. Perroy, The Hundred Years War (London 1951); A. H. Burne, The Crécy War (ebd. 1955); ders., The Azincourt War (ebd. 1956); M. McKisack, The Fourteenth Century (Oxford 1959); Ph. Contamine, La guerre de cent ans (Paris 1968).

Hundertschaft.
[1] lat. centena; lt. Tacitus (Germania, 12) bei den Germanen eine etwa 100 junge Krieger umfassende Schar; sie begleitete den Fürsten zu den Gerichtsverhandlungen.
[2] Im fränk. Reich und bei den Alamannen der Bezirk einer Grafschaft; sie bestand aus 3–4 H.; ihr stand ein vom Volk frei gewählter Hundertschaftsvorsteher vor (ahd. hunno; mlat. centenarius), der auch Vorsitzender des Gerichts war und in einigen Gebieten zum Unterbeamten des Grafen wurde. Nach H. Dannenbauer ist H. die Übersetzung des lat. centena, der Bez. für die spätröm. Militärsiedlung auf Staatsdomänen. Von den Franken wie auch von den Angelsachsen wurde die Bez. übernommen; sie diente als Name für einen adeligen Herrschaftsbezirk (z.B. bei den Alamannen und Friesen).
LIT. C. von Schwerin, Die altgerman. H. (1907); F. Steinbach, in: Rhein. Vierteljahresbll. 15/16 (1949); H. Dannenbauer, Grundlagen der ma. Welt (1959–62).

Hundert Tage. Bez. für die Zeit zw. der Landung Napoleons I. in Frankreich nach seiner Rückkehr von Elba (1. 3. 1815) und seiner Niederlage bei Belle-Alliance (18. 6. 1815).
LIT. F. Sieburg, Napoleon. Die Hundert Tage (1956).

Hungertuch, Fastentuch. Bez. für ein großes Leinentuch, das während des MA, teilweise auch heute noch, während der Fastenzeit in Kloster- und Pfarrkirchen im Chorbogen aufgehängt wurde. Durch das H., ein Symbol für die

Verhüllung der Gottheit Christi während seines Leidens, sollte der Hochaltar dem Anblick der Gläubigen entzogen werden.
LIT. J. Emminghaus, Nachma. Westfäl. H. und ihre liturg. Herkunft (Diss. Münster, 1945); P. Engelmeier, Westfäl. H. vom 14. bis 19. Jh. (1961).

Hunnen. Schlagwort der gegnerischen Propaganda während des Ersten Weltkriegs zur Verunglimpfung der dt. Soldaten für angebl. durch sie verübte Greuel. Kaiser Wilhelm II. (reg. 1888–1918) hatte die Bez. bei der Verabschiedung des dt. Truppenkontingents, das zur Niederwerfung des Boxeraufstands nach China entsandt wurde, gebraucht (27. 7. 1900).

Hurenweibel. Ein älterer, erfahrener Krieger, dessen Aufgabe darin bestand, die Weiber, Kinder und Troßbuben zu beaufsichtigen, welche jedes Landsknechtsheer begleiteten.

Husaren (ungar. huszar). Zunächst der Angehörige einer irregulären Reitertruppe, seit der Mitte des 15. Jh. Bez. für die leichte ungar. Reiterei; sie wurde später von den meisten europ. Heeren übernommen. In Österreich kam es zur Aufstellung der ersten Reiterregimenter um 1700, in Preußen 1721. Zu Beginn des 19. Jh. hörten die H. auf, eine Sonderwaffe zu sein. Seit 1920 gibt es in der dt. Armee keine H. mehr.

Hussiten.
[1] Die Anhänger des tschech. Reformators J. Hus (um 1369–1415), dessen Lehre auf der John Wiclifs (um 1320–84) basierte. Die Kirche ist für Hus nur die Versammlung der Prädestinierten, der eigentliche mystische Leib des Herrn, dessen Haupt allein Christus ist. Ende 1414 stellt sich Hus, der bereits 1412 an ein allg. Konzil appelliert hatte, im Bewußtsein seiner Rechtgläubigkeit dem Konzil zu Konstanz. Als man von Hus Widerruf verlangte, lehnte er dies ab. Daraufhin wurde er am 6. 7. 1415 verbrannt.
[2] Der dt. Kaiser Sigismund (reg. 1410–37) und die röm. Kurie galten als die Mörder des religiösen und nationalen Führers des tschech. Volkes. Der Landtag protestierte gegen Hus' Feuertod. Eine Gruppe von gemäßigten Adeligen und Bürgerlichen (Calixtiner oder Utraquisten = Kelcher, d. h. solche, die das Abendmahl unter »beiderlei« Gestalt einnahmen), der 1421 auch der Erzbischof beitrat, wollte die Bindung mit Rom aufrechterhalten; die radikale sektierer. Richtung, die Taboriten, lehnte die kath. Kirche aber entschieden ab. Als Papst Martin V. (1417–31) nach König Wenzels Tod am 1. 3. 1420 die Kreuzzugsbulle gegen die Ketzer in Böhmen erließ, begann der offene, organisierte Kampf gegen den besitzenden Klerus, die Klöster, die Katholiken und die Deutschen. Das unter dem Oberbefehl von Jan Žižka von Trocnow († 11. 10. 1424) stehende Heer schlug die dt. Kreuzfahrer in mehreren Schlachten in Böhmen. Seit 1427 eröffneten die H. unter Prokop d. Ä. (um 1380–1434) sogar die Offensive; sie unternahmen Vernichtungsfeldzüge nach Bayern, Sachsen, Österreich und Brandenburg. Die von ihnen gegründete Stadt Tabor wurde Symbol und Losung. Das Gottesreich verbreiteten sie mit Gewalt, allein das Alte Testament galt ihnen als Lebensnorm; die H. verwarfen alle kirchl. Einrichtungen und jede Hierarchie und lebten in Gütergemeinschaft. Die von den Calixtinern 1420 aufgestellten vier Prager Artikel (freie Predigt, Abendmahl mit Kelch, Ausrottung der Erbsünder durch die Obrigkeit, besitzloses Leben der Geistlichen) bildeten 1432 die Grundlage für die Verhandlungen des Basler Konzils (1431–47). Vor dem Sieg der Calixtiner über die Taboriten bei Lipan am 30. 5. 1434 kam es zu einer Einigung in den Prager Kompaktaten (1433). Papst Pius II. (1458–64) hob 1452 die Kompaktaten wieder auf. Von den Utraquisten trennte sich 1467 die Brüderunität. Während der Reformation, z. Z. der tschech. Emigration im 17./18. Jh. sowie in der 1920 begründeten tschechoslowak. Nationalkirche lebte die hussitische Tradition weiter, nachdem im Laufe des 16. Jh. die Mehrheit der Utraquisten lutherisch geworden war und die Minderheit 1594 wieder katholisch.
LIT. M. Vischer, Joh. Hus. 2 Bde. (1955); K. von Höfer, Geschichtsschreiber der hussit. Bewegung. In: FRA (1856/66); F. Palacky, Urkundl. Beitrr. zur Geschichte der H. 2 Bde. (1872–74); F. von Bezold, König Sigmund und die Reichskriege gegen die H. 3 Bde. (1872–77); ders., Zur Geschichte des Hussitismus (1874); J. Loserth, Beitrr. zur Geschichte der hussit. Bewegung. 5 Bde. (1877–95); H. Denis, Hus et la Guerre des Hussites (1878); F. G. Heymann, John Žižka

and the Hussite Revolution (Princeton 1955); J. Macek, Die hussitische revolutionäre Bewegung (1958; mit Lit.); F. Bartoš, Der Hussitismus im Ausland (1931); F. Seibt, Hussitica. Zur Struktur einer Revolution (1965); M. Spinka, John Hus (1968); R. Kalivoda, Der Hussitismus (1976); E. M. Bartos, The Hussite Revolution (1986).

Hussitenpfennige. Die in Böhmen z. Z. der Hussitenherrschaft (1420–36) geprägten Heller.

Hymne (griech., Lied). Bei den Griechen der Preisgesang auf Götter oder Helden; er wurde meist mit Musik und Tanz begleitet (bei Homer, der Ende des 8. Jh. v. Chr. lebte, war er mehr episch-mytisch, seit Kallimachos, etwa 305–240 v. Chr., mehr lyrisch, ebenfalls bei Pindar, um 518–nach 446 v. Chr.). Seit dem Frühchristentum, insbes. aber während des MA, ist die H. ein lyrisch-gefühlstragender Lobgesang Gottes und der Heiligen. Durch die Aufklärung wird die H. auch auf abstrakte Themen übertragen: Hölderlin (1770–1843) ›Hymnen an die Ideale der Menschheit‹.
LIT. E. Busch, Stiltypen der dt. freirhythm. H. In: Frankfurter Quellen und Forschungen, 6 (1934); J. Szövérffy, Die Annalen der lat. Hymnendichtung. 1, 2 (1964/65, mit Lit.)

Hypaspisten (griech., Schildknappen). Makedonische Fußsoldaten, die außerhalb der Phalanx kämpften; im Heer Alexanders d. Gr. (reg. 336–323 v. Chr.) bildeten sie die Kerntruppe.

Hypatos (griech., der Höchste). Die griech. Bez. für Konsul in röm. und byzantin. Zeit.

Hypokaustum (griech., von unten geheizt), **Hypokausten.** Eine Warmluftheizung der Antike. Bereits um 800 v. Chr. in Olympia nachgewiesen, wurde sie seit 80 v. Chr. von den Römern angewandt.

Die Beheizung erfolgte dadurch, daß in 50–120 cm hohen Kanälen, die unter der gesamten Fußbodenfläche verliefen, die heißen Abgase eines starken Holzfeuers geleitet wurden, ebenfalls durch Hohlwände.
LIT. G. Precht, in: Katalog der Ausstellung »Römer am Rhein«, Köln (1967).

Idealismus. Als I. bez. man allg. den ethischen Glauben an Ideale sowie die Bereitschaft, hierfür Opfer zu bringen.
[1] Philosophie: Der metaphysische I. im Sinne des Platonismus lehrt, daß es neben dem materiellen das diesem übergeordnete Sein der Ideen gebe. Der erkenntnistheoret. I. knüpft an die Bedeutung Idee (= Vorstellung) an. Der dt. I. ist eine durch Fichte (1762–1814), Schelling (1775–1854) und Hegel (1770–1831) begründete philosoph. Strömung des 19. Jh.; er weist zurück auf Platon (384–322 v. Chr.), Leibniz (1646–1716) und Kant (1724–1804). Der dt. I. erfaßt das Stoffliche vom Geist her und identifiziert Idee (Vernunft) und Sein. In einer dialekt. Bewegung – von der These über die Antithese zur Synthese – entwickelt sich nach dem dt. I. die Vernunft – der eigene Urgrund und in und durch ihn das Weltgeschehen – empor, wobei jede erreichte Stufe wieder These und damit Ausgangsstellung in unaufhörlichem Werden wird.
[2] Kunst: Die Gestaltung eines inneren Vorstellungsbildes unter Verzicht auf Naturtreue (z. B. die religiöse Malerei und Skulptur des MA) oder die Umformung der Wirklichkeit auf einen Idealtypus hin, z. B. in der Antike und Renaissance.
LIT. N. Hartmann, Die Philosophie des dt. I. 2 Bde. (1923–29); E. Spranger, Der Kampf gegen den I. (1931); H. U. von Balthasar, Apokalypse der dt. Seele. 3 Bde. (1937–39); J. Schwarz, Hegels philosph. Entwicklung (1938); N. Hartmann, Grundzüge einer Metaphysik der Erkenntnis (^{4}1949); K. Löwith, Von Hegel bis Nietzsche (^{2}1953); W. Dilthey, Die Jugendgeschichte Hegels u. a. Abhandlungen zur Geschichte des dt. I. (^{2}1959); R. Kroner, Von Kant bis Hegel. 2 Bde. (^{2}1961); H. M. Baumgartner u. a. (Hrsg.), Dt. I. Philosophie und Wirkungsgeschichte in Quellen und Studien. 9 Bde. (1981–84); W. D. Fröhlich, dtv-Wörterbuch zur Psychologie (^{15}1987).

Idealtypus. Bez. für ein vorgestelltes einzelnes; es weist die Wesenszüge der entsprechenden Gattung in höchster Vollkommenheit auf, z. B. *die* Stadt, *das* Handwerk. Der Begriff wurde von Max Weber (1864–1920) geprägt.

Ideengeschichtliche Betrachtung. Der Versuch, die Kultur auf Grund der in und hinter den geschichtl. Ereignissen wirkenden ideellen Kräfte zu deuten, z. B. die Idee der Freiheit, der Erlösung. Vertreter der I. B. sind Ranke, Meinecke, Troeltsch, Dilthey, Spengler, Breysig.

Ideologie (griech., Lehre von den Ideen). Grundbegriff der Sozialphilosophie sowie der Wissenssoziologie. Seit Beginn des 19. Jh. wurden die »Ideen«, in denen der Mensch unmittelbar und naiv lebte, mehr und mehr als I. gedeutet, wobei sich das Denken als »falsches Bewußtsein«, als Ausdruck bestimmter Interessen darstellt. Die Lehre von den Ideologien wurde bei den späteren Soziologen vom Gedanken des Klassenkampfes getrennt.
LIT. K. Mannheim, I. und Utopie (^{3}1952); W. Brüning, Geschichtsphilosophie der Gegenwart (1961); K. Lenk (Hrsg.), I., Ideologiekritik und Wissenssoziologie (^{2}1964); R. Römer, Sprachwissenschaft und Rassenideologie in Dtl. (1976); K. D. Bracher, Zeit der Ideologien. Eine Geschichte des polit. Denkens im 20. Jh. (1982); A. Pelinka, H. Reinalter (Hrsg.), I. im Bezugsfeld von Geschichte und Gesellschaft. In: Vergleichende Gesellschaftsgeschichte und polit. Ideengeschichte der Neuzeit. Bd. 2. (Innsbruck 1986).

idiographisch (griech. Kunstwort). Ein Begriff, von W. Windelband (1848–1915) geprägt, um zw. den verallgemeinernden oder nomothetischen Naturwissenschaften sowie den »das Einzelne erfassenden und beschreibenden« Kulturwissenschaften zu unterscheiden.
LIT. W. Windelband, Präludien (^{9}1924); W. Brüning, Geschichtsphilosophie der Gegenwart (1961).

Idios Logos (griech.). Ein »Privatkonto« bzw. die Sonderkasse eines Herrschers im hellenist.-röm. Ägypten, die unregelmäßigen Einkünfte, z. B. herrenlosen Gutes, umfassend. In röm. Zeit auch der Titel des nach dem Präfekten ranghöchsten Beamten.
LIT. W. Graf Uxkull-Gyllenband, Das Gnomon des I. L. (1934).

Iglauer Kompaktaten (5. 7. 1436). Die Hussiten, die Anhänger des Jan Hus (geb. um 1370; verbrannt als Ketzer am 6. 7. 1415), zerfielen in die gemäßigte Gruppe der Utraquisten oder der Calixtiner sowie die der radikalen Taboriten. Ihre 1420 formulierten religiösen Forderungen umfaßten die Freiheit der Predigt, den Laienkelch, die

Armut des Klerus und die Bestrafung von Todsündern durch den Staat. Politisch verfolgten die Hussiten einen fanatisch tschech. und antidt. Kurs. Während der Hussitenkriege (1419–36), die sich auf Böhmen, Österreich, Ungarn, Bayern, Sachsen, Schlesien und Brandenburg erstreckten, schlugen sie unter ihren Führern Žižka, Prokop dem Gr. und Prokop dem Kl. die vom Kaiser und vom Papst gegen sie ins Feld geführten Kreuzheere vernichtend. Nachdem ihnen in den → Prager Kompaktaten der Laienkelch zugestanden worden war, bedeutete dies gleichwohl noch nicht das Ende der Kämpfe. Die Taboriten nämlich stellten sich gegen die Prager Kompaktaten und führten den Krieg unter Prokop d. Gr. und Prokop d. Kl. weiter. Am 30. 5. 1534 jedoch konnten sie bei Lipau durch die vereinigten Katholiken und Utraquisten vernichtend geschlagen werden. Der Widerstand der Taboriten war nunmehr gebrochen und damit der Weg für die I. K., gleichzeitig für die Beendigung der Hussitenkriege, frei. Am 5. 7. 1436 empfing Kaiser Sigmund (reg. 1410–37) zu Iglau in Gegenwart einer Gesandtschaft des Baseler Konzils die Repräsentanten des böhm. Landtags, um mit ihnen die Friedensurkunden auszutauschen. Die Hussitenkriege fanden hierdurch ihr Ende. Von nun an sollte in Böhmen, wie schon in den Prager Kompaktaten zugestanden, das Abendmahl unter beiderlei Gestalt empfangen werden können, ausgenommen diejenigen Orte, in denen sich der kath. Brauch hatte behaupten können. Nach Abschluß der I. K. konnte Sigmund wieder von Böhmen Besitz ergreifen. Im August 1436 kehrte er als anerkannter böhm. König nach Prag zurück.
LIT. F. von Bezold, König Sigmund und die Reichskriege gegen die Hussiten (1872–77); E. Bretholz, Geschichte Böhmens und Mährens. 2 (1922); F. G. Heymann, John Ziska and the Hussite Revolution (Princeton 1955); J. von Aschbach, Geschichte Kaiser Sigmunds (1838–45; Neudr. 1964); F. Seibt, Karl IV. (1978).

Ikonographie (griech., Bildbeschreibung). Die inhaltl. Erforschung der Kunst; die I. erhellt die Beziehungen zw. literar. Quellen und bildkünstler. Gestaltung, zudem deutet sie deren Symbolgehalt. Zur Abgrenzung von der rein stoffl. I. spricht man heute von Ikonologie.
LIT. Sauer, Symbolik des Kirchengebäudes (1924); Künstle, I. der Heiligen (1926); H. Schrade, I. der christl. Kunst (1931); H. Aurenhammer, Lexikon der christl. I. (1959ff.); M. Lurker (Hrsg.), Bibliographie zur Symbolik, I. und Mythologie (1968ff.); Lexikon der christl. I. Begründet von E. Kirschbaum, hrsg. von W. Braunfels (8 Bde. bis 1985); R. Stichel, Die Geburt Christi in der russ. Ikonenmalerei. Eine literar.-kunstgeschichtl. Skizze (1986); Lexikon der I. (1990).

Illuminaten (lat., Erleuchtete).
[1] Vereinigungen derjenigen, die sich besonderer Erleuchtung und Verbindung mit der Geisteswelt rühmten, z. B. die Alombrados (1523–1623) in Spanien.
[2] Eine 1776 von Adam Weishaupt (1748–1830) in Ingolstadt gegr. geheime Vereinigung (»Orden«) freimaurerischer Art, als Weltbund der I. noch bestehend; im 18. Jh. sehr verbreitet (Angehörige z. B. Goethe, Mozart, Mirabeau, 1749–91; A. von Knigge, 1752–96, letzterer sorgte für ihre Verbreitung in Norddtl.)
LIT. L. Engel, Geschichte des Illuminatenordens (1906); R. van Dülmen, Der Geheimbund der I. (1975).

Illustris (lat., strahlend, berühmt, erlaucht). Aus einer ehrenden Anrede zu senator. Rang und Titel im 4. Jh. umgewandelt. Die höchste Stufe des Clarissimats war der Illustrissimat; er blieb im spätröm.-byzantin. Reich den höchsten Würdenträgern vorbehalten. Mlat. Prädikat der Reichsfürsten; bis 1630 (illustrissimus) der Kardinäle (→ Erlaucht, → Durchlaucht).

Illyrismus. Patriot. und kulturelle Wiedergeburtsbewegung bei den Kroaten von 1830–50. Der I., der auf panslawist.-messianist. Strömungen bei den Westslawen und Russen fußte, verfocht unter dem Einfluß des slowak. Dichters Jan Kollárs (1793–1852) den südslaw. (»illyrischen«) Einheitsgedanken. Führer und Ideologe des I. war der kroat. Kulturpolitiker L. Gaj (1809–72); seine Anhänger bez. sich als Illyrer. Der I. schuf eine einheitl. serbokroat. Schriftsprache sowie die Grundlagen der modernen kroat. Lit.; darüber hinaus wirkte er sich (trotz des Verbots 1843) auf die polit. Entwicklung des Kroatentums aus.

LIT. A. Borac, Hrvatska Knjizevnost, 1 (Kroat. Literatur, Agram 1954).

Imam (arab.). Urspr. der Karawanenführer; seit Mohammed der Vorbeter im tägl. fünfmal stattfindenden mohammedan. Gottesdienst. Im schiitischen Islam der geheime Leiter der Theokratie. Seit 1633 Titel der Herrscher des Jemen.

LIT. C. Huart, in: Enzyklop. des Islam, ^{1}2 (1927), S. 504f.; H. Brentjes, Die Imamatslehren (1964).

Imbreviatur (zu lat. brevis, kurz). Eine Akten- und Urkundennotiz im ma. Notariat, der rechtl. Beweiskraft zukommt.

Immediat (lat., unmittelbar). Bez. für eine der höchsten staatl. Instanzen, beispielsweise eine dem Kaiser oder dem Landesherrn unmittelbar unterstellte Person bzw. Behörde oder einer solchen unmittelbar zukommende Sache; so die Immediatbehörde, die von einem Ministerium unabhängige oberste Behörde.

Immediateingaben, Immediatsachen sowie **Immediatvorstellungen** bez. im staatl. Bereich Angelegenheiten, welche gleich bei der obersten Instanz vorgebracht oder unmittelbar durch das Staatsoberhaupt erledigt werden.

Immediatbericht. Die direkte Berichterstattung an das Staatsoberhaupt, entsprechend das **Immediatgesuch.** Das **Immediatvortragsrecht** ist das Recht eines Ministers, ohne Beteiligung des Regierungschefs Vortrag beim Staatsoberhaupt zu halten; desgl. das Recht eines anderen Amtsinhabers, Vortrag beim Staatsoberhaupt ohne Beteiligung des betr. Ressortministers zu halten.

Immediatstände. Im Dt. Reich bis 1803–06 die reichsunmittelbaren Stände, z.B. Reichsstädte, Reichsabteien und Reichsritterschaft (Gegensatz: mediat).

Immunität (lat. immunitas, eminitas, Dienst- und Abgabenfreiheit).

[1] Im Staats- und Völkerrecht bez. I. ein gewissen Personen zur Wahrung ihrer Aufgaben gewährtes Vorrecht. Im Staatsrecht genießen insbes. die Abgeordneten I.: a) Die parlamentarische Unverantwortlichkeit verbietet, den Abgeordneten für seine Stimmabgabe und Reden im Parlament gerichtlich zu belangen; b) Die parlamentarische Unverletzlichkeit erlaubt, das Mitglied eines Parlaments – während der Tagung – nur mit dessen Ermächtigung strafrechtlich zu verfolgen oder zu verhaften.

[2] Im röm. Reich bez. I. die Freiheit der kaiserl. Domänen von öffentl. Abgaben und Lasten; in der Spätantike wurde die I. auf kirchl. und senator. Besitz ausgedehnt. Im Frankenreich bestätigte das Pariser Edikt (614) außer der I. des Königsguts und der Kirche auch Immunitäten des Adels. Das Immunitätsgebiet war befreit a) vom Eingreifen öffentl. Beamter (Verbot des Introitus), b) teilweise von öffentl. Abgaben und Lasten sowie ihrer Einziehung (Verbot der exactio). Der Immunitätsherr, bei kirchl. Immunitäten sein Beamter (missus, iudex; seit den Karolingern der Vogt), übte mittels einer Banngewalt staatl. Funktionen aus, insbes. als Gerichtsherr, dann aber auch als Träger des Heerbanns im Immunitätsbezirk. Der König reservierte sich ein Kontrollrecht über die kirchl. I. dadurch, daß der Graf bei der Bestellung eines Immunitätsbeamten mitwirkte; dessen Amtsführung ließ er durch missi überwachen. Infolge der Verbindung von kirchl. I. und Königsschutz seit Ludwig dem Frommen (reg. 814–40) und durch die direkte Bestellung des Vogtes durch den König von der 2. Hälfte des 9. Jh. an erlangte insbes. das ma. dt. Königtum nach und nach eine Form von Obereigentum an sämtlichen mit I. begabten Kirchen. Das häufige Verleihen von Immunitätsprivilegien im 10. und 11. Jh. führte auf diese Weise zur otton.-salischen Reichskirche und schließlich zur Reichsunmittelbarkeit der geistl. Fürsten sowie der Reichsklöster. Die I. der Adelsherrschaften, die urkundl. kaum nachweisbar ist, bildete auf der anderen Seite eine der Voraussetzungen für die spätere Landeshoheit. – Im engeren Sinne ist I. nach german. und kirchl. Auffassung der spezielle Schutz und Frieden für Kult- und Asylstätten (Domfreiheit, Freiung etc.). Die Kirche leitete aus ihr den Anspruch auf selbständige Gerichtsbarkeit über Klerus und Laien besonderer Bezirke (z.B. Klosterhöfe) sowie gänzliche Steuerfreiheit gegenüber Stadt und Territorium im späten MA und der frühen NZ, sowie Befreiung von der weltl. Gerichtsbarkeit, Asylrecht, Schutz der geistl. Personen und des kirchl. Eigentums ab. 1623 setzte Papst Urban VIII. eine bes. Congregatio iurisdictionis et immunitatis ein. Der Kampf für und wider die I. ist ein Teil des Ringens zwischen Kirche und Staat bes. im 17. und

18. Jh. und erreicht im Aufgeklärten Absolutismus in Österreich und Bayern einen Höhepunkt. Im Rechtsstaat des frühen 19. Jh. sind die Immunitäten weitgehend beseitigt. Kirchlicherseits wird die I. heute nur noch für das Asylrecht, außerdem für die Befreiung der Kleriker vom Militärdienst sowie von öffentl. Ämtern beansprucht.

LIT. HWDRG II, 312–30 (mit reicher Lit.); E. E. Stengel, Die I. in Deutschland bis zum Ende des 11. Jh. (1910); H. Hirsch, Die Kloster-I. (1913); E. E. Stengel, Art. I. In: RGG (1929); Th. Mayer, Fürsten und Staat (1950); C. von Schwerin und H. Thieme, Grundzüge der dt. Rechtsgeschichte ([4]1950); H. Mitteis, Der Staat des Hohen MA ([7]1962); P. Bockelmann, Die Unverfolgbarkeit des Abgeordneten nach dt. Immunitätsrecht (1951); G. Sandhaus, Die Behandlung mitgebrachter Verfahren nach den Immunitäts-Vorschriften des GG (Diss. Münster 1956); W. R. Beyer, I. als Privileg (1966); G. Winkler, in: Berichte und Informationen des österr. Forschungsinstituts für Wirtschaft und Politik, 22 (1967).

Impeachment (engl.). In den USA Bez. für die vor dem Senat gegen einen Minister, hohe Beamte sowie den Präsidenten erhobene öffentl. Anklage im Falle schwerer Verfehlungen. Von Bedeutung war das I. in Großbritannien während der Verfassungskämpfe des 17. Jh. (1805 zum letztenmal angewandt).

Imperator (lat.). Bei den Römern der Titel für den Träger des Imperiums. Der Titel wurde durch den Senat nach einem Sieg verliehen; doch konnte ein Feldherr auch durch die Truppen zum I. ausgerufen werden. Von Caesar und Augustus wurde der Titel I. als Vorname geführt. Während des 1. Jh. n. Chr. wird der Titel nach und nach zu einem festen Bestandteil der Kaisertitulatur.

Imperialismus. Bez. für die auf Schaffung und Ausdehnung eines Imperiums abzielende Machtpolitik der europ. Großmächte in der 2. Hälfte des 19. Jh., insbes. die überseeische Macht- und Wirtschaftspolitik der Großmächte seit etwa 1880; in ihr ist die konsequente Fortführung der durch die Kolonialmächte betriebenen Politik des 16.–18. Jh. zu erkennen, d.h. die Politik Spaniens, Portugals, der Niederlande und schließlich Großbritanniens, das zw. 1880–1914 dem Wirtschafts-I. huldigte. Dessen Ziel war es, durch ein umfangreiches Kolonialreich dem Mutterland nicht nur die Rohstoffeinfuhr zu sichern, sondern gleichzeitig neue Absatzgebiete für die Industrieproduktion sowie Siedlungsgebiete für den Bevölkerungsüberschuß des Mutterlandes zu gewinnen.

Das Wort I. wurde zum erstenmal 1880 durch die Gegner Disraelis (1804–81), des konservativen und imperalist. brit. Staatsmannes und Schriftstellers, verwendet, nachdem der engl. I. durch Dilke (Greater Britain, 1868) und J. R. Seeley (The Expansion of England, 1883) literar. vorbereitet worden war. Zu imperialist. Großmächten wurden Frankreich durch seine Afrika-Politik, Rußland durch seine Eroberungen im Nahen und Fernen Osten (russ. Binnen-I.), zudem durch seine Balkaninteressen; weiter Japan (seit 1895), die USA (seit 1898) und schließlich Dtl. infolge seines Anspruchs auf Welt- und Seegeltung.

Nach dem Ersten Weltkrieg, der wesentl. durch die imperialist. Politik verschuldet worden war, wurde auf die Anregung von General Smuts (1870–1950) und Präsident Wilson (US-Präs. 1913–21) der Versuch unternommen, die koloniale Expansion durch Mandate einzudämmen. Eine neue Welle imperialist. Politik, auf pseudo-biolog. (Rassenbegriff, Herrenvolk) und geo-polit. Basis (Großraum, Lebensraum) aufbauend, lösten die Reichskonzeptionen der Diktaturstaaten Italien (Imperio Romano) und Deutschland (Drittes Reich) aus. Von 1945 bis 1989 sahen sich die westeurop. Demokratien und die USA mit den Ansprüchen der UdSSR konfrontiert, die im Sinne des Marxismus den I. theoret. zwar ablehnte, in der Praxis aber imperialist. Methoden, u. a. im Ostblock, anwendete.

LIT. E. Marcks, Die imperialist. Idee der Gegenwart (1903); W. I. Lenin, Der I. als höchstes Stadium des Kapitalismus (1915; dt. 1921); H. Friedjung, Das Zeitalter des I. 1884–1914 (3 Bde., 1919–22); C. Eckert, Alter und neuer I. (1932); C. Schmitt, Die Vereinigten Staaten von Amerika und die völkerrechtl. Formen des modernen I. (1933); W. Röpke, Internationale Ordnung (1945); Les politiques d'expansion impérialiste, Einl. von P. Renouvin (1949); P. E. Schramm, Dtl. und Übersee (1950); W. Sulzbach, I. und Nationalbewußtsein (1959); A. P. Thornton, The Imperial Idea and its Enemies (London 1959); G. W. F. Hallgarten, I. vor 1914. 2 Bde. (^{2}1962/63); H. D. Schmidt, Imperialism (London 1964); A. P. Thornton, Doctrines of Imperialism (N. Y. 1965); H. U. Wehler, Der Aufstieg des amerikan. I. (1974); W. Baumgart, Dtl. im Zeitalter des I. (^{5}1986); ders., Der I. (1975); P. Hampe, Die »ökonom. Imperialismustheorie« (1976); W. J. Mommsen, Der europ. I. (1979); K. Bade, I. und Kolonialismus. Kaiserl. Dtl. und koloniales Imperium (1982); H. Gründer, Christl. Mission und dt. I. (1982); H. U. Wehler, Bismarck und der I. (1984); L. R. Pyenson, Cultural Imperialism and Exact Sciences (1985); E. J. Habsbawm, Das imperiale Zeitalter 1875–1914 (1989); G. Schöllgen, Das Zeitalter des I. (^{2}1990).

Imperium (lat., Befehlsgewalt). Im antiken Rom urspr. das militärische und zivile Befehlsrecht; es wurde später auf die militärische Gewalt eingeschränkt. Unter Augustus bez. I. seit 27 v. Chr. auch das Reich selbst. Im MA wird das Reich seit Karl d. Gr. (reg. 768–814) als I. Romanum, seit dem 11. Jh. als Sacrum I. bez. In der NZ dient die Bez. I. zur Umschreibung eines Kaiserreichs, Großreichs, Weltreichs, insbes. des brit. Empires, dgl. des Erneuerungsversuchs des röm. I. durch das faschist. Italien zwischen 1935 und 1943.
LIT. Th. Mommsen, Röm. Staatsrecht (1952, Nachdr. der 3. Aufl.); A. Heuss, Zur Entwicklung des I. der röm. Oberbeamten. In: ZRG RA 64 (1944); A. von Premerstein, Vom Werden und Wesen des Prinzipats (1937); H. Siber, Röm. Verfassungsrecht (1952); J. Vogt, Röm. Geschichte (^{4}1959); H. Wagenvoort, I. (1941); Ernst Meyer, Röm. Staat und Staatsgedanke (^{3}1964); A. Dempf, Sacrum I. Geschichts- und Staatsphilosophie des MA und der polit. Renaissance (^{3}1962); K. O. Frhr. von Aretin, Heiliges Röm. Reich 1776–1806. Reichsverfassung und Staatssouveränität. 2 Tle. (1967).

Impost (von lat. impositum, Auflage). Um 1800 Bez. für Steuer, insbes. die Akzise.

Imprimatur (lat., es darf gedruckt werden). Ausdruck der kirchl. Druckerlaubnis. Dem CIC, can. 1385–94, zufolge unterliegen sämtl. Schriftwerke sowohl der theoret. als auch der prakt. Theologie einer Vorzensur. Das I. muß beim Ordinarius der Diözese des Verlegers eingeholt werden.

Inauguraldiplom. Die unterzeichnete Bestätigung der Privilegien anläßl. einer Krönung.

Inauguration (lat.) Feierl. Amtseinsetzung, insbes. röm. Priester, durch einen Augur; dann auch allg. eine Amtseinführung, vor allem in akademische Würden.
LIT. Th. Mommsen, Röm. Staatsrecht, 2 (^{3}1887; Nachdruck 1963); G. Wissowa, Religion und Kultus der Römer (^{2}1912).

incipit (lat., es beginnt). Formel am Anfang alter Handschriften und Frühdrucke.

Incola. Der ansässige Nichtbürger, im Gegensatz zum civis (Bürger → Civis Romanus sum).

Incroyable (franz., unglaublich). Im Directoire und Empire der neureiche Pariser Stutzer; sein weibl. Gegenstück war die Merveilleuse.

Indemnität (lat.). Im Staatsrecht die nachträgl. parlamentar. Gutheißung einer von Regierungen in Notlagen begangenen Rechtswidrigkeit. In England seit dem 17. Jh. praktiziert, wurde die I. in Dtl. durch Bismarck bekannt (Thronrede vom 5. 8. 1866). Während der Konfliktzeit (1861–66), als das von der Fortschrittspartei beherrschte Abgeordnetenhaus die Geldmittel für die Heeresreform Wilhelms I. (reg. 1861–88) verweigerte, erteilte das preuß. Indemnitätsgesetz vom 3. 9. 1866 für die Haushaltsführung I.
LIT. G. Ritter, in: HZ 114 (1915); L. Dehio, in: HZ 140, 144 (1929), (1931); K. Kaminsky, Verfassung und Verfassungskonflikt in Preußen (1938); H. A. Winkler, Preuß. Liberalismus und dt. Nationalstaat (1964); A. Hess, Das Parlament, das Bismarck widerstrebte (1964); Th. Maunz, Dt. Staatsrecht (^{18}1971).

Indentured Servants. In den brit. Kolonien Amerikas während des 17. und zu Beginn des 18. Jh. Arbeitskräfte, die infolge freiwilliger (Bezahlung der Überfahrt etc.) oder unfreiwilliger (Sträflinge, Entführte) Verträge zu unfreier Arbeit (in den meisten Fällen bis zu 7 Jahren) verpflichtet waren. Bis 1776 kamen etwa 60–70% sämtlicher Einwanderer als I. S. in die Kolonien.
LIT. R. B. Morris, Government and

Labor in Early America (N.Y. 1946); A.E. Smith, Colonists in Bondage (Chapel Hill 1947).

Independenten (nlat., Unabhängige, franz. indépendants, engl. independents). Seit 1642 der Name für eine calvinisch-puritanische Kirchenpartei Englands. Da sie die volle Selbständigkeit der Einzelgemeinde forderten, wurden die I. auch Kongregationalisten (von engl. congregation, Gemeinde) genannt. Von bedeutendem Einfluß waren die I. während der Regierungszeit Cromwells (1649–58). Seit 1689 sind sie neben der Anglikanischen Kirche staatl. anerkannt.
LIT. A. Armstrong, The Church of England, the Methodists and Society, 1700–1850 (1973).

Index (librorum prohibitorum). Verzeichnis der vom Hl. Offizium den Katholiken allg. verbotenen Bücher, jedoch nicht, soweit sie zu Studienzwekken benutzt werden. Zum erstenmal wurde ein I. 1559 durch Papst Paul IV. (1555–59) für die gesamte kath. Kirche publiziert. Fortgeführt wurde der I. seit 1571 durch die Indexkongregation, vom Jahre 1918 an durch das Sanctum Officium. Die letzte amtl. Neuausgabe des I. erschien 1948. Während des 2. Vatikanischen Konzils (1962–65) wurde der I. aufgehoben.
LIT. A. Sleumer, I. Romanus (^{11}1956).

Indienrat. Eine bis ins 19. Jh. in Spanien sowie Portugal bestehende kollegiale Zentralbehörde zum Zwecke der Verwaltung sämtl. Kolonien. In England 1858–1947 ein ausschließlich für Indien zuständiger Beirat des Staatssekretärs für Indien.

Indigenat (nlat., eingeboren, inländisch). Im frühen neuzeitlichen Staat Untertanenschaft, Staatsangehörigkeit; ebenfalls Ortsangehörigkeit, Heimatrecht, Gemeinderecht sowie Zugehörigkeit zu den bevorrechteten Ständen. Auf Grund Art. 3 der dt. Reichsverfassung von 1871 wurde für das Reichsgebiet ein gemeinsames I. eingeführt, d.h., daß jeder Staatsangehörige der dt. Einzelstaaten das Recht erhielt, in sämtl. anderen dt. Einzelstaaten den dortigen Staatsangehörigen gleich behandelt zu werden. Dadurch wurde eine entscheidende Voraussetzung der Rechtsgleichheit sowie der Reichseinheit geschaffen.

Indigenatsrecht. Die rechtmäßige Bevorzugung von Einheimischen bei der Besetzung von Ämtern oder beim Grundstückserwerb; passiv das Recht der Verwaltung durch einheimische Beamte.

Indiktion (von lat. indicare, ansagen). Während der röm. Kaiserzeit eine Realsteuer; eine außerordentl. Getreideabgabe; im Zusammenhang mit dem Vordringen der Naturalwirtschaft unter Kaiser Diokletian (reg. 284–305) seit 289/90 eine ordentl., durch den Zensus verteilte Jahressteuer.
In der NZ wurde vereinzelt eine Grundsteuer als Indiktion bezeichnet.

Indiktionszyklus. Ein seit dem 4. Jh. n.Chr. für die Datierung gebrauchter Zyklus von 15 Jahren, dessen Entstehung noch nicht völlig geklärt ist. Die Indiktion (auch Römerzinszahl) – einem Datum beigefügt – zeigt das Jahr des Zyklus an. Im MA war die Indiktion eine der häufigsten Jahresbez., seit Kaiser Justinian (reg. 527–65) lt. Gesetz vorgeschrieben. Der 15jährige Zyklus beginnt nunmehr im Jahre 3 v.Chr.; dabei wird jedoch die Anzahl der verflossenen Zyklen nur selten genannt; meist wird lediglich die Jahreszahl im Zyklus angegeben. Es gab dreierlei Indiktionen, die sich im Jahresanfang unterschieden: 1. 9., 24. 9. und 25. 12. oder 1. 1.

Individualismus (nlat.). Bez. für eine menschl. Haltung und Weltanschauung, welche in der freien Entfaltung der Einzelperson sowie in der Wahrung ihrer Würde das vornehmste Ziel sittl. Strebens sieht; wesentl. Bedeutung und Wirkung bei der Gestaltung der Menschheitsgeschicke erkennt der I. dem verantwortungsbewußten einzelnen zu. In der Metaphysik wird er bes. von Leibniz (1646–1716) und vom Nominalismus, in der Sozialphilosophie im Gegensatz zum Kollektivismus und Sozialismus vertreten. Als moderner Begriff (19. Jh.) gehört der I. zu den Grundhaltungen des abendländ. Menschen. Bedroht wird er im 20. Jh. durch den Kollektivismus.
LIT. Th. Litt, Individuum und Gemeinschaft (^{3}1926); H. Hoffmann, Religiöser I. und religiöse Gemeinschaft im Christentum (1928); E. Grassi, Verteidigung des individuellen Lebens (1946); R.H. Murray, The Individual and the State (London 1946); H. Remplein, Psychologie und Persönlichkeit (^{5}1965); M. Frank, A. Haverkamp (Hrsg.), Individualität (1989).

Indogermanen (Indoeuropäer). Eine

von H. J. Klapproth (1783–1835) im Jahre 1822 geprägte Bez. für Völker, die idg. Sprachen sprechen. Gebildet wurde die Bez. aus den Namen der beiden äußersten Völker: Inder und Germanen. Eine Trennung in Einzelstämme erfolgte während des 3. Jahrtausends v. Chr. Die heutigen I. sind ledigl. der Sprache, nicht jedoch der Rasse nach miteinander verwandt. Von den europ. Kulturkreisen der I.-Epoche gilt die Schnurkeramik als idg.; doch war sie sicher nicht der einzige idg. Kulturkreis. Umstritten ist, ob die Träger der nordeurop. Megalithkultur I. waren. Ackerbau, vor allem Rinder- und Schafzucht, bildeten die Wirtschaftsgrundlage der I. Individuelles Eigentum an Grund und Boden war unbekannt. Als Gottheiten wurden »Vater Lichthimmel« und dessen Tochter, die Morgenröte, verehrt. Religiöse und Heldendichtung hat es bei den I. ebenfalls gegeben. Auf der vaterrechtl. organisierten Großfamilie, die im Stamm gipfelte, basierte die Gesellschaftsordnung.

LIT. H. Güntert, Die Frage nach der Urheimat der I. (1931); O. Schrader, Die I., neu bearb. von H. Krahe (1935): E. Wahl, Dt. Vorzeit (²1952); A. Nehring, Die Problematik der I.-Forschung (1954); I. Schwidetzky (u. a.), Vergleichende statist. Untersuchungen zur Anthropologie des Neolithikums. In: Homo, 18 (1967); A. Scherer (Hrsg.), Die Urheimat der I. (1968); B. Schlerath, Die I. (1972).

indogermanische Sprachen (indoeuropäische Sprachen). Die am weitesten verbreitete Sprachfamilie (mit den meisten Kultur- und Verkehrssprachen, heute etwa 900 Mill. Sprechende). Ihre Zweige sind: Indoiranisch (Arisch: Indisch und Iranisch), Armenisch, Griechisch, Italisch (Latein und Oskisch-Umbrisch), Keltisch, Germanisch, Baltisch-Slawisch, Albanesisch; ausgestorben sind: Tocharisch, Hethitisch, Phrygisch u. a. Die i. S. sind sämtlich miteinander urverwandt, d. h., sie gehen auf eine ledigl. durch Vergleich zu erschließende idg. Grundsprache zurück. Die i. S. sind unter sich wiederum in Kentum- und Satemsprachen gegliedert.

LIT. F. Bopp, Vergleichende Grammatik des Sanskrit, Zend, Griech., Lat., Litauischen, Altslaw., Gotisch und Dt. (1833–56); A. Nehring (Hrsg.), Reallex. der idg. Altertumskunde. 2 Bde. (²1917–29); J. S. Schrijnen, Einführung in das Studium der idg. Sprachwissenschaft (1921); Mehringer und H. Krahe, Idg. Sprachwissensch. (Slg. Göschen, 1943); P. Thieme, Die Heimat der idg. Gemeinsprache. In: Abh. der Akad. der Wiss. und der Lit., geist.- und sozialwiss. Kl. Jg. 1953, Nr. 11 (Mainz 1953); H. Birnbaum und J. Puhrel, Ancient Indo-European Dialects (Berkely 1966); W. P. Schmid, Alteuropäisch und Indogermanisch (1968); Zs. für vgl. Sprachwiss. (1852 ff.); Idg. Forschungen (1891 ff.); Glotta, Zs. für griech. und lat. Sprache (1907 ff.); Idg. Jb. (1914 ff.).

Indogermanistik (indogermanische Sprachwissenschaft). Die Lehre von den idg. Sprachen und den Indogermanen. Nachdem durch den Oberrichter in Kalkutta, W. Jones, 1786 die Verwandtschaft der wichtigsten idg. Sprachen erkannt worden war, wurde die neue Wissenschaft begründet und gefördert durch F. Bopp (1816), R. Rask (1814) und J. Grimm (1822).

LIT. H. Hirt, Idg. Grammatik. 7 Bde. (1921–37); W. Porzig, Die Gliederung des idg. Sprachgebiets (1954); J. Pokorny, Idg. etymolog. Wörterbuch (1959); H. Krahe, Idg. Sprachwissenschaft (²1962/63); R. Hauschild, Die idg. Völker und Sprachen Kleinasiens (1964); O. Zeller, Problemgeschichte der vergleichenden (indogerman.) Sprachwiss. (1967); G. Neumann, Idg. Sprachwiss. 1816 und 1966 (1967).

Indult (mlat. indultum; zu lat. indulgere, nachgeben, bewilligen).

[1] Nachsicht, Frist, um eine Verbindlichkeit erfüllen zu können; während des MA vor allem die Fristerweiterung, während der um den Empfang eines heimgefallenen Lehens nachgesucht werden mußte.

[2] Im 20. Jh. (bis 1925) eine nach Kriegsausbruch feindl. Handelsschiffen in gegner. Häfen und auf See gewährte Möglichkeit, sich innerhalb einer bestimmten Frist (Indultfrist) in Sicherheit zu bringen.

[3] Die Überlassung von kirchl. Privilegien, z. B. einer Vergabe von Kirchenpfründen durch den König.

Industrie (lat. industria, Fleiß, Betriebsamkeit). Urspr. und im weitesten Sinn jedwede Produktion industrieller Güter, ja jede wirtschaftl. Tätigkeit überhaupt. Im engeren Sinn bez. I. die Rohstoffumwandlung auf mechan. oder chem. Weg und im engsten Sinn die me-

chan. und chem. Bearbeitung von Rohstoffen und Halbfabrikaten mit weitgehender techn. Arbeitsteilung, Benützung von Maschinen, Beschäftigung einer größeren Zahl von Lohnarbeitern, insbes. in der Fabrik, sowie der Verwendung von Kapital. Gliederung:
a) Technologie: nach der Natur des zu verarbeitenden Rohstoffs, z.B. Metall-, Textil-I., oder nach dem Produktionsverfahren, z.B. Gießerei-, Weberei-I.;
b) Wirtschaft: nach dem Grad der Vollendung der hergestellten Güter spricht man von Rohstoffgewinnungs-, Halbfabrikate- und Fertigwaren-I.; nach dem Rhythmus der Produktion von Dauer- und Saison-I.; nach dem Verhältnis von Kapital und Arbeit von kapitalintensiver und lohnintensiver I.; nach Art und Dringlichkeit des von ihr gedeckten Bedürfnisses von Massenwaren- und Luxuswaren-I.; nach Absatzweise von Kunden- und Marktproduktion. Weiter spricht man, insofern man die Absatzgebiete im Auge hat, von Inland- bzw. Export-I. Man unterscheidet außerdem nach dem Verwendungszweck der erzeugten Güter: Kapital- und Konsumgüter-I., nach den hergestellten Fabrikaten, z.B. Zement- oder Schuh-I., oder Warengruppen, z.B. Maschinen-, Nahrungsmittel-I.;
c) Betriebssystem: Fabrik- und Haus-I. (Verlagssystem);
d) Betriebsgröße: Klein-, Mittel- und Groß-I.
Die Industrialisierung der einzelnen Länder wurde durch verschiedene Umstände gefördert, z.B. wichtige Rohstoffe, Kapitalreichtum, überschüssige Arbeitskraft, Kontinuität der Wirtschaftsentwicklung, offene Seeverbindungen, Kolonialbesitz etc. In Europa erfolgte die Industrialisierung zuerst im Norden und Westen: England, Belgien, Schweiz, Frankreich, Holland, Deutschland; später und weniger ausgeprägt war die Industrialisierung Süd- und Osteuropas. Unter den außereurop. Staaten ragen die USA und Japan durch ihre Industrialisierung heraus. Eine Eigentümlichkeit der modernen Fabrik-I. ist der Trend zum größeren Betrieb, außerdem, und zwar aus techn. und ökonom. Gründen, das relative Überhandnehmen kapital-intensiver Produktionstechniken.

LIT. B. Seidel, I. und Kapitalismus (1955); E. Gerwig, Organisation und Führung in industriellen Unternehmungen (²1955); L. von Schwerin und Krosigk, Die große Zeit des Feuers. Der Weg der dt. I., I (1957); H. G. Schachtschabel, Das industrielle Potential in Ost und West (1963); D. Mertens, Die Wandlungen der industriellen Branchenstruktur in der BRD 1950–60 (1964); J. S. Bain, Industrial Organization (N. Y. ²1968); S. Pollard und C. Holmes, Industrial Power and National Rivalry 1870–1914 (1972); H. P. Ullmann, Der Bund der Industriellen (1976); H. Müller-Sink, Industrialisierung und Außenpolitik (1977); W. R. Krabbe, Kommunalpolitik und Industrialisierung. Die Entfaltung der städt. Leistungsverwaltung im 19. und frühen 20. Jh. Fallstudie zu Dortmund und Münster (1985); G. Rapohl (Hrsg.), Arbeit im Wandel (1986); M. J. Piore, Charles F. Sabel, Das Ende der Massenproduktion (1986); P. Brödner, Fabrik 2000 (1986).

Industrielle Revolution. Durch den engl. Sozialreformer A. Toynbee (1852–83) verbreiteter Begriff für die Umwälzungen im Wirtschaftsleben; hervorgerufen wurden sie durch die im 18. Jh. einsetzende Industrialisierung. Die I. R. nahm ihren Anfang in der Textilindustrie, griff dann auf die Eisengewinnung und -verarbeitung sowie den Bergbau über und war seit etwa der Mitte des 19. Jh. mit der Revolutionierung des Verkehrswesens, d.h. des Dampfschiffs und der Eisenbahn, verbunden. Sog. Industriereviere, d.h. Produktionsschwerpunkte nicht-agrar. Erzeugnisse, bildeten sich in Schottland, Mittelengland, Nordostfrankreich, Norditalien, Rheinland-Westfalen, Oberschlesien, an der Saar, in Südwestdtl., den USA etc. Sowohl die Siedlungsordnung als auch die gesellschaftl. Struktur der europ. Völker wurde durch die Entwicklung der von großen Spannungen erfüllten industriellen Gesellschaft von Grund auf verändert, wobei die soziale Frage eine bes. Rolle spielte. Vor allem in Wechselwirkung mit den USA kam es zur Herausbildung neuer Möglichkeiten der Massenfertigung, neuer Formen des Verkehrs durch die Entwicklung des Automobils und des Flugzeugs, der Verwaltung infolge der Herausbildung einer Bürokratie im industriellen Bereich, ferner kam es zu neuen Formen der Massenbeeinflussung, die Film, Funk, Fernsehen, die Erzeugnisse der Druckindustrie, die

Meinungsbildung insgesamt, die Verkaufswerbung etc. ermöglichten.
Die sog. 2. I. R., von der man im Zusammenhang mit dem sich seit etwa den 50er Jahren des 20. Jh. abzeichnenden Automatisierungsprozeß sprechen kann (vgl. hierzu die Stellungnahmen von Leo Brandt und C. Schmid auf dem SPD-Parteitag 1956), ist im Grunde genommen lediglich eine Weiterführung der (1.) I. R.
Insbes. seit dem Ersten, vor allem aber seit dem Zweiten Weltkrieg, hat die Industrialisierung auf Rußland, Australien, Kanada, die Südafrikanische Republik, China etc. übergegriffen. Wenn man von Japan einmal absieht, dann hat vor allem Rußland die klassischen Industrieländer Europas (Großbritannien, Frankreich und Deutschland) auf dem Gebiet der Raumfahrtindustrie überholt.
Im Zusammenhang mit Entwicklung (1969) und Inbetriebnahme (1972) der Mikroprozessoren spricht man von der »dritten industriellen Revolution«.
LIT. A. Toynbee, Lectures on the Industrial Revolution (1884); M. Weber, Gesammelte Aufsätze zur Religionssoziologie I (1920; ^{4}1947); L. Ch. A. Knowles, The Industrial and Commercial Revolutions in Great Britain during the 19th Century (London ^{3}1924); W. Sombart, Der moderne Kapitalismus (1928); L. W. White, Industrial and Social Revolution, 1750–1937 (London 1938); W. W. Rostow, British Economy of the Nineteenth Century (Oxford 1948); E. Michel, Sozialgeschichte der industriellen Arbeitswelt (^{2}1948); T. S. Ashton, The Industrial Revolution 1760–1830 (^{2}1952); F. Pollock, Automation (1956); C. Schmid, Mensch und Technik (1956); L. Brandt, Die 2. Industrielle Revolution (1957); H. Schelsky, Die soz. Folgen der Automatisierung (1957); G. Wurzbacher, Die I. R. In: GWU (1958); W. W. Rostow, The Stages of Economic Growth (London 1960); M. Pietsch, Die I.R. (1961); W. G. Hoffmann u. a., Das Wachstum der dt. Wirtschaft seit der Mitte des 19. Jh. (1965); F.-W. Henning, Wirtschaft und Gesellschaft im Zeitalter der Industrialisierung (1972); K. Borchardt, Die I. R. in Dtl. (1972); R. Braun (Hrsg.), Die I. R. (1972); W. Köllmann, Bevölkerung in der i. R. (1974); E. Pawson, The Early Industrial Revolution (1979); K. Fuchs, Siegerländer Unternehmer des 19. Jh. und ihr Werk (1979); W. Ruppert, Die Fabrik. Geschichte von Arbeit und Industrialisierung in Dtl. (1983); U. Engelhardt, Marxismus und I. R. (1983); K. Eiler (Hrsg.), Hessen im Zeitalter der i. R. (1984).

Infallibilität (lat.). Unfehlbarkeit, die auf den ständigen Beistand Christi (Matth. 28, 20) und des Hl. Geistes (Joh. 14, 16f.) gegr. Bewahrung der kath. Kirche vor jedwedem Irrtum bei Glaubensentscheidungen. Die I. des gesamten Episkopats ist seit dem 1. ökumenischen Konzil (Nicäa 325) Lehre der kath. Kirche. Die persönl. Unfehlbarkeit des Papstes wurde seit dem HochMA, mit Ausnahme der Zeit der Reformkonzilien, in zunehmendem Maße anerkannt, jedoch erst auf dem Vatikanischen Konzil von 1870 definiert und zum Dogma erhoben. Demnach ist der Papst unfehlbar, wenn er eine Lehre über Glauben oder Sitten ex cathedra für die gesamte Kirche für bindend erklärt. Zum erstenmal praktiziert 1950: Dogma über die leibl. Aufnahme Mariens.
LIT. H. J. Pottmeyer, Unfehlbarkeit und Souveränität; K. Schatz, Kirchenbild und päpstliche Unfehlbarkeit ... auf dem 1. Vatikanum (1975); A. B. Hasler, Pius IX. (1846–1878). Päpstl. Unfehlbarkeit und 1. Vatikan. Konzil. 2 Bde. (1977); U. Horst, Unfehlbarkeit und Geschichte. Studien zur Unfehlbarkeitsdiskussion von Melchior Cano bis zum 1. Vatikan. Konzil (1982).

Infant, Infantin (span. infante, infanta; von lat. infans, Kind). Titel der königl. Prinzen und Prinzessinnen in Spanien und Portugal.

Infanterie (von span. infante, Edelknabe, Kriegsknecht). Fußvolk, Kampftruppe zu Fuß; urspr. das Knappenkorps im Ritterheer. Seit dem 16. Jh. von Spanien sich ausbreitende, aus Fußvolk mit Handwaffen (Spieße, später Gewehre) bestehende Truppe. Die Bewaffnung wird heute ergänzt und organisiert in Zusammenarbeit mit leichten und schweren Maschinengewehren, der Maschinenpistole, der Hand- und Panzerwurfgranate, den leichten und schweren Minenwerfern und dem Panzerabwehrgeschütz. Die I.-Truppe wird eingeteilt in Kompanien, Bataillone, Regimenter etc.
LIT. F. M. Frhr. von Senger und Etterlin, Die Panzergrenadiere. Geschichte

und Gestalt der mechanisierten I. 1930–60 (1961).

Inflation (lat. inflare, aufblähen). Ein Begriff, der nicht eindeutig verwendet wird; er dient zur Bez.
a) einer starken Erhöhung der Geldzirkulation;
b) einer wesentl. Erhöhung des Preisniveaus (auch auf die durch Vergrößerung der Geldzirkulation verursachte Erhöhung des Preisniveaus beschränkt);
c) eines bestimmten realen Konjunkturverlaufs, gekennzeichnet durch Geldentwertung, Erhöhung der Umlaufsgeschwindigkeit des Geldes, Vergrößerung der umlaufenden Geldmenge, Flucht in die Sachwerte etc.
Wirtschaftsgeschichtl. folgenschwer war die Silber-I. in Spanien im 16. Jh. Frankreich erlebte die erste Papiergeldinflation 1719–20. Sie hatte ihre Ursache in der übermäßigen Ausgabe von Banknoten durch den Finanzmann John Law of Lauriston (1671–1729). Sie löste, zusammen mit der laufenden Neuausgabe von Aktien, eine gewaltige Spekulation aus. 1720 kam der Zusammenbruch. Er stürzte Frankreich in eine schwere Finanz- und Wirtschaftskrise. Eine weitere I. in Frankreich löste die Assignatenwirtschaft während der Französischen Revolution aus. Von Bedeutung waren ferner die Papiergeld-Inflationen in den USA während des Unabhängigkeitskrieges (1776–83) und während des Sezessionskrieges (1861–65).
Zu der bisher schwersten I. führte der Erste Weltkrieg; er rief einen derart ungeheuren Geldbedarf der kriegführenden Länder hervor, daß die Regierungen fast ausnahmslos die Notenpressen bemühten, weshalb kaum eines dieser Länder von der I. verschont blieb. Den stärksten Währungsverfall hatte neben Österreich, Ungarn und Polen Deutschland zu verzeichnen. Am Tage der Stabilisierung der dt. Währung (Nov. 1923) war 1 Billion Papiermark auf den Wert einer Goldmark gesunken. Während des Zweiten Weltkrieges trat durch den allg. Preis- und Lohnstopp sowie durch die Bewirtschaftung an die Stelle der offenen eine »zurückgestaute« I. Die Entwertung des Geldes zeigte sich auf dem »Schwarzen Markt«; die Funktion der gesetzl. Zahlungsmittel ging auf allg. begehrte Waren über. Die Währungsreform (1948) brachte das Ende der I.

LIT. S. Wendt, Die Lehre vom Geldwert (1949); B. Hansen, A Study in the Theory of I. (London 1951); C. W. Hazelett, Practical Answers to I., Unemployment, Taxation and Practical Leadership (Greenwich, Conn. 1952); P. Einzig, I. (London 1952); M. Flamant, Théorie de l'inflation et politiques antiinflationnistes (1952); R. Gaettens, Inflationen (vom Altertum bis zur Gegenwart) (²1958); O. Veit, Der Wert unseres Geldes (1958); L. A. Hahn, Fünfzig Jahre zwischen I. und Deflation (1963); R. Stucken, Dt. Geld- und Kreditpolitik 1914–63 (³1964); E. Hielscher, Das Jh. der Inflationen in Dtl. (1968); O. Büsch, G. D. Feldman (Hrsg.), Histor. Prozesse der dt. I. 1914–24 (1978); C.-L. Holtfrerich, Die deutsche Inflation 1914–23 (1980); G. D. Feldman, C.-L. Holtfrerich, G. A. Ritter, P. Chr. Witt, Die Dt. I. (1982); Agnete von Specht, Polit. und wirtschaftl. Hintergründe der dt. Inflation 1918–1923 (1982); G. D. Feldman, C.-L. Holtfrerich, G. A. Ritter, P. Chr. Witt (Hrsg.), Die Erfahrung der I. im internat. Zusammenhang und Vergleich (1984); G. D. Feldman (Hrsg.), Die Nachwirkungen der I. auf die dt. Geschichte 1924–33 (1985).

Informativprozeß. Nach kath. Kirchenrecht ein Verfahren außeröm. Behörden (Ortsbischof, Nuntius, Delegat). Durch einen I. soll eine Entscheidung der röm. Kurie (Definitivprozeß) vorbereitet werden.

Inful (lat. infula, dt. auch Infel). Bei den Römern eine Stirnbinde mit herabhängenden Bändern. Die I. wurde von Kaisern und Beamten getragen; sie war das Symbol der religiösen Weihe; heute ist sie ein Teil der Bischofsmütze (→ Mitra). – **Infuliert.** Zum Tragen der Mitra berechtigt.

Ingenuität (zu lat. ingenuus, frei geboren). Aufrichtigkeit, Freimut. Nach röm. Personenrecht die Abstammung von freien Aszendenten; ihnen stand der Stand der Freigelassenen und Sklaven entgegen.

Initiale (zu lat. initium, Anfang). Der ornamental gestaltete Anfangsbuchstabe; der durch Größe und Schmuck am Anfang von Büchern oder Abschnitten bei Hand- und Druckschriften hervorgehobene Buchstabe. In der irischen und karoling. Buchmalerei nicht selten blattgroß, waren die I. im MA fast immer farbig und künstler. ausgestaltet. In

Inkunabeln meist von Hand eingesetzt, dann mit Holzschnitt und Kupferstich dem typograph. Stil angepaßt.
LIT. K. Löffler, Romanische Zierbuchstaben und ihre Vorläufer (1927); J. Gutbrod, Die I. in Handschriften des 8. bis 13. Jh. (1965).

Initiation (lat.). Die meist mit Eintritt der Pubertät stattfindende, nach bestimmten Riten erfolgende Jünglings- (oder Mädchen-)weihe; bei primitiven Völkern unter feierl. Riten. Hierdurch wurden bzw. werden die Jugendlichen in die Welt der Erwachsenen aufgenommen. Im At. verstand man unter I. die Zulassung zu den Mysterien, ebenfalls die Aufnahme in einen Geheimbund.
LIT. W. E. Peuckert, Geheimkulte (1951); Mirceade Eliade, Das Mysterium der Wiedergeburt (dt. 1961); C. D. Bleeker (Hrsg.), I., Contributions to the Theme (Leiden 1965).

Initiative (nlat). Im Staatsrecht Bez. für den Antrag, durch den ein Rechtsetzungsverfahren eingeleitet wird (eigtl. I.), oder über dessen Ingangbringung ein Beschluß herausgefordert wird (Initiativbegehren).

Inka. Im alt-indian. Peru die Adels- und Herrscherkaste. Urspr. ein Stamm der Khechua-Indianer im Hochlandbecken von Cuzco (Peru). Als wanderndes Erobervolk unterwarfen die I. eine bodenständige Bauernkultur (um 1100 n. Chr.) und schufen ein Reich, welches Peru, Ecuador, Bolivien, Nordchile, Nordargentinien und Teile Mexikos umfaßte. In Cuzco seßhaft geworden, erweiterte sich das Inkareich durch Unterwerfung benachbarter Stämme. Als personifizierter Gott galt der durch den Sonnenpriester gekrönte Kaiser (Inka); als Mondgöttin wurde seine Schwester (und Hauptgattin) verehrt. Knotenschnüre (Quipu) dienten als Schrift. Eine entwickelte Musik bediente sich der Panpfeife, der Flöte, der Trommel, Glocke etc. als Instrumente. Auf gute astronom. Kenntnisse lassen die Sonnenwarten der I. schließen (Einteilung des Jahres in 12 Monate). Zu den bedeutenden Leistungen der I. gehören die ausgebauten Verkehrsstraßen mit ihren Seilbrücken, Steindämmen, Wasserleitungen, Terrassenanlagen etc.; außerdem die Tempel- und Festungsbauten aus behauenen Quadern, die mörtellos zusammengesetzt wurden. Die Wände der Tempel und Paläste waren mit einer dünnen Gold- und Silberschicht überzogen; als goldener Tempel war der Sonnentempel in Cuzco berühmt. Von Bedeutung war ebenfalls das Kunstgewerbe, darunter vor allem die Metallkunst (Gold, Silber, Bronze, Kupfer), die Keramik und die Stoffwirkerei mit ihren geometr. Mustern. Das Inkareich befand sich bereits in Auflösung, als die Spanier sich anschickten, es zu erobern. Huayana Capac (bis 1529) hatte das Reich unter seine Söhne Atahualpa und Huascar geteilt. Huascar wurde im Kampf um die Macht von seinem Bruder getötet. Der span. Seefahrer und Feldherr Francisco Pizarro (um 1475–1541), der zw. 1531–33 das Inkareich von Panama aus eroberte, nahm Atahualpa in Cajamarca gefangen und ließ ihn 1533 erdrosseln.
LIT. L. Baudin, Der sozialistische Staat der Inkas (dt. 1956); ders., So lebten die Inkas vor dem Untergang des Reiches (dt. 1957); V. W. von Hagen, Das Reich der I. (1958); B. Flornoy, Rätselhaftes Inkareich (^{2}1958); H. Ubbelohde-Doering (Hrsg.)., Die Kunst im Reich der I. (Neuaufl. 1967); H. D. Disselhoff, Geschichte der altamerikan. Kulturen (^{2}1967); Lieselotte und Th. Engel, Glanz und Untergang des Inkareiches (1967).

Inkarnation (lat., Eingehen in das Fleisch).
a) In der allg. Religionsgeschichte eine der Erscheinungsformen der Gottheit. Im weiteren Sinn versteht man unter I. das Kommen der Gottheit in die sichtbare Welt; im engeren Sinn deren Menschwerdung.
b) Im Christentum die Menschwerdung Gottes in Christus. Das Dogma von der I. besagt, daß in Christus Gott Mensch wurde, d. h., daß Christus Gottmensch ist.
LIT. G. van der Leeuw, Phänomenologie der Religion (^{2}1956); G. Mensching, Die Religion (1959, Tb. 1962).

Inklusen, Reklusen (lat. inclusi, inclusae, Eingeschlossene). Im frühen MA Klausner und Klausnerinnen, die sich meist bei einer Kirche oder einem Kloster in Zellen einmauern ließen.

Inkolat (lat. incola, Einwohner) = Indigenat, vor allem der Anspruch auf einen Sitz im Herrenhaus.

Inkompatibilität (lat.). Unvereinbarkeit; eine Vorschrift, wonach bestimmte Ämter oder ein Amt sowie eine bes. wirtschaftl. Stellung, Standeszugehörigkeit (z. B. Geistliche), ebenfalls ver-

wandtschaftl. Beziehungen zu einem Amtsträger in einer Person nicht vereinigt sein dürfen, und zwar infolge des Prinzips der Gewaltenteilung. In der BRD lassen sich Beamte oder Richter, Hochschullehrer und Ehrenbeamte ausgenommen, bei ihrer Wahl in ein öffentliches Amt in den Ruhestand versetzen (Ges. vom 4. 8. 1953).
Wirtschaftl. I.: Die Unvereinbarkeit von bestimmten staatl. und wirtschaftl. Stellungen, so das Verbot für einen Minister, gleichzeitig einen Aufsichtsratsposten innezuhaben.
LIT. W. Weber, Parlamentar. Unvereinbarkeiten. In: AÖR, N.F. 19 (1930); W. Plaum, Inkompatibilitätsprobleme ... In: Dt. Verwaltungsbll., 73 (1957).

Inkorporation (nlat., Einverleibung).
[1] Entsprechend dem kath. Kirchenrecht die dauernde, von den hierfür zuständigen kirchl. Oberen vorgenommene Verbindung eines Benefiziums, insbes. einer Pfarrei, mit einer sonstigen jurist. Person. – Im MA die Vereinigung einer Pfründe, vor allem einer Pfarrei mit einem Kloster, Kapitel oder einer anderen kirchl. Institution; sie wurde durch das Tridentinum verboten.
[2] Im älteren Völkerrecht die Gebietsvergrößerung, z.B. durch Eingemeindung, oder die Angliederung eines Staates oder Staatsteiles an einen anderen Staat (Annexion).
LIT. U. Stutz, Die Eigenkirche (1895); A. Pöschl, Die I. und ihre geschichtl. Grundlagen (1927f.); N. Hilling, Neueste Forschungen über Inkorporationen von Kirchen. In: Arch. für Kirchenrecht 121 (1941); D. Lindner, Die Lehre von der I. in ihrer geschichtl. Entwicklung (1951).

Inkulpat (zu lat. culpa, Schuld). Im Inquisitionsprozeß vor dem Beginn des Verhörs der eines schweren Vergehens Beschuldigte. Während des eigentlichen Prozesses, d.h. nachdem das Ermittlungsverfahren abgeschlossen war, wurde der Beschuldigte als Inquisit bezeichnet.

Inkunabeln (von lat. incunabula, Windeln, Wiege). Bez. für die zw. 1445 und 1500, anfängl. auf Pergament, hergestellten ersten Drucke mit bewegl. Lettern (Wiegendrucke). Viele I. sind reich verziert, häufig mit Holz- und Metallschnitten berühmter Meister. Drucke, die zw. 1500 und 1550 entstanden, werden als Frühdrucke bezeichnet.
LIT. F. Geldner, Die dt. Inkunabeldrucker. 2 Bde. (1968–70); K. Haebler, Handbuch der Inkunabelkunde (^{2}1966).

Innere Kolonisation. Bez. für den Ausbau bereits vorhandener bäuerl. Siedlungen, und zwar durch Urbarmachung und Rodung. Die Blütezeit der I.K. fällt in die Zeit vom 8. bis zum 14. Jh.; in Ostdtl. gab es eine Nachblüte im 17./18. Jh.
Speziell wird als I.K. das preuß. Ansiedlungsgesetz vom 26. 4. 1886 bzw. die hierdurch ausgelöste bäuerl. Siedlung in Posen und Westpreußen bez. Die I.K. ist im Unterschied zur äußeren Kolonisation zu sehen.
LIT. E. Lang, Das Werk der ländlichen Siedlung in Dtl. (1933); H. Rothfels, Ostraum, Preußentum und Reichgedanke (1935).

Innung (mhd., Verbindung, zu ahd. innon, aufnehmen). Bez. für eine Institution, die die alten Zünfte fortsetzte, seitdem die mit den Zünften verbundenen Vorrechte durch den Übergang zur Gewerbefreiheit im 19. Jh. aufgehoben worden waren. Die I. konnten allmählich eine Reihe ihrer öffentl. Funktionen zurückgewinnen. Nachdem lt. Gewerbeordnung von 1869 I. auf freiwilliger Basis neu gegr. werden konnten, sah die Novelle zur Gewerbeordnung von 1897 neben den freien I. mit freiwilliger Mitgliedschaft auch fakultative Zwangsinnungen vor.
Auf dem Gebiet des Innungswesens bestand nach 1945 eine starke Zersplitterung. Nach der Handwerksordnung vom 17. 9. 1953 sind I. freiwillige Vereinigungen selbständiger Handwerker gleichen oder ähnlichen Handwerks. Sie bestehen als öffentlich-rechtliche Körperschaften. Ihre Aufgabe ist es, die gemeinsamen Interessen ihrer Mitglieder zu fördern, die Lehrlingsausbildung sowie das Fachschulwesen; sie nehmen die Gesellenprüfungen ab.
LIT. E. Eyermann und L. Fröhler, Handwerksordnung (^{2}1967); A. Sagaster, Organisationsbuch des dt. Handwerks (^{2}1968).

Inquilinus (lat. Adj. zu incola, Einwohner). Der freizügige Guts- und Domänenarbeiter in der Spätantike; er ist im Gegensatz zum Kolonus zu sehen, doch war er, wie dieser, dingl. unfrei; mlat. Lohnarbeiter, Häusler.

Inquisition (von lat. inquirere, untersuchen). Ein strafrechtliches Verfahren, in dem dieselbe Instanz Anklage erhob, die die Untersuchung durchführte und das Urteil fand, ohne zureichendes Verteidigungsmittel des Angeklagten. Dieses Verfahren war während gewisser Epochen der Antike und insbes. im MA vorherrschend (bis ca. 1000 ledigl. ein geistl. Strafmittel, vom 12. Jh. an wurde die verhängte Strafe in Verbindung mit dem Staate vollzogen, vom 13. Jh. an wurde die Strafe durch die Folter verschärft). Erst aus dem Kampf der kath. Kirche gegen die Katharer und Waldenser erwuchs die eigtl. I. Papst Lucius' III. (1181–85); er verfügte auf dem Konzil von Verona (1184) die Aufsuchung der Häretiker; dadurch führte er die bischöfl. I. ein. Die Todesstrafe durch Verbrennung wurde zum erstenmal durch Kaiser Friedrich II. (reg. 1215–50) gegen hartnäckige Ketzer verfügt. Durch Papst Gregor IX. (1227–41) wurde die päpstl. I. begründet. Ausgeübt wurde sie vor allem durch Dominikaner und Franziskaner.
Das Verfahren begann mit der öffentl. Mahnung an alle Häretiker, sich zu stellen sowie dem eindringlichen Hinweis zur Anzeigepflicht an die Gläubigen. Daraufhin erfolgte die Vorladung, in schwerwiegenden Fällen eine sofortige Gefangennahme. Wer sich schuldig bekannte, wurde lediglich mit kirchl. Strafen belegt (Gebete, Almosen, Fasten, Wallfahrten oder – in schweren Fällen – das Aufnähen von Kreuzen als diffamierendes Zeichen). Als schwerste Strafe galten Gefängnis und die Auslieferung an die weltl. Gewalt zur Verbrennung.
In Frankreich verlor die I. seit dem 14. Jh. an Bedeutung; formell allerdings bestand sie noch bis 1772. In Spanien dagegen wurde sie 1478 unter einem Groß- bzw. Generalinquisitor gegen die bekehrten Juden und Mauren, welche insgeheim ihrem ererbten Glauben weiter anhingen, erneuert. 1781 wurde in Spanien das letzte Todesurteil vollstreckt, 1834 die I. endgültig aufgehoben. In Portugal währte die I. von 1536–1821. In Italien konnte sie, 1542 durch Papst Paul III. (1534–49) gegen die Glaubenserneuerung organisiert, erst im Jahre 1859 endgültig beseitigt werden. In Dtl. verlor die I. nach der Ermordung des Inquisitors Konrad von Marburg (1233) an Bedeutung. In England erlangte sie Bedeutung im Zusammenhang mit der Verfolgung der Anhänger Wiclifs (um 1320–84) und während der Regierungszeit Marias der Katholischen (1553–58). In den Niederlanden konnte die 1524 begründete päpstl. I. während der Reformationszeit beseitigt werden. Vor allem im Zusammenhang mit den Hexenverfolgungen griff die I. auf ganz Europa über; sie erhielt sich im Kirchenstaat bis 1870. – **Inquisitor.** Der Inquisitionsrichter. **Groß-(General-)inquisitor.** Der oberste Leiter der I. in einem Land.
LIT. J. Hansen, Zauberwahn, I. und Hexenprozeß im MA (1900); H. Ch. Lea, A History of the I. 3 Bde. (1888; dt. 1905–13); J. Guiraud, Histoire de l'I. au moyen âge (1935 und 1938); E. Schmidt, I. und Rezeption (1940); W. Nigg, Das Buch der Ketzer (1949; ²1953); G. della Veneria, L'inquisizione medievale (²1951); R. Leiber, Die ma. I. (1963); H. Grundmann, in: DA, 21 (1965); H. Kamen, The Spanish I. (London 1965); H. Kamm, Die spanische I. (1966); O. Loretz, Galilei und der Irrtum der I. (1966); P. Dressendörfer, Islam unter der I. Die Morisco-Prozesse in Toledo 1575–1610 (1972); R. Rill, Die I. und ihre Ketzer. – Eine Gesamtschau der I. (1982); M. Hroch, A. Skýbová, Die I. im Zeitalter der Gegenreformation (1985); J. R. Grigulevic, Ketzer, Hexen, Inquisitoren. Geschichte der I. 13.–20. Jh. 2 Bde. Eurobuch 10 (1985).

Inquisitori di Stato (ital., Staatsinquisitoren). Seit dem Jahre 1539 die drei obersten Richter der Republik Venedig; sie wurden mit einjähriger Amtsdauer eingesetzt. Während zwei von ihnen dem Rat der Zehn angehörten, war einer Mitglied des engeren Rates.

Inschriften (lat. inscriptiones oder tituli). Schriftl. Aufzeichnungen auf Stein, Metall oder einem anderen dauerhaften Stoff. Teilweise befinden sich die I. auf bes. Tafeln, teilweise an Gebäuden, Denkmälern, auf Wegsteinen und Grabsteinen, außerdem auf Waffen, Gefäßen und sonstigen Geräten. Man unterscheidet u.a. indische, semitische, hethitische, etruskische, ägyptische, griechische und römische I. Die Lehre von den I., ein Teil der Archäologie und eine Hilfswissenschaft der Geschichte, ist die Inschriftenkunde oder Epigraphik.
LIT. Epigrafia, in: Enciclopedia Italia-

na, 14 (1933), Appendice 2 (1948); F. W. von Bissing und A. Rehm, in: Handbuch der Archäologie, I (1939).

Insignien (lat.). Abzeichen der Macht und des Ansehens. Häufig, wenn auch nicht immer, haben die I. Symbolcharakter und werden deshalb nicht selten (manchmal auch fälschlich) als Herrschaftssymbole bez. Der Stab, das Zeichen der (unparteil.) Rechtsprechung, gehört zu den ältesten I.; bis in die NZ hat er, wenn auch in abgewandelter Form, z.B. als Marschallstab, seine Bedeutung erhalten.

Unter den abendländ. I. steht die Krone an erster Stelle; seit Otto I. (reg. 936–73) trugen die dt. Kaiser eine Mitra unter der Krone; sie war das Zeichen hohepriesterl. Würde, zugleich Ausdruck des alten Grundsatzes, daß – wie Melchisedek – der christl. Herrscher rex et sacerdos sei, wie in der Habsburger Hauskrone (1602 während der Regierungszeit Rudolfs II. [1576–1612] entstanden und bis 1918 verwendet) angedeutet. Im 11.–13. Jh. wurde die Mitra durch die Päpste ebenfalls einigen weltlichen Fürsten (Böhmen, Aragon, Sizilien) verliehen.

Ein bereits im At. bekanntes Herrschaftszeichen ist neben der Krone der Thron. Z. Z. der röm. Republik kam die sella (curulis) den Oberbeamten zu; sie wurde auch von den röm. Kaisern sowie den hohen Beamten benutzt. Sowohl bei den Germanenfürsten wie auch bei den Herrschern des MA und der NZ galt der Thron als Herrschaftssymbol (vgl. den Steinsitz Karls d. Gr. [reg. 768–814] in Aachen).

Den Reichsinsignien (weiterer Begriff Reichskleinodien), den bis zum Ende des Alten Reiches 1806 benutzten Herrschaftszeichen der dt. Könige und Kaiser, kam bes. Bedeutung zu. Sie wurden, da als selbständige Symbole des Reiches angesehen, auch »Das Reich« genannt. Ihren Besitz betrachtete man als Voraussetzung der Reichsherrschaft. Zu den zur Krönung notwendigen Reichsinsignien im engeren Sinn gehörten die Reichskrone (vermutl. von Otto I.), der Reichsapfel (aus dem 12. Jh.), das Reichszepter (14. Jh.), das Reichsschwert oder Mauritiusschwert (11. Jh.). Im weiteren Sinne gehörten dazu: die Hl. Lanze (durch Heinrich I. [reg. 919–36] von König Rudolf von Burgund erworben), der Krönungsornat (Krönungsmantel, Alba, Dalmatica, Gürtel, Strümpfe, Handschuhe, Schuhe, die dem sizilian. Krönungsschatz entstammten), das Zeremonienschwert (vor 1220, sizilianisch), die Stola (14. Jh.) sowie eine Anzahl Reliquien und Heiligtümer (das Reichskreuz mit Reliquien, wahrscheinl. aus dem 11. Jh., ein Zahn Johannes' des Täufers, ein Armbein der hl. Anna bzw. der hl. Kunigunde, zudem ein Stück vom Tischtuch des Abendmahls Christi etc.). Als segen- und ablaßspendend verehrt, wurden die Reichsreliquien seit Karl IV. (reg. 1347–78) jährl. ausgestellt. Aufbewahrungsorte der Reichsinsignien waren: die Waldburg in Schwaben unter Friedrich II. (reg. 1215–50), der Trifels ab 1246, die Kyburg bei Winterthur ab 1273, Prag und die Burg Karlstein unter den Luxemburgern. 1424 kamen die Reichsinsignien nach Nürnberg, um sie den Hussiten zu entziehen. In Nürnberg blieben sie bis 1798. Dann wurden sie nach Regensburg und nach Wien gebracht, da sie den Franzosen nicht in die Hände fallen sollten. In Wien verblieben sie (ledigl. von 1938–46 waren sie in Nürnberg).

In Wien befinden sich neben den Nürnberger auch die Aachener Kleinodien (aus dem 9. Jh. stammend): Reichsevangeliar, Stephansbursa (Reliquiar) sowie der sog. Säbel Karls d. Gr.

Den kirchl. I. werden zugerechnet: Tiara, Thron (Stuhl Petri) sowie Schlüssel, das Zeichen höchster Jurisdiktion, zusammen mit dem Wappen gebraucht; außerdem der Fischerring des Papstes; der rote Kardinalshut, das Pallium des Erzbischofs, die beiden letzten vom Papst verliehen; weiterhin der Prälatenhut, der von der Anzahl der Quasten her über dem Wappenschild den geistl. Rang erkennen läßt.

I. der Heere sind: Standarten und Fahnen; der Amtspersonen: Amtsketten (der Magistrate); der Orden: deren Bänder, Ketten oder Zeichen.

LIT. K. von Amira und C. von Schwerin, Rechtsarchäologie (1943); B. B. Heim, Wappenbrauch und Wappenrecht in der Kirche (Olten 1948); H. Fillitz, Die Kleinodien und I. des Hl. Römischen Reiches (1954); P. E. Schramm, Herrschaftszeichen und Staatssymbolik. 3 Bde. (1954–56); K. Fürst Schwarzenberg, Adler und Drache (1958); H. Fillitz, Katalog der weltl. und geistl. Schatzkammer (Wien [3]1961); Amtsketten dt. Städte, Katalog der Ausstellung im Dt. Goldschmiedehaus in Hanau (1967).

Institut für Landeskunde in der Bundesforschungsanstalt für Landeskunde und Raumordnung (Zentralarchiv für dt. Landeskunde). Es hat seinen Ursprung in der 1941 gegr. ›Abt. für Landeskunde im Reichsamt für Landesaufnahme‹. 1945–52: ›Amt für Landeskunde‹ 1953–58: ›Bundesanstalt für Landeskunde‹, 1959–67: ›Institut für Landeskunde‹. Sitz des Instituts ist Bonn-Bad Godesberg.
LIT. E. Meynen (Hrsg.), Institut für Landeskunde, 25 Jahre amtl. Landeskunde (1967).

Institut für österreichische Geschichtsforschung. Das 1854 gegr. österreich. Zentralinstitut für Geschichtswissenschaft. Das Institut hat seinen Sitz in Wien.

Institut für Zeitgeschichte. 1950 durch den Bund und einige Bundesländer als Dt. Institut zur Erforschung der nationalsozialist. Zeit gegründet. Seit 1953 gibt das Institut die ›Vierteljahreshefte für Zeitgeschichte‹ (mit Bibl.) heraus. Sitz des Instituts ist München.

Institution (lat. institutio, Einrichtung, Einsetzung, mlat. Einweisung in eine Kirchenpfründe). Allg. die wichtigste Form sozialer Ordnung, in der sich ein ausdrückl. Wille zur Regelung ausspricht, z. B. im Recht. Seit den röm. Juristen, insbes. aber seit den Institutiones im Corpus iuris Justinians (reg. 527–65) von 533 ein kurzgefaßtes Rechtslehrbuch. In der Geschichtsphilosophie P. Lacombes (1833–1919) stellen die I. die unveränderl. Grundformen menschl. Verhaltens, Fühlens, Handelns, Wollens etc. dar.

Institutionalismus. Bez. für eine amerikanische, gegen die Methode der klassischen Sozialökonomie gerichtete Schule. Allen Gegenströmungen (den Sozialisten Sismondi [1773–1842] und Marx [1818–83] sowie dem dt. und englischen Historismus) ist gemeinsam, daß sie die Bedeutung der »Institutionen« in höherem Maße würdigen. Den Namen I. hat nur in den USA die Gegenschule unter Th. Veblen (1857–1929) angenommen.
LIT. Th. Veblen, The Theory of Business Enterprise (New York 1904); ders. The Place of Science in Modern Civilization (New York 1919).

Instmann, Instleute. Einlieger, Gutstagelöhner, Hofgänger, Häusler; in der norddt. Gutswirtschaft im Gegensatz zum Tagelöhner ständig beschäftigte Landarbeiter, auch mit eigener kleiner Privatwirtschaft. Als Entgelt erhalten sie außer dem Barlohn häufig Deputatwohnung, Deputatland und Deputatnaturalien.

Instrument (lat.). Allg. Gerät, Werkzeug; in der Rechtssprache des MA und der NZ Urkunde.

Insularität (engl. insular mind). Das aus der Insellage Englands erwachsene Gefühl der Sicherheit gegen Angriffe von außen; es entwickelte sich seit der Zeit Oliver Cromwells (reg. 1649–58) und wurde gestützt durch die engl. Seeherrschaft. Insellage und Seeherrschaft ließen englischerseits ein Überlegenheitsgefühl entstehen.

Insurgenten. Aufständische (insbes. die gegen die österreich.-ungar. Besetzung Bosniens im Jahre 1878).

Insurrektion (lat.). Aufstand; bis 1848 in Ungarn das allg. Aufgebot des Reichsadels durch den König zur Grenzverteidigung.

Integration (lat.). Grundbegriff zur Bez. der Wiederherstellung eines Ganzen aus seinen Teilen, der Erneuerung sowie der synthet. Weiterbildung einer Entwicklungsreihe.
Soziologie: Insbesondere der Zusammenschluß verschiedenartiger Elemente der Kultur (Wirtschaft, Technik, Recht, Religion etc.) zu einem einheitl. System.
Volkswirtschaft: Die unternehmungsmäßige Zusammenfassung von Betrieben mit einander ergänzenden und aufeinanderfolgenden Produktionsstufen.
Politik: Zusammenschluß von Ländern mit dem Ziel einer stärkeren Wirkungsmöglichkeit auf wirtschaftl. und polit. Gebiet (vgl. Montanunion, Bagdadpakt, Balkanpakt, Atlantikpakt, Vereinte Nationen, Europarat, Paneuropa, Bandung).
LIT. H. Kelsen, Der Staat als I. (1930); R. Smend, in: Hwb. der Sozialwissenschaften 5 (1956).

Intelligentsia (russ. von lat.). In Rußland seit etwa 1860 allg. Bez. für diejenige Schicht, die sich von der bäuerl. Bevölkerung durch Bildung und Lebensart unterscheidet. Ihr wurden der Adel und das gebildete Bürgertum zugerechnet. Eine verhältnismäßig kleine Gruppe der I. übernahm die radikalen Lehren des Sozialismus und der Revolution aus dem Westen. Im sozialist. Rußland seit 1917 zählte die I. neben den Bauern und den Proletariern zu den tragenden Elementen der Staatsordnung.

LIT. R. Pipes (Hrsg.), Die russ. I. (dt. 1962); W. Markert, Zur geschichtl. Bedeutung der russ. ›Intelligencija‹ In: Osteuropa und die abendländ. Welt (1966); B. Meissner (Hrsg.), Sowjetgesellschaft im Wandel (1966).

Intelligenzblätter. Zunächst wöchentl. erscheinende (›Wöchentliche Fragen- und Anzeigen-Nachrichten‹), aus den Listen von Angeboten und Nachfragen hervorgegangene Zusammenstellungen, die in Adreß-(Intelligenz-)Kontoren aufgegeben wurden. Die ersten I. erschienen in Dtl. um 1720. Von den absolutist. Fürsten und ihren Verwaltungen, in deren Dienst die I. standen, wurden sie als amtl. Publikationsorgane benutzt. Das Anzeigenwesen suchten sie durch diese dadurch zu monopolisieren, daß sämtl. Anzeigen in ihnen publiziert werden mußten oder zumindest in ihnen zuerst zu veröffentlichen waren. Infolge eines solchen Interventionszwanges, auch dadurch, daß den polit. Zeitungen gleichzeitig die Aufnahme von Anzeigen verboten wurde, stellten die I. eine staatl. Einnahmequelle dar. Darüber hinaus dienten die I. zur Überwachung von Handel und Wirtschaft. Ihrer Verbreitung diente einmal der Zwangsbezug, sodann die Ergänzung um einen bescheidenen redaktionellen Teil (belehrende und unterhaltende Artikel). Durch die Einführung der Pressefreiheit (1848) wurden die staatl. I. beseitigt. An ihre Stelle traten als amtl. Publikationsorgane die Amtsblätter.

LIT. H. Max, in: W. Heide (Hrsg.), Hdb. der Zeitungswissenschaft, Lfg. 6 (1942).

Intendant (lat.-franz., Aufseher, Verwalter, Leiter). Seit dem 16. Jh. in zunehmendem Maße Titel für die wichtigsten Staatsbeamten des Ancien régime. Die I. gingen hervor aus den königl. Kommissionen; sie wurden vor allem während der Religionskriege des 16. Jh. in den Provinzen eingesetzt. Unter Richelieu (1624–42) wurden sie zu ständigen Beamten und zum wichtigsten Instrument des absoluten Regiments und dessen Zentralismus. Die I. fanden außerhalb Frankreichs im zivilen Bereich kaum Verbreitung. Von der Mitte des 17. Jh. an ist der franz. I., der meist bürgerl. Herkunft ist, der oberste Zivilbeamte einer Armee. Dieses Amt wurde (mit bedeutenden Vollmachten auch im Gerichts- und Rekrutierungswesen) von vielen Staaten übernommen; dem Amtsinhaber oblagen die Verpflegungs-, Besoldungs-, Bekleidungs- und Unterkunftsangelegenheiten (Armee-, Korps-, Divisions-Intendant etc.).

LIT. F. Mosser, Les Intendants des Finances au XVIIIe siècle (1978); O. Hintze, Der Commissarius und seine Bedeutung in der allgem. Verwaltungsgeschichte. In: Ges. Abhandlungen, 1 (^{2}1962).

Intendantur. Die Wirtschaftsverwaltung eines Intendanten.

Interdikt (lat.). Im röm. Recht die vorläufige Entscheidung des Prätors, vor allem dann, wenn der Besitz umstritten war.

Im kath. Kirchenrecht bez. I. eine Kirchenstrafe, durch die den Gläubigen in einem Land oder einer Diözese bestimmte heilige Handlungen (Gottesdienst, Sakramente, Begräbnis) bzw. deren Ausübung untersagt sind. Als personales I. gilt das Verbot für Einzelpersonen oder Gruppen, den Gottesdienst zu besuchen bzw. eine oder alle Kirchen zu betreten. Vor allem während des MA galt das lokale I. als eine der Hauptwaffen der Kirche; sie wurde insbes. gegen ihre polit. Gegner angewandt. Das personale I. wird noch heute verhängt.

LIT. A. Berger, in: Pauly-Wissowa, 9 (1916); A. Haas, Das I. nach geltendem Recht mit geschichtl. Überblick. In: A. M. Koeniger, Kanonist. Studien 2 (1929).

Interessenpolitik. Bez. für eine vor allem von Bismarck (1815–98) befürwortete Politik, die im Gegensatz zu einer von Gefühlen oder Machtinteressen bestimmten Politik steht (Gedanken und Erinnerungen, I. 8, 1; Gesammelte Reden, 12.447); sie läßt sich ledigl. von vaterländ. Interessen leiten.

Interessensphäre. Auf ein Gebiet bezogen, an dem ein Staat wegen der räuml. Nachbarschaft, der wirtschaftl., militär. Bedeutung etc., auch hinsichtl. der dortigen Vorgänge insgesamt sein bes. polit. Interesse hat, nicht selten deshalb, um dort später die Herrschaft zu erlangen. In nicht wenigen Fällen sichern sich die Staaten das Recht auf

Einflußnahme auf ihre I. durch Verträge.

LIT. L. F. L. Oppenheim und H. Lauterpacht, International Law, I, 7 (London [7]1948); G. Schwarzenberger, Power Politics (London [2]1951).

Interim (lat. inzwischen, einstweilen).

[1] Bez. für die vorläufige Regelung von Streitfragen; sie wird vor allem gebraucht für Kaiser Karls V. (reg. 1519–56) Lösungsversuche der Glaubensspaltung: Regensburger I. (Juni 1541), durch das den Evangelischen die entscheidenden Punkte der Reformation bis zum kommenden Konzil zugestanden wurden; Augsburger I. (Mai 1548), ein im Anschluß an den Schmalkaldischen Krieg (1546/47) auf Karls V. Anordnung verfaßtes Ausnahmegesetz gegen die Evangelischen mit nur wenigen Zugeständnissen; es scheiterte daher am ev. Widerstand; Leipziger I. (Dez. 1548), das trotz größerer Zugeständnisse an die Reformationsanhänger gegenüber dem Augsburger I. durch diese bekämpft wurde. Es wurde durch den Passauer Vertrag (1552) und den Augsburger Religionsfrieden (1555) zugunsten der Protestanten außer Kraft gesetzt.

[2] Der bis zum 1. 5. 1850 befristete preuß.-österreich. Vertrag vom 30. 9. 1849, wonach die Zentralgewalt an eine gemischte Vierer-Kommission übergehen sollte.

LIT. M. K. Th. Hergang, Das Augsburger I. (1855); W. von Loewenich, Das I. von 1548. In: Von Augustin zu Luther (1959).

Interimsgesetz. Eine gesetzl. Regelung, die vorläufigen Charakter hat.

Interimstaler. 1549 in Magdeburg geprägt, verspottete das Augsburger Interim (Mai 1548) durch die Umschrift: Packe di Satan, du Intrim.

Interkalarfrüchte (von lat. intercalaris, eingeschaltet).

Kirchenrecht: Einkünfte eines Benefiziums während der Vakanz zwischen zwei Besetzungen.

Interkalation. Die Schaltung, vor allem die röm. Monatsschaltung, in der Chronologie (Schaltmonat: [lat.] mensis intercalaris).

Interkonfessionalismus. Im religiösen und kirchl. Bereich die Tendenz, die in den verschiedenen Konfessionen das Gemeinsame hervorhebt.

Internationale.

[1] Die Vereinigung sozialist. Arbeiterbewegungen aller Länder. Die 1.I. (1864–72) wurde gegr. durch Karl Marx (1818–83) sowie M. A. Bakunin (1814–76). Sie zerfiel infolge des Anarchismus Bakunins. 1889 kam es in Paris zur Neugründung der sog. 2.I. (mit einem ständigen Büro in Brüssel). Da sich die sozialist. Parteien fortschreitend nationalisierten, zerbrach die 2.I. im Ersten Weltkrieg. In Moskau wurde 1919 die 3.I. (Komintern) gegründet, 1943 jedoch aufgelöst; sie erfuhr 1947–56 in der Kominform ihre Wiederbelebung.

Die 2.I. wurde 1923 in Hamburg reorganisiert, nachdem es bereits 1919/20 zu einer teilweisen Wiederbelebung in der Schweiz gekommen war. Hinzu trat die 2 1/2. I.; ideolog. betrachtet muß sie zw. der 2. und 3. I. angesiedelt werden.

Leo Trotzki (1879–1940), einer der engsten Mitarbeiter Lenins (1870–1924) und Organisator der Roten Armee, gründete während seiner Emigrationszeit in Mexiko die 4.I.; sie blieb jedoch ohne Bedeutung. Die 2.I. wurde 1946 erneut aufgelöst. In Frankfurt/Main entstand 1951 ein loser Zusammenschluß der sozialist. Parteien des westl. Lagers unter der Bez. ›I. sozialistische Konferenz‹. 1953 gründeten die asiat. Sozialisten in Rangun einen eigenen Verband.

[2] Bez. für das Kampflied der internationalen sozialist. Arbeiterbewegung und Nationalhymne der UdSSR bis in den Zweiten Weltkrieg, gedichtet von Eugène Pottier (1871); die dt. Nachdichtung stammt von Emil Luckhardt, die Melodie von dem Arbeiter P. Ch. de Geyter († 1915) aus Lille.

LIT. G. Nollau, Die I. (1959); J. Braunthal, Geschichte der I. 2 Bde. (1961–63); J. Freymond (Hrsg.), Etudes et documents sur la Première Internationale en Suisse (Genf 1964); G. Haupt, La Deuxième I. 1889–1914 (Paris 1964); L. Herbst, Die erste I. als Problem der dt. Politik in der Reichsgründungszeit (1975); S. Na'aman, J.P. Becker, W. Liebknecht und K. Marx (Archiv für Sozialgesch. XV, 1975); W. Loth, Sozialismus und Internationalismus (1977); R. Sigel, Die Geschichte der Zweiten Internationale, 1918–23 (1986).

Internationalismus. Bez. für eine Haltung, die nationalstaatl. Denken entgegengesetzt und vor allem pazifist., sozialist. oder kommunist. geprägt ist.

Internierung.
[1] Der Entzug der Freizügigkeit durch die Bindung an einen bestimmten Aufenthaltsort sowie die Unmöglichkeit der freien Erwerbstätigkeit (Flüchtlingslager, Internierungslager etc.). In Kriegszeiten erfolgt die I. als staatl. Schutzmaßnahme gegen feindl. Ausländer.
[2] Die Vorschrift zur I. besteht für neutrale Staaten, sobald Truppenangehörige eines kriegführenden Staates neutrales Gebiet betreten; völkerrechtl. geregelt ist die I. im Haager Abkommen vom 18. 10. 1907 (Art. 11).

Internum Mare (lat., inneres Meer). Im At. Bez. für das Mittelmeer, im Unterschied zum äußeren Meer, dem Ozean. Bei Polybios (um 200–nach 120 v. Chr.) und Plinius d. Ä. (um 23–79 n. Chr.) ist der Begriff belegt.

Internuntius. Bez. für den päpstl. Gesandten niederen Ranges (→ Nuntius).

Interparlamentarische Union. Internationaler Zusammenschluß der Mitglieder von Parlamenten; die I. U. ist in nationale Verbände gegliedert; sie wurde 1888 von W. R. Cremer und F. Passy in Paris gegr. Ihr Zweck ist, polit. Verständnis sowie die friedl. Beilegung von Streitigkeiten der Staaten untereinander zu erreichen.
LIT. R. Eickhoff, Die I. U. 1889–1914 (1921); Union interparlamentaire. In: WB des Völkerrechts, 2 (1925).

Interpellation (von lat. interpellare, anreden). Im parlamentar. Sprachgebrauch insbes. des 19. Jh. das schriftl. Auskunftsbegehren seitens einer gesetzl. festgelegten Mindestzahl von Parlamentsmitgliedern an die Regierung. Durch die I. wird die Regierung ersucht oder auch genötigt, über eine in ihren Verantwortungsbereich fallende Angelegenheit Auskunft zu erteilen.

Interpolation (lat., Einschaltung). Die nachträgl. häufig mißbräuchl. Änderung eines Originaltextes; sie erfolgt durch das Einschieben eines zusätzl. oder eines umgestalteten Textes. I. dieser Art gibt es in zahlreichen Quellen des At., u. a. in der Bibel und im Corpus Iuris Civilis (sein Text, insbes. der der Digesten, weist zahlreiche I. auf, die Kaiser Justinian II. [reg. 685–95 und 705–11] veranlaßte). Im einzelnen sind die I. Justinians teilweise stark umstritten.
LIT. L. Wenger, Die Quellen des röm. Rechts (1953); F. Wieacker, Textstufen klass. Juristen (1960).

Interpretation (lat.). In der Geschichtswissenschaft die Auslegung und Erklärung von Quellen; die I. kann psycholog., ideengeschichtl. oder philosoph. Methoden anwenden, aber auch versuchen, ein einzelnes Quellenwerk oder -stück als Ausdruck eines geschichtl. Vorganges oder speziellen Zeitgeistes zu interpretieren (vgl. Hermeneutik, Ikonographie).
LIT. H. Rüdiger, Zwischen I. und Geistesgeschichte. In: Euphorion, 57 (1963).

Interregnum (lat., Zwischenherrschaft). In Wahlmonarchien allg. die Zeit zw. zwei Herrschern, in Dtl. die Zeit vom Ende der Staufer (Tod Konrads IV., 1254) bis zur Wahl Rudolfs von Habsburg (1273); sie stellte eine Periode der Fehden und der Raubritter (Faustrecht) dar. In Erbmonarchien ist ein I. dann nicht möglich, wenn es aus der Dynastie erbberechtigte Anwärter gibt. In Republiken wird im Falle des Todes eines Präsidenten und der Wahl eines Nachfolgers auf Grund der Verfassung oder eines Gesetzes ein Vertreter berufen (in Dtl. 1925 nach dem Tod des Reichspräsidenten F. Ebert). In den USA wird ein I. durch das Nachrücken des Vizepräsidenten an die Stelle des Präsidenten vermieden (z. B. 1945, als Roosevelt starb und Truman nachrückte, sowie 1963, als Johnson dem ermordeten Präsidenten Kennedy folgte).
LIT. H. Triepel, Das I. (1892); J. Kempf, Geschichte des Dt. Reiches während des großen I. 1254–73 (1893); O. Redlich, Rudolf von Habsburg (1903); A. Gerlich, Königtum, Rheinische Kurfürsten und Grafen in der Zeit Albrechts I. von Habsburg. In: Geschichtl. Landeskunde V, 2 (1969; mit Lit.).

Intervention (von lat. intervenire, dazwischentreten).
Völkerrecht: Eingreifen eines oder mehrerer (Kollektivintervention) Staaten in die Verhältnisse eines oder mehrerer anderer Staaten. Man unterscheidet zwischen diplomatischer und gewaltsamer I. Gegenüber der Interventionspolitik im Zeichen der Legitimität, wie sie von den konservativen Staatsmännern der Hl. Allianz befolgt wurde, vertraten Großbritannien unter dem liberalen Staatsmann George Canning (1770–1827) sowie die USA mit der

Monroedoktrin (2. 12. 1823) den Grundsatz der Nichteinmischung.
Nach schweizer. Bundesrecht ist die I. des Bundes im Sinne des Einsatzes seiner Macht zur Wiederherstellung der in einem Gliedstaat gestörten Ruhe und Ordnung vorgesehen. In der BRD (lt. GG) darf ein Land im Falle drohender Gefahr die Polizeikräfte anderer Länder anfordern. Die Bundesregierung kann die Polizei des bedrohten Landes sowie die anderer Länder ihren Weisungen unterstellen, wenn das bedrohte Land zur Abwehr nicht in der Lage oder nicht bereit ist.
LIT. E. C. Stowell, I. In: International Law (Washington 1921); K. Hettlage, Die I. in der Geschichte der Völkerrechtswissenschaft und im System der modernen Völkerrechtslehre (Diss. Köln 1927); H. Mosler, Die I. im Völkerrecht (1937); A. Gerlach, Die I. (1967).

Interzession (lat., Dazwischentreten).
[1] Im röm. Recht der Einspruch des Magistrats (ius intercessionis), z.B. des Volkstribunen, seinen Kollegen oder minderrangige Beamte an der Ausübung einer Amtshandlung zu hindern.
[2] Eingreifen eines Staates in die Verhältnisse eines anderen auf ein Ersuchen hin oder auf Grund einer vertragl. Abmachung; gilt als statthaft.
LIT. H. Vogt, Studien zum Senatus consultum Velleianum (1952).

Inthronisation (nlat., Götter-, Herrscher-, Richter-, Lehrstuhl). Thronerhebung, feierl. Einsetzung des Papstes, eines Bischofs oder eines Abtes.

Intitulatio. Angabe von Name und Titel im Protokoll der Urkunde und im ma. Brief, häufig verbunden mit der Devotionsformel.
LIT. O. Redlich, Urkundenlehre (1907/11) 24; W. Erben, Die Kaiser- und Königsurkunden des MA in Dtl., Frankreich und Italien (1907) 309ff.

in usum Delphini → ad usum Delphini.

inv. Abkürzung für: invenit (lat., hat es erfunden). Auf Kupferstichen, Holzschnitten etc. dem Namen des Künstlers, der das Original schuf, beigefügt. Soweit dieser auch die Wiedergabe geschaffen hat, ist die Beifügung invenit et fecit (hat es erfunden und gemacht) üblich; abgekürzt; inv. et fec.

Invasion (lat. invadere, eindringen). Das Eindringen militär. Formationen in fremdes Staatsgebiet entweder in Form von Kriegshandlungen oder von Repressalien, vor allem die I. der Alliierten in der Normandie im Zweiten Weltkrieg (6. 6. 1944 auf der Halbinsel Cotentin, Viremündung). Seitdem verbindet man mit dem Begriff I. die Vorstellung des weiträumigen und großangelegten Einfalls.
LIT. C. Ryan, Der längste Tag (dt. 1959); H. A. Jacobsen, J. Rohwer (Hrsg.), Entscheidungsschlachten des 2. Weltkriegs: A. Norman, Die I. in der Normandie 1944 (1960).

Invektive (von lat. invehere, ›gegen jemanden losfahren‹). Die polit. oder literar. Schmährede oder Schmähschrift, insbes. der Humanisten. Vorbild ist die I. des Sallust (86–35 v. Chr.) gegen Cicero (106–43 v. Chr.).

Investitur (lat. investire, bekleiden). Bez. für den Akt einer förml. Besitzeinweisung bei der Übertragung von Eigentum, insbes. von Grundstücken, im german.-dt. Privatrecht. Im Lehnswesen bedeutet I. die Einführung eines Lehnsträgers in den Besitz eines Lehens. Hierbei wurden bestimmte Symbole verwendet: Schwert, Speer, Stab, Zweig, Handschuh etc.
Im ma. Kirchenrecht bedeutet I. – in Anlehnung an das Lehnswesen sowie auf der Grundlage des Eigenkirchenwesens – das Einsetzen eines Geistlichen in weltl. Besitzrechte, gleichzeitig in die geistl. Befugnisse seines Amtes, seit dem 10. Jh. vor allem das Übertragen sowohl von Bistümern wie auch Abteien durch den König mit dem Symbol des Stabes. Seit Kaiser Heinrich III. (reg. 1039–56) erfolgte die Übertragung mit den Symbolen des Stabes und des Ringes sowie unter Ablegung des Treueides.

Investiturstreit. Bez. für den Kampf zw. Kaiser und Papst um die mit der Investitur vollzogene Einsetzung der Bischöfe und Äbte, die, mit Reichslehen ausgestattet, gleichzeitig weltl. Fürsten waren. Der Kaiser beanspruchte deshalb ihre Investitur für sich; hierdurch sah die Kirche ihre Wahlfreiheit beeinträchtigt. Ausgelöst wurde der I. durch die cluniazens. Reformbewegung, insbes. durch deren Hauptvertreter Papst Gregor VII. (1073–85), durchgekämpft von den Kaisern Heinrich IV. (reg. 1056–1106) und Heinrich V. (reg. 1106–25). Der I. konnte in verschiede-

nen Konkordaten beigelegt werden: 1104 mit dem franz., 1107 mit dem engl. und 1122 zu Worms mit dem dt. König. Auf Grund der Konkordate, die einen Kompromiß darstellten, erfolgte die Investitur durch die Verleihung der Temporalia (Regalien) seitens des Königs oder dessen Bevollmächtigten mit dem Symbol des Zepters, seitens der Kirche durch die Verleihung der Spiritualia mit den Investitursymbolen Ring und Stab.
LIT. A. Scharnagl, Der Begriff der Investitur in den Quellen des I. (1908); A. Hofmeister, Das Wormser Konkordat (Festschr. für D. Schäfer, 1915); P. Schmid, Der Begriff der kanon. Wahl in den Anfängen des I. (1926); G. Tellenbach, Libertas. Kirche und Weltordnung im Zeitalter des I. (1936); Th. Schieffer, in: Festschr. für E. E. Stengel (1952); ders., in: RH, 225 (Paris 1961); R. Sprandel, Ivo von Chartres und seine Stellung in der Kirchengeschichte (1962); J. Haller, Papsttum, 2 (^{4}1962); J. Fleckenstein (Hrsg.), I. und Reichsverfassung (1973); I. Schmale-Ott, Quellen zum I., 2 Tle. (1980–84); U.-R. Blumenthal, Der I. (1981); J. Laudage, Der I. (1989).

Invocatio, Invokation. Anrufung des göttl. Namens der Heiligen am Eingang der Urkunde, symbol. (→Chrismon) oder verbal in wechselnden Formen. Verbale Invokation z.B.: In nomine sanctae et individuae trinitatis. Symbol. und verbale I. können auch zusammen auftreten.
LIT. Bresslau I^3 47; Clavis mediaevalis 117.

Ironsides (engl., Eisenseiten). Die Reitertruppe Oliver Cromwells seit dem Bürgerkrieg (1642–49) gegen König Karl I. (reg. 1625–49).
LIT. R. Ashton, The English Civil War. Conservatism and Revolution, 1603–1649 (1978).

Iro-Schotten. Bez. für die Mönche der iro-schott. (kelt.) Missionskirche; sie wirkten seit dem 6. Jh. n. Chr. auf dem europ. Festland (Schottenmönche).
LIT. G. Schreiber, Irland und Dtl. im abendländ. Sakralraum (1952); J. Lechner, 800 Jahre Schottenabtei (1960); A. Mischlewski, Die Abtei Ottobeuren und das Memminger Schottenkloster St. Nikolaus (1964).

Irredenta (von ital. irredento, unerlöst). Polit. Bewegung, die das Ziel verfolgte, diejenigen Gebiete mit Italien zu vereinigen, in denen Italienisch gesprochen wurde, die aber nicht zum 1870 gegründeten Königreich Italien gehörten (Trentino, Nizza, Korsika, Malta, der Kanton Tessin, Istrien mit Görz, Triest und Fiume).
LIT. M. Mayr, Der ital. Irredentismus (^{2}1917).

Irredentismus. Nationale Bestrebungen innerhalb der europ. Minderheiten in Ost- und Südosteuropa, die als Folge der Friedensverträge von Versailles (mit Dtl., 1919) und St. Germain (mit Österreich, 1920) den neugeschaffenen Staaten (Tschechoslowakei, Jugoslawien, Ungarn etc.) zugeschlagen worden waren.
LIT. M. H. Boehm, Europa irredenta (1923); R. A. Kann, The Multinational Europe. 2 Bde. (New York 1950); G. Fogar, Dall'irredentismo alla resistenza nelle provincie adriatiche (Udine 1966).

Irreguläre Truppe (lat., unregelmäßig, ungesetzmäßig). Freikorps, Franctireurs oder Partisanenverbände, die sich erst während eines Krieges, vor allem in bes. Notlagen, bilden; sie sind im Unterschied zu den auf Grund der Wehrverfassung eines Staates aufgestellten regulären Truppen zu sehen.

Irreversibilität (lat., nicht umkehrbar). Bez. für einen Vorgang, der ausschließl. in einer Richtung verläuft; auch die Unwiederholbarkeit des Ablaufs der Geschichte, z.B. bei Henri Bergson (1859–1941).

Isegorie (griech.). In der athen. Volksversammlung das für alle Bürger gleiche Recht auf freie Meinungsäußerung. Im klass. Athen stellte es ein wesentl. Merkmal der demokrat. Freiheit und Gleichheit dar.

Islam (arab., Hingabe, Unterwerfung). Die von Mohammed (571–632) zw. 610 und 632 in Mekka und Medina gestiftete Religion, die jüngste der Weltreligionen. Bei Mohammeds Tod (632) war das islam. Reich bereits ein Arabien umfassender milit.-polit. Gottesstaat; bis 650 reichte er nach Mesopotamien, Syrien und Ägypten; 100 Jahre später (750) hatte er sich über Nordafrika und Spanien bis nach Frankreich ausgedehnt (732 konnte der I. durch die Abwehrschlacht bei Tours und Poitiers durch den Hausmeier Karl Martell, 714–41, an der Eroberung des Frankenreiches gehindert werden), ebenfalls nach Persien und Turkestan.

1453 fiel Konstantinopel in die Hand der Osmanen; 1529 belagerten sie Wien. Seit etwa 1650 erfolgte der allmähliche Niedergang bis zum Zusammenbruch des türk.-osman. Großreiches im Jahre 1918.

Der I., aus jüd., christl. und arab.-heidn. Elementen erwachsen, hat dennoch eine eigene Theologie und Philosophie hervorgebracht. Er hat außerdem eine großartige Baukunst und Ornamentik, eine umfangreiche poet. Literatur sowie eine glänzende sprachl. und mathemat. Wissenschaft geschaffen. Der I. lehrt den unbedingten Monotheismus: der einzige, in bildlosem Kult verehrte Schöpfer der Welt aus dem Nichts ist Allah; seine Boten sind die Engel; sein Prophet ist Mohammed (Abraham, Moses und Jesus sind seine Vorläufer). Der Koran ist das Hl. Buch mit unbedingter Autorität; neben ihm die Tradition (Sunna). Die Menschen werden durch ein zukünftiges Gericht zu Seligkeit oder Verdammnis bestimmt. Pflicht des Gläubigen ist die Ergebenheit in Gottes Hl. Willen (Kismet). Zu den wesentl. kult. Pflichten gehören das Glaubensbekenntnis, das tägl. (5malige) Gebet, vollständiges Fasten tagsüber im Monat Ramadan, Almosengeben und eine Wallfahrt nach Mekka. Die Sittenlehre ordnet sämtl. Lebensgebiete (Kultus, Staatsordnung, Sozialleben, Wirtschaft, Eherecht, Hygiene u.a.) von der Religion her. Mohammeds Nachfolger sind die Kalifen.

Die einzige bedeutende Sekte sind die Schiiten (vor allem in Persien). Als Anhänger Alis, des 4. Kalifen (602–61) und seiner Nachkommen bestreiten sie die Legalität der Kalifen nach 650 (der Imam ist ihr geistiges Oberhaupt); im übrigen aber stimmen sie mit dem I. überein.

Die heutige Bekennerzahl des I. liegt bei etwa 700 Mill. In neuerer Zeit dringt der I. vor allem in Afrika ständig vor.

LIT. A. Müller, Der I. in Morgen- und Abendland. 2 Bde. (1885–87); R. Hartmann, Die Krisis des I. (1928); C. Brockelmann, Geschichte der islam. Völker und Staaten (²1943); H. A. R. Gibb, Modern trends in I. (1947); B. Spuler, Chalifenzeit (1952); ders., Mongolenzeit (1953); R. Paret (Hrsg.), Die Welt des I. und die Gegenwart (1961); Propyläen Weltgeschichte. Bd. 5 (1963); R. Italiaander (Hrsg.), Die Herausforderung des I. (1965); Fischer, Weltgeschichte. Bd. 14 und 15 (1967ff.); P. Rondot, Der I. (dt. 1968); L. Gardet, I. (dt. 1968); A. J. Abberry (Hrsg.); Religion in the Middle East II: I. (Cambr. 1969); K. Kreiser, W. Diem, J. G. Majer (Hrsg.), Lexikon der islam. Welt. 3 Bde. (1974); W. M. Watt, A. T. Welch, Der I. I (1980); R. W. Southern, Das Islambild des MA (1981); R. Paret, Schriften zum Islam (1981); W. Ende, U. Steinbach (Hrsg.), Der Islam in der Gegenwart (1984); R. Paret, Mohammed und der Koran (⁶1985); W. M. Watt, M. E. Marmura, Der I. II (1985).

Isolation (franz. und engl. von ital. isola, lat. insula). Absonderung, Vereinzelung; in der Politik das Bestreben, im Bewußtsein der eigenen Stärke die außenpolit. Aktivität auf bestimmte Teile der Welt zu beschränken und den Verwicklungen in anderen Gebieten fernzubleiben. Seit der Zeit Lord Palmerstons (1784–1865) gehörte die sog. splendid isolation zu den Grundsätzen der Außenpolitik Englands; sie fand ihr Ende mit den Bündnissen Englands, die zu Beginn des 20. Jh. (z.B. 1902 mit Japan) abgeschlossen wurden.

Isolationismus. In den USA eine außenpolit. Richtung, die jede Einmischung in die Streitigkeiten fremder Erdteile, insbes. Europas, ablehnt. Zum polit. Grundsatz wurde der I. durch die 1823 in der Botschaft des Präsidenten Monroe (5. Präsidentschaft von 1817–25) ausgesprochene und bis 1917 die Politik der USA beherrschende Tendenz der Nichteinmischung in außeramerikan. bzw. europ. Angelegenheiten; gleichzeitig bestand man darauf, eine europ. Einmischung in amerikan. Angelegenheiten nicht zu gestatten. Die isolationist. Phase der USA lebte nach dem Ersten Weltkrieg wieder auf; dadurch wurde der Eintritt in den Völkerbund verhindert. Durch Neutralitätsgesetze (1935–37) suchte die US-Regierung ein Eingreifen in europ. Kriege unmöglich zu machen. Seit 1945, d.h. seit dem Ende des Zweiten Weltkriegs, haben die USA die Isolationspolitik aufgegeben.

LIT. W. Lippmann, US Foreign Policy (London 1943; dt. 1944); G. Myrdal, Kontakt mit Amerika (dt. 1945); A. de Conde (Hrsg.), Isolation and Security (Durham, N. C. 1957); S. Adler, The Uncertain Giant, American Foreign Policy between the Wars, 1921–41 (N. Y.

1965); W. A. Williams, The Tragedy of American Diplomacy (N. Y. [2]1962); M. Jonas, Isolationism in America 1935–42 (Ithaca, N. Y. 1966); W. E. Cohen, The American Revisionists, The Lessons of Intervention in World War I (Chicago 1967).

Isolierung. Bez. für das polit. Ziel, einem polit. Gegner sämtliche Verbündeten abspenstig zu machen.

Isonomie (griech.). Einiger oder aller Anteil zu gleichen Teilen an den polit. Rechten, dann aber auch die Gleichheit aller vor dem Gesetz; in der Auseinandersetzung der Aristokratie Athens mit der Tyrannis die durch Kleisthenes im Jahre 508/07 v.Chr. durchgeführte Verfassungsänderung, später als Demokratie bez. I. diente auch zur Bez. der Gleichheit in der Demokratie während der klass. Zeit (vgl. Isegorie).
LIT. H. E. Stier, Die klassische Demokratie (1952); F. Vittinghoff, in: GWU (1956); A. H. M. Jones, Athenian Democracy (1957).

Isonzoschlachten. An der Isonzofront die insgesamt 12 Schlachten während des 1. Weltkriegs. Die Schlachten wurden zwischen dem Juni 1915 und Nov. 1917 ausgetragen. Erst in der 12. Schlacht gelang den Österreichern (mit dt. Hilfe) der Durchbruch der vom Golf von Triest bis in die Julischen Alpen verlaufenden Front.
Die Verluste in sämtlichen Isonzo-Schlachten betrugen auf österreich. Seite mehr als 550000 Mann, auf ital. mehr als 1 Million Mann.
LIT. Der Weltkrieg 1914–18, Bd. 11–14, hrsg. von der Kriegsgeschichtl. Forschungsanstalt des Heeres (1938–42; 1956).

Isprawnik (russ.). Im zarist. Rußland der Leiter der Polizei eines Bezirks.

Italia sacra. Das von F. Ughelli (1594–1670) verfaßte 9bändige Werk (1644–62), in 2. Aufl. von N. Coleti. 10 Bde. (1717–22); es faßt die Berichte über die ital. Bischofssitze (in 20 Provinzen gruppiert) und deren Inhaber zusammen; es war das erste Werk dieser Art.

Italienische Kreuzherren. 1169 von Papst Alexander III. (1159–81) bestätigt, 1656 durch Alexander VII. (1655–67) aufgehoben.
LIT. Heimbucher I 416, 419–22; LThK VI 619ff.

Itinerarien (lat., Wegebücher). Während der röm. Kaiserzeit Straßenverzeichnisse mit Angabe der Distanzen zw. den wichtigsten Ortschaften, Raststationen etc. Das Itinerarium Antoninianum (4. Jh. n.Chr.), mit einem Verzeichnis der Straßen und Schiffahrtswege des Röm. Reiches, ist das umfassendste Itinerarium unter den erhaltenen, Itinerarkarten stellen die Straßen graphisch dar. Als Peutingersche Tafel wird eine röm. Straßenkarte des 4. Jh. n.Chr. bez.; sie ist benannt nach dem Humanisten Konrad Peutinger (1465–1547), in dessen Besitz sie sich befand. I. von Pilgerfahrten entstanden in christl. Zeit. Die ›Peregrinationes in Terram Sanctam‹ des Mainzer Domdekans Bernhard von Breidenbach, 1486 gedruckt, gehören zu den bekanntesten I. Von der Forschung werden I. für die ohne feste Residenz lebenden ma. Herrscher anhand der Orts- und Zeitangaben in den einschlägigen Quellen erstellt. Sie sind eine wichtige Grundlage für die vergleichende Urkundenkritik und eine zuverlässige Quelle der allg. ma. Geschichte.
LIT. W. Kubitschek, I., in: Pauly-Wissowa IX; B. Kötting, Peregrinatio religiosa (1950); G. Leithäuser, Mappae mundi (1958); Th. Mayer, Das dt. Königtum und sein Wirkungsbereich. In: Ma. Studien (1963); G. Radke, Itineraria. In: Der Kleine Pauly, 2 (1967); Annalina und M. Levi, Itineraria picta (Rom 1967).

Itinerarium Alexandri Magni. Ca. 340 n.Chr. entstandene anonyme lat. Schrift. Schildert den persischen Feldzug Alexanders d.Gr. hauptsächlich nach Arrian und Pseudo-Kallisthenes. Gewidmet ist die Schrift Kaiser Konstantin, dessen Sohn damals einen Feldzug gegen die Perser plante.
Text: D. Volkmann (1871).

Itio in partes (lat., Auseinandertreten in Parteien). Die Trennung einer Versammlung in Parteien oder Stände, aus denen sie sich rekrutierte. Ein gültiger Beschluß kommt nur dann zustande, wenn die Corpora übereinstimmen. Hauptfall der I.i.p. war die im dt. Reichstag (bis 1806) vorgeschriebene Beschlußfassung bezügl. Religionsangelegenheiten; 1648 durch den Westfälischen Frieden eingeführt, sollte hierdurch das Überstimmen der einen Religionspartei durch die andere ausgeschlossen werden, wenn es sich um Sachen der Religion handelte. Der Reichstag schied sich auf Antrag einer

Religionspartei in einen kath. (Corpus Catholicorum) und einem ev. Teil (Corpus Evangelicorum); zu einem Beschluß kam es nur bei freundschaftl. Übereinstimmung.
LIT. H. Conrad, DRG 2 (1966); M. Heckel, Itio in partes. In: ZRG KA 64 (1978), 180–308.

ius curiae. Das Hofrecht (→Hofgericht).

ius de non appellando et evocando (lat.). Das Recht der Kurfürsten (auf der Goldenen Bulle beruhend), eine Berufung an Reichsgerichte und eine Evokation des Kaisers nicht zu dulden.

ius emigrationis (lat.). Seit dem Zeitalter der Glaubenskämpfe das Recht zur Emigration, das Andersgläubigen zugestanden wurde und das man als eine Vergünstigung betrachtete (→Augsburger Religionsfriede). Von Bedeutung waren die Salzburger Exulanten, die engl. Pilgerväter sowie die franz. Hugenotten (Réfugiés).

ius eminens (lat.). Die einem Fürsten oder einem Staat zustehende Befugnis, in Privatrechte der Untertanen im Falle der Not oder im Interesse der Gesamtheit einzugreifen.

ius evocandi (lat.). Das königliche Evokationsrecht (→Evokation).

ius primae noctis (lat., das Recht auf die erste Nacht). In Frankreich, Schottland, Spanien und der Schweiz das angeblich dem Grundherrn gegenüber einer hörigen Braut zustehende Recht auf die Brautnacht, das praktisch jedoch kaum jemals bedeutsam wurde. Durch eine Leistung des Bräutigams konnte das Recht abgekauft werden; das i. p. n. spielte in der Phantasie der antifeudalen Bestrebungen eine große Rolle.

ius reformandi (lat.). Die im früheren Staatskirchenrecht durch den »Staat beanspruchten Rechte gegenüber den Kirchen«, die Religionszugehörigkeit, Religionsausübung, Rechtsstellung der Religionsgesellschaften usw. seiner Untertanen zu bestimmen.
LIT. B. von Bonin, Die prakt. Bedeutung des I. r. (1902); HWDRG II, 498–502.

ius subcollectandi (lat.). Das Recht der Steuererhebung.

ius utrumque (die beiden Rechte). Zusammenfassende Bez. für
a) das durch das Corpus iuris civilis repräsentierte röm. sowie das durch das Corpus iuris canonici repräsentierte kanonische Recht;
b) im MA das weltliche und geistliche oder das staatliche und kirchliche Recht.

Jacques Bonhomme (franz. von jacque, Kittel). Franz. Spottname für die (leibeigenen) Bauern; hierher **Jacquerie,** der Bauernaufstand vom 28. 5. bis 10. 6. 1358, getragen durch die Bauern der Ile de France im N von Paris. Ihr Aufstand, der von einzelnen Städten unterstützt wurde und in dessen Verlauf es zur Zerstörung zahlreicher Schlösser kam, führte schließlich zu einem Sieg des Adels über die Bauern, da die Unterstützung durch die Städte ungenügend war. Für die von den Bauern begangenen Grausamkeiten nahmen die Adeligen blutige Rache. Ursachen für den Aufstand waren die aus dem Hundertjährigen Krieg (1338–1453) resultierenden Leiden sowie die Bedrückung durch den Adel.
LIT. S. Luce, Histoire de la Jacquerie (Paris ^{2}1894).

Jagdregal (Jagdhoheit, Wildbannrecht). Die Germanen kannten Jagdfreiheit; dagegen erließen die Franken bereits Jagdgesetze (Forstbann), die sich später zum J. der Fürsten, namentl. für die »hohe Jagd« (Luchs, Bär, Wolf, Wildschwein, Hirsch, Reh u. a.) entwickelten; die Jagd auf Niederwild hingegen wurde von den Bauern ausgeübt. Neben dem J. der Fürsten gab es ein J. des Königs, das sich ebenfalls auf Hochwild erstreckte; im Regalienkatalog von Roncaglia (1158) beanspruchte Friedrich II. Barbarossa (reg. 1152–90) noch einmal die gesamte Jagdhoheit; im 13. Jh. aber geht sie auf die Territorialherren über bei gleichzeitiger Einschränkung der bäuerl. Jagdrechte in der Allmende in kleineren Territorien (vgl. hierzu Klage des Freidank 1129 und die 12 Artikel der Bauern 1525). In Frankreich ist eine ähnl. Entwicklung zu beobachten; hier lag das Jagdrecht zu Beginn der NZ gänzlich in den Händen der Seigneurs. Das Herren-Jagdrecht wurde erstmals in der Franz. Revolution (1789) abgeschafft.
LIT. HWDRG II, 281–88; K. Lindner, Die Jagd im frühen MA (1940); A. Lorz, Naturschutz-, Tierschutz- und Jagdrecht (^{2}1967).

Jagdkanzlei. Oberste Behörde des Forstwesens im Preußen des 17./18. Jh. unter einem Ober- und Hofjägermeister. Mitte des 18. Jh. wurde sie dem Generaldirektorium angegliedert, das seit 1770 ein bes. Forstdepartment besaß.

Jahr. Zeiteinheit, die durch den periodischen Umlauf der Erde um die Sonne bestimmt wird. Man unterscheidet
[1] das astronom. Jahr, d.h. diejenige Zeit, innerhalb der die Erde von einem Punkt ihrer Bahn zu diesem zurückkehrt; je nach der Wahl dieses Punktes wird unterschieden zwischen
a) dem siderischen J. oder Sternjahr: Rückkehr der Erde zum selben Fixstern; Dauer: 365 Tage 6 Std. 9 Min. 9,35 Sek.
b) dem tropischen J., das ist die Zeit bis zur Rückkehr zum Frühlingspunkt; Dauer: 365 Tage 5 Std. 48 Min. 46,42 Sek.
c) dem anomalist. J., Dauer: 365 Tage 6 Std. 13 Min. 48,5 Sek.
[2] das bürgerl. Jahr (Dauer: 365 Tage; die Restzeit wird jedes 4. J. – Schaltjahr – im Februar als 366. Tag – Schalttag – eingefügt); dem bürgerl. J.ist das tropische J. zugrunde gelegt. Als Mondjahr wird diejenige Zeit bezeichnet, in der der Mond seinen synod. Umlauf zwölfmal vollendet (Dauer: 354 Tage 8 Std. 48 Min. 36 Sek.).
Als Julianisches J. (365,25 Tage) und Gregorianisches J. (365 Tage 5 Std 48 Min 46,42 Sek.) bez. man die durchschnittl. Länge in beiden Kalendern. Die Güte des Gregorian. Kalenders ist an der Übereinstimmung mit der Dauer dcs trop. J. erkennbar.
Noch bis in die NZ hinein lag der **Jahresanfang,** der Beginn des Neuen J. (er fällt im Gregorian. Kalender mit dem 1. 1. zusammen), an sehr unterschiedl. Daten; so wurde z.B. im MA Neujahr am 25. 3. oder am 25. 12. gefeiert. Selbst das Osterfest ist (trotz seines veränderl. Datums) als Jahresanfang benutzt worden.

Jahresdevise. Glückhafte Bez. für eine Reihe von Jahren, später für die Regierungsperiode eines Kaisers, seit 163 v. Chr. in China, seit dem 7. Jh. ähnl. in Japan. Da der Name des Kaisers von China aus Gründen der Ehrfurcht nicht ausgesprochen werden durfte (vgl. Pharao), sind uns deren Namen unter der J. bekannt.

Jahr und Tag. Während des MA und in der frühen NZ eine Frist des alten dt. Rechts; sie umfaßte 1 Jahr, 6 Wochen und 3 Tage, d. h. den Zeitraum bis zum ersten echten Ding im neuen Jahr; Wochen und Tage wurden auch Sachsenfrist genannt, der gesamte Zeitabschnitt Sachsenjahr. Der Ablauf der Frist von

Jahr und Tag bewirkte eine Rechtsänderung zum Nachteil desjenigen, der sich verschwiegen hatte.

Jakobiner (franz. Jacobins) (Jakobinismus). Urspr. Bez. für die Dominikaner in Frankreich nach ihrem Kloster St. Jakob in Paris. Während der Franz. Revolution volkstüml. Bez. des wichtigsten polit. Klubs, der Societé des amis de la constitution (Gesellschaft der Verfassungsfreunde) im Dominikanerkloster St. Jakob zu Paris (nach Robespierres Sturz am 9. Thermidor wurde der Jakobinerklub am 11. 11. 1794 geschlossen). Die J. trugen die phryg. rote Wollmütze (Jakobinermütze), ein antikes Freiheitssymbol. Noch im gleichen Jh. wurde J. zum Scheltwort für Eiferer und Radikale unterschiedlichster Art.

LIT. C. Brinton, The Jacobins (N. Y. 1930); G. Walter, Histoire des Jacobins (Paris 1946); W. Grab, Ein Volk muß seine Freiheit selbst erobern. Zur Geschichte der dt. Jakobiner (1984); H. Reinalter, J. in Mitteleuropa (Innsbruck 1986).

Jakobiten.

[1] Anhänger der von Jakob Baradai, Bischof von Edessa († 578) neu organisierten monophysit. Sonderkirche in Ostsyrien; heute wohnen die eigentl. J. (etwa 150000; Schätzungen bis 300000) v. a. in Syrien und im Irak.

[2] Anhänger des im Zusammenhang mit der Glorreichen Revolution (1688; →Glorious Revolution) aus England vertriebenen Stuart-Königs Jakob II. (reg. 1685–88) sowie deren Nachkommen vor allem in Schottland (1689–1746), denen der größte Teil des Adels zugerechnet werden muß. Ihr letzter Aufstand scheiterte 1746 in der Schlacht von Culloden.

LIT. F. Heiler, Die kath. Kirche des Ostens und Westens, 1 (1937); B. Spuler, Gegenwartslage der Ostkirchen (1948); C. Petri, The Jacobite Movement. 2 Bde. (Neuausg. 1949/50); W. Hage, in: TRE, B. 16 (1987).

Janitscharen (türk. jeni tschari, neues Heer). Türk. Truppen, seit 1329 aus zum Islam bekehrten Gefangenen rekrutiert; im 15. Jh. 40000, im 17. Jh. 100000 Mann unter dem Befehl des J. Aga. Seit 1360 – zuletzt etwa 1675 – durch den Knabenzins, d. h. die Aushebung jedes 5. Knaben der unterworfenen christl. Länder, meistens des Balkans, ergänzt; später wurden sie auch aus Osmanen rekrutiert. Die J. bildeten die Kerntruppe des türk. Heeres; im Frieden waren sie als Polizei in Konstantinopel und Umgebung stationiert. Zahlreicher Privilegien wegen, z. B. zollfreier Wareneinfuhr, taten viele J. keinen Kriegsdienst mehr, sondern betätigten sich als Händler, Gutsbesitzer etc. Im 18. Jh. zu Prätorianern geworden, wurde eine Reihe von Sultanen durch sie beseitigt. Im Zusammenhang mit der Heeresreform Sultan Mahmuds II. (reg. 1808–39) wurde die Truppe 1826 aufgelöst.

LIT. Enzyklopädie des Islam, 2 (1927 mit Lit:, insges. 4 Bde., 1924–34); J. A. B. Palme, The Origin of the Janissaires. In: Bulletin John Ryland's Library, 35 (1953).

Jansenismus. Religiöse Bewegung in Frankreich unter Ludwig XIV. (reg. 1643/61–1715), benannt nach Cornelius Jansen (1585–1638), Bischof von Ypern; sie geriet insbes. wegen ihrer Gnadenlehre, Prädestination und Weltabkehr des Christen und der Kirche in Gegensatz zur kath. Kirche. Mittelpunkt des J. war das Kloster Port-Royal bei Versailles, seine Führer A. Arnauld (1612–94) und zeitweilig B. Pascal (1623–62). Der J. gewann vor allem auf die Gebildeten Frankreichs bedeutenden Einfluß. Dem Calvinismus nahestehend, geriet der J. in Gegensatz vor allem zur wirklichen oder vermeintlichen Nachlässigkeit der Jesuiten sowie zur Religionspolitik Ludwigs XIV. Seit 1710 (Zerstörung von Port-Royal) wurde der J. durch Kirche und Staat verfolgt; 1713 wurde die Bulle ›Unigenitus‹ gegen P. Quesnel (1634–1719), den wichtigsten und extremsten Vertreter des J., erlassen. Aufgrund dieser Bulle spalteten sich die Jansenisten in Akzeptanten und Appellanten. Die jansenist. Bewegung fand im 18. Jh. in Italien, den Niederlanden und in Österreich Verbreitung; in Dtl. blieb ihr Einfluß gering. Die Unterdrückung der Jesuiten (→Jesuitengesetz) und der in Frankreich verbreitete Antiklerikalismus sind als Folgen des J. anzusehen.

LIT. C. Jansenius, Augustinus sive doctrina (1640); F. Honigsheim, Die Staats- und Soziallehren der franz. Jansenisten im 14. Jh. (1914; prot.); J. Carrère, Le Jansenisme durant la Régence (3 Bde., Löwen 1929–33; kath.); W. Deinhardt, Der J. in dt. Landen (1929); G. Schnürer, Kirche und Kultur in der Barockzeit (1937); P. Hersche,

Der Spätjansenismus in Österreich (1977); L. Ceyssens, La fin de la première période du Jansénisme. 2 Bde. (Brüssel 1963–65); R. Taveneaux (Hrsg.); Jansénisme et politique (Paris 1965; Quellen); G. Winner, Die Klosteraufhebungen in Niederösterreich und Wien (1967); P. F. Barton, Ignatius A. Fessler (1969); HKG V; P. Herrsche, Der Spätjansenismus in Österreich (1977).

Jarl (nordgerm., engl. Earl). Alter skandinav. Titel, soviel wie Statthalter bedeutend; im 10. Jh. durch die Krone (Harald Schönhaar) in die Gefolgschaft des Königs gezwungen. Durch das Königtum wurden die Versuche der J., die Macht für sich zu erlangen, immer wieder zunichte gemacht. Ledigl. Birger J. erlangte in Schweden die Regentschaft (1250–66); er eroberte Finnland und wurde nach der Sage zum Gründer Stockholms.

Javeline, Javelot (franz., von lat.). Ger, Wurfspieß.

Jazeran, Korazin (von pers. Khorazan). Rüstung oder Hemd mit Schuppen dachziegelförmigen Musters; seit dem 8. Jh. auch in Europa bekannt.

Jena und Auerstedt, Doppelschlacht von. Im preuß.-napoleon. Krieg 1806/07 wurde am 14. 10. 1806 die preuß.-sächs. Armee in der Doppelschlacht von J. u. A. entscheidend geschlagen. Die preuß. Hauptmacht unter Herzog Karl von Braunschweig unterlag bei Auerstedt dem franz. Marschall Davout; das vom Fürsten Hohenlohe befehligte Korps wurde von Napoleon bei Jena vernichtet.

LIT. P. von Lettow-Vorbeck, Der Krieg von 1806 und 1807, 1 (^{2}1899); E. Leidolph, Die Schlacht bei Jena (1926).

Jesuaten, Jesusdiener. Eine ital. Laiengenossenschaft, die sich der Krankenpflege und der Totenbeerdigung widmete; sie wurde um 1360 gegr. und 1668 aufgehoben. Die **Jesuatinnen** waren eine beschauliche ital. Genossenschaft, die 1367–1872 bestand.

Jesuiten. Bez. für die Mitglieder des kath. Ordens der Gesellschaft Jesu (span. Compaña de Jesús, lat. Societas Jesu, Abk. S. J.). Ordensstifter ist Ignatius von Loyola (etwa 1491–1556). Die kirchl. Gründung vollzog Papst Paul III. (1534–49) im Jahre 1540). Später bestätigte das Trienter Konzil (1545–63) den neuartigen Orden, an dessen Spitze der Jesuitengeneral steht. Von anderen Orden unterscheiden sich die J. durch den Verzicht auf ein bestimmtes Ordenskleid, das Chorgebet und feste Klöster. Der Orden widmet sich vor allem der Glaubensverbreitung, der Jugenderziehung (Schulwesen), der Heidenmission und der Wissenschaftspflege. Um 1600 war die Societas Jesu bereits in sämtl. kath. Ländern Europas (in Dtl. seit 1542) missionarisch tätig, ebenfalls in Asien (Indien 1542, Japan 1549, China 1563), Afrika (portugies. Kolonien 1547), Südamerika (1549) und Nordamerika (Kanada 1611). Der bedeutende Erfolg ihrer Arbeit während der Gegenreformation sowie bei der Durchsetzung der kath. Reform und der hiermit sich verstärkende Einfluß der kath. Kirche im weltl. Bereich führte im 18. Jh. zu einer starken Gegenbewegung gegen die J. und schließlich zur Aufhebung des Ordens (unter dem Druck Pombals, 1750–77 leitender Minister des portugies. Staates) durch Clemens XIV. (1769–74) im Jahre 1773. Voll wiederhergestellt wurde der Orden durch Pius VII. (1800–23) im Jahre 1814.

LIT. B. Duhr, Geschichte der J. in den Ländern dt. Zunge (4 Bde., 1907–28); P. Lippert, Zur Psychologie des Jesuitenordens (^{2}1956); R. Fülop-Miller, Macht und Geheimnis der J. (Neuaufl. 1962); Th. Burke, Jesuits Abroad (New York 1957); H. Becher, Die J. (1951); H. Boehmer, Die J. (aufgrund der Vorarbeiten von H. Leube neu hrsg. von K. D. Schmidt; 1957); J. Stierli, Die J. (1955); Ch. Hollis, A History of the Jesuits (London 1968); K. Hengst, J. an Universitäten und Jesuitenuniversitäten (1981); Archivum Historicum Societatis Jesu (1932ff.; Zs., die sich schwerpunktmäßig mit der Geschichte der J. beschäftigt); B. J. Murphy, Der Wiederaufbau der Gesellschaft Jesu im 19. Jh. (1985).

Jesuitenfabeln. →Monita secreta (privata) Societatis Jesu.

Jesuitengesetz. Während des Kulturkampfs vom Dt. Reichstag erlassenes Gesetz (4. 7. 1872), wodurch der Jesuitenorden und ihm verwandte →Orden vom Reichsgebiet ausgeschlossen, ihre Niederlassungen aufgelöst und die Betätigung in Kirche, Schule und Mission untersagt wurde; 1917 erfolgte die Aufhebung des J.

Jesuitenstaat. Unzutreffende Bez. für die durch die Jesuiten im 17. Jh. gegr.

Missionsgesellschaften in Paraguay und Uruguay sowie in Panama. Die Missionsgesellschaften, die dem König von Spanien unmittelbar unterstanden, wurden zu geschlossenen Gemeinschaften in →Reduktionen zusammengefaßt.
LIT. M. Fassbinder, Der J. in Paraguay (1926).

Jesuitenstil. Veraltete Bez. für kirchl. Barock. Viele Jesuitenkirchen behielten vor allem in Dtl. bis ins 17. Jh. got. Formen. Maßgebend für den Barock wurde der Bau von Il Gesù in Rom durch Vignola, 1568–84; Nachfolge: Jesuitenkirchen in München (St. Michael), Luzern u. a.
LIT. J. Braun, Die Kirchenbauten der dt. Jesuiten. 2 Bde. (1908/09).

Jesuitentheater. In den Gymnasien der Jesuiten (seit 1570) gepflegt. Die Stoffe der dramatischen Aufführungen wurden der Heiligen- und Kirchengeschichte entnommen. Die J., die den Sieg der Kirche demonstrierten, dienten der Glaubenspropaganda.
LIT. Ingrid Seidenfaden, Das J. in Konstanz (1903); H. Kindermann, Theatergeschichte Europas, 3; (1959); J. M. Valentin, Répertoire bibliographique du théatre des Jésuites dans les pays de la langue allemande (1554–1773). 2 Bde. (1982).

Jesuitenuniversitäten. Der große Erfolg der Arbeit der Jesuiten (sie galt in Europa zunächst der Durchsetzung der Gegenreformation und der kath. Reform) sowie die hiermit verbundene Stärkung des kirchl. Einflusses im weltl. Bereich wirft die Frage nach der Beurteilung der Jesuiten auf. Ihre geschichtl. Bedeutung beruht nicht auf den Schauermitteln der Jesuitenfabeln (→Monita secreta), ebenfalls nicht nur auf ihrer stets zielbewußten und klugen polit. Tätigkeit (u. a. als Hofbeichtväter); sie ist insbes. auf ihre großen theolog. und profanwissenschaftl., kulturellen (→Jesuitenstil, →Jesuitentheater), nicht zuletzt ihre pädagogischen Leistungen zurückzuführen. Im Schul- und Universitätswesen haben sie stets mit sehr großem Erfolg die kirchl., charakterl. und wissenschaftl. Erziehung einer durch die soziale Stellung der Familie und durch Begabung ausgezeichneten kath. Elite betrieben, oft auf eigenen Universitäten (speziell in Dtl., z. B. Dillingen, Würzburg, heute in Kollegien, bes. den von Godesberg, St. Blasien und Büren). Unter den zahlreichen, den Jesuiten übertragenen oder eigenen Studienanstalten im Ausland sind heute die wichtigsten die Gregoriana und das Germanicum in Rom sowie die Theologische Fakultät in Innsbruck.
LIT. J. Schröteler, Die Erziehung in den Jesuiteninternaten des 16. Jh. (1940); L. Petry, Dt. Forschungen nach dem Zweiten Weltkrieg zur Geschichte der Universitäten. In: VSWG 46 (1959); K. Hengst, Jesuiten an Universitäten und J. Zur Geschichte der Universitäten in der Oberdt. und Rhein. Provinz der Gesellschaft Jesu im Zeitalter der konfessionellen Auseinandersetzung (1981).

Jeunesse dorée (franz., goldene Jugend). Volkstüml. Bez. für die jugendl. Kreise, die nach dem Sturz Robespierres (1758–94) im Jahre 1794 unter Führung Frérons gegen die Jakobiner auftraten und in der vornehmen Gesellschaft aus dem Ancien régime tonangebend waren. Ihre oppositionelle Haltung zu den durch die Revolution geschaffenen Verhältnissen unterstrichen sie durch ihre Kleidung.
Allg. bez. man mit J. d. die leichtlebige, genußsüchtige Jugend der vornehmen Welt.

Jingo (engl.). Bez. für aggressive Nationalisten; Jingoismus entspricht dem franz. Chauvinismus. Die Bez. kam 1878 während des russ.-türk. Krieges (1877/78) in England durch ein Schlagerlied auf; sie wurde sowohl in Nordamerika als auch in Dtl. gebräuchlich (bis ins 20. Jh.).

Jobeljahr, Halljahr (von hebr. jobel, Posaune). Nach dem Alten Testament (3. Mos. 25) Bez. für jedes 50. Jahr, jeweils auf ein 7. Sabbatjahr folgend. Es brachte für alle Israeliten Sklavenbefreiung, Schuldenerlaß sowie Pfandrückgabe; daher auch Freijahr, Erlaßjahr genannt.

Johanniter.
[1] **Hospitaliter, Rhodiser** (seit 1310). **Malteser** (seit 1530), lat. Ordo militiae Sancti Joannis Baptistae hospitalis Hierosolymitani. Der älteste der geistl. Ritterorden; er entstand in der 2. Hälfte des 11. Jh. zu Jerusalem. Die Anfänge des Ordens sind ungewiß. Kaufleute aus Amalfi gründeten wahrscheinlich ein Spital für Pilger; dessen Vorsteher Gerhard schuf während des 1. Kreuzzuges (1096–99) einen Orden, den er 1099 durch den Papst bestätigen ließ. Durch Gerhards Nachfolger Raimond du Puy

(1120–60) erhielt der Orden seine Regel. An der Spitze des Johanniterordens, der sich in Ritter, Priester und dienende Brüder gliederte, stand der auf Lebenszeit gewählte Großmeister; er wurde beraten vom Konvent der 8 Großwürdenträger; sie standen je einer Provinz (›Zunge‹) vor. Während der Kreuzzüge zeichnete sich der Johanniterorden durch seine vorbildl. Krankenpflege aus; nach und nach wurde jedoch der Glaubenskampf der Ritter vorherrschend. Nachdem Akkon 1291 gefallen war, gingen die Reste des Ordens nach Zypern. 1308 gewannen sie im Kampf gegen die Seeräuber Rhodos. Hier erlebten die J. ihre Blütezeit, trotz ständiger Kämpfe gegen die Türken, denen sie 1523 erlagen. Von 1530 bis 1798 spielten sie auf Malta, das ihnen Kaiser Karl V. (reg. 1519–56) im Jahre 1530 zu Lehen gegeben hatte, bei der Türkenabwehr eine hervorragende Rolle. Im Jahre 1798 fiel Malta unter dem einzigen dt. Großmeister, Ferdinand von Hompesch, durch Verrat an Napoleon. Der Orden, der nunmehr fast seinen gesamten Besitz verlor, wählte nur noch Großmeister-Statthalter, bis die Würde mit Kardinalsrang durch Papst Leo XIII. (1878 bis 1903) 1879 wiederhergestellt wurde. Heute werden von dem Orden Spitäler (in Italien und Dtl.) und Pfarreien (in Österreich, der Tschechoslowakai und in Italien) unterhalten.
[2] Preuß. Johanniterorden (ev. Zweig, Ballei Brandenburg). 1351 gegr., erlangte die Ballei Brandenburg weitgehende Selbständigkeit; 1540 schloß sie sich dem ev. Bekenntnis an. 1812 erfolgte die Stiftung des königl.-preuß. St.-Johanniterordens als prot. Adelsgenossenschaft; seit 1852 widmete sie sich der Krankenpflege. Bis 1949 in Berlin, befindet sich der Sitz des Preuß. Johanniterordens heute in Rolandseck, nachdem er sich zunächst in Bad Pyrmont befunden hatte. Dem Orden gehören Genossenschaften in Ungarn, Finnland und der Schweiz an. Für die Krankenpflege werden ev. Schwestern (Johanniterschwestern oder Johanniterinnen) in Diakonissenhäusern ausgebildet. Die Spitze bildet das Kapitel mit dem Herrenmeister (seit 1958 Prinz Wilhelm Karl von Preußen).
[3] Britischer Johanniterorden. Eine Ritterbruderschaft, die 1888 im Britischen Reich als das Groß-Priorat des Verehrungswürdigen Ordens vom Hospital St. Johannis von Jerusalem gegr. wurde. Die brit. J. bauen auf den Traditionen des im 16. Jh. in England aufgelösten Malteser Großpriorats auf.

LIT. Zu [1] J. von Pflugk-Harttung, Die Anfänge des Johanniterordens in Dtl. (1899); H. Prutz, Die geistl. Ritterorden (1908); J. Killy-Smith, The Knights of St. John in Jerusalem and Cyprus (London, N. Y. 1967); Cl.-El. Engel, Histoire de l'Ordre de Malte (Genf 1968); W. G. Rödel, Das Großpriorat des J. (Diss. Mainz 1966); ders., Der Malteser-Orden. In: A. Wienand, Der Johanniter-Orden/Der Malteser-Orden (1970); H. Kirchner, G. von Truszczynski, Ordensinsignien und Auszeichnungen des Souveränen Malteser-Ordens ([2]1976); G. Ellert, Die J. (1980); E. Bradford, Kreuz und Schwert – Die Chronik der J./Malteser-Ritterorden (1983).
Zu [2] W. von Obernitz, Die Balley Brandenburg des Ritterl. Ordens St. Johannis vom Spital zu Jerusalem (1929).
Zu [3] E. King, The Grand Priory of the Order of the Hospital of St. John of Jerusalem in England (London 1924).

John Bull. Personifikation des engl. Nationalcharakters, dargestellt als stämmiger, kampfeslustiger Mann im Reitkostüm. Die Figur geht zurück auf die stuartfreundl. Satire ›The History of J. B.‹ von John Arbuthnot (1667–1735); hierdurch wird ein praktischer, nüchterner, freiheits- und wahrheitsliebender Mensch personifiziert. Erstmals auf Lord Bolingbroke (1678–1751) angewandt.

LIT. W. Michael, in: HZ 100 (1908).

Josephinismus. Im engeren Sinne das nach Kaiser Joseph II. (reg. 1765/80–90) benannte kirchenpolit. System, welches in allen nicht rein geistl. Angelegenheiten die Kirche dem Staate unterordnen wollte, aber auch das rein kirchl. Gebiet im Sinne des aufgeklärten Absolutismus zu beeinflussen suchte, und zwar bereits seit 1763. So kam es zur Aufhebung des Jesuitenordens 1773, zu Eingriffen in den Kultus und die Priesterausbildung, zur Aufhebung von 700 Klöstern, deren Besitz zur Besoldung und Neugründung von Pfarrstellen im Dienste der Erziehung zu staatsbürgerl. Gesinnung verwendet wurde, weiter zur Judenemanzipation und schließlich zum Erlaß des Toleranzpatents von 1781,

wodurch Protestanten und Griechisch-Orthodoxen freie Religionsausübung zugesichert wurde. Diese bereits unter Maria Theresia (reg. 1740–80) bes. durch Staatskanzler Kaunitz (1753–93 Staatskanzler) ausgebildete Form einer Staatskirchenpolitik hat bis zum Konkordat von 1855 nachgewirkt.
Der J. stellt im weiteren Sinne eine lebendige, allerdings nicht systemat. durchgebildete geistige Haltung dar, die vor allem das österreich. Beamten- und Bürgertum beeinflußte und mit der Vorstellung von einem starken, christl. geprägten und aufgeklärten Einheitsstaat sowie einem an die Dynastie gebundenen Volk verbunden war. Der J. beeinflußte auch den Liberalismus.
LIT. E. Winter, Der J. und seine Geschichte (^{2}1962); F. Valjavec, Der J. (^{2}1945); F. Maass, Der Frühjosephinismus (1969); E. Zöllner, Geschichte Österreichs (1961); F. Valjavec, Die Entstehung der polit. Strömungen in Dtl. 1770–1815 (1951); F. Maass, Der J., 5 Bde. (1951–61); H. Rieser, Der Geist des J. und sein Fortleben (1963); A. Ellemunter, A. E. Visconti und die Anfänge des J. (1963); P. F. Barton, Ignatius Aurelius Fessler (1969); HKG V (1970);

Jubeljahr (von Jobeljahr). In der kath. Kirche seit 1300 jedes 50., 33. oder 25. Jahr, in dem ein bes. Ablaß, der sog. Jubelablaß, gewonnen werden kann.
LIT. A. de Waal, Das Heilige Jahr (^{2}1900); P. Brezzi, Storia degli Anni Santi (Rom 1950).

Juden (hebr. Jehudi, Mz. Jehudim). Urspr. Bez. der Angehörigen des Stammes Juda, später aller des Südreiches Juda (932–586 v. Chr.). Seit der Rückkehr aus dem babylon. Exil (450 v. Chr.) wurden sämtl. Israeliten (Bez. der Juden im Alten Testament) Juden genannt. Der Herkunft nach sind die von den heidn. Völkern als Hebräer bez. J. teils semitischer, teils kanaanäischer Abkunft.
Geschichte: In allen europ. Staaten verlief die Geschichte der J. ziemlich gleichartig: schwierige Zeiten (Pest, Hungersnot, Krieg, soziale oder wirtschaftl. Spannungen) führten regelmäßig zu Judenverfolgungen. Seit dem Ende des MA mußten die Juden in einem abgeschlossenen Stadtteil (Ghetto) wohnen. Da die Juden von Grundbesitz, Handwerk (Zunftverbot für Juden) und Staatsstellen ausgeschlossen waren und durch das kirchl. Zinsverbot dem Geldgeschäft zugetrieben wurden, entwickelte sich bei ihnen notgedrungen eine einseitige Berufsschichtung, die sich erst in neuerer Zeit, seit der Gleichberechtigung der Juden als Auswirkung der nordamerikan. und Franz. Revolution, zu wandeln begann.
In Palästina (Israel), wo der moderne Zionismus zu einer durch den Antisemitismus gesteigerten Zuwanderung und Kolonisation führt, beweisen die Juden ihre Anhänglichkeit an die Scholle, ihre organisator. Fähigkeiten sowie ihre Verbundenheit mit dem Handwerk.
Jüdische Bevölkerung 1946 insgesamt (in Klammern die Zahlen vor den nationalsozialistischen Judenverfolgungen: 11,4 Mill. (17 Mill.). Europa 4,2 Mill. (9,8 Mill.); Nord- und Südamerika 5,6 Mill.; Asien 1,1 Mill.; Australien 26000. – Jüdische Bevölkerung 1991 insgesamt: 13452720. Verteilt auf: USA 5835000; Israel 3755000; Gebiet der ehemal. UdSSR 1450000; Frankreich 600000; Großbritannien 330000; übriges Europa 327840; Kanada 325000; Brasilien 150000; übriges Südamerika 140350; Südafrika 120000; Australien 90000; Asien 67680; übriges Afrika 33850.
LIT. S. Dubnow, Weltgeschichte des jüd. Volkes. 10 Bde. (1925–29); M. Philippson, Neueste Geschichte des jüd. Volkes. 3 Bde. (^{3}1930); S. W. Baron, A. Social and Religious History of the Jews, (N. Y. ^{2}1957–67); V. Zimmermann, Die Entwicklung des Judeneids (1973); H. H. Ben-Sasson, Geschichte des jüd. Volkes, 3 Bde. (1978–80); K. Fuchs, Lebensbilder vergessener Mainzer Persönlichkeiten (1984); W. Grab, J. H. Schoeps (Hrsg.), J. in der Weimarer Republik (1986); F. J. Bautz, Geschichte der J. (^{2}1987); N. T. Gidal, Die J. in Dtl. von der Römerzeit bis zur Weimarer Republik (1988); G. Gorschenek, S. Reimers (Hrsg.), Offene Wunden – brennende Fragen. J. in Dtl. von 1938 bis heute (1989).

Judenhut. Während des MA den Juden vorgeschriebener spitzer (meist gelber) Hut, seit Beginn des 8. Jh. in den islam. Ländern, seit 1215 (4. Laterankonzil) im Abendland bekannt.

Judenmeister. Vorsteher einer Judengemeinde in dt. Städten, mit Gerichts-

und Steuerbefugnissen ausgestattet. Bez. auch für die Mitglieder des Judenrats, der dem J. zur Seite oder an seiner Stelle stand.

Judentum. Als histor.-philosoph. Erscheinung ein komplexes Gebilde, dessen Wesen als heiliges Volkstum auf der Einheit von Religiösem und Nationalem beruht. Die jüd. Religion basiert auf der Offenbarung, die, von den Zehn Geboten und dem Fünfbuch Mosis ausgehend, im prophet. und talmud.-rabbin. Schrifttum ihre Fortsetzung findet. Die Hauptlehren der jüd. Religion haben keinen dogmat. Charakter; sie beruhen auf dem eth. Monotheismus. Dieser lehrt die Einheit und Einzigkeit Gottes, dem der Mensch ohne Mittler gegenübersteht. Außer ihm wird kein Wesen angebetet.

LIT. J. Aronius, Regesten zur Geschichte der Juden im fränk. und dt. Reich bis 1273 (1887ff.); H. Graetz, Geschichte der Juden von den ältesten Zeiten bis auf die Gegenwart, neubearbeitet von Ch. Bloch u.a., 12 Bde. (1911–23); ders., Volkstüml. Geschichte der Juden. 6 Bde. (1888; Nachdr. als Tb. 1985); G. Caro, Sozial- und Wirtschaftsgeschichte der Juden im MA und in der NZ (^{2}1924); S. Dubnow, Weltgeschichte des jüd. Volkes. 10 Bde. (1925–29); Jüd. Lexikon. 5 Bde. (1928–30); E. Sellin, Geschichte des israelit.-jüd. Volkes. 2 Bde. (1924–32); H. J. Schoeps, Jüd. Geisteswelt (1953); E. G. Reichmann, Die Flucht in den Haß (1956); E. Schopen, Geschichte des J. im Orient (1960); ders., Geschichte des J. im Abendland (1961); H. G. Adler, Die Juden in Dtl. (^{2}1961); U.D. Adam, Judenpolitik im 3. Reich (1972); H. G. Adler, Der verwaltete Mensch (1974); S. Herrmann (Hrsg.), Zur Geschichte des Volkes Israel (^{2}1979), A. Haverkamp (Hrsg.), Zur Geschichte der Juden in Dtl. (1981); Monika Richarz (Hrsg.), Jüd. Leben in Dtl. Selbstzeugnisse zur Sozialgeschichte 1918–1945 (1982); B. Linner, Die Entwicklung der frühen nationalen Theorien im osteurop. J. des 19. Jh. (1984); Y. Amir, Studien zum antiken J. (1985); L. Botstein, J. und Modernität (1990).

Judenverfolgung (nationalsozialistische). Die während der Herrschaft des Nationalsozialismus (1933–45) getroffenen Maßnahmen zur Schädigung, Vertreibung und Vernichtung der Juden zunächst in Deutschland, seit 1938 in Österreich und der Tschechoslowakei sowie seit Ausbruch des Zweiten Weltkrieges 1939 in den von Deutschen besetzten Gebieten. Sie setzten nach propagandist. Vorbereitung bereits vor 1933 mit dem Boykott jüd. Ärzte, Anwälte und Geschäftsinhaber (1. 4. 1933) und der Verfemung jüd. Künstler (10. 5. 1933) ein. Ihre Fortsetzung fanden sie in den Nürnberger Gesetzen (15. 9. 1935), in den Durchführungsverordnungen über die Reichsbürgerschaft sowie den »Schutz des Blutes und der dt. Ehre«. Vorläufiger Höhepunkt der Beschränkungen und Sondergesetze war die »Reichskristallnacht« (9./10. Nov. 1938), das von A. Hitler (1889–1945) und J. Goebbels (1897–1945) inszenierte Pogrom gegen die Juden in Deutschland. Es war gekennzeichnet durch die planmäßige Vernichtung zahlreicher Synagogen, die Zerstörung von ca. 7000 jüd. Geschäften und Warenhäusern, die Verwüstung von Wohnungen, Schulen und Betrieben, Mißhandlungen und Morde sowie die Verlängerung der »Schutzhaft« für ca. 30000 Juden. Für die im Zusammenhang mit der Reichskristallnacht angerichteten Schäden hatten die zu jener Zeit noch in Deutschland (einschl. Österreich) lebenden ca. 375000 Juden, in der Mehrzahl arbeitslose Personen, aufzukommen; die von den Versicherungsgesellschaften geleisteten Entschädigungen wurden beschlagnahmt. Schließlich hatten die Juden eine »Buße« in Höhe von 1,25 Mrd. Mark für die der Reichskristallnacht vorausgegangene und als Vorwand benutzte Ermordung des Legationsrats E. vom Rath an der dt. Botschaft in Paris durch den poln. Juden H. Grünspan zu zahlen. Die folgenden Jahre waren gekennzeichnet durch den systemat. Entzug der Existenzgrundlage von Juden und sog. Halbjuden, u. a. Ausschluß von der Mehrzahl der Berufe, Verbot des Besuchs von kulturellen Einrichtungen sowie der Inanspruchnahme von Erholungsstätten. Diffamierende Maßnahmen waren die Verpflichtung zum Tragen des Judensterns und der Annahme der Vornamen »Sara« für weibl. und »Israel« für männl. Personen.

Die bis 1941 durch A. Eichmann (1906–62) als Leiter des Judenreferats im Reichssicherheitshauptamt der Reichsführung SS betriebene Auswan-

derung der Juden mündete nunmehr ein in die »Endlösung«, d.h. die Vernichtung der Juden. Auf Befehl A. Hitlers und Anweisung H. Görings (1893–1946) vom 31. 7. 1941 sowie der auf der **Wannsee-Konferenz** (20. 1. 1942) beschlossenen Maßnahmen wurde die »Endlösung« eingeleitet. Ab Januar 1942 setzte der Abtransport der in Europa noch lebenden Juden in die Vernichtungslager im Osten ein.
Die Zahl der Opfer in den Vernichtungslagern (Auschwitz, Treblinka usw.) wird auf mehr als 3 Mio. geschätzt, dazu kommen ca. 1,4 Mio. Opfer durch Einsatzgruppen in den Gebieten der UdSSR, weitere 700000, die in Konzentrationslagern, auf Transporten oder auf der Flucht umkamen. Der Bericht des Institute of Jewish Affairs (New York 1945) gibt die Zahl der Getöteten mit 5,787 Mill. an, während die Encyclopedia Judaica (Bd. 8, Stichwort Holocaust; Jerusalem 1971) die Gesamtzahl der im Verlauf der nationalsozialist. Judenverfolgung umgekommenen Juden mit 5820960 beziffert.
Die nationalsozialist. Judenverfolgung, die eine »tausendjährige Geschichte des dt. Judentums« (L. Baeck) beendete, der Völkermord an den Juden, ist das größte, am häufigsten und nachhaltigsten verurteilte Verbrechen im Namen des Dt. Reiches.

LIT. G. Reitlinger, Die Endlösung (1956, [6]1983); R. Hilberg, The Destruction of European Jews (1961); U. A. Adam, Judenpolitik im Dritten Reich (1972); H. G. Adler, Der verwaltete Mensch (1974); L. F. Dawdowicz, The War against the Jews (New York 1975, London [2]1986); J. Walk (Hrsg.), Das Sonderrecht für die Juden im NS-Staat (1981); I. Elbogen, Geschichte der Juden in Dtl. (1982); M. Gilbert, Atlas of the Holocaust (Jerusalem 1982); S. Rengstorf, S. von Kortzfleisch (Hrsg.), Kirche und Synagoge. 2 Bde. (1968–70); L. Poliakov, Geschichte des Antisemitismus. 5 Bde. (1977–83); G.B. Ginzel, Jüd. Alltag in Dtl. 1933–45 (1984); »Die Lage der Juden in Dtl.« (Paris 1935, Neuaufl. 1985); S. E. Cernyak-Spatz, German Holocaust Literature (1985); Cl. Lanzmann, Shoah (1986).

Julirevolution →Februarrevolution [1].

Junges Deutschland.
[1] Eine Gruppe liberal-revolutionärer Schriftsteller, die sich im Anschluß an die Julirevolution von 1830 bildete. Ein engerer Zusammenhang persönlicher Art der sich zu den Ideen des J. D. Bekennenden bestand nicht; sie wurden vielmehr von den sie bekämpfenden Regierungen wegen ihrer gleichgearteten Tendenzen zu einer literar. Partei zusammengefaßt. Ziel des J. D. war es, die Literatur aus einer ästhetischen Scheinexistenz, die von der Wirklichkeit abgewandt war, zu einem wirkungsvollen Instrument des gesellschaftl. Lebens sowie des polit. Fortschritts zu machen, mit dem man insbes. der dringend notwendigen ethischen, polit. und sozialen Erneuerung dienen könne. Das J. D. kämpfte für die Freiheit des Geistes und des Wortes, für die Emanzipation des einzelnen, der Frau, der Juden, für Verfassung, Demokratie sowie eine Kultur- und Literaturanschauung, die weltbürgerl. orientiert war. Zu den Hauptrepräsentanten des J. D. zählen: H. Heine (1797–1856), L. Börne (1786–1837), K. Gutzkow (1811–78), L. Wienbarg (1802–72), Th. Mundt (1808–61) und H. Laube (1806–84).
Am 10. 12. 1835 wurden die Werke der dem J. D. angehörenden Schriftsteller durch einen Bundestagsbeschluß verboten und staatl. verfolgt. Im November 1837 verbot die preuß. Regierung die Schriften Gutzkows, Laubes, Mundts und Wienbargs; im Dezember 1837 wurde (unter Hinzufügung Heines) selbst die Erwähnung der Namen dieser Schriftsteller untersagt (Börne hatte man aufzunehmen vergesssen). Nachdem sich Mundt und Laube (als einzige), schriftlich dazu verpflichtet hatten, alles zu unterlassen, was Religion, Staatsverfassung und Sittengesetz beleidige, wurde das Ausnahmegesetz in Preußen aufgehoben.
[2] Ein polit. Zweig des →Jungen Europa, der sich vorwiegend aus Handwerkern und polit. Flüchtlingen rekrutierte; er entstand im Frühjahr 1834 als ›Neues Deutschland‹. Vorübergehend entfaltete er eine lebhafte Werbeaktivität, vor allem in der Schweiz. Etwa 1845 entstand hier erneut unter dem Namen J. D. (Junge Schweiz) ein radikal ausgerichteter Zusammenschluß; er forderte die Revision der Bundesverfassung in liberal-demokrat. Sinne; in Südwestdtl. half er die Revolution vorzubereiten.

LIT. L. Geiger, Das J. D. und die preuß. Zensur (1900); ders., Das J. D. (1907); H. von Kleinmayr, Die Welt- und

Kunstanschauung des J. D. (1930); H. Bessler, Studien zum histor. Drama des J. D. (Diss. Leipzig 1935); G. Schüler, Die Novelle des J. D. (Diss. Berlin 1941); W. Dietze, J. D. und dt. Klassik (^{3}1962); J. Hermand (Hrsg.), Das J. D. Texte und Dokumente (1966); W. Suhge, Saint-Simonismus und J. D. (Nachdr. 1967); H. Koopmann, Das J. D. (1970); F. Wassen, Restauration, Vormärz und 48er Revolution (1975); W. Wülfing, Schlagworte des J. D. (1982).

Junges Europa. Eine im April 1834 in Bern von G. Mazzini (1805–72) gegründete revolutionär-republikanische Bewegung. Dem J. E. schlossen sich bald neben einer italienischen eine poln., eine schweizer., später auch eine franz. Gruppe an. Die Auflösung des J. E. erfolgte 1848.

Junges Italien, Giovine Italia. Ein Geheimbund, den G. Mazzini (1805–72) im Jahre 1831 gründete. Ziel des J. I. war es, durch Verschwörungen, Putsche, Fürstenmord Italien auf republikan. Grundlage zu einigen. Nach zunächst rascher Ausbreitung verlor der Bund allmählich seine Bedeutung. 1848 wurde er von Mazzini aufgelöst.

Junges Österreich. Ein während der 1848er Jahre entstandener Kreis radikaler und freiheitl. Dichter. Seine Hauptvertreter waren M. Hartmann (1821–72), A. Meissner (1822–85) und H. Rollet (1819–1904).

Jungtürken. Urspr. eine literar., seit 1876 eine polit. Reformpartei der Türkei; sie erstrebte ein konstitutionelles Staatswesen im westeurop. Sinne. Seit etwa 1900 gewann sie vor allem von Saloniki aus Einfluß auf das türk. Offizierskorps. Von 1908–18 konnte sie sich unter Enver Pascha (1881–1922) und Tal'at Pascha (1872–1921) in der Führung des Osmanischen Reiches behaupten. Unter Kemal Atatürk (1880–1938) wurde sie bald ausgeschaltet.
LIT. Djemal Pascha, Erinnerungen eines türk. Staatsmannes (^{2}1922); H. W. Duda, Vom Kalifat zur Republik (1948).

Juniusbriefe. Die 69 während der Jahre 1768 (21. 11.)–1772 (21. 1.) in London im ›Public Advertiser‹ erschienenen und meisterhaft abgefaßten polemischen Briefe unter dem Pseudonym Junius (1772 in Buchform publiziert). Die J. richteten sich gegen die führenden Regierungsvertreter (Grafton, Bedford, North, Mansfield), ebenfalls gegen König Georg III. (reg. 1760–1820) und setzten sich für die freie polit. Meinung ein. Ihr Verfasser ist niemals mit Sicherheit festgestellt worden. Man schreibt sie Sir Philip Francis (1740–1818), neuerdings (mit großer Wahrscheinlichkeit) dem Earl of Shelburne (1737–1805) zu; Shelburne war Ende 1768 aus dem Kabinett ausgeschieden. Als andere mutmaßl. Verfasser gelten Edmund Burke, dessen Bruder William, Earl Temple, Charles Lloyd, John Roberts, John Wilkes, Dr. Butler, Bischof von Hereford, Lord George Sackville sowie Edward Gibbon. »Junius« ist seither als polit. Pseudonym beliebt.
Ausgabe: Engl. von C. W. Everett (London 1928); dt. von A. Ruge (^{3}1867) und von P. Greve (1909).
LIT. A. Ellegård, Who was Junius? (Stockholm 1962); J. N. M. Maclean, Reward is secondary (London 1963).

Junker (mhd. juncherre). Urspr. Bez. der jungen Fürstensöhne, dann allg. der Söhne des Adels. Man behielt die Bez. bei, als junge Adelige im Unteroffiziersrang seit dem 17. Jh. als Fahnenjunker in den Militärdienst eintraten. Ebenfalls seit dem 17. Jh. dient J. auch zur Bez. eines niederen Hofamts: Kammerjunker, Hofjunker, Jagdjunker.
LIT. K. Heß, J. und bürgerl. Großgrundbesitzer im Kaiserreich (1990).

Junkerparlament. Polem. Bez. der Demokraten für die erste Konservative Tagung des Vereins zur Wahrung der Interessen der Grundbesitzer in Berlin am 18./19. 8. 1848 in Berlin; hier mißfiel vor allem das überhebl. Auftreten einer Reihe Adeliger, insbes. der preuß. Grundbesitzer im ostelbischen Gebiet. Vorsitzender des Vereins war Hans Hugo von Kleist-Retzow (1814–92), der 1851–58 Oberpräsident der Rheinprovinz war und zu den Mitbegründern der ›Kreuzzeitung‹, des führenden Blattes der preuß. Konservativen und der Deutschkonservativen Partei, das von 1848–1939 erschien, gehörte. Ein weiterer bedeutender Teilnehmer der Tagung war Bismarck (1815–98). In einer Rede vom 8. 4. 1851 versuchte Bismarck vergeblich, der von seinen Gegnern verwendeten Bez. den verächtlichen Beigeschmack zu nehmen.

Junkerpartei. Bez. für die preuß. Konservativen; 1848 gegr., spaltete sich die Partei mehrmals.

Junkertum. Spottbezeichnung für den ostelbischen Land- und Militäradel. LIT. W. Görlitz, Die Junker, Adel und Bauern im dt. Osten (^{3}1964).

Junktim (von lat. iungere, verbinden, vereinen). Verbindung mehrerer Gesetzesvorlagen oder internationaler Verträge, die gemeinsam unter der Bedingung behandelt werden, daß sie gleichzeitig Gesetzeskraft erlangen.

Junta (span. Versammlung). Aragon. Städtebund im 12. Jh. (Hermandad); während des 13. Jh. Umbildung zu einer Verwaltungseinheit. Später war die J. ein gewählter oder berufener Ausschuß zur Wahrnehmung von Verwaltungsaufgaben, so z.B. die Santa J., ein Revolutionsausschuß span. Städte von 1520, gegen Kaiser Karl V. (reg. 1519–56) gerichtet, ebenfalls die J. Suprema Central, die von 1808–13 als aufständ. provisor. Regierung gegen Napoleon I. (Kaiser 1804–14/15) für Ferdinand VII. (reg. 1814–33) fungierte, als Ferdinand 1808 durch Napoleon zur Thronentsagung gezwungen wurde. Heute allg. Bez. für revolutionäre Ausschüsse, vor allem von Offizieren (Militärjunta).

Jurati (zu lat. ius iurandum, mlat. juramentum). Mlat. Geschworene, Schöffen; ein von den Bürgern gewählter Stadtrat vor allem in den roman. Ländern des MA; ihm wurde in einzelnen Fällen kollegial auch die Verwaltung der Kommune übertragen.

Jurisdiktion (lat. iurisdictio, Rechtsprechung, Gerichtsbarkeit, mlat. Verwaltung).
[1] röm. Recht: Im objektiven Sinn Inbegriff der von der Gesamtheit ausgehenden Verhaltensnormen, im subjektiven Sinn das Herrschaftsrecht röm. Beamten aufgrund zuerteilter Machtbefugnis.
[2] dt. Recht: **ius ad rem;** im MA sowie in der neuzeitl. Rechtslehre bis ins 19. Jh. das »Recht zur Sache«, d.h. der Anspruch auf Eigentum oder Nutzung einer Sache oder eines Rechts, gegen den Verfügungsberechtigten gerichtet (persönl. Seite) und der Sache folgend (dingl. Seite).
LIT. M. Kaser, Das altröm. Ius (1949); P. Jörs, W. Kunkel und L. Wenger, Röm. Privatrecht (^{3}1949); K. S. Bader, Die dt. Jurisdiktion (1947); L. Wenger, Institutionen des röm. Zivilprozeßrechts (1925); M. Kaser, Das röm. Zivilprozeßrecht (1966).

Jus →ius.

Justitiar (lat.).
a) früher: der des Rechts kundige Gerichtshalter und Gerichtsverwalter;
b) in der NZ: ein Rechtsberater sowie ein Rechtsvertreter staatl. Organe.

Justiz (lat. iustitia, Gerechtigkeit; ebenfalls, als der römischen Kaiser Gerechtigkeit, personifiziert und kultisch verehrt; mlat. Gerichtsbarkeit; in roman. Sprachen auch [richterliches] Amt, desgl. Titel eines [höheren] Richters, vgl. engl. justice). Die Rechtspflege, Gerichtsverwaltung.
LIT. H. Reynold (Hrsg.), J. und Öffentlichkeit (1966).

Justizhoheit. Das Recht des Staates, soweit es sich auf die Gerichtsbarkeit bezieht und in ihr äußert, so in der Organisation und Verwaltung der Rechtsprechung; die Ausübung der Gerichtsbarkeit hingegen bleibt in der modernen Demokratie beim Richter.

Justizminister. In Preußen während des 18. Jh. verschiedenen Verwaltungsdepartements zugeteilt, gleichzeitig aber einem Chefminister bzw. Großkanzler unterstellt.

Justizstaat.
a) Rechtsstaat;
b) Staat, in dem die Justiz das Übergewicht besitzt; dieses entsteht dadurch, daß Legislative und Exekutive wichtige Entscheidungen häufig den Verfassungsgerichten übertragen.
LIT. H. P. Ipsen, Politik und Justiz (1937); H. Schneider, Gerichtsfreie Hoheitsakte (1951).

Kabbala (hebr., Überlieferung). Die mündl. Überlieferung neben dem schriftl. Gesetz, im engeren Sinn die mystische Geheimlehre des Judentums. Die K. wurde im MA zw. 1150 und 1250 in der Provence entwickelt und von dort aus verbreitet, vor allem nach Spanien. Hauptwerke sind das Buch Jezira, das Buch Bahir, das Buch Zohar. Die K. wirkte auf Waldenser, Albigenser, Katharer. Nach der Vertreibung der Juden aus Spanien wurde sie zu einer Volksbewegung und beeinflußte den Chassidismus. Zahlen- und Buchstabenmagie verbindet sie mit der Kabbalistik.

LIT. G. Scholem, Die jüd. Mystik in ihren Hauptströmungen (1957); G. Langer, Liebesmystik der K. (1956); E. Benz, Die christl. K. (1958).

Kabinett (zu ital. gabbia, Käfig; franz. cabinet, kleines abgeschlossenes Gemach, ohne Verbindung mit einem Vorsaal).
a) Arbeitszimmer des Fürsten, Ministers.
b) Raum zur Aufbewahrung von Kunstwerken, daher **Kupferstichkabinett, Münzkabinett,** daher auch die Bezeichnung **Kabinettstück.**
c) Höchste Regierungsbehörde eines Landes (vgl. →Kabinettsregierung).

Kabinettsjustiz. Eingreifen der Regierung in die Rechtspflege, seit dem 18. Jh. bekämpft, u. a. mit der Forderung nach Trennung der Gewalten, im modernen Rechtsstaat verboten.

Kabinettskriege. Bez. für die europ. Kriege im Zeitalter des Absolutismus und des aufgeklärten Absolutismus, mit begrenzter Zielsetzung und weitgehender Schonung von Menschen und Sachwerten geführt.

LIT. S. Fiedler, Kriegswesen und Kriegführung im Zeitalter der K. In: Heerwesen der Neuzeit. Bd. 2 (1986).

Kabinettsminister. Im Gegensatz zu dem Konferenzminister die aus der Kabinettsregierung hervorgegangenen Minister (Ministerium). Für die auswärtige Politik schuf Friedrich Wilhelm I. 1728 eine selbständige kollegialische Behörde (**Kabinettsministerium**), in der 2–3 K. tätig waren.

Kabinettsregierung. Regierungsform des Absolutismus, ausgebildet mit der Verlegung der Regierung vom Hof in das K. des Fürsten; vollendet in Preußen unter Friedrich Wilhelm I. (reg. 1713–40) und Friedrich d. Gr. (reg. 1740–86). An die Stelle der fürstl. Regierung im und mit dem Rat tritt die Regierung des Königs aus dem K. mit Kabinetts-Ordres, Weisungen, die vom Geh. Sekretär, (seit 1711) Geh. **Kabinettssekretär** ausgefertigt sind. Die unmittelbare Verbindung zw. dem Herrscher und den obersten Behörden wird zerschnitten, der persönl. Einfluß des Herrschers gestärkt. Unter den schwachen Nachfolgern Friedrichs d. Gr. wirkt sich die K. verhängnisvoll aus.

Kadavergehorsam. Unbedingter Gehorsam. Abschätzige Bez. der von Ignatius von Loyola in den Constitutiones Societatis Jesu vorgeschriebenen Lehre vom Gehorsam des Verstandes: »perinde ac si cadaver essent« (im spanischen Urtext: cuerpo muerto): »als ob sie Leichname wären«. Unberührt bleibt die Geltung des Sittengesetzes. Die hier gebrauchte Sprache der Mystik läßt keine Parallele zu dem militär. Gehorsamsbegriff zu.
Ab 1880 wird das Schlagwort K. vor allem von der Sozialdemokratie im Kampf gegen den Militarismus gebraucht.

Kaden (Kaaden), Vertrag von (29. 6. 1534). Der von dem Schwäbischen Bund vertriebene Herzog Ulrich von Württemberg erhält mit dem Vertrag von Kaden (bei Karlstadt, Böhmen), unterstützt von Landgraf Philipp von Hessen und Frankreich, dem er die württemberg. Grafschaft Mömpelgard verpfändet, sein Herzogtum zurück, das von dem Schwäbischen Bund an Österreich gekommen war. Württemberg bleibt zwar bis zum Prager Vertrag vom 24. 1. 1599 zwischen Rudolf II. und Herzog Friedrich I. österreichisches Afterlehen, doch wird dem Herzog das Reformationsrecht (ius reformandi) zugestanden. Bestehen blieb bis zum Frieden von Preßburg ein österreich. Anwartsrecht für den Fall des Aussterbens des Herzogshauses. Der V. v. K. schwächt Österreichs Position in Südwestdtl. und führt dazu, daß Württemberg ein Stützpunkt der Reformation in Oberdeutschland wird.

Kadett (von franz. cadet, der jüngere Sohn). Bez. für den Zweitgeborenen eines regierenden Hauses, seit dem 17. Jh. Bez. für den Offiziersnachwuchs, der hauptsächlich von den nachgeborenen Söhnen des Adels gestellt wurde. In Österreich-Ungarn hießen die K. Offiziersanwärter.

Kadettenanstalten. Ausbildungsanstalten für Offiziersnachwuchs in Dtl. (Preußen, Bayern, Sachsen) und Rußland.

Kadi (arab.). Richter in islam. Ländern, vielfach das eigtl. Oberhaupt einer Gemeinde und Verwaltungsbeamter. In Dtl. ist die Bez. seit 1703, gestützt vor allem durch die Beliebtheit der Märchen aus Tausendundeiner Nacht, verbreitet.

Kahlenberg, Schlacht am (bei Wien; 12. 9. 1683). Die verbündeten christl. Heere (kaiserl., fränk. und schwäb. Kreistruppen, Bayern, Sachsen, Polen) unter dem Oberbefehl des Königs von Polen Johann Sobieski (reg. 1674–96) in einer Stärke von ca. 65000 Mann siegen nach einem Plan des Herzogs Karl V. von Lothringen über das türk. Heer (etwa 200000 Mann) unter dem Großwesir Kara Mustafa, befreien das belagerte Wien und zwingen die Türken zum Rückzug. Der Sieg am K. mit dem folgenden Sieg am Berge Harsan bei Mohács (12. 8. 1687) bezeichnet eine Wende in der dt. und europ. Geschichte, die Einleitung der österreich. Offensive zur Eroberung Ungarns, die Abwendung der Habsburger von der Oberrheinfront, die Hinwendung zum Donauraum und die Durchsetzung der Erblichkeit der →Stephanskrone durch die Habsburger. Am 6. 9. 1688 fiel Belgrad.

LIT. R. Lorenz, Das Türkenjahr 1683. Das Reich im Kampf um den Ostraum (^{3}1944); P. Wentzcke, Feldherr des Kaisers. Leben und Taten Herzog Karls V. von Lothringen (1943).

Kainiten. Nachkommen Kains. Bez. für eine gnost. Sekte des 2. Jh.; sie betrachtet Kain, Esau, die Sodomiten als Träger göttl. Gnosis.

Kainszeichen. Begriffsbildung nach 1. Mos. 4, 15; wird gewöhnlich falsch angewandt in dem Sinne, als habe Gott mit seinem Zeichen Kain nach der Erschlagung Abels zum Mörder gestempelt. Es handelte sich jedoch um ein Schutzzeichen, das Kain davor bewahren sollte, selber erschlagen zu werden; vergröbert zum Brandmal des Brudermörders.

Kaiser, Kaisertum (von lat. Caesar; lat. imperator). Höchster weltl. Herrscher; Herrscher des Röm. Reiches. Das weström. Kaisertum erlosch 476; das oström. Kaisertum bestand bis 1453. Als die Geburtsstunde des abendländ. Kaisertums, das aus röm., christl. und german. Elementen entstand, gilt die Übertragung des weström. (→translatio imperii →Reichsidee) durch Papst Leo III. auf Karl d. Gr. mit dessen Krönung am 25. 12. 800. Das Kaisertum wurde fortan als zum fränk. Königtum gehörend betrachtet, änderte aber an dessen Rechtsstellung nichts Wesentliches. Das mit der Krönung auftauchende Zweikaiserproblem fand mit dem Friedensschluß Karls d. Gr. mit Ostrom 812 vorerst ein Ende, blieb aber während des ganzen MA bestehen. Das karoling. Kaisertum war eine Vor- bzw. Oberherrschaft über andere Könige und Völker. Karl d. Gr. nannte sich nach der Krönung imperator et augustus und erhob 813 ohne Mitwirkung des Papstes aber mit Zustimmung der fränk. Großen seinen Sohn Ludwig zum Mitkaiser, konnte aber das Kaisertum nicht von Rom und dem Papsttum unabhängig machen. Erst seit Ende des 9. Jh. beanspruchte das Papsttum die Kaiserkrönung als kirchl. Vorrecht. Für die Geschichte des dt. und europ. MA wurde die Idee des Kaisertums von größter Bedeutung, obwohl das Kaisertum staatsrechtl. keine Rolle spielte und der Gedanke der Unteilbarkeit sich unter den Karolingern nicht durchsetzen konnte.

Otto d. Gr. erneuerte 962 das karoling. Kaisertum in engeren Grenzen und verkirchlichtem Inhalt (→Renovatio). Der dt. König besaß als Rechtsnachfolger des fränk. Königs und als Herrscher über die drei regna Dtl., Italien, Burgund die Anwartschaft auf das Kaisertum. Erforderlich waren allerdings Salbung und Krönung durch den Papst. Das Kaisertum brachte dem König keine Erhöhung seiner Macht (potestas), wohl aber einen Vorrang an Würde und Hoheit (auctoritas). Der Kaiser hatte niemals die Universalherrschaft, wenn er auch theoretisch die Oberhoheit über das Abendland beanspruchte (Dominus mundi) und Rainald von Dassel die Könige von Frankreich und England als reguli und Walter von der Vogelweide sie als arme Könige bezeichnen konnten. Der Inhalt des Kaisertums ist nicht genau zu bestimmen und setzt sich aus verschiedenen Elementen zusammen. Der Kaiser war vicarius Christi, advocatus ecclesiae, zum Schutz der Christenheit (z.B. durch Kreuzzüge) verpflichtet. Er war filius ecclesiae Romanae und leistete dem Papst das officium stratoris et strepae, d.h., er leitete das Pferd des Papstes am Zügel und hielt den Steigbügel. Der im Kaisertum liegende Anspruch führte zu schweren Konflikten mit dem Papsttum (sacerdotium). Bis zum Investiturstreit behauptete sich die Macht des Kaisers über Papst und Kirche. Der Kaiser setzte Päpste und Bischöfe ein und ab. Im Investiturstreit konnte das ref. Papsttum den Einfluß des Kaisers zurückdrängen, die Absetzung König Heinrichs IV. aussprechen und den Vorrang der päpstl. Gewalt gegenüber der königl. und kaiserl. anmelden. Die Absetzung wurde später in den Kämpfen des Papsttums mit Friedrich II. und Ludwig dem Bayern als Waffe verwendet.

Seinen Höhepunkt erreichte das Kaisertum unter Friedrich I., Heinrich VI. und Friedrich II. Im 12. Jh. bereits beanspruchte das Papsttum eine Anzeige der Wahl, bestand auf seinem Entscheidungsrecht bei Doppelwahlen und dem Recht, den von den dt. Fürsten Gewählten auf seine Eignung zu prüfen, da es ihm zustehe, ihn als Kaiser zu krönen und zu salben. Innozenz III. betonte, daß die Kurie das röm. Reich an die Germanen übertragen habe. Die Päpste beanspruchten das Recht, Kaiser und Könige zu bannen und abzusetzen, sogar das Reich und das Kaisertum den Deutschen zu entziehen und anderen Völkern zu übertragen. Doch unterlag das Papsttum, das entscheidend zum Niedergang des staufischen Kaisertums beigetragen hatte, im Kampf mit dem franz. Königtum. Mit dem Aufstieg der nationalen Königreiche Westeuropas, vor allem Frankreichs, und mit dem Erstarken der territorialen Gewalten auf dem Boden des Reiches und der Schwächung des dt. Königtums verlor das Kaisertum an Bedeutung. Der Luxemburger Heinrich VII. verkörperte als letzter die hochma. Kaiseridee.

Mit dem Übergang des Reiches vom Lehens- zum Ständestaat traten Kaiser und Reich wie zwei verschiedene Gewalten auseinander. Das Rhenser Kurfürstenweistum, das Gesetz Licet iuris Ludwigs des Bayern (1338) und die Goldene Bulle wiesen den päpstl. Anspruch auf die Approbation und Bestätigung der dt. Königswahl und jede Abhängigkeit des Kaisertums von der päpstl. Gewalt zurück. Mit der Konzilspolitik Sigismunds (der Kaiser ist promotor conciliorum) und der Überwindung des Schismas wird erneut die kirchl. Aufgabe des Kaisers wahrgenommen. Die Zeit der Luxemburger und der frühen Habsburger Kaiser machte indessen deutlich, daß ein Kaisertum ohne ein starkes dt. Königtum nicht möglich war. Die letzte Kaiserkrönung in Rom fand 1452 statt (Friedrich III.); die letzte Kaiserkrönung durch den Papst erfolgte 1530 in Bologna.

Wahl- und Krönungsort war in den frühen NZ regelmäßig Frankfurt. Seit Maximilian I. (1508) führte der dt. König den Titel ›Erwählter Römischer Kaiser‹. Meist schon bei Lebzeiten des Kaisers erfolgte die Wahl seines Nachfolgers zum Römischen König. Über seine Rechte entschied der regierende Kaiser. Zu Reichsvikariaten vacante Imperio kam es nur noch selten (→Reichsvikar). Seit der Mitte des 15. Jh. trugen, von dem Wittelsbacher Karl VII. (1742–45) abgesehen, nur noch Habsburger, seit 1745 Habsburg-Lothringer die Kaiserkrone.

Mit der Reformation und der konfessionellen Spaltung Deutschlands, dem Religionsbann im Augsburger Religionsfrieden wurden ideelle und materielle Grundlagen des Kaisertums zerstört bzw. preisgegeben. Versuche, die kaiserl. Macht gegen die ständische Opposition und ständische Libertät zu stärken, blieben ohne dauernde Erfolge. Durch Wahlkapitulationen und Reichsgrundgesetze (insbes. den Westfälischen Frieden) war der Kaiser weitgehend von den Reichsständen abhängig, verfügte nur noch über bescheidene Macht und die ihm vorbehaltenen →Reservatrechte (iura caesarea reservata). Der staatsrechtl. Unterschied zw. Königtum und Kaisertum verlor an Bedeutung, Versuche Josephs II. (1765–90), die Reichs- und Kaisergewalt zu stärken, scheiterten am dt. Dualismus (→Bayerischer Erbfolgekrieg; →Fürstenbund). 1806 legte Franz II., der am 18. 8. 1804 den Titel eines Kaisers von Österreich angenommen hatte, unter dem Druck Napoleons die Kaiserkrone nieder.

Eine Erneuerung des dt. Kaisertums nach dem Sturz Napoleons (Gagern, Görres, Stein) und später in der Frankfurter Nationalversammlung wurde nicht erreicht. Am 18. 1. 1871 schuf Bismarck mit der Kaiserproklamation in Versailles die Würde eines dt. Kaisers. Sie war erblich mit der Krone

Preußens verbunden. Staatsrechtl. war der Deutsche Kaiser nicht Monarch, sondern Träger des Bundespräsidiums und geringer formaler Rechte wie des militär. Oberbefehls. Das dt. und das österreich. Kaisertum gingen in der Revolution von 1918 unter.

LIT. HWDRG II, 518–46; F. Kampers, Karl d. Gr. Die Grundlegung der ma. Kultur und Weltanschauung (1910); ders., Vom Werdegang der abendl. Kaisermystik (1924); A. Dempf, Sacrum Imperium (1929; Neudr. 1954); A. Rauch, Kaiser und Reich im Jahrhundert nach dem Westfäl. Frieden (1933); E. Eichmann, Die Kaiserkrönungen im Abendland. 2 Bde. (1942); E. Ohnsorge, Das Zweikaiserproblem im frühen MA (1947); J. Calmette, Karl d. Gr. (1948); P. E. Schramm, Die Anerkennung Karls d. Gr. als Kaiser (1952); ders., Kaiser, Rom und Renovatio (^{2}1957); W. Goetz, Translatio imperii (1958); H. Conrad, DRG I (^{2}1962), II (1966); H. Durchhardt, Protestant. Kaisertum und Altes Reich (1977); I. Wurtzbacher-Rundholz, Kaiser und Reich von Kaiser Maximilian I bis Kaiser Maximilian II (1983); H. Beumann (Hrsg,), Kaisergestalten des MA (1984); P. Classen, Karl d. Gr., das Papsttum und Byzanz. Die Begründung des karoling. Kaisertums (1985); J. Lehmann, Die Staufer – Glanz und Elend eines dt. Kaisergeschlechts (1986); E. Gotthardt, Die Kaiserwahl Karls VII. Ein Beitrag zur Reichsgeschichte während des Interregnums, 1740–42 (1986).

Kaiserchronik. Verfaßt nach 1160 in Regensburg von mehreren Geistlichen, schildert die K. die röm.-dt. Kaisergeschichte von Caesar bis zum Kreuzzug Konrads III. (1147); um 1260 in Bayern bis auf Friedrich II., um 1280 in Schwaben bis auf Rudolf von Habsburg fortgeführt. Nur bedingt von histor. Wert.

LIT. W. Stammler, K. Langosch, Die dt. Lit. des MA II (1936) 732–46.

Kaiserkrönung →Krönung.

Kaiserliche Wahlkapitulation →Wahlkapitulation, →Kapitulation.

Kaiserrecht (ius Caesareum). Ein Begriff der ma. Rechtssprache. Im allg. bez. K. das Recht der Kaiser, und zwar sowohl das röm. Recht im Corpus iuris als auch die dt. Rechtsgesetze. In einigen Ausgaben wird der Schwabenspiegel als K. bez. Unter dem Namen Lüttike oder Kleines K. (liber lex imperatoris) entstand (wahrscheinlich im 14. Jh.) ein Rechtsbuch, das ein für das ganze Land gemeines Recht zur Aufrechterhaltung des Landfriedens schaffen wollte; Verfasser unbekannt.

Kalandsbruderschaften (confraternitates Calendarum). Gebetsbruderschaften von Geistlichen (domini) und Laien (fratres), im 13.–14. Jh. über ganz Nordwestdtl. verbreitet, nach dem üblichen Gottesdienst am Monatsersten (Calendae) benannt. Zweck: Gegenseitiger Beistand, Grabesgeleit, Totengedächtnis. Die K. gingen in der Reformation und in der Säkularisation fast restlos unter.

LIT. F. Flaskamp, Die K. zu Wiedenbrück (1957–59); R. Preising, Der Werler Kaland (1958).

Kalenderreform. Die K. Gregors XIII. beseitigte die Fehler des Julian. Kalenders (→Jahr). Diese ergaben sich aus der Berechnung nach dem trop. Sonnenjahr (in 400 Jahren 3 Tage, 2 Stunden, 53 Minuten und 20 Sekunden Unterschied) und aus der Differenz zw. den astronom. und den zyklisch berechneten Mondaltern. Die Fehler wurden durch den Ausfall von 10 Tagen (5.–14. 10. 1582) erreicht. Neue Schaltregeln sicherten den Gregorian. Kalender (stilus novus, Gregorianus, novi calendarii im Unterschied zum stilus vetus oder antiquus), so daß die Abweichung erst im J. 4500 einen Tag beträgt und für den Frühlingsanfang bis 8000 unter einem halben Tag bleibt. In den prot. dt. Territorien wurde der Gregorian. Kalender erst 1700, in England 1752 eingeführt. Prot. Schweizer Kantone schlossen sich der K. im 18. Jh. an, Rußland erst 1918.

LIT. F. K. Ginzel, Hdb. der mathemat. und techn. Chronologie III (1914; 1958) 252–287, 335–358; Grotefend I 132ff.; H. Koch-H. Gutzwiller, Der Kalender (1968); J. W. Erkutt, Der Kalender im Wandel der Zeiten (1972).

Kalif (arab. Stellvertreter, Nachfolger). Geistliches und weltliches Oberhaupt des Islam. K. wurde als Nachfolger Mohammeds zunächst Abu Bakr genannt. Das Ideal erfüllten nur die vier ersten K. Den Omaijaden wurde die Legitimität weitgehend abgesprochen (661–750). Dem Mongolensturm fiel 1258 das Kalifat von Bagdad zum Opfer, es lebte aber in Kairo weiter, bis es 1517–1924 mit dem türk. Sultanat ver-

bunden wurde. Auch die Großmoguln in Indien führten den Titel Kalif. In Wirklichkeit endete das Kalifat 1258.
LIT. H W Islam 291–96; B. Spuler, in: Saeculum Weltgeschichte 3, 4 (1967).

Kalifat. Das Amt des Kalifen.

Kalmarische Statuten (7. 9. 1587). Nach der Wahl Johanns III. (von Polen) aus Furcht vor einem Verlust der schwed. Eigenständigkeit und einer Rekatholisierung Schwedens erlassen, verbriefen die K.S. die Selbständigkeit Schwedens, die Privilegien seines Adels, den Bestand der schwed. Kirche und richten ein Bündnis mit Polen gegen Rußland auf.

Kalmarische Union (1397). Die bei der Krönung Erichs von Pommern zum König von Dänemark, Schweden und Norwegen konzipierte Vereinigung der drei nord. Königreiche war kein eigtl. Unionsakt; sie ist niemals in der beabsichtigten und endgültigen Form verwirklicht worden, blieb aber bis 1523 bestehen und hat die nordeurop. Geschichte entscheidend bestimmt.

Kalmarkrieg (4. 4. 1611–20. 1. 1613). Krieg zw. Dänemark (Christian IV.) und Schweden (Karl X. und Gustav Adolf), benannt nach den Kämpfen um das wichtige Kalmar gegenüber der Insel Öland. Obwohl Christian IV. Kalmar und die Insel Öland eroberte, konnte Schweden, seit November 1611 unter der Herrschaft des erst 17jährigen Gustav Adolf, nicht besiegt werden. Der Krieg wurde durch Vermittlung König Jakobs I. von England und der in ihrem Ostseehandel geschädigten Niederlande mit dem Frieden von Ulfsbäk (oder Knäröd) abgeschlossen, in dem trotz einiger Verluste Schwedens der Status quo im wesentl. wiederhergestellt wurde.

Kalokagathie. Erzieherisches Ideal, in der attischen Adelsgesellschaft des 5. Jh. v. Chr. entwickelt. Verbindung des »Guten« und »Schönen«. Von Platon und den Stoikern zum Inbegriff menschl. Vollkommenheit erhoben. Das Ideal lebte weiter im neuzeitl. Humanismus, im 18. Jh., in der Klassik.

Kamaldulenser. Zweigorden der Benediktiner, nach ihrer Ordenstracht »weiße Benediktiner« genannt, gegr. um 1000 vom hl. Romuald. Die später gegr. Einsiedelei Camaldoli mit dem Kloster Fontebuono gab dem Orden den Namen. Der Orden setzte Kloster und Einsiedelei in Wechselbeziehung, verband eremit. und zönobit. Leben, wirkte auf die Anfänge der Kartäuser, war vor allem in den roman. Ländern verbreitet, heute nur noch wenige Niederlassungen.

Kamaldulenserinnen. Weibl., zönobit. Zweig der Kamaldulenser, gegründet um 1085.
LIT. Heimbucher I^3 315–320; LThK 5 (^{2}1960) 1266f.

Kamarilla (lat.-span., Kämmerlein). Bez. für einflußreiche, intrigierende Hofpartei; Günstlingsherrschaft; Nebenregierung. Eine K. bestand in Preußen unter Friedrich Wilhelm IV. (L. von Gerlach).
LIT. F. Hartung, Verantwortl. Regierung, Kabinette und Nebenregierung im konstitutionellen Preußen. In: Forschungen zur brandenburg. und preuß. Geschichte 44 (1932); H. J. Schoeps, Das andere Preußen (^{2}1957).

Kameralismus (lat. camera, Kammer). Deutsche Spätform des Merkantilismus mit dem Ziel der Ausbildung einer Staatswirtschaft für das betreffende Territorium. Vordringlich war zunächst die Aufgabe, über die Nöte und Auswirkungen des Dreißigjährigen Krieges, der Türkenkriege und der Kriege mit Frankreich unter Ludwig XIV. hinwegzukommen. In seiner Spätform leitet der K. in den aufgeklärten Absolutismus über. Wichtigste Vertreter (Kameralisten) waren: Veit Ludwig von Seckendorf (1626–92) und sein ›Teutsche-Fürsten-Staat‹ (Frankfurt a. M. 1656); Johann Joachim Becher (1635–82) und sein ›Politischer Diskurs des Auf- und Abnehmens der Städte, Länder und Republiken‹ (Frankfurt 1668); Philipp Wilhelm von Hörnigk (1635–1712) mit seiner Schrift ›Österreich über alles, wenn es nur will‹ (1684); Wilhelm von Schröder (1640–88) mit seiner ›Fürstlichen Schatz- und Rent-Kammer‹ (Leipzig 1686); Johann Heinrich Gotthold von Justi (1720–71) und seine ›Staatswirtschaft‹ (Leipzig 1755).
Der K. gelangte schließlich zu einer bewußten Systematik, zur Einheit der Staatsverwaltung unter der absoluten Monarchie und zu einer Finanzpolitik, die die Steuerkraft sorgsam hütete. Unter Friedrich Wilhelm I., »Preußens größtem inneren König«, wurde für die Kameralwissenschaften je ein Lehrstuhl an den Universitäten Halle und Frankfurt/O. eingerichtet. Mit Abstand folgten in der Kameralwissenschaft andere

dt. Territorien (z. B. Bayern, Hannover, Österreich, Sachsen). Die Flut kameralist. Veröffentlichungen ist im 18. Jh. kaum mehr zu übersehen und gleitet nicht selten in abenteuerl. Pläne ab. Joseph von Sonnenfels (1733–1817) markiert den Übergang zum aufgeklärten Absolutismus.

LIT. M. Humpert, Bibliogr. der Kameralwissenschaften (1937); A. Tautscher, Die Staatswissenschaftslehre des K. (1947); U. Troitzsch, Ansätze technolog. Denkens bei den Kameralisten des 17. und 18. Jh. (1966); H. Haußherr, Wirtschaftsgeschichte der Neuzeit (1954); F. Lütge, Deutsche Sozial- und Wirtschaftsgeschichte ([2]1960); H. Kellenbenz, Der Merkantilismus und die soziale Mobilität in Europa (1965).

Kameralistik. »Polizeiwissenschaft«; umfaßt Finanzlehre, Rechtswissenschaft, Verwaltungs- und Wirtschaftslehre.

Kamillianer. Regularkleriker, 1582 vom hl. Camillo de Lellis gegr. mit dem bes. Auftrag der Pflege der Kranken und Sterbenden, daher auch »Väter vom guten Tod«. In Spanien, Portugal, Ibero-Amerika verbreitet, gegen Ende des 18. Jh. dem Aussterben nahe, seit der Mitte des 19. Jh. wieder stärker verbreitet.

LIT. Heimbucher II, 114–19; M. Vanti, S. Camillo de Lellis ([3]1964).

Kamillianerinnen. Drei 1829, 1892, 1936 gegr., vom Geist des Kamillianerordens inspirierte Frauengemeinschaften, die sich der Krankenpflege widmen.

Kamisarden (von mlat. camisia, Hemd, Überhemd, oder von camis, Landstraße; »Wegelagerer«). Bez. für die reformierten Bewohner der Cevennen und des Languedoc während ihres Aufstandes 1702–05. Der von beiden Seiten mit großer Erbitterung geführte Krieg wurde von Marschall Villars mit einem Vertrag, der die Gewissensfreiheit garantierte, beendet. Spätere Aufstandsversuche (bis 1710) wurden rasch unterdrückt.

LIT. A. Ducasse, La guerre des Camisards (1947); A. de la Gorce, Camisards et dragons du roi (1950).

Kämmerer (lat. camerarius, von lat. camera, Raum mit gewölbter Decke).

[1] Beamter am fränk. Königshof, eines der vier alten Hofämter; der K. war in erster Linie Schatzmeister, daher unter den Merowingern thesaurarius genannt. Im Reich wurde der K. zum Erzamt. Das Amt des Erzkämmerers (archicamerarius) bekleidete der Kurfürst von Brandenburg.

[2] →Camerlengo, →Kardinal.

[3] Geistliche und Weltliche zur persönl. Bedienung des Papstes, nach Rangklassen und Kleidung unterschieden.

[4] →Cubicularius.

Kammergericht. Auch Hofgericht genannt, das oberste Gericht des dt. Territoriums; es ist hervorgegangen aus der persönl. Rechtsprechung des Landesherrn. Für die Besetzung ist das Reichskammergericht Vorbild. Der Niedergang der K. beginnt im 17. Jh. In den Territorien, die ein Appellationsprivileg besaßen, wird mit dem Appellations- oder Oberappellationsgericht eine an die Stelle des Reichskammergerichts tretende Appellationsinstanz geschaffen.

Kammerzieler. Die einzige ständige Reichssteuer; sie mußte von den Reichsständen zur Unterhaltung des Reichskammergerichts aufgebracht werden (Reichsabschied 1548).

Kampf. Als »Vater aller Dinge« und Prinzip der Weltanschauung bei Heraklit; wieder aufgenommen bei Friedrich Nietzsche.

Kampf ums Dasein (engl. struggle for life). Im Anschluß an Malthus' ›Essay on the principles of population‹ (1798) von Charles Darwin, ›On the origin of species‹ (1859) geprägter Begriff. Danach können nur die Lebewesen ihr Leben erhalten, die sich am besten den Daseinsbedingungen anpassen und am härtesten kämpfend sich durchsetzen. Natürl. Zuchtwahl, Auswahl der Tüchtigsten ist notwendige Bedingung des Fortschritts, und der Fortschritt ist um den Preis des Untergangs der Schwächeren nicht zu hoch bezahlt. Der Glaube an die Vorzüge der Konkurrenz weist auf die Verherrlichung des »struggle for life« hin. Nietzsche sah den berühmten Kampf ums Dasein mehr behauptet als bewiesen an. In erster Linie werde um Macht gekämpft.

Kandidat (lat. candidatus, von candidus, weiß). Bewerber, Anwärter auf ein Amt, Prüfling. Die Bez. leitet sich ab von der Tatsache, daß im alten Rom der Bewerber um ein Amt in weißer Toga (toga candida) erschien. Seit dem Ende des 16. Jh. bezeichnet K. im Deutschen auch den Bewerber um einen akadem.

Grad, vor allem junge Theologen, die schon vor der Schlußprüfung ein Amt suchten. Im 18. Jh. wurde der Gebrauch des Wortes K. ausgedehnt.

Kannegießer. Polit. Schwätzer; unter Anlehnung an die Komödie des dän. Dichters Ludwig Holberg, ›Den politiske Kandestøber‹ (1722 zuerst aufgeführt, 1742 übersetzt: Der polit. K.) gebildeter Begriff.

Kannenorden. 1410 zur Bekämpfung der Mauren in Spanien gestiftet. Der Orden zeigt eine goldene Kanne, aus der drei Lilien hervorkommen. Unten befindet sich ein goldener Greif, der ein Band hält mit der Aufschrift: Por los amor.

Kanon (griech., Richtschnur).
[1] In der antiken Lit. Auswahl mustergültiger Autoren.
[2] Religionsgeschichtlich: die anerkannten und unabänderl. Schriften einer Religion: z.B. die als echt anerkannten Schriften der Bibel (kanon. Bücher).
[3] Wesentlicher, unveränderlicher Teil der Messe: eucharist. Hochgebet, Konsekration von Brot und Wein, Erhebung von Hostie und Kelch.
[4] Kirchenrecht: bes. die Synodalgesetze im Unterschied zu den päpstl. Dekretalen oder den kaiserl. Erlassen. Tridentinum und Vaticanum gebrauchen K. im Sinn von definierten Glaubenssätzen.

Kanonade von Valmy →Valmy.

Kanonbild. Bild des Gekreuzigten im Meßbuch zum Beginn des Kanons, d.h., des unveränderl. Teils der Messe. Das Bild entwickelte sich aus dem Anfangsbuchstaben T des beginnenden Kanons (Te igitur).

Kanone (lat. canna, Rohr). Urspr. Geschütz überhaupt, in der NZ Flachfeuergeschütz mit langem Rohr.

Kanonenfutter. Sinn- und nutzlos geopferte Soldaten (nach Shakespeares ›Heinrich IV.‹).

Kanonikat. Amt eines Kanonikers im Domkapitel (an Kathedralkirche) oder im Stiftskapitel bzw. sein Benefizium.

Kanoniker. Mitglied eines Kapitels an Dom- oder anderen Kirchen oder eines Ordens regulierter Chorherren. Die Bez. wird abgeleitet vom Leben nach den canones oder von der Eintragung ins Register (canon) einer Kirche. Schon im frühen MA bildete sich ein ordo canonicus zum Unterschied vom ordo monasticus heraus. Einflußreiche Regeln waren die Chrodegangs von Metz (ca. 760) und die Aachener Chorherrenregel. Durch die Gregorian. Reform wird eine Differenzierung eingeleitet in Regular-K. (die die Reform übernahmen) und Säkular-K. (an Kathedralen, Domkapiteln, Kollegiatstiften).

Kanonisationsakten. Akten, die im Zug der seit dem 12. Jh. vollentwickelten Prozesse zur Heiligsprechung anfallen. Zu ihnen gehören die Petitionen der an der Heiligsprechung einer bestimmten Persönlichkeit interessierten Kreise, außerdem die Protokolle der Untersuchungskommissionen, sowie die päpstl. Kanonisationsbulle.

Kanonissen (nlat., zu Kanon). Chorfrauen. Gottgeweihte Jungfrauen, die ursprünglich nach bestimmten kirchl. Vorschriften (Canones) lebten, d.h. nicht im Klosterstand; sie durften daher Vermögen besitzen und in die Welt zurückkehren. Die Kanonissenstifte entstanden seit dem 8. Jh.; sie hielten sich bis zur Reformation, teilweise bis zur Säkularisation. Vereinzelt blieben sie als weltliche Damen- oder Fräuleinstifte erhalten.
LIT. K. H. Schäfer, Die K.-Stifter im dt. MA (1907, neu hrsg. 1965).

Kanonist. Lehrer des kanon. Rechts.

Kanonistik. Wissenschaft des Kirchenrechts. Folgende Perioden werden unterschieden:
a) die Zeit bis zum Dekret Gratians (Isidor von Sevilla, Hinkmar von Reims, Ivo von Chartres, Alger von Lüttich u.a.);
b) von Gratian (ca. 1142) bis Johannes Andreae (1348), die klass. Periode mit grundlegender Formung des Kirchenrechts;
c) die nachklassische K. oder Periode der Postglossatoren (Mitte des 14. Jh. bis Mitte des 16. Jh.);
d) die neuklass. oder goldene K. (von der Mitte des 16. bis zur Mitte des 19. Jh.);
e) von der Mitte des 19. Jh. bis zum Inkrafttreten des Codex Iuris Canonici 1917/18;
f) die Gegenwart von 1917/18 an.
LIT. LThK V (^{2}1960) 1289–1300; K. Möhrsdorf, Lehrbuch des Kirchenrechts. 3 Bde. (^{11}1964); Feine, KRG (^{4}1964); J. Neumann, Grundriß des kathol. Kirchenrechts (1981).

Kanontafeln. Drei bei der Meßfeier seit dem 16. Jh. auf dem Altar aufgestellte Tafeln mit bestimmten unveränderl. Texten der Messe (Gloria, Credo, Wandlungs- und Kommuniongebete).

Kanontafeln, Eusebianische (Kapiteltafeln). Auf Eusebios von Kaisareia zurückgehende Evangelienkonkordanz auf 10 Tafeln, welche die Nummern der Abschnitte enthält, in die jedes Evangelium zerlegt ist. Künstlerisch seit dem ausgehenden 6. Jh. reich ausgestaltet.

Kanton (von altfranz. cant, ital. canto, zu lat. pars, pagus, latus, Winkel, Bezirk, Landschaft).
a) Bez. der Bundesgliedstaaten der Eidgenossenschaft. Bis gegen Ende des 18. Jh. war die übl. Bez. Ort, Gebiet, Stand (z. B. Fünf alte Orte). Daneben tritt seit dem ausgehenden 16. Jh. immer häufiger K. Durch Teilung entstanden Halbkantone (heute 6).
b) Fester militär. Aushebungsbezirk seit Friedrich Wilhelm I. von Preußen, den einzelnen Regimentern des stehenden Heeres zugewiesen (1733). Die **Kantonspflichtigkeit** bildete die Grundlage der Wehrpflicht der Untertanen. Das **Kantons-Reglement** vom 12. 2. 1792 erklärte die »Verbindlichkeit zu Kriegsdiensten« als Pflicht der Untertanen, enthielt aber unter dem Einfluß des Merkantilismus zahlreiche Befreiungen davon, so daß sie im wesentl. auf den unteren Schichten der Bevölkerung (Bauern, Handwerker) lastete.
c) Ein **Kantonist** war ein Dienstpflichtiger nach dem in Preußen bis 1814 geltenden Kantonssystem.
d) Der **Ritter-Kanton** unterteilte die Kreise der Reichsritterschaft und wurde vom Kantonsdirektorium geleitet.
e) In Frankreich und Belgien heute die Unterabteilung eines Arrondissements.

Kantor. Vorsänger bei der Liturgie. In Kathedralen und Klöstern ausschließlich Kleriker, bes. Dignität in den Domkapiteln, wo für die urspr. Aufgabe im späteren MA ein Stellvertreter, Chormeister, eingesetzt wurde.

Kantorei. Urspr. geistl., später auch weltl. Sängerchor; seit dem ausgehenden MA wurden besoldete Künstler aufgenommen. In den K. als wesentl. Trägern geistl. und weltl. Musikpflege lebte eine hohe künstler. Tradition bis ins 19. Jh. fort.

Kanzel (von lat. cancellus, Schranke). Ein meist erhöhter Einbau in der Kirche zur Predigt, entstanden aus dem Ambo der alt- und frühchristl. Zeit, im 13. Jh. Lettnerkanzlei. Mit der Gotik kommen die ersten freistehenden, meist an einen Pfeiler angelehnte K. auf, mit einem Schalldeckel gekrönt. Bes. reiche Ausstattung der K. in der Spätgotik und in der Renaissance (K. im Wiener Stephansdom von Anton Pilgram, 1502–12) sowie in der Barockzeit. In kleinen, vor allem ev. Kirchen werden Altar und K. gelegentlich zum Kanzelaltar vereinigt, an Wallfahrtsorten finden sich manchmal Außenkanzeln.
LIT. A. Henle, Die Typenentwicklung der süddt. K. des 18. Jh. (Diss. Heidelberg 1933); P. Poscharsky, Die K. Erscheinungsform im Protestantismus bis zum Ende des Barocks (1963).

Kanzelparagraph. Während des Kulturkampfes auf Antrag des bayer. Kultusministers Lutz geschaffenes Gesetz (1871), 1876 erweitert (§ 130a des Dt. Strafgesetzbuches), das Geistliche mit Strafe (Gefängnis oder Festungshaft bis zu 2 Jahren) bedroht, die schriftl. oder mündl. in Ausübung ihres Berufes »Angelegenheiten des Staates in einer den öffentlichen Frieden gefährdenden Weise zum Gegenstand einer Verkündigung oder Erörterung« machten. Nach dem Kulturkampf wurde der K. fast nur während der NS-Diktatur angewendet und 1953 aufgehoben, in der ehem. DDR blieb er in Geltung.
LIT. E. Wolf, Anwendbarkeit und Auslegung des K. in der Gegenwart. In: Archiv für ev. Kirchenrecht 3 (1939) 81–98.

Kanzlei (zu lat. cancelli, Schranken; Gitter, mhd. kanzlie, der mit Schranken eingehegte Raum einer Behörde). Schreibstube, Dienststelle; dem Staatsoberhaupt unmittelbar unterstehende Verwaltungsbehörde. Im MA, für dessen frühe Zeit K. nur eine »wissenschaftl. Hilfskonstruktion« ist, der Personenkreis, dem die Erledigung der Schreibgeschäfte im Rechts- und Verwaltungswesen der Päpste, der Fürsten, Städte und Konzilien oblag. Am frühesten entwickelte sich die K. am Hof der Päpste, seit dem 12. Jh. als cancellaria bezeichnet. Die Kanzleigeschäfte erledigte in der Zeit der fränk. Herrscher die capella regia. Aus ihr, deren Vorsteher der Archicapellanus unter Ludwig d. Dt. zum Leiter der Schreibgeschäfte ernannt wurde, entwickelte sich die Kanzlei der dt. Könige und Kaiser. Seit 955 war das Amt des archicancellarius mit dem des Erzbischofs von Mainz fast stets verbunden. Die tatsächl. Leitung der Reichskanzlei ging bereits 868 auf

den Hofkanzler (imperialis aulae cancellarius) über, doch beanspruchten die Erzbischöfe von Mainz im 15. und 16. Jh. erneut deren Leitung und ließen sich in Wien durch einen Reichsvizekanzler vertreten. Neben der Reichskanzlei stand die habsburg. Hofkanzlei. Seit dem 13. Jh. fördert die Ausbildung der Territorien auch das Entstehen fürstl. Kanzleien.
LIT. HWDRG II, 609–13; Clavis mediaevalis 125–129; Bresslau I, 184ff.; Th. Schieffer, Die lothring. K. um 900. In: DA 14 (1958); H. Banza, Studien zur K. Ludwigs des Bayern, 1414–29 (1969); W. Petke, Kanzlei, Kapelle und königl. Kurie unter Lothar III. (1985). Weitere Lit. →Capella regia.

Kanzlei, päpstliche →Cancellaria Apostolica.

Kanzleiregeln, päpstliche. Regeln, die die päpstl. Kanzlei (Cancellaria Apostolica) bei der Erledigung ihrer Geschäfte beobachten mußte. Von Johannes XXII. in einer eigenen Sammlung vereinigt und von da bis Nikolaus V. regelmäßig veröffentlicht. Seit Clemens XI. (1700–21) nach Zahl (72) und Inhalt nicht mehr verändert. Der Codex Iuris Canonici hob alle K. auf, soweit er sie nicht übernommen hat. Die Gültigkeitsdauer war an den einzelnen Pontifikat gebunden, nach jeder Neuwahl mußten sie festgelegt, approbiert oder promulgiert werden. Es sind zu unterscheiden die regulae expeditoriae oder directivae für die Form der Ausfertigung von Urkunden, die regulae reservatoriae oder beneficiales für die Verleihung der reservierten Benefizien. Sie waren in der Reichskirche sehr umstritten, wiederholt wurde (z. B. in den Koblenzer Gravamina 1769) ihre Abschaffung verlangt; regulae iudiciales für das Verfahren in erster und in Appellationsinstanz; regulae revocatoriae: Widerruf geltender Vorschriften.
LIT. J. B. Sägmüller, Lehrbuch des kath. Kirchenrechts ([4]1926); V. Bartocetti, Le regole can. di diritto (Rom 1939); LThK V., 1315f.

Kanzler (lat. cancellarius). Schreiber, Kanzleibeamter, im 9. und 10. Jh. Gerichtsschreiber; erstmals 820 Bez. für den Leiter der königl. Kanzlei (vgl. Erzkanzler). – Kanzler dient auch, z. T. bis zur Gegenwart, als Bez. für die Vorstände der Kanzleien bei Gerichten, Universitäten, Verwaltungsbehörden.
LIT. R. Morsey, Die oberste Reichsverwaltung unter Bismarck (1957); A. Sprinkart, Urkundenwesen, Kanzlei, Rat und Regierungssystem der Pfalzgrafen bei Rhein und Herzöge von Bayern Rudolf I. und Ludwig IV. von 1294 bis 1314 bzw. 1317. Forschungen zur Kaiser- und Papstgeschichte des MA 4. Beihefte zu J. F. Böhmer, Regesta Imperii (Köln/Wien 1985/86).

Kaper (aus niederl. Kaper; engl. Privateer, franz. Corsaire). Bewaffnete Fahrzeuge privater Unternehmer, die auf Grund staatl. Ermächtigung (**Kaperbrief**) am Handelskrieg auf See teilnahmen. Die **Kaperei** war seit dem MA eine erlaubte Methode der Seekriegführung; ihre Blütezeit hatte sie vom 15. bis 18. Jh. Durch die Pariser Seerechtskonvention vom 16. 4. 1856 wurde sie abgeschafft.

Kapital (mlat., Vieh, Viehbestand, Vermögen). Hauptgut, Hauptsumme einer Schuld; jene Geldsumme, die Zinsen einbringt. Die philosoph. und moraltheolog. Auseinandersetzung mit dem Zinsverbot machte im ausgehenden MA den Unterschied zw. Geld und K. deutlich. Die ersten nationalökonom. Untersuchungen über den Kapitalbegriff stammen von Barbon, Turgot, Hume. Adam Smith, Rodbertus, Adolph Wagner, Marx, Schmoller, Sombart, Wieser u. a. haben sich um eine Klärung des Begriffs bemüht. K. ist »nicht einfachhin eine Summe Geldes, sondern ein irgendwie bedeutender Vorrat von produzierten Sachgütern, der allerdings in Geld abgeschätzt und durch Geld repräsentiert werden kann, der aber zur Produktion von anderen Sachgütern und Gebrauchswerten dient« (F. Keller).
Es gibt zahlreiche Definitionen von K. Am gängigsten sind die Unterscheidungen von Produktiv-Kapital und Real-Kapital. Nicht zum K. gerechnet wird der Boden, weil er ein naturgegebenes Produktionsmittel darstellt.
LIT. Artikel K. im HWSt; E. von Böhm-Bawerk, Positive Theorie des Kapitals I ([4]1921); F. von Wieser, Theorie der gesellschaftl. Wirtschaft. Grundriß der Sozialökonomik I, 2 ([2]1924).

Kapitalismus. Eine sehr komplexe, in ihrer Beurteilung von verschiedenen Kräften und Antipathien bestimmte Erscheinung; vor allem ein Wirtschaftssystem, aber auch eine sozial- und wirtschaftsgeschichtl. Epoche. Der Begriff

des K. wahrscheinlich zuerst bei L. Blanc, dann von K. Marx im ersten Band seines ›Kapital‹ zur Bez. des zeitgenöss. Wirtschafts- und Gesellschaftssystems übernommen. Auf den K. folgt im System des dialektischen Materialismus der Sozialismus. Erst mit W. Sombart und M. Weber wurde der Begriff K. genauer bestimmt. Seine wichtigsten Merkmale sind: a) die Trennung von Kapital und Arbeit; Industrialisierung; b) Entstehung von Lohnarbeiterschaft, Proletariat und sozialer Frage, c) individualistisches Erwerbsstreben um seiner selbst willen, das sich zerstörend auf das Gesellschaftsganze auswirkt, das Gemeinwohl verzerrt.
Der K., von Individualismus, Rationalismus, Liberalismus, Fortschrittsoptimismus der Aufklärung entscheidend bestimmt, wonach der Eigennutz letztlich Gemeinnutzen ist, entfaltet Unternehmergeist, Wagemut, Unabhängigkeitssinn, fördert die Organisationstechnik und macht erst die moderne wirtschaftl. Produktion und Güterversorgung möglich, sieht aber das Gesamtinteresse zu wenig, überbewertet die rein mechan. Machtmittel und ist im Grunde hilflos gegenüber den Problemen moderner Wirtschafts- und Sozialpolitik. Aus der Kritik am K. geht der Sozialismus zum guten Teil hervor. An die Stelle des K. ist die soziale Marktwirtschaft getreten.
LIT. StL IV, 813ff.; W. Sombart, Der moderne K. (^{7}1928; Neudr. 1987); A. Müller-Armack, Entwicklungsgesetze des K. (1931); J. A. Schumpeter, K., Sozialismus und Demokratie (^{2}1950); H. A. Winkler (Hrsg.), Organisierter K. (1974); A. Langner (Hrsg.), Katholizismus, konservative Kapitalismuskritik und Frühsozialismus bis 1850 (1975); E. Lederer, K., Klassenstruktur und Probleme der Demokratie in Dtl. 1910–1940 (1979); F. Braudel, Die Dynamik des K. (dt. 1986); P. Koslowski, Ethik des K. (^{3}1986); O. v. Nell-Breuning, K. kritisch betrachtet (1986).

Kapitän (von lat. caput, Haupt; capitaneus über franz. capitaine, engl. captain) →Capitaine, →Capitaine d'armes, →Capitainerie.
a) Führer einer Kompanie, zunächst in Spanien und Frankreich im 16. Jh. verwendet, auch in Dtl. übernommen, im 19. Jh. durch die Rangbezeichnung Hauptmann ersetzt.
b) Führer eines Schiffes, auch als Dienstrangbezeichnung gebraucht: Korvettenkapitän, Fregattenkapitän.
c) Der **Capitaneatus** war der Stand oder Rang der hohen Lehensträger.
d) Der **Capitaneus** war ein Edelfreier, (in Italien) hochadeliger Lehensträger.
e) Anführer, Oberhaupt, Hauptmann.

Kapitel (lat., capitulum »kleiner Kopf«). Hauptstück.
a) kurze, den Inhalt zusammenfassende Überschrift vor Abschnitten eines Buches (Kapitelüberschrift) und der Abschnitt selbst.
b) die zur Lesung eines Abschnitts der Schrift versammelte Geistlichkeit.
c) Ort der Versammlung (Kapitelsaal, Kapitelstube).
d) Domkapitel, Stiftskapitel sind geistliche Körperschaften mit bestimmten Statuten und Rechten (z. B. dem Recht, den Bischof der Diözese zu wählen).
e) Versammlung der stimmberechtigten Mitglieder eines Klosters, einer Kloster- oder Ordensprovinz (Provinzialkapitel) oder aller Klöster bzw. des gesamten Ordens (Generalkapitel).
f) Land- oder Ruralkapitel (capitulum rurale): die auf dem Land einem Dekan unterstellte Geistlichkeit.

Kapitell (lat. capitulum, kleiner Kopf). Bez. für den obersten, plastisch auslaufenden Teil von Säule, Pilaster, Pfeiler, der Last (Gewölbe) und Stütze (Säule usw.) verbindet. Die Grundformen der abendländ. K. prägte die Antike: dorisches, ionisches, korinthisches K.; eine Mischform ist das röm. Kompositkapitell; die Romanik entwickelte das Würfelkapitell, die Gotik das Knospen-, Kelch- und Blattkapitell. Seit der Renaissance wird wieder auf die antiken Typen zurückgegriffen.
LIT. E. von Mercklin, Antike Figuralkapitelle (1962).

Kapitelsvikar, Kapitularvikar. Vicarius capitularis: Verwalter einer Diözese bei Sedisvakanz (Tod, Verzichtleistung, Translation usw. eines Bischofs). Seine Bestellung durch das Domkapitel bei Sedisvakanz ist vom Tridentinum vorgeschrieben.

Kapitularien (lat., capitula). Königsgesetze der Merowinger und Karolinger, nach ihrer Einteilung in capitula benannt. Sie wurden teils mit Zustimmung der Großen oder des Volkes als Ergänzungen der Volksrechte in weltl. Angelegenheiten erlassen (capitularia mundana), teils auf Grund der Synoden

oder Bischofsversammlungen beim Reichstag publiziert (capitularia ecclesiastica). Mischformen sind die Capitularia mixta. Die Capitularia legibus addenda ergänzen oder ändern Stammesrecht, die Capitularia per se scribenda geben Reichsrecht, die Capitularia missorum enthalten Anweisungen für die Missi. Amtl. Sammlungen fehlen. Die Sammlung Ansegis' von Fontenelle (827) enthält die K. von 789–826, die Sammlung des Benedikt Levita enthält größtenteils verfälschte Texte.
Ausgabe: MGH Leges II.
LIT. HWDRG II, 623–29; F. L. Ganshof, Was waren die Kapitularien? (1961); ders., in: Karl d. Gr. I (1965); H. Conrad, DRG 1 (^{2}1961); W. A. Eckhardt, Die Kapitulariensammlung Ghaerbalds von Lüttich (1955); R. Schneider (Hrsg.), Kapitularien (1967); C. Brühl, Cap. de Villis (1971).

Kapitulation (zu lat. capitulum, franz. capitulation).
[1] Übergabevertrag für eine Festung, einen Truppenteil oder ein Kriegsschiff bzw. für alle Streitkräfte während eines Krieges. Die K. ist für die Fortdauer des Kriegszustandes ohne Bedeutung. **Bedingungslose K.** (unconditional surrender) wurde auf der Konferenz von Casablanca 14.–26. 1. 1943 als Ziel der Kriegführung der Alliierten formuliert. Sie hat in der Geschichte des Zweiten Weltkrieges eine verhängnisvolle Rolle gespielt und wurde 1945 auf Dtl. und mit Einschränkungen auf Japan angewandt.
[2] Soldatische K. Auf Grund einer K. mit dem Kriegsherrn warben Oberste oder Hauptleute Regimenter oder Fähnlein an, die sie als selbständige militär. Unternehmer hielten. Mit dem Absolutismus und dem Aufkommen stehender Heere, für die der Landesherr oberster Kriegsherr ist, wurde die S. K. abgeschafft.
[3] Vertrag eines Eligendus (zu Wählenden) mit den Wählern, z. B. Vertrag eines zu wählenden Bischofs mit dem Domkapitel: bischöfl. →Wahlkapitulation; eines röm. Königs bzw. eines Kaisers mit den Kurfürsten: kaiserl. bzw. königl. →Wahlkapitulation.
[4] Verträge europäischer Mächte mit orientalischen Staaten, insbes. mit der Türkei, China, Persien, in denen vor allem die Gebietshoheit des Aufenthaltsstaates zugunsten der Personalhoheit des fremden Staates in bezug auf seine Vertreter und Angehörigen durchbrochen wurde. Das System des K. entwickelte sich seit den Kreuzzügen, wurde nach dem Fall von Konstantinopel ausgebaut von Genua, Venedig und vor allem von Frankreich seit dem 16. Jh. Kapitulationen mit dem Osmanischen Reich schlossen ferner England (seit 1580), Österreich (seit 1718), Preußen 1761 usw. Die wichtigsten Bestimmungen betreffen freie Religionsausübung, Konsulargerichtsbarkeit, Freiheit der Niederlassung, des Verkehrs, des Handels und der Schiffahrt. Am 1. 10. 1914 hob die Türkei die K. auf, was im Frieden von Lausanne (1923) anerkannt wurde unter Verpflichtung der Türkei zu Reformen.
[5] Dienstvertrag auf weiteren Militärdienst. Kapitulant: Soldat, der sich auf eine längere militär. Dienstzeit verpflichtet.
LIT. Zu [4] Overbeck, Die K. des Osman. Reiches (1917); Anne Armstrong, Bedingungslose K. Die teuerste Fehlentscheidung der NZ (dt. 1965); R. Hansen, Das Ende des Dritten Reiches (1966).

Kapitulations-Resolution. Die König Matthias 1608 von den im Horner Bund vereinigten österreich. Landständen abgerungenen Zugeständnisse in der Religionsfrage.

Kap Passero, Seeschlacht von. Spanien unter Philipp V. und seinem Minister Alberoni griff 1717 Sardinien und Sizilien an. England, Österreich, Frankreich (Holland) schlossen zur Abwehr dieses Überfalls die Quadrupelallianz. Dem ins Mittelmeer entsandten engl. Admiral George Byng (später Lord Torrington) gelang es, an der Südostküste Siziliens bei K. P. die span. Flotte unter Antonio Castañeta vernichtend zu schlagen.

Kappel, Kappeler Kriege und Landfriede (1529–31). Das Vordringen der Lehre Zwinglis in der Eidgenossenschaft führte zur polit. Spaltung. Am 8. 6. 1529 erfolgte die Kriegserklärung Zürichs an die Fünf Orte. Nach der ersten Schlacht bei Kappel (10. 6. 1529) siegte das schweizer. Gemeinschaftsbewußtsein über die religiösen Differenzen. Der Glarner Landammann Aebli vermittelte den ersten Kappeler Landfrieden (26. 6. 1529), der die Fünf Orte beim alten Glauben ließ, sie aber zwang, das Bündnis mit König Ferdinand aufzugeben. Durch die Getreidesperre der neugläubigen Kantone gezwungen, erklärten die Fünf Orte am 8. 10. 1531 den Krieg und schlugen die Zürcher in der 2. Schlacht bei Kappel (11. 10. 1531), in der Zwingli fiel, und am Gubel (23./24. 10.). Der Sieg der Fünf Orte bedeutete eine Niederlage der Reformation in der Schweiz, führte zum Anschluß der oberdt. Städte an die luth. Bewegung und bewahrte dank der gemäßigten Forderungen der kath. Kantone den föderalist. Aufbau der damaligen Dreizehn Orte.

Kapuze (zu lat. cappa, Mantel; caputium, Mönchskappe). Teil der Mönchskleidung.

Kapuzinade, Kapuzinerpredigt. Derbe, volkstüml. drastische Predigt. Schon zu Anfang des 18. Jh. ist die Bez. nachgewiesen, nicht erst seit der bekannten Kapuzinerpredigt in Schillers ›Wallensteins Lager‹. Die K. ist ausgezeichnet durch starken Stimmaufwand und übertriebenes Gebärdenspiel.

Kapuziner. Ordo Fratrum Minorum Capucinorum, jüngster der drei selbständigen Zweige der Franziskaner, aus einer Reformgruppe des Matthäus von Bassi und Ludwig von Fossombrone 1525 hervorgegangen, 1528 von Papst Clemens VII. bestätigt. Das Ziel war die Rückkehr zu den Idealen des hl. Franziskus von Assisi. Strenge Armutspraxis, Einsiedlerdasein, die Nachahmung des hl. Franziskus auch in Kleidung (Kapuze) und Bart sowie die Betonung der Kontemplation kennzeichnen den ursprünglichen Geist des Ordens. Bis 1573 auf Italien beschränkt, von Austritten und Abfall bedroht (Übertritt Occhinos von Siena zum Calvinismus), fand der Orden nach 1574 schnelle Verbreitung in Frankreich, Spanien, den Niederlanden, im dt. Sprachgebiet vor allem in Bayern und in der Schweiz. Beachtl. sind seine Verdienste bei der Rekatholisierung; als Seelsorger und Prediger waren die K. beim einfachen Volk sehr beliebt. Die geschichtl. Bedeutung des Ordens liegt in der Volkspredigt (Martin von Cochem, Dionysius von Luxemburg, Jordan von Nonsberg, Klemens von Burghausen [† 1731], Jordan von Wasserberg [† 1739], in der religiösen Erneuerung der Gegenreformation (Fidelis von Sigmaringen) sowie in der Predigt für die Abwehr der Türken (Markus von Aviano). Seine stärkste Verbreitung fand der Orden im 18. Jh., nach schweren Verlusten infolge der Franz. Revolution und der Säkularisation begann seit der Mitte des 19. Jh. eine neue Blüte.

LIT. P. Cuthbert-J. Wildlöcher, Die K. (1931); A. Jacobs, Die rhein. K., 1611–1725. Ein Beitrag zur Geschichte der kath. Reform (1933); T. Graf, Die K. (1957); LThK 5 ([2]1960) 1332–39; F. da Mareto, Le capuccine nel mondo 1538–1969. Anni storici e bibliographia (1970).

Karabiner. (franz. carabin, leichter Reiter). Kurzes Reitergewehr.

Karabinier. Urspr. berittener Arkebusier, später mit dem Karabiner bewaffneter Reiter.

Karavelle (von lat. carabus, portugies. caravela = großes Schiff). Segelschiff der Portugiesen und Spanier vom 14. bis zum 16. Jh. Die K. war das Schiff der großen Entdeckungsreisen. Sie wurde auch von Kolumbus benutzt. Die K. hatte ein hohes Heck, Hinter- und Vorderkastell und eine Wasserverdrängung von 50–200 t.

Karawane (pers., Kamelzug, Handelsschutz). Kamelzug, Reisegesellschaft. Im 15. Jh. als Wort des oriental. Handels in die europ. Sprachen übernommen. Die K. ziehen mit militär. Geleit bestimmte an Wasserstellen und Rastplätze gebundene Routen (Karawanenstraßen). Der Handel über die Karawanenstraßen, die China mit Zentralasien und Europa verbanden (Seidenstraße), wurde dort und in Afrika von dem Kaufmann selbst ausgeführt.

Kardinal, Kardinalskolleg (von lat. cardo, Türangel). Urspr. der an einer Hauptkirche dauernd angestellte Kleriker (incardinatus). Durch Pius V. (1567) wird die Bez. auf die Mitglieder des Presbyteriums der Stadt Rom beschränkt. Dieses wird gebildet aus den Vorstehern der Haupt-(Titel-)kirchen Roms, den a) presbyteri cardinales (Kardinalpriestern), die auch den Gottesdienst an den vier Patriarchalbasiliken St. Peter, St. Paul, S. Maria Maggiore, S. Lorenzo ausübten; b) den diaconi cardinales (Kardinaldiakonen), die mit der Armen- und Krankenpflege in den 7, später 12 Regionen der Stadt betraut waren, und den Pfalzdiakonen; c) den 7 suburbikarischen Bischöfen, die zur röm. Kirchenprovinz gehörten (episcopi cardinales, Kardinalbischöfe). Die K. bilden den »Senat der Kirche«, ein Kollegium, das in die drei erwähnten Klassen zerfällt. Die Zahl der K.

schwankte; in den Reformkonzilien von Konstanz und Basel auf 24, von Sixtus V. (1586) auf 70 festgesetzt; seit Johannes XXIII. 1958 überschritten (83 K.; z.B. 1967: 118 K., 1976: 138 K.).
Vorsteher des **Kardinalskollegiums** ist der Kardinaldekan, regelmäßig zugleich Bischof von Ostia, primus inter pares; die Vermögensverwaltung hat der **Kardinalkämmerer** (Camerlengo). Die Vollversammlung der K. (wenigstens der in Rom residierenden) heißt Konsistorium (Kardinalskonsistorium). Nach Errichtung der Kardinalskongregationen und anderer Kurialbehörden, zu deren Leitern und Mitgliedern der Papst K. ernannte, sank die Bedeutung des Kardinalskollegiums. Die Ernennung (Kreierung) der K. erfolgt durch den Papst, die Publikation in einem geheimen Konsistorium. Eine bes. Art der Ernennung ist die Reservatio in pectore, wobei die Nennung des Namens aus gewissen Gründen unterbleibt (in petto). Die K. haben eine röm. Titelkirche. Bei sog. Kronkardinälen erfolgt die Ernennung durch den Papst auf Bitte einer Landesregierung.
Das wichtigste den K. zustehende Recht ist das der Papstwahl, seit 1059 bzw. 1179 ausschließlich. Während der Vakanz des päpstl. Stuhles erledigt der Camerlengo interimistisch die wichtigsten Geschäfte. Nur K. sind Leiter der Kardinalskongregationen und werden als persönl. Vertreter des Papstes (Legati a latere) entsandt. Neben bes. Privilegien steht den K. eine bes. Tracht, Kardinalshut, Kardinalspurpur ihrer Kleidung, großer weiter Mantel, Brustkreuz, Mitra, Ring, Krummstab zu, außerdem seit Urban VIII. (1630) der Titel Eminenz. K. haben auf Grund der Lateranverträge in Italien bes. Vorrechte, auch die außerhalb des Vatikans residierenden Kurienkardinäle sind vatikan. Staatsbürger. Die Zahl der nichtital. K. hat seit der Mitte des 19. Jh. ständig zugenommen. Die Bischofsstühle von Breslau, Köln, München, Berlin gelten als Anwartsposten auf das Kardinalat.
LIT. J. B. Sägmüller, Thätigkeit und Stellung der Cardinäle bis Bonifaz VIII. (1896); V. Martin, Les Cardinaux et la Curie (1930); Feine, KRG; K. Ganzer, Die Entwicklung des auswärtigen Kardinalats im hohen MA. Ein Beitrag zur Geschichte des Kardinalskollegiums vom 11. bis 13. Jh. (1963); P. C. van Lierde und A. Girand, Das Kardinalskollegium (1965); C. G. Fürst, Cardinalis, Prolegomena zu einer Rechtsgeschichte des röm. Kardinalskollegiums (1967); G. Alberigo, Cardinalato e collegiatà (1969); C. Weber, Kardinäle und Prälaten in den letzten Jahrzehnten des Kirchenstaats (1978).

Kardinaldatar. Leiter der für die Einnahmen und Taxen für Ämterverleihung, Gewährung von Dispensen und Verleihung reservierter Benefizien zuständigen Datarie (→Datar, Dataria Apostolica), urspr. ein einfacher Priester, meist nach der Amtszeit zum Kardinal befördert, dann auch Kardinal; als **Prodatar** bezeichnet, da er ein nicht kardinalizisches Amt bekleidet. Der K. ist einer der Palastkardinäle, da er ein Amt des päpstl. Palastes innehat. Ihm zur Seite stand der **Subdatar.**

Kardinalnepot(e). Bez. für ein gewöhnlich einem Neffen des Papstes übertragenes, mit umfassenden Vollmachten für die Verwaltung des Kirchenstaates und der auswärtigen Politik versehenes Amt, eigentlich **Kardinalpadrone.** Der K. war nicht der Leiter des Staatssekretariats. Unter seiner Leitung besorgte der Staatssekretär die polit. Korrespondenz. Der Machtkampf zw. K. und dem Staatssekretär (auch dieser war häufig Kardinal, →Kardinalstaatssekretär) wurde 1644, endgültig 1692 zugunsten des letzteren entschieden.
LIT. A. Kraus, Das päpstl. Staatssekretariat unter Urban VIII., 1623–1644 (1964).

Kardinalprotektor. Kardinal, dem die Schutzherrschaft über Orden, Kongregationen, Kirchen, Bruderschaften usw., früher auch über Nationen und Reiche übertragen wurde. Die Aufgaben bestanden in Fürsprache, Rat und Vermittlung in schwierigen Angelegenheiten.
LIT. J. Wodka, Zur Geschichte der nationalen Protektorate an der röm. Kurie (1938); A. A. Strnad, Aus der Frühzeit des nationalen Protektorates der Kardinale. In: ZRG KA 81 (1964).

Kardinalshut. Abzeichen der Kardinalswürde, ein flacher, runder Hut mit sehr breiter Krempe, von der mit Knoten und Quasten versehene Schnüre herabhängen, deren Zahl um 1600 auf 15 festgelegt wurde. Der K. wird nur äußerst selten getragen, z.B. bei der Kreierung; er dient zum Schmuck der

Titelkirche, des Wappens und des Sargs des Kardinals. In der bildenden Kunst ist er das Attribut des hl. Hieronymus. Auch Roter Hut genannt.

Kardinalskongregationen (Sacrae Congregationes, Kongregationen). Behörden der Curia Romana, aus einer Anzahl von Kardinälen, Konsultoren (Fachleuten), Notaren und dem erforderlichen Kanzleipersonal zusammengesetzt.
a) Die Congregatio Sancti Officii, kurz Sanctum Officium genannt (urspr. Bez.: Congregatio Romanae et universalis Inquisitionis), seit 1542 bzw. 1588, unter dem Vorsitz des Papstes zum Schutz der Glaubens- und Sittenlehre, zuständig für Glaubensdelikte (Apostasie, Häresie, Schisma) in erster oder letzter Instanz, für dogmatische Fragen, Indizierung von Büchern.
b) Die Congregatio Consistorialis (seit 1588) unter dem Papst als Präfekten, zuständig für die Errichtung, Aufhebung, Veränderung von Kirchenprovinzen, Diözesen, Dom- und Kollegiatkapiteln, Ernennung von Bischöfen, Weihbischöfen, Koadjutoren und die hierfür erforderlichen Informativprozesse.
c) Die Congregatio de Disciplina Sacramentorum (seit 1908), zuständig für die Verwaltung der Sakramente, soweit nicht Fragen des Dogmas berührt werden, oder der Riten (dafür zuständig die Ritenkongregation).
d) Die Congregatio Concilii (seit 1564) für die Disziplin des Weltklerus und der Laien, Ämter- und Pfründensachen.
e) Congregatio de Religiosis (seit 1586 bzw. 1908) für alle Angelegenheiten der Orden und Kongregationen zuständig.
f) Congregatio de Propaganda Fide (seit 1622) für das gesamte Missionswesen.
g) Congregatio Rituum (seit 1588) für die Liturgie und Zeremonien der lateinischen Kirche und die Ordnung des gesamten Kultus.
h) Congregatio Caeremonialis (seit 1588) für Gottesdienst und Zeremoniell am päpstlichen Hof.
i) Congregatio pro negotiis ecclesiasticis extraordinariis (seit 1793 bzw. 1827), Präfekt der Kardinalstaatssekretär, für kirchenpolit. Angelegenheiten, insbes. Verhandlungen mit Staaten über Errichtung von Bistümern, Bischofsernennung, Abschluß von Konkordaten.
k) Congregatio de Seminariis et Universitatibus (seit 1588 bzw. 1824) für kirchl. Hochschulen.
l) Congregatio pro Ecclesia Orientali (seit 1917), Präfekt ist der Papst, zuständig für alle Angelegenheiten der unierten Kirche. Für Glaubens- und Sittenfragen bleibt auch hier das S. Officium zuständig.
m) Congregatio Fabricae S. Petri für die Vermögensverwaltung des Petersdomes.

Kardinalstaatssekretär. Polit. Ratgeber des Papstes, Leiter des Staatssekretariats. Das Amt des K. entwickelte sich aus der ma. Institution der fürstl. Sekretäre. Um 1550 begegnet die Bez. Staatssekretär für den secretarius secretus. Der Machtkampf zw. Kardinalnepot und Staatssekretär endete mit dem Sieg des letzteren endgültig 1692.
LIT. A. Kraus, Das päpstl. Staatssekretariat unter Urban VIII., 1623–44 (1964); ders., Der Kardinal-Nepote Francesco Barberini und das Staatssekretariat Urbans VIII. In: Röm. Quartalschrift 64 (1969) 191–208; W. Baum, Luigi Maria Torrigiani (1697–1777), K. Papst Klemens' XIII. In: Zeitschrift für kath. Theologie 94 (1972) 46–73.

Karenz, Karenzjahre (von lat. anni carentiae, Wartezeit, Sperrfrist). Im Benefizialrecht üblicher Begriff. Man versteht darunter jene Zeit, die bis zur Zulassung zur Residenz und den Einkünften eines Kanonikats verbracht werden muß.

Karikatur (lat. caricare, überladen). Die Geschichte der Karikatur, der Darstellung des menschl. Zerr- und Spottbildes, reicht zurück bis in das Neue Reich Ägyptens (1580–1085 v. Chr.), doch wurde sie erst im 19. Jh. eine Kunst um ihrer selbst willen, nachdem bereits während der Neuzeit mit bes. Schärfe karikiert worden war. Von Bedeutung war für die moderne K. die Schaudermalerei des MA.
Was die K. ausmacht und sie von der Groteske unterscheidet, ist die satir. Absicht. Schon im SpätMA, insbes. aber seit der Reformation, konnte sie bis zur Verteufelung gehen. Zum Wesenselement der K. gehört es, über den Menschen, sein Wesen und seine Handlungen zu richten. In der Regel richtet sie sich gegen Personen und Institutionen, die Anspruch auf Absolutheit erheben. Im MA waren es insbes.

Mönche, Ärzte, Richter, Gelehrte und Landsknechte, seit der Reformation die Institutionen Kirche und Staat, aber auch als irreal erkannte Erscheinungen des Alltags, die das Ziel der K. bildeten. Zu einer alltägl. Erscheinung wurde sie durch die Gründung von satir. Zeitschriften, die sich ihr ausschließlich widmeten, so in Frankreich 1830 ›Caricature‹, 1832 ›Charivari‹, in England 1841 ›Punch‹, in Dtl. 1844 ›Fliegende Blätter‹ (München), 1848 ›Kladderadatsch‹ (Berlin), 1896 ›Simplizissimus‹ (München). In Zeiten außergewöhnlicher Spannungen zwischen Völkern, Weltanschaungen oder Klassen war die K. durch Haß geprägt, so z. Zt. der Reformation und Gegenreformation, des Gegensatzes zwischen England und Frankreich im 18. Jh. und der Napoleon. Herrschaft sowie der beiden Weltkriege.

LIT. G. Hermann, Die dt. K. im 19. Jh. (1901); F. Conring, Das dt. Militär in der K. (1907); E. Fuchs, Der Weltkrieg in der K., 1 (1916); ders., Die K. der europ. Völker vom Altertum bis zur Neuzeit. 2 Bde. (^{4}1921); ders., Die Juden in der K. (^{2}1921); Th. Heuß, Zur Ästhetik der K., hrsg. von der Gesellschaft der Bibliophilen (1954); W. Hofmann, Die K. von Leonardo bis Picasso (1959); W. Loch, K. Görres, Polit. K. und ihr Einsatz im Unterricht (1985).

Karlisten, Karlistenkriege. Nach dem Tode Ferdinands VII. (1833) wurde seine Tochter Isabella II. (reg. 1833–68) Königin von Spanien, Regentin aber war ihre Mutter, Maria Cristina, deren Lebenswandel ebensosehr Anstoß erregte wie ihre absolutist. Herrschaft. Für die Rechte des Thronprätendenten Don Carlos, des Bruders des verstorbenen Königs Ferdinand, setzten sich die Karlisten oder Legitimisten ein, die Cristinos traten ein für die Rechte der Regentin. Die Spaltung und die Gegensätze wurden vertieft durch Republikaner, Progressistos und Moderatos. Die Karlistenkriege 1833/40 und 1849/50 für die Erbrechte des Don Carlos nahmen stellenweise den Charakter eines Religionskrieges (Verteidigung der kath. Kirche gegen den Liberalismus) an. Hinzu kam der Kampf um die Freiheiten der alten Länder Spaniens, Navarras und der Baskengebiete. Im Span. Bürgerkrieg 1936–39 standen die Karlisten auf seiten Francos. Nach dem Aussterben der karlist. Linie (1936) wurde im April 1937 Carlos Hugo, Prinz von Bourbon-Parma (geb. 1930), zum Thronanwärter bestimmt. Allerdings bestieg Juan Carlos, der Enkel Alfons XIII., 1960 von Franco als erster Thronanwärter anerkannt, 1969 zum Thronfolger ernannt, 1975 als Juan Carlos I. den span. Thron.

LIT. R. Oyarzun, Historia del Carlismo (1939); H. Gollwitzer, Der erste Karlistenkrieg und das Problem der internationalen Parteigängerschaft. In: HZ 176 (1953).

Karlowitz, Friede von. (26. 1 1699). Der F. v. K. beendet den großen, seit 1683 dauernden Türkenkrieg nach dem Sieg des Prinzen Eugen von Savoyen bei Zenta (11. 11. 1697) und dem Eingreifen von Polen, Rußland und Venedig in den Krieg. Die Türkei muß Ungarn, mit Ausnahme des Temesvarer Banats, den größeren Teil von Slavonien und Kroatien an Österreich, Kamenez an Polen und Asow an Rußland abtreten. Mit dem fast gleichzeitigen Frieden von Rijswijk (1697), durch den im Westen wichtige Gebiete an Frankreich verlorengehen, markiert der F. v. K. die Umorientierung der Habsburger Monarchie vom Rhein zur Donau, den Aufstieg Österreichs zur europ. Großmacht.

LIT. M. R. Popović, Der F. v. K. (Diss. Leipzig 1893).

Karlsbader Beschlüsse. Die durch das Attentat Karl Sands auf A. von Kotzebue (22. 3. 1819) ausgelösten, auf 23 Karlsbader Konferenzen vom 6.–31. 8. 1819 von zehn dt. Staaten (Österreich, Preußen, Bayern, Sachsen, Hannover, Württemberg, Baden, Mecklenburg-Schwerin und Strelitz, Nassau) beschlossenen Entwürfe zu vier Bundesgesetzen; einem Universitätsgesetz, einem Pressegesetz, einem Untersuchungsgesetz gegen bundesfeindl. Umtriebe und einer Exekutionsordnung.

Das Pressegesetz bedeutete die Aufhebung der in Art. 18 der Bundesakte versprochenen Pressefreiheit, die Einführung einer Vorzensur für Schriften bis zu 20 Druckbogen und einer Nachzensur für umfangreichere Werke. Das Untersuchungsgesetz brachte die Einrichtung einer Zentralbehörde zur näheren Untersuchung der in mehreren Bundesstaaten entdeckten revolutionären Umtriebe. Der strittige Art. 13 der Bundesakte über »landständ. Verfassungen« sollte im altständ. Sinne ausgelegt wer-

den, der dem »monarch. Prinzip« Vorrang vor dem Prinzip der Volkssouveränität gab.
Die K.B. waren kein Bundesstaatsstreich, aber ihre einstimmige Annahme im Bundestag (20. 9. 1819) wurde durch Überrumpelung der in Karlsbad nicht beteiligten Gliedstaaten und die Hegemonie der größeren Staaten erreicht. Die K.B. waren die schärfsten Maßnahmen im Dt. Bund gegen die »demagog. Umtriebe«, die Burschenschaften, die nationalen und liberalen Bestrebungen. Am 2. 4. 1848 wurden die K.B. aufgehoben.
Text. E. R. Huber, Dokumente I, 31ff.
LIT. H. von Treitschke, Dt. Geschichte II; F. Schnabel, Dt. Geschichte II; E. R. Huber, Dt. Verfassungsgeschichte I (1957) 732–53; E. Büssem, Die K.B. von 1819 (1974).

Karmeliten, Karmeliter. Ordo Fratrum B. M. V. de Monte Carmelo (O Carm): Orden U. L. Frau vom Berge Karmel, einer der großen Bettelorden, in der zweiten Hälfte des 12. Jh. von Kreuzfahrern als Einsiedlerorden an der Eliasquelle auf dem Berge Karmel (hebr., Baumgarten) in Samaria ins Leben gerufen. 1214 erhielt er eine von dem Patriarchen Albertus von Jerusalem verfaßte Regel, die von Papst Honorius III. bestätigt wurde. Während der Sarazenenverfolgungen verbreitete sich der Orden in England (1241), Frankreich (1251), im Reich mit der ersten Niederlassung in Köln. Neben dem beschaulichen Leben, dem Studium der Theologie und der Seelsorge widmeten sich die K. dem Unterricht in den Klosterschulen. Auf die Reform des Johann Soreth geht der weibl. Zweig (Karmelitinnen) zurück. Verschiedene K. setzten sich in der Reformationszeit nachhaltig für die kath. Restauration ein (z. B. Andreas Stoß in Nürnberg). Der von Teresa von Avila reformierte Orden der Unbeschuhten K. (Ordo Fratrum Carmelitarum Discalceatorum, abgek.: OCD) drang von Westen kommend auch in Dtl. ein; ein erstes Kloster war in Köln 1613; eine Ordensreform fand 1627 in Würzburg statt. Seit 1593 Trennung in Beschuhte und Unbeschuhte K.
Der hauptsächl. auf Innerlichkeit ausgerichtete Orden spielte bei den Rekatholisierungsbestrebungen des 17. Jh., nicht zuletzt wegen seiner strengen Lebensführung, eine hervorragende Rolle. Der Marienverehrung (Skapulierbruderschaft) kam im 17. Jh. eine große Bedeutung zu; daneben geht die volkstümliche Verehrung des Prager Jesuskindes auf die K. zurück. Die beiden bedeutendsten Heiligen des Ordens sind Teresa von Avila und Johannes vom Kreuz. Die Säkularisation hob fast alle Klöster auf. Von den überlebenden Karmeliterklöstern in Würzburg und Straubing aus hat sich der Orden in Dtl. regeneriert. Beachtlich sind auch die Verdienste des Ordens um die Wissenschaft: Paulinus vom hl. Bartholomäus gab die erste gedruckte Sanskritgrammatik heraus.
Die Karmelitin Edith Stein wurde ein Opfer der NS-Diktatur.
LIT. G. Mesters, Geschichte des Karmeliterordens (1958); LThK V, 1266–72; Giovanna della Croce, Der Karmel und seine myst. Schule (1962); A.-E. Steinmann, Carmel vivant (Paris 1963); V. Schmitt, Karmel in Dtl. (1981); W. Herbstrith, Edith Stein. Ein neues Lebensbild in Zeugnissen und Selbstzeugnissen (1983).

Karolus Magnus et Leo Papa. Bez. eines Epos (Fragment?), das um 800 in der Umgebung Karls d. Gr. verfaßt wurde und für das Hofleben eine anschauliche Quelle darstellt.
Text: MGH Poetae I (1881) 366–81.

Karsthans. Flugschrift 1521, im Anschluß an Thomas Murners gegen Luther gerichtetes Buch ›von dem bapstum‹ veröffentlicht. Im gleichen Jahr ließ Butzer dem ›K.‹ sein ›Gesprech bichlin neuw K.‹ folgen. Der Neue K. will die Bauern auf die Seite des luth. Adels bringen. Der K. ist die volkstümlichste und verbreitetste Gestalt der Flugschriftenliteratur der Reformationszeit, von St. Gallen ausgehend, hauptsächlich im dt. Süden und Südwesten verbreitet. Es ist der Bauer, der mit dem Karst (Hacke) seinen Lebensunterhalt gewinnt, der schlichte, den Doktoren und Pfaffen an Wissen und Gottesfurcht überlegene »gemeine Mann«.
Ausgaben: Karsthans, hrsg. von H. Burckhardt (1911); Neu-Karsthans, hrsg. von E. Lehmann (1930).

Kartage. Haupttage der Karwoche: Gründonnerstag, Karfreitag und Karsamstag; sie haben wie die ganze mit der Messe des Palmsonntags beginnende Karwoche eine liturg. Sonderstellung und ein reiches Brauchtum. Ihre Liturgie ist seit 1965 neu geregelt.

LIT. LThK VI, 4–9; H. Schmidt, Hebdomada Sancta, 2 Bde. (1956–57); G. Schreiber, Die Wochentage im Erlebnis der Ostkirche und des christl. Abendlandes (1959).

Kartätsche (abgeleitet von ital. cartaccia, grobes Papier, Tüte, Rolle; cartouche, gerollte Einfassung von Papier). Artilleriegeschoß (seit 1611), das mit Bleikugeln gefüllt ist, ähnlich einer Schrotpatrone, auf lebende Ziele und kurze Entfernungen verwendet wurde, durch moderne Sprenggranaten jedoch überholt ist.

Kartätschgeschütz. Mehr- oder Schnellfeuergeschütz zur Verwendung von Kartätschen.

Kartaune (zu ital. cartona, kurze Kanone, neulat. quartana, Viertelstück). Schweres Geschütz des 15.–17. Jh., mit 25pfündigen Geschossen, kam Ende des 15. Jh. über die Schweiz nach Dtl.

Kartause. Bez. für eine Niederlassung der Kartäuser. Charakteristisch: kleine zusammenhängende und doch unabhängige Häuschen mit je einem kleinen Garten. Die histor. bedeutsamsten K. im dt. Sprachgebiet sind: St. Margaretenthal in Klein-Basel; Marienparadies bei Danzig, St. Barbara in Köln, St. Michaelsberg vor Mainz, Prüll bei Regensburg, Marienbühl in Straßburg-Königshofen, St. Alban bei Trier, Hortus angelorum in Würzburg; in Italien: Pavia, Florenz, Neapel; in Spanien: Burgos, Xerès; in Frankreich: Gaillon, Paris.
LIT. LThK VI, 1379ff.

Kart(h)äuser (lat. Ordo Cartusiensis, abgek.: O. Cart.). Einsiedlerorden, gegr. von dem hl. Bruno (geb. 1032 zu Köln, gest. 1101 in Kalabrien). 1084 errichtete Bruno mit sechs Gefährten in der Bergwildnis der Chartreuse nordwestl. von Grenoble eine Einsiedelei (cartusia), die das Mutterkloster seines Ordens werden sollte (La Grande Chartreuse). Nach dem Mutterkloster heißen alle Klöster Kartause (franz. Chartreuse, ital. Certosa). Der Kartäuserorden (eigene Statuten 1127, 1133 bestätigt) breitete sich schnell aus, erreichte seine größte Entfaltung im 14./15. Jh. und ist bis heute der ausschließlichen Pflege der Beschaulichkeit treu geblieben. Er verbindet in eigenartiger Weise bereits in der baulichen Anlage seiner Klöster Einsiedler- und Gemeinschaftsleben. Der Kartäuserorden wurde niemals reformiert. Bedeutende K.: Guigo von Kastell, Hugo von Balma, Ludolf von Sachsen, Dionysius der Kartäuser, Georg Pirkheimer (1477–1504, Prior in Nürnberg, verdient um die Sammlung und Herausgabe der Schriften des Thomas von Kempen), Johannes Justus Landsperg (1490–1539), Sigismund Diez (der kunstsinnige und gelehrte Prior der Kartause Prüll, (1677–1719). In der Zeit des aufgeklärten Absolutismus, der Franz. Revolution und durch die Säkularisation wurden fast alle Kartausen aufgehoben. 1958 gab es noch 18 Kartausen, davon eine in Dtl.
LIT. J. Greven, Die Kölner Kartause und die Anfänge der kath. Reform in Dtl. (1935); P. van der Meer de Walcheren, Das weiße Paradies (1949); M. Picard, Die Welt des Schweigens (1948; ³1959); LThK V., 1381–84; M. Zanidkar (Hrsg.), Die K. (1983).

Kartusche (von lat. charta, Papier, aus dem Franz. übernommen).
[1] In der Baukunst des Barock verwendetes Zierglied; besteht aus einer schildförmigen Fläche und einem aus Rollwerk gebildeten Rahmen; diente zur Aufnahme von Wappen und Emblemen.
[2] Militär; Ladung, Patrone, Patronenbund; je nach der Entfernung, die ein Geschoß erreichen soll, bemessen.

Karwoche (von ahd. kara, Sorge, Kummer). Die Woche vor Ostern, auch Stille Woche genannt, dem Gedächtnis des Leidens und Sterbens Christi im bes. Maße gewidmet und im Zusammenhang mit Ostern, der Auferstehung Christi, zu sehen.

Karyatiden. In der Architektur statt Säulen verwendete Mädchenfiguren, z. B. am Erechtheion.

Karzer (lat. carcer). Kerker; im akadem. Bereich: Universitätskarzer, nachgewiesen für Heidelberg 1387, Tübingen 1477.

Kasematte (von lat. casamatta). Der Begriff gelangt über das Französische gegen Ende des 16. Jh. in die militär. Fachsprache Deutschlands. Er bez. ein schußsicheres Gewölbe, einen Raum in Festungswerken oder einen gepanzerten Geschützstand.

Kaserne (aus lat. quaderna oder casa und dem Ital. und Franz. übernommen). Urspr. der Raum auf Festungen, der für die (je vier = quaterni) zur Nachtwache bestimmten Soldaten vorgesehen war; dann Dauerunterkunft von Truppen, mit dem Aufkommen der stehenden

Heere im Zeitalter des Absolutismus in größerem Umfang gebaut.

Kassandrarufe. Sprichwörtl. Ausdruck zur Umschreibung vergeblicher Warnungen. Nach Kassandra (Tochter des Priamos), der trojanischen Seherin, gebildet, die vergeblich davor gewarnt hatte, daß die Trojaner das hölzerne Pferd in ihre Stadt führten. Kassandra wurde nach dem Fall Trojas von Agamemnon als Beute nach Mykene gebracht und dort mit ihm zusammen von Klytämnestra ermordet. Ihren Tod erlebte sie visionär voraus.

Kaste (von portugies. casta, Rasse, Abkunft, Geschlecht). Urspr. als Bez. der »unvermischten Rasse« der Iberer gegen die Mauren gebraucht; im 16. Jh. von den Portugiesen auf die streng abgeschlossenen sozialen Gruppen Indiens übertragen. Zugehörigkeit zu einer K. kann nur durch Geburt erworben, nicht verändert werden. Von den Brahmanen bis zu den Parias (den Unberührbaren) sind ca. 3000 K. durch komplizierte Gebote getrennt.
LIT. A. M. Hocart, Caste: A Comparative Study (London 1950); M. M. Tumin, Caste in a Peasant Society (Princeton 1952).

Kastell (zu lat. castrum, befestigtes Truppenlager). Im MA Bez. für Burgen, später auch für Teile von Befestigungsanlagen angewandt.
LIT. A. Johnson, Röm. Kastelle (1987).

Kastellan (zu lat. castellanus, zu einem Kastell gehörig; franz. châtelain). Im MA Befehlshaber einer Burg, Burgvogt.

Katakomben. Catacumbas war die Bez. des einzigen stets zugänglich gebliebenen unterirdischen Coemeteriums bei der Basilika S. Sebastiano in Rom; von dort wurde der Begriff seit dem 16. Jh. auf alle ähnl. Begräbnisstätten der Christen übertragen. Die unterirdische Bestattung steht in keinem Zusammenhang mit den Christenverfolgungen; zunächst waren die K. Familiengräber; da die Begräbnisstätten unter dem Schutze des röm. Gesetzes standen, wurden sie bei Verfolgungen gelegentl. als Zufluchtsstätten benutzt. Zur Entwicklung der K. und ihrer Umgestaltung trug die Märtyrerverehrung im 4. Jh. bei. Auch in Mittelitalien, Sizilien, Nordafrika und im Vorderen Orient gab es K. Inschriften und Malereien der K. sind wichtigste Zeugnisse der Geschichte des frühen Christentums. Die seit dem 8. Jh. vergessenen K. wurden gegen Ende des 16. Jh. wiederentdeckt; ihre Erforschung wird seit dem 19. Jh. betrieben.
LIT. E. Bock und R. Goebel, Die K.-Bilder aus der Welt des früheren Christentums (1963); P. Testini, Le catacombe e gli antichi cimiteri cristiani in Roma (Bologna 1966).

Katakombenheilige. Während des 8. und 9. Jh., dann seit Wiederentdeckung der Katakomben gegen Ende des 16. Jh. wurden die Katakomben auf der Suche nach »Heiligengebeinen« ausgeräumt. Unkenntnis und Mißbräuche konnten dabei durch besorgte Kritik (Papebroch, Muratori) oder Spott bei den Protestanten bis ins 19. Jh. nicht beseitigt werden.
LIT. LThK VI (^{2}1961) 19–26; L. Hertling-E. Kirschbaum, Die röm. Katakomben und ihre Märtyrer (^{2}1955).

Katalaunische Felder, Schlacht auf den (451). Ungenaue Bez. für die Mauriazensischen Gefilde bei Troyes, wo die Römer unter Aetius mit den verbündeten Westgoten unter Theoderich I. die Hunnen unter Attila und die mit ihm verbündeten Ostgermanen besiegten.

Katalog (griech). Verzeichnis, Liste; in der Antike Aufzählung verschiedener Gegenstände, später vor allem alphabet. bzw. nach bestimmten Regeln erstellte Verzeichnisse von Werken der Wissenschaft und Kunst. Ältere Form: handgeschriebene Bandkataloge; neuere Form: Zettelkataloge. Alphabet. Verfasserkataloge sind nach Verfassernamen geordnet; daneben gibt es Sachkataloge, Schlagwortkataloge, oftmals Auswahlkataloge meist jüngeren Datums und gewöhnlich nicht erschöpfend. Systemat. K. erfassen das Material unter bestimmten Gesichtspunkten. Zentralkataloge befinden sich an größeren Bibliotheken. 1957 wurden die Pläne einer einheitl. Katalogisierung der Handschriften des deutschen Kulturkreises wiederaufgenommen. Nicht zu Ende geführt sind das Verzeichnis der Handschriften im Deutschen Reich T. 1ff. (Leipzig 1938ff.) und das Handschriftenverzeichnis österreich. Bibliotheken Bd. 1ff. (Wien 1927ff.).
LIT. K. Löffler, Einführung in die Katalogkunde (^{2}1956); W. J. Wilson, Manuscript cataloging. In: Traditio 12 (1956) 457–555; Regeln für alphabet. Katalogisierung, hrsg. vom Verein Dt.

Bibliothekare (1965); G. Rusch, Einführung in die Titelaufnahme. 2 Bde. (1967).

Katapult (griech.-lat.). Wurfmaschine, seit dem 4. Jh. v. Chr. (Dionysios von Syrakus) bes. bei Belagerungen verwendet. Allg. Geschütz, Pfeilgeschütz.

Kataster (von lat. capitum registrum, Kopfsteuerliste). Staatliches Verzeichnis der Grundstücke, ihrer Größe, Benutzung usw. Die Anlage eines den Steuerbedürfnissen des Staates angemessenen K. erfolgte in manchen Staaten bereits im 18. Jh.; in der österreich. Lombardei (censimento milanese) 1719–60; in den österreich. Erblanden (Theresianischer K.) 1748–49. Der K. bot die Grundlage für die direkte Besteuerung nach dem Wert und den Erträgnissen des Steuerobjekts und bedeutete einen Schritt zur Durchsetzung der Steuergleichheit.

Katastrophentheorie (auch Kataklysmentheorie genannt). Die K. wurde von G. Cuvier aufgestellt; sie besagt, daß sämtl. Lebewesen am Ende jeder Erdperiode durch große Naturkatastrophen vernichtet wurden und immer wieder neue Arten geschaffen wurden; sie versucht auf diese Weise, die große Verschiedenheit der fossilen Funde zu erklären. Gegensatz: →Evolutionstheorie.

Katharer (griech., die Reinen). Eine vom Balkan kommende Sekte, die erstmals 1143 in Köln auftritt, sich bes. in Südfrankreich und Oberitalien verbreitet (dort gazzari genannt, daher Ketzer). Ihre dualist., von den Bogomilen übernommene Lehre trat erst 1167 hervor und verdrängte ihr Armutsideal und Reformstreben. Dem guten Gott stellen sie den Teufel als bösen Gott und Weltenschöpfer entgegen; die Menschenseelen sind gefallene Engel. Die Sakramente und die Hierarchie der Kirche werden abgelehnt. Ehe, Eid, Krieg sind sündhaft; höchste Instanz ist das Katharerkonzil; nur die reinen Perfecti sind des Heils sicher. Trotz bald erfolgter Aufspaltung konnten Kreuzzüge (→Albigenser) und Mission die K. nicht überwinden, bis die Kirche durch dogmat. Abwehr und Reformen, durch Dominikus und Franz von Assisi und die von ihnen ausgehenden Ordensgründungen und Bestrebungen den K. ihren besten Anhang zu entziehen begann. Seit 1250 hatten die K. kaum noch Einfluß, wenn auch in entlegenen Gegenden die Sekte bis ins 14. Jh. erhalten blieb.

LIT. A. Borst, Die K. (1953); LThK VI, 58–61; O. Rahn, Kreuzzug gegen den Gral ([2]1964); B. Belperron, La croisade contre les Albigeois (Paris 1967); G. Wild, Bogumilen und Katharer in ihrer Symbolik (1970); H. Grundmann, Ketzergeschichte des MA ([3]1978); G. Rottenwöhrer, Der Katharismus. 4 Teile (1982).

Kathedersozialisten. Bez. einer Richtung in der dt. Volkswirtschaftslehre und Politik, die auf dem Kongreß von Eisenach 1872 der »manchesterlichen Schule« den Kampf ansagte und im Staat »das große Moralinstitut zur Erziehung der Menschheit« sah; von ihren liberalen Gegnern aufgrund der großen Anzahl von Professoren, die an dem Kongreß teilnahmen, als »K.« (H. B. Oppenheim) verspottet. Die K. waren keine Sozialisten, sondern Reformer. Im Gegensatz zu dem liberalen Manchestertum forderten die K. größeren Anteil des Volkes am Sozialprodukt und eine Entspannung der sozialen Verhältnisse. Die Grenzen zum Staatssozialismus sind manchmal fließend. Wichtigste Vertreter: Adolph Wagner mit seiner ›Grundlegung‹ (1. Ausg. 1876), seiner ›Finanzwirtschaft‹ und seinen Aufsätzen im ›Handwörterbuch der Staatswissenschaften‹ und in der ›Zeitschrift für die gesamte Staatswissenschaft‹, ferner G. Schmoller und L. Brentano.

LIT. G. Wittrock, Die Kathedersozialisten bis 1872 (1939); F. Völkerling, Der dt. Kathedersozialismus (1959); H. Rübner (Hrsg.), Adolph Wagner (1978).

Kathedra. Mit Arm- und Rückenlehne versehener Sitz für Herrscher, Richter, Lehrer, in christl. Zeit auch für Bischöfe (Bischofsthron) wegen ihrer Lehrautorität und Eigenschaft als kirchl. Richter (→Cathedra).

Kathedralabgaben →Cathedraticum.

Kathedrale (von griech. cathedra, Sitz). Kirche des Bischofs, Metropoliten, Patriarchen; Hauptkirche des Bistums, Erzbistums, Patriarchats. Während in England und Frankreich K. sich als Bez. für die Bischofskirche durchgesetzt hat, ist **Dom** (von lat. domus Dei: Haus Gottes) in Dtl. üblich geworden. In der K. sollen die Weihen und Synoden stattfinden. Mit der K. hat sich die Vorstellung gotischer Architektur, Plastik und Glasmalerei verbunden, doch entspricht das nur sehr bedingt dem histor. Sachverhalt.

LIT. LThK VI, 67; DDC V, 228–33; H. Sedlmayr, Die Entstehung der K. (1950); O. G. von Simson, The Gothic Cathedral (London 1956); G. Bandmann, Mittelalterl. Architektur als Bedeutungsträger (^{2}1959).

Kathedralentscheidungen (ex cathedra). Unfehlbare päpstl. Entscheidungen (→Infallibilität).

Kaudinisches Joch. Bez. für eine Zwangslage, aus der es ohne schwere öffentl. Demütigung kein Entrinnen gibt. Im zweiten Samniterkrieg wurden die Römer in den Engpässen von Caudium (heute Montesarchio, Mittelitalien) eingeschlossen und geschlagen (321 v. Chr.). Als Besiegte mußten sie waffenlos unter einem Joch von Speeren hindurchgehen.

Kavalier (zu lat. caballus, Pferd, über ital. cavaliere, Reiter, Ritter, franz. cavalier, um 1600 ins Deutsche eingedrungen). Zunächst Titel der Angehörigen eines ritterl. Ordens. Seit 1614 allg. für adeliger Herr, Edelmann, Hofmann verwendet. Bildungsideal des 17./18. Jh.

Kavalierperspektive. Perspektivische Darstellung von einem hochliegenden Blickpunkt aus, durch die Sicht vom Kavalier, einem überhöht angeordneten Festungsvorbau, gewonnen. Heute versteht man unter K. eine Form der schiefen Parallelprojektion, häufig bei Schlachtdarstellungen.

Kavaliersreise. Bildungsreise junger Adeliger in der frühen NZ, hauptsächlich nach Italien und Frankreich, später auch nach England. Die Reiseberichte sind interessant als kulturhistorische Quelle.

Kavalkade. Geschlossener Reiterzug.

Kavallerie (zu lat. caballus, Pferd). In der zweiten Hälfte des 16. Jh. übernommene Bez. für Reiterei.

Kavallerist (nicht vor der Mitte des 18. Jh. im Deutschen). In der Kavallerie behauptete sich das adelige Element stärker als in den anderen Waffengattungen. Die Reiterei im alten Reich war in Geschwader, Fahnen oder Banner (300 Pferde) und Rotten (50 Pferde), später auch in Regimenter eingeteilt. Man unterscheidet bei der Kavallerie u. a. Kürassiere, Ulanen, Husaren, Dragoner.

Kebse. Kebsweib, Konkubine, Nebenfrau, Bettgenossin (ahd. Bebisa, Magd). Die in der Hütte, Bettlerbude wohnende Frau, die in einem eheähnl. Geschlechtsverhältnis mit einem Ledigen oder neben einer gültigen Ehe lebt. Vielfach galt das von einer K. geborene Kind als Kind der kinderlosen Ehefrau. Die Rechtsunsicherheit führte dazu, daß vom Tridentinum (Konzil von Trient) das Konkubinat verboten wurde.

LIT. A. van Selms, Marriage and Family Life in Ugaritic Literature (1954).

Keilschrift. Bez. für die mit Rohrgriffeln in feuchten Ton, später auch Stein, Metall, Wachstafeln geritzte keilförmige, im antiken Vorderasien um 3000 v. Chr. von den Sumerern erfundene, bei Akkadern, Hethitern, Babyloniern, Assyrern verbreitete Schrift. Selbständige Weiterbildungen sind die K. von Ugarit, die altpersische und neuelamische K. Die Bez. K. wurde 1712 von dem Arzt und Reisenden E. Kämpfer (1651–1716) geprägt, die Entzifferung zunächst mit der altpersischen K. durch G. F. Grotefend (1802) begonnen und durch E. Burnouf, Ch. Lassen, H. C. Rawlinson im 19. Jh. fortgesetzt. Die K. ist vor den Hieroglyphen (altägypt. Bilderschrift) die älteste Schrift der Menschheit.

LIT. B. Meissner, Die K. (1922; völlig neu bearb. Aufl. von K. Oberhuber ^{3}1967); I. J. Gelb, Von der K. zum Alphabet (1958); R. Borger, Hdb. der K.-Lit. I. Repertorium der sumer. und akkad. Texte (1967).

Kelch (von lat. calix). Trinkgefäß, Becher; wichtigstes Gefäß der Meßliturgie zur Darbringung, Konsekration und Austeilung des Weines (bis ins 12./13. Jh. in der kath. Kirche auch an Laien), seit dem frühen MA hauptsächlich aus Edelmetallen hergestellt. In seinen Formen und Ornamenten spiegelt der K. die europ. Kunstentwicklung (vom Tassilokelch des 8. Jh. bis zum klassizist. K.) wieder. Die Forderung nach dem Laienkelch (Laienkelchbewegung) spielte in den vorreformator. Bewegungen (z. B. bei den Hussiten) und in der Reformation eine wichtige Rolle und zielte auf den Empfang des Abendmahls in beiderlei Gestalt (Brot und Wein).

LIT. V. H. Elbern, Der eucharist. K. im frühen MA (1961).

Keller, Kellerer, Kellner (lat. cellarius, cellerarius). Auf den Fronhöfen, größeren Grundherrschaften und in Klöstern Gehilfe des Meiers; im Domkapitel Hauptverwalter der domkapitularischen Güter (Domkellnerei). Der K. hatte Aufsichtsrecht über Weinberg, Güter und Keller (cellarium). Im frühneuzeitl. Territorialstaat, z.B. in Württemberg, wurde er dem Amtmann beigeordnet und zog die Einkünfte aus den Domänen (Naturalien), seit dem 16. Jh. auch die übrigen Steuern ein. Sein Amt hieß Kellerei.

keltisch. Zu der idg. Völkergruppe der Kelten in West- und Mitteleuropa gehörend. Die zahlreichen Dialekte der k. Sprache werden in Festlandkeltisch und Inselkeltisch geteilt. Irisch und Gälisch sind seit der Römerzeit überliefert. Das K. gehört zu den westidg. Sprachen.

LIT. J. Moreau, Die Welt der Kelten (1958); A. Furger-Gunti, Die Helvetier. Kulturgeschichte eines Keltenvolkes (1984).

Keltische Kirche. Iroschottische Kirche, die im 4./5. Jh. auf den Brit. Inseln entstandene christl. Kirche, in Klostersprengel organisiert, im 6. Jh. Übergang zur Bistumsorganisation.

Kemenate (mlat. camera, caminata, zu caminare, mit einer Feuerstelle versehen; ahd. cheminata). Schon im 6. Jh. aus dem Lat. entlehnt, bezeichnet K. ein heizbares Zimmer, vor allem das Frauengemach, aber auch Schlafgemach.

Kempen, Schlacht bei (17. 1. 1642). Sieg der franz. Truppen unter J. B. B. Guébriant über den kaiserl. General Wilhelm Lamboy. Das Herzogtum Jülich mit den angrenzenden kurköln. und westfäl. Gebieten geriet im Gefolge dieser Niederlage unter franz. Herrschaft.

Kenotaph. Leeres Grab; bereits aus vorgeschichtl. Zeit bekannt, in der Antike als Opfer- oder Gedächtnisstätte dann errichtet, wenn der Leichnam nicht oder nur an einem anderen Ort bestattet werden konnte.

Kentaur, Kentauren. Fabelwesen der griech. Mythologie mit menschl. Oberkörper und Pferdeleib; in der Kunst beliebtes Motiv: Kentaurendarstellungen in Olympia, Westgiebel des Zeustempels, Parthenonmetopen.

Kentumsprachen. Eine der Gruppen der überlieferten indogerman. Sprachen, vorwiegend in Europa gesprochen. Gegensatz: **Satemsprachen,** vorwiegend in Asien. Die Unterscheidung beruht auf der Beobachtung, daß ein Teil des Indogermanischen die palatalen Verschlußlaute zu Spiranten verschoben hat, z.B. lat. centum, got. hunt aber altind. sata, altiran. satem. K. sind: Griechisch, Italisch, Keltisch, Germanisch. Überraschenderweise haben sich das Hethitische (Kleinasien) und auch das Tocharische (Ostturkestan) als K. erwiesen, das Baltoslawische und das Albanesische in Europa aber als Satemsprachen.

Kerberos. Hund, der den Eingang des Hades bewacht, oft dreiköpfig und mit Schlangenschwänzen dargestellt.

Keresztes, Schlacht auf der Keresztes-Ebene (23.–26. 10. 1596). Sieg der Türken über das zur Rettung Erlaus heranrückende kaiserl. Heer unter Erzherzog Maximilian.

Kerze. Aus Talg, Pech, Bienenwachs, seit Beginn des 19. Jh. auch aus Stearin oder Paraffin hergestellter Beleuchtungskörper, vermutl. von den Etruskern oder Römern erfunden. Spielt seit dem 3. Jh. im christl. Kult (Totenkult, Taufe, Evangelienprozession) auf dem Altar eine wichtige Rolle. Umgangssprachlich ist K. im kath. Süden und Westen weitaus verbreiteter als im prot. Norden und Osten, wo die Bezeichnung »Licht« vorherrscht. Im MA war die K. gebräuchlichstes Beleuchtungsmittel in den Wohnungen der Wohlhabenden, im Zeremoniell und bei festl. Anlässen wird sie bis heute verwendet.

Kerzenweihe. Liturg. Feier am 2. Februar, Lichtmeß.

Kesselsdorf, Schlacht von (15. 12. 1745). Die S. v. K. entschied mit dem Sieg der Preußen unter Leopold von Dessau über die sächs. Truppen den Zweiten Schlesischen Krieg und schuf auf der Basis der Konvention von Hannover die Vorbedingungen für den Frieden von Dresden (25. 12. 1745).

Kettenbücher. Libri catenati. Wertvolle Handschriften und Drucke, die in ma. und frühneuzeitl. Bibliotheken durch Ketten gegen Diebstahl gesichert, aber ohne bes. Aufsicht zugänglich waren.

Kettenkirchen. Die Ursprünge der innen und außen mit Ketten umspannten Kirchen sind vermutlich vorchristlich. K. haben meist Leonhard von Nobiliacum zum Patron; vielfach handelt es sich bei den Ketten um Votivgaben befreiter Gefangener, vor allem der aus türkischer Gefangenschaft zurückgekehrten.

Kettenkugeln. Zwei durch eine Kette miteinander verbundene Kugeln, die gleichzeitig aus einem Geschütz abgefeuert werden; sie wurden besonders im 16. und 17. Jh. verwendet, als Nahkampfmittel bei Seegefechten auch noch im 19. Jh. Angreifende feindl. Schiffe konnten mit K. leichter entmastet und bewegungsunfähig gemacht werden. Seit Philipp II. war für jedes größere span. Schiff pro Geschütz eine bestimmte Anzahl von K. vorgeschrieben.

Kettenpanzer. Zum Schutz des Oberkörpers aus Eisenringen oder Eisendraht gefertigtes Panzerhemd.

Kettenstrafe. Noch im 19. Jh. auch in dt. Staaten bekannte Strafe, die nur lebenslänglich verhängt wurde. Durch sie verfiel der Verurteilte dem bürgerl. Tod, seine bestehende Ehe wurde bürgerl. aufgelöst, er selbst wurde vermögensunfähig.

Ketzer (von griech. katharos, rein, über Katharer, ital. gazzari, mhd. ketter). Sammelname für dualist. Sekten des MA, die seit der 2. Hälfte des 12. Jh. auftreten. Seit der Übernahme aus dem Italien. und dem Kirchenlatein bezeichnet K. einen frevelhaften, verworfenen Menschen, den Häretiker. Seit der Reformation von den gespaltenen Kirchen häufig wechselseitig zur Bez. Andersgläubiger gebraucht. Luther galt den Katholiken als »Erzketzer«.

LIT. M. Erbstößer, K. im MA (1984); P. Segl, Ketzer in Österreich. Untersuchungen über Häresie und Inquisition im Herzogtum Österreich im 13. und beginnenden 14. Jh. (1984).

Ketzerei. Spätma. und frühneuzeitl. Bezeichnung für Häresie.

LIT. W. Nigg, Das Buch der K. (^{3}1961); H. Grundmann, Ketzergeschichte des MA (^{3}1978); M. Lambert, Ketzerei im MA (1981).

Ketzerkataloge. Verzeichnisse von Irrlehren, von Justinos, ›Syntagma gegen alle Häresien‹ (vor 150) bis Johannes von Damaskus (ca. 750) reichend. Wichtige Quellen für Geschichte und Begriff der Theologie; das literar. Abhängigkeitsverhältnis der einzelnen K. ist schwer zu klären.

LIT. B. Altaner, Patrologie, Leben, Schriften und Lehre der Kirchenväter (^{3}1951).

Ketzerprozeß. Durch die Konstitution ›Inconsutilem tunicam‹ von 1231 wurde von Friedrich II. das Verfahren der Behandlung der K. für Sizilien geregelt, 1232 auf das Reich ausgedehnt: Ketzer sollten vom Staat aufgespürt, Häresieverdächtige einem kirchl. Gericht übergeben und im Fall eines Schuldspruchs und bei Beharren im Irrtum dem Scheiterhaufen überantwortet werden. Der K. mußte vor der Obrigkeit geführt werden; er stellt gegenüber dem Akkusationsprozeß einen Fortschritt dar. Unter Gregor IX. (1231/32) wurde ein eigenes kirchl. Inquisitionswesen geschaffen. Im Reich ebbte nach 1233 die Inquisition ab, lebte aber zur Zeit des Hexenwahns wieder auf. Höhepunkte spätma. K. sind der Kölner Inquisitionsprozeß gegen Meister Eckehart (1326) und die Verurteilung und Verbrennung von Johann Hus auf dem Konzil von Konstanz (1415). Als gescheitert muß der K. gegen Martin Luther bezeichnet werden. Luther, Melanchthon, entschiedener noch Huldrych Zwingli und Calvin (Hinrichtung von Servet) hielten an der Ketzerverfolgung fest. Erst mit dem Sieg der Aufklärung, endgültig mit der Trennung von Staat und Kirche hörten die K. auf.

LIT. J. Guiraud, Histoire de l'inquisition au moyen âge. 2 Bde. (1935–38); J. Vincke, Zur Vorgeschichte der span. Inquisition (1941); H. W. Schraepler, Die rechtl. Behandlung der Täufer in der dt. Schweiz (1957); O. Hageneder, Studien zur Dekretale ›Vergentis‹ X. V. 7, 10. Ein Beitrag zur Häretikergesetzgebung Innozenz' III. In: ZRG KA 47 (1963) 138–173; J. Fearns (Hrsg.), Ketzer und Ketzerbekämpfung im Hochmittelalter (1968).

Ketzerrecht. Seit Gratians Gesetzen gegen die Arianer und Donatisten und Theodosius I. (Codex Theodosianus: Verlust der Testierfreiheit, Güterkonfiskation, Verbannung) kam es infolge der engen Verbindung von Kirche und Reich in der Spätantike, von Imperium und Sacerdotium, vor allem unter dem Einfluß des Augustinus zur Ausbildung des K. und Rechtfertigung der Ketzerbestrafung. Der Ketzer galt als Feind der universalen Ordnung, als Majestätsverbrecher. Erst mit dem Beginn des 11., mehr noch im 12. Jh. begann die Ketzerei im Abendland ein geschichtl. Faktor zu werden, vor allem mit dem Katharismus. Mit dem Anwachsen der Häresien im HochMA nahm die Be-

kämpfung der Ketzer und die Ausbildung eines bes. K. zu. Da die Fürsten nach ma. und frühneuzeitl. Auffassung sich auch für das geistlich-jenseitige Heil ihrer Untertanen verantwortlich fühlten, den Religionsbann beanspruchten, gingen sie mit Gesetzen gegen die Ketzer vor (z. B. Karl V. in den Niederlanden).
Der erste große Einbruch in das K. erfolgte mit den Bestimmungen der Wahlkapitulation Kaiser Karls V. (1519) und dem Scheitern des Prozesses gegen Martin Luther. Weitere Einbrüche stellten der Augsburger Religionsfriede mit der reichsrechtl. Anerkennung der Confessio Augustana und die Gewährung des ius emigrandi (Auswanderungsrecht religiös andersdenkender Untertanen, bzw. Ausweisungsbefugnis der Landesfürsten) sowie der Westfälische Friede mit der Aufnahme der Reformierten in den Religionsfrieden und dem Normaljahr (annus normalis) dar. Spuren des K. leben im Reformationsrecht (ius reformandi, Religionsbann) weiter. Auch die neugläubigen Fürsten nach der Reformation fühlten sich zum Schutz des Glaubens, der Reinerhaltung der Lehre, zum Vorgehen gegen Ketzer, Apostaten, Atheisten verpflichtet, doch wurde das K. seit dem Ende des 16. Jh. allg. milder gehandhabt und unter dem Einfluß von Aufklärung, Staatsräson und wirtschaftl. Überlegungen langsam abgebaut.

Ketzertaufe (Ketzertaufstreit). Die von einem Ketzer gespendete Taufe. Die Frage nach der Gültigkeit und der Notwendigkeit einer Wiederholung der Taufe führte, nachdem Tertullian sich gegen die Gültigkeit ausgesprochen hatte, zum **Ketzertaufstreit** zw. Cyprian von Karthago, Firmilian von Cäsarea, deren nordafrikan. und kleinasiat. Anhang einerseits und Papst Stephan I. andererseits. In der abendländ. Kirche setzte sich die von Stephan I., Sixtus II., Augustinus verteidigte röm. Praxis gegen die rigorist. afrikanisch-kleinasiat. Forderungen durch. Nach der röm. Praxis galt jede mit der legitimen Formel gespendete Taufe als gültig, eine Auffassung, die vom Konzil von Trient bestätigt wurde. Das Konzil von Nikaia (325) verlangte die Wiederholung der von antitrinitar. Ketzern gespendeten Taufe.
LIT. LThK VI (^{2}1961) 131 ff.; HKG Bd. I (1963) 404–08; F. de St. Palais d'Aussac, La réconciliation des hérétiques dans l'église latine (1943).

Kipper und Wipper(-Zeit). Vor allem im frühen 17. Jh., in Frankreich zur Zeit der Religionskriege, in Dtl. bes. während des Dreißigjährigen Krieges zur Zeit der Kupferinflation übervorteilten die K. u. W. durch Beschneiden (Kippen) der damals noch ungeränderten Münzen, sowie Betrug beim Wiegen (Wippen) beim Wechseln der Münze den gemeinen Mann und verschärften die Münzverschlechterung.
LIT. H. Ertel, Die Münzen der dt. Kipper (1924); R. Stammler, Die K. u. W. 1601 bis 1633. In: R. Stammler, Dt. Rechtsleben in alter und neuer Zeit, I. Bd. (1939) 181–194; E. Rahnenführer, Die kursächs. Kippermünzen (1963).

Kirche (griech., dem Herrn geweihtes Haus).
[1] Ein dem Gottesdienst durch Konsekration oder Benediktion (nach kath. Kirchenrecht) oder Widmung (ev. Kirchenrecht) geweihtes Gebäude.
[2] Nach kath. Verständnis die von Christus gestiftete, auf ihm beruhende Gemeinschaft der Heiligen, die sich selbst als Glieder seines Leibes versteht. Zu ihr gehören die streitende K. auf Erden, die leidende K. im Fegefeuer, die verherrlichte K. im Himmel. Die vier Kennzeichen der sichtbaren K. sind Einheit, Heiligkeit, Katholizität, Apostolizität. Die kath. K. erhebt den Anspruch, die alleinseligmachende zu sein (Extra ecclesiam nulla salus). Für Luther ist K. dort, wo das Wort Gottes rein gepredigt und angenommen, die Sakramente richtig gespendet und empfangen werden. Für Calvin tritt die Kirchenzucht als konstitutives Element hinzu. Gemeinsam ist der Reformation ein eschatologisch-funktionales Kirchenverständnis. Im 20. Jh. beginnt mit dem Aufkommen der ökumenischen Bewegung ein Wandel im Kirchenverständnis.
LIT. K. Barth, Die K. und die Kirchen (1935); L. Kösters, Die K. unseres Glaubens (^{4}1952); D. Bonhoeffer, Sanctorum communio (^{3}1960); H. S. Brechter u. a., Das Zweite Vatikan. Konzil, II (1962); B. Gassmann, Ecclesia reformata (1968); P. Mikat (Hrsg.), Kirche und Staat in der neueren Entwicklung (1980); A. Birke, K. Kluxen, K., Staat und Gesellschaft im 19. Jh. (1984).

Kirchenbann →Exkommunikation, →Anathema.

Kirchengeschichte, Kirchengeschichtsschreibung. Ähnlich wie das Wort Geschichte wird K. in doppeltem Sinn gebraucht, a) zur Bez. der geschichtl. Entwicklung der christl. Kirche, der lat. Kirche, der Ostkirche, des →Protestantismus, b) zur Bez. der Erforschung und Darstellung der K., auch Kirchenhistorie genannt. »Der Gegenstand der K. ist das Wachstum der von Christus gestifteten Kirche in Zeit und Raum. Indem sie diesen ihren Gegenstand von der Glaubenswissenschaft empfängt und im Glauben festhält, ist sie theologische Disziplin und unterscheidet sich von einer Geschichte des Christentums« (H. Jedin). Die K. arbeitet grundsätzl. mit den gleichen Methoden, Mitteln und Hilfswissenschaften wie die Geschichte, bindet sich aber innerhalb des theolog. Bereichs an die jeweiligen glaubensmäßigen Voraussetzungen und ist Teil der Theologie. »Wesen und damit Aufgabe und Methode der K. hängen entscheidend vom Begriff der Kirche und damit von der Funktion ab, die man ihr im Rahmen der Welt- und Heilsgeschichte zuschreibt« (A. Franzen). In der K. spiegelt sich der Wandel des Kirchenbildes und des kirchl. Selbstverständnisses im Laufe der Zeit. Als histor. Wissenschaft bleibt die K. auf die streng wissenschaftl. Erforschung der Tatsachen festgelegt. »Ne audeat historia falsa dicere, ne audeat vera non dicere« (Leo XIII.).

Als »Vater der K.« gilt Eusebius von Caesarea († 339), dessen epochenmachende K. bis 324 reicht, im 5. und 6. Jh. durch Sokrates Scholastikus († 450), Sozomenius († 450), Theodoret, Evagrius u. a. fortgesetzt und im 5. Jh. durch Rufinus von Aquileja († 410) und im 6. Jh. durch Epiphanius ins Lateinische übersetzt wird. Dionysius Exiguus begründet die »christliche Ära« in der Zeitrechnung. Mit ihren historiograph. Leistungen bleibt die lat. Kirche zurück und weist auch im MA, dessen Geschichtsbild entscheidend von Augustinus bestimmt ist, nur unzureichende Versuche für eine Gesamt-Kirchengeschichtsschreibung auf. Objekte der Kirchengeschichtsschreibung sind in erster Linie die kirchl. Vergangenheit eines Volkes, eines Bistums, eines Klosters. Einen bes. Platz nimmt die Hagiographie ein. Das Durchdringen eines neuen Kirchenverständnisses seit den Reformen des 11. Jh. beginnt sich auch auf die K. auszuwirken (Odericus Vitalis, Johannes von Salisbury).

Im Zeitalter des Humanismus und der Renaissance vollzieht sich in der K. eine ähnl. Wende wie in der übrigen Geschichtswissenschaft mit zunehmender Erschließung der Quellen und Ausbildung der Kritik. Die Unechtheit mancher Dokumente (Konstantinische Schenkung u. a.) und Legenden (z. B. Legende von der Päpstin Johanna) wird erkannt, die Kirchenväter werden in kritischen Ausgaben erschlossen. Seit der Glaubensspaltung wirkt der Streit der Konfessionen fördernd auf die kirchengeschichtl. Forschung, und allmählich beginnt die apologet. und polem. Tendenz, die zunächst die Darstellungen stark belastet und die Fortschritte der Quellenerschließung und Kritik z. T. wieder aufgehoben hatte, zurückzutreten. Die Magdeburger Centurien und die Annales ecclesiastici des Caesar Baronius stehen am Beginn einer neuen kirchengeschichtl. Forschung. Im 17. Jh. treiben die Mauriner intensive Quellenforschung, pflegen die Hilfswissenschaften und geben krit. Ausgaben der Kirchenväter heraus. Die Bollandisten beginnen das Monumentalwerk der ›Acta Sanctorum‹. Die ›Gallia Christiana‹, die ›Italia sacra‹ (1644 f.), die ›España Sagrada‹ (1747 ff.), die ›Germania sacra‹ werden in Angriff genommen, die großen Konziliensammlungen von J. Hardouin (1714 f.) und G. D. Mansi (31 Bde., 1759–98) erscheinen.

Die bedeutendsten historiograph. Leistungen des 17. Jh. sind in Frankreich entstanden: Natalis Alexander, ›Selecta historicae eccl. capita‹ (26 Bde., bis 1563 reichend, 1676–86); L. S. L. de Tillemont, ›Mémoires pour servir à l'histoire ecclésiastique‹ (eine krit. K. in Monographien, 16 Bde., 1693–1712). An großen dt. Leistungen ist um die Wende des 17. zum 18. Jh. die ›Unparteiische Kirchen- und Ketzergeschichte‹ des Pietisten Gottfried Arnold zu nennen. Die Aufklärung leitete eine Säkularisierung der K. ein. An den Universitäten kath. Länder wurde nun auch, nachdem Melanchthon schon 1520 in Wittenberg das Studium der K. in seine Universitätsreform eingebaut hatte, K. als Lehrfach eingeführt. In der kirchengeschichtl. Forschung und Quellenerschließung leisteten die Orden, vor allem die Benediktiner, Hervorragendes. Aus dem 18. Jh. ragen an kirchengeschichtl. Darstellungen hervor J. L. Mosheim († 1755), ›Institutiones historiae ecclesiasticae‹ (1755), J. M. Schroeckh, ›Christliche Kirchengeschichte‹ (45 Bde., 1768–1812).

Im 19. Jh. macht die K. den Aufschwung der Geschichtswissenschaft mit, insbes. in Dtl., wo die prot. K. einen beachtl. Vorsprung vor der kath. hat. Führende Werke prot. Verfasser des 19. Jh. sind die K. von F. Ch. Baur, 5 Bde. (1853–63); die K. von K. R. Hagenbach. 7 Bde. (1869–72), die K. von K. Hase. 3 Bde. (1885–92). Zu den bedeutendsten prot. Kirchenhistorikern dieser Zeit zählen A. Ritschl († 1889), A. von Harnack († 1930), A. Hauck († 1918), K. Holl, H. von Schubert. An kath. Leistungen sind seit dem frühen 19. Jh. zu nennen F. L. von Stolbergs ›Geschichte der Religion Jesu Christi‹, die K. von Katerkamp. 5 Bde. (1819–34), K. J. Hefeles Konziliengeschichte, ein bahnbrechendes und monumentales Werk. 7 Bde. (1855–74), I. Döllingers Monographien und Untersuchungen, J. Hergenröthers ›Handbuch der allg. Kirchengeschichte‹, 3 Bde. (1876–80. 4 Bde. [6]1924–25), die Arbeiten von Denifle, Ehrle, L. von Pastors Papstgeschichte, die Arbeiten und K. von H. Brück, J. Marx, F. X. Funk, A. Erhard, die von J. P. Kirsch, L. A. Veit, K. Eder u. a. herausgegebene K., die K. von Bihlmeyer-Tüchle, die Papstgeschichte von Seppelt-Schwaiger, die Arbeiten von J. Lortz und H. Jedin.

LIT. Handbücher und größere, klassische Darstellungen der Kirchengeschichte: K. Heussi, Kompendium der K. ([16]1981); K. D. Schmidt, Grundriß der K. ([7]1979); K. D. Schmidt-E. Wolf, Die Kirche in ihrer Geschichte (1961 ff.); Bihlmeyer-Tüchle; F. X. Seppelt-G. Schwaiger, Geschichte der Päpste von den Anfängen bis zur Mitte des 20. Jh. I–V ([2]1954–59); E. Caspar, Geschichte des Papsttums von den Anfängen bis zur Höhe der Weltherrschaft. 2 Bde. (1930–33); A. Hauck, K. Deutschlands I–V, 2 (1887–1920, [5-7]1952–53); J. Haller, Das Papsttum. 5 Bde. (1950–53); L. von Pastor, Geschichte der Päpste seit dem Ausgang des MA. 16 Bde. in 22 Bden. (1885 ff., in versch. Auflagen); J. Lortz, Geschichte der Kirche in ideengeschichtlicher Betrachtung. 2 Bde. ([21]1962); HKG 6 Bde. (1962–75); M. Greschat (Hrsg.), Gestalten der K. 14 Bde. (Bd. 1–12: 1984–86); J. Lenzenweger, P. Stockmeier, K. Amon, R. Zinnhobler, Geschichte der kath. Kirche. Ein Grundkurs (1986).

Zur Geschichte der Kirchengeschichtsschreibung: F. Ch. Baur, Die Epochen der kirchl. Geschichtsschreibung (1832, Neudr. 1962); W. Nigg, Die Kirchengeschichtsschreibung (1934); P. Meinhold, Geschichte der kirchl. Historiographie. 2 Bde. (1967); E. C. Scherer, Geschichte und K. an den dt. Universitäten (1927); A. Franzen, K. In: Sacramentum Mundi II (1968) 1170–1204; H. Jedin in: HKG I; C. Andresen, G. Denzler, dtv-Wörterbuch der K. ([2]1984); C. Uhlig, Funktion und Situation der K. als theologischer Disziplin (1985).

Kirchenlehen →Lehen.

Kirchenprovinz.

[1] Kath. Kirche: Zusammenfassung mehrerer benachbarter Diözesen unter einem Erzbischof.

[2] Ev. Kirche: Verwaltungsbezirke der Ev. Kirche der altpreuß. Union, entsprach bis 1945 der preuß. Provinz, seitdem selbständige Gliedkirche der EKD.

Kirchenstaat (lat. Patrimonium Petri, Vermögen des hl. Petrus; im 19. Jh. Stato Pontificio, päpstlicher Staat genannt). Der K. entstand seit dem 4. Jh. aus dem Grundbesitz der röm. Kirchen in Mittel- und Süditalien. In den Auseinandersetzungen mit den oström. Kaisern und den langobard. Königen schrumpfte er auf den Dukat von Rom zusammen. Durch die Pippinische Schenkung und Karl d. Gr. bestätigt und erweitert, wuchs der K. im 12. Jh. mit dem Erwerb der Mathildischen Güter, wurde dem Papst Innozenz III. von Kaiser Friedrich II. verbrieft (1213), im SpätMA aber durch Gebietsverluste geschwächt, bis Papst Julius II. (1503–13) ihn wiederherstellte, vergrößerte und eigentlich begründete. Im 18. Jh. gingen Parma und Modena an die span. Bourbonen verloren. Napoleon zog den durch die Verluste während der Revolutionszeit stark reduzierten K. 1809 ein. Der Wiener Kongreß stellte den K. erneut her, doch war er politisch, wirtschaftlich und militärisch unhaltbar und ging 1870 völlig im Königreich Italien auf. Die Römische Frage, von dem Garantiegesetz nicht gelöst, wurde in den

Lateranverträgen bereinigt, das Ende des K. damit endgültig bekräftigt.
LIT. H. Fuhrmann, Quellen zur Entstehung des K. (1968); W. Kölmel, Rom und der K. im 10. und 11. Jh. (1935); A. Erler, Aegidius Albornoz als Gesetzgeber des K. (1970); N. Miko, Das Ende des K. 4 Bde. (1962–69); D. P. Waley, The Papal State in the Thirteenth Century (1961); A. Esch, Bonifaz IX. und der K. (1969); C. Weber, Kardinäle und Prälaten in den letzten Jahrzehnten des Kirchenstaats (1978).

Kirchhof. Urspr. jeder Hof um die Kirche, unabhängig davon, ob er als Begräbnisplatz (Friedhof) diente oder nicht; dann auf den christl., nie den jüd. Begräbnisplatz eingeengt. Bis ins 19. Jh. waren die Begräbnisplätze konfessionell streng getrennt, für Andersgläubige gesperrt. Mit der Verlegung der Begräbnisplätze aus der Umgebung der Kirche, zunächst in den Städten des 18. Jh., vor die eigentl. Wohngebiete wird die Bez. K. durch Friedhof verdrängt. Syn. Gottesacker.

Klasse (von lat. classis, Gruppe, Stand, Art). In der Gesellschaftslehre eine Großgruppe von Menschen mit gleicher sozialer Stellung, ähnl. Wirtschaftslage und eigentüml. Gruppeninteresse, deren Angehörige in einem tatsächl. oder bewußten Gegensatz zu anderen sozialen Gebilden stehen (Gegenklasse). Eine K. ist an den Rändern offen und schließt nach »oben« und »unten« an. Das Wort K. wurde zuerst von den Physiokraten geprägt, später vom Marxismus übernommen, mit einem anderen Begriffsinhalt versehen und zur Rechtfertigung des Klassenkampfes benutzt. In marxist. Sicht ist der Ursprung der K. allein im Wirtschaftlichen, im Eigentum und Nichteigentum an Produktionsmitteln zu suchen. Die Gesellschaft wird als aus zwei K. bestehend gedacht (Zweiklassengesellschaft): der der Nur-Arbeiter und der der Nur-Eigentümer. Beide stehen in einem natürl. Gegensatz um die optimale Quote des Sozialprodukts. Im Spätmarxismus umfaßt der Begriff K. die Summe der Anhänger marxist. Parteien, unabhängig von der sozialökonom. Situation. Nach marxist. Prognose führt der Klassenkampf in seiner letzten Phase zur Einklassengesellschaft. Die Arbeiterschaft als »historisch letzte K.« organisiert das »Endreich« einer sozial undifferenzierten, egalitären, klassenlosen Gesellschaft. Eine klassenlose Gesellschaft entspricht jedoch nur einer utop. kommunist. Situation.
LIT. StL IV (^{6}1959) 1062–66; K. Marx, Das Kapital. 3 Bde. (1951); L. von Wiese, Gesellschaft, Stände und Klassen (1950); R. Dahrendorf, Soziale Klassen und Klassenkonflikt in der industriellen Gesellschaft (1957); G. Lucács, Geschichte und Klassenbewußtsein. Studien über marxist. Dialektik (1923, Nachdr. 1967); D. Herzog, Klassengesellschaft ohne Klassenkonflikt. Eine Studie über W. L. Warner und die Entwicklung der neuen amerikan. Stratifikationsforschung (1965); R. Herrnstadt, Die Entdeckung der K. (Ost-Berlin 1965); H. Steiner, Soziale Strukturveränderungen im modernen Kapitalismus (1967); J. Graebener, Klassengesellschaft und Rassismus (1971); J. Kocka, Klassengesellschaft im Krieg. Dt. Sozialgeschichte 1914–18 (^{2}1978); J. Moser, Ländl. Klassengesellschaft 1770–1848 (1984).

Klassenjustiz. Schlagwort; eine Folgerung aus den Vorstellungen von Karl Marx, daß sich alle geschichtl. Entwicklung in wirtschaftl. Gegensätzen und Klassenkämpfen vollziehe. Der Begriff K. geht von der Vorstellung aus, das Recht werde gegenüber der großen Schicht der Arbeiter anders gehandhabt als gegenüber anderen Schichten; Klasseninstinkte führten, weil das Richteramt nur Personen herrschender Klassen zugängl. sei, zur K. Der Vorstellung der K. wurde mit der Bestimmung der Reichsverfassung 1919 über die Gleichheit aller vor dem Gesetz der Boden entzogen.
LIT. HWDRG II, 858–60.

Klassenkampf. Der Begriff ist notwendig mit dem Begriff Klasse verbunden, da die Klasse nur innerhalb des Begriffspaares »Klasse« und »Gegenklasse« denkbar ist. Vor Karl Marx wurde der Begriff K. von O'Brien, Georg Büchner, Lorenz Stein verwendet. Den histor. Tatbestand des K. als Folge von Interessengegensätzen in der Gesellschaft hat es stets gegeben. Im Marxismus und in der kommunist. Ideologie ist der K. bestimmendes Element und Inhalt der auf Neuordnung der Gesellschaft zielenden Maßnahmen. »Die Geschichte aller bisherigen Gesellschaft ist die Geschichte von Klassenkämpfen«. Karl Marx deutet so die Auseinandersetzung zw. den Klassen als Prinzip der

Weltgeschichte und als unausweichlich. Jeweils eine Klasse sei die ausbeutende, die andere die ausgebeutete. Das Proletariat (Arbeiterklasse, ehedem fast ausschließlich mit körperl. Arbeit beschäftigt) werde von der kapitalist. Bourgeoisie ausgebeutet. Durch Akkumulation und Konzentration des Kapitals nehme der Gegensatz unausweichlich schärfere Formen an. Reformen seien zwecklos. Der K. hat auf gewaltsamem Weg den Sturz der kapitalist. Gesellschaft, die soziale Revolution und die Machtergreifung des Proletariats (Diktatur des Proletariats) als Übergangsstadium zur klassenlosen Gesellschaft zur Folge. Die von Marx aufgewiesene Tendenz einer Aufteilung der Gesellschaft in zwei antagonistisch einander gegenüberstehende Klassen (Arbeiter und Eigentümer) läßt sich nicht halten. Marx selbst spricht von Übergangsklassen und zuweilen von acht Klassen. Die Kritik des Klassendenkens und der Klassenkampflehre weist außerdem darauf hin, daß dabei von einer simplifizierenden Darstellung ausgegangen wird und Entwicklungsgesetze Darwins auf das gesellschaftl. Leben übertragen werden (Sozialdarwinismus). Schließlich werde die Diktatur des Kapitalismus lediglich durch die Staatsallmacht des Proletariats ersetzt. Interessengegensätze gibt es nach marxist.-leninist. Ansicht auch in der nachsozialist. (kommunist.) Gesellschaft, doch sollen sie dort friedlich gelöst werden. In soziolog. Hinsicht ist die Klassenkampflehre nur unzureichend begründet, vor allem fehlen Beweise für das Vorhandensein einer Klassenmoral; der Erkenntniswert der Klassenkampftheorie ist gering, die agitatorische Wirkung indessen immer noch beachtlich. Eine reformistisch-opportunist. Ausrichtung erhielt der K. im Revisionismus; in der Sozialdemokratie wird er vielfach als überholt betrachtet.

LIT. StL IV (^{6}1959) 1066–70; P. Jostock, Grundzüge der Soziallehre und Sozialreform (1946); E. Heinemann, Die sittliche Idee des K. und die Entartung des Kapitalismus (1947); C. Pozzoli (Hrsg.), Spätkapitalismus und K. Auswahl aus den Quaderni (dt. 1972).

klassenlose Gesellschaft. Nach marxistisch-leninist. Ideologie Endziel des Sozialismus. In der nachsozialist. Gesellschaft wird es nach dieser Ideologie keine Klassen, sondern nur noch Interessengruppen geben. Sie stehen jedoch infolge der Beseitigung des Eigentums, der wirtschaftl. und polit. Ungleichheit nicht in Widerspruch zueinander. Die k.G. wird erreicht über die Durchgangsstufe der »Diktatur des Proletariats«. Auch der Zustand in der ehem. Sowjetunion war nach kommunist. Doktrin ein Übergangsstadium.

Klassenwahlrecht →Dreiklassenwahlrecht.

klassisch (von lat. classicus, d.h. urspr. zur höchsten Vermögensklasse gehörend, später im übertragenen Sinne von vollkommen, vom ersten Rang) bez. den Höhepunkt einer Kunstentwicklung. Gegensatz: unklassisch, barbarisch, archaisch. Vor allem angewendet auf die griech. Kunst des 5. Jh. v. Chr. Mit k. verbinden sich die Werte: maßvoll, gesetzmäßig, klar, ausgewogen, schön.

LIT. W. Jaeger, Das Problem der Klassik in der Antike (1931); H. Rose, Klassik als künstler. Denkform (1937); H. Wölfflin, Das Klassische (1941); W. Rehm, Griechentum und Goethezeit (^{2}1952); F. Schultz, Klassik und Romantik der Deutschen (^{2}1952).

Klassizismus. Histor. Epochenbegriff für die europ. Kunst von der Mitte des 18. Jh. bis ca. 1830, mit den dt. Zentren Berlin, Weimar, München, Karlsruhe. Gegenbewegung gegen Barock und Rokoko, von Lessing, Winckelmann, Graf Caylus vorbereitet, von der Entdeckung der antiken Kunst und der Aufklärung beeinflußt; erstrebt werden Ebenmäßigkeit, Klarheit, ideale Schönheit. Wichtige Vertreter des K. in der Baukunst: K. F. Schinkel, F. Gilly, F. Weinbrenner, L. von Klenze; in der Plastik: A. Canova, B. Thorvaldsen, G. Schadow, Chr. Rauch, J. H. Dannecker; in der Malerei: R. Mengs, J.-L. David, A. Kauffmann. In der Sakralkunst brachte der K. wenig hervor.

LIT. G. Pauli, Die Kunst des K. und der Romantik (1925); E. von Sydow, Die Kultur des dt. K. (1926); H. Vogel, Dt. Baukunst des K. (1937); K. Lankheit, Revolution und Restauration (1965); H. von Einem, Dt. Malerei des K. und der Romantik, 1760–1840 (1978).

Klause (von lat. claudere, schließen; clausa). Zelle, Einsiedelei. Im engeren Sinne die Zelle, in der sich jemand, seit dem 9. Jh. hauptsächl. Frauen, freiwillig auf Lebenszeit einschließt, um der Kontemplation zu leben (reclusus, inclusus);

die K. waren hauptsächl. an der Mauer einer Kirche, am Stadtwall oder an Brücken.
LIT. LThK VI (²1961) 320f.

Klausel (von lat. clausula, Schlußsatz). Bes. Vereinbarung im Rahmen eines Vertrags. Vgl. auch →politische Klausel.

Klausur. Klösterl. Abgeschiedenheit, durch Ordensleben und Ordensregeln gegeben, schon im christl. Altertum vorhanden und ausgebaut. Bei der K. unterscheidet man verschiedene Abstufungen, formell a) die *aktive* K., die in dem Verbot für die Ordensleute besteht, den Klosterbereich zu verlassen, b) die *passive* K., die Außenstehenden verbietet, den Klosterbereich zu betreten.
Materiell bez. die K. jene Bereiche, die unter die Klausurbestimmungen fallen.

kleindeutsch. Der Begriff entstand 1848 mit der Spaltung der Frankfurter Nationalversammlung über die Ansichten zur Lösung der dt. Frage. Die **großdeutsche** Lösung sah den Einschluß Österreichs, die **kleindeutsche** den Ausschluß Österreichs vor. Die Bez. wurde wohl von dem Trierer Abgeordneten Ludwig Simon (1810–72) geprägt. Mit geringer Mehrheit siegten in Frankfurt die K. Das k. Programm wurde vor allem von den gemäßigten Liberalen, seit Juni 1849 auch Gothaer genannt, vertreten.

Kleindeutsche Historiker. Bez. für die Historiker, die in ihrer polit. gerichteten, einseitig preußisch orientierten Geschichte die Lösung von 1871 als die nationale, deutsche darzustellen versuchten. Wichtigste Vertreter: Droysen, Sybel, Treitschke.
LIT. H. von Möller, Großdeutsch und Kleindeutsch, die Entstehung der Worte (1937); H. von Srbik, Geist und Geschichte vom dt. Humanismus bis zur Gegenwart. 2 Bde. (1950/51).

Klein-Schnellendorf, Geheimkonvention von (9. 10. 1741). Die Konvention, im Widerspruch zu den Bündnisverpflichtungen Friedrichs II. gegenüber Frankreich, den verbündeten Bayern und Sachsen und im tiefsten Geheimnis abgeschlossen mit dem österreich. Feldmarschall Graf Neipperg und mit Einverständnis Maria Theresias, lieferte nach einer Scheinbelagerung die Festung Neisse den Preußen aus, sicherte aber der Besatzung einen ehrenvollen Abzug. Nach der Einnahme von Neisse sollte Friedrich II. bis zum allg. Friedensschluß keine Angriffshandlung mehr gegen Maria Theresia als Königin von Ungarn und Böhmen, den König von England als Kurfürst von Hannover oder ihre Verbündeten unternehmen, nur Niederschlesien mit der Stadt Neisse von Österreich fordern und gegen Ende Dezember einen endgültigen Vertrag schließen. Die österreich. Armee unter Neipperg sollte sich nach Mähren zurückziehen, ein Teil der preuß. Armee sollte in Oberschlesien Winterquartier nehmen; die militär. Operationen sollten zum Schein weitergeführt werden. Friedrich II. ist jedoch nach der Eroberung Prags wieder in die Front der Gegner Maria Theresias eingeschwenkt. Der schwere Fehler des Königs – andere sprechen von einer moralisch kostspieligen Improvisation – befreite Österreich vorübergehend von seinem gefährlichsten Gegner.
LIT. A. Unzer, Die Convention von Klein-Schnellendorf (1889). Weitere Lit. →Schlesische Kriege.

Kleinstaat. Bez. für einen Staat von geringer Flächenausdehnung und Bevölkerungszahl. Vor allem aber ist in der polit. Wirklichkeit der Grad der Abhängigkeit für den K., der im Völkerrecht den Großmächten gleichgestellt ist, und der Appell an das Recht charakteristisch. Das innere Staatsleben kann gesünder sein als in einer Großmacht. Die kulturelle Leistung war und ist in vielen K. beachtl. Von Montesquieu, Tocqueville, Haller, C. Frantz, J. Burckhardt wurden die K. positiv beurteilt. Vom K. zu unterscheiden ist die **Kleinstaaterei,** womit die Zersplitterung eines großen Kulturgebietes in wenig lebensfähige staatl. Gebilde gemeint ist (bes. ausgeprägt im alten Griechenland, im Röm.-Dt. Reich, in Italien). Der Übergang vom K. zum Satellitenstaat kann fließend sein. Im weltpolit. Kräftespiel treten die K. manchmal vermittelnd hervor; oft um Neutralität bemüht. K. halten sich vorzugsweise in geographisch günstigen Lagen (Andorra, Schweiz) oder in polit. Pufferzonen (Pufferstaaten). Nach dem Ersten Weltkrieg hat die »Balkanisierung« Südosteuropas zu neuen K. geführt.
LIT. H.-H. Welchert, Aus der dt. Idylle. Szenen der Reichsgeschichte von 1805–1871 (1949).

klerikal. Die kath. Geistlichkeit (Klerus) betreffend; streng kirchlich gesinnt.

Klerikalismus. Polit. Schlagwort; Bez. für das Machtstreben der kath. Geistlichkeit; mehrsinnig.
a) K. nach außen: direkter polit. Machtanspruch des Klerus; häufig auch von nationalist. und staatskirchl. Seite dann gebraucht, wenn die Kirche, ihrem Sendungsauftrag gemäß, für die Durchsetzung der religiösen Grundsätze im öffentl. Leben eintritt. Die Bez. K., häufig antiklerikal, geht davon aus, daß Religion und Politik absolut zu trennen sind. Der Vorwurf ist dort berechtigt, wo die Religion in den Dienst der Politik gestellt wird.
b) K. nach innen: Bevormundung der Laien durch den Klerus innerhalb der Kirche.

Kleriker (von lat. clericus, Mitglied des Klerus). Kath. Geistlicher. →Regularkleriker.

Klerisei. Klerus, Geistlichkeit, auch abfällig für Verwandtschaft, Sippschaft.

Klerus (clerus, status clericalis). Im Griech. bedeutet kleros das Los, in altgriech. Staaten das dem Einzelnen zugewiesene Landlos, in Sparta erblich und unverkäuflich. Im Christentum Bez. für den Stand, dem die Kirchengewalt zukommt im Unterschied zu den Laien; in den Amtsgebeten der röm. Liturgie selbst als servitus bezeichnet. Nach kath. und orthodoxer Lehre wurde der K. von Christus selbst begründet. Die Aufnahme in den K. erfolgt durch die erste Tonsur. Ausschließlich der K. hat in der Kirche die Weihe- und Leitungsgewalt. Nach Empfang der höheren Weihen kann eine Rückversetzung in den Laienstand nur noch durch bes. kirchl. Maßnahme erfolgen. Der Gebrauch einer bes. Kleidung beim K. geht zurück.
LIT. A. Schulte, Der Adel und die dt. Kirche im MA (^{3}1958); F. Prinz, Klerus und Krieg im frühen MA (1971).

Kloster (lat. claustrum, abgeschlossener Raum). Zunächst Klausur, d.h. der dem Laien nicht zugängliche Raum im K., dann für die gesamte Anlage gebraucht; sowie die für Gemeinschaft der Insassen als jurist. Person. Seit dem FrühMA werden Monasterium und Coenobium mit K. gleichgesetzt. Das christl. Klosterwesen entstand im 3./4. Jh. durch Zusammenschluß der bisher als Einsiedler lebenden Mönche. Durch Pachomios († 346) und Basilius d. Gr. erhielt das Klosterwesen der Ostkirche seine durch eine gewisse Regellosigkeit in der Anlage charakterist. Form. Das abendländ. K. mit einer sehr viel strafferen Gesamtanlage geht im Grunde auf Benedikt von Nursia (480–547) und seine Regel zurück und blieb für die meisten Orden bis in die NZ verbindlich. Die Benediktiner errichteten ihre K. mit Vorliebe auf Hügeln, die Zisterzienser in wasserreichen, abgelegenen Tälern, die Franziskaner und Dominikaner in den Städten, die Kartäuser gaben jedem Mönch eine Einzelzelle mit Garten. Von weltl. und geistl. Herrn gestiftete K. wurden im MA als Eigenklöster behandelt. Die Vertretung der rechtl. Interessen erfolgte durch den Vogt. Der Beitrag der K. zu Kunst, Kultur (Architektur, Literatur, Malerei, Musik, Pflege der Landwirtschaft) und Wissenschaft (Geschichtswissenschaft, Theologie, Naturwissenschaften) ist zu fast allen Zeiten sehr beachtlich. Ganze Epochen der abendländ. Kulturgeschichte erscheinen vorzüglich in den Leistungen der K. Klosterfeindlich waren Renaissance, Reformation, Aufklärung, Revolution. Die Säkularisation traf das abendländ. Klosterwesen schwer, führte zur Verschleuderung von Klosterbibliotheken und Zerstörung von wertvoller Klosterarchitektur.
LIT. Heimbucher; L. H. Cottineau, Répertoire topobibliographique des abbayes et prieurés (1935ff.); LThK (unter den einzelnen Orden und Klöstern); W. Braunfels, Abendländ. Klosterbaukunst (1969); P. Becker (u.a.), Untersuchungen zu K. und Stift (1980); W. Bauer, Klöster in Bayern (1985).

Knabenbischof (auch Kinderbischof oder Narrenbischof). In einem, wahrscheinlich aus Nordfrankreich stammenden kirchl. Spiel wurde in scherzhafter Umkehrung der kirchl. Ordnung von niederen, jungen Klerikern ein Bischof zu Beginn des neuen Jahres gewählt und auf einem Esel in die Kirche geführt (Narrenbischof). Der K. wurde von Meßdienern, Stiftsschülern u.a. zum Nikolausfest gewählt und regierte bis zum 28. 12., dem Fest der Unschuldigen Kinder. Ausgelassenheit und Jugendfrechheit ließen das Spiel um den jugendl. Scheinbischof entarten, im 18. Jh. wurde es bekämpft, dann abgeschafft.

Knabenzins. Bez. für die seit Murad II. (reg. 1421–51) alle fünf Jahre (später auch öfter) vorgenommene Aushebung von Christenknaben im Osmanischen Reich, vor allem in den christl. Balkanländern (Albanien, Griechenland, auch Ungarn). Loskauf war möglich. Osmanen mischten, um der späteren Vorteile willen, eigene Kinder unter die christlichen. Aus den Ausgehobenen rekrutierte sich die Elitetruppe des osman. Heeres, die Janitscharen; vielfach war der Aufstieg bis zu den höchsten Ämtern möglich.

Knappe. Jüngling, Edelknabe, etwa vom 15. Lebensjahr an, der im Dienst eines Ritters und in ritterl. Ausbildung steht, bis zum Ritterschlag. Auch Bez. für Ritter niederen Standes, Bewaffneter, der nicht in voller Ritterrüstung kämpft. Das Knappenlehen galt als echtes Lehen. Später wurde K. übertragen auf Lehrlinge, jüngere Gesellen, bes. im Bergbau.

Knappschaft. Die Gesamtheit der Bergleute eines Bergwerkes; Unterstützungskassen zur Sicherung gegen die Folgen von Unfällen, Krankheit, Tod.

Koadjutor. Amtsgehilfe eines Bischofs, Weihbischofs, Abtes, Apostolischen Vikars. Ein bischöfl. K. kann einem regierenden Bischof persönlich (z. B. wegen Alter, Krankheit) oder einem Bistum (z. B. wegen Größe des Bistums) gegeben werden, und zwar mit Nachfolgerecht (cum iure succedendi) oder ohne Nachfolgerecht, stets aber mit Weihegewalt.

Koadjutorwahlen. In der Reichskirche bis 1806 vom Domkapitel vorgenommen, von der Kurie wenigstens in der Theorie nicht als Bischofswahlen betrachtet, dienten die K. der Vermeidung von Sedisvakanzen und deren polit. und kirchl. Folgen (bes. in der Zeit der Reformation und Gegenreformation), vor allem aber sollten sie die Nachfolge stiftsfähiger Familien sichern. Bekannt sind die Wittelsbacher Koadjutorien in Kurköln, das zw. 1583–1761 über die Koadjutorien eine bayer. geistl. Sekundogenitur war. Ähnlich verhielt es sich in Freising und Regensburg. Auch die Habsburger, Lothringer, Pfalz-Neuburger bedienten sich der Koadjutorie für ihre Reichskirchenpolitik. Seit dem beginnenden 19. Jh. wurde die Koadjutorie durch Konkordate geregelt. Die Bestellung eines Koadjutors erfolgt durch den Papst.

Koalition (franz. coalition, von lat. coalescere).
a) Zusammenschluß oder Bündnis mehrerer Staaten zur Erreichung von gemeinsamen außenpolit. und militär. Zielen (vgl. Allianz, Koalitionskriege). K. unterstreicht gegenüber dem weitgehend syn. Allianz die Selbständigkeit der Staaten in ihrer Politik.
b) Zusammenschluß von Parteien oder Gruppen zu gemeinsamen Zwecken, z. B. zur Bildung oder Unterstützung einer Regierung.
c) Arbeitsleben: Vereinigung der Arbeitnehmer oder der Arbeitgeber zur Wahrung und Förderung ihrer Interessen.

Koalitionsfreiheit. Das Recht, Vereinigungen zu bilden (Koalitionsrecht) oder ihnen fernzubleiben (negative K.). K. ist eine bes. Form der Vereinsfreiheit. Sie war im Reich bis zur Reichszunftordnung von 1731 garantiert und ist mit der Gewerbeordnung von 1869 wieder durchgedrungen, heute überall mit Ausnahme einiger autoritärer Staaten anerkannt und geschützt.
LIT. R. Köhne, Nationalliberale und K. (1977).

Koalitionskriege. Die Kriege der verbündeten europ. Monarchien gegen das revolutionäre Frankreich von 1792 bis 1807.
Erster K.: Am 20. 4. 1792 zwang die Kriegspartei in Frankreich Ludwig XVI. zur Kriegserklärung an den König von »Ungarn und Böhmen«. Preußen erklärte sich mit Österreich solidarisch (5. 7. 1792), doch kam der Vormarsch der alliierten Truppen nach der Kanonade von Valmy zum Stehen. Die franz. Revolutionsheere trugen den Krieg in die österreich. Niederlande und die Westgebiete des Reiches. Den Reichskrieg gegen Frankreich beschloß der Reichstag am 22. 3. 1793. Der nun entstehenden ersten Koalition gegen Frankreich gehörten außerdem Spanien, Holland und England an. Mit Preußen und Österreich schloß England Bündnisverträge (14. 6., 30. 6. 1793). 1794 gingen die linksrhein. Gebiete an die Franzosen verloren, die im Januar 1795 ihre holländischen Eroberungen als Batavische Republik ausriefen. Der Separatfrieden von Basel (5. 4. 1795) beendete den Krieg zw. Frankreich und Preußen. Der von der Tripel-Allianz Österreich-England-Rußland weitergeführte Krieg wurde mit den militär. Erfolgen Napoleons in Oberitalien gegen Österreich entschieden und von diesem mit dem Präliminarfrieden von Leoben

(18. 4. 1797) und dem Frieden von Campo Formio abgeschlossen, von England jedoch weitergeführt und für das Reich in den Verhandlungen zu Rastatt (→ Rastatter Kongreß) nicht abgeschlossen.

Zweiter K.: Der Zweite K. dauerte von 1798 bis 1801 und nahm mit der Abberufung der russ. Truppen durch Zar Paul I. von den Kriegsschauplätzen in Oberitalien und der Schweiz, den Niederlagen von Marengo (14. 6. 1800) und Hohenlinden (3. 12. 1800) einen für die Alliierten unglücklichen Verlauf. Der Friede von Lunéville (9. 2. 1801) beendete den Kriegszustand zw. Frankreich, dem Kaiser und dem Reich; Rußland schloß am 8. 10. 1801, England am 27. 3. 1802 (Friedensvertrag von Amiens) Frieden mit Frankreich.

Dritter K.: Der Bruch des Friedens von Amiens und der Machtanspruch Napoleons führten zur Bildung einer dritten Koalition zw. Rußland und England (Petersburger Bündnis 11. 5. 1805), der Österreich (9. 8. 1805), Neapel, Spanien und Schweden beitraten, Preußen jedoch fernblieb. Die Kapitulation von Ulm (17. 10. 1805) und der Sieg Napoleons in der Dreikaiserschlacht von Austerlitz, der Rückzug des Zaren und der preuß. Vertrag von Schönbrunn zwangen Österreich zum Frieden von Preßburg (26. 12. 1805). Das nun verspätet im Bündnis mit Rußland in den Krieg eingreifende Preußen wurde bei Jena und Auerstedt, Preußisch Eylau und Friedland geschlagen und zum Frieden von Tilsit gezwungen (1807). England sicherte sich während des Dritten K. mit dem Seesieg von Trafalgar die Seeherrschaft und Vormacht in den Kolonien.

LIT. W. Andreas, Das Zeitalter Napoleons und die Erhebung der Völker (1955); M. Braubach, Von der Franz. Revolution bis zum Wiener Kongreß. In: Gebhardt-Grundmann III (^{8}1960); H. Schaeder, Die 3. Koalition und die Hl. Allianz (1934); E. R. Huber, Dt. Verfassungsgeschichte seit 1789. I. Band (1959; ^{2}1967).

Koalitionsministerium. Ministerium, das aus Angehörigen verschiedener Parteien besteht.

Koblenzer Gravamina (1769). 31 Gravamina, im Auftrag der drei rhein. Kurfürst-Erzbischöfe von deren Vertretern in Koblenz zusammengestellt. Sie enthalten die Beschwerden des Reichsepiskopats gegen die röm. Kurie und fordern größere Freiheit der Reichskirche. Sie wurden dem Kaiser zur Abstellung zugeleitet, blieben aber ohne Erfolg.

Koblenzer Manifest (1792). Von Herzog Karl Wilhelm Ferdinand von Braunschweig, dem Oberbefehlshaber der alliierten Streitkräfte im Ersten Koalitionskrieg gegen das revolutionäre Frankreich erlassen (25. 7. 1792). Das K. M. erreichte sein Ziel, einen größeren Schutz der königl. Familie, nicht, es führte vielmehr zum Anwachsen der revolutionären Stimmung und hat zum Sturz des franz. Königtums (10. 8. 1792) beigetragen.

Kognaten (lat. cognati).

[1] Blutsverwandte durch gemeinsame Abstammung.

[2] Im engeren Sinn die von mütterl. (weibl.) Seite nachweisbaren weibl. und männl. Blutsverwandten. Syn. Spindelmagen, Kunkelmagen; Gegensatz: Agnaten.

Köhlerglaube. Im 16. Jh. sprichwörtlich, in der Bedeutung von unbedingter Kirchengläubigkeit gebraucht; im 19. Jh. im Gegensatz zu wissenschaftl. Kritik verwendet.

Kokarde (franz. cocarde, Hutschleife). Abzeichen militär. Ursprungs, seit der Mitte des 18. Jh. üblich als Regimentszeichen, das auch nach der Umwandlung der Bürgerwehr in die Nationalgarde verwendet wurde. Nach der Erstürmung der Bastille wurde die K. König Ludwig XVI. von Lafayette mit den Worten umgelegt: »Voilà une cocarde qui fera le tour du monde.« Durch Gesetz vom 5. 7. 1792 wurde die dreifarbige K. (blau-weiß-rot) allen Franzosen, ebenso den Fremden, die in Frankreich wohnten oder reisten, vorgeschrieben. Eine andersfarbige K. galt als Zeichen der Rebellion und konnte die Todesstrafe zur Folge haben. Durch Dekret vom 21. 9. 1793 wurden auch die Frauen zum Tragen der K. verpflichtet, Zutritt zum Theater oder zu öffentl. Gebäuden war nur mit K. erlaubt. Die K. ist das erste revolutionäre Symbol; die weiße K. wurde als Zeichen der Monarchisten verfolgt.

LIT. L.E.F. Pouy, Histoire de la Concorde tricolore (1872); A. Mathiez, Les origines des cultes révolutionnaires 1789–1792 (1904); P. Sethe, Die großen Tage (1965).

Kolin, Schlacht bei (18. 6. 1757). Bei

K. östl. von Prag erlitt die preuß. Armee unter Friedrich d. Gr. eine schwere Niederlage durch die Österreicher unter Feldmarschall Daun. Nach dieser Niederlage mußten die Preußen die Belagerung Prags aufgeben, das nördl. Böhmen räumen. Eine schnelle Beendigung des Krieges war nicht mehr möglich (→ Siebenjähriger Krieg).
LIT. Der Siebenjährige Krieg. Hrsg. vom Großen Generalstabe. 3: Kolin (1901).

Kollaboration (franz., Zusammenarbeit). Eine im Zweiten Weltkrieg (1941) in Frankreich entstandene Bez. für die freiwillige, von den Mitbürgern mißbilligte, da als ehrenrührig betrachtete Zusammenarbeit mit dem Feind bzw. mit der dt. Besatzungsmacht. Daher galten Pétain (1856–1951) und Laval (1883–1945) wegen ihrer Zusammenarbeit mit den Deutschen als Kollaborateure. In den übrigen von Dtl. im Zweiten Weltkrieg besetzten Ländern kam es zu einer ähnl. Entwicklung wie in Frankreich. Nach der Befreiung der besetzten Länder wurden die Kollaborateure in großer Zahl angeklagt und verurteilt, ohne daß damit das Problem bewältigt worden wäre.
LIT. W. Rings, Leben mit dem Feind. Anpassung und Widerstand in Hitlers Europa 1939–1945 (1979); G. Hirschfeld, Fremdherrschaft und K. Die Niederlande unter deutscher Besatzung 1940–1945 (1984).

Kollation (von lat. conferre, übertragen).
[1] Übertragung eines geistl. Amtes.
[2] Textvergleich. Vergleich der Abschrift mit der Urschrift (kollationieren: diesen Vergleich durchführen).

Kollator. Der zur Verleihung eines geistl. Amtes (einer Pfründe) Berechtigte.

Kolleg. An ma. Universitäten hieß die Vorlesung lectio. Im 16. Jh. kamen neuartige Privatvorlesungen auf, die als Vorläufer moderner Seminare collegium (Zusammenkunft) hießen. Daher rührt die Bez. K. für Vorlesung im Hochschulbetrieb.

Kollegialsystem.
[1] Nach dem Episkopal- und Territorialsystem im ev. Kirchenrecht ein dritter Versuch zur Begründung der Kirchenverfassung; das K. sieht – nach Ch. M. Pfaff (1742) – in der Kirche eine aus menschl. Übereinkunft abgeleitete Vereinigung, in der Gemeinde die Trägerin der obersten Kirchengewalt.
[2] Verwaltung: Mehrköpfige Behörden mit Mehrheitsentscheid, Gremialsystem, z.B. Ministerrat, städt. Magistrat.

Kollegiatkapitel. Körperschaft von kath. Weltgeistlichen (Kanonikern) an einer Stiftskirche, die zur Abhaltung von Gottesdiensten (Konventsmesse) und Chorgebet verpflichtet sind (Kollegiatstift). Seine Mitglieder werden Stiftsherrn oder Chorherrn genannt; sie sind zu unterscheiden von den Domherrn, die Mitglieder der Dom-(Kathedral-)kapitel sind. Die meisten K. gingen in der Reformation, in der Französischen Revolution und der Säkularisation unter.

Kollegium.
[1] Gesamtheit mehrerer Personen gleichen Berufes oder Amtes, z.B. Lehrer-, Rats-, Richterkollegium usw.
[2] Gemeinschaft von Studierenden, meist mit Internat verbunden, z.B. Collegium Germanicum-Hungaricum in Rom; auch Vorlesung (→Kolleg).
[3] Der Reichstag des alten Reiches war in drei Kollegien geteilt:
a) das kurfürstliche (Kurfürstenkolleg), bestehend aus den 7 (bzw. 8) Kurfürsten, den drei geistlichen und 4 (bzw. 5) weltlichen; Direktorium: Kurmainz;
b) das Fürstenkolleg, bestehend aus den geistl. und weltl. Fürsten (Erzbischöfe, Bischöfe, Deutschmeister usw., Herzöge, Grafen); Direktorium: Österreich und Salzburg alternierend.
c) Städtekolleg.

Kollektaneen (lat. collectanea, Lesefrüchte, Auszüge). Materialsammlungen für wissenschaftl. Arbeiten.

Kollekte (lat. collecta, Sammlung).
[1] Geldsammlung bei der Messe oder bei Gottesdiensten; jede Sammlung für karitative Zwecke; das Almosensammeln der sog. Bettelorden oder anderer Orden, auch **Terminieren** genannt.
[2] Kurzes Gebet im Gottesdienst.
[3] Versammlung der röm. Gemeinde vor der Prozession zur Stationskirche.

Kollektiv. Gruppe, Arbeitsgemeinschaft. In der Ideologie des Kollektivismus Bez. für die kleinste Einheit der Gesellschaft.

Kollektivismus. Weltanschauung, in der der Einzelmensch (Individuum) nur noch als unselbständiges Glied der Gesellschaft (Masse) betrachtet und letztlich verneint wird. Als Antithese auf den radikalen Liberalismus und Indivi-

dualismus des 19. Jh. zu deuten. Das Personale wird verneint, der Einzelmensch nur noch Akzidens einer anonymen Masse; gesellschaftl. Gliederungen werden nivelliert, Privateigentum, Selbständigkeit abgeschafft, persönl. Arbeit durch Gruppenarbeit ersetzt.
LIT. W. Röpke, Die Krise des K. (1947); Ch. Ertel, Der Kollektivmensch (1950); G. A. Wetter, Der dialekt. Materialismus. Seine Geschichte und sein System in der Sowjetunion ([3]1956; [5]1960); G. Briefs, Zwischen Kapitalismus und Syndikalismus (1952).

Kollektoren. Päpstl. Beamte, Kleriker, die Annaten, Taxen, Peterspfennig, Papstzehnt usw. einzogen und vielfach mit diplomat. Vollmachten ausgestattet waren.

Koller (von neulat. collarium, altfranz. collier, Halsbekleidung, Halsschutz). Teil der Rüstung.
a) Frauenkragen des 15./16. Jh.
b) Ärmelloses Lederwams des 17. Jh., dann Waffenrock der Kürassiere (Kürass) und Jäger zu Pferde.

Kölner Allianz (15. 12. 1654), auch **Rheinische Allianz** genannt. Bündnis rhein. Fürsten (Kurköln, Kurtrier, Fürstbistum Münster, Pfalz-Neuburg) zur Sicherung des Friedens und der Reichsreform; 1655 durch Beitritt von Kurmainz erweitert. Vorausgegangen war der Kurrheinische Bund (1651); ähnl. Ziele auch im Rheinbund (1658).

Kölner Kirchenstreit, auch **Kölner Wirren, Kölner Ereignis.** Konflikt zw. der kath. Kirche und dem preuß. Staat wegen der staatskirchl. Bevormundung der Kirche, konkret wegen der Frage der konfessionell gemischten Ehen und des Hermesianismus. Die von Friedrich Wilhelm III. durch Kabinettsordre (1825) in den westl. Provinzen des preuß. Staates eingeführte Praxis bezüglich der konfessionell gemischten Ehen, bisher durch die Berliner Geheimkonvention zwischen Bunsen und EB Spiegel toleriert, wurde durch das Mischehenbreve Pius' VIII. (25. 3. 1830) in Frage gestellt und durch Spiegels Nachfolger EB Clemens August von Droste zu Vischering auf Drängen Papst Gregors XVI. abgelehnt. Zugleich wurde die von Rom verworfene Lehre des Bonner Universitätsprofessors Hermes (Breve Gregors XVI. vom 26. 9. 1830) von dem Kölner EB gegen den staatl. Willen unterdrückt. EB Clemens August wurde in Haft genommen (20. 11. 1837). Durch päpstl. Allokution (10. 12. 1837), durch scharfe literar. Stellungnahmen vor allem von Joseph Görres (Athanasius) und Gründung der Historisch-politischen Blätter, durch Ausweitung des Kirchenstreits auf Posen-Gnesen und Gründung einer kath. polit. Partei wurde der K. K. zu einer Wende in der Geschichte des kath. Dtl. Friedrich Wilhelm IV., persönlich ohnedies anders eingestellt, sah sich zur Beilegung der Wirren veranlaßt. Droste-Vischering wurde aus der Haft entlassen, aber durch J. Geissel, zunächst als Koadjutor, ersetzt; die Mischehenpraxis wurde den Bischöfen überlassen.
LIT. H. Schrörs, Die Kölner Wirren (1927); R. Lill, Die Beilegung der Kölner Wirren 1840–1842. Studien zur Kölner Kirchengeschichte. 6. (1962); J. Grisar, Das Kölner Ereignis nach den Berichten italien. Diplomaten. In: HJB 74 (1955); HKG VI; F. Keinemann, Das Kölner Ereignis (1974).

Kölner Krieg (1583–85). Ausgelöst durch den Übertritt des Kölner Kurfürst-Erzbischofs Gebhard Truchseß von Waldburg zum Protestantismus (1582). Domkapitel und Landtag des Kurfürstentums erklärten Gebhard den Krieg, Papst und Kaiser setzten ihn ab. Bayer. und span. Truppen sicherten dem zum EB gewählten Herzog Ernst von Bayern (1583) die Nachfolge in Kurköln. Damit wurde der kath. Charakter Nordwestdtl., die kath. Mehrheit im Kurkolleg gerettet, der Geistliche Vorbehalt durchgesetzt und die Wittelsbacher geistl. Sekundogenitur in Kurköln bis 1761 (Clemens August von Bayern) begründet.
LIT. M. Lossen, Der K. K. (1882–97).

Kölner Pazifikationstag (1579), auch **Kölner Kongreß** genannt. Vermittlungsversuch zw. der Utrechter Union (Holland, Seeland mit Utrecht, Geldern, den Groninger Ommelanden, später auch Friesland und Overyssel) einerseits und Spanien (Philipp II.) andererseits. Da aber weder Philipp II. noch Wilhelm von Oranien einen wirkl. Ausgleich wollen, Alessandro Farnese während des Kongresses die Festung Maastricht erobert (29. 6. 1579), scheitern die Verhandlungen im November 1579 an konfessionellen und polit. Gegensätzen.

Kolonat. Bäuerl. Zinsgut; in der röm. Kaiserzeit, seit dem 1. Jh. n. Chr. eine aus wirtschaftl. und militär. Ursachen

erwachsene Siedlungsform in Zwangspacht. Der K. hielt sich im fränk. Reich bis ins 9. Jh.
Der **Kolone** (von lat. colonus) war persönlich frei, dinglich unfrei, erblich an die Scholle gebunden, zu Kopfsteuer, Kriegsdienst und Fronden verpflichtet.

Kolonialstil. Ein Stil, der zu einer Sonderform in den Kolonialländern weiterentwickelt wurde, z. B. spanisches Barock in Mittel- und Südamerika, engl. Klassizismus in engl. Kolonien, besonders in den Vereinigten Staaten von Nordamerika im 19. Jh. beliebt, zumal bei Wohnbauten.
LIT. C. A. Crane-E. Soderholz, Alte Bauwerke im Kolonialstil aus den nordamerikan. Unionsstaaten (o. J.).

Kolonie, Kolonialgeschichte (im Überblick) (von lat. colere, bebauen). Ansiedlung, Niederlassung. Jede Kolonisation schließt in sich eine geistige und materielle Fruchtbarmachung (Binnen- oder innere Kolonisation; Kolonisation in Grenzräumen, ostdt. Kolonisation, Erwerb oder Erschließung von Kolonien). Der nach dem Zweiten Weltkrieg aufgekommene Begriff »Kolonialismus« bringt die Opposition gegen »koloniale Ausbeutung« und »Kolonialimperialismus« zum Ausdruck, ist aber unklar und zudem in ideolog. Auseinandersetzungen verquickt. – Unter dem eigtl. Kolonialzeitalter versteht man die Zeit der neuzeitl. europ. Kolonisation und Kolonialpolitik in Übersee, die mit der Entdeckung der Portugiesen und Spanier gegen Ende des 15. und im 16. Jh. beginnt. Das Kolonialzeitalter kann eingeteilt werden in 4 Epochen: die portugies. und span. 1492–1598 (Tod Philipps II.); die holländ. (1598–1688); die engl. und franz. 1688 (Glorious Revolution) bis 1783 (Friede von Paris, Unabhängigkeit der USA); die imperialist. ca. 1870–1945.
Die bedeutendsten Kolonialreiche sind
a) das portugies., mit Stützpunkten und Handelskolonien auf dem Seeweg nach Ostindien und Ostasien, mit Flächen- und Plantagenkolonien in Brasilien, sowie Ceylon, den Molukken, Sundainseln. 1580–1640 mit Spanien verbunden, wird das portugies. Kolonialreich in dessen Untergang hineingezogen, durch Eroberungen der Holländer (Ceylon, Molukken, Sundainseln, usw.) und der Engländer geschmälert. Seit der Selbständigkeit Brasiliens ist Portugals Kolonialreich (heute vor allem in Afrika) nur noch ein Schatten einstiger Größe.
b) das span. Kolonialreich: um das Karib. Meer gruppiert, das bis ins 17. Jh. fast ein span. Binnenmeer ist, gehörten zum span. Kolonialreich Mittelamerika, die südl. Teile von Nordamerika, die Andenhochländer, der ehem. Inkastaat, Bolivien, Peru, Chile, das Stromgebiet des Orinoko und La Plata. Um die Mitte des 16. Jh. umfaßt das span. Kolonialreich (Weltreich Kaiser Karls V.) ein Viertel der bekannten Welt. Seine schwersten Verluste erleidet es mit dem unter dem Einfluß der Französischen Revolution und nach nordamerikan. Vorbild erfolgten Abfall der Kolonien Mittel- und Südamerikas (1810–25).
c) das engl. Kolonialreich, nicht planmäßig angelegt, aber systematisch ausgebaut, beginnt im 17. Jh. mit den Neuenglandstaaten der heutigen USA, im Kampf gegen Spanien (in Westindien) im 16. und 17. Jh., gegen Frankreich im 17. und 18. Jh. (Kanada, Louisiana, Indien) und wird unter Ausnutzung europ. Konflikte und der engl. Seeherrschaft vergrößert. Die Gewinnung des franz. Kolonialreiches in Nordamerika und Indien (Friede von Paris 1762), der Abfall der Neuenglandkolonien im Nordamerikan. Unabhängigkeitskrieg (1776–83; anerkannt im Frieden von Versailles 1783), dann während der Französischen Revolution und im Zeitalter Napoleons die Gewinnung des ehemals holländ. Kapland und Ceylon sind die wichtigsten Phasen der kolonialen Expansion Englands bis zum Beginn des 19. Jh. Von der indischen Ostküste aus baute England das ind. Kaiserreich auf, besetzte und besiedelte nach den Forschungsreisen von Cook (1769–78) und Bass (1798) ganz Australien und riß das Erbe der Holländer und Portugiesen in der ind. und austral. Inselwelt an sich (1819 Gründung von Singapur). Im letzten Drittel des 19. Jh. wurde von England die Umfassung des Indischen Ozeans und die Sicherung des Seeweges nach Indien durch Unterwerfung Ägyptens, des Sudan und die Herstellung eines Kolonialreiches in Afrika von Kairo zum Kap (Cecil Rhodes) durchgeführt. Nach dem Ersten Weltkrieg umfaßte das engl. Kolonialreich fast ein Drittel der bewohnten Landfläche der Erde.
d) das erste franz. Kolonialreich des 17. und 18. Jh. ging mit dem Frieden von

Paris 1762 (Verlust Kanadas und Indiens) und während der Französischen Revolution fast ganz verloren. Nach vergebl. Versuchen Napoleons, das Kolonialreich wieder aufzubauen (Louisiana), begann die Geschichte des 2. franz. Kolonialreichs im 19. Jh. mit der Besetzung der algerischen Gegenküste, dem Vordringen in Tunesien, Marokko, in Westafrika und in Äquatorialafrika bis zum Kongo; seit 1862 auch starker Einfluß und wachsender Kolonialbesitz in Ostindien (Indochina).
Gegen Ende des 19. Jh. traten neue Kolonialmächte auf: Deutschland 1884 mit Südwestafrika, Togo und Kamerun (1885), Ostafrika, Neuguinea, Marshallinseln und Samoa (1899); Italien gewann Libyen, Eritrea, Somaliland, 1936 vorübergehend Äthiopien; Belgien gründete den Kongostaat, Japan (1895) und die USA reihten sich unter die Kolonialmächte ein. Das besiegte Deutschland wurde von den Alliierten als zur Kolonisation unfähig erklärt (16. 5. 1919) und mußte in Versailles auf seine überseeischen Rechte und Ansprüche verzichten. 1945 verloren auch Italien und Japan ihren Kolonialbesitz. Die Auflösung der Kolonialreiche ging vor allem nach dem Zweiten Weltkrieg mit dem Mündigwerden der beherrschten Gebiete, dem Aufkommen nationaler Forderungen, dem Entgegenkommen mancher Kolonialmächte (insbes. Englands und der USA), sowie unter dem Einfluß von Sozialismus und Kommunismus weiter, oft in erbitterten Kämpfen, vielfältig unterstützt von der Sowjetunion, die aber selbst nach wie vor über den größten Kolonialbesitz verfügte.
LIT. H. Schnee, Dt. Koloniallexikon. 3 Bde. (1920); H. von Tobien, Die Methoden des sowjet. Imperialismus (1955); A. Rein, Europa und der Kolonialismus (1962); D. K. Fieldhouse, The Colonial Empires (London 1966); F. Ansprenger, Auflösung der Kolonialreiche (1966); I. Wolff, Regierung und Verwaltung der kolonialspan. Städte in Hochperu 1538–1650 (1970); R. Tetzlaff, Koloniale Entwicklung und Ausbeutung. Wirtschafts- und Sozialgeschichte Deutsch-Ostafrikas 1885 bis 1914 (1970); R. von Albertini (Hrsg.), Moderne Kolonialgeschichte (1970); W. Drascher, Die Perioden der Kolonialgeschichte. = Studien zur Geschichte H. 4; W. R. Louis, Das Ende des dt. Kolonialreiches. Aus dem Amerikan. übersetzt von G. Weissenberg (1971); W. Schiefel, Bernhard Dernburg, Kolonialpolitiker und Bankier im Wilhelmin. Dtl. (1974); H. Volberg, Dt. Kolonialbestrebungen in Südamerika (1977); H. Pietschmann, Staat und staatl. Entwicklung am Beginn der span. Kolonisation Amerikas (1980); K. J. Bade, Imperialismus und Kolonialmission (1982); Chi Wang, Endphase des brit. Kolonialismus in China (1982); M. Mimler, Der Einfluß kolonialer Interessen in Nordamerika (1983); F. Schinzinger, Die Kolonien und das Deutsche Reich. Die wirtschaftl. Bedeutung der dt. Besitzungen in Übersee (1984); J. Petschull, Th. Höpker, Der Wahn vom Weltreich. Die Geschichte der dt. Kolonien (1984); F. Schinzinger, Die Kolonien und das Deutsche Reich. Die wirtschaftl. Bedeutung der dt. Besitzungen in Übersee (1984); H. G. Steltzer, Die Deutschen und ihr Kolonialbereich (1984); R. von Albertini, R. Wirz, Europ. Kolonialherrschaft 1880–1940 ([2]1985); H. Gründer, Geschichte der dt. Kolonien (1985); H. Hecker, Kolonialforschung und Studentenschaft an der ›Hansischen Universität‹ im Zweiten Weltkrieg (1986).

Kolonnade (lat.-ital.-franz.). Säulengang, Säulenhalle mit geradem Gebälk, im Unterschied zur Arkade.

Kolonnenschrift. Schrift, deren Zeichen nicht neben-, sondern untereinanderstehen, z.B. chin. oder japan. Schrift. K. begegnet auf byzantin. und roman. Gemälden, auch auf Initialseiten.

Komitien (lat. comitia). In Rom die vom Magistrat einberufenen Volksversammlungen.
a) Die **Kuriatkomitien,** als älteste Form der röm. Königszeit angehörend, waren zuständig für Familienrecht und Bestätigung der Konsulswahl.
b) Den **Tribunatskomitien,** nach Tribus eingeteilt, stand die Wahl niederer Beamter und Beschlußfassung über Gesetze zu.
c) Die **Zenturiatskomitien** wählten die höheren Beamten und beschlossen über Krieg und Frieden.
In der Kaiserzeit verloren die Komitien ihre Bedeutung.
LIT. E. Meyer, Röm. Staat und Staatsgedanke ([3]1964).

Kommendation (von lat. commendare, anvertrauen, übergeben). Die Ergebung in das Patrozinium eines Herrn um wirtschaftl. Unterstützung, polit. Protektion, sogar um des Anschlusses an eine religiöse Bewegung willen. Die K., von den Franken in Gallien vorgefunden, wurde zu einem Akt der Unterwerfung und zur röm. Wurzel der Vasallität. Der Kommendierte hat durch das Einlegen seiner Hände in die Hände des Herrn – die Geste des Sklaven – Unterwerfung und Gehorsam zum Ausdruck gebracht und wird mit dem Keltischen gwas (= Knecht, latinisiert vassus, Vasall) bezeichnet. Die K. findet sich im Homagium des Lehnswesens wieder.

Kommende (von lat. commendare, anvertrauen).
[1] Benefizium, das einem Geistlichen oder Laien nur zum Genuß der Einkünfte ohne Verpflichtung zur Verwaltung des kirchl. Amtes übertragen wurde. Die K., meist Abteien, wurden vielfach an Bischöfe und Kardinäle vergeben, vor allem in Frankreich, Spanien, Italien (Kommendatarabt). Kommendataräbte übten eine unbeschränkte Jurisdiktion über die Klöster aus. Die Verleihung von K. ist seit 1514 dem Hl. Stuhl reserviert. Die meisten K. gingen mit der Säkularisation unter.
[2] Ordenshaus der Johanniter oder Deutschherren von einem Komtur geleitet, auch **Komturei** genannt.

Kommunismus. Im weitesten Sinn jede Gesellschaftsordnung mit völliger oder teilweiser Zurückdrängung des Privateigentums zugunsten des Gemeineigentums. Lange Zeit wurden die Begriffe K. und Sozialismus synonym verwendet. Marx und Engels sprachen in ihrem Manifest 1848 vom K., doch nannten sich in der Folgezeit marxist. Parteien »sozialistisch« und sozialdemokratisch. Lenin benannte 1918 seine Partei in »kommunistische« um. Der heutige K. anerkennt nur Marx (1818–83), Engels (1820–95) und Lenin (1870–1924) als seine »Klassiker«. Nach ihnen erscheint der K. als die auf den →Kapitalismus über die proletar. Revolution notwendig folgende Gesellschaftsordnung, als ein Moment der dialektischen Selbstbewegung der Materie. 1917 brachte Lenin in Rußland die kommunist. Partei an die Macht. Das Ziel der Weltrevolution, vor allem in den Jahren 1918–23, wurde nicht erreicht, die Komintern 1943 von Stalin aufgelöst. Offiziell wird die auf dem Dialektischen und Historischen Materialismus beruhende Ideologie des K. »Marxismus-Leninismus« genannt. Inzwischen gilt der K. im Bereich der ehem. UdSSR und der ehem. Ostblockstaaten als gescheitert.
LIT. J. M. Bochénski, G. Niemeyer (Hrsg.), Handbuch des Weltkommunismus (1958); B. Meissner, Das Parteiprogramm der KPdSU 1903–61 (1962); T. Bottomore (Hrsg.), A Dictionary of Marxist Thought (1985); L. Schapiro, 1917: The Russian Revolutions and the Origins of Present-Day Communism (1985).

Kompanie (mlat. companium, Gesellschaft, urspr. Brotgemeinschaft: con [mit] panis [Brot]).
[1] Aus dem ital. Handel kam das Wort im 14. Jh. nach Oberdeutschland, bezeichnet eine Handelsgesellschaft, insbes. die nach niederländ.-engl. Vorbild gegr. überseeischen, ostindischen Handelsgesellschaften des 17. und 18. Jh. (→Ostindische Kompagnie).
[2] Als milit. Fremdwort dringt das franz. compagnie gegen Ende des 16. Jh. ein. K., seit dem 18. Jh. auf die Infanterie beschränkt, ist die kleinste ständige Einheit der Infanterie, zw. 100–150 Mann stark, vom **Kompaniechef,** meist einem Hauptmann, geführt.

Kompendium. Kurzes Lehrbuch.

Kompensation. Ausgleich, Austausch von Forderungen. Entschädigung.

Kompetenz. Zuständigkeit a) von Staatsorganen und Behörden, b) von Gerichten bei Behandlung einer Prozeßsache, richtet sich nach dem Wohnort der beklagten Person oder nach dem Prozeßgegenstand.

Kompetenzkonflikt. Zuständigkeitsstreit zw. verschiedenen Behörden oder Gerichten.

Kompilation (von lat. compilare, plündern). Abschätzige Bez. für ein wissenschaftl. Werk ohne eigenständigen Wert, weil in ihm der aus mehreren Vorlagen gesammelte Stoff unverarbeitet und ohne geistige Durchdringung wiedergegeben wird.

Kompilator. Verfasser einer Kompilation.

Kompilationskommission, sog. **Brünner Kommission.** Kommission, die im Zuge der österreich. Privatrechtskodifikation des 18. Jh. Entwürfe für den Codex Theresianus ausarbeitete.

Komplanation (lat., Einebnung). Stichentscheid des Landesherrn bei Uneinigkeit der Landstände.

Kompliment (von lat. complementum, Anhang, Ergänzung). Der Anhang alter Moralbücher handelte von der Höflichkeit (span. complimento, Höflichkeitsbezeugung). Im Barock dringt das vom Spanischen ausgehende franz. compliment als höfliche Anrede in Dtl. ein.

Komplimentierbuch. Anstandsliteratur, begegnet hauptsächl. von der Mitte des 17. bis zur Mitte des 18. Jh., meist verbunden mit Sammlungen von Hofreden, Spruchsammlungen und dgl. Das K. gehört zum Typ der Literatur, die sich um die Heranbildung eines »politischen Menschen« bemüht, dessen Kennzeichen Klugheit und Höflichkeit sind.
LIT. RDL I, 879–82.

Kompromiß (lat., compromissum).
[1] Urspr. in der röm. Rechtssprache die Abmachung von Personen, einen Schiedsrichter zur Entscheidung einer Streitsache anzurufen.
[2] Übereinkunft von Individuen oder Gruppen, die durch teilweises Nachgeben in gegensätzl., nicht unberechtigt erscheinenden Forderungen erreicht wird. Man unterscheidet zwischen echtem und taktischem (vorläufigem) K. Letzterer ist nur ein von praktischen Erwägungen diktiertes Zurückhalten im Aufstellen von Nahzielen. Die letzten Ziele werden dabei nicht aufgegeben. Verwandt ist damit der dilatorische Formelkompromiß, d.h., eine dehnbare Formel ermöglicht befristete Zusammenarbeit. Der faule K. besteht in Halbheiten, im Verzicht auf Unverzichtbares, in ehrloser Preisgabe verpflichtender Werte. Der faule K. ist unbedingt abzulehnen; im übrigen sind K. durch polit. Klugheit geboten.
LIT. H. Steubing, Der Kompromiß als ethisches Problem (1955); W. A. Jöhr, Der Kompromiß als Problem der Gesellschafts-, Wirtschafts- und Staatsethik (1958).

Kompromißwahl. Wahl per compromissum; Form der Bischofswahl, die bis ins 16. Jh. verbreitet war. Sie bestand im wesentl. darin, daß ein oder mehrere Geistliche vom Domkapitel mit der Vornahme der Wahl beauftragt waren. Diese **Kompromissare** waren in ihrem Vorgehen völlig frei.
LIT. H. E. Feine, Die Besetzung der Reichsbistümer vom Westfälischen Frieden bis zur Säkularisation, 1648 bis 1803 (1964).

Komtur (mlat. commendator, Verwalter).
[1] Vorsteher der Niederlassung eines Ritterordens; führt eine **Komturei,** →Kommende. Mehrere Komtureien bilden eine Ballei.
[2] Rangklasse von Ordensinhabern zwischen Ritter- und Großkreuz.

Konfessionalismus. Die zu weit gehende Betonung und Geltendmachung des religiösen Bekenntnisses auf Gebieten, die nicht unmittelbar im Bereich des Religiösen liegen; bekenntnismäßige Abschließung.
LIT. A. Rauscher (Hrsg.), Probleme des K. in Dtl. seit 1800 (1984).

Konfirmation (lat. confirmare, bestätigen, bekräftigen).
[1] In der kath. Kirche die Übertragung eines Kirchenamtes, insbes. des Bischofsamtes nach vorausgegangener Wahl und Prüfung des Wahlvorgangs und der Eignung des Kandidaten (Informativprozeß). Die K. der Bischöfe, Metropoliten, auch der exemten, sowie der Suffraganbischöfe stand allein dem Papste zu. Für die K., mit der der Gewählte das Amt erlangte, wurden bestimmte Gebühren (Konfirmationsgebühren) erhoben.
[2] In der ev. Kirche die gottesdienstl. Handlung (Einsegnung), mit der Jugendliche nach dem Konfirmandenunterricht, öffentl. Prüfung und Bestätigung des Taufgelübdes zur Teilnahme am Abendmahl zugelassen und als mündige Mitglieder der Kirchengemeinde erklärt werden. Die K., von M. Butzer zuerst in Hessen eingeführt, trat an die Stelle der Firmung.
LIT. Zu [1] H. E. Feine, Die Besetzung der Reichsbistümer vom Westfäl. Frieden bis zur Säkularisation, 1648 bis 1803 (1964).
Zu [2] RGG^{3} III, 1759–67; Ev. Kirchenlexikon II, 893–99; LThK VI, 432f.

Konfiskation (lat. confiscare, für den Fiskus einziehen). Entschädigungslose Wegnahme von Privateigentum zugunsten des Fiskus oder einer fremden Macht. Gegensatz: gegen Entschädigung vorgenommene Enteignung, Beschlagnahme. Nach allg. Völkerrecht ist K. gegenüber fremden Staatsangehörigen auch nicht im Krieg oder während einer Besetzung erlaubt.

Konflikt, Konfliktzeit. Verfassungskonflikt in Preußen 1862–66, ausgelöst durch die von Wilhelm I. mit Unterstützung des Kriegsministers A. von Roon geforderte Heeresreform. Die liberale Partei, zumal ihr als Fortschrittspartei seit dem 9. 6. 1861 selbständig gewordener linker Flügel, widersetzte sich der Heeresreform und versuchte die Streitfrage zu benutzen, um die »konsequente Verwirklichung des verfassungsmäßigen Rechtsstaates« im Sinne der Parteidoktrin durchzusetzen, um damit den Übergang Preußens zur parlamentar. Monarchie zu vollziehen. In der ausweglosen Stiuation übernahm Bismarck die Regierung, setzte mit Hilfe der »Lückentheorie« die Etats ohne Zustimmung des Abgeordnetenhauses fest und plante mit Hilfe des allg. Wahlrechts die fortschrittl. Mehrheit des Abgeordnetenhauses zu brechen. Der durch Bismarcks Außenpolitik noch verschärfte K. wurde bald nach dem Sieg von Königgrätz mit Bismarcks Bitte um Indemnität beendet, der bes. Charakter des preuß. Staates als konstitutionelle Monarchie festgelegt.

LIT. F. Löwenthal, Der preuß. Verfassungsstreit 1862–66 (1914); K. Kaminski, Verfassung und Verfassungskonflikt in Preußen (1938); G. Ritter, Staatskunst und Kriegshandwerk I (1954).

Konföderation (lat. confoederatio, franz. confédération). Bündnis, Staatenbund, im Gegensatz zum Bundesstaat. Confédération rhénane: Rheinbund; Confédération germanique: Deutscher Bund. In Polen wurden mit K. vom 16. bis 18. Jh. Beschlüsse des Kleinadels, die oft gegen die Krone gerichtet waren, bezeichnet. Bekannteste K. des 18. Jh.: die K. von Bar (1768). Die K. trugen nicht unwesentl. zum Zerfall Polens bei. Das Recht zu K. wurde dem Adel 1791 genommen.

Konföderationsakte, böhmische (1619). Nach dem Prager Fenstersturz (23. 5. 1618), dessen Opfer die kaiserl. Statthalter Martinitz und Slawata waren, übernahm ein ständisches Direktorium die Regierung Böhmens. Am 31. 7. 1619 schlossen die Stände der böhm. Länder ein enges Bündnis, die sog. K. zur Verteidigung der Religion, der »Privilegia«, Majestätsbriefe, Concessiones. Der Oñate-Vertrag sollte nicht gelten, der König durfte ohne Einwilligung der Länder keinen Krieg führen, keine Befestigungen anlegen, keine Schulden machen. Die Stände verlangten freies Wahlrecht des Königs, Ausschließung der Jesuiten. Am 16. 8. 1619 folgte ein Bündnis mit den Ständen von Ober- und Niederösterreich. Dem monarch. Staatsgedanken trat damit in den meisten habsburg. Erblanden das Prinzip ständischer Autonomie entgegen.

Konföderationsartikel. Erste vorläufige Verfassung der USA vom 15. 11. 1778, trat 1781 in Kraft, wurde aber 1789 ersetzt.

Konföderierte Staaten von Amerika (Confederate States of America). Sonderbund der Südstaaten der Nordamerikan. Union. Zuerst erklärte Südkarolina die Verbindung mit der Union für gelöst; ihm folgten Georgia, Florida, Alabama, Mississippi, Louisiana, Texas 1861, die sich bald eine provisor. Verfassung gaben. Die Sklavenfrage war nur ein Anlaß. Mit der Beschießung von Fort Sumter durch die Konföderierten begann der Sezessionskrieg.

Kongregation. Versammlung, Vereinigung.

[1] Religiöse oder klösterl. K., auch einfach K. (congregatio religiosa). Eine bes. Gemeinschaft in der kath. Kirche, die nach einer Regel lebt und einfache Gelübde ablegt, zu unterscheiden von den Orden; oft im Dienst der Caritas und der Jugendarbeit tätig.

[2] Kurien-K., röm. K.: →Kardinalskongregationen.

[3] Monastische K.: Vereinigung von selbständigen Klöstern eines Ordens unter einem Oberen (Abtpräses, Erzabt, Generalabt), oft mit einem Reformprogramm, z. B. Cluny, Gorze, Hirsau, Bursfeld.

[4] Fromme K., marianische K. (Sodalitäten): zur Ausübung von Werken der Frömmigkeit (oft spez. Frömmigkeitshaltung) und der Nächstenliebe errichtet.

LIT. M. Heimbucher, Orden und K. der kathol. Kirche (Neudr. 1954).

Kongregationslisten. Reformierte Freikirche des Protestantismus, gegen Ende des 16. Jh. in Ablehnung des anglikan. Staatskirchentums, jeder episkopalen oder presbyterian. Kirchenverfassung; jede Kirchengemeinde betrachtet sich als absolut unabhängig, unmittelbar unter Christus stehend. Durch Elisabeth I. unterdrückt, seit 1606 Auswanderung nach Amsterdam und Leiden; 1620 erste Auswanderung der Pilgerväter nach Amerika. Unter Cromwell Aufschwung in England, erneute Unterdrückung unter den Stuarts; 1689 in dem Toleration Act beschränkte Zulassung, doch Unterdrückung bis 1828. Durch Methodismus im 18. Jh. und Erweckungsbewegung starker Auftrieb; heute am stärksten in den USA verbreitet.

LIT. D. Th. Jenkins, Congregationalism (1954); H. Escott, History of Scotish Congregationalism (1960); LThK VI ([2]1961) 441f.; Weltkirchenlexikon. Handbuch der Ökumene. Im Auftrag des Dt. Ev. Kirchentages hrsg. von F. H. Littel und H. H. Walz (1970) 767 bis 771; N. Goodal, Der Kongregationalismus (1973).

Kongreß. Versammlung, Tagung, Zusammenkunft.

[1] Treffen von Staatsmännern zur Regelung internationaler Fragen mit der Absicht einer Beschlußfassung. Im 17.–19. Jh. vielfach zur Festsetzung von Friedensbestimmungen, z. B. Friedenskongresse in Münster und Osnabrück (→Westfälischer Friede), zu Nymwegen (1679), Utrecht, Rastatt und Baden (1712–14), Wiener Kongreß (1815), Pariser Kongreß (1856), Berliner Kongreß (1878); »Le congrès ne marche pas, il danse.« Nach einem Spottwort des österreich. Feldmarschalls Fürst von Ligne über den Wiener Kongreß.

[2] Allrussischer Kongreß (1917): Einsetzung der Sowjetregierung.

[3] Die Legislative in den USA: Senat und Repräsentantenhaus zusammen bilden den K.

[4] In Frankreich bis 1944 Senat und Abgeordnetenhaus, ähnlich auch in anderen Staaten, z. B. in Indien.

[5] Größere fachliche, wissenschaftliche, berufliche Versammlung.

Kongreßpolen. Spätere Bez. für den mit der 4. poln. Teilung auf dem Wiener Kongreß der Herrschaft des russ. Zaren unterstellten Hauptteil des alten Polen, eigenes Königreich mit der Hauptstadt Warschau, aber ohne Ostpolen, Galizien, Posen und Krakau, das mit seiner Umgebung einen neutralen Kleinstaat unter dem Schutz der Großmächte bildete.

Kongrua (vom lat. congrua; sustentatio congrua). Das zum Lebensunterhalt eines Geistlichen erforderl. Mindesteinkommen aus den Erträgnissen eines bepfründeten Amtes.

König, Königtum (ahd. kuning/thiodans). In german. Zeit waren die Könige nicht eigentlich Herrscher, aber gewählte Volksführer, an die Beschlüsse der Volksversammlung gebunden, in manchen Völkerschaften auch oberste Priester. Die Wahl erfolgte auf Grund der Geblütsheiligkeit; Königsstammbäume wurden auf Götter oder gottähnliche Wesen zurückgeführt. Der Vorstellung vom **Königsheil** kam größte Bedeutung zu. Sakral- und Gefolgschaftskönigtum flossen im Heerkönigtum zusammen, das seine Blütezeit während der Völkerwanderung hatte.

Während das fränk. Großkönigtum der Merowinger, von Chlodwig I. begründet, auf german. und spätröm. Grundlage beruhte, stützte sich das von den Hausmeiern begründete Königtum der Karolinger auf die Kirche (Eigenkirche, Reichskirche). Der Titel der Merowingerkönige war rex Francorum; Karl der Große fügte 768 die Demutsformel gratia Dei hinzu. Seit der Unterwerfung der Langobarden führte er den Titel »rex Francorum et Langobardorum ac Patricius Romanorum«, seit der Kaiserkrönung (25. 12. 800) den Kaisertitel (→Kaiser).

Königl. Insignien waren in der Zeit der Merowinger Speer (durch Anheften eines roten Banners wurde er zur Heerfahne), Thron (Hochsitz), Stab und Zepter, unter den Karolingern außerdem Krone (seit Pippin), Schwert und Kreuz.

Der fränk. K. war kein absoluter Herrscher, er war erbl. Herrscher nach salischem Recht in der Merowingerzeit, nach ribuarischem Recht in der Karolingerzeit. Seine Macht war begrenzt durch die Verhältnisse zu den Großen des Reiches und zum Volk sowie durch das Recht. Das wichtigste Recht des fränk. K. war das Bannrecht, mit dessen Hilfe er die Regierung führte. Der K. entschied über Krieg und Frieden, hatte die oberste Gerichtsbarkeit, die Münzhoheit, die Kirchenhoheit, war oberstes Organ der Friedenswahrung. Das karoling. Erbprinzip wurde im 9. Jh. mit der Wahl Arnulfs (887) vom Wahlprinzip verdrängt. Aus dem fränk. Königtum gingen das dt. und das franz. Königtum hervor.

In Dtl. behauptete sich, während sich in Frankreich und in England im 12. Jh. die Erbfolge durchsetzte, das Wahlprinzip bis zum Untergang des Reiches, doch wurde es durch die Vorstellungen vom Geblütsrecht gelenkt. Eine gesetzl. Festlegung der Erbfolge (Heinrich VI.) gelang nicht. In der Goldenen Bulle

(1356) wurden feste Regeln für die Königswahl aufgestellt. Die Wahl eines röm. K. zu Lebzeiten des Kaisers (vivente Imperatore) war im MA in der Zeit des vorherrschenden Geblütsrechtes (bis zum Interregnum) üblich. Seit Karl V. und der Wahl seines Bruders Ferdinand zum röm. K. (1531) wurden röm. Königswahlen zur Sicherung der habsburg. Nachfolge bis auf Franz I./Joseph II. wieder durchgeführt.

Kurze Lebensdauer der meisten dt. K., häufiger als in Frankreich und England wechselnde Dynastien, Doppelwahlen, Minderjährigkeitsregierungen, Kämpfe mit dem Papsttum schwächten die Macht des dt. Königtums. Die Stellung des K. als Eigentümer des Reichsgutes war bereits im 12. Jh. erschüttert, seine Stellung als oberster Lehnsherr wurde durch die Erblichkeit der Lehen und den Leihezwang bedeutungslos. Seine Rechte gegenüber der Reichskirche wurden ebenfalls beträchtl. reduziert und schrumpften in der frühen NZ etwa auf die Entsendung von Wahlkommissaren bei Bischofswahlen (Exklusive), die Erteilung von Panisbriefen und das Recht der Ersten Bitten (ius primariarum precum) zusammen.

Seine stärkste Entfaltung hat das dt. Königtum unter den Saliern (Konrad II., Heinrich III.) und den Staufern (Friedrich I., Heinrich VI.) gehabt. Der im MA voll ausgebildete staatsrechtl. Unterschied zw. dem dt. (röm.) K. und dem Kaiser verlor an Bedeutung, seitdem die dt. Herrscher auf die röm. Kaiserkrönung verzichteten und sich als ›Erwählter römischer Kaiser‹ mit dem Zusatz ›König in Germanien‹ (electus Romanorum imperator semper augustus, Germaniae rex) bezeichneten: Maximilian I. nahm 1508 erstmalig den Titel eines erwählten röm. Kaisers an. Die letzte Kaiserkrönung durch den Papst fand 1530 in Bologna statt. Über die Rechte des röm. K. zu Lebzeiten des Kaisers entschied der regierende Kaiser. Beim Tod des Kaisers übernahm der röm. K. die Regierung des Reiches.

Den Königstitel führten außer dem dt. und franz. K. (Rex christianissimus, Allerchristlichster K.), die Herrscher von England und Schottland, von Spanien (Kastilien und Aragon, Rex catholicus), von Portugal (Rex fidelissimus seit 1749), Dänemark, Norwegen, Schweden; der Kaiser erhob den Herzog von Böhmen 1198 zum K., der Papst erhob den Herrscher von Ungarn im Jahre 1101 mit dem Titel Rex apostolicus und den Herrscher von Sizilien 1030 (Rex feudatarius). Die Herzöge von Polen nahmen 1319 den Königstitel an. Der Kurfürst von Brandenburg, Friedrich III. (reg. seit 1688), krönte sich am 18. 1. 1701 selbst in Königsberg zum K. und wurde K. in Preußen (Friedrich I., bis 1713). Eine Änderung seiner staatsrechtl. Stellung innerhalb seines Herrschaftsbereichs war damit nicht verbunden, doch erwies sich die Krone als ein Band, das die preuß. Staaten enger zusammenschloß. 1806 wurden die Kurfürsten von Bayern, Sachsen und Württemberg K. Auf dem Wiener Kongreß erfolgte die Anerkennung der Königreiche Hannover und der Niederlande.

Gegenwärtig bestehen in Europa folgende Königreiche: Belgien, Dänemark, Großbritannien, Niederlande, Norwegen, Schweden, Spanien.

LIT. H. Conrad, DRG I und II; HWDRG II, 999–1023; H. Planitz, K. A. Eckhardt, Dt. Rechtsgeschichte (^{3}1971); G. Tellenbach, Die Entstehung des Dt. Reiches (^{3}1946); ders., Königtum und Stämme in der Werdezeit des Dt. Reiches (1939); F. Kern, Gottesgnadentum und Widerstandsrecht des frühen MA (^{2}1954); P. E. Schramm, Der K. von Frankreich (1939; Nachdruck 1960); R. Fawtier, The Capetian Kings of France. Translated by L. Butler and R. J. Adam (1960); W. Schmidt, Dt. Königtum und dt. Staat des HochMA während und unter dem Einfluß der ital. Heerfahrten (1964); H. Angermeier, Königtum und Landfriede im dt. SpätMA (1966); B. Schimmelpfennig, Die dt. Königswahl im 13. Jh. (1968); C. R. Brühl, Fodrum, gistum, servitium regis. Studien zu den wirtschaftl. Grundlagen des Königtums im Frankenreich und in den fränk. Nachfolgestaaten Dtl., Frankreich und Italien vom 6. bis zur Mitte des 14. Jh. 2 Bde. (1968); E. Wadle, Reichsgut und Königsherrschaft unter Lothar III. (1125–1137) (1969); P. E. Schramm, Geschichte des engl. Königtums im Lichte der Krönung (Nachdruck 1970); E. Peters, The Shadow King (1970); W. Böhme, Die dt. Königserhebung im 10.–12. Jh. (1970); K. Schnith, Gedanken zu den Königsabsetzungen im Spätmittelalter. In: HJb 91 (1971) 309–26;

H. Vollrath-Reichelt, Königsgedanke und Königtum bei den Angelsachsen bis zur Mitte des 9. Jh. (1971); R. Schneider, Königswahl ... (1972); H. Beumann, Der dt. K. als »Romanorum rex« (1981); F. B. Fahlbusch, Städte und Königtum im frühen 15. Jh. (1983); K. Flink, W. Jansen, Königtum und Reichsgewalt am Niederrhein (1983).

Königgrätz, Schlacht von (3. 7. 1866). Sieg der preuß. Armee über Österreicher und Sachsen unter Benedek, in England und Frankreich nach dem Ort Sadowa genannt, entschied den deutschen Krieg, führte zu dem Präliminarfrieden mit Österreich (26. 7.), dem Frieden zu Prag und zur kleindt. Lösung der dt. Frage.

LIT. A. Wandruszka, Schicksalsjahr 1866 (1966); G. A. Craig, K. (dt. 1966); W. Frauendienst, Das Jahr 1866 (1966).

Königsgelübde. Ein schon früh im schwed. Staatsrecht üblich gewordener Begriff; der Sache nach zu vergleichen mit den Wahlkapitulationen der dt. Könige und Kaiser.

Königstraße →Heerstraße.

Konjektur (lat.). Vermutung; erschlossene Lesart eines mangelhaft überlieferten Textes, welche dem Sinn besser zu entsprechen scheint.

Konklave (lat., verschließbarer Raum). Räume für die Wahl des Papstes. Seit 1274 sind die **Konklavisten** (d. h. die Kardinäle mit je 2 Begleitern) ganz von der Außenwelt abgeschlossen; seit 1870 findet das K. im Vatikan statt, vorher im Quirinal. Von den Räumlichkeiten wurde die Bez. auf die Papstwahl selbst übertragen. Hüter des K. ist der Konklavemarschall. Bis an die Schwelle der NZ beanspruchten die kath. Mächte während des K. die Exklusive.

Konkordate (von lat. concordare aliquid, etwas in Einklang bringen). Unter einem K. versteht man eine zw. dem Hl. Stuhl für die kath. Kirche und einem Staat getroffene Vereinbarung zur Regelung von Angelegenheiten, die zugleich dem staatl. und dem kirchl. Interessenbereich angehören (= gemischte Angelegenheiten), z. B. Besetzung wichtiger Kirchenämter, insbes. der Bischofsstühle, Ehe- und Schulfragen, Umgrenzung der Diözesen, Kirchensteuer, Bildung der Geistlichkeit, Nuntiaturen, Seelsorge in Heer und Marine usw. Diese Abmachungen, für die keine bestimmte Form zwingend vorgeschrieben ist und deren Sprache (für ältere K. Latein, für neuere K. Italienisch oder Französisch, meist aber zweisprachig) uneinheitlich ist, müssen nicht die Bez. Concordatum (Concordata) tragen – zum ersten Male bei den Vereinbarungen Martins V. (1417–31) mit den Nationen des Konstanzer Konzils (1414–18) verwendet, es können syn. auch Bez. wie Conventio (-iones), Pactum, Pacta conventa, Zirkumskriptionsbullen vorkommen. Die Rechtsnatur der K. war umstritten. Nach der von kirchl. Seite ausgehenden, in der ma. Vorstellung von der Superiorität der Kirche über den Staat wurzelnden Privilegientheorie galt das K. als eine nach freiem Belieben des Papstes widerrufbare Vergünstigung der Kirche an den Staat. Nach der in der Omnipotenz des staatl. Rechts wurzelnden Legaltheorie war das K. ein einseitiges, nicht rechtl., sondern höchstens moralisch bindendes, jederzeit widerrufbares Zugeständnis des Staates an die Kirche. Nach den neueren Auffassungen über das Verhältnis von Staat und Kirche herrscht die Vertragstheorie vor, nach der K. völkerrechtl. oder quasi-völkerrechtl. Verträge sind.

Überblick über die wichtigsten K.:

a) Das **Wormser Konkordat** (1122) abgeschlossen zw. Heinrich V. und Calixt II. beendet den Investiturstreit und regelt die Besetzung der Bischofsstühle im Reich, bis 1806 in Geltung, von Leibniz u. a. im 17. Jh. wegen des kaiserl. Entscheidungsrechts zwiespältiger Bischofswahlen erneut belebt.

b) Die **Konkordate Martins V.** (1418) mit den Nationen des Konstanzer Konzils (der dt., engl., franz. und span. Konzilsnation). Abgesehen vom engl. K. waren diese auf fünf Jahre befristet. Sie galten hauptsächl. dem päpstl. Pfründenbesetzungsrecht, dem Steuerrecht, der Verminderung der Ablässe, dem Kardinalskolleg und waren als Teil des Konstanzer Reformprogramms vom Konziliarismus und von nationalkirchl. Tendenzen bestimmt.

c) Die **Fürstenkonkordate** (Concordata principum, Röm. oder Eugen. K.; 1447) zielen nach dem Willen der dt. Fürsten mit 1 Breve und 3 Bullen Papst Eugens IV. auf eine Anerkennung der von den dt. Fürsten akzeptierten Baseler Reformdekrete (Mainzer Akzeptation von 1439), der Dekrete über die Konzilssuperiorität, auf Abstellung der Gravamina und Regelung der kirchl. Verhältnisse in Dtl., werden aber durch das Salvatorium Eugens IV. und das Wiener K. weitgehend entwertet bzw. modifiziert. Ihre Geltung ist auch nach ihrer Wiederentdeckung im 18. Jh. nicht unbestritten.

d) Das **Wiener Konkordat von 1448** (auch Aschaffenburger K.), abgeschlossen zw. Friedrich III. und Papst Nicolaus V. (vertreten durch den Legaten Carvajal), modifiziert zugunsten der Römischen Kurie die Fürstenkonkordate, trifft vor allem Bestimmungen über die Pfründenvergebungen und die Besetzung der Reichsbistümer. In Geltung bis 1803/06.

e) Das **Konkordat zw. Franz I. von Frankreich und Leo X.** (1516). Wichtigste Bestimmungen: Aufhebung der Pragmatischen Sanktion von Bourges (1438). Die Ecclesia Gallicana wird grundsätzl. wieder in die gesamtkirchl. Ordnung eingefügt; der König von Frankreich erhält das Besetzungsrecht für alle Erzbistümer, Bistümer, Abteien und Priorate und damit einen außerordentl. Machtzuwachs.

f) Die Konkordatsära des 19. Jh. wird eingeleitet durch das zw. Pius VII. und Napoleon geschlossene K. (15. 7. 1801), das erste mit einem säkularisierten, modernen Staat; Vorbild für K. des 19. Jh. Wichtigste Bestimmungen: Neue Diözesaneinteilung für Frankreich; alle bisherigen Bischöfe, konstitutionelle wie eidweigernde, müssen resignieren. Napoleon erhält das Recht der Ernennung der Bischöfe. Rom verzichtet auf die Restitution der säkularisierten und zum großen Teil bereits veräußerten Kirchengüter. Der Staat sorgt für angemessenen Unterhalt der Bischöfe, Pfarrer, für Errichtung von Seminarien usw. Gegen den Widerspruch des Papstes ließ Napoleon dem K. 77 Organische Artikel (8. 4. 1802) hinzufügen und gleichzeitig mit dem K. veröffentlichen. Die Organischen Artikel greifen auf die Gallikanischen Artikel von 1682, die Grundsätze des franz. Staatskirchentums und die kirchenpolit. Praxis der Revolutionszeit zurück, schreiben das staatl. Plazet vor, die Appellationsmöglichkeit an das weltl. Gericht in geistl. Sachen usw. Das K. von Fontainebleau (1813) suchte dem gefangenen Papst weitere Zugeständnisse aufzuzwingen, erlangte jedoch keine Geltung. Das K. von 1801 blieb im wesentl. bis zur Kündigung von 1904 bestehen. Das Trennungsgesetz von 1905 beseitigte es.

g) **Deutsche Konkordate und Zirkumskriptionsbullen.** Nach der Säkularisation von 1803 scheiterten zunächst Verhandlungen um ein Reichskonkordat und um Länderkonkordate. 1817 kam ein K. mit Bayern zustande: Neuordnung der Diözesanverfassung, Besoldung der Geistlichkeit usw. 1821 Abschluß der Zirkumskriptionsbulle (›De salute animarum‹) mit Preußen über die Regelung der Diözesaneinteilung, Dotation auf Grund der Säkularisationsverpflichtungen, Bildung der Domkapitel, Bischofswahl (eine persona minus grata durfte nicht gewählt werden). 1821–27 Zirkumskriptionsbulle für die Oberrheinische Kirchenprovinz ›Provida sollersque‹; ›Ad dominici gregis custodiam‹. 1824 ähnl. Regelung für Hannover: ›Impensa Romanorum‹. K. mit Baden (1857) und Württemberg (1859) scheitern am Widerstand der Landtage. Das K. von 1855 mit Österreich beendet das josephin. Staatskirchentum, wird aber 1870 aus Protest gegen das Unfehlbarkeitsdogma gekündigt. K. wurden abgeschlossen mit Lettland 1922, mit Litauen 1927, mit Polen 1925, mit Portugal 1928. Das K. mit Bayern (1924) regelte die Dotation der Erzbistümer und Bistümer, die Gründung von Orden und Kongregationen, die Besetzung der Bischofsstühle sowie Bestimmungen über Schule und Universität (Konkordatsprofessuren). Das K. mit Italien (1927) trug zur Lösung der röm. Frage bei (Lateranverträge). Das K. mit Preußen (1929) beinhaltete im wesentl. eine Anpassung der Bestimmungen der Zirkumskriptionsbulle ›De salute animarum‹ (1821) an die veränderten Verhältnisse. Das Reichskonkordat (20. 7. 1933), durch Länderkonkordate in der BRD modifiziert, wird in der DDR als nicht existent betrachtet.

LIT. A. Mercati, Raccolta di concordati su materie ecclesiastiche tra la Santa Sede e le autorità civili (Rom 1954); Feine, KRG I (^{3}1933); H. Raab, Die Concordata Nationis Germanicae in der kanonist. Diskussion des 17. bis 19. Jh. (1956); A. Albrecht, Koordination von Staat und Kirche in der Demokratie (1965); A. Hollerbach, in: Jb. des öffentl. Rechts (1968); StL IV (^{6}1959) 1215–1226; J. Wenner, Reichskonkordate und Länderkonkordate ([7]1964); R. Morsey, Zur Geschichte des preuß. K. und der Errichtung des Bistums Berlin. In: Wichmann-Jahrbuch für Kirchengeschichte im Bistum Berlin 19/20 (165/66) 64–89; H. D. Sidow, Die Rechtsnatur der Zirkumskriptionsbullen für Dtl. aus der Zeit nach dem Wiener Kongreß (1969); W. Weber, Die dt. Konkordate und Kirchenverträge der Gegenwart I (1962), II (1971); E. Weinzierl, Die österreich. K. 1855 und 1933 (1960); L. Schöppe (Hrsg.), Konkordate seit 1800 (1964); K. Hausberger, Staat und Kirche nach der Säkularisation. Zur bayer. Konkordatspolitik im frühen 19. Jh. (1983).

Konkordienformel (lat. formula concordiae). Eintrachtsformel. Auf der Grundlage der ›Schwäbischen Konkordie‹ des J. Andreä (1574) und der ausführl. ›Schwäbisch-sächsischen Konkordie‹ des Chemnitz und Chyträus sowie der ›Maulbronner Formel‹ entstand die K., auch ›Bergisches Buch‹ genannt. Die Tendenz gegen den Calvinismus ist scharf; die K. bildet die Grundlage der luth. Orthodoxie.
LIT. Die Bekenntnisschriften der luther. Kirche ([3]1956).

Konkubinat. Dauerndes Zusammenleben von Mann und Frau in außerehel. Geschlechtsgemeinschaft, wilde Ehe, bes. stark verbreitet im SpätMA, während des 30jährigen Krieges; unter dem Einfluß der Beschlüsse des Konzils von Trient langsam abgebaut. In den vorreformator. Klagen über Mißstände in der Kirche spielt das K. eine wichtige Rolle. Seit dem Tridentinum verboten und für Laien und Geistliche mit Kirchenstrafen bedroht.

Konquistadoren (von span. conquista, Eroberung). Eroberung und Entdeckung gehen seit der Entdeckung Amerikas eng zusammen, vor allem in Mittel- und Südamerika. Die Conquista wird vielfach als der letzte Kreuzzug und die bruchlose Fortsetzung der Reconquista gedeutet. K. sind Abenteurer und Offiziere verschiedener Herkunft, die im 16. Jh., vornehmlich in span. Diensten, das tropische Amerika eroberten. Bedeutende K. waren Cortéz (erobert Mexiko 1519–21), Pizarro (erobert Peru), Almagro und Luque (an der Eroberung der Andenländer 1524–37 hervorragend beteiligt). Die Grausamkeiten der Conquista sollen nicht beschönigt werden, sie müssen jedoch im Zusammenhang mit der gesamten Zeit gesehen werden.
LIT. G. Friderici, Der Charakter der Entdeckung und Eroberung Amerikas durch die Europäer (1925); W. Prescott, Die Eroberung Mexikos (1935); F. A. Kirkpatrick, The Spanish Conquistadores (London 1946); C. Saëns de Santa Maria, Hernán Cortés, Primer Soldato del Imperio (1958); H. Matis, Hernán Cortés, Eroberer und Kolonisator (1967); H. Innes, Die K. Aus dem Engl. übers. von A. Klein (1970).

Konsanguinitätstafel. Tabellar. Darstellung aller Verwandten einer Person. Die K. umfaßt Ahnen- und Deszendenztafel zugleich, alle Personen, die zur gesetzl. Erbfolge aus dem Titel der Verwandtschaft berechtigt sind.

Konservatismus, Konservativismus (von lat. conservare, erhalten, bewahren). Eine geistige, polit., gesellschaftl. Form und Haltung, die zunächst die erhaltenden, stabilisierenden Kräfte stützen will gegen die Revolution. K. leugnet die philosoph. Voraussetzungen des Progressismus, begnügt sich mit dem in einer konkreten histor. Situation Erforderlichen, hat im Grunde kein Programm, da er auf ein perfektionistisches Zukunftsbild, wie z. B. Liberalismus, Sozialismus usw. verzichtet und ist in seinem letzten Kern rational begrifflich nicht erfaßbar.
Charakterist. für den Konservativismus ist:
a) Der Glaube an das Walten der göttlichen Vorsehung in der Geschichte. Politische Probleme sind im Grunde religiöse und moralische Probleme. »Politik ist die Kunst, die über der Natur steht, zu erfassen und zu verwirklichen« (R. Kirk).
b) Konkrete Anschauung, Vertrauen in das überlieferte Recht, Mißtrauen gegenüber Spekulation und abstrakter Systematik. Tradition und gesundes »Vorurteil« wirken mäßigend.
c) Natur und Geschichte sind keine Gegensätze. Es gibt kein realisierbares Modell einer abstrakten »natürlichen Ordnung«.
d) In der Tradition und in ihren Institutionen verkörpert sich die Weisheit der Ahnen. Der Staat ist »die Gemeinschaft der Lebenden, der Toten und der noch Ungeborenen« (E. Burke).
e) Keine Gesellschaft kann ohne Autorität leben. Jede zivilisierte Gesellschaft bedarf der Rangordnung und der Klas-

sen. Alle Versuche, die natürl. Unterschiede zw. den Menschen aufzuheben, Gleichheit mit positiver Gesetzgebung zu erzwingen, führen zur Katastrophe.

f) Freiheit und Eigentum gehören zusammen. Wirtschaftl. Nivellierung bedeutet keineswegs wirtschaftl. Fortschritt. Beseitigung des Privateigentums zerstört die Freiheit.

Der K. unterstreicht die enge Verbundenheit der Gegenwart mit der Vergangenheit, bekennt sich zum historisch Gewachsenen, verlangt lebendiges Geschichtsbewußtsein, Pflege der Tradition und ihrer Institutionen, bleibende Grundsätze der Rechtsordnung. Der Staat ist nicht durch Vertrag entstanden, die Gesellschaft muß sich verändern, wie der menschl. Körper sich erneuert, und in Übereinstimmung mit der Vorsehung. Organische und möglichst bruchlose Entwicklung, Evolution, nicht Revolution erstrebt der K., der also zw. Reaktion, dem starren Festhalten an geschichtl. überlebten Formen und dem revolutionären Bruch mit der Geschichte steht.

Der K. nahm seinen Ursprung in der Kritik der Franz. Revolution, ihrer Ideologie, der These Rousseaus von der Güte des Menschen, der Gleichheit aller Menschen, der Kritik des Vernunftsglaubens der Aufklärung und der optimistischen Fortschrittsgläubigkeit, der Kritik der polit. Nivellierung und der totalen Demokratie. Seinen ersten und bedeutendsten literar. Anwalt hat der K. in Edmund Burke (1729–97), dem größten engl. Staatsdenker, gefunden. Seine ›Reflections on the Revolution in France‹ (1790), von F. Gentz ins Deutsche übersetzt, erregten um so größeres Aufsehen, als Burke für die Rechte der amerikan. Kolonisten, der kath. Iren eingetreten war und Hastings' Vorgehen in Indien angegriffen hatte. Burke setzte sich in dieser Schrift und in ›A Letter to a Member of the National Assembly‹ (1791), ›An Appeal from the New to the Old Whigs‹ (1791), ›A Letter to a Noble Lord‹ und den ›Thoughts on a Regicide Peace‹ (1796/97) mit dem Rationalismus der »philosophes«, dem romant. Sentimentalismus Rousseaus, dem Utilitarismus Benthams, der Franz. Revolution auseinander, trat für Vorsehung und Ehrfurcht, Vorurteil und das historisch gewachsene Recht, das Prinzip der Ordnung und für die Freiheit ein. In Dtl. wurden die Ideen Burkes durch Brandes, Rehberg (›Untersuchungen über die Franz. Revolution‹, 1793), F. von Baader, den Freiherrn vom Stein, Joseph Görres vertreten, später durch Konstantin Frantz, W. E. von Ketteler, K. von Vogelsang, E. Jörg. Aus der Romantik erhielt der K. starke Impulse, insbes. mit dem Organismusgedanken, der Verherrlichung der Geschichte, des Mittelalters, dem Volksgeist, der romantischen Auffassung vom Verhältnis von Individuum und Gemeinschaft. Romantisch-konservative Ideen vertraten F. Novalis, Friedrich Schlegel, F. von Baader, Jos. Görres, Adam Müller, der Kreis um Kleists ›Berliner Abendblätter‹ und die ›Christlich germanische Tischgesellschaft‹ in Berlin, schließlich das ›Berliner politische Wochenblatt‹ (1831–41), das von J. M. von Radowitz und K. E. Jarcke herausgegeben wurde, Rankes ›Historisch-politische Zeitschrift‹ (1832–36) und Hubers ›Janus‹ (1845–48). Umstritten ist die Zugehörigkeit des Schweizers K. L. von Haller zum K., der mit seiner ›Restauration der Staatswissenschaften‹ dem Zeitalter den Namen gegeben hat.

K., so sehr auch manches an die Ideen und die Politik der Heiligen Allianz erinnern mag, ist nicht mit Restauration, Reaktion oder Traditionalismus identisch. K. wendet sich ebenso gegen Absolutismus, insbes. seine Spätform im 19. Jh., wie gegen individualist. Liberalismus, Bürokratismus und gleichmachende Demokratie. Der Staat ist für den K. organische Einheit, gewachsen aus kleineren Gemeinschaften: Familie, Sippe, Stamm, niemals aber durch Vertrag entstanden. Freiheit steht stets in engster Verbindung mit Pflicht. Wie stark der K. sich auf ein nicht konfessionelles Christentum gründet und auch um eine Reunion der gespaltenen Christenheit bemüht ist, zeigt sich am Beispiel der Brüder Gerlach, des Historikers Heinrich Leo, J. M. von Radowitz u. a. Stahl faßte die Gedanken des K. über den Staat in großartiger Weise zusammen.

Mit dem Einsetzen der Reaktion gewann der K. in Preußen, vor allem durch die Verbindung der Kamarilla mit dem »Romantiker auf dem Thron«, König Friedrich Wilhelm IV., die Herrschaft und auch die Mehrheit im Abgeordnetenhaus. Mit dem Beginn der

Neuen Ära ging die Bedeutung des K. zurück. Seine Formel »Thron und Altar« blieb jedoch noch lange charakteristisch für die preuß. Politik. Der Politik Bismarcks stand der K. abwartend, ja ablehnend gegenüber, spaltete sich jedoch schließlich an dieser Frage in Altkonservative und Freikonservative. Der sozialen Frage brachte der K. großes Verständnis entgegen, suchte sie vom Christentum und in staatssozialist. Sinn (V. A. Huber, A. Stoecker, A. H. G. Wagner) zu lösen, drang jedoch nicht durch. Infolge der Interessenbindung an den Großgrundbesitz, der Absage an Bismarcks Machtpolitik, innerer Uneinigkeit, mangelnder Organisation verlor der in Mißkredit geratene K. seit dem 2. Drittel des 19. Jh. immer mehr an Bedeutung.

Konservative Staatsdenker in Frankreich waren de Maistre, de Bonald, de Tocqueville; einen revolutionären K. vertraten Barrès, Sorel, Maurras. In Spanien traten Cortes, in den USA Hamilton, Adams, in England Disraeli für konservative Auffassungen ein.

Nach dem Ersten Weltkrieg knüpften Othmar Spann und seine Schule an das polit. Gedankengut der dt. Romantik an. Das ganze Werk des Staatsrechtlers Carl Schmitt steht bewußt in der »Konservativen Revolution«, der auch Moeller van den Bruck (›Das dritte Reich‹, 1923; ›Der Preußische Stil‹, 1916) sowie Ernst Jünger, E. E. Jung u. a. zuzurechnen sind. Dieser K. forderte im Rückgriff auf die Romantik, im Kampf gegen Marxismus und Liberalismus einen ständisch gegliederten, autoritär geführten Machtstaat und führte vielfach in gefährliche Nähe zu totalitärem Denken und zum Nationalsozialismus. Die Widerstandsbewegung gegen Hitler wurde jedoch zu einem nicht geringen Teil von dem religiösen Ernst und dem Gedankengut konservativer Kreise getragen.

Nach dem Zweiten Weltkrieg wurde konservatives Denken in der von H.J. Merkatz herausgegebenen ›Konservativen Schriftenreihe‹ (Merkatz, ›Die konservative Funktion‹; A. Mohler, ›Die französische Rechte‹; J. Ch. Allmayer-Beck, ›Der Konservativismus in Österreich‹), in den USA von R. Kirk (›The Conservative Mind‹) und einigen Politikern vertreten.

LIT. StL IV, 1237–45; A. von Martin, Weltanschaul. Motive im altkonservativen Denken. In: Dt. Staat und dt. Parteien. Festschr. für F. Meinecke (1922) 342–384; C. Schmitt, Polit. Romantik (^{2}1925); K. Mannheim, Konservatives Denken. In: Archiv für Sozialwissenschaft 57 (1927); H. Barth, Der konservative Gedanke (1938); S. Neumann, Die Stufen des preuß. K. (1930); H. J. Schoeps, Das andere Preußen (^{2}1957); R. Kirk, The Conservative Mind. From Burke to Santayana (1953; dt. Übers. 1959, unter dem Titel: Lebendiges polit. Erbe); S. Neumann, Aus den Jahren preuß. Not und Erneuerung. Tagebücher und Briefe der Gebrüder Gerlach und ihres Kreises 1805–1820 (1963); ders., Konservative Erneuerung. Ideen zur dt. Politik (1963); A. Mohler, Die Konservative Revolution in Dtl., 1918–32 (1950); ders., Die franz. Rechte (1958); J. Ch. Allmayer-Beck, Der K. in Österreich (1959); K. von Klemperer, Konservative Bewegungen zw. Kaiserreich und Nationalsozialismus (dt. 1961); K. Epstein, The Genesis of German Conservatism (Princeton, N. J. 1966); Otto Graf zu Stolberg-Wernigerode, Die unentschiedene Generation. Deutschlands konservative Führungsschichten am Vorabend des 1. Weltkriegs (1968); H. Gerstenberger, Der revolutionäre Konservativismus (1969); Grebing-Greiffenhagen u. a., K., eine dt. Bilanz (1971); M. Freund, Georges Sorel. Der revolutionäre Konservativismus (^{2}1972); G.-K. Kaltenbrunner (Hrsg.), Rekonstruktion des Konservativismus (^{2}1973); ders., Die Herausforderung der Konservativen (1974); ders., Der schwierige Konservativismus (1975); D. Stegmann, B.-J. Wendt, P.-C. Witt (Hrsg.), Dt. K. im 19. und 20. Jh. Festschrift für F. Fischer (1983); H. G. Schumann (Hrsg.), Konservativismus (1984); L. Elm (Hrsg.), K. heute (1985); ders. (Hrsg.), Leitbilder des dt. K.: Schopenhauer, Nietzsche, Spengler, Heidegger, Schelsky, Rohrmoser, Kaltenbrunner u. a (1985); K. L. Shell, Der amerik. Konservativismus (1986); P. Kondylis, K. Geschichtl. Gehalt und Untergang (1986).

Konsistorium (lat.).

[1] In der römischen Geschichte der Versammlungsort des geheimen Rats der röm. Kaiser, seit Konstantin d. Gr. der geh. Rat selbst.

[2] In der kath. Kirche die Vollversammlung der Kardinäle unter dem Vorsitz des Papstes. Seit dem 16. Jh.

wurden die K. in ihrer Bedeutung durch die Kardinalskongregationen zurückgedrängt. Es werden unterschieden geheime K. (Consistoria secreta: Kardinalskreierungen und Bischofsernennungen; nur Kardinäle haben Zutritt); öffentl. K. (Consistoria publica, zu denen auch Bischöfe, Prälaten, Diplomaten Zutritt haben), abgehalten etwa aus Anlaß der Überreichung des Kardinalshuts.

[3] Konsistorialverfassung, Konsistorialsystem. In den ev. Kirchen oberste kollegiale Verwaltungsbehörde, zuerst 1539 in Wittenberg eingerichtet, als Notmaßnahme bis zur Herstellung der Bischofsverfassung gedacht, von allen luth. Landeskirchen übernommen. Das K. übte im Namen des Landesherrn dessen kirchl. Regierungsrechte aus (Summepiskopat), bestand aus Theologen und Juristen, beaufsichtigte die Geistlichkeit und die Lehre. Im 17. und 18. Jh. ging die Gerichtsbarkeit der K. zunehmend an die weltl. Gerichte über. Nach 1918 wurden mit dem Wegfall des landesherrl. Kirchenregiments die K. in ihren Befugnissen erneut eingeschränkt, unbenannt in Landeskirchenamt o. ä., bzw. abgeschafft.

[4] In der Diözesankurie Bez. für die Diözesanverwaltung; gelegentl. auch Bez. für das Offizialat.

[5] Katholisch-geistliches K. in Sachsen. Seit 1827 Behörde für die Verwaltung der kath. Angelegenheiten.

Konstantinische Schenkung (Constitutum Constantini). Eine frühma. Fälschung in Urkundenform, nach der Kaiser Konstantin d. Gr. dem Papst Silvester I. und dem Römischen Stuhl das Imperium über das Abendland verliehen habe, außerdem die Sanktion des Primats der sedes romana Petri über alle anderen Bischofsstühle, einschließlich der oriental. Patriarchate. Zweck der Fälschung war die Lösung der Kirche und des Papsttums aus der Bevormundung durch das Kaisertum. Der Anlaß für die Fälschung ist unbekannt. Entstanden ist die Fälschung zw. 750 und 850. Die K. S. wurde im Zeitalter Ottos III. als Fälschung abgelehnt, dann aber bis ins 15. Jh. nicht mehr bezweifelt. Philologisch-historische Kritik übten Nicolaus von Cues, Lorenzo Valla, R. Pecock. Seit der Herausgabe der Untersuchung Vallas durch Ulrich von Hutten stand die Unechtheit der K. S. für die Protestanten fest. C. Baronius gab die Unechtheit der Form zu. Seit der Mitte des 19. Jh. gilt auch der Inhalt der K. S. auf kath. Seite als gefälscht.

LIT. LThK VI (1961) 483f.; HWDRG II, 2110–18; H. Fuhrmann, Konstantinische Fälschung und Silvesterlegende. In: DA 15 (1959) 523–540; ders., in: DA 22 (1966); D. Maffei, La donazione di Constantino nei giuristi medievali (Mailand 1964). – Neue Ausg. von H. Fuhrmann, in: MGH Schriften (1969).

Konstitution (lat. constitutio von statuere, fest hinstellen) →Verfassung.

Konstitutionalismus. Von Konstitution (lat. constitutio, Verfassung) abgeleitete Bez. einer Regierungsform, in der die Gewalt des erbl. Herrschers durch eine Verfassung beschränkt ist. K. beruht auf der Lehre von der Trennung der Gewalten, ist lediglich in Monarchien möglich und historisch aus dem Gegensatz gegen die absolute Monarchie und den ständischen Staat zu erklären. Der Übergang von der ständischen zur konstitutionellen Monarchie ist am deutlichsten in England seit 1689. Die Aufklärung bahnte dem K. den Weg, doch erst mit der Charte constitutionelle Ludwigs XVIII. (4. 6. 1814), die das Vorbild des europ. Frühkonstitutionalismus wurde, begann sein Siegeszug auf dem Kontinent. Die konstitutionelle Staatslehre sprach die verfassunggebende Gewalt dem Fürsten und dem Volke gemeinsam zu, verlangte Mitwirkung der Untertanen an der Gesetzgebung und parlamentarische Kontrolle der Exekutive und des Budgets. Nach Art ihrer Entstehung werden oktroyierte, vom Landesherrn erlassene, oder vereinbarte Verfassungen (Beispiel: Württemberg) unterschieden.

Die ersten Verfassungen des dt. Frühkonstitutionalismus: Nassau (1814); Schwarzburg-Rudolstadt (1816), Schaumburg-Lippe (1816); Waldeck (1816); Sachsen-Weimar (1816); Liechtenstein (1819); Bayern (oktroyierte Verfassung 1818); Baden (1818), Württemberg (1819), Sachsen (1831). In Preußen (Verfassung 1850) und auch im Deutschen Reich (1871) bildete sich eine Sonderform des K. heraus.

Allg. beschränkte der K. die Macht des Monarchen, stärkte die Vorstellung von der Einheit des Staates, bereitete der Demokratie und dem Parlamentarismus den Weg.

LIT. O. Hintze, Das monarch. Prinzip

und die konstitutionelle Verfassung. In: Staat und Verfassung (1941); E. R. Huber, Dt. Verfassungsgeschichte seit 1789. 4 Bde. (1957–63); F. Hartung, Dt. Verfassungsgeschichte vom 15. Jh. bis zur Gegenwart ([7]1959; [9]1969); E.-W. Böckenförde (Hrsg.), Probleme des Konstitutionalismus im 19. Jh. (1975).

Konsul.

[1] Titel der zwei höchsten Beamten der röm. Republik, aus Angehörigen patrizischer, seit 367 auch plebejischer Geschlechter gewählt. Nach den consules ordinarii wird bis 354 v. Chr. das Jahr benannt. Die Insignien der K. waren: zwölf Liktoren, Purpurstreifen an der Toga, kurulischer Stuhl. In der Kaiserzeit erfolgte die Nominierung durch den Kaiser, in der Regel auf eine Amtsdauer von 2, 4 oder 6 Monaten beschränkt.

[2] Im MA in Italien und Südfrankreich regierender, auf ein Jahr gewählter Beamter einer Stadt, während des 13. Jh. durch den Podestà verdrängt.

[3] Vorsteher einer Kaufmannsniederlassung an einem fremden Handelsplatz mit Gerichtsbarkeit über diese (consul mercatorum, comes hansae).

[4] 1799–1804 in Frankreich Titel der drei höchsten Staatsbeamten; Zeit des Konsulats. Die gesamte Macht war jedoch in den Händen des ersten K. Napoleon.

[5] Ständiger Vertreter eines Staates, ohne polit. Aufgaben und diplomat. Eigenschaften. Die Aufgabe des K. ist beschränkt auf den Schutz und die Förderung von Wirtschaft, Verkehr, Handel, bestimmte Verwaltungsaufgaben, die Wahrung von Interessen und Rechten von Angehörigen seines Staates im Ausland. Die frühere Konsulatsgerichtsbarkeit in afrikan. und asiat. Staaten besteht nicht mehr. Nach der Rangordnung werden unterschieden: Generalkonsuln, Konsuln, Vizekonsuln, nach ihrer beamtenrechtl. Stellung Berufskonsuln (consules missi) und Wahlkonsuln (consules electi).

Konsulat.

[1] Amt und Amtszeit der röm. Konsuln.

[2] Vom Staatsstreich Napoleons bis zu seiner Kaiserkrönung reichende Epoche der neueren franz. Geschichte (1799–1804).

[3] Dienststelle eines Konsuls in der NZ.

LIT. Zu [2] M. Erbe (Hrsg.), Vom Konsulat zum Empire libéral. Ausgewählte Texte zur französ. Verfassungsgeschichte, 1799–1870 (1985).

Kontamination. Verschmelzung zweier sinngemäß ähnl. Worte. K. entsteht dadurch, daß sich syn. oder verwandte Ausdrücke gleichzeitig so ins Bewußtsein drängen, daß keiner von beiden rein zum Ausdruck kommt, sondern eine neue Form aus Elementen beider Ausdrücke entsteht.

Kontext.

[1] Zusammenhang eines Wortes mit seiner Umgebung, aus der sein Sinn erschlossen werden kann.

[2] Begriff der Urkundenlehre. Als Text oder K. wird jener Teil der Urkunde bezeichnet, der den Rechts- und Sachinhalt zum Ausdruck bringt. Zum K. (Text) gehören: Promulgation oder Publicatio, Narratio, Dispositio (Ausdruck der Willenserklärung), Sanctio oder Poenformel, Corroboratio.

Kontinentalsperre. Die K. stellt den Höhepunkt des Wirtschaftskrieges Frankreichs unter Napoleon gegen die See-, Handels- und Industriemacht England dar. Sie ist, eine Kampfmaßnahme der Direktorialzeit, aus der maritimen Unterlegenheit Frankreichs vor allem nach der Niederlage von Trafalgar diktierte Gegenblockade, die jedoch zu einer Selbstblockade des Kontinents unter Napoleons Herrschaft wurde. Zur Durchführung der K. mußte Napoleon sämtliche Küsten des Kontinents beherrschen, sein System ausdehnen, neue Kriege führen. Er erließ sein Blockadedekret am 21. 11. 1806 in Berlin, wo er sich der Unterwerfung Preußens sicher fühlte, vollendete die Sperre im nächsten Jahre, als Rußland sich im Frieden von Tilsit seinem polit. und wirtschaftl. System anschloß. Die Habsburger Monarchie mußte 1809 folgen. Gegen die Eingliederung in die Blockade wehrte sich Spanien, von England unterstützt. Durchbrochen blieb die K. mit Portugal, Schweden, dem Osmanischen Reich. Das Ziel der K., die keine Blokkade im modernen Sinne war, bestand darin, England durch den Entzug seiner Absatzmärkte in eine Wirtschafts- und Währungskrise zu manövrieren. Da weder die franz. noch die europ. Wirtschaft auf die kolonialen Rohstoffe, Genußmittel usw. verzichten konnte und wollte, noch den durch die K. erweiterten Aufgaben gewachsen war, hatte sie letztlich trotz schwerer Schäden für das engl. Wirtschaftsleben keinen durchschlagenden Erfolg. Durchbrochen blieb die Sperre durch Lizenzen und Schmuggel. Der Bekämpfung des Schmuggels diente das Edikt von Trianon (5. 8. 1810); das Edikt von Fontainebleau (1810) hielt das unbedingte Verbot der engl. Manufakturwaren aufrecht. Als Rußland sich dem System der K. entzog, entschloß sich Napoleon zu jenem Feldzug, der zusammen mit den Kämpfen in Spanien seinen Untergang einleitete. Die K. hat den engl. Handel und die engl. Industrie zweifelsohne schwer geschädigt, die engl. Regierung jedoch nicht friedenswillig gemacht. Zwiespältig waren die Folgen für die Wirtschaft Frankreichs und der europ. Staaten, teils ruinös, teils stimulierend. Mit dem Feldzug nach Rußland und dem beginnenden Freiheitskampf der europ. Völker begann sich die Sperre stärker zuungunsten Frankreichs als Englands auszuwirken.

LIT. R. Hoeniger, Die K. und ihre Einwirkungen auf Deutschland (1905); W. F. Heckscher, The Continental System (1922); M. Dunan, Napoléon et l'Allemagne. Le système continental (Paris [2]1948); F. L'Huillier, Etude sur le blocus continental (Paris 1951); W. Andreas, Das Zeitalter Napoleons und die Erhebung der Völker (1955); F. Crouzet, Kriege, Kontinentalsperre und wirtschaftl. Veränderungen in Europa 1792–1815. In: H. O. Sieburg (Hrsg.), Napoleon und Europa (1971).

Konvenienz (von lat. con-venire, zusammenkommen, über franz. convenance, Übereinkunft, Harmonie, Schicklichkeit, das Angemessene, Zuträgliche). K. ist neben dem internationalen Vertrags- und Kongreßrecht ein grundlegendes Prinzip des polit. Zusammenlebens der europ. Mächte in der frühen NZ, insbes. im Zeitalter der Staatsräson, des europ. Gleichgewichts und des aufgeklärten Absolutismus. K. wurzelt im Denken der Aufklärung, ist staatsegoistisch orientiert und tendiert auf eine Auflösung des Völkerrechts. K. heißt jedoch nicht polit. Willkür der Großmächte; die Mächte sollen vielmehr das tun, was Europa, dem Herkommen, dem europ. Gleichgewicht konveniert. K. setzt die Auffassung vom Gesamtinteresse der europ. Staatengemeinschaft, die Lehre vom europ. Gleichgewicht voraus, dient aber in erster Linie den Sonderinteressen der Mächte. Bei der Vergrößerung einer Großmacht konnte eine andere Entschädigungen für sich oder ihre Bündnispartner verlangen, wie es z. B. Frankreich im Frieden von Aachen (1748) für seine bourbonischen Bundesgenossen tat. Die K. schloß nicht aus, daß die Großmächte ihre Sonderinteressen auf Kosten schwächerer bzw. kleinerer Staaten durchsetzten, wie z. B. bei den Teilungen Polens. Mit den Mitteln der K. sollte der Krieg in Europa vermieden bzw. eingedämmt, Konflikte zw. den Großmächten ausgeräumt werden. Eine bedeutende Rolle spielte die K. zuletzt auf dem Wiener Kongreß. Die Überwindung der K. begann mit der Französischen Revolution, mit dem Sieg der nationalen, völk. Idee über den Staat des Ancien régime und des europ. Gleichgewichts, dem Ausgreifen der Mächte in überseeische Gebiete. Als polit. Regulativ trat 1918 an die Stelle der K. das Selbstbestimmungsrecht der Völker.

Konvent (lat. conventus, Zusammenkunft).
[1] In Klöstern die Versammlung aller stimmberechtigten Klosterinsassen (Konventualen).
[2] Bez. für das Kloster selbst bzw. für die Gesamtheit der Klosterinsassen.
[3] In den ev. Kirchen die regelmäßigen Zusammenkünfte der Pfarrer mit Superintendenten.
[4] Bez. für die Volksvertretung in der Franz. Revolution vom 21. 9. 1792 bis 26. 10. 1795.
[5] In Studentenverbindungen die Beratung in Verbindungsangelegenheiten.

Konvention (lat. Übereinkunft). Staatsvertrag, Bündnis, Konkordat; gesellschaftl. Brauch; Regeln des sozialen Verhaltens. Konventionell: herkömmlich, üblich.

Konventualen.
[1] Alle stimmberechtigten Mitglieder eines Bettelordens.
[2] Bei den Karmelitern jener Zweig, der sich für die mildere Regel entschied.
[3] Im Orden des hl. Franziskus von Assisi offizieller Name für den ältesten Zweig des Ordens, in Dtl. Franziskaner genannt.

Konversen, Konversen-Institut.
[1] Conversi suchten in Askese, aber ohne Zugehörigkeit zum Kloster Umkehr in Buße. Conversi sind seit dem 5. Jh. belegt. Seit dem 6. Jh. drängt das

organisierte Mönchtum die K. zurück.
[2] Conversi bez. jene Mönche, die nicht aus den Kinderoblationen hervorgegangen, sondern in reiferem Alter in das Kloster eingetreten waren.
[3] Halbkonversen im 7.–13. Jh.: religiöse Menschen mit begrenzter Askese; ohne Mönch zu sein, werden sie der klösterl. familia zugerechnet (Laienbrüder). Das jüngere Konversentum entstand um Vallombrosa, Hirsau (vor 1078), Cluny (vor 1100). Niedergang des Laienbrüdertums gegen Ende des 12. Jh.
[4] Im SpätMA gab es das Profeßbrüder-Institut. Im 19. Jh. lebten unter dem Einfluß von P. L. P. Guéranger (1805–75) die Konversen-Institute wieder auf.
LIT. LThK VI, 518f.; K. Hallinger, Woher kommen die Laienbrüder? In: Annales Ord. Cist. 12 (1956) 1–104.

Konzentrationslager (abgek. KZ, KL). Das K. und sein Name wurde erstmals am Vorabend des span.-amerikan. Krieges durch den span. Gouverneur und General V. Weyler auf Kuba eingeführt (1896), dann fand es im Burenkrieg (1899–1902) durch die Briten Verwendung. Als Instrument totaler Gewaltherrschaft des 20. Jh. sind K. weit verbreitet in den Bereichen nationalsozialist. und kommunist. Diktaturen bzw. anderer totalitärer Regime. Bei wechselnden Namen (Arbeitslager, Internierungslager, Straflager usw.) bleibt die Sache dieselbe.
Nach dem Reichstagsbrand wurden K. von NS-Organisationen in Dtl. (bes. von der SA) errichtet. Die Verhaftungen erfolgten willkürlich. Diese K. wurden z. T. wieder aufgelöst. Die verbliebenen K., vor allem Oranienburg bei Berlin und Dachau bei München, wurden zu einem Instrument des NS-Unrechtsregimes. Bis zum Ausbruch des Zweiten Weltkriegs erhöhte sich die Zahl der K. beträchtlich (Buchenwald, Flossenbürg, Groß-Rosen, Neuengamme, Ravensbrück, Mauthausen), um während des Krieges nochmals sprunghaft anzuwachsen. Insassen der K. waren weltanschaul. und polit. Gegner des NS-Regimes, parteilose Persönlichkeiten, Geistliche, aus rass. Gründen Verfolgte (Juden, Zigeuner), Asoziale, Kriminelle, Angehörige der vom NS-Deutschland bekämpften Staaten usw. In den dt. K. (1943–45) herrschten Willkür und unmenschl. Lebensbedingungen. Zwangsarbeit, unzureichende Ernährung, grausame Mißhandlung der Gefangenen, medizin. Experimente, Seuchen hatten eine sehr hohe Sterblichkeit zur Folge. Mit der Zwangsarbeit der Häftlinge stellten die K. einen wichtigen Teil der Rüstungsindustrie. Die Gesamtzahl der Opfer in den K. kann nur geschätzt werden (ca. 6 Mio.).
LIT. E. Kogon, Der SS-Staat (1946, 1965); D. J. Dallin, B. Nicolaewsky, Das System der Arbeitslager in Sowjetrußland (1948); R. Höß, Kommandant in Auschwitz (1958); H. Jacobsen, H. Krausnick, K., Kommissarbefehl, Judenverfolgung (1965); S. Wiesenthal, Doch die Mörder leben (1967); M. Broszat (Hrsg.), Studien zur Geschichte der KZ (1970); A. J. Kaminski, Konzentrationslager 1896 bis heute (1982); R. Fröbe u. a., K. in Hannover. KZ-Arbeit und Rüstungsindustrie in der Spätphase des Zweiten Weltkriegs. Histor. Komm. für Niedersachsen und Bremen 35 (1985); E. Kolb, Bergen-Belsen. Vom »Aufenthaltslager« zum Konzentrationslager 1943–45 (1985).

Konzept. Als K. werden in der Urkundenlehre die handschriftl. Texte von Urkunden bezeichnet, die nicht als Originale angesehen werden können und zeitl. als Entwurfsstadium der Herstellung der Originale vorangehen und nach dem Beurkundungsauftrag angefertigt werden. Dabei ist zu unterscheiden:
a) **Vollkonzept:** voll ausgeführter Entwurf;
b) **Vorakt** (auch **Minute**); knappe Notiz der wichtigsten Daten der späteren Urkunde, als **Marginal-Konzept** auf dem Rande des für die Reinschrift bestimmten Blattes, meist durch Beschneiden verloren, oder als **Dorsual-Konzept** auf der Rückseite des betreffenden Blattes.
Die Marginal- und Dorsual-Konzepte, die beim Empfänger blieben, wurden später durch K. ersetzt, die beim Notar blieben und öffentl. Glaubwürdigkeit hatten. Aus ihnen konnte jederzeit eine rechtskräftige Urkunde hergestellt werden, ohne Eingreifen des Ausstellers. Für Königsurkunden des frühen MA ist die Anfertigung von K. Ausnahme; sie wurden nach Formularen (→Formularbuch) geschrieben. Für Papsturkunden sind schon früh K. und Registrierung nach K. anzunehmen, doch sind bis ins

späte MA (14. Jh.) nur wenige K. erhalten.

LIT. Bresslau [2]I, 88; II, 115–163; Redlich 27f.; Clavis mediaevalis 137f.;

Konzil, Konzilien (von lat. concilium, Zusammenkunft, Versammlung). K., in den christlichen Kirchen auch Synoden genannt, »sind rechtmäßige Zusammenkünfte von Bischöfen und anderen kirchl. Würdenträgern zur Beratung, Beschlußfassung und Gesetzgebung über kirchl. Angelegenheiten« (H. Lais). Ökumen. K. repräsentieren die gesamte Kirche. Patriarchal-, Plenar-, Primatial-, National-, Reichs- und Provinzialsynoden repräsentieren, wie jeweils der Name schon sagt, bestimmte kirchl. Bezirke. Urbild der Kirchenversammlung ist das Apostelkonzil zu Jerusalem um das Jahr 50 n. Chr. (Apostelgeschichte 15). Verhandlungsgegenstand war die Frage der Heidenchristen. Die heutige übl. Zählung der ökumen. K. hat sich seit Paul V. durchgesetzt. Seit der 2. Hälfte des 2. Jh. sind Partikularsynoden nachweisbar. Nationalsynoden standen seit dem 13. Jh. unter antikurialen, antiröm. Tendenzen und wurden von Rom bekämpft. Provinzialsynoden wurden durch das K. von Trient belebt, erhielten im 17. und 18. Jh. häufig antiröm. Akzente und wurden im 19. Jh. durch die Bischofskonferenzen abgelöst.

Ökumenische Konzilien:

1. **Nikaia I** (325): Verurteilung des Presbyters Arius († 336) und seiner Lehre, daß der Sohn Gottes Geschöpf des Vaters sei. Anwesend: Kaiser Konstantin, aus dem Abendland die röm. Presbyter Viktor und Vinzenz als Vertreter des Papstes Silvester I., Bischof Hosius von Cordoba. Aufstellung des Nizäischen Glaubensbekenntnisses (Credo der Messe): Wesensgleichheit des Sohnes mit dem Vater. Außerdem wurde der Osterstreit endgültig beigelegt.
2. **Konstantinopel I** (381): Verurteilung der arian. Lehre, daß der Hl. Geist nur ein Geschöpf sei, lediglich dem Grade nach von den Engeln verschieden.
3. **Ephesos** (431): Von Kaiser Theodosios II. berufen. Verurteilung der Lehre des Nestorius, wonach Maria nur »Christus- nicht Gottesgebärerin« sei, und des Pelagianismus (nach Pelagius, einem Mönch aus Britannien), welcher die Erbsünde leugnete und die Kraft des menschl. Willens auf Kosten der göttl. Gnade überbetonte. Gegner des Pelagianismus waren der hl. Augustinus und der hl. Hieronymus.
4. **Chalkedon** (451): Verurteilung der Lehre des Archimandriten Eutyches, der in Christus nur eine Natur sehen will.
5. **Konstantinopel II** (553–55): Verurteilung des Origenes und der Schriften von 3 Nestorianern (›Drei Kapitel‹) aus der Schule von Antiochien.
6. **Konstantinopel III** (680–81): Verurteilung des Monotheletismus; →Honoriusfrage.
7. **Nikaia II** (787): Über Sinn und Erlaubtheit der Bilderverehrung.
8. **Konstantinopel IV** (869–70): Absetzung des Photius und seines Anhangs.
9. **Lateran I** (1123): Verkündung des Wormser →Konkordats.
10. **Lateran II** (1139): Roger von Sizilien von Papst Innozenz II. gebannt. Auf Mißhandlungen von Geistlichen und Ordensleuten wird die Strafe der Exkommunikation gesetzt, das Verbot von Priesterehe und Simonie erneuert. Arnold von Brescia wird Stillschweigen geboten.
11. **Lateran III** (1179): Verurteilung der Albigenser. Für die Gültigkeit der Papstwahl wird Zweidrittelmehrheit vorgeschrieben.
12. **Lateran IV** (1215): Größtes K. des MA. Glaubensbekenntnis gegen die Irrlehren der Katharer, Verbot der Mißbräuche beim Ablaß. Die Transsubstantiation bei der Wandlung wird als Glaubenssatz verkündet, ferner das Gebot der mindestens einmaligen jährl. Beichte und Kommunion erlassen.
13. **Lyon I** (1245): Über Friedrich II. werden Bann und Absetzung verhängt. Außerdem befaßt sich das K. mit dem Verlust Jerusalems, der bedrängten Lage des lat. Kaisertums und dem Mongolensturm.
14. **Lyon II** (1274): Vorbereitung eines neuen Kreuzzuges und Union mit den Griechen, die das »Filioque« und den Primat des Papstes anerkannten; Ordnung für das Konklave.
15. **Vienne** (1311–12): Allg. Einführung des Fronleichnamsfestes. Der Templerorden unter dem Druck König Philipps IV. von Frankreich aufgehoben, ohne daß die Frage der Anschuldigungen geklärt wurde. Seine Güter sollen an andere Ritterorden, u. a. an die Johanniter fallen. Der verstorbene Papst Bonifatius VIII. von den gegen

ihn von Frankreich erhobenen Anklagen freigesprochen.
16. **Konstanz** (1414–18): Die Abstimmung nach (Konzils-)Nationen (dt., franz., engl., span.) wird eingeführt. Das K. trifft Entscheidungen in der Causa unionis (Beseitigung des Abendländischen Schismas), in der Causa fidei und in der Causa reformationis. a) Causa unionis: In der Frage des Abendländischen Papstschismas und der Kirchenverfassung vertritt das K. die Lehre von der **Konzilssuperiorität,** d.h. das K. steht über dem Papst, ausgesprochen in dem Dekret ›Sacrosancta‹. Das Papstschisma wurde auf folgende Weise gelöst: der Konzilspapst (Gegenpapst) Johannes XXIII. (1410–15) wurde in einem Prozeß verurteilt und abgesetzt. Der röm. Papst Gregor XII. (1406–15) trat zurück und der Avignoner Papst Benedikt XIII. (1394–1417) wurde abgesetzt. Die Neuwahl fiel auf Martin V. (1417–31). Das Papstschisma war damit beendet. b) Causa fidei: Das K. verurteilt 45 Sätze von Johannes Hus, der am 6. 7. 1415 verbrannt wurde. Sein Freund Hieronymus von Prag fand, vom K. ebenfalls verurteilt, den Feuertod am 30. 5. 1416. c) Causa reformationis: Das K. beschloß zur Abstellung der Mißstände in der Kirche und zur Reform an Haupt und Gliedern period. Abhaltung von K. (Dekret ›Frequens‹), Einschränkung der finanziellen Leistungen an die Römische Kurie, Reduzierung der Annaten, Taxen, Palliengelder usw., eine Reform des kirchl. Pfründenwesens, der Kirchenstrafen u. a. m. Mit den einzelnen Nationen wurden zeitl. begrenzte Konkordate abgeschlossen. Die Konstanzer Reformbeschlüsse wurden nur zum Teil durchgeführt, die Konzilsuperiorität durch die Konkordate abgebaut; das Versprechen über die Periodizität der K. nicht eingelöst.
17. **Basel, Ferrara, Florenz** (1431–39): Das K. von Basel (1431–37) beschloß Reformen des päpstl. Stellenbesetzungsrechts, der Abgaben (Annaten, Palliengelder usw.), der Feier des Gottesdienstes und des Lebens des Klerus. Durch den Streit über den Ort der Unionsverhandlungen mit den Griechen kam es zur Verlegung des K. nach Ferrara (1437/38), und von da nach Florenz (1439). Die papstfeindl. Konzilsmehrheit tagte in Basel weiter. Ihre Reformdekrete wurden von Frankreich in der ›Pragmatischen Sanktion von Bourges‹ (1438), von einer Reihe dt. Fürsten in der episkopalistisch-konziliarist. Mainzer Akzeptation (1439) angenommen. Das Baseler K. wählte sogar einen Gegenpapst, doch entschied sich das Reich für Neutralität zw. Papst Eugen IV. und Basel. Die Fürstenkonkordate von 1447 (→Konkordate) brachten den Frieden zw. den Reichsfürsten und dem Papst.
18. **Lateran V** (1512–17): Das K. will der Wiederherstellung des Friedens, der Vorbereitung eines Krieges gegen die Türken und der Reform der Kirche dienen. Die konziliarist. Theorie wurde verurteilt; der Papst steht über allen K. Simonist. Papstwahlen wurden als ungültig erklärt.
19. **Trient** (1545–63): Die Unterscheidungslehren gegenüber der Reformation werden präzisiert, insbes. die Lehre von Schrift und Tradition, Erbsünde und Rechtfertigung, sowie die Lehre von den Sakramenten, von der Messe und über die Heiligenverehrung. An wichtigeren Reformdekreten brachte Trient: die Gründung von Klerikalseminaren, das Verbot der Expektanzen und der Kumulation von Kirchenämtern; eingeschärft wurde die Residenzpflicht für die Geistlichkeit, insbes. für die Bischöfe, die jährl. Visitation der Diözesen, die Abhaltung von Diözesansynoden. Die Exemtion der Orden wurde reduziert und die »tridentinische Eheform« vorgeschrieben. Eine Ehe war fortan dort, wo die Tridentinischen Dekrete verkündet waren, nur gültig, wenn sie vor dem Pfarrer und zwei Zeugen geschlossen war. Herausgabe des Index, des verbesserten röm. Missale, Breviers und Vulgata wurden beschlossen.
20. **Vatikan I** (1869–70): Verurteilung des Atheismus, Materialismus, Pantheismus und Agnostizismus. Definition der päpstl. Unfehlbarkeit in Glaubens- und Sittenfragen bei Verkündigung von Lehrentscheidungen (ex cathedra). Das 1. Vatikanische Konzil wurde vertagt am 20. 10. 1870 und in dem **2. Vatikanischen Konzil** (1962–64) durch die Lehren über die Kirche fortgesetzt und ergänzt. Das 2. Vaticanum brachte in der Stellung der Bischöfe zum Papst, in der Liturgie, im Verhältnis der kath. Kirche zur modernen Welt wichtige Reformen.

LIT. L. Jaeger, Das ökumen. K., die Kirche und die Christenheit ([3]1961); C. Butler, H. Lang, Das I. Vatikan. K.

(^{2}1961); H. Jedin, Kleine Konziliengeschichte (^{3}1961); ders., Geschichte des K. von Trient. 3 Bde. (1951–71); K. Stürmer, K. und ökumen. Kirchenversammlungen (1962); C. J. von Hefele-H. Leclercq, Histoire des Conciles. 8 Bde. (1907–21). Bd. 9: P. Richard, Le concile de Trente (1930–31). Bd. 11: Ch. de Clerq, Conciles des Orientaux Catholiques, 1575–1849 (1949–52); P. Palazzini (Hrsg.), Dizionario dei Concili. 6 Bde. (1963–68); R. Bäumer, Die Zahl der Allg. K. in der Sicht der Theologen des 15. und 16. Jh. In: Annuarium historiae conciliorum I (1969) 288–313; F. Oakley, Council over Pope? (1969); A. Franzen, Die Kath.-Theol. Fakultät Bonn im Streit um das Erste Vatikan. K. (1974); G. Schwaiger (Hrsg.), K. und Papst. Hist. Beiträge zur höchsten Gewalt in der Kirche (1975); W. Hartmann, Das Konzil von Worms 868 (1977); R. Somerville, Pope Alexander III and the Council of Tours (1977); H.J. Sieben, Die Konzilsidee der Alten Kirche (1979); M. Wojtowytsch, Papsttum und K. von den Anfängen bis zu Leo I. (440–461) (1981); H.J. Sieben, Die Konzilsidee des latein. MA (1984); J. Hehnrath, Das Basler Konzil 1431–39 (1986); W. Brandmüller, Das K. von Konstanz 1414–1418 (1990 ff.).
Bibliographie zur Konzilsgeschichte. In: Annuarium historiae conciliorum I (1969) 229–40; 473–78.

Konziliarismus (auch Konziliare Theorie, Lehre von der Konzilssuperiorität). Die in der Diskussion um die Kirche im 12./13. Jh. wurzelnde, seit dem 14. Jh. ausgebildete und auf den Konzilien von Konstanz und Basel ausgesprochene Theorie von der Oberhoheit (Superiorität) des Konzils über den Papst. Als klassische Formulierungen des K. gelten die aus der Not der Kirche erwachsenen Konstanzer Dekrete ›Sacrosancta‹ und ›Frequens‹. Auf diese Dekrete haben Episkopalismus, Febronianismus, Gallikanismus zurückgegriffen. Verworfen wurde die konziliare Theorie auf dem 5. Laterankonzil 1516 durch die Bulle ›Pastor aeternus‹.
LIT. R. Bäumer, Die Entwicklung des K. (1976); Bihlmeyer-Tüchle, HKG II; HKG III, 2; L. Buisson, Potestas und Caritas (1958; mit Lit.); R. Bäumer, Nachwirkungen des konziliaren Gedankens in der Theologie und Kanonistik des 16. Jh. (1971).

Konziliensammlungen. Die erste Sammlung von Akten und Beschlüssen allg. und Provinzialkonzilien veröffentlichte J. Merlin (2 Bde., Paris 1524). 1538 gab P. Crabbe eine K. in 2 Bden heraus (vermehrte Ausgabe in 3 Bden, Köln 1551). L. Surius veröffentlichte eine K. in 4 Bden. (Köln 1567), S. Bienius eine K. in 4 Bden. (Köln 1606), erweiterte Ausgabe 9 Bde. (Köln 1618). Weitere hervorragende K. sind die von Ph. Labbé-G. Cossart, 17 Bde. (Paris 1671–72), von J. Hardouin, 12 Bde. (Paris 1714–15) und die von G. D. Mansi, 31 Bde. (Florenz-Venedig 1759–1798), auf 55 Bde. (bis zum 1. Vatikanischen Konzil) erweitert von J. B. Martin und L. Petit. Daneben zahlreiche spezielle K.; Die Collectio Lacensis, 7 Bde. (Freiburg 1870–90), umfaßt die Konzilsakten von 1682 bis zum 1. Vaticanum mit zahlreichen Texten, die sich bei Mansi nicht finden. Die Akten des Konstanzer Konzils wurden kritisch ediert von H. Finke-H. Heimpel-J. Hollnsteiner: ›Acta Concilii Constantiensis‹, 4 Bde., Münster 1896–1928. Die Akten des Baseler Konzils gaben heraus: J. Haller-G. Beckmann-H. Herre: ›Concilium Basiliense‹, 8 Bde., Basel 1896–1936. Das maßgebende Quellenwerk für das Konzil von Trient ist das von der Görres-Gesellschaft herausgegebene ›Concilium Tridentinum‹, 13 Bde. (Freiburg 1901 ff.; noch nicht abgeschlossen).
LIT. Bihlmeyer-Tüchle, I 6; H. Jedin, Kleine Konziliengeschichte (^{3}1961); LThK VI, 534 ff. (dort weitere Sammlungen nachgewiesen, insbes. auch für die partikulären Konzilien).

Kopialbuch (Chartular, Kopiar). Sammlung von Urkundenabschriften in Buchform zum Zweck, die Besitztitel und Privilegien zu sammeln, auch zum Zweck einer histor. Quellensammlung, manchmal in vollständiger, häufig jedoch in gekürzter Abschrift: Kontext mit Datierung, nicht selten auch mit »Verbesserungen« oder stilist. Umarbeitungen. K. eröffneten für Fälschungen ein weites Feld, da die äußeren Merkmale der Urkunde nicht überliefert wurden. Die ältesten K. auf dt. Boden für Freising (830: Codex traditionum) und für Fulda (828–42).
LIT. Bresslau I^{3} 49 ff.; Redlich 33.

Kopie (lat., copia, Vorrat, Vervielfältigung, Fülle, Abschrift). In der Urkundenlehre eine einfache Abschrift einer

Originalurkunde ohne Überlieferung der äußeren Merkmale. K., die auch die äußeren Merkmale einer Originalurkunde ganz oder teilweise nachahmen, heißen Nachzeichnungen. In buchmäßiger Zusammenfassung: Kopialbuch.
K. hatten keinerlei Rechtskraft; **beglaubigte Kopien** – wenn das Original beschädigt, zu kostbar, die Schrift nicht mehr gut lesbar war usw. – begegnen relativ spät, in Italien im 9. Jh., in Dtl. in der ersten Hälfte des 13. Jh. Beglaubigte K. haben Beweiskraft, diplomatisch sind oft Fälschungen beglaubigt. – Moderne Urkundenkopien mit Hilfe der Lichtbildtechnik geben auch die äußeren Merkmale genau wieder.
LIT. Bresslau I³ 88f.; Redlich 32f.; Clavis mediaevalis 139f.

Koran (arab. »das [als Gottes geoffenbartes Wort feierlich] zu Rezitierende«). Bez. des islam. Religionsbuches, das die von Mohammed verkündeten Offenbarungen enthält, endgültig 653 zusammengestellt, in 114 Suren eingeteilt, umfaßt Weissagungen, Predigten, Ermahnungen, gesetzl. Bestimmungen. Christl. und jüd. Einflüsse sind unverkennbar.
LIT. R. Paret (Hrsg.), Der K., Übersetzung, Kommentar und Konkordanz, 2 Bde. (1966–71); ders., Mohammed und der K. Geschichte der Verkündigung des arab. Propheten (²1966); D. S. Attema, De K. (1962); D. Bakker, Men in the Qu'oran (Amsterdam 1965).

Kosmokrator (griech. Weltherrscher). Bez. des griech. Kaisers.

Kosmopolitismus. Weltbürgertum. Bez. für eine ins griech. Altertum zurückreichende Einstellung, die über alle Verschiedenheiten (religiöse, kulturelle, rassische usw.) die Zusammengehörigkeit aller Menschen betont sowie die Freiheit des Weisen von jeder Gebundenheit an Vaterland und Nation. Ursprüngl. von den Kynikern vertreten, in gewisser Hinsicht auch vom Christentum gefördert, beschäftigt sich die Staatsphilosophie des Mittelalters nicht mit dem K. In der Aufklärung und in der dt. Klassik (Lessing, Kant, Goethe) erhält der K. seine moderne, eigentl. Ausprägung und nähert sich dem Begriff der Humanität im weiten Sinne. Der K. wurzelt in zwei Gedanken: a) in dem betonten Individualismus, b) in dem von der nationalen und staatl. Differenzierung geschaffenen Gegensatz. Wesentlich auch von der Freimaurerei gefördert, hat der K. eine ideale, humane, pazifist. Tendenz, leidet aber, wie weltbürgerl. Bestrebungen polit. Utopisten nach dem Zweiten Weltkrieg (z.B. Garry Davis) zeigen, nicht selten an einer gewissen Überspannung und wird vom Kommunismus scharf abgelehnt.
LIT. F. Meinecke, Weltbürgertum und Nationalstaat (⁷1928).

Krähwinkel. Nach Jean Pauls Kleinstadtsatire ›Das heimliche Klaglied der jetzigen Männer‹ (Bremen 1801) gebildet, durch Kotzebues Lustspiel ›Die deutschen Kleinstädter‹ (1803), das offenbar an Jean Paul angelehnt ist, verbreitet. K. ist seitdem das Urbild der von Klatsch, Spießertum, Schildbürgerstreichen und Rückständigkeit erfüllten Kleinstadt.

Krämervolk. Nach dem Propheten Zephanja I, 11 gebildete abschätzige Bez. für die Engländer (nation of shopkeepers). Von Samuel Adams ›Independent Advertiser‹ (1748) gebraucht, dann Napoleon I. nachgesagt.

Kranker Mann am Bosporus. Bez. des verfallenden Osmanischen Reiches, findet sich bereits in 2 Liedern des Chorherrn Albert Poysel (1683) und in Montesquieu ›Lettres Persanes‹ I, 19. In diesem Sinne wurde das Wort auch von Zar Nikolaus I. von Rußland gegenüber dem engl. Gesandten Seymour gebraucht in St. Petersburg am 14. 1. und 20. 2. 1853.

Kreis.
[1] Kreislinie, Umkreis, eingezäunter Kampfplatz.
[2] Unterer staatl. Verwaltungsbezirk und Selbstverwaltungskörperschaft mit Autonomie und Finanzhoheit in gewissem Umfang. An der Spitze des K. steht der Landrat. Der Landkreis umfaßt eine Reihe von Gemeinden oder Ämtern, der Stadtkreis ist eine Stadt (mit mehr als 20000 Ew.), die keinem Landkreis angehört.
[3] →Reichskreise.
LIT. StL V (1960) 83–86.

Kreisstände. Zu einem Reichskreis gehörende Reichsstände (Territorien), aufgezeichnet in den niemals völlig übereinstimmenden **Kreismatrikeln.** Man unterscheidet, da die Zugehörigkeit zu den einzelnen Reichskreisen öfter wechselte, dabei
a) Kreisstände, die sich dauernd zu einem Kreis bekannten und wenigstens einige Male an einer Kreisversammlung teilnahmen;

b) Die **Kontribuierenden Stände** zahlten Steuern an einen Reichskreis, hatten aber weder Sitz noch Stimme im **Kreistag;**
c) Die **Separierten Stände** hatten sich von einem Reichskreis abgesondert, wurden aber von dem Kreistag noch als zum Kreis gehörig betrachtet und wiederholt zur Reakzession aufgefordert.
LIT. J. J. Moser, Von der teutschen Crays-Verfassung (1773); K. Arnold, Geschichte des niederrheinisch-westfäl. Kreises in der Zeit des span. Erbfolgekrieges 1698–1714 (1937); G. A. Süss, Geschichte des oberrhein. Kreises und der Kreisassoziationen in der Zeit des span. Erbfolgekrieges (1697 bis 1714). In: Zs. für die Geschichte des Oberrheins 103 (1955); B. Sicken, Der Fränkische Reichskreis. Seine Ämter und Einrichtungen (1970).

Kremsier, Reichstag zu. Erster österreich. Reichstag, nach der Revolution von 1848 von Wien nach K. in Mähren verlegt (22. 11. 1848–7. 3. 1849), trifft u. a. radikale Bestimmung über das Verhältnis von Kirche und Staat, schafft die Staatskirche ab, bestimmt die Gleichberechtigung der Konfessionen.

Krethi und Plethi. Nach 2. Samuel 8, 18 und anderen Bibelstellen gebildetes Wort zur Bez. einer recht gemischten Gesellschaft oder Gesindels. Vermutl. entstanden aus den Namen Kreter (oder Karer) und Philister; aus diesen Stämmen rekrutierte sich König Davids Leibwache.

Kreuz (lat. crux). Hauptsymbol des Christentums. Dient als Weihezeichen, Erinnerungsmal, Zeichen vieler Orden und Auszeichnungen (→Eisernes Kreuz). In der Darstellung begegnen sehr viele Sonderformen und Stilisierungen. Die wichtigsten: Crux commissa = Antoniuskreuz; Crux immissa = lat. Kreuz oder Passionskreuz; Crux quadrata = griech. Kreuz mit gleichlangen Längs- und Querbalken; Crux decussata = Gabel- oder Schächerkreuz; Andreaskreuz; Patriarchen- bzw. Lothringerkreuz; Schismatikerkreuz; Crux dissimulata = Ankerkreuz; Malteserkreuz; Deutschordenskreuz, Kleeblattkreuz, Volutenkreuz, Blumenkreuz; Ringkreuz; Kruckenkreuz, Kugelkreuz, Hakenkreuz.
LIT. J. Stockbauer, Kunstgeschichte des K. (1870).

Kreuzer.
[1] Münze, genannt nach dem Doppel- oder Radkreuz, das sie auf einer Seite trug. Erstmals 1271 von Meinhard II. von Tirol in Meran geprägt (Etschtaler), seit dem 14. Jh. nachgeahmt, erhält der K. vor allem in Österreich Bedeutung für die weitere Entwicklung des Münzwesens. Bis 1829 die kleine Währungseinheit.
[2] Ein vorzügl. zur Aufklärung, zum Handelskrieg bestimmtes Kriegsschiff mit hoher Geschwindigkeit und schwächerer Bestückung und Panzerung als das Schlachtschiff. Der **Panzerkreuzer,** aus der Fregatte entwickelt, näherte sich dem **Dreadnought** oder wurde zum Schweren K. entwickelt (seit 1906), der die Aufgaben eines Schlachtschiffes übernehmen kann. Aus der **Korvette** entstand der Kleine K., später Leichte K. Kreuzerkrieg ist in erster Linie Handelskrieg, Krieg gegen die feindl. Nachschublinien.

Kreuzerhöhung. Eines der 12 Hauptfeste des östl.-orthodoxen Kirchenjahres (14. 9.). Im Abendland bes. nach der Wiedergewinnung des 614 von den Persern geraubten Kreuzes Christi durch Heraklios III. (628) verbreitet.

Kreuzgang (lat. ambitus). Meist gewölbter Umgang um einen rechteckigen Hof neben Dom-, Stifts- oder Klosterkirchen, mit einer Seite an die Kirche angelehnt; dient als Wandelgang, für Prozessionen und als Begräbnisort. Berühmte K.: Rom, S. Paolo fuori le mura; Ferrara, S. Benedetto; Maulbronn; Augsburg, Dom.

Kreuzherren, Kreuzbrüder (Ordo S. Crucis, Cruciferi, Crucigeri). Regularkanoniker. Der Orden entstand aus dem Geist der Kreuzzüge zu Beginn des 13. Jh. zunächst im Gebiet von Lüttich; 1248 Bestätigung der Konstitutionen. Verbreitet über die Niederlande, Frankreich, Westdeutschland, England; Blüte im 15. Jh. Beziehungen zu den Brüdern vom gemeinsamen Leben und zur Devotio moderna bestanden. Erneute Blüte im 17. Jh., durch den Klostersturm der Aufklärung (Frankreich 1769; Joseph II.) fast ganz beseitigt.
LIT. LThK VI, 619–21; R. Haass, Die K. in den Rheinlanden (1932); P. van den Bosch, Sie teilten mit jedermann. Eine kurze Geschichte des Ordens der Kreuzherrn (1978).

Kreuzherren mit dem roten Stern (Ordo militaris Crucigerorum cum ru-

bea stella). Aus einer krankenpflegenden Bruderschaft zur Zeit der Kreuzzüge entstanden, vor allem in Schlesien, Böhmen, Mähren verbreitet; in Schlesien 1810 säkularisiert.
LIT. W. Lorenz, Die Kreuzherrn mit dem roten Stern (1964).

Kreuzlied. Lied, das zur Teilnahme an einem Kreuzzug auffordert. Beispiele: Walther von der Vogelweide, Friedrich von Hausen.

Kreuzweg. Leidensweg Christi nach Golgatha. In Erinnerung daran entstand im SpätMA die Kreuzwegandacht, zunächst in 7, dann in 14 Stationen mit bildl. Darstellungen unterteilt, oft künstlerisch wertvoll, am Ende mit dem Kalvarienberg.

Kreuzzeitung. Nach dem Eisernen Kreuz im Titelkopf benanntes, von Ludwig von Gerlach am 10. 4. 1848 gegründetes Organ der preuß. Konservativen, oft in Opposition zu Bismarck.

Kreuzzeitungspartei. Bez. des äußersten rechten Flügels der preuß. Konservativen seit 1851. Nach 1918 verlor die Kreuzzeitung sehr an Bedeutung, 1932 wurde sie vom Stahlhelm übernommen und ging 1933 ein.
LIT. P. A. Merbach, Die Kreuzzeitung 1848–1923 (1923); H. Heffter, Die K. und die Kartellpolitik Bismarks (1927); H.J. Schoeps, Das andere Preußen (^{2}1957).

Kreuzzüge.
[1] Unter K. im weiteren Sinne versteht man die im MA von der Kirche geförderten Kriege gegen Ungläubige, z. B. gegen die heidnischen Wenden, Preußen, Ungarn, gegen die in Schlesien eingefallenen Mongolen (1241), oder Ketzer, wie z. B. die Albigenser, die Stedinger Bauern an der Unterweser, die Hussiten oder auch die vom Papsttum bekämpften stauf. Kaiser, zur Ausbreitung bzw. Wiederherstellung des Glaubens und Durchsetzung auch polit. Ziele. Im engeren Sinne werden als K. die Kriegszüge der abendländ. Christenheit zur Befreiung der hl. Stätten von der Herrschaft der Muslime vom Ende des 11. bis zum Ende des 13. Jh. bezeichnet.
[2] Die Zählung der K. ist historisch eingebürgert, sachl. aber nur z. T. gerechtfertigt.

1. Kreuzzug (1096–99). Den unmittelbaren Anlaß zu dem 1. K. gab die Eroberung Jerusalems durch die intoleranten Seldschuken, die Erschwerung der Pilgerfahrten zu den hl. Stätten sowie die Bedrohung Ostroms. Papst Urban II. unterstützte den Hilferuf des byzantin. Kaisers und rief auf der Synode von Clermont-Ferrand (27. 11. 1095) die Christenheit zum »Heiligen Krieg« gegen die Ungläubigen und Befreiung des Hl. Grabes auf. Die gesteigerte Religiosität der Zeit, die in dem kirchl. Reformprogramm von Cluny in der bes. Ritterfrömmigkeit, in der Vorstellung der »militia Christi« ihren Ausdruck fand, schließlich die ältere Wallfahrtsbewegung, die durch die Predigten Peters von Amiens ausgelöste Massenbewegung, sowie die Gewährung eines Ablasses für die Kreuzfahrer bestimmten diesen K. und verliehen ihm einen zwiespältigen Charakter. Die um Peter von Amiens versammelten zügellosen Massen wurden von den Muslimen fast vollständig vernichtet. Das eigentliche, aus franz., lothring. und normann. Rittern bestehende Kreuzfahrerheer unter Führung Gottfrieds von Bouillon, Hugos von Vermandois, Roberts II. von der Normandie u. a. eroberte unter großen Verlusten Antiocheia (1098) und Jerusalem (15. 7. 1099), wobei Tausende von Muslimen von den Kreuzfahrern in religiöser Erregung getötet wurden. Nach der Eroberung Jerusalems kam es dort zur Errichtung eines christl. Königreiches unter Balduin von Bouillon und von kleineren Lehnstaaten in Edessa, Antiocheia und Tripolis in Phönikien; größte Ausdehnung unter Fulco von Anjou († 1143). Eine Beteiligung des Reiches an den K. wurde, obwohl Heinrich IV. 1103 einen K. gelobt hatte, erst nach dem Fall Edessas (1141) durch die Predigt Bernhards von Clairvaux 1146 zu Speyer erreicht.
Der **2. Kreuzzug** (1147–49) unter König Konrad III. – auch sein Stiefbruder Bischof Otto von Freising nahm daran teil – und König Ludwig VII. von Frankreich, war ein Mißerfolg. Nach der Niederlage bei Dorylaion schloß sich der Rest des dt. Heeres den franz. Kreuzfahrern an, doch gelang es dem vereinigten Kreuzfahrerheer nicht, Damaskus zu erobern. Lediglich eine festere aber keineswegs zuverlässige Verbindung zw. dem Reich und Byzanz und die Eroberung von Lissabon können als Ergebnisse des 2. K. gewertet werden.
Der **3. Kreuzzug** (1189–91), ausgelöst durch Saladins Sieg bei Hattin über das Heer der Kreuzritter (1187), die Erobe-

rung von Akko und Jerusalem, gruppierte sich um Kaiser Friedrich I. Nach dem Sieg bei Iconium und dem Tod des Kaisers im Saleph (10. 6. 1190) führte sein Sohn Herzog Friedrich von Schwaben das dt. Kreuzfahrerheer, doch starb auch er 1191. Die wichtige Festung Akko wurde von König Richard I. Löwenherz von England, König Philipp II. August von Frankreich und Resten des dt. Ritterheeres im Juli 1191 erobert, doch blieben weitere Erfolge wegen der Zwistigkeiten zw. den Fürsten aus. Ein von Heinrich VI. vorbereiteter K. brach nach dem Tode des Kaisers vor seiner Abfahrt aus Sizilien zusammen, obwohl ein vorausgeschicktes Heer unter Konrad von Querfurt bereits Beirut erobert hatte.

Der **4. Kreuzzug** (1202–04), vor allem von franz. Adeligen unternommen, erreichte Palästina überhaupt nicht, wurde aber von Venedig und dem byzantin. Thronprätendenten gegen Konstantinopel gelenkt, führte dort zur Gründung eines Lateinischen Kaisertums (Balduin I.) und zur Abdrängung von Byzanz nach Kleinasien.

Ein 1213 begonnener **Kinderkreuzzug** endete auf dem Weg nach Marseille und Genua in einer Katastrophe.

Der **5. Kreuzzug** (1228–29) wurde von den Auseinandersetzungen zw. Kaiser Friedrich II. und dem Papsttum überschattet, brachte aber dem Kaiser auf dem Verhandlungsweg die Abtretung von Jerusalem, Bethlehem und Nazareth, einen 10jährigen Waffenstillstand, die Krönung in der Grabeskirche zum König von Jerusalem und damit die Annahme dieses Titels durch die dt. Könige. 1244 ging Jerusalem jedoch wieder an den Sultan von Ägypten verloren.

Trotz nachlassenden Kreuzzugswillens führte König Ludwig IX. von Frankreich den **6. Kreuzzug** (1248–54) gegen Ägypten, wurde aber bei Kairo geschlagen und geriet mit seinem Heer in Gefangenschaft.

Erfolglos blieb auch der **7. Kreuzzug**, von Ludwig IX. gegen Tunis geführt. Dabei starb der König 1270 vor Tunis. Palästina, auf sich selbst angewiesen, konnte sich gegen die ägypt. Sultane, die Mameluken, nicht halten; 1291 ging Akko, der letzte Stützpunkt der Kreuzritter, verloren; 1522 fiel das von den Johannitern verteidigte Rhodos. Die Johanniter zogen sich nach Malta zurück. Die seitdem drohende osmanische Gefahr im Mittelmeer wurde in der Seeschlacht von Lepanto gebrochen, im Donauraum in den Türkenkriegen des 17./18. Jh. durch Habsburg-Österreich, mit Hilfe des Reiches vor allem, abgewehrt.

Die urspr. auf die hl. Stätten der Christenheit gerichtete Kreuzzugsidee schwand mit den Mißerfolgen gegenüber den Muslimen im 13. Jh., doch gewann sie gelegentlich in den Abwehrkämpfen gegen die Türken (etwa z. Z. Papst Pius' II., 1452; sowie im 16. und 17. Jh.) neuen Auftrieb. Das polit. und religiöse Ergebnis der K. war gering, Missionierungserfolge (z. B. Franziskus von Assisi) konnten nicht verzeichnet werden, eher litt das Selbstbewußtsein der Christen. Die Ausweitung des abendländischen Horizonts durch die Berührung mit der geistigen (Philosophie, Dichtung, Medizin), kulturellen und wirtschaftl. Welt des Orients, die Öffnung des Mittelmeerraumes sind dagegen von größter positiver Bedeutung. Auch die Ausbildung der ritterl.-höfischen Welt, bis in die Dichtung, ist nicht zuletzt ein Ergebnis der K. In Zusammenhang mit den K. schließlich steht die Gründung der drei großen geistl. Ritterorden, der Templer, Johanniter und Deutschritter (→Deutscher Orden).

LIT. R. Grousset, Das Zeitalter der K. (dt. 1951); L. Boehm, Die K. als historiograph. Problem. In: Saeculum 8 (1957) 43–81; C. Erdmann, Die Entstehung des Kreuzzug-Gedankens (^{2}1961); H.E. Mayer, Bibliographie zur Geschichte der K. (^{2}1965); ders., Idee und Wirklichkeit der K. (1965); E. Stickel, Der Fall von Akkon (1975); R.Chr. Schwinges, Kreuzzugsideologie und Toleranz (1977); F. Lotter, Die Konzeption des Wendenkreuzzugs (1977); S. Runciman, Geschichte der K. (1978); M. Erbstösser, Die K. Eine Kulturgeschichte (^{2}1980); S. Runciman, Der erste K. (1981); H.E. Mayer, Geschichte der K. (^{6}1985); A. Becker, Papst Urban II. (Bd. 1: 1964, Bd. 2: 1988); J. Lehmann, Die Kreuzfahrer – Abenteuer Gottes (1985); R. Payne, Die Kreuzzüge. Zweihundert Jahre Kampf um das Heilige Grab (1986); J. Riley-Smith, The First Crusade and the idea of crusading (1986).

Kriege →Bauernkriege, →Bayerischer Erbfolgekrieg, →Burgunderkriege, →Deutscher Krieg von

1866, →Deutsch-Französischer Krieg, →Devolutionskrieg, →Dreißigjähriger Krieg, →Französische Revolutionskriege, →Heilige Kriege, →Holländischer Krieg, →Hugenottenkriege, →Hundertjähriger Krieg, →Kalmarkrieg, →Koalitionskriege, →Krimkrieg, →Livländischer Krieg, →Mantuanischer Erbfolgekrieg, →Napoleonische Kriege, →Nordische Kriege, →Opiumkrieg, →Orléansscher Krieg, →Österreichischer Erbfolgekrieg, →Pfälzischer Erbfolgekrieg, →Polnischer Thronfolgekrieg, →Punische Kriege, →Raubkriege, →Religionskriege, →Rosenkriege, →Schlesische Kriege, →Schmalkaldischer Krieg, →Schwabenkrieg, →Sezessionskrieg (1861–65), →Siebenjähriger Krieg, →Spanischer Erbfolgekrieg, →Türkenkriege, →Unabhängigkeitskrieg, →Weltkriege.

Kriegsschuldfrage. Die Frage nach der Urheberschaft am Ersten Weltkrieg, viel erörtert und von großer Bedeutung, da mit ihr die Frage der Reparationen verbunden war. § 231 des Vertrags von Versailles (»Kriegsschuldparagraph«) und die Mantelnote zum Versailler Vertrag vom 16. 6. 1919 luden Dtl. die Alleinschuld am Ersten Weltkrieg auf: Dtl. habe den alliierten und assoziierten Regierungen den Krieg aufgezwungen, jahrelang planmäßig vorbereitet, angezettelt und unmenschlich geführt. Die ausgedehnte Kriegsschuldforschung nicht nur von dt. Seite, sondern von allen betroffenen Nationen (»Kautsky-Akten«, B. Schwertfeger, v. Siebert, A. von Wegerer, H. Holborn, H. Delbrück, Albertini, E. Bourgeois, E. D. Morel, G. Pagès u. a.) hat die von der Entente Dtl. aufgezwungene Behauptung als unhaltbar erwiesen und die Schuldfrage als nicht eindeutig erkannt.

LIT. Die Große Politik der Europ. Kabinette 1871–1914. 40 Bde. (1927); E. Brandenburg, Die Ursachen des Weltkriegs (1927); Gebhardt-Grundmann IV (1959) 22ff.; F. Dickmann, Die K. auf der Friedenskonferenz von Paris 1919 (1964); Hdb. der Europ. Geschichte 6 (1968); S. T. Possony, Zur Bewältigung der K. (1968); L. Mnačko, Die Aggressoren (dt. 1968); U. Heinemann, Die verdrängte Niederlage. Polit. Öffentlichkeit und K. in der Weimarer Republik (1983).

Kriminalist (von lat. criminalis, zu crimen, Verbrechen). Lehrer des Strafrechts, im 18. Jh. übl. Bez.

Kriminalistik. Lehre vom Strafrecht; im Zug der durch die Aufklärung geförderten Reformen des Strafrechts bes. gepflegt.

Krimkrieg (1853–56). Von der Türkei und ihren westl. Verbündeten England, Frankreich und Savoyen gegen Rußland geführter Krieg, der sich vor allem auf der Halbinsel Krim abspielte. Ausgelöst wurde der K. durch die Balkanpolitik Zar Nikolaus' I., die russische Besetzung der Donaufürstentümer Moldau und Walachei und die Vernichtung der türk. Flotte bei Sinope. Ziel des K. war die Aufrechterhaltung der Unabhängigkeit der Türkei, milit. Höhepunkt des Krieges die fast einjährige Belagerung von Sewastopol (1854/55), der erste große Stellungskrieg der NZ. Der K. bedeutete polit. das Ende der Heiligen Allianz und leitete eine neue Gruppierung der europ. Mächte ein. Preußen verharrte in strikter Neutralität, Österreich ging in das Lager der Westmächte über und besetzte die von Rußland geräumten Fürstentümer. Der nach dem Fall von Sewastopol abgeschlossene Pariser Friede (30. 3. 1856) beendete den Krimkrieg, zwang Rußland, die Schwarzmeerklausel und die Sperrung der Meerengen anzuerkennen und die Donaumündung sowie das südliche Bessarabien an Rumänien abzutreten.

LIT. A.W. Kinglake, The Invasion of the Crimea. 8 Bde. (1863–67); F. Eckhard, Die dt. Frage und der K. (1931); W. Treue, Der K. und die Entstehung der modernen Flotten (1954); E. V. Tarlé, Der K. 2 Bde. (russ. 1950); G. B. Henderson, Crimean War Diplomacy (1947); B. Unckel, Österreich und der Krimkrieg: Studien zur Politik der Donaumonarchie in den Jahren 1852–56 (1969); W. E. Mosse, The Rise and Fall of the Crimean System 1855–71 (1963); W. Baumgart (Hrsg.), Akten zur Geschichte des Krimkriegs (1979ff.); D. Wetzel, The Crimean War. A diplomatic history (Irvington 1985).

Krondomäne, Krongut (franz. le domaine royal en France). Die in freier Verfügung des Herrschers stehenden Domänen, Ländereien, Gerechtsame und Einnahmen. Während im Reich das Krongut weit zerstreut und zu seiner Verwaltung seit Otto d. Gr. der Pfalzgraf bestellt war, bildete in Frankreich die geschlossene Krondomäne um Paris,

Orléans, St. Denis im 11. Jh. den natürl. Mittelpunkt, aus dem die Macht des Königs seit Philipp II., Ludwig VIII. über die großen Lehensfürsten sich erhob und die staatl. Einheit auf dem Wege der »konzentrischen Konzentration« erwuchs. Die Ausbreitung der Krondomäne ist identisch mit der polit. Einigung Frankreichs. Mit der Einführung der Apanagen wurden jedoch der Krondomäne wieder weite Gebiete entzogen

LIT. C. R. Brühl, Fodrum, gistum, servitium regis 1–2 (1968).

Krone (von lat. corona, Kranz, Krone entlehnt).

[1] Zeichen der königl. Macht. In der Spätantike wurden das Diadem und der Prunkhelm zum Kamelaukion (zylinderförmige schwarze Kopfbedeckung, urspr. weltl., später ausschließlich geistl. Kleidungsstück) verbunden, das die byzantin. Kaiser und seit 1130 die normann. Könige Siziliens, dann auch Kaiser Friedrich II. trugen. In der Karolingerzeit wurden die heute üblichen Formen der K. entwickelt. Maßgeblich dafür waren antike Vorbilder, das Diadem und der germ. Königshelm. Berühmte Formen der K.: die **Plattenkrone,** aus 6–8 Platten bestehend (z. B. die Eiserne K.); die **Bügelkrone** (Beispiel: die sog. Reichskrone um 960); die ungar. **Stephanskrone,** dem Kamelaukion nachgebildet. Die K. tragen meist reichen Schmuck an Edelsteinen (Brillantenkrone), Perlen, Emailbildern, Reliefs mit Wappenschildern und spezifischen Darstellungen (z. B. Mitrakrone Rudolfs II. von 1602). Auch Reliquien wurden in K. eingefügt. Die K. war ein rechtschaffendes Zeichen, ihr Besitz wesentl. Beweis für die Rechtmäßigkeit einer Monarchie oder eines Thronprätendenten. Der Königskrone ähnlich wurden Kurfürstenhüte, Herzogshüte; seit dem 17. Jh. gab es außerdem herald. Adelskronen, nach den einzelnen Ländern allerdings stark abgewandelt, z. B. Großherzogskrone, Herzogskrone, Landgrafenkrone, Fürstenkrone, Markgrafenkrone, Grafenkrone, Freiherrenkrone, Adelskrone.

[2] Im von den Insignien her übertragenen Sinn wird K. als Bez. der königl. Macht (etwa die schwed. K., die böhm. K.), des Staates, der Person des Königs selbst oder für den Besitz des Landesherrn und seiner Familie gebraucht.

[3] Bez. einer Währungseinheit, nach dem Münzbild Name von Münzen, vor allem von Goldmünzen. Als Währungseinheit seit 1875/77 in Dänemark, Norwegen, Schweden; 1892–1924 in Österreich, auch in der Tschechoslowakei.

LIT. Zu [1] HWDRG II, 1212–17; P. E. Schramm, Herrschaftszeichen und Staatssymbolik. 3 Bde. (1954/56); H. Fillitz, Die österreich. Kaiserkrone und die Insignien des Kaisertums Österreich (1959); ders., Die Insignien und Kleinodien des Heiligen Römischen Reiches (1954); M. Hellmann (Hrsg.), Corona Regni (1961); N. Grass, Reichskleinodien-Studien (1965); R. Staats, Theologie der Reichskrone (1976); ders., Die Reichskrone (1991).

Krongut →Krondomäne.

Kronprinz. Gebildet aus Kurprinz, dem Erben der weltlichen Kurfürsten, und Kronerbe, begegnet K. erst seit der Mitte des 17. Jh. Seit der Erhebung Preußens zum Königreich (1700) setzt sich K. als Bez. für den Thronerben in König- und Kaiserreichen durch. Der K. stammt in gerader Linie (Sohn, Enkel) vom Throninhaber ab.

In einigen Staaten führt der K. einen bes. Titel. In Großbritannien: Prince of Wales; in Spanien: Fürst von Asturien; in Belgien: Herzog von Brabant; in den Niederlanden: Prinz von Oranien. In Italien hieß der K. Fürst von Piemont; in Österreich: Erzherzog; in Frankreich: Dauphin; in Portugal: Prinz von Algarve; in Rußland: Zarewitsch.

Krontraktat, Brandenburg-preußischer (Krontraktat von Wien). Der zwischen Preußen und Österreich am 16. 11. 1700 abgeschlossene Vertrag, wonach Preußen sich bereit erklärte, gegen eine jährlich zu entrichtende Summe in Höhe von 150000 Gulden sich mit einer Streitmacht von 8000 Mann an der Durchsetzung des Anspruchs Habsburgs in der span. Erbschaftsfrage zu beteiligen, in die Erhebung Hannovers zum Kurfürstentum einzuwilligen, sich für die uneingeschränkte Wiederherstellung der kurfürstl. Rechte Böhmens einzusetzen sowie bei kommenden Kaiserwahlen die Kandidatur Habsburgs zu unterstützen. Als Gegenleistung anerkannte Kaiser Leopold I. (reg. 1658–1705) den Kurfürsten von Brandenburg Friedrich III. (seit 1688) als König in Preußen, d. h. in dem vom Reich unabhängigen Herzogtum Preußen, vom Zeitpunkt der Standeserhöhung an (am 12. 1. 1701). Seitdem nannte sich Kurfürst Friedrich III. König Friedrich I. (reg. 1701–11). Am 18. 1. 1701 erfolgte die Selbstkrönung Friedrichs III. in Königsberg und die kirchl. Salbung durch zwei eigens zu diesem Zweck ernannte Bischöfe, einen ref. und einen lutherischen. Fortan führten die Kurfürsten von Brandenburg auch den Titel eines ›Königs in Preußen‹, der im Frieden von Utrecht (1713) von den europ. Mächten, vom Papst erst am Ende des 18. Jh. anerkannt wurde.

LIT. Kurbrandenburgische Staatsverträge, hrsg. von Th. von Mörner (1867); A. F. Pribram, Österreich und Brandenburg 1688–1700 (1885); Th. Schieder, Die preuß. Königskrönung von 1701 und die polit. Ideengeschichte. In: Th. Schieder, Begegnungen mit der Geschichte (1962); A. Berney, König Friedrich I. und das Haus Habsburg (1927).

Krönung. Teil der feierl. Einsetzung eines Königs durch Aufsetzen der Krone. Der K. voran geht die eigentliche Bestellung durch Wahlakt oder Erbgang. Zur K. gehören die Altarsetzung bzw. Stuhlsetzung, das Überreichen der Insignien (Schwert, Szepter, Königsmantel, Siegelring). Zum regelmäßigen Krönungsort der dt. Könige wurde der Wahlort, also Frankfurt/Main. Aachen, nach den Bestimmungen der Goldenen Bulle, Ort der ersten K. des Königs, konnte nur den Rechtsanspruch behaupten. Letzte K. in Aachen 1531: K. des röm. Königs Ferdinand I.; seit 1562 K. in Frankfurt durch den EB von Mainz. Der daraus resultierende **Krönungsstreit** zw. dem EB von Köln (Max Heinrich von Bayern) für das in seiner Erzdiözese gelegene Aachen und dem EB von Mainz (Johann Philipp von Schönborn) für Frankfurt wurde durch Vergleich vom 16. 6. 1657 beigelegt, nachdem der Mainzer das Krönungsrecht für Frankfurt, der Kölner es für seine Diözese und für Aachen (Diözese Lüttich) haben sollte. Im übrigen sollte die Alternation des Krönungsrechtes eintreten. Der Vergleich wurde durch spätere kaiserliche Wahlkapitulationen bestätigt (erstmals in der Kapitulation Leopolds I., 1658). Mit Ausnahme der K. Karls VII. (1742) durch dessen Bruder Clemens August, Kurfürst-Erzbischof von Köln, erfolgte die K. fortan bis zum Ende des Reiches regelmäßig durch den EB von Mainz in Frankfurt. Die K. der röm.-dt. Kaiser erfolgte durch den Papst 800–1530, bis 1452 in Rom; nach 1530 (K. Karls V. in Bologna) fand keine K. der Kaiser durch den Papst mehr statt. 1804 Selbstkrönung Napoleons im Beisein und unter Mitwirkung Papst Pius' VII. Die K. mit der Eisernen Krone der Langobarden fand in Pavia, Mailand oder Monza statt. Krönungsort für Frankreich war Reims, für England die Westminster-Abtei in London, für Preußen Königsberg, für Polen Krakau bzw. Gnesen. Die K. konnte erfolgen als Selbstkrönung (Friedrich III. [Friedrich I. in Preußen, 1701], Napoleon I. [1804]), durch den Vorgänger (K. Ludwigs des Frommen durch Karl d. Gr.), durch einen geistl. Koronator (Papst, EB von Mainz für Kaiser und dt. Könige; EB von Reims für den König von Frankreich usw.), für Königinnen durch den König selbst (1701 durch Friedrich I., 1804 durch Napoleon).

LIT. E. Eichmann, Die Kaiserkrönung im Abendland. 2 Bde. (1942); P. E. Schramm, Geschichte des engl. Königtums im Lichte der Krönungen (1937); ders., Der König von Frankreich. 2 Bde. (1939); ders., Herrschaftszeichen und Staatssymbolik. 3 Bde. (1954/56); K. Reindel, Die Kaiserkrönung Karls d. Gr. (1966); H. Meinert, Von Wahl und K. der dt. Kaiser zu Frankfurt am Main. Mit dem Krönungsdiarium des Kaisers Matthias aus dem Jahre 1612 (1956); A. M. Reitzel, Das Mainzer Krönungsrecht und die polit. Problematik (1963); A. Schulte, Die Kaiser- und Königskrönungen zu Aachen (1924); K. Schmid, Die Thronfolge Ottos d. Gr. In: ZRG GA 81 (1964); G. Wallner, Der Krönungsstreit zwischen Kurköln und Kurmainz (1653–57) (1967).

Krummstab. Bischofsstab. Als **Krummstablande** wurden im alten Reich die geistl. Territorien bezeichnet, die unter Fürstbischöfen, Fürstäbten bzw. Äbtissinnen standen. **Unterm Krummstab ist gut ruhen:** polit. Schlagwort des 18. Jh., das vor allem auf die lockere Verwaltung, den Mangel an Staatlichkeit in den geistl. Territorien, ihre Ausrichtung auf Innen- und Kulturpolitik, aber auch deren polit. selbstgenügsames Dasein und militär. Ohnmacht abzielt.

Heraldisch ist der K. das Unterscheidungszeichen der Bischöfe, Äbte und

Äbtissinnen; mit dem Schwert gekreuzt, wenn diese Hochgerichtsbarkeit hatten.
LIT. DAC III, 2, 3144–59; LThK II, 508; HWDRG II, 1237–42.

Krümper (von mhd. krump, krumm). Die von 1808 bis 1812 in die preuß. Armee eingestellten und kurzfristig ausgebildeten Rekruten.

Krümperpferde. Im alten dt. Heer Bez. für diejenigen Pferde, die von den Truppeneinheiten überplanmäßig gehalten wurden, und zwar zu Wirtschaftszwecken.

Krümpersystem. Ein von G. J. D. Scharnhorst (1755–1813) auf der Vorstellung von der allg. und gleichen Wehrpflicht und dem in der friderizian. Armee übl. System der beurlaubten »Kantonisten« ausgearbeiteter, von H. von Boyen 1808 ausgeführter Vorschlag, mit dem die Bestimmungen des Tilsiter Friedens (9. 7. 1807) und des Vertrags von Paris (8. 9. 1808) über eine Beschränkung des preuß. Heeres auf 42000 Mann entwertet wurden. Die Präsenzstärke des Heeres von 42000 Mann wurde eingehalten, durch planmäßige Beurlaubungen und Neueinstellungen von Rekruten aber gleichzeitig eine sehr starke, kriegsfähige Reserve geschaffen. Die Zahl der als Krümper Ausgebildeten schwankt zwischen 30000–35000; das K. ermöglichte es dem verkleinerten Preußen, beim Ausbruch des Krieges 1813 mit einer erheblichen Heeresmacht ins Feld zu ziehen.
LIT. Jany, Geschichte der Preuß. Armee vom 15. Jh. bis zum Jahre 1914 (1928–33); B. Schwertfeger, Die Neugestaltung der preuß. Armee in den Jahren 1807–1812 (1909); R. Vaupel, Die Reorganisation des preuß. Staates unter Stein und Hardenberg. Teil II: Das preuß. Heer vom Tilsiter Frieden bis zur Befreiung 1807–1814 Bd. 1 (1938); F. Meinecke, Das Leben des Generalfeldmarschalls H. von Boyen (1895–99); R. Stadelmann, Scharnhorst (1952).

Krypta (griech. gedeckter Raum). Unterirdisches Gewölbe. Sakralraum unter dem Ostchor der Kirche zur Aufnahme von Reliquien oder als Grabstätte geistl. oder weltl. Würdenträger. Die K. ermöglicht den Zugang zu dem Heiligengrab (Ringkrypta). Echte K. seit dem 5. Jh. bekannt: in der Romanik Verbreiterung der K., oft mehrschiffige Hallenkrypta (bes. in Frankreich). In der Gotik hört aus kult. und architekton. Gründen der Bau von K. auf.

Küchenlatein (Latinitas culinaria; zuerst um 1500 belegt). Bez. für verderbtes Latein; K. nannte man vor allem das Mönchs- und Universitätslatein des SpätMA. Von den Humanisten wurde es bes. in den Epistolae obscurorum virorum bekämpft.
LIT. P. Lehmann, MA und Küchenlatein. In: HZ 137 (1928).

Kulaken. Bez. für die von der Dorfarmut gehaßten reicheren Bauern in Rußland. Im ausgehenden 19. Jh. wird mit dem Verkauf der Landteile der Landarmen an die K. und wachsender Verschuldung der Dorfarmut an Kaufleute und Großbauern die soziale Spannung auf dem Lande größer. Die Stolypinische Agrarreform (1906) verschafft eigentlich nur den K. ein freies Hoferbe. Im Zuge der Kollektivierung der Landwirtschaft werden die K. ab 1929 beseitigt.
LIT. T.G. Robinson, Rural Russia under the Old Regime (1949).

Kulikover Feld, Schlacht auf dem (1380). Sieg des Dimitrij Donskoj über die Tataren.

Kulm, Schlacht von (in Böhmen, 29./30. 8. 1813). Sieg der Russen (unter Ostermann) und Preußen (unter Kleist) über die Franzosen (unter Vandamme).

Kulmer Handfeste. Nachdem 1231 die Burg Kulm rechts der Weichsel (zwischen Thorn und Graudenz), das erste Haupthaus des Ritterordens, errichtet worden war, entwickelte sich um die Burg die Stadt Kulm. 1233 erhielt sie (neben Thorn) durch den Landmeister Hermann Balk (gest. 1239) im Auftrag des Hochmeisters Hermann von Salza (um 1170–1239) in Form der K.H., »der ›Magna Charta‹ des Ordensgebietes«, eine Städteordnung, die für das gesamte Ordensland vorbildlich wurde. Aus der auf dem Magdeburger Recht basierenden K.H. entstand das 1397 aufgezeichnete Kulmische Recht. Es blieb grundsätzlich bis 1620 in Preußen in Kraft, in Danzig als Statuarrecht sogar bis 1857. Die K.H. war so gestaltet, daß sie die Ansiedlung von Kolonisten im Ordensland förderte.
LIT. B. Schumacher, Geschichte Ost- und Westpreußens (1959); G. Kisch, Die K.H. (1978).

Kult, Kultus (von lat. colere, bebauen, pflegen, verehren). Ausdrucksform religiöser Verehrung, welche der Gottheit in bestimmten an Ort und Zeit gebundenen Formen erwiesen wird, vor allem von Königen, Priestern, Schamanen; zunächst a) auf die Gottheit, b) auf deren Beauftragte oder Gesandte, c) auf geheiligte Gegenstände, d) auch auf Menschen (Herrscherkult, Heroenkult) und Dinge übertragen.

Kultsprache. Beim Gottesdienst gebrauchte, von der Umgangssprache verschiedene Sprache; K. wurden bereits im Alten Orient häufig nicht mehr verstanden; der Kult bevorzugt das Arcanum. Innerhalb des Christentums gab es anfangs keine eigentl. K., vielmehr wurde die Alltagssprache (Koine, Latein) benutzt. Latein im Gottesdienst der Nachvölkerwanderungszeit muß als Kultursprache, nicht als K. verstanden werden. Durch die Verquickung reformator. Bestrebungen mit dem Gebrauch der Volkssprache im Gottesdienst wurde die Parteinahme für Latein verhärtet und zu einem konfessionellen Unterscheidungsmerkmal. Seit der Aufklärung begegnen mit wachsendem Erfolg Forderungen nach Einführung der Volkssprache in den Kult. Vgl. Beschlüsse des 2. Vaticanums.

Kultur (lat. cultura, von colere, bebauen, pflegen, urbar machen, bilden). Ende des 17. Jh. werden Wort und Begriff aufgenommen, und zwar in doppeltem Sinn 1. als landwirtschaftlicher Anbau, Bebauung und 2. als Pflege der Sprache, einer Wissenschaft usw. K. ist a) formendes, gestaltendes Handeln des Menschen (subjektive K.) und b) das aus diesem Handeln hervorgehende Werk (objektive oder Sachkultur). K. ist die gesellschaftl. und geistige Lebensform eines Volkes, seine Vorstellungs-, Denk-, Sprach- und Wertwelt. Die Unterscheidung von K. und Zivilisation (äußere und materielle K.) ist nur im dt. Sprachbereich üblich (franz. civilisation steht ebenso wie engl. civilization für die ganze K.), hat Vor- und Nachteile und kann nur mit Vorbehalt angewandt werden. K. besteht bereits am Anfang der Geschichte. Im Ablauf der Geschichte gibt es eine Vielzahl von K., die durch die bestimmte geschichtl. Situation eines Volkes oder einer Völkergruppe und durch die bestimmte Bevorzugung von Werten geprägt sind. K. kommt nur im Zusammenhang mit Religion und Staat vor. Unbestritten ist, daß alle K. eine religiöse Wurzel hat, daß K. jedoch nicht das Ziel der Religion sein kann und stets ein Spannungsverhältnis zwischen Religion und K. besteht. Die K. der NZ hat sich weitgehend von der Religion gelöst.
Unter **Kulturpolitik** versteht man die Pflege des Kulturellen durch den Staat. Diese Aufgabe des Staates wird in totalitären Staaten mit der Unterordnung der K. unter die Politik und ihre Dienstbarmachung durch diese verkannt.

LIT. A. Dempf, Kulturphilosophie (1932); A. Schweitzer, Kulturphilosophie. 2 Bde. (9.10 1953); J. Mesner, Kulturethik (1954); A. Weber, Kulturgeschichte als Kultursoziologie (2 1950); Ch. Dawson, Religion and Culture (1948, dt. 1951); A. Rüstow, Ortsbestimmung der Gegenwart. Eine universalhistor. Kulturkritik. 3 Bde. (1950/57); H. Marcuse, K. und Gesellschaft. 2 Bde. (1965); H. W. Nau, Die systematische Struktur von Erich Rothackers Kulturbegriff (1969).

Kulturgeschichte. Der Begriff wurde in der Aufklärung als Gegensatz oder Ergänzung zu einer vorwiegend polit. Geschichte geprägt; die K. als eine bes. Form der Geschichte (Geschichtsschreibung) wurde von Voltaire (›Essai sur l'histoire générale et sur les moeurs et l'esprit des nations‹, 1756) und Herder (›Ideen zur Philosophie der Geschichte der Menschheit‹, 1785–1792) begründet. L. von Ranke, der Altmeister der histor. Forschung und Geschichtsschreibung im 19. Jh., übte nicht nur auf die polit. Geschichte stärksten Einfluß aus, sondern postulierte bereits 1830 eine »innere Geschichte unserer Kultur«. Mit J. Burckhardt (›Kultur der Renaissance in Italien‹; ›Griechische Kulturgeschichte‹), W. H. Riehl, G. Freytag, dann mit E. Gothein (›Kulturentwicklung Süditaliens‹, 1886; Schriften zur Kulturgeschichte. 2 Bde., 1924), K. Th. Buckle (›History of civilization in England‹, 1857–61) erreichte die K. im 19. Jh. Höhepunkte. Eine Klärung der Methode wurde in dem Streit um Karl Lamprecht (1856–1915) zw. E. Gothein und D. Schäfer u.a. versucht. (K. Lamprecht, ›Die kulturhistorische Methode‹, 1900). Neue Impulse erhielt die K. durch W. Dilthey, E. Troeltsch, A. Weber, H. Freyer. Meisterhafte Darstellungen verdanken wir den quellengesättigten Werken von Joh. Huizinga.

LIT. Hdb. der K. begr. von H. Kindermann, neu hrsg. von E. Thurnher (1960ff.); E. Friedell, K. der NZ, 3 Bde. (1927–31; neu hrsg. 1961); F. Zoepfl, Dt. Kultur. 2 Bde. (1929–30); F. Seifert, Der Streit um Lamprechts Geschichtsphilosophie (1925); J. Huizinga, Wege der K. (1930); ders., Der Mensch und die Kultur (1938); A. J. Toynbee, A Study of History. 10 Bde. (1929–54); dt. Auszug: Der Gang der Weltgeschichte, Anfang und Verfall der Kultur ([4]1954); A. Weber, K. als Kultursoziologie ([2]1950); W. H. Bruford, Kultur und Gesellschaft im klassischen Weimar (1971); B. Hubensteiner, Vom Geist des Barock. Kultur und Frömmigkeit im Alten Bayern (1967); W. E. Mühlmann, Homo Creator (1962, mit Lit.); ders., Rassen, Ethnien, Kulturen (1964); ders., Geschichte der Anthropologie ([2]1968).

Kulturkampf. Krise des Bismarckschen Reiches und seiner Gliedstaaten, insbes. Preußens, mit der röm.-kath. Kirche und der polit.-parlamentar. Vertretung der Mehrheit der kath. Bevölkerung des Reiches, die sich schon 1871 vorbereitete und im wesentlichen erst 1891 beigelegt werden konnte.

Syllabus und Unfehlbarkeitsdogma (→Konzil, Vatikan I) wurden als massiver Angriff der Kirche auf die herrschende moderne, durch die Forschungsergebnisse der Naturwissenschaften gestützte Weltanschauung und als ein für den Staat untragbarer Herrschaftsanspruch der röm. Kurie über den kath. Volksteil gedeutet. Bismarck selbst äußerte seine Teilnahme an den Fragen des 1. Vatikanischen Konzils in »ostensibler Weise«, enthielt sich aber jeder Einflußnahme, obwohl ihn der österr. Kanzler F.F. von Beust zu einer Intervention zu bewegen versuchte und er seiner Genugtuung über die Zirkularnote des bayer. Ministerpräsidenten Fürst Chlodwig zu Hohenlohe-Schillingsfürst, die unter dem Einfluß von Ignaz Döllinger zustande gekommen war, amtl. Ausdruck verlieh.

Der K. war trotz aller anderen mitwirkenden Kräfte Bismarcks persönl. Werk. Aus der Reihe der Motive, die zum Ausbruch des Kampfes führten, hat A. Wahl die auswärtige Politik, die Abwehrstellung des Kanzlers gegen das klerikale Frankreich und Österreich, Kars dagegen die Bedeutung von Bismarcks Staatsidee hervorgehoben. Sattler, Bornkamm, Franz u.a. wollen als wichtigste Ursache des K. Bismarcks Befürchtungen um das neugegründete Reich gegenüber der kath. Kirche und dem polit. Katholizismus hervorgehoben wissen. Sie sehen in dem K. einen innenpolit. Präventivkrieg gegen eine reichsfeindl. Opposition. Bismarck sei zum K. mehr oder weniger wider den eigenen Willen getrieben worden. Sicher ist, daß der K. nicht allein aus außenpolit., aber auch nicht allein aus innen- oder kirchenpolit. Gründen und Überlegungen geführt wurde. Erst die Verquickung innerer und äußerer Gefahren hat bei Bismarck den Entschluß zum Kampf ausgelöst.

Einen Monat nach der Veröffentlichung von Bismarcks Kampfansage an das Zentrum erfolgte als erste wichtigere Kampfhandlung die Aufhebung der seit 1841 bestehenden kath. Abteilung im preuß. Kultusministerium (8. 7. 1871). Das dann noch im Dez. von dem Kultusminister Mühler dem preuß. Landtag vorgelegte Schulaufsichtsgesetz sollte einmal mit der Entfernung fast sämtl. kath. Geistlichen aus den Schulinspektionen den kirchl., aber auch den polnischen Einfluß in den Ostprovinzen zurückdrängen, zum anderen die Trennung von Staat und Kirche einer Verwirklichung näher bringen.

Wegen der »Zensurdekrete« gegen den Religionslehrer Wollmann am kath. Gymnasium zu Braunsberg, der sich geweigert hatte, über die Unfehlbarkeit zu unterrichten, wurde über Bischof Krementz von Ermland schließlich die Temporaliensperre verhängt. In Köln kam es wegen der vom Kriegsministerium den Altkatholiken eingeräumten Mitbenutzung von St. Pantaleon zu einem Konflikt, in dessen Verlauf der kath. Feldpropst Namszanowski von der Regierung suspendiert und die Feldpropstei selbst aufgelöst wurde.

Auf Antrag Bayerns wurde dem Strafgesetzbuch für das Deutsche Reich der sog. Kanzelparagraph eingefügt (10. 12. 1871), ein Ausnahmegesetz nach ital. Vorbild. Das nach heftigen Parlamentsdebatten erlassene Jesuitengesetz (4. 7. 1872) verbot auf dem Gebiet des Deutschen Reiches alle Niederlassungen der Gesellschaft Jesu und verwandter Orden. Zur Abwehr des staatl. Vorgehens war am 22. 5. unter dem Vorsitz Felix von Loës der »Verein der deutschen Katholiken« gegründet worden. Dagegen wandte sich der »Deutsche Verein«

unter Heinrich von Sybel. Verschärft wurde die Kulturkampfstimmung durch die Ablehnung des von Bismarck vorgeschlagenen liberalen Kurienkardinals Hohenlohe als dt. Botschafter beim Vatikan. Damit war praktisch der diplomat. Verkehr mit der Kurie abgebrochen. Bismarcks vielumstrittener Papstwahlerlaß an die europ. Regierungen, dem aber jeder konkrete Erfolg versagt blieb, verschärfte ebenfalls die Spannung.

Höhepunkt und Kernstück des K. bildeten die sog. preuß. Maigesetze (11.–14. 5. 1873), zu deren Vorbereitung Art. 15 und 18 der preuß. Verfassung in staatskirchl. Sinne abgeändert und später ganz aufgehoben wurden. Die Maigesetze trafen Bestimmungen a) über die wissenschaftl. Vorbildung und die Anstellung der Geistlichen; b) über die kirchl. Disziplinargewalt; c) über die Anwendung kirchl. Straf- und Zuchtmittel und d) über den Austritt aus der Kirche. Den Maigesetzen, die ihre Ergänzung in der Einführung der obligator. Zivilehe und der Beurkundung des Personalstandes in Preußen fanden, setzten Klerus und Volk passiven Widerstand entgegen. Die Erzbischöfe von Köln und Posen/Gnesen, die Bischöfe von Paderborn, Breslau, Münster und Limburg wurden für abgesetzt erklärt. 1876 waren alle preuß. Bischöfe verhaftet oder ins Ausland geflüchtet und zahlreiche Geistliche zu harten Geld- oder Gefängnisstrafen verurteilt. Neue Maigesetze mit rücksichtslos angewandten Strafbestimmungen sollten den Widerstand von Klerus und Volk brechen. Aber auch sie verfehlten ihren Zweck und vermehrten nur die Verwirrung und die Not in dem kath., aber auch im ev. Volksteil.

In der Enzyklika ›Quod numquam‹ (2. 2. 1875) verurteilte der Papst in feierl. Form die Kulturkampfgesetze und erklärte sie, soweit sie mit der göttl. Verfassung der Kirche in Widerspruch stehen, für nichtig. Als Antwort darauf versuchte Bismarck durch das Sperr- oder Brotkorbgesetz (22. 4. 1875), durch die Aufhebung aller Orden und ordensähnl. Kongregationen außer den krankenpflegenden (31. 5. 1875), durch das Gesetz über die Vermögensverwaltung in den kath. Kirchengemeinden (20. 6. 1875), durch die Begünstigung der Altkatholiken an kirchl. Vermögen (4. 7. 1875) den Widerstand der Geistlichkeit und des kath. Volksteils zu brechen. Das Expatriierungsgesetz (25. 4. 1874) bot die Handhabe zu drakonischen Maßnahmen gegen die Geistlichkeit im Reich, deren Befreiung vom Wehrdienst gleichfalls aufgehoben wurde.

Mit der Verschärfung des Kanzelparagraphen und ergänzenden Bestimmungen über die Verwaltung des Kirchenvermögens (1876–78) endet die Kulturkampfgesetzgebung. Die Möglichkeiten des Staates, den K. siegreich zu Ende zu führen und eine klare Staatskirchenhoheit neu zu errichten, waren erschöpft. Der Wandel in der parlamentar. Situation, der mit der Zollvorlage und dem Sozialistengesetz umschrieben werden kann, forderte notwendig als Folge der praktischen Zusammenarbeit den Ausgleich mit dem Zentrum. Der Rücktritt Falks (Juni 1879), die umsichtigen Bemühungen Leos XIII., persönl. Aussprachen mit dem Wiener Pronuntius Jacobini und Verhandlungen mit dem Münchener Nuntius Massella machten den Weg frei zu schwierigen, aber doch erfolgreichen Verhandlungen, wodurch es bereits 1880 zu Zugeständnissen und Erleichterungen auf beiden Seiten kam. Die von Leo XIII. am 23. 2. 1880 in einem Breve an den Kölner Erzbischof ausgesprochene Bereitschaft, die von dem preuß. Staat verlangte Anzeigepflicht bei der Übernahme geistl. Ämter dulden zu wollen, bereitete einen Ausgleich mit vor. Die Wiedererrichtung der preuß. Gesandtschaft beim Hl. Stuhl, deren Besetzung durch K. von Schlözer und die beiden Milderungsgesetze vom Mai 1882 und Juli 1883 änderten an der rechtl. und kirchenpolit. Lage nicht viel, doch konnte durch Begnadigung, Aufhebung von Vermögensverwaltungen und Gehältersperren seitens der Regierung die Kulturkampfatmosphäre entspannt werden. Durch das Angebot des Schiedsrichter- und Vermittleramts an Leo XIII. im Streit um die Karolinen-Inseln und durch das umsichtige Wirken des Fuldaer Bischofs Kopp kam am 21. 5. 1886 das erste Friedensgesetz zustande. Durch die Einwirkung der Kurie auf das Zentrum kam 1887 das zweite Friedensgesetz zustande und bis 1891 wurden fast alle Kulturkampfgesetze aufgehoben. Unverändert blieben bestehen das Gesetz über die staatl. Schulaufsicht, der Kanzelparagraph (in der BRD 1953 aufgehoben), die obligatorische Zivilehe und das Jesuitengesetz (dieses bis 1917). Parallelerscheinungen zum preuß. K. hat es auch in Baden, im Großherzogtum Hessen-Darmstadt, in Sachsen gegeben. Eine »Oase des Friedens« blieb Württemberg; in Bayern kam es unter dem liberalen Kultusminister Lutz zu einem »schleichenden Kulturkampf«. Ein offener Konflikt wurde vermieden, um nicht die staatskirchl. Rechte der Krone zu gefährden.

Trotz schärfster Bedrückung hat die kath. Kirche den Angriff auf ihre Freiheit und Selbständigkeit abwehren und eine gefährliche Ausdehnung staatskirchl. Ansprüche verhindern können. Für das neugegr. Bismarck-Reich war der K. »ein immenses Unglück für Staat und Kirche«, weil er in einem nicht unbeträchtl. Teil der Bevölkerung das Aufkommen eines echten Staatsgefühls verzögert und eine fruchtbare Anteilnahme an den Kulturaufgaben verhindert hat.

Quellen: H. von Cremer-Auenrode, Aktenstücke zur Gesch. von Staat und Kirche. III u. IV (1873–80); P. Hinschius, Die preuß. Kirchengesetze, Komment. Ausgabe (1873–87); A. Constabel, Die Vorgeschichte des K. Quellenveröffentlichung aus dem Deutschen Zentralarchiv (1956).

LIT. J. Heckel, Die Beilegung des K. In: ZRG KA 50 (1930), 215–353; E. Schmidt, Bismarcks Kampf mit dem polit. Katholizismus. T. 1: Pius IX. und die Zeit der Rüstung 1848–70 (1942); R. Ruhenstroth-Bauer, Bismarck und Falk im K. In: Heidelberger Abhandlungen zur mittl. und neueren Geschichte. H. 70 (1944); H. Bornkamm, Die Staatsidee im K. In: HZ 170 (1950) 41–72; G. Franz, K. Staat und kath. Kirche in Mitteleuropa von der Säkularisation bis zum Abschluß des preuß. K. (1954); R. Morsey, Bismarck und der K. Ein Forschungs- und Literaturbericht 1945–57. Unter Verwendung neuen Aktenmaterials. In: AKG 39 (1957) 232–270; E. Weinzierl-Fischer, Bismarcks Haltung zum Vatikan und der Beginn des K. nach den österreich. diplomat. Berichten aus Berlin 1869–71. MÖSTA 10 (1957), 302–21; E. Schmidt-Volkmar, Der K. in Dtl. 1871–90 (1962, m. Bibl.); R. Morsey, Probleme der Kulturkampf-Forschung. In: HJB 83 (1964) 217–45; C. Wolf, Rudolf Kögels Kirchenpolitik und sein Einfluß auf den K. (1968); M. Stadelhofer, Der Abbau der Kulturkampfgesetzgebung im Großherzogtum Baden 1878–1918 (1969); R. Morsey, Die dt. Katholiken und der Nationalstaat zw. K. und Erstem Weltkrieg. In: HJB 90 (1970), 30–64; E. F. J. Müller-Büchi, Segesser und der Ausbruch des K. in der Diözese Basel. In: ZSKg 64 (1970) 328–69; Chr. Weber, Kirchl. Politik zw. Rom, Berlin und Trier 1876–88. Die Beilegung des preuß. K. (1970); R. Lill, Vatikan. Akten zur Geschichte des dt. K. Teil 1 (1970); HKG VI, 1 (1971); G. Franz-Willing, K. gestern und heute. Eine Säkularbetrachtung (1971); J. Becker, Liberaler Staat und Kirche in der Ära von Reichsgründung und K. Geschichte und Strukturen ihres Verhältnisses in Baden, 1860–76 (1973); J. Fontana, Der K. in Tirol, 1861–92 (1978); P. Horwarth, Der Kampf gegen die religiöse Tradition. Die Kulturkampfliteratur in Österreich 1780–1918 (1978); P. Stadler, Der K. in der Schweiz. Eidgenossenschaft und kath. Kirche im europ. Umkreis, 1848–88 (1984).

Kulturmorphologie. Von Leo Frobenius für die Völkerkunde geprägter Ausdruck. Die K. versucht die einzelnen kulturellen Lebensstufen als in sich geschlossene Erscheinungen zu erfassen; eine Kultur wird nicht als eine Summe bestimmter Merkmale, sondern als Gestalt, Seele angesehen.

Kulturphilosophie. Weltanschaul. bestimmte Grundwissenschaft von der Rangordnung und den Formgesetzen der Kulturwerte, vom Wesen, Sinn, von Gliederung und Ordnung der Kultur; steht mit Geschichtsphilosophie und Soziologie in enger Verbindung.

Kultusfreiheit. Möglichkeit ungestörter Ausübung von häuslichen oder öffentl. Kultushandlungen, gilt als notwendige Ergänzung der Glaubensfreiheit (Bekenntnisfreiheit), gehört zu den Grundrechten, die vom modernen Staat zu gewährleisten sind, aber durch allg. Gesetze eingeschränkt werden können.

Kumulation. Häufung von geistl. Ämtern und Pfründen in einer Hand, insbes. von Dom- und Stiftskanonikaten (= Pfründenkumulation) oder von Hoch- und Erzstiften. Seit dem Spät-MA, vor allem aber seit dem 16. Jh. nahmen die Bistumskumulationen für jüngere kath. Fürstensöhne zu im Zug der polit. Gegenreformation, der dy-

nast. Kirchenpolitik und des Durchdringens der Primogenitur-Erbfolge in den größeren weltl. Territorien, womit sich die Notwendigkeit zur angemessenen Versorgung nachgeborener Prinzen ergab. Obwohl das Konzil von Trient sich gegen Bistumskumulationen ausgesprochen hatte, mußte die Römische Kurie aus polit. Gründen in die K. einwilligen und Dispensen erteilen.
Musterbeispiele für K. sind Erzherzog Leopold Wilhelm von Österreich (1625–62): 2 Erzbistümer, 5 Bistümer, verschiedene Abteien; Herzog Ernst von Bayern (1566–1612): 5 Bistümer; Herzog Ferdinand von Bayern (1612–50): 5 Bistümer und andere kirchl. Würden; Clemens August von Bayern (1715–61): 5–6 Bistümer; Clemens Wenzeslaus von Sachsen (1763–1803): 2–4 Bistümer, sowie die Pfalz-Neuburger, die Schönborn: jeweils 2–3 Bistümer.
LIT. H. E. Feine, Die Besetzung der Reichsbistümer vom Westfälischen Frieden bis zur Säkularisation (1921, unver. Nachdr. 1964); H. Raab, Clemens Wenzeslaus von Sachsen, Bd. 1. Dynastie, Kirche und Reich im 18. Jahrhundert (1962); R. Reinhardt, Die Reichskirchenpolitik Papst Klemens' XII. In: ZKiG (1967) 271–99; H. Raab, Die oberdeutschen Hochstifte zw. Habsburg und Wittelsbach in der frühen Neuzeit. In: Bll. für dt. Landesgeschichte 109 (1973) 69–101.

Kunersdorf, Schlacht von (12. 8. 1759). Sieg der vereinigten Russen unter Saltykow und der Österreicher unter Laudon über die preuß. Armee unter Friedrich d. Gr., die schwerste Niederlage des Königs im Siebenjährigen Krieg.
LIT. M. Laubert, Die Schlacht bei K. (1900).

Kunkel (mlat. conucula, Kegelchen, Teil des Spinnrads). Spinnrocken.

Kunkeladel. Adel mütterlicherseits.

Kunkellehen. Weiberlehen. Lehen, das bei Erlöschen des Mannesstammes auch in weibl. Linie weitergegeben werden kann.

Kunstgeographie. Das Wort begegnet erst um 1910; geprägt von dem Geographen H. Hassinger; es will im Unterschied zur Kunsttopographie ein Kunstwerk nicht als an einem Ort entstanden oder befindlich beschreiben, sondern unter räumlich-landschaftl. Gesichtspunkten erforschen und als ortsgebunden erweisen. Ziel: Feststellung von überzeitlichen »Raumstilen« im Gegensatz zu »Zeitstilen«.
LIT. R. Hausherr, K. Aufgaben, Grenzen, Möglichkeiten. In: Rhein. Vierteljahrsblätter 34 (1970), 158–72.

Kunstgeschichte. Untersucht die geschichtl. Entwicklung der Kunst; Hilfswissenschaft für die Geschichte und Zweig der Kunstwissenschaft.
LIT. W. Waetzoldt, Dt. Kunsthistoriker. 2 Bde. (1921–24); H. Wölfflin, Kunstgeschichtl. Grundbegriffe ([13]1963); Bibliographien zur K. des 19. Jh. (1940–66) (1968); Propyläen Kunstgeschichte. 18 Bde. (1966ff.); W. Braunfels, Die Kunst im Heiligen Röm. Reich Deutscher Nation. 8 Bde. (1980ff.); Reallexikon zur Deutschen Kunstgeschichte. 20 Bde. (1983ff.; noch nicht abgeschlossen); W. von Löhneysen, Eine neue K. (1984); L. Dittmann, Kategorien und Methoden der dt. K. 1900–30 (1985); J. P. Néraudau, Dictionnaire d'Histoire de l'Art (1985).

Kunsttopographie. Aus der Tradition der Guiden- und Periegesenliteratur herausgewachsen; Teil der Kunstwissenschaft; verzeichnet und untersucht systemat. Kunstwerke nach Orten und Gegenden. Zur K. gehören und als Hilfsmittel für histor. Forschung wichtig sind die Inventare der »Bau- und Kunstdenkmäler«, die verschiedenen »Kunstführer«, etwa von Reclam; die von Hugo Schnell herausgegebenen »Kleinen Kunstführer«.
LIT. G. Dehio, Hdb. der Dt. Kunstdenkmäler (1976, 1977, 1979); R. Hootz, Dt. Kunstdenkmäler ([2]seit 1966).

Kur (von kiesen, prüfen, wählen abgeleitet). Die »prüfende Wahl«, bes. die Wahl des dt. Königs (→Kurfürstenkolleg).
LIT. U. Reuling, Die Kur in Dtl. und Frankreich (1979).

Kurant (zu lat. currere, laufen; franz. courant, im 18. Jh. übernommen) »gängig« von Münzen.

Kurantgeld, Kurantmünze. In der frühen NZ Landesmünzen, die unbeschränkt als Zahlungsmittel dienten.

Kürass (von lat. corium, franz. cuir, Leder). Lederpanzer (cuirasse). Im 15. Jh. aus dem Franz. übernommen. Die Schweren Reiter hießen bereits im 15. Jh. nach ihrer Lederpanzerung küresser, seit dem 17. Jh. Kürassiere. Die Panzerung war nunmehr aus Eisen,

Stahl oder Messing. Kürassierregimenter (auch unter der Bez. Garde-Reiter, Schwere Reiter, Garde du Corps) gab es in den europ. Armeen bis zum Ersten Weltkrieg.

Kurat, auch **Kuratus** (von lat. cura, Sorge, Obsorge). Seelsorger eines abgegrenzten, zum Verband einer Pfarrei gehörigen Gebietes, untersteht dem Ortspfarrer (parochus loci), manchmal auch faktisch selbständig.

Kuratie. Pfarrvikarie; Zuständigkeitsbereich eines Kuraten.

Kurator (von lat. cura, Sorge).
[1] Vormund oder Pfleger.
[2] Beamter, mit der Vermögensverwaltung und Rechtsvertretung der Universität beauftragt. Nach der Verordnung vom 30. 4. 1815 sollte in Preußen eigentlich der Oberpräsident jeder Provinz für seine Provinzialuniversität, nach den Karlsbader Beschlüssen ein Bevollmächtigter, die Funktion eines K. übernehmen, d. h. eines ordentl. Verwaltungsorgans und zugleich eines polit. Überwachungsorgans im Zug der Ausführung der Karlsbader Beschlüsse und der preuß. Instruktion für die außerordentl. Regierungsbevollmächtigten bei den Universitäten (18. 11. 1819). Dennoch wirkte sich die Kurator-Verfassung nach Wegfall der Ausnahmesituation segensreich für den Aufbau der Universitäten aus, bes. nach 1848. Nicht zuletzt durch die vorbildl. Arbeit preuß. K. haben die Universitäten in der zweiten Hälfte des 19. Jh. ihre Blüte erreicht.

Kurfürstenkolleg (principes electores imperii, electores). Im 13. Jh. sich ausbildendes, in dem Weistum von →Rhense und in der →Goldenen Bulle umschriebenes, später erweitertes Kolleg der reichsfürstl. Alleinwähler, vermutl. entstanden aus den urspr. Vorwählern (laudatores) innerh. der Wählerschaft. Seit 1198 galten die Erzbischöfe von Mainz, Köln und Trier sowie der Pfalzgraf bei Rhein als unentbehrlich für eine rechtmäßige dt. Königswahl. Entscheidend für die Ausbildung des kurfürstl. Wahlkollegs war das Scheitern der Erbreichspläne Heinrichs VI. »Erblich wurde nicht das *passive,* sondern das *aktive Wahlrecht* in den Dynastien der weltl. Kurfürsten« (Mitteis). Vorbild für die Entstehung des K. war wohl auch die Ordnung der Papstwahl mit dem Alleinwahlrecht der Kardinäle.
Mehr Zufall als histor. Notwendigkeit bestimmten die Zusammensetzung des Kurkollegs. Ein Zusammenhang zw. Kurrecht und Erzamt, wie ihn Eike von Repgow im Sachsenspiegel entwickelt hat, besteht nicht. Wichtig wurde dagegen die Ausbildung der Landesherrschaft. Bei der Doppelwahl von 1257 ist das ausschl. Wahlrecht der Kurfürsten durchgesetzt; die übrigen Reichsfürsten sind künftig an der Königswahl nicht mehr beteiligt. Fortan gelten als alleinige Wähler des dt. Königs die Erzbischöfe von Mainz, Köln, Trier, der Pfalzgraf bei Rhein, der Herzog von Sachsen, der Markgraf von Brandenburg, der König von Böhmen, den Eike von Repgow als Nichtdeutschen in seinem Sachsenspiegel (1220) noch hatte ausschließen wollen. Bayern, nach dem Streit mit Böhmen, Österreich und mächtige Reichsfürsten waren fortan von der Königswahl ausgeschlossen, das dynast. Prinzip durch »springende Wahlen« verdrängt, die Reichsgeschäfte durch kurfürstl. Willebriefe mitbestimmt, die Macht des Königtums geschwächt. Der Wahlmodus, auch Kurspruch, der urspr. Einstimmigkeit kennt, schwankte, bis durch Ludwig den Bayern im ›Licet iuris‹ von 1338 das Mehrheitsprinzip festgelegt und in der Goldenen Bulle Kaiser Karls IV. von 1356 die Wahl endgültig geregelt wurde. Wahlort war fortan stets Frankfurt. Innerhalb von vier Monaten nach Sedisvakanz sollte dort die Wahl stattfinden.
Die Kurlande waren nach der Goldenen Bulle unteilbar, mit dem Erbfolgerecht der Primogenitur. Die Kurfürsten haben die unbedingten Privilegien de non evocando (→Evokation) und de non appellando, die Befreiung von der Zuständigkeit der Reichsgerichte bei Klagen ihrer Untertanen für ihre sämtl. Besitzungen, außerdem die Regalrechte. Erststimmrecht hat der Kurfürst von Trier, Letztstimmrecht der Kurfürst von Mainz, der damit bei Stimmengleichheit den Ausschlag gibt, die Stimmen abfragt und das Ergebnis verkündet. Seit 1489 besteht beim Reichstag als erste Kurie ein bes. K.
Durch Kurvereine und Wahlkapitulationen, vor allem aber durch ihre polit. Macht bestimmten die Kurfürsten die Politik des Reiches entscheidend. Die Reformation brachte die konfessionelle Spaltung des K. Karl V. übertrug nach dem Sieg über die Schmalkaldener

(→Schmalkaldischer Bund) bei Mühlberg die sächs. Kur von den Ernestinern an den Albertiner Moritz (→Wittenberger Kapitulation; kaiserl. Belehnung 4. 6. 1547).

Im 16.–18. Jh. änderte sich die Zusammensetzung des K. 1622/1623/1628 fiel die pfälzische Kur, das Erzamt und das Reichsvikariat nach der Ächtung Friedrichs V. von der Pfalz, des Winterkönigs, durch Übertragung an Herzog Maximilian I. von Bayern. 1648 erhielt die Pfalz eine neue achte Kur. Mit dem Aussterben der bayer. Wittelsbacher sollte sie erlöschen und damit die Siebenzahl wiederhergestellt werden. 1777 kamen mit dem Regierungsantritt des Pfälzer Kurfürsten Karl Theodor in Bayern beide Kurwürden zusammen. Für das im letzten Drittel des 17. Jh. zu einem der mächtigsten Fürstengeschlechter emporgestiegene Haus Braunschweig-Lüneburg wurde 1692 bzw. 1709 eine neunte Kurwürde (= Hannover) geschaffen, für Böhmen die Readmission der seit dem SpätMA ruhenden Kur durchgesetzt. Die Friedensschlüsse von Rastatt und Baden bestimmten die Wiederaufnahme ins K. von Bayern und Köln, die während des Spanischen Erbfolgekrieges (1706) in die Reichsacht erklärt worden waren. Der Friede von Lunéville (1801) und der Reichsdeputationshauptschluß (1803) brachten eine kurzfristig einschneidende, gegen die reichspatriot. geistl. Kurfürsten gerichtete Veränderung des Kurkollegs. Kurköln und Kurtrier gingen unter, die Mainzer Kur wurde für den Kurerzkanzler Karl Theodor von Dalberg nach Regensburg transferiert, und für Salzburg – sein Kurrecht wurde 1805 mit dem neuerrichteten Herzogtum Würzburg verbunden –, für den Markgrafen von Baden, den Herzog von Württemberg, den Landgrafen von Hessen-Kassel wurden vier neue Kurwürden geschaffen.

Mit dem Untergang des Reiches und der Auflösung des Reichstages (1806) verschwand auch das K. Der Titel blieb nur bei Kurhessen bis 1866.

Das Direktorium des K. hatte Kurmainz, es berief die Wahl ein, führte das Protokoll, gab seine Stimme zuletzt ab und verfaßte das Conclusum.

Die bes. Insignien der Kurfürsten waren roter hermelinbesetzter Kurmantel, Kurhut und Schwert.

LIT. HWDRG II, 1277–90; M. Krammer, Quellen zur Geschichte der dt. Königswahl und des K. 2 Bde. (1911–13); ders., Das K. von seinen Anfängen bis zum Zusammenschluß im Rhenser Kurverein des Jahres 1338 (1913); M. Buchner, Die Entstehung der Erzämter und die Beziehung zum Werden des K. (1931); ders., Kaiser und Königsmacher, Hauptwähler und Kurfürsten. In: HJB 55 (1935); U. Kühne, Geschichte der böhm. Kur in den Jahrhunderten nach der Goldenen Bulle. In: Archiv für Urkundenforschung 10 (1928) 1–110; H. Mitteis, Die dt. Königswahl und ihre Rechtsgrundlagen bis zur Goldenen Bulle (1949); M. Lintzel, Die Entstehung des K. (1952); F. von Esebeck, Die Begründung der hannoverschen Kurwürde. In: Quellen und Darstellungen zur Geschichte Niedersachsens 43 (1935); G. Schnath, Geschichte Hannovers im Zeitalter der neunten Kur und der engl. Succession 1674 bis 1714, Bd. I (1674–1692) (1938); C. Schwarte, Die neunte Kur und Braunschweig-Wolfenbüttel (1905); W. Becker, Der Kurfürstenrat (1973); H. Conrad, DRG I (1962); II (1966); D. Albrecht, Der Hl. Stuhl und die Kurübertragung von 1623. In: Quellen und Forschungen aus ital. Archiven und Bibliotheken 34 (1954), 236–49; C. C. Bailey, The Formation of German College of Electors in Mid-13th Century (1949).

Kuriale (littera Romana). Aus der jüngeren röm. Kursive entwickelte Gebrauchsschrift der päpstl. Kanzlei (Cancellaria Apostolica) und der stadtröm. Notare. Volle Ausbildung vom Beginn des 9. Jh. bis ins späte 10. Jh., dann Verfall, seit ca. 1123 zugunsten einer Kurialminuskel aufgegeben; ältestes Original in röm. Kuriale 788, letztes 1123. Die K. betont die Kreisförmigkeit der Buchstaben, in der Spätzeit oft schwer lesbar.

LIT. P. Rabikauskas, Die röm. K. in der päpstl. Kanzlei (1958); Clavis mediaevalis 141.

Kuriatstimme (abgeleitet von lat. curia, Kurie, Versammlung). Die Stimme, die von einer Kurie auf dem Reichstag oder bei Landtagen nur geschlossen abgegeben wird. Gegensatz: Virilstimme. Die einfachen Prälaten, eingeteilt in die rhein. und schwäb. Prälatenbank, hatten z.B. auf dem Reichstag nur K., ebenso die nach 1582 gefürsteten Grafen.

Kurie (lat. curia).
[1] Gliederungseinheit der röm. Bürgerschaft, im 5. Jh. durch tribus ersetzt. Dann auch Versammlungsort des Senats, bis 52 v. Chr. meist in der curia Hostilia, dann in der curia Julia.
[2] Gerichtshof oder eine andere Behörde bzw. deren Sitz.
[3] Im Röm.-Dt. Reich auf den Reichstagen die gesondert beratenden Vertretungen der Kurfürsten (→Kurfürstenkolleg), Fürsten und Städte.
[4] Bischöfl. Kurie: Versammlung von Klerikern um den Bischof, bischöfl. Verwaltungsbehörde bzw. -gebäude; →Ordinariat.
[5] Römische Kurie: Curia Romana. Seit dem Ende des 11. Jh. Bez. für die Gesamtheit der Zentralbehörden und obersten Gerichte, deren sich der Papst bei der Regierung der Kirche bedient. Zur K. gehören
a) 11 Kardinalskongregationen: Verwaltungsbehörden für bestimmte Aufgabenbereiche;
b) die drei obersten Gerichtshöfe, nämlich die Pönitentiarie, die Rota Romana, die Signatura Apostolica.
c) fünf Ämter: 1. Cancellaria Apostolica, seit 370 zur Expedition der päpstl. Erlasse und Bullen, die im Auftrag des Papstes oder der Congregatio Consistorialis insbes. über Errichtung von Kirchenprovinzen, Bistümern, Kapiteln, Ernennung von Bischöfen ergehen.
2. Dataria Apostolica (→Datar), seit dem 14. Jh., unter dem Kardinaldatar für die vom Papst zu vergebenden Benefizien, die nicht in die Zuständigkeit der Konsistorialkongregation gehören.
3. Camera Apostolica (seit dem 11. Jh.): oberste Finanzbehörde.
4. Secretaria Status: Staatssekretariat (seit dem 15./16. Jh.) unter dem Kardinalstaatssekretär für die kirchenpolit. Fragen und den diplomat. Verkehr und für die Expedition der päpstl. Breven unter dem Brevenkanzler.
5. Secretaria Brevium ad Principes et Epistolarum latinarum (seit 678): Sekretariat für Breven und Briefe, unter dem Brevensekretär zuständig für Breven und Briefe an Fürsten.
LIT. W. Hofmann, Forschungen zur Geschichte der kurialen Behörden. 2 Bde. (1914); LThK VI (1961), 692ff.; K. Jordan, Die Entstehung der röm. K. (1963).

Kurier (lat. currere, franz. courir, laufen). Gegen 1200 Bez. einer Figur im Schachspiel (Läufer), im 16. Jh. für Eilboten, dann im engeren Sinne Bez. für Boten im diplomat. Verkehr, der frei von Zoll- und Polizeibehörden Nachrichten überbringen kann.

Kurrheinischer Bund. Versuch der rhein. Kurfürsten unter Führung des Kurfürsten-Erzbischof Johann Philipp von Mainz auf föderativem Weg Schutz gegen innere und äußere Gefahren zu schaffen (21. 3. 1651). Die Defensivallianz zwischen Kurköln, Kurtrier, Kurpfalz, dem Fürstbischof von Münster und dem Pfalzgrafen von Neuburg (15. 12. 1654) verfolgte ähnl. Ziele und wurde 1654 mit dem K. B. verschmolzen. Nur in einem sehr begrenzten Sinn kann der K. B. als Vorstufe des Rheinbundes gelten.

Kustodie.
[1] Liturgisches Gefäß.
[2] Gliederung des Franziskanerordens, an deren Spitze ein Kustos steht, Unterabteilung einer Provinz, seit 1918 Kommissariat genannt.

Kustos.
[1] Offizial eines Dom- oder Stiftskapitels, bis zum 13. Jh. bisweilen auch der Seelsorger an der Kapitelskirche. Das Amt des K. ist gewöhnlich Kanonikat.
[2] Wissenschaftl. Beamter an Museen u. dgl., auch Kustode genannt.
[3] Vorsteher einer Kustodie, Offizial einer Franziskanerprovinz.

Kütschük-Kainardschi, Friede von (21. 7. 1774). Der in dem russ. Lager bei dem Dorf Kütschük-Kainardschi abgeschlossene Friede beendet den russ.-türk. Krieg 1768–74. Der Friede bestimmt folgendes:
a) Die Krim wird von der Türkei unabhängig.
b) Die Festungen des Asowschen Meeres, Asow, Kertsch und Jenikale sowie die Mündungsgebiete des Don, Bug und Dnjepr werden russisch; das Schwarze und Ägäische Meer werden den russ. Handelsschiffen geöffnet.
c) Die russ. Eroberungen in der Moldau und Walachei werden an die Türkei zurückgegeben, doch muß diese dort Amnestie und Religionsfreiheit zugestehen, dem russ. Handel Schutz gewähren und eine erhebl. Kriegsentschädigung zahlen. Das weite und spärlich besiedelte Gebiet an der Schwarzmeerküste ist damit für Rußland gesichert, die tatarische Gefahr beseitigt und Rußland eine Art

Schutzrecht für die christl. Untertanen in der Türkei zuerkannt.

Kutte (mlat. cotta). Mönchsgewand, bis auf die Füße reichend, mit Kapuze.

Kux. Bergwerksanteil, wird seit dem SpätMA gehandelt.

Kyrie, Kyrie eleison (griech., Herr erbarme dich). Huldigungs- und Bittgebet, bereits im frühesten Christentum nachweisbar, in der kath. Kirche zu Anfang der Messe gesungen. Eine Abkürzung ist die Form Kyrieleis. Aus ihr haben sich die ältesten Formen des deutschen geistl. Liedes, die Leisen, entwikkelt (Ludwigslied, Petruslied, 9. Jh.). In den großen Seelen- und Totenmessen von Mozart, Verdi, Berlioz künstlerisch gestaltet.

kyrillische Schrift, Kyrillika, Kyrilliza. Dem Slawenapostel Kyrillos zugeschriebene und nach ihm benannte kirchenslawische Schrift, die seit dem 10. Jh. die Glagolitische Schrift verdrängte. Die k. S. ist aus der griech. Majuskelschrift entwickelt und den bes. phonet. Besonderheiten des Slawischen angepaßt. Sie ist zusammen mit der griech. Schrift die Schrift des griech. Orthodoxismus, der sich damit von dem röm. Katholizismus und Protestantismus (lat. Schrift) abhebt. Unter Zar Peter d. Gr. wurde die k. S. in Rußland vereinfacht zur russ. Schrift.

Kyzikener. Bez. für Elektronmünzen in versch. Gewichten, die vom 6.–4. Jh. v. Chr. in den Griechenstädten Kleinasiens geprägt wurden. Der von der Stadt Kyzikos geprägte Stater von rd. 16 g war bis auf Alexander d. Gr. (reg. 336–32) die beliebteste Großmünze der griech. Welt. Auf den K. finden sich Bilder von Gottheiten, Tieren und Fabelwesen, ebenfalls Kopien großer Kunstwerke sowie Darstellungen unbekannter Privatpersonen. Auf der Rückseite befindet sich stets das →Quadratum incusum.

Auf den Kyzikenern ist der Name der Stadt, in der sie geprägt wurden, nicht verzeichnet.

dtv
Wörterbuch
der
Kirchen-
geschichte

Georg Denzler
Carl Andresen

Georg Denzler und
Carl Andresen:

dtv-Wörterbuch
der
Kirchengeschichte

Originalausgabe
dtv 3245

...Dieses kaum genug zu lobende Unternehmen sei... als verläßliches, wohlfeiles und...handliches Handbuch bezeichnet, das deutlich mehr als »Grundkenntnisse der Kirchengeschichte« vermittelt und das Zeug zu einem Standardwerk hat. (FAZ)

...in seiner ökumenischen Ausgewogenheit ist das Buch vorbildlich.
(Neue Zürcher Zeitung)

...Das neue Wörterbuch wird...dazu beitragen, geschichtliches Bewußtsein zu heben und vereinfachte volkstümliche Urteile abzubauen.
(Christ in der Gegenwart)

...Das Wörterbuch wird...am effektivsten genutzt werden können, wenn es im Unterricht, Seminar oder beim Selbststudium herangezogen wird, um Fakten zu finden, Grundlagen zu gewinnen, Fundamente zu sichern.
(forum religion)

...Es gibt nichts Vergleichbares (auch im Blick auf den moderaten Preis bei dtv).
(Das Historisch-Politische Buch)

dtv

Atlas zur Welt-geschichte

dtv-Atlas zur Weltgeschichte
von Hermann Kinder und
Werner Hilgemann
Karten und chronologischer
Abriß
Band 1: Von den Anfängen bis
zur Französischen Revolution
Band 2: Von der Französischen
Revolution bis zur Gegenwart
Originalausgabe
2 Bände

dtv 3001/3002

dtv